Boulanger 1973

L'UNIVERS.

HISTOIRE ET DESCRIPTION
DE TOUS LES PEUPLES.

ILES DE L'AFRIQUE.

TYPOGRAPHIE DE FIRMIN DIDOT FRÈRES, RUE JACOB, N° 56.

ILES
DE L'AFRIQUE,

PAR M. D'AVEZAC,

GARDE DES ARCHIVES DE LA MARINE ET DES COLONIES,
DES SOCIÉTÉS GÉOGRAPHIQUES DE PARIS, LONDRES, FRANCFORT, ET BOMBAY;
DES SOCIÉTÉS ASIATIQUE, SYRO-ÉGYPTIENNE, ET AFRICAINE DE LONDRES;
DES SOCIÉTÉS ETHNOLOGIQUES DE PARIS ET DE NEW-YORK;
DES SOCIÉTÉS ARCHÉOLOGIQUES D'ANGLETERRE ET D'ESPAGNE;
DE LA SOCIÉTÉ ORIENTALE,
ETC. ETC. ETC.

AVEC LA COLLABORATION DE MM.

DE FROBERVILLE, FRÉDÉRIC LACROIX, F° HOEFER,
MAC CARTHY, VICTOR CHARLIER.

PARIS,
FIRMIN DIDOT FRÈRES, ÉDITEURS,
IMPRIMEURS DE L'INSTITUT DE FRANCE,
RUE JACOB, 56.

M DCCC XLVIII.

L'UNIVERS,
OU
HISTOIRE ET DESCRIPTION
DE TOUS LES PEUPLES,
DE LEURS RELIGIONS, MOEURS, INDUSTRIE, COUTUMES, ETC.

ILES DE L'AFRIQUE,

PAR M. D'AVEZAC,

SECRÉTAIRE DE LA SOCIÉTÉ DE GÉOGRAPHIE DE PARIS, VICE-PRÉSIDENT DE LA SOCIÉTÉ ETHNOLOGIQUE, DES SOCIÉTÉS GÉOGRAPHIQUES DE LONDRES ET DE FRANCFORT, DE LA SOCIÉTÉ AFRICAINE DE LONDRES, DE LA SOCIÉTÉ ASIATIQUE DE LA GRANDE-BRETAGNE ET D'IRLANDE, ETC., ETC., ETC.

INTRODUCTION.

L'Afrique, massive et compacte, obtuse en ses contours, ne projette point sur des marges déchiquetées par la corrosion des mers, de longs appendices insulaires tels que ceux où se prolonge et s'éparpille l'unité continentale des autres grandes divisions terrestres. Seule elle a maintenu, contre l'action fougueuse des océans qui mugissent autour d'elle, l'intégrité d'une ligne continue de rivages.

Ce n'est point à dire pourtant que l'Afrique n'ait aussi son cortége d'îles. Sans doute l'imperceptible dentelure de cette côte immense échappe à la vue du navigateur aguerri qui, de nos jours, sillonnant avec rapidité les flots de la haute mer, contourne au loin cette masse africaine que nulle déchirure n'entr'ouvre à ses explorations. Mais jadis, pour les mariniers des vieux temps, que des expéditions lointaines n'avaient pas encore enhardis, et qui n'avaient ni la boussole ni l'observation scientifique des astres pour guider leur course incertaine dès qu'ils osaient s'aventurer au large; pour ces navigateurs qu'un timide cabotage retenait toujours à portée des terres, le long desquelles leurs galères imparfaites accomplissaient laborieusement leur périple, aucun îlot, aucun rocher, aucun écueil au voisinage immédiat de la côte, ne demeurait inaperçu, inexploré; ces mille atomes insulaires collés au rivage étaient soigneusement comptés un à un, décorés de noms propres, inscrits dans les routiers nautiques, et tout négligés qu'ils sont par l'hydrographie moderne, ils conservent à nos yeux le prestige d'une individualité historique, à laquelle on ne peut refuser quelques pages.

Mais outre ces dépendances prochaines de la côte, des îles sont encore parsemées, plus importantes et en plus grand nombre, tantôt solitaires, tantôt groupées en archipels, dans les mers qui entourent le grand continent d'Afrique; et si d'autres continents étendent aussi leurs rivages sur ces mêmes mers, à l'opposite des plages africaines, une ligne intermédiaire de

1re *Livraison.* (ILES DE L'AFRIQUE.)

partage est aisée à tracer pour déterminer le domaine insulaire de chacun des continents opposés, en tenant compte, tour à tour, de la proximité relative, des affinités d'origine, d'aspect et de langage des populations, ou enfin quelquefois des circonstances historiques de la découverte.

Cette ligne de démarcation, il faut, au nord, la tirer à travers la Méditerranée pour séparer les îles dépendantes de l'Afrique de celles qui appartiennent à l'Europe; dans l'ouest, c'est l'océan Atlantique au sein duquel est à établir la limite commune d'Afrique et d'Amérique; et dans l'est, c'est au milieu de l'océan Indien et de la mer Rouge que serpente la ligne de division mutuelle entre les îles africaines et les dépendances de l'Asie.

Ainsi, envisageant successivement notre sujet du point de vue que nous offrent tour à tour l'Europe, l'Amérique et l'Asie, nous pourrions considérer les îles qui entourent l'Afrique comme naturellement distribuées en trois grandes coupes, corrélatives à la distinction des trois grandes mers; mais du côté qui regarde l'Asie, une distinction semble encore nécessaire entre les îles transéquatoriales répandues et circonscrites à la fois dans un espace assez considérable de la mer des Indes, loin des routes fréquentées par les anciens, et les îles de l'ancienne mer Érythrée et du golfe Arabique, plus ou moins célèbres dans les traditions historiques de l'antiquité.

Nous partagerons donc ce volume en quatre divisions principales, d'étendue et d'importance très-diverses, dont la première sera consacrée aux îles africaines de la Méditerranée, la seconde aux îles de l'Atlantique, la suivante aux îles de la mer des Indes, et la dernière aux îles de l'ancienne mer Érythrée.

PREMIÈRE PARTIE.

ILES AFRICAINES DE LA MÉDITERRANÉE.

§ I.

VUE GÉNÉRALE DE LA MÉDITERRANÉE.

En jetant les yeux sur cette mer intérieure que se partagent l'Afrique et l'Europe, et dont les flots atteignent même certains rivages asiatiques, nous sentons le besoin de demander avant tout, à l'hydrographie ainsi qu'à l'histoire, quelques notions générales sur la nature, les vicissitudes, l'étendue, les formes, les divisions, les dénominations successives, l'exploration graduelle de ce théâtre des premières navigations des peuples de l'antiquité.

Étendue et dépendances de la Méditerranée.

Telle que nous la représentent aujourd'hui les connaissances acquises par des explorations nautiques, sinon encore parfaites, exécutées du moins sous l'empire des exigences de la science moderne, la Méditerranée, ainsi nommée par excellence parce qu'elle est la première mer méditerranée que nous ayons connue, et la plus grande de toutes, doit être classée parmi ces masses d'eau de second ordre qui occupent, au milieu des terres, le fond d'un vaste bassin intérieur, communiquant par une étroite ouverture au bassin commun des océans.

Au nord, de larges versants lui envoient le tribut abondant de leurs eaux; au sud, au contraire, les pentes sont courtes et les eaux rares, sauf à l'extrémité de cette longue côte africaine, où le Nil d'Égypte apporte du fond de l'Éthiopie et dégorge, par de nombreuses embouchures, un volume d'eau périodiquement enflé des pluies intertropicales.

Sur le versant de l'Europe, l'Ebre et le Rhône, encore décorés de leurs

RÉGENCE DE TUNIS

Caserne et Château Vieilchou à Gerbi.

noms antiques, le Pô, représentant moderne de l'ancien Éridan, le vieil Ister qui a échangé son nom contre celui de Danube, le Tyras que le moyen âge appelait Danaster dont nous avons fait Dniester, l'Hypanis devenu le Boug, le Borysthènes affublé du nom de Dniéper emprunté au Danapris du moyen âge, enfin le Don successeur de l'antique Tanaïs, recueillent au loin et portent à la Méditerranée le tribut des eaux de la plus belle moitié de l'Europe.

Mais la plupart n'y arrivent qu'à travers d'autres grands réservoirs intérieurs, tributaires directs de la Méditerranée, et décorés eux-mêmes du titre de mer.

Ici c'est la longue Adriatique, dont le prosaïsme des derniers siècles avait fait le golfe de Venise, qui reçoit à l'un de ses bouts l'Éridan, et qui va de l'autre bout se réunir à la grande mer, à l'endroit où les monts Acrocérauniens venant expirer vis-à-vis de l'ancienne Hydrunte, laissent ouvert le détroit qu'on appelle maintenant canal d'Otrante; limite où demeure restreint de nos jours, comme au deuxième, comme au quatrième siècle avant notre ère, ce nom d'Adria, qui plus tard, franchissant le seuil où nous voulons l'arrêter, se répandit au loin, et, de proche en proche, atteignit jusqu'aux bouches du Nil.

D'un autre côté, c'est le Palus Méotide qui, sous le nom barbare de mer d'Azow, reçoit les eaux du Tanaïs, pour les rendre au Pont-Euxin, qu'à l'exemple des Turks l'Europe moderne appelle mer Noire; la mer Noire à son tour, grossie des eaux du Dniéper, du Boug, du Dniester et du Danube, débouche, à travers la Propontide devenue mer de Marmara, dans la mer Égée exclusivement connue désormais sous le nom d'Archipel; et l'Archipel enfin aboutit à la Méditerranée par les détroits qui lui sont ouverts aux deux bouts de la Crète, appelée aujourd'hui Candie. Ainsi, d'étage en étage, se déversent l'une dans l'autre ces mers successives, jadis enfermées peut-être dans autant de bassins isolés et indépendants, que l'effort prolongé des eaux supérieures, aidé, selon toute apparence, de quelques secousses volcaniques, aura violemment entr'ouverts pour livrer passage à leur trop-plein, couvrant alors les contrées voisines d'un de ces déluges dont l'histoire primitive de la Grèce a conservé la tradition.

L'Archipel et l'Adriatique débouchent l'un et l'autre, dans la Méditerranée, en cette partie orientale enclose elle-même dans un bassin distinct maintenant ouvert au nord-ouest, mais fermé peut-être aussi en ces temps primordiaux que n'atteint pas la mémoire des hommes, et dont les révolutions ne sont écrites que sur le sol qui les a subies. Tout souvenir historique n'est cependant pas perdu de l'antique adhérence de la Sicile et de l'Italie; Virgile, rappelant en ses vers harmonieux les vieilles traditions grecques, raconte la séparation violente qui ouvrit le détroit de Messine (*):

« On dit qu'une soudaine et profonde secousse
« Coupa ce continent en deux pays divers,
« Tant le long cours des ans peut changer l'univers!
« Ces terres ne formaient qu'un sol, qu'une patrie,
« Quand, heurtant la Sicile et les flancs d'Hespérie,
« La mer les déchira de ses flots irrités,
« Et d'un double rivage éloigna leurs cités (**).

Et d'autre part les barres continus que les sondages de Smyth ont révélés sous les eaux en travers du passage ouvert entre la Sicile et l'Afrique, attestent l'ancienne liaison du cap Lilybée et du Beau promontoire, ou, pour les appeler de leurs ignobles dénominations modernes, du capo Boeo et du capo Farina.

Là aussi la rupture des digues ouvrit le détroit de Libye, par lequel cette portion orientale de la Méditerranée communique avec le bassin occidental, où s'écoulent l'Èbre et le Rhône, où surnagent d'une part la Sardaigne et la Corse, d'une autre part les Baléares, et qui atteint à l'ouest les

---

(*) Hæc loca vi quondàm et vastâ convulsa ruinâ,
(Tantùm ævi longinqua valet mutare vetustas!)
Dissiluisse ferunt, quum protinùs utraque tellus
Una foret : venit medio vi pontus, et undis
Hesperium Siculo latus abscidit, arvaque et urbes
Littore diductas angusto interluit æstu.
(Æneid. III, 414).

(**) Traduction de Barthélemy.

fameuses colonnes d'Hercule, monument immortel élevé par ce dieu lui-même à sa propre gloire, quand il couronna ses travaux en brisant de sa massue les rochers qui fermaient en cet endroit l'accès de l'Océan et de l'île où devait s'élever son temple de Gadès.

Ainsi, depuis les Palus Méotides jusqu'à l'Océan, la gravitation des eaux, entraînant leur masse de réservoir en réservoir à travers les passages que se frayait leur irrésistible propension vers les régions inférieures, ne trouvait de terme à son infatigable course qu'en aboutissant enfin à ce dernier réservoir océanique, aux portes duquel le dieu qui les ouvrit avait inscrit *non plus ultrà!*

Comment s'est formé le détroit des Colonnes.

Mais est-ce bien le trop-plein de ces mers intérieures qui vient se dégorger à l'Océan? N'est-ce pas, au contraire, le fougueux Océan qui, par le détroit des Colonnes, se précipite dans la Méditerranée? Oui, sans doute; et l'on sait que l'impulsion est assez forte pour se continuer dans la même direction, sauf les exceptions qui résultent des remous, tout le long des côtes d'Afrique, se repliant ensuite sur elle-même pour revenir vers l'ouest le long des côtes d'Europe, jusqu'à ce qu'elle s'efface complétement à l'approche du détroit; non qu'elle soit alors épuisée, mais parce qu'elle s'enfonce sous le courant superficiel pour retrouver son issue vers l'Océan. On a même remarqué, dans la forme des côtes d'Espagne et d'Afrique, à l'extérieur du détroit, une disposition symétrique figurant un entonnoir, par lequel les courants atlantiques durent être dirigés contre la barrière qui fermait la Méditerranée, et qui ne put résister à leur effort.

Cependant, comme le flux qui remonte le courant des fleuves n'a point ouvert leur embouchure, et n'empêche pas leurs ondes d'obéir à la loi des pentes où leur route est fatalement tracée; de même l'Océan, dont le flot s'avance dans la Méditerranée, peut être étranger à la formation de l'embouchure qui lui donne passage.

Beaucoup de questions, d'ailleurs, que la science de nos hydrographes est appelée à résoudre, et qui attendent encore un examen approfondi, sont liées au problème complexe des révolutions physiques dont l'état actuel du bassin de la Méditerranée est le résultat. A-t-on assez étudié la localisation, la direction constante ou variable, l'intensité, la profondeur des courants dont l'existence a été reconnue à la surface de la Méditerranée? A-t-on exploré les courants ou contre-courants sous-marins dont les anciennes routines contestaient la vérité, et qui ne sont plus révoqués en doute depuis qu'ils ont été cent fois vérifiés en quelques places, telles que le détroit des Colonnes? Et pour nous borner à ce détroit, a-t-on évalué la masse d'eau qu'il reçoit d'ouest en est aux yeux de tous, et celle qu'il rend en même temps d'est en ouest sans trahir cette restitution par aucun signe extérieur? Sait-on quelle est la balance de ces deux quantités, la résultante des deux forces contraires qui les poussent? Et, à défaut même de ces données, nos physiciens ont-ils déterminé la loi générale suivant laquelle deux courants opposés se rencontrant sans se détruire, sans se confondre, choisiront pour se croiser en se superposant, l'un d'eux la route supérieure, l'autre la route inférieure?

Mais si la théorie voulait *à priori* décider la difficulté, ne semble-t-il pas qu'elle adjugerait au courant le plus puissant la route inférieure, où il ne peut se mouvoir qu'en refoulant ou écartant les ondes qu'il rencontre, tandis que la route supérieure n'a point à vaincre un pareil obstacle?

Au surplus, la cause originelle du grand courant océanien qui porte les eaux de l'Atlantique dans la Méditerranée, offre aussi à nos méditations un grave problème, dont la solution a des rapports intimes au sujet qui nous préoccupe; ce courant, qui roule sans cesse autour d'une masse d'eaux

RÉGENCE DE TUNIS

inertes, n'a-t-il point au fond des mers, pour déterminer son invariable course, un noyau plus solide que cette liquide surface? Et si ce noyau n'est autre que la grande île Atlantide des temps antiques, effondrée et submergée, comme le racontait à l'un des sages de la Grèce naissante un des prêtres de la vieille Saïs, n'y aura-t-il point à se demander si toutes ces révolutions simultanées ou consécutives n'ont point une même origine, une *commune cause*; s'il n'a pas suffi, en un mot, d'un seul ébranlement commencé en orient et se propageant vers l'ouest, suivant une progression toujours croissante d'intensité, pour ouvrir aux mers supérieures des déversoirs successifs jusqu'à l'Océan, et engloutir enfin dans celui-ci l'île immense dont les Açores et les Canaries ne nous offrent plus que les débris?

Nous ne voulons pas aborder ici la grande question de l'Atlantide; elle a sa place naturelle dans une autre section de ce volume; il nous suffit d'avoir indiqué comment elle se lie à l'histoire de la Méditerranée, et s'accorde avec l'hypothèse qui fait ouvrir d'orient en occident le détroit des Colonnes, avant qu'une catastrophe mémorable eût tracé une route à ce courant anormal qui revient d'occident en orient envahir, en apparence, cette brèche qu'il n'a pas faite.

Parmi les géographes anciens qui ont dit quelques mots de la formation du détroit, la plupart n'en ont parlé qu'en mythologues, et n'y ont vu que le dernier terme des prouesses d'Hercule; ceux qui ont conservé, dans la mention de ce grand événement, leur caractère de physiciens et de géographes, s'accordent à le représenter comme un résultat de la pression des eaux accumulées de la mer intérieure; telle était l'explication donnée par Straton de Lampsaque au troisième siècle avant notre ère; c'était également celle du savant Ératosthènes d'Alexandrie dans le siècle suivant; et Strabon la répétait après eux.

Noms généraux donnés à la Méditerranée.

Nous avons dit quels noms portaient dans les temps anciens les mers secondaires tributaires de la Méditerranée; nous avons à rappeler aussi quels noms elle a portés elle-même, soit dans son ensemble, soit en chacune des régions partielles entre lesquelles elle était distribuée; et ici, comme en toutes choses, il ne faut pas oublier qu'à part ces dénominations vagues appliquées au hasard à une étendue dont on ne cherche point à définir les limites, les noms généraux sont les derniers à se produire, parce que la synthèse est le dernier terme des études humaines. Le cercle d'application des noms géographiques sera donc en général d'autant plus restreint que ces noms remonteront à des époques plus reculées.

Les Hébreux, qui ne voyaient la Méditerranée que de leurs rivages, l'appelaient *la Grande Mer*, ou bien *la mer Postérieure*, c'est-à-dire *Occidentale*. Voilà l'exemple de ces noms vagues dont nous parlions tout à l'heure; on les donne à la partie que l'œil embrasse, on les étend à l'ensemble dont on ne voit qu'une fraction, sans savoir où ils doivent s'arrêter.

Est-ce à dire que les Hébreux ne connurent point autrement la Méditerranée? Non, sans doute; car ils durent recevoir des Phéniciens quelques notions des navigations lointaines accomplies par ce peuple commerçant; eux-mêmes furent associés quelquefois à ses expéditions aventureuses. Mais leurs livres saints ne nous ont conservé à cet égard aucune tradition : car ces noms de Grande Mer et de mer Occidentale ne pouvaient convenir à la Méditerranée dans la nomenclature nautique des Tyriens, qui avaient parcouru des mers plus grandes et plus occidentales; et le mystère que ceux-ci faisaient aux étrangers de leurs découvertes maritimes, n'a point laissé parvenir jusqu'à nous, par d'autre voie, les termes qu'ils employaient à désigner les diverses mers explorées par leurs navires.

Quant aux Grecs, on sait que, dans les temps homériques, le monde terrestre n'était pour eux qu'un disque entouré par le grand fleuve Océan; et la Méditerranée n'avait d'autre dénomination que *la Mer* ; et cette mer mal connue était censée se terminer au voisinage de la Sicile, au delà de laquelle tout était ténèbres ou fables. Ce ne fut qu'à la longue qu'on acquit une juste idée de sa véritable étendue. Quand on eut appris, par les relations des peuples étrangers, qu'il y avait d'autres mers, il fallut à la Méditerranée une désignation distincte : Hérodote ne trouva rien de mieux que de l'appeler *cette mer-ci;* Aristote, qui avait des prétentions scientifiques plus élevées que le naïf historien d'Halicarnasse, préféra un nom plus absolu, et c'est à lui que remonte celui de *mer Intérieure*, qui, variant de formes au gré des temps et des langages, a prédominé désormais, soit qu'il fût exprimé par le ἔσω θάλασσα des Grecs, l'*Internum mare* des Romains, ou le *mare Mediterraneum* des Néolatins, avec tous ses analogues modernes. Il y eut néanmoins aussi d'autres dénominations concurremment employées par les géographes et les historiens anciens : Aristote lui-même disait plus explicitement *la mer en dedans des colonnes d'Hercule* (*); et Polybe donnait à Salluste, ainsi qu'à Tite-Live, l'exemple de l'appellation possessive *mare nostrum*. Quand le christianisme eut répandu en Occident la connaissance des livres sacrés des Juifs, on vit reparaître quelquefois la dénomination de *Grande Mer*, jusqu'à ce que celle de *Méditerranée* prévalût enfin sans partage.

Noms particuliers de la Méditerranée.

Jusqu'ici nous n'avons parlé que des appellations générales. Il y en avait aussi de particulières pour les diverses régions de la Méditerranée, et chacune était prise des rivages les plus prochains ; ainsi, dans le bassin oriental, on voyait se succéder d'est en ouest, le long des rivages septentrionaux, la mer de Syrie, la mer Carpathienne, la mer Crétoise, la mer Ionienne, la mer de Sicile; et vers la côte opposée, la mer Libyenne, avec les deux Syrtes qui en occupent l'extrémité. Dans le bassin occidental, on trouvait la mer Tyrrhénienne, la mer Ligustique, la mer Gauloise, la mer Sarde, la mer Baléarique, la mer Ibérique, et la mer Africaine.

Mais quelques dénominations, d'une application d'abord très-restreinte, se sont étendues de proche en proche jusqu'à de très-grandes distances du point de leur origine, de manière à devenir des noms généraux, soit pour chacun des deux grands bassins de la Méditerranée, soit pour cette mer elle-même tout entière. Telles ont été les dénominations de *mer Adriatique* et de *mer Tyrrhénienne*.

Le golfe allongé qui, depuis le canal d'Otrante jusqu'à Venise et Trieste, porte aujourd'hui le nom de mer Adriatique, se trouve, aux yeux du marin, composé de plusieurs golfes moins considérables, engaînés, en quelque sorte, les uns dans les autres : le golfe de Trieste, dont l'entrée est comprise entre la pointe du Tagliamento et celle du Salvatore, est une portion du golfe de Venise proprement dit, dont l'entrée est marquée par le *Promontorio* d'Istrie à l'est, et par la pointe *Maestra*, ou plutôt celle d'Ancône, à l'ouest; celui-ci est, à son tour, compris dans un golfe plus grand, dont la limite est indiquée par *la Testa del Gargano* et les îles de la côte opposée; et ce dernier golfe lui-même est renfermé dans celui qui commence au canal d'Otrante.

Il semble qu'en nous livrant à cette considération spéciale d'une mer exclusivement européenne, nous nous éloignions des parages africains, dont nous devons surtout nous préoccuper. Il n'en est point ainsi, et c'est précisément par cette voie que nous allons revenir à l'Afrique.

(*) Ἡ ἐντὸς Ἡρακλείων στηλῶν θάλασσα.

En effet, ce grand golfe, par lequel la mer Ionienne s'avançait jusqu'aux rivages vénitiens, n'eut pas, dans le principe, d'autre nom que celui de golfe Ionien ; après la fondation d'Adria au nord des bouches du Pô, le nom de golfe Adriatique fut employé pour désigner cette baie avancée, comme on en voit l'indication dans quelques passages d'Hérodote, tandis que le surplus conservait le nom général de golfe Ionien jusqu'à la pointe Maestra, ainsi que le témoigne Hellanicus de Lesbos, contemporain d'Hérodote. Mais après que Denys de Sicile, un siècle plus tard, eut fondé une nouvelle Adria vers le milieu de la côte orientale de l'Italie, le nom de golfe Adriatique s'étendit naturellement à cette autre partie du golfe Ionien, déterminée par la saillie considérable du *monte Gargano*; on sait qu'au temps d'Aristote et de Théophraste, telle était effectivement l'application usuelle de ce nom. Au temps de Polybe, il avait fait de nouveaux progrès, et il avait acquis toute l'extension que nous lui donnons aujourd'hui, et qu'il a probablement toujours conservée dans l'intervalle, bien qu'on voie reparaître quelquefois le nom de golfe Ionien, surtout pour la portion la plus voisine de la mer Ionienne : c'est une sorte d'archaïsme, trop commun chez les écrivains anciens et modernes pour qu'il y ait lieu d'y attacher une grande importance historique.

Comme le golfe Adriatique et l'ancien golfe Ionien n'étaient qu'une seule et même chose, et que le golfe Ionien était une partie de la mer Ionienne, il advint bientôt que le nom de golfe Adriatique entraîna le changement du nom de mer Ionienne en celui de mer Adriatique. Ce n'est pas tout : ce nom gagna successivement au sud et à l'est; Ovide, Horace, Strabon, saint Luc, Josèphe, Pausanias, Arrien, Ptolémée, Philostrate, Agathémère, Éthicus, Orose, saint Jérôme, Procope, et d'autres plus récents, nous montrent la dénomination de *mer Adriatique*, grandissant jusqu'à désigner tout le bassin oriental de la Méditerranée.

D'un autre côté, le nom de *mer Tyrrhénienne* s'était aussi répandu sur tout le bassin occidental, et c'est aux îles Maltaises que Procope indiquait sa jonction à la mer Adriatique ; mais cette dénomination était destinée à envahir de plus vastes espaces ; déjà Denys le Périégète l'étendait jusqu'à la grande Syrte ; Éthicus la montre au nord de l'Égypte, et c'est dans la mer Tyrrhénienne que Dicuil fait déboucher le Nil.

De même le nom de *Wendel-sea*, ou mer des Vandales, qui, dans l'origine, dut être restreint au bassin occidental de la Méditerranée, depuis l'Andalousie qu'ils quittaient jusqu'à l'Afrique et la Sicile qu'ils venaient occuper, s'étendit bien au delà, et se trouvait, au temps du savant roi Alfred d'Angleterre, appliqué à toute la Méditerranée.

De même encore, mais par un mouvement inverse, le nom de *Bahhr-el-Schâm*, ou mer de Syrie, que les Arabes donnèrent d'abord aux parages orientaux de la Méditerranée, se propagea à l'occident avec le succès de leurs armes, jusqu'au détroit d'Hercule, qu'ils appelaient *Báb-el-Zoqáq*, ou Porte du Passage. Plus tard, quand le nom du premier conquérant mauresque qui aborda en Andalousie fut demeuré attaché au rocher de *Gebel-Tháreq*, cette dénomination, reconnaissable encore dans le moderne Gibraltar, vint fournir, pour la désignation du détroit, le nom qui a persisté jusqu'à nos jours. D'un autre côté, la Rome d'orient, Constantinople, était encore, au temps des conquêtes des Arabes, la capitale d'un empire qui se disait romain; aussi appelèrent-ils *Bahhr-el-Roum* la mer sur laquelle s'étendaient les domaines byzantins, et cette dénomination se propageant pareillement à l'occident, devint aussi une des appellations générales de la Méditerranée.

Après ce coup d'œil rapide sur l'ensemble de la mer intérieure que l'Europe et l'Afrique ont à se partager, nous allons rechercher comment doit être opéré ce partage.

§ II.

DISTRIBUTION DES ILES DE LA MÉDITERRANÉE.

Aucune des grandes îles de la Méditerranée n'appartient à l'Afrique.

Depuis l'Égypte jusqu'au détroit de Gibraltar, les grandes îles échelonnées dans la Méditerranée semblent ne pouvoir être disputées à l'Europe.

Celle de Candie, il est vrai, naguère encore soumise à l'Égypte, était aussi comprise par les Romains dans une de leurs provinces libyennes, alors que, réunie à la Cyrénaïque sous l'autorité d'un même préteur, elle comptait parmi les domaines du sénat et du peuple; mais elle n'en était pas moins grecque d'origine, et sa réunion avec la Cyrénaïque ne fut que momentanée. N'est-ce même pas plutôt la grecque Cyrène qui fut un instant détachée du corps de la Libye pour être annexée à la province prétorienne de Crète, antérieurement constituée? Et de nos jours, si l'autorité, naguère encore subsistante, du pacha d'Égypte, et les préoccupations politiques qui s'y rattachent, pouvaient faire oublier un instant les traditions et l'histoire de tant de siècles pendant lesquels la Crète fut exclusivement grecque, la nature ne viendrait-elle pas démentir cet arrangement arbitraire, en nous montrant cette grande île étendue d'ouest en est, à l'entrée de la mer Égée, comme une digue jadis continue entre le Péloponèse et la Grèce asiatique, puis rompue à ses extrémités, mais laissant d'une part Égilie et Cythère, de l'autre Carpathos et Rhodes comme des débris? Par sa position et sa constitution physique, aussi bien que par son histoire, Candie ne peut donc être séparée de l'archipel grec.

Quant à la Sicile, annexe aujourd'hui de la couronne de Naples, comme elle l'était anciennement de la grande Grèce, pourrait-elle être contestée à l'Europe, sous le prétexte que Carthage en avait entrepris la conquête, et que les Aghlabytes de Qayrouân en firent une province de leur empire africain? Mais Carthage n'y sut trouver qu'un champ de bataille pour ses premières luttes contre Rome, et ce champ de bataille, elle le perdit. Et les enfants d'El-Aghlab, conquérants éphémères, furent chassés à leur tour par les guerriers de Normandie (*). Quelle trace d'ailleurs est restée en Sicile de ces dominateurs puniques et mauresques qui ont passé sur elle? A peu près rien. La Sicile n'a guère que des monuments grecs ou romains, qu'une langue romane, que des habitants italiens.

Pourrions-nous enlever à l'Europe, pour l'attribuer à l'Afrique, la Sardaigne, domaine de la maison de Savoie, à qui elle constitue un royaume par sa réunion avec le Piémont et ses annexes? A la vérité, comme le rapportent les traditions antiques, les premiers habitants de cette île furent Libyens; puis, quand elle eut reçu les colonies grecques d'Aristée et d'Iolas, et encore quelques Troyens séparés par la tempête de la flotte d'Énée, de nouvelles immigrations libyennes vinrent exterminer les Grecs et refouler les Troyens dans les montagnes, où ils subirent même l'influence des vainqueurs, à tel point qu'au temps de Pausanias, ils avaient l'armure, le costume, les mœurs et tout l'aspect des Africains. Les Carthaginois, à leur

(*) S'il nous est permis, tout en excluant la Sicile de notre cadre africain, de signaler ici un ouvrage où il est traité de la Sicile dans ses rapports avec l'Afrique, nous citerons avec empressement le beau volume que vient de publier M. Noël Desvergers, sous ce titre: « Histoire de l'Afrique sous la domination des Aghlabytes, et de la Sicile sous la domination musulmane; texte arabe d'Ebn-Khaldoun, accompagné d'une traduction française et de notes. Paris, Didot, 1841. » Pour nous, descripteur et historien de l'Afrique, cette publication est une bonne fortune que nous ne manquerons pas de mettre à profit dans notre travail.

tour, portèrent leur domination dans la Sardaigne ; plus tard, les Arabes d'Afrique en devinrent les maîtres. Mais tout cela est effacé aujourd'hui : les Romains avaient remplacé les Carthaginois, comme les Génois, aidés des Pisans, expulsèrent les Maures et tuèrent leurs quatre rois, dont les têtes se voient encore dessinées en noir sur l'écu de Sardaigne, aux quatre cantons de la croix de gueules des conquérants génois. La domination romaine fut longue, plus longue encore fut celle des Génois, et la population sarde, au langage roman, n'a plus, depuis bien des siècles, rien d'africain dans le costume, l'aspect, ni les mœurs (*).

Pour les Baléares, elles ont aussi été possédées par les Carthaginois et par les Maures ; mais c'étaient plutôt les Carthaginois et les Maures d'Espagne que ceux d'Afrique ; et les vicissitudes politiques que ces îles ont subies n'ont jamais rompu l'étroite liaison où la nature elle-même les a placées à l'égard de la péninsule hispanique.

Ainsi, la ligne de partage que nous avons à tracer entre l'Europe et l'Afrique, à travers le bassin de la Méditerranée, doit laisser au nord, comme terres d'Europe, Candie, et la Sicile, et la Sardaigne, et les Baléares. Ce sont comme des caps jalonnant une limite invisible, le long de laquelle serait creusé le chenal des courants. Entre Candie et Barqah, entre les Baléares et l'Algérie, la voie est large et la délimitation facile à distance égale des deux rivages.

Quelles îles de la Méditerranée appartiennent à l'Afrique par leur situation.

Mais entre la Sardaigne et l'ancien Bastion de France, la Galite avec ses appendices, jetée au milieu des flots comme une sentinelle avancée de l'Afrique, semble refouler vers le nord le chenal des profondes eaux, et les sondages multipliés de Smyth, traduisant en chiffres de brassiage les formes onduleuses de cette grande vallée sous-marine, en portent le thalweg plus près encore de la Sardaigne que de la Galite.

Au contraire, entre la Sicile et la côte africaine qui lui fait face depuis Bizerte jusqu'à Messratah, la loi des distances relatives, d'accord avec la plus grande profondeur des sondages, tout en adjugeant à l'Afrique Pantellaria, ainsi que le petit groupe mal uni de Lampedouse, Linose et le Lampion, semblerait attribuer à la Sicile Malte et ses annexes.

Les îles maltaises doivent être attribuées à l'Afrique.

Mais, toute voisine qu'elle paraisse de la Sicile, toute chrétienne qu'elle soit comme elle, Malte n'est point sicilienne ; sans doute elle a subi plus d'une fois les vicissitudes politiques de la Sicile, soit quand les Grecs et les Carthaginois s'en disputaient la possession, soit lorsque, devenue romaine, elle avait un procurateur soumis au préteur de Sicile, soit enfin lorsqu'elle était conquise par les princes normands pour être annexée à leur nouveau royaume. Mais d'autre part Malte avait appartenu aux Phéniciens fondateurs de Carthage, les Carthaginois l'avaient annexée à leur royaume d'Afrique, les Maures à leur tour s'en étaient emparés ; enfin, détachée de l'empire de Charles-Quint pour constituer aux chevaliers de Saint-Jean de Jérusalem un domaine indépendant en compensation de la perte de Rhodes, elle devint, pendant les guerres de la révolution française, la proie de l'Angleterre, qui, après s'y être maintenue contre la foi des traités, a su faire ratifier en sa faveur, par les puissances de l'Europe, la possession de cet autre Gibraltar.

Ainsi, aujourd'hui sentinelle perdue de la puissance anglaise, naguère le

---

(*) On ne peut parler de la Sardaigne sans avoir à signaler aussitôt le magnifique *Voyage en Sardaigne* du major général comte Albert de la Marmora, véritable monographie, écrite avec autant de goût que de savoir et de consciencieuse fidélité.

boulevard de la chrétienté pendant une glorieuse indépendance de près de trois siècles, Malte avait précédemment, sur la limite commune de l'Europe et de l'Afrique, flotté entre la domination africaine et celle de divers États européens. A travers toutes ces vicissitudes, Malte est toujours restée africaine : les conquérants étrangers ont disparu tour à tour, et les maîtres anglais qui se sont établis au sommet du rocher n'ont pu y étendre que des rameaux exotiques; le Maltais indigène, qui pullule si prodigieusement sur ce coin de terre, le véritable Maltais est africain : son aspect, ses mœurs, son langage, le proclament hautement. En vain l'on invoquera comme indices d'une autre origine quelques-uns de ces monuments qu'on est convenu d'appeler cyclopéens et pélasgiques : la disposition des uns révèle des constructions phéniciennes, d'autres portent un nom arabe. La première population connue de l'île était phénicienne, soit qu'elle vînt directement d'Orient ou des colonies phéniciennes d'Afrique; et dans tous les cas, les Carthaginois se l'assimilèrent complétement. Sous les dominateurs romains qui se substituèrent aux Carthaginois, tout comme aujourd'hui sous les dominateurs anglais, le fond de la population conserva sa physionomie native, ses habitudes propres, son patois national, et l'apôtre saint Paul, que la tempête poussa sur leurs côtes (*), ou plutôt saint Luc, histo-

(*) Celui de nos collaborateurs dont la plume élégante et facile a tracé l'histoire et la description de Malte, a cru avoir de bonnes raisons pour considérer comme fondée sur une méprise l'opinion vulgaire sur le naufrage de saint Paul à Malte, préférant, comme Constantin Porphyrogénète, le conduire à Méléda du golfe Adriatique. Comme nous ne pouvons partager cette détermination, qu'il nous soit permis d'indiquer ici les principaux faits qui s'opposent à ce qu'elle soit admise sérieusement.
Analysons d'abord cette partie du récit de saint Luc : Saint Paul, arrivé à la pointe orientale de Crète, au cap de Salmone, continua sa route le long de la côte méridionale,

rien de ce naufrage, les appelle en conséquence *barbares*, c'est-à-dire,

jusqu'à Assos, dont la rade parut peu convenable pour hiverner; malgré les représentations de l'apôtre, qui prédisait une tempête prochaine, on fut d'avis de gagner le port de Phœnix, ouvert au sud-ouest et au nord-ouest, où l'hivernage serait plus commode; Phœnix étant vers le nord-ouest d'Assos, un léger vent de sud, qui s'élevait, sembla au capitaine du navire très-favorable pour son projet; mais à peine à la voile, le bâtiment fut assailli par un vent *typhonien*, c'est-à-dire tourbillonnant, connu en ces parages sous le nom d'*euroclydon*, ἄνεμος τυφωνικὸς ἐκαλούμενος εὐροκλύδων; au lieu de gagner Phœnix, comme on l'avait espéré, on fut poussé au sud vers la petite île Klauda, et continuant d'être emporté par la tempête, on craignit d'être entraîné vers la grande Syrte; il fallut jeter à la mer marchandises et agrès; enfin après treize jours de tourmente sur la mer Adriatique, ἐν τῷ Ἀδρίᾳ, on se trouva au voisinage de la terre, et l'on vint échouer sur une pointe que la mer baignait de deux côtés; on gagna comme on put le rivage, où l'on fut accueilli avec beaucoup d'hospitalité par les *barbares*, et l'on apprit alors que l'on était dans l'île de Malte, près des domaines de Publius, le *premier* de l'île, πρῶτος τῆς νήσου. On y passa l'hivernage, et reprenant la mer au bout de trois mois, sur un nouveau bâtiment appelé *Castor et Pollux*, on toucha à Syracuse, à Reggio, à Pouzzoles, et l'on arriva enfin à Rome.

Les trois mots *euroclydon*, *Adriatique* et *barbares*, ont servi d'argument en faveur de l'hypothèse que nous devons repousser : on a prétendu que le vent euroclydon était un vent du sud-est, alléguant à ce sujet la quadruple autorité de Pline, de Vitruve, d'Aristote et de Strabon; en second lieu, que la mer Adriatique n'avait jamais été autre que le golfe connu aujourd'hui sous ce nom; enfin que les habitants de Malte, alors sous la domination romaine, n'auraient pu avec justesse être appelés barbares. Le point que la tradition désigne à Malte comme celui du naufrage de saint Paul n'est d'ailleurs pas le premier port maltais qui s'offre à un navire venant de Crète; et l'on ajoute encore que le mouvement maritime et commercial de Malte était trop actif pour qu'on eût à attendre pendant trois mois le départ d'un autre bâtiment.

étrangers à la langue des Grecs et à celle des Latins. Quand les Arabes devinrent à leur tour maîtres de Malte, ils n'eurent aucune peine à façonner au langage mauresque les indigènes, qui parlaient déjà un idiome de la même famille; tandis que, depuis l'expulsion des Maures, sept siècles et demi se sont écoulés sans altérer la physionomie arabe de ce parler maltais, comme auparavant dix siècles de domination romaine n'avaient pu naturaliser sur ce sol rebelle le moindre germe latin auquel pût venir ensuite s'enter le roman de la Sicile ou des autres populations néo-latines de l'Europe méridionale.

A tous ces arguments la réponse est facile. Les trois mois de séjour pendant l'hivernage n'ont rien que de très-naturel. L'atterrissement à ce que l'on appelle aujourd'hui le port de Saint-Paul, plutôt que sur un point plus oriental de l'île, n'a rien de surprenant si l'on veut bien se rappeler que le navire était ballotté sur les flots au gré de la tempête, et que c'est au milieu de la nuit que l'équipage pressentit le voisinage de la terre. Quant à l'épithète de *barbares* ou étrangers appliquée aux Maltais, il suffit d'admettre que le commun du peuple parlât le punique (chose tout à fait probable à nos yeux), pour que cette épithète soit complétement justifiée. Pour ce qui est de la dénomination de *mer Adriatique*, donnée à toute la portion de la Méditerranée comprise entre la Syrie et le détroit de Libye, c'est une question résolue incontestablement pour tous les géographes instruits; et sans accumuler ici les citations, qu'il nous suffise de renvoyer au mémoire spécial de M. Letronne sur ce sujet. Enfin, venant au premier et principal argument, il faut nous hâter de déclarer que, bien loin de trouver dans Pline, Vitruve, Aristote et Strabon, l'explication du vent *euroclydon*, on n'a encore rencontré cette dénomination que dans le récit même de la navigation de saint Paul par l'auteur des Actes des apôtres; la Vulgate le traduit par *un vent du nord-est*, comme si le texte grec eût porté εὐροακύλων; mais étymologiquement l'euroclydon n'est autre chose qu'un vent d'est soufflant par rafales : au surplus un vent de sud-est eût conduit le navire précisément d'Assos à Phœnix, où l'on voulait hiverner; tandis que la dérive vers Klauda et la crainte d'être poussé dans la Syrte excluent évidemment au contraire cette direction du sud-est. Enfin la route tenue par le *Castor et Pollux*, lorsqu'on remit en mer après l'hivernage, est précisément celle qu'on devait prendre en venant de Malte, tandis qu'on n'avait que faire de toucher à Syracuse si l'on fût parti de Méléda.

La nomenclature géographique du groupe des îles maltaises est elle-même toute mauresque, depuis le *Marsa Scirocco*, c'est-à-dire le port d'Orient, qui se voit à l'extrémité est de Malte, jusqu'au *Casal Garbo*, c'est-à-dire le hameau du Couchant, dernier village à l'ouest de l'île de Goze; sans oublier, au sud, ce rocher de *Folfola* qu'une moqueuse plaisanterie transformait en principauté pour en inféoder ironiquement le titre aux chevaliers trop entichés d'une importance que leur ordre n'avait plus.

Scylax attribuait Malte à l'Afrique; et Ptolémée la compte aussi expressément parmi les îles africaines; Pomponius Méla et Pline le naturaliste se bornent à la dire placée vers l'Afrique; Ovide la montre battue par les flots dans le détroit de Libye (*), et le prince des orateurs romains, dans ses brillantes plaidoiries contre Verrès, ayant à parler de Malte, se plaît à faire remarquer qu'un bras de mer assez large, et surtout périlleux, la tient séparée de la Sicile (**). Les descripteurs modernes de l'Afrique, tels qu'Olivier Dapper et Delacroix, ont compris Malte et ses annexes dans leurs compilations historico-géographiques. Ce n'est donc point une innovation que nous faisons en prenant le parti de les encadrer aussi dans notre travail.

Classement des îles africaines de la Méditerranée en diverses catégories.

Et maintenant que nous avons dé-

(*) « Fertilis est Melite sterili vicina Cosyræ
« Insula, quam Libyci verberat unda freti.»
(Fast. III. 567.)

(**) « Insula est Melita satis lato ab Sicilia mari,
« periculosoque disjuncta. »
(In Verr. IV. 46.)

terminé la limite mitoyenne des dépendances insulaires de l'Europe et de l'Afrique dans la Méditerranée, cherchons, à celles que nous retenons dans notre lot, un classement commode qui nous permette de les énumérer ou de les décrire sans confusion. Il semble assez naturel de les distribuer en quatre divisions successives : la première, consacrée à ces îlots du littoral libyen, si nombreux, si insignifiants par eux-mêmes aujourd'hui, mais qui ont obtenu une place dans la géographie ancienne; la seconde division, formée par les îles syrtiques de Gerbeh, Qerqéneh, et quelques autres; la troisième, comprenant les îles que leur position plus éloignée du rivage a fait appeler Pélagiennes, et parmi lesquelles nous aurons à compter le petit îlot d'Alboran, le plus écarté à l'ouest, la Galite, les Gjouâmer, le groupe de Lampedouse, et enfin la Pantellerie, réservant pour la dernière division le groupe maltais, composé de Malte, Gozzo, ou, comme l'appellent les indigènes, *Gavdesch* (reproduction mauresque de l'ancien nom de Gaudos), Cumino, Cuminetto, et Folfola.

§ III

ILOTS DU LITTORAL LIBYEN.

Ainsi que nous l'avons déjà dit, les îlots répandus sur la côte septentrionale de la Libye formaient, pour les bâtiments des anciens, habitués à serrer de près le rivage, autant de points de reconnaissance : quelques-uns leur offraient des ports commodes, d'autres avaient acquis une célébrité historique.

Les noms qui leur avaient été imposés dans l'harmonieux langage de la Grèce ont fait place aux dénominations souvent barbares enfantées par le caprice des populations modernes qui habitent le littoral voisin. Ces noms antiques, ces dénominations nouvelles, et la douteuse correspondance des uns et des autres, composent à peu près tout ce que l'on en sait aujourd'hui, parce que nos marins, habitués à cingler en haute mer, ont eu bien rarement l'occasion de prêter quelque attention à tous ces rochers sans importance, que ne recommandaient d'ailleurs aucune production spéciale, aucun avantage quelconque; et de leur côté, les ingénieurs qui ont exécuté des reconnaissances hydrographiques en ces parages, ne se sont guère mis en peine de nous donner la description pittoresque de ces infimes parcelles détachées du rivage, qu'il leur suffisait de pointer sur leurs cartes, sans avoir souci de l'intérêt de curiosité que pouvait seule éveiller une érudition archéologique trop souvent considérée par les hommes de science comme un fastidieux bagage, en ce siècle essentiellement utilitaire.

Il n'est pas en notre pouvoir de suppléer à l'insuffisance de nos guides ; mais nous réunirons du moins en un seul faisceau les rares et maigres documents qu'ils peuvent nous fournir.

Le Périple de Scylax, qui nous reporte, dans l'échelle des temps, vers le milieu du quatrième siècle avant notre ère, nous conduit le long des rivages africains à l'époque de la grandeur et de la prospérité de Carthage, nous les faisant parcourir depuis Alexandrie jusque par delà les colonnes d'Hercule. Dans un stadiasme anonyme de la Méditerranée, compilé tardivement par quelque moine chrétien, se trouve encadré un curieux fragment d'une date beaucoup plus ancienne, emprunté peut-être au portulan ou au stadiasme de Timosthènes, qui vivait dans la première moitié du troisième siècle avant l'ère vulgaire, ou peut-être à quelque périple plus ancien encore, et antérieur même à celui de Scylax ; mais ce n'est qu'un lambeau dont nous n'avons plus la portion qui se continuait au delà d'Utique. Les Tables de Ptolémée, plus récentes de quatre siècles, nous

présentent de nouveau ces mêmes parages dans leur ensemble à l'époque de l'omnipotence romaine. Puis il nous faut d'un bond franchir la distance qui sépare le géographe alexandrin des cosmographies arabes et des portulans néo-latins, auxquels se rattachent les reconnaissances et les descriptions modernes.

C'est avec eux tous que, voyageant à travers le temps et l'espace, nous allons parcourir à notre tour, d'îlot en îlot, le littoral africain baigné par la Méditerranée, depuis l'ancienne limite d'Asie jusqu'au détroit de Gadès.

C'est à l'embouchure la plus occidentale du Nil qu'était fixée la borne commune de l'Asie et de l'Afrique. Dès ce point commençaient à se montrer, sur le littoral, les nations libyennes, et tout d'abord les Adyrmachides, dont le nom rappelle une des populations issues de Qahhthân, et cantonnées dans l'Arabie méridionale (*) : les plus anciens témoignages historiques nous montrant ainsi la parenté intime des races arabes avec celles de la côte de Libye. Au même point commençait aussi, le long du rivage, la série des îles libyennes.

CANOPE.

On rencontrait d'abord celle de Canope, ainsi appelée, suivant la tradition des temps homériques, d'après le nom du pilote qui y conduisit Ménélas au retour de Troie, et qui mourut sur ce rocher ; l'île était déserte encore à l'époque où fut rédigée la portion correspondante du Périple de Scylax : on y montrait cependant le tombeau du vieux nocher, et ce monument de la piété des Grecs subsistait encore au temps de saint Épiphane. Vis-à-vis, sur la terre ferme, s'élevait la ville de Thonis, conservant le nom du monarque hospitalier chez lequel s'étaient arrêtés Ménélas et sa belle Hélène : le retrait de la mer, les atterrissements du Nil, peut-être aussi la main des hommes, vinrent plus tard réunir à l'antique cité l'île où les Spartiates avaient bâti le tombeau de Canope et jeté les fondements d'une ville qui devait faire oublier Thonis. La célèbre et luxurieuse Canope, oubliée à son tour, a fait place au château d'Abouqyr, trop fameux aujourd'hui par le combat naval où la marine française éprouva de si funestes désastres, à cette époque où nos armes allaient promener leur gloire jusqu'au pied des Pyramides, et laisser à l'Égypte les germes féconds destinés à régénérer cette terre antique.

PHAROS ET ANTIRHODE.

De Canope, nous avons à courir cent vingt stades ou douze milles vers l'ouest pour atteindre Pharos, dont le nom est devenu appellatif dans nos langues modernes, en mémoire de la tour magnifique destinée à éclairer, du haut de son huitième étage, les nautoniers de cette côte semée d'écueils et de bas-fonds.

Longeant le rivage où gisent les ruines du palais des Ptolémées dans l'antique Alexandrie, nous saluons en passant les deux obélisques appelés vulgairement les aiguilles de Cléopâtre; nous contournons le promontoire que les anciens avaient nommé Lochias, avec le petit îlot rocheux qui en est en quelque sorte un appendice, et qu'on désigne par le nom de Pharillon, comme un précurseur et un diminutif du Phare; puis, franchissant le passage que laissent entre elles quelques autres pointes de rochers, nous entrons dans le Port-Neuf d'Alexandrie, celui que les anciens appelaient le Grand-Port, et nous venons mouiller au pied du château carré bâti à la place où s'élevait jadis la tour du Phare. Au sud, nous apercevons les murailles aux cent tours de la ville arabe, remparts superbes d'une enceinte aujourd'hui déserte, faible partie elle-même de la grande Alexandrie des Romains et des Grecs, dont notre œil peut distinguer au loin encore quelques monuments ruinés, entre au-

---

(*) *Hhadzarmawet* des généalogies bibliques, *Hhadhramaut* des Arabes.

tres la colonne de Sévère, que la routine traditionnelle décore toujours du nom de Pompée. Au delà se déroule une vaste plaine inondée, emplacement naguère desséché de l'ancien lac Maréotis. En deçà, au contraire, et tout près de nous, la ville moderne, celle des Turks, est répandue sur un sol de formation récente, arraché à la mer, ou plutôt délaissé par elle, amas de sables successivement déposés contre l'isthme factice que les Grecs avaient dénommé l'Heptastadion, et qui réunissait, par une chaussée et un pont élevé sur de hautes arcades, l'île du Phare à la cité.

Nulle part les âges n'ont marqué leur succession rapide de traces plus facilement apercevables.

Homère, en son Odyssée, énonce que l'île de Pharos est éloignée de l'*Égypte* de tout un jour de navigation. Grand émoi des commentateurs pour expliquer ce passage : Ératosthènes d'accuser le poëte d'être fort ignorant en géographie, Strabon de défendre l'infaillibilité du divin chantre des navigations d'Ulysse. Un critique moderne (Paulmier) s'écrie avec raison que, chez Homère, *Égypte* est le nom du Nil, et que le poëte a voulu constater uniquement la différence en longitude comprise entre l'île de Pharos et la principale bouche du Nil; mais un voyageur, à qui l'on doit plus d'une observation ingénieuse, Savary, suppose qu'une baie profonde s'ouvrait sur la côte égyptienne opposée à l'île, et qu'Homère a exactement exprimé la distance qui séparait celle-ci du fond de la baie; que plus tard une barre sablonneuse se forma et vint à émerger à l'entrée de la baie, séparant désormais de la mer le grand lac Maréotis, dont l'évaporation vint rétrécir graduellement les dimensions, jusqu'à ce qu'il eut fini par disparaître tout à fait, pour se reformer tout d'un coup au gré d'une puissance ennemie qui sacrifiait à sa haine contre les Français les populations agglomérées dans le Ouédy Maryout.

Sur la langue de terre comprise entre le lac et la mer fut bâtie, par Alexandre le Grand, la ville qui devait être désormais la capitale de l'Égypte. Devant elle s'étendait, à près d'un mille de distance, une île allongée d'ouest en est, abritant un grand port, que vint couper en deux l'Heptastadion : au port oriental demeura le nom de Grand-Port; celui de l'ouest reçut le nom d'Eunoste ou du Bon Retour; on l'appelle aujourd'hui Port-Neuf. Les navires pouvaient passer de l'un à l'autre sous les hautes arcades du pont : aujourd'hui le pont et l'ancien isthme tout entier ont disparu sous les sables qui ont formé l'isthme nouveau occupé maintenant par l'Iskanderyeh des Turks.

Dans cet ensablement du Grand-Port a disparu aussi la petite île d'*Antirhodos*, qu'on reconnaît encore au milieu de la ville actuelle, dans une hauteur jonchée de ruines.

L'île de Pharos elle-même n'était point, dès l'origine, aussi étendue qu'on la retrouve aujourd'hui dans la presqu'île dont elle forme l'extrémité. Sans parler des alluvions sablonneuses qui ont allongé sa pointe occidentale, elle n'avait pas, à l'orient, cet appendice au bout duquel est bâti le château et qu'ornait jadis la fameuse tour comptée au nombre des sept merveilles du monde : cette tour s'élançait d'un îlot distinct, qui fut réuni à l'île principale par l'étroite chaussée encore subsistante. L'île donna son nom à la tour, et la renommée de celle-ci fut telle, que ce nom a été adopté dans nos langues modernes pour désigner toutes les tours répandues sur nos côtes maritimes pour guider dans la nuit la course des navigateurs.

Démarrons maintenant notre embarcation, contournons le petit îlot du Phare, et le rocher qui s'en détache à l'est, levant au-dessus des eaux une pointe prismatique aux lisses facettes, qui l'ont fait appeler le Diamant; puis nous longerons vers l'ouest tout le rivage septentrional de l'île jusqu'à cette pointe du couchant, renommée pour les figues délicieuses qu'elle produit, et qui lui ont valu la dénomination de *Râs-el-Tyn* ou cap

Habitants de Madère.

des Figues; et de là cinglons vers les îles prochaines.

LES JUMELLES DE PLINTHINE.

Notre barque, voguant tout près du rivage, ne tarde point à dépasser un petit îlot jeté en avant d'un promontoire qui forme une presqu'île abritant un port, et désignée par les anciens sous le nom de Chersonèse : sans doute alors l'îlot adhérait au promontoire; mais le travail séculaire des flots, qui dans cet endroit pèse du nord-est au sud-ouest, aura déchaussé le rocher vers sa base, et ouvert la séparation qui existe aujourd'hui. C'est le point maintenant appelé la Tour du Marabouth.

Doublons le cap : les sables détachés de la Chersonèse ont cheminé vers l'ouest, et la sonde nous révèle les contours du banc qu'ils ont formé autour de deux îlots que nous atteindrons après une marche de cinq milles. Notre œil découvre, en arrière-plan, la Tour des Arabes et les ruines d'Abousir, restes de Plinthine et de Taposiris, occupant le fond du golfe, qui prenait jadis son nom de celui de Plinthine, comme il reçoit aujourd'hui celui de golfe des Arabes.

Mais que nous importe cette perspective muette de la tour à double étage que les Grecs, sans doute, avaient élevée pour servir de signal aux mariniers? que nous importe la vue éloignée du *Taph-Ousireï*, de la colline consacrée à Osiris, que de joyeux compagnons venaient animer autrefois de leurs parties de plaisir et de leurs festins? ces lieux ne nous offrent plus que des rochers silencieux, ornés à peine de quelques touffes de figuiers sauvages.

Un grave problème d'érudition classique nous arrête devant les deux petites îles où nous venons d'arriver : *Bousbekah* est le nom moderne de cet endroit; quelle dénomination avait-il reçue des navigateurs anciens? Scylax, traversant d'une seule traite tout le golfe de Plinthine, ne nous fournit aucune lumière à cet égard; mais le Stadiasme de la Méditerranée, faisant le tour du golfe d'escale en escale, marque une station entre la Chersonèse que nous venons de quitter, et Plinthine que nous apercevons à l'horizon au delà de nos deux îlots; cette station intermédiaire, c'est bien, comme on voit, celle où nous sommes; et le Stadiasme lui donne le nom pluriel de *Dysmai*. Si nous consultons Ptolémée, nous trouverons dans ses Tables deux îles marquées près de la Chersonèse et de Plinthine, sous le nom de *Didymai*, c'est-à-dire les Jumelles : voilà bien encore le même point, sous une dénomination qui a quelque ressemblance avec la précédente, mais qui ne lui est point tout à fait identique, en sorte qu'il en faut conclure que l'une ou l'autre est corrompue. Laquelle choisirons-nous? Vraiment le Stadiasme nous est parvenu dans un tel état de mutilations orthographiques, que nous ne ferons point difficulté de condamner le nom de *Dysmai* comme une faute d'écriture, et de lui préférer celui de Didymes du géographe alexandrin.

LA FOURMI DE PÉDONIA.

Forçons de rames pour traverser ce golfe bordé d'écueils; il nous faut un jour et une nuit de navigation pour atteindre en droite ligne le blanc rivage du *Râs-el-Kenâys :* il nous faudrait le double de ce temps pour suivre les ondulations de la côte.

Au fond du golfe, nous trouverions une île sans nom, que nous signale le vieux portulan de Jean d'Uzzano, comme offrant un bon port et un mouillage sûr; mais nous n'attachons qu'un intérêt médiocre à ces souvenirs d'hier : nous sommes en quête de vestiges antiques, et nous passons rapidement au large de cet îlot obscur.

Cependant, après avoir fourni la majeure partie de notre course, nous apercevons sur notre gauche le promontoire nommé aujourd'hui *El-Heyf*, que les anciens appelaient *Derris;* puis nous remarquons des ruines disséminées sur les coteaux voisins, et nous laissons échapper un sourire moqueur au souvenir du *vin libyque* recueilli dans ce canton par les Antiphréens, et qui jouissait à Alexandrie d'une réputation pareille à celle que, chez les gourmets parisiens, possède le vin de Surène.

Peu après, nous voyons un groupe de ruines marquant l'emplacement de l'ancienne Pédonia ou Pézone, et en face, à quelques stades, son île, que Strabon et Ptolémée appellent du même nom que la ville, mais dont le Stadiasme nous a révélé la dénomination spéciale, qui est *Myrmex*, c'est-à-dire *la Fourmi :* la langue des marins, toujours pleine d'images, a, dans maint endroit, ainsi désigné les îlots qui élèvent au-dessus de la surface unie des mers une tête rocheuse noirâtre; nous rencontrerons bientôt sur la côte africaine, au long de laquelle s'accomplit notre périple, encore une de ces fourmis maritimes. Après avoir reconnu ce rocher, dont un point noir presque imperceptible marque seul la place dans nos cartes nautiques, nous nous hâtons de reprendre notre route vers l'ouest.

LES JUMELLES FUQUEUSES.

Nous ne tardons pas à atteindre deux petites îles, que sépare seulement une faible distance, et qui occupent l'enfoncement produit par un brusque retour de la côte vers le nord.

L'hydrographie moderne n'a point dédaigné cette fois d'assigner un nom à ce couple d'îlots : les Anglais ont inscrit sur leurs cartes la dénomination de *Sisters*, les Sœurs. Est-ce la trace d'un souvenir classique? ou n'est-ce pas plutôt que les marins de nos jours, comme les nautoniers d'autrefois, ont été frappés de la symétrie qu'offrent entre elles ces deux îles, semblables d'aspect, et sans doute émergées à la fois sous l'impulsion des mêmes influences? Toujours est-il qu'en consultant le Stadiasme qui nous sert de guide, nous y trouverons que les anciens aussi les avaient appelées Didymes, c'est-à-dire *les Jumelles*. Mais c'était là probablement une de ces appellations populaires fréquemment employées par les caboteurs, et auxquelles les géographes préfèrent d'ordinaire une dénomination plus spéciale : du moins Ptolémée n'a-t-il point répété ici le nom de Jumelles qu'il avait déjà inscrit dans ses Tables au voisinage de Plinthine; il a mieux aimé les appeler *Phokousses*, ou plutôt *Phykouses*, que nous traduirons en français par le nom de *Fuqueuses*, afin de rappeler ainsi, d'une manière plus frappante, que ce nom, comme nous l'apprennent Étienne de Byzance et Athénée, leur était venu de la grande quantité de fucus ou algues dont elles sont entourées.

L'ILOT DU CAP BLANC.

Derrière les Fuqueuses, on voit s'élever les collines d'*el-'Aqabah-el-ssogheyr* ou la petite Pente, dont le nom actuel est une simple traduction, faite par les Arabes, de l'ancienne dénomination grecque de *Katabathmos mikros;* la hauteur de ces monticules est d'environ cinq cents pieds au-dessus du niveau de la mer, et leur chaîne se prolonge vers le nord, où elle forme un promontoire dont les anciens avaient consacré à Mercure les extrémités qui regardent l'orient, appelées en conséquence Hermaia Akra.

Nous cinglons donc au nord pour doubler cette pointe d'Hermès et l'écueil qui l'avoisine; puis, tournant à l'ouest, nous venons atterrir à une petite île laissée anonyme sur nos cartes modernes, et qui n'est pas éloignée de la terre de plus de deux stades; elle est comme jetée en avant du principal promontoire, appelé aujourd'hui par les Arabes *Râs-el-Kenâys* ou cap des Églises, mais que les mariniers de la Méditerranée ont, en leur langue franque, dénommé *capo Bianco* ou le cap Blanc, conservant ainsi, probablement à leur insu, la tradition de l'antique appellation grecque, *Leukè Aktè* ou le Blanc Rivage : c'est que la blancheur de cette terre les a frappés aussi, comme Strabon nous dit qu'elle avait frappé les navigateurs grecs.

Le Vénitien Livio Sanuto, qui a consacré un volume in-folio et une série de douze cartes à la géographie de l'Afrique, n'a point oublié de mentionner cette *Isola Rive-bianche* à laquelle nous venons de nous arrêter. Mais il nous faut remonter jusqu'au portulan du florentin Jean d'Uzzano, au quinzième siècle, pour retrouver le nom imposé à cette île par les Arabes : elle est appelée *Fadala*, nous dit-il, et elle a un port (*).

L'ILOT ÉVONYME.

Remettons en mer, et, serrant la côte en courant à l'ouest-sud-ouest, nous ne devons point tarder à atteindre un nouvel îlot placé à l'entrée d'un port, que Ptolémée appelle *Gyzis* ou *Zygis*, et dont le nom est écrit *Zygris* dans le Stadiasme anonyme : cette dernière énonciation paraît la meilleure, car on trouve encore dans ce canton deux groupes de ruines auxquelles les Arabes ont conservé la dénomination de *Zarghah*, qui se rapproche beaucoup de *Zygris*.

Quant à la petite île, on l'appelait *Évonyme*, peut-être parce qu'on l'avait à sa gauche en venant au mouillage. Notre œil en cherche vainement quelque trace sur les cartes des hydrographes modernes ; mais Livio Sanuto n'a point oublié de l'indiquer en ses cartes, où toutefois elle est restée anonyme, désignée qu'elle y est seulement par l'appellatif latin *Insula*.

ÉNÉSIPTE.

Continuant de voguer à l'ouest, nous gagnons bientôt *Laodamantia*, abritée par une île commode, assez grande, qu'on laisse à droite en entrant dans le port, tandis qu'on a sur la gauche l'ancien promontoire de *Kallion*. Ce port est celui que les Arabes désignent aujourd'hui sous le nom de *Mahaddah*. L'île elle-même, appelée *Ainesipta* dans les Tables de Ptolémée, ou *Ainesipasta* dans la géographie de Strabon, figure dès le quatorzième siècle, dans les portulans de la Méditerranée, sous le nom

(*) Une transcription plus rigoureuse de l'orthographe arabe de ce nom se produirait sous la forme *fadhâlah* فضالة

de *Caleca*, qui se retrouve sur les cartes de Livio Sanuto au milieu du seizième, et qui s'est conservé jusqu'aux derniers relèvements, où toute dénomination a disparu. Cette île, aujourd'hui, se rattache à l'ouest, par des hauts-fonds, à la pointe de Bouschaif, qui représente probablement l'ancien promontoire *Kalamaion*. A la droite de ce dernier on aperçoit un rocher, sous lequel les barques surprises par l'orage peuvent aller chercher un abri.

A un mille au delà s'avance le promontoire que les anciens désignaient par le nom singulier de *Graias Gony*, le Genou de la Vieille : à l'extrémité était un rocher, à terre un arbre au pied duquel on trouvait de l'eau douce.

Douze milles plus loin, nous avons à doubler un autre promontoire, que Ptolémée nomme *Pythis*; le Stadiasme anonyme l'appelle *Arton*, et ajoute qu'il est terminé par deux rochers semblables à des îles, et présentant la figure de deux taureaux fantastiques. C'est le point où les cartes modernes inscrivent le nom de *Râs-el-Harzeit*, mot défiguré sans doute, comme tous ceux de cette côte, par les hydrographes anglais, et dans lequel il faut peut-être retrouver le *Geb-el-'Aousegj* de l'Édrysy, le *Lagosejo* de Sanuto.

LES DAUPHINS

Après avoir dépassé cette pointe aride et sans abri, on aperçoit la ville de *Parætonium*, qu'au moyen âge les Arabes appelaient encore *el-Baretoun*, et dont le nom actuel est *Berek*, ou bien, suivant quelques cartes, *Mohaddharah*, c'est-à-dire lieu *habité* : c'était jadis une ville importante par son commerce, et les navires partis d'Alexandrie ne manquaient pas de s'y arrêter ; c'était pour eux, après une course de quinze à dix-huit cents stades, une favorable station de ravitaillement et de repos.

Elle occupait l'extrémité orientale d'une petite baie allongée d'est en ouest, bordée de collines rocailleuses et stériles, resserrée à son ouverture, mesurant en totalité quarante stades de contour, et formant ce que Strabon appelle le port de Paraetonium. Mais, dans ces limites, le Stadiasme détaillé que nous consultons nous indique, à sept stades de la ville, les *Dauphins*, placés eux-mêmes à sept stades de *Zéphyros*.

Voyez-vous sur nos cartes nautiques ces deux îles comprises dans la baie : ce sont là les *Dauphins*; la plus considérable, celle qui est à l'entrée de la baie, porte le nom de *Insula de Colomi* sur la curieuse carte catalane de la bibliothèque du roi Charles V, l'un des plus précieux joyaux géographiques de notre Bibliothèque royale; le *Livre des Rivages*, vieux portulan latin inédit et anonyme qui paraît l'œuvre d'un Pisan du douzième siècle, celui du florentin Jean d'Uzzano qui est du quinzième, et la Géographie du vénitien Livio Sanuto au seizième, ne manquent pas de mentionner cette île sous le même nom, qui a longtemps encore persisté sur les cartes de la Méditerranée, pour ne disparaître que dans les tracés modernes. Le second îlot est peut-être celui que les anciens portulans appellent du nom de *Carto*. *Zéphyros* est le cap qui jalonne, à l'occident, l'ouverture de cette même baie, que recommandait le précieux avantage d'être accessible par tous les vents.

Aujourd'hui tout cela est abandonné : les algues se sont amoncelées sur les sables du rivage, et les constructions des Arabes ne sont plus que des ruines nouvelles ajoutées aux ruines antiques.

LES ILES D'APIS.

A quelques milles à l'ouest de Paraetonium était le bourg d'*Apis*, qui marquait, au temps de Scylax, la limite commune de l'Égypte et de la Marmarique : c'est au même point, dit le voyageur français Pacho, qu'est fixée aujourd'hui la ligne de démarcation entre les possessions égyptiennes et le pachalik de Tripoli. Des ruines d'habitations et de citernes se voient encore sur l'emplacement d'Apis, dans un vallon qui porte le nom de *Boun-Adjoubah*.

En face est un groupe d'îles que le Stadiasme signale sans leur donner d'autre dénomination que celle de *Nésoi*, les Iles. Les hydrographes anglais en ont relevé jusqu'à quatre, entremêlées d'écueils à fleur d'eau, et le nom de *Trarse-Hougah* est inscrit en cet endroit sur leurs cartes.

LES ROCHES TYNDARIENNES.

Notre course, au long de ces rivages bordés d'îlots, a jusqu'à présent été lente et difficile. Essayons d'imprimer à notre barque une marche plus rapide, sans prendre plus de souci que nos *Pilotes* et *Flambeaux de mer* anciens et modernes, de visiter et de saluer d'un nom propre chacun des écueils qui sont répandus sur cette côte. Poussons un peu au large, et voguons hardiment à l'ouest, sans perdre la terre de vue.

Après une navigation de trente milles, nous apercevons deux îles rocheuses autour desquelles la mer brise sur de nombreux écueils; nous les dépassons, et cinglant vers le rivage, nous découvrons le château abandonné d'*El-Schammés*, et un peu plus loin, sur une colline, des vestiges de constructions antiques auxquelles les Arabes ne connaissent pas d'autre nom que celui de *Kherbet-el-goum*, la Ruine du monticule : en face, à deux milles de la plage, une île encore, entourée aussi de brisants.

Les deux îles que nous avons alors à notre poupe, sont appelées sur les cartes anglaises *Ishaila*, et sur les cartes françaises *Echaïri*; celle que nous avons à la proue est nommée par les Anglais *Tifahr*, et par les Français *Etturfaoui*, ce qui se rapproche beaucoup plus du nom arabe *el-Therfáouy*, qu'on voit figurer dans la géographie de l'Edrysy. La première de ces dénominations semble répondre à celle de *Salo* qui se trouve à la fois sur la carte catalane de Charles V et dans le portulan de Jean d'Uzzano; la seconde se reconnaît dans celle de *Tarphe*, qu'on voit figurer au *Livre des Rivages*.

Ce sont là sans doute les îles que Strabon et Ptolémée appellent les *Roches Tyndariennes;* mais Strabon en compte quatre, avec un point, tandis que nous n'en pouvons distinguer que trois, ce qui est précisément le nombre énoncé par Ptolémée; encore faut-il admettre que le groupe formé par elles était éparpillé sur une assez grande étendue.

Le périple de Scylax et le Stadiasme anonyme de la Méditerranée ne nous offrent point, dans l'état de mutilation où ils sont parvenus jusqu'à nous, le nom de Tyndare en son entier; l'ineptie des copistes y a substitué le nom de *Darius*, précédé d'un article dont la prononciation était, dans la basse grécité, identique à la syllabe initiale de Tyndare. La correction était donc facile, et le premier éditeur de Scylax ne manqua point de la faire. Mais l'éditeur du Stadiasme, ne se doutant pas que le nom de Darius qu'il trouvait dans son manuscrit existât de même dans le manuscrit de Scylax, se prit à croire que les *Roches Tyndariennes* de Scylax corrigé désignaient un autre groupe d'îles que les *Roches de Darius* du Stadiasme mutilé; et faisant correspondre celles-ci aux îles el-Schayry, il reportait le nom de Tyndare aux îles anonymes du Stadiasme, situées en face d'Apis, et que nous avons précédemment reconnues. D'autres géographes modernes, plaçant au contraire les Roches Tyndariennes aux îles el-Schayry, ont inscrit le nom de roches de Darius sur l'île el-Therfâouy et ses brisants. Mais on peut juger combien ces élucubrations sont vaines, quand on sait que les roches de Darius n'existent point à part des Roches Tyndariennes, et ne doivent leur dénomination qu'à une erreur d'écriture.

PYRGOS.

Reprenons le large, et tirant au nord-ouest, nous verrons tour à tour passer et fuir derrière nous, d'abord le port de *Plynos*, dernière limite, au temps d'Hérodote, des peuples Adyrmachides, auxquels succédaient les Gigames; puis les hauteurs de *'Aqbat-el-Salam*, appelées aussi *el-Aqabah el-kébyr*, traduction littérale du nom antique de *Katabathmos megas* ou la grande Pente; ensuite le port de *'Amârah*, qui paraît être l'ancien Panormos; un peu plus loin *el-Melléhhah* ou les Marais-salants que le Stadiasme signale auprès d'Euria; puis le cap de *Lokah* correspondant à l'antique Ardanaxis, et ayant devant lui deux îlots, ainsi que le constate le Livre des Rivages; bientôt après, sous le *Râs el-Qouryat*, l'emplacement du port de Ménélas, rappelant à la fois le souvenir des âges homériques et celui de la mort d'Agésilas; enfin, nous dépassons les hauts-fonds derrière lesquels était l'ancien port de *Skyrthanion*, et nous venons amarrer notre navire dans le port de *Thabarqah* ou, comme on l'appelle vulgairement, de *Thabrouq*, souvent prononcé *Trabucch* et *Trabuco* par les caboteurs pratiques de ces parages.

Ce port est abrité contre tous les vents, hors celui d'est, par une langue de terre qui le ferme au nord, ceignant un joli bassin dont le fond est de sable blanchâtre couvert d'un lit d'algues. C'est l'emplacement de l'ancien *Anti-Pyrgos*, dont le nom actuel de *Thabrouq* semble même avoir conservé une empreinte étymologique (*).

Mais il n'y avait jadis à Anti-Pyrgos qu'une rade foraine avec un mouillage, et en face, une île d'où la cité opposée tirait son nom; car en cette île avait été élevé, en l'honneur du dieu Ammon, un petit temple appelé *Pyrgos*, c'est-à-dire *la Tour*; et le portulan de Jean d'Uzzano signale encore à *Trabucch* l'existence d'une tour, du côté de l'est.

Aujourd'hui l'on ne voit plus d'île séparée, et la simple rade est devenue un port fermé. Il est facile de deviner comment l'aspect des lieux est ainsi changé : il a suffi de quelques atterrissements ou d'un exhaussement spontané du sol, pour lier à la terre ferme, du côté de l'ouest, cette île autrefois

---

(*) *Ta-Brouq* pour *Anti-Pyrgos*, comme en Syrie *T-artousah* pour *Ant-Aradox*.

séparée, et que Pacho nous représente en dernier lieu comme un prolongement rocailleux de la côte, abritant le port actuel. Des ruines montrant encore des tronçons de colonnes et d'arceaux, des débris de marbre et de granit entassés en cet endroit, témoignent de l'existence de constructions antiques, et nous offrent, suivant toute probabilité, les restes de ce *Pyrgos* insulaire dédié à Jupiter Ammon, et plus tard sans doute consacré au Dieu des chrétiens par les évêques d'Anti-Pyrgos.

SIDONIA.

Au sortir de Thabrouq nous nous dirigeons au nord-ouest, et doublant les récifs el-Kourrat au delà desquels était l'ancien port nommé par les Grecs *Petras-Mikra*, nous entrons dans le golfe de *Bounbah*; et bientôt après, des collines percées de nombreux hypogées, que les Arabes nomment aujourd'hui *Magharât el-Hhabes* ou grottes des prisonniers, nous rappellent l'ancienne *Bombaia*, où l'évêque Synésius de Cyrène nous dit que la nature et l'art s'étaient réunis pour en faire un lieu de retraite assurée.

Tout près de là s'ouvre une petite anse, profondément enfoncée dans les terres, et bordée à l'est par des marécages où pullulent, en été, des grenouilles sans nombre, dont les coassements discordants avertissent de reste les voyageurs que c'est là l'estuaire *Batrakhos* des anciens, devenu le *Porto Patriarcha* du moyen âge ; et la source que le Stadiasme signale au voisinage, reçoit aujourd'hui des Arabes, comme au temps de l'Edrysy, le nom de *'Ayn el-Ghazel* ou source des Gazelles.

En face de ce point se présente à nous une petite île plate, peu éloignée de la côte, inscrite sous le nom d'île *Seal* sur le plan du golfe de Bomba levé en 1821 par le capitaine Smyth ; c'était, dans l'antiquité, l'île *Sidonia* comme l'appelle le Stadiasme, ou *Didonia* comme écrit Scylax, ou *Aedonis* ainsi qu'on le trouve dans Ptolémée. Cette variété de dénominations est due simplement à l'indécision des formes sous lesquelles s'est offerte aux copistes la première lettre du mot (*). Quelle est la meilleure leçon ? nous n'osons le décider (**) ; et si, d'après le Stadiasme, nous avons écrit, en tête de cet article, *Sidonia* plutôt que *Didonia* ou *Aedonis*, c'est que le Stadiasme seul nous fournit quelques mots sur cette île, que les autres se bornent à nommer.

Il nous la représente comme gisant à trente stades de Batrakhos vers le large, ayant une rade foraine pour les navires de charge, et du côté de terre de l'eau dans une tour (***).

(*) Il est aisé de confondre, dans l'écriture grecque, un σ minuscule avec un δ, et un Δ majuscule avec un Λ.

(**) On peut dire tour à tour en faveur de chacune des trois autorités :

1. Scylax est le plus ancien des trois auteurs, et il aura été copié d'une manière par le rédacteur du Stadiasme, d'une autre manière par Ptolémée ; mais la double leçon de ceux-ci peut être ramenée à la sienne ;

2. Le Stadiasme reproduit un fragment très-ancien, plus ancien que la rédaction du Périple de Scylax, qui en est, pour cette partie, un simple abrégé : la leçon du Stadiasme est donc la leçon originale, mal copiée dans le Périple de Scylax, d'où Ptolémée aura pris la sienne ;

3. Il nous est parvenu, de Ptolémée, de nombreux exemplaires ; mais nous n'avons, pour chacun des deux autres documents, qu'un manuscrit unique : en sorte que l'on doit considérer la leçon donnée par le premier comme assurée, tandis que chacune des autres n'a que la valeur d'une simple variante.

(***) Divers écrivains ont cru que la distance de 30 stades indiquée par le Stadiasme devait être comptée entre Sidonia et Platée, et que la situation relative de ces deux îles était en conséquence marquée de telle sorte que Platée se rencontrât d'abord sur la route en venant de 'Ayn-el-Ghazel, et tirant vers le Râs-el-Tyn, et que Sidonia ne vint qu'ensuite : une lecture attentive et raisonnée de ce passage du Stadiasme doit, ce semble, le faire interpréter différemment. On nous pardonnera, à raison de l'importance spéciale de la question, une discussion rapide de ce point.

Les noms de Sidonia et de Didonia accuseraient l'un et l'autre une découverte ou une possession phénicienne; celui d'Aédonis offrirait une allusion aux rossignols dont le doux ramage aurait, en cet endroit, charmé les navigateurs grecs : ravissante mélodie, délicieuse à des oreilles que venaient d'écorcher les coassements tumultueux de Batrakhos.

PLATÉE.

Au delà de l'île basse que nous quittons, surgit dans le nord-ouest une île rocailleuse et élevée, appelée *Bhurda* ou *Barda* sur quelques cartes modernes, et île de *Bomba* ou de *la Bombe* sur certaines autres, d'après le nom du port voisin, uniformément appelé *Bomba* sur les unes et les autres (*).

Cette île est l'antique *Platée*, célèbre dans l'histoire des essais de colonisation tentés par les Théréens avant qu'ils eussent trouvé l'emplacement où ils devaient bâtir Cyrène.

Pour obéir aux ordres itératifs de la Pythie de Delphes, qui leur enjoignait d'aller fonder une ville en Libye, les Spartiates de Théra envoyèrent d'abord en Crète, s'enquérir d'un guide qui connût le chemin de cette terre lointaine et pour eux ignorée. Après bien des recherches, on découvrit à Itanos un teinturier en pourpre, que la tempête avait, une fois, poussé jusqu'à l'île libyenne de Platée; il avait

Voici le passage, avec les indications qui le précèdent et le suivent, et dont il faut tenir compte pour le bien entendre :

« De Petras-Mikros à Batrakhos, 30 stades.
« De Batrakhos à Platée (150) stades. Vers
« le large, à 30 stades de distance, gît une
« île appelée Sidonia, qui a une rade foraine
« pour les navires de charge, et de l'eau
« vers le continent, dans la tour.
« De Platée au Paliouros (50 stades.) »

Voilà trois étapes successives : 1° de Petras à Batrakhos; 2° de Batrakhos à Platée; 3° de Platée au Paliouros; c'est dans la seconde étape qu'il est question de l'île Sidonia : il est donc naturel de conclure qu'elle est placée dans l'intervalle du point de départ (Batrakhos), au point d'arrivée (Platée); et une distance étant énoncée pour cette île intermédiaire de Sidonia, il est également naturel de compter depuis le point de départ la distance ainsi marquée. Qu'on observe d'ailleurs que l'île Sidonia ne peut être indiquée *vers le large* qu'à l'égard du continent, et qu'une telle locution serait absurde à l'égard d'une autre île qui dans le fait est elle-même plus au large.

Cette simple réflexion eût épargné à des voyageurs, des érudits et des géographes, la peine de chercher, soit au moyen de transpositions ou de changements de noms, soit en multipliant le nombre des iles de manière à flanquer Platée d'une île Aedonis ou Didonia d'un côté, et d'une île Sidonia de l'autre, à concilier l'énonciation du Stadiasme avec celle de Scylax, qui nomme successivement, de Petras à la Chersonèse, d'abord Didonia, puis Platée.

(*) Les cartes modernes sont ici en contradiction avec les manuscrits anciens : nous venons de voir que l'antique Bombaia se retrouve à l'entrée orientale du golfe de Bomba, et que plus avant dans l'ouest s'ouvre l'estuaire de Batrakhos. Le texte et les cartes de Livio Sanuto s'accordent à nous montrer que de son temps on distinguait les *Isole Bombe* à l'est, des *Scogli di Barda* à l'ouest; les premiers étaient de tout petits îlots presque joints à la terre ferme; les autres étaient quelques rochers voisins du continent et situés à l'entrée du port Patriarcha. Le *Liber Riveriarum* ou Livre des Rivages ne mentionne dans le golfe que deux îles, avec un bon port appelé Barda. Mais voici le portulan de Jean d'Uzzano qui nous dit :

« Da Trabucch all' Isola di Barda a 80
« miglia per ponente. Barda sono tre isole,
« e anno buono porto, e se vuoi entrare
« in quello porto, gira tutta [l'] Isola di
« verso ponente, e onora la punta dell'
« Isola di verso ponente, e la levante uno
« miglio; e la detta Isola a aqua dolce in
« cisterna. E fuori in mare per tramontana
« a una Isoletta che a nome Patriarcha, e
« puoi andare da tutte parti, e va largo al
« Isola una arcata tutta intorno. »

Ainsi le portulan annonce *trois* îles, bien qu'il n'en désigne nominativement que *deux*, l'une qui est celle de Barda proprement dite, l'autre qui a nom Patriarcha. Sur le plan du port de Bombah, du capitaine Smyth, elles sont nommées toutes trois, la première *Bhurda*, la seconde *Zouzra Mezrata*, la troisième *Shag*.

nom Korobios : on fit marché avec lui pour conduire une expédition qui serait envoyée dans le but exprès de reconnaître et d'examiner les lieux. Les explorateurs, guidés par Korobios, arrivèrent à Platée, en prirent possession ; et laissant Korobios avec des provisions de vivres pour plusieurs mois, ils se rembarquèrent pour aller faire leur rapport à Théra.

Comme leur absence fut plus longue qu'ils n'avaient calculé, les vivres manquèrent à Korobios, et il était dans une extrême disette quand, par bonheur, il fut secouru par un navire de Samos que le vent d'est avait poussé loin de la route d'Égypte, et qui vint se réfugier à Platée. Kolaios, qui le commandait, renouvela les provisions de Korobios et lui fournit des vivres pour un an, après quoi il repartit et se vit emporter par les vents contraires jusqu'au delà des Colonnes d'Hercule.

D'après le rapport de leurs commissaires, les Théréens équipèrent deux grands bâtiments de transport, qu'ils remplirent de colons, et les envoyèrent à Platée, leur donnant pour chef un jeune seigneur appelé Battus. Ceux-ci, débarqués dans l'île, s'y établirent, et y restèrent deux ans, mais sans que rien leur prospérât ; ce qui les détermina à transporter leurs demeures sur la terre ferme, à Aziris, localité charmante, entourée de collines boisées, et arrosée par un cours d'eau considérable, l'ancien Paliouros sans doute, le Ouêdy Tsemymeh de nos jours.

Platée avait un port, ou du moins un mouillage, qui souvent encore sert d'abri aux navires, ainsi que les Arabes de la côte en donnaient l'assurance naguère au voyageur Pacho.

APHRODISIAS.

Après avoir dit adieu à Platée, nous reprenons notre route vers le nord pour doubler le Râs el-Tyn, que les anciens appelaient la Chersonèse des fils d'Antée (*) ; puis nous tournons à

(*) Χερρόνησος τῶν Ἀντίδων dans Scylax : c'est aussi Ἀντίδων qu'il faut lire dans un autre passage du même auteur, où l'on trouve Ἀχιτίδε

l'ouest nord-ouest, nous saluons en passant la ville de Derneh, puis nous arrivons à une petite île plane, nommée *Cars* sur quelques cartes surannées (*), et répondant à l'îlot que les anciens périples indiquent sous le nom d'*Aphrodisias*, à dix stades du continent. Elle avait un port, et possédait un temple de Vénus Aphrodite, qui lui avait valu sa dénomination. Ptolémée l'appelle aussi *Laia* ou île d'Aphrodite. Elle marquait, au temps d'Hérodote, la limite à laquelle confinaient de part et d'autre deux populations libyennes, savoir, à l'est les Gigames, à l'ouest les Asbystes.

ILOS.

Poursuivons notre navigation : nous aurons bientôt dépassé le cap *Bondaryah* des géographes arabes, transformé en *Bon-Andréa* par les marins de la Méditerranée (**), mais auquel les cartes modernes ne donnent plus que le nom de *Râs el-Hélâl* ; puis nous arrivons devant *Mersày Sousah*, l'ancienne Apollonie, qui était le port de Cyrène, placée elle-même à quatre-vingts stades de là, dans les terres. Quelques petites îles, qu'on aperçoit encore en ces parages, offraient en outre, suivant la remarque de Scylax, des points de refuge aux navires.

Continuant d'avancer à l'ouest, nous doublons le promontoire *Phykous* des géographes grecs, appelé *Râs Aoutsén* par les Arabes et par nos anciennes cartes, jusqu'à ce que les hydrographes modernes, dont les réformes ne sont pas toujours des améliorations, aient préféré les dénominations tronquées de *Ras-Sem* et de *Cap Razat*, mauvaises toutes deux. Inclinant alors un peu vers le sud, nous venons jeter

(*) Livio Sanuto en fait même deux îles, petites, rapprochées du continent, et distantes entre elles d'environ deux milles, sous le nom de *Carse*, écrit *Carsse* dans la carte catalane de Charles V, et *Carcie* dans le portulan de Jean d'Uzzano.

(**) Ce nom est inscrit auprès de Derneh, et par conséquent très-loin de sa véritable place, dans une très-belle carte dressée pour le voyage de Della-Cella.

l'ancre à *Tolometah*, qui a succédé à l'ancienne *Ptolémaïs*, port de *Barké*; une île nous reste au nord-est, à moins d'un quart de lieue : c'est un gros rocher isolé, couronné de pans de mur. Son nom antique nous est révélé par le Stadiasme anonyme de la Méditerranée, qui l'appelle *Ilos*; quant à son nom moderne, l'une des cartes jointes à la grosse compilation d'Olivier Dapper, porte *Ile Amanea*. C'est tout ce que nous en savons.

LA FOURMI DE BÉRÉNICE.

Appareillons de nouveau, et quittant le mouillage de Tolometa, avançons au sud-ouest, le long de cette côte jalonnée de ruines des cités antiques de la Pentapole. Deux cent cinquante stades nous conduisent devant *Théoukérah*, qui conserve presque intact son nom primitif de *Teukheira*, imposé par ses fondateurs cyrénéens, puis échangé, sous les Ptolémées, pour celui d'*Arsinoé*, mais jamais entièrement effacé, et repris enfin exclusivement, au temps de la domination byzantine.

De là il nous faudra courir encore trois cent cinquante stades pour atteindre *Bérénice*, représentée par la moderne *Ben-Gházy*, et nous pourrons saluer, au passage, les restes d'*Adrianopolis*, vestiges romains sur cette plage jonchée de ruines grecques. Forçons donc de rames et de voiles, et laissons Théoukérah fuir et disparaître derrière nous : bientôt nous apercevrons un promontoire qui se projette à l'occident, et qu'avoisinent des hauts-fonds dont il faut se garer en les contournant; nous atteignons ensuite une petite île basse et noirâtre.

Le cap que nous avons doublé se nomme *Brakhea* d'après le Stadiasme qui nous sert de guide; mais quel est le nom du petit îlot noirâtre, le Stadiasme ne nous le dit point; et Livio Sanuto, aussi bien que les hydrographes modernes, le laissent anonyme sur leurs cartes. C'est Ptolémée qui nous apprendra comment nous devons l'appeler : nous trouvons, en effet, en ses Tables une petite île voisine de Bérénice (*), désignée sous le nom de *Myrmex* ou la Fourmi, et nous ne balançons pas à appliquer cette dénomination à l'îlot bas et noirâtre du Stadiasme.

Nous ne voulons cependant point dissimuler qu'en certaines éditions du géographe alexandrin, la position de Myrmex est donnée de manière à se placer non plus vis-à-vis de Bérénice, mais en face de Teukheira : et sur ce fondement sans doute, le voyageur Pacho a cru que cette Myrmex n'était autre chose que l'île voisine de Ptolémaïs, celle-là même que nous savons d'ailleurs s'être appelée Ilos.

C'est, au surplus, la moindre erreur qu'il ait commise à l'égard de ce nom de Myrmex ; car, le rencontrant aussi dans une lettre de Synésius de Cyrène, qui fut évêque de Ptolémaïs au commencement du cinquième siècle de notre ère, Pacho s'est figuré qu'en parlant de Myrmex, l'éloquent évêque n'avait pu vouloir désigner que l'île située en vue de Ptolémaïs; et comme la mention d'un phare se trouvait mêlée à celle de l'île dans la lettre de Synésius, notre voyageur en concluait qu'un phare avait existé jadis sur l'île de Myrmex, au voisinage de Ptolémaïs; et Pacho pouvait peut-être penser ainsi sans hésitation et sans scrupule, puisqu'il avait derrière lui, *comme garantie, le grand nom géographique de* Mannert, pour appuyer cette explication.

Mais quelque excusable que l'on soit de se tromper en si bonne compagnie, nous ne pouvons nous résoudre, nous, à continuer la tradition d'une aussi grave méprise : Synésius, partant d'A-

(*) La petite édition de Cologne (in-8° min., 1540), que nous considérons comme une des meilleures de la Géographie de Ptolémée, donne à Bérénice et à Myrmex les positions suivantes :

Bérénice, longitude 47° 50', latit. 31° 20'.
Myrmex .... 47° 40', ... 31° 50'.

mais dans d'autres éditions c'est 48° au lieu de 47° que l'on trouve à la longitude de Myrmex.

lexandrie d'Égypte pour retourner à Cyrène sa patrie, salue, au départ, le temple de Diane, et le Phare qui s'élève sur cette Myrmex que l'on appelle encore aujourd'hui l'île du Phare. On voit combien il est éloigné encore de Cyrène et de Ptolémaïs !

Laissons donc auprès d'Alexandrie la Myrmex de l'évêque Synésius, et maintenons près de Bérénice celle du géographe Ptolémée.

LES HYPHALES.

Maintenant, poursuivons notre route vers le sud-ouest pour doubler le cap Teyouni, qui est le *Boreion akroterion* ou cap Septentrional des anciens; nous prenons ensuite droit au sud jusqu'à *Hharqorah*, dont le nom semble garder l'empreinte de celui de l'antique *Herakleion;* nous inclinons alors vers le sud-est, et nous laissons, sur la gauche, des ruines que Livio Sanuto appelle *Sabrum*, mais que des portulans plus récents nomment *Sarabian*, et qui de même est inscrit *Sarabium* dans la curieuse carte catalane de la Bibliothèque royale de Paris, et *Qassr Sarabeyoun* dans la géographie arabe du schéryf El-Edrysy : il est impossible d'y méconnaître le *Serapeion* de l'antiquité, mentionné dans le Stadiasme.

Sanuto, aussi bien que les levés hydrographiques modernes, indiquent un îlot devant Hharqorah, un autre devant Sarabevoun; mais les anciens ne nous en ont rien dit, et nos cartes laissent anonymes ces petits rochers insignifiants ; nous n'avons ainsi nous-mêmes aucun motif de nous y arrêter.

Continuons donc à contourner le fond du golfe obtus compris entre les blanches dunes de Hharqorah et le noirâtre Râs-el-Asouâd ou Tête de Nègre, ainsi appelé à cause de sa couleur. Avant d'atteindre celui-ci, nous arrivons près de deux groupes de rochers, que les cartes françaises appellent *les Trois Écueils* et *les Deux Ilots*, et auxquels certaines cartes anglaises donnent le nom de *Hammoot*, qui peut-être doit être rétabli en celui de *Hhamoud*. Les frères Henri et Frédéric Beechey ont compté en cet endroit jusqu'à six rochers formant deux groupes symétriques réunis par des brisants, à l'abri desquels les deux explorateurs reconnurent un bon ancrage pour les petits bâtiments ; la côte opposée est basse, découpée en baies plates et sablonneuses, dont quelques-unes ont, en travers de leur entrée, des rochers qui fourniraient un bon refuge aux embarcations.

Au temps où furent recueillis les matériaux qui ont servi au compilateur anonyme du Stadiasme, tout ce groupe était considéré comme un seul îlot submergé, qui élevait cependant encore au-dessus des flots quelques parties de ses rivages; et le nom d'*Hyphales* était alors appliqué à ces parages, tout comme au temps de Ptolémée, qui les nomme aussi, mais sans nous rappeler la nature insulaire de ces abris, appelés seulement *Maritimæ stationes* (*) dans les versions latines de ses tables.

LES PONTIENNES.

A quatre-vingts stades au delà des Hyphales, nous atteignons un nouveau groupe de petites îles que Scylax appelle d'un seul nom *les trois Pontiennes* (**); les cartes de Ptolémée nous

---

(*) Nous nous garderons bien d'adopter la correspondance que les frères Beechey proposent comme à peu près certaine, des *stations maritimes* de Ptolémée avec la position de Tabilba, plus méridionale d'une trentaine de milles géographiques à l'égard de l'emplacement que nous leur assignons. Ce n'est pas que les Tables de Ptolémée ne soient assez imparfaites pour laisser un champ aussi considérable aux incertitudes, quand nulle autre donnée plus précise ne vient aider à la détermination des synonymies modernes. Mais dans le cas actuel le Stadiasme nous offre assez de détails pour ne permettre point de se méprendre sur la situation véritable des Hyphales.

(**) Νῆσοι Ποντιαὶ τρεῖς. Cette indication manque à toutes les éditions de Scylax; mais elle est consignée dans un précieux manuscrit de la Bibliothèque du roi, dont les variantes ont été publiées par M. Miller

montrent également en ces parages trois îles, respectivement nommées *Misynos*, *Pontia* et *Gaia*; le Stadiasme nous explique de son côté qu'on rencontre d'abord une roche élevée offrant l'image d'un éléphant, puis, au sud-est de celle-ci, une île haute appelée *Pontia*; enfin au midi de cette dernière, une autre île encore, appelée *Maia*.

Cette disposition relative des trois individualités insulaires réunies dans le même groupe, correspond à celle que Ptolémée leur assigne sur ses cartes, mettant Pontia dans l'est-sud-est de Misynos, puis Gaia au sud de Pontia. Et l'on ne peut douter, d'après une telle similitude, qu'il n'y ait identité bien constatée, non-seulement entre *Maia* de l'un et *Gaia* de l'autre (toute la différence des noms pouvant ici être le résultat d'une erreur d'écriture), mais encore entre le rocher innommé ou simplement appelé *Scopelites* par antonomase dans le Stadiasme, et celui que Ptolémée a inscrit en ses tables sous le nom de Misynos. Cette correspondance a déjà été reconnue par Mannert, et nous ne pouvons que nous accorder entièrement avec lui sur ce point.

Et maintenant, si nous cherchons, à travers les âges, les synonymies géographiques des trois dénominations anciennes que nous venons de rappeler, nous n'aurons à consigner ici que le nom d'*Ile aux Oiseaux*, donné au groupe entier ou à la principale des îles qui le composent, sur les vieilles cartes, depuis celle de la bibliothèque de Charles V jusqu'à celles de Livio Sanuto, et d'autres plus récentes, mais aujourd'hui surannées.

Quant aux relèvements modernes, ils ne nous fournissent que les noms de *Gara* et de *Ishaifa* pour répondre à ceux de *Pontia* et de *Gaia*; mais nous devons au moins aux frères Beechey d'avoir esquissé en quelques mots une description de ces deux îles, qu'ils

dans un volume destiné à faire suite aux précédentes éditions des Petits Géographes grecs.

observèrent du rivage avec leurs lunettes. Gara est à six milles au large de la côte; elle a un mille environ de diamètre; mais les brisants dont elle est flanquée à l'est et à l'ouest, et qui s'étendent à une distance considérable, donnent lieu de penser qu'elle était jadis bien plus grande qu'elle ne le paraît aujourd'hui; elle s'élève du sein des eaux en montagnes blanches, très-abruptes en certaines parties, et couronnées à leur sommet d'un plateau verdoyant, sur lequel semblaient se montrer quelques vestiges de constructions. Quant à Ishaifa, c'est un rocher d'une blancheur remarquable, haut d'environ quarante pieds, escarpé de tous côtés, entouré d'ailleurs de brisants qui en rendent l'abord difficile : il n'est guère qu'à un mille du rivage.

LES ILES BLANCHES.

Non loin des îles Pontiennes, en poursuivant notre route vers le fond de la Syrte de Cyrène, nous arriverons, guidés par Scylax, à d'autres îles encore, appelées *Blanches*, après lesquelles on atteint immédiatement les Autels des Philènes. On se trouve alors tout au fond du golfe, et c'est peut-être au dernier îlot qu'il faut appliquer le nom d'*Euteletos*, rapporté par le seul Pomponius Méla. Quoi qu'il en soit de cette dénomination dont le sens paraît désigner, en effet, le terme où nous sommes parvenus, si l'on veut mesurer alors l'étendue entière du golfe depuis Bérénice et le fleuve Cinyps qui, vers l'est et vers l'ouest, en marquent respectivement les limites, jusqu'au point où il s'enfonce le plus profondément dans les terres, on comptera dans un sens trois jours et trois nuits de navigation directe entre Bérénice des Hespérides et les Autels des Philènes, et dans l'autre sens, quatre jours et quatre nuits entre le fleuve Cinyps et les îles Blanches.

Saurons-nous retrouver dans les relèvements modernes les îles ainsi appelées par Scylax? Nous y rencontrons, en effet, tout au fond du golfe, deux îles distinctes, avec les noms de

Braiga (*) et de *Bushaifa*; et les récits des voyageurs nous ont d'ailleurs appris qu'en ces parages le sol est formé d'un grès rocheux, dont la blancheur est remarquable et devient, au voisinage des Autels des Philènes, d'autant plus frappante, que là se montrent exceptionnellement, sur un sol déprimé, des dunes d'un sable roux qui servent de contraste. Livio Sanuto, de son côté, indique les mêmes îles, qu'il appelle *Barda* et *Sidra*. La fameuse carte catalane de la bibliothèque du roi Charles V contient aussi ces deux noms; mais le premier y est écrit *Bayda*; or, c'est justement le mot usuel des Arabes pour dire *blanche* (**), et l'identité géographique se trouve ainsi confirmée à la fois par la similitude d'aspect, et par celle des dénominations.

(*) Le docteur Della Cella écrit *Berga*; mais les cartes de Smyth et de Beechey portent *Braiga*, et la carte française de MM. Richard et Lottin écrit *Bréga*.

(**) Le schéryf Edrysy mentionne spécialement en ces parages *el-Gezyrah el-baydhá*, ou l'île Blanche, qui semble, malgré quelque difficulté sur les chiffres de distances, ne pouvoir être autre que l'île Bayda de Sanuto.

Là s'arrête pour nous ce cabotage minutieux où nous nous étions engagés en suivant avec scrupule les directions nautiques que nous a léguées l'antiquité grecque, et qui nous ont conduit, de proche en proche, jusqu'au bord de ces formidables *Sèches de Barbarie*, plus redoutées encore des mariniers anciens sous le nom de *Syrtes*, où l'on hâtait sa marche pour gagner à grandes journées les ports de l'Afrique proprement dite, peu soucieux de reconnaître dans l'intervalle quelques îlots riverains, au milieu de ces vastes bancs que les caprices de la mer couvraient et découvraient tour à tour.

La côte ainsi changeait d'aspect pour le navigateur: il n'y remarquait plus ces vingt rochers insignifiants dont il s'était jusque-là préoccupé; les îles où il abordait étaient plus rares et plus considérables: aussi l'intérêt éphémère de leur existence antique n'est-il point le seul qui les recommande encore à notre attention: elles ont leur importance actuelle aussi bien que leurs traditions historiques; et leur description est une tâche nouvelle, qui fera l'objet des sections suivantes.

§ IV.

ILES SYRTIQUES.

VUE GÉNÉRALE DES SYRTES.

Peinture que les anciens ont faite des Syrtes.

Les poëtes et les orateurs, les historiens et les géographes de l'antiquité classique, se sont conjurés pour nous faire des Syrtes une peinture effrayante.

Tantôt c'est Apollonius de Rhodes qui nous montre les Argonautes poussés par la tempête aux côtes de Libye, et n'ayant, pour échapper au danger d'être engloutis au milieu des vases et des épaisses sargasses de la Syrte dévorante, d'autre ressource que de charger sur leurs épaules leur navire échoué, pour le transporter, l'espace de douze jours et douze nuits de chemin, à travers les sables, jusqu'au lac de Triton, près du jardin des Hespérides, et regagner de là, sous les auspices des dieux, les rivages opposés du Péloponèse.

Ou bien c'est Denys le Périégète, c'est Horace, Virgile, Properce, Sénèque le Tragique, Silius Italicus, Valerius Flaccus, qui stigmatisent ces Syrtes vaseuses, intumescentes, agitées, incertaines, barbares, inhospitalières, impitoyables, fertiles en naufrages.

ILES DE L'AFRIQUE.

Ou bien encore c'est Lucain, racontant la marche de Caton (après la défaite de Pharsale), depuis la Cyrénaïque jusqu'en Numidie, qui nous peint en vers pompeux les redoutables Syrtes que le général romain eut à traverser :

Les Syrtes sablonneux qu'il trouve en son passage,
Sont pour lui des périls moindres que son courage.
Des dieux irrésolus ces ouvrages douteux
Ne sont ni mer ni terre, et sont toutes les deux:
Pour refuser les eaux ou pour être leur couche,
Pour ne céder jamais à leur vague farouche,
Ou pour céder toujours à leurs flots courroucés,
Leur assiette est trop basse ou ne l'est pas assez;
Par des bancs spacieux ici l'onde est brisée,
Là par des flots captifs la terre est divisée,
Et ces lieux ambigus, ces êtres incertains,
Ne sont d'aucun usage au bonheur des humains.

Peut-être qu'autrefois ces bancs si redoutables
Avaient sous l'onde amère enseveli leurs sables,
Et que pendant le jour le flambeau qui nous luit
Attirant des vapeurs plus que n'en rend la nuit,
Que sans cesse élevant ces eaux qui le nourrissent,
Sans s'en apercevoir les Syrtes se tarissent;
Que l'eau cherchant toujours ce feu qu'elle entretient,
La terre enfin prendra ce que l'onde en retient.

Après que vers ces lieux la rame audacieuse
Eut poussé des Romains la flotte spécieuse,
L'autan se révoltant dans ses propres climats,
Par de noirs tourbillons lutte contre les mâts :
Il fait céder la vague à l'effort des orages,
Des Syrtes agités il étend les rivages,
Ou plutôt, en forçant l'irruption des eaux,
A leur fierté contrainte il en fait de nouveaux ;
De la voile qu'il enfle à son choix il se joue,
Il la brise, ou la pousse au delà de la proue :
Ou si quelques nochers, instruits par la terreur,
Pensent ployer la voile et tromper sa fureur,
En vain leur art s'oppose au vent qui les maîtrise :
Le mât tout dépouillé lui donne assez de prise.

Mais sitôt que les mâts tombent dans leurs vaisseaux,
La secousse du vent cède à celle des eaux :
Les nefs qui sont encor sur une mer profonde
Sentent moins la tourmente et le travail de l'onde ;
Mais au milieu des bancs confusément épars
Le Romain est en proie à de doubles hasards,
Et de deux éléments appréhendant la guerre,
Ne sait s'il doit périr par l'onde ou par la terre :
Souvent il s'aperçoit que du même vaisseau
La proue est sur le sable et la poupe est dans l'eau.
Quel étonnement de ces troupes captives
De se voir sur la terre et ne voir point de rives,
Et d'opposer en vain à la rigueur du sort
Les souhaits du naufrage et l'espoir de la mort!

. . . .

Après avoir longtemps erré parmi les sables
Des bancs entrecoupés et des Syrtes coupables,
Forcé la violence et du vent et des eaux,
La flotte se rejoint au reste des vaisseaux (*).

Tantôt ce sont des écrivains plus graves, Polybe, Salluste, Strabon, Méla, Sénèque le Philosophe, Pline, Dion Chrysostôme, Solin, Procope,

(*) Lucain, *Pharsale*, IX, traduction de Brébeuf.

qui nous racontent en historiens, nous signalent en géographes, ou nous rappellent en orateurs les périls imminents que couraient les navires au milieu de ces bancs vaseux où de capricieuses marées les échouaient ou bien les saisissaient à l'improviste, où les eaux soulevées par la tempête se chargeaient à la fois de limon, de sables et de cailloux énormes qu'elles entraînaient dans leur course, où la perte des vaisseaux était presque certaine sinon inévitable, emportés qu'ils étaient par cet affreux tourbillon : de là même était né le nom de *Syrtes*, qui faisait allusion à cet *entraînement* irrésistible des ondes courroucées.

Cependant, nous dit Strabon, l'audace des hommes, qui a tenté toutes choses, n'a pas craint non plus de s'aventurer à naviguer le long de ces rivages. Nous tenons d'ailleurs, de Salluste, que l'eau était plus profonde contre la côte; et Scylax, aussi bien que le Stadiasme anonyme, dont les éléments sont peut-être plus anciens encore, nous fournissent la preuve que cette hardiesse exaltée par le géographe d'Amasie était de vieille date.

Les Syrtes d'après les modernes.

Aujourd'hui, observe aussi avec justesse le major Rennell, les perfectionnements de la navigation ont dépouillé les Syrtes d'une grande partie des terreurs qu'elles inspiraient ; et le capitaine Beechey pense que les instructions nautiques des hydrographes modernes les montreront moins formidables que les écrits de l'antiquité ne les représentaient.

Néanmoins, ce navigateur lui-même reconnaît que maintenant encore bien peu de navires voudraient se risquer à partir de Benghâzy pour traverser la grande Syrte, quand il souffle dans le golfe un vent un peu fort. C'est en général un vent de nord très-vif qui règne sur cette côte; et elle est, en beaucoup d'endroits, tellement bordée de hauts-fonds, que l'atterrissement y est extrêmement difficile et hasardeux. Il faut reconnaître aussi que sur telle portion du littoral, où une plage unie, continue, à peine élevée au-dessus du niveau de la mer, présente une étendue de cent milles de long sur une largeur qui va jusqu'à cinquante milles, le flux et le reflux des eaux doivent être réellement formidables. Aussi le comte de Sandwich, dans la relation qu'il nous a laissée de ses voyages autour de la Méditerranée, avoue-t-il les craintes sérieuses qu'il conçut pendant la traversée des Syrtes : « Les anciens, dit-il, considéraient avec beaucoup de raison la grande Syrte comme le passage le plus dangereux de la Méditerranée. Ce qui a rendu ce golfe si effrayant pour les anciens navigateurs, ainsi que pour les modernes, ce sont les bancs de sable qui s'étendent à une grande distance de la côte, en même temps que les courants de tous les points de la Méditerranée déferlent avec la plus grande violence sur le rivage ; en sorte que si un bâtiment est surpris par des calmes ou par des vents contraires, lorsqu'il est quelque peu voisin du golfe, il faut qu'il survienne en sa faveur un changement de vent soudain pour le sauver d'une destruction inévitable.

« Favorisés par notre fortune habituelle », continue le voyageur, « nous évitâmes ce danger ; mais, après une ennuyeuse navigation, nous nous trouvâmes, au milieu du calme, dans une position qui n'était pas sans danger, vers la partie occidentale de la petite Syrte, qui s'étend au loin le long de la côte, et qui est de même nature que celle dont nous venons de parler. Pour comble d'infortune, nous commencions à nous trouver à court de provisions, n'ayant plus que quelque peu de bœuf salé, et de l'eau seulement pour cinq jours. Nous restâmes deux jours dans cette situation, pris par le calme en vue de cette côte inhospitalière, et nous commencions, comme nous en avions de trop justes motifs, à concevoir des craintes sérieuses pour notre sort, lorsqu'une brise favorable vint heureusement nous délivrer de ces tristes pensées en nous portant en peu d'heures à une cinquantaine de milles dans le nord. »

Etendue générale des Syrtes.

L'emplacement des Syrtes est compris, d'une manière générale, dans ce double golfe où la Méditerranée s'enfonce dans les terres entre la Cyrénaïque à l'est et la régence de Tunis à l'ouest. Les profondeurs extrêmes qu'elle atteint sont marquées, d'un côté, par la ville de Qâbes, de l'autre par la petite île de Sidra que nous avons déjà signalée : de là les noms vulgaires de golfe de Qâbes et de golfe de Sidra ou de la Sidre, communément donnés à ces deux rentrées du littoral africain où les anciens plaçaient la petite et la grande Syrte ; et dans l'acception usuelle de ces dénominations, on considère comme complète la synonymie respective de golfe de Qâbes et petite Syrte, de golfe de la Sidre et grande Syrte. Il n'y a point cependant une parfaite rigueur de langage dans cette double correspondance, en ce que, à proprement parler, les Syrtes n'étaient point ces golfes eux-mêmes, mais bien les hauts-fonds de vase et de sable d'où ces golfes tiraient leur triste célébrité : il y a beaucoup plus de justesse à dire comme nos pères, que les syrtes des anciens sont représentées par les Sèches de Barbarie.

Cette distinction n'est point le résultat d'un vain et futile purisme : elle a une importance réelle pour l'intelligence de certaines indications que les anciens eux-mêmes nous ont laissées touchant ces fameuses Syrtes. Sans doute il est peu nécessaire de s'arrêter à distinguer les Sèches des golfes qui les renferment, lorsqu'il est question, d'une manière générale, de la petite ou de la grande Syrte ; mais il est des documents antiques où nous trouverons mentionnées, dans le golfe même de la grande Syrte, deux Syrtes distinctes : l'une qui est la grande Syrte proprement dite, l'autre qui est la Syrte Cyrénéenne, ayant chacune leur domaine propre, dont la limite commune était marquée par les Autels des Philènes, monuments fantastiques peut-être dès l'origine, dont la tradition seule perpétuait l'existence, et qui déterminent encore, après tant de siècles d'oubli, la démarcation des beyliks de Sert et de Benghâzy.

Existence de deux Syrtes distinctes dans le golfe de la grande Syrte.

Le Stadiasme anonyme de la Méditerranée, précieux reste d'une antiquité reculée, venu jusqu'à nous en subissant, tantôt l'abréviation qui en a fait le périple de Scylax, tantôt la transcription tronquée qui l'a introduit dans une compilation désordonnée dont nous n'avons même qu'un unique et fautif exemplaire dans la bibliothèque royale de Madrid; le Stadiasme seul a fait la distinction formelle de la Syrte des Cyrénéens et de la grande Syrte, séparées par les Autels des Philènes. Nulle autre part cette distinction n'est ainsi expliquée; mais elle offre seule la clef d'un passage de Strabon qui a fort embarrassé les commentateurs, et qui leur semblait une contradiction manifeste de ce que le savant géographe grec avait dit ailleurs lui-même : car, d'un côté, il indique avec précision l'emplacement des Autels des Philènes sur le point même de la côte qui correspond au fond du golfe; et, d'un autre côté, il les dit situés *à peu près au milieu entre les Syrtes*. Évidemment ce n'est point ici entre la grande et la petite Syrte qu'il veut les mettre, ce qui impliquerait, en effet, une contradiction choquante, mais bien entre la grande Syrte et la Syrte Cyrénéenne, c'est-à-dire, sous une autre forme de langage, au point même qu'il désigne ailleurs d'une manière qui ne laisse prise à aucune incertitude.

C'est faute d'une perception exacte de cette distinction ancienne de trois Syrtes, que l'on a cru voir les Autels des Philènes marqués encore entre la petite et la grande Syrte, dans un monument géographique célèbre, la Table Peutingérienne (*). Mais on peut objecter, dès l'abord, que si, dans cette carte fameuse, les lignes itinéraires offrent, dans la succession des étapes et les chiffres de distance qui y sont écrits, un document très-précieux, il n'en est pas de même de la délinéation des formes topographiques, à laquelle on ne saurait prêter une attention sérieuse. Mais cette délinéation elle-même, toute hideusement barbare qu'elle soit, ne consacre point, dans la question actuelle, le déplacement qu'un premier coup d'œil trop superficiel a cru y découvrir. Il est très-vrai qu'on y voit figurés, d'une part un golfe dans lequel est écrite la légende *Syrtes minores*, d'autre part un autre golfe dans lequel est écrit *Syrtes majores*, tandis que les Autels des Philènes sont indiqués entre ces deux golfes; mais on a oublié de remarquer que les *Syrtes minores* ne représentent point ici la petite Syrte proprement dite, laquelle est tracée bien loin de là vers l'ouest, au couchant de l'île de *Girba*. Les *Syrtes minores* de la Table Peutingérienne y sont placées fort à l'est de la grande Leptis et de l'immense Sebkhah ou lac salé qui caractérise la plage occidentale du golfe de la Sidre; et les *Syrtes majores*, figurées auprès de

que de Conrad Peutinger d'Augsbourg, et possédée aujourd'hui par la bibliothèque impériale de Vienne. La dénomination de *Peutingérienne*, qui rappelle simplement l'ancien possesseur, n'a pas l'inconvénient du nom de *Théodosienne* qui lui est fréquemment attribué, dans la pensée qu'elle date du temps de Théodose le Grand, ou de Théodose le Jeune : détermination sur laquelle les érudits sont loin de s'accorder. Nous croyons avoir démontré nous-même, dans un mémoire spécial, que l'exemplaire aujourd'hui existant, matériellement exécuté à Colmar par un moine dominicain du treizième siècle, est la reproduction d'un modèle dont la rédaction se rapporte au temps du partage de l'empire de Constantin le Grand entre ses trois fils, Constantin, Constance et Constant : c'est donc *Table Constantine* qu'il conviendrait de l'appeler, dans le cas où l'on tiendrait absolument à une dénomination corrélative à la date de sa composition.

(*) C'est, comme chacun sait, une carte routière de vingt pieds de long sur un pied de haut, conservée jadis dans la bibliothè-

Bérénice, représentent évidemment la Syrte des Cyrénéens. La Table Peutingérienne place donc, tout comme le Stadiasme et comme Strabon, les Autels des Philènes (*) entre les deux syrtes que l'on confond vulgairement sous l'appellation commune de grande Syrte, et non point entre celle-ci et le golfe de Qâbes, comme divers géographes modernes se l'étaient imaginé (**).

Nos vieilles cartes nous présentent aussi une distinction corrélative à celle que nous venons de signaler, lorsqu'elles donnent, à la partie occidentale du golfe de la Sidre, le nom de golfe de Zédyq (déjà mentionné par l'Édrysy, par Ebn Sa'yd et par Aboulfédâ), et qu'elles appliquent à la partie orientale le nom de golfe de Tini (***).

Séparation entre la grande et la petite Syrte.

Mais si les deux Syrtes orientales comprises à la fois dans le golfe de la Sidre n'avaient, pour déterminer leur limite respective, que le seul point des Autels des Philènes, un grand espace, au contraire, s'étendait entre elles et la petite Syrte.

La grande Syrte, en effet, se terminait, vers l'occident, au cap appelé

(*) Dans l'itinéraire dit d'*Antonin* (et qu'il est moins inexact d'appeler itinéraire d'Ethicus, du nom de son rédacteur), on voit figurer, au lieu de la dénomination *Aræ Philænorum*, le mot barbare de *Banadedari*, sans qu'on se soit encore rendu compte de cette singulière variante. C'est, ce nous semble, une simple erreur de copiste, qui a ainsi défiguré ce qui, dans les manuscrits primitifs, était probablement écrit *Bomi id est aræ*, c'est-à-dire le nom grec (βωμοί), avec son interprétation latine.

(**) C'est donc à tort que sur la carte dressée pour l'intelligence du Stadiasme, dans l'édition des Petits géographes grecs de Gail, on voit les Autels des Philènes transportés à cent milles à l'ouest de leur véritable position, ce qui entraine toute une série de doubles emplois pour les points intermédiaires.

(***) Malgré cette spécialisation, qu'on peut remarquer dans les cartes de Guillaume de l'Isle et autres, le nom de golfe de Tiny est donné dans le *Liber Riveriarum* au golfe de la Sidre tout entier.

aujourd'hui, d'après la carte de Beechey, *Pointe Zorug*, ou, d'après la carte de Smyth, *Pointe Karra*, et formant au sud-est un prolongement du cap de Mesrâthah. Celui-ci, remarquable par son triple promontoire, en avait tiré, chez les anciens, la dénomination de *Triêrón akron;* la pointe Kharra ou Zorug, moins élevée, couverte de dattiers, signalée par quelques îlots rangés au-devant d'elle, prenait de ceux-ci le nom de *Kephalai* ou les Têtes, que Ptolémée et Strabon nous ont répété d'après les stadiasmes antérieurs.

Un peu plus loin vers l'ouest, sous la pointe appelée Tabia dans les cartes modernes, on aperçoit une embouchure de rivière en face de laquelle, à un quart de mille de distance, est un petit îlot rocheux offrant aux navires, sous son abri, un ancrage que les Arabes appellent le port d'Ugrah; le nom de Ouêdy Kahan, que porte aujourd'hui la rivière, semble conserver quelque trace de celui de *Kinyps* ou *Kinyphos* que lui donnaient les anciens; et la petite île est précisément celle que nous signale en cet endroit le Périple de Scylax, et qu'on laissait à sa gauche pour arriver à Leptis la Grande, reconnaissable de loin à sa blancheur.

Ce n'est qu'à Sabrata qu'on atteignait la limite la plus orientale de la petite Syrte; là commençaient de nouvelles sèches, se prolongeant le long des rivages jusque vers Ehraqlyeh, et embrassant en leur large contour certaines îles assez considérables pour que nous ayons à leur consacrer quelques pages: c'est d'abord Gerbeh, puis le groupe de Qerqeneh, sans parler d'autres îles plus petites dont nous aurons à peine quelques mots à dire.

ÎLE DE GERBEH.
DESCRIPTION.
Le sol.

SITUATION ET ATTERRAGES.— Gerbeh, souvent appelée *Zerbi* sur la foi de la prononciation italienne de quelques pilotes de la Méditerranée, est située tout près du continent, en travers d'un petit golfe ou lac semi-circulaire, assez profond, dont elle ferme entièrement l'entrée, ne laissant à droite et à gauche que des passages étroits auxquels correspondent, sous les eaux, des canaux plus étroits encore, creusés dans le banc sous-marin qui, du nom de l'île même, a pris, dans les anciens portulans, la dénomination de Sèche de Gerbeh, ou, comme écrit Jean d'Uzzano, *lo Secch de Gierbi.*

Le canal oriental, large de cinq milles à son ouverture extérieure, se rétrécit insensiblement, en forme d'entonnoir, jusqu'à l'endroit où il n'offre plus, entre le continent et la pointe opposée de Gerbeh, qu'un mille et un quart de largeur; deux fois, sur sa longueur, il est barré par des chaînes d'îles ou de rochers; du côté de la mer, ce sont trois petites îles appelées ensemble Kaliat, dont la principale, à forme allongée et capricieusement contournée, porte le nom de *'Akrab* ou Scorpion : elles ne sont en quelque sorte qu'un prolongement du continent voisin, qui s'abaisse à peine de deux mètres sous les eaux d'où elles émergent, jusqu'à un étroit chenal, profond de quatre mètres, au delà duquel surgit une pointe avancée de l'île de Gerbeh, avec le château de Buchal, appelé *Burgare* sur les vieilles cartes. Plus loin, c'est une ligne de rochers rapprochés, projetée en travers de la partie moyenne du détroit, entre l'île et la terre ferme, comme un barrage de pieux; ils sont au nombre de sept sur une seule rangée, quatre au nord et trois au sud du chenal. Celui-ci, long de neuf milles géographiques, et large d'un quart à trois quarts de mille, offre une profondeur de cinq à six mètres entre les deux barrages; cette profondeur est moindre de quatre mètres au second barrage, et de moitié seulement à l'entrée du lac; en un point intermédiaire, elle n'a même pas un mètre, et la plage submergée dans laquelle est creusé son lit est à peine couverte de deux pieds d'eau : en sorte que ce passage est facilement guéable dans le beau temps. Un pont avait d'ailleurs été établi, d'ancienne date, au point le plus resserré du détroit : c'est le *Pons Zita* du routier des provinces romaines, à l'entrée duquel s'élevait un municipe de même nature, où on faisait étape en cheminant le long du littoral; et c'est le *Qantharah* des Arabes, qui étendaient ce nom au village le plus voisin, dans l'île, ainsi qu'à tout le canal : il en est souvent question dans le récit des expéditions espagnoles contre l'île de Gerbeh.

Le canal occidental, c'est-à-dire celui qui sépare l'île du continent à l'autre bout du lac, présente à la surface des eaux deux milles et demi d'étendue, sur une largeur d'un mille et un quart à deux milles; mais le chenal compris entre les prolongements sous-marins de l'un et de l'autre rivage offre une longueur quadruple, sur une largeur d'un quart à trois quarts de mille, et une profondeur qui varie depuis quatre mètres et demi jusqu'à quinze mètres.

Les côtes occidentales et septentrionales de Gerbeh n'offrent point de grandes découpures; mais il n'en est pas de même à l'orient et au midi, où se projettent quelques pointes avancées restées sans nom sur nos cartes, sauf le *Rás Trigamas*, regardant le nord-est, à la pointe orientale de l'île. Mais les géographes arabes nous parlent du *Rás El-Tygján* et du *Rás Kéryn*, dont le premier était dans la partie la plus large et le second dans la partie la plus étroite de l'île.

Ces côtes sont partout bordées de bancs de sable, moins larges à l'ouest et à l'est, mais qui ont dans les autres parties une étendue assez considérable. Au nord, ils s'avancent à plus de six milles de la côte, et ils ont si peu de profondeur, qu'à cette distance la sonde ne descend guère à plus de cinq mètres.

Quatre petites baies y offrent autant de ports : à l'est, c'est le port *Saggia*, comme les hydrographes anglais l'inscrivent sur leurs cartes, ou de *Gergys*(*), comme l'appelle en sa Re-

(*) Peut-être ce nom tire-t-il son origine

lation le hhâggy Ebn el-Dyn el-Aghouâthy; à l'ouest est le port des *Agym*, population berbère a qui appartient la partie occidentale de l'île; au nord se présente le *Mersay el-Souq* ou port du Marché; au sud, enfin, le *Mersay el-Qantharah* ou port du pont.

ÉTENDUE ET TOPOGRAPHIE. — Gerbeh s'étend en longueur de l'ouest à l'est; elle a dans ce sens vingt milles géographiques; sa plus grande largeur du nord au sud, mesurée entre le château et l'extrémité de la pointe Tabilla, est à peu près semblable; mais si l'on fait abstraction de la pointe, et qu'on ne considère que le corps de l'île, on lui trouve une largeur moyenne de douze milles. On peut évaluer sa superficie, avec assez d'exactitude, à cent soixante-quinze milles carrés géographiques.

S'il en faut croire des renseignements recueillis en 1826 par M. Charles Guys, consul général de France à Tunis, l'île serait entièrement plate et sans aucune élévation; toutefois, un ancien plan italien de Zerbi, reproduit à une échelle beaucoup moindre dans le *Theatrum orbis terrarum* du fameux Abraham Ortelz, figure des montagnes au centre de l'île; et ce qui empêche de supposer que ce ne soit là un pur enjolivement du dessinateur (ces messieurs, comme on sait, prennent trop souvent des licences de cette espèce), c'est qu'une légende expresse déclare que ce sont des montagnes de marbre. Le président de Thou dit que ce ne sont que des collines.

La population a été évaluée à trente mille âmes, ou même, suivant M. Flachenacker, qui a fait dans l'île un séjour de plus d'une semaine à la fin de décembre 1839, à quarante-cinq mille âmes, dont six à sept mille nègres. Elle est dispersée dans une infinité d'habitations isolées, bâties la plupart en terre, quelques-unes en briques, servant de demeure à autant de familles, et environnées des champs et des jardins qui leur fournissent une partie de leurs aliments. Aussi ne trouve-t-on qu'un très-petit nombre de hameaux et encore moins de villages : les cartes modernes, œuvre de quelques officiers chargés d'exécuter un simple relèvement hydrographique, se bornent à nous faire connaître les points qui jalonnent les contours de l'île; l'ancien plan italien que nous avons tout à l'heure mentionné, nous fournit de plus quelques indications : c'est ainsi que nous pouvons essayer une nomenclature, très-imparfaite sans doute, des lieux où la population s'est agglomérée.

Au nord se trouve le chef-lieu, simplement appelé le Château ou la forteresse de Gerbeh, bâti en 1284 par les Catalans maîtres de l'île, ainsi qu'on le verra plus loin; tout auprès se voit le Souq, ou marché couvert, autour duquel les habitations se sont ramassées en village. A quelques milles vers l'orient s'élève, sur la presqu'île qui abrite le port, une tour que l'ancien plan appelle *Borgj el-Baqar* ou la Tour des vaches : les hydrographes anglais inscrivent en cet endroit le nom de *Gama ashah*, applicable peut-être à une mosquée voisine. Un fort est encore indiqué au nord-est; puis, sur le cap Trigamas, l'ancien plan italien figure une position occupée avec le nom de *Rochetta* ou Petite-Roche(*), ensuite une autre appelée *Moschita* ou Mosquée, et une autre encore nommée *Castelletto* ou Petit-Château; après quoi vient enfin, à l'extrémité sud-est, celle de *Burgare* : ces désignations paraissent correspondre respectivement à celles de *Disdin*, *Menax*, *un Fort*, et *Château de Buchal*, qui, sur les cartes modernes s'échelonnent sur la face orientale de l'île; tout à côté du château de Buchal elles inscrivent en outre *Gama krah*, qui est peut-être encore une mosquée. Sur la

de son voisinage (relatif) à l'égard du fort de Gergys, sur le continent, avec lequel ont lieu, sans doute, les relations les plus fréquentes de cette portion de l'île.

(*) C'était, à ce qu'il paraît, la principale aiguade : on la verra figurer plus d'une fois dans le récit des expéditions chrétiennes contre Gerbeh.

face méridionale, elles se bornent à donner le nom de Tabilla à la pointe la plus avancée, et à marquer l'emplacement de nombreuses poteries dans le voisinage : l'ancien plan italien n'oublie pas de figurer un village, avec le nom de *Cantara*, aux abords du pont (Qantharah) qui réunissait l'île au continent. La face de l'ouest est celle qui présente le plus grand nombre de positions à relever : ce sont, en allant du sud au nord, d'abord *Agym* (écrit *Agira* sur l'ancien plan italien), puis *Sasouk*, ensuite *Schar*, un peu plus loin *Sydy Shmar*, qui semble devoir être rétabli en *Sydy Agjmar* et correspondre à *Agimar* de l'ancien plan; celui-ci offre ensuite *Isa*, qui n'est point sur les cartes nouvelles, tandis qu'on trouve, en revanche, dans ces dernières, *Melitah* qui n'est pas indiqué dans le vieux document; enfin, la pointe nord-ouest est occupée par le château que l'ancien plan appelle *Torre di Val-Guarnero* et la carte anglaise *Fort Galis*, mais que les indigènes, au dire de Marmol, nommaient *Gigri*. Entre celui-ci et le château principal, le même historien nous indique un point appelé *Esdrum*.

Dans l'intérieur de l'île, l'ancien plan italien nous offre, rangés d'ouest en est, au nord des montagnes, les villages de *Canuzo*, *Zibibo*, *Zadaïca*, et vers le sud-est, *Torre di Teste*, dont le nom semblerait indiquer un monument analogue à la hideuse pyramide de crânes humains dont nous aurons, plus loin, à donner une description.

NATURE DU SOL, ET SES PRODUCTIONS. — Le sol de Gerbeh est partout sablonneux et sec; aucun ruisseau, aucune rivière ne l'arrose; les pluies y sont très-rares suivant les uns, très-abondantes suivant les autres; ce qui peut être également vrai, sauf la distinction des saisons; et l'on ne s'y procure l'eau nécessaire aux besoins de la vie et à la culture, qu'au moyen de puits : encore est-elle en si petite quantité, que les habitants en sont très-avares, et interdisent rigoureusement aux étrangers l'approche de ce trésor : « Si un voyageur », disait-on au milieu du douzième siècle, le schéryf Edrysy, « s'avise de s'y désaltérer, et qu'on s'en aperçoive, on le maltraite et on le chasse du pays. » Au commencement du dix-huitième siècle, les matelots du navire *la Diligente* de Marseille, frété par le père Philémon de la Motte dans un voyage entrepris pour la rédemption des captifs, ayant voulu aller faire de l'eau à la pointe orientale de l'île, y trouvèrent des gens qui en gardaient les approches, et qui les repoussèrent et les chargèrent à coups de bâton, ce qui les força de renoncer à leur dessein. Une quarantaine d'années après, le comte de Sandwich ne trouvait de même à Gerbeh que des gens faisant la sourde oreille à ses demandes d'eau douce et de provisions.

Placée dans de telles conditions, l'île semblait en quelque sorte condamnée à une éternelle stérilité; mais le travail de l'homme est parvenu à vaincre cette nature rebelle. Le morcellement extrême des propriétés, dû, soit au hasard, soit à un raisonnement fondé sur l'observation, a été on ne peut plus favorable à l'amélioration des terres, en permettant d'exécuter facilement, sur chacun des points de leur surface, les améliorations nécessaires pour les tirer de l'inertie où elles se trouvaient. Les céréales, toutefois, paraissent ne s'y être jamais développées avec succès, et le peu d'orge que l'on obtient exige des peines infinies pour arriver à maturité; aussi le pain est-il toujours assez rare à Gerbeh. En compensation, l'olivier et le palmier, le caroubier, la vigne, le pêcher, l'abricotier, le grenadier, le figuier et l'amandier, qui demandent peu d'eau, et qui d'ailleurs sont plus facilement arrosables que le blé et l'orge, y viennent très-bien et donnent des fruits en abondance. Cependant les sécheresses prolongées et assez fréquentes diminuent singulièrement les produits de l'olivier; et, suivant les informations recueillies par M. Charles Guys, on ne compte guère qu'une bonne récolte sur dix années. Il en est de même du dattier ce qui fait dire

3º *Livraison* (ILES DE L'AFRIQUE.)

au hhâggy Ebn-el-Dyn qu'il ne vient pas de dattes à Gerbeh ; assertion qu'il faut bien se garder de prendre au pied de la lettre, ainsi que nous le prouvent les détails suivants consignés dans la notice spéciale de M. Charles Guys sur l'île de Gerbeh : « Les dattiers, observe-t-il, sont de trois espèces ; l'une produit une datte plus petite que celle du Géryd, qui se sèche et se conserve ; l'autre espèce donne un fruit, d'une grosseur extraordinaire, qu'il faut manger aussitôt qu'il est cueilli, et que l'on dit très-bon, mais qui ne se conserve pas, parce qu'il a plus de jus; la troisième espèce produit une datte remarquable par sa forme : elle est verte, et ressemble à une grosse olive. »

Quant au lotos qui, dans les temps homériques, jouissait de propriétés si merveilleuses, et dont l'abondance à Gerbeh avait fait donner à cette île le nom de *Lotophagite*, ou pays des mangeurs de lotos, M. Guys chercha vainement à en avoir des nouvelles : « D'après toutes les informations que j'ai pu me procurer, dit-il, l'arbrisseau ou l'arbre indiqué par les anciens sous le nom de lotos, n'y existe plus, pas même le sidra des Arabes, que le docteur Shaw croit être le même, et qui est très-abondant au voisinage du Sahara. » D'un autre côté, les *Lettres de Tripoli* (œuvre féminine où l'on ne doit point s'attendre à trouver autant d'exactitude scientifique que d'intérêt descriptif) énoncent qu'il arrive de Gerbeh à Tripoli une quantité considérable de fruits, appelés kharroub par les Arabes, de la grosseur du haricot, de couleur jaune dans sa fraîcheur, et qui serait le lotos des anciens, à considérer l'antique lotos comme un jujubier auquel les Arabes donnent, en effet, comme le dit M. Guys, le nom de *sidr*.

Le père Philémon de la Motte, dont nous avons un peu plus haut mentionné le voyage à Gerbeh en 1700, nous a laissé, de l'aspect que présentait alors la végétation de cette île, une peinture avantageuse, et qui mérite que nous donnions ici quelques fragments au moins de son récit.

Ce bon religieux était parti, un matin du mois de juin, des sèches de Zouârah : « Nous arrivâmes le soir, dit-il, à l'île de Gerbeh, éloignée de soixante lieues de Tripoli, et frontière du royaume de Tunis, dont elle dépend. C'est une des îles les plus basses de la Méditerranée ; et ce qui est particulier, le flux et reflux y est très-sensible, surtout dans les pleines lunes. Comme nous fûmes obligés d'y séjourner, nous eûmes le plaisir d'en remarquer la beauté et la fécondité, qui est très-grande en toutes choses. On y voit des campagnes où croissent le blé, l'orge, etc. ; on y trouve des vignes cultivées, ce qui n'est pas ordinaire dans l'empire othoman ; il y avait déjà du verjus fort gros. La grande quantité de palmiers, d'oliviers, de figuiers, et d'autres arbres à fruit, y fait partout un agréable couvert, qui rend cette île une des plus délicieuses du monde. Les Maures s'empressaient de nous apporter des vivres, particulièrement des œufs, et des abricots qui étaient les seuls fruits mûrs dans ce temps-là : nous les trouvâmes excellents, et les amandes des noyaux beaucoup plus blanches et plus douces que les nôtres. L'envie d'avoir de l'argent ou du tabac, dont ils croyaient que nous faisions trafic, leur causait cet empressement. Il n'y a point de ville dans cette île : on y voit seulement du côté du ponant un port avec un château flanqué de tours à l'antique, et de peu de défense : il y en a une qui n'est bâtie que d'os de morts ; quelques-uns disent que ce sont des chrétiens maltais, d'autres que ce sont des Espagnols, qui autrefois étaient maîtres de cette île, et qui furent défaits par les infidèles en 1560. Du côté du sud, où nous mouillâmes, nous vîmes plusieurs maisons éloignées les unes des autres, avec de certains tombeaux ou mausolées, qu'en pays chrétien on prendrait pour des ermitages, et qui, paraissant au travers d'un grand nombre de palmiers et autres arbres, font une diversité assez agréable à la vue. »

« Nous voulûmes », dit un peu plus

loin le narrateur, « voir de plus près cette île dont le premier aspect nous avait paru si beau, et ayant mis pied à terre, notre pilote (qui était du pays) nous donna lieu de satisfaire plus assurément notre curiosité. Nous vîmes quelques ruines, nous admirâmes la bonté du terroir, auquel il ne manque que d'être un peu moins sec ; et comme il nous vit curieux d'emporter quelques branches de palmier, parce qu'en ce lieu elles sont plus belles, et que nous nous y prenions assez mal en les cueillant, car elles sont armées de pointes très-dures, il voulut bien nous en épargner la peine et la douleur. Il nous fit aussi remarquer la différence du palmier mâle et du palmier femelle, en ce que le palmier mâle porte une fleur plate de la grandeur et de la figure de la main, à peu près comme nos amaranthes plates, mais blanches comme de la neige ; tandis que le palmier femelle porte, sur un rameau plat, une espèce de grappe qui contient environ soixante petites branches ou rameaux, dont chacune jette quantité de petites fleurs rouges ou jaunes, dont se produisent les dattes. Il nous apprit aussi que, pour rendre les dattes plus douces et plus grosses, ils prenaient une fleur du palmier mâle, et l'attachaient avec un fil dans une grappe de palmier femelle, nous disant que, sans cet artifice, ces fruits seraient amers et menus. Nous vîmes toute la plaine remplie de beaux oliviers, et en quelques endroits des chameaux qui foulaient le blé. Le terroir est rempli de ces gros oignons qui poussent hors de terre, que l'on nomme scille ; il y en avait qui pesaient quatre ou cinq livres. »

Le président de Thou observe que les grenades de Gerbeh sont plus acides que celles qui croissent dans le midi de la France ; que les vignes donnent des raisins admirables de beauté ; que les figues, les poires, les pommes, les prunes abondent ; qu'il n'y a du reste point de froment, et que les habitants vivent d'orge (*), de lentilles, de pois,

(°) L'édition française traduit par riz le

de feves, et d'autres légumes analogues.

Quant au règne animal, tout ce que nous en savons nous vient de la même source. Les Gerbins, suivant de Thou, ont des chameaux et des ânes en grand nombre, mais peu de chevaux. Leurs chèvres ne ressemblent pas aux nôtres : elles ont de grandes oreilles, qui sont pour ainsi dire dentelées, et tirant sur le blanc. Ils n'ont d'autres troupeaux que ceux qu'on importe dans leur île. On y trouve des lièvres, et des caméléons de la grandeur de nos lézards.

Les habitants de Gerbeh.

ORIGINE, ASPECT, VÊTEMENTS ET NOURRITURE DES HABITANTS DE GERBEH. — La population de Gerbeh, suivant le rapport du schéryf Edrysy, est exclusivement berbère, et n'a d'autre langue que le berber : c'est spécialement le dialecte *schellouhh*, ainsi nommé à Gerbeh, au rapport de M. Delaporte et de M. Flachenacker, aussi bien que dans les montagnes de Marok ; ce n'est pas que M. Delaporte, qui est passé dans cette île il y a un peu plus de quarante ans, et M. Flachenacker, qui l'a visitée l'année dernière, n'y aient trouvé aussi des gens parlant arabe ; mais cela tient uniquement à ce que l'île est soumise à une puissance arabe, et que la langue du maître, qui d'ailleurs est en même temps celle des côtes voisines avec lesquelles ont lieu toutes les relations commerciales, ne pouvait manquer de s'infiltrer au moins chez les habitants du chef-lieu et des ports. Au dire du hhâggy Ebn-el-Dyn el-Aghouâthy, la population de Gerbeh est composée de plusieurs tribus distinctes, entre lesquelles il se borne à nommer celle d'*Agym*, occupant la partie occidentale de l'île, et ne parlant que le berber ; M. Delaporte énonce que le principal quartier, celui du chef-lieu sans doute (c'est-à-dire la

mot *oryza* du texte latin ; mais le manque d'eau ne permet pas de supposer que Gerbeh ait des rizières, et nous savons d'ailleurs, par le témoignage de Léon et de Marmol, que la céréale cultivée dans le pays est l'orge.

3.

partie du nord), est appelé *Medyounah*, et nous retrouvons encore dans ce nom celui d'une tribu berbère bien connue, affiliée à celle de Dharysah.

Le fameux général catalan Raymond Montaner, qui commanda pendant sept ans à Gerbeh, et qui nous a laissé de curieux mémoires de sa vie politique et militaire, nous fait connaître, touchant les factions entre lesquelles se partageaient les tribus de l'île, des détails reproduits ensuite par le géographe historien Louis del Marmol, en sa Description de l'Afrique : nous y trouvons les noms de quatre tribus, savoir : d'un côté les Moabiah, avec les Benli-Momen et les Duyques qui leur sont affiliés, et d'un autre côté les Miscona (*) : au quatorzième siècle et dans les suivants, la rivalité de ces tribus troubla plus d'une fois la paix de l'île, et favorisa les entreprises de l'étranger; elles sont de race berbère, ajoute Marmol, et parlent un arabe corrompu. Leur teint est brun, moins foncé toutefois que chez les habitants de la côte voisine.

Voici la description que le président de Thou nous fait du costume des Gerbins de son temps : « Ils portent des bonnets de laine de couleur bleu turquin, enveloppés d'une toile blanche en forme de turban. Les hommes se couvrent de manteaux de laine qui ont une frange de soie en bas, et qu'ils appellent *barracans* (**), et portent une épée attachée à un baudrier. Sous ces manteaux ils sont tout nus; cependant les plus considérables ont un vêtement qui leur descend au-dessous du genou, et des chaussures à la manière des Maures. Les femmes ont aussi des manteaux qui couvrent leur tête et leur retombent en pointe sur les yeux; mais elles ont toutes des habits sous ces manteaux.

« Quant à leur nourriture, ajoute le grave historien, les plus pauvres vivent de farine d'orge mêlée avec de l'huile, de miel, de beurre, de dattes assaisonnées avec du vinaigre ; ils mangent rarement de la viande; les riches ont de la farine de froment : tous boivent de l'eau. Pour leur coucher, la terre leur suffit, à cause des excessives chaleurs. »

RELIGION. — Les habitants de Gerbeh sont musulmans, mais non orthodoxes, et la qualité de Gerbin est considérée dans les États barbaresques comme l'équivalent d'hérétique; tous les voyageurs sont d'accord sur ce point, mais ils diffèrent sur l'explication qu'ils en donnent. Abou-'Obayd de Cordoue se contente de les déclarer *khouáregj*, c'est-à-dire schismatiques ; Burckhardt dit qu'il en arrive au pèlerinage de la Mekke avec la caravane du Maghreb, mais qu'ils se tiennent à l'écart de leurs compagnons, et sont fortement soupçonnés d'être de la secte de 'Aly; M. Delaporte énonce de même qu'à Tunis et à Tripoli on flétrit du nom de Gerbin ceux que l'on veut traiter de schismatiques, parce que les Gerbins sont de la secte de 'Aly. Cependant, le témoignage formel du hhâggy Ebn-el-Dyn vient contredire cette accusation contre les Gerbins de partager le schisme des 'Alydes; son explication mérite d'être rapportée ici en entier : « Ils lisent le Qorân, dit-il, et les doctrines de leur foi sont semblables à celles que professent les Ouahabytes et les Beny-Mozâb; quelques-uns rejettent 'Aly ben-Aby-Thâleb. Ces dogmes sont observés par ces gens ; mais ils ne les professent pas publiquement, et les cachent plutôt : ils ne prient point en commun avec la secte de Malek; ils ont des mosquées à eux. »

Cette communauté de croyances avec les Ouahabytes d'Arabie nous donne lieu de citer encore l'exposition faite par Ebn-el-Dyn de la doctrine de ces derniers, en parlant de leur capitale Deráyeh : « Cette ville, dit-il, a

---

(*) Marmol les appelle *Uled Modvia, Uled Mumin, Uled Dorques,* et *Uled Mistona.* Nous ignorons jusqu'à quel point on peut se fier à ces noms : il nous semble entrevoir que par ses *Moabs* Montaner désigne les Almohades, avec lesquels en effet se classent naturellement les *Aouléd-el-Moumen* ou *Beny-el-Moumen.*

(**) Plus exactement *Baráqa'* بلرقع

des mosquées : mais le peuple diffère, en ses articles de foi, des habitants de la Mekke, et ils n'ont point le même respect que ceux-ci pour le Prophète et ses compagnons; ils professent ne reconnaître que Dieu seul. Ils ne prient point le Prophète et ne lisent point le *Delyl-el-Khayrat* (Guide de la dévotion); s'ils le trouvent en la possession de quelqu'un, ils battent l'individu et brûlent le livre; le *tesbehh* ou chapelet n'est point toléré; s'il est trouvé entre les mains de quelque personne, celle-ci est punie, traitée d'idolâtre, et exhortée à retourner à Dieu. » Voilà qui est en parfaite harmonie avec la profession de foi des Ouahabytes, telle qu'elle fut publiée à la Mekke en 1803, et que l'a fait connaître Burckhardt, qui en résume à merveille le caractère en disant que les Ouahabytes étaient les protestants, les puritains du mahométisme.

Mais ce que tous les historiens des Ouahabytes paraissent avoir ignoré, c'est la date ancienne de la formation de leur secte; au moment où ils ont constitué une puissance politique qui semblait promettre une vie nouvelle à cette nationalité arabe, follement rêvée ailleurs, on s'est enquis de leur origine. Or, sans réfléchir que la tribu dominante portait tout entière le nom d'El-Ouahâb, on s'est persuadé que le fondateur de la réforme était 'Abd-el-Ouahâb, beau-père du fameux Se'oud, qui étendit sa domination sur presque toute l'Arabie. Mais elle avait une date bien plus ancienne; déjà elle est indiquée en Afrique avant la fin du huitième siècle de notre ère (*); et, pour nous renfermer exclusivement dans la spécialité de notre sujet, elle existait à Gerbeh dès le temps d'Abou-'Obayd el-Bekry, c'est-à-dire dans la seconde moitié du onzième siècle; car on ne peut guère douter que ce ne fût dès lors la même secte, que l'on ne tarde pas à trouver, dès le milieu du siècle suivant, appelée par son nom dans la Géographie arabe du schéryf Edrysy, dont le passage mérite d'être rapporté ici dans son entier :

« Les habitants de cette île (*), écrit le noble géographe, sont des musulmans schismatiques de la secte dite el-Ouahabyeh; ceux des forts et châteaux voisins appartiennent à la même secte. Ils pensent que leurs vêtements seraient souillés par le contact de ceux d'un étranger; ils ne lui prennent pas la main; ils ne mangent pas avec lui, et le font manger séparément dans de la vaisselle réservée à cet usage. Les hommes et les femmes se purifient tous les matins; ils font usage d'eau ou de sable pour leurs ablutions. Si un voyageur étranger s'avise de tirer de l'eau à leurs puits pour boire, et qu'ils s'en aperçoivent, ils le maltraitent, le chassent du pays, et mettent le puits à sec. Les vêtements des hommes impurs ne doivent pas être mis en contact avec ceux des hommes qui sont purs, et réciproquement. Ils sont néanmoins hospitaliers; ils invitent les étrangers à des repas et les traitent bien; ils respectent les propriétés des personnes qui viennent se fixer chez eux, et sont justes à leur égard. »

CARACTÈRE MORAL.—Si l'on en pouvait croire les renseignements recueillis à Tunis par M. Charles Guys, le caractère des habitants de Gerbeh serait fort doux; ils seraient accueillants et hospitaliers; et les voyageurs, ainsi que les capitaines de navires, se loueraient beaucoup de leurs procédés. M. Félix Flachenacker, qui a passé quelques jours chez eux, à la fin de décembre 1839, est disposé à les juger favorablement. Mais M. Delaporte les représente comme mal famés dans les États du voisinage, où le nom de Gerbin est presque une injure. Le

---

(*) Ebn-Khaldoun dit expressément que 'Abd-el-Ouahâb ben-Rostem était un Ouahabyte, ainsi qu'on le peut voir dans l'Histoire de l'Afrique sous les Aghlabytes, traduite et savamment annotée par M. Noël Des Vergers.

(*) Le passage de l'Edrysy s'applique à la fois à Gerbeh et à l'île voisine de *Zyrou*, à laquelle nous consacrerons un article particulier dans la suite du présent chapitre.

père Philémon de la Motte dit que les plus abominables désordres y sont communs, sans qu'on se donne la peine de les cacher. Suivant le président de Thou, ils sont défiants, curieux, avides d'argent plus qu'on ne saurait croire, et sont adonnés à la débauche. Cependant l'adultère est puni de mort : si le mari, qui peut avoir au plus six ou sept femmes, en surprend quelqu'une dans le crime, il la tue en présence de ses parents, ou la renvoie honteusement; ils portent, du reste, beaucoup de respect à leur cadi, mais plaident rarement, chacun s'occupant uniquement de son travail. Le schéryf Edrysy les dépeint comme enclins au mal ; et Abou-'Obayd el-Békry les montre exerçant leurs brigandages sur terre et sur mer.

De ces traits divers il serait difficile de former un ensemble avantageux ; car s'il leur est accordé quelques bonnes qualités, on voit que les mauvaises l'emportent à tel point, que leur réputation est partout détestable, et serait encore très-équivoque, en supposant qu'il faille faire une part très-large aux préventions qui résultent des dissidences religieuses. Quoi qu'il en soit, au surplus, des couleurs fâcheuses sous lesquelles ce peuple se montre aux étrangers, il n'en faut pas conclure qu'il soit indigne d'attention et d'intérêt dans sa condition intérieure.

INDUSTRIE.— L'activité et l'intelligence qui lui sont propres ne se révèlent pas seulement dans la culture des terres; il les déploie dans d'autres branches d'industrie. Gerbeh est le centre d'une grande fabrication d'étoffes de laine, d'un tissu mince et léger, ressemblant à celui d'une serge moelleuse. Les Maures de toutes les classes s'habillent de ces étoffes, chacun selon ses moyens, et il y a des milliers d'habitants dont tout le vêtement consiste en une calotte rouge et une espèce de grande couverture blanche qui leur fait plusieurs plis autour du corps. Les châles de Gerbeh sont aussi d'un tissu magnifique, et qui ressemble même à ceux de Kaschmyr; les membres du gouvernement à Tunis, et les personnages de distinction, en font particulièrement usage : on les teint ordinairement de vives couleurs, et ils sont répandus dans toutes les parties de l'empire othoman. Il se fabrique également à Gerbeh de grandes quantités d'une étoffe dont se font les *bornous,* espèces de manteaux, communs aux riches et aux pauvres, de même que des couvertures appelées *bataniah,* qui sont tout à la fois chaudes, souples et légères. La laine qui sert à manufacturer ces tissus est de première qualité, et elle n'est guère inférieure, si même elle l'est en rien, à la plus plus belle laine d'Espagne; elle vient en majeure partie de Qayrouân.

La grande occupation des femmes de Gerbeh est la filature de la laine, qu'elles exécutent très-bien. C'est pour ce motif qu'elles laissent croître l'ongle de leur pouce gauche, et que, quand il est parvenu à une longueur déterminée, elles y pratiquent un petit trou, au travers duquel elles font passer la laine qu'elles filent ; par ce moyen elles obtiennent un fil égal et régulier. Pour filer, les femmes et les filles de Gerbeh se réunissent autour d'un fossé assez profond; assises au bord de ce fossé, elles y laissent descendre les fils qu'elles tordent, et que leurs fuseaux entraînent jusqu'à une certaine profondeur; elles les ramènent à elles avec une dextérité inconcevable, roulent les fils qu'elles viennent d'obtenir, et recommencent l'opération avec une pareille facilité. Elles filent en se racontant les unes aux autres des historiettes, et en se raillant entre elles sur le plus ou moins de perfection de leur travail.

Outre la fabrication des lainages, il se fait à Gerbeh beaucoup d'huile, de la chaux, et une grande quantité de poterie. On a déjà vu que les usines consacrées à cette dernière industrie sont nombreuses près des rivages méridionaux. Enfin, la pêche des éponges est pour les Gerbins une industrie très-productive.

COMMERCE.—Il est presque inutile de dire que le commerce de l'île est important : avec une telle abondance et une telle supériorité de produits, cela devait être. Les principales caravanes que Tunis reçoit des points éloignés de son territoire sont celles de Gerbeh; elles y apportent surtout des lainages; les retours sont de peu de valeur; ils consistent en quelques articles importés à Tunis, tant en denrées coloniales qu'en objets manufacturés. Les exportations par mer sont considérables aussi ; elles se font par de petits bâtiments marchands qui viennent des côtes de Tunis, de Tripoli, et de quelques villes maritimes de l'Europe méridionale. Ils arrivent surtout au port du Nord, près duquel se trouvent la résidence du scheykh et un certain nombre de bâtiments assez vastes, qui servent de magasins et de logement temporaire aux marchands. Dans ce lieu, désigné exclusivement par le nom arabe de *Souq*, c'est-à-dire marché, il se tient en effet chaque semaine un marché, toujours si bien approvisionné et si fréquenté, qu'il ressemble à une foire. Les habitants s'y rendent de toutes les parties de l'île avec de l'huile, des dattes, des raisins secs, de la poterie, des étoffes de laine, et on y voit arriver des Arabes du continent, qui amènent avec eux des troupeaux, et apportent de la laine, du beurre, du froment, de l'orge, des concombres et autres denrées. Du temps de Léon l'Africain (qui fut pris, comme on sait, à Gerbeh, à son retour d'Orient, par des corsaires chrétiens), la valeur des droits de gabelle et de douane s'élevait à quatre-vingt mille doubles ou dinars d'or, valant à peu près un million de francs de notre monnaie.

ORGANISATION ADMINISTRATIVE. —Gerbeh, avec toutes ses fermes isolées et ses hameaux aux maisons éparses, n'a pas un seul bourg de quelque importance : aucune ville moderne n'y a remplacé les villes que citent les géographes anciens. Comme nous l'avons dit, le scheykh réside avec sa famille dans le château, bâti sur une roche qui domine le rivage et les flots du nord. Ce hhâkem, ou gouverneur, est nommé par le bey de Tunis. M. Félix Flachenacker, à qui nous devons les nouvelles les plus récentes du petit pays que nous essayons de décrire, y a trouvé un *agha* ou commandant militaire, un *qâyd* ou gouverneur politique, et un conseil de douze scheykhs. Un fonctionnaire spécial y exerce une sorte de patronage consulaire sur tous les voyageurs européens qui, par occasion ou de propos délibéré, viennent visiter cette île.

HISTOIRE DE GERBEH.

Noms anciens de Gerbeh.

L'antiquité classique a connu sous divers noms l'île que nous appelons aujourd'hui Gerbeh.

Peut-être est-ce d'elle qu'Hérodote veut parler, quand il rapporte ce que disaient les Carthaginois de l'île de *Kyranis*, fertile en vignes et en oliviers, et située près de la terre ferme, de manière à ce que l'on y pût passer aisément; du moins, le savant Abraham Ortelz le pensait-il ainsi : mais nous sommes portés à croire que certaines circonstances du récit d'Hérodote s'appliquent, avec plus de justesse, à l'île de *Qerqeneh*, comme nous le montrerons en traitant de celle-ci.

Scylax, dans un texte qui a fort embarrassé les commentateurs, et dont ce n'est guère ici le lieu de discuter la restitution philologique, semble donner le nom de *Brakhión* à l'île de Gerbeh; mais nous supposerions volontiers qu'une lacune de quelques mots existe encore en cet endroit, et que le texte primitif, plus complet, devait exprimer un sens analogue à celui-ci : « d'Abrotonos on se rend en « un jour aux Salines, où l'on trouve « à la fois une ville et un port; près « de là est une île appelée Menix, si-« tuée sur des bas-fonds, au delà des « Lotophages et des Salines » (*). L'au-

---

(*) Voici dans son entier le texte restitué que je propose : Ἀπὸ δὲ Ἀβροτόνου Ταριχείαι πόλις καὶ λιμήν· παράπλους ἀπὸ Ἀβροτόνου ἡμέρας μιᾶς. Κατὰ δὲ ταῦτά ἐστι νῆσος, ᾗ ὄνομα [Μῆνιξ, ἐπὶ] βραχέων, μετὰ

teur continue ensuite sa description en ces termes : « Cette île a trois cents « stades, sur une largeur un peu « moindre : elle est à trois stades du « continent. Dans cette île naissent le « lotos qui se mange, et une autre es-« pèce dont on fait du vin. La gros-« seur du fruit de lotos est pareille à « celle du fruit de l'arbousier. On y « fait beaucoup d'huile qu'on tire de « l'olivier sauvage. L'île produit d'ail-« leurs beaucoup de fruits, de blé et « d'orge; la terre en est fertile. Elle « est à une journée de navigation des « Salines. »

Ce nom de *Menix*, que nous suppléons dans le texte de Scylax, ne nous est point fourni par quelque écrivain contemporain : Théophraste, en son Histoire des Plantes, parlant de la même île à propos du lotos, lui attribue la double dénomination de *Lotophagite* et de *Pharide*. Bochart a expliqué que *Pharid* ou *Faryd* est le nom hébreu, c'est-à-dire phénicien ou punique, du jujubier, qui croissait abondamment en cette île, et que les Grecs appelaient lotos; ce nom de Pharide ou *île au Lotos* n'était ainsi nullement différent de celui de Lotophagite ou *île des mangeurs de Lotos*, que Théophraste énonce le premier, qu'Ératosthène et Ptolémée ont adopté après lui, et que bien d'autres ont répété.

C'est dans Polybe que paraît pour la première fois avec certitude ce nom de *Menix*, qu'on retrouve ensuite dans une longue série de géographes,

Λωτοφάγους καὶ Ταριχείας. Toute ma restitution se borne, comme on voit, à lire d'abord Ταριχεῖαι au lieu de Ταριλία, et βραχέων au lieu de βραχίων, puis à insérer entre les mots ὄνομα et βραχέων, ceux-ci Μῆνιξ, ἐπί; enfin à substituer καὶ ταριχείας à καταριχίας. Cette dernière correction, qui d'abord avait échappé à M. Gail, a été ultérieurement indiquée dans son commentaire sur le Stadiasme; Bochart avait proposé κατὰ ταριχείας. Ainsi, au lieu de s'appeler du nom tout à fait inconnu de βραχίων, l'île serait tout simplement située ἐπὶ βραχέων, sur des bas-fonds, ce qui est le caractère le plus frappant des îles syrtiques.

Strabon, Denys le Périégète avec ses interprètes Aviénus et Priscianus, et son commentateur Eustathe, Mela, Pline, Solin, Silius Italicus, Plutarque, Agathémère, Étienne de Byzance (*). Nous n'avons point inscrit dans cette liste le Stadiasme anonyme de la Méditerranée, incertains que nous serions du rang à lui assigner : car si la rédaction en est d'une époque peu reculée, les éléments qu'elle reproduit nous paraissent devoir être considérés comme un des plus anciens documents géographiques qui nous aient été transmis, et comme la source du Périple de Scylax : voilà pourquoi nous avons choisi la dénomination de *Menix* pour être suppléée dans le texte de Scylax, plutôt que toute autre. C'était aussi le nom spécial du chef-lieu de l'île, ainsi que le constatent Strabon, Pline, Ptolémée, et la tradition même des Arabes, qui a conservé aux ruines qui en marquent encore l'emplacement, cet antique nom de *Menâqs*, auquel le grand chercheur d'étymologies puniques, le savant Bochart, assigne pour racine *may-niqss*, manque d'eau, ou *may-niks*, retraite des eaux ; par allusion soit à la rareté de l'eau douce dans l'île, soit à la formation même de l'île par la retraite de la mer qui dut la couvrir autrefois.

Mais au quatrième siècle de notre ère, le nom de *Menix* avait été remplacé par celui de *Girba*; Aurélius Victor, parlant des empereurs Vibius Gallus et Volusianus, en fait l'observation expresse, ultérieurement reproduite ou plutôt copiée par Paul Diacre en son Histoire variée. Ce nom de Girba figure déjà exclusivement sur un monument géographique antérieur à Aurélius Victor, savoir, la fameuse Table Peutingérienne, qui date de la première année du règne des fils de Constantin le Grand; on ne trouve de

(*) Beaucoup écrivent Μῆνιγξ au lieu de Μῆνιξ, ce qui produit la transcription latine Meninx au lieu de Menix, qui cependant se trouve aussi dans les manuscrits, et qui est plus exacte, comme le prouve la dénomination de *Menâqs*, conservée, par les Arabes, aux ruines de l'ancien chef-lieu.

même que *Girba* ou *Girbe* dans la Cosmographie quadripartite d'Éthicus, et dans l'Itinéraire des provinces qui en est la suite, ainsi que dans l'abrégé de la première, rédigé par Julius Honorius et intitulé quelquefois Cosmographie de Jules César; la Notice des dignités de l'empire romain, almanach officiel des cours de Rome et de Constantinople au cinquième siècle, indique un procurateur ou intendant de la teinturerie *Girbitaine;* enfin, les actes des conciles d'Afrique nous fournissent, du troisième au sixième siècle, une série d'évêques *gerbins* ou *girbitains*. Le premier de ces conciles, tenu en 255 sous saint Cyprien, et où l'on voit figurer l'évêque de *Girba,* démontre que cette dénomination nouvelle de l'île Menix était en vigueur dès le temps des empereurs Gallus et Volusianus, aussi bien qu'à l'époque de leur historien Aurélius Victor.

Outre la capitale Menix, représentée encore, ainsi que nous l'avons dit tout à l'heure, par le qassr Menâqes des modernes, quelques autres villes, bourgs, ou villages, nous sont indiqués dans cette île par les géographes anciens : Pline désigne à l'opposite de Menix un oppidum *Thoar,* que nul autre écrivain n'a mentionné; Ptolémée à son tour nomme *Gerra,* qu'on ne rencontre nulle part ailleurs (*), et qu'on pourrait peut-être identifier à l'*Agira* du vieux plan italien déjà cité plus d'une fois; peut-être aussi *Thoar* et *Gerra* ne sont-ils qu'un même lieu, comme le conjecturait Abraham Ortelz; enfin, la Table Peutingérienne nous offre de son côté trois noms qui ne sont point autrement connus, savoir, en allant de l'est à l'ouest, *Uchium* (**), *Haribus*, *Tipasa*.

(*) A moins que Ptolémée n'ait déjà trouvé dans quelque document latin le nom de GIRBA ou GERBA, qu'il aurait lu GERRA.

(**) On pourrait, à la rigueur, supposer que ce nom de *Uchium* ne doit son existence qu'à un mauvais déchiffrement ou à une transcription défigurée du mot *Meninx*.

Histoire ancienne de Gerbeh.

L'histoire ancienne de Gerbeh ne nous est pas mieux connue que celle de Carthage, première souveraineté dont elle dut dépendre; et plus tard, quand elle eut passé en la puissance des Romains, la mémoire des faits dont elle fut le théâtre se perdit dans l'immensité des annales de l'empire. Quelques lueurs éparses peuvent cependant être recueillies, à de longs intervalles, parmi les traditions et les histoires de l'antiquité.

S'il en fallait croire Strabon, la première page historique de Gerbeh daterait des temps homériques : car ce serait là cette fameuse terre des Lotophages chantée par le divin rhapsode, où la tempête qui saisit les vaisseaux d'Ulysse auprès de Cythère, conduisit en dix jours le roi d'Ithaque : et la trace du héros grec n'était point encore effacée du sol, car on y montrait l'autel d'Ulysse; et le lotos même, qui continuait à croître abondamment dans l'île, venait témoigner aussi de l'identité de Ménix avec le pays du lotos décrit par Homère.

Après de longs siècles d'oubli, nous rencontrons de nouveau quelque mention de Gerbeh au milieu du détail des guerres puniques. Pendant la première, nous y voyons aborder, en l'année 253 avant notre ère, les consuls Cnæus Servilius Cœpio et Caius Sempronius Blæsus avec une flotte de deux cent soixante voiles : ne connaissant point ces parages, ils s'avancèrent avec le flot sur les basses qui entourent l'île, et se trouvèrent échoués par la retraite des eaux; en ce péril extrême, ils s'empressèrent de jeter à la mer tout ce qu'ils purent, afin d'alléger leurs vaisseaux; mais ils désespéraient de leur salut, et leur effroi était au comble lorsqu'une nouvelle crue des eaux vint les tirer de peine et les remettre à flot; et ils se hâtèrent de fuir ces bords dangereux et perfides, où la mer elle-même leur tendait des embûches plus redoutables que les périls de la guerre.

Trente-six ans après (217 avant

J. C.), le consul Cnæus Servilius Geminus, avec une flotte de cent vingt vaisseaux, ne craignait cependant point de s'aventurer en pirate dans les mêmes parages, pour venir faire le dégât dans l'île de Menix, qu'il dévasta.

Puis, au temps des guerres civiles (88 ans avant J. C.), Caius Marius, traînant sa mauvaise fortune des marais de Minturnes aux ruines de Carthage, repoussé de la côte de Drepanum par le questeur de Sicile, aborda fugitif en l'île de Menix, hospitalière cette fois, et y apprit, sur la destinée de son fils et de quelques-uns de ses partisans, des nouvelles qui le déterminèrent à se rendre sur le continent pour les rejoindre.

Annexée à l'empire romain, Girba fut une dépendance de la Numidie, confiée d'abord au commandement de Salluste, puis remise à Juba le jeune, et reprise ensuite pour être réunie au proconsulat d'Afrique : c'est l'état dans lequel nous la décrit Ptolémée. On y voit encore un monument qui paraît dater de cette époque : « Je suis allé voir à Gerbeh, dit M. Delaporte, un arc de triomphe qui est assez bien conservé; autant que je puis m'en souvenir, il occupe le centre de l'île, et il fut construit en l'honneur de l'empereur Antonin et de son collègue Verus, comme celui de Tripoli de Barbarie. » C'est là qu'avaient pris naissance Vibius Gallus et son fils Volusianus, qui furent empereurs à Rome en 252 et 253 de notre ère.

C'est ensuite à la Tripolitaine qu'appartint l'île de Gerbeh, lors de la formation de cette province par l'empereur Dioclétien, dans les dernières années du troisième siècle ou les premières du quatrième. Dans cette position, elle subit tour à tour l'occupation des Vandales, la reprise des Byzantins, et la conquête des Arabes.

Conquête et domination des Arabes.

C'est probablement dans l'expédition de Mo'âouyeh ben Khodaygj, en l'année 665, que Gerbeh fut soumise au sceptre des Khalyfes; et elle demeura sous l'autorité des gouverneurs d'Afrique jusqu'à ce que les Aglhabytes, gouverneurs à leur tour, mais secouant le joug de leurs maîtres, fondèrent à Qayrouân une monarchie indépendante, dont le siége fut plus tard transporté à Tunis. Aux Aghlabytes succédèrent les Fathémytes, qui bâtirent Mehdyah pour leur capitale, et qui, passés en Égypte, donnèrent l'investiture de l'Afrique aux Zeyrytes d'Aschyr; mais ceux-ci eurent à combattre les Berbers zénêtes, qui leur disputaient la possession du pays; Abou-Temyn el-Mo'ezz Scharf-el-Douleh le zeyryte, cinquième roi de cette dynastie, conquit sur eux l'île de Gerbeh en l'année 1038; et son fils Temym eut à la conquérir de nouveau en 1098; puis encore en 1115, il fallut que 'Aly ben Yahhyày, petit-fils de Temym, y envoyât une flotte pour réduire ces insulaires révoltés.

La rébellion de Gerbeh n'était point un fait isolé : c'était simplement un épisode dans la résistance générale et continue des populations de la race de Zénêtah envers celle de la race de Ssenhêgâh, résistance que fomentaient les Francs de l'Europe méridionale, et surtout Roger de Sicile, qui aidait de ses vaisseaux et de ses troupes Rafy ben Makan, chef des insurgés. Mais en l'année 1135, Roger voulut agir pour son propre compte, et il envoya une flotte contre Gerbeh : comme les habitants faisaient difficulté de se soumettre à un prince étranger, ils furent environnés par la flotte sicilienne, et attaqués en même temps par des troupes qui en tuèrent un grand nombre; les femmes et les enfants furent réduits en esclavage, et toutes les richesses de l'île devinrent la proie du vainqueur.

Mais les Gerbins, à ce que dit l'Édrysy, sont toujours disposés à se révolter, ne voulant recevoir de loi de personne; après dix-huit années de tranquillité, ils tentèrent de secouer le joug : Roger envoya, en 1153, une flotte chargée de les réduire; l'île fut de nouveau conquise, et les habitants pris et vendus comme esclaves.

Cependant les Almohades étendaient alors leur puissance sur l'Afrique, et ils ne tardèrent pas à enlever aux Francs les nombreuses conquêtes qu'ils avaient faites depuis Tripoli jusqu'à Tunis. Eux-mêmes, en établissant, en 1210, les Hhafssytes à Tunis, pour gouverner la partie orientale de leurs États, jetèrent les fondements d'une dynastie rivale, qui bientôt se rendit indépendante, et qui se continua jusque vers la fin du seizième siècle.

Les Francs entreprirent contre elle diverses expéditions, dont quelques-unes furent spécialement dirigées contre l'île de Gerbeh : les historiens contemporains nous en ont transmis le récit ; le catalan En Ramon Muntaner, l'andalous don Luis del Marmol Caravajal, et notre célèbre Jacques-Auguste de Thou, nous fournissent la narration détaillée de ces *entreprises des Gerbes*, comme on disait alors ; et nous ne pouvons mieux faire que de suivre pas à pas de tels guides.

Domination seigneuriale de la maison de Loria.

CONQUÊTE DE GERBEH PAR L'AMIRAL ROGER DE LORIA. — Le fameux Roger de Loria, amiral d'Aragon et de Sicile, après les victoires où il fit prisonnier Charles d'Anjou, prince de Salerne, et concourut avec l'infant Jacques d'Aragon à la rapide conquête de la Calabre, repartit de Messine avec sa flotte, et fit voile pour l'île de Gerbeh, devant laquelle il arriva le 12 septembre 1284. Plaçant ses navires dans le canal qui la sépare de la terre ferme, afin que les habitants ne pussent ni fuir, ni être secourus par les tribus du voisinage, il débarqua ses troupes de nuit, tomba à l'improviste sur la population, et pilla grand nombre d'habitations ; il fit ainsi plus de deux mille captifs, tant en hommes que femmes, qu'il emmena en Sicile, et dont il fit passer aussi quelques-uns en Catalogne et à Mayorque ; il emporta un tel butin que les frais d'armement et d'expédition des galères furent largement payés.

Après quelques courses sur les côtes de la Grèce et dans les îles adjacentes, l'amiral revint à Gerbeh, et y enleva encore plus de gens qu'il n'avait fait la première fois ; si bien que les Maures de Gerbeh s'en allèrent devers leur seigneur le roi de Tunis, et lui dirent : « Tu vois que tu ne peux nous défen- « dre contre le roi d'Aragon, et que, « au contraire, pour t'être restés fidè- « les, dans la pensée que tu nous dé- « fendrais, nous avons été envahis deux « fois par l'amiral du roi d'Aragon, et « nous avons perdu frères, pères, mè- « res, femmes et enfants ; c'est pour- « quoi, seigneur, veuille nous dégager, « afin que nous puissions nous sou- « mettre à leur souveraineté ; de cette « manière, nous vivrons tranquilles, et « *tu nous auras fait bien et merci*, « tandis qu'autrement, tu dois comp- « ter, seigneur, que l'île demeu- « rera sans habitants. » Le roi de Tunis y consentit, et les dégagea de leur foi ; ils envoyèrent au roi d'Aragon leurs ambassadeurs, et se rendirent à lui, et pour lui à l'amiral. Si bien que l'amiral fit élever dans l'île un beau château, qui s'est tenu, se tient, et se tiendra, dit Muntaner, à la gloire du nom chrétien mieux que château qui soit au monde. Car Gerbes, ajoute-t-il, est au milieu de la Barbarie, à égale distance de Sebta (ou Ceuta) et d'Alexandrie ; et remarquez que ce n'est pas tout à fait une île, car elle est si près de la terre, que cent mille cavaliers et autant de fantassins y passeraient sans que l'eau montât plus haut que les sangles des chevaux, si ce passage ne leur était interdit et défendu par les chrétiens : c'est pourquoi il faut que tout homme qui aura le commandement de Gerbeh ait quatre yeux et quatre oreilles, et la cervelle sûre et ferme, pour beaucoup de raisons, notamment parce que le secours le plus prochain que l'on puisse attendre des chrétiens est à Messine, c'est-à-dire, à cent milles de distance, tandis que Gerbeh a dans son voisinage des tribus puissantes en cavalerie ; et si le commandant de cette île s'endormait, il ne manquerait pas d'être réveillé tôt et d'une vilaine façon.

L'amiral fit donc bâtir son château (*), et après y avoir mis une garnison, il revint en Sicile pour radouber ses galères. Durant la construction du fort, il reçut avis qu'un chef africain, scheykh des Berbers des montagnes de Tripoli, avait rassemblé des troupes et s'avançait contre lui : il passa sur le continent, lui dressa une embuscade, le battit, le fit prisonnier, et l'envoya à Messine, où il demeura longtemps renfermé au château de Matagrifon.

Rappelé sur les côtes de Catalogne pour les défendre contre l'expédition française de Philippe le Hardi, qui mourut pendant cette campagne, l'amiral Roger de Loria, après s'être distingué par de nouvelles prouesses, reçut à Barcelone, du roi Pierre d'Aragon, l'investiture, pour lui et les siens, de l'île de Gerbeh, outre plusieurs terres et châteaux du royaume de Valence. Le roi Pierre étant mort en novembre 1285, la couronne d'Aragon passa à son fils aîné Alphonse, et celle de Sicile à son deuxième fils, Jacques, au service duquel demeura attaché désormais l'amiral. En retournant d'Aragon en Sicile, Roger de Loria alla visiter sa seigneurie de Gerbeh, mit toute l'île en bon état, et courut la côte voisine, qui se soumit à lui payer tribut.

ROGER II DE LORIA, DEUXIÈME SEIGNEUR DE GERBEH. — L'amiral étant mort en 1305, la seigneurie de Gerbeh passa à son fils, nommé Roger comme lui, seigneur de haute espérance, en grande faveur à la cour de Sicile, et auquel le roi Frédéric fiança une fille naturelle qu'il avait eue dans sa jeunesse. Ne pouvant régir par lui-même ses nombreux domaines, le jeune Roger de Loria en confiait l'administration à des officiers, dont la négligence facilita, en 1310, dans l'île de Gerbeh, une insurrection fomentée par le gouverneur hhafssyte de Tripoli, Abou Yahhyày Zakaryâ ben Aby-el-'Abbâs Ahhmed el-Lahhyêny (*), qui disputait au gouverneur de Bougie, Abou-el-Beqâ Khâled ben Zakaryâ, le trône de Tunis, d'où le meurtre avait précipité, après un mois de règne, Abou-Bekr ben'Abd-el-Rahhman el-Schahyd, successeur lui-même de son grand oncle, Abou-'Abd-Allah Mohhammed Abou-'Assydah. El-Lahhyêny vint à Gerbeh avec une armée considérable de Sarrasins et de chrétiens mozarabes; il n'eut pas grand'peine à pousser les Gerbins à la révolte contre leur seigneur, qui, leur disait-il, était un chrétien, ennemi de leur foi : en sorte qu'il ne trouva de résistance que dans les troupes qui occupaient le château, et qu'il lui fallut assiéger, sans qu'un blocus de plus de huit mois pût les réduire. Roger de Loria, pour secourir les siens, s'adressa au roi Frédéric de Sicile, qui lui donna six galères et plusieurs autres bâtiments de moindre dimension, avec lesquels il vint en aide aux assiégés; El-Lahhyêny faisait en vain jouer continuellement contre la forteresse quatre balistes; à l'arrivée des Siciliens, il craignit qu'on ne lui

(*) Marmol s'est figuré que le château construit par l'amiral Roger de Loria était placé à l'entrée de Gerbeh du côté de la terre ferme, de manière à barrer le passage du canal : c'est une méprise. Raymond Montaner, dont il est ici le copiste, comme il l'est ailleurs de Léon Africain, ne dit rien de semblable, et il résulte évidemment de l'ensemble du récit, que le château dont il s'agit était bien le château seigneurial de Gerbeh, qui en est toujours demeuré le chef-lieu, et qui est situé au nord de l'île.

(*) Marmol, en cette occasion, suppose un roi Hutmen ('Otsman) qui nous est inconnu, à moins que ce nom n'appartint aussi à Abou-Bekrebn el-Schahyd, dixième roi hhafssyte de Tunis, cousin germain d'Abou-Yahhyay Zakaryâ el-Lahhyêny, qui fut le douzième roi. Quant à celui-ci, Marmol en fait un double personnage, qu'il appelle, dans les conjonctures actuelles, *Layeni*, tandis qu'il le désigne un peu plus loin comme un autre prince appelé *Ben-Yahaya-Zacharias*, fils de *Yahaya-Abou-Labez*, prétendant descendre d'*Omar*, le deuxième khalyfe : c'est une confusion, née, quant à cette dernière indication, de ce que Zakaryâ était petit-fils de Abou-Hhafss-'*Omar*, septième roi tunisien de cette dynastie.

coupât la retraite en occupant le passage vers la terre ferme, et il s'empressa d'évacuer l'île, dont Roger de Loria reprit aussitôt possession et assura la tranquillité : il convoqua les anciens du pays, leur reprocha leur rébellion, puis leur accorda le pardon de leur faute, se contentant de punir les plus coupables. Après cette pacification, il retourna en Sicile pour son mariage; mais peu de temps après il fut pris d'une maladie dangereuse dont il mourut.

CHARLES DE LORIA, TROISIÈME SEIGNEUR DE GERBEH.—Ses domaines passèrent à son frère, Charles de Loria, enfant de douze à quatorze ans, très-bon et très-instruit pour son âge, au dire de Montaner, mais dont la minorité devait offrir une nouvelle occasion de s'insurger à des gens versatiles et d'ailleurs impatients du joug, qu'une main de fer pouvait seule contenir dans la soumission. Ainsi qu'il était facile de le prévoir, les Gerbins se révoltèrent aussitôt. Comme nous l'avons dit plus haut, la population indigène de cette île était partagée en deux factions : l'une de Moabia, l'autre de Misconah, ennemies entre elles, suivant la comparaison du chroniqueur catalan, comme les Guelfes et les Gibelins en Toscane et en Lombardie. Au surplus, ce n'était point une rivalité concentrée exclusivement dans l'île de Gerbeh, bien que là s'en trouvât le foyer; elle s'étendait sur toute la côte ferme, comprenant à la fois les Arabes des villes et ceux des campagnes, aussi bien que les Berbers. C'était peut-être, aux dénominations près, sous le point de vue religieux, la séparation des sonnytes ou orthodoxes, et des khouârejg ou dissidents; sous le point de vue politique, celle des serviles et des indépendants, et peut-être encore sous le point de vue ethnologique, celle des Berbers et des Arabes, ou au moins de Zenêtah et de Ssenhêgah. Quoi qu'il en soit, ces factions avaient une grande importance pour les possesseurs chrétiens de Gerbeh. Les principaux de Moabia, appelés Beny-Moumen, leur étaient dévoués; mais une autre subdivision de cette grande tribu, la qabyle, ou, comme dit Montaner, la gabelle d'el-Duyqués, se réunissait à ceux de Miscona toutes les fois qu'il s'agissait de faire du mal aux chrétiens. La grande jeunesse de Charles de Loria les ayant enhardis à se soulever, ils demandèrent assistance au roi de Tunis, qui leur envoya quelques troupes, au moyen desquelles ils investirent le château. Mais Charles de Loria réclama de son côté l'appui de ses deux suzerains, Frédéric d'Aragon roi de Sicile, et Robert d'Anjou roi de Naples, puis passant à Gerbeh avec cinq galères et d'autres navires, il obligea les troupes tunisiennes à évacuer l'île, réduisit les rebelles, et, sur les conseils des Bény-Moumen ses partisans, il fit la paix avec les Aouléd Miscona et leur pardonna. Ayant rétabli l'ordre dans sa seigneurie de Gerbeh, il y laissa pour gouverneur Simon de Montolieu, et retourna près de sa mère, en Calabre, où il fut presque aussitôt surpris par une maladie qui l'emporta.

ROGER III DE LORIA, QUATRIÈME SEIGNEUR DE GERBEH. — Il eut pour successeur son jeune frère, à peine âgé alors de cinq ans, baptisé d'abord du nom de François, puis appelé Roger comme son père et comme son frère aîné, lorsque la mort eut frappé celui-ci. Ce fut encore une occasion d'insurrection de la part des gens de Miscona; mais ils n'eurent point, cette fois, recours à des renforts étrangers, en sorte que Simon de Montolieu, soutenu des Bény-Moumen, pouvait tenir tête aux rebelles. Cependant les choses ne pouvaient se perpétuer en cet état, et Conrad de Lança, tuteur du jeune Roger de Loria, supplia le roi de Sicile de permettre que Jacques de Castellar, marin intrépide qui se disposait à aller avec quatre galères courir les côtes de Romanie, se rendît d'abord à Gerbeh pour ravitailler le château et renforcer la garnison; ce qui fut accordé, le roi se chargeant même de supporter les frais d'armement des galères.

Jacques de Castellar fit donc voile pour Gerbeh ; mais au lieu de se borner à remplir sa mission, il se laissa tourner la tête par d'imprudents conseils, jusqu'à se mettre en campagne enseignes déployées, avec les gens des galères, la garnison du château, une partie des chrétiens de l'île et des gens de Moabia, pour marcher contre ceux de Miscona, auxquels il livra bataille : il fut battu, eut plus de cinquante chrétiens tués à ses côtés, et périt lui-même dans l'action. Ce succès enorgueillit tellement le scheykh de Miscona (*), qu'il se mit en tête d'emporter le château et de se rendre maître exclusif de Gerbeh ; en sorte que ces endiablés (c'est l'expression de Montaner) ne laissèrent ni paix ni trêve à la garnison du château.

Simon de Montolieu voyant que les affaires allaient fort mal, d'autant plus que ses soldats réclamaient leur solde arriérée, et qu'il ne pouvait les satisfaire, privé qu'il était des revenus de l'île par suite de l'insurrection, il prit le parti de confier la garde du château à son cousin le bâtard de Montolieu, et de passer lui-même en Calabre auprès de la mère et des tuteurs du jeune François-Roger de Loria, son seigneur, afin de leur exposer la situation de l'île et leur demander un secours d'hommes et d'argent. Malheureusement dame Séverine d'Entença, veuve de l'amiral, n'était point alors dans une position brillante ; elle était, au contraire, endettée et embarrassée par suite des dépenses de l'expédition faite à Gerbeh par son second fils Charles, et elle ne percevait rien des revenus des grands biens de la maison de Loria en Calabre, parce que ces biens étaient engagés pour le payement des dettes de l'amiral et de son fils aîné Roger.

LE ROI DE SICILE DEVIENT POSSESSEUR ENGAGISTE DE GERBEH. — Dans cet état de choses, elle s'adressa

(*) Appelé Alef par Montaner ; Nahalef par Marmol, qui confond avec le nom propre la particule N', équivalente au don des Castillans.

au pape afin d'en obtenir assistance, mais elle essuya un refus ; elle s'adressa alors au roi de Naples, Robert d'Anjou, qui refusa pareillement ; elle eut enfin recours au roi de Sicile, Frédéric d'Aragon, qui, pour l'honneur de la religion, et pour ne point abandonner les gens du château de Gerbeh, qui tous étaient Catalans comme lui, consentit à se charger de rétablir les affaires dans l'île, à condition que dame Séverine, messire Conrad de Lança et messire Amiguccio de Loria, comme tuteurs du jeune Roger, livreraient le château et l'île entière au seigneur roi de Sicile, dont toutes les dépenses seraient hypothéquées sur l'île de Gerbeh et sur celles de Qerqeneh, qu'il retiendrait comme chose sienne jusqu'à ce qu'il fût remboursé de ses avances, demeurant jusqu'alors seigneur et maître de ces domaines. Une convention fut signée d'après ces bases, et Simon de Montolieu, présent à cet accord, reçut l'ordre de remettre le château de Gerbeh et la tour de Qerqeneh, qu'il tenait : il prêta serment en conséquence au seigneur roi, et lui fit hommage du château et de l'île de Gerbeh, ainsi que de la tour de Qerqeneh, s'obligeant à les lui livrer à toute réquisition.

Expédition de Pélerin de Patti.

Les choses étant ainsi réglées, le roi de Sicile fit armer dix-huit galères, sur lesquelles furent embarqués cent cavaliers catalans de bonne race, et quinze cents hommes d'infanterie également catalane (*), de manière à aller en force ; et il leur donna pour commandant un chevalier sicilien, messire Pélerin de Patti (**) de Messine, auquel il fit livrer assez d'argent

(*) « De nostra gent » dit le chroniqueur catalan Raymond Montaner.

(**) La maison de Patti s'est perpétuée en Sicile, où elle existe encore à Palerme, en la personne du chevalier Camillo de Patti, aujourd'hui duc de Sorrentino par son mariage avec l'héritière, Caroline Chacon-d'Avezac, cousine germaine du rédacteur de ce volume.

pour payer, à la garnison du château et de la tour, toute la solde arriérée. On prit congé du roi, et l'on alla débarquer à Gerbeh, à l'endroit appelé Ile de l'Amiral, à cinq milles de distance du château. Mais tandis qu'ils devaient se rendre au château pour reposer la troupe et les chevaux pendant deux ou trois jours, ils se mirent à s'avancer sans ordre dans l'intérieur de l'île, comme si toute la Barbarie n'eût osé leur tenir tête ; et certainement s'ils eussent marché sous les ordres de leurs chefs, ils n'avaient pas à craindre les habitants de l'île, ceux-ci eussent-ils été cinq fois plus nombreux ; mais, dans leur marche désordonnée, ils allaient sans chefs ; et les Sarrasins de l'île, tant ceux de Miscona que de Moabia, qui s'étaient retirés (sauf les vieillards de Bény-Moumen, lesquels s'étaient réfugiés dans le château), voyant les chrétiens venir à eux sans garder aucun ordre, fondirent sur les premiers, et les enfoncèrent aussitôt : ils étaient bien alors à vingt-cinq milles du château. « Que vous dirai-je ? » s'écrie Montaner : « messire Pélerin fut fait prisonnier, et de tous les cavaliers chrétiens, vingt-huit seulement échappèrent ; le reste fut tué ; et de l'infanterie, entre Italiens et Catalans, il en périt deux mille cinq cents, et la déroute fut ainsi complète.

« Alors ces maudits de Miscona se rendirent maîtres de l'île, et leur scheykh s'en étant constitué seigneur, s'adressa au roi de Tunis, qui lui envoya trois cents cavaliers sarrasins ; ils assiégèrent le château de telle manière qu'il n'en eût pu sortir un chat qui ne fût pris. Messire Pélerin se racheta des deniers qu'il avait apportés pour les gens du château ; les galères s'en retournèrent en Sicile, après cette défaite, qui causa grand deuil et grand chagrin quand on l'apprit, au roi surtout. Messire Pélerin et les vingt-huit cavaliers qui avaient survécu à ce combat demeurèrent dans le château ; mais si l'on vit jamais des gens se mal accorder avec autrui, ce furent bien ceux-ci avec ceux du château : ils étaient toujours sur le point de se battre entre eux, et cela à cause des femmes et des maîtresses de ceux du château. »

Gouvernement de Montaner.

RAYMOND MONTANER DEVIENT GOUVERNEUR DE GERBEH. — Simon de Montolieu revint trouver le roi de Sicile, lui demander merci, afin qu'il fît remettre le château de Gerbeh et la tour de Qerqeneh à qui bon lui semblerait, et qu'il y envoyât de quoi payer la garnison. Mais le roi ne trouvait vraiment personne qui en voulût, et même, il faut le dire, il n'eût trouvé personne qui voulût s'embarquer en galère ou navire qui allât à Gerbeh. Voilà quel était l'état des choses, lorsque Raymond Montaner, arrivant de Romanie en Sicile, en l'année 1308, obtint du roi (*) la permission de se rendre en Catalogne afin d'y épouser une demoiselle qui lui était fiancée depuis au moins dix ans ; il fit armer pour son voyage une galère à cent rames qui lui appartenait, fit ses achats de noces, et, tous ces préparatifs terminés, il se rendit à Monte-Albano, résidence d'été à trois lieues de Messine, pour prendre congé du roi. Mais là se préparaient pour lui d'autres destinées : et nous ne pouvons mieux faire que de transporter ici son propre récit, tout plein d'une naïveté chevaleresque, dont le charme se retrouve encore dans les pâles reflets d'une traduction.

« Comme je fus à Monte-Albano, le seigneur roi y avait mandé Simon de Montolieu ; et le lendemain de mon arrivée, le seigneur roi me fit venir au palais, devant lui ; et là étaient le comte Mainfroi de Clermont, messire Damien de Palasi, messire Henri Rosso, et beaucoup d'autres grands seigneurs de Sicile, et beaucoup de chevaliers catalans et aragonais, cent personnes d'un haut rang, et beaucoup d'autres.

(*) Cette audience du roi Frédéric eut lieu au mois de juillet, d'après l'indication formelle de Montaner ; c'est une circonstance à relever pour la fixation de quelques dates ultérieures.

« Aussitôt que je fus arrivé devant le seigneur roi, il me dit : « Montaner, « vous savez le grand dommage et « la grande perte et déshonneur que « nous avons reçus en l'île de Gerbeh, « et il nous tient fort au cœur que « nous en puissions avoir vengeance : « c'est pourquoi nous avons pensé en « notre âme que nous n'avons per- « sonne en notre royaume qui, avec « l'aide de Dieu, nous puisse donner « bon conseil autant que vous, pour « beaucoup de raisons : et notamment « parce que vous avez plus vu et en- « tendu parler de guerres qu'homme « qui soit en notre royaume ; et « d'autre part, en ce que vous avez « commandé longtemps des hommes « d'armes et savez comment on les « fait marcher ; et d'un autre côté, « parce que vous savez la langue sar- « rasine, de manière à pouvoir, sans « truchement, faire vos propres af- « faires, soit quant aux espions, soit « en toute autre occurrence qui puisse « advenir en l'île de Gerbeh ; et pour « beaucoup d'autres bonnes raisons « qui sont en vous. C'est pourquoi « nous voulons et vous prions instam- « ment que vous ayez à être comman- « dant de l'île de Gerbeh et des Qer- « qeneh, et que vous preniez cette « affaire de bon cœur et de bonne vo- « lonté. Et nous vous promettons, si « Dieu vous tire à honneur de cette « guerre, nous vous ferons plus ho- « norablement aller en Catalogne pour « accomplir votre mariage, que vous « ne feriez maintenant : et ainsi nous « vous prions que pour rien au monde « vous ne nous disiez non. »

« Et moi, voyant que le seigneur roi avait si grande confiance en moi en cette circonstance, je fis le signe de la croix et m'allai agenouiller devant lui et lui rendis beaucoup de grâces du bien qu'il lui avait plu dire de moi, et encore de la persuasion où il était que je fusse homme à mener à bien une si grande entreprise ; et je lui promis de faire tout ce qu'il commanderait, en ces affaires comme en toutes autres ; et j'allai lui baiser la main, et la lui baisèrent aussi beaucoup de grands seigneurs et chevaliers à cause de moi. Et comme je le lui eus promis, il appela Simon de Montolieu et lui ordonna devant tous qu'il lui rendît le château de Gerbeh et la tour de Qerqeneh, et qu'en son nom il me les rendît ; et que de ce incontinent il me fît serment et hommage comme les tenant pour moi, et qu'il vînt ensemble avec moi à Gerbeh et aux Qerqeneh, et qu'il me les rendît ; et ainsi le jura-t-il, et le promit, et me fit hommage.

« Et aussitôt le seigneur roi me fit expédier des lettres me donnant autant de pouvoir qu'à lui-même, sans se réserver aucun appel, et m'accordant la faculté de faire des donations perpétuelles, de solder telles gens que je voudrais, de faire la guerre ou la paix avec qui il me plairait. Que vous dirai-je ? il me transmit tout pouvoir. Et je lui dis : « Seigneur, vous avez à « faire encore plus ; il faut, par ces « lettres, ordonner au trésorier, au « maître portulan, et à tous leurs com- « mis, ainsi qu'à tous vos autres of- « ficiers à l'extérieur, que tout ce que « je leur demanderai par mes dépê- « ches me soit transmis, soit de l'ar- « gent, soit des vivres, ou toutes au- « tres choses dont j'aie besoin ; et dès « à présent, veuillez faire charger un « navire de froment et de farine, un « autre d'orge, de légumes et de fro- « mages, et un autre de vin, et les « faire partir sur-le-champ. » Et le seigneur roi ordonna que tout cela fût aussitôt exécuté, et je lui dis : « Sei- « gneur, j'ai appris que dans l'île de « Gerbeh il y a grand'famine et disette « de vivres, en son territoire aussi « bien qu'en la terre ferme, de sorte « qu'avec des vivres je les ferai com- « battre les uns contre les autres. » Le seigneur roi trouva que je disais bien, et pour ce il me pourvut de toutes choses mieux que jamais seigneur ne pourvut son vassal, afin que je ne manquasse jamais de rien.

« Ainsi je pris congé de lui et m'en allai à Messine ; et quand je fus à Messine, je voulus partir sur-le-champ ; mais chacun des Italiens qui devaient me suivre voulut aussitôt me rendre l'argent qu'il avait reçu, disant qu'il ne voulait aller mourir à Gerbeh; et leurs mères et leurs femmes venaient en pleurant me conjurer pour l'amour de Dieu de reprendre mon argent, chacune se plaignant d'y avoir perdu père, frère, ou mari. Et ainsi j'eus à reprendre mon argent d'eux tous, et à faire de nouveaux arrangements avec des Catalans.

PRISE DE POSSESSION DE MONTANER; SES DISPOSITIONS POUR ASSURER LA DÉFENSE DU CHATEAU. — « Après que j'eus armé, je partis de Messine; et Simon de Montolieu, avec un autre sien navire armé, partit aussi avec moi; et en peu de temps nous fûmes en l'île de Gerbeh. Et quand nous arrivâmes au château, nous trouvâmes qu'à cette heure il y avait bien devant ledit château quatre mille cavaliers maures du roi de Tunis qui y étaient accourus, ainsi que tous les Maures de l'île; et nous reconnûmes que la porte était étançonnée. Nous prîmes terre aussitôt près du château, et nous y entrâmes; et je vous promets que nous trouvâmes la guerre aussi grande au dedans qu'au dehors, c'est à savoir, entre les chevaliers et écuyers qui s'étaient échappés de la déconfiture, et les hommes du château. Et avant de me mêler de rien, je reçus le château et l'hommage de tous ceux qui y étaient; et puis je remis une lettre du seigneur roi à messire Pélerin de Patti et aux autres chevaliers et écuyers, où le seigneur roi leur ordonnait de me faire incontinent hommage, chacun de bouche et de mains, et de considérer ma personne comme ils feraient la sienne; et eux aussitôt accomplirent le commandement du seigneur roi. Et quand tout fut fait, je rétablis, soit de gré, soit de force, bonne paix entre tous, et j'eus soin que dorénavant aucun ne pût causer d'ennui à l'autre, ni pour femmes ni pour autre chose. Et quand j'y eus pourvu, je donnai à chacun sa paye et des munitions. Et dans l'intervalle le seigneur roi m'avait envoyé les trois navires chargés, ainsi que je l'avais réglé.

« Aussitôt que j'eus ces navires, j'envoyai mon bâtiment armé à Qâbes, où étaient tous les anciens de la tribu de Beny-Moumen, en un château d'un Arabe, leur ami, qui est grand seigneur dans ce pays-là, ayant nom Ya'qoub ben-'Athyah. Et aussitôt qu'ils eurent vu les lettres que le seigneur roi leur adressait, ainsi que ma dépêche, ils montèrent sur mon bâtiment, et vinrent me trouver. Et pendant que le bâtiment allait à eux, je fis planter des pieux devant le château, à la distance d'un trait d'arbalète, et j'ordonnai que, sous peine de trahison, nul homme ne pût, sous aucun prétexte, passer au delà de cette palissade, à moins que par ma volonté. Et j'ordonnai à tous ceux du dedans qu'un homme d'armes, avec un arbalétrier, sortissent pour faire la ronde, ce que nous exécutions deux fois chaque jour. Nous étions une trentaine d'hommes d'armes et une quinzaine de chevaliers dans le château. Nous commençâmes donc à nous défendre bien et avec ordre : en sorte qu'à toute heure on nous trouvait dehors.

MESURES QUE PREND MONTANER POUR RÉDUIRE LES INDIGÈNES. — « Cependant, je mandai aux anciens de l'île de Gerbeh, de la part du seigneur roi de Sicile, qu'ils eussent à comparaître devant moi, leur écrivant à chacun que le seigneur roi leur ordonnait de m'obéir comme à lui-même en toutes choses; et tous les anciens de Moabia vinrent à moi; et je pardonnai à chacun tous ses méfaits. Et je fis faire aussitôt, en dehors du château, une enceinte murée en pierres et terre; et, dans cette enceinte murée, je fis faire beaucoup de baraques en planches, nattes et branchages, où venaient la nuit tous ceux de Moabia avec leurs femmes et leurs enfants; et je leur donnais une ration de farine, de légumes et de fromage, dont il m'arrivait abondamment.

« Et de même, j'envoyai dire au traître qui était le chef de Miscona, de me venir trouver; et jamais il ne le voulut faire. Cependant deux anciens de Miscona vinrent à moi, mais leurs gens ne voulurent point se séparer des autres : et de ces deux, l'un était 'Amar ben-Aby-Sa'yd, et l'autre Barquet. Que vous dirai-je? il n'y avait pas un mois que j'étais à Gerbeh que déjà j'avais en mon pouvoir trois cents hommes de Moabia, avec leurs femmes et leurs enfants. Les choses étant ainsi, je fis citer par trois fois le chef de Miscona et ses gens avant qu'il leur fût fait aucun mal; mais ils ne voulurent point se rendre à merci; et lorsque je les eus sommés trois fois sans qu'ils vinssent à merci, je les défiai, et je fis venir dans l'île deux cents cavaliers arabes, tous bons cavaliers, qui étaient amis de la maison de Beny-Moumen de la tribu de Moabia, et je leur donnai par jour à chacun un besant, qui vaut trois sous et quatre deniers de Barcelone, plus l'avoine, et une ration de farine, légumes et fromage.

« Et quand cela fut fait, et que j'eus les deux cents cavaliers dans l'île avec ceux de Moabia, je me mis à faire des chevauchées contre les rebelles, en sorte que, pendant la nuit, nous les assaillions en tout lieu. Que vous dirai-je? cette guerre dura quatorze mois, pendant lesquels nous avions une rencontre chaque jour; et grâce à Dieu, dans ces quatorze mois, nous eûmes d'eux plus de sept cents hommes d'armes, tant tués que pris, et nous les mîmes en déroute deux fois ou trois, quoiqu'ils eussent bien quatre cents cavaliers. Que vous dirai-je? nous les acculâmes enfin dans un coin de l'île, et il y eut parmi eux une telle disette, qu'ils faisaient du pain avec de la sciure de palmier.

LE CHEF DES INSURGÉS APPELLE A SON AIDE LES POPULATIONS DU CONTINENT VOISIN. — « Et un jour le chef de Miscona dit à ses gens qu'il irait leur chercher du secours; il sortit de l'île, et alla trouver Sélim ben-Margan, Ya'qoub ben-'Athyah, et d'autres Arabes, et il leur donna à entendre que, s'ils venaient dans l'île, ils pourraient nous prendre tous; en sorte qu'il y eut bien huit mille cavaliers qui vinrent jusqu'au passage; mais j'avais là deux bâtiments armés et quatre barques, sous les ordres de Raymond Godà et de Bérenger d'Espingals, à qui j'avais confié la garde du passage. Quand les Arabes y furent arrivés, ils demandèrent au chef de Miscona comment ils pourraient entrer; et il répondit qu'il aurait bientôt mis en déroute ceux du passage, et qu'alors ils pourraient entrer. Que vous dirai-je? il avait quatorze barques, et dans la nuit il tomba sur les chrétiens, et au point du jour les chrétiens étaient si mal-menés qu'ils se mirent à fuir, et abandonnèrent ainsi le passage. Et puis il dit à Sélim ben-Margan et aux autres qu'ils vinssent et entrassent dans l'île; et ils répondirent qu'ils verraient auparavant ce que je ferais quand je saurais cela; car si je leur enlevais le passage après qu'ils fussent entrés, ils seraient perdus à cause du peu de vivres qu'ils avaient; ils ne voulurent donc pas entrer ce jour-là.

« Mais bientôt les nôtres arrivèrent au château en déroute; et je fus si furieux que, pour peu, j'aurais fait pendre les patrons. Je confiai aussitôt le château à messire Simon de Valguarnera, et le laissai à ma place; et je montai sur l'un des bâtiments, qui était bien de quatre-vingts rames, et j'emmenai les autres avec moi, avec deux barques armées de plus; et j'arrivai le même jour au passage. Le lendemain, Sélim ben-Margan et les autres dirent au chef de Miscona : « Que « serions-nous devenus si nous fus-« sions entrés dans l'île? il nous au-« rait tous faits prisonniers. » Et il leur dit : « Si je chasse une seconde « fois ceux-ci du passage, entrerez-« vous? » Et ils répondirent que oui, assurément. Il arma donc vingt et une barques et s'avança contre nous : je fis tenir tous mes autres bâtiments derrière le mien, et quand elles arrivèrent et furent près de moi, j'allai fondre au milieu d'elles, de telle manière que je coulai à fond au moins sept de ces barques; je revins à la

CANARIES.

Ste Croix de Ténériffe.

charge sur elles, et je me mis à donner de çà et de là contre les autres navires et barques, qui aussitôt donnèrent en terre. Que vous dirai-je? sur vingt et une barques qu'il y avait, il n'en échappa que quatre, dans lesquelles le chef de Miscona gagna la terre, c'est-à-dire l'île, où était sa troupe, tandis que les Arabes étaient sur la terre ferme; aussi n'osa-t-il fuir du côté où étaient les Arabes, qui l'auraient mis en pièces. Nous tuâmes ce jour-là plus de deux cents hommes, et eûmes dix-sept barques. Et depuis lors la terre fut à nous, car tous se tinrent comme morts, et nous fûmes maîtres du passage, personne ne pouvant désormais entrer ni sortir sans ma volonté.

LES SCHEYKHS DES ARABES FONT LA PAIX AVEC MONTANER. — « Sélim ben-Margan et Ya'qoub ben-'Athyah, et les autres qui avaient vu cela, levèrent les mains au ciel de n'être point entrés dans l'île, et ils m'envoyèrent un homme à la nage pour savoir s'il me plaisait d'aller conférer avec eux à terre sur leur foi, ou qu'eux vinssent me trouver sur mon navire. J'allai vers eux et descendis à terre, où ils me rendirent beaucoup d'honneurs et me firent des présents; puis ils me prièrent de laisser sortir de l'île cent cavaliers qui étaient dans l'île avec Alef, lesquels étaient parents et vassaux de Sélim ben-Margan, et autant d'autres de Ya'qoub ben-'Athyah; mais je me fis longtemps prier, et on aurait volontiers donné, du côté des seigneurs, cinq mille onces pour qu'ils fussent déjà dehors; à la fin je le leur accordai, faisant semblant d'en être contrarié, et je le leur fis valoir comme un grand sacrifice. Je leur dis donc qu'avec mes barques je les transporterais, et que je voulais m'y trouver en personne; qu'il me donnât deux cavaliers, et Ya'qoub ben-'Athyah deux autres, pour les reconnaître, mais qu'ils prissent garde d'en emmener d'autres que les leurs; et ils me firent beaucoup de remercîments. Et quand cela fut accordé, vinrent ensuite d'autres chefs qu'il y avait, lesquels m'en demandaient, qui dix, qui vingt; mais je ne leur voulais rien octroyer, et tous se jetaient à mes pieds, et il y avait plus d'empressement à me baiser les mains que si j'eusse été un roi nouvellement entré dans le pays. Et de même à la fin, je le leur accordai à tous.

« Que vous dirai-je? Tous les chefs eurent à me promettre qu'en aucun temps, ni sous aucun prétexte, ni eux ni les leurs ne me viendraient à l'encontre; et ils m'en firent des chartes, et me promirent et me jurèrent de m'aider de tout leur pouvoir contre qui que ce fût au monde. Et de tout cela me firent serment et hommage Sélim ben-Margan et Ya'qoub ben-'Athyah, et 'Abd-Allah ben-Bebet, et Ebn-Marquen, et les autres capitaines. Que vous dirai-je? Quand cela fut fait et signé, tous les quatre cents cavaliers qui étaient du parti de Miscona avec Alef, sortirent de l'île devant moi (*).

LE ROI DE SICILE ENVOIE CONRAD LANÇA POUR AIDER MONTANER A CHATIER LES INDIGÈNES. — « Tout cela terminé, je me séparai d'eux en paix et bonne intelligence, laissant le passage bien gardé, et je m'en retournai au château, tenant l'affaire pour gagnée, comme elle l'était en réalité. Et quand je fus au château, je reçus message de ceux de Miscona et de Alef, pour se rendre à merci. Mais je ne voulus point leur pardonner sans savoir la volonté du seigneur roi; et j'envoyai au seigneur roi Frédéric une barque armée, lui demander ce qu'il voulait que j'en fisse, que tous étaient morts et perdus s'il voulait, et que s'il désirait en tirer vengeance, le moment était venu.

« Que vous dirai-je? Le seigneur roi décida que pour rien il ne les recevrait à merci, que grand déshonneur lui serait s'il ne tirait vengeance du dommage qu'ils lui avaient fait. Il

---

(*) Voilà sans aucun doute la *trêve avec le roi de Tunis,* que Marmol fait conclure en 1315, tandis qu'on était tout au plus au commencement de l'année 1310.

arma donc vingt galères, et il envoya à Gerbeh messire Conrad Lança de Castelmenart (*), avec deux cents hommes d'armes de bonne famille, et avec deux mille fantassins, indépendamment de ceux des galères; et il me fit dire, par la barque que je lui avais envoyée, que pour rien je ne les reçusse à merci; que s'ils mouraient de faim, je leur fisse donner, comme n'en sachant rien, des secours de vivres par les Sarrasins qui étaient avec moi. Et il ordonna cela afin que personne, poussé par la faim, ne s'en allât pendant la nuit à la nage : et je le fis ainsi que le seigneur roi l'ordonnait.

« Et nous du château, qui savions que le seigneur roi nous envoyait messire Conrad Lança avec ces troupes, nous expédiâmes au seigneur roi une barque armée, avec un message où nous le priions de nous confier l'avant-garde dans la bataille, en considération des privations que nous avions souffertes pendant au moins un an et demi, et que les Maures savaient qui nous étions. Et le seigneur roi nous l'octroya ainsi. Et quand je sus que messire Conrad Lança était prêt à venir avec toute cette bonne troupe, je payai tout ce que je devais aux deux cents cavaliers arabes qui avaient fait la guerre avec moi et qui m'avaient très-loyalement servi, aussi bien que jamais cavaliers aient loyalement servi leur seigneur, et je donnai à chacun pour gratification, des vivres à emporter pour quinze jours, et des provisions pour leurs chevaux; je donnai de plus à chacun une veste de drap de laine et une de toile, et à tous les chefs une veste de velours rouge et une autre de châlit; et je les fis transporter en terre ferme. Et ils s'en allèrent satisfaits de moi de telle sorte, qu'ils m'offrirent aide contre qui que ce fût au monde. Pour moi, je renvoyai ces Arabes afin de donner plus de sécurité aux hommes de Miscona; aussi avais-je commandé que personne ne leur fît aucun dommage.

« Peu de jours après, messire Conrad Lança, avec toute sa troupe, arriva à Gerbeh, et prit terre au château, où l'on débarqua les chevaux; mais les chevaux avaient une telle peur des chameaux, qu'ils étaient tout hors d'eux en les voyant; si bien que nous convînmes de mettre chaque cheval entre deux chameaux pour manger près d'eux : ce qui nous donna la plus grande peine du monde. Cependant ils s'apprivoisèrent entre eux de telle manière qu'ils mangeaient ensemble avec eux. Que vous dirai-je? Nous fîmes ainsi, pendant treize jours, reposer hommes et chevaux; et dans ces treize jours, le traître Alef vint se mettre au pouvoir de messire Conrad, qui lui promit de ne point le tuer, et de le tenir honorablement en prison. Car ledit Alef était un fin matois, qui regardait son affaire comme perdue, et voulut plutôt se mettre en la prison du seigneur roi que de tomber aux mains de nous autres du château; car il savait bien qu'avec nous il ne pourrait se sauver.

EXPÉDITION CONTRE LES INSURGÉS, QUI SONT TAILLÉS EN PIÈCES. — « Et ainsi, la veille de l'Ascension (*), nous sortîmes du château, et nous allâmes camper ce jour-là près d'eux, à une demi-lieue; et le matin, nous allâmes au-devant d'eux, et les trouvâmes très-bien ordonnés en bataille; et il y avait bien alors dix mille hommes de bonne infanterie, et environ vingt-deux cavaliers au plus. Ils avaient mis les vieillards, les femmes et les enfants dans un beau château qui se trouvait en cet endroit; et tous les hommes d'armes s'étaient placés en équerre, le genou en terre, tout couverts de leurs boucliers. Pour nous, nous n'avions voulu avoir dans nos rangs aucun Maure de ceux de notre parti; et nous étions ainsi environ deux cent vingt gendarmes et trente

---

(*) C'était l'un des tuteurs du jeune François-Roger de Loria, seigneur de Gerbeh, dont le roi tenait les domaines comme engagiste.

(*) C'est-à-dire le mercredi 27 mai 1310, le jour de l'Ascension étant le 28.

CANARIES.

Ruines du Palais des Comtes de Gomer à Garachico.

chevau-légers, et environ mille hommes d'infanterie, Catalans; le reste des troupes était dans les galères à garder le passage.

« Nous avions réglé que, lorsque nous serions devant eux, au premier son de trompette tout le monde prendrait les armes ; qu'à la seconde fois tout le monde fût prêt à charger ; et que, lorsque les trompettes et les timbales se feraient entendre, tout le monde chargeât, cavaliers et fantassins : nous avions mis notre infanterie à l'aile droite, et sur la gauche étaient tous les cavaliers. Que vous dirai-je ? Les deux premiers signaux ayant été donnés, et les Maures devinant qu'au troisième nous devions charger, y prirent garde, et se levant à la fois, vinrent tomber sur notre infanterie, de telle façon qu'ils la mettaient en déroute. Mais nous qui étions à l'avant-garde, nous tombâmes sur eux avant d'attendre le troisième signal, car nous vîmes que toute notre infanterie était perdue si nous ne chargions, aussi nous élançâmes-nous de telle manière que nous arrivâmes au milieu d'eux. Et ensuite messire Conrad et tous les autres chargèrent aussi sans pouvoir donner le troisième signal ; et nous nous trouvâmes ainsi tous dans la mêlée. Or, jamais on ne vit gens si acharnés que ceux-là. Que vous dirai-je ? En vérité, on n'aurait pu en trouver parmi eux un seul qui ne voulût se faire tuer : aussi se jetaient-ils au milieu de nous comme un sanglier au milieu de ceux qui veulent le tuer quand il voit sa mort certaine. Que vous dirai-je ? Le combat dura depuis la moitié de tierce jusqu'à l'heure de none (*), et ainsi à la fin ils furent tous tués, sans qu'il en restât un seul de ceux qui étaient dans ce camp qui ne fût tué.

(*) Ces indications sont corrélatives aux heures canoniales, exprimant les divisions du jour, de trois heures chacune, qui commencent avec *prime*, à six heures du matin : *demi-tierce* équivaut donc à dix heures et demie du matin, et *none* à trois heures après midi.

« Cependant, ils nous avaient bien tué soixante chevaux, et d'autre part, ils nous en avaient blessé à mort au moins soixante ; et il y eut plus de trois cents hommes blessés parmi les chrétiens ; mais par la miséricorde de Dieu, il n'en périt que dix-sept. Et quand tous les Maures furent tués, nous allâmes à leur château, nous l'attaquâmes, et enfin nous le prîmes ; on passa au fil de l'épée tout homme au-dessus de douze ans, et nous fîmes esclaves, tant femmes qu'enfants, au moins douze mille personnes, après quoi nous levâmes le camp ; et chaque homme eut sa part du butin et fit son profit. Et puis nous nous en retournâmes à notre château avec beaucoup de plaisir et de satisfaction ; et messire Conrad, avec toutes les troupes qui étaient venues avec lui, ainsi que tous les cavaliers et fils de cavaliers qui étaient restés à Gerbeh, après avoir échappé au désastre de messire Pélerin, s'en retournèrent en Sicile sains et joyeux, emmenant avec eux tous les captifs et captives.

MONTANER REÇOIT POUR TROIS ANS LA CONCESSION PLEINE ET ENTIÈRE DE LA SEIGNEURIE DE GERBEH. — « Quant à moi je demeurai commandant de l'île comme je l'étais auparavant, avec ceux-là seulement qui étaient attachés au château. Et je me mis à peupler l'île de gens de Moabia, en sorte que dès cette année elle fut aussi bien peuplée que jamais elle l'eût été ; et nous demeurâmes tous en bonne paix, en sorte que le seigneur roi en eut un aussi bon revenu annuel que jamais en aucun temps il en eût retiré. Voilà l'honneur que Dieu fit au seigneur roi, de tirer pleine vengeance de ce qu'on lui avait fait, de manière à ce que toujours les chrétiens seront plus craints et aimés en ces contrées, et plus redoutés. Et moi j'amenai l'île de Gerbeh à ce point, où elle est encore, qu'un faible chrétien emmènerait trente ou quarante Sarrasins attachés par une corde, qu'il ne trouverait personne qui lui dît que c'est mal fait.

« C'est pourquoi lorsque le seigneur

roi, en sa merci, eut appris par messire Conrad et par les autres ce que j'avais fait à Gerbeh, de grâce spéciale il me donna l'île de Gerbeh et les Qerqeneh pour trois ans, avec tous ses droits et revenus, et faculté d'en user pendant ces trois ans comme de chose mienne; de manière toutefois que je gardasse le château et l'île à mes frais. Et il me permit d'aller prendre ma femme, se souvenant en bon seigneur de la promesse qu'il m'avait faite. Et là-dessus je laissai à Gerbeh mon cousin Jean Montaner, et aux Qerqeneh un autre mien cousin germain, nommé Guillaume Sesfabreques, et je m'en vins en Sicile où j'armai une galère. »

De Sicile Raymond Montaner se rendit à Mayorque, où il reçut le plus gracieux accueil du roi Jacques et de l'infant don Ferdinand : arrivé à Valence, il s'y maria, et ne s'y arrêta que vingt-quatre jours; il retourna à Mayorque, où le roi Jacques venait de mourir, à la fin de juin 1311, et avait été remplacé par son fils Sanche, qui combla aussi de bontés le voyageur. Montaner vint ensuite en Sicile, et alla voir à Monte-Albano le roi Frédéric, qui le traita aussi fort généreusement. « Je pris congé de lui », continue Montaner, « et avec son agrément je me rendis à Trapani avec ma galère et avec deux barques armées que j'avais achetées à Messine, et ayant pris ma femme, nous allâmes à Gerbeh, où l'on fit grande fête à moi et à ma femme ; on nous fit beaucoup de cadeaux, pour une valeur de deux mille besants; et les gens de Qerqeneh m'envoyèrent de même des présents, selon leurs facultés. Et ainsi, par la grâce de Dieu, nous demeurâmes en bonne paix, joyeux et satisfaits, dans le château de Gerbeh, pendant tout le cours des trois années que le seigneur roi m'avait accordées. »

LE ROI DE NAPLES PRÉPARE UNE EXPÉDITION CONTRE GERBEH ; MONTANER SE MET EN MESURE DE LA REPOUSSER. — Au bout de ce temps, la guerre ayant éclaté entre Robert d'Anjou roi de Naples, et Frédéric d'Aragon roi de Sicile, le roi Robert envoya, en 1312, ses soldats et ses vaisseaux non-seulement contre la Sicile, mais même contre Gerbeh, où se trouvait toujours Raymond Montaner, à qui nous emprunterons littéralement encore le récit de cette expédition. « Il fut résolu, dit-il, par le roi Robert, qu'il enverrait le noble Bérenger Carros avec soixante galères et quatre cents cavaliers contre moi, dans le château de Gerbeh, avec quatre balistes. Le seigneur roi de Sicile, qui en fut instruit, m'expédia une barque armée pour me faire dire de débarrasser le château de Gerbeh de femmes, d'enfants, et de m'apprêter à me bien défendre, attendu que le roi Robert envoyait contre moi toute cette force. Dès que je l'eus appris, je nolisai à demeure une barque de Lambert de Valence qui était à Qâbes, nommée *la Bonne aventure*, et qui m'avait appartenu; et je lui donnai un prix ferme de trois cents doublons d'or, et j'y mis ma femme avec deux enfants que j'avais d'elle, l'un de deux ans, l'autre de huit mois, bien accompagnée d'ailleurs, et avec la nombreuse troupe des femmes du château; et elle était enceinte de cinq mois. Et dans ce navire, qui était bien armé, je la fis passer à Valence en côtoyant la Barbarie ; et l'on fut trente-trois jours en mer depuis Gerbeh jusqu'à Valence, où l'on arriva sainement et sûrement, par la merci de Dieu.

« Quand j'eus renvoyé ma femme et débarrassé le château des petites gens, je me mis à mettre en bon ordre ledit château, et à dresser des balistes et des mangonneaux; je fis remplir d'eau les citernes et beaucoup de jarres, et je m'approvisionnai de tout ce qui m'était nécessaire. D'un autre côté, j'eus des entrevues avec Selim ben-Margan, avec Ya'qoub ben-'Athyah, avec 'Abd-Allah ben-Bebet, et avec les autres chefs des Arabes, qui étaient en bonne intelligence avec moi, et je leur dis que maintenant était venu le temps où ils pouvaient tous devenir riches, et gagner renom et gloire pour toujours, et qu'ils eussent à m'aider. Et je leur déclarai les forces qui venaient contre moi; et si jamais on vit de braves gens prendre fait et cause pour moi, eux le firent avec grand plaisir et grande joie. Et aussitôt ils me firent tous le serment, en me baisant à la bouche, que dans huit jours ils seraient à ma disposition avec huit mille cavaliers, au passage; et dès que j'aurais vue ou nouvelle de ceux qui seraient en ces mers, que je le leur fisse savoir, et que tous passeraient dans l'île, de manière que, quand ceux-là auraient pris terre, ils fondissent tous sur eux de telle sorte que s'il en échappait un seul je ne me fiasse plus à eux. Ils me promirent encore que les galères et tout ce qu'ils prendraient seraient pour moi, ne voulant pour eux que l'honneur, et la satisfaction du roi de Sicile et la mienne : et l'arrangement fut ainsi conclu avec eux. Que vous dirai-je? Le jour qu'ils m'avaient promis ils se trouvèrent au passage avec plus de cinq mille cavaliers bien équipés, et l'on peut dire qu'ils y venaient de bon cœur, aussi bien que ceux de l'île. De mon côté, j'avais échelonné quatre barques armées depuis El-Beyt (*) jusqu'à Gerbeh, avec ordre à chacune de venir vers moi dès qu'elle apercevrait cette flotte; et je me trouvai ainsi prêt.

« Or le roi Robert disposa ses galères ainsi que je l'ai dit; Bérenger Carros et les autres qui partaient, prirent congé du roi Robert et de la reine, qui était là; et ils quittèrent le siége de Trapani, et allèrent à l'île de la Pantanella (**), dont le chef m'expédia une barque pour me faire savoir que les galères étaient à la Pantanella. J'en eus grande joie et grand plaisir; et aussitôt je le fis savoir à tous les Maures qu'il y avait et qui en firent grande fête; et je le mandai de même aux Arabes, afin qu'ils se tinssent prêts à passer dès le second message qu'ils recevraient de moi; et la journée leur parut un an.

(*) Ilot septentrional du groupe de Qerqeneh.
(**) La Pantellerie.

« Mais Bérenger Carros étant parti de la Pantanella, il lui arriva en message deux navires armés que lui expédiait le roi Robert, pour lui ordonner expressément de revenir vers lui à Trapani avec toutes les galères, parce que le roi de Sicile avait armé soixante galères pour les envoyer contre sa flotte; et Bérenger Carros s'en retourna à Trapani. Voilà comme je fus désappointé : car s'ils fussent venus à Gerbeh, jamais personne n'eut si bonne chance que moi d'arriver à ses fins. Mais comme je ne savais rien et m'étonnais qu'ils tardassent tant, j'expédiai une barque armée à la Pantanella, et le commandant me fit savoir ce qui s'était passé et comment ils s'en étaient allés. Quand je l'eus appris, j'envoyai aux Arabes un grand renouvellement d'habits et de vivres, de manière qu'ils s'en retournèrent chacun chez soi, satisfaits et prêts à venir me trouver avec toutes leurs forces chaque fois que j'en aurais besoin. »

MONTANER SE DÉMET DE SON GOUVERNEMENT ENTRE LES MAINS DU ROI DE SICILE. — Sur ces entrefaites, l'infant Ferdinand d'Aragon, fils du feu roi de Mayorque, qui avait épousé en Sicile l'héritière de la principauté de Morée, se disposait à passer en Grèce pour soutenir les droits de sa femme; une trêve, signée le 17 décembre 1314 entre les rois de Sicile et de Naples, laissait Montaner libre de soucis pour son île de Gerbeh; et depuis longtemps il était profondément attaché à l'infant Ferdinand : aussi prit-il alors une résolution dont nous lui emprunterons encore à lui-même le récit.

« Pendant que le seigneur infant faisait ses préparatifs, je l'appris à Gerbeh; quelque grande chose qu'on m'eût donnée, rien ne m'eût empêché de venir le trouver et de m'en aller avec lui partout où il voudrait aller. J'envoyai donc un message au seigneur roi, qu'il lui plût que je vinsse en Sicile; cela convint au seigneur roi, et je me rendis en Sicile dans une galère et un navire avec les anciens de l'île, qui vinrent avec moi; et je laissai le château de Gerbeh ainsi que l'île en bon état. Le premier lieu où je pris terre en Sicile fut Catane; là je trouvai le seigneur infant bien portant et joyeux : madame l'infante grosse au point qu'elle ne passa pas huit jours sans accoucher, et elle eut un beau garçon ; et on en fit grande fête.

« Quand je fus débarqué de la galère, je fis porter à terre deux ballots contenant des tapis qui venaient de Tripoli, des anibles, des ardiens, des almeschyeh, des alquinals, des mactans, des jucies (*), et d'autres présents. Je fis déployer tous ces objets devant madame l'infante et le seigneur infant, et je lui offris le tout, ce dont le seigneur infant fut très-satisfait ; puis je me séparai d'eux pour m'en aller à Messine ; et le seigneur infant me dit qu'il y serait dans quinze jours, et qu'il voulait s'entretenir longuement avec moi.

« Quand je fus à Messine, il ne s'était pas écoulé quinze jours, que je reçus un message portant que madame

(*) Suivant toute apparence, ces mots désignent des étoffes et des vêtements mauresques ; M. Buchon, auquel on doit une traduction française fort estimable de la Chronique de Montaner, énonce n'avoir pu trouver la signification de ces mots, bien qu'il ait consulté à ce sujet plusieurs Arabes attachés à notre service d'Alger, et qu'il se soit adressé à la science profonde de M. Étienne Quatremère. Nous pouvons, après de tels noms, avouer sans rougir notre propre ignorance : nous observerons seulement que le mot *almaxies* de Montaner n'est autre que le mot *almexies* des Castillans, défini par leurs vocabulaires, « une sorte d'habillement ancien » : c'est le mot el-meschyeh des Arabes. Les *ardiens* paraissent être des ardyè ou mantelets. Peut-être les *mactans* sont-ils une sorte d'écharpe ou de ceinture, que les Arabes ont pu appeler maqtham. Les *jucies* pourraient bien aussi, à la rigueur, être des *scheschyeh* ou tissus de mousseline (c'est aujourd'hui le tarbousch, autour duquel s'enroulait le scheschyeh, qui reçoit ce dernier nom). Les *alquinals* ne seraient-ils point des étoffes rayées, dont el-qinâl serait le nom arabe, ou bien des schâles à bordure de palmes, el-kenâr?

l'infante avait eu un beau garçon, né le premier samedi d'avril de l'année 1315. Que Dieu donne à chacun autant de plaisir que j'en eus.

« Quand le seigneur infant fut venu à Messine je lui fis offre de mon avoir et de ma personne, promettant de le suivre partout où il irait; ce dont il me sut beaucoup de gré. Et il me dit :
« Il vous faut aller vers le seigneur
« roi qui est à Piazza, où vous le trou-
« verez et lui rendrez le château et les
« îles de Gerbeh et de Qerqeneh ; puis
« vous reviendrez vers nous, et alors
« nous réglerons tout ce que nous au-
« rons à faire. »

« Je me rendis donc auprès du seigneur roi, que je trouvai à Piazza ; et nous allâmes à Palerme, où, devant le noble Bérenger de Sarria et beaucoup d'autres grands seigneurs de Sicile, chevaliers et bourgeois, je lui remis les châteaux et les îles de Gerbeh et de Qerqeneh ; et plaise à Dieu que tous ceux à qui nous voulons du bien puissent rendre aussi bon compte de ce qui leur est confié, que je le fis au seigneur roi de Sicile pour lesdites îles, que j'avais gardées sept ans, savoir : d'abord pendant la guerre deux ans, puis trois ans qu'on me les accorda gracieusement, et puis deux ans pour la guerre du roi Robert (*). Et aussitôt que j'eus rendu lesdites îles, et que j'en eus l'acte écrit, je pris congé du seigneur roi et je m'en retournai auprès de l'infant. »

Là se terminent les récits de Montaner en ce qui concerne ces îles, dont il fut tour à tour le commandant et le seigneur temporaire. Pour continuer l'histoire de Gerbeh nous n'avons plus de guide aussi sûr : et la succession des événements est fort embrouillée, sinon intervertie, dans la narration de Marmol, auquel il nous faut maintenant recourir : il semble même avoir complétement ignoré que Mon-

(*) Montaner fut envoyé vers l'automne de 1308 ; il eut en 1310 la concession de trois ans, qui expira en 1313, et les deux années suivantes nous conduisent à 1315, qui est précisément l'époque où nous sommes parvenus.

taner eût résigné son commandement dès l'année 1315, et il le suppose en fonctions encore de longues années après.

Gerbeh recouvre son indépendance.

En 1333 éclata une insurrection générale des possessions africaines de la maison de Sicile, causée, dit Marmol, par les exactions et la tyrannie de messire Pierre de Saragosse, ainsi que des autres al-qayds et officiers du roi Frédéric; les Gerbins se révoltèrent et se donnèrent au roi de Tunis, qui reçut leurs soumissions et leur envoya des renforts avec lesquels ils assiégèrent le château. A cette nouvelle, le roi de Sicile, malgré les troubles que causaient dans ses États les rivalités des factions de Clermont et de Vintimille, envoya Raymond de Péralta, son amiral, avec cinq galères et d'autres petits navires qui pussent avancer sur les basses, afin de secourir le château, et d'y jeter des troupes, des munitions et des vivres. Celui-ci débarqua ses soldats à terre, et tandis que les uns livraient combat aux Maures, soixante-dix autres pénétraient dans le château, le havre-sac rempli de munitions. Les Maures s'étant aperçus levèrent incontinent le siége, et l'amiral entrant dans la place la pourvut de tout ce qui était nécessaire.

Pendant que Raymond de Péralta était au château de Gerbeh, il arriva deux galères de Gênes, et trois de Robert d'Anjou roi de Naples, qui les envoyaient au secours des Maures; et comme les navires où se trouvaient les approvisionnements et les armes destinés à ceux du château, se tenaient au large à cause des bas-fonds, les ennemis les abordèrent au moyen d'un grand nombre de petits bâtiments fournis par les Maures, et s'en emparèrent; les cinq galères même risquèrent d'être prises. Les Génois vendirent aux Maures les armes et les munitions, et s'en retournèrent à Naples. L'amiral, de son côté, voyant qu'il n'y avait pas moyen de défendre le château, revint en Sicile, le laissant à la garde de messire Pierre de Saragosse. Les Maures recommencèrent alors à l'assiéger, et lui donnèrent tant et de si rudes assauts, qu'ils finirent par s'en rendre maîtres. La majeure partie de la garnison fut passée par les armes, et messire Pierre de Saragosse lapidé avec un fils qu'il avait près de lui.

Depuis lors les îles de Gerbeh et de Qerqeneh demeurèrent au pouvoir des Maures indigènes; elles restèrent quelques jours sous l'obéissance du roi de Tunis, mais bientôt elles se rendirent indépendantes, et ne reconnurent plus que l'autorité de leurs propres chefs; et dans la crainte que la liberté dont ils jouissaient ne fût troublée par quelque invasion du côté du continent, les Gerbins rompirent le pont de bois par où l'on passait de la terre ferme dans l'île. Mais depuis lors aussi la guerre civile ne cessa de désoler ce malheureux pays. Trois scheykhs s'en partagèrent d'abord le gouvernement; puis chacun voulut être maître exclusif, et, se dressant de continuelles embûches, ils se détruisirent l'un l'autre. Enfin l'un des partis s'assura la suprématie par le meurtre des hommes les plus puissants du parti opposé, et son scheykh demeura ainsi possesseur unique de l'autorité souveraine, qui resta désormais, pour de longues années, à lui et à sa postérité. Mais entre les individus de cette famille, comme naguère entre les factions diverses, le sang fut versé maintes et maintes fois; aucun scheykh ne vieillissait au pouvoir: le désir aveugle de régner faisait périr le père par le fils, le fils par le père, les frères par les frères; il y eut une période où en dix années on put compter dix princes élevés et renversés tour à tour; de telle sorte qu'il n'y eut jamais chez eux un instant de tranquillité assurée.

Expédition d'Alphonse d'Aragon.

Cette indépendance inquiète des Gerbins fut interrompue en 1432 par l'expédition du roi Alphonse V d'Aragon, alors que, se disposant à aller faire valoir, contre la maison d'Anjou et contre Jeanne de Durazzo elle-même, les droits que l'adoption de cette princesse lui avait antérieurement conférés sur le royaume de Naples, il voulait donner le change à ses rivaux sur le but réel de son armement, en faisant une démonstration contre les Barbaresques. Sa flotte était composée de vingt-six galères, neuf grands navires et d'autres bâtiments plus petits. Elle s'élança des ports d'Aragon, et vint fondre d'abord sur Gerbeh. Afin d'ôter aux Maures toute possibilité d'être secourus du côté de la terre ferme, le roi Alphonse fit élever un fort à l'endroit où se trouvait le passage du canal; puis il commença la conquête de l'île. Le roi de Tunis, qui était alors Abou-Fâres, rassembla une puissante armée pour aller défendre Gerbeh contre lui. Alphonse, marchant à sa rencontre, lui livre bataille le 1ᵉʳ septembre 1432, le bat, tue ses principaux officiers, le met en complète déroute, lui enlève vingt-huit pièces de canon (artillerie formidable pour cette époque), et s'empare même de la tente de ce prince, qui était remplie de richesses. L'île entière se rangea aussitôt sous l'obéissance du vainqueur, et devint désormais tributaire de la couronne d'Aragon. Après cet exploit, le roi Alphonse remit en mer, reconnut en passant la ville de Mehdyah, où il enleva quelques navires, et se rendit en Sicile pour se livrer exclusivement au soin de ses affaires de Naples. Gerbeh resta longues années soumise au roi d'Aragon; mais ensuite elle secoua le joug et revint à ses habitudes d'indépendance.

Expédition du comte Pierre de Navarre.

De son côté, la maison d'Aragon ne renonçait point à la possession des domaines qu'à diverses fois elle avait conquis sur la côte barbaresque. Bien plus, sous l'inspiration et avec l'aide puissant du fameux cardinal Ximenès, Ferdinand le Catholique, non content d'avoir enlevé aux infidèles le dernier royaume qui leur fût resté en Espagne, multipliait ses conquêtes en Afrique. Pierre de Navarre, comte d'Alveto, fut chargé, avec le vénitien Jérôme Vianeli, de continuer la série de victoires que le cardinal lui-même avait commencée par la prise d'Oran; il s'empara de Bougie, força Telemsèn, Alger, Tunis à se reconnaître vassaux et tributaires du roi son souverain, se rendit maître de Tripoli, et résolut d'aller immédiatement de là à Gerbeh, qui n'en est éloignée que de trente-cinq lieues, pensant que l'île se rendrait aussitôt à lui sans résistance.

PREMIÈRE TENTATIVE SUR GERBEH. — Le lundi 30 juillet 1510, il se dirigea, avec huit galères et quatre fustes, droit au canal d'Alcantara, et fit mettre à terre trois hommes sachant la langue arabe et portant un drapeau en signe de paix, afin de parler en son nom aux habitants; mais les Maures, qui avaient appris les événements de Tripoli, ayant aperçu des navires en pleine mer, avaient pris les armes sans attendre leur arrivée, et se tenaient sur leurs gardes. Ayant vu ces trois chrétiens descendre à terre, quelques cavaliers qui rôdaient sur la côte s'élancèrent sur eux sans attendre aucune explication, et tuèrent celui qui marchait en avant; les deux autres se jetèrent aussitôt à l'eau, furent recueillis par un esquif, et parvinrent ainsi à se sauver. Ensuite les Maures s'approchèrent de la mer en poussant de grands cris, et disant qu'il ne fallait pas que les chrétiens pensassent trouver là des poules comme à Tripoli; qu'ils vinssent quand il leur plairait, mais qu'ils tinssent pour certain que les Gerbins mourraient plutôt que de se rendre à aucune condition que ce fût; que le scheykh et tous les habitants de l'île étaient fermement résolus à défendre leur foi et leur territoire, aussi bien que leurs femmes, leurs enfants et leurs biens, de manière à ne point en venir à être les vassaux des chrétiens.

Ayant entendu la superbe bravade de ces barbares, le comte ordonna aussitôt de remettre à la voile; et appareillant pour le départ, il alla reconnaître en passant le pont que l'on avait construit sur le canal, et par lequel on passait de l'île sur la terre ferme, mais que le scheykh avait déjà ordonné de rompre, afin que les Maures, n'ayant plus aucun espoir de se sauver de ce côté, ne cherchassent d'autre moyen de salut que le sort des armes. Le canal dont il est ici question, et dont il a été et sera encore bien souvent parlé dans ce récit, est ouvert du côté du levant; il a deux milles de large, et c'est au point où il est le plus étroit que se trouvait ce pont de bois qui réunissait l'île au continent, et par où l'on entrait et sortait, soit à pied, soit à cheval. Le comte, après avoir reconnu la majeure partie de l'île, et avoir examiné les facilités qu'elle offrait pour leur débarquement lorsqu'il y aurait lieu de l'effectuer, abandonna pour le moment son entreprise, avec l'intention d'y revenir bientôt.

DISPOSITIONS POUR UNE SECONDE ENTREPRISE CONTRE GERBEH. — C'est dans ces dispositions que le comte retourna à Tripoli, où il arriva le samedi 9 août, plein du désir de châtier ces barbares. Le jeudi 15, jour de l'Assomption de Notre-Dame, il passa toutes ses troupes en revue, et se trouva avoir quinze mille hommes sous les armes; il en laissa trois mille pour garder la place, et s'embarqua le jour suivant avec le surplus pour revenir à Gerbeh. Comme le temps contraire l'empêchait de sortir du port, il lui fallut attendre, avec toute son infanterie embarquée, jusqu'au 23 du même mois. Or, pendant que la flotte était encore dans le port de Tripoli, on découvrit ce jour-là même, en pleine mer, quinze gros navires à deux et trois hunes, à bord desquels se trouvaient Garcie Alvarez de Tolède, duc d'Albe (père du fameux vice-roi des Pays-Bas), avec un de ses frères et son oncle Ferdinand, ainsi que beaucoup d'autres chevaliers qui venaient sur ces rivages pour faire partie de l'expédition. Avec eux étaient aussi Diégo de Véra, alors capitaine de l'artillerie, et le colonel Francisco Marquez, avec trois mille soldats de ceux qui avaient été mis en garnison à Bougie. Comme ces seigneurs arrivaient très-fatigués par une tempête qu'ils avaient eue à supporter pendant plusieurs jours, ils descendirent à terre afin de se reposer et de voir la ville de Tripoli, où ils restèrent jusqu'au mardi 27, que toute la flotte mit à la voile : les calmes la retinrent ce jour-là en vue de Tripoli; le lendemain il s'éleva une grande tempête, qui heureusement dura très-peu, et le jeudi au matin la flotte entière se trouva devant l'île de Gerbeh.

La capitane et deux autres nefs qui, à raison de leur grande légèreté, étaient en avance, arrivèrent d'abord et mouillèrent à la pointe de terre qui est à l'entrée du canal, où le reste de la flotte ne tarda pas à les rejoindre. Bientôt la capitane, dont les mouvements furent suivis par les autres navires, s'avança vers la partie du canal où était le pont, et vint jeter l'ancre à deux milles de là, vers le nord, près d'une tour qui servait de vigie. On resta dans cet endroit tout le jour, et la nuit, après le deuxième quart, le comte fit passer les troupes dans les galères, les fustes, les brigantins et autres bâtiments à rames, afin de les tenir prêtes à débarquer.

DÉBARQUEMENT, ET ORDRE DE MARCHE DE L'ARMÉE SOUS LE COMMANDEMENT DU DUC D'ALBE. — Le lendemain vendredi 30 août, dès le point du jour, les soldats débarquèrent, n'ayant en main que leurs armes; mais comme ce lieu est rempli de bas-fonds, il fallut que la troupe sautât dans l'eau à un grand mille du rivage, et parcourût toute cette distance pour atteindre la terre. A mesure que les soldats arrivaient, ils allaient, fatigués et mouillés, se rallier immédiatement autour de leurs enseignes.

Tandis que le débarquement s'effectuait, on dressait près de la tour d'observation un autel où l'on célébra la messe. Quand elle fut terminée, le duc d'Albe revêtit une cuirasse dorée, de même que les brassards et la salade, et montant un cheval gris pommelé, il s'avança accompagné de deux pages, dont l'un portait une pique, l'autre une courte lance de combat et une rondache. Don Fernand Alvarez de Tolède, son oncle, quoique débile et malade, voyant le duc à cheval, demanda ses armes pour le suivre. Mais don Garcie n'y voulut point consentir, lui faisant remarquer qu'il était très-faible et nullement en état de prendre les armes : autant lui en dirent le comte et les autres chevaliers ; et comme il persistait néanmoins, le duc lui dit : « Seigneur oncle, nous devons « nous battre sérieusement aujour-« d'hui : pourquoi Votre Grâce veut-« elle venir là où nous aurions plus « affaire de veiller sur elle que de com-« battre les Maures? » Mais voyant que cela n'aboutissait à rien, il sauta à bas de son cheval et vint s'asseoir près de lui en disant : « Eh bien, nous reste-« rons tous inactifs avec Votre Grâce ! » Fernand voyant que le duc se fâchait, consentit à rester, et on le transporta presque de force dans une galère.

Le duc remonta à cheval et se mit à disposer ses compagnies ; mais elles furent très-longtemps à prendre leur ordre de bataille, parce que les navires étant mouillés loin de terre, les soldats arrivaient lentement en marchant dans l'eau. Aussi, lorsque les compagnies achevèrent de se former, il était plus de dix heures ; la soif était déjà insupportable et devenait de moment en moment plus ardente, en sorte qu'il y avait tel homme qui offrait dix piastres tripolines pour un seul verre d'eau. Enfin, ayant rangé en bataille onze escadrons, qui formaient un total de 15,000 hommes de belles troupes (sans compter les marins), et ayant placé au centre deux gros canons, deux pièces de moindre calibre et deux fauconneaux, le tout traîné à force de bras par les soldats et les matelots, l'armée commença à marcher en colonne dans un très-bon ordre.

MARCHE PÉNIBLE DE L'ARMÉE ABATTUE PAR LA SOIF. — Quand on eut fait environ une lieue et demie sur cette terre sèche, brûlante et sablonneuse, la soif accabla à un tel point les soldats, surtout ceux qui traînaient l'artillerie, et ceux qui portaient les barils de poudre et les projectiles, que beaucoup d'entre eux tombèrent morts, et que d'autres se débandèrent sans que leurs chefs pussent les retenir. Jérôme Vianelli, qui commandait l'avant-garde, n'en pouvant plus, parce qu'il n'était pas en état de contenir les soldats à leurs rangs, fut le premier qui laissa son escadron se débander, et les autres en firent autant, à l'exception de don Diego Pacheco, qui commandait ce jour-là l'arrière-garde, et se trouvait assez loin vers le rivage. En même temps les troupes commencèrent à sentir toutes les horreurs de la soif, qui devint si grande que les hommes tombaient de leur hauteur, et que la plaine était couverte de morts. En un si grand malheur, la force d'âme du duc d'Albe ne fit point défaut : il était partout, s'efforçant de ranimer le courage des troupes, cherchant à les soutenir par l'espérance, en leur disant que, sous des palmiers qui n'étaient pas éloignés, il y avait de nombreux puits où ils pourraient se désaltérer à l'aise. Dans cette persuasion, les soldats franchirent ces sables arides et funestes, pour atteindre avec des peines infinies de hauts palmiers touffus, sans avoir rencontré en tout ce chemin un seul homme, ami ou ennemi, ce qui inspira une grande méfiance aux hommes d'expérience.

L'ARMÉE TOMBE DANS UNE EMBUSCADE ; LE DUC D'ALBE EST TUÉ. — L'armée s'étant avancée jusqu'à un quart de lieue environ au milieu de ces palmiers, l'avant-garde entra dans de vastes plantations d'oliviers, où, du côté du midi, sur la route qu'on suivait, entre les murs ruinés d'un édifice antique, se trouvaient plusieurs puits. Les Maures, se doutant bien que, par la chaleur qu'il faisait, les chrétiens auraient grand'soif à leur arrivée, y avaient laissé plusieurs cruches, jarres et autres vaisseaux, avec les cordes nécessaires pour tirer de l'eau ; et plus de trois mille cavaliers, avec quantité de fantassins, s'étaient placés en embuscade à une portée d'arbalète des puits, pour se jeter sur les chrétiens quand ils les verraient

MADÈRE.

Ossuaire Chapelle dans le Couvent des Franciscains.

occupés à apaiser leur soif. Ils ne se trompèrent pas en cela, car les soldats, en arrivant aux puits, coururent en désordre sans s'attendre les uns les autres, pour aller boire, se disputant les cruches et les autres vases. Au milieu de cette confusion, les Maures sortirent de leur embuscade, et les attaquèrent en jetant de grands cris, ainsi qu'ils ont habitude de faire. Mais tel était l'acharnement avec lequel ces malheureux soldats cherchaient à calmer leurs angoisses, que les capitaines essayèrent vainement de rallier à leur drapeau ceux qui avaient gagné les puits et qui étaient à boire, ni de leur faire quitter les cruches pour prendre les armes et se défendre contre les Maures qui les perçaient de coups. A la vue de cette attaque impétueuse des ennemis, les autres troupes commencèrent à faire retraite avec aussi peu d'ordre qu'elles en avaient mis à s'avancer.

Le duc d'Albe, qui jusqu'alors était resté à cheval, ayant combattu assez longtemps contre les ennemis, qu'il avait deux fois repoussés, mit pied à terre, et, ramassant une des nombreuses piques qui jonchaient le sol, se plaça au-devant des soldats, les exhortant au combat par de courageuses paroles; et ayant réuni un certain nombre de troupes en qui la honte l'emporta sur la frayeur, ils commencèrent à en venir aux mains avec les Maures, et firent une charge si vigoureuse qu'ils les forcèrent à reculer d'une course de cheval; mais ceux-ci se voyant refoulés firent volte-face contre les chrétiens avec un renfort de cavalerie fraîche, et les poussèrent avec une telle impétuosité qu'ils les mirent en fuite. Don Garcie, resté seul sur le champ de bataille, combat avec tant de valeur, qu'il semble assez fort pour vaincre à lui seul tous les ennemis; autour de lui sont des monceaux de blessés ou de morts que son bras a frappés; mais enfin, ne pouvant résister plus longtemps à la multitude d'ennemis qui le presse de toutes parts, affaibli de plus en plus par la perte du sang qui sort de ses blessures, il perd haleine et tombe mort; trépas glorieux qui, suivant l'expression de Marmol, a rendu fameuse l'île qui en a été le théâtre.

VAINS EFFORTS DU COMTE PIERRE DE NAVARRE POUR RALLIER L'ARMÉE; DÉROUTE COMPLÈTE. — Le comte d'Alvelto, qui dans ce moment allait de côté et d'autre pour retenir et ranimer les troupes déjà toutes désorganisées, se jeta au-devant d'elles comme un loup enragé, en s'écriant : « Qu'est ceci, mes enfants, mes lions « d'Espagne? Volte-face! volte-face! « Je suis ici, moi; n'ayez pas peur, « les Maures ne sont rien. Comment, « enfants, ne connaissez-vous pas « cette canaille? N'êtes-vous pas les « mêmes qui les avez vaincus tant de « fois? Vous n'aviez pas coutume de « vous comporter ainsi. » Avec ces paroles, accompagnées de larmes, il parvint à les faire retourner sur l'ennemi, mais ce fut avec si peu d'énergie, qu'ils reprirent presque aussitôt la fuite. Voyant alors combien ses exhortations avaient peu d'effet, il se dirigea aussi vers le rivage. Les bataillons de l'arrière-garde, en voyant la déroute des fuyards, se débandèrent eux-mêmes sans attendre les ennemis, et jetèrent leurs armes pour atteindre la mer plus facilement. Les Maures continuaient cependant à poursuivre leur succès, mais pas aussi vivement qu'ils l'auraient pu, parce qu'ils craignaient que les chrétiens n'eussent pour but de les attirer hors des bois de palmiers, pour se retourner contre eux en rase campagne. Que si les Maures eussent poussé leur pointe, il est à croire, vu l'état de découragement et de désordre où se trouvaient les chrétiens, qu'ils leur eussent fait éprouver de plus grandes pertes. Il y eut des gens qui nous assurèrent avoir remarqué un Maure monté sur un cheval gris et couvert d'un manteau écarlate, s'élancer sur les chrétiens, et, au lieu de frapper, leur dire: « Que « fuyez-vous? Volte! volte-face! Les « Maures ne sont rien. N'ayez donc « pas peur. » Choses qu'il disait en espagnol, et si clairement, que tout le monde l'entendait : on supposa que c'était l'un des trois renégats qui se trouvaient dans l'île.

Une fois réunies sur le rivage, les troupes éprouvèrent à un tel point les angoisses de la soif, que beaucoup de soldats en perdirent l'esprit, et se mirent à courir çà et là, en faisant des grimaces et des folies étranges et fort dangereuses. On perdit ce jour-là quinze cents hommes, dont mille environ moururent de soif ; car les chrétiens qui depuis se rachetèrent, dirent qu'il n'y avait pas eu plus de cinq cents hommes, soit morts de leurs blessures, soit faits prisonniers, et que la majeure partie se composait de ceux qui, les premiers, étaient arrivés aux puits. L'armée en déroute étant arrivée sur le rivage, les marins procédèrent très-lestement, avec leurs esquifs et leurs bateaux, à l'embarquement des troupes. Le comte d'Alvelto et les autres chevaliers, ignorant la mort du duc d'Albe, allèrent à sa recherche jusqu'au moment où ils acquirent la certitude qu'il avait été tué. Trois mille hommes restèrent à terre cette nuit-là, et ne furent embarqués que le lendemain au matin. Les troupes avaient espéré que, parvenues sur les navires, elles pourraient se dédommager amplement de la soif qu'elles avaient éprouvée à terre, mais elles n'y trouvèrent que fort peu d'eau, attendu que les domestiques et les femmes, regardant l'île comme déjà conquise, avaient employé l'eau douce du bord pour laver le linge. Enfin, l'embarquement étant achevé, la flotte partit de Gerbeh, le samedi 31 août, et atteignit Tripoli avec assez de peine ; là, on se sépara, et chacun prit la destination qui lui convint.

Préparatifs de vengeance ; expédition envoyée par Charles-Quint.

Telle fut la déplorable issue de cette grande expédition, où le comte d'Alvelto vit ternir en un jour les succès qui jusqu'alors avaient couronné toutes ses entreprises contre les Barbaresques. Le roi Ferdinand en fut vivement affecté, et songea à réparer cet échec de ses armes : il fit de grands préparatifs, et annonça le projet d'aller en personne continuer la guerre d'Afrique ; mais le roi de France, Louis XII, ne pouvait croire sérieuse une telle résolution, et il dit un jour publiquement : « Je suis le « Maure et le Sarrasin contre lequel « on arme en Espagne. » Quels que fussent les projets réels de Ferdinand le Catholique, l'expédition n'eut pas lieu. Ce fut Charles-Quint, son successeur, qui lava cet affront en rendant Gerbeh tributaire ; Jean Léon l'Africain raconte que cet empereur y envoya, de Messine, une flotte commandée par un chevalier de Rhodes, qui se conduisit avec tant d'habileté que les Maures en vinrent à composition et consentirent à payer tribut ; ils envoyèrent à l'empereur, jusqu'en Allemagne (circonstance qui nous révèle la date de 1521), un ambassadeur chargé de lui porter leurs soumissions ; l'empereur ratifia la capitulation, et régla à cinq mille dinars d'or la redevance annuelle que les Gerbins payeraient désormais au roi de Sicile : ces conditions subsistaient encore en 1526, époque où Léon écrivait.

Des corsaires s'établissent à Gerbeh.

Cependant, les fameux corsaires turks 'Arougj et Khayr-el-Dyn commençaient alors à paraître dans la Méditerranée, et Gerbeh fut plusieurs fois, dès cette époque, un point de relâche pour eux : c'est dans cette île que les deux frères s'étaient retrouvés, après avoir, chacun de leur côté, quitté la maison paternelle pour courir les chances de la mer. Gerbeh ne tarda point à devenir un nid de pirates, où se ralliaient les navires des corsaires ; en 1524, nous y voyons réunie une flotte de quarante bâtiments appartenant à ces écumeurs de mer, où Khayr-el-Dyn Barberousse tenait le premier rang, et après lui le fameux Sinân Reys le juif, qui possédait à lui seul vingt-quatre fustes et une galère. Depuis cette époque même, Sinân Reys s'établit à demeure dans l'île, où il continua d'armer en course, et d'où

CANARIES

Le Pic de Ténériffe.

il put, en 1531, amener a Barberousse un renfort considérable à opposer à André Doria lors de son expédition de Scherschel.

C'est également de Gerbeh que le fameux Dragut, l'élève et le lieutenant de Barberousse, fit son point de refuge et de ravitaillement; et c'est là qu'il fit démolir, au rapport de Brantôme, plusieurs galères qu'en ses premières courses il avait enlevées dans l'Adriatique au vénitien Pascalico, faisant de leurs débris construire quatre galiotes, à joindre à celle qu'il tenait de la munificence de Barberousse, et ne conservant intacte qu'une seule galère, qui lui fut reprise un peu plus tard par Jeannetin Doria, neveu et lieutenant de l'amiral, le même qui, au mois de mai 1540, parvint à s'emparer de ce terrible pirate dans les ports de la Corse, avec treize fustes ou galiotes qu'il commandait.

Lorsqu'après être resté quatre ans enchaîné dans la galère capitane d'André Doria, Dragut eut été racheté par Barberousse, c'est encore à Gerbeh qu'il alla réunir les éléments d'une nouvelle flottille, et là sa renommée, son crédit, et celui de ses amis, l'eurent bientôt mis à la tête de quatorze bâtiments de course, dont le nombre s'augmenta successivement, et avec lesquels il alla de nouveau écumer la mer et désoler les côtes de l'Europe. Charles-Quint mit à ses trousses l'illustre amiral André Doria, qui réunit, en 1549, quarante-trois galères pour lui donner la chasse. Dragut passa l'hiver à Gerbeh; mais il sentit qu'il lui fallait une retraite plus forte et mieux défendue : il jeta alors les yeux sur la ville de Mehdyah, pour en faire sa place d'armes et son arsenal; et, quittant Gerbeh au mois de février 1550, avec trente-six bâtiments à rames, il courut la côte tunisienne depuis Sfâqs jusqu'à Monestyr; puis il vint réclamer le droit de cité à Mehdyah : ayant éprouvé un refus, il s'en rendit maître par surprise; mais les flottes chrétiennes, sous le commandement de Jean de Véga, viceroi de Sicile, étant venues la lui disputer, il leva, tant à Gerbeh que sur la côte voisine, des troupes pour l'aller défendre; et quand, après un siége meurtrier, elle lui eut été enlevée, le 10 septembre de la même année, il dut songer de nouveau à Gerbeh.

Mais le scheykh de cette île, Ssalehh ben-Ssalehh, ayant appris la défaite de Dragut, envoya demander avec instance aux chrétiens de l'aider contre ce forban, afin qu'il pût le chasser du pays, promettant de donner la liberté aux nombreux esclaves chrétiens qui se trouvaient dans son île, de payer tribut à l'empereur, et de fournir tous les matériaux nécessaires pour élever un fort ou deux sur les points qu'on jugerait convenables, afin d'y placer des garnisons espagnoles. Le vice-roi de Sicile, Jean de Véga, quittant Mehdyah, alla avec vingt galères recevoir le tribut de Gerbeh, ainsi que de Sfâqs et de Qerqeneh, et prendre les otages offerts par le scheykh Ssalehh, qui livra à ce titre un de ses fils, avec quelques-uns des principaux de l'île : après quoi Véga retourna en Sicile.

Expédition d'André Doria contre Dragut.

Dans l'intervalle, Dragut, réfugié de nouveau à Gerbeh, allait croiser devant Mehdyah pour enlever tous les approvisionnements qui arrivaient aux chrétiens, en attendant que la flotte turke vînt du Levant l'aider à reprendre la place. Mais Charles-Quint en ayant eu avis, envoya au prince André Doria l'ordre de ravitailler sa nouvelle conquête en hommes, vivres et munitions, et de faire tous ses efforts pour s'emparer du corsaire qui jetait l'alarme sur toute cette côte.

André Doria partit de Gênes pour Naples avec onze galères, auxquelles se réunirent quelques-unes de celles de ce royaume; il embarqua ce qui lui parut nécessaire d'infanterie espagnole pour les bien équiper, et le 16 mars 1551 il quitta Naples, arriva à Palerme le 30, et le jour suivant à Trapani, où il chargea, sur vingt-deux galères qu'il avait rassemblées, quantité de froment et de munitions pour les porter à Mehdyah; il s'y rendit en droiture, et s'empressa de la ravitailler. Sur la nouvelle que Dragut croisait sur la côte barbaresque, il repartit le même jour pour aller à sa recherche du côté de Sfaqs, et venant à Gerbeh, où il fut averti que devait se trouver le corsaire, il y fit enlever deux Maures, dont il apprit qu'en effet ce dernier était à la Roqueta avec ses navires. André Doria, charmé de cette nouvelle, et projetant de cerner Dragut dans un endroit où il ne pût éviter de perdre ses navires dans le cas où il voudrait lui-même se sauver par terre, hâta sa marche, et prit en route deux bâtiments turks chargés de marchandises.

ANDRÉ DORIA SURPREND DRAGUT A GERBEH. — Arrivé à l'embouchure du canal d'Alcantara, André Doria put vérifier l'exactitude de ce que lui avaient dit les Maures, car Dragut s'y trouvait en effet, avec ses bâtiments en partie armés et en partie désarmés. Le corsaire, se voyant à l'improviste enveloppé de manière à ne pouvoir sortir en aucune façon avec ses vaisseaux, prit sur-le-champ, en homme déterminé, le seul parti que lui permît la nécessité : il rassembla les Turks et les Maures de l'île, et montrant qu'il redoutait peu la flotte des chrétiens, il se mit en campagne avec eux pour aller défendre l'entrée du canal, et commença à diriger le feu de son artillerie et de la mousqueterie contre les galères d'André Doria, qui, pour préserver sa flotte, alla mouiller hors de la portée du canon. Dragut ne perdit pas de temps pour faire ses dispositions en conséquence. Il fit élever en toute hâte, auprès de l'entrée du canal, un bastion qu'il mit dans une seule nuit en état de défense au moyen de quelques pièces d'artillerie et d'un grand nombre de mousquetaires turks, et il commença aussitôt à tirer sur la flotte. André Doria, voyant la position défensive qu'avait prise Dragut, et reconnaissant qu'il faudrait nécessairement opérer une vigoureuse descente pour s'emparer de ce nouveau fort, et déloger l'ennemi de l'entrée du canal afin d'y pouvoir ensuite pénétrer, voulut d'abord savoir s'il n'y avait pas quelque autre issue par laquelle Dragut pût s'échapper avec ses navires; et ayant reçu de plusieurs marins pratiques de l'île l'assurance, qu'à moins de sortir par le passage qu'on lui barrait, Dragut ne pouvait en aucune manière s'en aller par eau d'un autre côté, l'amiral jugea à propos de faire venir de Sicile et de Naples un renfort de troupes, ainsi que des vivres et des munitions; et il écrivit à Pierre de Tolède, vice-roi de Naples, de lui envoyer les galères qui lui étaient restées, avec des troupes et des munitions, lui faisant connaître quelle était la position de Dragut Reys, et combien il était urgent de mettre à terre des forces suffisantes pour le chasser de là ou lui faire perdre ses navires. Il écrivit dans le même sens à Jean de Véga, vice-roi de Sicile, et manda en outre, à Marco Centurione, qu'il avait laissé à Gênes, de venir le joindre avec ses galères.

DISPOSITIONS DE DORIA POUR S'ASSURER DE DRAGUT ET DE SA FLOTTE. — Le capitaine Jean Vasquez Coronado partit avec ces dépêches sur la galère patronne de Sicile; il se rendit à Trapani, où il trouva Jean de Véga et lui remit le message d'André Doria; puis il prit une frégate et passa à Naples, où il remplit sa commission à l'égard de Pierre de Tolède; et de là il expédia immédiatement un courrier à Marco Centurione. Pierre de Tolède fit aussitôt apprêter sept galères qui se trouvaient à Naples, y embarqua quelques compagnies d'infanterie espagnole, avec quantité de vivres et de munitions, et les mit sous le commandement de Jean Vasquez Coronado lui-même et de Pierre-François Doria : de son côté Marco Centurione se mit en devoir d'exécuter sans délai ce qui lui était prescrit. Quant à Jean de Véga, il fit embarquer sur la galère patronne, que lui avait laissée Coronado, quantité de vivres, de munitions et de soldats, et y fit monter mouley Abou-Bekr, fils de mouley El-Hhasen roi de Tunis, qui était venu avec lui d'Afrique et avait pris part à l'affaire de Mehdyah. Il lui recommanda de tâcher, aussitôt qu'il serait arrivé à

Gerbeh, d'avoir une entrevue avec le scheykh Ssalehh ben-Ssalehh, et de lui dire que, puisqu'il prétendait être le serviteur de l'Empereur, il le montrât en donnant des ordres pour que ce corsaire ne pût échapper de l'île, et fût pris ainsi que ses navires; que de cette manière il assurerait la sécurité du pays, et servirait l'Empereur en purgeant la terre de cette maudite engeance; et qu'il l'obligerait ainsi de telle sorte, qu'il trouverait désormais auprès de lui tout l'appui dont il aurait besoin pour ses propres affaires.

Pendant ce temps, André Doria ne se reposait ni jour ni nuit, allant de côté et d'autre pour veiller à ce que l'ennemi ne pût s'échapper, et il prit quelques marins mauresques qui venaient à Gerbeh chargés de marchandises. Prévoyant aussi qu'il serait forcé de pénétrer dans le canal pour attaquer le fort de Dragut, lorsque les secours qu'il attendait seraient arrivés, il envoya une frégate sonder les bas-fonds, et placer des signaux sur la route que devraient suivre les galères pour trouver assez de profondeur; ce qui fut bien et dûment exécuté. Mais trouvant que l'entrée serait ainsi par trop aisée, Dragut, qui était adroit et défiant, et qui avait deviné le projet d'André Doria, fit embarquer cent fusiliers turks dans une galiote, et envoya derrière celle-ci un esquif couvert, avec ordre d'aller enlever le signal que les gens de la frégate avaient placé d'un côté du canal, et qui consistait en un piquet fiché dans le sable et garni d'un petit pavillon. Cet ordre fut exécuté avec tant de dextérité, que la galiote, passant en avant, l'esquif, monté de quelques Turks, arriva au piquet, l'arracha et l'emporta à la vue d'André Doria, qui fit tirer dessus par l'artillerie des galères; mais quoiqu'ils en fussent incommodés, ils ne laissèrent pas d'accomplir leur dessein.

STRATAGÈME PAR LEQUEL DRAGUT PARVIENT A S'ÉCHAPPER; DÉSAPPOINTEMENT DE DORIA. — Cependant Dragut, voyant le péril où il se trouvait, imagina une ruse qui jamais n'avait été pratiquée ni soupçonnée : rassemblant une quantité de Maures Gerbins et les équipages de ses navires, il leur fit creuser plus profondément, à force de pioche et de hoyau, le canal postérieur de l'île, afin de tirer par là les vaisseaux; et pendant qu'on travaillait, il eut soin, pour que les chrétiens ne s'en aperçussent pas, de faire toujours continuer le feu de l'artillerie et les démonstrations de la mousqueterie turke du bastion. Plus de deux mille Maures étaient à l'ouvrage, animés par les présents et les promesses de Dragut, et ils firent une telle diligence qu'en très-peu de temps, le fond étant d'ailleurs uni et sablonneux, on obtint un canal par où l'on pouvait traîner les vaisseaux et les passer de l'autre côté de la mer : en sorte que, dès le huitième jour du blocus, l'ouvrage était terminé; faisant alors glisser les galiotes sur des billots de bois bien graissés, les Maures et les équipages, tirant d'un côté avec des câbles, poussant de l'autre avec leurs épaules dans le plus grand silence, l'une venant après l'autre à la file, on les fit toutes sortir du canal; puis, les ayant armées de leur artillerie et des troupes qu'il voulut y mettre, Dragut s'en alla par l'autre côté de l'île, laissant pour dupe André Doria, qui attendait toujours, pour forcer l'entrée du canal, les renforts qui devaient lui arriver. Naviguant vers les Qerqeneh, il rencontra la galère patronne de Sicile, sur laquelle était mouley Abou-Bekr; il s'empara du bâtiment, fit prisonnier le prince tunisien, et l'envoya au grand-turk Soliman, qui, pour le punir de s'être prononcé en faveur des chrétiens, quoique Maure, le fit enfermer en la tour de la mer Noire, où il resta jusqu'à sa mort.

André Doria, qui croyait que Dragut était toujours dans le canal, ne voyant paraître le lendemain ni troupes ni vaisseaux, envoya à la découverte et demeura stupéfait en apprenant ce qui était arrivé. Il envoya prévenir les deux vice-rois qu'ils prissent garde à leurs galères en les expédiant; que quant à lui, il n'avait plus besoin de renfort puisque Dragut lui avait échappé. Là-dessus il leva l'ancre, croisa autour de l'île, prit quelques navires maures et turks chargés de marchandises; et au bout de quelques jours il revint en Sicile, laissant Dragut en plus grande réputation qu'il n'avait jamais été, et même victorieux, puisqu'il resta maître de la galère que nous avons dit, et de quelques autres navires chrétiens dont il s'empara encore dans ce temps-là.

Prise de Gerbeh par Dragut.

Gerbeh n'avait été que le théâtre de la lutte de ces deux grands hommes de mer; malgré ses offres de soumission à l'Empereur, elle était restée indépendante sous le gouvernement de ses scheykhs, et la fortune de Dragut, devenu l'un des amiraux de la flotte othomane et gouverneur de Tripoli, la préservait des tentatives de conquête de la part des chrétiens. Mais c'est Dragut même que les Gerbins avaient à craindre. Il convoitait leur île, et il essaya de s'en emparer; mais il trouva dans le scheykh Solyman plus de résistance et de force qu'il n'avait pensé; et il résolut d'obtenir par la ruse ce que la violence n'avait pu faire. Sous prétexte de réconciliation, il l'attira à Tripoli, où il le chargea de fers : après quoi, s'étant rendu maître de l'île, il fit pendre l'infortuné Solyman. Un petit-fils de celui-ci prit alors le titre de scheykh de Gerbeh; mais l'île demeura aux Turks, au grand déplaisir de la population, que la perfidie de Dragut avait exaspérée, et qui subissait son odieuse tyrannie avec une impatience concentrée.

Expédition du duc de Médina-Celi.

PRÉPARATIFS D'UNE EXPÉDITION CONTRE TRIPOLI DE BARBARIE. — Philippe II, successeur de Charles-Quint sur le trône d'Espagne, conservait aussi un profond ressentiment des injures que l'audacieux pirate infligeait à toute la chrétienté; et il résolut, en 1559, d'envoyer une formidable expédition contre lui. L'entreprise, retardée par quelques embarras, eut lieu l'année suivante : elle avait pour chef Jean de la Cerda, duc de Médina-Céli, vice-roi de Sicile, qu'enflammait un grand amour de gloire, et le désir d'égaler son prédécesseur Jean de Véga, le destructeur de Mehdyah.

L'armée était composée de trente bataillons d'infanterie espagnole sous les ordres du général don Alvaro de Sando, de trente-cinq bataillons italiens commandés par André de Gonzague, et de quatorze compagnies allemandes ayant pour colonel Étienne Léopat; il y avait encore deux compagnies d'infanterie française, quatre cents cavaliers d'élite, six cents arquebusiers, et l'artillerie, dont le commandement était confié à Bernard d'Aldana : c'était plus de trente mille hommes de troupes de débarquement. Quant à la flotte, elle comptait vingt-huit grands vaisseaux de charge, quatorze de moindre dimension, et cinquante galères, le tout sous les ordres de Jean-André Doria, neveu et lieutenant du vieil amiral; dans le nombre de ces galères, quatre étaient au pape, quatre au grand-duc de Toscane, cinq à l'ordre de Malte, ayant pour commandants respectifs Anguillara, Nicolas Gentile, et Tessières, général des galères de la Religion. On embarqua des vivres pour quatre mois.

Tripoli était le but de l'expédition, car là était la résidence ou plutôt le repaire de Dragut; mais toutes ces troupes et tous ces vaisseaux devaient être anéantis à Gerbeh. Une foule d'incidents semblaient présager ce désastre : le grand maître de Malte ayant envoyé deux frégates à la découverte, l'une d'elles fut prise par les corsaires de Dragut, qui obtint par cette voie des renseignements détaillés sur les préparatifs dirigés contre lui, et se mit en mesure d'y faire face en réclamant aussitôt des secours à Constantinople. A Messine et à Syracuse, les maladies, les querelles et la mutinerie des soldats causèrent de grands embarras au vice-roi; enfin il partit, et fut accueilli en mer par des vents contraires; ayant relâché à Malte, il constata une perte de trois mille hommes, et il envoya chercher de nouvelles recrues en Sicile et à Naples.

ARRIVÉE DEVANT GERBEH. — Ayant donné rendez-vous à tous les bâtiments de la flotte aux sèches de Palo, entre Gerbeh et Tripoli, il appareilla de nouveau le samedi 10 février 1560, et ne tarda point à être derechef contrarié par les vents, en sorte qu'arrivé aux sèches de Qerqeneh, il put craindre qu'une partie de ses navires n'eût été obligée de retourner à Malte; cependant, ayant continué de suivre la côte vers Gerbeh, il les aperçut, le mardi au point du jour, mouillés près de cette île, dans un endroit où ils ne pouvaient déraper; et il leur envoya ordre de poursuivre leur route jusqu'aux sèches de Palo, ainsi qu'il était convenu. Toutefois, comme ses galères manquaient d'eau, parce qu'au départ de Malte elles avaient donné une partie de la leur aux navires de charge, il aurait voulu atterrir à la Roqueta qui est à la pointe orientale de Gerbech, pour y faire de l'eau : mais le temps fut si orageux et si mauvais, qu'il fallut s'aller réfugier dans l'après-midi au pied de la tour du canal d'El-Qantharah, en côtoyant les rivages de l'île, où l'on aperçut une quarantaine de cavaliers maures.

A l'entrée du canal on trouva deux navires d'Alexandrie chargés de froment, d'huile et d'autres denrées du même genre, qui furent prises et distribuées à la flotte. Il y avait aussi dans le canal deux galiotes que le duc eût bien voulu aller prendre ou brûler; mais comme aucun des marins de la flotte ne connaissait le canal, la chose ne se fit point.

DÉBARQUEMENT A GERBEH; ESCARMOUCHE. — Le jour suivant on revint, au point du jour, à la Roqueta; et le duc descendit à terre avec tout son monde pour faire de l'eau, ne jugeant pas qu'il suffit pour cela de cinq cents ni de mille hommes comme certains disaient. Il établit aussitôt un escadron sur une petite hauteur à cent pas de la mer, et plaça des détachements d'arquebusiers là où cela parut le plus nécessaire. Les troupes débarquées ne formaient guère que trois mille hommes, parce qu'il manquait neuf galères et deux galiotes portant plus de monde, ainsi que le galion de Fernando de Segura, où il y avait deux ou trois compagnies d'infanterie. Pendant que le duc faisait provision d'eau, les Maures commencèrent à se montrer entre les palmiers, et ils s'avancèrent vers les chrétiens en poussant des cris, suivant leur usage. Le duc avait ordonné de ne pas engager d'escarmouche avant que l'on eût achevé de faire de l'eau; mais les Maures s'approchèrent tellement, que les troupes furent obligées de tirer dessus; les Maures en firent autant, et l'escarmouche devint si sérieuse que don Alvaro de Sande se vit dans la nécessité d'aller dégager les soldats, et que le duc s'avança lui-même avec tout l'escadron, pour le soutenir, à plus de quatre cents pas sur ses derrières. Sans cette précaution, il aurait pu y avoir ce jour-là quelque désordre; car, bien que d'abord les ennemis ne se montrassent pas très-nombreux, on en vit paraître le soir une masse assez considérable, avec beaucoup de fusiliers. L'on apprit, depuis, que Dragut se trouvait dans l'île avec mille Turks, dont deux cents cavaliers, et plus de dix mille Maures : ce qu'il était du reste facile de reconnaître à leur manière d'attaquer, et de ne laisser aucun point de l'escadron des chrétiens que la cavalerie n'essayât d'entamer. Mais toutes les précautions étaient si bien prises, qu'il n'y avait pas un seul endroit où ils ne trouvassent une ferme résistance. L'escarmouche ayant duré sept heures, il était déjà tard quand on acheva la provision d'eau et que le duc fit retirer les troupes. L'escadron fit alors volte-face en bon ordre, changeant l'avant-garde en arrière-garde, et conservant en queue les détachements d'arquebusiers avec Alvar de Sande, jusqu'à ce qu'on fût arrivé au bord de la mer, toujours poursuivis par les ennemis, qui tiraient au gros de la troupe et y tuèrent ou blessèrent quelques hommes. On perdit ce jour-là sept soldats, et il y en eut trente de blessés; les ennemis eurent plus de cent cinquante hommes tant tués que

5.

blessés. Alvar de Sande reçut un coup de feu au-dessus de l'aine; mais la blessure ne fut pas dangereuse, parce que la balle frappa de biais. Toute la troupe fut rembarquée dans le même ordre, et dans la nuit le duc partit pour la sèche del Palo.

NOUVEAU DÉBARQUEMENT; ÉCHEC. — Le lendemain arrivèrent à la Roqueta huit galères qui n'avaient pu quitter Malte aussitôt que les autres : c'étaient les quatre du grand-duc de Toscane, la patronne de Sicile, la patronne de Jean-André Doria, et les deux du prince de Monaco. Quelques officiers débarquèrent avec leurs troupes pour faire de l'eau; mais la discorde se mit parmi eux pour savoir lequel commanderait, et ils se gouvernèrent si mal, que comme toute l'île était en fermentation et que les Maures désiraient se venger des pertes qu'ils avaient faites, ceux-ci attendirent le moment où la majeure partie des troupes était embarquée et où les galères avaient déjà tourné la proue vers le large, pour se jeter sur ceux qui restaient encore à terre, et dont ils tuèrent ou firent prisonniers quatre-vingts, entre autres cinq capitaines espagnols, savoir : Alonzo de Guzman, Adriano Garcia et Pedro Vanegas, tués, Antonio Mercado et Pierre Bermudez, prisonniers. Ceci arriva le 17 de février.

RÉUNION DE LA FLOTTE AUX SÈCHES D'EL-PALO; RÉSOLUTION DE FAIRE UNE DESCENTE A GERBEH. — Les galères étant arrivées aux sèches d'el-Palo, où se trouvait le reste de la flotte, le duc de Médina-Céli apprit avec chagrin l'échec que les ennemis leur avaient fait éprouver, et surtout la perte des capitaines espagnols. Ayant, bientôt après, envoyé prendre langue à Gerbeh, il sut que Dragut s'était trouvé à cette affaire; qu'il avait été appelé dans l'île par les habitants, révoltés contre leur scheykh le petit-fils de Solyman, lequel avait été battu; que Dragut avait ensuite quitté l'île en laissant la garde du château à ses Turks, et qu'ayant atteint Tripoli avec quelques bâtiments qu'il avait à Gerbeh, il commençait à interrompre l'arrivée des vivres de Sicile, et avait pris plusieurs saïques aux chrétiens. Le duc alors, considérant que le temps était très-mauvais et qu'on ne pouvait rester avec la flotte sur les côtes de Tripoli; que d'ailleurs Jean-André Doria était très-malade, que la santé des troupes éprouvait de jour en jour de plus rudes atteintes, de telle sorte qu'il avait déjà fallu jeter à la mer deux mille morts; qu'il manquait encore six gros vaisseaux, par lesquels devaient arriver beaucoup de vivres, de munitions et de troupes; qu'on n'avait non plus aucune nouvelle du roi de Qayrouân, sur qui l'on comptait beaucoup pour cette entreprise, mais qui, après avoir longtemps attendu en ces parages sans voir arriver la flotte, était retourné dans ses États; considérant en outre qu'on ne pouvait en cette saison aller vers Tripoli sans péril manifeste; après en avoir délibéré en conseil (*), le vice-roi se détermina à poursuivre l'expédition contre Gerbeh, qui se trouvait à portée, et d'abandonner pour le moment celle de Tripoli jusqu'à ce que le beau temps fût revenu.

LE DUC DE MÉDINA-CÉLI VA DÉBARQUER A GERBEH. — Cette résolution prise, on s'entendit avec quelques scheykhs des Arabes de Mehhâmyd, qui étaient venus en amis, et on les engagea, moyennant salaire, à servir contre Dragut avec quatre ou cinq cents cavaliers, soit qu'on leur donnât à garder le passage de Gerbeh, soit qu'on les envoyât autre part. La flotte mit donc à la voile le 2 mars au matin, et le soir même elle vint atterrir devant le château de Gerbeh, au milieu des sèches, où elle resta quatre jours sans pouvoir débarquer, à cause d'un vent très-violent qui s'éleva. Lorsqu'il eut cessé, on reconnut le point favorable pour le débarquement, et les troupes mirent pied à

(*) Ce conseil fut assemblé le 1er mars, suivant le récit de Jacques-Auguste de Thou, qui rapporte les divers avis qui y furent discutés.

terre à environ deux lieues à l'ouest du château, près de la tour de Valguarnera, que les Arabes appellent Gigri, au pied de laquelle se trouvaient quelques puits et des mares d'eau de pluie. Afin que les troupes ne fussent pas obligées de marcher dans l'eau, on construisit sur les sèches quelques estacades en bois, où venaient s'arrêter les chaloupes et bateaux; de manière que le 7 mars, à midi, les escadrons étaient formés par nations, les chevaliers de Malte se plaçant avec les Allemands.

DIVERS MESSAGES DU SCHEYKH DE GERBEH; ATTAQUE IMPRÉVUE. — On n'aperçut ce jour-là aucun guerrier maure, sauf deux envoyés du scheykh Mesa'oud, nouveau chef de Gerbeh, annonçant qu'il était fraîchement arrivé de la Goulette, que les Maures l'avaient accepté pour seigneur, et que les Turks lui avaient livré le château; qu'au surplus, il était tout disposé à servir le roi don Philippe, pourvu que le duc fît rembarquer ses troupes et se rendît à la Roqueta, pour continuer son expédition contre Tripoli, promettant de son côté de l'aider contre Dragut avec les gens de l'île, et de lui fournir des vivres comme à un ami. Le vice-roi lui fit répondre qu'il regrettait de n'avoir pas su cela avant d'avoir débarqué ses troupes, parce qu'il eût fait en sorte de lui complaire, mais que son monde était déjà à terre, et qu'il avait le projet de gagner un autre gîte plus voisin, afin de trouver de l'eau, dont il y avait disette en cet endroit; qu'arrivé là, il pourrait conférer avec lui, et traiter d'affaires. Mais dans la nuit, deux esclaves chrétiens qui étaient parvenus à s'échapper, vinrent trouver le vice-roi, et lui apprirent que les Turks de Dragut et les Maures du bourg voisin méditaient une attaque pour le lendemain : sur cet avis, l'armée se mit en marche en bon ordre, et se tint sur ses gardes. Alvar de Sande prit les devants pour choisir la position du camp : les chevaliers de Malte, avec deux mille hommes Français et Allemands, formaient l'avant-garde, trois mille Italiens au centre, et trois mille Espagnols à l'arrière-garde. On se dirigea ainsi vers Esdroum, où il y a douze ou treize puits, et qui est situé à cinq milles de Gigri et deux milles du château de Gerbeh.

A un mille avant que d'y être parvenu, le duc reçut deux autres envoyés du scheykh, qui lui faisait témoigner le désir de le venir trouver; sur quoi le duc lui fit répondre d'attendre qu'il fût arrivé à la station, où l'entrevue se ferait plus commodément. L'armée ayant gagné son gîte, le duc alla reconnaître les puits, et les trouvant comblés, il les fit nettoyer. Bientôt les deux mêmes Maures revinrent en grande hâte lui demander ses ordres, parce que le scheykh désirait se rendre auprès de lui ; et il leur répondit qu'il fallait encore attendre que les logements fussent faits, afin de le recevoir convenablement. Mais le scheykh lui dépêcha une nouvelle ambassade pour prier le duc de le venir voir, ou de trouver bon qu'ils vinssent à la rencontre l'un de l'autre, avec deux ou trois cavaliers. Le duc de Médina-Céli fit répondre que, puisque le scheykh se disait le serviteur du roi d'Espagne, il pouvait en agir comme il l'entendrait, et qu'il serait toujours bien reçu; que s'il ne venait point, le duc irait le voir le lendemain au château : sur quoi il congédia les deux Maures.

Ceux-ci avaient à peine atteint un bosquet de palmiers situé à environ un demi-mille, qu'ils se mirent à pousser de grands cris suivant leur coutume, et de nombreuses troupes, qui étaient en embuscade, s'étant déployées, présentèrent une ligne de bataille disposée en forme de croissant. Ne pouvant alors conserver aucun doute sur la perfidie du scheykh, qui voulait profiter de la fatigue et de la soif des chrétiens pour en avoir bon marché, le duc de Médina-Céli rangea aussitôt ses troupes en bataille, dans l'ordre que nous allons indiquer.

ORDRE DE MARCHE DE L'ARMÉE; COMBAT ; L'ENNEMI EST REPOUSSÉ.

— L'armée était en marche le long du rivage, qu'elle suivait d'ouest en est à travers une grande plaine unie, ayant à gauche la mer, et à droite des palmiers qui se prolongeaient jusqu'à un mille de la halte, où ils formaient un demi-cercle pour aller rejoindre la mer. L'avant-garde, composée, comme nous l'avons dit, des chevaliers de Saint-Jean commandés par leur général, et ayant avec eux les Allemands et deux compagnies françaises à la solde du roi don Philippe, était munie de quelques pièces de campagne; les Italiens venaient ensuite, avec deux pièces; et à l'arrière-garde, les Espagnols avaient encore trois pièces. Sur le bord de la mer, à un demi-mille de distance, en avant et à la gauche des escadrons, marchait le mestre de camp don Louis Osorio avec soixante arquebusiers partagés en trois pelotons, et sur la droite pareil nombre d'arquebusiers conduits par le mestre de camp Michel Baraona, en sorte que ces deux détachements garnissaient le flanc de tous les escadrons. Aussitôt que le signal fut donné, l'avant-garde s'arrêta auprès des puits; les Italiens se rangèrent à la gauche, les Espagnols à la droite; et les pelotons d'arquebusiers qui flanquaient les deux premiers corps se réunirent un peu en avant de ceux qui flanquaient le dernier corps. A main gauche, vers la mer, s'allongeait une chaîne de rochers peu élevés, et d'espace en espace quelques collines, s'étendant jusqu'à mi-chemin du château. Sur l'une de ces collines s'établit Osorio avec le corps qu'il commandait, ayant devant lui, à cent pas environ, sur une autre colline, une quarantaine d'arquebusiers assez espacés entre eux.

Les troupes étant ainsi disposées, les Maures s'avancèrent en jetant de grands cris et en tirant des coups de fusil; mais comme le duc avait défendu de tirer sur eux ni d'engager avec eux d'escarmouche sans son ordre exprès, attendu que son intention était simplement de chasser les Turks de l'île et non de faire la guerre aux habitants, les arquebusiers de l'avant-garde lui envoyèrent dire que les Maures s'avançaient en tirant et qu'ils attendaient ses ordres sur ce qu'ils avaient à faire. Le duc leur fit dire, que si l'on tirait sur eux ils ripostassent, de sorte que l'escarmouche commença à s'échauffer. Les Maures, qui ce jour-là étaient, autant qu'on en put juger, dix à douze mille hommes, attaquèrent avec tant de furie l'aile placée du côté de la mer, que les soldats cédèrent le terrain peu à peu, laissant sur la place quelques morts ou blessés, tout en faisant éprouver aux ennemis une perte plus considérable. Les Maures, se ralliant bientôt, chargèrent les deux ailes avec tant d'impétuosité et de résolution, qu'ils excitèrent l'admiration des vieux soldats espagnols témoins de l'action, lesquels disaient que bien des fois ils avaient vu combattre les Maures, mais que jamais ils n'avaient vu de leur part une attaque aussi vigoureuse que celle-là. A l'aile droite, ils forcèrent le peloton à se replier sur le corps d'armée, et à la gauche ils repoussèrent les quarante arquebusiers dispersés sur la colline jusqu'à celle où était Osorio, lequel tint ferme, et obligea les Maures à se retirer avec perte : il y eut même des soldats qui les poursuivirent à quelque distance, jusqu'à ce que les officiers les rappelassent, dans la crainte de quelque désordre. Dans cette charge, les Maures perdirent beaucoup de monde, et il y eut également quelques chrétiens tués ou blessés. De Thou évalue à cent cinquante hommes la perte des premiers, et à trente celle des chrétiens, y compris plusieurs officiers, notamment Barthélemi Gonzalez, Alphonse Padilla et le capitaine Frias.

Les ennemis s'étant donc retirés, les escadrons, qui avançaient toujours en épaulant les arquebusiers, arrivèrent en bon ordre à leur gîte, ainsi que le duc avait résolu de le faire ce jour-là. Le lendemain on entoura le camp de retranchements, parce que les galères n'ayant pas fait aiguade depuis plusieurs jours, on manquait d'eau, et il fallait leur donner du monde pour en aller faire, puis attendre leur retour afin de se porter en avant tous ensemble. L'eau se fit à la Roqueta sans obstacle ni difficulté, la troupe envoyée pour protéger cette opération étant sortie en bon ordre, sous la conduite de Sanche de Leyva, qui avait avec lui les capitaines Cogliazos et Hercule de Médicis. Ces circonstances firent que l'armée garda sa position jusqu'au 10 mars, ce qui permit aux troupes de se reposer de leurs fatigues.

CAPITULATION DU SCHEYKH; PRISE DE POSSESSION DU CHATEAU; TRAVAUX DE FORTIFICATION. — Ce jour-là, un Maure vint dire au duc que s'il voulait la paix il l'aurait, pourvu qu'il n'avançât point jusqu'au château, sans quoi on le regarderait comme ennemi; le duc répondit qu'il ne voulait entendre parler de rien sans le château, et le 11 mars de grand matin il leva le camp. Les troupes étaient déjà sorties de leurs quartiers et marchaient en bataille à la rencontre des ennemis, quand revinrent deux ambassadeurs de la part du scheykh et des Gerbins, pour dire qu'on rendrait le château, et qu'on se soumettrait à payer au roi d'Espagne le même tribut que l'on payait aux Turks; moyennant quoi, on leur laissât le temps d'emmener leurs femmes et leurs enfants, et d'emporter leurs effets, et que le lendemain on viendrait occuper la place aussitôt qu'ils l'auraient évacuée (*). Le duc accepta ces propositions, et le jour suivant les mêmes Maures étant venus annoncer que le château était libre, le duc envoya le mestre de camp Michel Baraona avec Jérôme de la Cerda et Étienne Monreale, à la tête de trois compagnies d'infanterie espagnole, pour en prendre possession. Le duc alla ensuite le reconnaître en personne, laissant en arrière l'armée, qui ne put

(*) La convention fut conclue entre El-Manssour, fils d'un renégat qui avait été alcaïde en Biscaye, et Balthazar Gago, portugais, qui savait la langue du pays. La permission d'emporter leurs effets, donnée aux gens du château, exaspéra tellement les pillards de l'armée, qu'on cite un Espagnol qui de rage se coupa la gorge.

y arriver avant le mardi 19 mars, à cause des grandes pluies qu'il tomba ces jours-là.

Après avoir reconnu la position de la place et ses défenses naturelles, le duc donna ordre aux fortifications pour maintenir dans le devoir les Maures de l'île, et enlever aux Turks un port d'où ils portaient si grand dommage à la chrétienté. Le scheykh s'obligea à fournir les fascines, la chaux et tous les matériaux nécessaires, témoignant beaucoup d'empressement et de satisfaction de ce qu'on mît la forteresse en état de ne rien craindre de la flotte turke. On se mit incontinent à l'œuvre, d'après les plans d'Antoine Conte, le plus habile ingénieur de son temps; et pour plus de célérité, on répartit les travaux entre les diverses nations : Jean-André Doria, avec les gens de ses galères, se chargea de la construction du bastion regardant le sud-ouest; le duc de Médina-Céli, avec les Espagnols, entreprit celui du midi; André de Gonzague, avec les Italiens, celui de l'est; enfin, le général de Tessières, avec les chevaliers de Malte et les troupes de la Religion, eut pour son lot le bastion de l'ouest.

Dans l'intervalle arrivèrent des recrues que le vice-roi avait fait lever à Malte, et qui renforcèrent de mille soldats la garnison sous les ordres de Baraona et de son lieutenant Olivera. Et le 5 mai, jour fixé pour recevoir l'hommage du scheykh, on le vit arriver avec une nombreuse suite à l'endroit désigné pour la cérémonie; il rendit l'étendard vert de Dragut, et éleva trois fois la bannière d'Espagne, en prêtant serment d'obéissance, et s'obligeant à payer un tribut annuel de six mille écus d'or, un chameau, quatre autruches, quatre faucons de Nubie et quatre gazelles. Peu après arriva aussi Mohhammed el-Refa', roi de Qayrouân, avec huit cavaliers seulement, ayant laissé son armée sur le continent; il venait assurer le duc de Médina-Céli de sa fidélité au roi d'Espagne : on lui fit de grands honneurs, et on le logea auprès du vice-roi.

ainsi que le prince tunisien Mohhammed ebn-Hhamydah, son gendre, qui l'accompagnait.

ARRIVÉE DE LA FLOTTE TURKE; LE DUC DE MÉDINA-CÉLI REFUSE D'ALLER AU-DEVANT D'ELLE. — Pendant que ces choses se passaient à Gerbeh, Uluk-'Aly-el-Farthasy était arrivé à Constantinople, pour y réclamer, au nom de Dragut, les secours les plus prompts : il avait été entendu. En huit jours on eut armé soixante fortes galères, montées chacune de cent janissaires de choix. Elles quittèrent les Dardanelles sous les ordres de Pyr-'Aly Pâschâ, qui fut chargé de cette expédition, et se rendirent à Navarin, d'où elles repartirent le 1er mai, et arrivèrent le 7 devant Malte et le Goze, où elles firent de l'eau et des vivres le 15.

Le bruit des armements de Constantinople était déjà parvenu à Gerbeh par la voie de Malte : le grand maître avait fait prévenir le duc de Médina Céli que quarante galères allaient mettre en mer, et seraient bientôt suivies du reste de la flotte othomane. Doria, retenu au lit par la maladie, fut d'autant plus affligé de ces nouvelles, que Dragut allait se trouver ainsi à la tête de forces navales très-supérieures à celles des chrétiens ; et il demanda au vice-roi de lui fournir des troupes pour aller battre la flotte turque avant sa jonction avec celle des pirates. Mais la Cerda, tout entier à son établissement de Gerbeh, ne voulut point abandonner les ouvrages commencés ; il envoya même le vicomte de Cicala, avec douze galères, chercher en Sicile de l'argent et des vivres. D'un autre côté, le vice-roi de Naples lui fit redemander ses troupes espagnoles ; et le grand maître réclama ses galères, qui lui furent renvoyées le 8 avril. Doria, toujours malade, renouvela néanmoins ses instances, mais vainement ; lorsqu'un aviso vint annoncer que quatre-vingts galères turques avaient paru le 7 mai en vue du Goze.

Doria envoya aussitôt au duc de Médina-Céli le commandeur Bernard de Guimaran pour le presser de monter sur la flotte et d'aller prendre Tripoli avant l'arrivée de celle des Turks : le conseil fut assemblé ; Sanche de Leyva et Bérenger de Requésens, généraux des galères de Naples et de Sicile, y furent appelés, ainsi que Scipion Doria et le vicomte de Cicala. Après de longues discussions, il fut résolu que le vice-roi ne quitterait Gerbeh qu'avec l'armée, ainsi qu'il l'avait promis à ses soldats, et que Jean-André Doria, avec tous les bâtiments de combat, hors deux galères, irait à la découverte, sauf à revenir à Gerbeh pour embarquer les troupes si l'ennemi n'était point en vue. Quelque contrarié qu'il fût d'une telle résolution, l'intrépide marin obéit, en s'écriant que c'était vouloir la perte de la flotte.

RENCONTRE DES DEUX FLOTTES; CELLE DES CHRÉTIENS EST MISE EN DÉROUTE. — Pyr-'Aly pacha s'était porté du Goze à Lampédouse, où le mauvais temps le retint deux jours ; puis il gagna Qerqeneh en essuyant une bourrasque. De là, le pacha envoya deux galiotes à Sfâqs pour avoir des nouvelles de l'expédition chrétienne ; et il apprit ainsi, dit Marmol, qu'après s'être emparée du château de Gerbeh, elle s'occupait de le fortifier, qu'elle avait mis à terre douze mille hommes de toutes nations, et qu'elle disposait de cinquante-trois galères, trois galiotes et trente-quatre bâtiments de transport.

Sur ces nouvelles, la flotte turke partit de Qerqeneh en grand émoi, faisant marcher en avant Uluk-'Aly et Qarâ-Mossthafây avec deux galères pour aller à la découverte. Les deux corsaires étant arrivés en vue de Gerbeh, leurs vigies signalèrent des galères chrétiennes à la voile, et supposant qu'elles arrivaient sur eux, ils coururent prévenir le pacha que la flotte chrétienne paraissait. C'étaient, en réalité, quelques galères qui étaient allées faire de l'eau à la Roqueta, et qui revenaient au château. Les Turks gagnèrent le large pour les laisser passer ; et ils allèrent ensuite, sans avoir été aperçus, jeter l'ancre à la Roqueta, où ils restèrent toute la nuit. Le lendemain au point du jour, ils découvrirent la flotte chrétienne cinglant vers le large en luttant contre les vents : les Turks, au contraire, profitant de l'avantage du vent, arrivaient à pleines voiles. A cette vue, les chrétiens s'effrayent, et ne sachant que résoudre, prennent enfin le parti de s'échouer sur la côte; la plus grande partie des équipages se noya en voulant se sauver à la nage; peu gagnèrent la terre, beaucoup furent faits prisonniers. Quelques galères se réfugièrent dans les ports de Malte, de Sicile, ou de Naples. Doria, abandonnant la capitane enfoncée dans le sable, atteignit la terre sur un bâtiment marchand. On perdit, dans cette déroute, dix-neuf galères, et quatorze bâtiments de charge qui portaient les malades; le nombre des prisonniers fut de cinq mille, et parmi eux Sanche de Leyva, Bérenger de Requésens, Gaston de la Cerda, fils du vice-roi, et nombre d'autres personnages distingués.

Doria était outré de colère : le vice-roi alla le trouver, reconnut sa faute, et lui demanda conseil ; l'amiral répondit que c'était au commandant des troupes de terre à y aviser ; que quant à lui, général des galères, il allait passer à Messine sur quelque bâtiment léger, pour aller recueillir les débris de la flotte. Le vice-roi se détermina à en faire autant, laissant dans le fort cinq mille hommes, tant Italiens que Français et Espagnols, avec quelques escadrons de cavalerie légère, sous le commandement d'Alvar de Sande, qui s'était offert pour cette périlleuse commission; et lui-même partit avec Doria et le reste de ses officiers sur sept frégates légères, promettant à Sande un prompt envoi de secours.

SIÉGE DU CHATEAU DE GERBEH PAR LES TURCS; CAPITULATION.— Enfin la flotte des Turks, que Dragut avait jointe avec onze galères, portant des troupes de cavaliers levées dans le pays, arriva à Gerbeh, et débarqua les soldats, aussi bien que l'artillerie, près de la Roqueta; puis, de là, ils vinrent mettre le siége devant le château, qui, pendant trois mois, fut vigoureusement battu en brèche par dix-huit pièces de canon, et eut à soutenir plusieurs assauts.

Il y eut aussi, à cette époque, plusieurs engagements, dont un très-remarquable. Les Turks avaient réuni toutes les barques de leur flotte pour venir attaquer neuf galères qui avaient échappé au désastre, et qui s'étaient réfugiées sous le fort; mais, en approchant, ils s'aperçurent que les chrétiens avaient placé, en avant et à l'entour des galères, de nombreuses poutres enchaînées les unes aux autres, qui les empêchèrent d'avancer; et ils ne pouvaient non plus reculer sans être foudroyés par l'artillerie et la mousqueterie des galères et du fort, en sorte qu'ils perdirent, au milieu de cette confusion, plus de mille hommes, parmi lesquels se trouvaient beaucoup de reys ou capitaines, et d'autres personnages d'importance; ils ne parvinrent à se retirer qu'en abandonnant un grand nombre de leurs barques, qui furent coulées à fond. Une autre fois, le 7 juin, les chrétiens, dans une sortie, pénétrèrent dans les retranchements des Turks, saccagèrent leurs tentes et leur tuèrent beaucoup de monde; mais Uluk-'Aly accourut avec du renfort, et les força à la retraite.

Cependant chaque jour l'eau et les vivres diminuaient dans le château; enfin l'on en fut réduit à boire de l'eau de mer distillée dans des alambics; mais comme elle ne suffisait pas, les soldats périssaient de soif, et beaucoup d'autres allaient se rendre à l'ennemi. Réduit à cette extrémité, et voyant la plus grande partie de son artillerie démontée, Alvar de Sande résolut de tenter une sortie désespérée, et de vaincre ou de mourir. Mais, prévenus par les transfuges de l'état où se trouvaient réduits les assiégés, et du projet de leur général, les Turks prirent leurs précautions, et firent bonne garde sur tous les points par où les chrétiens eussent pu pénétrer, si bien qu'Alvar de Sande, ne pouvant venir à bout de son dessein, et voulant néanmoins le tenter, eut le malheur d'être battu et fait prisonnier. Le lendemain de bonne heure, les assiégés se décidèrent, malgré l'opposition de quelques-uns d'entre eux, à entrer en pourparler avec le pacha et à lui offrir de capituler à des conditions honorables; mais le pacha ne voulut leur promettre que la vie sauve, et ils furent obligés de se rendre aux Turks, en même temps que la forteresse. Ils furent tous faits esclaves, et les fortifications de la place entièrement rasées, à l'exception de la vieille tour. La flotte turke, laissant à Gerbeh Dragut avec ses troupes, fit voile pour Tripoli, et de là pour Constantinople, emmenant prisonnier Alvar de Sande, ainsi que Sanche de Leyva et Bérenger de Requésens, qui avaient été pris dans le combat naval avec beaucoup d'autres chevaliers et soldats; et le pacha rentra ainsi triomphant à Constantinople.

Destinée ultérieure de Gerbeh.

Telle fut la malheureuse issue de l'expédition du duc de Médina-Céli, dont il reste à Gerbeh un affreux monument, signalé par les voyageurs qui depuis cette triste catastrophe ont visité les lieux : sur quelques assises de pierre, que Paul Lucas vit en 1708, et que M. Félix Flachenacker a aussi remarquées en 1840, sont amoncelés en pyramide les crânes et les ossements des chrétiens qui succombèrent alors. L'exagération des habitants en portait le nombre à dix-huit mille. La pyramide n'a plus aujourd'hui sa forme régulière; M. Delaporte lui trouvait, en 1800, la figure d'une bouteille; M. Félix Flachenacker compare maintenant sa forme affaissée à celle que nos pâtissiers donnent à leurs brioches. Elle a vingt-cinq à trente pieds de haut, sur environ cent trente pieds de tour, et les crânes, engagés dans la maçonnerie, ne sont plus visibles que sur l'une des faces.

Ainsi, Dragut conserva Tripoli et Gerbeh, jusqu'à ce qu'il fut emporté par un boulet de canon au siége de Malte en 1565. Il est probable que l'adjonction de Gerbeh au gouvernement de Tripoli fut une conséquence de la possession simultanée de ces deux points par les Turks, tandis que Tunis était entre les mains de princes arabes alliés ou tributaires de l'Europe chrétienne. Mais lorsqu'en 1574 Sinân pacha eut établi la domination turke à Tunis, l'île de Gerbeh, qui depuis la conquête des Arabes avait toujours été considérée comme une dépendance de cet État, y demeura désormais annexée, bien que les compilateurs de géographie des deux derniers siècles aient continué de la compter, après Léon et Marmol, parmi les dépendances de Tripoli. Toutefois le père Dan en 1634, le père Philémon de la Motte en 1700, et Paul Lucas en 1708, avaient eu soin de constater qu'elle relevait de Tunis, et le second de ces voyageurs avait même fait remarquer expressément l'erreur des écrivains de son temps sur ce point.

ANCIENNE ILE DE ZYROU.

Pour ne point encourir le reproche de négliger, dans cette description des îles de la Syrte, des indications qui ont un certain intérêt historique, nous devons dire un mot ici d'une île qui a cessé d'exister.

A l'est de Gerbeh, le schéryf el-Edrysy indique une île de *Zyrou*, fertile en dattes et en raisins, distante d'un mille seulement à l'égard de la terre ferme, et située vis-à-vis du *Qassr Beny-Khathâb*, qui lui-même est à vingt-cinq milles dans l'est du *Qassr Gergys* inscrit sur toutes nos cartes. Pour mieux préciser la position de ce Qassr Beny-Khathâb, nous ajouterons, d'après le noble géographe, qu'il était bâti à l'extrémité occidentale des lacs salés connus sous le nom de *Sebâkh el-Kelâb* ou lagunes des Chiens. Or c'est vis-à-vis de ce point, comme le répète Edrysy, que s'étendait l'île de Zyrou, longue de quarante milles, et large, disons plutôt étroite, d'un demi-mille seulement, dont une partie, couverte d'habitations, produisait du raisin et des dattes, tandis que l'autre était submergée à la profondeur d'une stature d'homme. Les habitants étaient, comme ceux de Gerbeh et des châteaux voisins, des Ouahabytes.

Cherchons, sur nos cartes, cette île dont nous parle, au douzième siècle, l'un des géographes arabes les plus renommés : à une vingtaine de milles de Gergys nous trouvons en effet une grande lagune, qui nous représente la *Sebkhah* ou les *Sebâkh* indiquées par Edrysy; elle est séparée de la mer par une langue de terre étroite et fort allongée, coupée en son milieu par une ouverture en travers de laquelle surgissent encore quelques rochers de manière à figurer plusieurs entrées, qui ont en conséquence été appelées *el-Bybân* ou les Portes. C'est précisément cette langue de terre étroite et longue à laquelle d'Anville a attribué sur ses cartes le nom d'île *Zirua*, qu'il empruntait à l'Edrysy, ou, comme on disait de son temps, au géographe de Nubie : et, d'après cette autorité sans doute, il la séparait du continent à l'extrémité occidentale par où elle y adhère aujourd'hui.

Sans rejeter cette explication, qui a en sa faveur la configuration étroite et allongée de la bande de terre qu'on suppose représenter l'île de Zyrou, nous ne pouvons cependant nous dispenser de faire en même temps remarquer le nom de *Zera* inscrit sur la carte détaillée de ces parages, levée par le capitaine Smyth avec l'aide de MM. Elson et Slater, de la marine anglaise; or ce nom s'y trouve appliqué à certains écueils qui surgissent à quelque distance de cette côte, et semble indiquer une autre explication de l'île Zyrou. Sans doute il n'y a plus en cet endroit aucune terre émergée que l'on puisse aujourd'hui appeler une île; mais à cet emplacement même existait, il y a moins de trois siècles, un banc à découvert, une sèche, le *Secco di Palo*, comme le désignaient alors les marins de la Méditerranée, et ce fût le rendez-vous de la flotte du duc de Médina-Céli lors de son expédition de Gerbeh, ainsi que nous l'avons raconté quelques pages plus haut. Il y avait là un port, suivant la relation de Jacques-Auguste de Thou, et l'armée navale qui s'y trouvait réunie au mois de février 1560, y perdit près de deux mille hommes, attaqués de diverses maladies que l'intempérie du climat et la mauvaise eau venaient aggraver : car, dit le grave historien, « le terroir de *Secco di Palo* étant sec « et aride, on y a creusé des puits, où « l'on trouve des sources dont l'eau, « quoique douce, a une qualité fort « contraire à la santé. »

Ainsi, il n'y a pas trois siècles qu'une île existait encore en cet endroit, mais sèche et aride. Ne doit-on pas soupçonner que cette île, aujourd'hui disparue sous les eaux de la mer, et qui en 1560 avait encore des puits, pouvait, quatre siècles auparavant, se trouver assez élevée pour être habitée et cultivée, bien que dès lors, suivant l'observation du géographe arabe, la moitié en fût déjà submergée?

Ce n'est pas le seul indice que nous pourrions alléguer, d'un exhaussement des eaux ou d'un affaissement des terres dans la Syrte : auprès de Gerbeh, on trouve aujourd'hui plusieurs pieds d'eau là où Dragut fut obligé de faire creuser en 1551 une issue, par laquelle il fit passer ses navires en les tirant à terre sur des tins et les poussant ensuite à la mer de l'autre côté du détroit. De même autour de Qerqeneh, dont nous allons nous occuper tout à l'heure, la mer ne découvre plus les bancs par lesquels on communiquait jadis, à pied sec, de ce groupe d'îles au continent voisin. Non loin de là, une partie du sol de l'antique Carthage ne plonge-t-il pas aujourd'hui dans les flots? On est donc autorisé à croire qu'il se fait peut-être une sorte de compensation entre l'exhaussement des terres en certaines parties de la côte européenne de la Méditerranée, et l'abaissement de quelques portions de la plage africaine.

C'est un sujet digne de l'observation assidue des géologues, et que nous ne

ILES DE QERQENEH.

Description.

Qerqeneh, diversement écrit et prononcé au gré du caprice ou de la négligence des géographes et des voyageurs, est le nom commun de plusieurs îles ou îlots ramassés en un seul groupe allongé, à une quarantaine de milles au nord de Gerbeh : c'est comme la cime tabulaire d'une montagne rocheuse dont les pentes, doucement inclinées, s'enfoncent par degrés sous les eaux, de manière à n'atteindre que des profondeurs médiocres à une distance assez considérable du plateau émergé, si bien qu'en certains endroits la sonde n'accuse encore qu'un fond de vingt mètres à plus de vingt-cinq milles du rivage.

ILES QUI COMPOSENT LE GROUPE DE QERQENEH. — Le groupe, dans son ensemble, présente à la surface des eaux une terre capricieusement découpée, s'étendant du sud-ouest au nord-est dans une longueur totale de vingt-quatre milles géographiques, sur une largeur qui varie depuis un demi-mille jusqu'à cinq, six, et même jusqu'à dix milles. Il se compose d'une série d'îles ou îlots d'importance diverse, qu'on peut énumérer ainsi qu'il suit, dans l'ordre de grandeur relative :

1° Une île principale, à laquelle appartient en propre le nom de *Qerqeneh*, *Kerkeni*, *Karkenna*, *Karguena*, *Querquens*, *Querkyness*, *Chercheni*, *Cercani*, *Cercare*, ou telle autre forme qu'ait pu inventer la fantaisie ou l'inattention des copistes ; elle occupe le milieu du groupe.

2° Une île triangulaire, longue de neuf milles d'ouest en est, large de cinq environ du nord au sud, située au sud-ouest de l'île principale, et séparée d'elle par un étroit canal sur lequel avait été autrefois jeté un pont pour communiquer de l'une à l'autre; ce pont, très-ancien, et qu'on trouve mentionné dès le premier siècle de notre ère, subsistait encore sous les Arabes, et la dénomination d'el-Qantharah qu'ils lui donnaient, restée au canal sur les bords duquel on voit encore quelques vestiges des culées, est reproduite dans la carte de Smyth, Elson et Slater, sous l'orthographe, défigurée à l'anglaise, d'*Al-Guntrah*: l'île elle-même, appelée *Zera* dans cette carte, porte, dans les cartes plus anciennes, le nom de *Gamalera* ou *Gamélère*, qui semblerait tirer son étymologie des chameaux que l'on y envoie paître.

3° Une île plus petite, arrondie, ayant deux milles et un quart de long sur un mille et demi de large, et formant l'extrémité nord-est de tout le groupe ; la carte de Smyth l'appelle *île Kusha* ; elle est portée, dans les cartes plus anciennes, sous le nom d'*el-Beyt*, c'est-à-dire *la Maison*, peut-être parce qu'une seule maison s'y trouvait bâtie ; il est assez curieux de voir que dans l'ancien portulan italien de Jean d'Uzzano, tout le banc sur lequel est assis le groupe insulaire de Qerqeneh, est appelé dans son ensemble, du nom de cette petite île, *lo secch del Beit*.

4° Une île plus petite encore, dont la longueur n'atteint pas deux milles et la largeur un mille, formant par elle-même, aussi bien que par le prolongement de rochers qui élèvent à l'est une multitude de têtes rougeâtres, l'extrémité orientale du groupe entier, ce qui fait donner à l'île, aux rochers, et même à la portion de l'île principale la plus rapprochée de celle-ci, le nom appellatif de *Scheráqah*, caractéristique de cette position orientale, et qu'on peut aisément reconnaître sous l'orthographe *Shraga* de la carte de Smyth.

Quelques autres rochers se montrent en outre sur certains points des contours de l'île principale ; mais ils ne valent guère la peine d'être mentionnés.

TOPOGRAPHIE GÉNÉRALE DES ILES QERQENEH. — Ces îles, très-peu visitées par les voyageurs d'Europe, n'ont été décrites avec quelque détail par personne encore, que nous sachions; quelques phrases du schéryf el-Edrysy, de Marmol, des Pilotes de la Méditerranée, et du pseudo-'Aly-Bev (le général Badia), voilà le complet inventaire de tout ce que nous possédons à cet égard. Le capitaine Smyth avait recueilli sans doute, dans sa campagne nautique, tous les éléments d'une description exacte et nourrie; mais l'amirauté anglaise n'a point publié de texte pour accompagner les cartes de cet hydrographe.

Passons en revue le peu que nous apprennent ces écrivains : le résumé ne sera pas long. Suivant l'Édrysy, Qerqeneh est une île jolie et bien peuplée, quoiqu'il ne s'y trouve aucune ville, les habitants demeurant sous des cabanes de roseaux ; l'île est bien fortifiée : on y voit un château, près duquel sont des grottes ou cavernes, appelées *Qerbedy*, qui servent aux habitants de refuge en cas d'invasion ; le sol produit beaucoup de raisin, des jujubes, du cumin et de l'anis. Marmol nous donne à son tour, pour tout renseignement descriptif, que l'île contient plusieurs hameaux de Berbers, gens pauvres et méchants, dont quelques-uns sont gens de mer et fort amis des Turks, allant en course avec eux ; l'intérieur n'offre qu'une terre aride, et le courant est si fort sur les côtes, que les bâtiments à rames ont peine à y aborder.

Les informations que nous devons au général Badia, quoique maigres encore, sont un peu moins décharnées. Dans sa traversée de Larrache ou el-'Araysch du Marok, à Tripoli de Barbarie, il fut emporté par une bourrasque sur le banc de Qerqeneh, où la frégate qu'il montait resta à l'ancre depuis le 1er jusqu'au 7 novembre 1805. Il le décrit comme un grand banc de sable feldspathique et quartzeux d'un rouge de brique, offrant une surface de plusieurs lieues d'une inclinaison presque insensible, sur laquelle la mer est tranquille comme un étang, et qu'on reconnaît à quelques milles de distance à la couleur brune ou blanchâtre de l'eau. Quant aux îles, elles sont si basses qu'on découvre à peine leur élévation sur la mer; on aperçoit seulement quelques arbres : l'abord en est fort difficile, parce que la plus petite chaloupe échoue longtemps avant d'y arriver à cause du peu d'eau, en sorte qu'on ne peut y aborder que par quelques points connus des pilotes pratiques. Il n'y a ni sources ni rivières; les habitants n'ont d'autre eau à boire que celle des pluies, encore est-elle très-rare. Le sol est d'une roche presque nue, n'offrant d'autre végétation que des palmiers; aussi les habitants sont-ils extrêmement malheureux, n'ayant pour aliment que le fruit et la moelle des dattiers, celle du palma-christi, et le poisson, qu'ils sèchent pour la provision de l'année. Les hommes ne sont vêtus que d'un hhayq brun grossier; ils sont tous maigres et basanés. Très-adonnés à la pêche, ils font usage de différents artifices pour renfermer ou pour prendre le poisson, qui forme la base de leur nourriture. Ils ont une espèce de bateaux extrêmement mauvais, à une seule voile, et qui peuvent contenir trois ou quatre hommes ; ces bateaux, appelés *sandal*, courent la côte jusqu'à Tripoli, et ne s'éloignent jamais de terre de plus d'une lieue. La population est réunie dans plusieurs douars ou villages, composés de huttes ou de maisons très-basses, qui présentent l'aspect de la plus grande misère : le nombre des habitants ne paraît pas se monter à six cents, et peut-être est-il beaucoup moindre encore. Ils professent la religion musulmane, et sont gouvernés par un scheykh de leur choix, qui envoie tous les ans en tribut, au pacha de Tunis, une quantité de poissons, unique produit qu'il puisse attendre de ces îles.

RELATION D'UN VOYAGE RÉCENT A QERQENEH. — A ce résumé des observations des précédents voyageurs, nous pouvons ajouter des informations plus récentes : un Français, M. Félix Flachenacker, que nous avons déjà mentionné en parlant de Gerbeh, a visité aussi Qerqeneh à la fin de 1839, et nous a rapporté quelques souvenirs de la petite station de trois jours qu'il y a faite ; il a bien voulu nous permettre de puiser, dans le journal manuscrit de *son voyage*, un aperçu de cette excursion.

« Ayant trouvé à Sfax, dit-il, un *sandal* ou *barque mauresque* qui allait porter quelques soldats aux îles Kerkna, je me décidai à y faire un petit voyage, et je m'embarquai le mercredi 18 décembre 1839, à midi, avec des provisions pour une seule journée ; mais, grâce à l'obligeance de notre agent consulaire, M. Émilien Rousseau, d'un *tescrah* du caïd de Sfax adressé au khlifah de Kerkna, j'étais sûr de trouver l'hospitalité. Après une navigation assez ennuyeuse, faute de vents et de rameurs, nous arrivâmes à neuf heures du soir par un clair de lune magnifique. Malheureusement les eaux sont si basses que le sandal ne put mouiller qu'à trois cents pas du rivage : les soldats gagnèrent le rivage leurs habits sur la tête et leurs fusils à la main, ayant de l'eau jusqu'à la ceinture ; quant à moi, je fus porté à terre sur les épaules d'un nègre vigoureux, mameluk que le caïd de Sfax m'avait donné pour guide. Il était dix heures quand on fut prêt à se mettre en route pour la résidence du khlifah. Après avoir longtemps marché au milieu des palmiers dont l'île est couverte, nous atteignîmes à minuit quelques maisons où mon nègre mit en réquisition deux chameaux et deux ânes pour nos bagages et pour nous-mêmes. A une heure et demie du matin, nous arrivâmes au hameau de Ouled-Boali, où le scheykh nous logea dans une maison inhabitée, nous fit un bon feu, et nous apporta une énorme quantité de dattes. Le lendemain, à sept heures du matin, je me remis en route pour Kalabinna, résidence du khlifah, chez lequel nous arrivâmes à neuf heures.

« Introduit dans la seule et unique chambre qui composait l'appartement de ce fonctionnaire, je n'y découvris qu'une estrade élevée de deux pieds au-dessus du sol, et sur laquelle une natte et un tapis composaient le lit ; une grande natte sur la terre, une fiole pleine d'huile, et une lampe en terre verte accrochée à côté d'une paire de ciseaux à découper le tabac, complétaient le mobilier. Malgré l'apparence de misère qui régnait dans sa demeure, Sidi-Mohamed portait des vêtements qui annonçaient une certaine aisance, et j'appris que sa famille était à Sfax, le poste qu'il occupe étant rempli tous les six mois par un nouveau personnage.

« Je pris mon fusil et j'allai visiter le pays en chassant, mon nègre me servant de guide. Le gibier est rare à Kerkna, on n'y voit que des tourterelles, beaucoup de huphup, et rarement quelques lièvres ; mais j'admirai le paysage pittoresque où je me trouvais : c'était un massif de vigoureux oliviers au tronc tortueux et au feuillage glauque, sur lequel se détachaient en noir des milliers d'olives ; çà et là dans la campagne quelques bouquets de palmiers élancés, puis quelques rares plants de vignes ; près de là, des champs assez bien cultivés, où je vis avec surprise des femmes diriger elles-mêmes la charrue, attelée, tantôt d'un cheval, tantôt d'un âne, mais le plus souvent d'un chameau, et ce qui m'étonna le plus, ce fut de leur voir les jambes ornées de kalkals d'argent et d'or, des pendants briller à leurs oreilles, et toutes les apparences d'un luxe que leur genre de travail semblait repousser ; toutes ces femmes, et j'en vis beaucoup, paraissaient jeunes ; il y en avait même d'assez jolies : elles étaient bien vêtues, et quelques-unes portaient un barracan cramoisi élégamment drapé autour de leur corps, et venant retomber gracieusement par-dessus leur tête. J'appris que ces femmes sont de malheureuses prostituées envoyées en exil de Tunis, de Sousse, de Sfax, et de tous les points de la régence, où elles ont été arrêtées dans des querelles, des orgies, des scandales, dont le plus grave est d'avoir reçu des Européens.

« Après m'être reposé au village de *Reummla*, je revins à la maison du khlifah, qui m'attendait avec un plat énorme de couscoussou au poisson, autour duquel étaient placées quatre cuillers de bois pour nous deux et pour les sheykhs de deux villages voisins, qu'il avait invités dans le but de me faire honneur.

« Le lendemain, je résolus de pousser une reconnaissance sur un autre point de l'île; je dirigeai ma course d'abord vers la mer, qui est à un demi-quart de lieue de Kalabinna, espérant trouver quelque barque mauresque ou maltaise pour me passer dans la petite île que je voulais visiter aussi. Je rencontrai effectivement quatre ou cinq barques, mais toutes sans patron : je rentrai alors sous les palmiers, et, faisant le tour de la partie orientale, je passai par les villages de *Labassia*, *Élataya*, *Elrayeb*. Après avoir inutilement poursuivi des goëlands et des pigeons sauvages qui se tenaient toujours hors de portée, je revins par un long détour à la maison du khlifah, qui me régala d'un plat de superbes poissons nageant dans une sauce d'huile et de poivre, relevée par du jus de limon.

« Le soir, mon mameluk m'ayant procuré un bateau, nous nous embarquâmes avec des soldats venus de Sfax, et après avoir côtoyé pendant une heure le rivage, nous passâmes, à la chute du jour, le petit détroit d'El-Kantara, qui sépare Kerkna de Malita; cet endroit peut avoir douze à quinze mètres de largeur : la mer y est si peu profonde, que nous distinguions parfaitement les débris énormes des pierres blanches qui formaient le pont existant jadis entre les deux îles; et sur celles-ci, toutes deux très-plates, des restes vénérables de constructions anciennes placées juste au bord de l'eau, marquaient encore les deux têtes de ce pont. Descendus sur le rivage, nous cheminâmes de nouveau à travers les palmiers, où le soldat maure remplit mes bouteilles vides d'un excellent *lagmi* ou vin de palme doux, blanc comme du lait, d'une fraîcheur et d'une douceur exquises.

« Nous arrivâmes à sept heures au village de Malita, dont le scheykh, Ammar, nous donna pour logement une maison inoccupée, composée d'une seule chambre, et me régala de couscoussou. Le lendemain matin, je parcourus le village : il n'a pas, à proprement parler, de rues; mais toutes les maisons, accompagnées de jardins clos de branches de palmier, sont disséminées çà et là; l'île est fort petite, mais assez bien cultivée.

« Le scheykh m'ayant procuré des montures, nous regagnâmes le rivage, où était établie une hutte en branches de palmier, près de laquelle cinq ou six Maures accroupis faisaient de la tresse pour nattes avec une dextérité peu commune : ils ont à côté d'eux le jonc disposé en petites bottes, et tenant assujettie entre le gros doigt du pied et les autres orteils la tresse commencée, ils prennent cinq à six brins de jonc, les ajustent, les roulent et les tordent entre leurs mains avec une étonnante agilité. Je me mis à dessiner quelques palmiers, ainsi qu'une tour placée à une certaine distance sur le rivage, et qu'à sa construction je jugeai espagnole.

« Enfin, l'heure du départ étant venue, nous mîmes à la voile, et je quittai les îles Kerkna : la plus grande renferme dix villages, savoir : *Ouled-Belcas*, *Ouled-Boaly*, *Reummlah*, *Kalabinnah* résidence du khlifah, *Labassie*, *Élataya*, *Elreyeb*, *Cherky*, *el-Settour*, *Ouled-Iannghia*; la plus petite n'a que *Mélita* (*). »

Histoire de Qerqeneh.

MENTIONS DESCRIPTIVES QUE NOUS A LAISSÉES L'ANTIQUITÉ CLASSIQUE. — Sous sa dénomination moderne de Qerqeneh, telle que l'énoncent les Arabes, cette île a conservé

(*) Si nous cherchions à restituer à ces noms, écrits conformément à la perception instantanée d'une prononciation rapide, des formes plus régulières, nous pourrions en rétablir aisément quelques-uns, tels que Aoulèd Abou-el-Qâsem, Aoulèd Abou-'Aly, Ramlah, el-'Abbâsyeh, el-Râhib, Scherqy; mais la restitution des autres est moins facile et deviendrait arbitraire.

à peu près intact son nom antique de *Kerkinna*, *Kerkina* ou *Cercina*, comme l'écrivaient les Grecs et les Latins.

Il est difficile de ne la point reconnaître dans cette île qu'Hérodote indique auprès des Gyzantes, d'après les informations qu'il avait recueillies : « Les Carthaginois, dit-il, rapportent « qu'auprès des Gyzantes est située « une île dont le nom est Kyranis, lon« gue de deux cents stades, resserrée « dans sa largeur, où l'on passe aisé« ment du continent voisin, remplie « d'oliviers et de vignes, et dans la« quelle se trouve un étang où les « jeunes filles du pays cherchent des « paillettes d'or, qu'elles retirent du « limon au moyen de plumes d'oiseau « enduites de poix. Je ne sais », ajoute le naïf historien, « si cela est vrai ; « mais j'écris ce que j'ai entendu ra« conter. » Les érudits, et à leur tête Isaac Vossius, ont cru retrouver cette île dans la moderne Gerbeh, fertile en oliviers et en vignes comme la Kyranis d'Hérodote, et facilement accessible comme elle, du côté de la terre ferme ; mais il ne suffit pas de ces conditions pour établir l'identité des deux îles : il faut tenir compte surtout de la situation et de la figure de l'ancienne île Kyranis. Celle-ci était au voisinage des Gyzantes, qui faisaient leur demeure au delà, c'est-à-dire au nord, du fleuve Triton, lequel débouchait au fond de la petite Syrte, tandis que Gerbeh est située dans l'est, ou en deçà du Triton ; et cette distinction est très-importante pour Hérodote, qui d'un côté place les Africains nomades, et de l'autre les agriculteurs. L'île d'Hérodote était donc vers le nord de la Syrte ; et sa figure était allongée, puisqu'elle mesurait deux cents stades dans un sens, mais qu'elle était étroite dans l'autre sens ; ce qui ne convient nullement à la forme arrondie de Gerbeh, mais très-bien, au contraire, à celle de Qerqeneh. Enfin il est permis de supposer que le nom même de *Kyranis* ou *Kiraunis*, qui n'est donné que par Hérodote, et d'après lui par Étienne de Byzance, est peut-être simplement une leçon fautive due à l'inattention des copistes, et l'on voit du premier coup d'œil combien il est facile de la corriger en *Kerkinis* ou *Kerkinnis*, de manière à faire disparaître toute équivoque.

Polybe désigne l'île par le nom de ses habitants (*) ; Hirtius, Diodore, Tite-Live, Strabon, Denis le Périégète et son interprète Priscien, Méla, Pline, Solin, Tacite, Plutarque, Ptolémée, Agathémère, Servius le scoliaste, Ethicus en son Itinéraire, ne varient point entre eux sur la dénomination de Kerkina ou Cercina ; le Périple de Scylax, qui ne nous est parvenu que mutilé, semble employer celle de *Kerkinitis*, tandis que le Stadiasme ne s'écarte point de la leçon classique de *Kerkina*. Mais peut-être Scylax donne-t-il le nom de Kerkinitis à une partie seulement de l'île ou du groupe d'îles de Qerqeneh ; Strabon, Pline, Agathémère, distinguent en effet dans ce groupe deux îles, dont l'une était appelée Kerkina, l'autre Kerkinitis ; mais c'est dans Kerkina que Diodore, Strabon, Pline et Ptolémée, placent une ville de même nom, tandis que la description de Scylax l'attribuerait à Kerkinitis. L'île que Scylax appelle ainsi est donc la même que les autres écrivains de l'antiquité s'accordent à nommer Kerkina, c'est-à-dire, la principale de tout le groupe ; et la Kerkinitis de Strabon, de Pline et d'Agathémère, serait l'île déserte mentionnée immédiatement auparavant par Scylax.

Agathémère et Pline parlent d'un pont qui joignait ces deux îles l'une à l'autre, circonstance propre à justifier l'opinion de ceux qui considéraient le groupe entier comme une seule île ; mais l'indication de Pline, un peu équivoque peut-être, a été interprétée par quelques-uns, en ce sens que la petite Cercinitis se serait trouvée du côté de Carthage, c'est-à-dire vers le nord de Cercina ; mais le savant romain a voulu dire seulement qu'à la plus grande des deux îles était jointe

(*) Ἡ τῶν Κερκινητῶν νῆσος.

la plus petite par un pont situé, à l'égard de celle-ci, du côté qui regarde Carthage : cette explication est la seule admissible quand on tient compte de la position relative des deux îles telle que nous l'offrent les relèvements hydrographiques modernes, et du nom d'*el-Qantharah* ou *le Pont*, resté au canal qui les sépare.

Bochart ne pouvait manquer de trouver au nom de Qerqeneh une étymologie punique : il la découvre dans *Kerakyn* ou *les Forts*, dénomination qu'il suppose avoir pu être celle de la ville ancienne ; l'Edrysy dit que cette île était *bien fortifiée*, ce qui semblerait une confirmation de l'explication donnée par le célèbre étymologiste, si l'explication elle-même n'a pas été suggérée précisément par l'indication du géographe arabe.

ÉPOQUE CARTHAGINOISE. — D'anciennes traditions homériques, rappelées par une allusion de Virgile et expliquées par Servius, font peupler Cercina par les Locriens Ozoles qu'Ajax fils d'Oïlée ramenait du siége de Troie (*).

Mais nous ne saurions raisonnablement chercher au-dessus du temps d'Hérodote le commencement des annales de Qerqeneh ; cette île, alors, si elle n'était pas possédée par les Carthaginois à titre de propriétaires, était du moins fréquentée par eux, et ils ne durent point tarder à y établir leur domination, comme sur toute cette Phénicie d'occident peuplée de leurs comptoirs et dont ils interdisaient l'approche aux navires étrangers : c'est le période auquel se rapporte la description consignée longtemps après dans la Bibliothèque historique de Diodore de Sicile, et qui nous représente Kerkina, au voisinage de la Libye, comme possédant une petite ville et un port non-seulement commode pour les navires marchands, mais même propre à recevoir des vaisseaux de guerre.

Plus tard, lorsque Rome vint disputer à Carthage l'empire du monde, le consul Cnæus Servilius Geminus s'étant avancé dans la Syrte en l'année 217 avant notre ère, et ayant fait le dégât dans l'île de Gerbeh, se présenta devant celle de Qerqeneh avec sa flotte de cent vingt voiles ; l'île était riche et fertile, et elle donna dix talents d'argent, c'est-à-dire plus de quarante-cinq mille francs, pour que ses moissons ne fussent point brûlées.

Puis, quand les Romains furent devenus tout-puissants à Carthage, et qu'en l'année 195 avant notre ère leurs députés purent venir y fomenter une révolution parlementaire qui leur eût fait livrer Annibal ; alors que pour leur échapper l'illustre stratège résolut d'aller chercher un asile auprès d'Antiochus de Syrie, il se réfugia d'abord à Qerqeneh : ayant, à son arrivée, trouvé dans le port quelques navires marchands, et voyant venir beaucoup de monde pour le saluer à son débarquement, il ordonna à ses gens de répondre à ceux qui s'informeraient du motif de son voyage, qu'il allait en ambassade à Tyr ; mais craignant même que quelqu'un de ces navires partant dans la nuit pour Thapsus ou pour Acholla, ne déclarât l'avoir vu à Cercina, il fit préparer un sacrifice auquel il invita les patrons des navires et les marchands à venir prendre part, en portant à terre les voiles et les vergues de leurs bâtiments, afin de dresser sur le rivage des tentes où l'on se trouvât à l'ombre, car on était alors au cœur de l'été : le festin fut préparé et solennisé autant que le permettaient le temps et les circonstances, et grâce au vin, le repas se prolongea assez avant dans la nuit. Aussitôt qu'Annibal trouva l'occasion de se dérober à l'attention des gens du port, il leva l'ancre, tandis que les autres dormaient ; et lorsque enfin le lendemain ils se réveillèrent encore fatigués des excès de la veille, ils perdirent encore quelques heures à disposer les rames et à remettre en place les agrès ; en sorte que les conjectures les plus diverses sur la disparition d'Annibal

---

(*) Regna Neoptolemi referam ?..............
......Libycove habitantes littore Locros ?
Virg. Énéide, xi, 265.

eurent le temps d'occuper Carthage avant qu'on y apprît enfin qu'il avait été vu à Qerqeneh.

ÉPOQUE NUMIDE. — Cette île devait, un siècle plus tard (88 ans avant J. C.), servir également de refuge à une aussi haute infortune : Caïus Marius, à qui était refusée par un servile préteur la faculté de rester assis sur les ruines de Carthage, et dont le fils n'échappait que par la fuite à la dangereuse hospitalité de Hiempsal, se jeta avec lui dans une barque de pêcheurs ; et s'éloignant d'un rivage où bientôt se montrèrent au loin des cavaliers que le roi numide envoyait à leur poursuite, ils vinrent aborder à Qerqeneh, où ils trouvèrent asile jusqu'à ce qu'un retour de fortune permît au vieux général de quitter sa retraite avec un millier de Maures et d'Italiens fugitifs, pour aller rejoindre Cinna révolté et rentrer implacable dans Rome.

Dans les guerres civiles entre Jules César et les débris du parti de Pompée, lorsque l'heureux dictateur alla poursuivre en Afrique Métellus Scipion et le dernier reste de ses adversaires, en l'année 46 avant notre ère, il reconnut le besoin d'assurer l'approvisionnement de cette armée, à laquelle il lui fallait enseigner la discipline militaire avant de la conduire à la victoire ; et il envoya à Qerqeneh, avec une partie de sa flotte, le préteur Caïus Sallustius Crispus, le célèbre historien d'une autre guerre, pour en déloger l'ennemi et y prendre du blé. Caïus Décius, ancien questeur, sans autres forces que ses propres serviteurs, y était chargé du soin de pourvoir à l'expédition des vivres nécessaires aux Pompéiens. A l'arrivée de Salluste, il monta sur la première embarcation qu'il rencontra, et chercha son salut dans la fuite. Le préteur, bien reçu des Cercinates, trouva chez eux de grandes quantités de blés, dont il chargea un assez bon nombre de navires réunis dans le port, de manière à ce qu'il portât ainsi l'abondance dans le camp de César. Et quand la victoire eut couronné l'entreprise de César, Salluste lui-même, laissé comme proconsul dans la Numidie devenue romaine, compta Qerqeneh parmi les dépendances de son gouvernement.

ÉPOQUE ROMAINE. — Auguste rendit pour quelques années au roi Juba le Jeune la jouissance des États de ses pères, et la Numidie sortit ainsi nominalement du domaine de Rome ; mais Auguste lui-même l'y fit rentrer dès l'année 23 avant notre ère, en la reprenant à Juba pour l'annexer à l'Afrique propre ; et Qerqeneh passa ainsi tour à tour de Salluste à Juba, et de Juba aux proconsuls d'Afrique. Quand les débordements scandaleux de Julie (un an avant notre ère) forcèrent Auguste irrité, et cette fois-là seulement inflexible, à sévir contre une fille qui le déshonorait, et contre les amants qui avaient provoqué ou partagé ses désordres, Qerqeneh fut désignée pour lieu d'exil à l'un de ces imprudents : Caïus Sempronius Gracchus, distingué par sa noble origine, son esprit adroit, sa parole facile, avait été l'amant de Julie dès son mariage avec Agrippa ; et quand elle fut devenue la femme de Tibère, il demeura pour ce nouvel époux un rival opiniâtre, et dangereux par la haine qu'il fomentait contre lui ; une lettre que Julie avait écrite à son père Auguste pour nuire à Tibère, passait pour l'œuvre de Gracchus. Ayant donc été relégué à Qerqeneh, au fond de la mer d'Afrique, il y subit quatorze années d'exil, jusqu'à l'avénement de Tibère à l'empire. Alors des soldats envoyés pour le tuer le trouvèrent sur un point élevé du rivage, s'attendant à un sort nullement favorable. A leur approche, il demanda un court instant pour transmettre par écrit à sa femme Alliaria ses dernières volontés ; puis il présenta sa tête aux exécuteurs, se montrant, par sa fermeté à recevoir la mort, digne du nom de Sempronius qu'il avait déshonoré pendant sa vie. Tibère fit répandre le bruit que ces soldats n'avaient point été envoyés de Rome, mais bien par le proconsul d'Afrique, Lucius Asprenas ; mais c'est en vain qu'il s'était flatté de faire ainsi rejeter sur Asprenas la honte de ce meurtre.

A la fin du troisième siècle de notre ère, quand la Byzacène, ou, comme on la nommait alors, la Valérie, fut détachée par Dioclétien de l'Afrique proconsulaire, Qerqeneh fut comprise dans cette nouvelle province, et releva successivement des présidents et des consulaires qui résidaient à Adrumète. Peut-être était-elle déjà chrétienne ; peut-être, au contraire, fut-elle tardive à embrasser le christianisme. Dans une contrée où le titre épiscopal était en quelque sorte prodigué aux pasteurs des moindres paroisses, Qerqeneh chrétienne devait avoir un évêque, et sur la liste des prélats que la persécution des Vandales arracha de leurs siéges en l'année 484, nous voyons figurer en effet l'évêque *Athenius Circinitanus*. Mais souvent les évêchés africains n'avaient qu'une durée éphémère : le siége érigé la veille ne subsistait plus le lendemain ; et la vie de saint Fulgence semble nous donner lieu de croire que l'île de Qerqeneh était devenue, au sixième siècle, une dépendance de l'évêché de Ruspa ; car le saint prélat y fit construire un monastère ; et sentant sa fin approcher, il choisit dans le couvent de Ruspa un petit nombre de religieux avec lesquels il se rendit, en 532, à son nouveau couvent de Qerqeneh, élevé sur un petit roc appelé Chilmi, afin de se livrer, dans une pieuse retraite, à la lecture, à la prière, aux jeûnes, faisant pénitence du fond de son cœur dans l'attente de la vie éternelle ; mais rappelé à Ruspa par l'amour de ses ouailles, il quitta Qerqeneh et sa *retraite de Chilmi* au mois d'octobre de la même année, pour aller mourir sur le continent dans sa ville épiscopale.

ÉPOQUE ARABE. — Qerqeneh, passée, avec le reste de l'Afrique, de la possession des Vandales à celle des Byzantins, tomba avec elle au pouvoir des Arabes, qui la vinrent conquérir au septième siècle. Elle flotta successivement, comme le continent auquel elle était annexée, des gouverneurs nommés par les khalyfes, aux Aghlabytes indépendants, puis aux Fathimytes, ensuite aux Zéyrytes ; mais, soit négligence de la part de ceux-ci, soit résistance plus opiniâtre de la part des habitants de Qerqeneh, cette île persista plus longtemps que sa voisine Gerbeh dans l'opposition que les Zéyrytes, comme issus de Ssenhêgah, rencontrèrent de la part des populations de Zenêtah ; du moins l'histoire n'a-t-elle constaté la prise de Qerqeneh par les Zéyrytes que sous le règne de Temym ebn el-Mo'ezz, sixième roi de cette dynastie, en l'année 1098 de notre ère. De même, négligée d'abord par Roger de Sicile dans ses premières conquêtes d'Afrique, elle ne tomba au pouvoir des chrétiens qu'en l'année 1153, à l'époque de la seconde expédition de ce prince contre Gerbeh.

Mais elle fut enlevée aux chrétiens en même temps que les autres possessions d'Afrique, en 1160, par les Almohades, qui avaient pour eux les sympathies des populations zénêtes ; plus tard, aux Almohades succédèrent les Hhafssytes, d'abord simples lieutenants, et bientôt souverains eux-mêmes.

SEIGNEURIE CATALANE. — Puis vinrent les expéditions des Catalans ; il y a lieu de penser que si Qerqeneh ne fut pas prise en même temps que Gerbeh par *l'amiral* Roger de Loria, en 1284, elle dut être conquise par lui lors de son retour sur les côtes de Barbarie, à la fin de 1285 ; toujours est-il qu'elle faisait partie de la seigneurie que ce grand homme de mer s'était créée en ces parages, et que sa veuve et les tuteurs de son jeune fils engagèrent au roi de Sicile, en 1307, pour garantie des dépenses que coûterait la reprise de Gerbeh sur ses habitants révoltés. La tour de Qerqeneh est formellement mentionnée dans l'acte d'engagement, puis aussi en 1308, dans la démission du commandant Simon de Montolieu, et dans la prise de possession de Raymond Montaner, qui eut pendant sept ans la jouissance de ces domaines, et qui en fit à son tour la remise au roi de Sicile en 1315,

6.

pour suivre en Morée l'infant Ferdinand d'Aragon. En 1333 les habitants des deux îles s'insurgèrent contre les chrétiens, ainsi que nous l'avons déjà dit en traitant de Gerbeh, et se rendirent indépendants.

EXPÉDITION MALHEUREUSE DU COMTE PIERRE DE NAVARRE. — Après la désastreuse expédition de Gerbeh, où périt Garcie de Tolède duc d'Albe, à la fin d'août 1510, Pierre de Navarre comte d'Alvelto, retourné à Tripoli avec les débris de l'armée et de la flotte, résolut de tenter courageusement de prendre sa revanche, et il s'embarqua le 4 octobre, avec soixante vaisseaux et huit mille hommes, pour une nouvelle expédition. Une tempête dispersa sa flotte et détruisit une partie de ses galères. Rentré à Tripoli pour se refaire, il en repartit bientôt avec trente vaisseaux et cinq mille hommes ; mais une nouvelle tempête vint lui enlever dix navires, qui périrent corps et biens ; et ce n'est qu'après avoir beaucoup souffert de la mer et de la disette, que, le samedi 20 février 1511, il se trouva par le travers de Qerqeneh.

L'île était alors sans habitations, n'ayant aucune place fortifiée, mais seulement quelques granges où les Maures renfermaient leurs récoltes, et quelques cabanes de bergers, parce qu'on envoyait paître en ce lieu tous les troupeaux de la contrée ; aussi le comte vint-il y faire des vivres ; puis il descendit à terre le lendemain pour aller reconnaître une aiguade ; et ayant découvert trois puits de très-bonne eau, il se rembarqua. Le mercredi 24 février, le colonel Jérôme Vianelli demanda au comte la permission de venir à terre avec son monde pour déblayer les puits et faire de l'eau ; ce à quoi le comte consentit, vu le pressant besoin qu'on en avait. Il débarqua, en conséquence, quatre cent cinquante hommes des plus vaillants de la flotte, se rendit aux puits, et fit une telle diligence, qu'à midi les puits étaient déblayés et en parfait état ; il les fit ensuite environner d'un retranchement, afin de se précautionner contre une attaque de l'ennemi. Dans la soirée, le comte alla visiter les puits, et, au grand déplaisir du colonel, il l'y laissa avec sa troupe, parce qu'il jugeait nécessaire de les faire garder pendant la nuit. Mais il était arrivé que, pendant le déblayement des puits, Vianelli ayant ordonné à l'un de ses officiers certain détail de service, et celui-ci ne s'en acquittant pas avec assez d'empressement, le colonel, non content de le maltraiter de paroles, l'avait frappé à plusieurs reprises, et lui avait même tiré la barbe. L'officier, plein de ressentiment, alla, le soir, trouver secrètement quelques Maures qui s'étaient retirés à l'extrémité de l'île ; et leur déclarant qu'il voulait se faire musulman, il promit de leur livrer tous les chrétiens chargés de la garde des puits. Les Maures se réjouirent fort d'un tel dessein ; et quand minuit fut passé, guidés par cet indigne chrétien, ils s'approchèrent en silence des retranchements, tuèrent les sentinelles, et tombant à l'improviste sur les chrétiens, qui, se reposant sur la vigilance de leurs factionnaires, n'étaient pas sur leurs gardes, et dormaient pour la plupart d'un profond sommeil, ils pénétrèrent dans l'enceinte des puits, et les égorgèrent tous, ne laissant la vie qu'à deux d'entre eux, dont ils envoyèrent l'un au roi de Tunis, et l'autre au scheykh de Gerbeh ; un autre, frappé de six blessures, fut laissé pour mort. Il arriva qu'une vingtaine d'hommes, qui étaient allés le soir d'auparavant porter à la flotte des provisions, entendirent, au moment où ils revenaient, les cris que poussaient les Maures en tuant les chrétiens ; et se retirant un peu en arrière, ils se cachèrent dans des buissons. Les Maures, ayant achevé leur carnage, se mirent à tirer quelques coups de fusil en signe de réjouissance ; et le bruit en étant parvenu jusqu'à la flotte, le comte sauta à terre en grande hâte, avec tout son monde, comme le jour commençait à poindre ; après un court engagement avec les Maures qui s'étaient avancés jusqu'au rivage, il les força à la retraite ; et alors le soldat qui était resté blessé, comme nous l'avons dit, se traînant avec précaution et comme il put jusqu'aux chrétiens, raconta confidentiellement au comte ce qui s'était passé. Celui-ci, cachant autant qu'il était possible cette triste nouvelle, envoya le colonel Diego Pacheco vers les puits, reconnaître le lieu où les hommes avaient été tués, et l'on se rembarqua aussitôt. Après quelques autres infortunes et naufrages, le comte se rendit, avec les débris de sa flotte, à l'île de Capri, où elle acheva de se disperser.

ÉPOQUE MODERNE.—Lorsque, après la conquête de Mehdyeh sur Dragut-Reys, le vice-roi de Sicile Jean de Véga promena ses vingt galères dans le golfe de Qâbes pour exiger le tribut des populations voisines, Qerqeneh se soumit, comme Gerbeh, à cette manifestation passagère de vasselage. Attachée en quelque sorte à la fortune de Gerbeh, Qerqeneh payait le tribut avec elle, et secouait le joug à son exemple. Lors de l'expédition de Jean de la Cerda duc de Médina-Céli, en 1560, Qerqeneh servit de point de ralliement à la flotte othomane, qui y mouilla le 17 mai, et de là s'élança sur la flotte espagnole, qui fut aussitôt détruite ou dispersée.

Et de même que Gerbeh, Qerqeneh resta désormais sans obstacle sous la domination des Turks, d'abord comme annexe de leur gouvernement de Tripoli, et bientôt comme dépendance de celui de Tunis, après la conquête de cette régence par Sinân paschâ. C'est l'état où elle se trouve encore aujourd'hui.

ILE DES FRISSOLS.

Vers le fond du golfe de Qâbes, à égale distance de Qerqeneh et de Gerbeh, se trouve une petite île, placée comme elles sur un banc assez étendu, où l'eau n'offre guère qu'un mètre de profondeur moyenne. Cette île, de forme ronde, ayant au plus un mille et demi de diamètre, est accompagnée, au sud-ouest, d'une file de rochers, dans la direction desquels s'allonge le banc qui sert de base à tout ce petit groupe.

La carte anglaise de Smyth, Elson et Slater, lui donne le nom de *Surkenis*, qui nous est d'ailleurs inconnu; et peut-être aurions-nous dû négliger de mentionner cette île obscure et insignifiante, si nous n'avions cru y retrouver une des stations du Périple de Scylax, et pouvoir ainsi jeter sur ce petit coin de terre, perdu au fond de la Syrte, quelque reflet de ces souvenirs d'antiquité classique qui ont le merveilleux privilége de colorer de pourpre et d'or les plus arides plages. Mais Scylax même ne nous fournit point une dénomination antique à inscrire en ce lieu; son texte mutilé, et que nous ne voulons nullement tenter ici de corriger ni de compléter, raconte que de l'île des Lotophages (c'est-à-dire, de Gerbeh), une demi-journée de navigation conduisait à la ville d'*Épichos* (*), au delà de laquelle, après une journée de plus, on atteignait une autre station; à celle-ci était adjacente une île déserte, qui est précisément la même que les cartes modernes appellent Surkenis; mais le nom que les anciens donnaient, soit à l'île elle-même, soit à la station voisine, a disparu du texte de Scylax.

Au moyen âge, cette île avait reçu la dénomination de *Frixols, Frissols* ou *Frexolis*, que l'on voit figurer sur la carte catalane de la bibliothèque de Charles V, dans le portulan de Jean d'Uzzano, dans la géographie africaine de Livio Sanuto, et sur quelques cartes des derniers siècles. Mais on comptait alors deux îles, parce que l'on considérait sans doute comme les fragments d'un seul tout les quelques points qui émergent encore au sud-ouest de l'île principale. Quoi qu'il en soit, ce nom de *Frixols*, emprunté sans doute au romane des Catalans du treizième siècle, maîtres de Gerbeh et de Qerqeneh, et conservé dans le castillan moderne sous la forme de *Frisoles*, désigne les haricots d'Espa-

---

(*) Appelée *Epiros* dans le Stadiasme anonyme, où la demi-journée de navigation est exprimée par le chiffre de deux cents stades.

gne, et c'est une révélation, la seule qui soit aujourd'hui à notre portée, sur les productions de l'île à laquelle nous avons voulu consacrer ces lignes.

ILES D'EL-QOURYAT.

Depuis Sabatra ou le vieux Tripoli, qui marque l'entrée de la petite Syrte du côté d'orient, nous avons toujours vogué sur ces hauts-fonds, que nos cartes modernes laissent sans noms, mais pour lesquels nos pères avaient une série de dénominations spéciales, qu'on retrouve soigneusement consignées dans les anciens portulans, telles que la sèche du Palo, celle de Gerbeh, celle de Capoudia, celle d'el-Beyt ou de Qerqeneh, enfin celle du Patriarche, à laquelle nous arrivons, et qui prolonge jusqu'auprès de Sousah les dernières limites de la Syrte vers le nord. Là se trouvent encore quelques îles à indiquer.

Et d'abord, auprès de Thapsus, dont les ruines se voient encore au cap Dimas, le Stadiasme de la grande mer signale une belle île, gisant au nord, à quatre-vingts stades vers le large : les cartes nouvelles montrent en cet endroit, d'abord deux îlots collés au rivage, sous le nom de *Balta*, puis, à la distance indiquée, le petit groupe des îles *El-Qouriât*, composé : 1° d'une île principale, de forme arrondie, ayant deux milles environ de diamètre ; 2° d'une seconde île triangulaire, ayant deux milles de long sur un mille et un quart de large, et placée à deux milles de distance au sud-ouest de la première ; 3° enfin d'un petit rocher étroit et allongé, presque contigu à l'île précédente vers le sud-ouest. Ce groupe ne formait-il qu'une île unique à l'époque où doivent être rapportés les éléments du Stadiasme, ou bien le rédacteur n'a-t-il voulu parler que de l'île principale ? C'est ce que nous n'essayerons pas de décider. Toujours est-il que Strabon place entre Adrumète et Thapsus, à l'endroit appelé *Tarikhetai* ou les Salines, plusieurs îlots très-rapprochés entre eux (*), et qu'au temps de Ptolémée il existait là deux îles distinctes, appelées *Larou-Nesiai* ou îlots aux Mouettes, ce qui semblerait indiquer l'abondance de ces oiseaux en cet endroit : cependant en voyant, au moyen âge, ces îles prendre le nom de *Conijeras*, *Coniglieri*, *Conilières*, sous ses différentes formes romanes (**), ce qui constate l'abondance des lapins, ou peut-être plutôt des lièvres, que l'on sait être très-multipliés en ces parages, ne sera-t-on pas porté à penser que ce n'est point l'oiseau *laros* qu'a voulu désigner Ptolémée, mais bien le *lagos*, c'est-à-dire le lièvre(***); en sorte que le nom roman fût une simple traduction de l'ancien nom grec ?

Quoi qu'il en soit, ce nom est presque le seul renseignement que nous possédions sur les productions de ces îles, que nous savons d'ailleurs être très-basses, et en quelque sorte à fleur d'eau. Dans la carte de la côte de Tunis, jointe à son beau travail sur Carthage, le capitaine de vaisseau Falbe, de la marine danoise, combinant ensemble le nom actuellement donné par les Arabes, avec le nom roman conservé par les pilotes de la Méditerranée, applique le premier à l'île principale, et l'autre à la seconde. Shaw attribue à tout le groupe la dé-

(*) Εἴθ' αἱ Ταριχεῖαι λεγόμεναι, νησία πολλὰ καὶ πυκνά.

(**) Le portulan de Jean d'Uzzano donne, dans l'imprimé, le nom de *Comas*, sans doute pour *Coniar*. Livio Sanuto écrit *Cunilliere*.

(***) Λαγωός, ou λαγός suivant l'orthographe ionienne, au lieu de λάρος. Il n'est pas hors de propos de faire remarquer que les anciens appelaient λαγὸς l'animal que les Espagnols nommaient κούνικλος, ainsi que l'observation en est faite par Élien dans son traité des animaux, par Galien, par Varron, par Pline le naturaliste : de telle manière que Λαγοῦ νησίαι répondrait complètement à Coniglieri. Cette restitution, aussi simple que naturelle, du texte de Ptolémée, nous semble être à l'abri de toute contestation.

nomination de *Joweries,* qui ne nous est pas autrement connue.

A dix milles de là est Monastyr, avec deux petits îlots qui ne méritent guère d'attention, si ce n'est que le Stadiasme de la grande mer en fait mention expresse, les disant entourés de palissades et pourvus d'un bon mouillage, mais ne leur donnant non plus aucune dénomination.

Et maintenant, quittons la Syrte pour nous avancer en pleine mer.

§ V.

ILES PÉLAGIENNES.

Nous avons d'abord, dans une course pénible, suivant pas à pas la trace des nautoniers antiques, exploré minutieusement les îlots de la côte libyenne, depuis les confins de l'Égypte jusqu'à ces fameux Autels des Philènes, qui séparaient l'Orient de l'Occident, la Libye de l'Afrique. Puis nous avons osé nous risquer au milieu des Syrtes, et visiter tour à tour chacune des îles qui émergent au sommet aplati de ces bancs dont les périls n'ont point effrayé notre courage. Plus hardis encore maintenant, nous abandonnons enfin la côte pour nous lancer à pleines voiles dans la haute mer; et si nous approchons quelquefois du littoral pour reconnaître certaines îles peu distantes de la terre, c'est du large que nous les regarderons se dessiner à l'horizon, ou que nous y viendrons atterrir.

Nous pourrions, en vue d'une excursion ultérieure dans l'océan Atlantique, aller d'abord faire une longue station dans les îles Maltaises, où tant de souvenirs nous attendent, et charmeraient notre séjour; puis, visitant Lampedouse, Linose, la Pantellerie, doublant le cap Bon, et touchant aux Gjouâmer, à la Galite, filer jusqu'aux Gja'faryn et à Alboran, pour gagner le détroit des Colonnes; mais ce repos de Malte, nous aimons mieux le placer au terme de notre navigation dans la Méditerranée; et c'est au détroit des Colonnes que nous prendrons, au contraire, notre point de départ, afin de courir vers l'est, d'Alboran et des Gja'faryn à la Galite, et de là par les Gjouâmer, la Pantellerie, Lampedouse et Linose, jusqu'aux îles Maltaises.

Ce détroit, ouvert, agrandi, creusé par l'effort des eaux, n'offre plus aujourd'hui, à la sonde des hydrographes, le seuil élevé qui barrait jadis, sous quelques pieds d'eau, un passage plus resserré, où les bateaux plats pouvaient seuls traverser d'une mer à l'autre sans s'échouer dans une vase épaisse, ainsi qu'Aviénus le rapporte d'après les récits d'Euctémon. Des îles même surgissaient sur cette barre transversale, et portaient les noms de Junon et de la Lune, comme nous l'apprennent Aviénus et Strabon; ces deux îles étaient à trente stades de distance seulement l'une de l'autre; elles étaient couvertes de bois, et renfermaient des autels à Hercule, en sorte qu'Euctémon pouvait dire, avec raison, que c'étaient là les Stèles Héracléennes. Mais les flots de l'Océan et ceux de la Méditerranée ont balayé à la fois et les deux îles et la barre sur laquelle elles reposaient : et le brassiage accuse maintenant une profondeur de dix-huit cents mètres à l'endroit même que les vaisseaux plats pouvaient seuls franchir.

Est-ce uniquement à l'érosion des eaux qu'il faut attribuer ce déblaiement du détroit? Il semble qu'après avoir laissé subsister depuis les temps antéhistoriques jusqu'à la fin du cinquième siècle avant notre ère, et peut-être jusqu'à une époque plus tardive, une barre transversale assez élevée, les eaux, quelle qu'ait été la progression de leur puissance, n'auraient pu suffire à un tel affouillement; et l'on peut croire que des secousses volcaniques sont venues aider à leur action.

La nature géologique du sol des

premières îles que nous allons rencontrer sur notre route vient confirmer cette conjecture.

ILOT D'ALBORAN.

A cent douze milles à l'est de Gibraltar nous atteindrons Alboran, situé en face du détroit, à distance presque égale des côtes d'Espagne et de celles de Marok. Il offre l'aspect d'un plateau allongé, dirigé du sud-ouest au nord-est. Son étendue est d'un mille géographique à peu près, sur un tiers de mille de largeur, et son élévation d'environ cinquante mètres au-dessus de la mer.

DESCRIPTION DU SOL ET DE SES PRODUCTIONS. — Deux naturalistes distingués, MM. Parker Webb et Sabin Berthelot, à leur retour des persévérantes excursions où ils venaient de rassembler les riches matériaux de leur histoire naturelle des Canaries, visitèrent, au mois de septembre 1830, l'îlot d'Alboran et les îles des Gja'faryn, et nous devons à l'amitié de l'un d'eux la communication d'une note où se trouvent consignés les résultats de leur exploration. Nous ne pouvons mieux faire que de transcrire à peu près littéralement ici la courte description qu'ils ont eux-mêmes rédigée.

« On s'aperçoit immédiatement, en examinant la constitution géologique de cette île, qu'elle a été produite par d'anciens volcans. On y remarque d'abord une roche trappéenne dont la masse est formée de feldspath brunâtre, et dans laquelle se trouvent enchâssés des cristaux de feldspath vitreux blanc et d'autres de feldspath commun jaunâtre : ces derniers sont fréquemment convertis en poussière par l'effet de la décomposition. Cette roche forme la base de tout l'îlot ; ses couches sont un peu inclinées de l'ouest à l'est ; du côté du sud-est, leur inclinaison est d'au moins 18°.

« Sur cette formation, mais particulièrement vers la partie orientale, se trouve un tuf stratifié, friable, composé de feldspath blanchâtre en état de décomposition, et contenant en abondance des cristaux de feldspath blanc, quelques autres de hornblende, et des fragments de roches basaltiques : ce tuf peut avoir une épaisseur de douze à quinze mètres, surtout vers le sud-est de cette île. Il est recouvert par un calcaire grossier moderne, d'une couleur brunâtre, disposé en couches minces, qui gisent horizontalement sur le tuf et qui contiennent aussi des débris de roches basaltiques : les interstices de ces couches sont remplis d'une espèce de craie blanche et friable. C'est leur situation horizontale qui a déterminé la forme de l'île en plateau allongé.

« La mer, qui bat constamment avec violence contre ce roc, en a rongé les bords et les a rendus fort escarpés ; elle y a même creusé des grottes, qui servent, dit-on, de retraite aux loups ; et elle l'a percé à son extrémité orientale d'une ouverture visible d'assez loin par les navigateurs. Les plages qui, dans quelques endroits, facilitent les abords de l'île, sont de sable coquillier, mêlé de beaucoup de petites espèces de mollusques et de débris de coraux.

« Le long plateau d'Alboran, lorsque nous y abordâmes, était entièrement couvert de frankénies à corymbes ; nous aperçûmes bien çà et là des restes d'asphodèles rameux et quelques buissons de liciet d'Europe, mais nous ne pûmes découvrir dans cette saison aucune trace de plantes annuelles.

« Le sol, dans les endroits où les frankénies avaient laissé quelques vides, était couvert de coquilles d'un colimaçon que nous trouvâmes vivant sur ces mêmes plantes : c'est une variété que nous avons nommée hélice d'Alboran, ne différant de l'hélice pisane que par sa couleur entièrement noire et sa bouche blanchâtre sans aucune teinte de rose ; ce caractère est constant dans toutes les hélices répandues dans l'île en si grande abondance, et constitue une variété locale très-remarquable, occasionnée sans doute par la nourriture que l'animal puise uniquement sur les frankénies.

« L'îlot d'Alboran est fréquenté par un grand nombre de hérons et de plongeons; on y voit aussi quelques autres espèces d'oiseaux, tels que le merle bleu, le rouge-gorge, l'épervier: ces espèces sont toutes extrêmement grasses, et font leur principale nourriture des sauterelles dont l'île est couverte, et qui s'envolent par centaines quand on traverse les touffes de frankénies. »

ALBORAN. A-T-IL ÉTÉ MENTIONNÉ PAR LES ANCIENS? — A cette description des deux habiles naturalistes, devons-nous ajouter les conjectures hasardées par les géographes, gens très-peu sobres de conjectures, comme on sait? habitués qu'ils sont à traduire en délinéations précises, en nomenclatures arrêtées, les données souvent très-vagues des voyageurs ou des historiens, n'ayant point à leur service la commode élasticité des phrases dubitatives de l'écrivain, ils sont forcés, en quelque sorte, de prendre un parti sur les questions les plus douteuses; et s'enhardissant ainsi à brusquer la solution de toutes les difficultés, ils proclament trop souvent comme un fait acquis à la science les résultats les plus contestables, les plus arbitraires.

Ainsi, dans l'Insulaire qui termine la compilation vulgairement connue sous le nom d'Itinéraire d'Antonin, on voit figurer, dans la mer comprise entre Carthagène d'Espagne et Césarée de Mauritanie, entre autres îles, celle de l'*Erreur* et celle de *Tauria*, distantes entre elles de soixante et quinze stades, et éloignées toutes deux de soixante et quinze stades aussi à l'égard de Calama de Mauritanie. Et les géographes, même de très-savants, n'ont pas craint d'identifier Alboran à cette *insula Erroris* de l'antiquité. Or, sans entrer ici en dissertation afin de montrer que *Calama* a dû exister vers l'emplacement aujourd'hui occupé par Nedroumah, il suffit de faire observer que d'Alboran au fleuve Molouyah, limite la plus prochaine de la Mauritanie Césarienne, la distance est de plus de cinq cents stades, pour ne laisser aucun doute sur l'impossibilité d'une telle synonymie.

Essayerons-nous, à notre tour, de trouver à cet îlot d'Alboran une correspondance dans la géographie ancienne? Nous aimons mieux avouer humblement notre impuissance à cet égard; sans doute, parmi les escales énumérées dans le Périple de Scylax, immédiatement avant les colonnes d'Hercule, on voit figurer une île déserte, appelée *Drinaupa*, qui attend elle-même une synonymie dans la nomenclature moderne: mais quelle raison aurions-nous de la faire correspondre à Alboran plutôt qu'à tout autre îlot de la côte africaine? Mieux vaut, ce nous semble, s'abstenir.

Quelques cartographes des derniers siècles ont donné à Alboran le nom d'Albusama; mais c'est par confusion avec le petit îlot côtier voisin de la ville par eux appelée aussi Albusama, et qui n'est autre qu'El-Mezemmah des Arabes.

LES ILES DES GJA'FARYN.

A cinquante-six milles de distance au sud-est d'Alboran, se trouve, vers la côte, un petit groupe de trois îles alignées d'ouest en est, qui figuraient dans les anciens itinéraires romains sous la simple appellation de Trois-Iles, *ad tres Insulas,* et qui ont pris, depuis la conquête arabe, le nom de la tribu à laquelle elles sont échues, savoir, celle des Bény-Gja'far ou Gja'faryn (*); ce nom, écrit encore Jaffarim en 1375 sur la carte catalane de la bibliothèque du roi Charles V, et Jafarin en 1442 dans le Portulan de Jean d'Uzzano, est défiguré, dans les documents des derniers siècles, en Zafarinos, Chafarinas, Chafelines, et Zapharines (**), qui est ainsi devenu la dénomination vulgaire.

TOPOGRAPHIE GÉNÉRALE. — Ces îles ont été comprises dans l'exploration hydrographique des côtes de l'Algérie, exécutée de 1831 à 1833 par MM. Bérard et Dortet de Tessan, qui les ont reconnues et en ont levé le plan dans leur troisième campagne:

(*) جعفرين ou بنى جعفر

(**) La carte anglaise de Smyth porte même *Zaphran*.

c'est naturellement à eux que nous devons emprunter d'abord un aperçu topographique de ce petit groupe.

« Elles sont, disent-ils, petites et très-voisines l'une de l'autre. La plus occidentale, qui a cent trente-cinq mètres de hauteur, est la plus élevée. Elle est séparée de celle du milieu par un canal d'un tiers de mille, à travers lequel on peut passer, mais en rangeant de plus près l'île du milieu, à cause d'un haut-fond de roches où l'on ne trouve que quatre mètres d'eau.

« L'île du milieu a quarante et un mètres de hauteur; sa forme est presque ronde; le petit canal qui la sépare de l'île la plus orientale est profond et sans aucun danger. Celle-ci n'a pas un demi-mille dans sa plus grande dimension; elle est très-découpée, et fort étroite en certains endroits. Elle a plusieurs sommets qui, de loin, ressemblent à autant d'îlots, et dont le plus élevé peut avoir quarante mètres. Elles offrent un mouillage assez sûr; le fond y est très-bon.

« Le canal qui les sépare de la terre ferme est presque de deux milles; on peut y louvoyer sans crainte. Quelques pilotes anciens disent que les vents pénètrent rarement dans le fond du golfe où elles sont placées, et que les bâtiments marchands ont toujours craint d'y être entraînés par les courants, étant alors exposés aux attaques des pirates de la côte marokaine voisine. Nous voyons cependant sur les vieux plans des îles Zafarines, faits par les Espagnols, que ces courants portent ordinairement à l'est.

« Notre séjour dans ces parages a été signalé par des calmes constants, avec un ciel vaporeux et de fortes chaleurs, qui ont eu une grande influence sur la santé de l'équipage, car tout le monde à bord a été plus ou moins atteint de maux de gorge, de coliques et de migraines.

« On ne trouve de l'eau sur aucune des trois îles. Cependant, quelques cartes espagnoles marquent une aiguade à la partie sud de la plus grande (celle de l'ouest), dans un endroit où d'énormes roches viennent aboutir à la mer. Leur sol granitique est couvert d'une petite couche de terre végétale, où l'on voit quelques plantes rabougries. On a essayé de les cultiver: nous y avons vu le chaume d'un blé qui n'était pas très-ancien. L'île du milieu était couverte d'un nombre prodigieux de petits escargots blancs, qui avaient dévoré toutes les plantes vivantes. Sur la plus grande, il y a beaucoup de figuiers de Barbarie. Les environs abondent en poissons et en coquillages. Les rochers qui sont exposés au nord sont couverts de moules d'une très-grosse espèce. »

On ne donne habituellement à chacune de ces trois îles d'autre dénomination spéciale que celle qui résulte de la position relative; mais M. Webb et M. Berthelot, qui les ont visitées en 1830, ont cru pouvoir leur appliquer respectivement trois noms illustrés par la science; et ils ont, en conséquence, proposé d'appeler île Brongniart celle de l'ouest; île de Buch celle du milieu; et île Buckland celle de l'est.

GÉOLOGIE ET PRODUCTIONS NATURELLES. — Nous devons à M. Berthelot la communication d'une notice descriptive de ces îles, qu'il a explorées en naturaliste; et nous profitons avec empressement de l'autorisation qu'il nous a donnée d'en insérer ici un extrait.

« La constitution géologique des îles Zapharines offre d'abord un trapp feldspathique bleuâtre, contenant en abondance des cristaux de hornblende et de mica avec de la chalcédoine recouverte de spath calcaire: ce trapp renferme aussi une espèce de zechstein qui se présente sous la forme jaspoïde passant à l'hématite. Cette roche fait la base des trois îles, et elle est en décomposition dans celle que nous avons appelée du nom du célèbre géologue Brongniart. Ce trapp est traversé par des filons amygdaloïdes de couleur fauve, renfermant des fragments de la roche antérieure, et remplis de cavités tapissées de chalcédoine. Toute cette formation est recouverte par un calcaire très-compacte, contenant à l'état fossile les mêmes espèces d'hélices que nous avons retrouvées vivantes ; ces coquilles abondent principalement dans le calcaire de l'île de Buch.

« On ne trouve aux Zapharines aucune espèce de source ; mais en automne et en hiver les pluies sont assez fréquentes. On pourrait, par le moyen de citernes, réunir l'eau nécessaire à l'approvisionnement des navires ; et dès lors cette station deviendrait de quelque importance pour une nation maritime, à cause du commerce que l'on pourrait faire avec la côte voisine, et dont le monopole est actuellement entre les mains des Génois établis à Gibraltar, qui exercent ce trafic par voie de contrebande. Ce commerce consiste principalement en blé, en bestiaux, peaux et laine. Le blé s'achète à raison d'une piastre forte la fanègue d'Espagne (environ dix francs l'hectolitre), tous frais payés. Les moutons sont très-grands, et ne valent qu'une demi-piastre ; quelquefois même on en a trois pour une piastre ; on paye les bœufs six piastres, et les mules dix.

« On trouve de l'eau sur sa côte voisine, vers le cap le plus rapproché des îles (et que, par ce motif, les Espagnols appellent *Cabo del Agua*) ; un bastion établi dans cet endroit serait de plus d'importance que les forteresses espagnoles de Melilla et de Ceuta, tant à cause des relations que l'on entretiendrait avec l'intérieur, que pour faciliter l'approvisionnement des navires.

« Le climat des Zapharines, de même que celui de la côte, quoique chaud, est cependant fort sain. Lors de la fièvre jaune de Gibraltar, plusieurs bâtiments de cette place vinrent ancrer dans ce mouillage, et débarquèrent dans ces îles diverses familles qui fuyaient devant l'épidémie : ces émigrants s'y construisirent des cabanes, et y restèrent autant que dura le fléau.

« Nous trouvâmes deux espèces d'hélices aux îles Zapharines : l'une que nous avons nommée hélice intermédiaire, parce qu'elle tient le milieu entre l'hélice candidissime et l'hélice vermiculée ; l'autre, que nous appelons *hélice resplendissante*, et qui est voisine de l'hélice splendide.

« Les principales plantes qui croissent sur ces îles sont : les asphodèles rameux et fistuleux ; l'asperge horride, la bette marine, la coloquinte, la carotte de Mauritanie, la férule glauque, la frankénie à corymbes, le genévrier oxycèdre (dans l'île Brongniart), la nivéole trichophylle, le liciet d'Europe, la momordique elaterium à racines très-renflées (dans l'île de Buch), l'olivier d'Europe très-rabougri (dans l'île Brongniart), la phelipée jaune, la scille maritime et quelques autres liliacées, la pyrole, et la stapélie d'Espagne, peut-être la même que la stapélie européenne du professeur Gussone, trouvée à Lampedousa. »

PETITES ILES ENTRE LES GJA'FA RYN ET LA GALITE.

Abandonnons les trois îles des Gja'faryn, et poursuivons, au large de la côte, notre route vers l'est, sans nous arrêter à chacun des îlots que nous verrons apparaître à notre droite, le long du rivage, dont il n'y a point lieu de les séparer historiquement : il nous suffira de les reconnaître au passage.

ILOTS DU VOISINAGE D'ORAN. — Nous apercevrons d'abord l'ancienne *Akra* de Scylax, devenue l'*Areschqoul* des Arabes, défigurée par les modernes en *Harschgoun*, *Risgoun*, *Ishgoun*, et dont les Espagnols ont fait *Caràcoles* ou les Escargots, dénomination absolument synonyme de *Insula de Limacis* que lui donnent les cartes de Livio Sanuto, et de *Insula Cochlearum* du Livre des Rivages.

Plus loin est l'île des *Bény-Hhabyb*, appelée aussi *Hhabybah* ou, comme on dit vulgairement, les îles *Habibas*, groupe formé d'une île principale, accompagnée au nord-est d'un îlot beaucoup plus petit, et d'un grand nombre de roches isolées ; peut-être est-ce l'ancienne île *Bartas* de Scylax.

Puis nous relèverons, en avant des

caps el-Andalos (*) et Falcon, deux îles que le Portulan de Jean d'Uzzano appelle *al Cosebbe* et *Falcone;* le second de ces noms est évidemment celui du cap voisin; le premier, sous une forme quelque peu étrange, ne fait que reproduire le mot arabe de *el-Qassab* ou les Roseaux, appliqué également à un petit fleuve qui débouche vis-à-vis; sur les cartes modernes cette île est appelée *Ile Plane*, et cette dénomination, rapprochée de la précédente, nous donne lieu de penser que ce peut être là l'ancienne île *Psamathos* de Scylax; tandis que l'îlot du cap Falcon représenterait l'île *Akion* du même Périple (**).

Ensuite nous verrons apparaître le cap auquel nos cartes donnent le nom espagnol *de la Aguja* (***), c'est-à-dire de l'Aiguille, à cause d'un îlot qui se projette en avant, et qu'on appelle aussi *Aguja* ou l'Aiguille; le Livre des Rivages, qui paraît dater au moins du commencement du treizième siècle (****), nomme le cap *Gristel* et l'îlot *Esbaphira;* puis il indique le *Marthaltheisi* (plus exactement *Mersày-*

(*) Défiguré en *Lindlès* sur les cartes modernes.

(**) Ce Périple, qui procède d'orient en occident, indique, avant les îles Akion et Psamathos, les villes de Thapsa, Kanoukkis, Sida et Iouliou-Akra, qui paraissent correspondre à Tipasa, Gunugi, une station indéterminée, et Gilua, de l'Itinéraire d'Éthicus.

(***) *Abuja*, qui se lit sur quelques cartes, est une prononciation populaire d'*Aguja*.

(****) Nous avons bien des fois cité ce document curieux, encore inédit, dont le titre entier est *Liber de existentiâ riveriarum et formâ maris nostri*, ce qu'il faut traduire : *Le Livre du gisement des rivages et de la configuration de notre mer;* c'est un manuscrit de la première moitié du treizième siècle, conservé au musée Britannique (bibliothèque Cottonienne, *Domitius*, A. XIII, fol. 112); ce morceau sera compris dans une collection des petits géographes latins du moyen âge, que nous nous proposons de publier de concert avec M. Thomas Wright, à qui nous devons la copie de cet intéressant opuscule.

el-teys) ou le port du Bouc, après lequel viennent les montagnes d'Arzéou avec les petits rochers que nous appelons encore *îles d'Arzéou*.

Bientôt nous arriverons en face de *l'île aux Colombes*, ainsi appelée des nombreux oiseaux de cette espèce qui y ont fixé leur séjour; aussi les Espagnols lui donnent-ils en leur langue le nom de *Palomas*, et les Italiens celui de *Colombi*, comme les Arabes celui de *Hhamâm*.

Puis, dans l'est du cap de Ténès, dépassant quelques îlots collés au rivage près des montagnes des Beni-Hegjah, nous nous trouverons par le travers d'une île basse et noire, émergeant à peine de deux mètres (*), connue des caboteurs maures sous le nom de *Gezyret el 'Aschâq* ou l'île des Amants, en mémoire de deux amants malheureux qui vinrent y terminer leur existence. Elle est, suivant la remarque du docteur Shaw, aussi grande que l'île aux Colombes, et appartient aux Beny-Hawah; le Livre des Rivages la nomme *Insula Hukor*, ce qui rappelle le nom de *Waqour* donné par le schéryf Edrysy au port voisin, et que Livio Sanuto ainsi que la carte catalane de la bibliothèque du roi Charles V écrivent *Aochor*. Un peu plus loin, un îlot près du rivage nous désigne l'emplacement de Bereschk, ancienne ville arabe auprès de laquelle le Portulan de Jean d'Uzzano aussi bien que les cartes de Livio Sanuto marquent une petite île.

ILOTS DU VOISINAGE D'ALGER. — Nous passons en vue de Scherschêl où nous apercevons l'île, aujourd'hui liée à la terre ferme par une chaussée, qui sert à faire reconnaître en ce point l'ancienne Iol des Numides, la Césarée des Romains; puis apparaît en avant du *Râs el-'Amoush* des cartes modernes, une petite île escarpée, dont le sommet, élevé de vingt mètres au-dessus des flots, est couronné de fi-

(*) M. Bérard ne l'a trouvée indiquée sur aucune carte; elle figure cependant, mais difficilement reconnaissable peut-être, sur celles du docteur Shaw et de Livio Sanuto.

guiers de Barbarie, et à laquelle Shaw donne le nom de *Bérinschel;* le Livre des Rivages aussi bien que la Géographie d'Édrysy appellent le cap Râs-el-Bathâl, mais n'appliquent à l'île aucune dénomination particulière. Peu d'instants après nous dépassons le *Râs el-Qandther* ou le cap des Ponts, extrémité occidentale du massif d'Alger, et nous apercevons la pointe Pescade avec les îlots ramassés autour d'elle : là était le *Mersày el-Dobbân* ou port aux Mouches des Arabes; et ces mouches, le Livre des Rivages nous donne à croire qu'elles ne sont autres que les îles mêmes qui surgissent en cet endroit (*). En même temps se dessine à l'est la blanche ville d'Alger, ou, comme disent les Arabes, *el-Gezâyr,* c'est-à-dire les Iles; et nous savons en effet que les batteries avancées de la Marine et la tour du Phare sont élevées sur des îlots réunis entre eux et au continent par des travaux exécutés au seizième siècle.

Près du cap Têmedfous pointent quelques rochers noirâtres, dont le plus remarquable, appelé *Sandja,* paraît avoir huit ou neuf mètres d'élévation; plus loin, à l'est, on voit un autre groupe analogue, appelé *Aguelli,* offrant en quelques parties jusqu'à vingt-sept mètres de haut. Ensuite, vers le cap Tedlès un petit îlot boisé, et près du cap Sigli un îlot de couleur rousse diversement haché dans tous les sens et tout à fait aride, se laissent à peine distinguer de la côte qui leur sert d'horizon : le second est nommé *Sciude* dans le Livre des Rivages.

ILOTS DU VOISINAGE DE BOUGIE. — Plus près de Bougie, et mieux apercevable, nous apparaît une petite île rocheuse, longue de cinq cents mètres, dont le sommet, tronqué et incliné vers l'ouest, a environ cinquante mètres de haut, et dont les flancs sont garnis de quelque végétation; le Livre des Rivages la dénomme *Gerbe;* mais soit que les mariniers de Pise se fussent approprié l'abri qu'elle offre aux petits bâtiments, soit par quelque autre motif qui nous échappe, l'ancien nom est remplacé, dans le Portulan de Jean d'Uzzano, par celui de *Isola di Piza,* qui devient *Isola de Pisan* dans le texte de Livio Sanuto, et *Insula Pisana* dans ses cartes; les hydrographes modernes ont adopté *Pisan* comme un nom propre, et l'on voit figurer *Ile Pisan* dans le beau travail de MM. Bérard et de Tessan.

Dans le golfe de Bougie, près de Manssouryah, est une île reconnaissable à un petit mamelon conique arrondi qui occupe sa partie orientale, tandis qu'elle est basse et rocailleuse à son autre extrémité; puis, au cap Cavallo, parmi plusieurs roches basses et arides, une île plus considérable, élevée et conique, où l'on aperçoit quelque peu de végétation; un peu plus loin au nord-est une île plate, et plus loin encore dans la même direction une roche isolée, d'un rouge de feu, accompagnée de quelques pointes de rochers noirs à fleur d'eau. Livio Sanuto réunit les deux premières sous le nom d'Iles de Bougie, et appelle la troisième *Isola de' Cavalli* ou île aux Chevaux, ayant soin de remarquer qu'elle est placée en face d'un lieu nommé *Ballaffia.* Les noms de *Mansouria* et de *Balaffia,* de *Mansoria* et de *Balafia,* de *Mensulia* et de *Gisera Lafie,* se retrouvent dans le Portulan de Jean d'Uzzano, dans la carte catalane de la bibliothèque de Charles V, et dans le Livre des Rivages, remontant ainsi du seizième au quinzième, au quatorzième, et jusqu'au commencement du treizième siècle; mais l'application précise de ces dénominations n'est pas certaine : il n'existe, il est vrai, aucune difficulté quant à celle de *Manssouryah* qui est parfaitement bien déterminée; mais le doute semble inextricable pour l'autre : d'après Sanuto, c'est l'île Plate qui répond à la fois à l'île aux Chevaux et à celle de Balaffia; d'après les documents antérieurs, le nom de Balaffia désigne naturellement l'île la plus remarquable de ce parage; le docte voyageur Tho-

---

(*) « Marth el-Dubben, id est Portus Muscæ, faciens cum insula quæ est juxtà terram. »

mas Shaw parle sans doute aussi de l'île la plus considérable et la plus rapprochée du cap Cavallo, quand il la nomme, d'après les Arabes, *Zeert el Heile*, plus exactement *Gezyret el Khayl*, c'est-à-dire l'île aux Chevaux : cette dénomination est conservée dans le beau travail de MM. Bérard et de Tessan; mais le nom de *Roche Afia* y est transporté, d'après les indications de leurs pilotes, à l'îlot couleur de feu placé à cinq milles de là vers le nord-est. Tout en acceptant, pour l'avenir, cette nomenclature, on ne peut se dissimuler que le nom de *Gesira Lafie*, plus exactement *Gezyret el-'Aâfyeh*, c'est-à-dire île de la Santé, ou *Balafia*, plus exactement *Abou-el-'Aâfyeh*, c'est-à-dire le Père de la santé, était appliqué par les vieux portulans à l'île conique du cap Cavallo, ainsi que le démontre celui de Jean d'Uzzano en indiquant des distances relatives de dix milles vers Manssouryah, et de vingt milles sur Gygel : le schéryf Edrysy semble offrir un moyen facile de conciliation pour toutes ces divergences, en étendant aux trois îles consécutives la dénomination commune de *Gezâyr el-'Aâfyeh*.

ILOTS DU VOISINAGE DE STORA. — Mais pendant que ces réflexions nous occupent, notre vaisseau est déjà loin; sans tenir aucun compte ni des roches qui se projettent en avant de Gygel, ni du *Zert-Nabou*, plutôt *Gezyret-el-Naby* ou île du Prophète, qui signale l'embouchure du Ouêd-el-Kébyr, nous sommes arrivés par le travers du double golfe de Qollo et de Stora, où sont répandus plusieurs îlots, placés en avant de chacun des caps rocheux de cette grande baie, et désignés dans les cartes les plus nouvelles sous les noms de Collo, Tzour Hamed-Djerbi(*), Tharsa, Srigina; mais un seul attire notre attention, et c'est ce dernier, dont la dénomination semble altérée de celle d'*Ile aux Singes*, qu'elle portait sur les cartes antérieures, et qui rappelle naturellement l'île *Eubæa*

(*) Mieux *Gezour Ahhmed el-Gerby*, c'est-à-dire les îles d'Ahmed le Gerbin.

de Scylax, placée en face des villes Pithécousses : nulle part, en effet, sur toute la côte, les pithèques ou singes sans queue ne sont aussi abondants que dans ce canton, et c'est bien là que nous conduit Diodore de Sicile, dans le récit de la campagne d'Eumaque au delà de la seconde Hippone, jusqu'aux Pithécousses.

A la pointe du cap de Fer, nous distinguons un îlot rocheux, haut de trente-sept mètres ; puis, vers le cap Takousch, une autre île rocheuse, peu élevée, d'un jaune roux, qui semble correspondre à l'île *Hydras* de Ptolémée, et à la *Pierre de l'Arabe* des mariniers du moyen âge. Plus loin est l'île de Tabarque, rocher stérile, couronné de fortifications, et possédé aujourd'hui par les beys de Tunis, lesquels s'en emparèrent en 1741, par surprise, sur les Lomellini de Gênes, qui l'avaient reçu en présent, comme salaire, pour avoir contribué efficacement à la mise en liberté du fameux Dragut.

Nous laissons cette île à notre droite, pour arriver à la Galite.

LA GALITE.

Pendant que Tabarque nous reste à environ cinq milles au sud-est, et que nous mettons le cap sur la Galite, alors éloignée de nous d'une trentaine de milles au nord-nord-est, elle nous apparaît comme une terre haute et montagneuse, aux croupes arrondies, accompagnée à l'ouest d'une grosse roche, et à l'est d'une roche plus grosse, plus haute et plus abrupte, mais liée à la masse principale par une langue de terre déprimée. Le vent du ponant nous pousse droit au nord-est, loin de la route directe, et nous n'essayons pas de le couper, car nous savons qu'un courant en sens contraire nous ramènera avec une force d'un mille par heure; bientôt l'île nous reste à l'ouest-nord-ouest, éloignée encore de vingt-cinq milles, et se montre à nous sous un tout autre aspect : le sommet principal est en arrière-plan, la roche abrupte élève son pic devant nous, cachant entièrement l'isthme déprimé qui la lie à la grande terre, et se prolongeant vers la droite en une crête inclinée, qui se relève ensuite tout à coup en cône tronqué à l'extrémité septentrionale de l'île. Puis, à distance égale de celle-ci, sur la droite et sur la gauche, des rochers s'élèvent du sein des eaux; ceux du nord-est sont appelés *Cani* ou les Chiens; ceux du sud-ouest, plus gros, nous offrent côte à côte une grosse roche massive, qu'on appelle le *Galiton* (*), et un pic conique aigu qui a reçu le nom d'Aiguille. Si nous tournons la tête vers le sud, nous verrons, à cinq milles de distance, deux autres roches jumelles, que les anciens n'eussent pas manqué d'appeler Didymes s'ils nous les eussent signalées, et que les modernes ont dénommées, tantôt les *Sore* ou les *Sorelle*, c'est-à-dire les Sœurs, tantôt les *Frati* ou les *Fratelli*, c'est-à-dire les Frères.

Enfin le courant nous amène à la Galite; ou, comme disent les mariniers de ces parages, la Galite exerce sur notre navire la puissance d'attraction dont elle est douée; nous abordons, et gravissant au sommet qui en tient à peu près le centre, nous nous trouvons élevés à quatre cent soixante-seize mètres au-dessus de la mer; ses pentes, plus prolongées au sud-ouest, plus roides dans les autres directions, aboutissent, en falaises ou en plages étroites, à la mer environnante, sauf au nord-est, où le sol, considérablement déprimé, se continue jusqu'à une crête transversale, dirigée à peu près nord et sud, et montrant à ses extrémités, d'une part, le cône tronqué du cap Nord, de l'autre, le pic aux flancs rocheux et décharnés, qui élève sa tête escarpée à trois cent soixante-dix-sept mètres de hauteur. Dans son ensemble, l'île offre donc la forme d'un T, incliné de l'ouest-sud-ouest à l'est-nord-est, présentant, au nord et au sud, deux baies inégales, dont la plus grande et la plus sûre est celle du sud.

On y trouve un assez bon mouillage, bien abrité, où les seuls vents à craindre sont ceux du sud-ouest, sud, et sud-est, extrêmemement rares dans la belle saison, et peu communs en hiver; encore leurs rafales, renvoyées par les terres, viennent à l'encontre des vagues, et les empêchant de briser auprès du rivage, les repoussent à un mille au large. Le fond de la baie est une grande plage de galets, à l'est de laquelle est une aiguade suffisante pour fournir de l'eau douce à un bâtiment en toute saison; elle est située sous un rocher, dans une espèce de grotte basse et peu profonde. A une petite distance, à droite de la grotte, on voit aussi un petit filet d'eau provenant d'un ravin plus élevé; et il existe encore trois autres sources sur la côte nord (*).

La nature du sol, d'après des renseignements dus à M. Bory de Saint-Vincent, qui l'a récemment exploré, est essentiellement volcanique; la montagne principale est d'une roche trachytique remplie de belles laves. C'est un lieu de repos pour les oiseaux de passage : aussi y trouve-t-on beaucoup d'oiseaux de proie qui les y attendent. Il y a quantité de lapins : des chèvres sauvages y vivent en troupes, et y sont de la plus belle espèce, les boucs ayant des crinières à la manière des lions. Ces animaux sont réduits à brouter des graminées rigides, et ont détruit plusieurs familles de plantes, telles que les légumineuses, dont on ne trouve plus une seule espèce. Aussi, malgré la couche de terre végétale qui pourrait être cultivée, l'île n'offre-t-elle qu'un aspect triste et désolé. La pêche y procure du poisson en abondance, comme Silius Italicus en avait fait la remarque (**). Au dire

---

(*) C'est sans doute l'*Insula Palmaria* de l'Itinéraire maritime, à 40 ou 45 stades de *Galata*.

(*) Presque tous ces détails sont puisés dans l'excellent travail hydrographique de MM. Bérard et de Tessan, à qui l'on doit une belle carte de la Galite.

(**) ...... Et litus piscosa Calacte.
Punic. XIV; 251.

de Pline, le scorpion, fléau de l'Afrique, ne pouvait vivre à la Galite; et les mariniers du moyen âge, dont Livio Sanuto se fait l'écho, renchérissant sur le naturaliste romain, prétendaient que, non-seulement tout animal venimeux y mourait, de quelque part qu'il y fût apporté, mais même qu'un peu de poussière de la Galite, répandue quelque part que ce fût, y tuait soudain toutes les vipères et les scorpions.

Il y a eu des établissements sur cette île; on y rencontre des débris d'anciennes constructions, des tas de pierres qui forment encore des enceintes. MM. Bérard et de Tessan ont vu même au sommet du pic un pan de muraille, probablement le reste d'une tour de garde : le ciment, d'une dureté extrême, leur parut composé de petits morceaux de briques; M. Bory de Saint-Vincent et ses compagnons auraient, dit-on, trouvé dans ces ruines quelques médailles puniques. Peut-être le nom même de l'île est-il punique, bien que Bochart, monomane, si nous osons parler ainsi d'un homme d'une telle érudition, monomane d'étymologies puniques, n'ait point indiqué celle-ci; Ptolémée l'écrit *Calathe*, Silius Italicus *Calacte*, Méla et Pline *Galata*, de même qu'Éthicus, soit dans sa Cosmographie quadripartite et dans les abrégés qui en ont été publiés sous les noms d'Honorius et de Jules César, soit dans l'Itinéraire dit d'Antonin; or, en rapprochant ces formes du mot arabe *Qala'h*, forteresse, on est porté à supposer que les premières sont de simples transcriptions grecques et latines d'une racine punique analogue à cette dernière.

Au quatorzième siècle, l'infant Louis d'Espagne, amiral de France, fils d'Alfonse le Déshérité, et arrière-petit-fils de saint Louis, ayant obtenu du pape Clément VI, ainsi que nous le raconterons dans une autre partie de ce volume, la création, par une bulle du 15 novembre 1344, d'une principauté souveraine en sa faveur (faible compensation de la perte du trône de Castille que détenait une branche usurpatrice), la Galite fut comprise avec les Canaries dans ce domaine insulaire que le vaillant guerrier promettait de conquérir à la foi chrétienne; mais il ne paraît pas que le prince des Fortunées ait eu le temps d'aller prendre possession même de cette petite parcelle des États dont il avait reçu du pontife l'investiture solennelle.

La Galite a été souvent le refuge des pirates, des corsaires et des contrebandiers. Pendant les guerres de l'empire, les croiseurs anglais y avaient des vigies; aujourd'hui, c'est le rendez-vous et le dépôt des contrebandiers italiens qui apportent des munitions et des armes aux Arabes; les bateaux corailleurs, qui font presque tous ce métier, y relâchaient souvent avant que nos bâtiments de guerre vinssent les visiter.

PETITES ILES ENTRE LA GALITE ET LES GJOUAMER.

En quittant la Galite pour continuer notre navigation vers l'est, nous rencontrerons sur notre route quelques îles, devant lesquelles nous passerons sans nous arrêter; il nous suffira de les apercevoir du bord.

La première, entourée d'écueils et de roches à fleur d'eau, porte, sur les cartes modernes, le nom de *Cane* ou Chien; le Livre des Rivages, la carte catalane de Charles V, le Portulan de Jean d'Uzzano, lui donnent, sauf de légères variantes de forme, la même dénomination; Livio Sanuto l'appelle *Chelbi*, et il est facile d'y reconnaître le mot arabe *Kelb* qui signifie également Chien. C'est l'île *Drakontias* de Ptolémée, *Drakontos* d'Alexandre Polyhistor suivant que le rapporte Étienne de Byzance.

Plus loin, et plus rapprochée de la côte, est une autre île, inscrite sur les cartes de Smyth et sur celle de Falbe avec le nom de *Pila;* dans le Portulan de Jean d'Uzzano elle est appelée *la Camalera*, et, avec peu de différence, *Gamelera* dans la Géographie de Livio Sanuto, qui la dit bien connue des mariniers.

Puis vient une troisième île qui semble former à l'est un prolongement du cap Farina, le Kalon akroterion ou Beau promontoire des anciens, le Râs sydy 'Aly el-Mekky des Arabes de nos jours. Cette île est vulgairement appelée, d'après sa forme basse et aplatie, *Isola Piana* par les Italiens, *el-Gezyreh el-Ouathyeh* par les Arabes, et *Ile Plane* sur les cartes françaises; mais c'est une appellation moderne: Livio Sanuto la nomme *Restantina* et le Portulan de Jean d'Uzzano *Rastalin*. Dans l'antiquité elle porta le nom de *Korsoura*, ainsi que nous l'apprenons de Strabon, qui la place, ainsi qu'Egimurus dont nous parlerons tout à l'heure, à l'entrée du golfe de Carthage. Peut-être le texte original de Scylax donnait-il une indication semblable; mais il est trop altéré pour que nous voulions l'alléguer à ce sujet comme une autorité.

ILES GJOUAMER.

Nous voici arrivés devant un îlot plus grand, de forme triangulaire, mesurant à peu près deux milles de long sur un mille de base. Il est haut, escarpé, âpre, entouré de précipices, inhabité; mais il peut fournir de l'eau douce aux navires qui y relâchent, et nous nous y arrêtons un instant pour le reconnaître, rappeler les souvenirs antiques que l'histoire y peut rattacher, et recueillir le récit d'un naufrage, que Savary de Brèves nous a conservé dans la relation de ses voyages du Levant.

Cet îlot n'est guère qu'à dix ou onze milles du cap Bon; quelques roches détachées émergent tout contre ses rivages; d'autres restent cachées sous les eaux. A deux milles au sud-est, un autre îlot allongé, offrant à peine un demi-mille dans sa plus grande dimension, et symétriquement accompagné à ses deux bouts de deux roches détachées, est considéré comme un appendice du premier, et motive la forme plurielle fréquemment donnée au nom de celui-ci.

NOMS ANCIENS ET MODERNES DES GJOUAMER. — Nos vieilles cartes les appellent ensemble *les Zimbres*, ou bien, distinctivement, *Zimbre* et *Zimbrot*; les cartes plus modernes ont sans doute prétendu être plus exactes en écrivant *Zembra*; Livio Sanuto dit *Zemola* dans son livre et *Zimbala* sur ses cartes; le Portulan de Jean d'Uzzano nous parle de *Giemol* et de *Giemolino*; la carte catalane de la bibliothèque de Charles V nomme *Zemal*, et le Livre des Rivages *Gimari*. Le schéryf el-Edrysy nous donne la clef de ces dénominations en appelant *Gjámour el-Kébyr* l'îlot principal, *Gjámour el-Ssaghyr* l'îlot secondaire, et en les réunissant tous deux sous l'appellation plurielle d'*el-Gjouâmer*; et ces formes elles-mêmes ont leur étymologie naturelle dans le nom antique, écrit en grec *Aigimouros* ou *Aigimoros* par Strabon, Ptolémée, Étienne de Byzance, et en latin *Ægimurus* par Tite-Live, Pline le Naturaliste, et le compilateur Ethicus.

Mais avant ce nom, qui pour nous ne remonte qu'à Tite-Live, ou du moins à la date des événements par lui rapportés, c'est-à-dire à deux siècles avant notre ère, nous retrouvons dans le Périple de Scylax, antérieur à cette date d'un siècle et demi à peu près (*), une autre dénomination que nous n'hésitons pas à appliquer à Egimurus, malgré la dissidence où nous nous trouvons, sur ce point, avec des érudits dont l'autorité est d'un grand poids.

« En face du promontoire d'Her-
« mès, dit Scylax, se trouvent de pe-
« tites îles (savoir), l'île Pontia et
« Kosyros. » Sans vouloir discuter ici ex-professo la question d'application du nom de *Kosyros*, soit à *Korsoura* ou l'île Plane, soit à *Kossoura* ou la Pantellerie, nous pouvons constater du moins que, d'après la disposition générale du Périple, après nous avoir conduits du golfe de Hhammâmet dans celui de Carthage, à travers l'isthme qui les sépare, l'auteur énumère rétrospectivement les îles que le choix

(*) Nous n'entendons parler que des éléments relatifs à l'Afrique, sans nous occuper de la question d'homogénéité et de simultanéité de la rédaction vulgate.

de cette route lui a fait négliger, et qu'il reprend ensuite son cabotage pour se rendre d'abord à Utique, puis à Bizerte, et de là à l'occident ; ce qui semble exclure une désignation anticipée de l'île Plane sous le nom de Kosyros, indépendamment des autres motifs qui donnent lieu de penser que c'est la Pantellerie dont il a voulu parler. A plus forte raison devons-nous repousser l'opinion qui identifierait l'île *Pontia* de Scylax à une île plus occidentale encore que l'île Plane, telle que la *Drakontias* de Ptolémée ; puisque Scylax parle de deux îles voisines du promontoire d'Hermès, c'est-à-dire du cap Bon, et qu'il nomme d'abord *Pontia* et ensuite *Kosyros*, il est naturel de reconnaître qu'il s'agit des îles situées vis-à-vis de ce cap, sans interposition d'autres îles, et que celle qui est nommée la première doit être à la fois la plus voisine du cap, et la première dans la direction vers laquelle le navigateur grec appelle nos regards : c'est ainsi que, du port de Carthage, avant de reprendre sa route au nord et à l'ouest, il se tourne encore vers la route de l'est, et nous y montre échelonnées Pontia, Kosyros, et les trois îles carthaginoises de Melité, Gaulos et Lampas : n'est-il pas inévitable de reconnaître là Gjâmour, la Pantellerie, et le trio de Malte, le Goze et Lampedouse ?

HISTOIRE ANCIENNE D'ÉGIMURUS. — Ainsi, *Pontia* fut le nom antique de l'île plus tard appelée Ægimurus : d'après une tradition recueillie par Pline, ces îles, ou plutôt ces écueils, qu'il appelle les *Autels d'Égimore*, avaient jadis été habités, et s'étaient affaissés au milieu des eaux. C'est sans doute à ces Autels d'Égimore que fait allusion Virgile, quand il montre Énée, surpris par la tempête au sortir de Drépane, poussé sur des rochers, d'où il devait ensuite gagner Carthage. « Les Italiens », dit ici le poëte, « appellent *Autels* ces rochers « situés au milieu des flots » (*) ; et le

(*) «Saxa vocant Itali, mediis quæ in fluctibus, aras.»
Virgile, Énéide, liv. I, v. 108.

scholiaste Servius, nous venant en aide, nous explique qu'il s'agit ici de ces rochers situés entre l'Afrique, la Sicile et la Sardaigne, appelés *Autels* par les Italiens, de ce que les Carthaginois et les Romains y avaient conclu un traité, et y avaient fixé la limite commune des deux empires. « Quelques-« uns, ajoute-t-il, disent que c'était « une île qui s'affaissa tout à coup, et « à la place de laquelle sont restés ces « rochers, où les prêtres de Carthage « viennent, à ce qu'on assure, accom-« plir leurs cérémonies religieuses ; « d'autres les ont appelés Autels Nep-« tuniens. »

Ce fut auprès d'Égimurus qu'en l'année 245 avant notre ère, le consul Marcus Fabius Buteo, rencontrant la flotte carthaginoise qui prenait la route d'Italie, remporta une victoire navale signalée, dont une tempête vint arracher les fruits aux Romains en les poussant dans la Syrte, où leurs vaisseaux et leurs prises éprouvèrent un déplorable naufrage.

Le vieil historien des guerres puniques, Lucius Cœlius Antipater cité par Tite-Live, racontant le passage de Scipion en Afrique, l'an 204 avant notre ère, rapporte qu'à cela près qu'elle ne fut pas engloutie par la mer, la flotte romaine éprouva toutes les horreurs d'une affreuse tempête, et qu'elle fut poussée de la côte de Carthage à l'île d'Égimurus, d'où elle eut beaucoup de peine à regagner sa destination.

L'année suivante, pendant la trêve accordée aux Carthaginois pour négocier la paix avec Rome, des approvisionnements étaient envoyés de Sardaigne et de Sicile au camp de Scipion : Cnæus Octavius, commandant le convoi de Sicile, fut assailli par une tempête en vue de l'Afrique ; il gagna la côte avec ses trente vaisseaux de guerre, mais ses deux cents navires de charge furent poussés la plupart sur l'île d'Égimurus ; et les Carthaginois, témoins de ce désastre, s'étant ameutés, forcèrent Asdrubal d'aller, avec une flotte de cinquante vaisseaux, saisir à Égimurus ces navires désemparés, et de les remorquer jusqu'à Carthage : acte de piraterie que Scipion ne tarda point à leur faire payer bien cher.

NAUFRAGE DE TROIS GALÈRES DE MALTE SUR LES GJOUAMER. — Il semble que les Gjouâmer n'aient pu trouver place dans la mémoire des hommes qu'à la faveur des désastres dont ils ont été le théâtre. Savary de Brèves, qui voyageait dans le Levant avec une mission diplomatique, au commencement *du dix-septième siècle, nous a conservé le récit d'un fait historique* dont la scène fut aux Gjouâmer, ou, comme il les appelle, aux Zimbres, et c'est encore d'un naufrage qu'il s'agit : trois galères de Malte y avaient fait côte peu de temps avant que l'auteur arrivât à Tunis, où on lui donna les détails de ce sinistre. Ils sont assez sommaires pour pouvoir être reproduits *ici sans inconvénient.*

« Ce fut, dit le narrateur, le septième jour d'avril 1606, par un grand vent de levant et siroch, qui les porta sur les écueils. Les chevaliers voyant leurs vaisseaux brisés sur une côte ennemie, retirèrent leurs munitions et leur artillerie au sommet du grand Zimbre, et se fortifièrent dans les précipices de cet îlot, assez défensible de sa nature. Ensuite les galères de Bizerte, toutes les galiotes, les frégates et les brigantins du pays étant venus pour s'en emparer, ils se défendirent vaillamment et obligèrent les Turks à se retirer avec une perte de plus de trois cents hommes. Quelques jours après arriva un vaisseau de Sicile, qui jeta l'ancre à cinq ou six milles, mit sa barque en mer, et, malgré les ondes et les vents courroucés, enleva en plusieurs fois, à la barbe de la milice de Tunis, tous les chevaliers et soldats qui purent s'y jeter, et fit voile vers Palerme. Alors les mahométans voyant la place affaiblie reprirent courage et l'investirent de nouveau. Comme il n'y était resté que les blessés et ceux qui ne s'étaient pas hâtés de sauter dans la barque, ils trouvèrent peu de résistance, et firent un grand butin tant de prisonniers que d'armes et de munitions de guerre. Ceci ne serait pas arrivé sans le secours que vint porter aux naufragés le navire sicilien dont nous avons parlé ; car, vingt-quatre heures après, l'orage ayant cessé et la mer s'étant apaisée, les galères de Sicile, qui seraient venues à leur aide, eussent pu poser leurs éperons jusque sur l'écueil, et auraient enlevé à loisir chevaliers, soldats, chiourme, canons, munitions, cordages, voiles, palmantes, bref tout l'attirail, et il n'y eût eu de perdu que le corps des vaisseaux. »

LA PANTELLERIE.

Description.

A cinquante milles à l'est-sud-est des Gjouâmer se présente à nous l'île vulgairement appelée *la Pantellerie* : nous en pouvons approcher sans crainte, car la sonde accuse tout autour un brassiage de vingt, trente, cinquante mètres ; cependant, il faut prendre garde à un récif, caché sous neuf mètres d'eau, à un mille et quart vers le large, au sud-ouest de l'île ; il n'est dangereux, au surplus, que par une mer houleuse, et l'on n'a guère de motif de passer bien près du rivage de ce côté-là.

TOPOGRAPHIE GÉNÉRALE. — Du nord-ouest au sud-est, qui est le sens de sa plus grande dimension, l'île offre une longueur de douze milles ; elle a sept milles de largeur moyenne, et environ trente milles de circuit. Sa forme générale se rapproche de l'ellipse, mais les contours en sont extrêmement dentelés. A partir de la pointe Monadone qui en forme l'extrémité septentrionale, on côtoie d'abord des falaises arides et rocheuses jusqu'à la baie qui porte le nom de *Cala delle cinque denti*, ainsi nommée des nombreuses découpures de la rive. Un peu plus loin est la *Punta Serafina*, à laquelle succèdent les deux baies appelées *Cala Tramontana* et *Cala Levante*, extrêmement pittoresques dans leur aspect, et que sépare une pointe à l'extrémité de laquelle surgit (comme on en voit aux îles Éoliennes de fréquents exemples) un rocher isolé qui élève au-dessus des eaux une haute cime, pendant que sa base reste, jus-

7.

qu'à une grande profondeur, détachée de l'île principale. Un îlot semblable est situé à l'extrémité sud-est de la Pantellerie, élevant son cône rocheux en face de la *Punta della Finestra*, ainsi appelée d'une ouverture qu'on y remarque à une hauteur considérable au-dessus des eaux ; et un autre rocher pareil surgit en face de la pointe *Sataria*, à l'extrémité ouest de l'île. Après la pointe della Finestra, on rencontre, au sud, la *Cala Rotonda* ; en général cependant, depuis la *Cala Levante* jusqu'à la pointe *Nica*, la plus avancée au sud-ouest, les côtes orientales et méridionales offrent des pentes escarpées et inaccessibles, percées à leur base de grottes très-fréquentées par les pigeons sauvages, surtout celles du rocher voisin de la pointe della Finestra.

Sur les rivages occidentaux, au contraire, on trouve beaucoup de points d'un facile accès, avec des pentes assez douces et agréablement boisées : c'est là qu'on rencontre d'abord la pointe *Sciarra*, puis la pointe *Sataria* ; et l'on arrive ainsi au nord-ouest de l'île, où s'ouvre le port principal, entre les pointes de *Santa-Croce* et de *San-Leonardo* : c'est un petit havre, de cinq à six cents mètres d'ouverture, avec quatre à cinq mètres d'eau diminuant graduellement jusqu'à deux mètres et moins encore, à mesure qu'on approche du fond de la baie, où la ville est bâtie. Il offre un très-bon mouillage pour les petits bâtiments du pays, sauf le cas où il souffle un fort vent du nord-ouest, qui y produit alors un violent ressac. Les gros navires sont forcés de mouiller à deux milles au large, environ, par une trentaine de mètres d'eau, sur un fond de sable. Dans l'intérieur du port sont disséminées plusieurs têtes de roches perçant la surface de l'eau, qui laissent un passage d'une centaine de mètres de large et d'une dizaine de mètres de profondeur, entre elles et une pointe aiguë projetée en avant de la rive orientale du bassin, et qu'il faut doubler pour arriver au débarcadère.

Cette île est formée par un groupe de montagnes fort élevées, décharnées, d'un aspect sauvage, sillonnées de gorges et de ravins, affectant une forme très-irrégulière, et ne présentant de tous côtés qu'escarpements, coupures, précipices, grottes et excavations de toute espèce. Le point culminant, qui est vers le centre de l'île, mesure une hauteur absolue de six cent soixante-treize mètres au-dessus du niveau de la mer.

NATURE VOLCANIQUE DU SOL. — La nature de ces montagnes est complétement volcanique : le savant commandeur de Dolomieu, qui les parcourut en 1769, nous en a laissé une courte description, en exprimant le regret que le temps et les circonstances ne lui eussent pas permis de les étudier avec plus de détail ; ce qu'il en dit est cependant encore ce que nous avons de moins incomplet ; et le capitaine Smyth, qui les décrit aussi après les avoir visitées en 1815, semble s'être borné à résumer les indications du célèbre géologue, auquel nous ne pouvons mieux faire que d'emprunter à notre tour les éléments d'une esquisse abrégée.

Suivant l'observation de cet excellent guide, les montagnes de la Pantellerie portent de toutes parts les vestiges du feu qui les a produites, et des ouvertures profondes qu'il a faites sur leurs flancs ou sur leurs sommets : elles sont formées de scories noires et de laves solides ; les vallées qui les séparent sont couvertes de laves qui ont coulé de tous côtés et dont l'entassement a formé de très-grands massifs. Elles ont presque toutes pour base le porphyre ou la roche cornéenne, et elles contiennent, dans un fond noir, des cristaux nombreux de feldspath blanc, et quelques schœrls noirs : elles sont en général très-vitreuses, preuve de l'activité des anciens feux, autant que de la fusibilité des matières qu'ils ont traitées. On y trouve, beaucoup plus que dans les autres volcans, des verres parfaits ou pierres obsidiennes en blocs d'un très-gros volume ; mais dans le centre de cette vitrification bien noire, très-dure, et d'une cassure aussi nette que celle du cristal, il y a toujours une infinité de cristaux de schœrl blanc, qui n'ont éprouvé d'autre altération que beaucoup de gerçures. De toutes les matières volcaniques propres à faire de petits vases, des boîtes et d'autres objets d'ornement, celle-ci est la plus agréable; elle prend le poli et le lustre de l'agate la plus fine, et elle a une couleur noire très-foncée qui fait un très-bel effet avec les taches blanches de feldspath.

Le capitaine Smyth ajoute que la pierre ponce est abondante et qu'on en pourrait tirer un parti avantageux comme article de commerce, ainsi que de la pouzzolane, l'une et l'autre étant d'excellente qualité et placées de manière à pouvoir être facilement embarquées.

GROTTES QUI OFFRENT DIVERS PHÉNOMÈNES SINGULIERS. — Il y a dans ces montagnes une grande quantité de grottes et de cavernes qui présentent toutes des phénomènes singuliers. Plusieurs tirent, de la figure prismatique des colonnes de basalte qui en forment les parois, un aspect très-pittoresque analogue à celui d'arceaux gothiques en ruine. Auprès de la pointe Sataria il en est quelques-unes, appelées *Stufe* ou étuves, que les habitants croient fermement posséder des vertus très-efficaces pour la guérison de certaines maladies. « Dans ces singuliers réduits », dit le capitaine Smyth, « je me suis trouvé en pleine transpiration sans éprouver l'abattement qu'on ressent d'ordinaire dans les lieux de cette espèce; et si j'en avais besoin, je préférerais certainement ces étuves à toutes celles que j'ai visitées; mais je pense qu'elles sont trop dépourvues de tous les attraits de la mode pour la généralité des malades anglais, à qui il est si difficile de quitter les habitudes qui ont ébranlé leur santé. » Suivant le rapport qu'en fait Dolomieu, on voit sortir par un trou ou galerie étroite et inclinée, qui est dans le fond de cet antre, une fumée humide qui à son débouché établit un courant d'air assez fort et semblable à celui des étuves de Sciacca en Sicile; ces vapeurs, par le contact de l'atmosphère, se condensent sous la voûte, coulent contre les parois, et forment un petit ruisseau d'eau douce qui s'échappe de cette caverne obscure et qui sert pour la boisson.

A peu de distance de la ville, il y a une autre grotte et quelques fentes dans le corps de la montagne, d'où il sort, au contraire, un courant d'air très-froid, qui cause une sensation très-vive lorsqu'on y présente la main. Les habitants viennent y exposer les vaisseaux qui renferment leur boisson, et celle-ci acquiert une fraîcheur qui devient glaciale quand le liquide reste assez longtemps soumis à cette influence réfrigérante.

Au milieu des montagnes est un endroit appelé *Serallia Favata*, qui offre des traces sensibles d'une inflammation existant encore avec une espèce d'activité. Il sort, par une infinité de petits trous et de fissures, une fumée sulfureuse et épaisse qui blanchit les pierres exposées à son influence, et qui sublime du soufre à l'extrémité des canaux qui lui donnent issue; le sol y est presque brûlant. A peu de distance il y a une grotte au fond de laquelle on entend le bruit d'une chute d'eau considérable, et dont il sort une fumée épaisse qui se condense au contact de l'atmosphère, et qui couvre d'humidité quelques arbrisseaux voisins. Dans une petite anse qui est à un mille de la ville, débouche, par une gorge étroite, un gros ruisseau doué d'une chaleur si considérable, qu'il rend tiède l'eau de la mer à laquelle il se mêle; on en éprouve encore la sensation à dix pas du rivage. Dolomieu pense que ce ruisseau, dont il ne put aller chercher la source, pourrait bien être formé par l'eau dont la chute s'entend dans la grotte de la *Favata*.

LACS FORMÉS DANS DES CRATÈRES DE VOLCANS ÉTEINTS. — En arrière de la *Cala di cinque denti*, à cinq cents pas de la ville, il y a un lac nominé *Bain*, qui occupe la coupe d'un ancien cratère, et qui peut avoir de huit cents pas à un mille de circuit, sur une immense profondeur; les eaux en sont tièdes, et les habitants s'en servent pour laver leur linge; on y voit quelquefois une espèce de bouillonnement produit par un dégagement d'air. Il ne contient aucun poisson; mais, loin de chasser les oiseaux ou de faire tomber morts ceux qui volent au-dessus de sa surface, ainsi qu'on le disait anciennement du lac Averne, il les attire, au contraire, par sa température chaude, et ils s'y rassemblent par milliers pendant l'hiver. Il sort du pied de cette montagne plusieurs sources d'eau chaude, qui sont fournies vraisemblablement par le lac; et un peu plus loin, tout près de la pointe Serafina, est une petite anse où il s'en trouve également plusieurs qui, tenant en dissolution de la soude, ont une qualité savonneuse que l'on met à profit pour le blanchissage.

Suivant une indication recueillie par Dapper, on trouve au *milieu de l'île* un abîme ou gouffre sans fond, appelé *Fossa*. On avait dit pareillement au capitaine Smyth que, sur la montagne la plus haute, qui est au centre de l'île, étaient les restes d'un cratère converti en un lac d'eau douce; mais on ne s'accordait pas sur son étendue, et il ne put l'aller vérifier par lui-même, ainsi qu'il l'eût voulu faire.

ASPECT GÉNÉRAL DE L'ÎLE ET DE SA VÉGÉTATION. — L'aspect général de l'île correspond de tout point à son origine; et quoique ce volcan ne fasse plus d'éruption depuis un très-grand nombre de siècles, il conserve encore toute l'aspérité et la teinte noire et brûlée des volcans les plus modernes. Presque toutes les hauteurs se refusent encore à la végétation; mais le flanc des montagnes et le fond des vallées produisent naturellement différents arbrisseaux, parmi lesquels le lentisque joue le premier rôle. Sur les pentes méridionales de la principale montagne s'étend une belle forêt où dominent le châtaignier et le chêne, dont on pourrait tirer parti pour la construction des vaisseaux, si la difficulté du transport n'y mettait obstacle; plus bas, les oliviers ont une floraison magnifique. Les Pantelleriens ont d'ailleurs assez d'activité, et ils travaillent opiniâtrément cette terre ingrate; ils cultivent peu de blé, et leur récolte d'une année suffit à peine à la consommation de trois mois, ce qui les rend tributaires de la Sicile pour leur approvisionnement; mais ils ont beaucoup de cotonniers, de vignes, d'oliviers et de plantes potagères; leurs fruits sont excellents, et leurs raisins surtout sont des plus beaux et des moins chers de toute la Méditerranée.

Ainsi qu'il est naturel de le penser, les cultures se sont agglomérées autour de la ville, et la Pantellerie, vue de ce côté, présente un charmant aspect, dont un touriste américain, M. Bigelow, faisait, il y a dix ans, une peinture que l'on ne peut se défendre de trouver empreinte de quelque exagération, tant elle diffère du sévère portrait de Dolomieu, confirmé plutôt que contredit par les indications de Smyth.

« Pentellaria, dit M. Bigelow, ressemblait à une aigue marine verdâtre, entourée d'une monture en bleu; le soleil levant semblait se complaire à éclairer cette terre charmante. Combien elle enchanta nos regards lorsque nous nous en fûmes approchés, et que nous glissâmes le long de ses rivages d'émeraude! La verdure, éclairée par les rayons du soleil, avait pris une teinte plus vive, et la végétation étalait toute sa richesse : des vergers en pleine floraison déployaient des nuances variées à l'infini; dans tous les jardins, l'amandier était couvert d'une profusion de fleurs rosées; les orangers et les citronniers exhalaient les odeurs les plus suaves, et toute la nature souriait sous l'influence d'une matinée délicieuse. Les vagues de la mer, réduites à des ondulations douces en approchant du rivage, brisaient sur ses bords en cercles blancs comme la neige et ressemblant à des colliers de perles orientales.

« Ce ne sont pas des beautés imaginaires que je décris; mes expressions ne peuvent suffire à rendre les impressions produites par le tableau qui s'offrait spontanément à mes regards : souvent nous étions à peine éloignés d'une portée de trait de la côte, parce que la profondeur de la mer permet partout d'en approcher ainsi; nous étions du côté où peut-être la perspective est la plus belle et la plus variée, et nous pûmes en jouir à loisir. Nous contemplâmes la ville, qui est bâtie à l'extrémité nord-ouest de l'île, et sa jolie alameda ou promenade. Nous aperçûmes les habitants; les uns occupés, d'autres, en plus grand nombre, marchant d'un air tranquille, ou assis et faisant la conversation à l'ombre des arbres fleuris. Des paysans travaillaient aux vignes et aux oliviers; sur les chemins conduisant de la ville à la Cala Tramontana et à San Gaetano, des muletiers et des hommes ou des femmes allant et venant à pied, animaient la scène générale.

« Quand nous eûmes doublé la pointe septentrionale du port, et quitté la ville, le paysage nous offrit un caractère différent, mais non moins agréable : le monastère de Saint-Théodore dominait sur nous du haut d'un coteau verdoyant et boisé; des maisonnettes, dans des situations pittoresques, se présentaient successivement à nos regards. Plusieurs petites vallées d'un agrément merveilleux attiraient notre attention; de temps en temps nous apercevions un ruisseau limpide se glissant à travers l'herbe fraîche pour aller se mêler avec les eaux qui baignaient ces rivages enchantés. En un mot, l'île se déployait comme un vaste jardin partagé en enclos sans nombre, dont les limites circonscrites marquaient la valeur et la fertilité des plus petits espaces; c'était réellement un tableau ravissant; l'imagination la plus riche n'aurait pu concevoir rien de plus gracieux. »

LA VILLE ET SES HABITANTS. — Cette ville, devant laquelle vient de passer l'enthousiaste voyageur, est très-mal bâtie, au dire de Dolomieu, dont la froide véracité nous commande une confiance plus entière; elle est dominée et défendue par un château (*) assez fort de position, où on envoie de Naples les prisonniers d'État; il y a une garnison d'une centaine de soldats, qui n'ont plus à s'inquiéter des déprédations des Barbaresques depuis que la France, en plantant son drapeau sur Alger, a délivré la Méditerranée de ces forbans. Il est garni de dix à douze vieux canons; deux petites batteries, de deux pièces chacune, sont établies sur les pointes Santa-Croce et San-Leonardo, à l'entrée du port; le magasin à poudre est bâti sur une colline voisine, de peur d'accident. Cette ville est grande, suivant le rapport du capitaine Smyth, mais d'un aspect misérable, et chargée plutôt que décorée d'une énorme église paroissiale, de plusieurs chapelles et d'un couvent de capucins.

La population entière de l'île s'y trouve rassemblée; elle s'élevait à trois ou quatre mille âmes du temps de Dolomieu; Smyth compte environ quatre mille six cents habitants, la plupart indigènes, assez industrieux, mais de mœurs très-relâchées; le reste sont des réfugiés ou des exilés de Sicile. Leurs occupations principales sont la culture et le commerce; ils exportent du vin, de l'huile, du coton, des raisins, un peu d'alun, et une assez grande quantité d'orseille, espèce de lichen recueilli sur leurs rochers, et qui donne, par la fermentation avec l'urine, une belle couleur violette; tout cela est envoyé en Sicile, à laquelle ils fournissent aussi des ânes dont la race est en grande réputation pour la rapidité en même temps que pour la douceur de son allure.

(*) La position absolue de ce château, astronomiquement déterminée par le capitaine Smyth, est de 36° 51′ 15″ de latitude septentrionale, et 11° 54′ 29″ de longitude orientale comptée du méridien de Greenwich, ce qui revient à 9° 34′ 5″ à l'égard du méridien de Paris.

Histoire.

NOM ANCIEN DE L'ÎLE. — Le nom de *Pantellerie*, *Pantellaria* ou *Pantalarea*, que porte aujourd'hui cette île, ne nous laisse point deviner son étymologie; il se trouve dans le Portulan de Jean d'Uzzano, ainsi que dans la carte catalane de la bibliothèque du roi Charles V, qui date de 1375, et peut-être n'est-il pas beaucoup plus ancien; il figure cependant déjà, sous une forme un peu différente (*la Pantanella*) (*), dans les mémoires de Raymond Montaner, en l'année 1313. Il a remplacé, pour les Européens, celui de *Qoussrah*, conservé par les Arabes, et dans lequel se perpétue la dénomination antique de cette petite terre. Les écrivains classiques l'écrivent de manières très-diverses : parmi les Grecs, Scylax orthographie *Kosyros*, Polybe *Kossyros*, Strabon *Kossoura*, Appien et Ptolémée *Kossyra*; parmi les Latins, on trouve *Cosyra* chez Ovide et chez Pline, *Cossyra* dans Silius Italicus, *Cosura* dans Méla et Sénèque, enfin *Cossura* dans Ethicus, Martianus Capella et Paul Diacre, ainsi que dans plusieurs médailles.

Est-il besoin de dire que le savant Bochart trouvait, au nom de *Cossura*, une étymologie punique? Il n'avait garde de l'oublier : il a même deux étymologies toutes prêtes : si ce nom était écrit par les Carthaginois ou les Phéniciens *Qoussrah*, comme il est orthographié par les Arabes, cette appellation faisait allusion à la petitesse de l'île, que Silius Italicus a en effet remarquée ; ou bien on peut penser que sa stérilité, stigmatisée par Ovide et par Sénèque, lui avait valu une dénomination dérivée de *Hhoser*, qui signifie disette. Ce sont des jeux d'esprit qu'il n'est pas donné à tout le monde de se permettre, et auxquels le grand nom de Bochart peut seul imposer quelque gravité.

ORIGINE PHÉNICIENNE DES HABITANTS DE LA PANTELLERIE. — Il est à présumer que Kossyra ou Cossura reçut, comme Malte, et à la même époque, ses premiers habitants de la Phénicie; et si elle ne fut pas directement peuplée par les Phéniciens qui durent la visiter, on a du moins la certitude qu'elle fut occupée par les Carthaginois, car on possède des médailles puniques frappées dans cette île, et qui sont en tout semblables, sauf les caractères de l'inscription, aux médailles romaines de la même localité, portant en lettres latines le mot COSSVRA ; M. de Boze communiqua, en 1731, à l'Académie des inscriptions et belles-lettres, un dessin comparatif des unes et des autres, en faisant remarquer la similitude complète des types, la correspondance nécessaire des caractères puniques de l'un avec les caractères latins de l'autre, et la date relative qui en résultait, l'un appartenant à l'époque carthaginoise, l'autre à l'époque romaine.

On peut tirer, du langage des habitants, un argument encore en faveur de leur origine punique; non en prenant ce langage pour un reste de la langue des Carthaginois, ainsi que longtemps les érudits l'ont pensé du maltais, mais en faisant remarquer ici, comme nous l'avons fait pour la population de Malte, que les habitants de la Pantellerie parlent un jargon arabe, malgré leur qualité de sujets napolitains, malgré leurs rapports presque exclusifs avec la Sicile; et cependant ils n'ont guère subi que trois siècles de domination arabe, entre neuf siècles de domination romaine et sept siècles de domination sicilienne : d'où il faut conclure que leur idiome actuel s'est enté sur un idiome antérieur analogue (tel que le punique), que la domination des Romains n'avait pu leur faire oublier.

HISTOIRE ANCIENNE DE LA PANTELLERIE. — C'est pendant la première guerre punique que nous voyons Cossura apparaître pour la première

---

(*) L'étymologie du mot de *Pantanella* se révèle d'elle-même dans la signification bien déterminée de ce mot, diminutif de *Pantano*, un marécage : serait-ce une allusion au lac du *Bagno* ou à la *Fossa*? Nous n'osons rien affirmer à ce sujet.

fois dans l'histoire : Zonare nous raconte que les consuls Servius Fulvius Pætinus Nobilior et Marcus Æmilius Paullus ayant équipé une flotte de trois cent cinquante galères pour aller rétablir, en Afrique, les affaires des Romains compromises par la défaite de Régulus, furent poussés par une tempête sur l'île de Cossura, l'an 255 avant notre ère; ils profitèrent de l'occasion pour y faire une descente, ravagèrent tout le plat pays et prirent la ville capitale, appelée du même nom que l'île entière : ils allèrent ensuite remporter quelques avantages sur la côte d'Afrique, et revinrent subir un désastreux naufrage sur les rivages de Sicile ; mais leurs prouesses furent jugées des plus glorieuses, et rentrés à Rome à l'expiration de leur charge, ils eurent tous deux les honneurs du triomphe pour leurs victoires navales sur les Cossuriens et les Carthaginois, ainsi que le constatent les fastes capitolins : Fulvius Nobilior triompha le 20 janvier de l'année 254 avant notre ère, et son collègue eut le même avantage le lendemain 21 janvier; des médailles frappées en mémoire de ce triomphe sont parvenues jusqu'à nous. Cependant la possession de Cossura par les Romains fut de courte durée : sur la nouvelle du désastre de leur flotte, les Carthaginois s'empressèrent d'envoyer des vaisseaux et des troupes sous la conduite de Carthalon, qui reprit, en passant, l'île et la ville de Cossura, et gagna ensuite la Sicile.

Pendant la seconde guerre punique, en l'année 217 avant notre ère, le consul Cnæus Servilius, qui commandait la flotte romaine, ayant fait vers le sud une croisière, et rançonné l'île de Cercina, parut devant Cossura, dont il s'empara, et mit garnison dans sa petite ville, ainsi que le raconte Polybe. Et néanmoins le poëte Silius Italicus nomme la petite Cossyre parmi les populations qui en 213 envoyèrent des renforts à l'armée cathaginoise de Sicile. Mais lorsque Carthage fut tombée, Cossura fut désormais romaine.

Au temps des guerres civiles de Marius et de Sylla, en l'année 82 avant notre ère, le consul Cnæus Papirius Carbo, qui tenait encore en Afrique contre la fortune de Sylla et de Pompée, voulant se rapprocher de la Sicile, se rendit, avec plusieurs sénateurs et autres gens de marque qui lui étaient demeurés fidèles, dans l'île de Cossura, d'où il dépêcha Lucius Brutus à Lilybée pour avoir des nouvelles; mais Brutus fut arrêté et se tua ; et Pompée, averti que Carbo était à Cossura, envoya aussitôt des gens sûrs pour s'emparer de lui et des siens, et les ramener en Sicile, où ils furent tous mis à mort.

Nous devons occasionnellement à Sénèque quelques lumières sur l'état de Cossura pendant la domination romaine : déjà Ovide avait d'un mot caractérisé sa nature stérile ; Sénèque est plus explicite : dans son livre de la Consolation, adressé à sa mère Helvia, développant la thèse qu'il n'est point de lieu d'exil où quelqu'un ne vive pour son plaisir, il lui cite pour exemple les lieux les plus déserts, les îles les plus âpres, entre autres, Cosura : « Que peut-on », lui écrit-il, « trouver de plus décharné, de plus « abrupt de toutes parts que ce rocher? « Qu'est-il de plus dénué de tout quant « aux provisions, de plus farouche quant « aux hommes, de plus laid quant à l'as- « pect des lieux, de plus variable quant « au climat? Et cependant il s'y rencon- « tre plus d'étrangers que de natifs. »

HISTOIRE MODERNE DE LA PANTELLERIE. — Ce n'est qu'au neuvième siècle de notre ère que cette île fut conquise par les Arabes; Ebn-Khaldoun, dans son histoire des Aghlabytes (dont M. Noël Des Vergers a tout nouvellement publié une traduction pleine à la fois d'exactitude et de goût), raconte ou plutôt indique, sous l'année 220 de l'hégire, 835 de notre ère, qu'une flotte fut dirigée par Zyâdet-Allah, roi de Qayrouân, contre l'île de Qoussrah, où elle rencontra (et battit) la flotte de l'empereur de Constantinople. Au mois de janvier 1026, suivant un récit d'Ebn-el-Atsyr (rapporté dans une note du volume que nous venons de citer), Qoussrah fut témoin d'une tempête qui assaillit et disloqua une flotte de quatre cents bâtiments, que Mo'ezz ben-Bâdys envoyait au secours des Arabes de Sicile, et dont la plupart périrent dans la tourmente : le même fait est rapporté par le Nowayry, qui nous fait ensuite connaître comment, en l'année 1148, le roi de Sicile Roger envoya une flotte de cent cinquante vaisseaux, sous les ordres de son amiral Georgi, pour s'emparer de *Qoussrah*, et se diriger ensuite contre Mehdyah, sur la côte d'Afrique. L'Édrysy, qui vivait, comme chacun sait, à la cour de Roger, dit que cette île est bien fortifiée, qu'elle a des puits, des champs cultivés et des oliviers; qu'on y trouve beaucoup de chèvres sauvages qui s'enfuient à l'aspect des hommes ; enfin, qu'elle a un port assez bien abrité.

Réunie désormais à la Sicile, la Pantellerie forma pendant longtemps une partie du domaine de la reine; elle passa ensuite à diverses familles privées, jusqu'à ce qu'enfin, en 1492, elle fut inféodée, à titre de principauté, à la maison de Requesens, à qui elle est restée. Le fameux corsaire Dragut y fit, en 1583, une descente, saccagea le château, et emmena un millier d'habitants en esclavage; elle éprouva encore depuis quelques actes de piraterie de la part des vaisseaux barbaresques, jusqu'à ce que la France eût enfin purgé la Méditerranée de ces écumeurs de mer; mais son histoire n'offre plus aucun trait digne d'être mentionné.

LAMPEDOUSE.

Description.

Située à quatre-vingts milles au sud-sud-est de la Pantellerie, Lampédouse s'étend du levant au couchant sur une longueur de six milles, n'ayant guère qu'un mille de large dans sa partie occidentale, et n'atteignant même pas deux milles dans sa plus grande largeur, qui est vers l'orient. C'est un long plateau abrupt, se terminant à la mer en falaises escarpées, sauf au sud-est où il descend par degrés, d'une hauteur de plus de cent mètres, jusqu'à une plage basse découpée en une multitude d'anses ou de baies, dont la principale est appelée le Havre ou le Port.

Le cap du Ponent est une montagne pittoresque, escarpée, verticale, offrant le point le plus élevé de toute l'île; une côte très-accore s'étend de là, en regardant le nord, jusqu'au *capo Grecale*, d'où elle se continue, en tirant au sud, jusqu'à la *Punta Sottile*, ainsi nommée de sa forme aiguë; au milieu de ses replis, cette partie de la côte ouvre à la mer une entrée assez profonde, où les hautes falaises s'écartent pour laisser arriver à une plage sablonneuse, appelée la Cala Piscina. Après la Punta Sottile, en retournant vers l'ouest, on rencontre d'abord la baie française, puis le Port ou Havre, compris entre la pointe du Cheval blanc et celle de la Vigie; ensuite se succèdent les pointes della Croce, della Madonna, dei Greci, della Galera; après quoi l'on arrive à un petit groupe de rochers appelés le Lapin et les Lapereaux, qui sont exactement à moitié chemin entre le Havre et le cap du Ponent : la stratification de ces îlots, aussi bien que leur forme, les rattachent tellement aux blanches montagnes de l'île principale, qu'on a peine à les en distinguer. Depuis là jusqu'au cap du Ponent la côte redevient accore et inabordable : on raconte qu'André Doria, après un engagement avec les Turks, étant venu chercher à Lampédouse un refuge contre la tempête, plusieurs de ses vaisseaux, entraînés de ce côté, eurent beaucoup à souffrir, tandis que ceux qui accostèrent vers l'est s'en trouvèrent mieux : au surplus, l'infatigable marin parvint à réparer ses avaries dans l'île même, de manière à pouvoir reprendre aussitôt la mer.

Le port (*) est au fond d'une baie

(*) Sa position, déterminée par les observations du capitaine Smyth, est à 35° 29' 19" de latitude septentrionale, et 12° 35' 10" de longitude orientale comptée du méridien

où les navires de trois à quatre cents tonneaux peuvent trouver un excellent abri contre tous les vents; celui du sud-sud-ouest y cause néanmoins beaucoup de ressac. Quoiqu'il y ait assez de fond pour une frégate, on n'aurait guère assez de place pour l'y tenir, à moins de l'amarrer à terre. La baie est intérieurement partagée par deux pointes de terre en trois petites anses où le rivage offre une étroite plage sablonneuse.

L'île contient plusieurs sources d'eau douce, mais peu considérables, placées dans de petites baies incommodes, où l'on ne peut même quelquefois s'en approvisionner qu'en creusant profondément.

La partie occidentale de Lampédouse est couverte d'oliviers rabougris et d'une végétation très-variée; on vient couper dans ses forêts beaucoup de bois de chauffage pour la consommation de Malte et de Tripoli. Au milieu de ces fourrés vivent en grand nombre des chèvres sauvages et des lapins, double fléau des cultures essayées dans la partie orientale de l'île, et contre lequel il a fallu se défendre par des murs de clôture; mais il en est un troisième contre lequel les murs sont impuissants : c'est la grue de Numidie, que son port gracieux a fait appeler la Demoiselle, et qui arrive au mois de mai, s'abattant sur les légumes, dont elle fait ses délices, pendant que des sentinelles veillent tour à tour à la sécurité commune de toute la troupe ailée.

Indications historiques.

La population de cette île semble n'avoir eu qu'une existence intermittente, et c'est, en quelque sorte, à ces alternatives que se borne toute son histoire.

INDICATIONS FOURNIES PAR L'ANTIQUITÉ CLASSIQUE.—Les anciens ne nous en ont guère appris que le nom,

sur lequel il reste, au surplus, quelque incertitude. Strabon place, vis-à-vis de Thapsus, l'île pélagienne de *Lopadousa*; Pline indique à environ cinquante milles de Cercina, *Lopadusa*, longue de six milles; Ptolémée se borne à nommer *Lopadousa* parmi les îles de la mer d'Afrique. Jusque-là il y a parfait accord; mais Athénée, dans son *Banquet des savants*, citant beaucoup d'îles qui ont tiré leur dénomination des productions naturelles dont elles abondent, dit qu'il en est de même des *Lapadousai*, et cette leçon paraît fautive à la vérité, mais c'est probablement *Lepadousa* qu'il faut lire, c'est-à-dire, l'île aux lépas ou pétoncles, coquillage univalve qui se mange soit cru, comme l'huître, soit apprêté, comme la moule. Les Italiens ont conservé la trace de cette forme dans leur *Lipadosa*, comme l'a employée l'Arioste. Cependant, l'appellation la plus vulgaire est *Lampedosa*, comme on la trouve écrite dans Livio Sanuto, ainsi que dans le Portulan de Jean d'Uzzano, et même dans la géographie arabe de l'Édrysy, que nous n'invoquons cependant qu'avec la défiance toujours commandée par l'incertitude d'une lecture qui dépend de points diacritiques dont la position différente peut donner tantôt *Lybadousah*, tantôt *Lanbedousah*. Cette appellation vulgaire aura pour elle l'autorité la plus ancienne, si l'on doit, comme nous le croyons, reconnaître l'île qui nous occupe dans celle que Scylax nomma *Lampas*, après Kosyra, Mélité et Gaulos, c'est-à-dire, après la Pantellerie, Malte et le Goze. *Lampas* c'est la Lampe, *Lampadousa* l'île aux Lampes, et le nom moderne du *Lampion* donné à l'îlot qui en est comme une dépendance, semble confirmer cette étymologie, à laquelle peuvent encore se rattacher d'autres indications.

On doit croire en effet que les anciens avaient de bonne heure senti le besoin, au milieu de ces mers orageuses, d'éclairer, pendant la nuit, un point où les navires avaient la faculté de trouver un refuge; et comme les

---

de Greenwich, ce qui revient à 10° 14′ 46″ à l'égard du méridien de Paris. La déclinaison de l'aiguille aimantée y était, en 1815, de 17° 50′ du nord vers l'ouest.

besoins de cette nature se perpétuent, peut-être la lampe toujours allumée de l'anachorète de Lampédouse, dont nous parlerons tout à l'heure, n'est-elle qu'une continuation d'un très-antique usage. Quoi qu'il en soit, au temps de Scylax, il y avait dans cette île deux ou trois tours, et des habitants carthaginois(*). Fut-elle habitée sous les Romains? Nous n'avons à cet égard aucun témoignage. Quant aux Arabes, nous sommes à peu près dans la même ignorance ; seulement, de l'observation du schéryf Édrysy, qu'on n'y trouve aucune espèce de fruits ni d'animaux, il semble résulter implicitement qu'elle était absolument déserte de son temps : car la présence de l'homme entraîne toujours quelque culture et la propagation de quelques animaux.

INDICATIONS FOURNIES PAR L'HISTOIRE MODERNE.—Vers le milieu du quinzième siècle, Alphonse d'Aragon, devenu roi de Naples et de Sicile, donna en fief l'île de Lampédouse à l'un de ses gentilshommes, du nom de Caro, lequel y construisit ou y répara la tour qui domine le port, et qu'on appelait naguère encore la Tour de Roland, mais qui est plus communément désignée, par les écrivains modernes, sous le simple nom de Château; jamais, dit-on cependant, ce château ne put être habité, à raison, ajoute-t-on gravement, des spectres horribles qui le hantaient.

Plus tard, néanmoins, une petite population vint se grouper autour de ce manoir seigneurial. Une légende sicilienne, rappelée par le capitaine William Smyth, rapporte qu'un vaisseau ayant fait naufrage sur les côtes de Lampédouse, il n'échappa de ce désastre que deux dames palermitaines, appelées Rosine et Clélie, qui trouvèrent en ce lieu deux ermites, Sinibald et Guy, empressés de renoncer à leur vie ascétique pour les épouser et donner naissance à une nombreuse postérité qui s'établit en une petite ville au fond du port, où l'on en voit encore les ruines autour de celles du vieux château. Mais les corsaires ne la laissèrent point tranquille, et Barberousse vint enlever tous les habitants pour les emmener en esclavage à Alger. L'île n'eut plus d'autre population que ses anachorètes et quelques hôtes passagers.

En parlant de cette île rocheuse, qui lui parut mériter le nom de *Lapidosa* bien plutôt que celui de *Lampédouse*, Gramaye n'oublie pas de mentionner l'ermitage, avec une image de la Vierge devant laquelle on brûlait souvent des cierges, non-seulement les chrétiens, mais les Maures même; il ajoute que l'île était agréable, fertile, boisée, pourvue d'un port commode, et qu'il y aurait grand avantage pour la chrétienté à la remettre entre les mains d'une milice chevaleresque qui la fortifierait et la défendrait contre les corsaires infidèles ; idée qui devait être plus tard reprise et développée à la cour de Saint-Pétersbourg, ainsi que nous l'exposerons bientôt.

L'île passa en 1667, par voie d'acquisition, avec le titre de prince, à Ferdinand Tommasi de Palerme, grand d'Espagne, dans la famille duquel cette propriété s'est depuis lors perpétuée.

L'ERMITE DE LAMPÉDOUSE. — Le comte de Sandwich, qui vint y relâcher en 1739, à son retour du Levant, y trouva encore pour unique habitant un anachorète. Il vivait solitairement dans une grotte artistement taillée dans le roc, loin du commerce des hommes qu'il semblait fuir, cultivant de ses mains un petit jardin et une vigne qu'il entretenait avec beaucoup de soin et d'attention.

« Auprès de la grotte qui lui sert d'habitation, dit le noble voyageur, est une chapelle de même nature, dans laquelle il célèbre la messe suivant le rit catholique romain; et, vis-à-vis de cette chapelle, on voit une autre grotte dans laquelle est le tombeau d'un santon turk, qui mourut pendant que la flotte du Grand-Seigneur était à l'ancre devant l'île ; et qui fut enterré en cet endroit. L'ermite entretient une lampe

---

(*) Ὑπὸ Καρχηδονίων οἰκουμέναι.

toujours allumée devant ce tombeau, attention à laquelle il doit l'avantage de n'être point inquiété par les Musulmans qui viennent à Lampédouse faire de l'eau pour leurs navires et leurs galères. Nous fûmes ravitaillés par ce bon vieillard autant que ses facultés le lui permettaient : il nous donna un veau et quelques autres provisions, qui bannirent entièrement les craintes que nous avions eues de périr de faim. »

A côté de ces détails nous placerons immédiatement ceux que nous fournit, à soixante-quinze ans de distance, sur l'ermite de Lampédouse, le capitaine Smyth, qui a fait l'hydrographie de cette île, et recueilli les traditions locales qui la concernent.

« A une petite distance de la Cala-Croce, dit-il, dans un ravin assez pittoresque, se trouve la résidence d'un célèbre reclus; sa grotte est divisée en deux parties : l'une formant une chapelle catholique, l'autre une mosquée mahométane. Ce lieu étant à environ vingt minutes du port, le bon vieillard a toujours assez de temps pour reconnaître les vaisseaux qui viennent jeter l'ancre, et, selon le pavillon qu'ils arborent, sa lampe est pour la chapelle ou pour la zawyeh; de là la citation proverbiale de l'*ermite de Lampedousa*. Les Turks, lors même qu'ils ne trouvent dans l'île aucun habitant, soit accidentellement, soit à cause de la mort du solitaire, ne manquent jamais de laisser à leur passage quelque présent, persuadés que sans cela ils ne pourraient accomplir leur retour. Voici comment le père Vincent Coronelli expose leurs idées à cet égard : «Quelques écrivains dignes de foi assurent, dit le célèbre géographe vénitien, que personne ne peut séjourner dans cette île à cause des fantômes, des spectres et des visions horribles dont on est assailli durant la nuit; des apparitions formidables, des rêves effrayants causant de mortelles terreurs, privent de sommeil et de repos quiconque voudrait y passer une seule nuit. Les Turks sont imbus de cette ridicule et superstitieuse idée, qu'une invisible fatalité retiendrait dans l'île celui qui voudrait la quitter sans y laisser quelque chose, ou qui aurait la hardiesse d'y prendre la plus légère bagatelle. Mais la foi pure des chevaliers de Malte est au-dessus de ces vaines puérilités, car ils viennent annuellement avec leurs galères recueillir les offrandes faites à la chapelle et les emporter à Malte, où elles servent à l'entretien de l'hôpital des malades. »

PESTE A LAMPÉDOUSE. — « J'avais remarqué, continue le capitaine Smyth, un tel nombre de cavernes troglodytiques, que j'étais désireux d'en visiter quelques-unes ; pendant que j'explorais la baie orientale du port, j'étais sur le point de pénétrer dans une petite grotte, lorsque je fus arrêté dès l'entrée par l'inscription suivante profondément gravée dans le roc :

QUI RITROVASI CADAVERE
MORTO DI PESTE IN GIUGNO 1784 (*).

Les lettres de la belle-sœur du consul anglais Tully qui résidait à cette époque à Tripoli d'Afrique, nous fournissent quelques lumières pouvant servir d'éclaircissement historique à cette inscription. Parmi ces lettres, qui ont été publiées d'abord sous le titre de Lettres de Tripoli, puis sous celui de Relation d'un séjour de dix années en Afrique, il s'en trouve une, datée du 7 août 1784, qui contient les détails suivants :

« Un malheureux bâtiment français,
« ayant la peste à bord, est en rade ;
« il a erré en mer pendant longtemps,
« et, n'ayant pu obtenir d'entrer à
« Malte, non plus que dans quelques
« autres ports, il est allé à l'île Lam-
« pédouse, entre Malte et Sousah, où
« quelques moines et un petit nombre
« d'autres personnes jouissaient depuis
« bien des années d'une heureuse tran-
« quillité, vivant des produits du sol
« qu'ils cultivaient, et n'ayant pres-
« que aucun rapport avec le reste du
« monde. Ici le capitaine voulut don-

(*) Ici se trouve un cadavre mort de la peste en juin 1784.

« ner de l'air à sa cargaison ; mais « comme l'ouverture des ballots causa « immédiatement la mort de ceux qui « l'exécutèrent, il fut obligé d'y re- « noncer. Dans les sept jours qu'il de- « meura là, moururent le supérieur du « couvent et presque tous les habi- « tants de cette petite île; et deux cor- « saires tripolitains, qui y avaient re- « lâché pour faire de l'eau, ont été « brûlés.

« Ce navire est venu à Tripoli avec « la même cargaison, qui consiste en « balles de coton. Il y a beaucoup de « Turks à bord, qui offrent de se raser « et de gagner la terre à la nage; le « reste de l'équipage rôde incessam- « ment autour du port pour obtenir « la permission de débarquer et brû- « ler ensuite le navire; mais jusqu'à « présent les Maures n'ont pas encore « voulu y consentir. »

Projet d'établissement de la Russie à Lampédouse.

Vers la même époque, la cour de Russie eut un moment l'idée de faire de Lampédouse un point de relâche pour sa marine militaire et marchande dans la Méditerranée. Cette curieuse particularité nous est révélée par un document trouvé parmi les papiers du fameux prince Potemkin, premier ministre de l'impératrice Catherine II : pièce qui a été imprimée par William Eton, dans l'appendice de son *Tableau historique, politique et moderne de l'empire ottoman*, sous ce titre : « Projet du feu prince Potemkin, pour acheter d'un particulier les îles de Lampédouse et de Linose, situées dans la Méditerranée, ainsi que pour obtenir de la cour de Naples la cession de la suzeraineté. »

« J'ignore, dit Eton, s'il a été fait quelque ouverture à la cour de Naples concernant ce projet, qui fut accueilli avec empressement par le prince Potemkin, ainsi que par l'impératrice. Les détails suivants sont extraits des papiers originaux qui étaient entre les mains de ce prince. Il est probable que le projet fut abandonné lorsque le roi de Naples consentit à recevoir la flotte russe dans les ports de la Sicile.

« On avait le dessein d'établir dans ces îles, pour les Russes et les Grecs, un ordre de chevalerie analogue à celui de Malte, avec cette différence qu'on n'exigerait point de preuves d'ancienne noblesse. Je n'ai jamais eu connaissance, ajoute Eton, des statuts réglementaires de cette institution; je sais seulement que l'impératrice en devait être le grand maître, sauf à être représentée dans l'île par le gouverneur en fonctions. »

Nous n'insérerons ici que par extrait ce curieux document. Il est divisé en plusieurs sections, dont la première, consacrée à une description de l'île, nous a paru surtout devoir être abrégée.

« *Description de l'île de Lampédouse.*

« Il est aisé de protéger les côtes de Lampédouse par des forts et des retranchements. Au fond de la baie (qui est au sud de l'île, et qui est très-poissonneuse), se trouve une anse, dont on peut faire un port excellent à peu de frais, la nature ayant pourvu au plus difficile : l'entrée en est au sud-sud-ouest ; il y a quinze brasses d'eau à l'embouchure, dix au milieu, et la profondeur diminue graduellement. On pourrait fermer l'entrée de cette baie, la creuser à une profondeur convenable sans qu'il en coûtât beaucoup, et la prolonger bien avant dans l'île, ce qui formerait un port très-étendu pour les bâtiments de toute grandeur. Le terrain s'élève très peu au-dessus du niveau de la mer, et il est d'une nature qui rendrait l'excavation des plus faciles. Il ne serait pas moins aisé d'y creuser des bassins. Les plus violents coups de vent ne troublent point le calme de cette baie.

« L'entrée de l'anse ou du port a quatre-vingt-dix brasses de largeur, et une longueur d'un demi-mille. La côte à droite est un rocher, et près de là se trouve une église bâtie sur une élévation en pierres. Cette position, étant fortifiée, protégerait la rade, et dominerait au loin du côté de la terre.

« Les navires peuvent ancrer dans

la baie durant tout l'été; et dans l'hiver, lorsque le vent souffle avec trop de violence du sud ou du sud-ouest, ils peuvent se retirer au nord de l'île; là on a la facilité de se tenir aussi près de la côte qu'on le juge convenable. Dès que le port serait prêt à les recevoir, ils y seraient à l'abri de tout danger; ils pourraient aussi faire voile vers Linose, qui n'est qu'à vingt milles environ de distance, vu que cette île est exactement située dans la direction d'où soufflent les vents orageux d'hiver. La côte de Linose est si sûre que les navires peuvent y amarrer. Cependant de gros bâtiments ne sont pas plus exposés à Lampédouse que dans la rade de Livourne.

« Il n'y a dans l'île que dix à quinze habitants : ce sont des Maltais, dont l'un est prêtre. Ils sont sous la protection de la France. Les vaisseaux de Barbarie y relâchent souvent, ainsi que les navires maltais venant de Turquie avec la peste. Les patrons de ces derniers y restent jusqu'à ce que la contagion ait cessé, afin de retourner ensuite en Turquie, et de sauver, par ce moyen, et leurs cargaisons et leurs navires, qui seraient brûlés s'ils abordaient dans quelques ports où l'on fait quarantaine.

« Lampédouse est dans la situation la plus avantageuse, à cent milles de Sousah en Barbarie, de Girgenti en Sicile, et du grand port de Malte; à six cents milles de Toulon, d'Alger et de l'entrée de l'Archipel; à neuf cent cinquante milles de Gibraltar, d'Alexandrie et de Constantinople; et à cent soixante milles de Tripoli, de Tunis et de la pointe méridionale de la Sicile.

« Avantages que trouverait la Russie dans la possession de cette île.

« Sa situation est la meilleure que puisse offrir la Méditerranée: elle l'emporte sur celle de Malte pour la station d'une flotte en temps de paix comme en temps de guerre.

« En temps de guerre, si l'île était exposée à une invasion, ou à être attaquée par une flotte supérieure, les vaisseaux qui y seraient stationnés pourraient se retirer à Malte ou en Sicile, etc. Cependant, une flotte qui serait en défense près de la côte, serait protégée par les batteries de l'île.

« C'est la meilleure des stations pour la protection du commerce. L'île se trouvant à mi-chemin et du Levant et du détroit de Gibraltar, les bâtiments qui viendraient de l'un ou de l'autre côté pourraient y trouver des frégates destinées à protéger leur marche.

« On pourrait aussi établir dans cette île des magasins de munitions navales, qui y seraient apportées de la mer Noire, au lieu d'aller les acheter en Italie, comme on le fait en temps de guerre, à des prix exorbitants.

« L'île est en état de produire les provisions dont elle a besoin pour elle-même : mais provisoirement on peut en tirer de la Sicile ou des côtes de Barbarie, même en temps de guerre, comme le font les Maltais. Elles coûtent deux fois davantage à Livourne.

« Cet établissement tiendrait en échec les États de Barbarie, et les empêcherait de commettre des hostilités contre les Russes. On pourrait tenir ses ports bloqués. Si Malte voulait sérieusement aller en course contre les vaisseaux de ces puissances, de concert avec les Russes, les Algériens ne dépasseraient jamais ces îles; et Tunis, ainsi que Tripoli, seraient continuellement bloqués.

« Enfin, c'est la meilleure position possible pour l'établissement d'un entrepôt : les productions de la Russie, destinées pour la Méditerranée, y arriveraient par la mer Noire, ainsi que les marchandises qui seraient prises en retour.

« Comme il faudrait y établir un lazaret, il deviendrait inutile de faire la quarantaine en Russie.

« Règles à suivre pour le gouvernement.

« Une colonie et une province de l'empire doivent être gouvernées par des maximes opposées.

« 1° La colonie ne doit rien manufacturer de ce qui se manufacture en Russie, pas même les produits bruts de son sol.

« 2° La colonie ne doit produire que les objets que la Russie ne produit point, ou ceux dont elle a besoin, tant pour elle que pour ses vaisseaux.

« 3° La colonie doit prendre de la Russie tout ce dont elle aura besoin, en tant que la Russie peut le lui fournir.

« 4° La colonie ne doit trafiquer avec aucun autre pays. La Russie doit recevoir ses productions pour les consommer, ou les envoyer chez l'étranger, devant elle seule recueillir les avantages de l'exportation et de la navigation.

« 5° Les habitants de la colonie doivent être, autant que possible, tirés de l'étranger, afin de ne pas diminuer la population de la métropole.

« 6° Une colonie doit être éloignée de la métropole à une distance suffisante pour devenir une pépinière de matelots, mais non pas assez considérable pour que le voyage porte atteinte à leur santé. Le climat doit être sain, afin que les avantages que procure la colonie ne soient point contre-balancés par la perte des sujets de la métropole qui seraient dans le cas de s'y rendre. Ce climat doit différer de celui de la métropole.

« *Lois pour la colonie.*

« Il faut avoir égard, dans l'établissement d'un gouvernement, au génie, aux coutumes et aux mœurs des nations circonvoisines.

« 1° Il ne sera point payé de droit quelconque, ni sur l'importation, ni sur l'exportation d'aucune espèce de marchandises. Les droits continueront à être perçus dans les ports de Russie sur le pied actuel, ou avec les réductions qui seront jugées nécessaires.

« 2° Il est défendu d'employer ou d'avoir aucun ustensile ou instrument de fer, de cuivre, et aucune portion de drap, de linge ou de toiles à voiles, qui n'aurait pas été faite en Russie ou importée de ce pays, à l'exception des soies ou autres marchandises qui ne sont pas produites ou manufacturées en Russie, et que les colons pourront tirer des nations voisines, d'après l'énumération qui en sera faite.

« 3° Aucun bâtiment étranger, si ce n'est en temps de guerre, ou en cas de détresse, n'aura la liberté d'entrer dans le port, à moins qu'il n'ait à bord aucune espèce de marchandises; et alors il n'aura de communication avec les colons qu'après avoir été visité. Des bâtiments chargés, qui auront besoin d'être secourus, le seront, mais seront considérés comme faisant quarantaine, aussi longtemps qu'ils resteront en vue de l'île. Après le délai expiré, les passagers, eu égard à l'endroit d'où ils viendront, pourront se rendre à terre avec leurs bagages, mais sans marchandises.

« 4° Les étrangers pourront acheter des marchandises dans l'île, excepté les objets de son produit, et les exporter sur leurs propres bâtiments arrivés à vide.

« 5° Les étrangers ou les Russes pourront importer dans l'île des marchandises de la Russie ou d'ailleurs, mais seulement sur des bâtiments russes.

« 6° Les bâtiments russes seulement pourront exporter en Russie les produits de l'île. La cargaison, déchargée en Russie, devra être conforme à la note qui en sera donnée par le gouvernement de l'île. Elle ne pourra être portée ailleurs, ni aucune portion être vendue pour acquitter les frais de séjour dans les ports où les navires auront relâché en cas de détresse. Mais en ces circonstances, on pourra engager le produit de la vente qui sera faite en Russie.

« 7° Les productions de l'île seront enregistrées avant la récolte, ou leur transport dans les magasins.

« 8° Tout individu, de quelque nation ou religion qu'il soit, peut devenir habitant de l'île, et la quitter quand il le jugera convenable; mais la résidence dans la colonie ne lui donnera pas le droit d'arborer le pavillon russe sur un navire grand ou petit.

« 9° Chaque individu qui possédera

une maison ou des terres cultivées, de la valeur de cinq cents roubles, sera autorisé à avoir le pavillon russe pour un navire de quarante tonneaux ; pour un navire de quatre-vingts tonneaux, s'il possède une maison ou des terres évaluées à mille roubles ; et, pour un ou d'autres navires plus considérables, à mesure de l'augmentation de ses propriétés. Quiconque prêtera son nom à d'autres perdra le privilége attaché à ses possessions, et l'emprunteur aura son bâtiment confisqué. La propriété qui aura donné droit au pavillon ne pourra être vendue qu'après que les passe-ports des navires auront été remis au gouvernement, et que ces navires seront rentrés dans le port de l'île. Les propriétaires de bâtiments ne seront point obligés de les monter eux-mêmes.

« 10° Celui qui enverra sa famille en Russie, ou une autre famille à la place de la sienne, composée d'un individu mâle au-dessous de trente-cinq ans, et d'une femme au-dessous de vingt-cinq, ou d'un homme de quelque âge que ce soit, et d'une femme au-dessous de trente ans, avec un enfant, ou au-dessous de trente-cinq, avec deux enfants, ou d'un homme et d'une femme de quelque âge que ce soit, avec trois enfants, qui se feront naturaliser en Russie et y achèteront un immeuble de cinq cents roubles, aux mêmes conditions que dans l'île, relativement à la vente ; celui qui fera cet envoi aura le pavillon russe pour un navire de toute grandeur au-dessous de deux cents tonneaux, et proportionnellement pour un ou plusieurs vaisseaux plus considérables. Les individus envoyés en Russie ne seront pas responsables de la conduite de celui qui les y aura fait passer : celui-ci ne le sera pas non plus de la conduite des individus envoyés. »

Destinée ultérieure de Lampédouse.

Tel est le projet, très-complet, comme on voit, d'un établissement russe à Lampédouse ; mais le cabinet de Saint-Pétersbourg ne fut pas le seul qui se laissa éprendre de l'envie de posséder cette île ; l'Angleterre eut aussi ses vues à cet égard : et lors des négociations qui amenèrent le traité d'Amiens en 1802, le cabinet de Saint-James, craignant d'être forcé à la restitution de Malte, demandait en ce cas, comme le moindre dédommagement qu'on dût accorder à ses justes prétentions, la cession de Lampédouse pour en faire une station navale.

A la même époque, ou peu de temps après, les spéculations privées venant en aide aux intérêts politiques, un sujet anglais, nommé Fernandez, prit à ferme l'île de Lampédouse, qui lui paraissait offrir une situation des plus avantageuses pour l'établissement d'une pêcherie, pour la production du bétail et des vivres frais destinés à l'approvisionnement de Malte, et pour des relations commerciales avec la Barbarie ; et il avait élevé un long mur d'enceinte afin de séparer ses cultures du reste de l'île, et de les défendre contre les chèvres sauvages des montagnes du Ponent. Mais les changements apportés à la direction des affaires publiques par suite de la paix générale de 1815, des procès, et quelques autres motifs encore, inutiles à rappeler, ruinèrent cette spéculation. Quand le capitaine Smyth alla vers ce temps-là explorer l'île, il trouva la famille Fernandez au milieu d'une solitude presque abandonnée, dans une maison voisine de la grande grotte, sans défense contre les pirates, ni même contre la libre pratique des bâtiments infectés de la peste, d'après un usage consacré. Douze à quatorze paysans maltais étaient disséminés dans les environs, ayant pour demeure diverses grottes, au voisinage des terres cultivées.

Aujourd'hui que la France a accompli la noble tâche de purger la Méditerranée des pirates qui l'infestaient, les possesseurs de Lampédouse en peuvent tirer un meilleur parti ; mais elle est si peu visitée, que nous n'avons point de nouvelles des améliorations qui peuvent s'y être développées sous cette heureuse influence.

Légendes poétiques.

Et maintenant que nous avons épuisé les maigres données que nous fournissaient une sèche topographie, une froide et aride histoire, laissons-nous entraîner à une rapide excursion dans le champ de la poésie et des fables, pour constater le rôle que dans ses riches fictions Arioste a fait jouer à cette île-là même que nous venons de décrire. Allons chercher d'abord, dans ses octaves cadencées, pour les traduire en un style plus grave, les éléments du récit où figure cette Lipadouse illustrée par de tels chants : voici en peu de mots l'analyse de sa narration.

COMBAT DE ROLAND, BRANDIMART ET OLIVIER, CONTRE GRADASSE, AGRAMANT ET SOBRINO, DANS L'ARIOSTE. — Pendant que le preux Roland s'empare de Bizerte, naguère le boulevard de toute l'Afrique, le roi de Barbarie Agramant, battu sur les côtes de Provence par la flotte chrétienne, s'enfuit avec le vieux Sobrino, et voit sa capitale livrée aux flammes par le redoutable paladin ; il tourne la proue vers l'Orient pour aller demander des secours d'hommes et d'argent à son voisin le sultan d'Égypte ; mais il s'élève une tempête que le patron du navire conseille d'éviter en abordant à une île voisine, à gauche de leur route : Agramant y consent, et l'on échappe au péril en gagnant cette plage qui, pour le salut des navigateurs, est placée entre l'Afrique et la haute fournaise de l'Etna. Cet îlot était sans habitants, rempli d'humbles myrtes et de genévriers, solitude charmante et écartée, qui n'était guère connue que des cerfs, des daims, des chevreuils, des lièvres, et encore de quelques pêcheurs habitués à venir suspendre aux buissons d'épines leurs filets humides pour les sécher, laissant alors les poissons reposer tranquilles sous les eaux. Le roi d'Afrique y retrouve le roi de Sericane, le vaillant Gradasse, dont le vaisseau avait été emporté par un coup de vent depuis Arles jusqu'à cette île déserte : Gradasse console Agramant de la perte de ses États, le détourne d'aller réclamer les secours de l'Égypte, et lui propose d'appeler en combat singulier le fier Roland, dont la mort rendra facile la délivrance de l'Afrique et la reprise de Bizerte. En définitive, les trois rois musulmans Gradasse, Agramant et Sobrino envoient à Bizerte un messager porter un cartel de défi au comte Roland, lui donnant rendez-vous, avec deux autres chevaliers bien armés, à Lipadusa, petite île qu'entoure et baigne la même mer. Roland accepte avec joie, et choisit pour ses seconds Brandimart et Olivier.

Dans l'intervalle, le musulman Roger, déjà chrétien au fond du cœur, et qui devait être la tige de l'illustre maison d'Est, après avoir délivré à Marseille le roi de Nasamona et six autres rois maures faits prisonniers, s'étant embarqué avec eux pour l'Afrique, avait été assailli par la tempête, et entraîné vers un écueil où le vaisseau risquait d'être brisé ; pour échapper à un tel péril, on se jette dans une chaloupe, mais elle est bientôt submergée : Roger surnage seul, et luttant contre les flots, atteint l'écueil solitaire et gagne une plage de sable du côté où la montagne s'abaisse vers la mer en pentes plus douces. Sauvé des eaux sur ce mont inculte et sauvage, il est assailli d'une nouvelle crainte, celle de se trouver exilé sur ce coin de terre, et d'y périr de besoin ; cependant il gravit courageusement les rochers escarpés, et rencontre bientôt un ermite retiré depuis près de quarante ans sur cet écueil, où il habitait une cellule creusée dans le roc : sur cette grotte s'élevait une chapelle très-bien ornée, exposée à l'orient, et suivie d'un bosquet de lauriers, de genévriers, de myrtes, et de palmiers chargés de fruits, qui descendait jusqu'à la mer et qu'arrosait sans cesse une source limpide tombant de la montagne en murmurant : dès le lendemain Roger, accomplissant le vœu qu'il avait formé, reçoit le baptême des mains de l'ermite, et reste près de lui en attendant une occasion prochaine de sortir de cette île.

Cependant Roland et ses deux compagnons, partis de Bizerte, naviguent directement vers Lipadusa, où leur était assigné le rendez-vous : ils arrivent, et le combat a lieu entre les trois paladins chrétiens et les trois monarques musulmans ; Brandimart est tué par Gradasse, Agramant et Gradasse sont tués par Roland ; Olivier et Sobrino sont blessés. « En cet
« endroit de mon histoire, dit Arioste,
« Frédéric Fulgoso exprime quelque
« doute qu'elle soit vraie, parce
« qu'ayant avec la flotte parcouru la
« côte de Barbarie dans tous les sens,
« il vint ici, et trouva l'île tellement
« sauvage, montagneuse et inégale,
« qu'il n'y a point, à son dire, en
« toute cette raboteuse terre, un seul
« point où le pied puisse poser à plat :
« et il ne tient pas pour vraisemblable
« que sur l'alpestre écueil six chevaliers la fleur du monde pussent livrer
« ce combat équestre. Mais voici comment je réponds à cette objection :
« C'est que l'écueil, en ce temps-là,
« offrait à son extrémité une plaine
« telle qu'il la fallait pour la circonstance ; mais que depuis, un rocher,
« détaché par un tremblement de
« terre, est tombé dessus et l'a entièrement couverte. Si donc il vous est
« arrivé, ô Fulgoso, de me reprendre
« en ceci devant l'invincible duc de
« Ferrare, je vous prie de ne pas tarder à lui dire que même en cela je
« ne suis peut-être point un menteur. »

Sur ces entrefaites, Renaud de Montauban, ayant pris congé de Charlemagne pour aller à la recherche de son cheval de bataille que lui avait traîtreusement enlevé Gradasse, apprend à Bâle, où la nouvelle en était rapidement arrivée de Sicile, qu'un combat allait se livrer entre le comte Roland et les rois Gradasse et Agramant. Il hâte sa marche, et s'embarque à Ostie pour Trapani : là il change de navire, et se presse d'arriver à la petite île de Lipadusa, celle qui avait été choisie par les combattants, et où ils s'étaient déjà réunis : Renaud presse les matelots, on fait force de voiles et de rames ; mais les vents contraires le font arriver un peu tard, lorsque le combat était terminé.

Les restes de Gradasse et d'Agramant furent envoyés à Bizerte, ceux de Brandimart sont emportés en Sicile par les trois chevaliers chrétiens, qui, partis le soir par un vent frais, arrivent le lendemain à Agrigente, et rendent les honneurs funèbres à leur compagnon : puis ils s'enquièrent d'un médecin pour soigner la blessure d'Olivier ; et leur nocher leur apprend que non loin de là, sur un écueil solitaire, est un ermite auquel on ne s'adresse jamais en vain ; ils se dirigent sur ce point, et le lendemain ils arrivent en vue de l'écueil escarpé, où ils sont reçus par l'ermite même qui avait baptisé Roger, et auprès duquel celui-ci était depuis lors resté ; Olivier est miraculeusement guéri par lui, ainsi que le roi Sobrino, qu'il baptise aussi. Tous ces paladins se rembarquent ensemble, quittent l'écueil, et viennent à Marseille, d'où ils se rendent à la cour de Charlemagne.

La géographie du poëte est-elle aussi fantastique que les récits dont elle lui fournit le théâtre ? Il serait peut-être trop rigoureux de le penser : nous avons l'exemple, il est vrai, de la manière facile dont il se débarrasse des objections qu'on pourrait lui faire sur l'existence d'une plaine qui ne se voit plus dans la montueuse Lipadouse ; mais cette réponse enjouée qu'il fait d'avance à une contradiction possible, montre qu'il s'était enquis de l'état des lieux, peut-être en consultant ce même Frédéric Fulgoso, dont la pourpre romaine récompensa les exploits guerriers plutôt que les mérites ecclésiastiques : Arioste a voulu faire une peinture fidèle, sauf à créer, pour le combat de ses héros, une plaine qu'il a soin d'abîmer ensuite sous les rochers véritables qui en tiennent aujourd'hui la place.

Lors donc qu'il nous parle d'autres îles de ces parages, nous devons supposer qu'il fait allusion à des îles réelles plutôt qu'à de simples fantaisies de sa fertile et vagabonde imagination. Si

8.

l'on a suivi avec quelque attention le fil de son récit dans le résumé que nous venons de faire des incidents épars en plusieurs chants successifs de sa merveilleuse épopée, on a dû reconnaître la mention distincte de trois îles : d'abord celle où les vaisseaux de Gradasse et d'Agramant ont cherché un refuge contre la tempête, puis celle que ces rois fantastiques choisissent pour leur champ de bataille avec les paladins chrétiens conquérants de Bizerte ; enfin celle où la tempête jette Roger, et où les chevaliers restés vainqueurs dans cette lutte viennent demander à l'ermite la guérison de leurs blessés. De ces trois îles, une seule est nommée, c'est Lipadouse ; la première est peut-être Linose, qui réunit les trois conditions d'être déserte, de se trouver sur la route de Bizerte vers l'Égypte, et d'être voisine de Lipadouse, où Gradasse assigne le rendez-vous à Roland ; quant à la troisième, elle est, tout comme Lipadouse, à une journée de Girgenti ; ce n'est point Lipadouse même, mais le poëte y a placé son ermite dans des conditions analogues à celles de l'ermite historique de Lipadouse : peut-être est-ce le Lampion qu'il a eu en vue (*) ; et le petit groupe de ces trois îles pélagiennes aurait ainsi fourni le lieu des scènes successives de ce triple épisode.

LA TEMPÊTE DE SHAKSPEARE. — Un siècle après l'Arioste, un autre grand poëte choisissait aussi pour théâtre de l'un de ses drames une île située, comme celles du chantre ferrarais, dans une mer fréquemment battue par les orages : nous voulons parler de Shakspeare, et de sa féerie de la Tempête, qui a fait récemment le sujet d'une controverse littéraire dont les journaux et les revues anglaises ont retenti, et dans laquelle a figuré le nom de Lampédouse.

(*) Nous ne devons pas dissimuler que Favignana, vis-à-vis de Trapani, avait chez les Arabes un nom (*Gezyret el-Râheb* ou île du Moine) qui, joint à sa distance de Girgenti, pourrait remplir les conditions du poëme, si son voisinage presque immédiat de la côte n'excluait toute idée de solitude.

L'exposition du sujet nous fournit les indications que voici : Prosper, duc de Milan, plongé dans l'étude, avait laissé la direction des affaires à son frère Antonio, que l'ambition poussa à consommer une usurpation, avec l'appui du roi de Naples, à qui il fit hommage : Prosper fut embarqué avec sa fille Mirande, et abandonné à quelques lieues en mer, dans une vieille carcasse de navire, sans agrès ni cordages, sans voile ni mât, que les rats même avaient instinctivement désertée, et fut ainsi livré à la fureur des flots et des vents, sans autres ressources que des provisions de vivres et d'eau, des vêtements, et quelques-uns de ces livres qui lui avaient fait oublier et perdre son duché. Il fut entraîné dans une île déserte, et une grotte devint sa demeure.

L'île avait précédemment appartenu à une vieille sorcière, bannie d'Alger pour ses méfaits et ses affreux sortiléges, ayant à ses ordres un esprit de l'air, Ariel, qu'elle emprisonna dans le creux d'un pin, pour le punir de n'avoir point voulu exécuter ses odieuses volontés. Prosper délivra le sylphe de sa prison, et trouva en lui un serviteur dévoué, toujours prêt à remplir les missions aériennes qu'il lui plaisait de lui confier. Après douze ans d'une vie consacrée à l'éducation de sa fille, Prosper trouve enfin une occasion de se venger de ses ennemis : le roi de Naples est allé marier sa fille Claribel avec le roi de Tunis, et il va reprendre la mer pour retourner dans ses États ; le même vaisseau porte ce monarque et sa cour, où figure, parmi ses vassaux, le duc usurpateur de Milan. À minuit, Prosper évoque Ariel, et lui commande d'aller chercher aux orageuses Bermudes le brouillard, élément des tempêtes, qu'il déchaînera contre le vaisseau royal, pour le faire naufrager près de son île. Et c'est au matin que le poëte ouvre la scène par les derniers efforts de la tempête et le naufrage du vaisseau napolitain ; et quand Prosper demande compte à Ariel de l'exécution de ses ordres, le génie aérien lui fait le récit de leur exact accomplissement : il a tellement tourmenté le navire et effrayé les passagers, qu'ils se sont tous jetés à la mer pour gagner la plage, sauf les marins, qui sont restés à bord ; « maintenant, dit-il, « le vaisseau du roi est en sûreté dans « le havre ; il est dans cette baie pro« fonde, où tantôt tu m'as appelé, à « minuit, pour aller chercher les brouil« lards des tempêtueuses Bermudes ; « quant au reste de la flotte, elle s'est « ralliée, et elle vogue sur la Méditer« ranée, regagnant tristement Naples. » La pièce tout entière est remplie de prestiges qui amènent le repentir des coupables et la restauration de Prosper.

Les commentateurs inattentifs avaient établi l'opinion commune que le lieu de la scène, cette île déserte devenue l'asile de Prosper, n'était autre que l'une des Bermudes ; évidemment une telle explication ne peut supporter le moindre examen : il tombe sous le sens que cette île, où la sorcière Sycorax, bannie d'Alger, avait été déportée ; où les vents avaient poussé le vieux ponton sur lequel étaient abandonnés Prosper et Mirande ; où enfin la tempête, venue des Bermudes, amène le vaisseau du roi de Naples qu'elle a saisi à son départ de Tunis, il tombe sous le sens que c'est une île de la Méditerranée, probablement à l'est de Tunis. Pour remplir les conditions du drame de Shakspeare, il faut que cette île soit déserte, qu'elle ait une grotte, une baie profonde, qu'elle soit hantée par les esprits, et que tout cela soit vulgarisé par des bruits populaires : or, toutes ces conditions se réunissent pour désigner Lampédouse, où la grotte du proverbial ermite est peu éloignée de la baie qui s'enfonce dans les terres entre la pointe de Garde et celle du Cavallo Bianco, et qu'on appelle le Havre ; où enfin les fantômes et les spectres veillaient naguère, et veillent peut-être encore, à la sûreté des offrandes déposées dans la chapelle par les mariniers de toutes les nations et de tous les cultes. Il est donc tout naturel de penser que Shakspeare, peut-être après une lecture des fictions de l'Arioste dans la traduction anglaise de Harrington, aura imaginé sa Tempête, et lui aura donné pour théâtre l'île que le poëte de Ferrare avait signalée, et que les récits du temps montraient comme peuplée d'esprits follets. Cette idée est venue à un libraire de Londres (*), en lisant lui-même le Roland furieux dans les vers de Harrington ; et un révérend ecclésiastique, M. Hunter, s'est hâté de publier une dissertation sur ce qu'il donne pompeusement comme une *découverte* qui lui appartient : les bons esprits se rencontrent, dit un vieil adage, et c'est sans doute ce qui est arrivé à MM. Rodd et Hunter ; et cela doit si naturellement arriver à tous ceux qui liront l'exposition de Shakspeare avec un peu d'attention, que si une chose nous surprend dans la polémique soulevée à ce sujet par la presse littéraire anglaise, c'est de trouver des critiques assez difficiles pour rejeter la désignation de Lampédouse.

LE LAMPION.

A l'ouest-nord-ouest du cap de Ponent de l'île de Lampédouse, à sept ou huit milles de distance, surgit du sein des eaux une montagne tabulaire, haute d'environ quarante-cinq mètres, coupée à pic sur presque toutes ses faces, sauf à l'est où elle s'abaisse par étages jusqu'à une pointe basse qui se prolonge en écueil l'espace de deux cents mètres. L'île elle-même n'a guère, dans sa plus grande dimension, que sept cents mètres du nord au sud, sur cent quatre-vingts mètres de largeur. On l'appelle *le Lampion* (**). La mer offre partout, autour de ce rocher et de son appendice oriental, une profondeur d'au moins cinquante mètres. Quand on l'aperçoit du nord-ouest, ses falaises escarpées offrent l'aspect d'une muraille absolument verticale.

(*) M. Rodd.
(**) Sa position absolue, observée par le capitaine Smyth, est par 35° 32′ 47″ de latitude septentrionale, et 12° 19′ 50″ de longitude à l'est du méridien de Greenwich, ce qui équivaut à 9° 59′ 26″ de longitude orientale à l'égard du méridien de Paris.

Et cependant le plateau est couronné de quelques restes de constructions d'une date évidemment ancienne, occupant un espace de près de vingt mètres en carré, dont une partie conserve un toit, soutenu par une arcade bien bâtie, qui subsiste encore ; les parois, ainsi que le sol, sont couverts d'un excellent ciment agréablement coloré ; en d'autres endroits sont quelques fragments d'un pavé de mosaïque formé de cubes irréguliers d'un marbre grossier.

Nulle tradition ne nous apprend ce que furent ces ruines. A peine savons-nous quels noms a portés jadis ce rocher : Livio Sanuto l'appelle *Schola*, et l'on voit de même figurer le nom de *Scola* sur la carte catalane de la bibliothèque du roi Charles V ; mais lorsque le capitaine Smyth énonce que cette île est connue des anciens géographes sous ce nom de *Scola*, entre les îles *Pélagiennes*, il faut bien se garder de croire qu'il puisse être là question de l'antiquité classique. Il est assez curieux de remarquer toutefois en passant que les dénominations de *Skollis* et de *Lampeia* se trouvent rapprochées dans Strabon comme applicables à une même chaîne de montagnes dans le Péloponèse, de même que celles de *Scola* et de *Lampion* appartiennent toutes deux à l'île qui nous occupe ; d'où il semble permis de conclure qu'il existe entre ces deux appellations une synonymie d'acception aussi bien que d'application géographique.

Sanuto suppose que sa petite île de Schola fut appelée par les anciens *Misinua* et *Demonèsos* ; par le premier de ces noms il veut incontestablement rappeler l'île Misynos ou Misyos de Ptolémée, qu'il faut chercher bien loin d'ici, dans la grande Syrte ; et quant à Demonèsos, c'est une île d'Asie, qu'une mauvaise leçon du livre aristotélique des Ouï-dires merveilleux transportait auprès de Carthage, tandis qu'il s'agissait en réalité de Chalcédoine (*).

Nous ne croyons pas qu'une autre synonymie ait été proposée parmi les noms que nous offre la géographie classique ancienne ; et cependant il en est une qui nous paraît fournie très-naturellement par les tables de Ptolémée, dont malheureusement il n'a été fait, sur ce point, qu'une application fautive. Nous voulons parler de son île *Aithousa* ou resplendissante, dont la dénomination cadre si bien avec celle de *Lampion* qui la remplace aujourd'hui : tandis que les critiques ont jusqu'à présent attribué ce nom d'Aithousa à la moderne Linose, sans prendre garde que celle-ci avait, dans la même liste, une synonymie mieux établie avec l'île Anemousa, ainsi que nous le montrerons tout à l'heure en traitant de Linose.

Pline, qui nomme également Aethusa auprès de Lopadusa, dit qu'elle était quelquefois appelée Aegusa (*), et elle se retrouve sous cette forme dans Étienne de Byzance avec une annotation particulière : « *Aigousa* », dit le compilateur grec, « est une île « de Libye, appelée par les Libyens « *Katria*. » Voilà encore une synonymie onomastique pour notre îlot ; et Abraham Berkel, le savant commentateur du Byzantin, tire argument d'une étymologie punique proposée par Bochart pour faire préférer la dénomination d'Aithousa à celle d'Aigousa : cette étymologie est fournie par la racine *qathar*, dont le sens est analogue à celui du verbe grec *aithô* ; mais Bochart lui-même nous offre les éléments d'une étymologie plus prochaine et plus simple, ce nous semble, dans *qatary*, pierres, en sorte que *Qataryah* signifierait la Rocheuse.

Quoi qu'il en soit, l'Édrysy nous a conservé le nom que les Arabes donnaient, au douzième siècle, à cet écueil, et ce nom a quelque rapport de forme avec celui que nous révèle Étienne de Byzance, et pourrait y être aisément ramené si l'on supposait quelque incertitude dans la lecture des manuscrits : « A cinq milles au nord-ouest

---

(*) Περὶ Χαλκηδόνα, et non περὶ Καρχηδόνα.

(*) Ce qui signifierait l'île aux Chèvres.

« de Lanbadousah, dit le noble géo-
« graphe, est une jolie île qu'on nomme
« *Gezyret el-Ketâb*, et qui est très-
« agréable. » Rien ne serait plus facile que de lire *el-Ketâr* au lieu d'*el-
Ketâb*, et de retrouver ainsi une
appellation ancienne, au lieu d'un
synonyme nouveau signifiant l'*île du
Livre*, dont nous ignorons l'origine et
la légitimité. Mais les discussions éty-
mologiques et philologiques sont si
arbitraires, et tombées dans un tel
discrédit, que nous nous garderons de
rien proposer à cet égard : nous avons
constaté le nombre et la diversité des
dénominations qui se sont succédé,
fait entrevoir la possibilité de les concilier, mais rien au delà : c'est à de
plus hardis que nous laissons le soin
de prononcer.

LINOSE.

A vingt-cinq milles au nord-est de
Lampédouse, et à trente milles du
Lampion, se montre la déserte Linose,
qui de loin offre l'aspect de deux îlots
accolés, mais qu'en approchant on
reconnaît ne former qu'une seule masse
arrondie, du sol de laquelle surgissent
plusieurs cônes ; le plus élevé, qui est
dans la partie du sud-est, mesure une
hauteur d'environ cent soixante mètres.

Cette île a environ dix milles de
tour, offrant successivement sur sa
périphérie une série de pointes, dont
la plus saillante est la *punta del Stre-
pito*, au sud-est ; les autres portent
respectivement, en contournant la côte
de l'est à l'ouest par le nord, les dénominations de *Mora*, *Vergogna*,
Lava, *Pecora*, *Ricovero*, et *Scia-
razza*. L'île paraît de formation entièrement volcanique : un grand cratère éteint et trois autres cratères plus
petits, mais également remarquables, y
sont disséminés. Les feux en doivent
avoir été très-intenses, car les pierres
ponces, ainsi que les vitrifications les
plus parfaites et les plus dures, se
rencontrent au milieu des laves. Les
reliefs généraux du terrain, ayant leur
nœud principal au sud-est, se rami-
fient en trois rangées de coteaux qui
se dirigent, en s'épanouissant, vers le
nord-ouest, laissant entre eux d'agréables vallées, couvertes d'une végétation spontanée dont la vigueur et la
riche variété témoignent de la fécondité du sol.

A l'extrémité occidentale est une
petite anse, au pied d'une montagne
de pouzzolane dont les flancs semblent
relevés à pic autour de cette baie, qui
s'est formée par l'affaissement d'une
partie de cratère, et peut offrir aux
navires un débarcadère commode sur
une plage de sable fin (*). La mer présente d'ailleurs, autour de l'île, des
eaux profondes, où le moindre brassiage accuse tout d'abord une vingtaine de mètres contre la côte, puis
une centaine à une médiocre distance,
et bientôt trois cents mètres à moins
d'un demi-mille du rivage, ce qui
prouve suffisamment la position isolée
du cône volcanique dont cette île est
formée.

Le capitaine Smyth, dans une première visite à Linose, ne put découvrir le moindre indice de l'existence
de quelque quadrupède sur ce sol désert ; les seuls êtres vivants qu'il y
rencontra étaient de nombreux faucons. Dans une visite subséquente, il
y débarqua quelques chèvres et quelques lapins, et y sema des pois, des
fèves, et divers herbages ; il y jeta aussi
du froment et de l'orge dans toutes
les directions, et sema du tabac et du
ricin sur les flancs du cratère et des
coteaux voisins. Quand il y revint une
dernière fois, il trouva ses essais de
jardinage gravement endommagés par
les lapins ; mais il eut la satisfaction de
voir que sa petite colonie s'était prodigieusement accrue.

Sur le plan détaillé de Linose, levé
par cet officier, figure l'indication de
quelques huttes détruites : c'est la
seule trace que nous ayons du séjour

(*) La position de ce débarcadère a été
déterminée par les observations du capitaine
Smyth, à 35° 51′ 50″ de latitude septentrionale, et 12° 52′ 9″ de longitude à l'est
du méridien de Greenwich, ce qui revient
à 10° 31′ 45″ à l'est du méridien de Paris.

antérieur de quelques hommes dans cette île. L'histoire se tait sur les habitants qu'elle peut avoir eus. Dapper nous dit que les Turks avaient souvent tenté de s'en emparer, aussi bien que des autres possessions de l'ordre de Malte, mais que tous leurs efforts avaient été inutiles.

L'opinion est vulgairement admise parmi les érudits, que Linose représente aujourd'hui l'île *Aithousa* de Ptolémée et de Pline; mais nous avons déjà fait observer que cette ancienne dénomination devait être réservée pour l'îlot du Lampion. Quant à Linose, c'est une autre synonymie que nous lui trouvons, et qui nous semble justifiée par la dérivation étymologique du nom actuel. Ce nom de Linose, en effet, est une corruption toute moderne de celui de *Limoza* ou *Limosa*, que nous donnent Livio Sanuto et les autorités plus anciennes en remontant jusqu'à la carte catalane de la bibliothèque du roi Charles V, au quatorzième siècle. Cette forme elle-même était une altération de celle que deux siècles auparavant avait employée le schéryf el-Édrysy en décrivant cette même île : « De Gezyret el-Kétâb, « dit-il, en se dirigeant au nord-est, « on compte trente milles jusqu'à *Né-* « *mousah*, où il n'existe ni port ni « arbres, mais seulement quelques « champs ensemencés et un mouillage « dangereux. » Or, de la forme *Némousah* on remonte immédiatement à la dénomination primitive d'*Anémousa* ou la Venteuse, que nous a conservée Ptolémée, et qui désigne bien, dans ses Tables, une île placée à l'égard de Lopadousa dans la situation relative où est Linose à l'égard de Lampédouse (*) ; en sorte qu'il ne peut rester aucun doute sur la parfaite justesse de la synonymie que nous venons d'exposer, entre l'ancienne Anémousa et la moderne Linose.

De là, une course de soixante milles nous suffit pour atteindre le groupe des îles Maltaises, qui font l'objet spécial de la section suivante.

(*) Voici les positions que Ptolémée donne à ces deux îles, dans la précieuse édition de Cologne :

Anémousa... 39°. » ′.E.—33°.20′.N.
Lopadousa... 38 .15 . —33 .10 .

FIN.

TABLE DES MATIÈRES

CONTENUES

DANS LES ILES DE L'AFRIQUE.

AVIS. — Les lettres a, b, qui suivent les numéros de la pagination, dans le cours de cette table, désignent la première et la seconde colonne de chaque page.

A

Aabat-el-Salam (hauteurs d'), 19 a, b.
Abel-el-Ouahâb, fondateur présumé de la religion des Ouahabytes, 37 a.
Abouqyr (château d'), 13 b.
Adrianopolis (ruines d'), 23 a.
Afrique (l'); sa physionomie générale, 1 a, b; ses dépendances insulaires, 1 b-2 a; leurs lignes de démarcation au nord, à l'ouest et à l'est, et leur division en quatre coupes, 2 a, b; classement méthodique de ses dépendances insulaires, 11 b-12 a, b.
Agha, 39 b.
Aguja (l'île) ou de l'Aiguille, 92 a.
Agym (port des), 32 a.
Akra (l'île d'), l'ancienne, surnommée *Caracoles* ou des Escargots, par les Espagnols, 91 b.
Alboran (îlot d'), situation, aspect, étendue et élévation, 88 a; description du sol et de ses productions, 88 a-89 a; a-t-il été mentionné par les anciens ? Conclusion de l'auteur sur cette question, 89 a, b.
Al Cosebbe (île) ou des Roseaux; peut-être l'ancienne *Psamathos*, 92 a.
Alexandrie (ville d'); le Port-Neuf; ses derniers vestiges, 13 b-14 a; le Grand-Port, 14 b.
Alger (îlots du voisinage d'), 92 b-93 a.
Alger (la ville d'), 93 a.
Alphonse V, roi d'Aragon; histoire de son expédition contre l'île de Gerbeh en 1432, 57 b-58 a.
'Amârah (port de), 19 b.
Anti-Pyrgos (ville d'); voy. *Thabarqah*.
Antirhodos (île d'); sa disparition; son emplacement actuel, 14 b.

Aphrodisias (île d'); sa situation; ses noms divers; son temple, 22 a, b.
Apis (bourg d'), ancienne limite de l'Égypte et de la Marmarique, 18 a, b.
Arioste (l'), cité p. 115 a.
'Arougi-el-Dyn (le corsaire), 62 b.

B

Bain (le lac), 101 b-102 a.
Baléares (les îles); font partie de la péninsule hispanique, 9 a.
Barberousse (Khayr-el-Dyn), fameux corsaire, 62 b.
Barthélemy, traducteur de Virgile, cité p. 36.
Batrakhos (l'estuaire) des anciens, actuellement *'Ayn-el-Ghazel*, 20 a.
Ben-Ghâzy, l'ancienne Bérénice, 23 a.
Bény-Hhabyb (l'île), peut-être l'ancienne *Bartas*, 91 b.
Bérard, voyageur hydrographe, cité p. 90 a, b.
Berber (le), langage des habitants de l'île de *Gerbeh*, 35 b-36 a.
Berek (ville de); ses noms divers; son ancienne importance et sa situation, 17 b-18 a.
Bereschk, ancienne ville arabe, 92 b.
Bérinschel (l'île de), 93 a.
Bigelow, touriste anglais, cité p. 102 b-103 a.
Blanches (les îles); situation, dénominations respectives, nature et aspect du sol, 25 b-26 b.
Bomba (île de) ou de la Bombe; antique Platée; ses origines, 21 a-22 a.

Boreion Akroterion ou cap Septentrional des anciens, 24 a.
Bougie (iles de), 93 b.
Bougie (ilots du voisinage de), 93 à-94 a.
Brébeuf, traducteur de la Pharsale, cité p. 27 a.

C

Cala delle cinque denti (baie de la), 99 b.
Cala Levante (baie de la), 99 b-100 a.
Cala Rotonda (baie de la), 100 a.
Cala Tramontana (baie de la), 99 b-100 a.
Candie (l'île de), appartient, par sa position, sa constitution physique et son histoire, à l'archipel grec, 8 a.
Cane ou *Chien* (ile de); ses dénominations diverses, 96 b.
Canope (l'île de); origine de son nom, tombeau de Canope, villes principales, traditions qui s'y rattachent, 13 a, b.
Canope (ville de); voy. *Canope* (île de).
Capo Bianco (petite île de) ou du cap Blanc; origine de son nom, 16 b-17 a.
Cartot (ilot de); voy. *Dauphins*.
Charles de Loria, troisième seigneur de Gerbeh; son histoire, 45 a, b.
Charles-Quint; il envoie une expédition contre l'île de Gerbeh.
Chersonèse (presqu'île de), 15 a.
Cléopâtre (aiguilles de), 13 b.
Colombes (l'île aux), 92 b.
Colonnes (détroit des); phénomène de son déblaiement, 87 a, b.

D

Dauphins (iles des), 18 a.
Diamant (rocher du), 14 b.
Doria (André), l'amiral; son expédition contre le forban Dragut, 63 b-64 a; il le surprend à Gerbeh, 64 a, b; ses dispositions pour s'assurer de sa personne et de sa flotte, 64 b-65 a; sa proie lui échappe; son désappointement, 65 a-66 a.
Dortet de Tessan, voyageur hydrographe, cité p. 90 a, b.
Dragut, l'élève et le lieutenant du fameux corsaire Barberousse; son histoire, 63 a.

E

Edrysy (le schéryf), cité p. 37.
Egimurus (ile), son histoire ancienne, 98 a-99 a.
El-Aqabah-el-Ssogheyr (collines d'), 16 b.

El-Edrysy (le schéryf), géographe, cité p. 119 a, 120 b.
El-Heyf (le promontoire), anciennement *Derris*, 15 b.
El-Melléhhah ou les *Marais Salants*, 19 b.
El-Qouryat (iles d'); composition de ce groupe; possibilité de leur agrégation primitive; leurs dénominations diverses, 86 a-87 b.
El-Schammés (château d'), 18 b.
Emma, belle-sœur du consul anglais Tully, citée p. 109 b-110 a.
Énésippe (île d'); ses noms anciens; sa position géographique, 17 a, b.
Étienne de Byzance, cité p. 118 b.
Eton (William), Tableau historique, politique et moderne de l'empire ottoman, cité p. 110 a-113 a.
Évonyme (petite île d'), 17 a.

F

Falcone (île); peut-être l'île *Akiou* du Périple de Scylax, 92 a.
Fernandez (l'Anglais), acquéreur de l'île de Lampédouse, 113 b.
Flachenacker (Félix), voyageur cité p. 77 b-79 b.
Fossa (le gouffre de), 102 a.
Frédéric d'Aragon, roi de Sicile, possesseur engagiste de Gerbeh, 46 a, b, 47 b.
Frisoles, haricots d'Espagne; origine de cette désignation catalane, 85 b.
Frissols (île des); situation; étendue et aspect; son importance classique, ses noms divers, 85 a-86 a.
Fuquenses (les îles Jumelles) ou *Sisters* des Anglais; leurs dénominations anciennes; origine de leur nom moderne, 16 a, b.

G

Galite (île de la); sa forme; son aspect; sa situation; nature de son sol; règne animal; tradition superstitieuse qui se rattache à la poussière de son sol; ruines qui la recouvrent encore; présomptions en faveur d'une origine de nom punique; 95 a-96 b.
Galiton (l'îlot de), 95 a.
Gerbeh (île de); situation, 30 b-31 a; atterrages, 31 a-32 a; étendue, topographie, population, nomenclature de quelques-uns de ses points habités, 32 a-33 a; nature du sol et ses productions, 33 a-35 b; origine, aspect, vêtements et nourriture de ses habitants, 35 b-36 b; religion, 36 b-37 b; caractère moral, 37 b-38 a; industrie, 38 a, b; commerce, 38 b-39 a; organisation administrative, 39 a, b; ses noms anciens, 39 b-

41 b ; son histoire ancienne, 41 b - 42 a ; histoire de ses vicissitudes politiques depuis l'an 665 jusqu'en 1708, 42 a-74 b.

Gerbins (les), nom des habitants de l'île de Gerbeh, pris en mauvaise part, 38 b.

Gezyret-el-'Aschâq ou *l'île des Amants*, 92 b.

Gezyret-el-Naby ou *île du Prophète*, 94 a.

Gja'faryn (les îles des); situation, 89 b; topographie générale, 89 b - 90 b; géologie et productions naturelles, 90 b - 91 a ; leur flore et leur climat, 91 a, b.

Gjouamer (îles); forme et aspect; situation, 97 a; noms anciens et modernes qu'elles ont eus successivement, 97 a - 98 a ; histoire du naufrage de trois galères de Malte sur leurs rivages, 99 a, b.

Graias Gony (le promontoire de) ou le *Genou de la Vieille*, 17 b.

H

Hammoot ou *Hhamoud* (groupe des îles de), 24 a.

Heptastadion (isthme de l'), 14 a.

Hercule (les colonnes d'); origine de ce nom géographique, 4 a; recherches critiques sur la formation du détroit de même nom, 4 a-5 b.

Hérodote, cité p. 80 a.

Hhâggy Ebn-el-Dyn (le) cité p. 36 b-37 a.

Hharqorah, l'antique ville d'*Herakleion*, 24 a.

Hyphales (les îles); voy. *Hammoot*.

I

Insula de Colomi ; voy. *Dauphins*.

Isola de' Cavalli ou *île aux Chevaux* ; recherche critique de l'auteur relativement à l'application de cette dénomination, 93 b-94 a.

J

Jacques de Castellar (le marin), 45 b, 46 a.

Jucies, sortes d'étoffes et de vêtements mauresques, 56 a.

K

Kaliat (groupe des îles de), surnommé *Akrab* ou *Scorpion*, 31 a.

Khayr-el-Dyn (le corsaire), frère d'*A-rougj*, 62 b.

Kherbet-el-Qoum ou la *Ruine du Monticule*, 18 b.

Korobios (le teinturier) ; son histoire voy. *Bômba*.

Kyranis, nom attribué par Hérodote à l'île de Gerbeh, probablement l'île de *Qerqeneh*, 39 b.

L

Lampedouse (île de); situation; dimensions; forme; mouvement du sol; son port; ses sources; produits du sol, 106 a - 107 a; indications fournies par l'antiquité classique sur son existence, 107 a - 108 b ; indications fournies par l'histoire moderne, 108 a, b ; l'ermite de Lampédouse, 108 b - 109 b ; peste à Lampédouse, 109 b - 110 a ; projet d'établissement de la Russie dans cette île, 110 a, b; description, 110 b - 111 a ; avantages qu'y trouverait la Russie si elle en prenait possession, 111 a - 112 a; lois pour la colonie, 112 a - 113 a; sa destinée ultérieure, 113 a, b; légendes poétiques qui s'y rattachent : *combat de Roland, Brandimart et Olivier, contre Gradasse, Agramant et Sobrino, dans l'Arioste*, 114 a - 116 a ; la tempête de Shakspeare, 116 a - 117 b.

Lampion (le), île située à l'O.-N.-O. du cap de Ponent de l'île de Lampédouse ; sa forme, ses dimensions et son aspect; ses ruines; ses dénominations diverses, 117 b-119 a.

Laodamantia (port de), aujourd'hui *Mahaddah*, 17 a.

Légende sicilienne des deux dames palermitaines, Rosine et Clélie, et des deux ermites de Lampédouse, Sinibald et Guy, 108 a, b.

Léon l'Africain, 39 a.

Libye (détroit de); son ouverture violente, 3 b-4 a.

Libyen (îlots du littoral); considérations sur leur importance relative dans l'antiquité, sur les changements de noms qu'ils ont subis, sur les renseignements que les auteurs anciens nous ont laissés à leur sujet, 12 a-13 a.

Libyque (vin) ; sa réputation d'autrefois, 15 b-16 a.

Linose (île de) ; forme et aspect ; dimensions ; sa formation volcanique ; sa végétation ; absence de quadrupèdes ; vestiges d'habitation ; dénominations anciennes ; synonymie existant entre la moderne Linose et l'ancienne Anémousa, 119 a-120 b.

Lochias (promontoire de), 13 b.

Lokah (cap de), 19 b.

Lotos (le) des anciens, 34 a.

M

Magharât-el-Hhabes ou *Grotte des Prisonniers*, 20 a.

Malte (île de); considérations qui doivent la faire envisager, malgré ses vicissitudes politiques, comme une annexe de l'Afrique, 9 b-10 b; preuves tirées du langage et de la nomenclature géographique de ses satellites, à l'appui de cette assertion, 11 a, b; auteurs anciens et modernes dont l'opinion fortifie encore celle de l'auteur, 11 b.
Marabouth (la Tour du), 15 a.
Maréotis (le grand lac), 14 a.
Medina-Celi (le duc de); il prépare une expédition contre Tripoli de Barbarie, 66 a, b; son arrivée devant Gerbeh, 67 a; il y débarque et tente sur elle une escarmouche, 67 a-68 a; nouveau débarquement; échec, 68 a; il réunit une flotte aux sèches d'El-Palo, et se décide à opérer une descente à Gerbeh, 68 a-69 a; il reçoit divers messages du scheykh de Gerbeh, dont les troupes l'attaquent à l'improviste, 69 a, b; ordre de marche de son armée qui engage le combat et repousse l'ennemi, 70 a - 71 a; capitulation du scheykh de Gerbeh; prise de possession du château; travaux de fortification, 71 a - 72 a; il refuse d'aller au-devant d'une flotte turque apportant secours à Dragut, 72 a, b; rencontre des deux flottes; celle des chrétiens mise en déroute, 72 b - 73 a; il vient à capitulation avec les Turks à la suite du siège qu'ils avaient mis devant le château de Gerbeh, 73 a-74 a.
Méditerranée (la mer); origine de sa dénomination, 2 a, b; direction et dénomination comparée de ses affluents, 2 b - 3 a; mers intérieures que ceux-ci traversent avant d'arriver à elle, 3 a, b; noms généraux que lui donnèrent successivement les Hébreux, les Grecs, les Romains, les Néolatins, Aristote en particulier, et les chrétiens d'Occident jusqu'à l'appellation qu'elle a reçue des peuples modernes, 6 b - 6 a; noms particuliers qu'elle a tirés des différents rivages qu'elle baigne, 6 a, b; extension donnée à certains d'entre ceux-ci, 7 a, b.
Ménélas (ancien port de); son emplacement, 19 b.
Mersay El-Qantharah (le) ou *Port du Pont*, 32 a.
Mersay El-Souq (le) ou *Port du Marché*, 32 a.
Mersay Scusah, l'ancienne Apollonie, 22 b.
Messine (détroit de); sa séparation violente, 3 b.
Myrmex (l'île de) ou de la *Fourmi*, 16 a.
Myrmex (l'île de), dite la Fourmi de Bérénice; discussion scientifique relative à sa situation et à sa désignation véritables, 23 b - 24 a.

N

Nésoi (îles), 18 b.

O

Oran (îlots du voisinage d'); leur énumération, 91 b-92 b.
Ouahabites (les) d'Arabie; leur doctrine religieuse, 36 b-37 a.
Ovide, cité p. 11 b.

P

Pantellaria (île de); appartient à l'Afrique, 9 b.
Pantellerie (île de la); situation; écueil à éviter à son approche, 99 b; topographie générale, 99 b—100 b; nature volcanique du sol, 100 b—101 a; grottes qui offrent divers phénomènes singuliers, 101 a, b; lacs formés dans des cratères de volcans éteints, 101 b—102 a; aspect général de l'île et sa végétation, 102 a — 103 a; la ville et ses habitants, 103 a, b; nom ancien de l'île, 104 a; origine phénicienne de ses habitants, 104 b; son histoire ancienne, 104 b—105 b; son histoire moderne, 105 b—106 a.
Parker Web, le naturaliste, cit. p. 88 a—89 a.
Pedonia ou *Pézone* (l'ancienne), 16 a.
Pèlerin de Patti (le chevalier), de Messine; son expédition contre Gerbeh, 46 b—47 a.
Pescade (la pointe), 93 a.
Peutingérienne (la Table); discussion sur l'origine de ce célèbre monument géographique, 29 a, b.
Pharillon (îlot de), 13 b.
Pharos (île de); survivance de son nom dans notre langue, 13 b, 14 b; opinions réunies des divers commentateurs d'Homère sur la journée de distance que le poëte grec place entre elle et l'Égypte, 14 a; son étendue primitive, 14 b.
Philémon de la Motte (le père), voyageur à l'île de Gerbey dans le commencement du dix-huitième siècle, cité p. 34—35 a.
Pierre de Navarre, comte d'Alvelto; histoire de sa première tentative contre Gerbeh, 58 a—59 a; ses dispositions pour une seconde entreprise, 59 a, b; débarquement et ordre de route de son armée sous le commandement du duc d'Albe, 59 b—60 b; sa marche pénible, 60 a, b; elle

tombe dans une embuscade où le duc d'Albe est tué, 60 b—61 b ; ses vains efforts pour rallier les combattants ; déroute complète, 61 b—62 a.

Pila (île de), ses dénominations diverses, 96 b.

Pisan (l'île), 93 a, b.

Plane (l'île), ses dénominations diverses, 97 a.

Plinthine (jumelles de), dénomination moderne de leur emplacement ; *solution de l'auteur relativement à leur dénomination ancienne*, 15 a, b.

Plynos (port de), 19 a.

Pons Zita (le) des Romains ou *Qantarah* des Arabes, 31 b.

Pontiennes (les trois) ; nom de ces trois îles ; considérations relatives à leur situation et à la synonymie géographique des anciens noms avec les nouveaux ; leur aspect, 24 b—25 b.

Ptolémées (palais des), 13 b.

Punta della Finestra (la), origine de cette dénomination, 100 a.

Punta Serafina (baie de la), 99 b.

Pyramide de crânes et d'ossements humains à Gerbeh, 74 a.

Pyrgos (temple de), 19 b—20 a.

Q

Qáyd (le), 39 b.

Qerqeneh (îles de) ; description, 76 a ; îles qui composent leur groupe, 76 a, b ; leur topographie générale, 76 b—77 b ; relation d'un voyage récent dans ces parages, 77 b—79 b ; mentions descriptives que nous en a laissées l'antiquité classique, 79 b—81 a ; époque carthaginoise de son histoire, 81 a—82 a ; époque numide, 82 a, b ; époque romaine, 82 b—83 a ; époque arabe, 83 a, b ; elles deviennent seigneurie catalane, 83 b—84 a ; expédition malheureuse du comte Pierre de Navarre, 84 a—85 a ; époque moderne, 85 a.

R

Rás-el-Harzeit (promontoire de), ses dénominations diverses, 17 b.

Rás-el-Hélál (le cap), 22 b.

Rás-el-Kendýs (le), 15 b.

Rás-el-Tygján (côte du), 31 b.

Rás-el-Tyn ou cap des Figues, 14 b—15 a.

Rás-Kéryn (côte du), 31 b.

Rás-Trigamas (côte du), 31 b.

Raymond de Montaner, gouverneur de Gerbeh ; extrait du récit qu'il a laissé de son investiture, 47 b—49 a ; sa prise de possession ; ses dispositions défensives, 49 a, b ; mesures qu'il prend pour réduire les indigènes, 49 b—50 a ; le chef des insurgés appelle contre lui les populations voisines, 50 a—51 a ; les scheykhs des Arabes font la paix avec lui, 51 a, b ; Frédéric d'Aragon, roi de Sicile, lui envoie Conrad Lança pour l'aider à châtier les indigènes, 51 b—52 b ; il taille en pièces les insurgés, 52 b—53 b ; il reçoit pour trois ans la concession pleine et entière de la seigneurie de Gerbeh, 53 b—54 a ; il repousse une expédition préparée par Robert d'Anjou, roi de Naples, contre Gerbeh, 54 a—55 b ; il se démet de son gouvernement entre les mains du roi de Sicile, 55 b—57 a.

Razat (cap) ; considérations relatives à ses dénominations diverses, 22 b.

Roches Tyndariennes (les) ; discussion relative à l'erreur orthographique commise par les anciens géographes dans l'écriture de leur nom, 18 b—19 a.

Roger de Loria (l'amiral), conquérant de Gerbeh ; son histoire, 43 a—44 a.

Roger II de Loria, deuxième seigneur de Gerbeh ; son histoire, 44 a—45 a.

Roger III de Loria, quatrième seigneur de Gerbeh ; son histoire, 45 b—46 a.

S

Sabin Berthelot, le naturaliste, cité p. 88 a—89 a.

Sabrum (ruines de), l'antique *Serapeion*, 24 a.

Saggia ou de *Gergys* (port de), origine de ce dernier nom, 31 b—32 a.

Saint Paul ; opinion de l'auteur sur l'authenticité qu'on peut accorder à l'histoire du naufrage de cet apôtre à Malte, 10 a—11 a.

Sandwich (le comte de), navigateur, cité p. 2, 108 b—109 a.

Sardaigne (la) ; histoire des différentes dominations qu'elle a subies ; elle appartient aujourd'hui, par le costume, l'aspect et les mœurs de sa population, à l'Europe, 8 b—9 a.

Sataria (la pointe), 100 a.

Savary de Brèves, cité p. 99 a, b.

Scherschél, 92 b.

Sciarra (la pointe), 100 a.

Sénèque, cité p. 105 b.

Servius (le Scholiaste), cité p. 98 **b.**

Sévère (colonne de) ; v. *Alexandrie*.

Sicile (la) doit appartenir à l'Europe, 8 a, b.

Sidonia (l'île); ses dénominations diverses; sa situation; discussion de l'auteur sur ce dernier sujet, 20 a—21 a.

Simon de Montolieu, gouverneur de Gerbeh, 45 b, 46 a, 46 b, 47 b.

Sinân Reys (le juif), 62 b—63 a.

Singes (île aux), ainsi nommée à cause des *pithèques* ou singes sans queue qui y abondent, 94 a, b.

Smyth (le capitaine), cité p. 101 a, 109 a, b.

Sore ou *Sorelle* (les Sœurs), ou bien encore *Frati* ou *Fratelli* (les Frères), îles jumelles, 95 a.

Stora (îlots du voisinage de), 94 a, b.

Syrtes (les îles) ou *Sèches de Barbarie*, 26 b; peinture que nous en ont laissée les anciens, 26 a, b—27 a, b; signification de ce nom, 27 b; difficultés qu'elles offrent encore aux navigateurs, 27 b—28 a; leur emplacement et leur délimitation, 28 b—29 a; dissertation relative à l'existence de deux Syrtes distinctes dans le golfe de la grande Syrte, 29 a—30 a; séparation entre la grande et la petite Syrte, 30 a, b.

T

Tabarque (île de), 94 b.

Taph-Ousireï, colline consacrée autrefois à Osiris.

Taposiris (îlot de), l'une des jumelles de Plinthine, 15 a.

Thabarqah (port de), emplacement de l'ancien Anti-Pyrgos, 19 b.

Théoukérah (ville de), ancienne *Arsinoé*, 23 a.

Thonis (ville de); v. *Canope* (île de).

Thou (le président de), cité p. 36 a, b.

Tolometah, emplacement de l'ancienne *Ptolémais*, 23 a.

Turks (ville des), 14 a.

V

Virgile (le poëte), cité p. 3 b.

Virgile, cité p. 81 a, 98 a.

Z

Zygris (îlot de), 17 a.

Zyrou (ancienne île de); situation; productions naturelles; habitants; recherche scientifique relative à sa véritable situation; observations géologiques, 74 b—76 a.

PLACEMENT DES GRAVURES.

Planches.		Pages.
1	Ossuaire et château catalan, à Gerbi	74
2	Mosquée Rrorba, à Gerbi	92
3	Fortin espagnol, à Kerkené	76
4	Habitants de Madère	8
5	Ossuaire chapelle, dans le couvent des Franciscains	9
6	Sainte-Croix de Ténériffe	101
7	Le pic de Ténériffe	100
8	Ruines du palais des comtes de Gomore, à Garachico	83

L'UNIVERS,

ou

HISTOIRE ET DESCRIPTION

DE TOUS LES PEUPLES,

DE LEURS RELIGIONS, MOEURS, INDUSTRIE, COSTUMES, ETC.

MALTE ET LE GOZE.

PAR M. FRÉDÉRIC LACROIX,

(DE L'ILE DE FRANCE.)

Un rocher isolé au milieu de la Méditerranée, brûlé par le soleil de l'Afrique, offrant aux yeux attristés des plaines sans ombrages, et s'épuisant à nourrir, pendant quelques mois de l'année seulement, une population vouée à la misère, voilà Malte; et pourtant le nom de cette île est écrit dans l'histoire en caractères ineffaçables. Comme la fortune, la renommée a ses privilégiés; elle se plaît à tirer de l'obscurité ce qui semblait promis à un éternel oubli; elle entoure d'une glorieuse auréole une pauvre bourgade de la Judée, et c'est par un de ses caprices que Sainte-Hélène est associée à la célébrité du plus grand homme des temps modernes.

Située au 35ᵉ degré 54 minutes 21 secondes de latitude, et au 33°·degré 40 minutes de longitude (*), l'île de Malte a au nord la Sicile, dont elle n'est séparée que par le canal de Malte; au sud, le royaume de Tripoli; à l'est, la mer qui baigne les rivages de Candie; au couchant, les îles de Pantalerie, de Linose et de Lampedouse.

(*) D'après les calculs du père la Feuillée, *Journal des observations physiques*, t. I, p. 42 et 66.

Malte est ainsi placée, en quelque sorte, sur les limites de l'Afrique et de l'Europe, entre le monde oriental et la civilisation de l'Occident; merveilleuse situation qui assure à cet ancien boulevard de la chrétienté une haute importance politique. C'est ce qu'avait compris Bonaparte quand il fit de la Valette une étape dans sa route vers l'Égypte; c'est ce que comprit plus tard le gouvernement anglais, lorsqu'il dirigea contre la nouvelle colonie française les efforts de ses escadres. L'occupation de Malte par les Anglais fut un corollaire de la possession de Gibraltar : l'une livrait à l'Angleterre les clefs de la Méditerranée, l'autre consolida sa prépondérance en Orient, et lui permit de s'asseoir en face de l'Italie pour surveiller en toute sécurité les mouvements des puissances européennes.

Les guerres du dernier siècle et celles qui ont inauguré le siècle actuel ont amené d'étranges résultats et produit de singulières anomalies dans la division géographique des États. La diplomatie intervenant après le triomphe de la force a séparé ce que la nature avait uni, et rendu hostiles les uns aux autres des éléments logique-

1ʳᵉ *Livraison.* (MALTE ET LE GOZE.) 1

ment homogènes. Parmi les nombreux exemples du despotisme des circonstances politiques, on peut signaler l'île de Malte comme un des plus frappants. Ne semble-t-il pas, en effet, que cette île devrait être un appendice du royaume de Naples, dont elle n'est éloignée que de quelques lieues? La terre de Sicile ne réclame-t-elle pas comme sa sœur jumelle, celle où s'élève la Cité Victorieuse? Charles-Quint, en donnant Malte aux chevaliers de Rhodes, respecta cette parenté géographique, en stipulant des conditions qui rappelaient et consacraient la suzeraineté de Naples sur cette colonie. Ce dernier lien fut deux fois, en 1798 et 1800, violemment brisé par la conquête; sera-t-il jamais renoué?

Différents noms de Malte. Il paraît certain que l'île désignée dans l'Odyssée sous le nom d'*Hypérie*, n'est autre que Malte. Ce premier nom fut remplacé par celui d'*Ogygie*, et enfin les Grecs, devenus après les Phéniciens les maîtres de la colonie, l'appelèrent *Mélita*, soit à cause de l'excellence du miel qu'on y recueille, soit en l'honneur de la nymphe Mélite, fille de Doris et de Nérée. Houël, dans son *Voyage pittoresque de Sicile*, prétend que *Mélita* indique le refuge que cette île, placée au milieu de la Méditerranée, offrait aux navigateurs. A vrai dire, nous ne savons sur quoi se fonde cette singulière explication. Ce qu'il y a de positif, c'est que *Mélita* est la racine du nom de *Malte*, car nous ne pouvons adopter l'assertion de Bochart, qui dit que *Maltha* signifie *stuc blanc*, et cite à l'appui de cette étymologie les maisons recouvertes en stuc blanc dont parle Diodore de Sicile (*).

Formation de Malte et des îles voisines. Malte, le Goze et le Cumin, qui forment le groupe d'îles dont nous nous occupons ici, sont-ils les restes flottants d'une vaste étendue de terre en partie engloutie par les eaux? Les opinions varient à ce sujet. Houël pense que ces îles formaient une seule

(*) Liv. V.

et même masse de rocher qui, après avoir ainsi existé sous l'eau, fut mise à découvert par suite de l'abaissement progressif de la mer. Suivant cet auteur, les rochers, une fois sortis du sein de l'abîme, ont sans doute été corrodés par les flots qui les entouraient, et, se divisant en trois parties, sont devenus ce qu'ils sont aujourd'hui. Aucune preuve, aucune observation ne vient à l'appui de cette opinion qui ne saurait en conséquence être discutée.

Le comte de Borch, dans ses lettres sur la Sicile et sur l'île de Malte, est d'un avis différent. « Beaucoup de personnes, dit ce voyageur, prétendent prouver l'ancienne adhérence de l'île du Goze à la Sicile par la correspondance des noms des plages opposées : celle de Sicile s'appelle *Spacafurno*, et celle du Goze *Marsalfurno*. Il me paraît qu'on pourrait apporter à l'appui de cette opinion des preuves plus plausibles. Le Goze a Malte à l'orient, la Barbarie au midi, quelques îles à l'occident, et la Sicile au nord. Le terrain de Malte est un rocher de tuf coquillier; celui des îles circonvoisines est aride et stérile; celui de Barbarie stérile et pierreux. Le Goze, seul au milieu d'eux, présente des couches argileuses et sablonneuses entièrement semblables à celles de Sicile. Si l'assertion de l'ancienne adhérence de l'Angleterre à la France, de la Sicile à l'Italie, de l'Espagne à l'Afrique, etc., est vraie, à cause de la ressemblance des bancs de terre divisés par le canal de la Manche, par le phare de Messine et par le détroit de Gibraltar, celle de l'île du Goze à la Sicile a les mêmes preuves en sa faveur. »

Deux faits décisifs démontrent l'inanité de ce raisonnement. D'abord, suivant le commandeur Dolomieu, qui avait étudié et connaissait parfaitement le pays dont il a décrit la constitution physique, le rocher est de même nature dans l'île de Malte et dans le Goze; en second lieu, à Malte comme au Goze, on trouve de ces couches argileuses dont parle le comte de Borch. Les différences essentielles

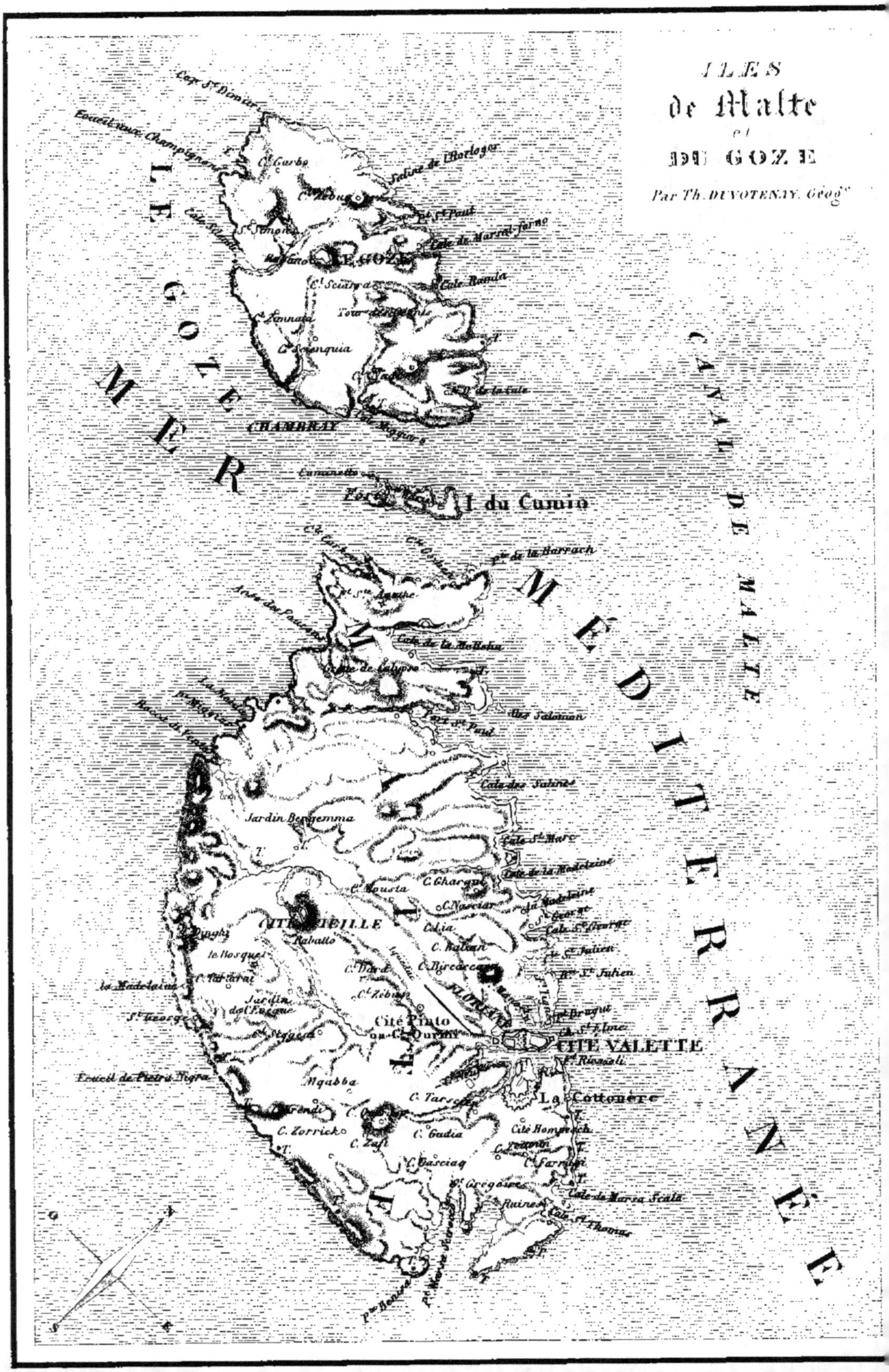
ILES
de Malte
et
DU GOZE
Par Th. DUVOTENAY, Géog.
LE GOZE
MER
CANAL DE MALTE
MÉDITERRANÉE
I. du Cumio
CHAMBRAY
Cap St Dimitri
C. Garbo
Saline de l'Horloger
St Paul
Cale de Marsal-forno
Cale Randa
C. Sciatra
C. Zannata
Tour des Géants
N.D. de la Cale
Cale Migiarro
Cumunetto
Fort
Pte de la Barrach
St Agathe
Cale de la Mellaha
Cale des Salines
Ilos Salomon
Jardin Bengemma
Cale St Marc
Cale de la Madeleine
La Madeleine
C. Gharguz
C. Mosta
C. Nasciar
C. Lia
C. Balsan
C. Bircarcara
CITÉ VIEILLE
Raballo
Dinghi
le Bosque
C. Dard
C. Zebug
la Madelaine
C. Tartarni
Jardin de l'Eveque
St George
Cale St George
Cite Pinto ou C. Curmi
FLORIANA
CITÉ VALETTE
Ft Ricasoli
Cale St Julien
Bre St Julien
St Elme
Écueil de Pietra Negra
Mqabba
C. Tarscen
La Cottonère
C. Zorrick
C. Zafi
C. Gudia
Cité Hompesch
C. Asciaq
C. Farrugi
Grégoire
Ruines
Cale de Marsa Scala
Cale St Thomas
Pte Benissa

que signale cet écrivain, pour prouver l'adhérence du Goze seul à la Sicile, n'existent donc pas.

Enfin le commandeur Dolomieu admet l'adhérence des trois îles, sans croire toutefois, comme Houël qu'elles aient formé une masse de roches sous-marines. Plusieurs des arguments dont il étaye son système de géologie paraissent bien fondés; mais les escarpements qui bordent l'île du Goze dans toute l'étendue de son circuit peuvent donner lieu à plus d'une objection sérieuse. Pour expliquer la formation de cette ceinture de rochers à pic, Dolomieu suppose que la même masse d'eau qui a divisé le terrain général en trois parties distinctes, a enlevé tout ce qui adhérait à ces escarpements du côté de l'intérieur, et dessiné, par les excavations qu'elle a formées, les saillies perpendiculaires qu'on remarque aujourd'hui. Or, cette hypothèse nous paraît trop hasardée pour que nous la jugions raisonnablement admissible.

Du reste, que Malte, le Goze et le Cumin aient, en effet, appartenu à une même et unique portion de terre, ou que, suivant l'opinion du comte de Borch, le Goze ait autrefois fait partie de la Sicile, toujours est-il que l'histoire a réuni ces trois îles dans une commune destinée, et qu'elles ont conservé, au milieu des nombreuses vicissitudes qu'elles ont traversées, une inaltérable unité.

Étendue et population. Malte offre, sous le rapport de la population comparée à l'étendue du territoire, un phénomène remarquable et peut-être unique. Cette île, qui n'a que quatre lieues dans sa plus grande largeur sur sept ou huit de long, et dont le circuit n'est que de vingt lieues, contient, d'après les derniers recensements, cent trois mille deux cent quarante-sept habitants, sans y comprendre la garnison anglaise qui, en temps de paix, est d'environ deux mille cinq cents hommes. On a fait, à ce sujet, de curieuses comparaisons. Entre autres rapprochements, on a montré que, sur un espace égal où il existe en Angleterre cent cinquante-deux individus, en France cent cinquante-trois, et en Hollande deux cent vingt-quatre, il y en a à Malte jusqu'à onze cent trois! Ce fait est d'autant plus extraordinaire que le sol si pauvre de Malte ne peut nourrir que le tiers de la population, et qu'ainsi sur cent mille habitants, plus de soixante-six mille consomment les produits tirés des pays étrangers. Il faut remarquer, en outre, que le gouvernement de l'ordre de Malte n'était nullement de nature à favoriser cette agglomération d'hommes. Le despotisme des grands maîtres et de tout ce qui portait le titre de chevalier, par-dessus tout l'espèce d'ostracisme qui pesait sur les indigènes de toutes les classes, étaient éminemment propres à éloigner les habitants et à en restreindre de plus en plus le nombre. Eh bien, stérilité du sol, misère, oppression, rien n'a mis obstacle à l'accroissement progressif et monstrueux de la population de Malte. Les guerres et les maladies contagieuses elles-mêmes ont à peine occasionné un temps d'arrêt dans cette tendance. Quelque temps après l'établissement de l'ordre de Saint-Jean dans cette colonie, on y comptait quinze mille âmes. Le siége soutenu par le grand maître la Valette en 1565, réduisit ce chiffre à dix mille. Vingt-six ans plus tard, la peste sévit cruellement à Malte. Le Goze lui-même avait été entièrement dépeuplé en 1551. Cependant il se trouva en 1632, dans les deux îles, cinquante et un mille sept cent cinquante habitants. Les guerres meurtrières que l'ordre de Malte soutint sans relâche depuis cette époque, et l'épidémie qui décima les Maltais en 1676, n'arrêtèrent pas le mouvement ascendant de la population, car le recensement fait en 1798 donna pour résultat quatre-vingt-dix mille habitants à Malte, et vingt-quatre mille à l'île du Goze.

Il paraît qu'il en a toujours été de même à Malte. Suivant Diodore de Sicile, l'île était anciennement très-peuplée. Ce témoignage est confirmé par ce que d'autres écrivains de l'antiquité disent de la magnificence des bâtiments de Mélita (aujourd'hui la Cité Notable). Ces édifices somptueux, ces temples splendides dont parle Cicéron (*), les nombreux villages qui existaient, dès cette époque, dans l'île de Malte, les ruines qu'on y voit encore aujourd'hui, révèlent assez l'importance de cette colonie, que se sont si longtemps disputée les Phéniciens, les Grecs et les Romains.

Il devait arriver à Malte ce qui arrive tôt ou tard aux centres plus ou moins considérables vers lesquels afflue une population hors de proportion avec leurs richesses naturelles ou industrielles. Lorsque l'installation des Anglais eut fait perdre à ses habitants la triste et dernière ressource que leur offrait l'active piraterie organisée au profit de l'Ordre aux abois, la misère commença à se faire cruellement sentir parmi ces malheureux, dont les nouveaux maîtres du pays ne s'appliquèrent pas à améliorer la condition. La position des Maltais est devenue si douloureuse, que, malgré leur amour pour leur terre natale, ils émigrent en foule pour aller chercher, sous un ciel étranger, la vie matérielle qu'ils ne peuvent trouver dans leur patrie. On verra, dans la suite de cette notice, à quel point cette misère est devenue poignante; et, comme le gouvernement britannique prend peu de souci des souffrances de ses colonies, il est impossible d'assigner un terme à cet état de choses.

Aspect général de Malte. Si l'on pouvait s'élever au-dessus de l'île de Malte et embrasser du regard toute son étendue, le spectacle qui s'offrirait à la vue de l'explorateur n'aurait rien de bien attrayant. Une langue de terre échancrée au nord par des anses spacieuses, et qui se prolonge en s'amincissant de l'est sud-est à l'ouest nord-ouest; un plan incliné avec des escarpements de deux cents toises d'élévation au-dessus des flots dans la partie sud et sud-est; et une plage au niveau de la mer dans la partie opposée; des campagnes poudreuses auxquelles un nombre infini d'enclos de pierres superposées donne l'apparence d'un vaste damier; des montagnes au flanc desquelles pendent de rares arbrisseaux; çà et là quelques bouquets de verdure semblables à des oasis dans une mer de sable brûlant; dans la partie orientale seulement, des villages aux maisons uniformément blanches; en somme, une désespérante monotonie de paysage, voilà l'aspect général de Malte, de cette île où la poésie antique a placé le séjour de la nymphe Calypso.

Si l'on s'arrêtait aux détails de cette vue à vol d'oiseau, on remarquerait un système de vallées se dirigeant du sud-ouest au nord-est, et se prolongeant jusqu'à la mer, où ces vallées forment des ports vastes et sûrs; on verrait d'autres vallons plus petits dessiner, en suivant une direction différente, les ports latéraux qui s'ouvrent dans celui de la capitale; on distinguerait les batteries et les tours qui hérissent le littoral du côté du nord; la Valette avec les mille navires qui s'abritent sous le canon de ses forteresses; la Cité Notable, l'antique métropole de la colonie; le Bosquet, ce réduit dont la magnificence des grands maîtres a fait un Éden au milieu du désert; les maisons de campagne qui, de distance en distance, s'élèvent comme des tombeaux de marbre blanc entourés de touffes d'orangers; la colline de Bengemma percée de cavernes sépulcrales; les salines de l'ouest et l'anse de la Melleha, près de laquelle l'immortelle amante d'Ulysse avait fixé sa demeure.

Tout cela ne compose pas un ensemble bien pittoresque, un panorama bien intéressant; mais cette terre, si mal partagée sous certains rapports, trouve de beaux dédommagements dans son passé historique. Ce qu'il faut chercher ici, ce n'est pas une nature grandiose, des sites agréables, rien

---

(*) L'accusateur de Verrès parle d'un temple de Junon particulièrement vénéré par les anciens, et dont l'avide proconsul enleva les précieux ornements.

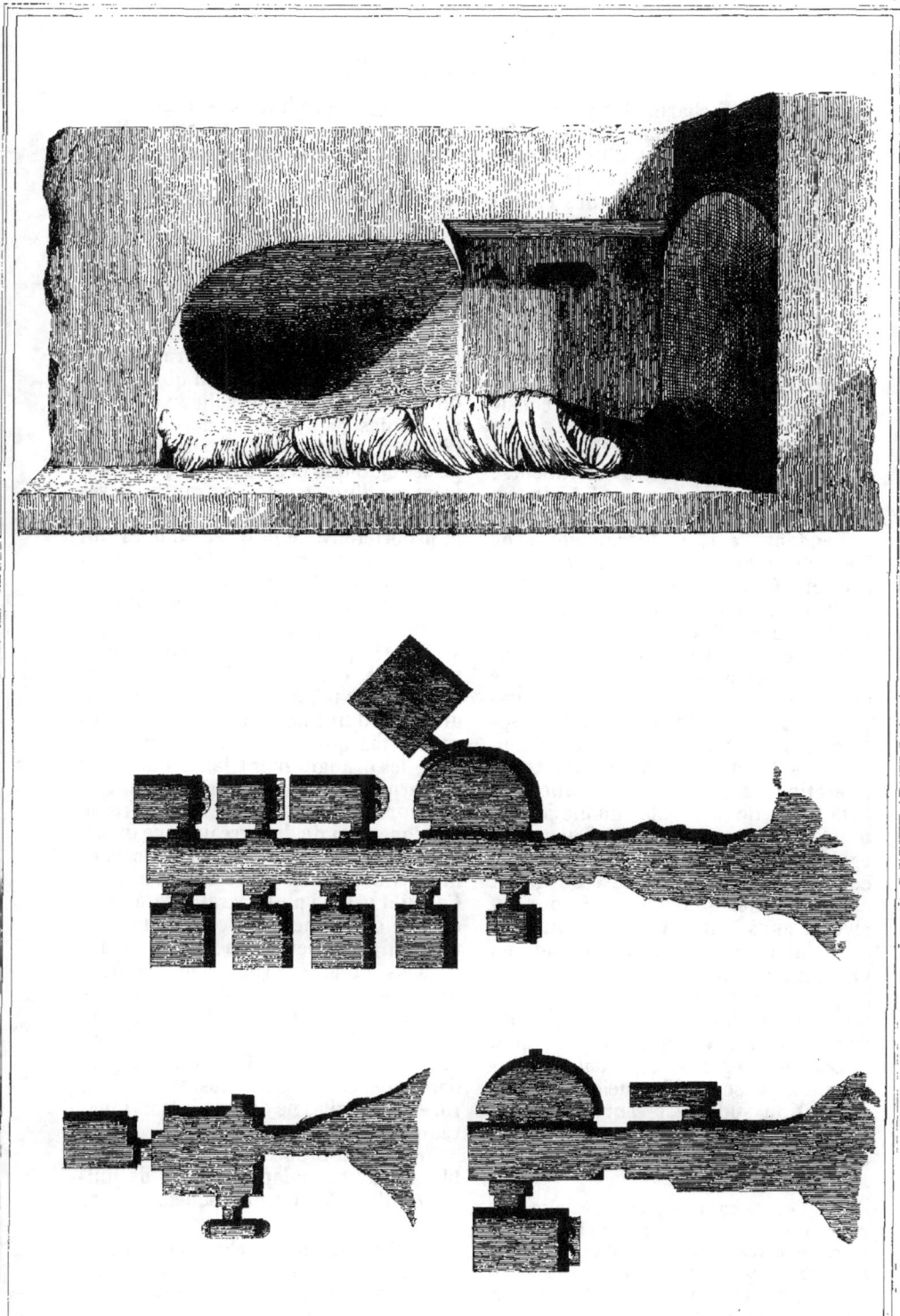

Tombeaux antiques.

enfin de ce qui charme les yeux et séduit l'imagination, mais les souvenirs glorieux, les traditions d'une longue période de lutte héroïque, le retentissement du cri de guerre des chevaliers, les traces du passage de tant d'hommes au courage indomptable. Malte est tout entière dans son histoire et dans son importance politique; hors de là, ce n'est qu'un rocher nu et stérile.

Température, climat (*). Dire que Malte est située entre l'Afrique et l'Europe, et à une distance peu considérable de l'une et de l'autre, c'est dire que le climat de cette île participe à la fois de celui de ces deux continents; toutefois la température de l'Afrique y domine avec certaines modifications.

Pendant l'été, le thermomètre de Réaumur marque ordinairement 25 degrés et dépasse très-rarement le 28e; en hiver, il ne descend presque jamais au-dessous du 8e degré.

Les variations de température sont très-fréquentes et très-brusques par suite des changements subits qu'éprouvent les vents dans leur direction. Le vent du nord apporte toujours le froid, et, garanti de toute altération par la belle végétation de l'Italie et de la Sicile, donne à l'air une grande pureté. Le nord-ouest est également froid et tout aussi pur, si ce n'est davantage, à cause du grand espace de mer qu'il traverse pour arriver jusqu'à Malte. Les vents du midi amènent la chaleur; celui du sud, en passant sur les sables brûlants de l'Afrique, se charge d'exhalaisons délétères et franchit un canal trop étroit, des eaux trop tranquilles, pour qu'il puisse se purger de ses qualités malfaisantes. Il se purifie quelque peu en passant au sud-ouest, surtout quand les flots sont agités; mais lorsqu'il souffle du sud-est, l'air s'altère à tel point, qu'il produit dans tout l'organisme un malaise douloureux. Pour peu qu'il se détériorât encore, on serait enveloppé d'une atmosphère épaisse au milieu de laquelle on étoufferait infailliblement.

Les vents du nord, avons-nous dit, refroidissent la température. Toutefois il ne gèle jamais à Malte, du moins aux environs de la Valette et sur le littoral. Une note de M. Fortia de Pilles, éditeur du texte français de Boisgelin (*), nous apprend qu'en 1788 on trouva, dans une vallée située au milieu des plus hautes montagnes de l'île, une mare dont la surface était gelée. Quoique la glace eût à peine l'épaisseur d'un écu de six francs, l'événement fut jugé si extraordinaire, que le propriétaire de la mare en question envoya cette espèce de phénomène au grand maître Rohan. A peine arrivée à la ville, la glace se fondit. M. Fortia ajoute que dans le mois de février 1783, il tomba des grêlons aussi gros que des œufs de pigeons, et qu'on en a vu quelquefois tomber de la grosseur d'une noisette, ce qui est encore remarqué à Malte. Quoi qu'il en soit, les oranges n'ont jamais gelé, et les jardins restent, en hiver, remplis de fleurs et de fruits. La saison froide n'a donc rien de désagréable, ce qu'atteste suffisamment l'absence de cheminées dans la plupart des maisons. Ce qu'il y a de plus à craindre à cette époque de l'année, ce sont les tempêtes, qui, par leur violence et par les ravages qu'elles produisent quelquefois, peuvent être comparées aux coups de vent des Antilles. On cite encore à Malte l'ouragan de 1757, qui dévasta l'île entière. Il faut dire cependant que ces tourmentes sont assez rares et qu'elles ne durent jamais longtemps.

L'été est beaucoup plus désagréable, surtout pendant les mois de juillet et d'août, durant lesquels le vent

---

(*) Il existe sur ce sujet un mémoire très-remarquable du commandeur Dolomieu, membre correspondant de l'Académie des sciences. C'est ce travail que nous avons mis à contribution pour la partie de cette notice relative au climat.

(*) L'ouvrage du chevalier Boisgelin, intitulé : *Malte ancienne et moderne*, et qui n'est qu'une compilation indigeste, a paru d'abord en anglais.

du sud-est exerce sa pernicieuse influence. Quand le scirocco est déchaîné, la chaleur devient insupportable; on éprouve un abattement général, une oppression douloureuse, sans parler des accidents auxquels sont sujets les tempéraments pléthoriques. On a recours alors aux boissons frappées de glace, qui agissent comme toniques, et rendent à l'estomac toute sa puissance de digestion. La neige est, par ce motif, devenue à Malte un objet de première nécessité. On la tire de Sicile, et les approvisionnements annuels sont d'ordinaire suffisants pour la consommation des habitants et pour le service des hôpitaux, où la glace est d'un usage indispensable.

Mais ce n'est pas le seul moyen qu'emploient les Maltais pour combattre les effets du scirocco. Ils ont aussi la précaution de se plonger dans l'eau, et de s'en retirer peu à peu sans s'essuyer. Cette opération, en favorisant l'expansion de la chaleur interne à l'extérieur et l'évaporation des miasmes de la transpiration insensible, rafraîchit singulièrement le corps, et lui rend toute la force que lui avait fait perdre l'excès de la chaleur.

Comme tous les pays chauds, Malte a ses moustiques, fléau bien plus intolérable que l'extrême chaleur. Durant le règne des vents du midi, de petites mouches grises, qui, tout éphémères qu'elles sont, n'en jouissent pas moins de toutes leurs qualités nuisibles, voltigent en essaims formidables autour de vous, s'acharnent à votre poursuite, et vous percent en mille endroits de leur redoutable aiguillon. La piqûre de ces insectes occasionne une douleur très-vive dans la partie blessée, et est ordinairement suivie d'une enflure considérable. On ne peut, même dans les rues, se préserver des attaques de ces infatigables ennemis. Ils suivent l'étranger partout où il va, le harcèlent et l'accompagnent jusque dans son appartement, où la fumée du soufre ou du sucre peut seule le délivrer de ses persécuteurs.

Si les périodes de température accablante étaient de longue durée, la santé publique éprouverait nécessairement de graves altérations; mais il est rare que les vents du sud soufflent pendant trois ou quatre jours, sans qu'au bout de ce temps il ne survienne un calme pendant lequel l'air devenu plus pur facilite la respiration, quoique la chaleur soit toujours très-forte. Il y a même en temps de scirocco des moments de répit dont il faut tenir compte : pendant la nuit, les brises de mer rafraîchissent et assainissent l'atmosphère; le matin, il s'élève des courants d'air qui se dirigent de l'île vers la mer, et qui, sans être aussi purs que les brises maritimes, n'en procurent pas moins un bien-être délicieux. Les personnes qui ont habité les colonies peuvent seules apprécier la sensation de bonheur qu'on éprouve sous l'influence de ces souffles légers que la mer, après les avoir purifiés dans ses flots, envoie à la terre brûlée par un soleil ardent, et desséchée par le simoun.

Pendant ces haltes bienfaisantes du vent du sud, les femmes de Malte tiennent leur cour dans les boudoirs élégants que supportent les balcons des maisons de la Cité Valette; les rideaux de soie ou les jalousies entr'ouvertes à dessein laissent voir aux passants de gracieuses têtes de femmes souriant aux galanteries de leurs amants. Ces tableaux, qui scandalisent les chastes regards des Anglaises, ces scènes de coquetterie en plein air, rappellent au voyageur que Malte est sous le ciel de l'Italie et sur la limite de l'Orient, ces deux patries de l'amour.

Quelquefois les vents passent brusquement du sud au nord. Alors l'atmosphère redevient transparente, on aspire à pleine poitrine un air vivifiant; sans que le thermomètre ait varié, on se sent ranimé par une fraîcheur pénétrante; Malte retrouve la vie et le mouvement.

En somme, à part deux mois d'été, le climat de Malte offre à peu près les mêmes charmes que celui de l'Italie méridionale. Là où croissent les orangers, il y a toujours de tièdes matinées et de douces nuits après des jours brûlants; double attrait pour ceux qui ont goûté ou qui désirent les voluptés du ciel d'Orient.

PRODUCTIONS. *Minéraux.* Les trois règnes sont à Malte d'une grande pauvreté. Le minéralogiste surtout n'y trouverait rien de particulièrement intéressant. L'île étant un rocher calcaire, ne peut guère offrir à l'attention des savants que des concrétions de même nature et des pétrifications plus ou moins curieuses. Cependant nous ne saurions garder le silence sur cette partie si importante de la description d'un pays. Disons d'abord quelques mots du sol de Malte et de ses propriétés.

Il y a deux espèces de terre à Malte : l'une, pesante, compacte et de nature bolaire, est d'une couleur blanche très-prononcée, lorsqu'elle vient d'être détachée du sol, mais jaunit un peu en se séchant. Elle ne se décolore pas sous l'action du feu, et ne produit aucune effervescence avec les acides. Mise dans la bouche, elle s'attache fortement à la langue, et se dissout néanmoins aussi facilement et aussi vite que le beurre. Unie et lisse à la surface, elle ressemble, par ses propriétés, à la terre de Lemnos, dont les vertus thérapeutiques ont été signalées par les voyageurs. La seconde variété de la terre maltaise (*terra melitensis*) est calcaire, très-légère, facile à se réduire en poudre au contact de l'air, grisâtre et friable après avoir été séchée, susceptible d'effervescence avec les acides; c'est, en d'autres termes, une espèce de marne ou de craie. Ajoutons que les paysans de Malte la croient un remède infaillible contre la morsure des animaux venimeux, croyance populaire que rien ne justifie. On avait soupçonné, par l'analyse de cette terre, appelée vulgairement *terre de Saint-Paul*, qu'elle pourrait présenter des analogies avec la substance minérale qui sert à fabriquer la porcelaine de Chine. Plusieurs expériences furent faites à ce sujet, entre autres par le prince Lambertini, à Rome, et leur résultat prouva qu'en effet la terre de Saint-Paul avait les propriétés du kaolin, sans offrir cependant les parcelles argentées qu'on remarque dans ce dernier (*).

La première espèce de terre maltaise a, dans certaines localités, des vertus médicinales qu'on ne saurait révoquer en doute. Celle qu'on trouve dans la grotte de Saint-Paul, par exemple, est un fébrifuge très-énergique. Ce n'est point, comme le dit Brydone, une eau pétrifiée; « c'est une espèce de terre bolaire, une argile blanche, remplie de particules calcaires absorbantes de leur nature, et qui, par le principe d'acide vitriolique qu'elles contiennent, sont très-avides des parties alcalines et phlogistiques qu'elles trouvent dans la masse du sang (**). » On conçoit dès lors qu'employée comme remède, cette terre se combine avec les parties élémentaires du sang et qu'elle apaise la fièvre. Mais on ne saurait sans danger faire un fréquent usage de ce moyen, car les dépôts calcaires laissés par cette poudre dans les vaisseaux lactés ou dans la vessie peuvent occasionner de fâcheux accidents. Cela n'empêche pas, au reste, que les Maltais ne trouvent un grand débit de leur terre antifébrile en Sicile et dans plusieurs parties de l'Italie.

Les pierres de Malte, comme celles du Goze, sont fort tendres et ne résistent pas longtemps, en conséquence, aux principes destructifs dont elles subissent l'action. L'eau de mer les corrode et les réduit en poussière; une seule goutte amène à la longue la décomposition d'un bloc, quelque considérable qu'il soit; peu à peu, le germe de carie se développe, s'étend et gagne toutes les parties du rocher, qui tombe en débris ou disparaît entièrement. Malheur à celui qui a fait servir ces pierres à la construction de sa de-

(*) La plupart de ces observations sur la terre de Malte, sont puisées dans les *Recherches historiques et politiques sur Malte*, ouvrage attribué à M. Bonnier.

(**) *Lettres sur la Sicile et sur l'île de Malte* par le comte de Borch.

meure! un seul morceau atteint de cette gangrène suffit quelquefois dans certaines localités pour entraîner la ruine du bâtiment tout entier. Il est curieux d'observer la marche et les effets de cette espèce de contagion : il se forme dans la partie attaquée une croûte saline qui se détache et en engendre d'autres au fur et à mesure de la destruction de la pierre. Un voyageur a observé que les pierres les plus sujettes à cette détérioration sont celles qui contiennent le plus de magnésie, substance dont les rochers de Malte et du Goze sont toujours mélangés.

On a remarqué, au sujet des rochers de Malte, une autre particularité que nous ne saurions passer sous silence : certaines montagnes sont composées de l'accumulation de grosses pierres poreuses qui s'imprègnent incessamment des vapeurs de l'atmosphère, les filtrent lentement, et laissent échapper l'eau qui en résulte par différentes issues formant autant de fontaines (*); merveilleuse prévoyance de la nature qui, dans un pays presque entièrement privé d'eau, a frappé les rochers de la baguette de Moïse, et en a fait jaillir des sources limpides !

Il existe à Malte, et principalement dans les environs de Marsa Scirocco, une pierre calcaire offrant l'aspect de la lave. Cette pierre, qu'on trouve par blocs isolés, et dont la couleur est brun noir, exhale sous le frottement une odeur forte et repoussante. Lorsqu'on la dissout dans un acide, elle produit une vive effervescence, et l'on voit se détacher des fragments d'une pellicule noire, huileuse et puante. Faut-il croire, avec l'écrivain à qui nous empruntons cette curieuse observation, que cette pierre a été autrefois imprégnée de l'huile de quelques cétacés ? Nous laissons aux personnes compétentes le soin de décider si cette hypothèse est admissible.

Si la pierre de Malte a, par sa nature même, de graves inconvénients, elle offre en revanche des avantages que les possesseurs de cette île, ainsi que ses habitants, ont été et sont tous les jours à même d'apprécier. On conçoit, en effet, que cette pierre se prête merveilleusement à toute espèce de travaux de construction. Ainsi, les ingénieurs chargés d'élever les fortifications de la Cité Valette, n'ont eu en quelque sorte qu'à creuser dans le cœur même du rocher, ce qui a épargné aux ouvriers beaucoup de peine et de fatigue, au gouvernement de l'Ordre beaucoup d'argent. La maison du plus humble paysan maltais est en pierre de taille magnifique. Partout de la pierre et de la pierre blanche, admirablement façonnée à toutes les exigences possibles. Sans doute ces constructions n'ont pas la solidité ni la durée des édifices bâtis en pierres dures ; mais les maisons se réparent facilement et à peu de frais ; et, quant aux fortifications, le roc dans lequel elles sont pratiquées étant partout le même, dans sa plus extrême profondeur comme à sa surface, il y a de la marge pour les ingénieurs.

Les fossiles et les corps secondaires qu'on trouve à Malte ne sont pas en grand nombre ; mais ils ne laissent pas de mériter quelque attention.

Dans les collines d'argile, on voit des pyrites ferrugineuses qui ont fait croire un moment à l'existence de mines d'or. Les mêmes terrains argileux contiennent des cristaux cunéiformes et spéculaires de gypse blanc, généralement fort irréguliers.

L'albâtre calcaire de Malte n'est pas de belle qualité ; altéré par des parties pierreuses ou terreuses, il ne peut être employé que par petits fragments. Il est brun et veiné. On ne le trouve que sur les côtes de l'île, au-dessus ou au milieu de la roche calcaire.

Les grottes de Malte renferment une grande quantité de stalactites calcaires, qui ne sont autre chose que des albâtres à couches concentriques.

Enfin, parmi les fossiles, on peut citer des dents de poissons de diverses espèces, des vertèbres de palmier marin, des échinites de formes et de grandeurs différentes, des coques d'our-

(*) Houël.

sins, des coquilles pétrifiées, et beaucoup de lithophites et de madréporites.

Végétaux. Culture du sol. L'état actuel du sol de Malte est un exemple frappant de ce que peut l'activité d'un peuple aux prises avec la misère. Malte, avons-nous dit, est un immense rocher calcaire. On trouve bien dans quelques endroits privilégiés un peu de terre végétale, mais c'est là l'exception. Comment fertiliser ces plaines, ces coteaux stériles? Comment dompter ce sol rebelle et rendre utile à l'homme ce que la nature avait condamné à une éternelle infécondité? Voici de quelle manière les Maltais ont résolu ce problème :

Ils égalisent la surface des rochers, en ayant soin toutefois de donner à ce plan une légère inclinaison, pour faciliter l'écoulement des eaux après les grandes pluies. Cela fait, ils étendent sur ce lit naturel une couche assez épaisse de pierres brisées, puis d'autres pierres presque réduites en poussière, et enfin de la terre prise dans les fentes et les cavités des roches voisines. Souvent ils y ajoutent une couche de fumier et une seconde couche d'humus fertile. La terre vient-elle à leur manquer, ils vont en chercher en Sicile. Quand il le faut, ils passent et repassent vingt fois le détroit, affrontant la fureur des vents et des flots. Comme on le voit, en fait d'industrie et d'activité, les Maltais n'ont rien à envier aux Suisses qui rapportent de trois ou quatre lieues, dans des hottes, la terre nécessaire pour réparer les avaries de leurs enclos.

Ce n'est pas tout encore : pour garantir la semence ou les plantes des ravages des ouragans, les paysans de Malte entourent leurs champs de murs de clôture. Ce sont ces entourages qui donnent à la campagne de Malte, ainsi que nous l'avons dit, l'aspect d'un vaste damier.

On se tromperait étrangement si l'on pensait que ces terrains artificiels, si péniblement préparés, sont d'une fertilité médiocre. Dans les plus mauvais, le blé rend de seize à vingt pour un, et, dans les meilleurs, soixante-quatre pour un! On conçoit qu'on n'obtient ces prodigieux résultats qu'à force de soins et de travail. Mais, si l'on se rappelle ce que nous avons dit sur l'énorme population de Malte, et si l'on observe que la propriété est divisée à l'infini, on comprendra que chaque famille d'agriculteurs peut labourer, fumer et sarcler à loisir le petit lot de terre que ses ancêtres lui ont légué. Toute la surveillance, toute la sollicitude d'un paysan maltais et de ses enfants sont concentrées quelquefois sur un arpent ou même un demi-arpent de sol cultivé ; voilà le secret de cette excessive fécondité. Si la terre ne leur faisait pas défaut, nul doute que ces hommes infatigables ne parvinssent à défricher le sol entier de Malte, et ne changeassent, comme par l'effet d'un talisman, la physionomie si attristante de cette île célèbre.

Quel contraste avec les Siciliens! « En Sicile, dit Vivant Denon (*), en Sicile où abondent les denrées de toute espèce, le paysan est pauvre, languissant et d'une saleté hideuse ; à Malte, au contraire, où l'habitant ne peut tirer de son sol qu'un peu de blé et du coton, la pauvreté y est si active, si ingénieuse et si propre, qu'elle y a presque l'air de l'aisance. » Il en est à peu près de même dans toutes les contrées où la nature fournit spontanément à la population ce qui suffit à ses besoins matériels. La misère est la mère de l'industrie ; là où la Providence a mis l'abondance de toutes choses, l'homme, oubliant sa mission de travail, s'endort sur la foi d'un ciel toujours clément et d'une terre inépuisable.

Les terrains de Malte reposant sur un lit de rocher, on se demandera peut-être comment il se fait qu'ils ne soient pas desséchés par le soleil. Mais ces roches, avons-nous dit, sont poreuses et s'imprègnent facilement de l'humidité atmosphérique. Elles absorbent l'eau qui tombe sur la couche d'humus et entretiennent dans tout ce qui est en contact avec elles une cons-

(*) *Voyage en Sicile.*

tante fraîcheur. Seulement on est obligé, tous les dix ans, de relever la terre et de débarrasser le roc d'une croûte épaisse qui se forme à sa surface et empêche l'infiltration des eaux pluviales.

Le coton, le blé, l'orge, l'avoine, le cumin, le trèfle, la luzerne, tous les légumes d'Europe, des fruits savoureux, de nombreuses espèces de fleurs, tels sont les produits de ce sol fabriqué, si l'on peut dire ainsi, par la main de l'homme. Cependant tous ces végétaux ne pourraient pas croître à la fois dans le même terrain. Chacun a ses exigences particulières. Ainsi un champ bien préparé donne la première année des légumes et des pastèques ; la seconde, des melons délicieux (*) qui peuvent se conserver pendant tout l'hiver, et de l'orge qui, coupée en herbe, sert de fourrage pour les bestiaux. Ce n'est que la troisième année qu'on laboure la terre pour y semer du coton ; la quatrième est consacrée à la culture du blé ; à partir de ce moment, on alterne les récoltes ; mais il faut, pour le coton, remuer la terre avec beaucoup plus de soin que pour le froment.

Le coton est le principal produit de Malte. Pour en récolter une plus grande quantité, les cultivateurs ont sacrifié la plupart de leurs plantations d'orangers et même de leurs jardins. On en recueille de trois espèces : le coton indigène, le coton de Siam et le coton des Antilles. Ce dernier est d'un beau jaune et d'une grande finesse. On sème en mars et avril, et on récolte en octobre. C'est avec leur coton que les Maltais achètent les denrées nécessaires à leur subsistance durant huit mois de l'année. Malheureusement cette ressource est bien précaire. L'Angleterre ne veut pas des cotons de Malte, parce qu'ils donnent des fils trop courts et qu'ils ne peuvent être utilement employés dans les manufactures britanniques (**). Les propriétaires de Malte

(*) Ces melons sont très-connus sous le nom de *melons de Malte.*

(**) Les puissantes machines employées aujourd'hui dans les fabriques d'Angleterre

ont dû, en conséquence, chercher des consommateurs ailleurs que dans leur nouvelle mère patrie. Gênes leur a ouvert ses marchés (*). Mais que les débouchés viennent à manquer pendant un an ou même pendant quelques mois seulement, la population agricole de Malte sera aux abois et restera entièrement à la charge de l'Angleterre, qui, probablement, ne voudra pas la laisser mourir de faim. Cette situation ne serait pas sans précédent. Le roi d'Espagne ayant, en 1785, prohibé les cotons filés et manufacturés qui, jusqu'à ce moment, avaient eu leur entrée libre dans ses États, Malte se vit à la veille d'une ruine totale, et le désespoir s'empara de ses habitants. Il fallut que les commanderies d'Espagne intervinssent sur la prière du grand maître alors régnant, et fissent révoquer le fatal édit. A une autre époque, on a vu la population maltaise affligée d'une famine de cinq mois par suite de la perte d'une récolte détruite par des insectes. Et ce ne sont pas les seules chances de mauvaise fortune qui menacent les cultivateurs de l'île de Malte (**). Voici que la culture du coton prend en Égypte et en Syrie un accroissement formidable. Si cet accroissement continue, grâce à l'activité prévoyante de Méhémet-Ali, dans quels

et d'Écosse, exigent un coton à fil très-long ; aussi les manufacturiers de la Grande-Bretagne tirent-ils presque tous leurs cotons d'Amérique. Une seule livre de coton américain peut fournir un fil de cinquante-trois lieues de long. On conçoit combien les colonies anglaises d'Asie et celles situées sur d'autres points du globe, doivent souffrir de cette préférence qui ferme à leurs cotons les marchés de la métropole. L'Inde est particulièrement atteinte par cet état de choses, et l'agriculture y est frappée de mort.

(*) Ceci s'entend des cotons en laine. Quant à ceux qu'on fabrique dans l'île, ils y servent aux besoins des habitants, et par conséquent n'en sortent pas.

(**) Nous n'avons pas besoin de dire que ces prévisions sont communes au Goze et à Malte. En fait de productions, ces deux îles ne peuvent pas plus être séparées qu'elles ne le sont dans leur passé historique.

pays d'Orient ou d'Occident les cotons de Malte trouveront-ils des acheteurs? N'est-ce pas là un bien triste avenir? L'Angleterre pourrait éloigner ces présages funestes en prenant d'avance les mesures nécessaires pour assurer, dans toute situation possible, l'existence de cette population malheureuse. Il serait si facile de faire de cette colonie un centre d'industrie! Les Maltais sont intelligents, laborieux, adroits ; ils réussiraient certainement dans toutes les branches de la fabrication, et trouveraient dans le salaire de leurs travaux le bien-être que leur refuse un sol ingrat. Mais le gouvernement anglais ne voit dans *l'occupation de Malte* que la possession d'un point militaire d'une haute importance; et il est permis de le soupçonner fort indifférent pour les intérêts à venir des habitants de cette île.

Le blé recueilli à Malte suffit à peine, nous l'avons dit, au tiers de ses habitants. Les terrains maigres en produisent une espèce particulière qui ne se sème qu'en février, et donne un pain extrêmement blanc. Pour remédier à cette insuffisance, le gouvernement des chevaliers était obligé d'acheter à l'étranger le blé nécessaire aux approvisionnements. Un traité fut conclu à ce sujet avec la Sicile, qui s'engagea à fournir à Malte une certaine quantité de céréales, moyennant une exemption de droits. Les grains se conservaient dans de grandes fosses creusées dans le roc. Quand ces greniers souterrains étaient suffisamment remplis, on en fermait l'entrée au moyen d'une grosse pierre soigneusement scellée avec de la pouzzolane. On pouvait laisser le blé ainsi renfermé pendant un grand nombre d'années, sans qu'il y eût à craindre la moindre avarie (*).

C'était sans doute une dure nécessité que celle où était le gouvernement des chevaliers, d'assurer, par ses propres ressources et quelquefois par des emprunts, la subsistance des deux tiers de ses sujets. Mais les principes et les habitudes de cet Ordre facilitaient la solution du problème. La guerre continuelle que la Religion (*) soutenait contre les Turcs et les Barbaresques, fournissait de nombreuses occasions d'augmenter, par le droit du plus fort, les ressources pécuniaires de l'administration de Malte. On verra plus tard que le métier de corsaire n'était pas moins utile aux intérêts matériels des chevaliers, que celui de soldat à l'éclat de leur renommée. Les particuliers eux-mêmes venaient en aide au gouvernement en exerçant la piraterie pour leur propre compte. Chaque prise maritime accroissait la richesse de l'Ordre en même temps que celle de la nation, de telle sorte que le déficit annuel des denrées se comblait sans efforts et par les bénéfices continuels de l'État, et par les gains, quelquefois considérables, réalisés par les sujets, qui acquéraient ainsi les moyens de se suffire à eux-mêmes. Ces sources de profits n'existent plus pour les Maltais depuis qu'ils ont passé sous la domination anglaise, et aucune industrie nouvelle n'est venue les indemniser de ce qu'ils ont perdu. Aussi la misère est-elle grande chez eux. La pensée s'arrête avec émotion sur les maux qui affligeraient cette population infortunée, si, par suite d'un conflit européen ou d'une crise intérieure, l'Angleterre était un jour dans l'impossibilité de subvenir aux besoins de ses colonies les plus nécessiteuses. En attendant, les Maltais cherchent dans l'émigration un palliatif à leurs souffrances et un soulagement à leur misère.

Parmi les produits de Malte, nous

(*) L'usage des silos est aujourd'hui répandu dans plusieurs pays et s'est introduit en France, où les riches propriétaires qui ne sont pas obligés de vendre leurs grains après chaque récolte, les conservent dans ces espèces de caves.

(*) On disait la *Religion* pour l'*ordre de Malte*; à l'exemple des auteurs que nous avons consultés, nous emploierons plus d'une fois cette dénomination dans le cours de notre travail.

avons encore à citer le *kali magnum*, l'oricella, le lichen, qui donne à la teinture une couleur amarante, et enfin la sulla (*). Cette dernière plante qui s'élève à la hauteur de cinq pieds et porte des fleurs d'un beau rouge, sert de nourriture aux bestiaux. On la sème sans avoir besoin de préparer la terre; et ce qu'il y a de singulier, c'est que dans le même champ où, après sa récolte, on fait venir du blé, elle repousse sans être de nouveau semée. Elle reparaît encore après une seconde récolte de blé, mais cette fois elle n'a plus sa force ni ses propriétés primitives. La sulla est particulière à Malte et au Goze.

Le cumin est moins cultivé depuis qu'on s'est aperçu qu'il minait les terres plus qu'aucune autre plante, et qu'il les épuisait.

Les jardins de Malte sont riches en fleurs et en fruits. Les premières exhalent un parfum beaucoup plus fort que les fleurs d'Europe. Les roses ont surtout une odeur singulièrement pénétrante. Quant aux fruits, ils peuvent se comparer, pour leur saveur exquise, à ceux des îles tropicales; l'oranger en est le roi. Dans les vergers et les parterres on voit d'élégants bosquets, où cet arbre aux pommes d'or entremêle son feuillage avec celui du citronnier et du grenadier. En apercevant ces touffes de verdure étagées en dômes mobiles, et d'où s'échappent de douces senteurs, on oublie un moment que, quelques pas plus loin, il y a la sécheresse et l'aridité. Mais si l'on approche, quel désenchantement! Ces orangers, dont vous admiriez de loin les rameaux chargés de fleurs et de fruits, vous les voyez, avec surprise, emprisonnés dans des caisses étroites, comme ceux qui subissent l'éternelle poussière de nos jardins publics. Deux fois par jour la main prévoyante du jardinier est obligée d'arroser les racines altérées, et de verser à l'arbre souffrant la vie et la fécondité. Pour mettre ces frais ombrages à l'abri des vents furieux, le ciseau mutile impitoyablement les rameaux qui franchissent la limite tracée par une main inexorable. Toute tête qui veut s'élever au-dessus des autres, tombe sous le niveau du maître. Où sont les bois embaumés de l'Espagne et du Portugal? Nous n'en voyons ici que la parodie. Mais ne soyons pas injustes. Les Maltais ont vaincu la nature; ils ont obtenu d'elle ce qu'elle aurait refusé à un peuple moins laborieux. Il ne faut pas leur en demander davantage. Après tout, n'est-il pas naturel de trouver à côté d'un champ artificiel un bosquet d'orangers en caisses, auprès d'une terre frelatée un souvenir de serre chaude?

Tout ceci n'empêche pas d'ailleurs que les oranges de Malte ne soient les meilleures de l'Europe. Malheureusement on ne peut les manger excellentes à l'étranger, parce qu'il faudrait pour cela qu'elles eussent atteint un degré de maturité qui ne permettrait pas qu'on les exportât sans danger d'avarie.

En 1780, les sœurs du roi de France possédaient à Malte un jardin, et toutes les semaines on leur envoyait deux caisses d'oranges et de grenades de choix. La France a, comme on le voit, laissé à Malte des souvenirs de plus d'une nature. Malheureusement pour notre fierté nationale, ce n'est pas la seule colonie anglaise où l'on puisse voir les traces de nos pas.

La figue est un des meilleurs fruits de Malte. Il y en a de plusieurs espèces et toutes excellentes. On les consomme presque entièrement dans l'île. Les Maltais, comme tous les Levantins, emploient, pour hâter la maturité de leurs figues, le moyen connu sous le nom de *caprification*. Il consiste à suspendre aux branches d'un figuier domestique des figues sauvages enfilées et soutenues par un crin. De ces dernières sortent des moucherons qui s'introduisent dans les figues domestiques, et leurs piqûres y causent une fermentation qui les fait mûrir en peu de

---

(*) *Hedisarum clypeatum flore suaviter rubente* (Tournefort.)

Colline Bengemma

temps et leur donne une qualité supérieure. Celles que les insectes ont dédaignées languissent et avortent(*). Que de gens qui, en mangeant les figues sèches si vantées de Smyrne et des îles de l'Archipel, ne se doutent pas qu'elles ont été peuplées de myriades d'insectes qui y ont accompli toutes les fonctions de leur fragile existence!

Animaux. Le règne animal n'est pas plus riche à Malte que le règne végétal, et la nomenclature des espèces qu'on y trouve n'est ni longue ni difficile; elle n'offre que les noms de quelques animaux domestiques d'Europe et des oiseaux de nos climats, avec des variétés assez nombreuses de poissons : seulement quelques-uns de ces animaux domestiques subissent ici des *modifications importantes* dans leurs conditions physiques. Ainsi les ânes sont à Malte beaucoup plus grands, plus forts et en même temps plus sveltes que dans nos pays; ils se vendent très-chers et on leur donne le grotesque surnom de *janets* (**); ainsi les brebis maltaises sont d'une fécondité extraordinaire; chacune d'elles met bas jusqu'à trois fois par an. Ainsi les chiens de Malte ont un caractère tout particulier et qui a fixé l'attention des voyageurs. Cette race, que Buffon désigne sous le nom de *bichons* (***), se distingue par l'extrême longueur et la douceur des soies. Les chiens de Malte étaient déjà très-connus du temps des Grecs et des Romains. Aristote fait l'éloge de leurs formes élégantes, et Timon reproche aux Sybarites d'aller au bain suivis de ces animaux à fourrure soyeuse. Linné prétend que, pour les empêcher de grossir, il suffit de leur frotter la colonne vertébrale avec de l'esprit-de-vin mélangé d'une huile âcre et de leur donner peu de nourriture. Singulier raffinement! Il nomme cette espèce *canis familiaris melitæus*. Aujourd'hui on trouverait difficilement un bichon de race pure; cette variété est presque perdue.

Les chevaux de Malte sont petits, mais d'une vigueur peu commune; les mules et les mulets sont de taille moyenne et n'ont rien qui les distingue des nôtres.

En fait d'oiseaux, on ne connaît à Malte que ceux que l'Europe et l'Afrique y envoient à certaines époques périodiques. Dès le mois de mars, les pigeons sauvages arrivent par troupes nombreuses et font leurs petits, pour aller, quand viennent les chaleurs de juillet, s'engraisser de chènevis en Sicile et en Calabre. Ils construisent leurs nids dans des grottes situées sur le rivage. Quoique ces grottes s'ouvrent dans des rochers en apparence inaccessibles, les Maltais n'y pénètrent pas moins pour s'emparer de la couvée des pigeons; mais ce n'est pas sans difficulté ni sans danger qu'ils y parviennent. Armés d'un bâton garni d'un croc de fer, ils se laissent glisser le long d'une corde fixée au sommet du rocher et s'arrêtent vis-à-vis l'entrée de la grotte. Pour franchir l'espace qui les sépare de celle-ci, ils impriment à la corde un mouvement énergique jusqu'à ce qu'ils soient lancés dans la caverne. Le bâton leur sert à s'accrocher aux pointes du rocher les plus voisines et aux parois de la grotte quand elle est profonde. La grande quantité de nids qu'ils trouvent ordinairement dans ces cavités les dédommage de leurs peines.

M. Godeheu de Riville, à qui nous

(*) Le tome premier des Mémoires de mathématiques et de physique de l'Académie des sciences, année 1750, contient un travail fort curieux et très-détaillé sur la caprification. Ce mémoire, sous forme de lettre adressée à M. de Réaumur, est de M. Godeheu de Riville, chevalier de Malte. Nous regrettons que les bornes de cette notice ne nous permettent pas de donner un résumé des observations de ce naturaliste distingué. On peut voir aussi sur le même sujet l'ouvrage de M. Valmont de Bomare.

(**) Houël. Ce voyageur fait un grand éloge des janets, qui lui furent très-utiles pour ses promenades dans les îles de Malte et du Goze.

(***) C'est, dit-il, le produit d'un croisement de races, c'est-à-dire, d'un petit barbet et d'un petit épagneul.

empruntons ces observations (*), raconte la mésaventure arrivée à un chasseur de nids de pigeons qui laissa un jour échapper sa corde, tandis qu'il était dans la grotte à la recherche de sa proie. La position était terrible : la coupe perpendiculaire du rocher ne laissait aucun espoir de remonter à sa cime en se servant, pour tout appui, du bâton ferré; et la corde, seul instrument de salut, se balançait libre au dehors. L'idée du danger qu'il courait traversa comme un éclair l'esprit du maladroit chasseur; ce fut pour lui un moment d'une angoisse inexprimable; mais le désespoir lui donna l'inspiration qui sauve et le courage qui seconde la pensée. Il vit la corde, dans ses balancements réguliers, revenir vers la grotte et y pénétrer chaque fois par son extrémité inférieure; mais, entre elle et lui, il y avait une distance effrayante, et chaque seconde d'attente l'en éloignait encore davantage. L'hésitation, c'était la mort... D'un bond il s'élance, au risque de se briser en retombant sur le roc; il rencontre sous sa main la corde libératrice, la serre avec énergie et s'y suspend victorieusement. Il était sauvé!

Dans le courant d'avril, on voit arriver à Malte les bouchraies, oiseaux terrestres presque aussi noirs et de la grosseur d'un pluvier doré. Le mois de mai amène les cardinaux, les coucous, les tourterelles, les cailles qui reviennent d'Afrique, et les becfigues qui, à cette époque, sont très-maigres, mais qui repassent en septembre gras et succulents. En été, trois espèces de bécassines se reposent à Malte, les bécassines de roc, les noires et les *pispous*, variété assez rare en Europe. En même temps arrivent, poussés par les vents de nord et de nord-ouest, les courlis, qui restent dans l'île jusqu'au retour des bécasses. Septembre ramène avec ces dernières les geais de Barbarie (*), qui n'ont fait au mois de mai qu'une courte halte. Les oiseaux de proie se montrent en octobre. Ce mois et celui de novembre sont les plus favorables pour la chasse; il y a alors une grande quantité de grives, d'alouettes, de pluviers, de bécasses, de sarcelles, de canards sauvages et de poules d'eau (**).

On le voit, Malte est une terre de passage, un point de station jeté entre l'Afrique, l'Europe et l'Asie; c'est la grande hôtellerie où marins, voyageurs et commerçants, viennent oublier les fatigues de la mer; c'est la branche d'arbre où se posent les oiseaux du ciel, ces autres voyageurs, lorsque le froid des hivers les force à s'envoler vers un soleil plus chaud. N'est-ce pas là une explication toute naturelle du mythe de Calypso? Dans cette réunion de nymphes séduisantes, qui, du geste et de la voix, attiraient les navigateurs auprès d'elles, le génie poétique de la Grèce n'a-t-il pas voulu symboliser la mission hospitalière de Malte?

Le poisson est très-abondant sur les côtes de Malte, et la modicité de son prix le met à la portée de toutes les bourses. Les huîtres pêchées autour de l'île sont de mauvaise qualité, mais plusieurs coquillages fort délicats les remplacent avantageusement (***).

(*) Voyez *Lettre écrite de Malte le 8 janvier 1749 à M. de Réaumur sur le passage des oiseaux, par le commandeur Godeheu de Riville*, t. III des Mémoires de mathématiques et de physique, présentés à l'Académie des sciences, année 1760.

(*) On les appelle aussi *geais de Strasbourg*. Il paraît que ces oiseaux font leurs nids dans la terre.

(**) Les Maltais sont excellents chasseurs. Ils aperçoivent les oiseaux à une distance énorme, à peu près comme les sauvages d'Amérique dont la vue est, comme on sait, si perçante. Quand le gibier ne vient pas dans leur direction, ils l'attirent en imitant son chant ou son cri, et ils ont pour cela un talent tout particulier. Dès que l'animal est à portée de fusil, ils tirent avec une adresse et un bonheur qui feraient envie même à un Tyrolien.

(***) On peut voir une nomenclature des poissons de Malte dans Forskal, *Descriptiones animalium, etc., quæ in itinere orientali observavit*. Le même savant a donné dans sa *Flora egyptiaco-arabica*, un catalogue des plantes qu'on trouve à Malte. Ce catalogue est intitulé *Florula melitensis*.

MALTE

Grotte de Calypso.

Les variétés d'insectes ne sont pas nombreuses à Malte ; une seule mérite de fixer l'attention des entomologistes ; c'est une chenille qui n'a point de pattes et dont les mœurs présentent des particularités assez singulières. Le commandeur Godeheu de Riville l'appelle *chenille mineuse des feuilles de vigne*, et il en a donné la description la plus détaillée dans un mémoire présenté, en 1750, à l'Académie des sciences. Nous renvoyons à cet excellent travail ceux de nos lecteurs qu'intéressent les matières d'histoire naturelle.

Nous avons dit, au commencement de cette notice, que le miel de Malte jouissait d'une réputation méritée. Les abeilles se trouvent, en effet, en essaims nombreux dans certaines localités de la colonie. Les Maltais les élèvent à la manière des Orientaux, c'est-à-dire dans des ruches horizontales. Ces insectes se plaisent surtout dans la partie nord-ouest de Malte, à cause des plantes aromatiques qui croissent en abondance près des salines et des rochers de la Melleha. Ces plantes et la fleur des orangers donnent au miel maltais une saveur exquise ; aussi les anciens le comparaient-ils à celui du petit Hybla. Il nous paraît offrir une grande analogie avec le miel de l'Ile-Bourbon, qui est aussi parfumé et a les mêmes propriétés digestives (*). Rappelons enfin que ce produit, de tout temps renommé, a donné naissance au nom de *Mélita*, qui s'est transformé en celui de *Malte*.

COMMERCE. — Le premier besoin d'une population qui manque du nécessaire pour sa subsistance, c'est de se créer des moyens artificiels de bienêtre et de prospérité. Le commerce est une précieuse ressource, surtout pour les pays situés comme l'île de Malte. Mais lorsqu'on ne possède rien, ou presque rien qui puisse servir d'objet d'échange, il n'y a pas de commerce possible. Or les Maltais sont précisément dans cette position, comme on vient de le voir ; aussi le mouvement de leurs affaires avec les nations étrangères a-t-il toujours été assez insignifiant, pour ne pas dire nul. Tant que les indigènes ont pu se procurer de l'argent ou des valeurs précieuses, en armant en course contre les musulmans, ils ont acheté ce dont ils avaient besoin ; mais quand cette source de profits leur a été enlevée, leur activité mercantile, activité toute d'instinct chez les Maltais, n'a plus trouvé à s'exercer. Ne pouvant ni échanger, à cause de l'insuffisance de leurs produits, ni acheter pour revendre, par suite du manque d'argent, force leur a été de se croiser les bras, et de se résigner aux douleurs d'une situation déplorable.

L'industrie seule aurait pu sauver la population maltaise ; mais l'Angleterre ne l'a pas permis. Elle a bien assez de ses grands centres manufacturiers ; elle qui cherche des consommateurs dans toutes les parties du monde connu, elle ne pouvait songer à augmenter le nombre de ses producteurs. Tant pis pour les Maltais ! Ils meurent de faim ; qu'importe à la métropole ? En attendant que l'économie politique ait trouvé le moyen d'équilibrer la production et la consommation, la Grande-Bretagne abrite ses escadres dans les ports de la Valette, sans prêter l'oreille aux voix lamentables qui s'élèvent du rivage. La taxe des pauvres l'a trop bien accoutumée au spectacle des misères humaines : Les indigents de Londres font tort aux mendiants de Malte.

Le coton était le principal article du commerce maltais. Il était presque en totalité envoyé en Espagne pour être employé dans les manufactures de Catalogne. Les vendeurs étaient payés en piastres fortes qui, transportées en France, leur procuraient par le change un certain profit, et leur permettaient d'acheter à Marseille des

(*) Le miel de Bourbon est parfumé de café, de fleur d'oranger et d'une foule de plantes balsamiques. Sa couleur est vert clair. Délayé dans du vin de Bordeaux, il rétablit les fonctions de l'estomac après les maladies de langueur et d'épuisement.

marchandises, sur lesquelles ils bénéficiaient encore, en les revendant à Malte. Les registres de la douane du grand maître constatent que, de 1788 à 1798, Malte exportait tous les ans pour 2,750,000 livres tournois de coton filé. Dans ce chiffre ne sont pas compris les cotons ouvrés, destinés aussi à l'exportation. Ainsi, en tenant compte de ce qui se consommait dans l'intérieur du pays, on peut estimer à plus de trois millions, la valeur du coton que produisait, année commune, le sol de Malte.

De la pierre de construction (*), des oranges, du lichen, des cendres de *kali magnum*, des citrons, des abricots confits ou *alexandrins*, des grenades, du miel, de l'eau de fleurs d'oranger, du cumin, de l'anis, de la soude, de la graine de certains légumes, tels sont à peu près les autres articles du commerce de Malte.

Quant aux importations et aux exportations actuelles, en voici le tableau pour l'année 1835. Depuis cette époque, les chiffres n'ont pas dû varier de beaucoup.

IMPORTATIONS.

D'Angleterre. . . . . . . 128,373 l. st.
De l'Amérique du Nord
  (colonies anglaises). . .   4,616
De Gibraltar et autres
  places.   23,432
Des Etats-Unis d'Amérique   13,358
Des pays étrangers. . . . 400,503

Valeur totale des importations. . . . . 570,282 l. st.

EXPORTATIONS.

Valeur totale. . . . . . 336,612 l. st.

Le chiffre des importations dépasse donc celui des exportations de 233,670 livres sterling.

CALES ET PORTS DE MALTE. Il est temps que nous passions aux détails de la description, et que nous tracions la topographie du pays qui nous occupe.

Le littoral de l'île de Malte est découpé par un grand nombre de ports et d'anses; la partie sud et sud-est en est seule privée. Au nord-est on rencontre les deux cales de *Marsa-scala* et de Saint-Thomas; l'entrée de cette dernière est assez difficile à cause d'un banc de roches sous-marines, qui s'étend à l'extrémité d'une des pointes qui la forment. A l'est, les vaisseaux peuvent jeter l'ancre en sûreté dans le port de *Marsa-Scirocco*. Si l'on double la pointe *Benisa*, et si l'on suit en bateau la longue chaîne de rochers perpendiculaires qui défend l'abord de la côte méridionale de l'île, on arrive au port *Nuesciar*, et au golfe *Antifega*, situés l'un à côté de l'autre dans la partie sud-ouest. En continuant sa route, on passe devant *l'anse des Faucons*, et on parvient à la cale *Carkeva*, puis à la cale *Ghozlien*, toutes deux à l'extrémité la plus occidentale de l'île. Au nord-ouest et au nord, une suite non interrompue de ports ou de cales offrent un abri aux bâtiments qui naviguent dans le canal de Malte. C'est d'abord la cale de la *Melleha* (*), près de laquelle s'élève le rocher de Calypso; puis le port *Saint-Paul*; plus loin la cale des *Salines*, et successivement la cale *Saint-Marc*, la cale de la *Madelaine*, la calle *Saint-George*, et la cale *Saint-Julien*; enfin, à droite et à gauche de la Cité Valette s'ouvrent deux magnifiques ports, rendez-vous de tous les navires qui touchent à Malte; l'un, celui de l'ouest, s'appelle *Marsa Musciet*, et contient l'île sur laquelle s'élève le fort Manoël; l'autre, celui de l'est, s'appelle le *Grand-Port*, ou tout simplement *Marsa*, et se subdivise en quatre anses singulièrement commodes : le port de *la Sangle* ou des *Français*, le port des *Galères*, le port des *Anglais* et le port de *la Renelle*.

Tous ces ports, toutes ces cales, à l'exception de deux ou trois qui présentent un rivage extrêmement es-

---

(*) La pierre de Malte s'exporte en grande quantité dans le Levant où elle est recherchée.

(*) C'est-à-dire *royale*, du mot arabe *melek*, qui signifie *roi*.

carpé, sont défendus par des batteries et des tours garnies de pièces de canon. Les possesseurs de l'île de Malte ont voulu faire de cette colonie une immense citadelle, qui ne pût leur être enlevée que par famine ou par trahison.

Nous avons nommé plus haut le port Saint-Paul. La tradition maltaise veut que cette anse ait été témoin du naufrage de saint Paul, naufrage dont les saintes Écritures nous ont transmis le récit. Cette opinion, quoique soutenue par des écrivains consciencieux, et consacrée par les croyances d'une population tout entière, ne nous paraît pas fondée.

Nous savons positivement que saint Paul aborda à Mélita; mais ce nom est commun à deux îles de la Méditerranée, l'une située dans la mer Adriatique près des États de Raguse, l'autre qui fait le sujet de cette notice. Examinons laquelle des deux dut recevoir l'apôtre et ses compagnons de voyage. Parti de Césarée pour aller se justifier auprès de l'empereur, des crimes qu'on lui imputait, saint Paul relâcha à l'île de Crète où son navire avait été poussé par la tempête. Quelques jours après, un léger vent du midi permit au bâtiment de s'éloigner de cette colonie. Qu'on remarque bien qu'il avait fait halte dans un port de la côte septentrionale de Candie, et que c'est de ce même lieu qu'il repartit pour continuer son voyage vers la capitale du monde romain. A peine à la voile, le vaisseau fut poussé par un vent très-violent hors de la vue de l'île qu'il côtoyait; ce vent, quel était-il? l'*Euroclydon*, nous dit l'Écriture, c'est-à-dire, suivant Pline, Vitruve, Aristote et Strabon, un vent qui tient le milieu entre le midi et le levant: c'était donc, pour parler le langage moderne, un vent de sud-est, ou ce qu'on nomme dans la Méditerranée le *scirocco*. Sur ce point, il ne peut y avoir l'ombre d'un doute.

« Le vaisseau étant emporté par la violence de la tempête, et ne pouvant résister, nous nous laissâmes aller au gré du vent. » Ainsi, d'après le texte des *Actes des Apôtres*, l'équipage renonça à conduire le navire qui fut abandonné au caprice de l'ouragan. Or, le scirocco ne pouvait le pousser que dans la mer Adriatique; toute autre direction était impossible. Pour qu'il fût jeté dans les eaux de Malte, qui est située à l'ouest de la Crète, il aurait fallu que le vent soufflât de l'est sans variation. Au surplus, le chapitre 27 des *Actes des Apôtres* est si explicite, qu'il ne permet pas la moindre équivoque. « La quatorzième nuit étant venue, comme nous étions jetés çà et là *dans la mer Adriatique*, les matelots, vers le minuit, estimèrent qu'ils approchaient de quelque terre. » Dira-t-on que l'Écriture a pu confondre la mer de Sicile où est située Malte, avec la mer Adriatique? une telle supposition est inadmissible. D'abord, Malte est très-éloignée de la mer Adriatique; ensuite cette mer n'a jamais eu d'autres bornes que celles que les géographes lui assignent aujourd'hui; elle a toujours eu à droite l'Illyrie et la Dalmatie, à gauche l'Italie; son étendue a toujours été de deux cents lieues de longueur sur quarante dans sa plus grande largeur, dimensions sur lesquelles s'accordent Pline, Strabon et Thucydide (*). Ainsi donc, lorsque le narrateur des faits et gestes des apôtres nous dit, que le vaisseau qui portait Paul fut poussé *dans la mer Adriatique*, il n'est pas possible de supposer qu'il ait eu en vue la mer de Sicile.

Du reste, ce ne sont pas les seules considérations qui militent contre la tradition maltaise. Si le navire en question avait été conduit directement à Malte, il aurait tout naturellement abordé sur un point de la côte orien-

---

(*) Ptolomée confond la mer Adriatique avec la mer de Sicile ou la grande mer Ionienne. Cependant l'une et l'autre sont et ont toujours été bien distinctes. La mer Adriatique a des limites naturelles si bien marquées, qu'il est difficile de concevoir que sa position ait donné lieu à d'aussi singulières méprises.

tale, par exemple à Marsa Scirocco, et c'est au nord-ouest de l'île qu'est le port Saint-Paul, lieu présumé du naufrage! En second lieu, le bâtiment échoua sur un bas-fond (*); or, on en connaît plusieurs à la pointe méridionale de la Mélita de la mer Adriatique, tandis qu'il n'y en a pas autour de Malte. — Paul fut mordu par une vipère et n'en ressentit aucun mal; or, Malte n'a jamais nourri de serpents d'aucune espèce, tandis qu'en Dalmatie et surtout à Mélita il y a une grande quantité de vipères très-venimeuses. — L'apôtre fut accueilli *par des barbares* (**). Malte appartenait alors aux Romains, et la population se composait principalement de Grecs, que les Romains avaient conservés dans l'île. Ce n'est pas tout: la civilisation de Malte était à cette époque si florissante, qu'elle était en renommée dans toute l'Europe. Et ce sont des Romains et des Grecs, ce sont les habitants d'un pays si avancé en matière d'art et d'industrie, que Paul, citoyen romain lui-même, aurait appelés *barbares!* Qu'on ne dise pas que, sous la plume de l'écrivain sacré, le mot *barbare* est pris dans le sens *d'ennemi de la religion chrétienne;* c'est par le mot *gentils* que les chrétiens de cette période désignaient généralement les païens. — Enfin, pour dernière observation, nous rappellerons que Paul fut obligé de séjourner trois mois à Mélita, faute d'occasion pour se rendre en

(*) « Et ayant jeté la sonde, les matelots trouvèrent vingt brasses; puis étant allés un peu plus loin, ils la jetèrent encore et ils trouvèrent quinze brasses (verset 28). — Mais étant tombés dans un endroit qui avait la mer des deux côtés, le vaisseau y échoua, et la proue y étant engagée, demeurait immobile, pendant que la poupe se rompait par la violence des vagues » (verset 41).

(**) « Et les *barbares* nous traitaient avec beaucoup d'humanité, car ils allumèrent un grand feu et ils nous reçurent tous chez eux, à cause de la pluie qui tombait sur nous, et du froid. » Chap. 28, v. 2.

L'épithète de *barbares* se trouve répétée plusieurs fois dans les versets suivants.

Italie. Cette île était donc bien peu fréquentée par les navigateurs, ce qui n'a jamais été vrai pour Malte. On ne peut supposer que ce fût le désir de convertir les habitants de la colonie à la foi nouvelle, qui retint si longtemps saint Paul dans cette île hospitalière; car les *Actes des Apôtres* ne parlent pas d'une seule prédication, d'une seule conversion; il est dit seulement que Paul guérit miraculeusement un grand nombre de malades; en second lieu, il faut se rappeler qu'il était alors prisonnier, et qu'il était envoyé à Rome pour se disculper devant César de délits extrêmement graves; l'officier romain chargé de le conduire aux pieds de l'empereur, ne l'aurait certainement pas laissé prêcher à loisir; il n'aurait pas attendu le bon plaisir de son captif pour remettre à la voile. Le long séjour de saint Paul à Mélita fut donc forcé, les communications de cette île avec les pays voisins étant très-rares (*), surtout dans la mauvaise saison, ce qui, encore une fois, n'a jamais pu se dire de Malte.

A tous ces arguments, on n'oppose que la tradition populaire de Malte et les assertions de quelques poètes latins, parmi lesquels on cite Ovide. Mais les traditions populaires sont bien souvent menteuses; et quant aux poètes, qui a jamais songé à prendre leurs œuvres pour *criterium* dans les questions de géographie et d'histoire?

Il y a donc lieu, suivant nous, à déclarer fausse l'opinion qui place à Malte le naufrage de saint Paul. Nous

(*) « Trois mois après, nous partîmes sur un vaisseau d'Alexandrie, qui avait passé l'hiver dans l'île et qui portait pour enseigne Castor et Pollux. » Verset 11.

Il semblerait d'après cela que saint Paul, ou plutôt le centenier à la garde duquel il était confié, fut obligé d'attendre qu'un navire arrêté comme lui à Mélita, remît à la voile, ce qui prouverait que l'île témoin du naufrage de l'apôtre, était bien loin d'être aussi fréquentée que l'était la Malte de la mer de Sicile, même à l'époque dont il s'agit.

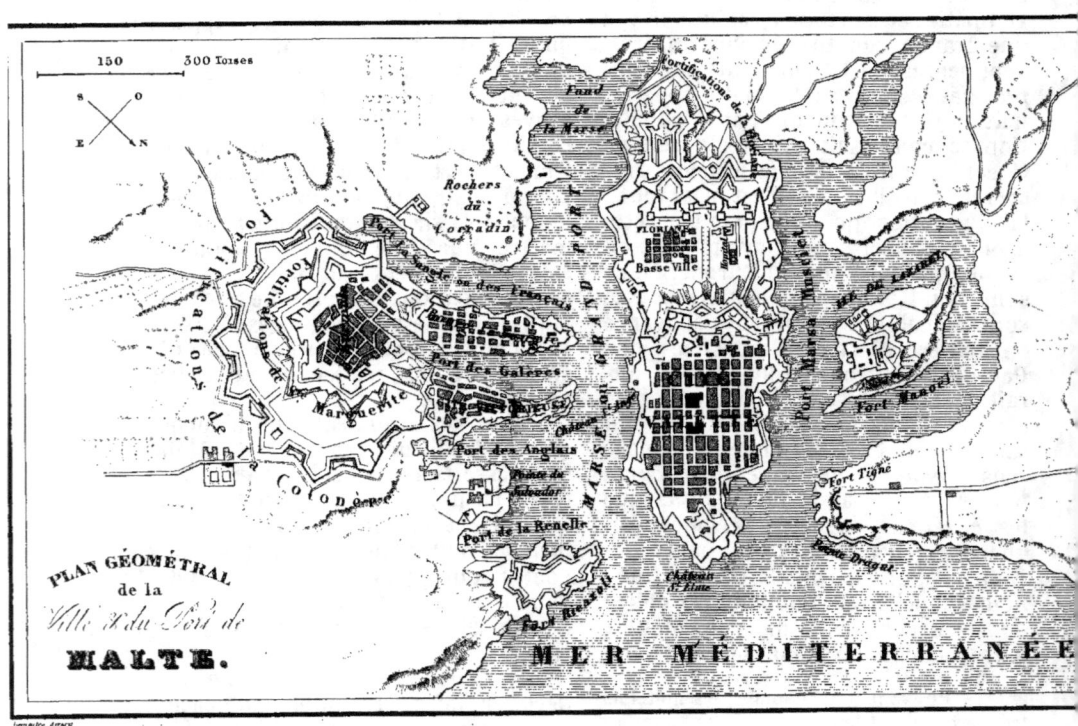

avons insisté sur ce sujet parce qu'il touche à un point historique important, et qu'il explique un passage intéressant des saintes Écritures.

GROTTES ET CATACOMBES. La nature du sol et des rochers de Malte explique le grand nombre de grottes qu'on remarque dans cette colonie. Ces grottes sont une des choses les plus curieuses à visiter ; il y en a de toutes les grandeurs, de toutes les formes et dans toutes les positions possibles. Les unes, placées au niveau de la mer, sont incessamment visitées par les flots qui y produisent un bruit formidable ; d'autres, creusées par la nature au flanc des rochers qui ceignent l'île du côté du sud, ont leur entrée à une grande élévation, et l'on n'y peut pénétrer qu'en y descendant à l'aide d'une corde, au risque de tomber dans la mer ou de se briser mille fois les membres sur les pointes aiguës des roches au-dessus desquelles on est suspendu. C'est principalement dans les cavernes dont l'accès est le plus difficile, que les pigeons bâtissent leurs nids. Toutes offrent des concrétions intéressantes et des stalactites formées par l'infiltration lente des eaux à travers les pores du rocher.

Nous ne ferons pas ici l'énumération de toutes les grottes que désigne l'histoire géologique de Malte. Nous ne citerons que celles qui méritent une mention spéciale, soit par leur importance, soit par les souvenirs qu'elles rappellent.

Grande grotte. Signalons d'abord celle qui se voit près de Marsa Scirocco et de la pointe Benisa ; on n'y aperçoit rien de bien curieux, mais son étendue et sa capacité la rendent digne d'attention. Elle a plus de deux cents pieds en longueur, et sa voûte est assez élevée. On l'appelle la *grande grotte*.

La Makluba. Dans le voisinage du village de Zorrick, à une faible distance du littoral, on arrive sur les bords d'une excavation à peu près circulaire, qui a plus de cent pieds de profondeur. La forme de cette singulière cavité est celle d'un cône tronqué, le fond ayant quatre-vingt-quinze pas de diamètre. Des observations attentives ont fait présumer que ce trou immense s'est formé par l'affaissement subit d'une grande caverne qui communiquait avec la mer. « L'époque de cet accident, ajoute un écrivain, ne doit pas être fort ancienne ; au-dessus de l'espace qui s'est enfoncé il paraît qu'il y avait quelque habitation, car on voit une citerne à cinquante pieds de profondeur dans la partie de l'escarpement où l'on a pratiqué des escaliers pour descendre. La profondeur a dû être plus grande, mais le creux a été rempli postérieurement par les terres des collines voisines, l'ouverture de l'excavation se trouvant déjà dans une espèce de vallon. » Cet abîme effrayant s'appelle *Makluba*, mot maltais qui signifie *renversé*.

Grotte de Saint-Paul. La grotte de Saint-Paul est aux environs de la Cité Notable. Des grilles de fer la divisent en trois parties. La première en entrant est ouverte au peuple dans certaines circonstances. La seconde fournit cette terre antifébrile dont nous avons parlé ; le rocher qui est taillé en forme de nef se régénère incessamment, et produit, sans s'épuiser, la poudre curative. Le compartiment du fond renferme un autel sur lequel on prétend que saint Paul a dit la messe, et une fort belle statue de l'apôtre en marbre blanc, ouvrage de Melchior Caffa, artiste distingué, né à Malte en 1635, et l'un des meilleurs élèves de Ferrata (*). Cette grotte est une des nombreuses localités que la piété des Maltais a placées sous le patronage de saint Paul. Quoique saint Jean soit invoqué dans la plus magnifique église de la colonie, quoique les exploits qui ont immortalisé l'ordre de Malte aient été accomplis au nom de cet apôtre, on n'a pas moins de respect pour saint Paul, à qui

---

(*) C'est à tort que Houël attribue cette statue au Bernin. Il ajoute, du reste, qu'elle est composée avec chaleur, et que cet artiste a fait peu de meilleurs ouvrages.

2.

les habitants de cette île vouent un culte de prédilection. Le nom ou l'image de l'héroïque naufragé se voient partout à Malte. Non-seulement la cathédrale de la Cité Notable est sous son invocation, mais encore il y a une église Saint-Paul à la Valette. Dans plusieurs villages on trouve aussi des temples dédiés à cet intrépide propagateur de l'Évangile. Sur une route qui mène à une ancienne maison de plaisance des grands maîtres, on voyait encore, il y a quelques années, des statues de saint Paul indiquant, par un mouvement du bras droit, la baie où l'erreur populaire place le désastre du vaisseau parti de Césarée. Quant au port lui-même, il va sans dire qu'il est au nombre des endroits privilégiés que l'on recommande particulièrement à la pieuse curiosité des voyageurs. N'est-il pas étrange que cette préférence se fonde sur un fait matériellement inexact et impossible? Au surplus, qu'importe? Laissons au peuple maltais ses croyances; le scepticisme serait pour lui le pire de tous les maux, comme il l'est pour nous, peuple civilisé.

Catacombes de la Cité Notable. On voit encore près de l'antique capitale de Mélita des catacombes parfaitement conservées et qu'on ne saurait se dispenser de visiter; leur étendue et les nombreuses rues qui les sillonnent leur ont fait donner le nom de *ville souterraine.* On ne peut maintenant les parcourir dans tous les sens, plusieurs issues ayant été fermées, de peur que des curieux ne s'y égarassent et ne renouvelassent l'histoire tragique dont les catacombes de Rome furent le théâtre et que Delille a racontée en vers. Houël y a pénétré par une entrée particulière qui communiquait à la maison d'un M. Pietro Greco, ancien recteur du collège de la Cité Notable. Voici la description qu'il donne de cette nécropole : « En arrivant, on descend environ huit à neuf pieds par un escalier de trois pieds de large qui conduit dans une espèce de galerie; elle est souvent très-étroite; on y remarque de chaque côté des sépulcres de toute grandeur jusqu'à celui du plus petit enfant. Le corridor est fort irrégulier; il se divise en différents conduits qui forment beaucoup de rameaux; on voit dans un grand nombre de ces routes, qui ressemblent à la première, des salles plus ou moins grandes garnies de tombeaux. Il y a telle salle dont le plafond exigeait le soutien de quelques piliers; ils ont été faits à l'imitation des colonnes groupées et cannelées, sans base ni chapiteaux, sans goût ni régularité. Les catacombes sont à douze ou quinze pieds environ au-dessous de la superficie de la roche dans laquelle on les a creusées. Cette pierre est tendre et poreuse; l'eau la pénètre facilement; pour prévenir les effets de son infiltration, on a pratiqué, au pied des parties latérales des galeries, de petites rigoles couvertes, sur lesquelles on marche; elles reçoivent les eaux et les conduisent dans des endroits où elles se rassemblent et se perdent. Par ce moyen, ces souterrains conservaient la salubrité nécessaire pour les habiter sans danger, lorsque les circonstances obligeaient de s'y retirer, et permettaient d'y transporter sans peine les corps destinés à y être déposés. La pierre dans laquelle sont creusées les catacombes, par suite de sa nature poreuse et tendre, s'est trouvée propre à nourrir certains végétaux et arbustes. A sa superficie, il y a plusieurs de ces arbustes dont les racines ont pu pénétrer cette roche sans la fendre, sans y être comprimées, et ont pu croître jusqu'à douze ou quinze pieds sur deux ou trois lignes et plus de diamètre au sein de la pierre. Il est à remarquer que ces arbustes ont leurs racines de la même grosseur à l'air libre qu'au cœur de la pierre, où il serait naturel de croire qu'ils sont gênés. Ces catacombes sont bien supérieures à celles de Naples, dont la plupart ne sont que des excavations faites au hasard pour en tirer des pierres et des matériaux à bâtir. Celles-ci servirent d'église aux premiers chrétiens de l'île. Un ermite qui vint les habiter en 1607 y attira un grand concours de fidèles. »

MALTE.

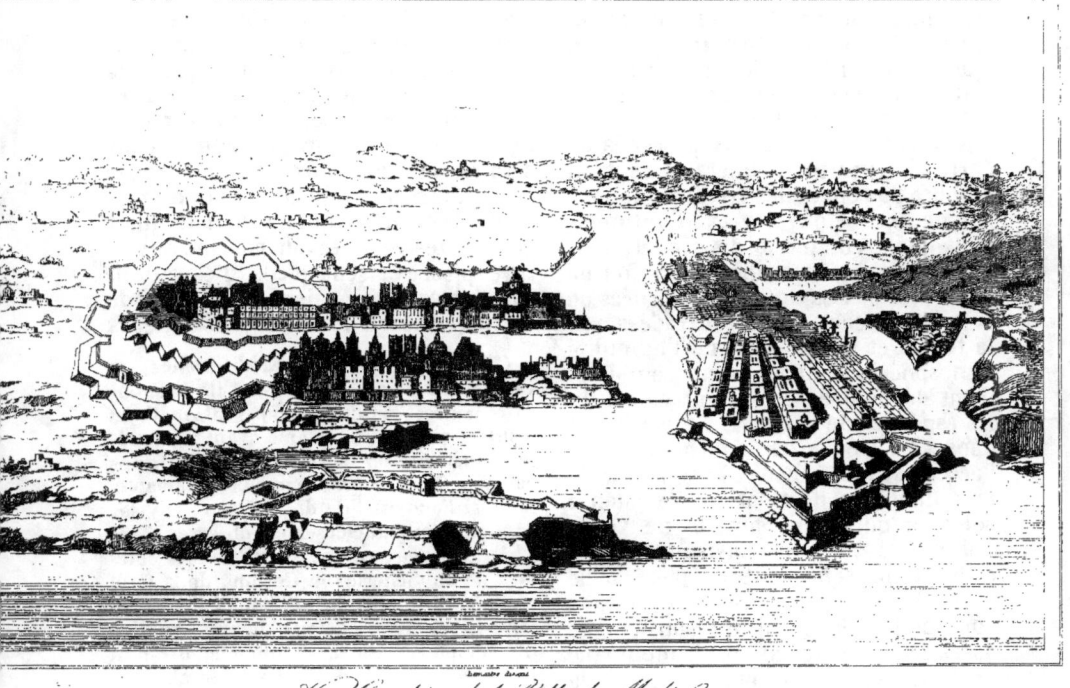

Vue Cavalière de la Ville de Malte.

Tombeaux de la Bengemma. Les grottes funéraires de la Bengemma ne sont pas moins intéressantes, quoiqu'elles occupent un espace beaucoup moins vaste et qu'elles n'aient servi qu'à la sépulture des morts. La Bengemma est une montagne située au sud-ouest de l'île. Le plan presque uni qui forme son plateau supérieur, le voisinage de la mer, l'existence de plusieurs fontaines abondantes au pied et sur les flancs de la colline, d'autres considérations non moins significatives, semblent prouver que cette localité pittoresque a été l'emplacement d'une ville dont il ne reste pas plus de traces sur le sol que dans l'histoire de Malte. Quels qu'aient été les habitants de cette ville, il est certain, d'après ce qui subsiste de leurs travaux, qu'ils n'étaient pas étrangers aux procédés de l'art. Les grottes sépulcrales sont au nombre de cent; elles reçoivent le jour par de petites ouvertures, dont quelques-unes, comme le dit Houël, ressemblent de près à une décoration de porte; les autres ont dû être ornées de la même façon, mais, dégradées par le temps et par l'action de l'humidité atmosphérique, elles sont complétement dépouillées et laissent voir à nu les aspérités de la pierre. En pénétrant dans ces demeures funèbres, dont l'accès est assez facile, le souvenir de leur ancienne destination, le silence solennel qui règne autour de vous, l'obscurité qui vous environne, vous causent un sentiment de piété mêlé d'un effroi involontaire. Les caveaux consacrés à la sépulture sont à une assez grande distance dans la montagne et dans l'endroit le plus retiré de la région souterraine. Les tombeaux sont d'une composition et d'un style exquis, les détails de leur exécution d'une finesse merveilleuse et d'un goût irréprochable; l'auteur du *Voyage pittoresque de Sicile* n'hésite pas à déclarer qu'ils sont les plus beaux et les plus élégants qu'il ait vus dans les mêmes dimensions. Quelle main a taillé dans le roc ces sombres asiles? C'est ce qu'on ne saurait dire; les fastes de Malte sont muets sur ce point, et la destruction a passé sur les vestiges matériels qui auraient pu faciliter la solution du problème.

Grotte de Calypso. En se dirigeant vers le port de Meileha, situé au nord-ouest, on arrive en face du palais de Calypso (*); triste palais, à en juger par ce qui en reste! Deux étages de grottes sombres et humides, creusées dans un rocher à pic d'une grande élévation, distribuées sans ordre, sans symétrie, n'offrant aucunes traces d'ornements, ni rien de ce qui constitue une demeure agréable, voilà le séjour de Calypso et de ses nymphes. Le cabinet de toilette de la déesse, ce boudoir où toutes les ressources de la coquetterie la plus raffinée étaient employées pour ajouter de nouveaux charmes à ce que la nature avait fait beau et séduisant, ce réduit mystérieux dont l'imagination se plaît à faire un sanctuaire d'amour et de volupté, n'était, hélas! qu'une très-modeste chambre qui ne se distinguait des grottes voisines que par une ouverture placée à sept pieds d'élévation. Vous chercheriez vainement autour de ce lieu célèbre les sites enchanteurs

(*) Plusieurs îles de la Méditerranée revendiquent le nom de Calypso. L'île de Fano, entre autres, est désignée par d'Anville et d'autres géographes comme ayant été le séjour enchanté où Ulysse fut si longtemps retenu prisonnier par son immortelle amante. Mais si Fano est l'île de Calypso, Ulysse, comme le fait judicieusement observer M. de Châteaubriand, devait apercevoir les côtes de l'île de Schérie ou Corfou, et de la forêt où il construisait son vaisseau, et il pouvait faire le trajet en quelques heures, au lieu d'y employer, suivant Homère, dix-huit jours de navigation. D'ailleurs Strabon et les géographes modernes qui se sont occupés de cette question s'accordent tous à placer l'île de Calypso dans la mer de Malte. Seulement les opinions varient sur le point de cette mer que le chantre de l'Odyssée a voulu désigner. On a cru pendant quelque temps que c'était le Goze qu'avait habité la nymphe célèbre; mais on a reconnu que l'île nommée *Ogygie* par Homère était positivement Malte. Nous invoquerions à l'appui de cette opinion les témoignages les plus respectables, si l'espace consacré à cette notice nous permettait les longues digressions.

dont Fénelon a fait une description si poétique. Cette eau murmurante, qui serpentait en ruisseaux argentés au milieu de fraîches prairies, se borne à une fontaine qui jaillit au pied de la montagne; ces bois verdoyants qui protégeaient de leur ombre discrète les amours de Télémaque et d'Eucharis n'existent pas et n'ont jamais pu exister, car le sol se refuse à produire des arbres. A l'aspect de cette triste muraille percée de grottes délabrées, et auprès de laquelle croissent de maigres arbrisseaux à qui manquent l'eau et la terre, on se demande comment les poëtes ont pu trouver de riches couleurs pour la peinture d'un pareil paysage. Malheureusement le désappointement est si cruel, que l'esprit se tient en garde contre la puissance des souvenirs, et que les gracieuses fantaisies de Fénelon, pas plus que les récits ingénieux du chantre d'Ulysse, ne peuvent rien sur la mauvaise humeur qui vous possède. Si l'on oublie un moment les traditions fabuleuses, on reconnaît que le port de la Melleha a pu être, en effet, un refuge pour les navigateurs d'autrefois. La situation de ce port au nord-ouest de Malte, la sécurité dont les vaisseaux y jouissent, la fontaine abondante dont nous avons parlé, tout prouve que c'était là le premier lieu de relâche des bâtiments qui avaient doublé le Goze en venant d'Afrique. Il est donc permis de croire, avec Denon, qu'on y avait formé de grossiers établissements dont les grottes de la montagne sont les restes. Ceci est assurément bien prosaïque; mais comment respecter la poésie en face d'une si triste réalité! Quoi qu'en dise l'illustre auteur de l'*Itinéraire de Paris à Jérusalem*, on peut sans être un barbare ne pas voir toujours « par les yeux d'Homère et de Fénelon. »

VILLES ET VILLAGES. L'île de Malte, toute petite qu'elle est, peut être considérée comme divisée en deux zones bien distinctes. La partie occidentale forme en effet un contraste frappant avec la région de l'est. La première est peu ou point habitée, aride, pittoresque; la seconde est considérablement peuplée, fertile, grâce à l'active industrie des habitants, riche en ruines intéressantes et en curiosités naturelles. La raison de la préférence accordée par les Maltais à la partie orientale est facile à concevoir. A l'ouest, et principalement dans les endroits voisins de la côte, on respire un air très-malsain; en outre, on n'y trouverait pas même la terre nécessaire pour la préparation du sol que l'on voudrait cultiver; tandis que dans la zone de l'est l'atmosphère est pure de tout miasme malfaisant, et la terre végétale se rencontre dans quelques vallées ainsi que dans plusieurs excavations. Il ne faut pas oublier non plus que les deux capitales de la colonie sont situées dans cette dernière partie, ce qui a dû donner un nouveau poids aux motifs de la prédilection des Maltais pour l'orient de leur île.

PARTIE OCCIDENTALE. Des vallons ombragés d'arbres, des fontaines murmurantes, quelques restes de constructions souterraines, des solitudes agrestes, de belles perspectives, quelques souvenirs historiques et poétiques, voilà ce qui attire les voyageurs dans la région de Malte la plus voisine des îles du Cumin et du Goze. On y peut visiter la montagne de Bengemma et ses grottes funéraires; plusieurs salines placées sur le bord de la mer; les ruines de l'ancienne maison de campagne qu'on désigne sous le nom de *Saint-Publius;* le lieu nommé *Kaala ta Ubid*, où, durant la domination des Arabes, une poignée d'esclaves, après avoir brisé ses fers, se fortifia et succomba en luttant courageusement contre ses maîtres; enfin, le port de la Melleha et les cavernes célèbres transformées par les poëtes en un palais enchanté. Voilà, à peu de chose près, tout ce qu'il y a à voir dans la partie occidentale de Malte.

PARTIE ORIENTALE. Deux villes et vingt-deux villages ou casaux (*) s'é-

(*) Le nom de *casal* appliqué aux villages de Malte a pour racine le mot arabe *rahal* qui signifie station. Il rappelle que ces villages se sont formés par les établissements et les chétives maisons des premiers cultivateurs maltais.

lèvent dans la partie est, indépendamment de plusieurs hameaux et d'un grand nombre de maisons de campagne.

Cité Notable. La Cité Vieille ou Notable (*citta vecchia* ou *notabile*) est le centre autour duquel se sont groupés la plupart de ces villages. Appelée *Mélita* par les Grecs, et *Mdina* par les Arabes, elle fut la capitale de l'île jusqu'à la fondation de la Valette. Sa situation sur un plateau assez élevé et les fortifications dont elle est entourée lui donnent de loin un aspect assez imposant. Elle paraît avoir été renommée pour la grandeur et la beauté de ses édifices, aussi bien que pour l'activité de son industrie. Suivant Diodore de Sicile, on y fabriquait des tissus de lin d'une finesse merveilleuse. Elle avait alors une grande étendue et une nombreuse population. C'est elle, dit-on, qui accueillit saint Paul dans ses murs; aussi a-t-elle toujours été la ville la plus pieuse et en même temps la plus vénérée de l'île de Malte. Pendant tout le règne des chevaliers, elle n'a cessé d'être le siége de l'évêché de Malte; la cathédrale, restaurée dans les temps modernes, mais d'un style très-simple, renferme des tableaux du Calabrois, dont nous aurons lieu de parler plus loin. Aujourd'hui, il ne reste rien des magnifiques monuments de Mélita; et cette ancienne capitale est tellement dépeuplée, qu'en parcourant ses rues on est tenté de se croire dans une cité abandonnée. A peine y compte-t-on quatre cents habitants; il est vrai que le Rabbato, village voisin qui n'est que le faubourg de cette ville, en a plus de deux mille. Les catacombes et la grotte de Saint-Paul que nous avons décrites sont les endroits les plus remarquables des environs. Il y a près de la ville vieille un cimetière dans lequel on a trouvé dans un état de conservation parfaite des cadavres enterrés depuis des siècles. Ces corps ressemblaient à des momies, et la forme des traits était si peu altérée, que quelques individus furent, dit-on, reconnus d'après leurs portraits qui existaient encore dans leurs familles.

Casaux. Notre intention ne saurait être de faire la description détaillée de tous les villages de Malte. Une simple énumération nous paraît suffisante.

Le Bosquet. Nous avons déjà nommé le Rabbato, dépendance de la Cité Notable. A une très-petite distance se trouve le Bosquet, ancienne maison de plaisance des grands maîtres. L'habitation consiste en un château flanqué de tours carrées; dans une grande salle du rez-de-chaussée et dans celle dite *du trône*, au premier étage, les plafonds et les corniches sont peints à fresque, et représentent l'histoire du grand maître Verdale, à qui l'on doit la construction de cette belle maison de campagne; le jardin et la vallée où s'élève le château sont les endroits les plus agréables de l'île. On y goûte, à l'ombre d'arbres séculaires et au bord des ruisseaux qui les arrosent, une fraîcheur que l'on chercherait vainement ailleurs dans toute la colonie. L'oranger, le citronnier, le cédrat, le bergamotier, y exhalent leurs parfums aromatiques. Le parc qui entoure le château était autrefois peuplé d'animaux de toute espèce, et surtout de gazelles. Une vaste volière soigneusement entretenue, et contenant les oiseaux les plus rares, ajoutait encore aux agréments de cette charmante retraite.

Ornières antiques. Si, en quittant le Bosquet, on s'avance vers la mer, on se trouve, au bout d'une petite demi-heure de marche, sur une élévation au pied de laquelle on aperçoit des ornières antiques tracées dans le rocher. Ces ornières, qui ont de quatre à six pouces de largeur sur douze ou quinze de profondeur, se prolongent jusque dans la mer, où on les suit aussi loin qu'on puisse distinguer un objet au fond des eaux. Cette continuation sous-marine d'une route si évidemment fréquentée autrefois, prouve que la mer a, dans cette partie de Malte, singulièrement empiété sur le rivage. Quant aux ornières, elles semblent indiquer qu'il a existé dans le voisinage un établissement considérable, tel qu'un entrepôt de marchandises.

A l'extrémité la plus méridionale de l'île est situé le casal *Dinghi*, nom qui appartenait à une famille maltaise fort considérée.

En remontant vers le centre de la colonie, on rencontre le casal *Zèbug*, appelé aussi *Cité Rohan*. Ce village, le plus considérable et le plus peuplé de tous, est bâti sur une hauteur autrefois couverte d'oliviers, ce qui lui a fait donner le nom qu'il portait primitivement. Au sommet de la colline, on remarque trois fontaines et une grotte dont la voûte distille une eau limpide, même dans les temps de sécheresse. Ce qu'il y a de particulier, c'est que le plafond de cette grotte n'est éloigné du plateau de la montagne que de huit ou neuf pieds. C'est là un exemple de la filtration des vapeurs atmosphériques à travers les rochers de Malte.

Itard, qui doit son nom à une famille maltaise; *Saint-Antoine*, autre maison de campagne des grands maîtres, entourée d'un joli jardin planté d'orangers; *Mosta*, qui fut pris et saccagé par des corsaires en 1526; *Lia, Balzan*, qui s'annonce par des touffes d'oliviers, de caroubiers et d'amandiers; *Nasciar*, grand casal qui reçut le premier les semences du christianisme; *Ghargul* ou casal *Grégoire*; *Berkercara*, dont l'église avait titre de collégiale, et qui contient une population relativement assez nombreuse: tous ces villages forment un groupe dont l'aspect ne rompt pas la monotonie du paysage, car, tous construits de pierre blanche, ils sont de même couleur que la campagne qui les environne.

Pour se rendre de Berkercara à *Qurmi*, il faut passer sous les arcades du grand aqueduc construit par ordre du grand maître Alof de Vignacourt, et qui alimente d'eau la Cité Valette. Cet aqueduc, qui commence à *Diar Chandul* et aboutit à la place où s'élève le palais des grands maîtres, a sept mille quatre cent soixante et dix-huit cannes de long, ou environ quarante-huit mille cent quatre-vingt-douze pieds. L'eau prend sa source dans la partie la plus méridionale de l'île.

Qurmi est encore appelé *Cité Pinto*, du nom d'un grand maître, et *Casal Fornaro*, à cause du grand nombre de fours à pain qu'on y a construits. C'est un bourg important et qui doit son opulence au voisinage de la Valette.

En revenant du côté de Zèbug, on trouve, situés à une faible distance les uns des autres, les villages suivants: *Siggeui*, ou casal *du repos*; *Qrendi*; *Mqabba*, nom qui signifie *couvercle de vase*; *Zorrick*, dont les habitants sont grands chasseurs, et dont l'église renferme deux beaux tableaux représentant l'un saint André, par le Calabrois, l'autre la mort de sainte Catherine, par Matteo da Lecce; *Zafi*, qui fut le seul endroit qu'épargna l'épidémie de 1676; *Quergop*; *Gudia*, dont le nom indique un lieu élevé, et auprès duquel existent quelques ruines intéressantes dont nous aurons à parler dans une autre partie de cette notice; *Luca*, bâti sur une éminence qui domine le grand port de la Valette, et dont les habitants font presque tous le métier de maçons dans lequel ils excellent. Enfin, dans la région du nord-est, c'est-à-dire dans le voisinage de Marsa Scirocco et de la Cité Valette, on peut visiter *Ghasciaq*, nom maltais qui exprime l'idée d'un plaisir ou d'une jouissance; *Tarscien*, où l'on croit que s'établirent les premiers Phéniciens qui habitèrent Malte; *Paula* ou *Casal Neuf*, bâti sous le magistère de Depaule, tout près de la grande Marse; *Zeïtun* ou *Biscallin* (fils de Sicilien), nom que ce casal doit à l'établissement qu'y formèrent un grand nombre de Siciliens émigrants débarqués à Marsa Scala; *Zabbar* ou *Szabbar*, aussi nommé *Cité Hompesch*; et *Farrugi*, petit village placé non loin des deux cales de Marsa Scala et de Saint-Thomas.

Les nombreux villages dont on vient de lire l'énumération, communiquent les uns aux autres par des chemins qu'on ne peut pas toujours parcourir en voiture. Dans chacun d'eux s'élèvent des églises et des chapelles, objet de la pieuse vénération des Maltais. On y voit aussi de belles maisons décorées avec élégance, ayant terrasses à l'italienne, balcons et colonnades. Des citernes antiques, des ruines de différentes époques existent dans les environs; nous nous en occuperons en écrivant l'histoire de Malte.

CITÉ VALETTE. *Aspect de la ville.* Lorsqu'on entre dans le grand port de la Cité Valette, on est frappé de la beauté du spectacle qui se déploie sous les regards. Cette ville, qui s'étend en amphithéâtre et semble se mirer dans les flots transparents qui l'entourent; ces faubourgs populeux qui s'avancent hardiment dans le port en face de la ville principale; ces anses commodes où se balancent des vaisseaux de toutes dimensions, portant pavillons de toutes les couleurs; les édifices nombreux dont le faîte domine les maisons qui les environnent; les ouvrages fortifiés et les citadelles qui défendent les abords de la capitale sur tous ses points accessibles; tout cela forme un panorama grandiose et presque unique dans son genre, une scène qui frappe vivement l'imagination. Ceux-là même qui ont vu le port de Constantinople, et contemplé avec admiration le magique tableau de la Corne d'Or, ne sont pas insensibles aux magnificences qu'étale avec orgueil à la vue de l'étranger la ville illustrée par les chevaliers de Saint-Jean.

Situation géographique. — Fondation de la ville. La Valette est située par 12 degrés 6 minutes du méridien de Paris. Elle fut fondée en 1566 par le grand maître dont elle porte le nom. Bâtie sur une pointe de rocher qui divise le port en deux parties principales, elle domine la Cité la Sangle et la Cité Victorieuse, faubourgs construits eux-mêmes sur d'autres pointes de terre, qui découpent la grande Marse en plusieurs anses de moindre dimension. Elle est baignée à gauche par les flots du port Marsa Musciet, au milieu duquel est la petite île du Lazaret, et qui pourrait à lui seul contenir tous les bâtiments qui jettent l'ancre devant la capitale. Pour bien se rendre compte de la situation de cette ville célèbre, il est nécessaire de jeter les yeux sur le plan que nous en donnons dans cette notice; on verra qu'il était impossible à l'ordre de Saint-Jean de Jérusalem de trouver une position plus heureuse, et à l'Angleterre de s'établir, pour régner sans rivale sur la Méditerranée, dans un poste plus sûr.

Fortifications. — Différents ports. Ce qui frappe d'abord, en approchant de Malte, c'est l'ensemble effrayant des fortifications qui défendent la capitale. Partout où l'on jette les yeux on aperçoit de hautes murailles garnies de bouches à feu, de doubles et triples rangées de batteries se répandant, se croisant dans tous les sens, des bastions inexpugnables, des retranchements bordés de fossés profonds et couronnés de pièces d'artillerie. Il n'y a pas de ville au monde qui, dans des bornes aussi resserrées, possède des moyens de résistance aussi formidables. A l'extrémité de la Cité Valette, à la pointe nord du mont Sceberras (*), s'élève une forteresse de premier ordre, nommée *Château Saint-Elme.* Ses murs ont vu des milliers de Turcs tomber, en 1565, sous les coups des chevaliers qui la défendaient, et elle ne fut prise que lorsque le dernier des soldats chrétiens eut été enseveli sous les ruines de la place. Le fort Saint-Elme, commencé par le commandeur de Strozzi, grand prieur de Capoue et général des galères de Malte, augmenté de plusieurs bastions par le grand maître la Sangle, fut complétement terminé par Raymond de Perellos, dans les premières années du dix-huitième siècle. Indépendamment des ouvrages qui en font la force principale, il est entouré d'une rangée de batteries placées à fleur d'eau, qui défendent l'entrée du port du côté de la grande Marse et du côté de Marsa Musciet. A son extrémité opposée, c'est-à-dire à l'endroit où le mont Sceberras se rattache à la terre ferme, la Valette est protégée par les fortifications de la Florianne, commencées en 1635 par le grand maître Lascaris, et

(*) Nom de la langue de terre sur laquelle est bâtie la capitale.

achevées en 1715. — Le grand port n'est pas moins à l'abri d'une attaque par mer et par terre. Ce port, avons-nous dit, est subdivisé en plusieurs anses; la première, à partir de son embouchure, est formée par la pointe de Ricazoli et la pointe de Salvador : on la nomme port de *la Renelle*; elle est défendue par le fort Ricazoli, dont la construction est due à un commandeur qui portait ce nom; il est d'une étendue immense; des batteries rasantes presque invisibles et creusées dans le roc vif, comme presque tous les ouvrages de Malte, rendent ce fort redoutable aux vaisseaux qui voudraient pénétrer dans le port, car ils se trouveraient exposés au feu croisé du château Saint-Elme et de la pointe Ricazoli, situés en face l'un de l'autre. La deuxième anse est formée par la pointe de Salvador et l'étroite langue de terre que couvre il Borgo ou Cité Victorieuse; c'est le *port des Anglais*. A l'extrémité du Bourg s'élève, fier de son passé glorieux, le fort Saint-Ange destiné à protéger cette partie de la Marse en même temps que la troisième anse ou *port des Galères* (*), dessinée par la Cité Victorieuse et le faubourg de la Sangle. Le château Saint-Ange était la seule forteresse qui existât dans l'île à l'époque où les chevaliers de Saint-Jean s'y établirent. Le grand maître l'Ile-Adam y ajouta des bastions, des remparts, des citernes, des fossés, un arsenal et des magasins. Ce fut contre ce fort, un des principaux de Malte, qu'échouèrent, après de nombreuses et sanglantes tentatives, les efforts des musulmans, en 1565, quoiqu'ils fussent déjà maîtres du château Saint-Elme. — La quatrième anse, nommée *port de la Sangle* ou *des Français*, est sous la protection des fortifications qui entourent de ce côté le bourg de la Sangle. — Ce n'était pas assez d'assurer, du côté du port, la tranquillité des faubourgs de la Valette, il fallait aussi mettre ces dépendances si importantes de la capitale parfaitement à l'abri du côté des terres. La prévoyance des grands maîtres y a pourvu. Le fort Saint-Michel est destiné à défendre la Sangle. La Bormola, autre faubourg qui s'étend tout auprès, est couverte par le fort Sainte-Marguerite; enfin les fortifications de la Cotonère embrassent le bourg la Sangle, la Bormola et la Cité Victorieuse, y compris le fort Sainte-Marguerite. Cette enceinte immense, dont le grand maître Nicolas Cotoner conçut l'idée et traça le plan, peut, en cas d'attaque, contenir tous les habitants de la campagne et opposer à l'ennemi une longue résistance. — L'entrée du port Marsa Musciet est défendue par le fort Tigné, bâti à la fin du siècle dernier, sur la pointe de Dragut (*), qui s'avance en face du château Saint-Elme et fait le pendant de la pointe Ricazoli. L'île du Lazaret, située dans le même port, et à une petite distance, porte le fort Manoël ou Emmanuel, construit par ordre du grand maître Manuel de Vilhena, vers l'an 1723.

Ainsi la Valette et ses faubourgs sont complètement inabordables. La famine ou la trahison pourrait seule les faire tomber entre les mains d'une nation rivale. Disons, toutefois, que ce luxe de fortifications n'est pas sans inconvénient, à cause du grand nombre d'hommes qu'exige leur défense. Le fort Saint-Elme et le château Saint-Ange ne peuvent être confiés qu'à des garnisons considérables; quant à la Florianne et à la Cotonère, elles demanderaient à elles seules plusieurs régiments. Maintenant si l'on tient compte des autres travaux fortifiés, tels que batteries, retranchements, tours, fortins, etc., qui protègent l'intérieur et les côtes de Malte, on verra que la possession de ce point militaire ne laisserait pas d'être onéreuse à la

---

(*) Ainsi appelé parce qu'il était autrefois consacré à remiser les galères de la Religion.

(*) C'est le nom d'un vice-roi d'Alger qui prit une part active au siège de Malte sous la Valette, et qui débarqua avec ses troupes sur le cap qui regarde le château Saint-Elme.

Grande-Bretagne en cas de guerre maritime.

Description de la Cité Valette proprement dite. — Portes, rues, balcons, fontaine publique, pavage, la rue aux duels. On entre dans la Cité Valette par trois portes, la *Réale*, la *Marina*, et celle de *Marsa-Musciet;* toutes trois sont pratiquées dans le roc et convenablement défendues. — Les rues sont belles et bien percées ; la plus longue et la principale est celle qui commence à la porte Réale, près de la Florianne, et qui aboutit au château Saint-Elme ; les autres sont tirées au cordeau, perpendiculairement ou parallèlement à celle-là.

Comme, par suite de la disposition du terrain, la plupart des rues offrent une pente rapide, on a jugé à propos d'en disposer le sol en escalier. Cette succession de marches leur donne un aspect étrange et pittoresque. Si l'on jette les yeux sur les deux gravures de cet ouvrage, qui représentent les rues de Saint-Jean et de Sainte-Ursule, on verra que, malgré l'anathème prononcé par lord Byron sur les rues de Malte, elles ne laissent pas d'offrir des perspectives très-originales.

Toutes les maisons étant construites de belle pierre blanche, elles ont toujours l'air d'être neuves, et donnent aux rues un aspect de propreté et de coquetterie qui plaît aux yeux de l'étranger. La forme de ces maisons varie à l'infini ; cependant elles se terminent toutes en terrasse. Ces toits à l'italienne sont enduits de pouzzolane, et permettent aux eaux pluviales de se rendre par un conduit dans la citerne qui est au pied de la maison. Les demeures des bourgeois et des nobles de Malte sont, pour la plupart, ornées de balcons couverts, dont quelques-uns sont de magnifiques boudoirs où les femmes viennent, le soir, jouir de la fraîcheur de la brise maritime.

Bien que chaque maison ait un réservoir d'eau, il y a encore des citernes publiques, et, en outre, une fontaine qui, communiquant avec les réservoirs particuliers au moyen de canaux souterrains, alimenterait toute la ville, s'il arrivait que les pluies d'hiver n'eussent pas fourni à chacun son approvisionnement ordinaire. L'eau de cette fontaine est excellente et très-limpide ; mais, comme elle prend sa source dans la partie sud de l'île, et que, pour parvenir à la capitale, elle suit le long aqueduc dont nous avons parlé, elle arrive chaude et désagréable à boire pendant l'été ; on remédie à cet inconvénient par l'usage de la glace ; les neiges de l'Etna sont, nous l'avons dit, d'un très-grand secours à Malte, où l'extrême chaleur débilite l'organisme et altère les fonctions digestives. Il paraît qu'autrefois le grand aqueduc ne fournissait de l'eau qu'au palais du grand maître et au bagne. L'auteur de l'*Ordre de Malte dévoilé* (*) explique ainsi cette particularité : « C'est un esclave turc qui enseigna l'hydraulique à celui qui avait eu l'idée de construire cet aqueduc. Ce savant vit sa science échouer aux pieds des murs de la ville ; un esclave vint à son secours, et lui prouva que l'eau montait à une hauteur pareille à celle d'où on la faisait descendre. Pour récompense il obtint, avec sa liberté, qu'un canal conduirait la même eau dans le bagne. »

Autrefois les rues de la Cité Valette étaient mal pavées et embarrassées de perrons qui gênaient la circulation et occasionnaient, pendant la nuit, de graves accidents. Mais, depuis 1771, on a fait disparaître ces obstacles ; on a établi, dans toutes les directions, des conduits pour l'écoulement des eaux de pluie et des immondices ; enfin, on a pavé magnifiquement toutes les rues. Aujourd'hui aucune autre capitale, dans le monde entier, ne saurait se comparer à la Cité Valette pour la propreté. Mais ce pavé, si beau, si uni, si bien entretenu, a un inconvénient très-fâcheux. Les pierres qui le composent produisent sous le frottement une poussière fine que le vent soulève incessamment, et qui, s'introduisant dans les yeux des passants, occasionne

―――――
(*) Carasi, dont nous aurons occasion de parler plus loin, avec quelques considérations sur le singulier ouvrage qu'il a laissé.

des ophthalmies d'où résulte quelquefois la perte de la vue. C'est à tort qu'on attribue la fréquence des maux d'yeux à la blancheur de la pierre dont les maisons de Malte sont toutes construites. Cette blancheur jaunâtre étant la couleur naturelle de la pierre, et non celle d'un enduit superposé ; en outre, la pierre étant extrêmement poreuse, les faisceaux lumineux s'absorbent et ne sont pas réfléchis avec autant de force qu'ils le seraient par des murs blanchis avec la chaux et le plâtre. On conçoit que les Européens ne puissent pas supporter la vue d'une ville entièrement peinte en blanc, comme Alger, par exemple, parce que là la réflexion des rayons du soleil est très-intense ; mais ce ne peut être le cas à Malte, et c'est, suivant nous, aux molécules corrosives qui s'élèvent du sol environnant, des murs des maisons et des dalles sur lesquelles on marche, qu'il faut rapporter la cause des cécités et des maux d'yeux, en général, qui affligent les habitants de cette île (*).

Parmi les rues de la Cité Valette, il en est une qui jouissait autrefois d'un singulier privilège. La législation de l'ordre de Malte assimilait le duel au crime de lèse-majesté divine et humaine, et le punissait comme tel ; cependant, comme on avait senti qu'il serait impossible d'extirper entièrement la manie des combats singuliers introduite dans l'Ordre avec les préjugés de la chevalerie, il fut déclaré que ceux qui se battraient dans la rue Stretta ne seraient censés coupables que de manque de subordination et d'obéissance. Le but de cette mesure est facile à comprendre : comme le dit le comte de Borch, « la Religion rassemblait tous les duellistes des campagnes dans la capitale, les rapprochait de leur chef, qui avait, par là, plus de facilité à les surveiller ; et, sous prétexte d'assigner elle-même un champ propre à la vengeance, elle obligeait les combattants de décider leurs différends dans un lieu voisin du palais du grand maître, et extrêmement fréquenté, où le premier passant avertissait la garde du château qui arrêtait les deux coupables. » Une croix tracée sur la muraille par une main pieuse marquait l'endroit où avait succombé un champion malheureux. Cela voulait dire : « Priez pour le trépassé ! »

Monuments. Le bon goût dans la disposition des masses et la simplicité dans les détails de l'extérieur, constituent le caractère des monuments de la Cité Valette. A proprement parler, il n'existe pas un seul bel édifice à Malte ; mais ils sont tous si solidement construits, l'ordonnance en est généralement si bien entendue, que leur aspect est on ne peut plus grandiose et imposant. Ils réveillent des idées de force et de puissance qui s'harmonisent bien avec les souvenirs historiques auxquels leur existence se rattache.

Palais des grands maîtres. La résidence des anciens souverains de Malte n'a rien de remarquable à l'extérieur, si ce n'est la grandeur des bâtiments dont elle se compose. Mais les appartements en sont vastes et magnifiquement décorés. L'étranger admis à visiter cette demeure, habitée aujourd'hui par le gouverneur anglais, parcourt d'immenses salles ornées de colonnes en marbre blanc, et de peintures d'une grande beauté. De tous côtés, on voit les portraits des grands maîtres et des chevaliers qui ont acquis un renom militaire dans les fastes de l'ordre de Saint-Jean. Les décorations des frises sont dues au pinceau des deux premiers élèves de Joseph d'Arpino, et les vues du siége de Malte à Matteo da Lecce. Dans la chapelle il y a une naissance de la Vierge par le Trévizan. La salle d'armes est remplie de trophées groupés avec goût et d'un effet très-pittoresque. On ne peut se défendre d'une certaine émotion en songeant à tous les nobles cœurs qui ont battu sous ces cuirasses, aux vaillantes mains qui ont manié ces lances et ces épées. Ce sont là des reliques pleines de poésie, et qui ressuscitent dans la pensée deux siècles de gloire et de puissance.

(*) Telle est aussi l'opinion du comte de Borch (*Lettres sur la Sicile et sur l'île de Malte.*)

MALTE.

"Cité Valette".

A l'extrémité de cette même salle, au-dessus d'une riche cuirasse damasquinée en or, qui a appartenu au grand maître Vignacourt, on voit le portrait de ce souverain peint en pied par Michel-Ange Caravage. On s'accorde à considérer ce morceau comme le chef-d'œuvre de cet artiste célèbre. — On se plaît aussi à s'arrêter dans un salon dont le plancher est couvert d'une natte jaunâtre, et dont les tapisseries représentent les plus riches productions de l'Asie et de l'Afrique. Ici tout rappelle l'Orient; on se croit transporté en face de cette nature prodigue qui étale sur les rives du Bosphore ses trésors inépuisables. Le soleil de Malte, qui inonde cette pièce de chaleur et de lumière, ajoute à l'illusion. — La galerie des grands maîtres n'est pas la partie la moins intéressante de cette demeure princière. Elle contient, entre autres tableaux précieux, un Sauveur par le Guide, le meurtre d'Abel par l'Espagnolet, et plusieurs toiles du *Calabrese*. En face des croisées on aperçoit, incrustés dans le mur, trois bas-reliefs en pierre. Le premier représente Pentésilée, reine des Amazones, qui combattit au siége de Troie pour venger sur Achille la mort d'Hector; le second offre les têtes de Claudia et de Tullia, l'une femme de Cécilius Métellus, et chantée par Catulle sous le nom de Lesbie; l'autre, fille de Cicéron, et renommée parmi ses contemporains pour ses connaissances variées. Le troisième bas-relief représentait Zénobie, reine de Palmyre, qui, après avoir conquis l'Égypte, fut vaincue par l'empereur Aurélien, et suivit son char de triomphe en l'an 274. Ces trois sculptures sont d'un style assez médiocre, et paraissent, par cela même, appartenir à l'époque de la décadence des arts (*). — Ce n'étaient pas là les seuls objets précieux que renfermassent le palais des grands maîtres. Mais toutes les richesses en or, en argent et en bijoux, qu'il contenait autrefois, furent enlevées par les Français lors de leur séjour passager à Malte. Il en coûte à l'amour-propre national d'avouer de pareils méfaits; mais l'histoire est inflexible; et, d'ailleurs, ces spoliations eurent des conséquences trop funestes, comme on le verra dans la suite de ce travail, pour qu'on puisse les passer sous silence.

Églises. Les églises de la Cité Valette ne font pas exception à la règle; elles sont, à l'extérieur, de la plus grande simplicité; et, à l'intérieur, d'une richesse éblouissante. Celle que la piété des Maltais a dédiée à saint Jean est la plus belle. Elle fut bâtie par le grand maître la Cassière, et consacrée par Ludovico Torrès, archevêque de Montréal. L'absence de dôme lui donne un aspect assez mesquin; mais en pénétrant sous ses voûtes, on est frappé de l'éclat de ses ornements, de la splendeur de sa décoration un peu profane peut-être. De quelque côté qu'on jette les yeux, on ne voit qu'or, marbre resplendissant, et peintures magnifiques. Cotoner, un des plus renommés souverains de Malte, épuisa son trésor particulier à faire dorer les innombrables sculptures de cette église. Le pavé est entièrement composé de pierres sépulcrales en marbre de toute couleur, incrustées de jaspe et d'agate; admirable mosaïque qui a coûté des sommes énormes. Sous chacune de ces pierres armoriées qui sont au nombre de quatre cents, dort un chevalier qui mérita par sa vaillance, ou par les services rendus à l'Ordre, de reposer dans la même enceinte que l'Ile-Adam et -la Valette. Les chapelles latérales sont, comme la nef, ornées de monuments funéraires. Quelques-uns de ces tombeaux, tous du marbre le plus rare, sont surmontés ou accompagnés d'une quantité de piques, de canons, d'armes de toute espèce, de casques, de rames et de proues de navires; ces attributs guerriers rappellent que ceux dont la cendre repose ici ont été redoutables à leurs ennemis; et les emblèmes religieux auxquels ils sont mêlés montrent qu'ils puisèrent leur courage dans une

---

(*) L'abbé Navarre, dans une dissertation imprimée en 1778, a cherché à prouver l'antiquité de ces bas-reliefs, qui sont apocryphes. On les a transportés depuis à la bibliothèque publique. A. F. D.

foi inébranlable. Le tombeau du grand maître Cotoner se fait remarquer par la profusion de ses ornements ; un Turc et un Africain, à la figure expressive, soutiennent le sarcophage. La composition de ce monument est de mauvais goût, comme celle de la plupart des tombeaux de l'église Saint-Jean ; mais les matériaux qui le composent sont si splendides, le marbre s'y marie si harmonieusement avec le lapis et l'agate, que l'aspect en est des plus séduisants. Du reste, ces tombeaux si coquets ne jurent pas le moins du monde avec le caractère général de l'église, qui est quelque peu théâtral. Dans une des chapelles, on voit le tombeau du grand maître Rohan. Au-dessous repose une femme, la nièce de ce prince. Quel titre mademoiselle de Rohan avait-elle à un pareil honneur? Aucun, si ce n'est le nom qu'elle portait; mais c'était assez pour que le gouverneur anglais, sir Thomas Maitland, la jugeât digne d'être placée auprès d'un héritier des d'Aubusson et des Vignacourt. C'était là une galanterie toute française. — Le maître-autel est isolé et placé au milieu du chœur ; un peu plus loin, on aperçoit un groupe de marbre représentant le baptême de Jésus-Christ, groupe taillé dans un seul bloc. Cette scène ne manque pas d'expression. Il y a dans la figure du Rédempteur un sentiment de joie sereine et de bonheur pieux qui cause une douce émotion. — Sous l'autel est un caveau qui renferme les cercueils de douze grands maîtres. Celui-ci, nous disent les épitaphes, a élevé le palais; celui-là a bâti l'église; cet autre dressa le plan des jardins d'Antonio ; un quatrième dota la capitale d'un supplément de fortifications, et fit parvenir l'eau à la ville par un bel aqueduc; passons. Mais voici les restes vénérés de la Valette et de l'Ile-Adam. Arrêtons-nous respectueusement devant ces cendres illustres. Des rayons lumineux entourent leurs sarcophages que surmontent deux belles statues, l'une de marbre, l'autre de bronze avec les mains jointes. Pourquoi faut-il ajouter que tous deux sont également négligés et oubliés. La statue de l'Ile-Adam est, au dire d'un voyageur moderne, odieusement mutilée ; une poussière épaisse couvre les tombes de ces deux grands hommes, et des toiles d'araignées tapissent les intervalles des sculptures. A chaque pas que l'on fait dans le caveau, à la lueur vacillante du flambeau que porte le gardien, on se heurte contre un débris précieux tombé à terre. Il semble cependant que les gouverneurs anglais devaient plus de respect à deux hommes dont la gloire a rejailli sur toute la chrétienté, et dont le nom vivra éternellement dans l'histoire. — En remontant dans l'église, votre *Cicerone* ne manquera pas de vous faire remarquer une chapelle qu'on appelait l'*Oratoire*, et qui était l'objet de la plus profonde vénération du temps des chevaliers. C'est là que dans un magnifique reliquaire d'or supporté par quatre pieds enrichis de pierreries, on conservait la main de saint Jean, donnée à d'Aubusson, grand maître de l'Ordre, par le sultan Bajazet. Cette main, autrefois conservée dans une église d'Antioche, fut apportée à Byzance par ordre de l'empereur Justinien. Respectée par Mahomet II, lors de la prise de Constantinople, elle resta dans le sanctuaire de la basilique où elle avait été déposée. Bajazet II, parvenu au trône après la défaite de son frère Zizim, pour s'assurer l'amitié de d'Aubusson, grand maître des chevaliers de Saint-Jean, alors établis dans l'île de Rhodes, lui envoya cette main qu'il avait refusée à plusieurs princes de la chrétienté. La sainte relique fut transportée à Malte, et placée dans l'église de Saint-Jean, où elle resta jusqu'en 1798. Les Français l'enlevèrent, ainsi que tous les objets précieux qui se trouvaient dans les monuments publics de la Valette; mais, après la capitulation, ils la rendirent au grand maître Hompesch qui l'emporta en Italie : elle fut ensuite envoyée à Saint-Pétersbourg, lorsque Paul Ier se fut proclamé grand maître de l'Ordre. Telle est, en quelques mots, l'histoire de cette main de saint Jean,

MALTE.

Cité Valette.

qui, longtemps révérée sous le ciel de l'Asie Mineure, devint une espèce de talisman par la vertu duquel des hommes de toutes nations réunis sous le même drapeau, accomplirent de glorieuses actions et conquirent une place honorable dans les fastes du catholicisme. On conçoit, du reste, que les agents du Directoire aient restitué sans hésiter cette relique à ses légitimes possesseurs. Le trésor de Saint-Jean contenait assez de richesses pour que les personnes chargées d'en dresser l'inventaire pussent abandonner aux derniers représentants de l'ordre de Malte quelques ossements dont la valeur ne pouvait s'estimer par sous et deniers. Cet ironique sacrifice fut longuement compensé par l'acquisition d'un immense butin d'objets plus matériellement précieux. Des devants d'autel du plus grand prix, dont un en argent ciselé; les statues des douze apôtres en argent; des encensoirs magnifiques, des ciboires en or étincelants d'émeraudes et de rubis; plusieurs grandes croix en or, en vermeil ou en argent, adaptées à des bâtons de même métal; des ostensoirs en or; des tablettes d'autel en argent, sur lesquelles étaient gravées les prières du *lavabo*, de la consécration et du dernier Évangile; la coupe d'or enrichie de pierreries donnée par Henri VIII à l'Ile-Adam; l'épée et le poignard que la Valette avait reçus de Philippe II, enfin une foule de curiosités parfaitement justiciables du creuset, tels furent les articles du budget de recettes que la commission chargée de la visite du trésor de Saint-Jean présenta au général Bonaparte. Les nouveaux maîtres de Malte furent, on le voit, généreux à bon marché.
— Les peintures de l'église Saint-Jean sont dignes de la magnificence de cette cathédrale. Elles sont presque toutes de Mathias Preti. Cet artiste, généralement connu sous le nom de *Calabrois*, a déployé ici toutes les qualités de son talent, c'est-à-dire, une fougue d'imagination sans-égale, une admirable vigueur de pinceau, et une puissance de couleur qui ne le cède pas à l'école espagnole. Toute la vie de saint Jean, dont les différents épisodes occupent la voûte de la nef et les coupoles des chapelles, est due au pinceau de Mathias Preti. C'est ici qu'il faut venir étudier l'élève du Guerchin; car, nulle autre part, il ne s'est révélé plus hardi, plus fécond, plus digne d'admiration. Ses travaux furent récompensés par le titre de chevalier de Malte, qui lui fut décerné aux applaudissements de l'Ordre. La chapelle dans laquelle était déposée la main de saint Jean, offre un tableau plus remarquable encore que ceux dont le Calabrois a enrichi cette église; nous voulons parler du martyre du même apôtre, peint par Michel-Ange de Caravage. Malgré la couche de fumée qui couvre cette toile, on peut voir que la terrible scène qui fait le sujet de la composition, a été rendue par le peintre avec une vérité et un naturel effrayants. Le poétique contraste qu'offrent l'attitude du bourreau et le maintien paisible de saint Jean, dont la tête est ingénieusement éclairée par le reflet d'une draperie rouge; l'audace de dessin qu'on remarque dans les figures et les accessoires; la force et l'harmonie générale du coloris, font de cette œuvre une des meilleures productions du Caravage. On sait que ce peintre, qui étudia surtout la nature matérielle, excellait dans le portrait. Celui du grand maître Vignacourt, dont nous avons déjà parlé, passait pour son chef-d'œuvre; rien de plus admirable, en effet, sous le rapport du modelé et du ton des chairs, que la tête du grand maître et celle du jeune page. Si l'histoire qu'on raconte au sujet de ces peintures est exacte, les tableaux du Caravage, qui décorent la cathédrale et le palais de la Valette, sont doublement dignes d'exciter la curiosité des étrangers. On dit qu'ayant été insulté par un chevalier romain, Michel-Ange vit repousser son cartel parce qu'il n'était qu'un roturier. Dès ce moment, il n'eut qu'une seule idée, celle d'effacer la tache imprimée à son honneur, qu'un seul désir, celui de conquérir par son génie des titres de noblesse, et le droit de se battre avec

un chevalier. C'est sous l'empire de cette préoccupation qu'il composa ses tableaux pour Malte; il travailla sans relâche, dévoré par la honte de l'affront qu'il avait reçu, et excité par l'espoir de la vengeance. Cette fièvre morale doubla son talent, et sa *décollation de saint Jean* lui mérita le titre qu'il ambitionnait avec tant d'ardeur. Il put alors appeler son ennemi en duel, car il avait franchi la distance qui le séparait de lui. C'est là un des exemples les plus frappants de ce que peut le sentiment de l'honneur poussé à l'excès.

Du temps des chevaliers on célébrait, dans l'église Saint-Jean, des fêtes solennelles, et les cérémonies qui avaient lieu dans ces circonstances avaient un caractère qu'on ne retrouve pas ailleurs. Le grand maître, en qualité de souverain, s'asseyait sous un dais magnifique placé dans le sanctuaire; au-dessous de la sainte table était une rangée circulaire de bancs occupés par les grands-croix, tous revêtus du costume officiel; les chevaliers et les gens attachés au service de l'Ordre se tenaient dans les parties latérales de l'église. Le prieur de Saint-Jean officiait en habits épiscopaux; pendant tout le temps de la messe, un des servants agitait devant lui un large et riche éventail en plumes ajusté sur un bâton doré. La fête du 8 septembre était surtout célébrée avec pompe et magnificence. C'était le jour anniversaire de la levée du siége de Malte en 1565. L'église était parée à l'extérieur de tapisseries dont les dessins et les couleurs rappelaient les tableaux de la voûte. La nef et les chapelles étaient remplies d'une foule brillante dans laquelle les illustrations ne manquaient pas. Tout à coup le canon des forteresses faisait trembler les vitraux de la cathédrale; à ce signal, l'étendard victorieux paraissait et était déposé au pied de l'autel, au son d'une musique guerrière. Il était porté par un chevalier coiffé de son casque; à sa gauche marchait un page tenant dans ses mains l'épée (*) et le poignard offerts à l'héroïque

(*) Cette épée, qu'on appelait l'*épée de la*

la Valette par le roi Philippe II; à droite, le maréchal, suivi de tous les chevaliers de la langue d'Auvergne, particulièrement chargés de la garde du grand étendard. La vue de ce drapeau que les infidèles ne purent abattre des bastions du fort Saint-Ange; le bruit du canon; les fanfares que la musique faisait entendre; les flots de lumière qui s'échappaient de mille cierges enflammés, et que reflétait splendidement le marbre des tombeaux; les nuages d'encens qui inondaient la vaste enceinte de suaves parfums; l'éclat de l'or, le magique effet des peintures du Calabrois, le prêtre couvert de ses vêtements pontificaux, et dont les cheveux blancs étaient doucement soulevés par l'éventail de plumes, cette tradition orientale; ce dais magnifique, cette multitude de grands-croix et de chevaliers au riche costume; ces panaches qui s'agitaient comme les arbres d'une forêt sous l'effort du vent; la physionomie de toutes ces figures sur lesquelles se peignait le plus vif enthousiasme; tout cela formait un tableau singulièrement émouvant, et dont la plume ni le pinceau ne sauraient rendre le prestige. Au dehors les *jeux du cirque* ne manquaient pas au peuple; des réjouissances publiques lui rappelaient que, lui aussi, avait sa part de gloire à revendiquer dans ce jour mémorable, et pour entretenir dans sa mémoire le souvenir du héros chrétien dont il fêtait le triomphe, on exposait à sa vénération le portrait de la Valette.

Nous avons peu de chose à dire sur les autres églises de la Cité Valette. Elles sont toutes richement décorées, sans être cependant aussi somptueuses que Saint-Jean. Elles contiennent plusieurs tableaux remarquables; l'église Saint-Dominique possède une sainte Rose par le Calabrois; celle des Jésuites, trois épisodes de la vie de saint Pierre peints par Favray; celle des Carmes, un saint Roch par le même artiste.

religion, fut envoyée au Directoire par le général Bonaparte, et elle est conservée dans le cabinet des médailles de la Bibl. royale.

Parmi les églises de Malte, on en remarquait une, autrefois consacrée au culte grec orthodoxe; elle jouissait de certains priviléges concédés en récompense des services que les Grecs avaient rendus à l'Ordre, pendant les siéges de Rhodes et de Malte.

Bibliothèque, hôpital et quelques autres édifices. Il nous reste à énumérer quelques monuments remarquables, sinon par l'élégance de leur architecture, du moins par la grandeur de leurs dimensions, leurs détails intérieurs et leur destination. Nous citerons d'abord la conservatorie, vaste bâtiment où l'on conservait l'argenterie, les diamants et la caisse de l'Ordre. Une partie de cet édifice avait été transformée en bibliothèque publique. Fondé en 1760 par le bailli de Tencin, qui y déposa neuf mille sept cents volumes, enrichi par la suite de nouveaux dons et de nouvelles acquisitions, cet établissement comptait, en 1790, près de soixante mille volumes, provenant des bibliothèques particulières des membres de l'Ordre fondues dans la bibliothèque de Malte, après la mort des propriétaires. Le local est spacieux et bien disposé; il renferme un *museum* distribué en plusieurs cabinets, et contenant des curiosités et des antiques assez précieux. Nous ne voulons pas énumérer les objets les plus intéressants de cette collection, dont plusieurs voyageurs ont parlé fort en détail. Nous nous bornerons à dire qu'elle se composait de médailles anciennes et modernes, de vases et autres antiquités trouvées dans l'île, de marbres offrant des figures et des inscriptions, de camées, d'armes etc. La conservatorie renfermait aussi les bureaux des dépenses et des recettes de l'administration; on y voyait un beau Christ d'Albert Durer, un portrait d'un secrétaire du trésor, et une Vierge de Conchal.

Nous signalerons encore le palais de la municipalité (*banca dei jurati*), le palais de justice, où se tient maintenant la cour de la vice-amirauté, enfin les différentes auberges de l'Ordre, bâtiments où les chevaliers de Malte se réunissaient et prenaient leurs repas. Chaque *langue* ou nation avait son auberge. Celle de Provence était remarquable par l'architecture de sa façade; on y voyait deux beaux portraits de la Valette et de Rohan par le commandeur Favray. C'est ce portrait de la Valette qu'on montrait au peuple pendant la fête du 8 septembre. La langue de France possédait dans son auberge deux tableaux remarquables, l'un représentant la conversion de saint Paul par Giuseppe d'Arpino, l'autre l'entrée du grand maître l'Ile-Adam à Malte, par Favray.

Le grand hôpital, situé près du château Saint-Elme, est vaste et bien aéré. Le titre de directeur de cet établissement était une des premières dignités de l'Ordre. Les malades étaient servis non par des infirmiers salariés ni par des sœurs de charité, mais par les chevaliers eux-mêmes, qui leur prodiguaient les soins les plus empressés, et justifiaient ainsi le titre d'*hospitaliers* qu'ils portaient dans le principe. Chaque langue avait son tour de service, et nul ne cherchait à éluder l'accomplissement de ce pieux devoir. La plus grande propreté régnait dans l'établissement; les plats, bols, tasses, etc., toute la vaisselle en un mot, était d'argent, mais d'une extrême simplicité, sans doute pour prouver qu'en faisant cette énorme dépense, on n'avait sacrifié qu'à la propreté, et non à un puéril amour du luxe et de l'ostentation.

On peut mettre au nombre des édifices remarquables de Malte, certaines maisons particulières qui méritent le nom de palais : ce sont celles de l'archevêque, de la famille Cotoner, de la famille Parisio-Mascato, où le général Bonaparte établit son quartier général en 1798; et enfin celle de la famille Spinola à laquelle se rattache un souvenir cher à la dynastie qui règne aujourd'hui sur la France. Le comte de Beaujolais, frère du duc d'Orléans, aujourd'hui roi des Français, se rendit d'Angleterre à Malte, en 1808, pour rétablir sa santé. Il logea dans la maison de la famille Spinola qui l'entoura des soins les plus empressés. Peu de temps après, le prince mourut; on fit embaumer son corps qui resta sans honneurs funéraires jusqu'en 1818. A cette époque seulement, Louis-Philippe ordonna qu'on fît à son frère des funérailles dignes de lui. Le corps du comte fut déposé dans la chapelle de Saint-Paul, consacrée autrefois à la sépulture des grands maîtres et des baillis de la langue de France; son cœur fut, plus tard, placé dans la chapelle de Notre-Dame de Liesse, sur le bord de la mer.

DÉPENDANCES DE LA CITÉ VALETTE. La capitale de l'île de Malte se compose de cinq villes isolées l'une de l'autre, et formant cependant un ensemble que l'œil peut embrasser d'un seul regard. Ces cinq villes sont : la *Cité Valette* proprement dite, dont nous venons de faire la description ; la *Florianne*, la cité *la Sangle*, la *Burmola*, et le *Bourg* ou *Cité Victorieuse*. On peut ajouter le bourg *Vilhena*, groupe de maisons assez considérable.

La Florianne. La Florianne est un faubourg de chétive apparence, situé entre les fortifications qui défendent la porte Réale et celles qui protégent la ville du côté de la campagne, et qu'on appelle *les Bombes*. C'est un pâté de maisons habité par de pauvres gens du peuple que brûle un soleil ardent, et qu'étouffe une poussière épaisse. On n'y voit rien de remarquable, et on ne visite guère cette localité que pour voir en détail l'enceinte des travaux commencés par le grand maître Lascaris, travaux qui mettent la Cité-Valette à l'abri d'un coup de main du côté de la terre.

Cité la Sangle. Le bourg de la Sangle occupe la langue de terre la plus voisine des rochers du Corradin, c'est-à-dire, du fond du port. Cette pointe était appelée autrefois, l'*île Saint-Michel*, bien qu'elle ne soit qu'une presqu'île, et aujourd'hui on la désigne quelquefois sous le nom d'*île la Sangle*. Elle était autrefois ouverte de tous côtés, et n'avait pour toute défense qu'un petit château, incapable de faire une résistance sérieuse. Le grand maître la Sangle, successeur de d'Omèdes, fit, en 1554, entourer de fortes murailles la partie de ce château opposée au Corradin ; ces murailles furent flanquées de bastions et de boulevards, et l'on creusa à leur pied un large fossé dans lequel on fit entrer l'eau de la mer. Tous ces travaux s'exécutèrent des propres deniers du grand maître ; noble exemple de désintéressement qui fut plus d'une fois imité par la suite. — Le bourg la Sangle est bien bâti, et coupé par deux belles et grandes rues. L'intrépidité avec laquelle ses habitants repoussèrent les attaques des Turcs, sous le magistère de la Valette, et le refus qu'ils firent d'accéder aux honteuses propositions de l'ennemi, méritèrent à ce faubourg le surnom de *Citta invitta*.

La Burmola. Près et en arrière de la Cité la Sangle est le faubourg de Burmola, appelé *Citta Cospicua*. Il est défendu par le fort de Sainte-Marguerite, construit sur une élévation voisine, et les fortifications de la Cotonère l'enferment dans leur vaste enceinte qui aboutit d'un côté à la Cité la Sangle, de l'autre, à la Cité Victorieuse.

Le Bourg ou Cité victorieuse. Le Bourg (il Borgo) s'étend sur la langue de terre parallèle à l'île la Sangle, et qui sépare le port des Galères du port des Anglais. Ce faubourg, protégé, du côté de la mer, par le château Saint-Ange, fut la première résidence de l'ordre de Saint-Jean à Malte. C'est contre lui qu'après la prise du château Saint-Elme, pendant le siège de 1565, se concentrèrent les efforts des musulmans enhardis par leurs premiers succès. Mais la valeur des chevaliers triompha de l'acharnement d'un ennemi fanatisé ; et leur sang répandu à flots sur les remparts du fort Saint-Ange, fut vengé par la déroute et la retraite des assiégeants. Le surnom de *Cité Victorieuse* que porte cette partie de la capitale, a consacré le souvenir de cette belle défense.

Le Bourg Vilhena. Ce faubourg bâti sous le magistère de Manoël de Vilhena,

MALTE

Rue St Jean (côté Valette)

s'élève au fond du port Marsa Musciet. Le grand maître y fit construire deux hospices, l'un pour les vieillards, l'autre pour les incurables. On remarque dans les fortifications une arcade jetée avec une grande hardiesse au-dessus d'un précipice, et destinée à faciliter le passage de l'artillerie d'un ouvrage à l'autre, en cas d'attaque sur ce point. On montre dans l'espèce de gouffre que couronne cet arceau une grotte anciennement habitée par un ermite.

COUP D'ŒIL SUR LA SOCIÉTÉ DE LA VALETTE. Les marins anglais aiment beaucoup, dit-on, le port de Malte ; cela se conçoit : le vin y est à bon marché, l'eau-de-vie commune ; les fruits y sont abondants, les dîners fréquents et splendides, les chevaux excellents, et les femmes on ne peut pas plus engageantes. Ajoutez que, grâce à l'extrême profondeur des différents ports, le vaisseau touche presque la rive, avantage inappréciable pour le marin. Mais ces agréments sont peu goûtés de l'étranger qui fait un court séjour dans la capitale. Lorsqu'il a visité les édifices les plus dignes d'attention, lorsqu'il a contemplé, du haut du Corradin, le bel ensemble des fortifications, il ne lui reste plus qu'à maudire la chaleur qui l'accable, la poussière corrosive qui l'enveloppe dans les rues, et la monotonie de la vie maltaise. Ici la société se condamne à une espèce de réclusion volontaire. On sait que les Anglais aiment par-dessus tout le *chez soi*, et que, pour leurs femmes surtout, l'existence n'est, en quelque sorte, qu'un éternel huis-clos. Quant aux Maltais, leurs habitudes orientales leur font aussi préférer les plaisirs intimes et le *far niente* domestique à la fréquentation du monde. Si leurs femmes se permettent certains écarts de conduite, elles n'en sont pas moins casanières par goût plutôt que par nécessité. L'amour ne dérange en rien leurs allures ordinaires. Lorsqu'on les voit se rassembler, le soir, avec leur famille, sur la terrasse qui sert de toit aux maisons, on ne se douterait pas que, tout en causant avec leurs maris et leurs enfants, elles tiennent des conversations galantes avec leurs adorateurs. Le langage des yeux supplée à la parole, et n'est pas moins éloquent. L'ennui attend donc le voyageur à qui des lettres de recommandation n'ouvrent pas les portes des maisons les plus fréquentées de la Valette. Toutefois la société de cette ville offre, à certains moments, un aspect assez animé et surtout très-varié. Dans les rues, dans les salons, sur le port, on rencontre des gens de toutes nations, et des conditions les plus opposées. C'est tantôt un ambassadeur européen allant à Constantinople, ou un consul se rendant à une des îles de l'Archipel ; tantôt un gouverneur des Indes qui revient en Angleterre, et s'est arrêté quelques jours à Malte. Ce sont des naturalistes, des missionnaires, des réfugiés barbaresques, des officiers de la flotte en station dans le port, des Français venus sur un paquebot de Marseille, des Italiens déposés, la veille, sur le quai par un bateau à vapeur napolitain, des Égyptiens qui vont faire leurs études à Paris par ordre du vice-roi leur maître ; ce sont des lions d'Afrique destinés à la tour de Londres ; des girafes que des spéculateurs conduisent en Europe. Heureux l'étranger qui se trouve à Malte pendant ces moments d'affluence ! Nulle part, en effet, le proverbe turc, qui dit que « la conversation est meilleure que les livres, » n'est plus agréablement réalisé qu'à la Cité Valette, à ces époques de rendez-vous général ; nulle part, excepté peut-être à Péra, on ne voit un pareil concours de gens de toutes classes et d'origines si diverses.

MALTAIS ET MALTAISES. *Qualités physiques.* Après la nature morte, la nature animée ; après l'objet matériel, la créature vivante, tel est l'ordre qui nous a paru le plus logique. C'est donc ici que le portrait des habitants indigènes de Malte, sous le double rapport de la constitution physique et des qualités morales, trouve naturellement sa place.

Tous les traits de la physionomie du Maltais trahissent son origine africaine. Comme les hommes de race barbaresque, il a le nez écrasé; les lèvres épaisses et relevées, le front bas, les cheveux crépus, l'œil noir et animé, la peau basanée, les membres puissamment musclés, quoique grêles en apparence, la taille courte et svelte. — La beauté n'est pas rare chez les femmes, quoique leur figure offre le même caractère, sauf la couleur de la peau. De grands yeux bruns, voilés de longues paupières, qui donnent au regard une langueur séduisante et une éloquence irrésistible; des cheveux noirs et brillants comme l'aile d'un corbeau; un teint d'une blancheur éblouissante; sur la lèvre supérieure, ce léger duvet qui prête à la physionomie des femmes andalouses un accent si énergiquement passionné; une main faite au moule; une jambe d'un galbe irréprochable; un pied qui ferait envie aux élégantes de Séville; une taille souple et gracieuse, n'est-ce pas assez pour racheter, chez les Maltaises, les défauts dont l'indélébile tradition du type africain a marqué certains traits de leur visage? La blancheur singulière des femmes de Malte étonne tous les étrangers qui arrivent de l'Italie méridionale, et qui se rappellent surtout la figure cuivrée des Siciliennes; mais la surprise cesse lorsqu'on apprend que les Maltaises ne s'exposent jamais au soleil, et qu'il n'est pas de soins qu'elles ne prennent pour conserver à leur teint tout son éclat et toute sa fraîcheur. Il est bien entendu qu'il n'est question ici que des hommes et des femmes issus de familles de sang non mêlé; les exceptions sont très-nombreuses, car les chevaliers ont, par leurs alliances secrètes, singulièrement altéré les caractères de la race primitive, et cela principalement dans la capitale et les lieux les plus voisins.

La force et l'agilité sont les qualités physiques les plus saillantes des Maltais. Ce sont d'infatigables rameurs et de robustes matelots. La vigueur de leurs bras dompte les flots les plus rebelles. Houël raconte que, dans le trajet du Goze à Malte, il fut assailli par un grain violent, et qu'il admira la facilité et l'énergie avec laquelle ses bateliers luttaient contre la fureur des vagues. Les Maltais sont aussi excellents nageurs. Lorsqu'arrive un gros bâtiment dans un des ports de la Cité Valette, il est aussitôt entouré d'une troupe de nageurs qui se jouent sous la poupe pendant plusieurs heures consécutives, implorant la charité de l'équipage et des passagers. « En considérant, dit un voyageur anglais (*), la dextérité avec laquelle ils suivent une brillante pièce de six pence à cinq brasses de profondeur, on est tenté de croire à l'histoire merveilleuse de Nicolo Pesce, qui porta des dépêches à la nage de Palerme à Naples, et que l'amour de l'or cloua au fond des eaux du cap Passaro. » « Hommes, femmes, enfants, ajoute le même écrivain, tous les Maltais nagent comme des poissons. M. *** s'assura de ce fait à ses dépens, il y a quelques années. Oublié sur le rivage, il loua un bateau avec quatre hommes pour se faire conduire au vaisseau de transport qui ramenait une division de son régiment. Les rameurs travaillèrent avec énergie; mais le bâtiment, poussé par une brise légère, continuait d'avancer, assez lentement toutefois pour laisser l'espoir de l'atteindre. Ils avaient fait plusieurs milles en mer, quand tout à coup les bateliers posèrent leurs rames. L'officier, hors de lui-même en voyant son passage manqué et son bagage séparé de lui, ne remarqua point la distance qui s'était augmentée entre le bateau et le navire. Il tira son épée et en menaça les rameurs. Dans ce dilemme, d'autres bateliers se seraient résignés à ramer jusqu'à extinction, ou bien ils se seraient débarrassés du

(*) M. Adolphe Slade, officier de la marine britannique. Son ouvrage, intitulé *la Turquie, la Grèce et Malte*, a été traduit par mademoiselle Adrienne Sobry. C'est l'élégante traduction de cette demoiselle que nous citons ici.

MALTE.

Palais des Grands-Maîtres.

patron temporaire par un coup de leur instrument. Ceux-ci prirent un parti plus sage : ils jetèrent leurs rames, sautèrent par-dessus le bord et se sauvèrent à la nage, laissant notre héros l'épée à la main, s'escrimant seul contre les flots. Il resta là, méditant sur les vicissitudes des affaires humaines, jusqu'à ce qu'il fût aperçu par un bateau pêcheur qui revenait de Sicile. Cependant ce dernier n'aurait pas voulu toucher la barque abandonnée, de peur que l'homme qu'elle portait ne fût un pestiféré, dont quelque vaisseau s'était ainsi défait ; mais les pêcheurs lui jetèrent une corde et le remorquèrent jusqu'au lazaret. » Ce fait si comique suffirait pour donner une idée de la force musculaire du marin maltais ; mais nous rappellerons encore la lutte nautique qui eut lieu, pendant *le siége de 1565*, entre des nageurs maltais et des pontonniers turcs. Jamais combat plus étrange ne trouva place dans les fastes de la guerre. On verra les détails de cette joute sanglante dans le récit que nous ferons plus loin de ce siége fameux.

Costume. Une grande partie de la classe bourgeoise porte le costume européen. Le frac moderne, le pantalon et le chapeau rond, ont remplacé l'habit à la française, la culotte courte et le chapeau à trois cornes du dixhuitième siècle. Mais le peuple, et surtout la classe agricole, a conservé l'habillement national, qui consiste en une chemise de coton très-ample, en un gilet également fort large et garni de boutons d'argent, en un *caban* avec capuchon, et tombant au-dessous des reins, en une ceinture de couleur qui fait plusieurs fois le tour du *corps* et soutient un couteau à gaîne, que le Maltais ne quitte jamais ; en une culotte assez large, offrant quelque ressemblance avec celle des Orientaux, en une chaussure appelée *kozck*, espèce de sandales qu'on fixe au pied au moyen d'une courroie attachée à la jambe ; enfin en un bonnet blanc, bleu, rouge, ou rayé de deux couleurs. Cet accoutrement est, comme on le voit, fort simple, et n'a rien qui gêne la liberté des mouvements. — Le costume des femmes n'est ni plus compliqué ni plus riche. Elles portent une chemise très-courte appelée *kmis*, un jupon bleu ouvert d'un côté, qu'on nomme *gkesuira*, et un corset à manches, ou *sidria*, qui dessine la taille dans toute son élégance. Mais leur principal vêtement est la *faldetta*, grand mantelet de soie noire qui les enveloppe de la tête aux pieds. Elles placent cette espèce de tablier sur leur coiffure, et s'en entourent coquettement, en ayant soin de laisser voir leur agaçante physionomie et la pointe de leur petit pied. Rien de plus séduisant et de plus perfide que ce surtout, parce qu'il cache les vices de la taille ou les défauts de la figure, et laisse voir à volonté les parties qui n'ont rien à craindre de la critique. Les Maltaises ne sortent jamais sans la faldetta ; chez elles, ou dans les maisons où elles vont, elles s'en débarrassent, et restent en corset de drap et en jupon de couleur. Si l'on ajoute que les femmes riches ont la manie des bijoux, et se chargent le cou, les mains et les bras de joyaux en or de mauvais goût, on aura une idée complète du costume des Maltaises d'aujourd'hui. — Nous avons dit que les hommes appartenant à la classe bourgeoise, tels que les avocats, les médecins, les négociants, etc., avaient adopté l'habit européen : les femmes n'ont pas suivi cet exemple ; elles sont restées fidèles à la tradition nationale ; et la plus riche porte encore le corset, la jupe et la faldetta.

Qualités morales et intellectuelles. A bien considérer le Maltais, on s'aperçoit que chez lui la somme des mauvais penchants est égale à celle des bonnes qualités. Il est fidèle à celui qu'il s'est engagé à servir ; actif, économe, industrieux, âpre au travail, plein de courage et de hardiesse, si sobre qu'il ne vit d'ordinaire que d'oignons, d'ail et de poisson salé en petite quantité ; si attaché à son pays natal, qu'il ne peut rester longtemps sur la terre étrangère où la misère l'a poussé ; enfin, si enclin aux sentiments pieux, que même au milieu du scepticisme de ce siècle, il suit avec la même ferveur qu'autrefois ses pratiques religieuses. Voici maintenant le revers de la médaille : il est violent jusqu'à la fureur, implacable dans sa vengeance, quelquefois peu sincère, jaloux à l'excès, et honteusement superstitieux ; on reconnaît là précisément les défauts que l'on reproche aux Africains des régences barbaresques. Un des traits caractéristiques des Maltais, c'est l'esprit mercantile et de calcul. L'amour de l'argent les pousse aux entreprises les plus aventureuses, les plus dangereuses même. Dans leurs *spéronares* à six rameurs, ils sillonnaient autrefois la Méditerranée dans tous les sens, faisant partout une adroite contrebande, et réalisant des bénéfices considérables. Comme leur chargement consistait souvent en gros bétail vivant, attaché sous le banc des rameurs, et qu'ils ne pouvaient jeter à la mer, ils étaient exposés, dans les mauvais temps, aux plus grands périls. Mais rien ne leur faisait obstacle. Ils ne se contentaient pas de franchir le détroit de Gibraltar, et d'aborder aux ports septentrionaux de l'Espagne ; ils allaient parfois jusqu'aux Antilles ; quelques-uns même ont osé poursuivre leur course audacieuse jusqu'au Mexique. Cette soif du gain influait puissamment, et d'une façon très-fâcheuse, sur leur caractère, et l'on a pu dire avec raison que, pour compléter la ressemblance avec les indigènes d'Afrique, ils avaient conservé la tradition de la *foi punique*.

Plusieurs écrivains ont jugé les Maltais, sous le rapport de l'intelligence, avec une sévérité qui ne nous paraît pas équitable. On a dit que ce peuple était condamné à rester, en toutes choses, dans les bornes de la médiocrité, qu'il n'avait jamais rien produit de remarquable ni dans les lettres, ni dans les arts. Cette assertion a le tort d'être trop absolue. Houël dit positivement : « J'ai vu des artistes maltais en qui j'ai reconnu beaucoup de mérite, *mais dont les ouvrages sortent rarement de l'île.* » Malte a vu naître Azzupardi, auteur de plusieurs œuvres musicales estimées, et d'un traité qui a été traduit en français, et servait autrefois de livre élémentaire dans le conservatoire de Paris. Dans un grand nombre de maisons de Malte, on voit des fresques du meilleur goût peintes par des artistes du pays. Partout on entend de la musique et d'excellente musique. Mais quand il serait vrai que le génie de cette race ne se fût jamais révélé avec puissance et originalité, serait-il juste de juger le peuple maltais abstraction faite des circonstances au milieu desquelles il a vécu pendant une longue série de siècles ? Oui sans doute, on peut lui reprocher sa profonde ignorance, on peut le considérer, généralement parlant, comme inférieur par le développement des facultés intellectuelles aux nations civilisées de l'Europe ; mais il ne faut pas oublier que les maîtres de cette île en ont toujours traité les habitants en peuple conquis ; que les chevaliers même, malgré les principes de charité chrétienne qu'ils professaient hautement, les ont tenus dans un ilotisme dégradant, et que les Anglais ont fait jusqu'à présent bien peu de chose pour répandre l'instruction parmi eux. Quelle force d'esprit, quels talents naturels résisteraient à de pareils obstacles ? Loin de s'étonner de la situation intellectuelle des Maltais, ne faudrait-il pas au contraire s'émerveiller qu'ils eussent ouvert les yeux à la lumière, en dépit de ceux qui se sont efforcés de les tenir dans les ténèbres ? Cette situation est toute normale, elle a sa cause parfaitement appréciable. Sont-ils donc si rares les exemples de l'abrutissement des peuples sous l'action d'une longue servitude ? Qui oserait comparer les Espagnols d'aujourd'hui à ceux d'autrefois, les Italiens de nos jours à ceux du siècle des Médicis ? Cependant l'éducation première n'a pas manqué à ces deux nations ; une oppression systématique et continue a suffi pour les faire descendre du rang élevé où elles s'étaient placées, et pour les faire revenir, en quelque sorte, à leur point de départ. Et les Maltais, qui n'ont jamais été soumis même à un essai de culture, auraient pu s'épanouir à la vie poétique, et s'initier aux mystères de la haute science? Il ne faut donc pas conclure de ce qui est à ce qui serait, si l'on s'occupait avec sollicitude, pendant une certaine période, des progrès moraux et intellectuels des Maltais. Leur sagacité naturelle, la facilité de compréhension qu'on remarque en eux, le point même où ils sont parvenus par suite du seul contact de leurs maîtres, font préjuger ce qu'ils deviendraient en des mains plus philanthropiques que celles auxquelles ils ont été livrés jusqu'à ce jour. — On objecte que le roi d'Angleterre a fait élever à ses frais, dans les lycées britanniques, de jeunes Maltais, et que ces tentatives n'ont pas produit une seule supériorité littéraire ou artistique. Mais opérer sur des individus isolés, c'est s'exposer à faire de mauvais choix, à semer en terre ingrate. Au lieu de dix élèves peu intelligents pris parmi la noblesse ou la bourgeoisie de Malte, peut-être en aurait-on trouvé, dans la classe populaire, plus de cent qui auraient répondu aux soins qu'on aurait pris d'eux. D'ailleurs, lorsque l'esprit d'un peuple est resté si longtemps en friche, il faut plus d'un effort pour lui donner la fécondité. A-t-on entendu dire qu'un Newton ou un Voltaire aient surgi du sein de ces petites colonies égyptiennes, que Méhémet-Ali envoie depuis quelques années à Paris pour y recevoir le baptême de la science et du goût européens?

Il serait à désirer qu'on pût défendre aussi facilement la moralité des femmes de Malte. Malheureusement on est obligé de convenir que les voyageurs ont été véridiques sur ce point. Il ne faut pas dire avec Riedesel que « *toutes* les Maltaises sont corrompues; » ni avec Carasi que « la galanterie donne la subsistance aux deux tiers des habitants de Malte. » De pareilles assertions portent avec elles leur réfutation. Mais il n'est que trop vrai que la corruption des femmes est la plaie des villes de cette colonie. Du reste, il serait difficile qu'il en fût autrement : en butte à mille séductions, sans cesse obsédées par les chevaliers, dont l'amour était, en temps de paix, l'unique occupation; obligées de postuler pour leurs maris ou leurs parents des emplois qui étaient leur seule ressource, et que les hauts fonctionnaires de l'Ordre n'accordaient pas gratuitement aux belles solliciteuses; soumises d'ailleurs à l'influence pernicieuse d'un climat provoquant, les femmes appartenant à la classe bourgeoise se laissaient irrésistiblement entraîner dans une vie de désordres et de libertinage, qui aurait scandalisé une morale plus rigide que celle des derniers grands maîtres. Quant aux femmes du peuple, employées à filer le coton, et gagnant à ce triste métier un salaire quotidien plus que médiocre, elles étaient obligées, pour vivre, de trafiquer de leurs charmes. Les mœurs s'étaient conservées plus pures dans la noblesse. Les barons maltais, dont l'extrême jalousie avait été éveillée par les allures galantes des chevaliers, avaient pris le sage parti de transformer leurs maisons en forteresses inexpugnables. Ils vécurent, dès lors, comme de véritables sauvages, et condamnèrent leurs femmes à une réclusion presque absolue. Les étrangers pas plus que les membres de l'Ordre n'étaient admis dans ces sanctuaires de l'amour conjugal; vingt ans de connaissance intime suffisaient à peine pour en ouvrir les portes. Il en résulta beaucoup d'ennui pour les pauvres prisonnières, mais aussi une grande chasteté dans les familles de la haute classe. Les chevaliers conçurent un violent dépit de ces précautions qui, à leurs yeux, n'étaient que des mesures ridicules et anti-sociales. Quelques écrivains attribuent même au ressentiment de l'Ordre contre les maris jaloux, le décret qui portait que tout individu né dans la colonie ne pourrait jamais être chevalier de Malte, disposition que les nobles surent, par la suite, éluder, en faisant accoucher leurs femmes en Sicile. — La classe des agriculteurs s'est aussi préservée de la contagion corruptrice, d'abord parce que les femmes de cette condition n'avaient presque aucun contact avec les libertins qui habitaient la ville; en second lieu, parce que les séducteurs n'auraient pas eu beau jeu avec des paysans qui, en face de celui qui a attenté à leur honneur ou lésé leurs intérêts, ne connaissent d'autre argument que l'emploi du stylet. — Depuis l'installation des Anglais, les mœurs se sont généralement améliorées. Cependant les marins comptent encore au nombre des charmes de la Cité Valette la tendre complaisance du sexe, et plus d'un étranger a pu inscrire sur son journal de voyage les bonnes fortunes que lui a procurées un séjour de quarante-huit heures dans la capitale de l'île de Malte.

USAGES ET CÉRÉMONIES. Les usages du peuple maltais ont eu, jusqu'à la seconde moitié du dix-septième siècle, quelque chose de bizarre et de profondément caractéristique. C'est pourquoi nous croirions, en n'en esquissant pas le tableau, omettre un trait important de la physionomie de ce peuple.

Le mariage était une simple affaire d'intérêt, un marché dans lequel la discussion du point financier l'emportait sur toute autre question. Les pères ne consultaient jamais les inclinations de leurs enfants; les convenances étaient seules écoutées et suivies. Quoi de plus significatif? La cupidité maltaise ne se révèle-t-elle pas complètement dans ce seul détail de mœurs? La dot une fois stipulée, et le contrat dressé, le reste n'était plus qu'une pure formalité. « Le jeune homme envoyait à sa future un présent de poisson entouré de guirlandes, de rubans, et un anneau d'or placé dans la gueule du poisson le plus recherché. On fixait ensuite le jour de l'entrevue, qui devait se passer en présence des parents et des amis communs, qu'on régalait de confitures et de rafraîchissements. Avant l'instant de l'entrevue, les mères des deux époux se retiraient ensemble dans une cabane placée au milieu du jardin de la maison, ou dans un appartement séparé, pour préparer une composition d'anis, de plantes aromatiques, de sel et de miel, dont elles frottaient les lèvres de la jeune personne, afin que ses paroles fussent douces, sages et prudentes. On la menait ensuite dans la salle où son futur époux l'attendait. Il lui offrait un anneau sur lequel étaient gravées deux mains entrelacées, en signe de bonne foi, des bracelets, des colliers et une chaîne d'or; elle lui présentait à son tour un mouchoir garni de dentelle, et des rubans noués ensemble (*). » — Le choix du jour de la noce était une affaire des plus importantes. On ne se mariait jamais dans le courant du mois de mai, parce que c'était un mois néfaste. Cette tradition de l'antiquité est un nouveau trait caractéristique des Maltais; elle atteste leur penchant à la superstition. Au jour marqué par la cérémonie, la fiancée, richement parée, et vêtue d'une robe de velours en forme de simarre, recevait des mains d'un parent de l'époux un voile blanc de tissu transparent qu'elle plaçait sur sa tête. Les autres parents s'approchaient d'elle, et faisaient à la robe de velours des déchirures qu'ils couvraient de petites coquilles d'or. On se mettait ensuite en marche pour aller à l'église. En tête du cortège, on voyait trois hommes chargés chacun d'un rôle différent. L'un portait sur la tête un bassin de terre vernissée et offrant des arabesques jaunes sur un fond blanc; ce vase était rempli de brioches, dont la plus grande figurait deux petits personnages. Le même individu portait une écharpe au bout de laquelle était attaché un gâteau rond nommé *collora*. Le second tenait une corbeille pleine de dragées et de noix confites, qu'un des parents distribuait affectueusement aux amis et aux gens de connaissance qui se trouvaient sur le chemin de la joyeuse procession. Au milieu de la corbeille, on apercevait une espèce de pyramide de linge ornée d'une image de l'enfant Jésus et de la Vierge. Le troisième individu avait

(*) Malte, par un voyageur français.

pour mission de brûler des parfums dont la fumée s'exhalait doucement dans les airs. Venaient ensuite des musiciens qui jouaient de divers instruments, et célébraient dans des chants de circonstance les louanges et le bonheur des jeunes époux. Les fiancés s'avançaient sous un dais de damas cramoisi, porté par les quatre personnes les plus distinguées du cortége (*). Les parents fermaient la marche. — Le son des cloches annonçait l'arrivée de la noce sous les voûtes de la maison de Dieu. Un bassin contenant un mouchoir, un gâteau et deux bouteilles de vin, tel était le présent qu'on offrait au curé. La cérémonie (*haddara*) durait quatre mortelles heures. En rentrant dans la maison d'où était parti le cortége, les époux recevaient sur la tête une pluie de grains et de petites monnaies que leur jetait un domestique placé à une fenêtre. Ici se passait une scène singulière : l'époux cherchait à devancer sa femme sur le seuil du logis, et cette dernière hâtait aussi le pas pour arriver avant lui ; c'est que, suivant un préjugé accrédité dans le pays, si, au retour de l'église, la mariée entrait la première dans la maison, elle était infailliblement destinée à gouverner son mari. — Pendant le repas de noce, l'épouse était servie dans une pièce séparée, ou dans un coin de la salle, derrière un rideau qui la dérobait à tous les regards. Dans les villages, il était d'usage que chaque convive apportât une poule ; on dansait pendant le repas, et les cavaliers jetaient des pièces de monnaie aux ménétriers. A la ville, le bal était des plus brillants ; on y dansait à la mode espagnole, les castagnettes à la main, et les Maltaises y déployaient toutes leurs grâces. — La mariée restait encore pendant huit jours sous le toit paternel ; la première semaine écoulée, elle était solennellement conduite à la maison de son époux, et sa nouvelle famille fêtait sa bienvenue par un repas et un bal (*).

La cérémonie des funérailles était encore plus bizarre. « Lorsqu'un Maltais mourait, deux femmes gagées, nommées *Névichas*, vêtues d'un manteau de deuil traînant, entraient dans la maison en chantant des moralités, d'un ton bas et triste, coupaient les pampres des treilles qui ornaient les cours, parcouraient toutes les chambres, renversaient les vases de fleurs placés sur les fenêtres, brisaient quelques meubles d'ornement, et en emportaient les morceaux dans un lieu retiré, les jetaient dans une chaudière d'eau bouillante, en y mettant de la suie de cheminée et des cendres ; elles teignaient ensuite, avec ce mélange, toutes les portes de la maison en poussant de longs soupirs. On distribuait ce jour-là à tous les parents des gâteaux et du grain bouilli ; on coupait les crins de la queue aux chevaux qui se trouvaient dans l'écurie de la maison. Lorsqu'on ensevelissait le corps, on plaçait sous la tête un oreiller plein de feuilles d'oranger et de laurier (**). Les névichas entraient ensuite dans la chambre mortuaire. Le défunt était déjà dans sa bière, entouré des femmes de ses parents, toutes vêtues d'un manteau de soie noire et la tête couverte d'un voile. La chambre était sans meubles et entièrement tendue de noir. Les névichas se mettaient à genoux au pied du cercueil, et chantaient les louanges du mort ; à la fin de chaque couplet, les autres femmes se frappaient la poitrine, jetaient des cris plaintifs, et se coupaient des poignées de cheveux qu'elles plaçaient sur la bière. Le convoi était toujours composé de parents en deuil, précédés de joueurs de hautbois, de gens sonnant de la trompette, et des névichas. On étendait sur la tombe un tapis qu'on y

---

(*) L'usage de ce dais s'est maintenu jusqu'en 1608. A cette époque, l'évêque fit défense de s'en servir.

(*) Ces détails de mœurs et ceux qui suivent sont puisés dans l'ouvrage du chevalier de Saint-Priest dont nous avons déjà parlé.

(**) Le laurier était regardé chez les païens comme un arbre expiatoire.

laissait plusieurs jours pour indiquer que, pendant ce temps, il était défendu d'y marcher. On n'allumait point de feu pendant trois jours dans la cuisine de la maison du défunt. Son parent le plus éloigné ou son ami le plus intime envoyait à ceux qui l'habitaient un dîner qu'ils mangeaient assis à terre sur une natte et les jambes croisées. Les femmes restaient enfermées pendant quarante jours; les hommes sortaient à la fin du septième, et le deuil durait un an ou deux, selon le degré de parenté. »

Il serait facile de prouver que la plupart de ces usages tiraient leur origine de l'antiquité grecque, romaine et carthaginoise. Ainsi, pour ce qui est de l'envoi du poisson avec un anneau dans la gueule, nous rappellerons que les Syriens considéraient les poissons comme des dieux pénates; ces dieux, en présentant eux-mêmes l'anneau nuptial à la fiancée, semblaient vouloir lui dire qu'elle serait la bien-venue sous le toit qu'ils protégeaient. L'onction des lèvres de la jeune fille avec une composition de miel, d'anis, de sel et de parfums aromatiques, rappelait le soin qu'avaient les Grecs d'adresser des prières au dieu de l'éloquence, pour que la mariée pût, en entrant dans la maison conjugale, tenir des discours qui fussent agréables à son époux. Le cortège que nous avons décrit est aussi une tradition grecque : on sait, en effet, que les Grecs accompagnaient les fiancés avec toutes les démonstrations de la joie la plus vive; l'époux et sa future marchaient au milieu d'une foule empressée qui faisait entendre des chants de bonheur et exécutait des danses de circonstance. On tenait, élevée sur leur tête, une couronne de fleurs. Enfin, les pâtisseries qui remplissaient le vase de terre et la pluie de grain qu'on faisait tomber sur les nouveaux époux à leur retour dans la chambre nuptiale, étaient aussi renouvelées des anciens Grecs, qui consacraient des gâteaux aux dieux lares, et jetaient du grain, des noix et des amandes en signe d'abondance et de prospérité. Quant aux funérailles, est-il besoin de faire observer que l'usage de névichas était emprunté aux Romains, qui payaient des femmes pour pleurer aux enterrements? Rappelons aussi que les Carthaginois, à la mort d'un parent, s'arrachaient les cheveux et se déchiraient le visage pour témoigner leur désespoir.

L'établissement de l'ordre de Saint-Jean de Jérusalem à Malte, en donnant de nouvelles idées et de nouvelles occupations aux indigènes, fit disparaître la plupart des usages établis, usages qui ne manquaient pas, comme on voit, d'une certaine poésie. A partir du dix-huitième siècle, la cérémonie des noces se fit comme dans le reste de la chrétienté; seulement, à la première visite que la mariée faisait à ses parents, on donnait une espèce de fête qu'on nommait *hargia*, qui n'était autre chose qu'une grande conversation à la mode d'Italie, pendant laquelle on offrait aux personnes invitées des rafraîchissements de toute sorte. — Les funérailles se célèbrent aussi depuis la même époque suivant les coutumes de l'Église catholique. Les névichas n'y paraissent plus; seulement on voit figurer dans le cortége funèbre deux femmes en manteau noir, portant sur leur tête des réchauds où brûlent des parfums aromatiques. — L'usage de la *cucciha* s'est conservé pourtant dans son originalité primitive parmi la classe riche de la population maltaise, du moins jusqu'aux premières années de ce siècle. Voici en quoi il consistait : à l'anniversaire de la naissance d'un enfant, les parents réunissaient chez eux leurs amis et leurs connaissances. La mère apportait l'enfant au milieu de l'assemblée; et on lui présentait, si c'était un garçon, deux corbeilles contenant l'une du blé et des confitures, l'autre des monnaies, des bijoux, une écritoire, une épée, etc. Le choix de l'enfant était son horoscope et l'indice de sa vocation. S'il saisissait l'épée, on voyait en lui un héros en herbe; s'il prenait l'écritoire, on espérait qu'il serait avocat distingué ou commerçant heureux; enfin, s'il se penchait vers la corbeille qui contenait le blé, on le proclamait généreux et bienfaisant. Quand c'était une fille qui subissait cette épreuve, on remplaçait l'écritoire et l'épée par des rubans, des aiguilles, des étoffes de soie et d'autres colifichets ; mais on conçoit qu'alors l'expérience n'avait pas grand intérêt pour les assistants.

Un autre usage assez singulier s'est maintenu jusqu'aux dernières années de l'existence de l'Ordre. C'était une coutume établie parmi la bourgeoisie de se rendre entre voisins, au premier jour de l'an, un témoignage public de satisfaction ou de mécontentement pour la conduite de chacun pendant l'année écoulée. A cet effet, on barbouillait les portes extérieures des maisons de chaux ou de charbon ; la chaux indiquait l'éloge, et le charbon le blâme. Mais, à la longue, on trouva qu'il était fort peu agréable d'être censuré au vu et au su de tout le monde ; et chacun jugea plus commode de se délivrer à soi-même un certificat de probité et de bonnes mœurs. En conséquence, pendant la nuit du 31 décembre, chaque particulier couvrait sa porte d'une superbe couche de chaux ; et le lendemain matin, à voir le seuil de toutes les demeures bourgeoises peint en blanc, on aurait dit que Malte était entièrement peuplée d'honnêtes gens. Ainsi, une coutume qui avait primitivement quelque chose d'essentiellement moral, était devenue un mensonge impudent et une immoralité.

JEUX POPULAIRES. Les fêtes publiques, à Malte, se ressentaient du caractère un peu sauvage des indigènes et du mépris que professaient les chevaliers pour les habitants, et surtout pour les classes infimes. L'avant-dernier jour du carnaval, le grand maître permettait au peuple de s'amuser. On dressait, en face du palais magistral, une espèce d'échafaudage composé de poutres disposées en treillage, et couvert de branches d'arbres. Du haut en bas étaient suspendus des paniers d'œufs, des jambons, des saucissons, des oranges et des animaux vivants. L'édifice, qu'on désignait sous le nom de *cocagne*, était couronné d'un globe sur lequel était placée une Renommée tenant un drapeau aux armes du grand maître. Au signal donné par le souverain, le peuple qui encombrait la place, et que la baguette d'un officier de paix avait jusqu'à ce moment tenu en respect, s'élançait sur la cocagne en poussant des cris de joie. Chacun cherchait à grimper au treillage en s'accrochant aux branches et en s'appuyant sur son voisin, qui quelquefois perdait l'équilibre et tombait lourdement sur le pavé. C'était à qui atteindrait le comestible le plus recherché, le morceau le plus copieux. On peut facilement se faire une idée de la scène de désordre à laquelle donnait lieu cette lutte acharnée. Le sang des malheureux animaux qu'on s'arrachait avec fureur ruisselait sur les assaillants, et leurs cris plaintifs dominaient quelquefois le tumulte dont retentissaient les échos du palais. Et ce n'était pas tout d'avoir conquis une part de la curée, il fallait encore, une fois redescendu, soustraire son butin à mille mains avides, et se faire jour, du pied et du poing, à travers une foule furieuse et impitoyable ; trop heureux lorsqu'on se retirait du champ de bataille avec un lambeau de la proie qu'on avait eu tant de peine à saisir. Celui qui parvenait le premier à la Renommée recevait une certaine somme d'argent ; au moment où il enlevait le drapeau, le globe s'ouvrait, et il en sortait une troupe de pigeons qui prenaient leur volée aux acclamations de la multitude. Tels étaient les plaisirs grossiers que la paternelle générosité des chevaliers réservait aux Maltais. C'était un raffinement introduit dans l'ignoble usage des distributions publiques de comestibles. Combien compte-t-on de souverains assez philanthropes pour avoir compris la nécessité d'élever le peuple à ses propres yeux par de nobles spectacles et des amusements dignes de l'homme civilisé?

La fête de Saint-Jean attirait à la Cité Valette un immense concours de paysans et de marins. Après les cérémonies religieuses d'usage, cérémonies empreintes d'un caractère de grandeur et de magnificence, après la procession générale à laquelle assistaient le grand maître, le conseil et tous les chevaliers, des courses à pied et à cheval avaient lieu dans un emplacement qui s'étendait entre le château Saint-Elme et la porte Réale. Le soir, la capitale était illuminée; et les mille clartés qui se reflétaient dans les eaux des différents ports lui donnaient l'aspect d'un immense palais enchanté.

La fête de Saint-Pierre ou *Mnaria* était attendue avec plus d'impatience par le peuple maltais. Ce jour-là, la Cité Notable était illuminée deux fois, et on y faisait des courses pareilles à celles de la Saint-Jean. C'était surtout au Bosquet que la foule se portait. « Dès la veille, il s'y rendait déjà beaucoup de monde, et toute la nuit on dansait dans la partie des jardins où est pratiquée une grotte assez spacieuse; ce commencement de fête se nommait *Sackaya*. Les femmes de la campagne paraissaient au Bosquet dans tous leurs atours; leurs parures nuptiales, de quelque saison qu'elles fussent, étaient réservées pour ce jour-là; et on y voyait à la fois des habits de velours et des étoffes légères de soie, des corsets de drap et des jupes de toile. Chaque famille se rassemblait sous un arbre, et y faisait un repas dont le mets principal était toujours un pâté. Des joueurs de violon égayaient la fête et invitaient à danser; de tous côtés on était entouré d'un peuple qui ne respirait que le plaisir. Mais la manière dont les Maltais l'expriment est fatigante pour les oreilles de ceux qui n'y sont pas accoutumés; ils poussent continuellement des cris aigus; et celui qui fait résonner le plus sa voix dans le haut est envié, parce qu'il paraît s'amuser davantage. Cela se nomme *tikbir*, du mot *kabbar*, qui signifie *crier de joie*. Au retour de cette fête champêtre, dont les gens du pays pouvaient seuls goûter l'agrément, que la chaleur assommante de ce lieu, resserré entre des rochers brûlants, empêche un étranger de partager; les Maltais ornaient leurs calesses et leurs chevaux de branches d'arbres. C'était un souvenir de l'usage où étaient les habitants de l'île, encore païens, de porter à la main, dans les fêtes d'Hercule, des branches de peuplier, arbre consacré particulièrement à ce dieu. »

On célébrait encore à Malte d'autres fêtes pendant lesquelles le peuple pouvait oublier sa triste situation, et qui toutes offraient un singulier mélange de traditions antiques et d'institutions modernes.

LANGUE MALTAISE. Il ne reste aucune trace de l'idiome primitif des Maltais. Ce fait s'explique tout naturellement par la fréquence des révolutions qui ont troublé l'île de Malte. Les Phéniciens imposèrent leur langue aux habitants de cette colonie, dont ils furent longtemps les maîtres. Les Grecs y substituèrent la leur, autant du moins qu'il fut en leur pouvoir de changer des habitudes établies. L'idiome punique fut remis en vigueur lors de l'invasion des Carthaginois; mais les Romains, devenus à leur tour souverains de Malte, voulurent, comme dans tous les lieux où les compatriotes d'Annibal avaient posé le pied, y effacer jusqu'au souvenir de Carthage; en conséquence, les indigènes parlèrent, par ordre, un mauvais latin; toutefois le grec fut toléré en haine de l'idiome punique. Le passage des Vandales et des Goths dota les habitants de Mélita d'un nouveau patois, qui devint d'un usage si général, que les Grecs du Bas-Empire, réinstallés dans la colonie, ne furent plus pour leurs anciens sujets que des étrangers; enfin la conquête fit passer la population maltaise sous le joug des Arabes, et cette fois l'idiome des vainqueurs fut définitivement adopté. Lorsque, dans les temps modernes, des souverains de différentes nations s'emparèrent de cette île, le langage établi ne se modifia que très-légèrement. Aujourd'hui, la langue maltaise est une espèce de patois dont l'arabe constitue le fond, et dans lequel on reconnaît des mots grecs et quelques expressions empruntées à l'ita-

MALTE.

Rue Ste Ursule (cité Valette).

lien et à l'allemand. Ce mélange d'éléments hétérogènes n'empêche pas que les Maltais et les Barbaresques ne s'entendent facilement entre eux. Du reste, ce patois ne manque pas d'une certaine grâce, surtout dans la bouche des femmes, et quand il est parlé purement. Ce qu'il y a d'étrange, c'est que l'alphabet maltais est complétement perdu ; il faut, pour écrire cette langue, se servir de caractères étrangers, en employant l'orthographe qui se rapproche le plus de la prononciation exacte. Cette particularité prouve qu'à une certaine époque l'oppression sous laquelle gémissaient les Maltais influa d'une manière si fâcheuse sur l'intelligence de la population, que l'écriture *tomba complétement en désuétude*. Quelque affligeant que fût un pareil résultat, il fut, nous devons le dire, peu regretté des Maltais, la langue parlée suffisant à peu près pour les transactions ordinaires, qui ne s'étendent pas au delà de l'île. — L'abbé Agius, ecclésiastique d'un grand mérite, a fait une grammaire et un dictionnaire maltais ; mais les arguments qu'il fait valoir pour prouver que cette langue n'est autre chose que le carthaginois, dont l'alphabet est aussi perdu, ne sont rien moins que fondés. Boisgelin avait aussi écrit une grammaire maltaise qui est restée inédite ; mais il s'était servi pour les mots maltais de l'écriture latine, en se conformant à la prononciation. — Comme toutes les langues orientales, le patois de Malte est rempli d'expressions animées, de proverbes et de figures, ce qui le rend propre à la poésie. Nul doute que le génie de ce peuple n'eût produit des monuments littéraires dignes d'admiration, s'il eût reçu son développement normal. Des chansons de quatre vers et rimées, des adages, des moralités et des proverbes, ces formules populaires de la sagesse des nations, selon l'expression de M. Ferdinand Denis (*), voilà tout ce

qui reste de l'ancienne poésie maltaise, et ces traditions littéraires sont bien de nature à nous donner une idée de la triste stagnation et des souffrances morales auxquelles le despotisme des différents maîtres de cette colonie a condamné ses habitants. Dans les temps modernes, quelques rimeurs maltais ont essayé de raviver l'esprit poétique depuis longtemps éteint parmi cette malheureuse population ; mais leurs vers ne sont que de pâles imitations des chansons et des sonnets italiens.

LE GOZE.

Avant de passer à la partie historique de cette notice, il importe de donner la description abrégée de l'île du Goze, cette portion intéressante du domaine de l'ordre de Malte. Pour ne donner lieu à aucune confusion, nous avons dû procéder isolément à l'égard de chacune de ces îles. Il ne nous sera permis de les comprendre toutes deux dans le même tableau que lorsque nous raconterons les événements dont elles ont ensemble subi l'influence.

SITUATION, DIMENSIONS, POPULATION ET ASPECT DU GOZE ; ILE DU CUMIN. Le Goze est situé à l'ouest de Malte, dont une faible distance le sépare. Quand le temps est beau et le vent favorable, on fait le trajet d'une île à l'autre en moins de deux heures. On évalue à trente milles la circonférence du Goze, sa longueur à douze milles, et sa largeur à cinq. La population est d'environ dix-sept mille âmes, ce qui ne représente pas tout à fait le septième de la population de Malte. Quoique le sol soit ici naturellement plus fertile qu'à Malte, les habitants sont pendant plusieurs mois à la charge de l'Etat ; autrefois, on faisait pour les Gozitains un approvisionnement de sept ou huit mille salmes de blé ; aujourd'hui, cette quantité doit être plus

---

(*) Le *Brahme voyageur* est le résumé le plus profondément philosophique des adages familiers par lesquels les peuples se plaisent à révéler leur morale et leurs instincts. Il est impossible d'écrire un livre de maximes avec plus de charme et d'un style plus poétique que ne l'a fait M. Ferdinand Denis.

considérable, la population s'étant sensiblement accrue, malgré la misère et l'émigration. — L'aspect du Goze est beaucoup moins attristant que celui de Malte, à cause des montagnes qui accidentent le terrain et de la verdure qui pare leurs flancs. Ici les perspectives grandioses, les sites pittoresques se rencontrent à chaque instant sous le regard. Rien de plus frais, de plus riant que les jardins situés autour des collines de Nadar et de Sciaver. Disons cependant que les endroits cultivés offrent un coup d'œil beaucoup moins agréable, par suite de l'absence complète de grands arbres. Les habitants sont si soigneux de leurs plantations de cotonniers, et ont une si vive sollicitude pour la prospérité de leurs champs d'orge et de blé, qu'ils ont sacrifié tout ce qui pouvait usurper une part quelconque des sucs nourriciers de la terre. En conséquence, les arbres ont été sévèrement proscrits comme de dangereux parasites. Cela n'empêche pas, du reste, que les yeux ne se reposent avec plaisir sur les espaces verdoyants consacrés aux plantes et aux arbustes si chers aux Gozitains.

Dans le trajet de Malte au Goze, on passe auprès de l'île du Cumin, située dans le canal qui sépare les deux colonies. Cette petite île tire son nom du cumin, espèce d'anis qui y croît en abondance et y vient presque sur la pierre. On y a élevé un fort pour sa défense, et l'on y voit quelques chétives maisons habitées par de pauvres pêcheurs. On a remarqué que cet îlot diminuait sans cesse vers le couchant, ce qui fait présumer qu'il sera un jour réduit à l'état d'écueil, et qu'il disparaîtra même entièrement sous les flots. La partie septentrionale, qui est celle devant laquelle on passe en allant de Malte au Goze, est très-intéressante pour un naturaliste. On y voit un grand nombre de pétrifications affectant la forme de roseaux ou de tuyaux de pipes rouges réunis en faisceaux. — La cale Sainte-Marie est le seul port du Cumin. A l'extrémité sud de l'île, est situé le *Cuminetto*, rocher inculte qu'il ne vaut pas la peine de visiter.

PRODUCTIONS DU GOZE. Nous avons dit que le sol du Goze était généralement argileux, à la différence de celui de Malte qui est partout de nature calcaire, sauf quelques portions de terre végétale oubliées par les fureurs des flots dans les intervalles des rochers et dans quelques vallées. Les roches du Goze ont, comme celles de Malte, la propriété de s'imprégner des vapeurs de l'atmosphère et de les résoudre en eau. Elles sont aussi facilement creusées par l'action de l'eau de mer qui les ronge insensiblement en laissant dans chaque trou qu'elle fait une certaine quantité de sel. L'auteur du *Voyage pittoresque de Sicile* décrit d'une manière très-curieuse l'effet de l'évaporation et de la décomposition de cette eau. Nous regrettons de ne pouvoir, faute d'espace, citer cet intéressant passage. — Il existe dans l'île du Goze des carrières d'albâtre qui, convenablement exploitées, donneraient des produits abondants et d'une grande beauté.

On retrouve ici les mêmes végétaux qu'à Malte. Le blé et le coton rapportent d'ordinaire de seize à dix-huit pour un. La récolte de coton est évaluée, année commune, à environ quatre-vingt-quinze mille livres, sans comprendre la graine dans ce poids. De beaux pâturages fournissent une nourriture succulente à un grand nombre de bestiaux principalement destinés à l'approvisionnement de Malte. — Le raisin du Goze est d'excellente qualité, et les riches bourgeois de la Cité Valette en font une grande consommation. — Les oiseaux de passage qui se reposent à Malte, fréquentent aussi l'île du Goze; aussi y trouve-t-on, à certaines époques de l'année, joyeuse compagnie de chasseurs.

VILLES ET CASAUX. *Cité Chambray; château du Goze et Rabbato. Grotte sépulcrale.* Près de la cale Miggiaro, à l'est de l'île, s'élevait autrefois un fort construit, en 1603, par ordre et des propres deniers du grand maître Garzez. Mais le bailli de Chambray en fit commencer un autre en 1749, et traça le plan d'une ville qui

MALTE.

Église St Jean.

fut bâtie après sa mort, et reçut, en son honneur, le nom de *Cité Chambray*. Ce bourg est situé sur la côte orientale, près d'un port assez sûr.

La capitale de l'île est le Château du Goze réuni au Rabbato, faubourg assez vaste qui s'étend au pied de la forteresse. Les débris antiques, tels que tronçons de colonnes de marbre, chapiteaux et bas-reliefs, qu'on rencontrait autrefois en se rendant à la ville, attestent que l'île du Goze a eu, comme Malte, des édifices somptueux dont il serait impossible de préciser la date. — On peut visiter une grotte située dans le jardin de Biazi, voisin du Rabbato. Cette grotte renferme une soixantaine de tombeaux très-larges, et longs de six pieds, tous taillés dans le roc. A en juger d'après ce qui en reste, ces tombeaux n'ont dû avoir rien de remarquable sous le rapport de l'art.

Villages. Il n'y a, dans l'île du Goze, que six casaux dont voici les noms : Nadur, Scicara ou Caccia, Zebug ou Zebucco, Gharbo, Samiat et Scienquia. Rien d'intéressant dans ces villages. Cependant on ne peut se dispenser d'aller à Scicara pour visiter la Tour des Géants, édifice en ruine qu'on trouve dans le voisinage, et dont nous parlerons en détail dans le résumé de l'histoire ancienne de Malte.

Zebug. Couvent de capucins. Grotte célèbre. Cavernes. Le casal Zebug est le plus considérable de tous ceux que nous venons de désigner. C'est dans ses environs que s'élève la montagne qui renferme les carrières d'albâtre dont il a été fait mention dans un des précédents paragraphes. A une faible distance de ces carrières, on voit un ancien couvent de capucins remarquable par la disposition et l'élégance de son architecture. L'entrée du bâtiment offre un travail de sculpture d'une grâce et d'une délicatesse infinies. Les arcades sont ornées de guirlandes et de vases que les pieux habitants du monastère remplissaient autrefois de fleurs soigneusement entretenues. — Dans le vallon qui conduit de ce couvent au port Saint-Paul, est une grotte qui jouit dans le pays d'une grande célébrité. On y pénètre par un corridor extrêmement étroit, au bout duquel se trouve une salle de trente-six pieds de diamètre, creusée dans le roc vif; dans cette caverne, dont le plafond est soutenu par un fort pilier, s'ouvrent deux allées fermées à l'autre extrémité. Rien, du reste, ne justifie la renommée de cet endroit, que les habitants ne manquent cependant pas de signaler aux étrangers comme une des choses les plus intéressantes de l'île. — Près de la grotte il existe des habitations également creusées dans le roc. La violence du vent du nord et l'acide marin qui abonde dans cette partie du Goze ont porté le ravage et la destruction dans ces demeures souterraines. Une seule pièce est assez bien conservée; c'est un cabinet au centre duquel est une table où huit personnes pourraient dîner à l'aise.

La saline de l'Horloger. En suivant la vallée qui s'étend à l'occident de la montagne de Zebug, on parvient à une espèce de plate-forme de rochers qui s'incline par une pente douce vers le rivage, où elle forme un escarpement perpendiculaire de quarante pieds de haut. C'est là que se trouve la saline dite *de l'Horloger*. L'histoire de cette saline est trop curieuse pour que nous la passions sous silence. Nous laisserons parler Houël, qui a examiné attentivement et parfaitement expliqué le phénomène dont l'existence se rattache à l'entreprise du spéculateur maltais :

« Il y a environ quarante ans qu'un horloger maltais, propriétaire des rochers dont nous venons de parler, imagina d'y former une saline, en y creusant des cases et en y introduisant l'eau de la mer. Il se flattait que la chaleur du soleil ferait évaporer cette eau, et qu'elle y déposerait une quantité de sel non-seulement suffisante pour le dédommager de ses frais, mais encore capable de lui rapporter un bénéfice considérable. La difficulté était d'y conduire l'eau, qu'il fallait faire monter à quarante ou cinquante pieds. Après plusieurs tentatives, il découvrit sous le rocher où il avait établi ses cases, une grotte communiquant à la mer. Il fit aussitôt percer perpendiculairement le rocher, et y tailla une ouverture semblable à celle d'un puits. Son projet réussit à merveille ; ses cases furent abondamment fournies d'eau salée, et il s'aperçut avec plaisir que chaque jour elle diminuait, ce qu'il attribuait à l'effet naturel de l'évaporation causée par le soleil ; il se hâtait d'y suppléer en les remplissant de nouveau ; et il espérait, par ce moyen, augmenter la quantité de sel qu'il devait recueillir. Sa surprise fut extrême quand il s'aperçut que l'eau se perdait, non parce qu'elle s'évaporait, mais parce qu'elle était absorbée par la roche spongieuse, qui la rendait ensuite, par l'infiltration, à la mer d'où elle avait été tirée. Il fut longtemps à s'en apercevoir, et ce ne fut que lorsqu'il voulut ramasser le sel, qu'il vit ce qui était arrivé au fond des cases ; la roche s'était dissoute par l'action de l'acide du sel, et il ne recueillit qu'une bourbe épaisse. Le chagrin qu'il conçut d'un aussi mauvais succès le fit tomber dans une maladie de langueur. La belle saison s'étant passée, les vents commencèrent à gronder, la mer devint plus agitée ; un jour, le ciel se couvrit de nuages menaçants, et il s'éleva un orage affreux accompagné d'un vent impétueux. Les vagues soulevées s'accumulèrent dans la grotte ; ainsi engouffrées dans cet endroit à peu près circulaire, elles acquirent un mouvement de rotation qui en forma une colonne d'eau ; comme cette colonne ne trouvait d'issue que par l'ouverture du puits nouvellement percé, elle en sortit avec tant de force qu'elle forma une gerbe magnifique dont la grosseur égalait toute la largeur de la bouche du puits. Elle s'éleva sans se rompre à plus de soixante pieds de hauteur, en prenant les formes d'une superbe aigrette (*). La rapidité de son jet ne permit pas aux vents de la courber avant qu'elle fût parvenue à peu près à la hauteur où la portait l'impétuosité que la première impulsion lui avait communiquée ; quand elle y fut arrivée, les vents s'en emparèrent, la brisèrent, la divisèrent et emportèrent au loin les parties aqueuses qui la composaient ; elles inondèrent les terres de tous côtés à plus d'un mille de distance. Cette pluie abondante et salée détruisit la végétation et ravagea des campagnes cultivées avec soin ; il semblait que le feu y avait passé.

« Avant l'ouverture supérieure de la grotte, un tel effet ne pouvait être produit. La résistance de l'air, qui était enfermé et ne trouvait pas d'issue, empêchait les vapeurs de s'y accumuler, les vents de s'y engouffrer, et conséquemment l'air et les flots y demeuraient en équilibre. L'ouverture du puits, en donnant passage à l'air, avait rompu cet équilibre et permis aux flots de s'amonceler dans la grotte, en leur procurant une sortie funeste à ses voisins. Les habitants intentèrent un procès à l'horloger, et lui demandèrent des dédommagements énormes. Il mourut avant la décision de l'affaire. Les habitants, pour prévenir un nouveau malheur de même nature, prirent le parti de boucher le puits en y jetant des pierres, et ils y parvinrent assez promptement. Cette opération donna lieu à un nouveau phénomène aussi extraordinaire que le premier. En effet, les flots rassemblent une grande quantité d'air qu'ils compriment avec force au fond de la grotte ; cet air se dilate et les repousse à son tour, avec des explosions terribles qui font trembler tout le rocher et toutes les terres environnantes ; le bruit épouvantable que fait chacune de ces explosions, tant en dehors que dans l'intérieur de cette caverne, ressemble à des décharges de canons de différents calibres qui se succèdent rapidement ; les échos qui les répètent produisent un effet semblable à celui de plusieurs tonnerres qui se rencontrent et qui se heurtent. On est épouvanté, et l'on craint à chaque instant le bouleversement total des rochers sous lesquels

(*) Voir la gravure.

on entend gronder continuellement cet orage, lorsque les vents sont violents. Ce bruit effroyable ne discontinue pas tant que le puits est comblé. Lorsque le mouvement impétueux des vagues comprimées dans cette grotte a un peu ébranlé les pierres qui sont au fond du puits, elles agissent plus fortement sur elles; elles les secouent, les brisent, les réduisent en poudre et les reportent à la mer. L'absence des premières pierres occasionne la chute de toutes les autres; le puits devient entièrement libre; la gerbe d'eau se reforme, s'élance de nouveau et se répand dans les campagnes désolées. Dans moins de vingt ans on a comblé trois fois le puits, et l'on est toujours dans la crainte d'une nouvelle explosion (*). »

VOYAGE AUTOUR DU GOZE. Les côtes de l'île du Goze sont, sous plusieurs rapports, plus intéressantes à visiter que l'intérieur du pays. Mais il faut s'embarquer par un temps parfaitement calme, car on risquerait, si on était surpris par un grain, d'être jeté et brisé sur les rochers qui entourent cette île de leur ceinture formidable. — On monte en bateau au port d'el Miggiaro, en compagnie de rameurs gozitains, intrépides loups de mer qui ne sont inférieurs aux Maltais ni pour la force physique, ni pour le courage. Si l'on se dirige à droite, c'est-à-dire, vers le sud de l'île, on rencontre d'abord un petit port au fond duquel tombe un cours d'eau; on examine avec étonnement les mille formes bizarres affectées par les roches abruptes dont la chaîne se prolonge et fuit sous le regard; on traverse de petits golfes où les vagues viennent mourir au pied d'un rocher inaccessible; on aperçoit des cavernes et des antres de toutes les grandeurs, où la mer mugit furieuse et où les oiseaux aquatiques viennent suspendre leurs nids.

(*) Nous ne savons si ces appréhensions ont été justifiées par l'événement, et si le puits du malencontreux horloger a de nouveau livré passage au jet d'eau destructeur.

Écueil aux Champignons. Après avoir doublé la pointe qui forme un des côtés de la cale Scilendi, et sur laquelle on a bâti un petit fort, on arrive à l'*écueil aux Champignons*. Ce rocher, qu'on nomme en maltais *Nagira talgernal*, s'élève au-dessus des flots à quarante ou cinquante toises du littoral du Goze. Il y croît en abondance une espèce de champignon autrefois en grande réputation dans les deux îles. Ce fungus est, dit-on, un excellent remède contre la dyssenterie, les hémorragies, et, en général, tous les accidents de sang. Lorsqu'il a atteint tout son développement, il a jusqu'à sept pouces de long. Il est de forme conique, blanc, mêlé d'autres couleurs et couvert d'espèces d'écailles; sa pulpe est plus ferme que celle des champignons ordinaires; elle est d'une saveur amère et devient rouge en se séchant. Cette plante se reproduit par la poussière et les débris qu'elle laisse à la place qu'elle occupe. Pour la cueillir, on a imaginé un appareil fort simple et assez ingénieux : on a attaché au rivage de l'écueil d'un côté, de l'autre à un rocher voisin moins élevé, deux câbles solides auxquels est suspendue, au moyen de quatre poulies, une caisse pouvant contenir deux personnes. Pour aller du rocher à l'écueil, on n'a qu'à tirer sur une corde fixée au point où l'on veut se rendre; cette simple traction fait avancer la caisse qui glisse doucement et sans secousses sur les câbles comme sur les rails d'un chemin de fer; pour repasser sur le rocher, et de là dans l'île, on tire sur une autre corde en sens inverse. Boccone, dans son ouvrage sur les plantes rares de Sicile et de Malte, est le premier qui ait parlé de ce champignon qu'il nomme *fungus coccineus* ou *melitensis* (*). Dès que ses

(*) Linné parle de ce fungus qu'il nomme *cynomorium coccineum*. On en trouve de même espèce à Tunis, en Sicile près de Trapani, dans les îles de Lampedouse, de Farigliana et de Ranciglio, sur la côte de Toscane, dans les environs de Pise et de Livourne, enfin à la Jamaïque; mais

propriétés médicinales furent connues, les grands maîtres en monopolisèrent la culture. Les bords de l'écueil furent par leur ordre rendus inabordables ; l'appareil au moyen duquel on passait dans l'îlot fut fermé à clef, et un homme de confiance fut chargé de la récolte de la précieuse plante. Les champignons une fois séchés et préparés, on en distribuait aux hôpitaux de Malte et du Goze, aux chevaliers et aux habitants qui en avaient besoin. Le grand maître en envoyait même dans les pays étrangers, aux commanderies de l'Ordre et aux malades qui en faisaient demander.

Impression que cause le bruit des grottes marines et la vue des rochers du Goze dans la mer. En quittant l'écueil aux Champignons, on double le cap San-Dimitri à l'extrémité ouest de l'île ; puis, après avoir traversé plusieurs golfes bordés de rochers élevés, on arrive devant la saline de l'Horloger, et près de cette caverne où les vagues s'engouffrent avec un fracas si épouvantable. Lors même que la mer n'est pas très-agitée, le bruit est affreux et assourdissant. Il semble que cet antre obscur soit une des issues de l'enfer. « Il faut, dit l'auteur du *Voyage pittoresque de Sicile*, être bien familier avec cette sorte de spectacle pour en soutenir l'horreur, surtout quand on pénètre dans l'intérieur de ces grottes ; il faut même avoir une âme forte pour jouir de ce tableau effrayant et s'y accoutumer les yeux et les oreilles. » On rencontre plus loin de vastes grottes à fleur d'eau, dans lesquelles la mer pénètre aussi, mais sans y produire le moindre bruit. Le contraste qu'offrent ces cavernes silencieuses avec celles où roule un tonnerre continuel, a quelque chose de saisissant et de solennel qui impressionne vivement. — En continuant à ramer le long du littoral, on aperçoit pendant plus de deux milles un nombre infini d'antres semblables, et des rochers à pic qui s'élèvent à cent cinquante pieds au-dessus du niveau de la mer. Comme ces rochers sont extrêmement blancs, et comme, à leur pied, la mer est d'une parfaite transparence, l'œil peut les suivre à une très-grande profondeur. Ce spectacle, considéré pendant plusieurs minutes, occasionne une espèce de vertige qui se change en effroi. En attachant ses regards à la racine du rocher qui se perd au fond de l'abîme, on oublie qu'on est soutenu par les flots ; il semble que la barque qui vous porte soit suspendue comme par enchantement au-dessus d'un gouffre immense et sans fond, et que, si le fil invisible qui paraît la soutenir venait à se briser, on tomberait d'une hauteur de plusieurs centaines de pieds. On ne peut s'arrêter longtemps sur cette pensée, et l'on se hâte de reporter les yeux sur la surface de la mer pour faire cesser l'illusion. Il paraît qu'on éprouve la même impression en naviguant en bateau sur le lac Supérieur dans le Canada. Jonathan Carver, dans son *Voyage en Amérique*, dit qu'en apercevant le fond du lac à travers ses eaux transparentes, il oublia qu'entre ce qu'il voyait et lui il y avait un liquide qui soutenait sa barque, et qu'il fut saisi d'une terreur involontaire.

Intrépidité des pêcheurs gozitains. La vue seule des rochers du rivage est effrayante. Cependant il y a au Goze un grand nombre d'individus qui passent leur vie au milieu de ces gouffres affreux. Soutenus par des cordes qu'ils attachent au sommet du rocher perpendiculaire, ces hommes intrépides se laissent glisser à la hauteur des crevasses et des anfractuosités, où ils savent que des pigeons ou d'autres oiseaux ont bâti leurs nids. Quelquefois, pour atteindre leur proie dans les enfoncements du rocher, ils sont obligés de se lancer avec force sans autre point d'appui que la corde à laquelle ils sont suspendus. A une certaine époque, cette espèce de chasse, qui se pratiquait aussi à Malte, comme on l'a vu, fut prohibée, parce que les casuistes de l'Ordre déclarèrent qu'il était impie d'exposer sa vie à de pareils dangers.

---

il ne paraît pas qu'on ait encore songé dans ces différents pays à l'employer comme remède.

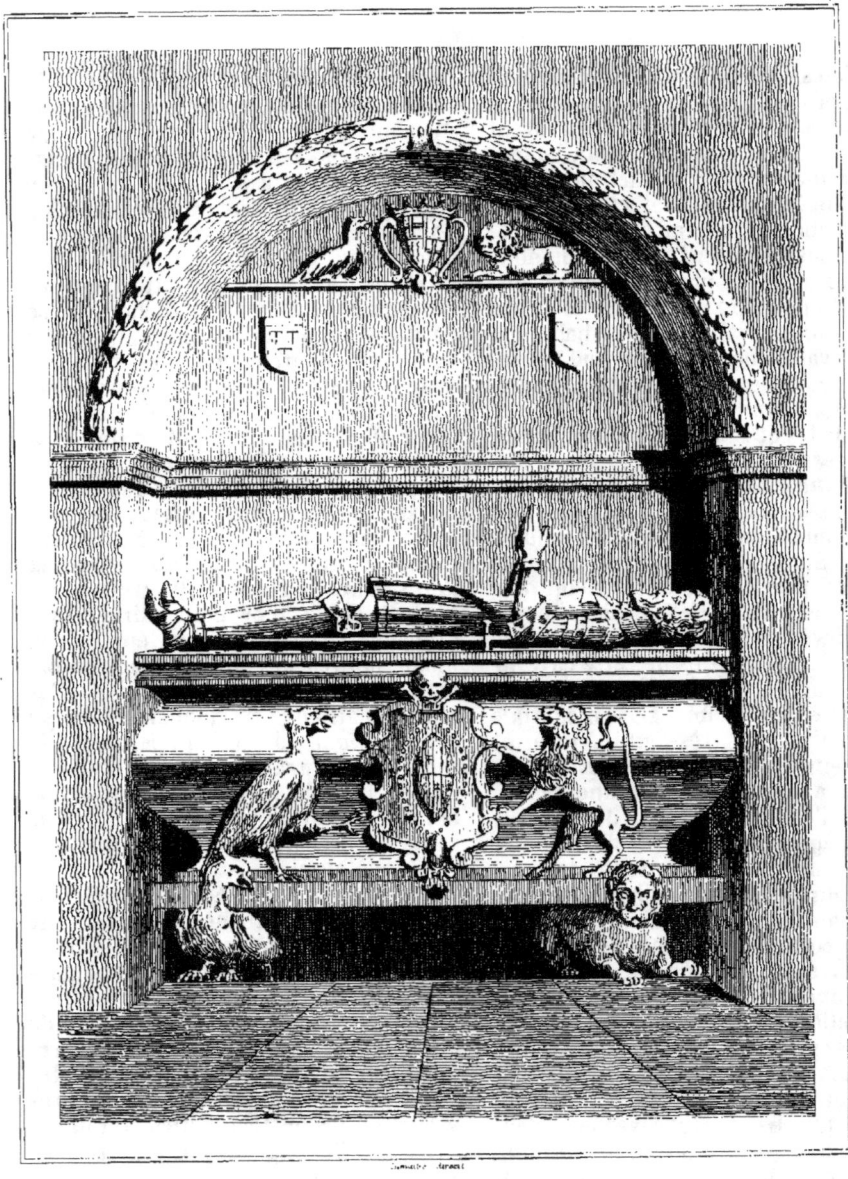

Tombeau de La Valette.

Cette défense n'empêcha pas les habitants du Goze qui vivaient de ce métier de s'y livrer comme auparavant; l'attrait du fruit défendu stimulait même l'ardeur des chasseurs. D'autres viennent, quand le temps est calme, pêcher autour de ces rochers. Ils descendent en posant hardiment le pied sur les petites aspérités ou dans les trous qui existent çà et là au flanc du roc taillé à pic. Quelques-uns, pour diminuer le danger, se munissent d'une corde qui leur sert à se suspendre dans les endroits où il serait absolument impossible de parvenir sans ce secours. Arrivés à une vingtaine de pieds au-dessus de la mer, ils commencent leur pêche qui dure quelquefois toute la journée. Quand le soleil décline à l'horizon, ils remontent par le même chemin, et on les voit grimper lestement le long de ce mur naturel, au risque de glisser à chaque enjambée et de tomber dans les flots où ils se noieraient infailliblement, l'île étant absolument inabordable de ce côté. Telle est la vie que mènent les pêcheurs du Goze, vie pleine de périls et d'angoisses, mais à laquelle ils se résignent, parce qu'en fait de peines et de dangers, la misère ne s'épouvante de rien.

Port Saint-Paul. Continuation du voyage. Sasso di San Paolo. A une faible distance des rochers dont nous venons de parler, on arrive dans les eaux du port Saint-Paul. Cette anse, que les gens du pays appellent *Muget-et-Bahar*, ne peut contenir que des bâtiments de médiocre dimension. Cependant, de peur que les Barbaresques n'y fissent une brusque descente, on y tendait pendant la nuit une forte chaîne de fer suspendue à fleur d'eau, et fixée sur les deux pointes opposées qui fermaient l'entrée du port. — Un peu plus loin, on passe devant la cale de Marsal-Forno, qui est de même grandeur à peu près que la précédente; plus loin encore, c'est la cale Ramla, dont le rivage est protégé par des tours fortifiées et des batteries.

A partir du port Saint-Paul, la ceinture de rochers est moins élevée; elle offre des issues assez larges et un aspect moins effrayant. Depuis l'extrémité nord-est de l'île jusqu'au port Miggiaro, il est facile de s'apercevoir que la pierre subit l'action destructive de l'eau salée et des vapeurs marines. C'est qu'elle est ici de même nature que celle dont nous avons eu occasion de parler; elle aspire l'humidité de l'air et distille incessamment une eau saumâtre et corrosive. — Le rocher appelé dans le pays *Sasso di San Paolo* est une preuve curieuse de cette propriété absorbante : ce bloc s'est détaché du sommet du rivage et a roulé jusqu'à la distance de sept ou huit pieds au-dessus des flots; là il s'est arrêté et fixé par ses parties les plus aiguës sur des pierres de même nature; de loin, on le croirait suspendu comme par enchantement. Eh bien, on voit des gouttes d'eau s'échapper continuellement de sa base, quoiqu'il ne touche à la mer par aucun point. Cette espèce de fontaine ne peut être produite que par la filtration de l'humidité absorbée par les pores de la pierre.

HOMMES ET FEMMES DU GOZE. *Costume.* La population indigène du Goze est de même origine que celle de Malte. Cependant les Gozitains sont sensiblement plus grands que leurs voisins. La cause de cette différence est due probablement à la nature même des deux îles. Au Goze, le sol est fertile, le travail aisé et peu fatigant; à Malte, la terre ne s'engraisse que des sueurs du paysan et demande une dépense énorme de force physique; de là, appauvrissement de la race maltaise, tandis que la population gozitaine acquérait au contraire tout son développement normal.

Le costume est à peu de chose près le même que celui des Maltais. On remarque seulement sur la tête des hommes un bonnet de laine semblable pour la forme au fez des Barbaresques, et qu'on entoure quelquefois d'un morceau d'étoffe plissée pour lui donner un faux air de turban. Cette coiffure est extrêmement chaude, et c'est à son usage qu'il faut attribuer les congestions cérébrales dont la fréquence a été remarquée parmi les habitants du Goze, surtout en été. Deux particularités bizarres donnent au costume des femmes de cette île une originalité que n'a pas celui des Maltaises, malgré la faldetta. La partie postérieure de leur tête est généralement entourée d'un mouchoir, qu'elles font passer sur leur bouche pour se garantir de la poussière, et qu'elles nouent derrière le cou ; triste parodie du voile des femmes d'Orient. Les Gozitaines ont adopté une autre mode qui n'est pas moins singulière : elles portent des corsets qui ne montent que jusqu'au-dessous du sein, et qu'elles serrent de façon à faire sortir entièrement la gorge ; or, comme le fichu dont elles couvrent leur poitrine est transparent, leurs charmes sont à la discrétion des regards curieux. Les coquettes s'accommodent fort bien de cet usage ; et quant aux habitants, ils y sont trop habitués pour y faire grande attention ; les étrangers seuls s'étonnent d'une mode qui, au fait, a quelque chose de révoltant pour des yeux accoutumés à plus de décence.

Les mœurs sont, au Goze, beaucoup moins dissolues qu'à Malte ; c'est que le Goze n'était pas la résidence des chevaliers. Tout ce qui était en contact immédiat avec les membres de l'Ordre s'est peu à peu corrompu. Le Goze a joui du bénéfice de l'éloignement.

HISTOIRE.

PREMIERS TEMPS JUSQU'A L'ÉTABLISSEMENT DE L'ORDRE DE SAINT-JEAN DE JÉRUSALEM A MALTE.

PÉLASGES. Il y a, dans les fastes de toutes les nations, une période sur laquelle la science historique ne peut fournir que des conjectures plus ou moins ingénieuses. Cette période, l'imagination des peuples et des poëtes en a fait l'ère des dieux et des héros, le temps des choses surnaturelles et des luttes gigantesques. Dans les fables que l'instinct poétique des populations anciennes a formulées en épopées magnifiques, il n'est guère possible de faire la part du positif et celle du merveilleux. Point de base certaine, point de donnée première sur laquelle on puisse s'appuyer pour s'aventurer avec quelque sécurité dans le dédale des traditions mythologiques.

Malte ne fait pas exception à la règle. Comme les autres îles de la Méditerranée, elle a son époque fabuleuse. Suivant l'Odyssée, elle fut d'abord habitée par les Phéaciens, race de géants à qui la poésie grecque attribue des travaux miraculeux, et dont elle se plaît à faire la rivale, sur terre, des hôtes de l'Olympe. Eurimédon était, dit-on, roi d'Hypérie. Son petit-fils, Nausitoüs, se révolta contre Jupiter qui le foudroya comme les Titans. Ses sujets furent anéantis ou dispersés, et l'île de Schéria (Corfou) recueillit les débris de cette population décimée par la colère des dieux.

Ce qu'il y a de positif et d'incontestable, c'est que Malte a été autrefois le séjour de quelqu'une de ces peuplades grecques qui ont laissé des traces matérielles de leur passage dans certaines contrées de l'Europe, sans rien révéler à la postérité de leur existence sociale. Les édifices colossaux dont les ruines jonchent le sol de Malte et du Goze, attestent que ces îles ont été primitivement peuplées par les Pélasges. L'analogie qu'on remarque entre ces restes d'édifices et ceux qui s'élèvent encore dans certaines parties de la Grèce, de l'Italie et en Sardaigne, est trop frappante pour que ce fait puisse être révoqué en doute (*).

Monuments de cette époque. Houël est le seul voyageur qui ait parlé longuement des monuments pélasgiques de Malte, et c'est lui qui nous fournit les détails qu'on va lire.

Les ruines de l'édifice appelé *Agiar*

(*) On peut voir les intéressantes recherches de M. Petit-Radel sur les Nuraghes, et les monuments pélasgiques en général. Il est fâcheux que ce savant n'ait pas eu connaissance des ruines cyclopéennes de Malte et du Goze, dont il aurait pu parler *ex professo*.

MALTE.

Fort Ricasoli

Kim présentent des murs droits ou ronds, dont l'élévation n'est qu'une assise de pierres posées sur la roche; elles s'étendent au loin du midi au nord. La construction colossale de ces murs ne laisse aucun doute qu'il n'y ait eu autrefois dans cet emplacement une habitation considérable. Assez près on rencontre encore des parties de mur d'une seule assise, dont les pierres sont posées debout; elles ont de douze à quatorze pieds de haut sur trois ou quatre d'épaisseur. Au nord de ces ruines est une pierre de dix-huit pieds de haut; au bas d'une colline, vers le couchant, sont les débris d'un autre édifice carré, bâti de la même manière. Les faces ont environ sept toises de large et quinze pieds de haut. Cet édifice se joint à un autre de forme circulaire; on y remarque des portes dont la forme est bien conservée.

Le monument appelé *Tadarnadur Isrira* est le plus grand de tous ceux que les voyageurs et les archéologues ont décrits. Son plan a la forme d'un cercle parfait d'environ cent pieds de diamètre. Il ne reste debout que cinq pierres qui sont posées verticalement et ont dix-huit pieds d'élévation. Elles sont si parfaitement jointes que la violence des vents chargés d'humidité, n'a pu pratiquer entre elles le moindre interstice. Les autres pierres qui formaient cette enceinte devaient être de la même grandeur au moins. Elles sont toutes dévorées par l'air qui les environne de toutes parts depuis tant de siècles. A différents endroits du grand emplacement que fait cette circonvallation, on voit encore les traces des fondations des murs qui divisaient son étendue et qui ont dû servir à former en partie des maisons. C'est la facilité de trouver à la surface de la roche des lieux circonvoisins, des pierres d'une grandeur énorme, qui a donné l'idée et fourni les moyens de bâtir de cette manière gigantesque. Nous passerons sous silence plusieurs autres édifices en ruine de l'époque pélasgique qui se voient à Malte et qui ne méritent pas une mention particulière. Parmi ces derniers, il en est un (*) dont l'image en relief se trouve à la bibliothèque Mazarine, dans la curieuse collection de monuments cyclopéens modelés en plâtre, que la science moderne doit à M. Petit-Radel.

L'île du Goze possède aussi des restes remarquables d'édifices de construction colossale. « Près du casal Caccia est une grande enceinte, débris d'un monument antique. La grandeur, la forme, la construction de cette enceinte, tout en est intéressant et surtout imposant par le caractère colossal qui surprend d'abord le spectateur. Cet édifice est construit avec de très-grandes pierres qui sont posées alternativement, une dans la longueur du mur, l'autre dans sa largeur; la première sert à former l'épaisseur de ce mur circulaire, et la seconde excède cette épaisseur en s'avançant à l'extérieur du mur. Deux grandes pierres de dix-huit pieds de haut forment les deux côtés de la porte. Elles ont six pieds d'épaisseur et quatre de largeur. Elles sont distantes l'une de l'autre de sept ou huit pieds. Ces pierres paraissent avoir été si peu taillées et elles sont si peu droites, que toutes ces mesures ne sont que des à peu près. Il y a des espèces de marches formées par la roche sur laquelle cet édifice est fondé.

A cent cinquante toises vers le levant, près du village de Xara, il existe de remarquables restes d'édifices du même genre de construction. La tradition populaire a baptisé cette enceinte du nom de *tour des Géants*. Quelques voyageurs voient dans ce grand monument un ouvrage des Phéniciens, et croient qu'il fut consacré à la Vénus phénicienne, adorée sous le nom d'Astarté, dont le culte se confondait avec celui de la lune. La maçonnerie de cet édifice si curieux pour l'histoire de l'art

(*) C'est tout simplement un mur de construction pélasgique, situé au centre de l'île, à deux milles nord-ouest du casal Mosta. Le dessin de cette ruine a été exécuté en 1833 par M. Grognet, ingénieur, pour M. le marquis de Fortia d'Urban, qui s'est livré à de longues recherches sur les monuments cyclopéens.

ressemble à celle de plusieurs ruines qu'on retrouve en Sicile, en Étrurie, en Écosse, en basse Bretagne et en Danemark; mais les formes et les détails n'appartiennent à aucun des monuments qui nous sont connus. Les pierres qui entrent dans la bâtisse de celui-ci sont de huit, dix et douze pieds de long; la première assise est immédiatement sur la roche et semblable à celle de la ruine située près le casal Caccia; c'est-à-dire que les pierres sont placées alternativement une en long, l'autre en large et en travers, de manière que l'une d'elles ressorte alternativement en dehors du mur et en fasse un pilier-butant qui devait donner de la solidité à l'édifice. Ces pierres de la première assise, telles qu'on les voit aujourd'hui, ne présentent aucune face qui paraisse avoir été taillée, et n'étaient liées par aucun mortier ou ciment. Les pierres des assises supérieures sont placées avec une sorte de régularité, sans être cependant régulièrement taillées; elles ne sont ni posées ni alignées scrupuleusement (*).

(*) Les fouilles faites dernièrement autour de ce monument, dont la disposition n'offre aucune analogie avec les monuments cyclopéens connus jusqu'à présent, m'ont permis d'en donner un plan complet que j'ai levé et mesuré sur les lieux en mai 1839. On verra par ce plan qu'il existe deux temples ou enclos ayant chacun la forme d'un double trèfle. La continuation de la muraille, et la porte qui existe encore sur l'un des côtés à la droite du monument, semblent indiquer qu'il y avait un troisième temple; mais ce temple devait être indépendant des deux autres, puisque l'enceinte de ceux-ci, formée de murs cyclopéens, est complète et régulière à l'extérieur. D'autres traces de constructions existent encore vers la partie à gauche des deux temples; et on espère que de nouvelles fouilles donneront des renseignements plus précis sur l'antique destination de ces curieux monuments.

Parmi les objets sculptés en très-petit nombre qu'on y a découverts jusqu'ici, le grand cône que l'on voit encore dans le sanctuaire à droite en entrant, est la plus forte preuve que ce temple était dédié à quelque divinité phénicienne, mais j'ignore à

PHÉNICIENS. Les vaisseaux phéniciens, en sillonnant la Méditerranée,

quel endroit du monument s'élevait ce cône qui gît maintenant au milieu des ruines. Le seul ornement d'architecture qui existe encore en place est sculpté sur deux pierres, *pl.* 27, n° 1. Un plus grand nombre de pierres sculptées se voyait, m'a-t-on dit, autrefois parmi les ruines. Cet ornement, que j'ai dessiné avec beaucoup d'exactitude, offre quelque ressemblance avec le dessin sculpté sur les deux colonnes qui étaient placées à l'entrée de la porte des lions à Mycènes, et dont l'une d'elles existait encore à Argos, où je l'avais vue et dessinée en 1816 (voy. *pl.* 70, Expédition scientif. en Morée, t. II).

J'ai indiqué sur le plan les mesures exactes des diverses parties de l'édifice, dont je donne ici une description succincte.

Pl. 26, A. Sanctuaire dont le sol est recouvert de grandes dalles qui ont environ un pied de hauteur. Le bord de ces dalles est ciselé par un grand nombre de petits trous d'un dessin irrégulier, qui se répète sur les faces perpendiculaires des diverses dalles qui exhaussent chacun des autres sanctuaires. A l'entrée du sanctuaire A, j'ai remarqué sur les dalles trois trous placés à égale distance, qui paraissent avoir servi de pivots à des portes qui fermaient probablement le sanctuaire.

B. Autre sanctuaire dont il existe encore une partie de la clôture formée de grandes dalles semblables à celles qui revêtaient intérieurement tout l'édifice; voir les *pl.* 30 et 31. Dans cette partie du sanctuaire, on voit engagée dans le mur, à l'endroit marqué C sur le plan, une pierre sculptée de quatre pieds six pouces de large, voir *pl.* 27, fig. 5, ayant un trou qui établissait, dit-on, une communication entre le grand temple et celui qui existait à côté. Je n'ai pu vérifier si cette communication existait réellement. Peut-être par cet orifice rendait-on quelques oracles. Les gens du pays disent que c'est tout simplement un four; mais en entendant cette explication par trop prosaïque, je me rappelai que, lorsque je voyageais dans la plaine de Troie, un de nos compagnons de voyage prétendait que les tumulus qui recouvrent les cendres des héros de la Grèce et de Troie n'étaient que des *fours à chaux*. M. de la Marmora dit, il est vrai, que ce n'était qu'un four pour cuire des petits pains ou petits gâteaux sacrés.

avaient plus d'une fois abordé à Hypérie, et les avantages de la possession de cette île n'avaient pas échappé aux navigateurs de cette nation. Ils s'en

A l'endroit marqué D sur le plan, est un creux en forme de vase taillé dans le roc ou dans la pierre, qui paraît avoir été destiné soit à contenir le sang des victimes, soit pour y consumer leurs restes par le feu. Voir *pl.* 33, où ce vase se trouve placé sur le premier plan.

E. Ce sanctuaire est plus délabré que celui B qui lui fait face, et dont il vient d'être parlé. Les constructions récentes qu'on y voit au fond, ont été faites par les chrétiens pour établir un autel où l'on célébrait la messe. Les grandes dalles placées horizontalement et perpendiculairement ont été enlevées au revêtement intérieur de l'ancien monument. Le reste du mur intérieur est moderne et construit en pierres de Malte, telles qu'on les façonne encore aujourd'hui pour la construction des maisons.

Dans la *pl.* n° 33, au milieu de l'entrée du sanctuaire A qui se trouve au fond du temple, on aperçoit sur le dallage le trou dans lequel s'enfonçait le verrou pour fermer les portes du sanctuaire, qui roulaient sur les deux gonds dont les traces existent encore. Voir *pl.* 27, fig. 10.

F, passage revêtu de chaque côté de deux grandes pierres dont l'une, marquée G sur le plan, a trois pieds six pouces de large sur huit pieds de haut. Dans ce passage et près de cette pierre, est une sorte de vase circulaire creusé dans la pierre; les bords saillent de deux à trois pouces au-dessus des dalles qui recouvrent le sol. Voir la *pl.* 26, H.

Quelle était la destination de ce vase qui peut avoir près d'un pied de diamètre? M. de la Marmora pense qu'il était destiné à contenir de l'eau pour désaltérer les colombes consacrées à la Vénus phénicienne ou Astarté.

I. Dans ce sanctuaire (le premier à droite en entrant), se trouvent les deux pierres superposées qui sont ornées de sculptures sur les deux côtés formant l'angle. Voir le plan, *pl.* 26, J, et *pl.* 27, fig. 1. Ces deux pierres ont un peu plus de deux pieds de haut. D'après ce qui m'a été dit, il paraît que les pierres qui l'avoisinaient étaient ornées de sculptures à peu près analogues; mais je dois déclarer que je ne les ai point vues, et que je n'en ai pu découvrir de traces. Au fond du sanctuaire K est le grand cône ayant deux pieds dix pouces de haut. Voir *pl.* 31 et *pl.* 27, n° 4.

K. Dans ce sanctuaire se trouve une très-grande dalle perpendiculaire, *pl.* 26, L. Elle a quatre pieds de large sur douze pieds de haut. Les murs intérieurs de ce sanctuaire sont tous dégradés et dépouillés de leur revêtement.

M. Toutes les dalles qui forment les deux côtés de l'entrée sont en grandes et belles pierres fort bien taillées; celles qui se trouvent les premières en rang, *pl.* 26, N N, rétrécissent le passage qui, sans elles, aurait six pieds comme le second passage de ce monument et comme les deux passages du monument qui se trouve à côté; elles paraissent donc avoir été placées postérieurement. Les grandes dalles qui se trouvent au second rang, *pl.* 26, O O, ainsi que presque toutes celles qui existent à l'entrée des sanctuaires, sont généralement percées de trous qui paraissent avoir servi à attacher les portes qui les fermaient autrefois.

Le second temple ou édifice offre la même disposition que le précédent. Il est seulement exécuté sur de plus petites dimensions, et, en général, plus endommagé.

Les deux têtes, *pl.* 27, n° 3, sont un peu plus petites que grandeur naturelle; leur travail est fruste. Sans avoir entièrement le type égyptien, elles se rapprochent de ce style. Le caractère qui frappe à la première vue est un sentiment de tristesse, empreint sur ces deux têtes qui ont les yeux baissés et même fermés.

Ce qui peut surtout exercer la sagacité des antiquaires, est la figure sculptée en creux sur une pierre de neuf pouces et demi de haut, que j'ai copiée exactement, et qui semblerait présenter une figure d'Ibis. *Pl.* 27, n° 2.

Ces trois objets, ainsi que les deux autres petites figures, représentant l'une une sorte de cône obtus, et l'autre trois boules jointes ensemble, se trouvent dans la maison de police de la ville de Goze, où l'obligeance d'un des habitants me les a montrés.

On y voit aussi les fragments d'un serpent ou poisson semblable à une murène, sculpté sur une pierre brisée maintenant, et qui fut trouvé également dans le monument.

Tels sont les seuls objets qui, ainsi que le vase *pl.* 27, n° 6, ont été trouvés dans ce monument. La tradition rapporte toutefois que, lorsqu'on fit des fouilles, plusieurs objets en or furent soustraits et détruits par les ouvriers.

rendirent maîtres, quinze cents ans, dit-on, avant l'ère chrétienne, et y formèrent des établissements considérables. Malte fut pour eux un point de relâche des plus précieux, et un entrepôt qui pouvait recevoir au besoin les marchandises que ces intrépides commerçants transportaient sans cesse d'un lieu à un autre. La poésie rattache à cette période une tradition bien connue : plusieurs navires phéniciens, sortis des ports d'Ogygie (second nom de l'île de Malte), rencontrèrent dans les eaux du détroit de Charybde et Scylla les vaisseaux d'Ulysse brisés par la tempête ; touchés de la position du prince, les Phéniciens le conduisirent à Ogygie, où la nymphe Calypso sut lui faire oublier pendant sept ans sa gloire et ses devoirs.

Monuments de cette époque. Les Phéniciens introduisirent à Malte le culte de leurs divinités, et de celles qu'adoraient les Égyptiens et les Perses ; on peut citer dans ce nombre Junon, à qui on dédia un temple qui s'élevait dans l'intervalle de terrain compris entre la Cité Victorieuse et le château Saint-Ange ; Hercule Tyrien, plus tard surnommé par les Grecs *Alexicacos*, c'est-à-dire, *qui éloigne les maux*; enfin Mitras, Isis, Osiris et Mercure, particulièrement vénéré en sa qualité de protecteur du commerce. — On conserve dans le muséum de la bibliothèque de Malte un vase phénicien en terre cuite d'une forme singulière ; en outre, une patène de même substance qui offre sur ses bords quelques caractères puniques (*). On y trouve aussi trois médailles phéniciennes ; la première porte d'un côté l'image d'Isis, et de l'autre le Mitras des Perses ou l'Osiris des Égyptiens, coiffé de son bonnet pointu, symbole de la puissance. Ce dieu est représenté tenant dans ses mains les deux fouets dont le soleil se servait pour hâter la marche de ses chevaux. On voit à ses côtés deux prêtres d'Isis couronnés d'un *lotus* ouvert ; leurs jambes, ainsi que celles du dieu, sont couvertes de feuilles de papyrus ; ils portent d'une main la coupe des libations, et de l'autre une branche de *ferulus*, plante qui se trouve à Malte et en Sicile, et dans la tige de laquelle Prométhée, dit la Fable, apprit aux hommes à conserver le feu. On suppose que les trois lettres gravées sur le revers de cette monnaie désignent le nom de l'île ou l'épithète qu'on lui appliquait généralement. Toutefois, on n'a pu encore en découvrir le véritable sens, parce que les Phéniciens étaient dans l'usage de varier dans chaque pays nouveau la forme des lettres qui servaient de marque à leurs monnaies. — La deuxième médaille porte les mêmes caractères, avec une figure de femme voilée (Isis ou Junon) ; le revers offre une tête de bélier, emblème de Jupiter-Ammon. — La troisième pièce est marquée d'une tête de Sérapis, devant laquelle on aperçoit un caducée, attribut bien connu de Mercure et emblème du commerce ; sur le revers est gravé, au milieu d'une couronne de laurier, un fruit de *lotus*, plante aquatique consacrée au soleil. Mêmes lettres sur cette médaille que sur les deux autres.

GRECS. L'extension du commerce

A mon retour de mon second voyage en Grèce, j'ai trouvé prête à être mise sous presse cette feuille contenant la description de l'île de Malte et de Goze, que l'on doit à M. Lacroix, qui s'est acquitté parfaitement de sa tâche, puisque je n'ai presque rien trouvé à modifier dans son excellent travail. Le temps me manque pour donner à cette description du monument antique, si connu sous le nom de tour des Géants, plus de détails et d'intérêt. Les dessins que j'ai rapportés en donneront une idée bien plus exacte que ne pourrait le faire une description quelque détaillée qu'elle fût. On peut d'ailleurs consulter une longue lettre écrite à M. Raoul Rochette, par M. de la Marmora. Elle contient plusieurs conjectures ingénieuses.

A. F. DIDOT.

(*) Tous ceux qui ont écrit sur Malte s'accordent à parler de ces caractères puniques qui se trouvent gravés dans le recueil des inscriptions de Sicile et de Malte. Les mêmes vases existent encore dans la bibliothèque publique, mais il est impossible d'y découvrir les traces de ces caractères qui sont maintenant totalement effacés. A. F. D.

des Grecs dans la Sicile devait naturellement gagner de proche en proche les îles de la mer de Malte. Aussi voyons-nous une expédition grecque s'emparer d'Ogygie, l'an 736 avant J. C., et en expulser les Phéniciens. C'est alors que cette île changea de nom, et s'appela *Melita*. Elle fut gouvernée par des archontes, et vit son sol défriché par une colonie de Tyrrhéniens que les Grecs avaient attirés auprès d'eux. Au culte d'Osiris et des dieux phéniciens succéda celui de Proserpine, déesse particulièrement révérée en Sicile, et celui d'Apollon, conseiller et protecteur de toutes les entreprises des Grecs.

Monuments de cette époque. La période grecque a laissé à Malte plus de traces que la période phénicienne. Les tombeaux de la montagne Bengemma, dont nous avons déjà parlé, en sont le monument le plus intéressant. Les ruines de Ghorgenti qui datent de la même époque, et qui se voient près de la Grande Fontaine, sont aussi curieuses à visiter; elles consistent en quelques restes de maisons dont les murs sont assis sur la roche même. Sur le rivage, on voit un grand nombre de grosses pierres éparses. Tout annonce qu'il a existé dans ce lieu une bourgade assez considérable qu'on appelait *Ghorgenti*; et ce nom fait supposer, conformément aux traditions, que cet établissement était spécialement consacré aux habitants d'Agrigente qui y débarquaient leurs marchandises, à l'époque où Phalaris était lié d'amitié avec les Grecs de Mélite. — Houël a observé et dessiné les restes d'une maison grecque qui se voient au casal Zorrick. Ce débris est intéressant, non-seulement par l'élégance de la construction et les détails d'architecture, mais encore parce que c'est la seule ruine d'une maison antique de simple particulier que l'on connaisse, sauf toutefois celles d'Herculanum et de Pompéi. Les monuments publics survivent aux cités opulentes, et aux nations qui les ont élevés; leur solidité leur assure une durée de plusieurs siècles; mais l'humble demeure de l'homme disparaît promptement du sol qui l'a portée; nul n'a intérêt à la conserver intacte, et la main des conquérants s'appesantit sur elle sans pitié, ni remords. Ces considérations donnent une valeur spéciale à la ruine grecque dont il est ici question. La portion la mieux conservée de ce bâtiment est une tour carrée ayant neuf pieds de face sur dix-sept d'élévation, y compris la corniche qui est d'une exécution délicate et d'un style très-pur.

A quelques centaines de pas du casal Gudia, près d'une petite chapelle gothique dédiée à saint Antoine, on aperçoit encore le soubassement d'un petit édifice de construction grecque, ayant neuf toises de long sur trente pieds de large, et bâti de très-grandes pierres posées à sec. — Quant au temple d'Apollon, qui s'élevait à l'endroit qui forme aujourd'hui une place devant l'hôtel de ville de la Cité Notable, on en chercherait vainement les restes. — Le muséum de la bibliothèque renferme aussi des antiquités de cette période. Parmi elles on remarque un autel carré dédié à Proserpine. Sur la face principale, est sculpté l'emblème par lequel les Syracusains désignaient la Sicile, c'est-à-dire, une tête de laquelle sortent trois jambes disposées de façon à former les trois angles d'un triangle. Une statue d'Hercule en marbre blanc, qu'on suppose avoir décoré un temple d'Hercule qui s'élevait dans le voisinage de Marsa-Scirocco, est d'un fort beau style. — Dans la collection de médailles, on en remarque plusieurs de la première période grecque. Toutes portent l'effigie d'Isis ou Junon, et le mot *Mélitaïon*; sur quelques-unes, la déesse a la tête couronnée d'une infinité de petits triangles, et ornée d'un double fruit de lotus. Un épi de blé, ou un caducée placé devant cette figure, indique la fertilité de l'île, et l'activité commerciale de ses habitants. Le vêtement double qui recouvre le caducée doit être destiné à exprimer symboliquement l'habileté des Maltais dans la fabrication des tissus de coton. Ces médailles ont sur le revers un génie accroupi, coiffé d'une mitre, portant à la main deux fouets, et des ailes aux épaules et aux talons. Une autre médaille trouvée au Goze, offre d'un côté une tête coiffée d'un casque, et au-dessous un croissant, de l'autre un guerrier armé d'un javelot, et portant un bouclier ; devant ce personnage on distingue une étoile, et derrière, le mot *Gauliton* (*).

CARTHAGINOIS. L'an 528 avant Jésus-Christ, les Carthaginois attaquèrent Malte, et s'emparèrent d'une partie de la colonie ; les Grecs restés maîtres de l'autre partie, continuèrent à la gouverner en présence de leurs ennemis. Mais un pareil partage ne pouvait être de longue durée. Les Carthaginois ne tardèrent pas à l'emporter, et devinrent les seuls dominateurs de l'île. Toutefois les habitants n'abandonnèrent ni leurs foyers, ni leurs dieux, et l'on parla également la langue grecque et l'idiome punique.

Les Carthaginois furent plus d'une fois troublés dans leur possession. Malte qui, sous l'heureuse influence et avec l'assistance de Carthage, était devenue un centre commercial et industriel très-important, excita, dès la première guerre punique, l'insatiable cupidité des Romains. D'abord saccagée par Régulus, elle ne put résister à Cornélius, au pouvoir de qui elle tomba ; mais les Romains la perdirent bientôt après.

Monuments de cette époque. Il n'existe plus à Malte que deux débris de l'art punique. L'un est la base, l'autre le fût d'un candélabre. Tous deux portent une inscription phénicienne avec la traduction en grec. Voici de quelle manière l'abbé Barthélemi a expliqué ces inscriptions : « Abdassar et Assérémor, fils d'Assérémor, fils d'Abdassar, avons fait le vœu à notre seigneur Melerat, divinité tutélaire de Tyr : puisse-t-il les bénir dans leur route incertaine ! Denys et Sérapion de la ville de Tyr, tous deux fils de Sérapion, à Hercule surnommé Archégètes. » L'Hercule adoré à Malte, du temps des Carthaginois, était donc appelé *Archégètes*, c'est-à-dire, *chef* ou *conducteur*, et portait aussi le nom de *Melhartos* ou *Melerat*, qui signifie *roi puissant*. Il est à remarquer que les noms de l'inscription phénicienne diffèrent de ceux de l'inscription grecque ; ceci s'explique par l'usage où étaient à cette époque les particuliers, et les villes même, de prendre un nom grec et un nom oriental qui s'employaient tour à tour et suivant les circonstances.

ROMAINS. La politique de Rome ne pouvait se flatter d'accomplir ses projets ambitieux qu'en faisant de la Méditerranée un lac romain, de ses côtes et de ses îles des dépendances de l'empire. Malte fut naturellement comprise dans son plan de conquêtes maritimes. Cette île était d'ailleurs sur la route de Carthage, et pouvait être d'une grande utilité non-seulement comme poste intermédiaire pendant la guerre incessante que la république faisait aux maîtres de l'Afrique, mais encore comme point de relâche et de station après la prise de possession des royaumes dont les Romains ambitionnaient la conquête. L'œuvre commencée par Régulus, et continuée par Cornélius, fut consommée par la victoire navale de Lutatius, l'an 242 avant l'ère chrétienne. Carthage n'obtint la paix, ou plutôt une trêve, qu'en abandonnant à sa rivale toutes les îles qu'elle possédait entre l'Afrique et l'Italie. Malte fut de ce nombre, et changea encore une fois de maîtres ; cependant elle ne fut complétement soumise qu'au commencement de la seconde guerre punique.

Les Romains comprirent que le meilleur moyen d'affermir leur domination dans cette île était de s'attirer la sympathie et la reconnaissance de ses habitants. En conséquence, ils n'expulsèrent que les Carthaginois, et retinrent dans la colonie les Grecs, qui formaient une partie considérable de la population. Mais ils firent plus que de tolérer les Grecs, ils les autorisèrent à conserver leurs anciens

---

(*) L'île de Goze s'appelait autrefois *Gaulos*.

usages. Ce n'est pas tout, ils donnèrent à l'île le titre de *municipium*, et permirent aux Maltais de se gouverner par leurs propres lois; si bien que, sans la présence du propréteur, qui, sous le contrôle du préteur de Sicile, représentait l'autorité romaine, on aurait pu douter que Malte eût passé sous un joug nouveau. Le commerce fut puissamment encouragé et l'industrie entourée d'une sollicitude toute particulière. En peu de temps, les fabriques de tissus maltais acquirent une si grande réputation, que leurs produits étaient considérés à Rome comme objets de luxe. Enfin les temples dont se glorifiait Malte, et parmi lesquels celui de Junon était spécialement révéré, furent restaurés et embellis avec un empressement dont les habitants durent savoir gré aux successeurs des Carthaginois. Telle fut la conduite qu'une politique intelligente suggéra aux Romains. Les Anglais, qui ont plus d'un trait de ressemblance avec cette antique nation, n'ont pas jugé à propos d'imiter leur exemple (*).

Monuments de cette époque. Il n'existe aucun vestige des édifices construits pendant cette période, et l'on chercherait vainement quelques débris du théâtre qui s'élevait près du temple d'Apollon; ce qu'on a trouvé se réduit aux restes méconnaissables d'un vaste môle qui embrassait tout le fond de la Marse. Cependant plusieurs antiquités découvertes dans des fouilles, soit à Malte, soit au Goze, sont les témoignages matériels du passage des Romains sur cette terre foulée par tant de nations. On peut citer d'abord une grande lampe sépulcrale en terre cuite, d'une forme très-originale, une pierre ronde de marbre représentant d'un côté un masque de théâtre, de l'autre un griffon la patte posée sur une tête de bélier (*); enfin quelques statues, des inscriptions et des médailles. Ces dernières portent d'un côté l'effigie de Junon avec le mot grec *Melitaion*, et sur le revers tantôt un trépied avec le mot latin *Melitas*, tantôt une chaise curule accompagnée de ces mots : *C. Arruntanus Balb. propr.* Quant aux inscriptions, on en conserve deux dans l'hôtel de ville de la Cité Notable, l'une qui rappelle les réparations du temple d'Apollon, l'autre les agrandissements faits au théâtre dont nous avons parlé. Pour ce qui est des morceaux de sculpture, on ne peut guère citer qu'une louve allaitant Romulus et Rémus, groupe exécuté en albâtre, et qui se voyait autrefois dans la galerie des grands maîtres; un buste d'Antinoüs d'un travail assez médiocre, et une tête d'Auguste en bas-relief, faisant tous deux partie de la collection du marquis Barbaro.

VANDALES ET GOTHS. Malte resta longtemps au pouvoir des Romains, mais lorsque la corruption et l'anarchie religieuse eurent énervé les dominateurs du monde, quand l'édifice du grand empire fut miné dans ses fondements et menacé de toutes parts, les barbares venus du Nord n'eurent qu'à étendre la main sur les plus riches domaines des héritiers de César pour les ravir à leurs indignes possesseurs. La Sicile, et après elle les îles de Malte et du Goze, devinrent, l'an 454, la proie des Vandales. Dix ans plus tard, ce fut le tour des Goths, qui, eux aussi, voulurent avoir leur part des dépouilles romaines. Ces îles eurent à

(*) Pendant mon séjour à Malte, j'ai vu restaurer la magnifique église de Saint-Jean, et rendre leur éclat primitif à ces tombes illustres et si riches en marbres précieux, qui font du sol de cette église une admirable mosaïque composée des précieux débris de Carthage, que les Maltais vont chercher dans ses ruines près de Tunis. Ils découpent avec un art qui leur est particulier, ces marbres de diverses couleurs et encore aujourd'hui ils excellent dans l'exécution des tables et ornements d'un riche dessin, qu'ils fabriquent avec ces marbres de Carthage, et ces objets sont recherchés des étrangers qui passent par Malte. La liberté de la presse fut accordée aux Maltais pendant mon séjour dans l'île ; je dois ajouter, il est vrai, que, dès la première semaine, le rédacteur du journal fut mis en prison.   A. F. D.

(*) L'usage de cette pierre est resté une énigme pour ceux qui s'en sont occupés.

traverser une période douloureuse; leur prospérité fut anéantie, leur importance, comme centres industriels, devint à peu près nulle, et la misère s'appesantit sur elles. Elles payèrent bien cher l'espèce de splendeur dont elles avaient joui sous la domination romaine.

Monuments de cette époque. Une inscription insignifiante dans l'église de Sainte-Agathe à la Cité Notable et une petite chapelle près du casal Gudia, voilà tout ce qui reste de ces temps néfastes. On peut s'étonner à bon droit que cette période, qui a eu près de quatre-vingts ans de durée, n'ait laissé de traces que dans l'histoire de Malte. Peut-être les édifices gothiques construits de pierres tirées du sol de l'île ont-ils été en partie dévorés par l'humidité atmosphérique, en partie détruits par les peuples qui se sont succédé à Malte depuis la seconde moitié du sixième siècle de l'ère chrétienne.

GRECS DU BAS-EMPIRE. L'empire romain d'Orient brilla d'un éclat passager sous le règne de Justinien. Chargé de reprendre l'Afrique sur les Vandales, Bélisaire s'empara de Malte chemin faisant (533). Les bienfaits d'une administration nouvelle firent oublier aux Maltais les maux qu'ils avaient soufferts; peu à peu, les bénéfices du commerce firent succéder le bien-être à la misère. Toutefois, privée par les empereurs de Constantinople des priviléges que lui avaient généreusement accordés les Romains, Malte ne retrouva ni son ancienne renommée, ni sa prospérité première. Cet état de choses se maintint pendant plus de trois siècles; c'était plus qu'il n'en fallait pour effacer jusqu'aux moindres traces de l'oppression des Goths et pour consommer l'œuvre de régénération; malheureusement la politique des empereurs ne seconda pas l'essor de la colonie, et les vices des Grecs du moyen âge, tristes rejetons d'une race illustre et admirée, eurent une fâcheuse influence sur la population maltaise.

Monuments de cette époque. On ne sait si les catacombes de la Cité Vieille datent de la seconde ère grecque, ou si leur existence remonte au temps de l'occupation de Malte par les Goths. Ce qu'il y a de certain, c'est que les trois siècles et plus de la domination grecque n'ont laissé de monuments d'aucune espèce; tandis que de magnifiques basiliques s'élevaient à Byzance par les soins pieux des empereurs, Malte n'était embellie par aucun de ces édifices durables qui racontent à la postérité la gloire et le caractère d'une époque. Les seuls objets qui rappellent aujourd'hui le long séjour des Grecs du Bas-Empire à Mélite sont une épitaphe conservée dans le musée de la bibliothèque publique, et une figure en bronze trouvée au Goze. Cette dernière frappe par sa singularité, et mérite de fixer l'attention des curieux. Voici ce qu'on lit à ce sujet dans l'ouvrage intitulé *Malte*, par un voyageur français (*) : « La figure représente un mendiant estropié, nu-tête, sans jambes, assis dans une espèce de panier, s'appuyant à terre de la main gauche, qui, à cet effet, est chaussée d'une espèce de sandale, et présentant de l'autre une tasse. Les haillons qui le couvrent jusqu'aux genoux sont retenus par une ceinture de corde, et ses épaules sont recouvertes d'un mantelet semblable à celui des pèlerins. Toute cette figure est chargée de caractères dont les uns sont grecs, d'autres étrusques, et d'autres entièrement inconnus. Le monogramme du Christ s'y voit distinctement, et, en lisant les lettres qui le précèdent, on trouve en ioniques : θυπθι pour ετυπη, ce qui, joint au monogramme, signifie *le Seigneur fut frappé*. Cette figure porte sur le bras droit les pieds d'une autre figure qui a été cassée et qu'on n'a pas retrouvée. Pour expliquer ce bronze, il faut se rappeler que vers le deuxième et le troisième siècle de l'Église, et postérieurement encore, les disciples de Marc et de Basilides, les gnostiques, les cabalistes, s'occupèrent d'une espèce de théologie arithmétique qui leur fit croire que les lettres de l'alpha-

---

(*) Le chevalier de Saint-Priest, dit Villeneuve de Bargemont.

MALTE

Chapelle souterraine de S.t Jean

bet, expliquant des nombres, renfermaient la puissance productrice de l'univers, et devenaient, selon leurs différents rapports, la cause, même physique, des événements. La plus grande preuve qu'ils fournissaient de cette absurdité, originairement pythagoricienne, était que Jésus-Christ avait dit lui-même : « Je suis l'*alpha* et l'*oméga*. » Cette extravagance superstitieuse engagea ces hérétiques à couvrir leurs monuments de lettres mystérieuses, et celui-ci représente vraisemblablement un de leurs principaux chefs devenu par la suite un objet de dévotion, et qui, dans les tourments qu'il avait subis pour la foi, avait été privé de l'usage de ses jambes, et se trouvait dans un état de misère, volontaire ou forcée, qui l'obligeait d'implorer la charité des passants. Il orna son manteau de caractères en usage dans sa secte, et y plaça ces mots inintelligibles : « *Jésus-Christ fut frappé,* » soit pour se consoler de ses propres souffrances, soit pour exhorter ses frères à supporter avec patience l'humiliation et la douleur. »

ARABES. S'il faut en croire la chronique de Cambridge, la prise de Malte par les Sarrasins eut lieu en l'an 870 de l'ère chrétienne. Le code Arabico-Sicolo rapporte au contraire cet événement au règne de l'empereur Basile Ier. La différence entre les deux époques est donc d'environ vingt-huit ans. Quoi qu'il en soit, les Arabes une fois établis en Sicile, où ils avaient été appelés par le rebelle Euphemius, voulurent, pour monopoliser la navigation de la mer qui séparait leurs nouvelles possessions de leurs royaumes d'Afrique, se rendre maîtres de Malte et du Goze. Cette dernière colonie se livra sans coup férir ; les Arabes égorgèrent sans pitié tous les Grecs qui s'y trouvaient, mais ils épargnèrent les habitants indigènes qui les avaient accueillis avec empressement. La conquête de Malte ne fut pas aussi facile. Débarqués au port Saint-Paul, les Sarrasins rencontrèrent une résistance sérieuse ; ils repoussèrent les troupes grecques, s'avancèrent dans l'intérieur de l'île, et s'arrêtèrent à un quart de lieue de la Cité Vieille pour faire leurs dispositions d'attaque. Un premier assaut livré à la ville ne servit qu'à prouver l'impuissance des agresseurs en face d'ennemis résolus à vendre chèrement leur vie. Mais la trahison vint au secours des Arabes. Sommés de livrer les trois mille Grecs qui défendaient la place ; les habitants se chargèrent eux-mêmes de les débarrasser de leurs adversaires. Ils se saisirent perfidement de tous les Grecs, qui ne croyaient pas devoir se méfier de ceux-là même dont ils protégeaient par leur courage les foyers et la vie ; puis, pour se concilier la bienveillance des ennemis, ils jetèrent dans les flammes les malheureux prisonniers. La lueur de l'immense bûcher apprit aux Arabes que les portes de la capitale leur étaient ouvertes. Cet acte de lâche barbarie trouva dans les conquérants de la Sicile de dignes appréciateurs. Ils traitèrent les habitants non en vaincus, mais en amis, et ne leur firent pas regretter la domination des empereurs de Bysance.

Les Arabes n'eurent pas le temps de s'installer à Malte, car à peine y avaient-ils posé le pied qu'ils en furent expulsés par les Grecs, qui se maintinrent encore dans l'île pendant trente-quatre ans. Mais le triomphe des barbares n'avait été que différé ; les deux îles jumelles tombèrent définitivement entre leurs mains. Les Grecs furent cruellement punis de la revanche qu'ils avaient prise sur leurs ennemis ; ils furent exterminés sans pitié, à l'exception des enfants et des femmes, que les vainqueurs réduisirent en esclavage et qu'ils vendirent aux Maltais, afin que ceux qui avaient commandé fussent désormais obligés d'obéir.

La politique des Arabes ne fut pas moins sage, ni moins favorable aux habitants que ne l'avait été la politique des Romains. Les chefs qui, sous le contrôle de l'émir de Sicile, gouvernaient les deux colonies, respectèrent la religion chrétienne et ses ministres, se montrèrent justes et humains envers les habitants, et diminuèrent, autant que possible, le chiffre des impôts.

Comme ce système retranchait au fisc une bonne partie de ses revenus, il fallait trouver un moyen de combler le déficit; les autorités arabes imaginèrent d'armer tous les ans des navires qui allaient écumer la Méditerranée et rapportaient des prises considérables. Le moyen plut infiniment aux Maltais, que leur goût pour les entreprises maritimes et les voyages périlleux portait naturellement vers cette industrie illicite; aussi se livrèrent-ils avec une prodigieuse activité au métier de forban, dans lequel les Sarrasins se chargèrent de les perfectionner. Dès ce moment, les Maltais devinrent les meilleurs corsaires de la Méditerranée, et ils avaient encore cette réputation à la fin du siècle dernier.

Monuments de cette époque. Les Arabes bâtirent un fort sur le terrain qu'occupe aujourd'hui le château Saint-Ange. A l'abri de cette forteresse, dont il ne reste aucun vestige, leurs vaisseaux pouvaient hiverner à Malte en toute sécurité. Ils diminuèrent l'enceinte de la Cité Vieille pour en rendre la défense plus facile. On voit au casal Gudia quelques restes d'une tour construite par eux, et, près de l'ancien temple d'Hercule, les ruines d'une de leurs citadelles. On conserve aussi de cette époque quelques médailles d'or et une grande pierre sépulcrale portant une inscription en caractères arabes (*).

NORMANDS. Malte était trop voisine de la Sicile pour échapper à l'avidité conquérante des Normands, dont les bandes intrépides parcouraient victorieusement l'Italie. Le comte Roger s'empara de l'île en l'an 1090. Le premier usage que les vainqueurs firent de leur pouvoir, ce fut de rendre à la liberté les esclaves chrétiens pris par les Sarrasins dans leurs courses maritimes. Du reste, ils n'exercèrent aucun acte de rigueur contre les habitants arabes; non-seulement ils ne les chassèrent point de l'île, mais encore ils permirent à ceux qui voulurent vivre sous leurs lois d'exercer publiquement

---
(*) Cette pierre se voyait dans la maison de M. le baron de Xara.

leur culte, à la seule condition de payer un tribut au prince qui gouvernait la Sicile. Les Arabes se montrèrent peu reconnaissants de la tolérance de leurs maîtres, car quelques-uns d'entre eux essayèrent, en 1120, de surprendre et de tuer les chefs de l'île, pendant un jour de fête, au moment où ils assistaient au service divin. Leur tentative échoua. Retranchés dans un endroit élevé et fortifié par la nature, ils se défendirent vaillamment, mais le courage des Normands triompha de leur résistance. Pour rendre impossible le retour d'un pareil événement, le fils du comte Roger, qui était tout exprès arrivé de Sicile, expulsa de l'île tous les Arabes sans exception.

ALLEMANDS. Le mariage de Constance, héritière de la couronne de Sicile et dernière princesse du sang des Roger, avec Henri VI, fils de l'empereur Frédéric Barberousse (1186), fit passer Malte sous l'autorité des souverains allemands. L'île fut alors érigée en comté et en marquisat. Cette métamorphose, loin de lui être favorable, ne fit qu'augmenter la détresse où l'avait plongée une longue période de guerres et de troubles incessants. Le commerce était ruiné; un profond découragement s'était emparé des Maltais. Peu à peu, la population émigra, chassée par la misère et par la faim; si bien que Malte, pendant un certain temps, ne fut habitée que par des soldats, et n'eut pour chef-lieu que la forteresse qui protégeait son port : seulement, en 1224, Frédéric II y ayant transporté les habitants de Celano, ville de Calabre dont il venait de s'emparer, l'île retrouva un moment d'activité, et parut, entre les mains de ces nouveaux colons, être à la veille d'un retour tardif à la prospérité. Mais cet espoir fut de courte durée, car Malte devait être encore en proie à bien des vicissitudes.

FRANÇAIS. Après soixante et douze ans d'une situation déplorable sous la domination allemande, les îles de Malte et du Goze tombèrent au pouvoir des Français. L'inimitié des papes Urbain et Clément IV contre Mainfroi avait

MALTE.

Tombeau de Nicolas Cotoner.

placé Charles d'Anjou sur le trône de Sicile; et les Maltais, qui depuis longtemps étaient habitués à suivre la destinée de leurs voisins, se résignèrent à subir de nouveaux dominateurs. C'est à Malte que les barons de Sicile, encouragés par le pape Nicolas III et soutenus par les subsides de l'empereur Michel Paléologue, tramèrent cette conspiration fameuse qui se termina par les *vêpres siciliennes;* c'est à Malte que Jean de Procida combina avec le secrétaire du souverain de Byzance le plan des intrigues qui devaient donner à Pierre III, roi d'Aragon, le royaume dont le frère de Louis IX n'avait encore fait qu'essayer le gouvernement. Cette particularité est une des plus intéressantes de l'histoire de Malte.

Après le massacre des Français (1282), la Sicile, comme on sait, changea de maître; cette fois, Malte n'éprouva pas le même sort que sa suzeraine; elle resta pendant deux ans encore possession française. Une bataille sanglante la livra aux Espagnols. Roger, amiral d'Aragon, vint attaquer Corneille qui commandait la flotte de Charles dans les eaux de Malte. Après un combat opiniâtre, la mort de l'amiral français fit pencher la balance du côté des Aragonais. Cette victoire leur assurait la conquête de Malte. Ils débarquèrent en effet dans le port Marsa Musciet et occupèrent toute l'île. Cette prise de possession se fit sans coup férir, car les habitants, fidèles à leur principe de soumission empressée, se rendirent à discrétion. La forteresse seule opposa une noble résistance; pendant plusieurs mois, les troupes qui s'y étaient retirées se défendirent avec un rare courage. En désespoir de cause, les Aragonais appelèrent à leur aide une armée nombreuse qui bloqua la citadelle et harcela continuellement les assiégés. Le zèle des habitants vint au secours des Espagnols. Ils pressèrent les Français de se rendre, et ne leur dissimulèrent pas le déplaisir que leur causerait une plus longue obstination à vouloir défendre l'honneur de leur nation et la place qu'on avait confiée à leur bravoure. Enfin les Français capitulèrent, vaincus par les sollicitations des Maltais, et non par les armes de leurs ennemis. Charles essaya de reprendre l'île; mais un combat naval qui eut lieu entre sa flotte et celle d'Aragon anéantit ses espérances, et livra définitivement Malte et le Goze au roi d'Espagne.

Monuments des époques normande, allemande et française. Quelques églises, entre autres celle de la Melleha, et des fondations pieuses, sont les seuls témoignages du séjour des Normands, des Allemands et des Français, à Malte. Cette particularité s'explique par l'esprit de cette époque, qui était un mélange bizarre de barbarie et de dévotion sincère. Plusieurs églises furent richement dotées; la cathédrale le fut par les Normands; nous nous abstiendrons de citer les autres, une telle énumération ne pouvant offrir rien d'intéressant.

ESPAGNOLS ET CHEVALIERS DE RHODES. La domination espagnole donna le coup de grâce à ces malheureuses colonies. Transformées en fief, elles furent données, par les rois de Castille et ceux d'Aragon, à des courtisans et à d'augustes bâtards, qui les exploitèrent à merci, et en tirèrent tout ce qu'elles pouvaient encore produire dans la situation désastreuse où elles se trouvaient; bien plus, elles furent plusieurs fois engagées comme garantie d'emprunts contractés par leurs seigneurs et maîtres, et cela au mépris de la promesse faite aux Maltais, par le roi d'Espagne, de considérer leur île comme désormais réunie à la Sicile.

Enfin les indigènes prirent le parti de se sauver du déshonneur et de la misère, non par la révolte, mais à prix d'argent. Ils offrirent au roi d'Espagne de rembourser eux-mêmes les trente mille florins dont leur pays était devenu le gage en 1428, à condition que les deux îles feraient partie du royaume de Sicile. La proposition fut agréée. Il fut même convenu que les Maltais pourraient, sans être accusés de révolte, résister par la force à toute violation de l'engagement que la couronne d'Espagne prenait envers eux.

Charles-Quint, plus clairvoyant que ses prédécesseurs, comprit de quelle importance était pour lui la possession de Malte. Il considéra cette île comme le boulevard de la Sicile du côté du sud, et comme le point d'où il pourrait le plus aisément menacer les royaumes d'Afrique. Il réunit en conséquence Malte et le Goze à ses immenses domaines. Mais sa prévoyance lui suggéra bientôt un plan plus digne de son génie politique. L'importance de l'occupation de Malte lui faisait précisément attacher un grand prix à la conservation de ce poste militaire. Or, n'y avait-il pas à craindre que ses successeurs, pris à l'improviste ou occupés à guerroyer sur le continent, ne pussent pas défendre la colonie contre les ennemis de la monarchie espagnole? Il n'y avait qu'un moyen de s'assurer la jouissance de Malte au point de vue politique, tout en se délivrant du souci de sa défense : c'était d'abandonner l'île, avec certaines restrictions, à une puissance qui serait particulièrement intéressée à la garder, qui saurait se faire respecter des nations européennes sans leur inspirer aucune inquiétude, et aurait toujours pour les souverains d'Espagne les complaisances qu'autorise et commande le souvenir d'une obligation. Il se trouva précisément que l'ordre de Saint-Jean de Jérusalem errait, en ce moment, sur les côtes d'Italie, privé de son chef-lieu, et cherchant un asile où il pût se réorganiser à l'abri des attaques des infidèles. Charles-Quint saisit avec empressement l'occasion qui s'offrait à lui. Il concéda, en 1530, aux chevaliers de Rhodes la souveraineté de Malte et du Goze, et, pour compléter l'exécution de son projet, il les obligea à accepter en même temps le don de la ville et du territoire de Tripoli en Afrique.

Tel est, en abrégé, l'historique des vicissitudes qu'a subies jusqu'au seizième siècle l'île de Malte. Placée sur le passage des nations qui se disputaient l'empire de la Méditerranée, et associée, par des nécessités de voisinage, aux destinées de la Sicile, elle fut occupée par treize peuples différents (*), et passa d'une prospérité digne d'envie à un état de misère lamentable. Pour donner une idée de sa situation à l'époque où l'ordre de Saint-Jean de Jérusalem s'y établit, nous citerons le tableau qu'en a tracé le chevalier de Saint-Priest (**) : « L'île de Malte, autrefois riche par le commerce, appauvrie alors par une administration vicieuse et des pertes continuelles, n'offrait plus aux regards des voyageurs qu'une ville presque déserte, entourée de remparts de terre que soutenaient une muraille de cent vingt-trois pieds de circuit, ruinée en plusieurs endroits ; une ancienne forteresse qui défendait le port et commandait un petit bourg voisin où les gens de mer habitaient ; enfin peu de villages répandus dans la campagne. Les maisons renfermées dans l'enceinte de la ville étaient presque toutes inhabitables ; l'artillerie de la forteresse consistait en un seul pierrier, deux petits canons et quelques bombardes de fer. La portie occidentale de l'île était absolument inculte ; la fertilité de la partie orientale était étouffée par les pierres dont les champs étaient couverts. On ne trouvait dans l'île aucune sorte d'arbre, et les habitants étaient obligés, pour cuire leurs aliments, de brûler la fiente de leurs bestiaux séchée au soleil. »

Qu'on nous permette maintenant de revenir sur nos pas pour raconter la série des événements qui conduisirent

(*) Le cadre de cette notice ne comportant pas de longs détails, nous n'avons pas fait mention des ravages auxquels Malte fut en butte dans plusieurs circonstances que l'histoire signale. Ainsi les Génois en 1371, les Maures en 1427, les Turcs soixante ans plus tard, le pirate Sinan en 1526, firent dans cette île des descentes funestes aux habitants. Ils enlevaient les hommes, les femmes, les enfants, incendiaient les maisons, entraînaient les bestiaux, dévastaient les campagnes et pillaient les greniers.

(**) Malte, par un voyageur français.

l'ordre de Saint-Jean à Malte. Nous continuerons ensuite l'histoire de l'île de Malte, qui se confondra, à partir de l'année 1530, avec celle des chevaliers de cet Ordre fameux.

HISTOIRE

DE L'ORDRE RELIGIEUX ET MILITAIRE DE MALTE DEPUIS SON ÉTABLISSEMENT JUSQU'A SON EXTINCTION.

Des marchands d'Amalfi, ville du royaume de Naples, fondèrent, au milieu du onzième siècle, l'établissement qui devint le berceau de l'ordre de Malte. Ils obtinrent du calife d'Égypte l'autorisation de bâtir à Jérusalem un hospice et une chapelle, qui devint, sous le nom de *Sainte-Marie la Latine*, l'église des catholiques romains. La plupart des historiens attribuent aux fondateurs de ces deux asiles ouverts aux pèlerins chrétiens des intentions exclusivement pieuses. Il est permis cependant de supposer qu'il se mêla quelque chose de profane au but que se proposèrent les marchands d'Amalfi. A cette époque, les républiques italiennes jouissaient d'une prospérité sans rivale ; secondées par les milliers de navires dont elles avaient couvert toutes les mers connues, elles étendaient leur commerce dans tous les royaumes mahométans baignés par la Méditerranée, et cherchaient à se frayer un chemin vers l'Asie centrale en fondant des comptoirs sur les rives du Pont-Euxin. La Syrie n'avait pas échappé à ce vaste monopole, et il est vraisemblable que l'idée de consolider leur influence industrielle dans la Palestine ne fut pas étrangère au projet conçu par les négociants napolitains d'acquérir en quelque sorte droit de cité dans la ville sainte. Ainsi l'ordre religieux et militaire qui a brillé du plus vif éclat dans les fastes du christianisme, aurait dû son origine à une spéculation commerciale.

Dix-sept ans s'étaient écoulés depuis la construction de l'hospice et de la chapelle, lorsque des Turcomans, sous la conduite d'Ertoghrul, firent irruption dans la Palestine, s'emparèrent de Jérusalem et dévastèrent les pieux établissements.

Gérard premier chef de l'Ordre. Les persécutions des Sarrasins contre les chrétiens de Syrie furent vengées par la première croisade. Lorsque l'armée catholique entra victorieuse dans Jérusalem, l'hôpital de Saint-Jean était administré par Pierre Gérard, que les historiens considèrent comme le premier grand maître de l'ordre de Malte. Ce religieux (*), né à Saint-Geniez, dans l'île de Martigues, en Provence, devint le chef des hospitaliers de Saint-Jean vers l'année 1099. Grâce à lui, les croisés blessés pendant l'assaut furent recueillis et entourés des soins les plus empressés. La charité, l'abnégation de ces hommes dévoués excitèrent l'admiration du nouveau roi de Jérusalem et de ses compagnons d'armes. Plusieurs d'entre eux, et la plupart de ceux qui avaient éprouvé l'efficacité du zèle des religieux, renoncèrent au métier des armes, et se consacrèrent, dans la maison de Saint-Jean, au service des pauvres et des pèlerins. Pour assurer l'existence d'une si utile institution, Godefroi lui fit don de la seigneurie de Montboire, qui faisait partie de son domaine du Brabant. Cet exemple fut imité par les principaux chefs de l'armée victorieuse, et l'hospice de Saint-Jean se trouva tout à coup à même de s'organiser sur des bases plus larges et plus solides. Cependant Gérard, au lieu de donner à l'Ordre naissant dont il était l'administrateur, l'éclat et l'extension que comportaient sa renommée et ses ri-

(*) Plusieurs écrivains modernes le nomment Gérard Tum ou Tunc. Cette erreur singulière vient de ce qu'on lit dans certaines chroniques écrites en latin : *Gerardus Tum*, ou *Gerardus Tunc* (alors Gérard). D'un adverbe on a fait un nom propre.

Sébastien Paul fait naître Gérard à Amalfi ; Antoine Paul le fait originaire d'Avesnes, en Hainaut. L'*Art de vérifier les dates*, et Bouche, dans son Histoire de Provence, prouvent que ces deux opinions sont également erronées, et que le premier maître des hospitaliers naquit dans l'île de Martigues.

5° *Livraison.* (MALTE ET LE GOZE.)

chesses, résolut d'en faire une simple communauté monastique consacrée à prêter appui et assistance aux chrétiens indigents. En effet, les hospitaliers prirent l'habit régulier et prononcèrent les vœux solennels.

On a lieu de s'étonner que la confrérie des hospitaliers, si justement vénérée pour les services qu'elle avait rendus aux croisés, n'ait été approuvée et autorisée par le pape que treize ans après la prise de Jérusalem. Ce fut Pascal II qui la revêtit le premier d'un caractère en quelque sorte officiel par sa bulle du 15 février 1113. Ce décret pontifical confirma les donations faites aux hospitaliers, affranchit de la dîme les terres qui leur appartenaient, et décida que le successeur de Gérard serait désigné par le suffrage libre des frères. Cette dernière concession était surtout précieuse, en ce qu'elle offrait à la confrérie de Saint-Jean une garantie d'indépendance.

Le retour des débris de l'armée de Palestine en Europe fut pour les hospitaliers une occasion nouvelle d'acquérir réputation et richesse. Les compagnons de Godefroi publièrent dans le monde chrétien les saintes œuvres et le dévouement courageux des frères de Saint-Jean. On vit alors les rois et les princes rivaliser de générosité envers le célèbre hospice; il n'y eut pas dans l'Europe catholique une seule province un peu considérable qui ne renfermât un domaine soumis à l'autorité de Gérard. Des succursales de la maison de Jérusalem se créèrent en France, en Espagne et en Italie (*), et ces établissements où les pèlerins trouvaient, avant leur embarquement, tout ce dont ils avaient besoin pour leur voyage, furent de nouvelles et solides colonnes sur lesquelles s'appuya l'édifice élevé par les marchands d'Amalfi. Tandis que les hospitaliers voyaient leurs domaines s'agrandir en Europe, leur supérieur jetait à Jérusalem les fondements d'un temple magnifique destiné à perpétuer le souvenir de son administration, et à inaugurer l'ère de prospérité qui commençait pour la pieuse association. Ce temple, dédié à saint Jean-Baptiste, fut construit à l'endroit même où, suivant une ancienne tradition, Zacharie, père de ce saint, avait trouvé un asile. Autour de l'église, on bâtit de vastes corps de logis consacrés à la résidence des frères, des pèlerins et des pauvres.

Magistère de Raymond Dupuy. Gérard mourut en 1118. Son corps fut transporté dans l'église de la commanderie ou bailliage de Manosque, en Provence. Raymond Dupuy, gentilhomme du Dauphiné, fut appelé à lui succéder (*).

Le nouveau supérieur ne tarda pas à donner des preuves d'une vaste intelligence. Il comprit qu'une association si richement dotée, si puissamment protégée, et qui comptait parmi ses membres des hommes de haute réputation, était promise à de brillantes destinées. L'obscurité du cloître était peu compatible avec ces vues élevées. Dupuy a bientôt surmonté cet obstacle. Il fait reprendre à ses frères les armes qu'ils avaient quittées à regret; dès ce

---

(*) On peut citer entre autres les maisons de Saint-Gilles en Provence, de Séville dans l'Andalousie, de Tarente dans la Pouille et de Messine en Sicile.

(*) Quelques écrivains se sont trompés en affirmant que les suffrages des hospitaliers se portèrent sur Broyant Roger. Raymond Dupuy fut bien réellement le successeur de Gérard.

Dupuy est alternativement nommé del Puch, de Podio et di Poggio par les auteurs italiens. Ces historiens revendiquent pour leur pays la gloire de lui avoir donné le jour. Les uns le font naître à Lucques, les autres à Florence. Nous dirons, dans l'unique intérêt de la vérité, que tout concourt à prouver qu'il était originaire du Dauphiné. Vertot assure que sa famille a continué d'exister en France sous le nom de Dupuy Monbrun. Si cela est exact, il y a encore dans le Languedoc des débris de cette antique maison. Nous avons nous-même connu dans les environs du village de Saint-Paul (département du Tarn) une dame qui portait le nom de Dupuy Monbrun, et qui, retirée dans un vieux manoir, se faisait remarquer par sa piété.

MALTE

Fontaine à Malte (Cité Victorieuse).

moment, l'Ordre devient militaire (*), et constitue une espèce de croisade en permanence. Nous voulons bien que la situation précaire des chrétiens de Syrie et l'insolence toujours croissante des Sarrasins aient été prises en considération par le chef des hospitaliers dans cette circonstance si décisive; mais l'ensemble des actes de Dupuy prouve qu'en armant le bras des religieux de Saint-Jean, il se proposa un but plus grand et aussi plus difficile à atteindre. Certes, nous ne croyons pas qu'il rêvât pour son Ordre la souveraineté indépendante et le sceptre de la Méditerranée; il ne lui était pas donné de lire dans un avenir encore si éloigné; mais, à coup sûr, une noble ambition, des idées de grandeur et de puissance se mêlèrent dans son esprit au désir de consolider l'établissement de la chrétienté en Palestine.

Raymond Dupuy s'occupa immédiatement d'organiser l'Ordre suivant sa double mission religieuse et militaire. Il divisa d'abord les hospitaliers en deux grandes classes : l'une comprenant, sous la dénomination de chevaliers, tous ceux qui étaient spécialement destinés au métier des armes; l'autre composée des ecclésiastiques et désignée par le nom de prêtres. Une troisième division fut créée pour obéir à l'esprit aristocratique de l'époque: c'étaient les *frères servants*, qui se recrutaient parmi les individus qui n'étaient ni nobles ni gens d'église. Cette classe était employée au service des malades ou chargée des fonctions subalternes dans les armées. Le costume fut ainsi déterminé: pour les ecclésiastiques, robe noire avec manteau à pointe de même couleur, surmonté d'un capuce pointu et orné sur le côté gauche d'une croix de toile blanche à huit pointes; pour les laïques, même robe et même manteau dans l'établissement; à la guerre, soubreveste ou cotte d'armes rouge avec la croix blanche droite; quant aux servants, il fut arrêté par le pape Alexandre IV, toujours dans le même esprit aristocratique, qu'ils se distingueraient des chevaliers par la couleur de la cotte d'armes.

Une autre division beaucoup moins rationnelle fut décrétée par Dupuy. Comme des gens de toute nation venaient s'enrôler sous la bannière de Saint-Jean, il conçut l'idée de classer les frères suivant le pays auquel ils appartenaient; en conséquence, il créa sept *langues* ou compagnies, savoir : Provence, Auvergne, France, Italie, Aragon, Allemagne et Angleterre. Cette division, qui s'est maintenue jusqu'à l'extinction de l'Ordre avec quelques modifications (*), devait nécessairement avoir de graves inconvénients; elle tendait à créer des rivalités nationales entre des hommes qui, combattant sous le même étendard, devaient être unis par des mobiles et un but communs. Avec une pareille organisation, il n'y avait pas de fraternité possible parmi les hospitaliers; l'Ordre devait tôt ou tard voir éclater dans son sein les haines et les jalousies qui armaient les peuples de l'Europe les uns contre les autres; et c'est ce qui eut lieu, en effet, comme on le verra dans la suite de cette notice historique.

Un autre germe de trouble et d'affaiblissement fut introduit dès cette époque dans l'organisation de l'ordre de Saint-Jean. On eut l'imprudence de faire au principe monarchique et au principe démocratique une part à peu près égale dans la constitution de cette société déjà composée de tant d'éléments hétérogènes. Si le maître (**),

---

(*) La date de cette transformation de l'ordre de Saint-Jean est incertaine, ou, pour mieux dire, elle n'est signalée par aucun écrivain contemporain.

(*) La langue d'Angleterre fut supprimée quand ce pays eut embrassé la réforme. Par compensation on créa les langues de Castille et de Portugal.

(**) C'est par erreur que Brompton, Roger de Howeden, historiens anglais contemporains, et de nos jours, Bonnier dans ses *Recherches historiques sur l'ordre de Malte*, ont donné à Raymond Dupuy le titre de *grand maître*. Nous le voyons, dans un acte

en qualité de chef du conseil de l'Ordre, était investi du pouvoir suprême, s'il avait le droit de nommer aux principaux emplois, s'il pouvait abuser de l'autorité et des richesses qui lui étaient confiées, en retour, le principe électif avait été adopté pour la nomination du chef lui-même, et ce correctif devait infailliblement entraîner les inconvénients du système de contre-poids, système qui n'est provisoirement toléré chez les nations modernes que parce que le progrès des lumières et l'adoucissement des mœurs en ont rendu les conséquences moins funestes. Il est remarquable, du reste, que l'élément démocratique fut introduit dans le gouvernement de l'ordre de Saint-Jean par la papauté (*), dans l'espoir, sans doute, que l'anarchie née de l'antagonisme des deux principes profiterait à la tiare. Raymond Dupuy fut le père des institutions de l'ordre de Saint-Jean; s'il est excusable de n'avoir pas aperçu le vice de ses conceptions politiques et administratives, ses successeurs, qui n'ont fait que modifier son œuvre, n'ont pas droit à la même indulgence, car ils avaient expérimenté ces institutions, et ils savaient par où elles péchaient. Le commandeur Naberat, qui, à la suite de l'histoire de l'ordre de Malte par Baudouin, a recueilli les statuts, les priviléges et les ordonnances de cet Ordre, nous apprend que la règle décrétée par Raymond Dupuy, c'est-à-dire le code écrit des lois de la société de Saint-Jean, fut perdue lors de la prise de Ptolémaïde, en 1290, et de la retraite des hospitaliers dans l'île de Chypre; mais il est constant que ce code fut retrouvé à Rome dans la bibliothèque du Vatican, du temps de Boniface VIII. Ce pontife le confirma dans toutes ses

passé le 9 décembre 1125 entre les frères de l'hôpital et le chapitre de l'église de Tripoli, désigné comme *maître* et père de l'hôpital de Saint-Jean de Jérusalem. Lui-même prenait ce titre, que lui donnent aussi les papes dans leurs bulles.

(*) Nous avons dit que le pape Pascal II donna aux hospitaliers le droit d'élire leurs grands maîtres.

dispositions, et les chapitres généraux tenus depuis cette époque n'y ont apporté que des changements sans importance. Les chefs de l'ordre de Malte ont donc fait comme tous les monarques du monde : pour eux, l'expérience des siècles a été sans fruits.

Dupuy pourvut avec sagesse à l'administration des biens que l'Ordre possédait en Europe et en Asie. Il les fit régir par des hospitaliers qui, sous la dénomination de *précepteurs*, exerçaient les pleins pouvoirs du maître et du conseil, avec l'obligation toutefois de rendre compte de leur gestion. Ces biens servirent à constituer des espèces de fiefs aux chefs de la confrérie, et à créer, par conséquent, une féodalité viagère. Divisés en *prieurés*, *bailliages* et *commanderies*, ils étaient concédés, sous certaines conditions, aux membres privilégiés. Il faut observer ici qu'à l'époque dont nous parlons, ces concessions et les titres honorifiques qui y étaient attachés, s'accordaient sans distinction de langue; plus tard, chaque nation eut sa part distincte dans les biens et les dignités.

Peu de temps après la transformation de la confrérie en ordre militaire, une occasion favorable se présenta aux hospitaliers de montrer leur bravoure. Attaqué dans sa principauté d'Antioche par une armée considérable de Sarrasins, Roger, tuteur du jeune Boëmond, fit un appel à tous les autres princes chrétiens qui s'étaient partagé la Syrie. Les chevaliers de Saint-Jean marchèrent sous la bannière du roi de Jérusalem, et eurent une part glorieuse dans la victoire que Baudouin remporta sur l'ennemi (1119). En 1123, nouvelle et courageuse assistance prêtée par Raymond Dupuy à Garnier, connétable de Palestine, contre les troupes du calife d'Égypte. En 1124, les chevaliers contribuent puissamment à la prise de Tyr. Peu après, ils aident Baudouin à repousser Borsequin et Doldeguin, chefs turcomans, qui avaient recommencé leurs courses dévastatrices dans la principauté d'Antioche.

Ile du Gozo

Jusqu'alors la gloire des chevaliers de Saint-Jean avait été sans rivale. Mais peu à peu se forma auprès d'eux une association, qui, d'abord composée de neuf gentilshommes français, recruta de nombreux partisans et se fit remarquer par son zèle à protéger les pèlerins dans leur route vers Jérusalem. Hugues de Payens, chef de cette association, envoyé à Rome par Baudouin, pour demander une nouvelle croisade, fit valoir les services de ses intrépides compagnons, et sollicita du pape Honoré II l'autorisation de fonder un ordre religieux et militaire. Quelque temps après, saint Bernard dicta, au sein du concile de Troyes, les règlements de l'ordre des Templiers (*). Cette nouvelle milice vit bientôt ses rangs grossir dans une proportion inespérée. Le caractère purement militaire qu'elle avait pris attirait une foule d'individus qui préféraient le métier des armes et la gloire des champs de bataille aux pieuses occupations et aux soins humiliants imposés aux frères de Saint-Jean. Un grand nombre de seigneurs appartenant aux plus illustres familles d'Europe, mirent leurs richesses et leur courage au service d'Hugues de Payens. On put croire un moment que l'ordre de Saint-Jean serait éclipsé par une société qui se formait sous de si heureux et si brillants auspices. Pendant un certain temps, en effet, les templiers méritèrent qu'on les mît, pour la bravoure chevaleresque, sur le même rang que les hospitaliers; mais cette dangereuse concurrence fut de courte durée; la conduite régulière, les vertus privées, le dévouement des frères de Saint-Jean aux souverains de la chrétienté comme aux indigents, leur donnèrent sur leurs rivaux un avantage précieux, et leur valurent une prééminence incontestée.

Cependant les Turcomans inquiétaient toujours les garnisons chrétiennes. Ascalon était le centre principal de leurs opérations. La reine Mélisande, qui, en l'absence de son époux Foulques d'Anjou, régnait à Jérusalem, fit fortifier l'ancienne ville de Bersabée, située sur le théâtre des incursions des barbares. La défense de cette place fut confiée aux hospitaliers qui acceptèrent avec joie le dangereux honneur d'occuper un pareil poste. Sur ces entrefaites, Raymond Dupuy fut appelé à donner des preuves de l'habileté politique qu'on lui supposait. Alphonse, roi d'Espagne, venait d'expirer en léguant non pas seulement ses biens, mais sa couronne aux chevaliers de Saint-Jean, du Temple et du Saint-Sépulcre. Justement indignées de ce testament qui livrait l'Espagne à des étrangers, les populations d'Aragon et de Navarre se choisirent chacune un souverain, et refusèrent d'exécuter les dernières volontés du roi défunt. Le maître des hospitaliers fut chargé de suivre cette importante affaire. Il se rendit dans la Péninsule, et, après des négociations adroitement conduites, il obtint, sinon la succession royale d'Alphonse, du moins de larges dédommagements en concessions territoriales et en priviléges.

De retour à Jérusalem, le maître de Saint-Jean fut appelé à assister le jeune roi Baudouin dans sa tentative contre Ascalon. Le siége de cette ville, un des plus mémorables que signale l'histoire des croisades, fut moralement fatal à l'ordre du Temple, tandis qu'il rehaussa la gloire des hospitaliers. Les templiers s'étant aperçus qu'il existait dans les remparts une brèche assez large pour permettre une escalade, pénétrèrent seuls dans la place, et, pour se réserver le monopole du pillage, empêchèrent le reste de l'armée d'y entrer après eux. Cet acte de cupidité, quoique racheté le lendemain par des exploits héroïques, indigna ceux qui en avaient été témoins, et fit briller d'un lustre nouveau le désintéressement et l'humilité des frères de Saint-Jean. C'est en grande partie à ces derniers que le roi dut la conquête d'Ascalon. Instruit

---

(*) Ainsi nommés parce que les premiers associés avaient établi leur résidence dans une maison de Jérusalem voisine du temple.

des titres nouveaux qu'ils avaient acquis à la reconnaissance de la chrétienté, le pape Anastase IV s'empressa de confirmer solennellement les priviléges que leur avaient accordés ses prédécesseurs. Ce témoignage d'une légitime gratitude faillit leur devenir funeste. Le clergé de Syrie, qu'offusquait une gloire si pure, et qu'importunait une indépendance si inusitée, se plaignit par la bouche du patriarche de Jérusalem, et traduisit l'ordre de Saint-Jean au tribunal du saint-siége. Le crime le plus impardonnable aux yeux des évêques de Palestine, était l'exemption de toute dîme ou redevance dont jouissaient les hospitaliers, *exemption qui frustrait le clergé d'un revenu considérable.* Ce procès, dans lequel on peut voir un prélude de celui des templiers, fut plaidé, d'un côté, avec toute l'aigreur et la violence qui caractérisent les causes injustes, de l'autre, avec une habileté et une dignité remarquables. Adrien IV, qui occupait alors la chaire de Saint-Pierre, ferma l'oreille aux accusations du patriarche et des évêques, et les chevaliers de Saint-Jean sortirent triomphants de cette périlleuse épreuve. Que, suivant Guillaume de Tyr, ennemi acharné des hospitaliers, les agents du grand maître aient semé l'or à pleines mains pour se faire des partisans même parmi leurs adversaires; qu'ils aient promis au pape leur assistance contre les Normands de la Pouille et de la Sicile, qui menaçaient le trône pontifical; toujours est-il que le *droit* était du côté des accusés, et qu'en défendant leurs priviléges contre l'avarice du clergé de Syrie, ils défendaient un bien acquis au prix de leur sang répandu sur vingt champs de bataille.

Ce n'est pas que, dès cette époque même, les hospitaliers ne justifiassent quelquefois le reproche d'ambition que leur adressaient leurs adversaires; ainsi on les vit refuser de se charger de défendre Césarée de Philippe (*), à moins que le maître de cette ville ne promît d'en partager avec eux les revenus et la propriété. Du reste, cette coupable conduite fut punie par une défaite sanglante essuyée sous les remparts de la place dont ils convoitaient l'occupation.

La bataille gagnée en 1158 par Baudouin contre Nour-Eddin fut le dernier fait d'armes éclatant auquel prirent part les hospitaliers sous le magistère de Raymond Dupuy. On ne sait si le chef de l'Ordre figura à cette terrible journée; il est à supposer que son grand âge (*) l'en empêcha. Il mourut en 1160, après quarante-deux ans d'une administration glorieuse. Pendant ce long règne (car on peut se servir de cette expression), il avait vu apparaître successivement sur les trônes d'Europe et de Palestine une nombreuse série de souverains : dix papes (**), quatre empereurs d'Occident (***), deux empereurs d'Orient(****), deux rois de France(*****), trois rois d'Angleterre(******), et trois rois de Jérusalem (*******).

Nous nous sommes étendu sur le magistère de Raymond Dupuy, parce qu'il est le plus important sous le rapport de l'organisation de l'ordre de Saint-Jean, et l'un des plus glorieux au point de vue militaire. Quoique Gérard doive être considéré comme le père de cet Ordre, Dupuy n'en fut pas moins le vrai fondateur, en ce sens qu'il lui donna un corps et une vie régulière, et surtout parce qu'il

---

(*) Ville de Phénicie.

(*) Il avait alors plus de quatre-vingts ans.

(**) Gelaze II (1118); Calixte II (1119); Honoré II (1124); Innocent II (1130); Célestin II (1143); Luce II (1144); Eugène III (1145); Anastase IV (1153); Adrien IV (1154); Alexandre III (1159).

(***) Henri V (1107); Lothaire II (1127); Conrad III (1138); Frédéric Barberousse (1153).

(****) Jean Comnène Porphyrogénète (1118); Manuel Comnène (1143).

(*****) Philippe I (1110); Louis VII (1138).

(******) Henri I (1101); Étienne I (1136); Henri II (1155).

(*******) Baudouin II (1118); Foulques I (1130); Baudouin III (1142).

transforma cette confrérie, d'abord exclusivement religieuse, en association guerrière; c'est à cette métamorphose que les hospitaliers ont dû la puissance et la renommée dont ils ont joui jusqu'à la fin du dix-huitième siècle.

Magistère d'Auger. Rien de remarquable sous le magistère d'Auger de Balben, élu après Dupuy. Ce religieux était originaire du Dauphiné. L'année de sa mort est incertaine; mais on sait positivement qu'il gouverna deux ans à peine l'ordre de Saint-Jean.

Vertot, d'après quelques historiens anciens et modernes, donne pour successeur à Auger de Balben, un certain Arnaud de Comps, également né dans le Dauphiné. Des autorités respectables contredisent cette opinion. Des dates certaines et des faits avérés prouvent qu'Arnaud de Comps est un grand maître supposé; l'existence d'une maison illustre du nom de *Comps*, dans la province de Dauphiné, ne démontrerait pas le moins du monde qu'un individu de cette famille fut appelé à gouverner l'ordre de Saint-Jean.

Le *Codice del sacro ordine*, etc., nous apprend que Gerbert d'Assaly ou Gilbert de Saly était grand maître en 1163; où donc pourrait-on placer le magistère d'Arnaud de Comps? car Raymond Dupuy ne mourut qu'en 1160; et, après lui, c'est Auger de Balben que l'histoire désigne.

Magistères de Gilbert et de Castus. Gilbert de Saly était né à Tyr; en 1168, il contribua à la prise de Léontopolis, et assista Amaury, roi de Jérusalem, dans sa malheureuse expédition contre le soudan d'Égypte. Les chevaliers de l'Ordre ne lui pardonnèrent pas d'avoir marché contre les Égyptiens au mépris d'un traité de paix qu'aucune déclaration d'hostilités n'avait déchiré. Aussi, dès que, chassé de Léontopolis par les barbares, il fut rentré dans la maison de Saint-Jean, l'accueil qu'il y reçut le força d'abdiquer le titre et les fonctions de grand maître. Toutefois cette abdication n'eut pas lieu avant l'année 1170 (*), quoi qu'en dise

(*) *Art de vérifier les dates.*

Vertot, car il existe un document de cette même année, portant donation à ce grand maître de deux châteaux à Tripoli. Il mourut en 1183, en allant de Dieppe en Angleterre.

Citons seulement pour mémoire le magistère de Gastus ou Castus, élu en 1170, et dont l'administration ne dura qu'un an et quelques mois (*).

Magistère de Joubert. Le sixième grand maître, Joubert de Syrie, fut élu en 1173 ou 1174. Chargé de la régence après l'avénement de Boëmond III (**), il gouverna le royaume de Jérusalem avec prudence et fermeté. Tandis que, sous sa direction, l'ordre des hospitaliers acquérait de nouveaux titres à la confiance et à la gratitude de la chrétienté, les templiers se perdaient dans l'estime générale par des actes d'un caractère odieux. L'un d'eux, nommé Meslier, passa dans les rangs des Sarrasins, et combattit ses frères. Un autre tua un envoyé du Vieux de la Montagne, et encourut, pour ce fait, la colère de Baudouin, qui le fit enlever malgré l'opposition du grand maître, et le jeta dans un cachot, en attendant un plus terrible et plus juste châtiment de son crime. L'ordre de Saint-Jean se fortifiait de toutes ces fautes. Il est à remarquer que, jusque-là, ses membres avaient mené une conduite à peu près irréprochable. Tandis que les chevaliers des Ordres rivaux s'abandonnaient aux écarts que comportaient les mœurs du temps, on avait vu les hospitaliers suivre la voie de la justice et de l'honneur. Était-ce de leur part vertu ou politique? l'un et l'autre sans doute; mais même en admettant ces deux mobiles à la fois, on ne peut s'empêcher de reconnaître que les chevaliers de Saint-Jean s'étaient montrés supérieurs à ceux qui jalousaient leur gloire; il faut une grande force d'âme pour ne pas se départir d'une ligne de conduite donnée, au milieu d'une so-

(*) Et non quatre ans, comme l'affirment plusieurs historiens.

(**) On sait que ce prince était atteint de la lèpre, et que ses infirmités le rendaient incapable de gouverner.

ciété encore barbare et à une époque où les notions de vice et de morale étaient dans une singulière confusion.

Joubert, appelé par la guerre loin de Jérusalem, se signale contre les infidèles; dans une rencontre sanglante, il est blessé et obligé, pour s'échapper des mains d'un ennemi supérieur en nombre, de traverser le Jourdain à la nage. Il fit, au profit de l'Ordre, l'acquisition de la forteresse de Margat, qui, par sa situation sur les frontières de la Judée, avait une grande importance militaire, et devint, au dire des historiens, un des plus puissants boulevards de la chrétienté en Orient. Après un règne de quatre années glorieusement remplies, il mourut, en laissant après lui une réputation de grand courage et de haute sagesse. Quelques auteurs contemporains racontent qu'assiégé dans son château de Margat par une armée nombreuse, le grand maître, après une défense héroïque et le massacre de presque tous ses chevaliers, fut fait prisonnier par le chef ennemi, qui le fit mourir de faim dans un cachot. D'autres prétendent qu'il sortit sain et sauf de cette lutte sanglante, mais que, peu après, le spectacle de la décadence du royaume de Jérusalem lui causa une affliction si vive, qu'il en mourut. Cette version est encore plus honorable pour lui. Quoi qu'il en soit, sa mort eut lieu en 1177, et non en 1178 ou 1179, comme le veulent Bosio, Howeden, Baudouin, Naberat et Vertot (*). Ce qui le prouve péremptoirement, c'est que des chartes rapportées par Sébastien Paul parlent de Joubert comme ayant cessé de vivre au mois d'octobre de l'année 1177.

Pendant son magistère, l'Ordre s'enrichit de nouveaux priviléges. Rappelons aussi un fait qui a une certaine importance historique et qu'il faut rapporter à cette époque : ce fut sous l'administration de Joubert que Saladin Youssouf, fils de Nodgemeddin Ayoub, Curde de nation, prit le titre de soudan d'Égypte.

Magistère de Roger. Un Français de Normandie, Roger de Moulins, succéda à Joubert. Son magistère fut marqué par les discussions qui s'élevèrent entre les chevaliers de Saint-Jean et les templiers, discussions qui dégénérèrent en querelles violentes et amenèrent de déplorables luttes armées, dans lesquelles les champions des deux partis ne donnèrent que trop de preuves de leur bravoure. Le pape Alexandre III intervint, et contraignit les deux Ordres à accepter une paix qui ne pouvait être que passagère. C'en était fait de la réputation de désintéressement dont les hospitaliers avaient joui jusqu'au jour de ces hostilités; car l'animosité des deux confréries prenait sa source dans un sentiment de cupidité et d'ambition indigne de religieux qui faisaient profession de charité et de mépris pour les biens de ce monde.

Les griefs articulés par le haut clergé contre les hospitaliers et les chevaliers du Temple, dans le troisième concile de Latran (*), furent d'une nature différente : les deux Ordres furent accusés d'avoir empiété sur les attributions des chefs des églises de Syrie, et sévèrement réprimandés à ce sujet. On ne put voir dans le réquisitoire des prélats d'Orient que l'éclat d'une colère injuste, et l'explosion d'un sentiment d'amour-propre qui s'irritait de l'indépendance octroyée par la faveur pontificale à de simples religieux. L'honneur des hospitaliers sortit donc sans tâche de ce procès solennel; heureux s'ils avaient été également absous par l'opinion publique dans leur querelle avec les chevaliers du Temple; mais il n'en fut pas ainsi; on excusa les délits ecclésiastiques; on ne pardonna point à l'ambition et à l'avarice.

(*) Généralement parlant, partout où se trouve une erreur de fait ou de date dans les annales de l'ordre de Saint-Jean, on est sûr que Vertot l'a répétée. Et cependant il est le seul écrivain moderne qui ait donné un tableau à peu près complet de cet Ordre fameux ! On peut donc dire en toute sûreté de conscience que l'histoire des chevaliers de Malte est encore à faire.

(*) Tenu dans le mois de mars 1179.

Cependant les soldats de Saladin ravageaient les États chrétiens de Syrie. L'anarchie avait affaibli la domination des princes qui les gouvernaient et minait activement les bases du royaume de Jérusalem. Dans cette situation, on ne trouva rien de mieux que de tourner encore une fois les yeux vers l'Europe, qui, jusque-là, avait libéralement fourni aux terribles consommations des champs de bataille d'Orient. Le grand maître de l'ordre de Saint-Jean fut envoyé à Rome en compagnie du patriarche de Jérusalem et du grand maréchal des templiers. Les tentatives des trois ambassadeurs auprès du pape Luce III, de Frédéric Barberousse, du roi de France, Philippe II, et de Henri II, roi d'Angleterre, furent sans succès, et la terre sainte resta en proie à des dissensions intestines qui devaient infailliblement devenir fatales à ses dominateurs.

Saladin profita de ces divisions pour établir des intelligences avec les mécontents, à la tête desquels était Raymond, comte de Tripoli. Dès que cette alliance impie fut conclue, il entra en Palestine avec une armée formidable et vint assiéger la ville d'Acre, la plus forte et la plus riche de tout le royaume. La défense de la place fut confiée aux deux ordres militaires. A peine campés, les Sarrasins furent assaillis, de nuit, par les chrétiens. Le combat fut terrible; aux premiers rayons de l'aurore, les infidèles, revenus de leur terreur, accablèrent les chevaliers, qui, obligés de suppléer au nombre par la bravoure, se précipitèrent en désespérés dans les rangs ennemis. Dans cette effroyable mêlée, une main perfide, celle du comte de Tripoli, dit-on, frappa traîtreusement le grand maître des hospitaliers, dont le corps fut retrouvé le lendemain sous un monceau de cadavres.

Magistères de Garnier, d'Ermangard Daps et de Duisson. Garnier de Syrie, huitième grand maître, est signalé par l'histoire pour avoir figuré avec honneur à la bataille de Tibériade. Quelques écrivains le font mourir dans cette mémorable journée, et affirment que son magistère ne dura que deux mois; mais une charte authentique le désigne encore comme grand maître en février 1191. Il aurait donc vu non-seulement la prise d'Absalon et de Jérusalem par Saladin, mais encore celle de Saint-Jean d'Acre par les croisés, événement important qui eut lieu en 1191, après deux ans d'un siége meurtrier.

C'est vers cette époque que les sœurs hospitalières de Saint-Jean se retirèrent en Europe, où, loin des dangers de la guerre, elles fondèrent des établissements considérables. Les chevaliers, expulsés du lieu de leur résidence habituelle, s'établirent dans le château de Margat.

Ermangard Daps, élu après la mort de Garnier, fit une courte apparition à la tête de l'ordre de Saint-Jean. Godefroi de Duisson lui succéda. La durée de son règne est encore incertaine, car des historiens le font mourir en 1192, tandis que d'autres disent qu'il eut le gouvernement de l'Ordre pendant plus de deux ans. L'incertitude cesse en lisant une charte relatée par Sébastien Paul, et qui prouve que Godefroi était encore en fonction au mois de mai 1201. Mathieu Pâris, historien contemporain, prétend que les deux ordres militaires de Jérusalem étaient, en ce temps-là, beaucoup plus riches et plus puissants que certains souverains d'Europe; qu'ils avaient acquis par don ou par héritage des provinces et des royaumes entiers; que les chevaliers de Saint-Jean possédaient à eux seuls, dans l'étendue de la chrétienté, jusqu'à dix-neuf mille manoirs (*). Ces agrandissements monstrueux furent la source de querelles violentes entre les deux associations rivales. L'animosité s'accrut de part et d'autre à tel point que la force devint le seul argument admissible. Les templiers prirent l'initiative. Ils s'établirent à main armée dans un château appartenant à un gentilhomme nommé Robert de Margat et vassal des hospitaliers. Le propriétaire spolié

(*) On entendait par *manoir* le labour d'une charrue à deux bœufs.

se plaça sous la protection des chevaliers de Saint-Jean, qui s'empressèrent de saisir cette occasion de faire éclater leurs ressentiments. Le château fut repris sur les templiers après un combat acharné. Ce n'était là que le prélude d'une guerre plus sérieuse. Dès cet instant, chaque rencontre entre les troupes des deux Ordres fut signalée par une lutte sanglante. Bientôt les personnes étrangères aux confréries prirent parti pour celui des deux champions qu'elles préféraient, de telle sorte que le monde latin se partagea en deux camps ennemis; déplorable division dont les Sarrasins pouvaient profiter, et qui portait la perturbation dans le gouvernement du royaume de Syrie. Enfin, cédant aux pressantes sollicitations des évêques, templiers et hospitaliers de Saint-Jean consentirent à en référer à la papauté. Innocent III parvint à rétablir la paix (1199), mais ce ne fut qu'une trêve passagère, car la sentence pontificale n'avait pu faire disparaître les motifs de haine réciproque qui animaient les frères du Temple et de Saint-Jean.

Magistère d'Alphonse de Portugal. Alphonse, de la maison royale de Portugal, fut élevé à la grande maîtrise après la mort de Godefroi de Duisson. Il est évident, d'après le document qui fait vivre Godefroi jusqu'en 1201, que le onzième grand maître ne peut avoir été élu en 1194, comme l'affirment la plupart des historiens. A peine installé, Alphonse provoque la réunion d'un chapitre général à Margat, pour aviser aux moyens de faire cesser les abus qui s'étaient introduits dans l'Ordre. Il fait décréter des mesures rigoureuses contre le luxe et l'immoralité des chevaliers. Sa sévérité lui attira l'inimitié de ceux qu'elle frappait, et il fut obligé d'abdiquer. Il se retira en Portugal, dans le courant de l'année 1204, et périt tristement dans une guerre civile.

Magistères de Geoffroy le Rat, de Guérin de Montaigu, de Bertrand de Texis, de Gérin, de Bertrand de Comps et de Villebride. Aucun événement remarquable ne signala le magistère de Geoffroy le Rat ou Rath, élu en 1204. Quoi qu'en dise Vertot, ce n'est pas sous son règne qu'eurent lieu les querelles des templiers et des hospitaliers de Saint-Jean (*).

Mentionnons, sous le magistère de Guérin de Montaigu, élu en 1208, la réception d'André, roi de Hongrie, dans l'ordre des hospitaliers, et le siége de Damiette (1218), qui fut pour les chevaliers de Saint-Jean une nouvelle occasion de faire briller leur valeur. Guérin vit mourir le roi de France Philippe II (1222), et une division funeste éclater entre le pape Grégoire IX et l'empereur Frédéric II. Il laissa une réputation de grand capitaine et de politique consommé; néanmoins son règne, qui dura près de vingt-deux ans, n'ajouta pas beaucoup à l'éclat de l'ordre de Saint-Jean.

Le quatorzième grand maître fut Bertrand de Texis, élu en 1230 et mort en 1231 (**). Après lui, l'Ordre fut gouverné par Guérin ou Gérin jusqu'en l'année 1236. C'est par erreur qu'on fait mourir ce dernier dans une bataille livrée aux Karismiens, car l'irruption de ces barbares en Palestine n'eut lieu qu'en 1244. Son successeur, Bertrand de Comps (1236-1241), céda la place à Pierre de Villebride. C'est trois ans après la nomination de ce dernier qu'il faut placer la prise de Jérusalem par les Karismiens, et la bataille meurtrière qui, pendant deux jours entiers, ensanglanta le sol de la Palestine. Villebride périt dans ce terrible combat, avec le grand maître des templiers et une foule de chevaliers appartenant aux deux Ordres.

Magistère de Châteauneuf. Plu-

___

(*) A partir du magistère de Joubert, Vertot entasse erreurs sur erreurs. Il faut le lire en s'aidant de Sébastien Paul, du *Codice del sacro*, et de l'*Art de vérifier les dates*.

(**) Vertot fait régner Bertrand de Texis jusqu'en 1240. Nous nous abstiendrons, du reste, dans la suite de ce tableau de l'ordre de Malte, de relever les erreurs grossières de cet auteur; ce serait nous imposer une tâche trop rude.

sieurs faits mémorables recommandent à notre attention le magistère de Guillaume de Châteauneuf, religieux français élu en 1244. Le roi Louis IX était arrivé devant Damiette à la tête d'une armée de croisés ; le grand maître l'y rejoint en 1249, tombe entre les mains des infidèles, le 5 avril 1250, et reste dix-huit mois prisonnier. Après sa délivrance, il se rend à Saint-Jean d'Acre pour mettre de nouveau son épée au service de la religion. Quelque temps après, il décide l'Ordre à contribuer à la rançon de saint Louis ; puis, ligué avec le soudan d'Alep, il marche contre les Karismiens, qui avaient une seconde fois envahi la terre sainte. La fortune le trahit ; il est encore fait prisonnier. Bientôt l'inimitié des templiers contre leurs rivaux en gloire et en richesses se rallume et amène un conflit déplorable. Les deux Ordres se livrèrent bataille, et les hospitaliers firent si bien, qu'à peine resta-t-il un templier pour porter à ceux de leurs frères qui n'avaient pas pris part à la lutte la nouvelle de cette sanglante défaite. Enfin Châteauneuf assiste au combat de la Massoura, en 1259, et meurt après un règne brillant, mais rempli d'événements dont les conséquences pouvaient devenir funestes à l'ordre de Saint-Jean de Jérusalem.

Magistères de Hugues de Revel et de Nicolas de Lorgue. Hugues de Revel, dix-neuvième grand maître, était Français, du Dauphiné. On le voit défendre contre le sultan Bondokdar la forteresse d'Assur, où quatre-vingt-dix chevaliers se firent tuer bravement ; puis passer en Occident pour assister au concile de Lyon (1273), et au chapitre général tenu à Césarée, dans lequel des taxes furent mises sur les maisons de l'Ordre, pour subvenir aux frais de la guerre. Hugues mourut en 1278, et fut remplacé par Nicolas de Lorgue. L'étoile de l'ordre de Saint-Jean commençait à pâlir ; les hospitaliers furent chassés de Margat (1284) par Mansour, soudan d'Égypte ; le grand maître passa en Europe pour solliciter de la chrétienté de nouveaux secours contre les Sarrasins ; revenu en Palestine sans avoir réussi dans ses négociations, il y mourut chargé d'années et accablé de douleur.

Magistère de Jean de Villiers. Jean de Villiers, successeur de Hugues de Revel, était destiné à voir s'accomplir un événement fatal à l'ordre de Saint-Jean. A l'époque de son élection, le monde chrétien qui s'était approprié la Syrie tombait en dissolution. L'anarchie et les revers militaires avaient miné les bases du trône fondé par Godefroi. Saint-Jean d'Acre, devenue le principal siége de cet empire croulant, contenait une population latine incapable de résister à la moindre agression des musulmans. « Les soldats n'étaient la plupart, dit l'abbé de Vertot, que des bandits et des gens ramassés de différents endroits, que le libertinage et l'oisiveté avaient fait enrôler, mais sans courage et sans discipline ; et, comme ils ne recevaient point de solde réglée, ils sortaient souvent de la ville, se répandaient dans la campagne, et volaient indifféremment les chrétiens et les infidèles ; ils venaient, au préjudice de la trêve, de piller les bourgades des Sarrasins. Le soudan envoya demander raison de ces brigandages à ceux qui commandaient dans la place ; mais il n'y avait point de gouverneur en chef ; la ville était remplie de Chypriotes, de Vénitiens, de Génois, de Pisans, de Florentins, d'Anglais, de Siciliens, d'hospitaliers, de templiers, de teutoniques, tous indépendants les uns des autres. La jalousie entre tant de nations différentes, et les intérêts particuliers de leurs chefs, les rendaient suspects et odieux les uns aux autres ; et, au lieu de concourir au bien commun, c'était assez qu'une nation eût ouvert un avis pour qu'une autre s'y opposât. On en venait même souvent aux voies de fait. Cette malheureuse ville renfermait dans son enceinte ses plus cruels ennemis. Elle les trouvait surtout dans un grand nombre des soldats de la garnison, et même parmi la plupart de ses habitants, gens noircis des crimes les plus affreux. Le meurtre, l'assassinat et le poison demeuraient impunis. Les criminels trouvaient un asile toujours sûr dans les autres quartiers de la ville où ils n'avaient point commis de crime. La corruption des mœurs était générale presque dans toutes les conditions, sans en excepter ceux même que leur profession engageait à une continence parfaite. On faisait gloire du vice qu'on déguise sous le nom de faiblesse humaine; et il y avait même des hommes assez effrontés pour ne se pas cacher de ce péché affreux que la nature ne souffre qu'avec horreur. » Cette peinture morale de la population d'Acre peut s'appliquer à toute la société chrétienne de Syrie en général, et il est à présumer que les ordres religieux participaient aux désordres que flétrit l'auteur de l'histoire des chevaliers de Malte. Aussi cette multitude corrompue, triste produit des croisades, et honteux représentant de la catholicité européenne, fut-elle aisément balayée par l'énergique fanatisme des mahométans. En 1291, Saint-Jean d'Acre tomba au pouvoir du souverain de l'Égypte, et les chrétiens de Palestine perdirent ainsi leur dernier point fortifié, leur dernier refuge. L'île de Chypre reçut les débris de ce grand naufrage; et, tandis que les chevaliers teutoniques se retiraient dans leurs principautés de Prusse et de Livonie, les templiers et les frères de Saint-Jean s'établissaient dans la ville de Limisse, avec l'espoir de reconquérir cette terre sainte qui devait garder éternellement le souvenir de leurs exploits.

Jean de Villiers s'empressa de convoquer un chapitre général. Il y fut résolu que l'Ordre resterait à Limisse, fortifierait cette place démantelée par les Sarrasins, construirait de petits navires pour protéger sur mer les pèlerins dans leur voyage vers le tombeau du Christ, et attendrait patiemment une occasion favorable pour repasser en Syrie. Les mesures relatives aux armements maritimes furent, pour la belliqueuse association, le signal d'une ère nouvelle. Les hospitaliers allaient désormais devenir aussi puissants sur mer qu'ils l'avaient été sur terre. Les premières prises qu'ils firent au détriment des Sarrasins leur donnèrent le goût des expéditions maritimes; peu à peu le nombre de leurs vaisseaux s'accrut au point de former une escadre respectable. Ce fut pour eux un moyen de relever l'édifice de leur fortune.

Mais cette nouvelle voie ouverte à l'ordre de Saint-Jean offrait, à côté d'immenses avantages, des dangers que ne surent pas éviter les chevaliers. « La plupart, enrichis des prises qu'ils faisaient sur les infidèles, au lieu d'en porter le produit dans le trésor de l'Ordre, suivant leur devoir, employaient souvent dans le luxe ces biens qu'ils s'appropriaient. Des riches étoffes qu'ils trouvaient dans leurs prises, ils commencèrent à s'habiller plus magnifiquement qu'il ne convenait à des religieux. La délicatesse de leurs tables était égale à la richesse de leurs habits; la dépense qu'ils faisaient en chevaux répondait à cette profusion, et l'air dangereux d'une île que l'aveugle gentilité avait consacrée à Vénus, faisait de fâcheuses impressions sur la jeunesse de l'Ordre. On s'aperçut bientôt que plusieurs hospitaliers, pour soutenir une dépense si odieuse, s'endettaient; et, par un autre abus qui s'était introduit dans les provinces en deçà de la mer, les prieurs, pendant les dernières guerres de la terre sainte, s'étaient mis comme en possession de donner l'habit religieux et la croix à des novices (*). »

Deux chapitres généraux, tenus à peu de distance l'un de l'autre, coupèrent court à ces scandaleux oublis des règles de l'Ordre. Dans le premier, il fut interdit à tout hospitalier militaire de posséder plus de trois chevaux de service, et de décorer leurs harnais d'aucun ornement d'or ou d'argent; défense fut faite aux prieurs de recevoir aucun novice sans une commission du grand maître; dans le second,

(*) Vertot, t. I, p. 439, édition in-4.

MALTE.

Costumes des femmes de Malte au 18.e siècle

il fut arrêté que les dettes laissées par les chevaliers seraient, à leur mort, acquittées avec le produit de la vente de leurs richesses particulières, telles qu'équipages, objets de luxe, etc. Si cela ne suffisait pas, le reste du payement devait s'effectuer sur les fonds que chaque chevalier aurait consacrés au service de la Religion, soit en y entrant, soit des donations particulières qu'on lui aurait faites, et dont, de son vivant, il n'aurait eu que l'usufruit. D'autres règlements tendant à rétablir la discipline furent décrétés dans ces deux assemblées solennelles de l'Ordre.

L'association de Saint-Jean était donc en voie de résurrection. Tout conspira en sa faveur. Boniface VIII, en lutte avec les rois de l'Europe, comprit la nécessité de s'assurer l'appui des deux Ordres placés sous la juridiction pontificale. En conséquence, il encouragea les efforts des hospitaliers, et les protégea contre les tentatives de certains souverains qui jalousaient leurs richesses en Europe. C'est ainsi qu'il fit lever le séquestre mis sur les biens de l'Ordre par les rois de Portugal et d'Angleterre. Toutefois, il ne put réussir à soustraire ses protégés à la capitation que Henri de Lusignan, roi de Chypre, avait frappée sur les deux communautés religieuses.

Le magistère de Jean de Villiers fut, comme on le voit, un des plus importants sous le rapport des événements; il marque le passage de l'ordre de Saint-Jean d'un degré d'abaissement désespéré à une nouvelle situation grosse de chances heureuses. Ce grand maître put se flatter, en mourant, que l'Ordre qu'il avait gouverné dans des circonstances si difficiles était encore promis à de hautes destinées. Aucun historien ne nous a transmis la date précise de sa mort. Tout ce qu'il est permis d'affirmer, c'est qu'il ne vécut pas au delà de l'année 1295.

Magistère d'Odon de Pins. Odon de Pins, de la langue de Provence et descendant d'une illustre maison de Catalogne, est le vingt-deuxième grand maître de l'ordre de Saint-Jean. Ce religieux n'avait aucune des qualités nécessaires pour faire face aux difficultés de la situation. Sans cesse au pied des autels, il oubliait que les hospitaliers ne subsistaient plus que des produits de leurs courses maritimes, et qu'il était urgent de hâter l'acquisition d'une force navale imposante. Son indifférence irrita les chevaliers, qui firent éclater tout haut leur mécontentement et demandèrent au pape l'autorisation de déposer le grand maître. Odon fut cité devant le tribunal du souverain pontife; mais comme il se rendait à Rome, il mourut, à la grande satisfaction de l'Ordre, et surtout de ceux qui ambitionnaient ses fonctions.

Magistère de Guillaume de Villaret. Sous le règne de Guillaume de Villaret, élu en 1300, les hospitaliers essayèrent de réaliser leur projet de retourner en Palestine. Ils parvinrent à opérer un débarquement et à pénétrer dans Jérusalem. Mais cette place avait été privée de ses fortifications par les Sarrasins, et était, par là, devenue impossible à défendre : aussi la joie des chevaliers de Saint-Jean fut-elle de courte durée : au premier bruit de l'approche de l'ennemi, ils furent obligés de battre en retraite et de regagner le littoral pour se jeter dans leurs vaisseaux.

Cette mésaventure dut affliger les hospitaliers, qui avaient pu espérer que le moment était venu pour eux d'échapper à l'autorité despotique du roi de Chypre. Mais à défaut d'un point fortifié en Syrie, ils songèrent à s'établir dans une île de la Méditerranée qu'ils enlèveraient aux infidèles. Le grand maître jeta les yeux sur Rhodes qui avait un port vaste et sûr, offrait des ressources précieuses, et, par son voisinage de la terre sainte, laisserait aux hospitaliers toute facilité de profiter d'une occasion favorable pour débarquer en Asie. Mais Villaret ne jugea pas les forces de l'Ordre suffisantes pour tenter la conquête de cette colonie; il ajourna donc l'exécution de son projet, et se disposait à aller le communiquer au pape, lorsqu'il fut saisi d'une violente maladie

qui le mena au tombeau (1307).
Magistère de Foulques de Villaret.
Son frère fut désigné pour le remplacer. A peine revêtu de sa haute dignité, le nouveau grand maître va solliciter l'assistance du roi de France et du pape pour s'emparer de Rhodes. A la voix de ces deux souverains, une croisade s'organise ; une flotte nombreuse appareille dans le port napolitain de Brindes, et bientôt l'île que convoitait l'ordre de Saint-Jean, est arrachée par la force à l'empereur Andronic (1310). Les îles voisines ne tardèrent pas à subir le même sort, et dès lors les hospitaliers se virent de nouveau maîtres d'un domaine particulier ne relevant que de la papauté.

Moins de trois ans après, le procès et le supplice des templiers débarrassèrent les hospitaliers de rivaux qui ne laissaient pas de leur porter ombrage. La catastrophe qui frappa Jacques Molé et ses infortunés compagnons influa de la manière la plus heureuse sur l'ordre de Saint-Jean : d'abord, parce que l'estime que s'étaient conciliée les hospitaliers par leur dévouement aux intérêts de la religion s'accrut de toute la haine qu'on portait aux templiers ; en second lieu, parce que les biens de ces derniers furent adjugés par le concile de Vienne à l'Ordre survivant. Ces biens immenses, quoique vivement disputés pendant quatre ou cinq ans par les rois de France, d'Espagne et de Portugal, et quoique diminués par les concessions forcées de l'Ordre à la cupidité de ces souverains, n'en augmentèrent pas moins dans une proportion considérable les revenus des chevaliers de Rhodes. Ce fut pour eux une véritable bonne fortune, qui contribua puissamment à rendre à cette association son éclat primitif.

Cependant un danger imprévu inspira de sérieuses inquiétudes aux hospitaliers ; à peine l'Ordre avait-il commencé à s'organiser dans sa nouvelle résidence, qu'un ennemi redoutable chercha à l'en expulser. Othman, fondateur de l'empire turc, vint attaquer l'île de Rhodes à la tête d'une armée nombreuse ; les chevaliers ne durent leur salut qu'à Amédée V, comte de Savoie, qui leur prêta une généreuse assistance et força les infidèles à se retirer (1315).

Foulques de Villaret ne sut pas mettre à profit les chances favorables qui depuis quelque temps s'offraient à l'Ordre régénéré. Au lieu de s'appliquer à consolider et à développer l'œuvre qu'il avait si heureusement commencée, il ne songea plus qu'au repos et à l'oisiveté. Il devint despote intraitable, et sa conduite immorale indigna tellement les chevaliers, qu'ils le déposèrent, à l'exemple d'Odon de Pins. Le pape voulut le maintenir dans sa dignité, mais de retour à Rhodes, après un voyage dans la capitale du monde chrétien, il abdiqua (1319) et se retira en France, où il mourut huit ans plus tard. Son corps fut déposé dans l'église de Saint-Jean à Montpellier.

Magistère d'Hélion de Villeneuve.
Hélion de Villeneuve reçut à la cour du pape Jean XXII la nouvelle de son élection à la grande maîtrise. C'est sous son règne qu'on place la célèbre histoire du monstre de Rhodes. Quoique ce fait soit traité de fable par plusieurs historiens, nous croyons devoir le rappeler en quelques mots, car il conserve toujours une valeur de légende. Le monstre en question était un énorme crocodile, qui, caché dans une caverne voisine de la mer, épouvantait les habitants de l'île par les ravages qu'il faisait aux environs de sa demeure redoutée. Le grand maître, pour épargner la vie de ses chevaliers, fit défense de combattre le formidable animal. Malgré cette défense, un chevalier nommé Dieudonné de Gozon forma le projet de tuer le crocodile. Il se retira dans son château situé en Languedoc : là il fit faire en carton et en bois peint une image exacte du monstre amphibie, et dressa des dogues à courir sus, et surtout à mordre leur terrible adversaire sous le ventre, car il savait que les écailles dont l'animal était couvert le rendaient invulnérable partout ailleurs que dans cette partie de son corps. Lorsque les

Saline de l'horloger. Vue de la Gerbe.

chiens furent suffisamment exercés, il retourna à Rhodes, combattit le crocodile et le tua. Le grand maître, inflexible sur le principe de l'obéissance, voulut punir le chevalier victorieux d'avoir transgressé ses ordres. Gozon fut dépouillé de l'habit; mais quelque temps après, Hélion de Villeneuve, satisfait d'avoir donné force à la loi et à la discipline, rendit l'habit au chevalier et l'investit de hautes fonctions.

Magistères de Gozon et de Corneillan. Ce fut Gozon que le libre suffrage de ses frères éleva à la grande maîtrise après la mort d'Hélion (1346). Peu d'événements dignes d'une mention particulière signalèrent son gouvernement : nous rappellerons seulement qu'il aida puissamment le roi d'Arménie, attaqué par les Sarrasins d'Égypte, à reprendre les places fortes qui lui avaient été enlevées.

Pierre de Corneillan, vingt-septième grand maître, élu au mois de décembre 1353, meurt au moment où un chapitre général allait délibérer sur le projet conçu par le pape, d'établir l'ordre de Saint-Jean en Europe et sur la terre ferme.

Magistères de Roger de Pins, de Bérenger, de Juillac et d'Hérédia. Ce projet est repris sous le magistère de Roger de Pins, nommé en 1355. On propose de conquérir la Morée pour en faire le siége de la Religion. La mort d'Innocent prévient toute tentative à cet égard.

En 1365, sous le magistère de Raymond Bérenger, les chevaliers, en compagnie de Pierre Ier, roi de Chypre, s'emparent d'Alexandrie d'Égypte et se retirent chargés de butin. Assemblée solennelle de l'Ordre à Avignon, en 1374 : on y fait la première collection des statuts.

Robert de Juillac, trentième grand maître, élu en 1374, ne règne que deux ans et cède la place à Jean Fernandès d'Hérédia (1376). Ce dernier prend la ville de Patras, et tente, de concert avec les Vénitiens, la conquête de la Morée ; c'était une réminiscence du projet de Roger de Pins. Le grand maître est fait prisonnier par les Turcs,

mais, racheté par sa famille, il revient à Rhodes en 1381. Il prend parti pour Clément VII contre Urbain VI. Celui-ci le déclare déchu de sa dignité et désigne à sa place Richard Caraccioli, qui est reconnu par les langues d'Angleterre et d'Italie. Ce faux grand maître meurt à Avignon au mois de mars 1396, et Hérédia un an après.

Magistères de Naillac, de Fluvian, de Lastic, de Jacques de Milly, de Zacosta et de Baptiste des Ursins. Philibert de Naillac, son successeur, assiste à la fameuse bataille de Nicopolis, où Bajazet Ier battit l'armée des chrétiens coalisés. Le roi de Hongrie et le grand maître parviennent à se sauver dans une barque qui les conduit à bord de la flotte chrétienne ; ils gagnent ensuite l'île de Rhodes. Naillac veut aussi réaliser les vues de l'Ordre sur la Morée ; il achète cette partie de la Grèce à Thomas Paléologue ; mais l'aversion des habitants pour les Latins s'oppose à ce que le traité s'exécute. Les chevaliers de Rhodes se couvrent de gloire à la défense de Smyrne attaquée par Timourlenk (1401). Le grand maître se rend en Europe, où il passe près de dix ans. Il assiste au concile de Pise, et retourne à Rhodes pour y mourir en 1421.

Rien de remarquable sous le magistère d'Antoine Fluvian. Jean de Lastic, Français d'Auvergne, le remplace. Le 15 septembre 1440, une flotte égyptienne essaye de s'emparer de Rhodes. Le maréchal de l'Ordre la défait et la disperse. En 1444, nouvelle tentative du soudan d'Égypte contre la résidence des hospitaliers. Dix-huit mille hommes de troupes ennemies débarquent dans la colonie. Après une lutte meurtrière de quarante jours, le chef des musulmans est forcé de se reconnaître vassal de l'Ordre et s'engage à lui payer tribut.

Pendant le magistère de Jacques de Milly, élu en 1454 à la place de Lastic, le pape Pie II modifie certains règlements de l'Ordre. Il abroge les ordonnances relatives au jeûne absolu. Jusque-là, les chevaliers ne pouvaient même pas boire après la collation ;

durant le carême et les jours de l'avent ; il leur était aussi défendu de parler à table et au lit, et de se coucher avec de la lumière.— En 1457, les Turcs font une descente dans les îles de Cos et de Lango appartenant aux chevaliers ; ils parviennent à débarquer à Rhodes, où ils pillent et ravagent les campagnes. L'historien Bosio fait mourir Jacques de Milly en 1461.

Le règne de Pierre Raymond Zacosta, Espagnol de naissance, est remarquable par la création d'une huitième langue, celle de Castille, Léon et Portugal. Après lui, Jean-Baptiste des Ursins gouverne l'Ordre pendant douze ans.

Magistères de d'Aubusson, d'Émeri d'Amboise, de Blanchefort et de Caretto. Pierre d'Aubusson, trente-huitième grand maître, est élu le 17 juin 1476. Une flotte turque portant, dit-on, cent mille soldats, et commandée par un lieutenant de Mahomet II, vient attaquer l'île de Rhodes. Les Turcs, malgré leur persévérance, sont forcés, après un siége de quatre-vingt-neuf jours, de céder devant l'héroïque opiniâtreté de d'Aubusson et des chevaliers qui, depuis le premier moment de l'attaque jusqu'au dernier, avaient combattu avec une espèce de fureur. L'ennemi se rembarqua le 19 août 1480, en laissant neuf mille morts et en emmenant quinze mille blessés.

Il est fâcheux que la gloire de Pierre d'Aubusson ait été ternie par la déloyauté dont il fit preuve dans les démêlés relatifs à l'infortuné prince Zizim ou Dgem, frère de Bajazet II et fils du conquérant de Constantinople. Battu par son frère, Zizim sollicite du grand maître un sauf-conduit pour se réfugier à Rhodes. D'Aubusson consent, et fait répondre au prince vaincu qu'il trouvera au sein de l'Ordre une hospitalité empressée. Il fait plus : il envoie une escadre au-devant de Zizim, lui fait une réception magnifique, et l'entoure de toutes les distractions qui peuvent lui faire oublier ses revers. Cependant, quelque temps après, le grand maître conclut avec Bajazet un traité par lequel il s'engage, moyennant une pension de quarante-cinq mille ducats, à retenir son frère prisonnier. On se demande de quel droit d'Aubusson aliéna ainsi la liberté du malheureux Zizim. Pour le justifier, quelques historiens ont prétendu que le frère du sultan n'avait pas reçu du grand maître le sauf-conduit en question ; qu'il avait abordé à Rhodes pour fuir ses ennemis et au risque d'être traité par les chevaliers en prisonnier de guerre ; que, par conséquent, c'est en cette qualité qu'il fut accueilli à Rhodes ; que dès lors d'Aubusson put en user à son égard suivant les intérêts de l'Ordre et des puissances chrétiennes, auxquelles il espérait épargner les attaques de Bajazet en opposant sans cesse à ce dernier son frère Zizim comme un épouvantail. Mais le fait de la concession du sauf-conduit est trop bien constaté pour qu'il soit permis de le révoquer en doute, et ceci décide la question.

Mais ce n'est pas tout. Une fois en France, où des chevaliers de Rhodes, transformés en geôliers, le gardaient à vue dans une tour isolée, Zizim devient le pivot de la politique européenne. Le pape Innocent VIII le réclame pour en faire l'instrument de ses desseins. L'honneur, et, qui mieux est, l'humanité prescrivaient à d'Aubusson de protéger l'illustre captif envers et contre tous. Que fait-il cependant? Il le livre au pape! Pour surcroît de malheur, Alexandre VI avait remplacé Innocent VIII sur la chaire de Saint-Pierre, et Zizim tombe entre les mains de l'infâme Borgia. Le roi de France Charles VIII, qui venait de succéder à Louis XI, envahit l'Italie et réclame à son tour le prince turc. Le pontife, furieux d'être obligé de livrer un prisonnier pour la garde duquel Bajazet lui payait jusqu'à soixante mille ducats par an, le fait empoisonner après l'avoir livré à son ennemi. Le grand maître fut, dit-on, saisi d'étonnement et de douleur à la nouvelle de ce tragique événement ; mais son manque de foi n'avait-il pas été la cause première de la catastrophe?

Après d'Aubusson, mort le 3 juillet 1503, Émeri d'Amboise, frère du cardinal d'Amboise, Guy de Blanchefort et Fabrice Caretto, Italien, se succèdent dans la grande maîtrise.

Magistère de l'Ile-Adam. En 1521, Philippe Villiers de l'Ile-Adam est placé par les chevaliers à la tête de l'Ordre. Un an s'était à peine écoulé depuis son élection, lorsque Soliman, vainqueur sur les champs de bataille de Hongrie, envoya une flotte redoutable contre Rhodes. C'était la réalisation tardive d'un projet conçu par ce sultan dès son avènement au trône. MM. Ferdinand Denis et Sander Rang, dans leur *Histoire de la fondation d'Alger*, rappellent à ce propos le passage suivant de Baudouin, qui exprime assez énergiquement, et dans la naïveté du vieux langage, les motifs de la haine de Soliman contre les chevaliers de Rhodes : « Il mit en considération qu'il avait peine de jouir paisiblement des provinces d'Égypte et de Syrie, et que le plus court et assuré moyen d'en avoir nouvelles, et d'y mander qui était par mer, lui était ôté par les chevaliers de Rhodes, qui veillaient tous les passages, et attrapaient tout ce qui allait et venait, et pour cette cause il était contraint de tenir toujours une armée de mer sur pied, et que tant que ceux de cet Ordre seraient à Rhodes, ils ne cesseraient d'exciter les princes chrétiens à lui faire la guerre et à se liguer pour le recouvrement de la terre sainte. Il avait trouvé aux mémoires de Sélim, son père, que, pour assurer ses affaires, il fallait avoir Belgrade et Rhodes, et que les chrétiens, par le moyen des chevaliers de Rhodes, pouvaient toujours porter la guerre au milieu de ses États. Il était aussi importuné et pressé par les plaintes des habitants de Mételin, Négrepont, la Morée, de la Caramanie, et de ses nouveaux sujets d'Égypte et de Syrie, qui étaient ordinairement en alarmes, saccagés et rançonnés par les chevaliers de cet Ordre. » Des raisons de haute politique poussèrent donc Soliman à chasser les hospitaliers de l'île qu'ils habitaient par droit de conquête. Écoutons encore les paroles que le même historien met dans la bouche du sultan à la veille du siége de Rhodes (*) : « Il y a deux cents ans qu'une poignée de chevaliers affamés, chassés de leur nation pour décharger leurs familles, se sont ici perchés au milieu de cet empire, et ne s'y entretiennent que des rapines qu'ils exercent sur mes sujets, et font gloire de leurs extorsions, et de faire paraître qu'ils ont eu jusqu'ici les moyens et le courage de s'y maintenir, malgré les forces et la puissance de mes glorieux prédécesseurs et la mienne, et tiennent les fidèles musulmans et tous nos sujets pour ennemis irréconciliables et les ont en grand mépris. Je ne sais par quel malheur ou quelle nonchalance fatale mes ancêtres les ont si longuement supportés sans les châtier... Il n'y a que la ville de Rhodes, située au cœur de mes États, aux portes de mes meilleures provinces de la Morée, de la Syrie, de la Métélie, de l'Archipelago, qui fait tête à ma grandeur et interrompt les progrès de mes victoires. Ils interceptent mes messages, ils volent mes tributs, ils détroussent nos marchands, ils intimident mes galères ; ils reçoivent les corsaires chrétiens, les malfaiteurs, les reniés, les fugitifs et les rebelles de notre foi et de ma justice; ils sollicitent et irritent sans cesse les princes du Ponant contre moi; ils marchandent et traitent de pair avec moi. Ne sont-ce pas des choses du tout insupportables? n'est-ce pas une honte et un opprobre à nous Ottomans d'en différer davantage le châtiment et la vengeance? Pour ce faire, j'ai envoyé ici autant de vaisseaux, de canons, de soldats et de bons capitaines, que s'il était question de conquérir un grand royaume. »

Nous ne savons jusqu'à quel point on peut croire que ce discours fut réellement prononcé par le sultan avant le siége de Rhodes, mais il résume merveilleusement tous les griefs que devait avoir Soliman contre les chevaliers.

Le 6 juin 1522, cent cinquante mille Turcs paraissent devant Rhodes, et

---

(*) Cette allocution est aussi textuellement citée dans l'*Histoire de la fondation d'Alger*.

bientôt le sultan les rejoint en personne avec un renfort considérable. Villiers de l'Ile-Adam se prépare à une vigoureuse résistance : six cents chevaliers, quatre mille cinq cents hommes de troupes réglées et quelques centaines de bourgeois enrégimentés, voilà tout ce qu'il peut opposer aux masses ennemies ; mais il a foi dans le courage inébranlable de cette poignée de combattants. Les hostilités commencent : les hospitaliers suppléent au nombre par la valeur et étonnent leurs adversaires par leur intrépidité. La destruction successive de leurs principales fortifications ne les déconcerte pas ; ils se retranchent derrière les restes de murailles que les boulets ennemis n'ont pas encore atteints ; dans chaque sortie, ils sèment la mort et l'épouvante parmi les Turcs. Pendant qu'ils prodiguent leur sang sur les remparts fumants de leur citadelle, un traître est découvert : c'est un vieillard, un chancelier de la Religion ; n'importe, on l'arrête et on le livre à la justice séculière ; condamné à mort, il est exécuté pour servir d'exemple aux âmes pusillanimes ou aux espions qui pourraient se trouver dans la ville. Après quatre mois d'une défense héroïque, les habitants pressent le grand maître de rendre la place qui n'est plus tenable. Le conseil de l'Ordre appuie leurs sollicitations ; mais l'Ile-Adam est inflexible ; il persiste à vouloir s'ensevelir sous les décombres de la capitale. Pendant deux mois encore il lutte sans relâche contre un ennemi qu'irritait une si longue résistance ; mais la poudre vient à manquer ; les Turcs s'emparent de la plupart des postes importants, et le grand maître n'est plus entouré que d'un petit nombre de chevaliers mutilés et affaiblis par des fatigues incessantes : alors seulement il cède aux supplications des habitants et consent à capituler. Les écrivains contemporains prétendent que quatre-vingt mille Turcs avaient trouvé la mort sous les murs de Rhodes (*) !

(*) Ce chiffre n'est pas seulement invraisemblable, il est impossible.

Soliman rendit hommage à la bravoure des chevaliers et à l'héroïsme de l'Ile-Adam. Il monta au palais du grand maître, le félicita sur sa belle défense, l'exhorta à la résignation, et lui dit qu'il lui laisserait tout le temps nécessaire pour faire embarquer ses effets et ceux des habitants qui voudraient le suivre.

Les Turcs respectèrent tout ce qui pouvait rappeler matériellement le séjour des chevaliers dans la colonie ; ils laissèrent les écussons et les armoiries sculptées si parfaitement intacts, que plusieurs siècles plus tard on pouvait encore les contempler. Châteaubriand dit, dans son *Itinéraire de Paris à Jérusalem* : « J'ai remarqué à Rhodes les lis de France couronnés et aussi frais que s'ils sortaient de la main du sculpteur. Les Turcs qui ont mutilé partout les monuments de la Grèce, ont épargné ceux de la chevalerie. L'honneur chrétien a étonné la bravoure infidèle, et les Saladin ont respecté les Coucy. »

Ainsi se termina la seconde période de cette association fameuse qui fit retentir l'Orient et l'Europe de ses hauts faits.

Par un singulier jeu de la fortune, l'Europe, qui s'était servie de l'association militaire de Rhodes pour tenir les Turcs en échec, vit un peu plus tard se créer presque à ses portes la contre-partie de cette espèce de république : Alger a été pour la chrétienté ce que Rhodes fut longtemps pour le monde musulman. Nous trouvons à ce sujet des considérations très-ingénieuses dans l'ouvrage de MM. Denis et Rang ; le curieux parallèle qu'ils établissent entre l'œuvre de Barberousse et celle des hospitaliers mérite d'être cité ; ce sera d'ailleurs pour nous l'occasion de faire connaître plusieurs détails de l'organisation de l'ordre de Saint-Jean à Rhodes, et plusieurs particularités que les bornes de cette notice nous ont forcé de passer sous silence. « A Rhodes, disent ces écrivains, ce sont des hommes appartenant à toutes les nations chrétiennes qu'on voit réunis pour opprimer les Turcs

MALTE.

Pêche à l'île du Goze.

chez eux; à Alger, des Turcs de diverses provinces se sont groupés en face de la chrétienté pour piller les peuples qui les environnent; représaille fort naturelle après tout, et dont il serait malaisé de contester la justice.

« Alger, comme Rhodes, était une république militaire. Dans les deux gouvernements, le chef était électif et relevait d'une puissance supérieure, sous la protection de laquelle le pays s'était placé; en fait, il jouissait d'une indépendance presque absolue, que la politique non-seulement autorisait, mais qui était favorisée par l'éloignement. Ainsi le grand maître de Rhodes s'inclinait bien devant une bulle ou devant un légat du pape; mais il ne donnait cours au bon plaisir de Sa Sainteté qu'autant que cela s'accordait avec les intérêts et les statuts de l'Ordre. De même, le frère d'Aroudj (Barberousse) avait placé l'odjeac d'Alger sous la protection du Grand Seigneur; il recevait respectueusement les firmans de la Porte, mais sûr de l'impuissance de celle-ci, ce n'était qu'avec une déférence apparente qu'il écoutait ses remontrances. En réalité, il n'en tenait aucun compte.

« A Alger, comme à Rhodes, la guerre se faisait au nom de la religion, et les plus grandes cruautés étaient commises en son honneur. Ici, c'était un devoir de détruire les sectateurs de Mahomet, parce que leur culte est celui de l'imposture; là, c'était mériter les gloires du ciel que de combattre les chrétiens, parce que leur culte est celui de l'idolâtrie. Une bataille gagnée venait-elle renouveler toutes les haines, des milliers de têtes avaient-elles été coupées, avait-on passé au fil de l'épée une population entière, on courait dans les mosquées, dans les églises même, faire hommage à Dieu d'une pareille victoire. C'était avec cet esprit de haine qu'on allait implorer sa protection pour le succès de nouveaux combats.

« A Rhodes, un conseil supérieur partageait l'autorité avec le grand maître qui le présidait. Ce conseil était composé de tous les baillis conventuels.

A Alger, une assemblée composée des hommes qui remplissaient les premières fonctions du gouvernement se formait autour du dey, et, sous le nom de *divan*, délibérait en sa présence sur les plus graves questions d'État.

« Les premiers emplois correspondaient les uns aux autres, à peu de chose près du moins, dans les deux républiques militaires. A Rhodes, le chef de l'armée était celui-là même qui en conduisait la haute administration; à Alger, l'aga remplissait les doubles fonctions de ministre de la guerre et de commandant de l'armée. Au grand commandeur répondait le casnadj, au commandant de l'arsenal, l'oukil-hardj; à l'amiral, *l'amirante de la mar*, et ainsi de suite.

« A Rhodes, chaque bailli pouvait tenir un conseil particulier qu'on nommait *l'égard*; il en était de même à Alger, où un divan composé d'autorités de second ordre se rassemblait pour délibérer près de chacun des hauts fonctionnaires.

« Les chevaliers de Rhodes se recrutaient de gens de diverses nations, que la perte de leur fortune, le malheur d'être nés plus tard qu'un frère, la crainte de la justice, portaient à s'expatrier. Outre l'esprit religieux qui régnait à cette époque, il était naturel qu'on s'enrôlât avec empressement dans un ordre où la carrière des combats était en honneur, et où de grandes faveurs attendaient ceux qui savaient se distinguer. La régence, toujours d'après ce principe d'imitation, se composait de renégats de divers pays ou de recrues qu'elle faisait dans les villes du Levant, en promenant son étendard dans les rues, et en admettant immédiatement sous sa protection les vagabonds, les hommes repris de justice qui espéraient trouver ainsi l'impunité, et rarement quelques individus vraiment sincères dans leur croyance. De part et d'autre, c'étaient des hommes qui n'avaient rien de mieux à faire que de tenter les chances d'une vie aventureuse.

« Les moyens par lesquels la régence d'Alger et la maîtrise de Rhodes se soutenaient étaient précisément les mêmes : la course, le pillage, les rançons, les tributs, formaient la ressource principale des deux États. Venaient ensuite les secours et les donations envoyés par les coreligionnaires, dans le but d'alimenter la guerre et d'entretenir le zèle des combattants de la vraie foi.

« Des milliers d'esclaves musulmans mouillèrent de sang et de sueurs les remparts de Rhodes; un nombre plus grand encore de chrétiens travailla sous le poids des chaînes à la construction du port et des fortifications d'Alger. On frémit en songeant à tant de souffrances; car ce n'était pas seulement les mauvais traitements qu'il y avait à subir de la part d'ennemis sans pitié, il fallait supporter encore l'ardeur dévorante du climat.

« De même qu'à Rhodes, où le trésor de l'Ordre grossissait chaque année, la *casna* d'Alger se remplissait par des rentrées successives; et cependant, de part et d'autre, l'histoire nous l'atteste, chevaliers et Algériens s'enrichissaient. Plongés dans le luxe, dans la débauche même, ils mentaient souvent à leur religion et à leurs serments.

« Enfin, pour terminer ce parallèle, nous ferons remarquer qu'à l'exemple de Villaret et des hospitaliers ses compagnons, les fondateurs de la régence choisirent le point central de leur puissance immédiatement dans le voisinage des nations chrétiennes, dans un lieu fort par ses dispositions naturelles, et autour duquel toutes ces nations viennent former un demi-cercle. Là, ne vivant que par la guerre, ne se soutenant que par la rapine, cette colonie sut se maintenir adroitement en hostilité perpétuelle avec celles de ces puissances dont la faiblesse lui assurait tout à la fois le plus de succès et d'impunité. Si les Algériens ont montré autant d'audace et de persévérance que les chevaliers de Rhodes, ils n'ont pas déployé moins d'adresse, de politique et de grandeur; toute l'histoire de la régence en est une preuve évidente. Enfin, lorsque l'on porte son attention sur la chute de cet État barbaresque, on y trouve de nouveaux rapports avec la ruine de Rhodes succombant devant les armes de Soliman; c'est que des puissances se trouvant dans les mêmes conditions, des puissances parasites, si l'on peut s'exprimer ainsi, fondées dans le même but, se soutenant par les mêmes moyens d'oppression et de violence, ne pouvaient manquer d'avoir la même destinée. »

Le 1er janvier 1523, quatre mille habitants et les quelques chevaliers qui n'avaient pas succombé dans la lutte s'embarquèrent sur les vaisseaux de la Religion, et quittèrent cette île que, pendant deux cent vingt ans, ils avaient disputée aux infidèles.

La flotte, d'abord dispersée par une tempête affreuse, aborda dans différents ports de Candie. Mais l'Ile-Adam, impatient de trouver un asile sûr pour ses nombreux compagnons d'infortune, fit remettre immédiatement à la voile et se dirigea sur l'Italie, où il espérait que l'assistance du pape ne lui ferait pas défaut. La triste expédition débarqua à Messine vers la fin d'avril 1523; mais la peste ayant fait invasion en Sicile, les débris de l'Ordre allèrent s'établir pour quelque temps sur les côtes du royaume de Naples. Après une assez courte station à Bayes et dans le voisinage de Cumes, ils se rembarquèrent le 7 juillet et arrivèrent à Civita-Vecchia.

Le grand maître se hâta d'aller réclamer les conseils et l'appui du souverain pontife. Parmi les propositions qu'on lui faisait pour installer l'Ordre dans une nouvelle résidence, celle d'aller s'établir dans les îles de Malte et de Goze, et à Tripoli d'Afrique, lui parut la plus acceptable. Mais Charles-Quint y mettait une condition à laquelle l'Ile-Adam ne pouvait souscrire: c'était de prêter serment de fidélité à la couronne d'Espagne. Un pareil engagement eût été incompatible avec l'indépendance de l'Ordre, indépendance nécessaire au maintien de l'alliance naturelle de la Religion avec toutes les puissances chrétiennes indifféremment. Pour aplanir cette difficulté, le grand

MALTE.

Restes d'un Edifice antique de forme circulaire, à Malte.

maître se rendit à Madrid. A cette époque, François Ier était prisonnier du vainqueur de Pavie ; l'Ile-Adam réussit, par son habileté, à amener les deux souverains rivaux à un accommodement et à obtenir pour lui-même ce qu'il désirait, c'est-à-dire, la promesse que le pape seul réglerait les conditions de la concession de Malte et de Tripoli.

Le grand maître négocia ensuite avec les rois de Portugal et d'Angleterre, à l'effet de leur faire restituer les biens de l'Ordre dont ils s'étaient emparés après la prise de Rhodes. Ces tentatives furent également couronnées de succès.

Le rapport des commissaires chargés d'aller visiter Malte, le Goze et Tripoli, conclut à l'acceptation de l'offre de l'empereur, toutefois avec une restriction relativement à la ville barbaresque. Peu de temps après, toutes choses furent arrêtées entre le pape, Charles-Quint et le grand maître. Voici à quelles conditions le projet de donation fut définitivement réalisé : « L'empereur donna à perpétuité, tant en son nom que pour ses héritiers et successeurs, au très-révérend grand maître dudit Ordre et à ladite Religion de Saint-Jean, comme fief noble, libre et franc, les châteaux, places et îles de Tripoli, de Malte et du Goze, avec tout leur territoire et juridiction, haute et moyenne justice, et droit de vie et de mort sans appel au suzerain, sur tous les biens, propriétés et personnes des habitants de ces îles, dégageant ceux-ci de leur serment de fidélité, pour le prêter librement entre les mains de leur nouveau prince, à qui il abandonnait domaines, cens, gabelles et droits appartenant dans ces îles à sa couronne. Les seules conditions furent celles-ci : 1° l'Ordre jura qu'il ne souffrirait jamais que ses nouveaux sujets portassent aucun tort ou dommage aux Etats du roi de Sicile ou aux sujets de ce royaume ; 2° il s'engagea à l'hommage annuel d'un faucon au roi ou au vice-roi de Sicile ; 3° il abandonna au roi la nomination de l'évêque de Malte, sur la présentation à cette place de trois de ses religieux, l'un desquels serait né sujet de la couronne de Sicile ; 4° il promit que l'amiral de l'Ordre ou son lieutenant, étant toujours choisi dans la langue d'Italie, ceux qui les remplaceraient dans le commandement des escadres seraient des personnes non suspectes au roi de Sicile ; 5° il reconnut la nécessité du consentement du roi de Sicile, dans le cas où l'Ordre voudrait transmettre à une puissance la possession de l'île de Malte ; 6° enfin il fut convenu qu'on traiterait par des commissaires et à l'amiable, des dédommagements dus aux possesseurs des fiefs et arrière-fiefs autrefois concédés dans l'île de Malte par le roi à divers particuliers, et que l'Ordre voudrait récupérer. »

Cette convention, conclue le 24 mars 1530, reçut presque immédiatement son exécution. Deux ambassadeurs, accompagnés de six commissaires nommés par le vice-roi de Sicile, allèrent prendre possession de Malte au nom du grand maître de l'Ordre. Quant à Tripoli, Charles-Quint avait exigé que les chevaliers fortifiassent cette place et s'y établissent, ce qui fut fidèlement exécuté. Enfin, le 26 novembre 1530, Villiers de l'Ile-Adam, le conseil et tous les chevaliers passèrent dans leurs nouveaux domaines, dont les habitants les accueillirent avec de vives démonstrations de joie.

Malte était alors, nous l'avons dit, sans ville et sans fortifications ; le simulacre de château qui la protégeait n'était armé que d'un canon et de deux fauconneaux. Tout était donc à faire ; mais la nature du sol de l'île seconda merveilleusement les efforts des chevaliers. En peu de temps, une ville, riche de monuments somptueux, s'éleva sur un des points qui s'avancent dans le grand port. Des forteresses, des batteries hérissées de bouches à feu, mirent le nouveau siége de l'Ordre à l'abri de toute agression. Tous ces travaux s'exécutèrent avec une telle rapidité, que vingt et un ans seulement après l'installation des hospitaliers à Malte, le corsaire Dragut fut contraint d'abandonner ses projets de conquête sur cette colonie. Du reste, ces occupations qui réclamaient toute l'activité des chevaliers, ne les empêchèrent pas de diriger, en 1531, une expédition maritime contre la ville de Modon en Grèce. Il est pénible d'ajouter qu'ils se bornèrent à piller cette place et à prendre huit cents femmes devenues leurs esclaves (*).

Qu'il nous soit permis à ce propos de rappeler et de flétrir l'usage adopté par les hospitaliers de réduire en esclavage tous les musulmans que les hasards des combats faisaient tomber en leur pouvoir. Il est étrange que des gens qui ne combattaient que sous la bannière du Christ, du Rédempteur des hommes, et que devait animer la charité chrétienne, se livrassent à un pareil abus du droit de la victoire. Encore s'ils avaient traité leurs esclaves avec douceur et humanité, s'ils avaient cherché à leur inspirer le désir de renoncer au culte de Mahomet; mais il n'en était malheureusement pas ainsi. La condition des infidèles prisonniers de l'Ordre équivalait à un supplice qu'abrégeaient le plus souvent l'ennui, le désespoir ou les boulets lancés par leurs propres frères. L'emploi de rameur sur les galères et les travaux de forçat à Malte, tel était le triste lot qui leur était inévitablement réservé (**). Au surplus, quelques extraits des statuts de l'Ordre concernant les esclaves en diront plus que tout ce que pourrait inspirer l'indignation la plus vive :

« Qu'aucun esclave infidèle, libre ou mis à rançon, tant de la Religion que des seigneurs religieux de cet ordre sacré, ne soit si hardi que de sortir des portes de cette Cité Valette ou Victorieuse, ni du bourg de la Sangle, qu'il n'ait une garde avec lui ; sur peine, s'il est esclave, d'être puni sans aucune rémission, de cinquante coups de nerf, qui lui seront donnés publiquement sous le gibet, en cette Cité Valette, en la même place où se fait la justice des criminels ; que s'il est mis à rançon, ou libre, il payera dix écus d'amende applicables en œuvres pieuses, selon que la seigneurie illustrissime (le grand maître) l'ordonnera.

« Qu'aucun esclave libre ou mis à rançon n'ait la hardiesse d'aller à la pêche ou ailleurs dans une barque, s'il n'a une garde avec lui, et qu'en chaque barque ne se puisse embarquer plus d'un esclave, sur peine d'avoir

---

(*) On raconte qu'une fille turque d'une grande beauté tomba entre les mains du vicomte Cicala; elle devint sa femme légitime et lui donna un fils nommé Scipion Cicala, que des événements imprévus conduisirent à Constantinople, et qui, après avoir embrassé l'islamisme, mérita par son courage d'être placé à la tête des armées ottomanes. L'histoire nous apprend aussi qu'il eut l'occasion de venger les Turcs de la prise et du pillage de Modon.

(**) M. Adolphe Slade, à qui nous avons déjà emprunté quelques lignes, s'exprime ainsi au sujet des esclaves de l'Ordre :

« L'embarras que nous éprouvons pour faire mouvoir des vaisseaux même d'une grandeur modérée, fait regarder la locomotion des galères comme une chose réellement extraordinaire. Je ne parle pas des galères des Romains et des Carthaginois avec leur triple rang de rameurs, et qui portaient mille hommes, sans compter les chevaux et les éléphants : elles passent toute science nautique ; je parle seulement des galères au moyen âge, qui portaient deux cents hommes outre les rameurs. La solution de la question est dans la condition des esclaves. La violence obtenait tout ce que la force physique animale était capable de donner. Il est vrai que ces galères, semblables au spéronaro sicilien et au rapide bateau à vapeur de nos jours, marchaient légèrement à l'aide de trois voiles latines ; mais aucune condition ne pouvait être comparée, pour la misère, pour l'horrible sujétion, à celle de l'esclave des galères : il restait attaché à son banc, à la pluie, au soleil, il y mangeait, il y mourait. Dans les croisières ordinaires il ramait sans efforts, mais, dans une chasse, ses souffrances devaient être épouvantables. Le Dante aurait pu enrichir son Enfer de ce supplice. On cite des chasses qui duraient dix, douze et quatorze heures de suite, et que l'on abandonnait à cause de l'épuisement des rameurs. »

publiquement cinquante coups de nerf sous le gibet.

« Que nul esclave mis à rançon ou libre ne puisse vendre aucunes provisions, soit pour manger ou pour boire, sur peine de les perdre et d'avoir, en outre, cinquante coups de nerf.

« Que nul religieux ou séculier de quelque état, grade ou condition qu'il soit, n'ait la présomption ni la hardiesse de louer des maisons, boutiques et magasins à des esclaves hommes ou femmes, sur peine, en cas de contravention, de payer pour la première fois, cinq onces du poids général, dix pour la seconde, et pour la troisième, de confiscation de la maison, boutique ou magasin qu'il aura baillé à ferme.

« Il est enjoint et ordonné que tous les esclaves soient obligés de passer la nuit dans la prison de cette Cité Valette, ou en celle de la Victorieuse.

« Que tous les esclaves infidèles mis à rançon ou libres, soient tenus, dans le terme de six jours, de porter apparemment en l'un de leurs pieds, un fer pesant au moins demi-livre ; que s'ils y manquent, qu'on leur donne publiquement cinquante coups de nerf (*). »

Nous n'ajouterons point de commentaires à ces citations ; elles disent assez à quel excès de despotisme étaient arrivés les chevaliers de Malte et quelle idée ils avaient de la dignité de l'homme.

Du reste, ces accusations ne s'adressent pas spécialement au magistère de l'Ile-Adam. C'est surtout sous le règne de ses successeurs que les expéditions maritimes augmentèrent dans une proportion effrayante le nombre des esclaves à Malte, et que les principes antisociaux des chevaliers reçurent l'application la plus large et la plus répréhensible.

La fin du règne et de la carrière de Villiers fut attristée par un tragique événement. Des chevaliers de langues différentes, animés les uns contre les autres d'une haine profonde, en vinrent aux mains, et leur sang, qui n'aurait jamais dû couler que sous le fer de l'ennemi, arrosa la terre de Malte. Cette lutte, qui menaçait de devenir générale, était une conséquence toute naturelle de la division de l'Ordre en nations séparées, division dont nous avons déjà signalé les inconvénients.

La paix se rétablit, grâce à la fermeté et à la prudence du grand maître. Douze chevaliers furent bannis et plusieurs précipités dans la mer. Il dut en coûter beaucoup à l'Ile-Adam d'infliger aux coupables un si terrible châtiment ; mais cette sévérité était nécessaire pour prévenir de nouvelles querelles intestines.

Un chagrin d'une autre nature était réservé à la vieillesse du noble chef des hospitaliers : Henri VIII, roi d'Angleterre, s'était insurgé contre l'autorité du pape et s'était proclamé pontife indépendant dans ses États. Un de ses premiers soins fut d'abolir la langue d'Angleterre et d'imposer ses croyances aux chevaliers licenciés. Ceux qui résistent et protestent sont cruellement persécutés ; un grand nombre d'entre eux sont livrés au bourreau ; parmi ces derniers, l'histoire a conservé les noms des chevaliers Adrian Forrest, Ingley, Bohus, Fortescue et Marmaduke ; d'autres, tels que Thomas Mylton et Édouard Waldegrave, sont chargés de fers et jetés en prison ; quelques-uns sont bannis ; les plus heureux parviennent à atteindre le port de Malte.

L'Ile-Adam ne résista pas à ce dernier coup ; il mourut le cœur plein de douleur et faisant des vœux pour la prospérité de l'Ordre qu'il avait en quelque sorte sauvé de la destruction et sur lequel il avait fait rejaillir une gloire impérissable. Son nom se perpétua en France, sa patrie, mais tel-

---

(*) *Ordonnances de l'ordre de Saint-Jean*, p. 280, dans le second volume de l'Histoire de Malte, par Baudouin et Naberat.

On remarquera que ce règlement sur les esclaves de la Religion date du commencement du dix-septième siècle, c'est-à-dire d'une époque où la cruauté et l'injustice n'avaient plus pour excuse la barbarie du moyen âge.

lement obscur qu'il a été oublié ; il manqua même à ses descendants ce qui soutient quelquefois les familles de haute renommée, c'est-à-dire la fortune : on dit que vers l'année 1730, un gentilhomme de cette illustre maison était réduit à voiturer de la pierre dans les environs de Troyes, pour faire subsister son vieux père!

Puisque nous avons rappelé l'incident relatif à la langue d'Angleterre, retraçons en quelques mots les vicissitudes qu'eurent à subir les chevaliers de cette nation. Tous ceux qui s'étaient réfugiés à Malte conservèrent les dignités attachées à leur langue ; privés des richesses qu'ils possédaient dans leur pays natal, ils trouvèrent dans la générosité de leurs frères un large dédommagement. Non-seulement on laissa subsister le nom de la langue d'Angleterre, mais encore on respecta le titre et les fonctions de grand Turcopolier (*) qui lui étaient spécialement attachés, et ce ne fut que longtemps après que le pape autorisa le grand maître à nommer à cet emploi un candidat d'une autre nation. La langue d'Angleterre continua d'être représentée dans les conseils et les élections des grands maîtres. Lorsque, deux siècles plus tard, on créa une nouvelle langue, on conserva le souvenir de celle d'Angleterre en la nommant langue *anglo-bavaroise*. Au siége de Malte dont nous parlerons plus loin, on voit encore les chevaliers anglais occuper un poste spécial sur le môle, du côté du Bourg. Vers la fin du magistère de d'Omèdes, une heureuse nouvelle parvint à Malte : la reine Marie venait de restituer à l'Ordre les biens dont Henri VIII l'avait dépouillé. Mais bientôt ces biens furent de nouveau réunis à la couronne de la Grande-Bretagne qui, cette fois, les garda précieusement.

Magistères de Pierre du Pont et de Didier de Saint-Jaille. Nous avons dit à la fin du chapitre qui traite de l'histoire ancienne de Malte, quels furent les motifs qui décidèrent Charles-Quint à donner cette île à l'ordre de Saint-Jean de Jérusalem. Tout en laissant aux hospitaliers une indépendance complète, si ce n'est toutefois dans leurs relations avec la Sicile, il s'était assuré, par le fait même de la donation, la reconnaissance et l'appui de la Religion. Il se présenta en 1535 une occasion de mettre à l'épreuve la bonne volonté des chevaliers envers leur bienfaiteur. Les deux corsaires vulgairement connus sous le nom de Barberousse faisaient de fréquentes descentes sur les côtes d'Italie et inquiétaient la marine espagnole ; l'empereur résolut de les chasser de l'Afrique où ils s'étaient déjà emparés d'une grande étendue de pays. Il communiqua son projet à l'ordre de Malte en lui demandant sa coopération. Pierre du Pont, successeur de l'Ile-Adam, était alors grand maître. Il s'empressa d'accéder au désir de Charles, et mit à ses ordres les galères de la Religion. Ce secours permit à l'empereur de battre ses ennemis et l'enhardit à aller attaquer Tunis. Quelle ne fut pas sa surprise lorsqu'au lieu des Barbaresques qu'il croyait trouver dans la place, il vit venir à lui le chevalier Siméoni à la tête de six mille chrétiens qui tous avaient brisé leurs chaînes et expulsé les musulmans !

Didier de Saint-Jaille, qui s'était fait remarquer au siége de Rhodes, succéda à du Pont, mort le 12 novembre 1535. Sous son court magistère, un autre corsaire, rival des Barberousse, essaya de prendre Tripoli, mais il fut repoussé avec perte.

Magistère de d'Omèdes. En septembre 1536, d'Omèdes est élu grand maître par le parti espagnol qui, par suite de l'ascendant inévitable de Charles-Quint sur la Religion, commençait à primer les autres langues. Ici se place le récit d'un événement qui accrut singulièrement la réputation militaire de l'Ordre ; nous voulons parler de la célèbre expédition de Charles-Quint contre Alger. Il va sans dire que Malte fournit son contingent à l'armée im-

---

(*) Bailli conventuel ; ce nom avait été emprunté aux *turcopoles*, ou cavalerie légère des Sarrasins, pendant les guerres de la terre sainte.

périale : quatre cents chevaliers, accompagnés chacun de deux valets armés, allèrent mettre leur épée au service du monarque espagnol. Pour les distinguer entre tous, le grand maître leur avait fait endosser des soubrevestes de soie cramoisie, sur lesquelles brillait une croix blanche. Les galères de la Religion, commandées par George Schiling, grand bailli d'Allemagne, joignirent la flotte de Charles dans les parages de l'île de Corse et obtinrent un poste d'honneur dans la marche des bâtiments. On sait quel fut le sort de cette nombreuse armée qui s'était flattée de planter la croix sur les mosquées d'Alger. Nous ne voulons pas rappeler les détails de l'entreprise, ni retracer le tableau de ce mémorable désastre; mais nous ne saurions nous dispenser de faire connaître la conduite digne d'admiration tenue par les chevaliers de Saint-Jean, sous les murs de la ville de Barberousse. Nous puiserons à bonne source, car nous avons sous les yeux le récit que M. Ferdinand Denis a donné de la tentative de Charles-Quint dans l'ouvrage que nous avons cité plus haut (*). Après avoir raconté les premiers combats livrés sur le sol de l'Afrique, et l'horrible lutte qui s'engagea au milieu d'une tempête effroyable, l'habile écrivain s'exprime en ces termes : « Dans cette circonstance, ce furent surtout les chevaliers de Malte qui recueillirent l'honneur de la journée. Non-seulement la gloire qu'ils acquirent à ceux de la langue de France fut bien réelle, mais ils prouvèrent que s'ils avaient été plus nombreux, ou tout au moins soutenus, c'en était fait de la ville d'Alger, car l'armée chrétienne s'en emparait. Cette poignée de braves marchait à pied, précédée seulement de l'enseigne de l'Ordre que portait Ponce de Balagner, dit Savignac. Le long du chemin de Bab-Azoun, on voyait battre en retraite devant eux le gros de l'armée algérienne, presque uniquement composée de cavaliers. Parvenus à l'entrée du faubourg, la mêlée s'engagea, et l'on ne combattit plus qu'à coups de lance et d'épée. Cette échauffourée fut surtout fatale à un grand nombre de musulmans qui y périrent, et, au rapport de plusieurs historiens Nicolas de Villegagnon (*), se conduisit avec une intrépidité rare et une présence d'esprit qu'on ne saurait passer sous silence. Frappé d'un coup de lance par un cavalier, et voyant qu'il a manqué celui qu'il lui destinait à son tour, il profite du moment où le cheval de son ennemi est embourbé, s'élance vers lui, le désarçonne en le tirant avec vigueur par un bras, et le tue dans la fange à coups de poignard.

« Durant cette mêlée, et pendant que les troupes se rapprochaient insensiblement des murs de la ville, le désordre et la confusion furent si grands, que les chevaliers de Malte, qui s'étaient avancés bien en avant d'une partie de l'armée musulmane, se consultèrent un instant pour savoir s'ils ne pénétreraient pas pêle-mêle avec les Maures dans la ville. Toutefois, après avoir considéré leur nombre, ils y renoncèrent. Hassan-Aga, d'ailleurs, ne leur laissa guère le loisir de la réflexion : rentré avec la plus grande partie des siens, et se voyant pressé par les casaques rouges (c'est ainsi qu'il appelait les chevaliers de Malte qui lui inspiraient toujours grande terreur), il fit promptement fermer la porte de Bab-Azoun, laissant ainsi beaucoup d'Algériens à la merci de l'ennemi. Ce fut en ce moment que Ponce de Balagner, tenant l'enseigne de la Religion d'une main, enfonça de l'autre son poignard dans la porte et l'y laissa fiché; noble action que se plaisent à rappeler les vieilles chroniques et que les historiens modernes ont trop souvent oubliée.

« Pendant que ces choses se passaient,

(*) Nous n'hésitons pas à recommander ce récit comme un modèle d'érudition, car il résume avec clarté l'opinion de tous les chroniqueurs et historiens qui ont traité le même sujet.

(*) Chevalier français de l'ordre de Malte.

Hassan-Aga rassemblait ses soldats sur les remparts, et commençait déjà à assaillir les chevaliers d'une grêle de balles, auxquelles on joignait des pierres, des traits et une foule de projectiles qui en blessèrent un grand nombre. Ceux-ci voyant qu'on ne les avait pas suivis, et que c'était en vain qu'ils attendaient du secours, prirent le parti de la retraite, ce qu'ils firent en surmontant de grandes difficultés et même avec des pertes nombreuses, car les Turcs pouvaient juger du haut des remparts que nul corps de troupes ne se détachait pour protéger leur retraite, et considérant alors le petit nombre de ces braves, se décidèrent à les poursuivre, et firent ouvrir les portes de Bab-Azoun. Ce fut alors aussi qu'on vit paraître Hassan, monté sur un cheval magnifique, revêtu de son costume de guerre le plus somptueux; il s'avançait suivi de sa cavalerie et d'un grand nombre de fantassins. Au premier abord, les chevaliers, groupés à l'entrée du faubourg, essayèrent de faire tête; mais ils n'y purent réussir, et prirent la fuite, avec le dessein de se réunir de nouveau dans un défilé de petites collines situé près du Pont des Fours. En effet, la position était plus avantageuse, et ils redoublèrent de courage, espérant toujours qu'il leur arriverait du secours; mais en attendant, le combat devenait de plus en plus inégal, non-seulement parce que les chevaliers étaient en petit nombre, mais encore parce que la fatigue les accablait et qu'ils souffraient déjà le supplice de la faim. Le vent qui continuait à souffler avec violence, la pluie qui tombait à flots et qui venait du nord, leur donnait dans la face(*). Tout cela augmentait la détresse de leur position. Durant ces derniers efforts, le brave Ponce de Balagner fut blessé d'un trait qu'on assura être empoisonné.

(*) «Les Turcs, dit Haëdo, montrent encore aujourd'hui le lieu où furent tués un si grand nombre de chevaliers qui avaient combattu avec tant de bravoure. Ils le nomment le *tombeau des chevaliers*, et l'honorent d'une manière toute particulière.

Emporté hors du champ de bataille par quelques soldats de Malte, il ne voulut point abandonner l'enseigne de la Religion tant qu'il conserverait quelque force; aussi ne lui échappa-t-elle qu'au moment où il rendit le dernier soupir. »

Les chevaliers ne se signalèrent pas moins dans la retraite que pendant le combat. Tandis que les bâtiments espagnols et italiens étaient brisés par la tempête sur les écueils du rivage, les galères de la Religion, habilement manœuvrées, se jouaient de la violence des vents et de la fureur des flots. Quelqu'un vint dire à Charles-Quint qu'on apercevait des vaisseaux qui tenaient la mer : « Il n'y a, s'écria-t-il, que les galères de Malte qui puissent résister à un tel ouragan. » Il ne se trompait pas : c'étaient en effet les marins de l'Ordre qui voguaient en toute sécurité vers Bougie.

Peu de temps après cette désastreuse tentative, les infatigables chevaliers de Malte, commandés par le bailli la Sangle, s'emparèrent pour le compte de Charles-Quint de la ville d'Africa, forteresse qui passait pour inexpugnable et où régnait Dragut. Ce ne fut pas sans éprouver des pertes nombreuses que les chevaliers réussirent à emporter la place. Pour honorer la mémoire de ceux qui avaient trouvé une mort glorieuse sous ses murailles, l'empereur fit transporter leurs cendres en Sicile, où elles furent solennellement déposées dans la cathédrale de Montréal. Le vice-roi leur fit élever un riche mausolée, sur lequel fut gravée l'inscription suivante : « *La mort a pu mettre fin à la vie de ceux dont les restes reposent sous ce marbre; mais le souvenir de leur rare valeur ne s'effacera jamais; la foi de ces héros leur a donné place dans le ciel, et leur courage a rempli la terre de leur gloire; de sorte que le sang de leurs blessures, pour une vie éphémère, leur a procuré deux vies éternelles.* »

Furieux de sa défaite et de la perte de ses trésors, Dragut vint menacer Malte avec une flotte considérable commandée par Sinan, général de Soliman. La vue seule des batteries du château Saint-Ange détourna le pacha de l'idée d'attaquer la place; toutefois il ne voulut pas s'être mis pour rien en frais de forfanterie. Les Turcs se dirigèrent sur la Cité Notable dont ils espéraient avoir bon marché, attendu qu'elle n'était point fortifiée. Dans un si pressant danger, le grand maître conserva une étrange impassibilité. Son extrême avarice, s'effrayant des dépenses qu'occasionnerait l'envoi d'un secours considérable à la ville menacée, lui fit fermer les yeux sur les périls de la situation. Les paysans qui remplissaient la Cité Vieille lui envoyèrent demander aide et protection; il refusa sèchement, disant qu'il avait besoin pour la nouvelle capitale de toutes les forces de l'Ordre. Alors on le supplia de laisser venir au moins le chevalier Villegagnon, dont le nom seul suffirait pour rassurer les habitants alarmés. Villegagnon accepta avec joie cette offre flatteuse, et partit accompagné de six chevaliers français, ses amis. Ils pénétrèrent, à la faveur des ténèbres, dans la ville assiégée; les acclamations et les cris de joie des paysans firent croire aux Turcs qu'ils avaient reçu un renfort considérable; en même temps le général ottoman reçut la fausse nouvelle de l'arrivée d'une flotte chrétienne qui avait mission de délivrer Malte : c'en était assez pour décider Sinan-Pacha à lâcher prise. Toutefois, avant de quitter ces parages, il voulut laisser aux chevaliers un souvenir de sa présence passagère devant leur île : il essaya un débarquement au Goze. La lâcheté du gouverneur facilita l'entreprise; un seul canonnier anglais osa faire feu sur l'ennemi; le reste de la garnison se croisa les bras. Galatian, commandant de l'île, demanda à capituler, mais ses conditions furent rejetées avec le mépris qu'elles méritaient. Les musulmans firent irruption dans la forteresse et pillèrent le logement de l'infâme gouverneur, qui fut obligé d'emporter ses meubles sur ses épaules jusqu'aux vaisseaux turcs. Là il fut dépouillé de ses habits et mis à la chaîne comme un esclave; avec lui six mille chrétiens de tout sexe et de tout âge furent chargés de fers. Aucun d'eux n'opposa la moindre résistance; on cite seulement un Sicilien qui, transporté de jalousie et de rage à l'idée que sa femme et ses deux jeunes filles seraient exposées à la brutalité sensuelle des Turcs, les poignarda de sa propre main; puis, pour ne pas leur survivre, il s'arma d'un fusil et d'une arbalète, tua plusieurs barbaresques et tomba percé de coups.

La catastrophe du Goze produisit une vive sensation à Malte, et l'échauffourée qui l'avait précédée attira à d'Omèdes de justes reproches. La leçon, cependant, ne lui profita pas. Une nouvelle circonstance tout aussi grave mit au jour sa coupable indifférence pour les intérêts de l'Ordre. Enhardis par la prise du Goze, Dragut et le lieutenant de Soliman allèrent assiéger Tripoli, l'une des trois résidences des chevaliers. Le grand maître avait laissé cette place sans défense; non-seulement les fortifications n'étaient pas en état de la protéger longtemps, mais encore d'Omèdes refusa d'y envoyer les renforts indispensables. Il se borna à prier Gabriel d'Aramont, ambassadeur de France à Constantinople, de négocier avec les Turcs pour les décider à abandonner leur projet. Il était trop tard, le siège était commencé. Tripoli renfermait, pour toute garnison, des troupes espagnoles et calabroises, récemment envoyées par les vice-rois de Sicile et de Naples. Au premier feu des ennemis, ces soldats, peu accoutumés aux périls de la guerre, se mutinèrent contre l'autorité du maréchal de l'Ordre, Vallier, qui commandait la place. Tous les efforts du gouverneur et des chevaliers français qui l'assistaient échouèrent contre le mauvais vouloir des troupes auxiliaires. Pressé par les révoltés qui en étaient venus aux menaces, le gouverneur fut contraint de capituler; malheureusement la convention ne fut pas respectée par les Barbaresques; quand les Espagnols et les Calabrois allèrent au-devant d'eux, ils les dépouillèrent et les retinrent captifs.

Les Turcs n'eurent pas si bon marché d'un fort situé à l'entrée du port, et que commandait le servant d'armes Desroches. Cet ouvrage avancé, quelque insignifiant qu'il fût, opposa une vive résistance aux assiégeants; et, lorsque le moment fut venu de se rendre ou de périr, Desroches et ses intrépides compagnons se jetèrent, la nuit, dans une barque qui les mena en pleine mer.

D'Aramont, dont nous avons parlé plus haut, racheta généreusement de ses deniers tous les chevaliers tombés entre les mains du vainqueur. De retour à Malte, il fut accueilli par les applaudissements de l'Ordre. Cependant un bruit sinistre arriva jusqu'à lui, au milieu de ce concert de bénédictions et de louanges; il apprit que le grand maître l'accusait d'avoir livré Tripoli. D'Omèdes, en effet, irrité des imputations parfaitement fondées auxquelles il était en butte, voulait rejeter tout l'odieux de la mésaventure sur l'ambassadeur, et c'était pour éloigner de sa personne tout soupçon fâcheux qu'il attaquait la loyauté de d'Aramont. Instruit de ce qui se tramait contre lui, le représentant de la France demanda à être entendu en audience solennelle; il ne lui fut pas difficile de se disculper et de confondre ses détracteurs; quelques jours après il quitta Malte et se dirigea sur Constantinople, non sans avoir communiqué à son souverain, Henri II, les détails de cette odieuse machination.

La colère du grand maître se tourna alors contre le maréchal; un conseil fut formé pour lui faire rendre compte de sa conduite à Tripoli; et ce tribunal fut composé des créatures de d'Omèdes. Vallier fut immédiatement arrêté, ainsi que les chevaliers Fauster, de Sousa et Herrera, qui avaient figuré d'une manière peu honorable dans l'affaire de la capitulation. Des témoins subornés par les agents du grand maître déposèrent contre le maréchal; Villegagnon lui seul éleva la voix en faveur de l'accusé; sa loyauté s'indignait d'une accusation dont il démontra la fausseté; son exemple entraîna d'autres chevaliers qui secondèrent par leurs témoignages la cause du malheureux Vallier. Les juges, intimidés par cette vive opposition, déclarèrent qu'il n'y avait pas eu trahison, mais condamnèrent néanmoins le maréchal et ses coaccusés à être dépouillés de l'habit de l'Ordre, pour avoir abandonné une place dont on leur avait confié la défense. Mais ce n'était pas là le but que s'était proposé d'Omèdes; ce qu'il lui fallait, c'était la vie du maréchal. Il parvint à disjoindre les causes, et à faire juger Vallier à part. L'accusé était infailliblement perdu, si Villegagnon ne fût pas intervenu avec sa rude franchise et sa parole imposante. Il était parvenu à connaître toutes les intrigues mises en jeu par le grand maître pour obtenir une condamnation capitale; et, au moment où celui-ci le somma de révéler ce qu'il prétendait savoir, le courageux chevalier déclara à haute voix que le juge s'était engagé à condamner Vallier, sous peine d'un dédit de cinq cents ducats d'or au profit de d'Omèdes. Cette révélation coupa court aux débats. On nomma un autre juge, et le grand maître fut forcé d'écrire au roi de France une lettre dans laquelle il avouait ses torts envers l'ambassadeur. Quant au maréchal, il resta en prison jusqu'au magistère de la Valette; toute l'énergie et l'éloquence de ses défenseurs officieux ne purent le soustraire à la vengeance de l'ignoble d'Omèdes, tandis que les vrais coupables, c'est-à-dire, les chevaliers espagnols arrêtés avec Vallier, furent rendus à la liberté (*).

(*) Villegagnon a laissé un mémoire fort détaillé sur toute cette affaire dans laquelle il avait été un des principaux acteurs. Le caractère de cet homme offre de singulières particularités. On le voit à Malte plein d'une vertu chevaleresque, d'un courage et d'une probité universellement admirés; mais la seconde période de sa carrière ne fut pas sans reproches. Voici ce qu'en dit M. Ferdinand Denis, t. II, p. 302 de *l'Histoire de la fondation d'Alger* : « Plus tard nous le voyons

MALTE

Écueil aux Champignons.

Nous avons cru ne pas devoir passer sous silence cette querelle d'intérieur, parce qu'elle montre jusqu'à quel point le grand maître pouvait abuser de son autorité, et aussi jusqu'où pouvait aller, sans dépasser les limites légales, la résistance des simples chevaliers. Le chef de la Religion avait tous les moyens de corrompre ou d'intimider les juges; argent, places et faveurs, il disposait de tout et pouvait choisir l'arme la plus utile, suivant la circonstance; mais, d'un autre côté, la démocratie de l'Ordre pouvait mater le despotisme du grand maître, et paralyser ses mauvaises intentions. Toutefois, le contre-poids n'était pas assez puissant pour faire toujours pencher la balance, et la victoire restait souvent, en définitive, au souverain.

La démonstration des Turcs contre Malte, et la prise de Tripoli, avaient fait sentir le besoin de fortifier la résidence de l'Ordre, de manière à la mettre désormais à l'abri d'un coup de main audacieux. Strozzi, grand prieur de Capoue, et trois autres commissaires, furent chargés d'examiner les points les plus vulnérables, et de tracer le plan des ouvrages les plus urgents. En moins de six mois, grâce aux nombreuses offrandes des chevaliers de tous pays, et à l'activité des habitants de Malte, on vit s'élever, à la pointe du mont Sceberras, un château qu'on baptisa du nom de Saint-Elme, et sur le mont Saint-Julien, qui commandait le Bourg, un fort qu'on appela Saint-Michel. Dès ce moment, la capitale de la Religion fut en état de soutenir le siège le plus long et le plus terrible.

Avant la fin du magistère de d'O-
figurer dans l'histoire du Brésil, et l'un des forts de l'entrée de Rio Janeiro porte encore son nom. Un vieux chroniqueur affirme même qu'il se faisait donner dans le nouveau monde le titre de *roi du Brésil*. Homme de courage, mais esprit irrésolu, il paraît avoir persécuté cruellement les protestants qu'il avait d'abord chaudement protégés. A son retour en Europe, ils le surnommèrent *le Caïn de l'Amérique*. »

mèdes, un nouveau revers vint affliger l'ordre de Saint-Jean: en 1552, Strozzi s'était emparé, en Afrique, de la ville de Zoare; mais il fut presque immédiatement obligé d'abandonner sa conquête. Poursuivis l'épée dans les reins par une masse d'Arabes, les chevaliers se serrèrent autour de leur étendard, et se portèrent, pour mieux le défendre, sur le bord de la mer. La Cassière, qui était chargé de sa garde, le tenait constamment élevé, ce qui irritait l'ennemi qui voulait s'en emparer. Ce ne fut qu'après d'incroyables efforts de bravoure et des pertes sensibles que les chevaliers parvinrent à gagner leurs barques, épuisés de fatigue et couverts de blessures.

Magistère de la Sangle. D'Omèdes mourut le 6 septembre 1553, et fut remplacé par Claude la Sangle, dont nous avons eu l'occasion de citer le nom. De nouveaux ouvrages fortifiés furent construits pour ajouter à la sécurité de la capitale. Tandis que des prises importantes enrichissaient l'Ordre, le fort Saint-Elme recevait un supplément de fortifications, et l'île Saint-Michel devenait inexpugnable. Cette langue de terre, qui, s'avançant dans la mer, dessine le port des Français et le port des Galères, n'avait eu jusque-là, pour toute défense, qu'un château de très-petites dimensions; le grand maître fit entourer de murailles épaisses la portion de ce château qui regardait les rochers du Coradin (*), y ajouta des bastions, et fit creuser des fossés pour recevoir l'eau de la mer. Comme tous ces travaux s'exécutèrent des deniers de la Sangle, les chevaliers, par reconnaissance, donnèrent son nom à la presqu'île. Aujourd'hui encore, on l'appelle *île la Sangle*.

Un accident déplorable vint offrir une douloureuse compensation aux succès éclatants de la marine de Malte et à la prospérité croissante de l'Ordre. Le 23 septembre, une tempête furieuse se déchaîna sur la colonie; et principalement sur la capitale. Cet ef-

(*) Voir le plan de La Valette.

froyable ouragan, qui rappelle les tourmentes de la mer des Antilles, porta le ravage dans la ville, détruisit les maisons situées sur le port, ébranla le château Saint-Ange et le fort Saint-Elme, lança à une grande distance l'arbre auquel était attaché l'étendard sacré, fracassa et engloutit plusieurs navires, en jeta quelques-uns sur le rivage, et renversa entièrement quatre galères, dont les équipages furent, en grande partie, noyés ou écrasés. Plus de six cents personnes, parmi lesquelles se trouvaient des chevaliers, perdirent la vie dans cette formidable révolte des éléments. Quand les vents et les flots furent calmés, le grand maître accourut sur la plage pour encourager, par sa présence, les malheureux dont les gémissements faisaient retentir les échos de la ville. Des cris étouffés, partis des flancs d'une galère renversée, frappèrent son oreille; aussitôt, par son ordre, plusieurs planches de la carène qui se trouvait hors de l'eau furent enlevées. Comme le grotesque se mêle souvent aux choses les plus tragiques, le premier personnage qu'on vit sortir du vaisseau fut un singe qui sauta sur la rive en grimaçant de joie. Après lui, on retira le chevalier de Lescure, connu plus tard sous le nom de Romegas, et l'un des plus illustres marins de l'Ordre; d'autres chevaliers le suivirent, ainsi que quelques matelots et des esclaves. Ces malheureux étaient restés toute la nuit dans l'eau jusqu'au menton, et cramponnés avec leurs mains aux solives de la calle, ayant à peine assez d'air pour respirer; cette cruelle position avait tellement épuisé leurs forces, qu'à peine hors de cet antre horrible, ils s'évanouirent.

Les corsaires auxquels les chevaliers faisaient une guerre si acharnée, profitèrent du moment de trouble jeté dans la Religion par la perte de ses meilleurs bâtiments, pour attaquer l'île de Malte. Dragut, comptant sur une répétition de la prise du Goze, tenta une descente; mais il fut contraint de regagner ses vaisseaux en abandonnant aux chevaliers tout le butin qu'il avait recueilli dans les parties mal défendues de la colonie.

Si le cadre de cette notice nous le permettait, nous raconterions ici les nombreuses victoires navales, les merveilleuses entreprises qui, à cette époque de l'histoire de l'Ordre, rendirent le nom des chevaliers de Saint-Jean plus que jamais redoutable sur toute la Méditerranée. Qu'il nous suffise de dire que dans toutes les rencontres des galères de la Religion avec des vaisseaux turcs ou barbaresques, la valeur des chrétiens triompha du nombre. Entre autres actions mémorables, l'histoire cite le dévouement d'un chevalier gascon qui s'élança seul sur le pont d'un navire turc, et s'apercevant qu'il allait être massacré, mit le feu aux poudres et fit sauter avec lui tout l'équipage musulman.

L'année qui vit s'accomplir cet acte de généreuse intrépidité, fut celle de la mort du grand maître la Sangle (17 août 1557).

Magistère de la Valette. Nous voici parvenu à la période la plus glorieuse des fastes de l'Ordre; ici nous serons plus explicite, car il y a des faits dans l'histoire, qui ne s'accommodent pas de la concision du résumé.

Jean de la Valette fut appelé à recueillir l'héritage de Claude la Sangle. Son avénement au pouvoir fut marqué par un acte de justice éclatant; le maréchal Vallier, l'ancien gouverneur de Tripoli, existait encore; la Sangle lui avait rendu la liberté, mais non le titre et les fonctions dont l'avait dépouillé d'Omèdes. La Valette, convaincu de l'innocence du maréchal, le fit réhabiliter après révision du procès, et le nomma grand bailli de Lango.

D'autres soins non moins pressants préoccupèrent la Valette dès les premiers instants de son magistère : depuis longtemps, l'Ordre ne retirait plus rien de certaines provinces d'Allemagne et des États de Venise qui renfermaient des biens appartenant à la Religion; par sa fermeté et son activité intelligente, le nouveau grand

MALTE.

Habitants de l'Ile du Gozo.

maître parvint à faire rentrer ces revenus, précieuse ressource dont la perte définitive eût occasionné dans les finances de Malte un fâcheux déficit.

Nous avons un revers douloureux à enregistrer : le vice-roi de Sicile ayant concerté avec la Valette le plan d'une attaque contre Tripoli, qu'occupaient encore les Arabes, la Religion offrit un contingent de quatre cents chevaliers, quinze cents soldats et deux cents pionniers. L'expédition projetée aurait probablement réussi, si le vice-roi, changeant tout à coup de dessein, ne s'était pas obstiné à vouloir enlever la petite île de Galves et à y bâtir un fort baptisé de son nom. Cette malencontreuse halte fut fatale à l'armée impériale, que la flotte de Kara-Mustapha défit complétement. Douze mille prisonniers, vingt-huit galères espagnoles et quatorze navires de charge tombèrent au pouvoir des Turcs. Trois galères de Malte purent se soustraire aux poursuites de la flotte ennemie ; mais plusieurs chevaliers avaient succombé dans le cours de cette désastreuse campagne, aux atteintes d'une maladie qui avait décimé l'armée.

Rappelons, en passant, la création d'un ordre religieux et militaire par le grand-duc de Toscane. Cette milice, placée sous l'invocation de saint Étienne, pape, reçut de son fondateur l'ordre exprès d'obéir en toute circonstance aux chevaliers de Malte. En effet, peu de temps après, des galères de Florence vinrent se ranger sous le pavillon d'une escadre maltaise, et cette première course faite de conserve amena la reprise de plusieurs vaisseaux chrétiens sur les Turcs, ainsi que la capture d'un certain nombre de bâtiments barbaresques.

La réputation maritime de l'Ordre allant toujours croissant, les souverains de l'Europe voulurent tous confier à des chevaliers le commandement de leurs flottes. Le roi d'Espagne en demanda un au grand maître pour diriger les forces navales de Sicile ; les rois de France et d'Angleterre comptaient aussi des membres distingués de la Religion parmi leurs marins. C'était un hommage des plus flatteurs rendu à l'habileté et au courage des religieux de Malte. On s'explique mal, d'après cela, l'ingratitude dont la chrétienté fit preuve envers l'Ordre dans plus d'une circonstance décisive. Ainsi, on vit au concile de Trente, qui eut lieu vers cette époque, les ambassadeurs des différentes puissances refuser d'obtempérer aux légitimes réclamations du député de Malte (*), et l'envoyé du pape lui-même se borner à payer l'Ordre de vains compliments. Ainsi encore, on vit, un peu plus tard, les rois de l'Europe laisser les chevaliers se défendre seuls dans leur île contre une armée innombrable de Turcs, sans qu'aucun de ceux-là même qui avaient si souvent éprouvé l'efficacité de l'assistance de la Religion, leur offrît le plus faible secours.

Pignon de Velez, forteresse devant laquelle avaient échoué, deux ans auparavant, les efforts d'une armée espagnole, et qui, depuis ce moment, passait pour imprenable, avait été enlevée par les chevaliers dans l'espace de vingt-quatre heures. Presque en même temps, Giou, général des galères de l'Ordre, et Roméigas, commandant de celles du grand maître, avaient attaqué et capturé, après un combat de cinq heures, un gros galion turc, chargé de riches marchandises d'Orient. Ces deux événements produisirent à Constantinople une vive impression ; et, dès ce moment, Soliman jura la perte de Malte.

(*) Le grand maître se plaignait par l'organe de ce député de ce que les papes laissaient des protestants s'emparer des commanderies et nommaient des princes catholiques aux prieurés, en violation des droits et des priviléges de l'Ordre. La récapitulation des services rendus à la chrétienté par les hospitaliers à Jérusalem, à Rhodes et à Malte, trouva dans les membres du concile des auditeurs parfaitement indifférents. Il y a même plus : le ministre d'Espagne se dispensa d'appuyer les représentations de l'envoyé de Malte, bien que toutes les places fortes que les Espagnols occupaient en Afrique eussent été conquises par les chevaliers.

Siége de Malte (*). Les forces turques qui, en 1565, parurent devant la résidence des chevaliers, se composaient de cent cinquante vaisseaux chargés de trente mille hommes de débarquement, pris parmi les janissaires et les spahis, c'est-à-dire, parmi les meilleures troupes ottomanes ; un nombre considérable de bâtiments de transport étaient chargés de chevaux, de gros canons, de munitions et de provisions de bouche. A cette flotte devaient se joindre, par ordre du Grand Seigneur, tous les corsaires barbaresques, et, à leur tête, le célèbre Dragut, avec le contingent d'Alger.

Quand la Valette jeta les yeux autour de lui pour voir sur combien de défenseurs l'Ordre pouvait compter, il dut être saisi d'un effroi involontaire; en effet, malgré l'empressement qu'avaient montré les chevaliers des commanderies à venir se réunir à leurs frères de Malte, leur nombre ne dépassait pas sept cents. Quelques centaines d'hommes de troupes réglées à la solde de la Religion, les soldats des galères, les habitants de la ville et les paysans portaient à huit mille cinq cents le chiffre de tous les gens en état de porter les armes ; mais il s'en fallait bien que tous offrissent les mêmes garanties de courage et d'expérience militaire. Cette poignée de combattants aurait sans doute suffi si la chrétienté eût été disposée à l'assister de ses secours matériels, comme l'honneur et son intérêt même le lui prescrivaient; mais pas un prince européen ne tendit la main à la Valette dans une circonstance où il y allait de la destruction de ce boulevard du monde occidental. Le pape Pie IV envoya dix mille écus, piteuse aumône faite de mauvaise grâce ; le roi d'Espagne promit, mais on verra à quel moment il lui plut de se décider à faire quelque chose pour ses utiles alliés de Malte.

Il fallut donc au grand maître toute l'énergie morale dont il était doué pour accepter sans crainte le défi de Soliman. Il est vrai qu'il puisait sa confiance dans un sentiment à peu près éteint aujourd'hui, et qui, à l'époque dont nous parlons, faisait accomplir des prodiges : la foi religieuse.

En sortant du conseil dans lequel les chevaliers furent solennellement informés du péril qui menaçait l'Ordre, la Valette alla, suivi de tous les chevaliers, se prosterner au pied des autels. Tous communièrent avec recueillement, et puisèrent, dans l'accomplissement de ce pieux devoir, une force qui doublait leur courage. Ce devait être un tableau bien imposant que celui de ces rudes guerriers venant offrir leur bras et leur vie au Dieu qu'ils adoraient, et s'encourager au martyre par la commémoration mystique du sacrifice accompli par Jésus-Christ. La cérémonie terminée, la Valette distribua les forces de la place, assigna à chacun son poste, et s'occupa de fortifier les points qui avaient le plus besoin de défense.

Les Turcs débarquèrent dans la petite anse qu'on appelle le port de l'Échelle. A peine avaient-ils mis pied à terre qu'ils se répandirent par troupes dans les campagnes voisines ; les postes établis dans cette partie de l'île, et les paysans armés, les repoussèrent et leur

---

(*) Le récit de ce siége par Vertot passe généralement pour être rempli d'erreurs. Cependant Boisgelin fait observer avec raison qu'il n'est aucun des faits matériels rapportés par cet historien, qu'on ne puisse justifier par les autorités contemporaines les plus respectables, et par les documents qui se trouvaient dans les archives de l'Ordre. Quand Vertot répondait à ceux qui lui présentaient des observations à ce sujet : *Mon siége est fait*, c'est qu'il savait bien que ces importuns ne l'assaillaient de leurs demandes que pour le décider à faire mention dans son récit de quelque chevalier de leur famille. Le refus d'admettre la moindre insertion après coup, à l'éloge des individus qui lui étaient recommandés, a valu à Vertot des reproches aussi injustes que violents. Qu'on remarque bien que nous ne parlons que du siége de Malte pour lequel il a eu à sa disposition les matériaux les plus précieux. Pour ce qui est des temps antérieurs, nous avons déjà exprimé notre peu de respect pour l'autorité de cet historien.

firent éprouver de grandes pertes. On dit que plus de quinze cents musulmans périrent dans cette lutte préliminaire. Les troupes de Malte y avaient trouvé un autre avantage, c'était de s'accoutumer au feu et aux cris des Turcs.

La première attaque sérieuse fut dirigée contre le château Saint-Elme (*), commandé par Broglio, vieil officier piémontais, et défendu par cent vingt chevaliers, parmi lesquels se trouvait le bailli de Négrepont ; la garnison avait été renforcée par une compagnie de soldats espagnols. Il était d'autant plus important de conserver ce point, que le vice-roi de Sicile en avait fait la condition essentielle de l'envoi d'un secours.

Le 24 mai, l'artillerie ottomane commença à battre en brèche. Sur terre et sur mer, un feu continuel fut dirigé contre le fort. Les murailles ne tardèrent pas à s'endommager, et le château aurait été bientôt emporté si le grand maître n'avait pas eu le soin d'en renouveler sans cesse la garnison par des envois quotidiens de troupes fraîches. Des barques parties du Bourg transportaient à la pointe Saint-Elme des soldats et des chevaliers, puis ramenaient, pendant la nuit, les blessés au couvent. Après quelques jours de canonnade, le chevalier espagnol Lacerda fut envoyé de l'autre côté du port pour exposer au grand maître la situation de la place assiégée, et demander du secours. Le messager, sous l'influence d'une terreur coupable, déclara que le fort ne pouvait pas tenir plus de huit jours. « Quelle perte avez-vous donc faite, demanda le grand maître, pour crier au secours ? » Lacerda répondit que le château était un malade exténué qu'on ne pouvait soutenir que par des remèdes continuels. « Eh bien, répliqua la Valette ; j'en serai le médecin, et j'en conduirai d'autres avec moi. S'ils ne peuvent pas vous guérir de la peur, ils empêcheront bien au moins les infidèles de s'emparer du château ! »

En tenant un pareil langage, le grand maître n'espérait pas soustraire le point menacé à la persévérante activité des musulmans ; mais il voulait prolonger la défense le plus longtemps possible, afin de décider le vice-roi à envoyer le renfort qu'il avait promis, et qui n'arrivait pas. Pour plus de sûreté, il voulut exécuter l'engagement qu'il venait de prendre, de se charger en personne du commandement du fort ; mais le conseil s'y opposa, et il dut céder à ses représentations. Par compensation, un grand nombre de chevaliers briguèrent l'honneur d'aller s'ensevelir sous les ruines du château Saint-Elme ; malheureusement la place était trop petite pour les contenir tous ; en conséquence, on n'y envoya qu'une centaine d'hommes déterminés ; mais, dès cet instant, le grand maître put avoir la certitude que ce poste avancé de la capitale tiendrait encore longtemps.

Cependant les Turcs avaient réparé leurs pertes par l'acquisition de nouvelles troupes. Le renégat Uludgi-Ali, corsaire renommé dans les parages de l'Afrique, s'était réuni à la flotte de Soliman avec six galères et neuf cents hommes de débarquement ; d'un autre côté, Dragut était arrivé avec une vingtaine de bâtiments et environ deux mille hommes de troupes aguerries. Mustapha-Pacha, commandant général de l'armée turque, avait ordre de ne rien faire sans avoir pris l'avis de cet habile écumeur de mer, qui passait pour être, par-dessus tout, excellent artilleur. Le premier soin de Dragut fut d'établir une batterie sur la pointe où s'élève aujourd'hui le fort Tigné, et qui a retenu son nom (*). Grâce à l'action de cette batterie, l'ennemi put s'emparer du ravelin qui protégeait la place du côté ouest ; toutefois, ce premier succès leur coûta trois mille hom-

---

(*) Pour bien comprendre les opérations de ce siége, il est important d'avoir sous les yeux le plan de la capitale de Malte.

(*) La pointe Dragut s'avance à l'entrée de Marsa-Musciet, vis-à-vis Saint-Elme, et fait le pendant de la pointe Ricazoli (voir le plan géométral.)

mes. Pendant le combat, un chevalier français, nommé Bridiers de la Gardampe, ayant été frappé d'une balle dans la poitrine, et voyant ses frères d'armes se presser autour de lui pour le relever, leur dit : « Ne me comptez plus au nombre des vivants; vos soins seront mieux employés à défendre nos autres frères; » puis il se traîna jusqu'à la chapelle du château, où il expira au pied de l'autel, en invoquant le ciel en faveur des chrétiens.

Parmi les blessés qui, la nuit suivante, furent transportés au couvent, se trouvait le chevalier Lacerda, qui, légèrement atteint d'un coup de feu, avait saisi ce prétexte pour sortir de la forteresse. Cet acte de lâcheté affligea la Valette bien plus que la nouvelle du succès des Turcs. Il fit arrêter et emprisonner Lacerda, aux applaudissements de tous les autres chevaliers indignés comme lui. Les exemples de bravoure et de constance ne lui avaient pourtant pas manqué. Il avait vu, entre autres, le brave commandeur Broglio et le bailli de Négrepont refuser, quoique fort âgés et grièvement blessés, de se rendre au couvent, et s'obstiner à rester dans le fort; il avait vu aussi des malheureux privés, par les boulets ennemis, d'un et même de deux membres, vouloir payer encore de leur personne mutilée, et encourager de la voix ceux qui paraissaient au moment de faiblir.

Malgré les prodigieux efforts des assiégés, leur position était devenue des plus critiques; ils députèrent au grand maître le chevalier Médran, qui ne pouvait être soupçonné de lâcheté, et qui fut chargé de demander des barques pour transporter la garnison dans le Bourg.

Le langage de Médran ébranla le conseil qui opina pour que la place fût abandonnée, dans la crainte qu'une plus longue défense n'occasionnât inutilement la perte d'une foule de braves chevaliers; mais le grand maître persista à vouloir résister jusqu'à la dernière extrémité, et le conseil finit par se ranger à son avis. Nouvelles représentations des assiégés qui déclarèrent qu'ils tenteraient une sortie l'épée à la main, pour ne pas tomber vivants entre les mains des Turcs. Nouvelle réplique de la Valette, toujours dans le même sens. Pour gagner du temps, il chargea trois commissaires de lui faire un rapport sur le véritable état de la place. Deux d'entre eux affirmèrent que le fort était tellement ruiné que la garnison ne pourrait pas soutenir un assaut sérieux; le troisième, Constantin Castriot, homme intrépide et descendant du fameux Scanderberg, soutint que le danger n'était pas aussi imminent qu'on le prétendait; et il offrit, pour preuve, de se rendre lui-même à la forteresse, s'engageant à s'y maintenir encore quelque temps. Le grand maître accepta la proposition; mais, lorsque la garnison de Saint-Elme apprit qu'on allait la remplacer, elle demanda à rester, et sollicita de la Valette un pardon qu'il n'accorda que difficilement.

Pendant ces hésitations qui auraient pu devenir fatales à la chose commune, l'ennemi se préparait à un assaut général et définitif. Une canonnade nocturne des plus vives fut le prélude de cette lutte décisive; aux premiers rayons de l'aurore, on s'aperçut que les murailles du fort avaient été rasées par l'artillerie jusqu'au roc sur lequel elles s'élevaient. Cette vue ranima le courage des Ottomans, et dut faire présager à la garnison un triste résultat. Au signal donné par le canon, les Turcs s'élancèrent dans le fossé qui était malheureusement à peu près comblé; alors eut lieu un horrible combat dans lequel on vit musulmans et chrétiens, après avoir fait usage des armes à feu, se prendre corps à corps et s'attaquer à coups de poignard. Les chevaliers ne ripostaient pas seulement avec le canon à l'artillerie des infidèles; ils faisaient encore pleuvoir sur eux des cercles enflammés qui brûlaient vifs les malheureux qu'ils atteignaient. Le fort Saint-Ange, les batteries du Bourg et même de la Sangle prenaient aussi part au combat; leur feu inquié-

GOZE.

Edifice antique situé près de la Tour des Géants dans l'île de Goze.

tait les assiégeants qu'il prenait en flanc et qu'il empêchait de surprendre le boulevard situé du côté de la grande Marse. Cette sanglante mêlée dura six heures consécutives, avec des alternatives de succès et de revers de part et d'autre. Enfin les Turcs furent obligés de se retirer, laissant deux mille hommes sur le terrain. Dix-sept chevaliers et plus de trois cents soldats tombèrent glorieusement sur la brèche ; un renfort de cent cinquante hommes immédiatement envoyé par le grand maître combla les lacunes que cette terrible journée avait faites dans les rangs de ces hommes intrépides.

Le moment était arrivé où ce ravitaillement continuel de la place ne pourrait plus s'effectuer, et où, en conséquence, les assiégés allaient se trouver entièrement isolés de leurs frères du Bourg. Le pacha fit tracer un chemin couvert qui allait jusque vis-à-vis du port de la Renelle, et y plaça un grand nombre d'arquebusiers qui tiraient sur les barques parties de la pointe Saint-Ange. Ce fut pour la garnison du château, et aussi pour la Valette, un sujet de profond chagrin de voir le fort ainsi investi de toutes parts, sans espoir de sauver même les blessés, comme on avait pu le faire jusqu'à cet instant.

Un nouvel assaut livré le 21 juin éclaircit encore les rangs des chrétiens. La nuit mit fin au combat ; alors on put se compter et acquérir la certitude que l'heure du martyre avait sonné. « Les défenseurs de la place, dit Vertot, ne songèrent plus qu'à finir leur vie en bons chrétiens. Pendant la nuit, tous s'y préparèrent par la participation aux sacrements de l'Église ; après s'être tendrement embrassés, et n'ayant plus qu'à rendre leur âme à Dieu, chacun se retira à son poste pour mourir au lit d'honneur et les armes à la main. Ceux que leurs blessures empêchaient de marcher se firent porter dans des chaises jusque vers le bord de la brèche ; et, armés d'une épée qu'ils tenaient à deux mains, ils attendaient avec une fermeté héroïque que des ennemis qu'ils ne pouvaient aller chercher vinssent les attaquer. »

Enfin, l'aube venue, les Turcs montèrent encore une fois à l'assaut avec une fureur qui témoignait du dépit que leur avait causé une résistance si opiniâtre. Le combat dura encore plusieurs heures, et ce ne fut qu'après la mort du dernier chevalier que les infidèles purent s'établir dans le fort. En y entrant, Mustapha-Pacha, voyant avec surprise combien ses dimensions étaient médiocres, et jugeant d'après cela ce que la prise du Bourg nécessiterait de sanglants efforts, s'écria dans son langage figuré : « Que ne fera pas le père, puisque le fils, qui est si petit, nous coûte tant de braves soldats ! » Et en effet, plus de huit mille musulmans avaient trouvé la mort sous les murs de cette insignifiante forteresse, transformée en place formidable par la bravoure de ses défenseurs.

Quant à la Religion, elle avait éprouvé des pertes encore plus sensibles : trois cents chevaliers et plus de treize cents soldats avaient scellé de leur sang le serment qu'ils avaient fait de mourir plutôt que d'abandonner un poste confié à leur valeur.

« Mustapha, naturellement cruel et sanguinaire, pour se venger, et en même temps pour intimider les chevaliers qui étaient dans le Bourg et dans les autres forteresses de l'île, fit prendre ceux qu'on trouva parmi les morts et qui respiraient encore ; il ordonna qu'on leur ouvrît l'estomac, et, après leur avoir arraché le cœur, par une cruauté qui n'avait point d'exemple, et pour insulter à l'instrument de notre salut dont ils portaient la marque, on fendit leurs corps en croix ; on les revêtit de leur soubreveste, et après les avoir attachés sur des planches ils furent jetés dans la mer, espérant, comme il arriva, que la marée(*) les porterait au pied du château Saint-Ange et du côté du Bourg. Un spectacle si triste et si touchant tira des larmes des yeux du grand maître. La

(*) Il eût été plus juste de dire « les vagues », car tout le monde sait qu'il n'y a pas de marée dans la Méditerranée.

7.

colère et une juste indignation succédèrent à sa douleur. Par représailles, et pour apprendre au pacha à ne pas faire la guerre en bourreau, il commanda d'égorger sur-le-champ tous les prisonniers, et, par le moyen du canon, leurs têtes toutes sanglantes arrivèrent jusque dans son camp (*). »

La prise du château Saint-Elme par les musulmans ôtait au grand maître tout espoir d'être secouru par le vice-roi de Sicile. L'Ordre ne pouvait plus compter que sur lui-même; la défection de la chrétienté était consommée; les chevaliers étaient condamnés à périr sur leur rocher sans qu'un seul ami, parmi ceux pour qui ils avaient si souvent donné leur sang, répondît à leurs cris de détresse; exemple d'ingratitude, que l'histoire doit flétrir comme un des actes les plus honteux de la politique européenne. Il fallait donc que la Valette brûlât ses vaisseaux, qu'il combinât tous les moyens qu'inspire le désespoir. Parmi les résolutions extrêmes qui furent prises, celle de ne plus faire de quartier aux prisonniers turcs serait, certes, blâmable au point de vue de la morale et de l'humanité, si elle n'était pas justifiée par l'intention qui la dicta. Pour doubler le courage de la garnison, il était indispensable de lui faire perdre toute espérance de composition, et de lui persuader qu'il n'y avait pour elle d'autre salut que dans le salut de la place elle-même. Quand la *nécessité* parle, quand la chose publique ne peut être sauvée que par des mesures exceptionnelles, les idées ordinaires de *droit* peuvent et doivent être mises de côté.

Le pacha ignorait les dispositions des chevaliers, car il proposa au grand maître de capituler. La Valette ordonna de faire pendre l'envoyé du général ottoman. C'était un malheureux esclave septuagénaire, que les Turcs avaient délivré de ses fers pour aller porter leur *ultimatum* au conseil de l'Ordre. Néanmoins le parlementaire fut épargné et on le renvoya après l'avoir fait passer entre plusieurs files de soldats armés. Au moment de franchir la contrescarpe, un chevalier lui montra les fortifications qui défendaient la ville, et surtout les fossés qui l'entouraient : « Voilà, lui dit-il, le seul endroit que nous voulons céder au pacha, et que nous réservons pour l'y ensevelir avec tous ses janissaires ! »

Le commandant des troupes musulmanes répliqua le lendemain par le feu de neuf batteries dirigées contre le Bourg, le fort Saint-Michel et l'île de la Sangle. En même temps toute communication avec la terre et la mer fut coupée aux assiégés. Toutefois, avant que cette dernière mesure fût prise, un faible renfort de quarante chevaliers de différentes nations, furtivement débarqués dans l'anse de la *Pietra Negra*, put pénétrer dans la ville. Pour intercepter la voie de mer à la garnison, le pacha eut recours à un expédient employé par Mahomet II pendant le siége de Constantinople, et avant lui par d'autres chefs d'expéditions dont les noms ont été conservés par l'histoire : cet expédient consistait à transporter des barques du port Musciet dans la grande Marse à travers la presqu'île de Sceberras. Tout autre moyen était impraticable, car l'entrée du grand port était exposée au feu du fort Saint-Ange, et les embarcations turques auraient été infailliblement coulées si elles avaient essayé d'y pénétrer par ce passage. Le projet du chef ottoman fut révélé aux assiégés par un certain Lascaris, officier turc qui avait passé du côté des chrétiens. Prévenu à temps, le grand maître fit fortifier tous les endroits du port où les musulmans pouvaient, à l'aide de leurs petits bâtiments, opérer des descentes. Pour les empêcher d'approcher de la muraille de Saint-Michel, on imagina de former, depuis le Coradin jusqu'à l'extrémité de l'île, une estacade composée de pieux enfoncés dans la mer et liés ensemble par une forte chaîne; on décida aussi que les postes d'Allemagne, d'Angleterre et la grande Infirmerie seraient mis par la même

(*) Vertot.

Fragments trouvés dans la Tour des Géants.

précaution à l'abri de toute surprise. Ces travaux, dont la difficulté était immense, furent exécutés dans le court espace de neuf nuits, le feu continuel des batteries ottomanes ne permettant pas aux Maltais de s'en occuper pendant le jour.

« Le pacha, dit notre historien, fut bien surpris de voir tant d'ouvrages sortis, pour ainsi dire, tout à coup du fond de la mer, et qui formaient un obstacle au passage des barques et à la descente de ses troupes ; mais comme c'était un homme d'un grand courage et de beaucoup d'habileté, il ne se relâcha en rien de son premier projet ; il se flatta de pouvoir enlever les pieux de l'estacade, et d'ouvrir par cet endroit un passage à sa petite flotte. Dans cette vue et par son ordre, des Turcs qui savaient nager, ayant une hache à leur ceinture, gagnèrent la palissade, montèrent sur les antennes et travaillèrent avec beaucoup d'ardeur à les couper. Au bruit qu'ils faisaient, on eut bientôt découvert ce qui se passait ; on leur lâcha d'abord plusieurs coups de canon et de mousquet ; comme on tirait de haut en bas, ces coups ne portèrent point avec justesse et produisirent peu d'effet ; mais l'amiral de Monti qui commandait dans l'île leur opposa un pareil genre d'adversaires. Des soldats maltais, excellents nageurs, l'épée entre les dents et tout nus, joignirent les Turcs, les renversèrent de dessus l'estacade, en tuèrent ou blessèrent une partie, et poursuivirent les autres, qui prirent la fuite et qui ne gagnèrent le rivage qu'avec beaucoup de difficulté. Le lendemain, avant qu'on les eût aperçus, ils attachèrent des câbles aux mâts et aux antennes qui formaient la palissade, et avec des cabestans placés sur le rivage, ils tâchaient d'ébranler et d'enlever ces grosses pièces. Mais, dans Malte, tous les habitants étaient nageurs, et on n'eut pas plutôt découvert cette nouvelle espèce d'attaque, que plusieurs Maltais se jetèrent dans l'eau, coupèrent avec des sabres tous les câbles, et rendirent inutile cette seconde tentative du pacha. »

Ce singulier épisode n'est pas un des incidents les moins intéressants du siége de Malte ; ces combats entre nageurs, cette lutte dans l'eau entre hommes nus, et que menaçaient à la fois deux genres de mort, devait offrir un étrange spectacle à ceux qui du haut des fortifications, suivaient du regard les intrépides Maltais. Quel acharnement révèlent de part et d'autre de pareils moyens d'attaque et de défense !

Sur ces entrefaites, Hassen, pacha d'Alger, arriva avec deux mille cinq cents hommes d'élite. Fils de Barberousse et gendre de Dragut, ce musulman voulut prouver, dès son début devant Malte, qu'il n'était pas indigne de porter ces deux noms fameux. Il pria le général en chef de lui confier l'attaque du fort Saint-Michel, ce que le pacha n'eut garde de lui refuser, sachant bien que l'entreprise était des plus difficiles. Le transport des barques à travers le mont Sceberras s'était effectué, et la réussite de cette opération permettait aux assiégeants de s'approcher, dans leurs innombrables embarcations, des points qu'ils se proposaient d'attaquer. Candelissa, lieutenant de Hassen, s'avança contre le château Saint-Ange à la tête des troupes d'Alger et de deux mille Turcs. Sa première tentative lui coûta quatre cents hommes ; néanmoins il parvint à prendre terre avec ses soldats. Repoussé par le feu terrible de l'artillerie des chevaliers, il fut obligé, pour rendre toute retraite impossible à ses troupes, de faire éloigner les barques qui les avaient portées. Alors les Algériens remontèrent à l'assaut du retranchement contre lequel ils avaient échoué une première fois, et après cinq heures d'un combat désespéré, ils parvinrent à y planter leurs enseignes. La vue de ces drapeaux ranima le courage des chevaliers ; mais vaincus par la fatigue, ils auraient infailliblement succombé sous le nombre, si un renfort envoyé en toute hâte par le grand maître, et à la tête duquel marchait le commandeur Giou, ne fût venu rétablir les chances du combat. Brusquement repoussés, les Algériens se précipitent du haut du rempart, et s'enfuient vers la mer. Candelissa lui-même est entraîné dans ce *sauve qui peut* général, et, pour échapper à l'épée des chevaliers qui exterminent sans pitié tout ce qui s'offre à eux, il est obligé de rappeler ses barques et de s'y jeter précipitamment. Quelques soldats chrétiens, inopinément sortis d'une casemate, surprirent cette foule de fuyards qui combattait encore tout en se retirant; la défaite des Barbaresques fut dès lors consommée, et les assiégés virent, avec une joie mêlée d'orgueil, leurs ennemis, venus au nombre de quatre mille, s'éloigner, décimés et couverts de honte (*), d'un rivage où ils avaient espéré trouver la victoire. Parmi les cent chevaliers ou gentilshommes qui périrent dans cette action, les chroniques citent le fils du vice-roi de Sicile, qui, au bruit du combat, était accouru malgré les sollicitations du grand maître, et s'était précipité dans la mêlée pour y être frappé d'un coup de canon.

Pendant que Candelissa voyait ses efforts se briser contre l'indomptable valeur des chevaliers, Hassen attaquait le fort Saint-Michel et le Bourg. A la première escalade, ses soldats réussirent à arborer leurs enseignes sur les parapets; mais, foudroyés par le feu de l'artillerie que dirigeait le mestre de camp Robles, les Algériens abandonnèrent la brèche, et, se courbant pour éviter les balles des assiégés, arrivèrent à un endroit où, d'après le rapport de quelques déserteurs, ils espéraient trouver moins de résistance. Ils se trompaient; l'amiral de Monti les accueillit par une décharge à bout portant, puis, soutenus par les chevaliers qui avaient vaincu Candelissa, les soldats qui défendaient ce poste culbutèrent les Arabes.

Aux Algériens succédèrent les janissaires d'élite, et le combat recommença plus terrible et plus acharné. « La fureur et le péril étaient égaux des deux côtés. Un Turc, voyant le carnage que le chevalier de Quincy faisait de ses camarades, s'approcha de lui et, content de périr pourvu qu'il pût le tuer, il lui tira à bout portant un coup de mousquet et lui fracassa la tête; au même instant, un chevalier perça ce Turc d'un coup d'épée; mais la mort de ce soldat ne dédommagea pas l'Ordre de la perte d'un si brave chevalier.

« Le chevalier de Simiane, à la tête d'une troupe d'habitants, hommes, femmes et enfants, qui jetaient des pierres et des feux d'artifice, obligea les Turcs d'abandonner une des brèches dont ils étaient maîtres, et pour la réparer, il fit avancer sur-le-champ des pionniers qui, par son ordre et en sa présence, portèrent sur la brèche des barriques et des sacs de laine, et ouvrirent derrière cette barrière des coupures fortifiées de bons retranchements. Comme il était occupé d'un travail si pressant et si nécessaire au salut de la place, et qu'il songeait peu à sa propre conservation, il eut la tête emportée d'un coup de canon. Plus de quarante chevaliers et environ trois cents soldats périrent à cette dernière attaque.

« Le pacha, qui ne se rebutait ni par la grandeur du péril, ni par le nombre des difficultés, fit construire une espèce de pont élevé, par le moyen duquel ses troupes devaient monter facilement à l'assaut. On tenta deux fois pendant la nuit d'y mettre le feu; mais ce fut inutilement; il fut convenu de l'attaquer de jour. Le grand maître,

---

(*) Vertot dit qu'il échappa à peine cinq cents Algériens. En général, il y a exagération dans l'évaluation des pertes des musulmans. Mais il est juste d'ajouter qu'ici Vertot n'est pas le coupable, car il n'a fait que répéter les assertions des historiens contemporains. Nous avons pris le soin de comparer le récit de notre auteur avec les relations particulières de ce siège mémorable et nous avons acquis la conviction que Vertot avait scrupuleusement suivi ses documents. Ce n'est donc pas à lui que nous reprochons l'exagération que nous venons de signaler, mais bien aux contemporains qui ont écrit sous l'influence d'un sentiment tout naturel de partialité en faveur des chevaliers.

pour faire voir qu'il ne ménageait pas plus ses proches parents que les autres chevaliers, donna cette commission à Henri de la Valette, son neveu. Ce jeune chevalier, plein de feu et d'ardeur, accompagné du chevalier de Polastron, son ami particulier, et à la tête d'un bon nombre de soldats, sortit en plein jour. Leur projet était d'attacher des câbles et de grosses cordes aux principales pièces de bois qui soutenaient le pont, et ensuite, à force de bras, de les tirer de leur place et de faire tomber tout l'ouvrage. Les soldats s'y portèrent d'abord avec beaucoup de résolution; mais comme ils travaillaient à découvert, ils se virent tout d'un coup foudroyés par la mousqueterie, et ils se retirèrent jusque sous les défenses du château, pour y chercher un abri contre un feu si terrible. Le jeune la Valette et Polastron, emportés par leur courage, prirent leur place, sans regarder s'ils étaient suivis; à peine étaient-ils descendus au pied du pont, qu'ils furent frappés l'un et l'autre de deux coups de mousquet qui les tuèrent sur-le-champ. Comme le pacha avait mis la tête de tous les chevaliers à prix, quelques janissaires s'avancèrent aussitôt pour couper celles de la Valette et de Polastron; les soldats chrétiens, au désespoir d'avoir abandonné leurs officiers, aimèrent mieux se faire tuer à leur exemple, que de rentrer dans la place sans y apporter du moins leurs restes. Pour décider qui se rendrait maître de ces deux corps morts, il en coûta la vie à plusieurs soldats des deux partis; les chrétiens furent à la fin les plus forts ou les plus opiniâtres dans ce combat particulier, et, avec ce triste avantage, ils rentrèrent dans la place.

« Le grand maître supporta la mort de son neveu avec beaucoup de constance.... Il ne se ménageait pas plus qu'un autre, et après avoir été reconnaître lui-même l'endroit où son neveu avait péri, il fit ouvrir la muraille vis-à-vis du pont; ayant ensuite placé une pièce d'artillerie dans cette ouverture, le canon tira si heureusement qu'il fut renversé, et, la nuit suivante, on y mit le feu. » (*)

Tant et de si cruels échecs n'avaient pas vaincu l'obstination des chefs de l'armée turque. Le 2 août, un nouvel assaut fut livré au fort Saint-Michel. Comme dans le combat précédent, des femmes et des enfants réunirent leurs efforts à ceux de la garnison, et ces auxiliaires ne furent pas d'une médiocre assistance aux chevaliers. Des flots de sang coulèrent des deux côtés; jamais les musulmans n'avaient déployé une si courageuse énergie; c'en était fait peut-être de la place, si un hasard singulier n'avait mis fin à la lutte. Au moment où la Valette croyait tout perdu, Mustapha, à la grande surprise des chrétiens, fit sonner la retraite; c'était le gouverneur de la Cité Vieille qui avait fait une sortie et s'était emparé de l'hôpital des Turcs où il avait fait un horrible massacre. Ceux des musulmans qui avaient échappé s'enfuirent en criant que l'avant-garde sicilienne était débarquée et venait au secours des assiégés. Ce bruit parvint à l'oreille de Mustapha qui se hâta de rappeler ses troupes pour les faire marcher contre un ennemi imaginaire.

Le danger qu'avait couru la ville dans cette journée, inspira au grand maître de tristes appréhensions; il savait que les Turcs avaient pratiqué des mines qu'on n'avait pu éventer; et qu'en conséquence toute la bravoure de la garnison pouvait être paralysée par la brusque destruction des remparts qui l'abritaient. A peine avait-il eu le temps de faire réparer les brèches ouvertes par les boulets ennemis, que les musulmans revinrent à la charge avec une fureur qui prouvait qu'eux aussi ne combattaient plus qu'en désespérés. Le général turc avait choisi l'heure de midi, c'est-à-dire, le moment de la journée où il supposait que la garnison, accablée de fatigue et de chaleur, se livrait à un repos imprudent. Il se chargea de Saint-Michel, tandis que l'amiral Piali devait donner

(*) Vertot.

l'assaut au bastion de Castille. Mais les chevaliers veillaient incessamment derrière leurs murailles, et lorsque les infidèles se présentèrent, pleins d'une confiance aveugle, le tonnerre de l'artillerie chrétienne leur apprit qu'ils avaient affaire à des adversaires infatigables.

L'attaque de Mustapha avorta après six heures d'efforts héroïques de part et d'autre; celle de Piali contre le bastion de Castille fut plus sérieuse. L'explosion d'une mine sous les pas des chevaliers permit aux Turcs de s'établir sur le parapet. Aussitôt la Valette, oubliant ses soixante-douze ans, s'élance, la tête protégée par un léger morion, à la rencontre de l'ennemi qui se croyait déjà sûr du triomphe. Il le charge avec impétuosité, entraîne après lui une foule de chevaliers que son exemple électrise, et force les Ottomans à lui céder le terrain. Alors on le supplie de ne pas exposer plus longtemps ses jours si précieux; mais il refuse jusqu'à ce que les étendards musulmans soient abattus.

Le lendemain eut lieu une répétition exacte de ces deux combats. « Les Turcs se présentèrent au fort Saint-Michel avec une nouvelle ardeur. Ce qui leur inspirait la plus grande confiance, c'était qu'un de leurs ingénieurs avait fait une machine en forme d'un long baril lié et couvert de cercles en fer, et l'avait rempli de poudre à canon, de chaînes de fer et de clous; il trouva le moyen de la faire tomber sur le ravelin et au milieu des chevaliers qui la défendaient. Ces guerriers voyant cette machine fumante, avant qu'elle eût pris feu, la rejetèrent brusquement sur les ennemis, qui se présentaient en foule pour monter sur la brèche. Au moment où elle éclata, elle fit un ravage affreux parmi les assaillants et y causa un tel désordre, qu'ils s'enfuirent au plus vite (*). »

Comme la veille, le grand maître fut obligé de prendre part au combat sur le bastion de Castille; mais moins heureux, il fut blessé à la jambe d'un éclat de grenade. Ce ne fut qu'à la nuit tombante que les Turcs se décidèrent à lâcher prise.

Le jour suivant, encore mêmes tentatives et mêmes résultats. Parmi les membres de l'Ordre qui succombèrent dans cette journée sanglante, on cite le chevalier Lacerda. Depuis longtemps cet officier espagnol, pour faire oublier la lâcheté dont il avait fait preuve pendant l'attaque du château Saint-Elme, se distinguait entre tous par sa valeur et son mépris de la mort. Il tomba courageusement sur la brèche, après avoir lavé de son sang la tache imprimée à son honneur.

Un billet jeté dans la place et qui contenait ce seul mot *jeudi*, fit comprendre aux assiégés que les Turcs n'avaient pas encore perdu tout espoir de réussite. En effet, la garnison eut encore à repousser l'ennemi sur les mêmes points, et le combat ne cessa qu'à la nuit.

On refuserait de croire à tant d'obstination d'un côté et à tant de constance de l'autre, si des documents d'une authenticité irrécusable n'attestaient la vérité de tous ces détails. On a peine à concevoir comment un si petit nombre d'hommes put résister si longtemps; malgré la fatigue, la soif et le supplice de l'insomnie, aux efforts incessants d'un ennemi que rien ne rebutait. La plume se lasse à rappeler ces luttes quotidiennes avec leurs épisodes tragiques et leurs terribles péripéties; la monotonie des résultats ferait croire que l'on tourne toujours dans le même cercle d'idées et d'événements, si l'histoire ne nous apprenait que nous marchons au milieu de sanglantes réalités.

La situation était devenue désespérée; le Bourg, miné de toutes parts, pouvait sauter à chaque instant; toutes les fortifications étaient détruites; la brèche était dominée par une espèce de cavalier construit par l'ennemi, et du sommet duquel les soldats du pacha balayaient tout ce qui se présentait sur les murailles et dans les retranchements de la place. Le conseil de l'Ordre s'assembla pour aviser au meil-

(*) Vertot.

leur parti qui restait à prendre. Les grands-croix furent d'avis qu'il fallait abandonner le Bourg, le faire sauter, et se retirer dans le château Saint-Ange qui n'avait pas encore été endommagé. La Valette combattit cette opinion avec une vivacité qui montrait tout l'espoir qu'il mettait encore dans le garnison. Il fit observer que le fort Saint-Ange ne pouvait recevoir tous les individus qui étaient jusque-là restés dans le Bourg, que la citerne du château serait bientôt épuisée, et que le manque d'eau placerait ces malheureux dans la cruelle alternative de périr de soif ou de se livrer aux musulmans. Le conseil, touché de ces considérations, supplia au moins le grand maître de se transporter dans le fort avec les archives, les reliques, et ce qui restait du trésor de l'Ordre. La Valette fut sourd à toutes les prières, à tous les conseils. Il déclara hautement qu'il voulait s'ensevelir sous les ruines de la ville; et que l'ennemi ne le verrait point reculer d'un seul pas.

La séance levée, il s'empressa de faire construire de nouveaux retranchements, visita les postes pour ranimer l'ardeur des chevaliers et des soldats, donna ses ordres pour le prochain combat, et s'occupa surtout des moyens de déloger les Turcs de la plate-forme dont nous avons parlé. Cette espèce de boulevard fut enlevé par un détachement de la garnison, au moment où les soldats qui le gardaient se croyaient en parfaite sécurité. Dès lors, les défenseurs de la place ne furent plus inquiétés par les arquebusiers musulmans, et purent attendre tranquillement derrière les débris de leurs murailles les adversaires sur qui leur bras avait déjà si souvent vengé la mort de leurs frères du fort Saint-Elme.

Les attaques contre l'île la Sangle recommencèrent, et chaque fois les Turcs furent repoussés avec une perte considérable. Ils avaient en quelque sorte pris l'habitude de ces humiliations quotidiennes. Cependant les musulmans étaient, un jour, parvenus à se rendre maîtres de tous les bastions du fort Saint-Michel; la moindre indécision de la part des chevaliers eût assuré leur défaite; mais tout ce qui leur restait d'énergie morale et de force physique, ils le concentrèrent dans ce dernier acte d'une résistance sublime, et les Turcs furent encore une fois culbutés.

Il était désormais bien démontré aux chefs de l'armée ottomane qu'il n'existait pas d'autre moyen de s'emparer de la place que de la réduire par la famine; mais Mustapha s'aperçut avec terreur que c'étaient ses propres troupes qui allaient manquer de vivres. Il ne leur restait que pour vingt-cinq jours de farine, et les munitions de guerre étaient également épuisées. La situation des assiégeants était des plus critiques: continuer le siége était impossible; retourner à Constantinople sans avoir pris la place, c'était pour le capitan-pacha et le généralissime se dévouer à une mort certaine, car Soliman ne leur pardonnerait pas d'avoir laissé échapper la proie qu'il convoitait. Mustapha prit un parti moyen: pour avoir à raconter au moins un succès, il résolut d'essayer un coup de main contre la Cité Notable. Il espérait que, s'il pouvait emmener en esclavage les habitants de cette ville, l'offrande de quelques centaines de prisonniers chrétiens apaiserait la colère du sultan. L'idée fut approuvée des autres chefs musulmans; la Cité Vieille était, leur avait-on dit, peu fortifiée et mal gardée; le succès leur semblait par cela même assuré.

Le 31 août 1565, le général, à la tête de quatre mille hommes, se dirigea vers le centre de l'île. La place était commandée par Mesquito, ce brave chevalier qui, pendant un des plus terribles assauts donnés au fort Saint-Michel, opéra une si heureuse diversion en s'emparant de l'hôpital des Turcs. A la nouvelle de l'approche de l'ennemi, il réunit dans la ville tous les paysans des campagnes voisines, fit prendre les armes à tous les habitants, aux femmes même, et mit en batterie sur les remparts toutes les pièces d'artillerie, bonnes ou mauvaises, qu'il avait à sa disposition. Les Turcs s'avancèrent fièrement contre cette place qu'ils croyaient presque privée de défenseurs. Grande fut leur surprise de voir ses murailles hérissées de canons et garnies d'une multitude qui paraissait disposée à leur faire un rude accueil. Intimidé par un si formidable appareil, le pacha recula devant la pensée d'un assaut qui achèverait de démoraliser ses troupes, déjà fortement découragées. Il fit volte-face et regagna honteusement ses quartiers.

De retour en face de la résidence des chevaliers, il voulut se venger de l'échec au-devant duquel il avait couru. Il sentait bien qu'il allait user de ses dernières ressources; aussi se disposa-t-il à frapper un grand coup. Par son ordre, ses ingénieurs construisirent une tour en bois qu'on poussa sur des rouleaux jusqu'au bord de la brèche de Saint-Michel, et du haut de laquelle on pouvait non-seulement faire un feu meurtrier sur les assiégés, mais encore sauter dans les retranchements et au milieu des défenseurs de la place. L'invention n'était pas neuve, mais elle était assez ingénieuse; malheureusement pour son auteur, le grand maître fit faire pendant la nuit une ouverture à la muraille, et au moyen d'un canon placé dans cette embrasure, fit mettre en pièces la redoutable tour.

Les musulmans étaient à bout de ruses et d'efforts; pendant qu'ils délibéraient, la flotte du vice-roi de Sicile, si longtemps attendue, avait mis à la voile et se trouvait devant la petite île de Linose. Mais le délégué du roi d'Espagne devait donner encore une preuve éclatante d'ingratitude et de lâcheté : une tempête survient et sépare l'avant-garde de la flotte du reste des bâtiments; c'était là sans doute un contre-temps fâcheux; mais il y avait urgence à aller délivrer Malte, et les navires égarés auraient bientôt rallié le gros de l'escadre. Le vice-roi était trop prudent pour hasarder un pareil coup de tête; au lieu de continuer sa route, il reprend le chemin de la Sicile! Les soldats et les matelots valaient mieux que lui : honteux de ce mouvement rétrograde, ils se révoltent et demandent à grands cris qu'on remette immédiatement à la voile. Le silence des officiers indique au prince tremblant qu'ils approuvent le noble élan de leurs subordonnés. Il fallait se rendre au désir unanime de la petite armée; il s'y résigne, non sans peine, et se rembarque le 6 septembre. Le même jour après midi la flotte paraît à la vue de Malte.

L'excessive prudence du vice-roi lui suggéra encore un moyen de temporisation : il était nuit, et son altesse aurait pu se noyer en hasardant, dès le soir même, une descente. La flotte dut, en conséquence, rester à l'ancre près de l'île du Cumin, malgré le mécontentement des soldats qui brûlaient d'impatience de mettre pied à terre. Enfin, le lendemain, dans la matinée, les vaisseaux entrèrent, suivant l'avis qu'en avait donné le grand maître, dans la cale de Melleha. Les troupes et les munitions de toute espèce une fois débarquées, le vice-roi jugea à propos de ne pas rester plus longtemps sur une terre ensanglantée par la guerre; il remonta sur son navire et retourna dans son palais de Sicile, abandonnant, avec une générosité chevaleresque, toute la gloire de l'expédition à l'armée que lui avait confiée le roi son suzerain.

Le bruit de la prochaine arrivée de ce secours était parvenu jusqu'au général ottoman; mais dans la ferme persuasion que les alliés de l'Ordre attaqueraient d'abord la flotte turque, pour faire entrer le renfort par la grande Marse, Mustapha et Piali s'étaient ingéniés à barrer l'entrée de ce port. La nouvelle du débarquement à la Melleha les frappa d'étonnement et de consternation. Ils se crurent perdus sans ressources, et dans leur aveugle terreur ils levèrent précipitamment le siége, abandonnant leur grosse artillerie et la plus grande partie de leurs bagages. A la vue de cet embarquement inopiné, le grand maître fit occuper le fort Saint-Elme, et les enseignes victorieuses de Saint-Jean flottèrent aux regards des Turcs pleins de honte et de colère.

Cependant, revenu de sa frayeur, le pacha réfléchissant aux conséquences que pourrait avoir pour lui une semblable fuite, assembla le conseil de guerre. Un nouveau débarquement et une nouvelle tentative contre Malte furent décidés. Les troupes qui, fatiguées d'un siége aussi meurtrier, avaient quitté les vaisseaux avec une extrême répugnance, furent dirigées sur la Cité Notable. Un corps de réserve composé de quinze cents hommes fut laissé près du rivage sous le commandement du vice-roi d'Alger. Instruite par le grand maître du projet des Turcs, l'armée chrétienne marcha à leur rencontre. En même temps le bataillon de Malte se mettait en campagne et joignait l'ennemi à une faible distance de la capitale. Les chevaliers, commandés par de Sande, officier de haute réputation, attaquèrent les musulmans avec fureur. Les alliés, de leur côté, chargèrent impétueusement les soldats du pacha, qui, rebutés par tant d'inutiles combats, et effrayés de se voir pris entre deux feux, se débandèrent et prirent la fuite. Dans cette déroute générale, le pacha tomba deux fois de cheval, et n'échappa aux Maltais que par le dévouement de quelques-uns des officiers qui l'entouraient. « Les chevaliers animés à la poursuite des Turcs, et enivrés de leur victoire, ne gardaient plus ni ordre ni rang; plusieurs s'étaient défaits de leur cuirasse pour atteindre plus facilement les fuyards. Lorsqu'ils arrivèrent près de l'endroit où devaient se rembarquer les infidèles, le vice-roi d'Alger, qui était couvert par la pointe d'un rocher, sortit, à la tête de ses troupes, de cette embuscade, et voyant ainsi débandés les chevaliers et les soldats chrétiens, tomba sur eux, en tua plusieurs et fit quelques prisonniers. Heureusement de Sande survint pendant ce combat avec quelques bataillons; il les fit donner tête baissée contre les Algériens; ils poussèrent tout ce qui se trouva devant eux et délivrèrent les prisonniers. Les Turcs ne cherchèrent plus qu'à se rembarquer. On vit, en cette occasion, un nouveau genre de combat; l'amiral Piali, pour favoriser la retraite des Turcs, faisait un feu continuel de ses vaisseaux, mais il ne put empêcher les chevaliers et les soldats chrétiens de les suivre jusque dans la mer et d'en atteindre un grand nombre. »

Ceux des musulmans qu'avait épargnés l'épée des chevaliers, se jetèrent confusément dans leurs navires, et la flotte ennemie leva l'ancre pour retourner dans le Bosphore. On dit que le vice-roi qui se tenait sagement au sommet d'une tour du château de Syracuse, pour voir s'il ne verrait rien venir, aperçut de loin l'escadre ottomane qui cinglait vers le Levant; il n'eut pas besoin d'un courrier pour apprendre la défaite des infidèles et le succès du secours qu'il avait si galamment conduit sur les côtes de Malte.

L'Ordre était sauvé. La nouvelle en fut accueillie avec joie par toute la chrétienté. Les rois de l'Europe s'en réjouirent d'autant plus volontiers que cet heureux événement ne leur avait coûté ni un écu ni un seul homme. Le pape illumina et fit tirer les innocents canons du fort Saint-Ange. Il avait acheté au prix de quelques milliers d'écus la conservation d'un ordre militaire dont l'appui lui était éminemment utile; une centaine de lampions et le chapeau de cardinal offert à la Valette (*) témoignèrent de son enthousiasme. Pendant quelque temps, ce ne furent que félicitations et louanges hyperboliques adressées au grand maître par les ambassadeurs européens; ce fut une pluie de présents, d'épées et de poignards enrichis de pierreries, de joyaux de toute espèce, d'objets que l'ingénieuse admiration des rois

---

(*) La Valette refusa, en alléguant un prétexte frivole, mais en réalité pour conserver intacte l'indépendance de l'ordre de Malte. Il comprit que désormais la papauté avait bien plus besoin du bras des chevaliers, que ceux-ci n'avaient besoin de la protection spirituelle des pontifes, et se crut dispensé d'accepter une distinction que d'Aubusson avait dû subir par nécessité de position.

avait transformés en flatteuses allégories. Le noble cœur du grand maître dut plutôt s'indigner que s'enorgueillir de ces magnifiques offrandes, car elles lui rappelaient l'ingratitude des puissances chrétiennes (*).

Au milieu de ce concert de félicitations, on apprit que le sultan, furieux de l'échec de son armée, se proposait de venir en personne, au printemps suivant, attaquer l'île de Malte. Or cette île se trouvait dans une situation si lamentable, que la menace de Soliman était pour elle un danger formidable. Le Bourg, le château Saint-Elme, le fort Saint-Michel et les défenses de l'île la Sangle n'offraient plus que des ruines; les canons étaient tous démontés ou brisés, les maisons démolies, les magasins vides, les citernes épuisées, les campagnes ravagées, les villages détruits par les boulets ou par le feu; plus de vivres, plus de munitions de guerre et plus d'argent pour en acheter; enfin, il restait à peine six cents hommes capables de porter les armes.

Cependant et malgré l'opinion de quelques membres du conseil qui étaient d'avis d'abandonner Malte, le grand maître, plein de confiance en son étoile et en son courage, résolut de rester, coûte que coûte, dans le poste qu'il avait si vaillamment disputé aux Turcs. A sa voix, les habitants commencèrent

(*) L'abandon de l'Ordre par ces puissances ne fut pas seulement, de leur part, un acte de coupable ingratitude, ce fut encore et par-dessus tout une faute politique : en effet il est aisé de comprendre que l'établissement des Turcs dans l'île de Malte à la place des chevaliers aurait porté un coup funeste à toutes les marines chrétiennes de la Méditerranée. Il était donc de l'intérêt des souverains de l'Europe de préserver le siége de l'Ordre de la destruction dont le menaçait Soliman. L'Espagne, malgré le secours qu'elle envoya au grand maître, doit être comprise dans l'anathème général; car on a vu que le corps d'armée conduit par le vice-roi de Sicile, arriva au dernier moment. Les chefs de ces auxiliaires durent même s'émerveiller de trouver encore Malte au pouvoir des chevaliers.

à relever les murailles, à recreuser les fossés comblés par l'ennemi, à reconstruire les retranchements, enfin à tirer de ses décombres le Bourg, tout fier du nom de *Cité Victorieuse* que désormais il allait porter. Mais ce n'était pas assez; il fallait, tout en ressuscitant Malte, chercher à paralyser les intentions de Soliman; une idée audacieuse inspire la Valette : il fait incendier l'arsenal de Constantinople, et détruit ainsi le matériel de guerre et les bâtiments que le sultan destinait au prochain siége de Malte. Soliman, atteint dans sa capitale même par l'ennemi qu'il avait menacé, fut obligé d'ajourner indéfiniment l'exécution de ses desseins, en rendant hommage au génie et au courage indomptable du grand maître.

Une douloureuse expérience avait prouvé que la résidence de l'Ordre était mal placée dans la Cité Victorieuse, attendu que la ville était dominée de tous côtés par des hauteurs dont un ennemi entreprenant pourrait toujours se rendre maître. La Valette conçoit alors et trace le plan d'une ville nouvelle qui, s'étendant sur le mont Sceberras, sera protégée à son extrémité par le fort Saint-Elme, sur ses côtés par la mer, et ne communiquera avec l'intérieur de l'île que par un étroit espace de terrain. Ce projet est immédiatement communiqué aux princes de la chrétienté qui, pour réparer leurs torts envers Malte, s'empressent d'envoyer au grand maître l'argent dont il a besoin pour exécuter son entreprise. Aussitôt les ingénieurs se mettent à l'œuvre; les alignements sont tracés, et la Valette pose solennellement la première pierre de la ville qui doit porter son nom. Les habitants lui prêtent spontanément le secours de leurs bras; cette émulation de travail gagne même les femmes, de sorte que, la nature du sol aidant, les maisons et les édifices publics paraissent en quelque sorte surgir de terre. Pour remédier au manque d'argent qui ne tarda pas à se faire sentir, le grand maître fit frapper de la monnaie de cuivre qui fut facilement admise dans la circula-

GOZE

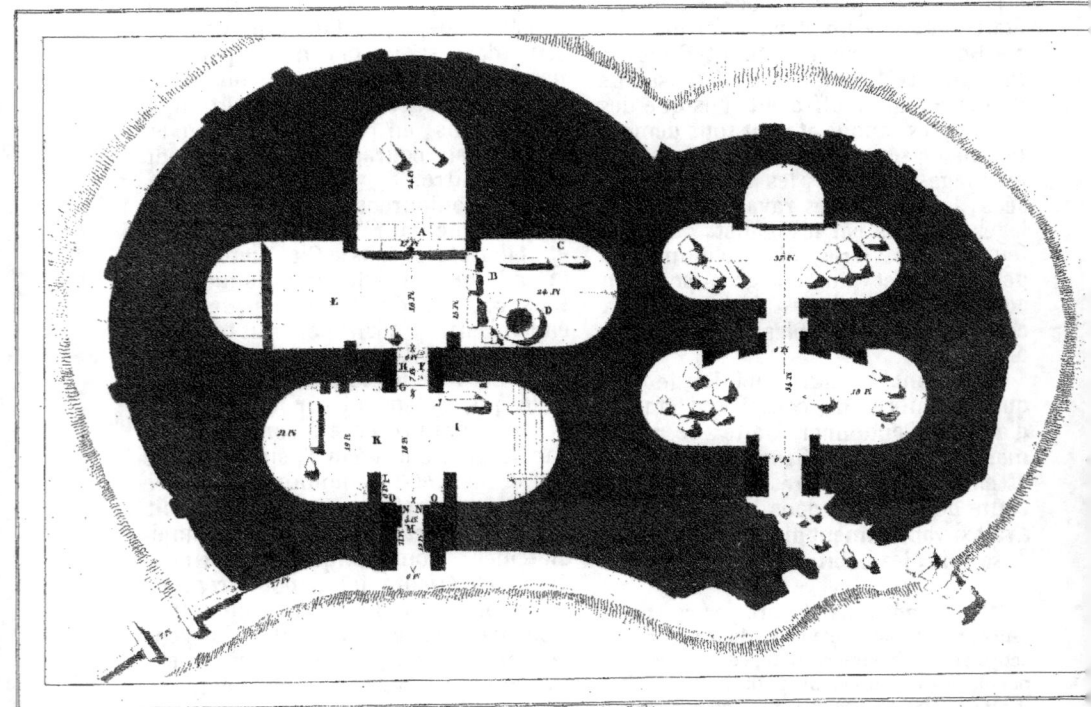

Plan de la Tour des Géants.

tion et au moyen de laquelle les travailleurs furent régulièrement payés. Une paix profonde favorisa la construction de la cité nouvelle; les Turcs s'en tenaient à la cruelle leçon qu'ils avaient reçue et se contentaient de menacer de temps à autre leurs ennemis de Malte.

La Valette n'aspirait plus qu'au repos qu'il avait si chèrement acheté; mais ses derniers jours, comme ceux de l'Isle-Adam, devaient lui faire expier sa gloire, et il ne lui fut pas donné de mourir sans avoir subi l'épreuve de la couronne d'épines.

Dans le désordre inévitable qui suivit la défaite des Turcs, quelques chevaliers espagnols se laissèrent aller à une vie licencieuse. L'impunité qui protégea leurs premiers écarts les enhardit au scandale. Ils en vinrent à répandre des chansons satiriques dans lesquelles la réputation des plus braves chevaliers était attaquée. Instruit de ces déréglements, le grand maître livra les coupables à la justice de l'Ordre. Le procès s'instruisit; mais les accusés, au lieu d'être effrayés des dangers de leur position, redoublèrent d'audace. Pendant la dernière séance du conseil, eux et leurs amis se précipitèrent sur les juges, arrachèrent des mains du vice-chancelier la plume avec laquelle il venait d'écrire la sentence et jetèrent son écritoire par la fenêtre. A la faveur de la confusion qui suivit cette scène de violence, ils s'échappèrent et gagnèrent le port où ils trouvèrent des barques qui les conduisirent en Sicile. La Valette, aussi indigné qu'affligé de ces actes odieux, priva les fugitifs de l'habit de chevalier et les condamna à une réclusion éternelle. Il les fit réclamer comme déserteurs au vice-roi de Sicile; mais ils n'avaient fait qu'une courte halte dans cette île, trop voisine de Malte, et s'étaient réfugiés chacun dans leur pays.

Quelque temps après, un Florentin établi à Malte, et qui y avait épousé une jeune fille d'une grande beauté, assassina sa femme, et au moment d'être arrêté, s'enfuit de la capitale et parvint à passer en Italie. Cet événement produisit une impression d'autant plus affligeante que la révolte des chevaliers espagnols n'était pas encore oubliée, et que cette succession de faits déplorables accomplis dans la résidence de l'Ordre devait jeter un fâcheux vernis sur la population de Malte en général.

Mais la Valette n'était pas encore au bout de ses tribulations; le pape, malgré la promesse solennelle qu'il avait faite au grand maître de ne point troubler l'Ordre dans l'exercice de ses priviléges et de ses droits, prit sur lui de nommer son neveu au prieuré de Rome. La Valette se plaignit de cet abus de pouvoir; il paraît que les termes de sa réclamation irritèrent le pape, qui répondit en privant l'ordre de Malte du droit d'envoyer un ambassadeur à la cour pontificale.

Toutes ces contrariétés jointes aux fatigues qu'il avait endurées firent tomber le grand maître dans une profonde mélancolie, qu'augmentait encore son état physique. Il chercha des distractions dans l'exercice de la chasse. Mais, un jour, en parcourant, pendant la grande chaleur, les campagnes de l'île, il fut frappé d'un coup de soleil, qui détermina une congestion dont il mourut le 22 août 1568.

On fit à la Valette des funérailles magnifiques. Son corps avait d'abord été déposé dans Notre-Dame de Philerme; on l'en retira pour le conduire à la chapelle de Notre-Dame de la Victoire, que lui-même avait choisie pour sa sépulture. La capitane qui le portait était remorquée par deux autres galères couvertes de drap noir et traînant jusque dans l'eau les enseignes et les bannières enlevées par lui aux infidèles; deux bâtiments qui lui avaient appartenu suivaient, également tendus de noir, et parés d'ornements funèbres. Le triste cortége sortit de la grande Marse et entra dans le port Musciet; les parents, les domestiques et tous ceux qui avaient fait partie de la maison du grand maître défunt, mirent les premiers pied à terre, tous armés de torches funéraires ou d'étendards aux armes des Turcs; puis, venait le clergé portant le cercueil et chantant les prières des morts. Le nouveau grand maître, le conseil de l'Ordre, les chevaliers et les soldats marchaient à la suite; le peuple fermait la marche, et sa morne attitude disait assez qu'il était de moitié dans la douleur des compagnons d'armes de la Valette. Ces vaisseaux à l'aspect lugubre, ces torches dont l'épaisse fumée montait vers le ciel en noirs tourbillons, ces drapeaux qui rappelaient de si glorieux souvenirs, ces prêtres à la psalmodie monotone, cette longue procession dans laquelle on voyait de loin briller les armures des chevaliers, le bruit du canon qui, à intervalles égaux, interrompait le chant du *De profundis;* tout cela formait un spectacle imposant, et capable d'impressionner le cœur le plus froid.

La nouvelle de la mort de la Valette fut accueillie avec tristesse par toute la chrétienté : vivant, le héros avait eu à souffrir de l'ingratitude des rois; mort, il en fut admiré sans réserve.

Magistère de de Monte. Guidalotti, plus connu sous le nom de *de Monte,* qu'il avait emprunté au pape Jules III, son parent, fut appelé à recueillir l'héritage de Jean de la Valette. Après un pareil homme, la tâche était rude; de plus dignes que de Monte n'y auraient pas suffi. Il tint toutefois à honneur de terminer au moins la construction de la ville dont son prédécesseur avait jeté les fondements. En effet, trois ans après la mort de la Valette, on put y transférer le couvent et y établir la résidence de l'Ordre.

Pendant le magistère de de Monte, la marine de la Religion essuya un désastre encore sans précédent : trois galères furent prises en 1570, par le corsaire Udgi-Ali; en outre, la capitane fut forcée de s'échouer au pied de la tour de Monchiano, en Sicile. Cet événement explique le petit nombre de bâtiments de l'Ordre qui assistèrent à la bataille de Lépante (1571); mais les trois galères qui y prirent part, les seules dont le grand maître avait pu disposer, eurent en quelque sorte les honneurs de la journée. La Saint-Étienne était vivement pressée par trois gros vaisseaux turcs, lorsque la capitane accourut et s'empara de deux des navires ennemis. A la vue de cet épisode de la bataille, Udgi-Ali vient attaquer les chevaliers avec quatre fortes galères; après un combat des plus sanglants, la capitane est prise et les musulmans la remorquent triomphalement; mais, exaspérés par leur défaite, les équipages des deux autres bâtiments de l'Ordre reprennent courage, et assaillent l'ennemi avec tant de fureur, que la capitane est bientôt arrachée des mains du corsaire. On sait l'énorme perte des infidèles dans ce mémorable combat naval; on sait aussi que vingt mille esclaves chrétiens y trouvèrent leur liberté.

Un fait qui n'a aucune importance historique, mais qui ne laissa pas de produire une grande sensation à Malte, eut lieu pendant que de Monte occupait encore le gouvernement de l'Ordre. Le célèbre couvent de Sixène, fondé dans le ressort du grand prieuré d'Aragon, par la reine Sanche, et qui suivait la règle des hospitaliers de Saint-Jean, s'était soustrait, vers la fin du quinzième siècle, à l'autorité des grands maîtres, pour passer sous la juridiction immédiate du pape. C'était pour l'ordre de Saint-Jean une perte véritable, car la maison de Sixène possédait d'immenses richesses et recevait les filles les plus nobles de l'Espagne (*). En 1569, la grande prieure de ce monastère décida les religieuses à rentrer sous la discipline de Malte.

Magistère de la Cassière. De Monte mourut le 26 janvier 1572. La Cassière, vieillard énergique et courageux,

(*) Le costume de ces hospitalières était très pittoresque. Il se composait d'une robe de drap écarlate et d'un manteau noir orné d'une croix blanche à huit pointes, placée du côté du cœur. A l'église, les sœurs portaient un rochet de toile extrêmement fine, et tenaient à la main un sceptre d'argent, en mémoire de la royale fondatrice de l'établissement.

GOZE.

Vue générale de la Tour des Géants.

mais extrêmement irascible, fut porté au pouvoir par la majorité des votes. Son magistère est le plus orageux de tous ceux dont la longue série forme les annales de l'ordre de Saint-Jean. Il eut à lutter contre la cour de Rome et le clergé de Malte, qui cherchaient à empiéter sur les priviléges de la grande maîtrise. L'inquisiteur envoyé par le pape pour examiner et terminer le différend, envenima les choses à tel point, qu'une querelle violente s'éleva entre l'autorité séculière de Malte et le pouvoir ecclésiastique. Pour augmenter le nombre de ses partisans et affaiblir la domination du grand maître, l'inquisiteur décréta que tout Maltais qui voudrait se soustraire aux lois de l'Ordre recevrait un brevet d'indépendance appelé *patente*. En vertu de cette pièce, les *patentats de l'inquisiteur* étaient placés, eux et leur famille, sous la protection spéciale du saint-siége; leurs procès civils et criminels étaient jugés en première instance à Malte par le tribunal de l'inquisiteur, et en dernier ressort à Rome par celui de la *Rote*. C'était enlever à l'Ordre ses sujets naturels, et établir en face de lui une puissance qui pouvait le tenir constamment en échec. L'évêque de Malte renchérit sur cette usurpation : il déclara que la simple tonsure donnée à un Maltais le rendait entièrement indépendant du grand maître et du conseil. Cette catégorie était justiciable du tribunal particulier de l'évêque, et pouvait former appel soit devant le métropolitain de Palerme, soit à Rome. Tous étaient vêtus du costume ecclésiastique; de sorte, dit un historien, qu'il était devenu fort difficile de distinguer à Malte un prêtre d'un père de famille.

Ces moyens étaient judicieusement choisis. L'inquisiteur savait bien que les Maltais, impatients du joug des chevaliers, que la noblesse du pays, humiliée des exclusions auxquelles les grands maîtres la soumettaient (*),

(*) Nous avons dit dans le chapitre qui traite des mœurs de l'île de Malte que les nobles de la colonie n'étaient pas admis

saisiraient cette occasion d'échapper à un protectorat despotique. Et c'est ce qui eut lieu en effet. Une foule d'indigènes demandèrent des patentes qu'on s'empressa de leur délivrer, et ils échappèrent ainsi au contrôle des fonctionnaires de la Religion. Bientôt même ceux qui avaient ainsi ouvertement accepté la juridiction de l'évêque ou de l'inquisiteur, poussés par les ambitieux dont ils n'étaient que les dociles instruments, maltraitaient les habitants restés fidèles au grand maître. Il s'ensuivit des rixes sanglantes, et l'intervention de la force armée devint nécessaire.

Des historiens assurent que le délégué du pape ne s'en tint pas à ces moyens d'opposition; ils disent que trois de ses confidents, arrêtés dans une échauffourée, avouèrent qu'ils voulaient attenter aux jours de la Cassière, et désignèrent parmi leurs complices plusieurs chevaliers italiens et espagnols. Ce fait était trop grave pour être affirmé sans preuves certaines; or il ne nous semble pas suffisamment établi. Ce qu'il y a de certain, c'est qu'au moment de paraître devant le tribunal de l'Ordre, les accusés envahirent tumultueusement la salle des séances et insultèrent le grand maître, sans respect pour son grand âge (*). En définitive, l'affaire fut portée devant le tribunal du pape, qui tarda tellement à prononcer, que l'ardeur des séditieux eut le temps de se calmer : alors la tranquillité se rétablit peu à peu, du moins en apparence.

Pendant que Malte était en proie à ces agitations intérieures, le bruit se répandit que le sultan Sélim se disposait à renouveler la tentative de Soliman. On savait, en effet, que d'immenses préparatifs d'expédition maritime se faisaient en Turquie, et comme les Ottomans avaient une revanche à prendre

dans l'Ordre, et qu'ils s'étaient enfin avisés, pour faire sortir leurs enfants de leur condition de paria, de faire accoucher leurs femmes en Sicile.

(*) La Cassière avait 70 ans lors de son élection.

dre sur les chevaliers, on supposait naturellement que la flotte du Grand Seigneur était destinée à recommencer le terrible drame de 1565. Le grand maître s'occupa aussitôt de mettre la Cité Valette et les faubourgs dans le meilleur état de défense. Son active sollicitude n'empêcha pas toutefois ses ennemis de dire hautement qu'il oubliait ses devoirs au point de compromettre les intérêts et l'existence même de l'Ordre. Heureusement on apprit, quelque temps après, que l'expédition des Turcs était dirigée contre Tunis.

L'esprit de révolte s'était propagé, même parmi les chevaliers; les prétextes ne manquaient pas aux mécontents pour faire éclater leur haine contre la Cassière; ils saisirent le premier qui s'offrit à eux. Le grand maître, pour assurer à l'Ordre la continuation de l'appui que lui prêtait le roi d'Espagne, avait nommé l'archiduc Wenceslas, prince de la maison d'Autriche, aux grands prieurés de Castille et de Léon et au bailliage de Lora (1577). Des chevaliers castillans reprochèrent à la Cassière de leur avoir causé un notable préjudice, en nommant l'archiduc aux charges et bénéfices qui appartenaient de droit à leur longue. En principe, ils avaient raison; en fait, leur réclamation n'était qu'un prétexte. Le pape fit citer ces chevaliers devant lui, et les condamna à faire amende honorable aux pieds du grand maître, en plein conseil et un cierge à la main. Le châtiment était sévère; la Cassière, au lieu d'adoucir ce qu'il avait de trop rigoureux, l'aggrava en adressant aux coupables un discours plein d'imprudentes récriminations.

Cependant de nouveaux délits venaient chaque jour mettre à l'épreuve la vigilance et la fermeté du grand maître. On cite, entre autres faits dignes d'être rappelés, un crime atroce qui, à cette époque, épouvanta la population de Malte. Six chevaliers portugais, masqués avec de fausses barbes, envahirent le domicile du chevalier Carera, leur compatriote, et l'assassinèrent. Malgré le déguisement qui avait favorisé l'accomplissement de leur forfait, les meurtriers furent découverts et condamnés à être jetés dans la mer, enfermés dans un sac de cuir; la sentence fut impitoyablement exécutée.

L'humiliation infligée aux chevaliers castillans avait produit parmi leurs compatriotes une irritation qui, adroitement exploitée par les ennemis du grand maître, devait bientôt faire explosion. Les chevaliers italiens et allemands se joignirent aux espagnols et finirent par entraîner dans le complot une partie des chevaliers français. Parmi ces derniers, Mathurin Lescure de Romégas était particulièrement estimé pour sa bravoure et ses rares talents. Il passait pour le meilleur marin de l'époque; et si son caractère avait été à l'abri de tout reproche, les premières puissances européennes auraient brigué l'honneur de l'avoir à la tête de leurs forces navales; mais à une grande intrépidité, à un courage indomptable, il joignait malheureusement une ambition effrénée et une cruauté qui se révélait par des actes de froide barbarie envers ses ennemis vaincus. C'est sur lui que les chevaliers espagnols jetèrent les yeux pour renverser le grand maître. Ils lui persuadèrent aisément que le pouvoir devenu vacant lui serait adjugé. Romégas, flatté de la proposition des Espagnols, et espérant se servir des conspirateurs pour l'exécution de ses projets personnels, tandis que lui-même était leur aveugle instrument, accepta le dangereux honneur qu'on lui offrait. Le succès du complot paraissait assuré; l'Espagne, qui favorisait en secret les intentions de ses nationaux, avait envoyé dans le port de Malte trois galères siciliennes, sous le prétexte de protéger l'île contre les agressions des Barbaresques, mais dans le but réel d'appuyer la révolte des chevaliers coalisés.

Au jour fixé, les rebelles se réunissent en assemblée délibérante, ils dressent un réquisitoire en règle contre la Cassière; ils lui reprochent de dissiper le patrimoine de l'Ordre, de négliger la défense de l'île, de ne point pourvoir aux approvisionnements, de mener une conduite immorale, enfin d'entretenir de criminelles intelligences avec les ennemis de la chrétienté. Ces absurdes calomnies n'avaient d'autre but que de forcer le grand maître à résigner ses fonctions; en effet, on le somme de se nommer d'abord un lieutenant, et c'est Romégas qu'on choisit pour remplir cet emploi. La délibération fut signée par le vice-chancelier.

Cependant les menaces des mécontents n'ayant pas intimidé la Cassière, on s'assemble de nouveau et on décide que le grand maître sera emprisonné dans la tour du fort Saint-Ange. Aussitôt les conjurés se rendent en foule au palais magistral, et se précipitent dans l'appartement où se trouvait la Cassière; celui-ci les reçoit avec intrépidité, et leur reproche vivement leur perfidie. Alors on l'enlève, on le place dans une chaise découverte, et on le mène, entouré de soldats, au château Saint-Ange. On dit que les chevaliers espagnols et leurs indignes complices poussèrent la cruauté jusqu'à insulter publiquement ce courageux vieillard pendant le trajet du palais à la prison.

Deux jours après ce scandaleux événement, Chabriant, général des galères, de retour d'une longue croisière, offrit au grand maître de le délivrer et de lui rendre le pouvoir dont il avait été si brutalement dépouillé. Cette proposition fut généreusement repoussée par la Cassière, qui voulait en référer à l'autorité papale.

Le souverain pontife avait reçu à la fois les plaintes du grand maître et le réquisitoire des conspirateurs; la nouvelle de ce qui se passait à Malte produisit parmi les chevaliers établis à Rome une vive sensation; bientôt ils se divisèrent à l'exemple de leurs frères, et l'animosité devint parmi eux si violente, que le chevalier Bozio tua, un jour, le chevalier Guimarra, qui lui reprochait de prendre fait et cause pour la Cassière. Le meurtrier put s'évader, et ne fut pas recherché.

Henri III, qui régnait alors en France, s'émut de ces querelles; il crut y voir un complot ourdi par la cour d'Espagne pour se rendre toute-puissante à Malte; en conséquence, il ordonna à M. de Foix, son ambassadeur à Rome, de solliciter vivement du pape le châtiment des coupables; il envoya en même temps à Malte le commandeur de Chaste, avec mission de menacer la Religion de la colère du roi de France. Le pape, aiguillonné par les instances de l'ambassadeur, chargea l'auditeur Visconti d'informer sur cette affaire.

La situation devenait grave; le représentant de Henri III avait déclaré que son maître était prêt à envoyer des forces imposantes pour rétablir le grand maître dans la plénitude de ses fonctions. Les chevaliers français complices de Romégas, effrayés de ces dispositions, abandonnèrent la cause des Espagnols; et ceux-ci, se voyant trahis, changèrent aussitôt de langage et d'attitude. Tous se rendirent auprès de la Cassière, sollicitèrent humblement le pardon de leurs fautes, et le supplièrent de rentrer dans le palais magistral. Mais le grand maître, outragé dans sa dignité d'homme et de souverain, avait résolu de se venger après s'être solennellement justifié; il repoussa fièrement l'offre des chevaliers, et déclara qu'il ne sortirait de prison qu'après l'arrivée et sur l'ordre exprès du nonce du pape.

L'envoyé du pontife n'arriva à Malte que le 8 septembre 1581, parce qu'il avait relâché en Sicile. Son premier soin fut de sonder les dispositions des chevaliers. La hauteur avec laquelle le grand maître avait reçu l'amende honorable des rebelles avait fait revivre, plus violente et plus implacable, l'irritation des chevaliers. Le nonce crut donc devoir temporiser. Il assembla un conseil pour donner à l'Ordre communication de ses pouvoirs; à la surprise générale, Romégas s'empressa de déposer la lieutenance du magistère entre les mains de Visconti, en affirmant qu'il ne l'avait acceptée que pour le bien de l'Ordre, et pour ne pas faire injure à ceux qui la lui avaient conférée.

8ᵉ *Livraison.* (MALTE ET LE GOZE.) 8

Enfin le nonce se rendit au fort Saint-Ange, en fit sortir la Cassière, et le ramena dans le palais. Il lui apprit en même temps que le pape consentait à l'entendre, et il l'engagea à partir pour Rome le plus tôt possible.

Le grand maître, le maréchal et trois cents chevaliers fidèles s'embarquèrent sur trois galères; Romégas et ses complices, qui avaient reçu l'ordre de venir se justifier au tribunal du saint-siége, suivirent dans un quatrième vaisseau que la Cassière avait mis à leur disposition. Le nonce avait aussi jugé à propos de ne pas laisser les chevaliers espagnols à Malte pendant l'absence des autorités supérieures de la Religion et des chevaliers restés fidèles au grand maître. Pompéo-Colonna, qui commandait les troupes et les galères des langues d'Espagne, fut obligé de s'éloigner de l'île avec ses compatriotes. Dès ce moment, le procès put s'instruire sans qu'on eût à craindre de voir Malte fermée par les factieux au parti de la Cassière.

Le grand maître fit son entrée à Rome le 26 octobre, dix jours après l'arrivée de Romégas. Le pape et le haut clergé lui firent une réception magnifique; les canons du fort Saint-Ange le saluèrent à son passage, et le cardinal d'Est, qui devait être son hôte, vint l'attendre, avec l'ambassadeur de France, sur l'escalier de son palais.

Là conduite du grand maître ne fut ni examinée, ni jugée; le pontife se borna à lui dire qu'il avait été indigné des calomnies répandues contre lui; il le consola, lui donna de grands éloges et lui promit l'appui le plus efficace pour le maintenir désormais dans le poste éminent qu'il avait occupé jusque-là. Toutefois le pape savait à quoi s'en tenir sur les défauts du caractère de la Cassière; dans un entretien particulier avec l'ambassadeur français, il dit que les fautes et les imprudences du grand maître lui étaient connues; qu'il l'exhorterait à plus de bienveillance et de modération; mais que Romégas n'en était pas moins coupable, et qu'il persévérait dans sa rébellion, puisque, depuis l'arrivée de la Cassière à Rome, il ne lui avait pas encore rendu ses devoirs.

M. de Foix négocia alors une entrevue entre Romégas et la Cassière; mais, au moment où le premier allait céder, il fut attaqué d'une fièvre continue, à laquelle il succomba le 4 novembre.

La mort du chef de la conspiration ébranla les récalcitrants; ils se montrèrent plus traitables et consentirent à faire visite au grand maître. On raconte que le commandeur Sacquenville, ami intime de Romégas, s'étant approché de lui et s'étant contenté de lui demander sa main à baiser, le cardinal Montalte lui cria : « A genoux, chevalier rebelle; sans la bonté de votre digne grand maître, on vous aurait coupé la tête sur la place Navonne! » Cette sortie était d'autant plus déplacée que les chevaliers, en se rendant chez la Cassière, faisaient acte de soumission; il était de mauvaise politique d'accueillir aussi brutalement une démarche que la cour de Rome devait considérer comme le prélude d'une réconciliation entière.

La tranquillité était rétablie parmi les chevaliers, et la Cassière se préparait à retourner à Malte, lorsque la mort le frappa après une courte maladie (21 décembre 1581). On lui fit de magnifiques funérailles; son corps fut porté en grande pompe à l'église Saint-Louis, où il resta déposé jusqu'à ce qu'on pût le transporter à Malte; son cœur fut conservé dans une chapelle de cette église, et le pape fit poser sur son tombeau une épitaphe élogieuse.

Magistère de Verdale. Le décès de la Cassière jeta le pape dans une grande perplexité. Les factieux allaient-ils lui donner pour successeur un de leurs adhérents, ou fallait-il, pour éviter ce scandale, se risquer à nommer un grand maître, en vertu de l'espèce d'omnipotence que la papauté exerçait sur l'ordre de Malte? Le pontife aima mieux agir de ruse. Sous divers prétextes, il retint à Rome les chevaliers qui avaient accompagné Romégas. Pendant ce temps, il envoyait à Malte un

GOZE. (Tour des Géants)

Première vue intérieure du grand Temple.

bref qui autorisait l'Ordre à élire son souverain suivant la forme habituelle. Les chevaliers qui se trouvaient dans l'île, et dont le plus grand nombre était resté dans l'obéissance, se réunirent en assemblée générale; au moment où ils délibéraient sur les mérites de leurs candidats, le nonce déclara qu'il serait agréable au pape que leur choix tombât sur un des trois chevaliers français dont voici les noms : Pavisse, Chabrillant et Loubenx de Verdale. Les électeurs, dont les intentions étaient loin d'être hostiles aux vues de la cour de Rome, s'empressèrent de nommer Verdale (1582). L'élection terminée, le pape laissa partir les chevaliers espagnols, qui, en arrivant à Malte, trouvèrent, à leur grand désappointement, toutes choses terminées.

Du reste, le but excuse ici le moyen. En trichant au jeu, le pape avait voulu assurer l'élection d'un homme capable de veiller avec zèle et loyauté aux intérêts de l'ordre de Malte. Il réussit en faisant nommer Loubenx de Verdale, esprit sagace et bienveillant, parfaitement capable d'amener les chevaliers à une réconciliation. Le roi de France fut personnellement satisfait de ce choix qui le rassurait sur les intrigues de la cour de Madrid; toutefois, il persista à demander le jugement et la réhabilitation de la Cassière. Le pape accéda à ce désir, et le tribunal spécial nommé par lui proclama l'innocence du grand maître défunt. La sentence fut surtout remarquable, en ce qu'elle attribuait désormais à la papauté le droit de juger et de déposer le grand maître de Malte (*).

Malgré l'affabilité de Verdale et la douceur de son caractère, l'harmonie ne se rétablit pas, parmi les chevaliers, aussi bien qu'on l'avait d'abord espéré. Les esprits étaient trop irrités pour pouvoir s'apaiser au premier signe du successeur de la Cassière. Les Espagnols qui n'avaient pas pris part à l'élection, furieux de ce tour d'escamotage, quittèrent l'île de Malte. Quelque temps après, le châtiment sévère infligé au général des galères Avogarde, et à Sacconay, maréchal de l'Ordre, augmenta le nombre des ennemis du grand maître. Las, enfin, de tous les déboires et de toutes les contrariétés auxquels il était en butte, Verdale se décida à aller chercher auprès du saint-père des consolations et le repos auquel il aspirait vainement. Le pape lui fit l'accueil le plus empressé, et lui donna le chapeau de cardinal, espérant que cette haute dignité inspirerait aux mécontents plus de respect pour le grand maître.

Verdale revint à Malte et y trouva l'Ordre toujours en proie à une vive agitation; après quelques efforts inutilement tentés pour rétablir la paix et la fraternité, il retourna à Rome, où il mourut, accablé de chagrin, le 4 mai 1595.

Des malheurs de toute nature avaient marqué ce magistère : la peste avait, en 1592, fait invasion à Malte, et cruellement décimé la population de l'île.

N'oublions pas d'enregistrer la date d'un fait qui intéresse les bibliographes : c'est en 1589 que Verdale confia à Jacques Bosio le soin de rédiger l'histoire de l'ordre de Saint-Jean de Jérusalem, dont les matériaux avaient été recueillis par le commandeur Antoine Fossan. L'ouvrage de Bosio est ennuyeux et rappelle, par son caractère de partialité, la position dépendante de l'auteur à l'égard de l'Ordre dont il écrivait les annales; néanmoins il est généralement exact, et renferme des faits que les autres historiens avaient négligés.

Magistère de Garzez. Cinq années d'un règne paisible rendirent à la Religion la force et la prospérité que lui avaient fait perdre ses querelles intestines. Garzez eut l'art de se faire aimer des chevaliers et du peuple; il fut secondé dans l'exercice du pouvoir, et profita de cette disposition des esprits pour introduire dans l'administration des améliorations importantes. Entre

---

(*) Il y a lieu de s'étonner que les historiens n'aient pas mentionné cet arrêt dont l'importance est facile à comprendre.

autres travaux publics exécutés par ses ordres, il faut citer les fortifications du Goze et de son château, terminées durant la dernière année du seizième siècle.

Magistère d'Alophe de Vignacourt. La période remplie par les règnes de la Cassière et de Loubenx de Verdale avait été nulle sous le rapport de la gloire militaire; Vignacourt, successeur de Garzez, voulut offrir aux chevaliers d'éclatantes compensations; il comprit que, plus occupés à l'extérieur, les membres turbulents de l'Ordre n'exerceraient pas une funeste influence sur les affaires intérieures, et qu'il était, par cela même, nécessaire de dépenser dans les expéditions maritimes l'activité des chevaliers. Nous voyons, en effet, les galères maltaises s'emparer de plusieurs villes d'Afrique; attaquer avec succès l'île de Lango, voisine de l'ancienne résidence de la Religion; assiéger et détruire la forteresse de Lajazzo; paraître hardiment devant Corinthe, et y jeter l'épouvante; enfin, enlever aux Turcs Castel-Tornèze, place importante de la Morée. Tant de victoires successives réveillèrent l'animosité des musulmans contre les chevaliers; en 1615, soixante bâtiments turcs débarquèrent cinq mille hommes dans l'île de Malte; mais, battus par les chrétiens, les soldats du Grand Seigneur furent obligés de regagner leurs vaisseaux et de lever l'ancre précipitamment. Ils n'emmenèrent pas un seul esclave, les habitants des campagnes ayant eu la précaution de se retirer dans les deux villes fortifiées, dès l'apparition de l'escadre ottomane.

Au milieu de ces occupations guerrières, la querelle de l'inquisiteur et de l'autorité séculière se ranima aussi violente que sous les magistères précédents. L'évêque de Malte joignit ses efforts à ceux de Vitelli, que le pape avait investi de l'autorité ecclésiastique; le prélat, secrètement soutenu par Clément VIII, se rendit à Rome pour combiner en toute sécurité son plan d'agression contre le grand maître; il laissa à Malte, pour le remplacer pendant son absence, un grand vicaire dont l'humeur turbulente devait occasionner de fâcheux éclats. L'imprudence de ce suppléant de l'évêque alla si loin, que de jeunes chevaliers de toutes langues, transportés de fureur, l'assaillirent dans le palais épiscopal pour le jeter à la mer. Vignacourt intervint à temps, et délivra le grand vicaire; mais il fit instruire son procès, et l'envoya à Rome pour être jugé par le pape. Clément, irrité des cavalières façons d'agir du grand maître, le menaça de l'excommunication, et ordonna, en attendant, à l'inquisiteur d'informer sur cette affaire. Le conseil de l'Ordre fut réuni pour délibérer sur le parti à prendre; il fut résolu qu'on céderait pour éviter les foudres de l'Église, et pour rester en paix avec le saint-siège.

Un chapitre général, tenu en 1603, modifia les statuts de l'Ordre sur certains points de l'administration financière, et sur d'autres relatifs à des formalités de réception.

Nous avons dit, dans une autre partie de cette notice, que Vignacourt fit construire le bel aqueduc qui amène l'eau de la partie méridionale de l'île à la Cité Valette; c'est aussi à ce grand maître que l'on doit les premières fortifications régulières de la cale Saint-Paul, de Marsa-Scirocco, de Marsa-Scalla et de l'île du Cumin.

Alophe de Vignacourt mourut, comme la Valette, dans une partie de chasse: pendant une des plus chaudes journées du mois d'août 1622, il poursuivait un lièvre, lorsqu'il fut frappé d'apoplexie. Peu de jours après il expira. On peut ranger son long magistère parmi les plus utiles et les plus glorieux de l'ordre de Saint-Jean de Jérusalem.

Magistères de Vasconcellos et d'Antoine de Paule. Mendez Vasconcellos, cinquante-troisième grand maître, n'occupa le pouvoir que pendant six mois. A peine eut-il le temps de confirmer les ordonnances et les sages mesures de son prédécesseur. Il mourut le 16 mars 1623.

Antoine de Paule inaugura son règne par deux actes de sévérité terrible, mais légitime. Un novice portugais, nom-

GOZE. (Tour des Géants)

31

Première entrée. Vue du Sanctuaire à droite en entrant.

mé Jean Fonseca, coupable d'assassinat, eut la tête tranchée sur la place du palais; et le prieur de Capoue, convaincu d'avoir détourné du trésor une somme considérable, fut condamné à une reclusion perpétuelle.

L'histoire de l'ordre de Malte n'a pas été écrite avec assez d'impartialité pour qu'on puisse savoir toute la vérité sur le caractère des grands maîtres. De Paule était-il, comme le prétendaient ses ennemis, de mœurs dissolues, et entaché de simonie? avait-il réellement acheté à beaux deniers comptant le titre de souverain? C'est ce que nous ne pouvons vérifier. Quoi qu'il en soit, il fut obligé de se justifier au tribunal du saint-siége. Le commandeur de Polastron, chargé de ses pouvoirs, plaida victorieusement sa cause. Mais il n'en avait pas fini avec l'autorité ecclésiastique. Urbain VIII, comme ses prédécesseurs, avait abusé de la faculté de nommer aux commanderies de la langue d'Italie (*). Les chevaliers de cette nation, irrités d'un usage qui portait atteinte à leurs priviléges et à leurs droits acquis, refusèrent de faire les courses maritimes qui leur étaient imposées, et se retirèrent dans leurs familles comme s'ils ne faisaient plus partie de l'Ordre. Le conseil, convoqué à cette occasion, envoya des ambassadeurs au pape, aux rois de France et d'Espagne, et à l'empereur d'Allemagne, pour faire entendre à ces souverains les doléances de la Religion.

Quoi qu'on pût dire ou faire, le pape persévéra dans sa ligne de conduite; il continua, en dépit des remontrances du grand maître, à donner les commanderies de la langue d'Italie à ses parents et à ses créatures; il fit plus: il changea, par ordonnance, les formes de l'élection des grands maîtres, et s'attribua le droit de nommer le président des chapitres généraux. Une occasion se présenta de faire valoir cette dernière prétention. Un chapitre fut convoqué à Malte pour modifier les statuts; Urbain voulut le faire présider par l'inquisiteur; le grand maître fit d'inutiles représentations; force fut de se résigner; mais, pour prévenir tout désordre et toute violence, on jugea à propos d'embarquer la jeunesse de l'Ordre, et de l'envoyer en course pendant toute la durée du chapitre. Il ne resta à Malte que les chevaliers dont l'âge et le caractère offraient des garanties certaines de tranquillité.

Ce chapitre général fut un des plus importants; les discussions roulèrent sur les points fondamentaux de l'organisation intérieure, et l'on décréta des règlements qui modifièrent virtuellement les bases de ce qui avait existé jusqu'alors. Nous prendrons occasion de ce fait pour donner un aperçu des lois de l'ordre de Malte. Jusqu'à présent, nous avons pu nous en dispenser, parce que ces lois subissant à chaque règne de nouveaux changements, il aurait fallu tenir le lecteur sans cesse au courant de ces révolutions législatives, ce qui aurait infailliblement jeté de la confusion et une grande aridité dans cette notice; mais au point où nous sommes arrivé, cet inconvénient n'existe plus; à partir du règne de de Paule, l'organisation de l'Ordre resta la même jusqu'à son extinction; par conséquent, en traçant le tableau de ce qui fut conservé et de ce qui fut établi à cette époque, on est certain de donner, sans anachronisme, une idée complète des institutions de Malte.

Tableau de l'organisation de l'ordre de Malte (*). L'association de Saint-Jean de Jérusalem était à la fois religieuse, hospitalière, militaire, aristocratique, monarchique et républicaine: religieuse, car ses membres prononçaient les vœux de chasteté, d'obéissance et de

---

(*) On calculait que ce pape et ses deux devanciers, Paul V et Grégoire XIV, avaient distribué plus de vingt commanderies, sans compter d'autres charges lucratives.

(*) Boisgelin donne à la fin de son premier volume un résumé des statuts de la Religion. C'est dans ce travail, dont nous avons vérifié l'exactitude, que nous puisons les éléments du précis qu'on va lire.

pauvreté, et reconnaissaient le pape pour leur supérieur; hospitalière, car elle avait des hôpitaux ouverts aux malades de tous les pays et desservis par les chevaliers; militaire, car deux classes de ses membres étaient toujours armées et en guerre habituelle avec les mahométans; aristocratique, car les chevaliers seuls partageaient avec le grand maître les pouvoirs législatif et exécutif; monarchique, car elle était gouvernée par un chef inamovible, investi des droits de souveraineté; républicaine, car les trois classes de l'Ordre nommaient un chef toujours choisi dans leur sein, et concouraient avec le grand maître à la confection et à l'exécution des lois.

L'Ordre était, comme on l'a vu, divisé en différentes nations ou langues. Les Français, fondateurs de la confrérie, composèrent seuls les trois premières langues, c'est-à-dire celles de Provence, d'Auvergne et de France; les quatre autres furent les langues d'Italie, d'Aragon, d'Angleterre et d'Allemagne. Plus tard on ajouta à ces sept divisions la langue de Castille, et on substitua à celle d'Angleterre la langue anglo-bavaroise. Chaque langue possédait à Malte un palais particulier appelé *auberge*, où pouvaient manger tous les religieux, chevaliers, frères servants, profès ou novices. Le chef de l'auberge était désigné sous le nom de *pilier* (*).

Les biens de l'Ordre exigeant un régime particulier dans leur gestion et le recouvrement de leurs revenus, on les partagea en prieurés, bailliages et commanderies. Chaque prieuré avait une caisse particulière où l'on versait les produits des bénéfices qui en dépendaient; on établit d'autres caisses dans plusieurs villes, propres par leur situation à communiquer avec le siège de l'Ordre, et comme les caisses des prieurés y envoyaient leurs recettes, elles en prirent le nom, et ceux qui les administraient s'appelaient *receveurs*.

Les frères, considérés simplement comme religieux, étaient divisés en trois classes, différant entre elles par la naissance, le rang ou les fonctions. La première classe se composait des chevaliers de justice; la seconde, des chapelains et des prêtres d'obédience; la troisième, des frères servants.

Les chevaliers de justice étaient ceux qui, par l'ancienneté de leur noblesse, avaient été jugés dignes d'être admis à faire profession. Les religieux chapelains étaient les frères attachés à l'église primatiale de Saint-Jean, où ils faisaient le service divin; on tirait de ce corps des aumôniers, soit pour le grand hôpital de Malte, soit pour les vaisseaux et les galères de la Religion. Les prêtres d'obédience étaient des ecclésiastiques qui, sans être obligés d'aller jamais à Malte, recevaient l'habit religieux, faisaient les vœux solennels et étaient attachés au service particulier de quelque église de l'Ordre sous l'autorité d'un grand prieur ou d'un commandeur. Quant aux frères servants d'armes, c'étaient des religieux qui, sans être ni prêtres ni chevaliers, servaient, à la guerre ou dans les infirmeries, sous les ordres des chevaliers, et faisaient comme eux quatre caravanes ou croisières de six mois sur les galères de la Religion. Ils possédaient, ainsi que les chapelains, des commanderies dans les différentes langues.

Il y avait des frères servants de *stage*, appelés aussi *donats* : c'étaient ceux qu'on employait à différents services du couvent et de l'hôpital. On les portaient des demi-croix. On les recrutait parmi les personnes qui avaient bien mérité de l'Ordre dans des grades subalternes, tels que ceux de premier pilote et d'adjudant dans les troupes.

Lorsqu'un individu se présentait pour être reçu dans l'ordre de Malte, on dressait un procès-verbal relatant les titres écrits qui attestaient sa noblesse et la légitimité de sa naissance; il fallait prouver que ses bisaïeul et bisaïeule étaient nobles de nom et d'armes. Dans la langue de France, on accordait des dispenses pour les mères, et l'on re-

---

(*) Il nous a paru indispensable pour rendre notre résumé aussi complet que possible, de rappeler ces détails, que nous avons donnés précédemment.

cevait par faveur des chevaliers issus de familles de magistrats ou de financiers ; mais on était très-rigoureux pour les huit quartiers de noblesse du côté du père.

Dans la langue d'Italie, on n'était obligé que de justifier de quatre quartiers ; mais il fallait deux cents ans de noblesse pour chacun de ces quartiers, savoir pour le père et la mère, l'aïeul paternel et l'aïeul maternel. Dans les républiques de Gênes et de Lucques, et dans les États du grand-duc, le négoce et la banque ne dérogeaient pas, comme dans les autres prieurés de la même langue et dans toutes les autres langues de l'Ordre ; cependant l'exception s'étendait quelquefois aux États du pape.

Les langues d'Aragon et de Castille exigeaient la noblesse des quatre quartiers et la désignation des lieux dont les quatre ascendants du candidat étaient originaires. Des commissaires se transportaient dans les localités indiquées, et s'informaient avant tout si les quatre maisons ne descendaient pas de familles juives ou mahométanes, ce qui était un motif d'exclusion. Toutefois on se relâcha de cette rigueur, et on finit par recevoir dans les deux langues espagnoles, sur le simple témoignage de gentilshommes et sans demander ni titres ni contrats.

Dans la langue d'Allemagne, on exigeait seize quartiers de noblesse, prouvés par témoignages authentiques. On était si rigoureux, qu'on n'eût pas laissé passer un seul quartier qui aurait été entaché de roture. On n'admettait pas non plus, comme dans les autres langues, les enfants naturels des souverains. Il n'y avait pas de servants d'armes.

Mêmes preuves dans la langue anglo-bavaroise, mais on y admettait les bâtards des princes et les étrangers.

Les frères chapelains et les servants d'armes étaient tenus aussi à certaines preuves : il fallait qu'ils fussent issus de parents honnêtes gens, unis en légitime mariage, n'ayant jamais été en domesticité.

Quand le candidat réunissait toutes les conditions voulues, il pouvait être reçu à trois époques différentes : 1° de *majorité* à seize ans, quoiqu'il lui fût permis de ne venir au couvent qu'à vingt ans, et même obtenait-on facilement des dispenses pour y aller plus tard ; 2° il était admis comme page du grand maître à douze ans ; 3° enfin, il était reçu de *minorité*, c'est-à-dire au berceau. Le droit de *passage* de majorité était de cent vingt-cinq pistoles d'Espagne pour les chevaliers et les pages du grand maître ; de cent pistoles pour les chapelains ; de cent quinze pour les servants d'armes, et de trente-trois pour les donats. Le droit de passage de minorité était fixé à trois cent soixante pistoles pour les chevaliers, à deux cent quatre-vingt-huit pour les chapelains et servants d'armes.

Voici maintenant comment on procédait à la réception des frères. Ici nous laisserons parler le texte même des statuts de l'Ordre ; il règne dans toute cette partie un ton de simplicité et une précision qui dispensent de l'analyse.

« Ceux qui ont résolu de consacrer leur personne au service des malades et à la défense de la religion catholique, sous l'habit de notre Ordre, sont reçus à la profession en la manière suivante : ils doivent savoir qu'ils vont se revêtir d'un nouvel homme et se confesser humblement de tous leurs péchés, suivant l'usage de l'Église, et après avoir reçu l'absolution, se présenter en habit séculier, sans ceinture, pour paraître libres dans le temps qu'ils vont se soumettre à un saint engagement, avec un cierge allumé qui représente la charité, entendre la messe et recevoir la sainte communion. Ils se présenteront ensuite avec respect à celui qui fera la cérémonie, pour lui demander d'être reçus en la compagnie des frères et en la sainte Religion de l'hôpital de Jérusalem ; il leur fera un discours pour les confirmer dans leur pieux dessein….; il leur marquera les engagements de l'obéissance et la sévérité des règles qui ne leur permettront plus de se gouverner à leur volonté, qui les obligeront d'y renoncer, pour ne suivre dorénavant que celle de leurs supérieurs.

« Il demandera ensuite à celui qui veut faire profession, s'il est disposé à se soumettre à toutes ces obligations, s'il n'a point fait de vœux dans quelque autre ordre, s'il a été marié, si son mariage a été consommé, s'il est débiteur de sommes considérables, s'il n'est point esclave; parce que s'il se trouvait, après ses vœux, qu'il eût fait quelqu'une de ces choses, ou qu'il fût dans cet état, on lui ôterait l'habit avec ignominie, comme à un trompeur, et on le rendrait à celui à qui il appartiendrait.

« S'il déclare qu'il n'est dans aucun de ces engagements, le frère qui le recevra lui présentera le missel ouvert, sur lequel il mettra les deux mains, et après ces questions et ces réponses, il fera sa profession en ces termes : *Je fais vœu et promesse à Dieu tout-puissant et à la bienheureuse sainte Marie toujours vierge, mère de Dieu, et à saint Jean-Baptiste, de rendre dorénavant, moyennant la grâce de Dieu, une vraie obéissance au supérieur qu'il lui plaira de me donner, et sera choisi par notre Religion, de vivre sans propriété et de garder la chasteté.* Dès qu'il aura retiré ses mains de dessus le livre, le frère qui le reçoit lui dira : *Nous vous reconnaissons pour serviteur de messieurs les pauvres malades, et consacré à la défense de l'Église catholique.* Il répondra : *Je me reconnais pour tel.* Il baisera le missel et l'autel sur lequel il le mettra; puis il rapportera le missel au frère qui l'a reçu, en signe d'une véritable obéissance.

« Le frère qui le reçoit prendra ensuite le manteau, et lui montrant la croix blanche qui est dessus, lui dira : *Croyez-vous, mon frère, que ce soit là le signe de la sainte croix à laquelle fut attaché et mourut Jésus-Christ pour la rédemption de nos péchés?* Le nouveau reçu répondra : *Oui, je le crois.* Il ajoutera : *C'est aussi le signe de notre Ordre que nous vous commandons de porter continuellement sur vos habits.* Ensuite de quoi, le nouveau reçu baisera le signe de la croix; celui qui le reçoit lui mettra le manteau sur les épaules, en sorte que la croix paraisse sur son estomac du côté gauche, le baisera et lui dira : *Prenez ce signe au nom de la très-sainte Trinité, de sainte Marie toujours vierge et de saint Jean-Baptiste, pour l'augmentation de la foi, la défense du nom chrétien et le service des pauvres. C'est pour cela, mon frère, que nous vous mettons la croix de ce côté, afin que vous l'aimiez de tout votre cœur ; que votre main droite combatte pour sa défense et sa conservation. S'il vous arrivait jamais, en combattant pour Jésus-Christ contre les ennemis de la foi, de leur tourner le dos, d'abandonner l'étendard de la croix, et de prendre la fuite dans une aussi juste guerre, vous seriez dépouillé du signe très-haut, suivant les statuts et les coutumes de l'Ordre, comme un prévaricateur du vœu que vous venez de faire, et retranché de notre corps comme un membre pourri et gangrené.*

« Il lui attachera le manteau avec les cordons qu'il passera autour du cou, et lui dira : *Recevez le joug du Seigneur, parce qu'il est léger, sous lequel vous trouverez le repos de votre âme; nous ne vous promettons que du pain et de l'eau et un habit modeste et de peu de prix; nous vous faisons part, à vos pères et à vos parents, des bonnes œuvres de notre Ordre et de nos frères, qui se font dans tout l'univers et qui se feront à l'avenir.* Le profès répondra : *Amen*, c'est-à-dire *Ainsi soit-il*. Celui qui l'a reçu et tous ceux qui s'y trouveront l'embrasseront et le baiseront en signe d'amitié, de paix et de dilection fraternelle. » La cérémonie se terminait par des prières de circonstance.

Les chevaliers une fois admis dans l'Ordre étaient justiciables des tribunaux particuliers établis par les statuts. *Égard* était le nom générique donné à ces tribunaux. Voici comment ils étaient composés : on choisissait huit frères, un de chaque langue; on leur en adjoignait un autre de quelque langue que ce fût, pour être le chef ou président de *l'égard;* ce dernier était nommé par le grand maître ou par le maréchal; les autres par les baillis.

La cour d'appel s'appelait *renfort de l'égard;* pour la former, on doublait le nombre des juges. On pouvait encore recourir au renfort du renfort, tribunal pour la composition duquel on triplait le nombre des frères, en laissant toujours le même président. Enfin, si les parties ne s'en tenaient pas au jugement de ces trois *égards*, on les faisait comparaître devant l'*égard des baillis*, composé de huit baillis conventuels ou de leurs lieutenants; c'était là la cour souveraine.

Les procès se vidaient sommairement, sans écriture de part ni d'autre; les parties exposaient leurs raisons verbalement; s'il y avait des témoins, on les écoutait sans écrire leurs dépositions. Les adversaires une fois entendus, on les renvoyait, et les juges se réunissaient pour examiner les faits et les arguments des plaideurs. On leur présentait ensuite deux boîtes, l'une pour l'affirmative, l'autre pour la négative; ceux qui voulaient donner gain de cause au demandeur mettaient leur vote ou *ballotte* dans la première, les autres déposaient le leur dans la seconde. Puis on comptait les ballottes; celui qui en avait le plus grand nombre en sa faveur gagnait le procès; le vice-chancelier écrivait la sentence et la rendait publique.

Dans le dernier chapitre général, on établit un tribunal permanent, qui connaissait des causes criminelles susceptibles d'appel. Il était composé 1° d'un président nommé par le grand maître et pris parmi les baillis ou leurs lieutenants; 2° d'un chevalier de chaque langue nommé pour deux ans par ses frères. Le jugement rendu était tenu secret et devait être présenté trois fois au grand maître; s'il le confirmait, il était exécuté.

Dès qu'un frère avait commis un crime qui entraînait la privation de l'habit, le grand maître ou son lieutenant présentait sa plainte à l'assemblée générale, qu'il faisait convoquer au son de la cloche; il exposait le fait imputé au prévenu, ou, s'il jugeait à propos de dissimuler la portée du crime, il pouvait se borner à dire que l'accusé avait fait tort à la Religion de plus d'un marc d'argent. Ceci se passait en présence de l'accusé, qui avait été conduit à la salle d'audience sous bonne et sûre garde. L'*égard* était ensuite convoqué. Si le prévenu avouait son crime, et qu'il en demandât pardon, les juges allaient par trois fois demander sa grâce au grand maître et à l'assemblée; si le souverain pardonnait, on n'allait pas plus loin; sinon, l'*égard* reprenait sa tâche. Si l'accusé niait le fait qu'on lui imputait, on produisait des témoins et l'on recherchait toutes les preuves de sa culpabilité. S'il était convaincu, l'*égard* prononçait la sentence qui le condamnait à être dépouillé de l'habit. Le procureur du grand maître averti, les juges conduisaient encore le coupable devant le grand maître, et la sentence n'était lue et publiée que lorsque le souverain avait de nouveau refusé de faire grâce. Le condamné entendait la lecture de l'arrêt à genoux. Le maître-écuyer lui adressait la formule suivante : « Puisque vous vous êtes rendu, par vos crimes et par vos désordres, indigne de porter à l'avenir le signe de la sainte croix et l'habit de notre Ordre, que nous vous avions donné dans l'opinion que nous avions que vos mœurs étaient régulières, nous vous l'ôtons suivant nos statuts et nos coutumes, pour donner du courage aux bons, de la crainte aux méchants, et afin que vous serviez d'exemple; nous vous séparons et vous chassons de la noble compagnie de nos frères; nous vous jetons dehors comme un membre pourri et gangrené. »

Après cette espèce d'imprécation, le maître-écuyer, sur l'ordre du grand maître ou de son lieutenant, ôtait l'habit à l'accusé de la manière suivante : au premier commandement, il mettait seulement la main sur le manteau du condamné; au second, il dénouait le cordon des manches du manteau à bec ou à pointe, et en jetait une partie sur le devant; au troisième, il dénouait le cordon qui attachait le manteau et le lui ôtait de dessus les épaules, en disant au patient : « De l'autorité du supérieur, je vous enlève les liens du joug du Seigneur, lequel est véritablement léger, et l'habit de notre Ordre, dont vous vous êtes rendu indigne. » Ensuite on le ramenait dans sa prison.

Quand l'accusé était absent et qu'il avait été condamné par contumace, on mettait un manteau au milieu de l'assemblée, et, au troisième commandement, le maître-écuyer l'emportait, pour simuler l'affront qu'on voulait infliger au coupable.

L'Ordre usait ordinairement d'indulgence envers les condamnés qui se repentaient sincèrement et persistaient à demander grâce. Dans ce cas, on rendait l'habit au frère qui en avait été dépouillé, et on lui adressait une allocution dans laquelle on lui rappelait sa faute, en lui enjoignant de se mieux conduire à l'avenir. La cérémonie terminée, il était de nouveau chevalier, et rentrait dans tous les droits et privilèges attachés à ce titre.

Disons maintenant quels étaient les principaux fonctionnaires de l'Ordre.

Le grand maître en était le chef; il avait le titre et les droits de souverain; c'était le *roi* de la Religion. Voici de quelle manière il était élu :

Les funérailles du grand maître défunt une fois achevées suivant les coutumes de l'Ordre, on dressait une liste de tous ceux qui devaient prendre part à la prochaine élection. Cette liste était affichée à la porte de l'église Saint-Jean. En principe, pour jouir du droit de voter, il fallait être chevalier de justice, avoir au moins dix-huit ans et trois ans de résidence dans le couvent, avoir fait trois caravanes, et ne devoir au plus au commun trésor que la somme de dix écus. Les frères chapelains, quand ils étaient prêtres, ainsi que les frères servants d'armes, étaient admis à concourir à l'élection, mais leurs privilèges en matière de gouvernement n'allaient pas plus loin.

Le troisième jour après le décès du grand maître, on célébrait une messe de Saint-Esprit à Saint-Jean, et tout le couvent se réunissait dans cette église. Chaque langue se retirait dans une chapelle à part; la nef était occupée par la langue d'où le lieutenant du grand maître avait été tiré. Trois électeurs par nation étaient désignés pour élire directement le souverain; cela faisait en tout vingt-quatre électeurs. Cette espèce de conclave nommait ensuite le président de l'élection, et dès ce moment la charge provisoire de lieutenant du magistère était supprimée de droit; puis ils élisaient ce qu'on appelait le *triumvirat*, c'est-à-dire, un chevalier, un prêtre chapelain et un frère servant, entre les mains desquels les vingt-quatre chevaliers remettaient l'élection. Cela fait, l'assemblée était dissoute. Le triumvirat s'adjoignait un quatrième électeur, et quand ce quatrième était élu, on en appelait un cinquième, et ainsi de suite jusqu'au nombre de treize, qui donnait avec les trois premiers le chiffre de seize électeurs (deux pour chaque langue). C'était cette nouvelle assemblée qui désignait le grand maître à la majorité simple des suffrages. Toutes ces ridicules formalités, qui avaient le grand inconvénient de fausser le principe électif, avaient été imaginées, disent les historiens, pour prévenir autant que possible les intrigues coupables, et pour contenter tous les membres de l'Ordre par l'idée qu'ils avaient pris part à l'élection du grand maître. Du reste, Boisgelin rappelle avec raison que la forme de l'élection des doges de Venise était bien plus compliquée. Tous les nobles âgés de trente ans au moins s'assemblaient dans le palais de Saint-Marc. On mettait dans une urne autant de boules qu'il y avait de gentilshommes présents; trente de ces boules étaient dorées; ceux à qui le sort les donnait, en mettaient neuf également dorées parmi vingt-quatre blanches, et les neuf gentilshommes entre les mains de qui elles tombaient en élisaient quarante autres, tous de familles différentes, mais parmi lesquels il leur était permis de se comprendre eux-mêmes. Le sort réduisait les quarante à douze; ces douze en choisissaient vingt-cinq, lesquels se réduisaient à neuf, qui, à leur tour, en nommaient quarante-cinq; de ces derniers, il n'en restait que onze, et ceux-ci en élisaient enfin quarante et un, qui étaient les véritables et derniers électeurs du doge; encore, s'ils n'étaient pas confirmés par le grand conseil, fallait-il procéder à une nouvelle nomination des quarante et un.

L'élection du grand maître terminée, le triumvirat se séparait des treize qu'il s'était adjoints, et, s'approchant de la balustrade de la tribune placée au-dessus de la grande porte, le *chevalier de l'élection* demandait par trois fois aux frères réunis dans l'église s'ils étaient disposés à ratifier le choix du souverain. Lorsque toute l'assemblée avait répondu affirmativement, le nom du nouveau grand maître était proclamé. Si l'élu des chevaliers était présent, il allait se placer sous le dais; il prêtait ensuite serment entre les mains du prieur de l'église, et, après le *Te Deum* chanté en action de grâces, il recevait l'obédience de tous les membres de l'Ordre; puis enfin il était porté en triomphe au palais.

L'élection du grand maître devait être ratifiée par le pape, mais c'était là une simple formalité : le saint-siége n'aurait pas voulu prendre l'initiative d'une guerre ouverte contre l'ordre de Malte, en refusant de souscrire au choix légitime et régulier des électeurs.

Le grand maître exerçait le pouvoir exécutif, avec des restrictions assez importantes. Il avait le droit de faire arrêter un chevalier, mais il ne pouvait le détenir pendant plus de vingt-quatre heures sans le mettre en jugement. L'Ordre s'était aussi réservé certains priviléges relatifs aux précautions sanitaires et à la fabrication des monnaies. Le grand maître ne pouvait pas ordonner un armement un peu considérable d'habitants de l'île, sans en soumettre le projet au conseil de l'Ordre. Enfin, entre autres garanties contre l'arbitraire du souverain, tout chevalier qui jugeait ce que lui ordonnait le grand maître contraire aux statuts ou aux règlements avait le droit de désobéir, d'en appeler à l'*égard*, et de persister dans sa résistance jusqu'à ce que le tribunal eût prononcé. Ces restrictions, il est vrai, ne compensaient pas les attributions du chef de la Religion, ni l'influence qu'on lui avait abandonnée. Ainsi le grand maître n'avait que deux voix dans les chapitres généraux et les conseils; mais lui seul pouvait convoquer les premiers, et, dans les seconds, on ne pouvait délibérer que sur les propositions faites par lui ou par son lieutenant. La résolution prise par l'Ordre de supprimer les chapitres généraux (*) compléta la toute-puissance du grand maître; car dès lors il n'y eut que des conseils dans lesquels le souverain était toujours sûr d'avoir la majorité, à cause des grands-croix qu'il y faisait entrer. En outre, le grand maître pouvait distribuer une foule de places et de faveurs, moyen efficace de despotisme : il disposait d'une commanderie magistrale, et, tous les cinq ans, d'une commanderie d'ancienneté dans chaque prieuré; il pouvait ajouter aux revenus de ces bénéfices des pensions plus ou moins considérables; il conférait un grand nombre d'emplois lucratifs, soit dans l'île, soit auprès de sa personne(**); enfin les profits qu'il tirait

---

(*) On prit cette décision par suite de ce qui était arrivé lors du chapitre tenu sous de Paule : on a vu l'inquisiteur s'imposer comme président de l'assemblée.

(**) L'énumération de quelques-uns de ces emplois pourra donner une idée du nombre immense de fonctions qui existaient dans l'ordre de Malte :

Le lieutenant du magistère.
Le maréchal du palais.
Le vice-chancelier, présenté par le grand chancelier.
Le secrétaire du trésor.
Le cavalerizze ou grand écuyer.
Le receveur du revenu du grand maître.
Le maître d'hôtel.
Le procureur du grand maître au trésor.
Le *chambrier major*.
Le sous-maître d'hôtel.
Le sous-cavalerizze ou premier écuyer.

de sa place lui permettaient de se faire, par la corruption, des créatures dévouées. Ces revenus se divisaient en deux catégories : *revenus de la principauté* et *revenus du magisière*. Les premiers se composaient des douanes, qui rendaient environ cent mille écus maltais ou deux cent quarante mille francs; des assises, des gabelles, des titres du domaine, fermes, salines, maisons, jardins, lods et ventes, représentant une autre somme de deux cent quarante mille francs au moins; enfin des droits d'amirauté, à raison de dix pour cent sur toutes les prises; des amendes et confiscations, le tout formant une rente de sept cent vingt mille francs. Quant aux revenus du magistère proprement dit, voici en

Le fauconnier.
Le capitaine des gardes.
Trois auditeurs.
L'aumônier et quatre chapelains.
Quatre *chambriers*.
Quatre secrétaires pour les langues latine, française, italienne et espagnole.
Le secrétaire ou intendant des biens de la principauté.
Le *crédancier*.
Le *garde-manger*.
Le *garde-robe*.
Le conservateur conventuel.
Le prud'homme du conservateur.
Un castellan de la castellanie.
Deux procureurs des prisonniers, pauvres, veuves et orphelins.
Le protecteur du monastère de Sainte-Ursule.
Deux prud'hommes ou contrôleurs de l'église.
Trois *commissaires des mendiants*.
Deux commissaires des aumônes.
Deux commissaires des pauvres femmes malades.
Deux *protecteurs des catéchumènes et néophytes*.
Trois *commissaires de la rédemption*.
L'infirmier.
Le prieur et le sous-prieur de l'infirmerie.
L'écrivain.
L'aumônier.
Le sous-maître écuyer.
Le portier de la Valette.
Le prud'homme de l'arsenal.
Le sacristain, le chancelier et le campannier de l'église Saint-Jean.
Les trois juges d'appel, du criminel et du civil.
Les gouverneurs du Gozo, de Saint-Ange, de Saint-Elme, de Ricazoli, du Bourg, de l'île de la Sangle.
Le capitaine de la Valette.
Sept capitaines de casaux ou capitaines de la campagne.
Le capitaine du Bosquet.
Quatre ambassadeurs de la Religion.

(Nous omettons une foule d'autres emplois à la nomination du grand commandeur et des autres dignitaires de l'Ordre.)

quoi ils consistaient : 1° le trésor donnait au grand maître six mille écus ou quatorze mille quatre cents francs pour sa table, deux cents écus ou quatre cent quatre-vingts francs pour l'entretien de son palais et de sa maison de campagne(*); 2° le grand maître retirait une annate de toutes les commanderies de grâce qu'il donnait tous les cinq ans dans chaque prieuré, et il avait encore dans ces prieurés la jouissance perpétuelle d'une commanderie appelée *chambre magistrale*. Il pouvait faire régir ces bénéfices en son nom ou les donner à des chevaliers de son choix; dans ce dernier cas, le grand maître, outre ses deux annates, pouvait encore exiger une rente. En somme, la totalité des revenus du chef de l'Ordre s'élevait, année commune, à plus de quatre cent cinquante mille écus ou un million quatre-vingt mille francs.

Voilà quels étaient les moyens d'influence mis à la disposition des grands maîtres. Une seule ressource restait aux chevaliers pour faire contre-poids : c'était l'insurrection et l'application brutale du principe en vertu duquel le souverain était élu. Mais l'emploi de ces moyens produisait l'anarchie et de graves perturbations, tant le mélange des éléments hétérogènes qui entraient dans la constitution de cet Ordre était fécond en désordres et en catastrophes de toute espèce!

Le pouvoir législatif résidait dans les chapitres généraux. Dans les premiers temps, ces assemblées étaient convoquées tous les cinq ans, et quelquefois même tous les trois ans, quand il y avait nécessité; mais, dans la suite, elles n'eurent lieu que tous les dix ans, et plus d'un siècle et demi s'écoula entre les deux dernières(**). Les grands

---

(*) Ces deux allocations étaient assurément fort modestes; mais elles étaient largement compensées par les autres revenus.

(**) L'avant-dernier chapitre général est celui dont nous avons parlé à propos du magistère de de Paule; il fut tenu en 1631, et le dernier eut lieu en 1776, sous le grand maître Rohan.

GOZE. (Tour des Géants)

Première entrée. Vue du premier Sanctuaire à gauche en entrant.

maîtres et les papes, qui voyaient dans ces corps légiférants des adversaires, ou tout au moins de sévères contrôleurs de leur autorité, cherchèrent toujours à les annuler en les faisant tomber en désuétude.

Après une messe solennelle du Saint-Esprit, le grand maître entrait dans la salle où devait se tenir le chapitre général; il s'asseyait sous un dais et sur un trône élevé de trois marches. Les capitulants, tous dignitaires de l'Ordre, se plaçaient, au nombre de cinquante-quatre, des deux côtés du souverain. Chacun, à son tour, présentait une bourse contenant cinq pièces d'argent, en signe de parfait désintéressement; le maréchal de l'Ordre remettait le grand étendard, et les hauts officiers se dépouillaient des marques de leurs dignités, qu'ils ne reprenaient qu'après une nouvelle et spéciale autorisation du chapitre.

Les huit langues nommaient chacune deux commissaires. C'étaient ces seize capitulants qui réglaient souverainement toutes les matières soumises à l'assemblée. Lorsque les quinze jours fixés pour la durée du chapitre ne suffisaient pas pour discuter toutes les questions, on en confiait l'examen à de nouveaux commissaires, dont la réunion prenait le nom de *conseil des rétentions*.

Outre ce conseil provisoire et temporaire, il y avait à Malte quatre conseils : le conseil *ordinaire*, le *complet*, le *secret* et le *criminel*.

Le conseil ordinaire était composé du grand maître, des baillis conventuels, de tous les grands-croix qui se trouvaient à Malte, et des procureurs des langues. On y décidait les questions relatives aux réceptions, aux pensions, aux commanderies et aux dignités de l'Ordre.

Le conseil complet ne différait du conseil ordinaire qu'en ce qu'on ajoutait, pour le former, deux anciens chevaliers de chaque langue, ayant au moins cinq ans de résidence au couvent. C'était à cette assemblée qu'on appelait des sentences du conseil ordinaire et du conseil criminel. Peu à peu, toutefois, l'usage s'établit de faire appel au tribunal du saint-siége.

Dans le conseil secret, on traitait les affaires d'État et les cas extraordinaires qui exigeaient une prompte décision. Quand il y avait à prononcer quelque peine grave contre un chevalier ou un religieux, c'était le conseil secret qui en délibérait.

On avait encore formé un autre conseil appelé communément la *vénérable chambre du trésor*, parce qu'il était comme le bureau général des finances de l'Ordre.

Les dignitaires de chaque langue y avaient des attributions spéciales, et jouissaient chacun dans leur sphère de certains droits particuliers.

Le grand commandeur de la langue de Provence était président obligé du commun trésor et de la chambre des comptes; il avait la surintendance des magasins, de l'arsenal et de l'artillerie; il nommait les officiers, qu'il faisait ensuite agréer par le grand maître et le conseil; il les prenait dans toutes les langues à son choix. Son autorité s'étendait jusque dans l'église Saint-Jean, dont plusieurs officiers étaient à sa nomination; il avait le même droit à l'infirmerie; il nommait le petit commandeur qui assistait à la visite de l'hôpital.

Le grand maréchal d'Auvergne commandait militairement à tous les religieux, à l'exception des grands-croix et de leurs lieutenants, des chapelains et des gens attachés au palais du grand maître. Il confiait le grand étendard de la Religion au chevalier qu'il jugeait le plus digne de le porter. Il nommait le maître-écuyer sur mer; il avait sous ses ordres le général des galères et même le grand amiral.

Le grand hospitalier de France dirigeait le grand hôpital. Il présentait au conseil l'infirmier, qui devait toujours être chevalier de justice, le prieur de l'infirmerie et deux écrivains, toutes charges qui n'avaient que deux ans de durée. Les fonctions de grand trésorier étaient unies à la commanderie de Saint-Jean de Corbeil.

L'amiral de la langue d'Italie commandait aux soldats et aux matelots en l'absence du maréchal. Il nommait le prud'homme et l'écrivain de l'arsenal. Lorsqu'il demandait le généralat des galères, le grand maître était obligé de le proposer au conseil, qui l'admettait ou le repoussait, selon qu'il le jugeait à propos.

Le drapier, ou grand conservateur de la langue d'Aragon, Catalogne et Navarre, exerçait une surveillance spéciale sur la conservatorie et sur tout ce qui concernait l'habillement, les achats et fournitures pour les troupes et pour l'hôpital.

Le turcopolier de la langue d'Angleterre (plus tard anglo-bavaroise) commandait la cavalerie et les gardes-côtes.

Le grand bailli de l'Ordre, chef de la langue d'Allemagne, étendait sa juridiction sur les fortifications de la Cité Notable et sur le château du Goze.

Le grand chancelier, premier fonctionnaire de la langue de Castille, Léon et Portugal, présentait le vice-chancelier au conseil. Il devait assister à l'expédition des bulles scellées du sceau ordinaire, et devait signer les originaux. Un article des statuts l'obligeait de savoir lire, ce qui prouve que l'instruction était chose rare parmi les chevaliers.

Il y avait dans l'Ordre trois sortes de baillis : les *conventuels*, les *capitulaires* et les *baillis de grâce* ou *ad honores*.

Les conventuels étaient ainsi nommés parce qu'ils devaient résider dans les couvents. Ils étaient choisis par les langues dont ils étaient les chefs ou les piliers. Il n'y en avait qu'un attaché à chaque langue. Ils étaient considérés comme les premiers chevaliers après le grand maître. Indépendamment de ces dignitaires attachés à chaque langue, on en avait admis deux autres, l'évêque de Malte et le prieur de l'église Saint-Jean ; c'était une faveur exceptionnelle, car, en principe, les chapelains étaient exclus des emplois éminents de l'Ordre. De ces huit baillis conventuels, quatre au moins devaient toujours résider dans le couvent. Aucun d'eux ne pouvait s'absenter sans la permission du conseil complet ; pendant leur absence, ils étaient suppléés par des lieutenants nommés par les frères des langues privées de leurs chefs.

Les baillis capitulaires étaient tenus d'assister aux chapitres généraux, ou de s'y faire représenter par procuration. Ils n'étaient pas obligés de résider dans le couvent.

Les baillis de grâce, ou *ad honores*, étaient ceux qu'à défaut des chapitres généraux, le grand maître et le conseil nommaient d'après une bulle du pape.

Avant que les dignités conventuelles et capitulaires eussent été partagées entre les langues, les chapitres généraux, sans distinction de nation, en disposaient en faveur des membres les plus honorables de l'Ordre. Mais, depuis l'année 1466, elles devinrent le privilége de chaque langue en particulier ; les *piliers*, ou baillis conventuels, étaient en droit de demander les premières dignités qui venaient à vaquer.

Nous compléterons ce résumé succinct de l'organisation de l'Ordre, en donnant la définition de quelques termes particuliers en usage à Malte, et que nous n'avons pas encore eu l'occasion d'expliquer.

Le *couvent* était le lieu où se trouvaient le grand maître ou son lieutenant, l'église, l'infirmerie, les auberges ou les huit langues.

Les *bailliages* étaient les commanderies ou propriétés de l'Ordre.

On appelait *responsions* les impôts auxquels étaient soumises les commanderies et les dignités de l'Ordre en général.

On entendait par *mortuaire* tout le revenu d'une commanderie, perçu depuis la mort du commandeur jusqu'au 1er mai suivant. Le *vacant* signifiait les produits de la commanderie pendant une année entière, après l'expiration du mortuaire.

Les *dépouilles* étaient le produit des effets quelconques appartenant aux profès lors de leur décès, à l'exception du *quint* ou cinquième, dont ils pouvaient disposer avec l'autorisation du grand maître.

GOZE. (Tour des Géants) 32

Seconde entrée. Vue prise du Sanctuaire à gauche, on voit dans le fond le Sanctuaire qui est à droite.

Le *chevissement* était la première commanderie qu'on obtenait par droit d'ancienneté.

Les *fiarnauds* étaient les novices, c'est-à-dire, ceux qui étaient entrés les derniers dans l'Ordre.

Caravane était synonyme de course maritime ou de croisière.

Nous ne pousserons pas plus loin notre analyse; ce que nous avons dit suffira, nous l'espérons, pour faire connaître les bases générales de la constitution de l'ordre de Malte. Tous ces statuts, tous ces règlements furent, par ordre du chapitre tenu sous de Paule, réunis en un seul volume, et c'est ainsi qu'ils sont arrivés jusqu'à nous.

De Paule mourut le 7 juin 1636; les dernières années de son magistère avaient été remplies par des expéditions glorieuses, et par des combats dans lesquels la valeur des chevaliers ne se démentit pas.

Magistère de Lascaris. Lascaris était issu des comtes de Vintimille, et descendait, dit-on, des empereurs de Constantinople. A l'époque où il succéda à Antoine de Paule, la France était en guerre avec l'Espagne, et l'ordre de Malte se trouvait dans un conflit dont les anciennes animosités de nation à nation augmentaient encore les difficultés. Les chevaliers des langues de France prenaient leur revanche sur les Espagnols, dont la suprématie s'était fait sentir pendant une longue période de troubles intérieurs. Les premiers étaient-ils secrètement conseillés par les envoyés de leur souverain? Cela est probable, quoique les historiens ne paraissent pas s'en être doutés. Quoi qu'il en soit, les chevaliers français osèrent, à différentes reprises, assaillir et capturer des galères siciliennes. Le roi d'Espagne, outré de ces actes de violence, voulut user de représailles. Deux vaisseaux de la Religion essuyèrent, à Syracuse, le feu des canons de la citadelle. Le grand maître crut couper court à cet oubli des règles de l'Ordre, en rappelant aux chevaliers qu'il leur était défendu de prendre les armes contre les princes de la chrétienté; mais l'ardeur des Français brava les menaces de Lascaris et du roi d'Espagne. On vit le chevalier de la Carte, qui commandait un bâtiment français, soutenir un combat acharné dans les eaux mêmes de Malte, et se présenter hardiment dans le port de Marsa-Scirocco, où, du reste, il ne fit que paraître, car l'aspect des batteries de la côte, qui se disposaient à faire feu sur son vaisseau, l'en éloigna au plus vite.

Ce qu'il y a de singulier, c'est que la cour de France se plaignit au grand maître de sa rigueur envers ses nationaux. Ses instances furent même si vives, et elle sut si bien plaider sa cause auprès des autres souverains d'Europe, que l'Espagne, effrayée du concert de reproches dont elle était l'objet, désavoua les coups de canon du gouverneur de Syracuse, et s'excusa très-humblement de la sévérité de ses instructions. Il est vrai que Lascaris oublia lui-même la neutralité que l'Ordre devait garder en pareille circonstance; car il fit fermer tous les ports de Malte aux navires français. Cette mesure était une violation du principe de non-intervention, principe qui constituait l'indépendance même de l'Ordre, car il lui assurait, en tout temps, la bienveillance et l'appui des puissances chrétiennes. La France, fort mécontente d'une semblable prohibition, oublia qu'elle avait pour cause première la désobéissance des chevaliers français aux règles de la Religion. Elle se disposa à riposter; sur ces entrefaites, elle apprit que sa flotte, après avoir été battue par la tempête dans le canal de Malte, avait essuyé le feu des batteries de la Valette. La colère du roi ne connut plus de bornes. Pour premier acte de représailles, il ordonna que tous les biens que la Religion possédait dans le royaume fussent réunis aux domaines de l'État. C'était détruire d'un seul coup les plus précieuses ressources du trésor maltais. Le grand maître, effrayé, fit amende honorable. Le bailli de Souvré fut chargé d'aller rappeler à la cour de France les engagements de l'Ordre envers l'Espagne et la Sicile, engagements auxquels Lascaris avait donné une trop grande extension. L'intrigue se mêlant aux négociations, l'affaire fut bientôt arrangée, et le roi se contenta de recommander aux canonniers de Malte de ne plus tirer aussi juste (*).

Ces différends, qui s'étaient terminés par une plaisanterie, avaient eu pour Malte de désastreuses conséquences. La Sicile ayant fermé à l'Ordre ses ports et ses greniers, les approvisionnements n'avaient pu se faire, et une horrible famine avait désolé la population. Il va sans dire qu'en pareil cas les indigènes étaient les plus maltraités; leurs besoins n'étaient satisfaits qu'après ceux de leurs maîtres. Un historien, chevalier de Malte, prétend que ce qui fut le plus sensible à l'Ordre, ce fut la défense faite par le vice-roi de laisser acheter du biscuit en Sicile pour les bâtiments de guerre de la Religion. Cette observation trahit bien l'égoïsme des chevaliers, et leur dureté pour ceux qu'ils appelaient leurs *sujets*.

L'argent avait aussi manqué à Malte. Pour y suppléer, le grand maître avait frappé une nouvelle monnaie avec laquelle on avait pu payer les ouvriers qu'on faisait travailler sans relâche aux fortifications de la Valette (**).

Dire qu'il y avait eu disette d'argent et de subsistances, c'est dire que la piraterie avait pris à Malte une activité inaccoutumée. On a vu, en effet, que les chevaliers avaient un moyen fort simple de trouver de l'or et des vivres quand ils en manquaient : c'était d'attaquer et de piller les bâtiments turcs ou barbaresques. Aussi, après avoir parlé famine, sommes-nous obligés de parler combats.

(*) Le premier boulet parti des batteries de l'île avait coupé en deux le bâton qui soutenait le pavillon français.

(**) C'était l'ingénieur Florian qui dirigeait ces travaux. Lascaris le récompensa de son zèle et de ses services en le créant chevalier. On se rappelle qu'un faubourg de la Cité Valette et toute une enceinte de fortifications, du côté de la campagne, portent le nom de cet habile ingénieur.

Voici d'abord le commandeur Charolt, général des galères, qui attaque un nombreux convoi de vaisseaux tripolitains, escorté par trois galères. Cette flottille était commandée par un Marseillais surnommé *la Bécasse*, qui avait longtemps servi sur les vaisseaux de l'Ordre, et dont la femme et les enfants étaient encore à Malte. Pris par les Barbaresques, il s'était fait musulman, avait échangé son grotesque sobriquet contre le nom plus harmonieux d'Ibrahim-Raïs, et était parvenu au grade d'amiral des forces maritimes de Tripoli. Le sort favorisa les galères maltaises. Tout le convoi tomba au pouvoir des chevaliers, qui ramenèrent triomphalement leur riche proie dans les ports de la Cité Valette. Châteauneuf, capitaine d'un des vaisseaux victorieux, put se donner le plaisir de rappeler à l'amiral la Bécasse, devenu son prisonnier, qu'avant de commander une escadre, il avait été son pilote. Le chevalier de Boisgelin, dans son ouvrage, rappelle complaisamment que, dans le combat, les vainqueurs firent trois cent douze *esclaves*.

Voici ensuite le prince de Hesse-Darmstadt, autre général des galères, qui enlève six vaisseaux tunisiens dans le port même de la Goulette. Cette téméraire expédition enhardit les chevaliers, qui bientôt furent presque embarrassés de leurs esclaves et de leurs richesses.

En 1644, une nouvelle victoire navale faillit avoir des conséquences funestes. Trois galères prirent un gros bâtiment turc, sur lequel se trouvait une femme du harem impérial, chargée de conduire à la Mecque un enfant qu'on disait fils du sultan Ibrahim (*). Le Grand Seigneur, à la nouvelle de la capture de son navire, qui était chargé de richesses, envoya au chef de l'Ordre un héraut d'armes (tchaouch) pour lui déclarer la guerre (1645). L'arrivée du messager turc mit en

(*) Cet enfant entra plus tard dans l'ordre de Saint-Dominique, où il ne cessa de porter le singulier nom de *Père Othman*.

émoi le couvent de Malte. Aussitôt le grand maître songea à mettre la capitale en état de faire une longue et vigoureuse résistance. Il se hâta d'instruire les commanderies d'Europe et les princes de la chrétienté du danger qui menaçait la Religion. Cet appel ne fut pas inutile. Plusieurs seigneurs firent de nombreuses levées d'hommes, et les offrirent à l'Ordre. On cite surtout le comte d'Arpajon, qui fit prendre les armes à tous ses vassaux, leva deux mille soldats à ses dépens, chargea plusieurs navires d'approvisionnements de guerre et de bouche, et se rendit lui-même auprès du grand maître à la tête de sa troupe, suivi de ses parents et de ses amis.

Cet élan chevaleresque eut lieu en pure perte. Le sultan, intimidé peut-être par les démonstrations de la chrétienté, renonça à son projet et laissa les canonniers de Malte se morfondre dans leurs batteries. Il tourna ses vues sur Candie, dont il assiégea la capitale. Toutefois, le comte d'Arpajon n'eut pas à regretter de s'être mis en frais : le grand maître, avec l'autorisation du conseil, lui donna la permission de porter la croix de l'Ordre ; et concéda aux chefs et aux aînés de cette maison le droit de porter la croix de Malte dans leurs armes. A cette époque, le titre de chevalier de Malte était ambitionné par toute l'aristocratie européenne.

L'île de Candie appartenait à Venise lorsque le Grand Seigneur vint l'attaquer avec une flotte et une armée nombreuses. La république ne pouvait guère compter sur l'assistance des chevaliers de Malte, dont elle avait à plusieurs reprises, et sous différents prétextes, séquestré les biens et contrarié les expéditions dans la mer Adriatique. Néanmoins, et malgré la légitimité de leurs griefs, les membres de l'Ordre, ne se souvenant que de leur serment de défendre en toute occasion les chrétiens contre les infidèles, arrivèrent, avec leurs galères, devant la Canée. Ils ne tardèrent pas à signaler leur dévouement et leur bravoure. Les Turcs s'étaient emparés d'une demi-lune, d'où il importait de les déloger ; le commandeur Balbiano s'offrit pour cette périlleuse tentative. A la tête de trente chevaliers et de cent soldats de la capitane, commandés par de Sales(*), il attaque, pendant la nuit, le bastion occupé par l'ennemi. La petite troupe escalade en silence le parapet, surprend les musulmans endormis, frappe tout ce qui s'offre à ses coups, et chasse de la demi-lune ceux de ses adversaires qui n'ont pas trouvé la mort dans le premier moment. Le lendemain, le pacha qui dirigeait les opérations du siège voulut venger cet affront. Pour favoriser son attaque, il fit mettre le feu à une mine pratiquée sous le bastion. L'explosion fit sauter plusieurs chevaliers, parmi lesquels de Sales, qui fut presque enseveli sous un monceau de décombres ; cependant la petite garnison fit si bonne contenance, que les Turcs n'osèrent tenter l'assaut, et s'éloignèrent honteusement.

Nous n'avons pas voulu passer sous silence la généreuse coopération de l'Ordre dans l'affaire de Candie, parce que cette circonstance est une des plus glorieuses pour les chevaliers. Il sera, dans tous les temps, honorable d'oublier une injure et de servir avec un noble désintéressement ceux qui ont cherché à vous nuire ; mais cette manière de comprendre le précepte de l'Évangile qui ordonne de tendre la joue à la main qui vous a frappé, était bien plus digne d'éloges à une époque où le règne de la force brutale justifiait toute idée de vengeance.

L'Ordre fit plus encore ; il prêta un secours efficace aux Vénitiens dans leurs luttes maritimes avec les Turcs. Deux fois les eaux des Dardanelles furent rougies du sang des chevaliers, versé au profit de la république marchande.

Les empiétements successifs de l'autorité ecclésiastique sur les droits souverains de l'Ordre avaient déjà occasionné, comme on l'a vu, de déplorables contestations, et brisé les

(*) Neveu de l'évêque canonisé sous le nom de saint François de Sales.

liens de la domination du grand maître sur les Maltais. A partir de l'époque où l'évêque et l'inquisiteur avaient consacré leur usurpation par l'établissement d'une espèce de gouvernement exceptionnel, tous les grands maîtres qui se succédèrent eurent à lutter contre les prétentions des deux prélats. Lascaris eut sa part de ces tribulations : l'évêque, pour soustraire complétement la population indigène à la juridiction de l'Ordre, donnait la tonsure à tous les jeunes garçons de l'île qui se présentaient ; ainsi enrôlés sous la bannière ecclésiastique, ces jeunes gens échappaient à l'espèce de conscription à laquelle les habitants étaient soumis. Le grand maître se plaignit amèrement au pape et au roi d'Espagne de cette extension exorbitante d'un pouvoir déjà vicieux dans son principe, puisqu'il dérivait d'une usurpation. La cause de l'Ordre était trop juste pour que les souverains pris pour arbitres pussent décemment prononcer en faveur de l'évêque. Les cours de Rome et de Madrid furent donc obligées d'intervenir et de réprimer les écarts des deux chefs ecclésiastiques de Malte. Mais Urbain VIII avait donné d'une main pour reprendre de l'autre ; entre autres violations des statuts de l'Ordre, il accorda aux commandeurs la permission de tester. Cette mesure devait avoir pour effet certain de ruiner le trésor de Malte, et l'on ne comprend guère l'intérêt que le saint-siége avait à diminuer les ressources d'une association si utile à la chrétienté.

D'après ce fait, on est en droit de s'étonner du sans-façon avec lequel le souverain pontife réclamait à l'occasion les bons offices des chevaliers. Ainsi, il ne se fit pas scrupule de demander l'appui des galères de la Religion pour triompher de la résistance des souverains d'Italie, coalisés pour l'empêcher d'envahir le duché de Parme ; cette demande était d'autant plus étrange, qu'elle avait pour objet la plus éclatante infraction des principes fondamentaux de l'ordre de Malte. Lascaris céda, et les princes italiens comptèrent au nombre de leurs ennemis ces mêmes hommes qui avaient fait serment de ne jamais tirer l'épée contre aucune puissance chrétienne. Ce fut là une faute grave de la part de l'Ordre, car son indépendance reposait uniquement sur sa constante neutralité, et il courait le risque d'être abandonné de ceux dont il avait le plus besoin. Les souverains coalisés usant d'un moyen fort simple de punir la Religion de son manque de foi, mirent immédiatement le séquestre sur tous les biens qu'elle possédait dans leurs États. Le grand maître ne voulut pas soutenir le défi jusqu'au bout, et fit des excuses ; il prétendit avoir eu la main forcée par le pape, mais il affirma que les commandants des galères avaient reçu secrètement l'ordre de ne pas prendre part aux hostilités. Ce faux-fuyant suffit heureusement pour apaiser la colère des adversaires du pontife. Les désagréments que le grand maître s'était attirés par son excessive condescendance, le mirent en garde contre les exigences d'Urbain VIII. Ce dernier lui ayant, quelque temps après, demandé la grand'-croix pour un renégat arabe, fils du sultan de Tunis, Lascaris refusa formellement de conférer une des premières dignités de l'Ordre à un musulman dont la conversion était peut-être fort peu sincère. Il nous semble qu'il eût mieux valu montrer ce puritanisme dans l'affaire des princes italiens.

Du reste, quelques années avant ces démêlés avec le saint-siége, le grand maître avait donné une preuve non équivoque de la faiblesse de son caractère : quelques chevaliers, récemment sortis des pages, se permirent, en temps de carnaval, de se déguiser en jésuites. Cette mascarade, fort singulière à Malte, fit scandale dans la ville ; les jésuites établis à la Cité Valette s'en plaignirent énergiquement, et Lascaris fit arrêter quelques-uns des coupables. Leurs complices se portèrent aussitôt à la prison, enfoncèrent la porte, délivrèrent leurs camarades, envahirent ensuite le séminaire, dont ils

GOZE.

Tour des Géants.

jetèrent tous les meubles par les fenêtres. Jusque-là il n'y avait eu que des actes de violence commis par des jeunes gens contre des religieux qu'ils devaient respecter; mais ils allèrent plus loin : ils exigèrent l'expulsion des jésuites, et Lascaris y consentit. Onze des membres du collége furent embarqués sur-le-champ, et ceux qui restèrent à Malte furent obligés de se cacher. La conduite du grand maître dans cette circonstance est éminemment blâmable; son devoir était de résister aux volontés insolentes des chevaliers qui, en leur qualité de serviteurs de l'Église catholique, étaient inexcusables d'avoir insulté et poursuivi jusque dans leur retraite les membres d'une congrégation religieuse. Il n'était pas permis à des chevaliers de Malte d'être si philosophes.

Un fait singulier eut lieu durant les dernières années du magistère de Lascaris. L'Ordre fit l'acquisition de l'île Saint-Christophe, voisine de l'Amérique. Ce fut le chevalier de Poincy, gouverneur de cette colonie pour le compte d'une compagnie de marchands, qui proposa au grand maître de l'acheter. Nous ne savons quel avantage le conseil trouva à la possession d'un point maritime aussi lointain; quoi qu'il en soit, la proposition fut acceptée avec empressement, et M. de Vouvré, ambassadeur de la Religion à Paris, fut chargé de négocier la cession avec le roi de France, patron et protecteur de la colonie. Saint-Christophe fut vendue à l'Ordre pour la somme de cent vingt mille livres tournois, et avec la condition que les acquéreurs se chargeraient des dettes des négociants propriétaires de l'île envers les habitants. On comprit dans le marché les petites îles voisines, telles que Saint-Barthélemi, Saint-Martin et Sainte-Croix. Il fut même question d'un contrat semblable pour la Martinique et la Guadeloupe.

En inspirant au grand maître l'idée de cette étrange acquisition, le chevalier de Poincy avait fait acte de roué; on ne tarda pas, en effet, à s'apercevoir que ce gouverneur avait contracté d'énormes obligations pécuniaires envers les colons : aussi s'empressa-t-on, à sa mort, d'abandonner une possession aussi onéreuse (1653). L'Ordre la vendit à une nouvelle compagnie de marchands français, qui s'y établit en 1665. Ce fut tout profit pour la colonie qui, entre les mains intelligentes des commerçants, atteignit un degré de prospérité dont assurément les chevaliers de Malte ne l'auraient jamais dotée.

Tous ces faits, à partir de la coupable concession de Lascaris au pape, prouvent que ce grand maître, malgré certaines qualités louables, n'avait ni la fermeté, ni la rectitude de jugement nécessaires dans l'exercice de l'autorité souveraine; cependant, dans certaines occasions importantes, il ne laissa pas de déployer une louable énergie. Nous en citerons une entre autres : on apprit, un jour, à Malte, que cinq galères de la Religion avaient été menacées d'être coulées à fond dans le port de Gênes; il paraît que ces bâtiments s'étaient contentés de saluer la ville et la capitane du roi d'Espagne, et avaient refusé d'adresser la même politesse aux galères de Gênes. Le gouverneur avait contraint les chevaliers de céder, sous peine d'être foudroyés par les batteries de la place. A la nouvelle de l'insulte faite à l'Ordre, le grand maître déclara qu'aucun Génois ne serait admis dans la Religion avant que la petite république eût donné toutes les satisfactions désirables. Gênes eut beau négocier et solliciter, elle fut obligée de demander grâce.

Lascaris mourut le 14 août 1657, après un long magistère qui, malgré des fautes nombreuses, n'avait pas été sans gloire et sans utilité pour l'ordre de Malte.

Dans les dernières années de son existence, ce grand maître avait fait construire le fort Sainte-Agathe destiné à défendre l'anse de la Melleha; dès ce moment, l'île fut à l'abri d'un coup de main des Barbaresques dans sa partie nord-ouest.

Magistères de Redin et de Cler-

mont. Les chevaliers avaient jeté les yeux sur le bailli de Redin, vice-roi de Sicile, pour remplacer Lascaris; mais ce choix était contraire aux vues du pape, qui chercha, en conséquence, à le prévenir. L'inquisiteur déclara que Sa Sainteté s'opposait formellement à la nomination du bailli, pour raisons de simonie et d'indignité. En même temps, il mit en œuvre tous les moyens dont il disposait, pour faire avorter l'élection du candidat des chevaliers. Ces efforts furent inutiles. Les adversaires de l'inquisiteur acceptèrent sa résistance comme un défi; ils se piquèrent d'honneur, et Redin fut proclamé grand maître. Irrité de sa défaite, le représentant du pontife protesta énergiquement contre l'élection; il espérait que le saint-siége partagerait son ressentiment et s'empresserait de le venger; mais la politique dicta à la cour de Rome une conduite toute différente. Le pape, réfléchissant au danger d'entrer en hostilité avec un délégué du roi d'Espagne, approuva officiellement la nomination de Redin. Pour comble d'humiliation, l'inquisiteur fut obligé de porter lui-même le bref du pape au grand maître, et d'annoncer au conseil réuni que l'ancien vice-roi était reconnu comme prince légitime de Malte.

Redin s'empressa de mettre les côtes de l'île encore mieux à l'abri des descentes nocturnes des corsaires. Il fit construire, de distance en distance, le long du littoral, des tours garnies de pièces d'artillerie; les paysans des campagnes voisines y venaient monter la garde.

Au moment où il se disposait à exécuter d'autres projets d'utilité publique, Redin fut frappé par la mort (6 février 1660.) Son successeur, Chattes Gessan Annet de Clermont, ne régna que trois mois.

Magistères des deux Cotoner. La guerre de Candie préoccupait encore vivement les Turcs et la chrétienté, lorsque Raphaël Cotoner fut appelé à la grande maîtrise. Malte ne cessait d'envoyer des vaisseaux au secours des Vénitiens, mais ces renforts étaient loin de suffire pour délivrer Candie. Louis XIV fournit à cette espèce de croisade un contingent de trois mille hommes. Tous ces soins, tous ces généreux efforts furent inutiles; une puérile querelle de préeminence donna définitivement l'île au Grand Seigneur: Gênes s'était décidée à un armement considérable en faveur des Vénitiens, à la seule condition d'être traitée par eux sur un pied d'égalité parfaite. Venise refusa et perdit sa riche colonie. Dans tous les combats qui eurent lieu entre l'armée chrétienne et les musulmans, maîtres de la Canée, les troupes de Malte se firent particulièrement remarquer par leur intrépidité et leur sang-froid.

Raphaël Cotoner, après un magistère de trois ans (*), céda la place à son frère Nicolas, second exemple d'une pareille succession dans l'ordre de Saint-Jean. Le nom du dernier est resté célèbre dans les fastes de la Religion; il se distingua surtout par ses talents diplomatiques, par sa rare capacité, la hardiesse de ses conceptions et la loyauté de son caractère.

Ce fut à lui que Louis XIV demanda assistance pour une expédition sur les côtes d'Afrique, expédition qui avait pour objet de construire sur le littoral barbaresque une forteresse sous le canon de laquelle les navires français pussent braver les corsaires d'Alger et de Tunis. Le village de Gigelli, situé à égale distance de Bougie et d'Alger, fut choisi comme le lieu le plus favorable à l'exécution de cette entreprise. On pensa qu'un vieux château dont on apercevait encore les fortifications au sommet d'une montagne escarpée, servirait d'asile au premier noyau de la colonie projetée. Le duc de Beaufort, grand amiral de France, fut chargé de l'opération qui ne laissait pas d'être difficile. Il fut rejoint à Mahon par l'escadre de Malte, et se dirigea immédiatement vers l'endroit désigné. Le débarquement s'opéra sans obstacle de

---

(*) Il mourut le 20 octobre 1663. Les chevaliers lui firent élever un somptueux tombeau dans la chapelle d'Aragon.

MALTE.

Fragments d'Architecture antiques.

la part des Arabes, et l'on commença la construction du nouveau fort; mais bientôt attaqués de tous côtés par des ennemis innombrables, les Français et leurs alliés furent forcés de se rembarquer, laissant à terre une arrière-garde de quatre cents hommes qui fut taillée en pièces par les indigènes.

L'honneur des chevaliers ne tarda pas à trouver une occasion de se relever. Plusieurs rencontres des galères avec les pirates musulmans augmentèrent le nombre des esclaves de Malte et vengèrent les chrétiens massacrés à Gigelli. Nous ne saurions taire plusieurs actions d'éclat qui marquèrent, comme autant d'épisodes glorieux, ces luttes maritimes. Les chevaliers de Trémicourt et de Cremville, commandant l'un une petite frégate, l'autre un vaisseau de quarante canons, furent entourés, dans les mers du Levant, par une flotte turque de dix gros bâtiments de guerre et de douze saïques. Les deux chevaliers acceptèrent bravement le combat; au bout de quelques instants, les Turcs, étonnés de leur bravoure, et foudroyés par le feu des deux navires maltais, prirent la fuite, en abandonnant aux chrétiens quatre de leurs embarcations chargées de riches marchandises d'Égypte. A la même époque, le chevalier d'Hocquincourt fit retentir l'Europe du bruit d'un exploit presque fabuleux : il fut attaqué dans le port de l'île Dauphine par trente-trois galères du sultan. Sur terre et sur mer il était environné d'ennemis qui faisaient sur son vaisseau un feu continuel. Quoiqu'il ripostât avec vigueur, il n'aurait pu résister longtemps aux boulets qui brisaient son gréement et criblaient son navire, si les Turcs ne s'étaient décidés à tenter l'abordage. Alors les Maltais purent se défendre avec plus d'avantage contre des adversaires qu'ils combattaient corps à corps. L'amiral ottoman, furieux de voir ses soldats précipités dans les flots ou succombant sous les coups d'une poignée de chrétiens, fit lancer sa capitane avec tout l'effort de sa chiourme à l'encontre de la galère ennemie; mais le mouvement imprimé par les rameurs, et le vent qui s'était levé, jetèrent le vaisseau amiral hors de la rade; la même brise permit à d'Hocquincourt d'échapper à l'escadre turque et de se réfugier dans le port chrétien le plus voisin. Plus de six cents musulmans avaient péri dans ce terrible combat, et plusieurs bâtiments du Grand Seigneur avaient été coulés à fond.

Ce chevalier sans peur devait, peu de temps après, terminer sa carrière par une mort moins digne de lui : assailli par une tempête violente, sa galère fit naufrage sur un écueil de l'île Scarpanto, et s'engloutit en entraînant dans l'abîme tous ceux qui la montaient.

Le nom de Trémicourt fut aussi publié avec admiration dans toute la chrétienté. Son frère avait péri malheureusement dans un combat naval; l'occasion de le venger se présenta bientôt : avec un seul bâtiment, il défit complètement cinq gros vaisseaux tripolitains. Mais il devait bientôt expier sa victoire. Assailli par une tempête furieuse, il fut jeté sur les côtes de Barbarie et fait prisonnier par les Arabes. On le mena d'abord à Tripoli, dans l'espoir que le sultan de cette régence serait charmé de tenir à sa disposition le vainqueur de ses cinq vaisseaux; mais ce prince fit taire son ressentiment, et jugeant que l'envoi d'un prisonnier maltais au Grand Seigneur lui attirerait la faveur de son suzerain, il ordonna de transporter l'infortuné Trémicourt à Andrinople. Mahomet IV fit comparaître le chevalier en sa présence; il fut frappé de l'attitude digne et fière du jeune homme, et conçut l'espoir de le décider à entrer à son service. Il ordonna que le captif fût entouré de tous les soins et de tous les égards que méritait sa position. Bientôt on en vint aux séductions de tout genre pour l'engager à embrasser l'islamisme, mais Trémicourt fut inébranlable, et résista aux propositions les plus flatteuses. Alors on employa la violence : on soumit le chevalier à un régime cent fois pire que celui des esclaves dans les bagnes de Barbarie; on l'enferma dans un sombre cachot, et là, tous les supplices que peut inventer la cruauté la plus raffinée, on les lui fit subir. Enfin quand le sultan vit que son prisonnier, brisé et mutilé par les bourreaux, persistait à prier le Dieu des chrétiens, il fut assez généreux pour lui faire trancher la tête. Le corps du supplicié ne fut pas, suivant l'usage, exposé aux regards de la foule; pour le soustraire à la vénération des chrétiens, Mahomet le fit jeter dans la rivière qui baigne les murs d'Andrinople.

Le 16 septembre 1669, l'île de Candie tomba définitivement au pouvoir des Turcs. Sept mille Français, quatre mille cinq cents Allemands, trois mille soldats commandés par le comte de Waldeck, cent cinquante chevaliers teutoniques, le contingent de Malte et les troupes vénitiennes, ne purent défendre cette colonie contre le grand vizir Achmet. Le bataillon maltais sortit cruellement décimé d'une place qui avait dévoré inutilement des milliers de défenseurs.

Le succès des armes ottomanes à Candie fit craindre au grand maître que le sultan ne reprît les projets de ses prédécesseurs contre Malte. Son attention se porta en conséquence sur les fortifications de la Cité Valette et des faubourgs. Il fit venir du Piémont un ingénieur habile, nommé Valpergue, qui exécuta les travaux dont il avait conçu l'idée première. Il fit élever d'abord la vaste enceinte qui a conservé le nom de *Cotonère*, et qui fut principalement destinée à recevoir les habitants des campagnes dans un danger pressant. Il fit ensuite ajouter de nouveaux ouvrages à la Floriane, tels que deux boulevards, l'un sur le port Musciet, l'autre sur la grande Marse. Pour rendre ce dernier port tout à fait inaccessible à une flotte ennemie, il fit élever sur la pointe qui regarde le château, Saint-Elme, un fort baptisé du nom du commandeur Ricazoli (*). Enfin Cotoner fonda un lazaret dans le port Musciet, établissement qui

(*) Ce chevalier donna trente mille écus pour la construction de cette importante citadelle.

jusque-là avait manqué à la capitale.

Quelques années avant sa mort, le grand maître édifia l'Europe par un acte de rare générosité : l'Angleterre avait tout fait pour se rendre odieuse à l'Ordre; elle avait confisqué ses possessions et persécuté ses membres. Malgré ces griefs, Cotoner, à la première nouvelle de la guerre déclarée par Charles II au sultan de Tripoli (1675), ouvrit les ports de Malte aux bâtiments anglais; il fit plus, il offrit à la flotte britannique toute espèce de secours en vivres et en munitions de guerre. C'était agir chrétiennement; aussi les applaudissements de l'Europe ne manquèrent-ils pas au grand maître.

Un an après, un événement cruel prouva la sagesse des prévisions de Cotoner qui avait fait construire, malheureusement trop tard, un établissement de quarantaine. La peste envahit l'île de Malte, et y exerça d'horribles ravages. Le couvent ne fut pas plus épargné que l'humble demeure du paysan; les membres de l'Ordre furent décimés par le fléau; de vingt et vingt-cinq chevaliers qu'il y avait toujours à bord des galères, à peine en resta-t-il neuf ou dix. Parmi ceux qui montaient la capitane, onze seulement furent épargnés.

Nicolas Cotoner mourut le 29 avril 1680, à l'âge de 73 ans.

Magistères de Caraffa et du second Vignacourt. Il y a 128 ans que la langue d'Italie n'avait fourni aucun grand maître, lorsque Caraffa, Napolitain de naissance, fut désigné pour succéder à Cotoner. D'importants devoirs mirent sa sollicitude à l'épreuve dès les premiers instants de son magistère. Les Turcs étaient aux portes de Vienne; la Pologne, Venise et Rome s'étaient coalisées pour secourir l'Empire aux abois. C'était une nécessité pour l'ordre de Malte de prendre part à cette croisade contre les musulmans qui menaçaient l'Europe occidentale de déborder sur elle. Caraffa le comprit; mais comme la Religion ne pouvait envoyer ses chevaliers sur le théâtre même de la guerre, le grand maître dut se borner à opérer une diversion.

Les galères maltaises parcoururent les côtes de Barbarie, jetant l'épouvante parmi les corsaires alliés du sultan. Elles chassèrent les infidèles des îles de Prévésa et de Sainte-Maure; peu après, elles contribuèrent à la prise de Coron; l'année suivante, Navarin et Modon les virent joindre leurs efforts à ceux des escadres de Venise et du pape. Napoli de Romanie, capitale de la Morée, céda aux armes de la ligue chrétienne, après un siége qui coûta la vie à dix-neuf chevaliers. Loin de s'épuiser dans ces combats meurtriers, l'Ordre semblait y puiser une vigueur nouvelle; les galères, portées au nombre de huit par les soins et les sacrifices de Caraffa, firent trembler les habitants des côtes de la Dalmatie et s'emparèrent de Castel-Nuovo, clef de la mer Adriatique. Mais tant de succès devaient avoir un terme: les chevaliers et leurs alliés échouèrent contre la forteresse de Négrepont, sous les murs de laquelle périrent un grand nombre des membres les plus distingués de l'Ordre.

La même année (1689) le grand maître mourut à l'âge de 76 ans.

Un nouveau Vignacourt prit sa place. Il s'empressa de faire constater les pertes que l'Ordre avait essuyées dans les diverses entreprises qui avaient occupé le règne de son prédécesseur. Beaucoup de chevaliers avaient péri, et avec eux un plus grand nombre de Maltais, qui, pour la plupart, laissaient des familles sans autres moyens d'existence que la solde payée à leurs chefs, en échange de leurs obscurs services. Le grand maître et ses chevaliers vinrent à leur secours avec une louable générosité. Ce devoir une fois rempli, on s'occupa activement de construire, pour les galères, un arsenal mieux en rapport que l'ancien avec l'importance des nouveaux armements.

Le magistère de Vignacourt, peu fertile en événements militaires, est remarquable par un fait désastreux, avant-coureur d'événements qui ne devaient s'accomplir qu'un siècle plus tard.

Le 11 janvier 1690, un tremblement de terre qui dura trois jours sur une partie de la côte orientale de la Sicile, et se fit même sentir jusqu'à Malte, détruisit Augusta où l'Ordre avait des magasins de blé et des fours où se fabriquait la presque totalité du biscuit nécessaire à l'approvisionnement de sa marine. Ce désastre, qui coûta aux Maltais beaucoup d'argent, des prières publiques, trois jours de jeûne, et, ce qui pour eux était le pis, la perte d'un carnaval, était à peine réparé, qu'ils se virent menacés d'une mesure qui aurait eu des conséquences bien autrement graves. C'était le temps où Louis XIV commençait à expier ses victoires et son orgueil. Il n'était pas alors un souverain en Europe qui ne fût préoccupé de la nécessité d'augmenter ses ressources, et qui ne fût tenté, par conséquent, de faire usage de celles dont il n'était privé que par suite de priviléges au moins contestables. Louis XIV donc et le duc de Savoie pensèrent, en 1694, à imposer les biens que l'Ordre possédait dans leurs États. Ils s'adressèrent toutefois à Innocent XII, afin de faire légitimer ce qui, dans les mœurs du temps, aurait été, sans cela, une véritable impiété; le pontife accorda tout ce qu'on lui demanda. La consternation fut grande à Malte dès que cette nouvelle y fut connue. L'Ordre, en effet, n'était rien réduit à ses deux rochers, et il n'était pas douteux que l'Espagne, le Portugal, la Sicile, toutes les puissances en un mot, ne s'empressassent de suivre l'exemple donné par le roi de France et le duc de Savoie. « Heureu-
« sement, dit le chevalier de Boisgelin,
« ces souverains reconnurent bientôt,
« et comme de concert, les priviléges
« de l'Ordre, et se désistèrent de leurs
« desseins. »

Un siècle plus tard, l'assemblée législative de France fut moins timorée, et nous verrons l'ordre de Malte anéanti bien avant que Bonaparte eût provoqué la soumission du dernier grand maître. Tel est, au surplus, le sort de toutes les institutions qui, créées en vue d'un état de choses déterminé, ne savent ou ne veulent pas se modifier : elles finissent par être des inutilités quand elles ne deviennent pas des contre-sens et même des dangers. Si dès le dix-septième siècle l'Ordre de Jérusalem avait interrogé ce qui s'accomplissait autour de lui, il aurait compris que les nations qu'il protégeait jadis étaient dès lors en mesure de changer de rôle, et que bientôt allait forcément prendre fin un patronage qu'on ne voudrait plus reconnaître. Un beau rôle pouvait encore être rempli par les chevaliers, qui de moines, quelque peu corsaires, devenus commerçants intègres et actifs, auraient servi d'intermédiaires pacifiques entre l'Orient et l'Occident, et auraient vu leur utile indépendance protégée à son tour et respectée par les nations intéressées à la neutralité de ce point de relâche. Mais pour avoir cette sagesse, il aurait fallu un peu moins d'esprit chevaleresque. Le pape fit sa paix avec l'Ordre en s'immisçant dans ses difficultés avec la république de Gênes, et en les terminant. Le secret sentiment d'humiliation qu'avaient fait éprouver les projets de Louis XIV et de Victor-Amédée, fit place à la vanité quand, trois ou quatre ans plus tard, une espèce d'ambassadeur vint de la part de Pierre le Grand, jouer le premier acte d'une comédie que Paul Ier devait dénouer d'une manière non moins ridicule.

Cependant Vignacourt était mort le 4 février 1697, laissant la réputation d'un homme de bien, mais faible et accessible à ces petites prédilections qui, excusables chez un simple particulier, sont presque des crimes chez un souverain.

Magistère de Pérellos. Raymond Pérellos de Rocafull, gentilhomme aragonais, parvint, non sans peine, à obtenir la majorité. C'est au commencement de son magistère qu'arriva l'ambassadeur dont il vient d'être question. Nous empruntons au chevalier de Boisgelin le récit naïf qu'il a donné de cette représentation théâtrale :

« L'Ordre, dont les relations extérieures se bornaient presque aux seuls États chrétiens dans lesquels il avait des possessions, apprit avec autant de joie et de surprise qu'il était sollicité de les étendre et d'en contracter de nouvelles.

« Sacchetti, son ambassadeur à Rome, écrivit à Malte qu'un boyard russe, général des armées moscovites, et ambassadeur de Pierre Ier, avait le désir de visiter cette île, et que, dans un discours prononcé en présence d'Innocent XII, il s'était exprimé, à ce sujet, dans les termes les plus flatteurs pour les chevaliers, disant : « qu'après avoir vu la ville la plus fameuse du monde, la cité sainte de Dieu, les reliques sacrées des apôtres saint Pierre et saint Paul ; qu'après avoir reçu la bénédiction de sa sainteté le vicaire de Jésus-Christ, il avait résolu de se rendre auprès des héros les plus fameux de l'Église militante, c'est-à-dire, l'ordre sacré de Malte. »... Dès que le grand maître eut fait part au conseil de l'arrivée d'un personnage aussi considérable, (Sacchetti l'annonçait même comme parent du czar), il fut résolu de le recevoir avec la plus grande distinction. On régla ainsi le cérémonial de sa réception : que le grand maître de la maison de Pérellos irait à sa rencontre, accompagné de plusieurs chevaliers ; qu'au moment de son débarquement, on le saluerait à la porte d'Italie de douze coups de canon ; que le grand écuyer du palais magistral l'attendrait sur le rivage *avec la seconde voiture de parade et plusieurs autres carrosses et calèches;* que ce cortége le suivrait jusqu'au palais ; que le grand maître de la maison du grand maître ne le quitterait que lorsqu'il aurait joint Pérellos, lequel viendrait au-devant de lui jusqu'à la pièce précédant immédiatement la grande salle, et lui prendrait la main, qu'il tiendrait jusqu'au siége qui lui aurait été préparé dans la place la plus honorable, auprès de celui du grand maître ; qu'à la table du grand maître il aurait la prééminence sur les grands-croix ; qu'à l'église de Saint-Jean il serait assis où le sont ordinairement les évêques, et qu'il aurait *deux coussins de velours;* qu'il logerait au palais

Cotoner ; que le cérémonial de son départ serait le même que celui de son arrivée... Kzérémetz, parti de Rome avec ses deux frères et sa suite, passa à Naples et débarqua à Malte le 12 mai 1698... Lorsqu'il fut en présence du grand maître, *il le harangua en latin*, lui donnant le titre de prince sérénissime et révérendissime. Il s'annonça comme venant *du pôle hyperboréen* pour rendre hommage à la valeur des guerriers célèbres de l'ordre militaire de Malte ; pour admirer dans la personne du grand maître un chef aussi redoutable à ses ennemis qu'agréable à ses sujets ; ensuite il se félicita d'être à Malte, cette pierre angulaire devant laquelle les croissants des Turcs étaient venus s'éclipser, et conclut par remercier le grand maître du bon accueil qu'on lui avait fait, et par l'assurer qu'il en rendrait un compte fidèle à son maître. Après son discours, auquel on répondit dans les termes les plus obligeants, il remit à Pérellos une lettre de l'empereur Léopold, qui le recommandait particulièrement, et dans laquelle étaient énumérés les importants services qu'il avait rendus, et comme militaire, dans plusieurs campagnes contre les Turcs et le kan de Crimée, et comme négociateur, dans les traités qu'il avait heureusement conclus avec la Pologne et l'empereur de Germanie. Sur le revers de la même lettre en était une autre du czar de Moscovie, adressée au grand maître et au conseil. Ce prince y faisait part de ses victoires contre les Turcs, et du renouvellement de la ligue faite entre lui, l'empereur et la république de Venise, contre les ennemis de la croix ; il espérait que ces nouvelles seraient agréables aux chevaliers, et qu'ils voudraient bien avoir le plus grand soin de son boyard intime, Boris Pétrowitz Kzérémetz, les assurant que Sa Majesté czarienne n'oublierait jamais les bons offices qu'ils lui rendraient. Son audience terminée, Kzérémetz fut conduit au palais Cotoner, l'habitation la plus vaste et la plus magnifique de la ville...

« Ayant fixé le 19 mai pour le jour de son départ, il se rendit au palais magistral, où il avait été invité à dîner avec ses deux frères ; mais, auparavant, le grand maître le fit entrer dans son appartement ; il lui fit part du décret unanime des membres du conseil, par lequel il était prié d'accepter une croix semblable à la leur ; il ajouta que, pour la rendre encore plus respectable, *elle avait touché un morceau de la vraie croix et la main de saint Jean-Baptiste*, patron de l'Ordre, deux reliques soigneusement gardées dans le trésor... Kzérémetz se mit aussitôt à genoux, et Pérellos lui passa autour du cou une chaîne d'or, à laquelle était attachée la croix de Malte, qu'il reçut avec les marques du plus profond respect... Il dîna ensuite chez le grand maître, étant placé à sa droite, et s'embarqua le soir même, avec sa suite, sur deux galères de la Religion, qui le laissèrent au cap Passaro. Celles du pape avaient ordre de l'escorter jusqu'à la fin de sa traversée. »

Il est remarquable que Kzérémetz ne dit pas un seul mot qui exprimât le désir qu'aurait eu le czar de voir les chevaliers de Malte entrer dans la ligue qu'il avait conclue avec Léopold et la république de Venise ; on le décora « à cause du sacrifice qu'il avait fait de venir de pays aussi éloignés ; » de politique, pas un mot ; il partit, et ce fut tout. Malte avait déjà baissé dans l'opinion des puissances, et la Russie avait encore besoin du contre-seing de l'un de ses voisins pour faire bien venir ses grands seigneurs, sauvages à demi. On a prêté à Pierre le Grand, dans cette circonstance, des vues politiques que rien n'indique ni ne justifie, à notre avis. Malte ne pouvait le tenter ; et s'il avait eu besoin de son alliance, son boyard intime, comme il appelle Kzérémetz, en eût certainement parlé. Partout où brillait un peu de lumière, partout où s'alimentait la renommée, Pierre voulait que son nom et celui de son peuple fussent connus et répétés ; du reste, il sentait ses forces ; et, quand il se cherchait des alliés contre les Turcs, il pensait à l'Allemagne et à Venise avant de s'inquiéter des galères de la Religion.

L'année suivante vit se terminer, par l'intervention d'Innocent XII, les fâcheuses dissensions qui s'étaient élevées au chef-lieu de l'Ordre entre les deux pouvoirs ecclésiastiques, séculier et régulier, de l'Ordre. L'évêque et le grand prieur de l'Église avaient fini à la longue par empiéter mutuellement sur leurs juridictions, de sorte qu'il fallut recourir à l'autorité supérieure pour régler et modifier leurs prétentions réciproques. Bientôt ce fut au tour de l'inquisition d'apporter sa part de désordre. L'inquisiteur Delci poussa les choses si loin, que le grand maître fut contraint d'en appeler à Louis XIV (1712); mais cette querelle déjà si vieille ne put jamais être complétement vidée, le pape et le grand maître étant tour à tour et vis-à-vis l'un de l'autre le protecteur et le protégé.

De l'aveu même des historiens, les forces navales des chevaliers étaient restées longtemps au-dessous de celles des puissances barbaresques, leurs ennemis naturels, et durant quatre-vingts ans environ ils s'étaient vus dans l'impuissance, faute de vaisseaux de guerre, de protéger efficacement les côtes exposées aux descentes des Algériens et des Tunisiens. Le grand maître Pérellos résolut vers 1704 de remédier à ce désavantage. Le chevalier de Saint-Jean, le frère du bon abbé, auteur de la Polysinodie, fut chargé, en qualité de capitaine de vaisseau du roi de France, de procéder à la construction et à l'organisation d'une escadre composée de bâtiments de haut bord. A peine cette escadre entra-t-elle en campagne (1706), qu'elle se signala en poursuivant trois navires tunisiens et en s'emparant du vaisseau amiral, de cinquante canons, qui vint augmenter les forces navales de la Religion sous le nom de *Sainte-Croix*. Plus tard (1707), le commandeur de Langon passait à travers la flotte algérienne qui assiégeait Oran, et il jetait du secours dans la place; en 1708, le même officier se met à la poursuite du pacha Ali-Oglou-Stamboli, qui, avec quatre sultanes et un brigantin, tentait une descente sur les côtes de la Calabre. Le commandeur, avec un seul vaisseau, brûle la capitane de cinquante-six canons, montée par le pacha; et avec elle une tartane de douze canons. Puis il se dirige sur les côtes d'Espagne, à la demande de Philippe V, et s'empare encore de la capitane d'Alger. Ce dernier combat coûta la vie à ce brave marin; mais il laissait un digne successeur dans la personne d'Adrien de Langon, son parent. Celui-ci, commandant, en 1713, le vaisseau *la Sainte-Catherine*, attaque sept vaisseaux algériens, les met en fuite, et s'empare de l'un d'eux armé de quarante canons et monté par quatre cents hommes d'équipage. En 1714, il coule à fond un autre corsaire algérien de cinquante-six canons et cinq cents hommes d'équipage. La Méditerranée fut de nouveau nettoyée des écumeurs qui l'infestaient.

Ces succès, qui montrent ce qu'aurait pu faire l'ordre de Malte s'il avait su se moins préoccuper d'idées qui déjà n'étaient plus de son siècle, imposèrent sans doute à la Porte Ottomane, qui essaya par deux fois, et à longs intervalles, de reprendre les hostilités, mais qui, chaque fois, dut s'arrêter devant l'empressement des chevaliers à accourir de toutes parts se ranger sous l'étendard de la Religion.

Le long magistère de Pérellos (car il dura vingt-deux ans) ne fut pas sans gloire; ce prince se montra toujours ferme, généreux, et rigide observateur de la discipline, autant du moins que le permettaient les mœurs des chevaliers. On peut résumer ainsi les faits qui marquèrent son règne : il protesta contre l'abus que la cour de Rome faisait des dignités de l'Ordre, augmenta les magasins construits par Vignacourt, son prédécesseur, fit réparer les fortifications de l'île, veilla à ses approvisionnements, et déploya sur tous les points une activité que son successeur n'eut pas le temps d'imiter.

Magistères de Zondodari et de Vil-

hena. Pérellos était mort le 10 janvier 1720, et dès le 16 juin 1722, Zondodari qui, en qualité de bailli, l'avait activement secondé dans le rétablissement de la flotte, avait cédé la place à don Manoël Vilhena, élu à l'unanimité.

Sous ce grand maître, Malte vit compléter ses fortifications. L'île et le port de Musciet, dont les Turcs s'étaient emparés si facilement lors du grand siége, et qui leur avait valu de si précieux avantages, fut défendu par un fort, et le flanc de la Cité Valette qui regarde l'intérieur de l'île fut protégé par un faubourg admirablement fortifié (1735). Ce faubourg était lui-même abrité derrière la vaste enceinte de la Floriane.

L'événement le plus remarquable du règne de Vilhena est le traité qui fut sur le point d'être conclu avec la Porte pour l'échange des esclaves. Les circonstances qui l'amenèrent méritent que nous nous y arrêtions un instant. Le rapide résumé que nous donnons de l'histoire des chevaliers de Saint-Jean de Jérusalem a suffi sans doute pour faire déjà comprendre que cet Ordre, devenu exclusivement militaire, ne ressemblait pas le moins du monde à une association philanthropique et religieuse. Les principes de morale qui, à la faveur des lumières, s'étaient propagés en Europe, avaient continué à être dédaignés par les chevaliers. Ces frères qui, sous le nom d'*hospitaliers*, n'avaient pas cessé de prêcher l'égalité des hommes devant Dieu, violaient cette égalité sous le prétexte d'un absurde talion, et on ne peut s'empêcher d'être saisi d'un douloureux étonnement en voyant, au dix-huitième siècle, l'esclavage et toutes ses horreurs, conservé, comme chose presque sacrée, dans le coin de la chrétienté qui aurait dû, plus que tout autre pays, être pour les infidèles comme pour les croyants, la terre de justice et de fraternité. Les Turcs couraient les mers, faisant des esclaves; les Maltais leur rendaient précisément la pareille; Malte avait des esclaves mahométans et la Turquie des esclaves chrétiens; on se les enlevait, on les rachetait mutuellement, mais il était rare qu'on les échangeât. Vilhena parvint cependant à y décider le sultan; voici à quelle occasion :

Méhémet-Effendi, ambassadeur de la Porte à Paris, avait racheté à Malte un esclave nommé Ali. Ce malheureux qui, disent certains historiens, avait été fort bien traité par les chevaliers, et avait même été nommé *liman*, ou chef des esclaves, après avoir servi dix ans sur les galères, n'avait pas apparemment apprécié tant de faveurs, et, à peine de retour à Constantinople, s'était décidé à faciliter la conquête de l'île. Le divan ayant approuvé son plan, arma dix vaisseaux. Ces forces n'étaient pas suffisantes pour s'emparer ouvertement de la Cité Valette, et Ali ne sut pas mettre à profit pour une surprise les connaissances locales sur lesquelles il avait compté. Le capitan Abdi trouvant les côtes en état de défense, n'osa rien entreprendre, mais, avant de se retirer, il fit parvenir au grand maître une lettre « conçue en termes fort déplacés et très-méprisants, par laquelle le sultan redemandait les esclaves qui se trouvaient *dans le misérable gouvernement de l'île de Malte.* » Cette lettre finissait par ces mots : « *Envoyez votre réponse à Tunis.* » Il était difficile de dire plus d'injures en moins de mots; car, indépendamment du refus de traiter directement, le choix de l'intermédiaire imposé était encore significatif : Tunis, Alger et Tripoli n'ont jamais eu à Constantinople une réputation meilleure que sur les côtes de France, d'Italie ou d'Espagne. Nous ne saurions dire quels motifs secrets engagèrent Vilhena à dévorer cet affront, et à s'en faire, au contraire, une occasion de traiter amicalement avec la Porte. M. de Bonac, alors ambassadeur de France à Constantinople, remit au divan, de la part du grand maître, une lettre dans laquelle Vilhena disait « que l'institution de l'Ordre n'était pas de courir les mers pour faire des esclaves, mais de croiser avec ses armements pour assurer la navigation des bâtiments chrétiens; que les chevaliers n'attaquaient que ceux qui troublaient le commerce, et qui, voulant mettre les chrétiens en esclavage, méritaient eux-mêmes d'y être réduits; qu'ils n'avaient rien tant à cœur que de délivrer ceux des leurs qui étaient dans les fers, et que si Sa Hautesse avait les mêmes intentions, il était prêt à négocier la liberté réciproque des esclaves, ou par échange, ou par rançon, suivant l'usage reçu parmi les princes; que Sa Hautesse lui fît connaître ses intentions, et qu'il n'oublierait rien pour les seconder, etc. » Il est probable que M. de Bonac sut pallier ce que cette missive dut offrir de singulier au divan, peu accessible, surtout à cette époque, à ce que dans notre Europe nous appelons la noblesse des procédés. Les Turcs prennent tout cela pour des effets de la crainte, et celle-ci ne les trouve jamais disposés à merci ni pitié. Cette affaire prenait toutefois une bonne tournure, et un traité d'échange, portant trêve pour vingt ans, allait être signé, quand le capitan-pacha parvint à faire perdre à M. de Bonac le fruit de son habileté, et au grand maître celui de sa longanimité. Il est vrai de dire que, pendant cette négociation, eut lieu un fait d'armes qui, bien que dirigé contre un vaisseau tunisien, ne dut pas moins irriter l'amour-propre des musulmans de Constantinople. Le Grand Seigneur avait donné au bey de Tunis un vaisseau excellent voilier : ce bâtiment, armé de quarante-huit canons et de quatorze pierriers, et monté par quatre cents hommes d'équipage, faisait, suivi d'une tartane, des courses entre les îles Maritimo et Pantalerie. *Le Saint-Jean* et une frégate de la Religion les attaquèrent, et s'en emparèrent après quatre heures de combat.

Ces préoccupations ne furent pas troublées par les querelles de prééminence qui, sous les magistères précédents, avaient mis l'autorité ecclésiastique de Malte aux prises avec le grand maître. Cet heureux état de choses était dû à la bienveillance toute particulière de Benoît XIII pour Vilhena.

Les historiens de l'Ordre rappellent avec complaisance que ce pape lui envoya un de ses camériers d'honneur lui offrir l'estoc et le casque que lui-même avait bénits solennellement à la fête de Noël.

Magistères de Raymond Despuig et de Pinto. Vilhena mourut le 12 décembre 1737. Raymond Despuig, originaire de Mayorque, fut élu à sa place et ne lui survécut que de trois ans.

L'avénement de Pinto de Fonseca (1741) marque comme une nouvelle ère dans l'histoire de l'Ordre. Cet homme, doué d'une volonté ferme et d'une hauteur de caractère qui imposait à ceux même qui l'approchaient le plus familièrement, avait de grandes qualités, de grands talents et des vices plus grands encore. Sous son règne, les mœurs des chevaliers se modifièrent sensiblement, mais en mal. On sentait la main d'un maître et d'un maître soupçonneux et arrogant. Le palais magistral vit pour la première fois des courtisans qui, pour plaire au souverain, et peut-être aussi pour tromper sa vigilance, affectaient une facilité de conduite, déguisée jusqu'alors sous des dehors mieux en harmonie avec l'austérité de l'institution. La corruption n'était pas plus grande, mais elle était plus ouverte; on disait ce qu'on n'avait encore que pensé, on faisait ouvertement ce qu'on avait caché jusque-là. La Cité Valette était devenue un quartier de Venise; il ne lui manquait que l'esprit et la richesse d'imagination de son voluptueux modèle. Il est vrai aussi qu'il n'y avait là ni poignard, ni poison, ni conseil des dix. Mais il eût mieux valu toutes ces choses et que les chevaliers eussent cessé de faire des vœux qu'ils ne pensaient plus à observer. Du reste, le cynisme de Pinto encourageait ce débordement d'immoralité. Il se plaisait aux spectacles les plus honteux. Carasi raconte qu'il s'égayait souvent à donner des *cocagnes* d'un genre tout particulier. Nous avons dit dans les premières pages de cette notice, que ce divertissement public consistait à livrer l'as-

GOZE. (Tour des Géants.)

Seconde entrée, Vue prise du Sanctuaire à droite, on voit dans le fond le Sanctuaire qui est à gauche.

saut à un vaste treillage, garni d'un grand nombre de comestibles et d'animaux vivants. Pinto y avait introduit un étrange raffinement : il faisait dresser l'appareil dans l'intérieur du palais magistral, et remplaçait les comestibles par des bijoux d'argent et d'or. Les acteurs de la lutte étaient tenus de se dépouiller de leurs vêtements, et au signal donné par le voluptueux Portugais, cette foule d'assaillants, complétement nus, se précipitait sur le treillage.

Le vulgaire qui se laisse prendre aux apparences, ne se doutait pas qu'ainsi s'en allait en lambeaux cette société factice. Malte était tranquille ; les galères de la Religion continuaient à châtier de temps à autre les écumeurs de mer qui se hasardaient sur les côtes voisines ; les souverains d'Europe témoignaient à Pinto la considération due à son habileté. Une république pensait même à se débarrasser à son profit d'une coûteuse et peu sûre possession, car peu s'en fallut que les Génois ne lui créassent un royaume avec la Corse, déjà convoitée par la France. Tout cela séduisait, aveuglait les chevaliers et les sujets de l'Ordre, qui répétaient à l'envi les louanges de leur grand maître et tremblaient de lui déplaire. Sous ce magistère, qui dura trente-deux ans et fut l'un des plus longs, il y eut, on le pense, peu d'événements importants à l'extérieur. Malte n'était plus qu'un point dans la mer ; le temps n'était pas arrivé où ses rochers, devenus un point stratégique et disputés par deux grandes nations, devaient marquer d'une manière éclatante dans l'histoire du monde, et retomber ensuite dans leur ancienne obscurité. Mais si aucun fait saillant n'appela sur l'Ordre l'attention des étrangers, il en est un qui, accompli dans son sein, est digne de mémoire. Nous voici de nouveau en présence des esclaves. Nous nous abstenons, quant à présent, de toute nouvelle réflexion à ce sujet, nous nous bornerons à rassembler les détails fournis par plusieurs historiens, sans prendre d'autre soin que de les disposer de façon à en former un ensemble facile à saisir.

En 1749, il y avait à Malte environ mille esclaves turcs, barbares, grecs ou maures ; les uns distribués sur les galères, composaient la plus grande partie des chiourmes ; les autres étaient placés dans les différents arsenaux et magasins, ou occupés aux travaux du port et des fortifications. Un grand nombre servaient encore chez les habitants, et il était peu de chevaliers ou dignitaires de l'Ordre qui n'en eussent dans leur maison, en qualité de valets, de palefreniers ou de cuisiniers. Le grand maître lui-même en avait deux à qui il avait donné toute sa confiance, et qui pouvaient à toute heure arriver jusqu'à lui. Tous ces esclaves, dit-on, étaient si heureux qu'il y en avait fort peu qui eussent voulu recevoir la liberté et revoir leur patrie. Il arriva pourtant qu'ils furent un jour d'une opinion contraire : les historiens optimistes expliquent ainsi ce phénomène : Des esclaves chrétiens s'étaient révoltés et avaient heureusement conduit à Malte la galère turque dont ils formaient la chiourme. A bord de ce bâtiment se trouvait le pacha de Rhodes, frère de l'un des favoris du sultan. L'Ordre craignant de se faire une mauvaise affaire avec la Porte Ottomane, ou, ce qui est plus probable, désirant être agréable à la France alors en paix avec elle, remit le pacha entre les mains du bailli du Bocage, son ministre à Malte. Pour compléter la politesse, le pacha fut logé dans un fort beau jardin situé à la Floriane ; il y était servi par ses propres domestiques, et recevait cinq mille écus par mois. On lui permit même de voir ceux de ses compatriotes qui étaient esclaves dans l'île. Le chef de la révolte, un nègre, ne se trouvant pas suffisamment récompensé de son hardi coup de main, pensa que le sultan serait plus généreux que les chevaliers, et qu'indépendamment du pardon de sa première trahison, on lui accorderait les faveurs les plus signalées s'il parvenait à livrer Malte. Il fit faire au pacha des ouvertures auxquelles celui-ci répondit avec empressement. Son secrétaire devint en conséquence l'un des agents les plus actifs de la conspiration.

« La fête de Saint-Pierre et de Saint-Paul, premier patron de l'île, continue l'historien que nous avons souvent cité (*), se célèbre à Malte avec la plus grande solennité. Les habitants des villes et le peuple des campagnes se portaient ce jour-là en foule à la Cité Vieille, l'ancienne capitale du pays et la résidence de l'évêque de Malte. Les conjurés firent choix de ce jour pour s'emparer de la Cité Valette, comme étant celui où la plupart des chevaliers et des habitants étaient dans l'usage de la quitter de grand matin, et même la veille, pour se rendre à la Cité Vieille. Leur intention était de profiter de cette absence pour s'emparer plus facilement des postes principaux de la ville. La chaleur, qui est excessive à cette époque de l'année (juin), engage à se livrer au sommeil après le dîner, de sorte que vers une heure ou deux heures, presque tout le monde est endormi, et fait ce qu'on appelle la *siesta*; c'est ce qui les décida à fixer ce moment pour commencer les massacres au palais et dans les maisons des particuliers. Un des esclaves turcs attaché à la personne du grand maître comme son chambrier, et qu'il affectionnait beaucoup, devait entrer chez Pinto, lui trancher la tête, et l'exposer ensuite au grand balcon de son palais; cette première exécution était le signal convenu pour prévenir les esclaves d'assassiner leurs maîtres.... Des poisons avaient, en outre, été distribués à ceux qui étaient employés aux cuisines du palais et à celles des auberges des langues, de manière que ceux qui y auraient pris leur repas ce jour-là auraient été empoisonnés..... » Les différents postes une fois occupés après le massacre des gardes, « on était convenu des signaux à faire aux flottilles des puissances barbaresques : elles avaient été prévenues de la conspiration, et on attendait leur arrivée avec d'autant plus d'impatience qu'elles

(*) Le chevalier de Boisgelin.

pouvaient seules en assurer le succès... Cette affreuse conspiration se tramait avec une adresse et un secret dont il n'y a peut-être pas d'exemple dans l'histoire; et on en dut la découverte à un incident qui semblait lui être absolument étranger. Un jeune Persan, expatrié et courant le monde, s'était engagé depuis peu de mois, comme simple soldat, dans la compagnie des gardes du grand maître. Le nègre que nous avons représenté comme le premier conspirateur, jeta les yeux sur lui, comme pouvant être fort utile à ses projets; il parvint à le séduire, et il se chargea de changer les cartouches des soldats de garde au palais. Le lieu ordinaire du rendez-vous de ces deux hommes était dans un café, uniquement fréquenté par des esclaves; il était tenu par un juif nouvellement converti, ayant femme et enfants. Ce Juif, initié dans le secret de la conspiration, était même destiné à y jouer un rôle important. »

Une misérable dispute de cabaret fit avorter ce plan. Le nègre et le Persan, ivres tous deux, en vinrent aux coups, et des coups aux indiscrétions. La femme du juif effraye son mari, qui accourt tout dénoncer au grand maître, tandis que, de son côté, le Persan faisait les mêmes révélations au commandeur de Viguier, commandant des gardes du grand maître. Le nègre, arrêté aussitôt et mis en jugement, avoue son crime et nomme plusieurs de ses complices, sans trahir cependant le pacha, qui fut néanmoins l'objet d'une surveillance plus attentive : plusieurs de ses gens furent arrêtés, et lui-même fut privé des communications qu'on lui avait permises jusqu'alors avec ses compatriotes. Cependant tout n'était pas fini. Les autres esclaves, les conspirateurs, restés libres, veulent mettre à fin leur entreprise. Les moyens sont encore plus mal choisis que la première fois, car il ne s'agit plus que d'une série d'assassinats isolés. Pinto lui-même n'échappe que par miracle au poignard de son esclave favori, qui, dénoncé avant qu'il eût pu exé-

MALTE.

Reste de Maison de construction Grecque.

cuter son projet, est bientôt mis à mort avec une soixantaine de ses complices les plus compromis. L'affaire touchait à sa fin, et l'on n'avait pas encore de preuves contre le pacha. L'arrestation de son secrétaire leva enfin le voile sous lequel il était resté caché : les Maltais furieux voulaient le massacrer ; mais le grand maître, toujours empressé de plaire à la cour de France, l'enferma dans le fort Saint-Elme, jusqu'à ce qu'une frégate de Toulon fût venue le prendre nuitamment pour le transporter à Constantinople. Son secrétaire, avant de mourir, donna un singulier exemple de piété. Il s'était converti au christianisme, et comme il avait, à cette occasion, connu particulièrement le chevalier de Turgot, qui lui avait servi de parrain, il l'avait d'abord prié de recommander ses enfants au roi de France ; mais au moment où il allait être exécuté, il fit dire à ce ministre de n'avoir aucun égard à cette prière, attendu que le même Dieu qui venait de le sauver en lui pardonnant ses fautes, devait être assez puissant pour protéger ceux qu'il laissait en ce bas monde.

Ainsi finit cette échauffourée qui aurait eu certainement les suites les plus funestes pour Malte si la conspiration avait été conduite avec un peu plus de prudence. Il en résulta un régime plus sévère pour les esclaves, qui furent tous, sans exception, obligés de se rendre chaque jour au bagne dès le coucher du soleil. « Le Persan, dit en finissant le chevalier de Boisgelin, se montra indigne des grâces qu'on lui avait accordées, et sa mauvaise conduite le fit chasser de l'île. Quant au juif, outre une pension accordée à lui et à ses descendants, on lui donna une maison, sur la porte de laquelle on mit une inscription qui rappelait le service important qu'il avait rendu. Enfin, pour perpétuer à jamais la mémoire de cet événement, le grand maître et le conseil décrétèrent que chaque année on en célébrerait l'anniversaire : ce qui eut lieu jusqu'à la prise de l'île par les Français. »

Une belle occasion se présenta en 1760, pour le sultan, de reconnaître l'indulgence dont les chevaliers avaient usé envers le pacha de Rhodes, dans la conspiration des esclaves. Malheureusement pour Malte, le Grand Seigneur tenait plus à ses vaisseaux qu'à ses pachas, et sans l'intervention de la France, qui s'empressa d'acheter et de renvoyer à Constantinople le bâtiment que des captifs chrétiens avaient enlevé, dans l'Archipel, au pacha Méhémet, l'île se serait vue de nouveau menacée par les forces de l'empire ottoman. Louis XV retira quelque fruit du sacrifice qu'il venait de faire, par suite de la coopération de l'escadre maltaise à l'attaque que l'amiral de Boves reçut ordre de tenter contre les régences barbaresques ; attaque qui n'eut, au surplus, que peu ou point de résultat.

Magistère de Ximénès. Ximénès qui, à l'âge de soixante-dix ans, succéda à Pinto, mort le 24 janvier 1773, eut à déjouer une nouvelle conspiration. Cette fois, ce n'étaient plus des esclaves qui se révoltaient pour recouvrer leur liberté, mais des prêtres mécontents des concessions du pape au grand maître, et de l'affaiblissement de l'autorité inquisitoriale. On dit aussi, et nous serions porté à le croire, que certains membres de l'Ordre, dont l'ambition avait été trompée lors de la dernière élection, ne furent pas étrangers à ce mouvement, et mirent en avant, pour se couvrir, les membres des confréries religieuses de Malte et cette partie de la population qui, soumise à la juridiction de l'évêque, était toujours disposée à se joindre à ses protecteurs contre le gouvernement séculier. La présence d'esprit du garde de la poudrière du château Saint-Elme, dont trois à quatre cents conjurés s'étaient déjà emparés par surprise, sauva seule l'île d'une révolution. Cet homme, à qui on demandait ses clefs, répondit qu'il les avait oubliées chez lui, et proposa de les aller chercher, ce qu'on eut l'imprudence d'accepter. Pendant ce temps, le bailli de Rohan, que nous verrons tout à l'heure grand maître, et qui venait de recevoir le commandement des troupes, entoura ce fort et le reprit. Quelques têtes tombèrent, et Malte fut encore une fois préservée. Le vieux Ximénès, qui n'avait ni la vigueur ni la résolution de Pinto, conçut un tel chagrin de cet attentat, jusqu'alors inouï dans les fastes de l'Ordre, qu'il en mourut le 9 novembre 1775.

Magistère de Rohan. Un essai de réforme fut tenté par Emmanuel de Rohan, élu à l'unanimité, trois jours aussitôt après le décès de Ximénès. Les peines prononcées à diverses reprises contre les chevaliers qui vivraient en concubinage furent confirmées et aggravées; les vieux règlements contre les joueurs et les duellistes furent aussi remis en vigueur. Les chevaliers ne s'acquittaient plus que fort irrégulièrement de leur service à l'hôpital de la Religion : on assigna donc à chaque langue un jour de la semaine.

L'Europe, et surtout la France, qui était considérée par les chevaliers comme leur mère patrie, marchait à grands pas dans la voie du progrès des sciences : Rohan sentit qu'il serait à craindre que les nombreux chevaliers en mission ou établis sur le continent finissent par mépriser le chef-lieu de l'Ordre et ne répugnassent à y être rappelés, s'ils devaient y retrouver des mœurs et une ignorance auxquelles ils n'étaient plus habitués. Lors de la suppression des jésuites, en 1769, l'Ordre s'était emparé de leurs biens, à la charge de servir une rente viagère à chacun de ces religieux et de les faire remplacer dans leurs chaires. Cet arrangement qui, du reste, était ruineux, puisque les biens des jésuites étaient loin de rapporter les sommes qu'on était convenu de dépenser, avait bientôt été éludé dans sa partie la plus importante, celle qui concernait l'instruction publique : Rohan forma un nouveau collége avec un plus grand nombre de professeurs que dans les anciens, et voulut en supporter seul toutes les dépenses (1784). Lui-même donna l'exemple de l'étude; par ses soins, un observatoire s'éleva sur la tour du palais magistral, et le chevalier d'Angost fut chargé d'en suivre les travaux; mais la foudre détruisit ce monument à peine achevé et qui ne put être rétabli. Une autre réforme, non moins importante, avait déjà appelé l'attention du grand maître. L'administration de la justice était loin de présenter toutes les garanties désirables, l'arbitraire n'y était pas impossible : un nouveau tribunal fut créé (1782), sous le nom de *Suprême magistrat de judicature,* lequel était divisé en deux *rotes,* ou chambres composées chacune d'un président et de six conseillers. Enfin, et pour donner à cette dernière et vraiment belle institution un guide sûr et qui pût être invoqué partout, les lois et coutumes de Malte furent réunies en un code. Ces travaux, qui font le plus grand honneur à Emmanuel de Rohan, furent accomplis en neuf ans environ. Le grand maître, comprenant que son autorité et celle du conseil ne suffiraient pas pour vaincre les résistances qui lui seraient opposées, avait convoqué un chapitre général qui l'aida surtout dans ses efforts contre le déréglement des mœurs. Les finances de l'Ordre fixèrent aussi l'attention de cette assemblée; elle établit une nouvelle répartition d'impôts sur les commanderies; les revenus des hôpitaux furent augmentés, et, bien que, attendu la destruction de leur marine de haut bord, les puissances barbaresques ne missent plus en mer que des chébecs, comme il importait de ne pas diminuer les forces navales de la Religion, on renouvela la taxe qui avait été frappée lors du remplacement des galères par de gros vaisseaux. L'ordre de Jérusalem semblait retourner à ses temps les plus prospères : il acquérait en France la totalité des biens des Antonins, par suite de l'adjonction des chevaliers de Saint-Lazare; la Bavière créait une nouvelle langue. Il rentrait en possession de ses terres et revenus en Pologne, et la Russie augmentait encore ses propriétés.

Et cependant tant de généreux efforts de la part du grand maître allaient devenir inutiles; tant de prospérités n'étaient que la dernière lueur du flambeau prêt à s'éteindre.

Malte n'était déjà plus considérée que comme une position militaire qu'il importait à telle ou telle puissance du continent de s'assurer. Quant à l'Ordre, les familles nobles tenaient à orgueil de lui fournir des membres; les grands seigneurs ambitionnaient ses dignités; mais au fond, qu'y avait-il de réel dans tout cela? Le continent fourmillait de chevaliers de Malte, et l'île n'en gardait presque point; la France les honorait chez elle et les insultait chez eux, car c'est certainement la plus mortelle injure qu'une puissance puisse faire à une autre, que de lui déclarer qu'elle ait à se pourvoir de tel moyen de défense, ou qu'autrement on avisera à la défendre soi-même. La création du régiment de Malte, création qui fut imposée, surtout par la France, et qui paraît avoir effrayé les vieux chevaliers, remonte aux premiers temps du magistère de Rohan; ce fait ternit à lui seul l'auréole de gloire dont l'Ordre paraissait prêt à s'entourer de nouveau. Ce régiment fut presque entièrement levé en France et organisé sur le modèle des régiments français, si ce n'est que les officiers étaient tous des chevaliers. Ses dépôts furent établis à Lyon, à Marseille et à Avignon qui alors, appartenait au pape. Le commandement en fut donné au bailli de Freslon, qui était auparavant lieutenant-colonel du régiment d'infanterie de Hainault. En outre de ce régiment, destiné plus spécialement à la garde de la Cité Valette, on créa un autre corps de douze cents hommes, recrutés parmi les Maltais, afin de défendre la campagne et les côtes, et de servir, au besoin, de cadres pour les miliciens dans le cas d'une descente.

En 1775, 1782 et 1783, l'Ordre s'était encore signalé par ses talents et l'intrépidité de ses marins. Cette même année, 1783, il apparut une dernière fois sur les mers, pour remplir, du moins, une mission toute de charité. On nous pardonnera de passer moins rapidement sur ces faits qui restent à la louange éternelle des chevaliers. Et puis, il nous semble qu'il y a quelque chose de providentiel dans la destinée d'un ordre dont la dernière action est le généreux accomplissement de tous les devoirs que ses fondateurs lui avaient imposés. Nous laisserons parler un témoin oculaire, le chevalier de Boisgelin, que nous citons volontiers parce que si son travail n'est pas exempt de reproches quant à la forme, il est pourtant remarquable par une consciencieuse exactitude.

« Le 14 février, entre six et sept heures du soir, on reçoit à Malte la nouvelle qu'un tremblement de terre a causé les plus terribles ravages en Calabre et en Sicile; que Reggio et Messine ont été entièrement détruites. On ordonna à l'instant d'armer les galères; comme ce n'était pas encore la saison où elles tiennent la mer, elles étaient absolument désarmées. On se porta à les mettre en état de service avec un zèle bien supérieur à ce que dicte le simple devoir; dans la nuit, le maître et l'esclave, l'officier et le subalterne, travaillèrent à l'envi, et le lendemain elles étaient prêtes à mettre à la voile, et approvisionnées de tout ce qui leur était nécessaire dans d'aussi désastreuses circonstances. On y embarqua les chirurgiens les plus habiles de l'Ordre, vingt grandes caisses de médicaments, deux cents lits complets et un grand nombre de tentes. On atterra les côtes de la Calabre à la nuit tombante, et l'on jeta l'ancre dans une baie ouverte. Le général des galères dépêcha un canot à terre. Les nouvelles qu'il apporta furent plus effrayantes que les premières qui avaient été reçues à Malte. Les désastres causés par le tremblement de terre s'étendaient à plus de soixante milles. Chaque jour de nouvelles secousses causaient de nouveaux malheurs et de nouvelles terreurs. A la crainte d'être ensevelis sous les décombres de leurs maisons, les Calabrois et les Siciliens joignirent celle de l'être dans les entrailles de la terre ou dans les abîmes de la mer. Des montagnes, des rivières, avaient

10ᵉ *Livraison.* (MALTE ET LE GOZE.)

disparu; les courriers dépêchés par terre pour se rendre à Naples, trouvèrent des plaines où étaient des montagnes, et rencontrèrent des torrents impraticables où il y avait à peine des ruisseaux. De malheureux habitants d'un village près de Scylla, dont on était peu éloigné, ayant cru éviter, en s'embarquant, les dangers dont ils étaient menacés sur terre, furent submergés par des vagues immenses, qui, s'élevant à une grande hauteur, retombèrent ensuite avec précipitation et les engloutirent tous. Ces récits, peu rassurants dans la position où se trouvaient les galères qui mouillaient près de terre et dans un endroit peu abrité, causaient de vives inquiétudes, lorsqu'on entendit tout à coup partir du rivage des cris de désespoir, demandant du secours; et l'on sentit, en même temps, la mer faire éprouver aux bâtiments un mouvement inconnu et fort extraordinaire, qui semblait correspondre aux secousses violentes que l'on ressentait à terre. On s'éloigna le plus qu'il fut possible de la côte, sans cependant lever l'ancre. Cette alarme fut la seule qu'on eut pendant la nuit; et l'on attendit avec impatience le lever du soleil pour débarquer les secours qu'on destinait à la ville de Reggio. Le lendemain, quelle scène déchirante! Les impressions qu'elle me fit éprouver me sont encore présentes, et je sens combien je suis incapable d'en tracer le tableau. Le rivage était bordé d'une multitude d'hommes, de femmes et d'enfants, pâles, défaits, à moitié nus; parmi eux, comme un père au milieu de ses enfants, on distinguait un saint pasteur; le respect semblait les empêcher de presser celui qu'ils portaient dans leur cœur. Le général des galères lui fit part de sa mission et des moyens de secours mis à sa disposition. Bien que ce digne prélat eût à pourvoir aux besoins de plus de quinze cents personnes, dont plus de deux cents grièvement blessées, pénétré de cette vérité, que le premier mérite de la charité est de n'être point exclusive, il fit lui-même le partage le plus exact des objets destinés à soulager son peuple et celui de Messine. Il connaissait la position des quarante mille habitants de cette ville, il voulut donc qu'ils participassent également aux bienfaits de la Religion..... Les chevaliers se rembarquèrent accompagnés des bénédictions des Calabrois...... La traversée du phare fut fort courte, et les galères mouillèrent de bonne heure dans le port de Messine : sur ses quais magnifiques étaient placés, de distance en distance, des soldats armés; on y apercevait à peine quelques Siciliens; les superbes édifices qui ornaient Messine n'offraient que les traces de leur ancienne splendeur; de larges ouvertures se découvraient dans les massifs de sa belle citadelle; un seul mur de sa cathédrale subsistait encore, et semblait dominer les ruines de ses maisons; pas une seule n'était restée dans son entier. Les campagnes environnantes présentaient l'image de ces peuplades immenses de Tartares nomades, établies momentanément sur le sol qui doit les nourrir. Tels étaient les principaux objets que les chevaliers eurent devant les yeux, avant qu'il leur fût permis de s'en approcher et d'aller les visiter. Le général des galères avait envoyé près du commandant napolitain ; il lui faisait les mêmes offres de service qu'à Reggio, demandant de plus, sur ce qu'il avait appris qu'il y avait beaucoup de blessés et de malades, d'établir un hôpital, où, sous très-peu de temps, on pourrait traiter cinq cents personnes. Le commandant napolitain fit une réponse obligeante, dit que le roi son maître avait pourvu aux plus pressants besoins des habitants de Messine; et il se défendit de rien accepter de tout ce qu'on lui proposait, avant d'en avoir écrit au vice-roi de Sicile, résidant à Palerme. Les chevaliers crurent, d'après cette réponse, que les vues paternelles de Leurs Majestés Siciliennes avaient été remplies, et que leurs sujets avaient reçu tous les soulagements qu'exigeait leur situation. Ils se disposèrent, en conséquence, à retourner au plus vite près des habitants de Reggio, dont on connaissait la détresse ; ils regrettèrent alors la discrétion qu'avait mise le digne pasteur dans le partage qu'il avait fait pour son troupeau. Mais quel fut l'étonnement des Maltais, lorsque, ayant mis pied à terre à Messine pour aller rendre visite au commandant, et qu'ayant dépassé l'enceinte de la ville, dont on interdisait l'entrée sans escorte (de crainte des voleurs), ils se trouvèrent environnés d'un peuple immense, leur présentant le spectacle de la plus hideuse misère, et saisissant avec la plus grande avidité la moindre aumône qu'on lui présentait! En entrant chez le commandant ils furent reçus sous une baraque immense, dans laquelle on avait ménagé des appartements richement meublés. On leur y présenta les rafraîchissements les plus recherchés ; une musique militaire s'y faisait entendre ; tout semblait y annoncer l'abondance et y respirer la joie. L'audience finie, le commandant engagea le général des galères, qui lui avait parlé de ses dispositions pour retourner à Reggio, à attendre la réponse aux dépêches parties pour Palerme. Quel contraste subit en quittant cette espèce de palais ! Il était entouré, à une assez grande distance, des demeures que s'étaient faites à la hâte, et selon leurs moyens, les infortunés habitants de Messine. On n'en avait choisi ni l'emplacement, ni les matériaux : près d'une baraque en bois était une tente passable ; et plus fréquemment une simple toile, étendue par terre, recouvrait une famille entière qui s'y était creusée un abri, et souvent un tombeau. Les faibles murailles de ces asiles de la souffrance et du désespoir ne pouvaient étouffer les gémissements et les cris des mourants et des blessés qu'ils renfermaient ; aussi, dès que les chevaliers s'en approchèrent, ils les entendirent et n'y furent pas insensibles. Vainement ils cherchaient le pasteur du troupeau, pour leur indiquer, comme à Reggio, où ils devaient porter des secours. Je ne rapporterai point ici la scène déchirante dont chaque chevalier fut frappé dans les différentes visites qu'ils firent tous sous ces malheureuses habitations. On avait permis aux chirurgiens de l'Ordre de panser quelques blessés isolément, et l'on ne pouvait empêcher de faire aussi, en particulier, des aumônes à tel ou tel individu. Mon poste à bord des galères, qui m'obligeait souvent d'accompagner les chirurgiens, d'inspecter l'emploi des remèdes et la distribution des secours, m'ont rendu témoin de spectacles que j'ose à peine offrir à mes lecteurs. Ici, c'est une mère blessée, environnée d'enfants, dont les uns, morts de faim, étaient étendus à ses côtés, et dont les autres cherchaient en vain sur un sein épuisé une nourriture qui ne fût point ensanglantée. Là, était un père délaissé, dont les membres fracassés le privaient de toute espèce de mouvement. Ailleurs, c'étaient deux enfants qui, après avoir été ensevelis trois jours sous des masures, et y avoir souffert toutes les horreurs de la faim, avaient été sur le point de se dévorer eux-mêmes, et s'étaient fait des plaies qui n'avaient point encore été pansées. Pour ceux que le devoir appelait à visiter les demeures de ces malheureux, le silence qui régnait dans les unes n'était pas moins redoutable que les plaintes qui sortaient des autres : souvent même celles-ci furent moins cruelles, puisqu'elles donnaient au moins un espoir qui s'était évanoui dans d'autres lieux, où tout ce qui y avait séjourné n'existait plus. Les distributions de vivres qu'on avait faites d'abord, pour ainsi dire, à la dérobée, ne purent être longtemps inconnues ; la multitude du peuple qui se présentait pour y participer s'accrut tellement, que l'on fut obligé d'aviser au moyen d'éviter les embarras auxquels elles donnaient lieu. Les galères qui touchaient aux quais de Messine, étaient assaillies sans cesse par des personnes qui forçaient toutes les défenses pour en approcher. On remédia enfin à ce désordre par la permission que l'on obtint d'avoir un emplacement et une heure fixe pour y distribuer librement et indistinctement, à tous ceux qui s'y présenteraient, de la soupe, des viandes, du riz et du pain. Non-seulement les chevaliers assistaient à ces distributions, mais encore elles se faisaient par leurs mains; ils ne remplissaient pas cette fonction honorable sans rencontrer des difficultés et des désagréments que la circonstance seule pouvait vaincre et adoucir. Qu'on se figure, en effet, douze ou quinze cents personnes, pressées par la faim, se précipitant près de grandes chaudières et de larges paniers, où trente ou quarante chevaliers, occupés à en prendre le contenu, le partageaient le plus également possible. Combien de fois ne durent-ils pas recourir à la force pour contenir l'importunité des uns, ou réprimer l'avidité des autres.

« Telles furent, pendant près de trois semaines de séjour dans le port de Messine, les occupations des chevaliers. Dans la crainte d'exciter les murmures d'un peuple que l'Ordre soulageait ainsi journellement, le général des galères eut l'attention de cacher son départ. Il s'arrêta un moment à Reggio, et y laissa tout ce qu'on avait dédaigné de recevoir à Messine; il y ajouta même une somme assez considérable d'argent pris dans sa propre bourse; générosité qu'il avait exercée amplement à Messine, et partout où il avait su qu'il y avait des indigents sur ces côtes malheureuses. »

Hâtons-nous de dire que ce général des galères était le bailli de Freslon, qui avait reçu le commandement du régiment de Malte. Nous ne rechercherons pas le nom de l'exécrable gouverneur de Messine.

La France, nous l'avons dit plusieurs fois, était comme la mère patrie de l'ordre de Malte, qui y avait ses plus riches possessions. Malte, nous le répétons également, n'était et ne peut jamais être rien par elle-même; son territoire est trop borné, trop stérile, pour suffire à la subsistance d'une population un peu considérable. Une fois déjà l'Ordre, menacé par la France et la Savoie dans la jouissance exclusive de ses possessions continentales, avait vu son existence compromise. Le pape et un secret sacrifice d'argent, nous n'en doutons pas, arrangèrent tout à cette époque; mais le temps était venu où la France ne demanderait pas même au pape la permission de s'emparer du comtat d'Avignon, et où, par conséquent, elle s'inquiéterait fort peu qu'il approuvât ou non les grandes mesures politiques qu'elle voudrait adopter. Or, l'appui de la France perdu, l'Ordre tombait; car les chevaliers, enorgueillis par une longue fortune, ne sauraient pas recommencer sur leur rocher l'existence pénible de leurs devanciers.

En France l'assemblée des notables avait soulevé le voile qui avait caché jusqu'alors le mauvais état des finances. Leur état désespéré n'était plus un mystère, et les nécessités sans cesse croissantes du moment, s'ajoutant à celles du passé, on ne discutait plus à la tribune sur l'étendue des sacrifices à faire, mais sur leur possibilité. Necker avait proposé et l'on avait décrété une contribution volontaire du quart du revenu de chaque propriétaire. Le receveur de l'ordre de Malte, pour les langues de France, s'empressa de faire sa soumission. Peu après, l'assemblée nationale, s'avançant franchement dans la voie nouvelle qu'elle s'était tracée, l'utilité de Malte elle-même, pour la France, fut mise en question. L'assemblée législative décréta, comme conséquence forcée de l'abolition des titres de noblesse, que tout Français engagé dans un ordre de chevalerie exigeant preuve de noblesse, perdrait la qualité de citoyen français; enfin, le 19 septembre 1792, elle prononça la destruction de l'ordre de Malte en France, et la réunion aux domaines de l'État de tous les biens qu'il possédait dans le royaume.

On a écrit des volumes pour et contre cette mesure; les défenseurs n'ont pas manqué à l'ordre de Malte; ils ont fait valoir en faveur de cette institution, et indépendamment de la validité de ses titres de possession, des considérations qui seraient, certes, puissantes, s'il ne suffisait, pour les combattre, de mieux poser la question de principe. Nul doute, en effet, que l'Ordre ne fût un excellent propriétaire, nul doute qu'il n'administrât ses biens de la manière la plus profitable pour lui, et par conséquent pour le royaume; mais tous les ordres religieux dépouillés comme lui en pouvaient dire et en ont dit autant, et cependant on ne s'est pas rendu à leurs raisons. C'est une erreur grossière que de s'obstiner à ne voir dans la réunion aux domaines de l'État de toutes les terres et établissements possédés par des corporations indépendantes, qu'une mesure de fiscalité : nos pères ont accompli assez de choses grandes et généreuses, pour que nous ne leur imputions pas une aussi misérable petitesse. Ils puisaient leurs motifs plus haut, et lorsqu'ils s'emparaient des biens de l'ordre de Malte, ils ne disaient pas : Nous prenons cela parce que nous en avons besoin, mais parce que cela constitue au milieu de nous une puissance à part, qui dès lors est *illogique.*

L'émigration qui avait déjà ramené beaucoup de chevaliers au chef-lieu de l'Ordre, devint plus active après le décret du 19 septembre. Rohan déploya dans ces tristes circonstances le plus beau caractère. On conçoit que la plupart des frères qui arrivaient étaient dans le plus absolu dénûment. Le grand maître s'efforçait de pourvoir à tous les besoins. Un de ses officiers lui représentant un jour que s'il ne mettait pas de bornes à sa générosité, il ne lui resterait rien pour l'entretien de sa cour : « Réservez, répondit-il, un écu par jour pour ma table, et que le reste soit partagé entre nos frères. »

Une lueur d'espérance sembla pourtant vouloir lui sourire au milieu des malheurs qui l'accablaient. Nous avons dit qu'il était parvenu à faire restituer les biens que l'Ordre avait possédés en Pologne. Situés dans le district d'Ostrog, en Volhynie, ils étaient échus à la Russie lors du dernier démembrement. La crainte de voir de nouveau leur possession disputée par une puissance schismatique, engagea Rohan à faire aussitôt valoir les prétentions de l'Ordre auprès de Catherine II. Le bailli de Litta, Italien rempli de sagacité et merveilleusement propre au rôle que nous allons lui voir remplir, se présenta à l'impératrice en qualité de ministre plénipotentiaire de l'ordre souverain de Jérusalem. Soit que Catherine, vivement préoccupée par la révolution française, ne crût pas devoir accorder une grande attention à la diplomatie du bailli, soit que ses ministres eussent quelque secret motif d'entraver la négociation, elle était encore au même point, après quatre ans environ de pourparlers, quand, le 16 novembre 1796, Paul Ier succéda à sa mère.

Ici commence une nouvelle série de faits. L'ordre de Malte va pour ainsi dire se transporter tout entier en Russie. L'île n'est plus en quelque sorte qu'un accessoire dont on ne s'inquiétera plus que par un reste d'habitude, et le grand maître Rohan une sorte d'évêque *in partibus infidelium.* Paul Ier se posera d'abord en protecteur; il n'aura pas assez de faveurs à accorder à ses nouveaux amis, et il donnera ensuite le singulier spectacle d'un autocrate se parant d'un titre qui le soumettait au pape pour le spirituel, et, quant au temporel, quant à la possession de l'île de Malte, le constituait vassal de la couronne des Deux-Siciles. Il y aurait bien aussi sujet de s'étonner en voyant un schismatique se placer à la tête d'un ordre religieux orthodoxe; mais tous ces contre-sens et bien d'autres n'arrêtent pas un homme habitué à tout voir fléchir sous sa volonté, la logique comme le reste. « Paul Ier, dit Boisgelin, passionné pour tout ce qui était chevaleresque, avait toujours pris un goût singulier à la lecture des exploits des chevaliers de Malte. Depuis longtemps il avait contracté une affection singulière pour cette association illustre, et pour les grandes actions dont elle avait donné l'exemple; en conséquence il saisit avec empressement la première occasion qui se présenta de satisfaire son inclination. » Il est probable que le bon chevalier ne dit pas tout à fait son dernier mot ici. Le but constant des souverains de Russie, depuis Pierre Ier, a été d'anoblir leur pays, de le placer au rang des plus grandes nations, et, à coup sùr, il faut reconnaître que Paul 1er, se déclarant protecteur d'un ordre qui tenait à toutes les grandes familles de l'Europe, prenait le plus court parti pour arriver à ses fins.

A peine Catherine était-elle descendue dans la tombe, que la négociation du bailli de Litta fut reprise et aussitôt terminée. Le 4 janvier 1799, le comte Besborodsko, chancelier de l'empire, et le prince Alexandre Kourakin, signèrent, au nom de Paul, et le bailli de Litta au nom du grand maître de Rohan, une convention qui reglait le nouveau revenu des propriétés de l'Ordre en Pologne; les propriétés furent érigées en grand prieuré de Russie, et les revenus élevés de 120,000 à 300,000 florins (195,000 fr.), sur lesquels 53,000 (34,450 fr.) seulement devaient revenir au chef-lieu. Par application d'un principe antérieurement posé, Paul voulut que les commanderies qu'il créait ne pussent être données qu'à des sujets russes, susceptibles d'être admis dans l'Ordre, et l'Ordre, de son côté, passant par-dessus toutes les considérations, incorpora ces nouveaux venus dans la langue anglo-bavaroise.

Rohan avait prévu la bonne volonté de Paul; aussi, dès que l'arrangement fut conclu, le bailli de Litta remit au nom du grand maître la décoration de la grand'croix de l'Ordre aux deux ministres de l'empereur, qui, jaloux sans doute d'une telle distinction, témoigna le désir d'en être également l'objet, ainsi que les princes de sa famille. Un courrier fut dépêché à Malte pour y annoncer les succès obtenus; mais ce courrier fut intercepté, et ce ne fut que par voie indirecte qu'au moment de mourir Rohan en reçut la nouvelle.

Nous avons signalé le magistère de Pinto comme étant une nouvelle ère dans l'histoire des chevaliers de Saint-Jean de Jérusalem; nous avons montré leurs mœurs achevant, à cette époque, de se corrompre; nous avons dit les efforts de Rohan pour relever l'Ordre menacé de toutes parts, et par les intérêts des nations environnantes, et par l'esprit du siècle, et par les vices de sa constitution, rendus plus sensibles à mesure qu'approchait le moment de sa dissolution; nous allons voir les rapides et fâcheuses conséquences de cet état de choses.

Magistère de Hompesch. Hompesch, bailli de Brandebourg et ministre de la cour impériale de Vienne à Malte, ne consentit que difficilement et sur les instances d'un chapelain conventuel, à se mettre sur les rangs pour remplir la place laissée vacante par Rohan.

Dénué de grandes facultés, il s'était constamment appliqué à dissimuler sa nullité sous les dehors de cette excessive urbanité qui ne peut guère en imposer qu'au commun des hommes; et, cependant, ce pauvre mérite lui réussit si bien à capter l'affection des nationaux, que son élévation à la grande maîtrise parut réunir l'assentiment général. Lui, qui connaissait sa propre faiblesse, plus encore que ses adhérents ne faisaient de fond sur son esprit en apparence cauteleux, n'avait pas conçu de lui-même l'ambitieux projet de gouverner l'Ordre dans des circonstances de jour en jour plus désastreuses; mais dès qu'il se fut décidé à accepter la lourde responsabilité que l'avenir lui préparait, les intrigues du fameux abbé d'Orion, secondé par l'habile Haeffelin, lui eurent bientôt assuré les voix des trois langues de France et des deux langues allemande et anglo-bavaroise. Le 19 juillet 1797, il prit donc le *Barretone*, plus riche de dettes que de talents et surtout de fermeté.

Les élections alors étaient devenues fort coûteuses; moins valait le poste, plus chères étaient les voix; c'est toujours ce qui arrive dans les États en décadence. On a écrit que ce qui valut à Hompesch le dangereux honneur qui lui fut conféré, c'est que, dans la congrégation d'État, formée par Rohan en 1788 ou 1789, à l'époque, enfin, où se déclarèrent les premiers troubles en France, Hompesch s'était toujours montré le plus opposé à la fièvre d'innovation qui travaillait les esprits. On a ajouté que dans les circonstances présentes, sa qualité de ministre de l'empereur d'Allemagne avait aussi donné à espérer qu'il serait moins que tout autre disposé à céder devant les exigences probables de la France. Nous ne repoussons aucune de ces considérations qui purent être présentées en effet et se trouver d'un grand poids, mais nous croyons aussi qu'il eût échoué sans les mouvements que se donnèrent ses amis pour acheter des voix. Et certes la nullité profonde qu'il révéla dès qu'il eut fait acte d'administration, nous aurait fait déjà soupçonner le secret de son élévation, quand même l'histoire ne l'aurait pas trahi.

La première affaire importante dont Hompesch eut à s'occuper, fut le protectorat accepté par Paul Ier. Le conseil fut assemblé pour examiner la convention conclue par le bailli de Litta, et elle fut ratifiée à l'unanimité. On décréta même une ambassade extraordinaire pour remercier l'empereur. Le bailli de Litta se trouvait tout porté pour remplir le rôle d'ambassadeur extraordinaire de Son Altesse Éminentissime le grand maître et de l'ordre souverain de Malte. On lui envoya, en conséquence, des lettres de créance par le chevalier polonais Raczynski. Il fit son entrée à Saint-Pétersbourg le 27 novembre 1797, avec le même cérémonial et tous les honneurs usités pour les têtes couronnées, et son audience fut fixée au dimanche suivant, 29.

« Sa Majesté Impériale était sur son trône en grand uniforme; la couronne, le globe et le sceptre étaient posés à sa droite sur une table recouverte d'un tapis de velours, couleur pourpre, galonné d'or. Au pied du trône se trouvaient le grand chancelier et le vice-chancelier de l'empire, et à quelque distance le haut clergé et le synode. Les cinq premières classes de l'empire assistaient aussi à cette audience. L'ambassadeur de Malte, accompagné du commissaire impérial et du grand maître des cérémonies, s'avança suivi de son secrétaire d'ambassade, portant ses lettres de créance, et de trois chevaliers d'ambassade qui tenaient trois carreaux de drap d'or, sur lesquels étaient des croix antiques apportées de Rhodes à Malte, la cotte-d'armes destinée à Sa Majesté Impériale, une ancienne croix suspendue à la madone de Palerme, qu'on croit avoir été celle du célèbre la Valette, et d'autres croix pour Sa Majesté l'Impératrice et leurs Altesses Impériales. » Rien ne fut oublié dans cette sorte de comédie, pas même un discours d'apparat composé et débité par l'imperturbable Italien, discours qui roulait tout entier sur cette pensée un peu injurieuse pour Hompesch : « Je suis « chargé de faire connaître à Votre Ma-« jesté Impériale le désir et l'espérance « qu'a conçu l'ordre de Malte que Votre « Majesté Impériale daignera se mettre « à la tête de cette institution. » Nous voudrions pouvoir faire assister nos lecteurs à cette scène burlesque, malheureusement trop sérieuse au fond, car c'était la ruine de son Ordre qu'accomplissait l'ambitieux Litta en passant au cou de l'autocrate la croix et le cordon du vénérable la Valette. Au surplus, en fait de croix et de cordons, il y en eut pour tout le monde. L'impératrice elle-même n'échappa point à l'ambassadeur extraordinaire, qui ne résigna ses fonctions d'ambassadeur, le 6 mai 1798, que pour donner, sous son ancien titre plus modeste d'envoyé extraordinaire et ministre plénipotentiaire de l'ordre souverain de Malte, une représentation encore plus singulière.

Revenons à Malte.

Dès qu'on y eut connaissance du congrès de Rastadt, qui s'assembla vers la fin de 1797, le gouvernement de Malte choisit, pour l'y représenter, le bailli de Truchsess; mais le traité de Campo-Formio ayant spécifié que les seuls plénipotentiaires de l'Empire seraient admis à ce congrès, il fallut annuler cette nomination et laisser le grand prieur d'Allemagne désigner, en qualité de prieur de Heitersheim, le bailli de Pfürdt pour plénipotentiaire et défenseur de l'Ordre. On eût pu s'épargner cette double peine, car Malte ne retira rien de la présence de son représentant. Il fut bien question un moment de réunir les deux ordres Teutoniques et de Saint-Jean de Jérusalem; mais si, d'un côté étaient les richesses, de l'autre étaient les droits d'ancienneté, et l'orgueil étant égal des deux parts on ne put s'entendre.

Bonaparte avait arraché au directoire son consentement à l'expédition d'Égypte. Une flotte considérable se rassemblait devant Toulon; mais le secret était bien gardé et l'on ignorait contre qui elle serait dirigée. Malte n'en était pas moins effrayée, et réunissait dès lors toutes ses ressources en cas d'attaque : elles étaient bien faibles. Un exposé rapide des pertes qu'elle avait subies dans ces dernières années achèvera de faire connaître sa véritable situation.

Son actif, en 1788, s'élevait à trois millions cent cinquante-six mille sept cent dix-neuf francs, et son passif à deux millions neuf cent soixante-sept mille cinq cent trois francs. La révolution française fit bientôt disparaître cet excédant de recette qui fut remplacé par un déficit de plus en plus grand. D'abord la suppression de l'Ordre en France le priva non-seulement de tous les biens des trois langues françaises, mais encore des commanderies situées dans l'Alsace, le Roussillon et la Navarre française, dépendantes des deux langues d'Allemagne et d'Aragon. L'accession du Portugal et de l'Espagne à la coalition formée contre la France, obligea ces deux puissances à demander pour la première fois à l'Ordre une contribution qui fut fixée au dixième des revenus. Naples et la Sicile en frappèrent de plus fortes, et le Piémont alla encore plus loin. De plus, les revenus n'étaient payés en Espagne et en Italie qu'en papier, monnaie qui éprouvait une énorme dépréciation quand il s'agissait de la convertir en espèces. Enfin, le traité de Campo-Formio, en cédant à la république française la rive gauche du Rhin, priva l'Ordre des biens qu'il possédait dans les quatre nouveaux départements, et l'établissement des républiques helvétique, ligurienne et cisalpine, lui enleva de nombreuses et riches propriétés. Malte, en 1798, avait donc perdu les deux tiers de ses revenus, et pour faire face à des besoins bien supérieurs, n'avait plus qu'un million au lieu de trois. Mais la Russie, mais le protectorat de Paul Ier, mais les trois cent mille florins qui avaient été promis. Si à Saint-Pétersbourg on promettait beaucoup, on tenait peu, et le peu qu'on tint arriva trop tard : les Français étaient déjà maîtres de l'île. Le grand maître n'avait cependant pas attendu le dernier moment pour augmenter ses ressources : mais que pouvait, en définitive, produire l'argenterie de quelques vaisseaux, de quelques galères, et une partie de celle affectée au palais du grand maître et de l'hôpital? Cette fonte, opérée en 1796, aurait eu besoin d'être recommencée en 1798. On n'avait même plus à cette époque de quoi entretenir des bâtiments en nombre suffisant pour réprimer les corsaires barbaresques qui insultaient les côtes de l'île. Les forces militaires étaient loin aussi d'être sur un pied respectable. Sur deux cents chevaliers français, quatre-vingt-dix italiens, vingt-cinq espagnols, huit portugais, quatre allemands et cinq bavarois, en tout trois cent trente-deux, cinquante étaient hors d'état de faire leur service; à ce nombre il faut ajouter cinq cents hommes du régiment de Malte, deux cents des gardes du grand maître, quatre cents du bataillon des vaisseaux, trois cents de celui des galères, cent vieux canonniers, douze cents chasseurs de la milice enrégimentée, douze cents matelots des galères et des vaisseaux, servant de canonniers, et trois mille hommes des milices, lesquels auraient pu être portés à dix mille. Nous verrons trois mille Français se maintenir pendant deux ans dans la Cité Valette, bloquée de toutes parts; mais ces trois mille braves conservèrent jusqu'au bout le feu sacré qui manqua aux Maltais dès le premier moment. Et puis, il faut tout dire, il n'y eût point de traîtres parmi les soldats de l'intrépide général Vaubois.

A ces difficultés matérielles s'ajoutaient encore celles qui prenaient leur source dans l'esprit public. L'arrivée de trois frégates républicaines, au mois de mai 1793, *l'Artémise*, *la Diane* et *la Justice*, fit éclater à Malte les premiers symptômes de la fièvre de liberté qui, à cette époque, travaillait l'Europe occidentale. Un grand nombre de jeunes gens s'échappèrent de l'île et passèrent à bord des bâtiments français. D'un autre côté, des germes de mécontentement non moins dangereux se développaient dans le sein de la population, restée inaccessible aux nouvelles théories politiques. Le grand maître, gêné par le mauvais état des finances de l'Ordre, avait déjà réduit plusieurs branches d'administration, et il venait dernièrement de se refuser à faire cesser la vacance d'un emploi important. On connaissait déjà à Malte les projets de la France sur l'île; on disait hautement que la pensée intime du directoire était de s'assurer l'empire de la Méditerranée et que peu de points étaient aussi favorables que Malte pour commander et surveiller à la fois les États barbaresques, l'Égypte, la Syrie, l'Archipel et la Sicile. Nous croyons, nous, que sans nier l'importance réelle de Malte, le directoire, ou plutôt Bonaparte, qui lui fit adopter le plan de l'expédition d'Égypte, n'en faisait pas le but aussi positif de ses efforts. La preuve de ce fait, c'est que Bonaparte n'avait d'abord l'intention que d'insulter Malte en passant, comme pour l'avertir de se tenir tranquille au milieu du conflit qui allait s'élever entre la France et l'Angleterre. La saisie des dépêches du bailli de Litta le fit changer d'avis.

La prise de Malte par les Français est un événement d'une trop haute importance pour que nous n'entrions pas dans quelques détails à cet égard.

Le courrier chargé des lettres de Litta, désireux d'apporter plus vite la nouvelle des dispositions de la Russie en faveur de l'Ordre, avait pris sa route par Ancône et Trieste. Ce fut ce qui le perdit, car il trouva à Ancône, et lorsqu'il s'y attendait le moins, les troupes françaises qui s'emparèrent de ses dépêches et les envoyèrent à Bonaparte. A la vue du traité passé entre l'Ordre et la Russie, traité auquel ne manquait plus que la ratification du grand maître, qui était assurée d'avance, le général français s'empressa d'appeler l'attention du directoire sur la nécessité d'ôter à la Russie le moyen de nuire aussi puissamment à l'expédition projetée contre l'Égypte. En conseillant de s'emparer de Malte, Bonaparte comptait, du reste, sur des moyens d'exécution qui lui assuraient un succès infaillible. Le mécontentement, l'anarchie d'opinion qui régnait au dedans de l'île, lui avaient été découverts par quelques réfugiés qui avaient été obligés de se soustraire aux recherches de la commission inquisitoriale établie par le grand maître pour surveiller les membres d'une société secrète, qui s'était établie sous le titre de : *Société des Jacobins*. « Les cheva« liers, écrivait-il le 13 septembre 1797, « sont détestés par les Maltais ; l'Ordre « appauvri manque de moyens suffisants « de défense : Malte tombera dès pres« que à la seule vue de nos armes victo« rieuses. Et, une fois cette île acquise « à la république, qui pourra nous ré« sister dans les mers du Levant?... » Tous les anciens ennemis de l'Ordre appuyèrent les assertions du jeune général. Quelques chevaliers, même, trahirent leur propre cause, et il ne fut pas jusqu'à un ci-devant capucin, nommé Zammit, qui, dans un écrit passionné, n'insistât sur la nécessité d'enlever Malte aux chevaliers. Ces circonstances alarmantes, que ne pouvait ignorer le gouvernement de l'île, auraient dû mettre fin à ses indécisions. Telle était cependant l'apathie du grand maître et de ses familiers, que les préparatifs hostiles de la France, bien loin de les déterminer à prendre enfin des mesures plus prudentes et plus sages, ne firent que les attacher plus obstinément à leur déshonorante politique. L'empereur de Russie fut supplié de protéger, comme son titre l'y obligeait, l'Ordre menacé par les Français, et de l'appuyer de son influence auprès des autres États chrétiens. Paul Ier se borna à écrire à ses agents diplomatiques auprès des cours étrangères, qu'il considérerait comme rendus à lui-même les services qui seraient rendus à Malte. Chacun avait trop affaire chez soi, à cette époque, pour n'avoir pas d'excellents prétextes pour éluder une pareille invitation qui, connue bientôt du gouvernement français, le confirma dans ses projets de conquête.

Hompesch, cependant, s'amusait à prendre des mesures de pur intérêt local; il perdait son temps à faire transporter dans le nouveau bâtiment qui venait d'être achevé, les livres jusque-là disséminés dans les hôpitaux. Le directoire faisait preuve d'une bien plus grande activité. Déjà, et par l'intermédiaire de Poussielgue, alors secrétaire de la légation de France à Gênes, il s'était ménagé de nombreuses intelligences dans l'île. L'arrivée et le séjour de cet émissaire, signalé d'avance comme tel au gouvernement maltais, prouvent la scission profonde qui existait entre les membres de l'Ordre et le peu de valeur du caractère personnel du grand maître. Car si les uns voulaient s'opposer au débarquement de Poussielgue, ou le jeter à la mer s'il parvenait à aborder, d'autres se portaient ses défenseurs, ses amis, et parlaient presque de représailles. Hompesch, qui avait dû son élévation aux promesses secrètes qu'il avait fait prodiguer aux deux partis, continua son double rôle, reçut Poussielgue avec honneur, et se borna à le mettre sous la surveillance d'agents qui n'accomplirent pas leur mandat avec meilleure foi que lui.

Nous avons vu combien peu Litta et les nouveaux dignitaires de l'Ordre en Russie s'inquiétaient des besoins pécuniaires de la métropole, et de quelle nature étaient les services que Paul Ier prêtait au grand maître, son protégé; aussi les finances de l'Ordre étaient-elles entièrement épuisées. Il fut question un instant de frapper un impôt sur les habitants; mais on dut renoncer à cette mesure, qui aurait achevé de les aliéner, et il fallut recourir à un emprunt sur les biens-fonds encore possédés dans les États romains, pour acquitter la contribution foncière due au pape, à propos de ces mêmes biens. Si le gouvernement en était venu à ce degré de misère, on peut se figurer dans quelle situation se trouvaient les particuliers; nous dirons seulement que Ransijat, et quelques autres chevaliers criblés de dettes comme lui, ne voyaient que dans la destruction de l'Ordre le moyen de relever leurs affaires.

Enfin les Français parurent. L'amiral Bruéïs avait été désigné pour faire une première tentative sur l'île, tout en se rendant à Corfou pour y rallier les petits bâtiments pris récemment sur les Vénitiens, et qui étaient nécessaires pour opérer le transport de l'armée française de Toulon en Égypte. Le 2 mai 1798, à huit heures du matin, on apporta du Goze, au grand maître, la nouvelle de l'approche d'une petite escadre qu'on venait d'apercevoir à l'horizon, mais dont on n'avait encore pu reconnaître le pavillon. Hompesch resta stupéfait, car il ne croyait pas qu'aucune flotte fût alors dans la Méditerranée. Cependant, comme l'escadre signalée continuait de s'approcher, il ordonna que les gardes destinés à la défense des fortifications de l'île se rendissent à leur poste. Le lendemain, on aperçut l'escadre républicaine rangée en bel ordre de bataille. Un vaisseau de soixante canons, suivi d'un chébec, sortit des lignes et s'approcha du port, sous prétexte de réparer quelques avaries. Ils furent reçus avec les manifestations de la plus sincère cordialité, et des ordres furent aussitôt transmis, par le grand maître, à tous les chefs des arsenaux, pour qu'on mît à la disposition des Français tous les plongeurs, calfats, et autres ouvriers qui pouvaient leur être utiles. Bruéïs, qui tentait une surprise, essaya alors de faire venir le reste de son escadre; mais le grand maître, feignant de croire que l'amiral pouvait ignorer le règlement qui défendait l'entrée du port à plus de quatre bâtiments de guerre à la fois, chargea aussitôt le commandant du lazaret d'aller au-devant de Bruéïs et de lui signifier cet important avis. Le commandant du lazaret trouva heureusement l'amiral décidé à se tenir seulement à la hauteur de Malte, et à y attendre ses deux bâtiments. Il pouvait, en effet, devenir dangereux, pour lui, de violer la neutralité de Malte. Bruéïs chargea le consul de France, qui avait accompagné le commandant, de remercier le grand maître; mais en dépit de ces belles démonstrations, qui ne durent pas tromper Hompesch, les Français ne quittèrent pas si complétement les parages de l'île, qu'on n'aperçût constamment quelqu'une de leurs chaloupes rasant les côtes, étudiant les points de débarquement, et échangeant des signaux avec les nombreux mécontents de l'intérieur. Que faisait cependant le grand maître? Il s'occupait à recevoir l'estoc bénit que le pape Pie VII lui avait destiné par un bref de l'année précédente. La Russie, et rien que la Russie, était le constant espoir du gouvernement maltais. Un nouveau grand-duc venait d'augmenter la famille de Paul Ier; on s'empressa de profiter de cette heureuse circonstance pour lui envoyer encore une ambassade chargée d'accaparer le fils pour les dignités de l'Ordre, et d'attendrir le père sur les embarras inextricables de ses protégés. De magnifiques promesses furent encore faites, et le nouveau-né put jouer avec des insignes autrefois dignes d'être ambitionnés, mais qui étaient devenus de ridicules hochets. Il y a matière à réflexion en voyant ce fils de czar au berceau que l'on pense anoblir en l'affiliant à une noblesse qui se meurt de décrépitude. L'exemple donné par l'empereur fut bientôt suivi par les familles les plus considérables de l'empire, et une nouvelle branche génoise, composée de princes russes, remplaça celle dont les républiques italiennes avaient rendu l'existence impossible. Paul fit proposer à l'ambassadeur du grand maître, au bailli de Litta, par l'organe du prince Kourakin, son premier ministre, un second traité pour la fondation de soixante et douze commanderies. La cour de Rome, dont les constants efforts ont tendu à ramener à l'unité papale les dissidents du rite grec, fit en cette occasion une faute énorme; elle pensa que le czar, chef de l'Église grecque dans l'étendue de ses États, s'étant déclaré le protecteur d'un ordre religieux catholique romain, et demandant aujourd'hui à faire entrer dans cet ordre ses sujets catholiques grecs, il y avait là une sorte d'aveu de la suprématie papale, une sorte d'engagement tacite de rentrer dans l'obéissance complète, si on savait lui en ménager un moyen honorable. Le pape ne vit pas que tout cela n'était que comédie politique étrangère à tout zèle religieux, et qu'en consentant à recevoir des hérétiques dans le sein de l'un des ordres soumis à sa discipline, il préparait aux ergoteurs futurs une objection irréfutable : « Nous ne pouvons être damnés, bien que n'étant pas des vôtres, puisque vous avez permis que les vôtres fissent leur salut avec nous. »

Le conseil du grand maître donna sa sanction à ce second traité, le 1er juin 1798; mais au moment où les pièces officiellement enregistrées allaient être renvoyées à Saint-Pétersbourg, éclata la foudre qui anéantit l'Ordre.

Plus d'une fois, on avait averti le grand maître du danger qui menaçait l'Ordre du côté de la France; il avait semblé n'avoir ni force ni volonté pour résister. En vain lui avait-on dit les immenses préparatifs qui se faisaient à Toulon, en vain l'avait-on prévenu des complots qui se tramaient autour de lui, il n'avait rien voulu croire, ou plutôt, fidèle à son absurde système de contre-poids, il avait constamment reculé devant une mesure énergique. Il avait confié au conseil de guerre le soin de la défense de l'île, et s'en rapportait aveuglément à lui. Mais ce conseil, soit par défaut de lumières, soit par toute autre cause moins excusable, préparait, comme unique moyen de salut, un plan de défense par le littoral. Hompesch se laissa persuader que le feu de quelques tours, ou batteries espacées sur les côtes, défendues par un petit nombre de milices, serait suffisant pour rendre un débarquement impossible. Quelques chevaliers expérimentés lui représentèrent inutilement que les tours étaient de peu d'importance ou mal construites, que les batteries étaient mal établies, que les milices n'étaient pas capables de résister à une armée aguerrie, et qu'il valait mieux s'enfermer dans la ville et les forts environnants; il persista obstinément dans l'approbation qu'il avait donnée.

Bonaparte s'embarqua à Toulon le 19 mai 1798. Une division de soixante et dix vaisseaux de transport et de quelques frégates s'approcha du port à pleines voiles, et resta quelque temps hors de la portée du canon. Le commandant Sidoux, s'apercevant qu'on mettait les batteries en défense, envoya au grand maître un officier chargé de lui en témoigner sa surprise, et de donner les assurances les plus positives de l'intention du général en chef, de maintenir la bonne intelligence qui avait toujours existé entre Malte et la France. Un certain nombre de petits bâtiments furent ensuite admis dans le port pour y prendre des provisions. L'un d'eux était chargé d'échelles; et comme on questionnait le commandant à ce sujet, il répondit que la flotte étant dirigée contre l'Égypte, les échelles serviraient sans doute au siège d'Alexandrie. Cette réponse parut tranquilliser ceux des Maltais et des chevaliers qui étaient moins au fait que les autres, soit des projets véritables de Bonaparte, soit de la trahison qui se préparait dans l'intérieur de l'île. Ces petits bâtiments séjournèrent peu, et furent se réunir à la division qui, sous prétexte d'attendre le corps de l'escadre pour continuer sa route, était restée à l'entrée du port. Au surplus, et afin de faire croire à leurs dispositions amicales, les Français n'inquiétèrent en aucune façon une petite escadre de l'Ordre, commandée par le bailli Suffren de Saint-Tropez, qui venait de donner la chasse à cinq corsaires algériens. Cette escadre avait appris par une galère de la Religion, qui reconduisait à Rome le nonce du pape, l'apparition d'une flotte française devant Malte. On a fait un crime à Suffren de n'avoir pas obéi aux ordres de ce légat, qui lui enjoignait de se diriger vers Naples ou vers Messine, et d'avoir préféré de risquer le combat avec l'escadre française, si celle-ci avait voulu lui interdire l'entrée du port : le légat avait fait son métier en n'écoutant que la prudence; Suffren le sien, en agissant en soldat.

Cependant de nouveaux avis parvenaient de toutes parts au grand maître. Il avait même reçu du bailli de Schenau, qui résidait à Rastadt, une lettre dont le passage suivant, relatif à Malte, était écrit en chiffres : « Je vous préviens, « monseigneur, que l'expédition considérable qui se prépare à Toulon regarde Malte et l'Égypte. Je le tiens « du secrétaire même de M. Treilhard, « l'un des ministres de la république « française au congrès. Vous serez « sûrement attaqué. Prenez toutes les « mesures pour vous défendre comme « il faut. Les ministres de toutes les « puissances amies de l'Ordre, qui sont « ici, en sont instruits comme moi ; « mais ils savent aussi que la place de « Malte est inexpugnable, ou du moins « en état de résister pendant trois « mois. Que Votre Altesse Éminentissime y prenne garde; il y va, monseigneur, de votre propre honneur, « et de la conservation de l'Ordre; et « si vous cédiez sans vous être défendu, « vous seriez déshonoré aux yeux de « toute l'Europe. Au surplus, cette « expédition est regardée ici comme « une disgrâce pour Bonaparte. Il a « deux puissants ennemis dans le directoire, qui le craignent et qui ont « fait naître cette occasion pour l'éloigner. Ce sont Rewbell et la Réveillère-Lépeaux (*). »

(*) Ces dernières assertions ne sont vraies qu'à moitié.

Hompesch ne fit part de cette lettre ni à la commission instituée dans le but de pourvoir aux nécessités du moment, ni au conseil de l'Ordre, appelé à décider de toutes les affaires générales. Le faible Hompesch, car il nous répugne de l'accuser encore, craignit, en divulguant cet avis, d'augmenter l'inquiétude et la fermentation des esprits. Il craignait aussi qu'il n'en résultât une sédition entre les chevaliers des deux partis. Une légère effervescence s'était déjà manifestée entre eux à l'arrivée de la première division de l'escadre française. Le motif en avait été la folle prétention de quelques chevaliers à exiger du consul français le récit de ce qui s'était passé dans les conférences secrètes qu'il avait eues avec des officiers supérieurs des forces françaises. Or, pendant que l'attention d'Hompesch était tout entière appliquée à apaiser ces troubles intérieurs, les ennemis se disposaient à l'attaquer. L'escadre de Toulon, complétée par le ralliement successif des divisions de Bastia, de Gênes et de Civita-Vecchia, n'était plus qu'à deux lieues de Malte. Le 9 juin, au matin, le soleil s'élevant à l'horizon montra aux Maltais plus de trois cents voiles qui, réunies, ressemblaient à une île immense, s'avançant avec majesté vers leur rocher et menaçant de l'engloutir. Du haut des maisons, du faîte des églises, du bord des bastions, une population nombreuse contemplait, muette de stupeur, cet imposant spectacle. L'abattement et la consternation étaient écrits sur tous les visages; et ce fut bien pis quand le bailli de la Tour du Pin se disposa à exécuter les mesures défensives arrêtées par le conseil de guerre. Pour calmer ces terreurs arriva cependant une lettre adressée au consul français par le général Ardot. Le général y témoignait son étonnement de l'effroi de Malte, à l'approche d'une escadre amie, et renouvelait les protestations de l'amitié de la république française pour le gouvernement de l'île. A l'appui de ces déclarations pacifiques, le commandeur de l'ordre de Malte, Dolomieu, qui, en qualité de naturaliste, faisait partie de l'expédition d'Égypte, écrivait aussi à Ransijat pour lui donner les assurances les plus positives des bonnes dispositions du général en chef pour l'ordre de Jérusalem.

Les bastions, les forts, les redoutes et les autres ouvrages disséminés sur tous les autres points de l'île auraient exigé une garnison de trente mille hommes, et l'on ne disposait, ainsi que nous l'avons dit, que de sept à huit mille combattants, en grande partie mal aguerris et indisciplinés. Cependant l'honneur d'un ordre autrefois si renommé et les avantages incontestables de sa position demandaient que l'on fît au moins un simulacre de résistance. On appelle donc aux armes les habitants des quatre villes, on les distribue en vingt-quatre compagnies, fortes chacune de cent cinquante hommes commandés par trois chevaliers, et on leur confie la défense des points les plus faciles. Cent cinquante anciens gardes du grand maître, incorporés dans la compagnie des volontaires, dite *de la Bulle*, sont enfermés dans le palais magistral et dans le fort Saint-Elme. Le régiment des chasseurs, composé de sept cents Maltais, est distribué dans les trois forts principaux de Manoël, de Tigné et de Ricazoli. Le château Saint-Ange et les fortifications de la Cotonère sont confiés à deux compagnies, autrefois employées au service des galères et des vaisseaux, et, enfin, la difficile mission de s'opposer au débarquement est remise au régiment de Malte, qui

---

Bonaparte savait et répétait dès cette époque que le point vulnérable de l'Angleterre était les Indes orientales; c'est pourquoi il voulut s'emparer de l'Égypte. Le Directoire penchait si peu pour cette expédition que Bonaparte en vint à dire dans la chaleur de la discussion : Ou elle se fera, ou je demande ma démission. — Je ne suis pas d'avis qu'on vous donne votre démission, lui répondit la Réveillère, mais si vous l'offrez, je suis d'avis qu'on l'accepte.

ne comptait que mille hommes, et à douze compagnies de milice de la campagne, conduites par des officiers de marine et soutenues par deux cent cinquante artilleurs de marine, distribués sur les tours et les bastions de la côte. Le bailli Suffren de Saint-Tropez prit le commandement du port de Marsa-Musciet; le bailli Tommasi se chargea des bastions de Marsa-Scala, de Saint-Thomas et de toute la côte orientale, tandis que le bailli de la Tour du Pin gardait la côte occidentale. Quant au Goze, la défense en fut confiée au chevalier de Mesgrigny. Tous ces préparatifs n'étaient pas faits pour rassurer les habitants.

La journée s'avançait et rien encore n'avait annoncé les intentions positives de la flotte française. Vers quatre heures de l'après-midi seulement, Bonaparte, qui avait déjà longé à demi-portée de canon la côte orientale de l'île, arriva devant le port et envoya sa chaloupe à terre, avec une lettre pour le consul de France, par laquelle il donnait l'ordre à cet agent de demander au grand maître l'entrée du port, afin que la flotte pût y faire de l'eau et compléter ses provisions. Hompesch convoqua, à six heures du soir, les dignitaires de l'Ordre, afin de délibérer sur la demande du général en chef, demande qu'il présenta comme n'étant qu'une ruse de guerre, mais à laquelle il n'avait pas voulu, disait-il, opposer un refus formel avant d'avoir pris l'avis du conseil. La discussion fut orageuse; les uns voulaient que l'on courût toutes les chances d'un refus; d'autres soutenaient une opinion beaucoup moins courageuse. De ce nombre était le bailli de Varga, lieutenant du Pilier de Castille. Les raisons sur lesquelles il se fondait méritent d'être rappelées: elles feront comprendre à quel point étaient dégénérés ces pieux et braves chevaliers: « Je suis loin de le désirer, « disait-il d'une voix chevrotante, mais « si Dieu permet la chute de Malte en « expiation de nos fautes, il me restera « toujours une commanderie pour y « passer le peu de jours que j'ai encore « à vivre; mais vous, messeigneurs, « je ne sais en vérité où vous pourrez « trouver asile. » Il fut enfin décidé que si le général français persistait dans sa demande, il lui serait répondu qu'on ne pouvait transgresser les lois de l'Ordre, qui interdisaient l'entrée du port à plus de quatre vaisseaux de guerre à la fois. « Ils ne veulent pas « m'accorder l'eau que je leur ai fait « demander, s'écria Bonaparte irrité; « eh bien, j'irai moi-même la prendre, « et nous verrons s'ils pourront m'en « empêcher! » et retenant auprès de lui Caruson, qui le suppliait en vain de le renvoyer à la Valette, où il avait laissé sa famille, il ordonna à l'amiral et au chef d'état-major de s'entendre pour le prompt débarquement des troupes. Dans cette même nuit, du 9 au 10, on lui apporta le second traité que nous avons vu conclure entre l'Ordre et la Russie. Cette pièce, qui avait été saisie sur un bâtiment léger venant de Naples, acheva de l'indisposer: peut-être, en effet, sans cela, il eût tenu un peu plus compte du temps précieux qu'il perdait devant Malte, quand il pouvait à chaque instant être rencontré par Nelson. Chacun sait aujourd'hui que le succès du débarquement en Égypte fut le résultat d'une méprise de l'amiral anglais. Le même bonheur devait servir trois fois Bonaparte.

Il est pénible de dire quelle terreur avait saisi les Maltais: « Si c'étaient des « Turcs, disaient-ils, nous les affron- « terions comme les affrontaient nos « pères; mais les Français sont des « diables revêtus d'une forme hu- « maine, » et les pauvres gens faisaient le signe de la croix.

Le soir du 9 juin, le consul français, porteur de la réponse du conseil, n'étant pas revenu, il fallut bien se décider sérieusement à se défendre. Mais qui n'aurait été effrayé de voir qu'on en était venu à n'avoir que quelques heures pour prendre des mesures qui en temps ordinaire auraient demandé huit jours de travaux assidus? Ce n'est pas tout. Par une fatalité étrange, beaucoup d'autres erreurs furent commises, les unes par suite du plan même de défense, les autres par suite d'autres circonstances imprévues; de sorte que les Maltais voyaient partout des indices de trahison, et servaient d'autant plus mal : la poudre qu'on leur distribuait était éventée, les balles n'étaient pas de calibre, les affûts des canons étaient vermoulus et n'avaient reçu d'autres réparations qu'un méchant badigeonnage, et les pièces elles-mêmes, à l'exception de celles qui étaient employées à tirer des salves les jours de fête, rouillées et dépourvues des ustensiles nécessaires, continuaient à servir de retraite aux oiseaux. Si Bonaparte n'avait eu une connaissance exacte de ces faits, il n'eût certainement pas perdu la nuit du 9 au 10 à correspondre avec ses agents secrets dans l'île. Le lendemain, 10, le vice-amiral Bruéis reçut l'ordre d'investir les fortifications qui défendent l'entrée du port, et d'ouvrir le feu dans le moment même où s'opéreraient les descentes sur les divers points de l'île. À la vue de ces préparatifs, le courage parut revenir au cœur des Maltais, mal disposés au fond pour la France, à qui les habitants de la campagne surtout ne pardonnaient pas les décrets antireligieux de la convention. Mais on ne sut pas saisir le moment favorable, et la mollesse des chefs du gouvernement ne fit bientôt que persuader aux habitants que tous les efforts qu'ils pourraient faire seraient en pure perte. Ce fut à ce point qu'au moment du débarquement quelques soldats maltais refusèrent obstinément d'obéir aux ordres de leurs chefs, et tournèrent leurs armes contre eux, en les accusant de trahison. Le général Régnier se jeta sur l'île du Goze, le général Baraguay d'Hilliers s'approcha de la cale Saint-Paul, le général Desaix se dirigea vers celle de Marsacirucco, et bientôt les ports de Saint-Julien, de la Melleha et tout le littoral de la Gineina, de Ghaiu-Toiliha, de Marsa-Scala et de la Saline, furent inondés de troupes. Vers sept heures du matin, au moment où les Français débarquaient, le grand maître, qu'avait déjà mis dans une étrange perplexité un nouveau message de Bonaparte, qui le rendait responsable du refus de la veille, reçut du commandeur de Bosredon de Ransijat une lettre qui acheva de le démoraliser : Ransijat lui écrivait que ne pouvant, autant par inclination que par devoir, combattre des compatriotes, il le priait de confier à un autre les clefs du trésor de l'Ordre, et de lui désigner le lieu où il devrait se tenir pendant l'action. Hompesch le fit conduire au fort Saint-Ange : « Voyez-vous, disait-il à ceux qui l'entouraient, voilà le parti qui commence « à se déclarer, et Dieu sait même si « ce n'est pas le signal convenu pour « mettre le reste en mouvement ! »

Nous ne suivrons pas les Français dans leurs rapides succès sur les différents points de leur attaque. Ils étaient maîtres de la cale Saint-George, de tout le littoral Saint-Julien, des villages de Berkercara, Lia, Bazan, etc. La Cité Notable s'était rendue à Vaubois, le Goze avait été abandonné par Mesgrigny à Régnier; la défense était circonscrite dans la Cité Valette. Le grand maître et son conseil en permanence ne savaient à quel parti s'arrêter, et l'évêque promenait en procession l'image de saint Paul. Quelques chevaliers, qui comprenaient mieux les besoins du moment, pensèrent à faire transporter dans l'intérieur dix mille barils de poudre enfermés dans la poudrière de la Cotonère, menacée et hors d'état d'être défendue. Le bailli de la Tour du Pin se chargea de cette difficile opération, et l'accomplit malgré les obstacles sans nombre qu'elle présentait par elle-même, et ceux que lui suscitèrent les partisans des Français.

Pendant ce temps, un acte d'odieuse barbarie ensanglantait les rives du port. Le peuple massacrait, sous prétexte de trahison, les équipages des bâtiments grecs que la flotte française avait forcés de rester à Malte, et le malheureux Eynaud, négociant d'une grande probité et père d'une nombreuse famille, dont les supplications ne purent toucher les assassins. Hompesch, que nous hésitons à considérer comme un traître, Hompesch fut plus coupable que le peuple de Malte ; car, s'il avait eu plus de courage et d'habileté, le peuple aurait eu confiance en lui, et ne se serait pas chargé de veiller à son propre salut. Nous ne verrons rien de pareil pendant les deux ans du blocus soutenu par les Français au milieu du même peuple.

Lannes et le chef de brigade Marmont s'étaient arrêtés à portée de canon de la Valette ; Baraguay d'Hilliers et Desaix, après s'être emparés de toute la partie méridionale de l'île, s'étaient avancés presque sous les murs de la Cotonère, et tout cela avant la fin du même jour ! Vers une heure après midi, toujours le 10 juin 1798, le bruit se répand que des traîtres ont découvert aux Français une issue secrète. Le désordre est à son comble ; les magistrats civils accourent au palais supplier le grand maître de prendre enfin sérieusement la défense de leur vie et de leurs propriétés. Hompesch leur promit de proposer leur demande à son conseil, et en attendant changea tous les commandants, justifiant ainsi lui-même les soupçons de trahison qu'il aurait dû combattre, tout en y ajoutant foi dans le secret de sa conscience. Pendant que quelques-uns des baillis l'aidaient de leurs inutiles avis, dix ou douze des principaux habitants se réunissaient de leur côté, et délibéraient sur le parti décisif qu'il convenait de prendre. Ils avaient beaucoup parlé sans rien conclure, quand, fatigué de tant d'irrésolution, un certain Guido, jeune homme de beaucoup d'esprit et d'un caractère décidé, aborda franchement la question, et proposa la rédaction d'une supplique au grand maître, pour demander une suspension d'armes jusqu'au lendemain matin, afin de savoir si décidément les Français en voulaient aux Maltais, ou seulement à l'ordre de Malte. Il s'offrit, en outre, à faire partie de la députation qui serait chargée de présenter cette supplique. L'assemblée adopta cette proposition, sauf toutefois la dernière partie, ne voulant pas paraître séparer les intérêts des Maltais de ceux des chevaliers. Cette démarche était un véritable coup d'État ; jamais, depuis l'établissement de l'Ordre à Malte, on n'avait osé adresser au grand maître une demande au nom de la nation maltaise. Hompesch ne céda qu'à regret à la force des circonstances, et la députation fut admise. Guido porta la parole : « Altesse Éminentissime, et vous, Sacré Conseil, « dit-il, nous sommes députés par la « nation maltaise pour vous présenter « et lire la supplique que voici ; nous « vous en demandons la permission, « protestant, d'ailleurs, de notre pro- « fond respect pour la personne de « Votre Altesse Éminentissime et pour « le vénérable Conseil. » Un silence profond suivit ces paroles. Le grand maître semblait inviter du regard les membres du conseil à donner l'autorisation sollicitée ; mais les vieux baillis qui l'entouraient, furieux de ne pouvoir se venger de ce qu'ils considéraient comme un outrage sanglant, n'ouvraient pas la bouche. Le grand maître alors fit signe au vice-chancelier que les députés pouvaient lire leur supplique. Bien qu'elle ne contînt rien d'inconvenant de la part de sujets soumis et même dévoués, les membres du conseil ne purent l'écouter patiemment jusqu'au bout ; mais Guido, qui portait la parole, ne se troubla pas un instant, et, se contentant d'élever la voix à mesure que les cris des baillis cherchaient à la couvrir, il termina paisiblement. « Votre audace mérite- « rait d'être punie par les fourches, « s'écria le bailli Caravaillos quand il « eût fini, et si j'étais le grand maître, « je vous ferais, à l'instant même, « conduire et pendre sur la place de « la Florianne. — Monseigneur, ré- « pondit Guido, on pend les voleurs « et les assassins ; mais les députés « d'une nation comme la nôtre qui a « tout à perdre et rien à gagner à « la résistance que vous faites, on « ne les pend pas, on les écoute, « et on leur accorde ce qu'ils deman- « dent avec justice et en termes con- « venables. — Votre supplique sera

« prise en considération, dit le grand
« maître aux députés; retirez-vous,
« vous devez respecter la liberté des
« délibérations du conseil. » La demande d'une suspension d'armes fut décidée. Melan, chancelier du consulat de Hollande fut chargé de la porter. Berthier lui répondit que le général en chef enverrait signer la suspension d'armes le lendemain à midi.

Bonaparte avait passé la nuit du 10 au 11, tranquille spectateur de ce qui se passait dans l'intérieur des fortifications. Il avait seulement ordonné, pour effrayer les assiégés, qu'on répandit le bruit de la construction de batteries formidables, destinées à bombarder la Valette. Cette ruse eut un plein succès, car rien n'égala le redoublement de terreur dont les Maltais furent saisis, lorsqu'ils aperçurent au point du jour les amas de pierres qu'on avait faits sur plusieurs points. Le 11, à midi, Junot arriva, accompagné de Poussielgue, devenu ordonnateur en chef, et du commandeur Dolomieu, dont nous avons déjà parlé. Il fallut toute l'envie qu'avaient les Maltais de voir les négociations arriver à un résultat favorable, pour les empêcher de faire un mauvais parti à ces deux hommes, dont l'un était pour eux un espion et l'autre un apostat. Junot, introduit avec sa compagnie dans le sein du conseil, le bailli de Pennes, afin de donner à l'acte de suspension d'armes un caractère de dignité pour l'Ordre, demanda au grand maître s'il ne convenait pas de le faire précéder d'un préambule.
« Il n'y a pas besoin de préambule, dit
« froidement Junot; quatre lignes suf-
« firont, et j'espère que M. Poussielgue
« voudra bien s'en charger. »

Il restait à procéder à une opération d'une bien plus haute importance, et de laquelle dépendait en grande partie le sort de l'île et de l'Ordre : on devait, aux termes du second article de la suspension d'armes, envoyer dans les 24 heures, des députés à bord de *l'Orient* pour rédiger la capitulation. Hompesch, au lieu de faire fléchir dans cette occurrence difficile l'orgueil des droits de la grande maîtrise, préféra nommer lui-même les membres de cette députation, *plutôt que de les choisir avec l'assistance de son conseil.* Dans la persuasion qu'il obtiendrait une meilleure composition, en envoyant à Bonaparte des hommes notoirement connus pour leur attachement au gouvernement républicain, il désigna le baron Mario Testaferrata, les ex-auditeurs Schembri et Giovannicola Muscat, et l'ex-conseiller Bocanni, pour représenter la nation maltaise, et le bailli Frisari, avec le commandeur Ransijat, pour représenter l'ordre de Malte auprès du général en chef. Il n'y avait plus qu'à leur donner leurs instructions. Junot, qui avait obtenu la permission de visiter les curiosités du palais magistral, était prêt à partir; Ransijat, à qui il tardait de mettre à fin l'œuvre de trahison à laquelle il est positif qu'il prenait une part active, proposa de faire partir la députation en même temps que le jeune chef de brigade. — « Mais les instruc-
« tions? dit Hompesch. — A quoi bon?
« répondit Ransijat : en abandonnant
« Votre Éminence à la générosité de
« Bonaparte, vous lui donnerez une
« preuve de confiance qui excitera sa
« magnanimité. » Hompesch céda, car le sort de cet homme était de toujours céder, tantôt à l'un, tantôt à l'autre, et toujours à tort. Il voulut seulement que la députation fût accompagnée d'un M. Doublet, son homme de confiance, afin de suppléer aux instructions qu'il n'avait plus le temps de préparer. Le remuant Guido, dépité de n'avoir pas été nommé membre de la députation, trouva pourtant le moyen d'en faire partie, au moins jusqu'au rivage. A cheval, à côté de Junot, il ouvrait la marche, tandis que ses collègues officiels, enfoncés dans leurs voitures, et osant à peine mettre la tête à la portière, ressemblaient, dit un témoin oculaire, à autant de criminels qu'on menait au gibet, car, au lieu de sortir par le port, Guido avait proposé de passer par la porte qui donne sur la campagne, et la vue des troupes françaises qui s'y trouvaient rangées en bon ordre leur causait une frayeur mortelle.

Doublet a laissé un récit piquant de cette négociation.

« Après un quart d'heure d'attente, dit-il, trois des députés furent introduits dans la salle du conseil (à bord de *l'Orient*), parfaitement éclairée et décorée de trophées militaires qui rappelaient les victoires de Bonaparte. Ce général entra au bout de cinq minutes, accompagné du vice-amiral Bruéïs, et s'étonna de nous trouver en aussi petit nombre. « Il paraît, dit-il, que plusieurs d'entre vous sont tombés malades pendant le trajet; on m'a dit que vous deviez être huit, et je n'en vois que trois. Vous avez très-bien fait de venir cependant, puisque, ne pouvant plus vous attendre, j'avais déjà ordonné qu'on lançât sur la place certains *confetti* qui n'auraient pas fait beaucoup de plaisir à Vos Seigneuries. » Personne n'osa répondre à cette plaisanterie inconvenante. Alors le général nous examinant l'un après l'autre : « Messieurs, ajouta-t-il, il me semble qu'un verre de punch ne vous ferait pas de mal, car je vois que vous vous sentez du froid. » Il ordonne qu'on apporte du punch et en donne un verre à chacun; les verres furent bientôt remplacés par l'écritoire. A l'instigation de Ransijat, je me préparais à écrire l'acte, mais Bonaparte me remercia, en disant qu'en pareille occasion il avait l'habitude de tenir la plume lui-même. Il prit donc la plume, et après un moment de réflexion : « Eh bien, Messieurs, dit-il, quel titre donnerons-nous à ce traité? Le mot de *capitulation* sonnerait mal aux oreilles d'un ordre militaire qui s'est jadis couvert de gloire, et je crois que le titre de *convention* sera moins désagréable? » Personne ne répond. « Qui ne dit mot consent, » reprit-il, et il se mit à écrire. Pendant ce monologue, sa physionomie était empreinte d'une singulière expression d'ironie. Il continua à écrire pendant une heure pour rédiger les quatre premiers articles. Levant alors la tête et voyant que le nombre des députés présents était augmenté, il voulut lire ces articles, afin de voir s'il y aurait quelque chose à y ajouter. Quand il nous eut donné connaissance du premier article portant renonciation pleine et absolue des droits de possession et de propriété de l'Ordre sur les îles de Malte, du Goze et de Comino : « Mon général, lui dis-je, j'en appelle à votre magnanimité; que dira le grand maître, que pensera toute l'Europe de son excessive confiance en vous? » — « Ma foi, tant pis pour lui; *malheur aux vaincus!* Telle est ma maxime. Après tout, qu'a fait pour nous votre Ordre, que nous devions nous y intéresser? Il a fourni aux Anglais contre Toulon, et pour la Corse, des marins, des ouvriers, des munitions; il a molesté nos bâtiments marchands en empêchant les capitaines d'arborer le pavillon tricolore et de porter la cocarde nationale; il envoie à Coblentz massacrer nos soldats, ses chevaliers, dont plusieurs sont revenus s'en vanter à Malte; enfin, quand moi-même j'ai fait connaître l'extrême besoin que j'avais de faire de l'eau, ne me l'a-t-on pas refusée? » Bonaparte avait prononcé cette diatribe d'un ton irrité, il s'arrêta et se remit à lire. Quand il en fut à l'article 2, par lequel était accordée au grand maître une pension de trois cent mille francs, jusqu'à ce qu'on pût lui procurer une principauté équivalente en Allemagne : « J'espère, dit-il, que le grand maître sera satisfait de la manière généreuse dont nous le traitons, quoiqu'il ne le mérite pas pour s'être laissé séduire par les promesses mensongères de la Russie, qui cherchait à s'emparer de Malte au préjudice de la France. » Je cherchai à le faire revenir de ses préventions en lui faisant l'exposé des relations de l'Ordre avec la cour de Saint-Pétersbourg. « Nous n'ignorons rien de tout cela à Paris, reprit-il; et le directoire a fort bien senti qu'en échange des avantages qui devaient en résulter pour lui, l'Ordre s'était un peu relâché en faveur de la Russie, de la sévérité de son ancienne discipline, en consentant, sans aucun scrupule, à admettre dans son sein un grand nombre de chevaliers schismatiques, pour lesquels Paul avait offert de fonder soixante-douze commanderies. Vous comprenez que tant de générosité de la part d'une puissance ambitieuse a dû éveiller l'attention du directoire et le déterminer à s'emparer de Malte, pour qu'elle ne fût pas un jour la proie de la Russie, avec qui le grand maître était d'accord. » Je voulus alléguer que ce qui s'était fait avait reçu l'approbation de la cour de Rome, que le grand maître ne pouvait.... mais Bonaparte me coupa la parole en disant : « Il est certain que ce que vous alléguez ne détruit pas le fait en lui-même. En définitive, Malte est à nous, et personne ne nous l'ôtera. »

« Ransijat, qui n'avait jusqu'alors ouvert la bouche que pour confirmer le général dans son opinion d'un secret accord entre la Russie et le grand maître, et pour demander très-inutilement la rentrée en France de tous les chevaliers de cette nation, déploya toute son énergie quand on en vint à établir l'article 4. Cet article accordait à tous les chevaliers en général une pension de six cents francs, qui n'était portée à mille que pour ceux d'entre eux qui auraient plus de soixante ans. Ransijat, qui, dans cette occasion, aurait bien voulu être plus âgé, se plaignit de la modicité de la pension allouée aux plus jeunes, et parvint, avec l'assistance de l'amiral Bruéis, à la faire porter à sept cents francs. L'ex-auditeur Muscat voulut parler pour demander la conservation des exemptions et des priviléges de sa nation. Bonaparte plaisanta un instant, et finit par déclarer que les priviléges ni les corporations ne pouvaient plus exister, et que la loi était égale pour tous. Les deux autres députés qui étaient présents ne soufflaient mot, et le quatrième, fatigué de la traversée, ne parut qu'au moment de la signature. Le bailli Frisari, qui, durant la discussion, avait gardé le plus profond silence, montra de l'hésitation quand il s'agit de signer la convention, et pria Ransijat d'en faire connaître les motifs au général : il demandait à réserver, au moyen d'une apostille, les droits du roi de Naples, son souverain, sur l'île de Malte, craignant que s'il y manquait, on ne mît ses commanderies sous le séquestre : « Vous pouvez, lui dit Bonaparte, faire toutes les réserves qui vous plairont : nous saurons dans l'occasion les annuler à coups de canon. » Quand le chargé d'affaires d'Espagne eut signé, il me passa la plume; je dis que je n'avais aucun titre pour apposer là mon nom, mais que si j'en avais, il m'en coûterait de signer une convention qui devait couvrir de honte l'Ordre, le grand maître et les Maltais, sans qu'il en pût résulter une grande gloire pour le général, et le moindre avantage pour la France. « Comment ! s'écria Bonaparte irrité.—Parce que la nullité de votre marine, répliquai-je, laisse pour toujours Malte à la disposition de l'Angleterre, qui enverra une de ses escadres nous bloquer, peut-être avant que vous soyez débarqué en Égypte. — Votre sinistre pronostic, dit l'amiral Bruéis, prouve que vous connaissez bien peu la valeur de notre bonne marine. » Bonaparte se leva et mit fin à la conférence.

« Au point du jour, les députés retournèrent à la Valette. Quant à moi, pour prévenir le malheur d'une convention aussi ignominieuse, je les devançai auprès du grand maître, et je lui conseillai de la faire rejeter par le conseil, et de faire signifier au général républicain que l'Ordre et la nation préféraient s'ensevelir sous les ruines de la cité. Mais le bailli Bruno combattit cet avis, en disant que la convention n'étant point sanctionnée ni ratifiée par le conseil, l'Ordre pourrait toujours réclamer l'île en temps opportun. »

Cette réclamation est encore à faire, et ne se fera jamais.

Le 12 juin, au soir, Bonaparte entra dans la ville, et prit son logement chez le chevalier Paradisi. Cafarelli-Dufalgua, commandant l'arme du génie dans l'expédition, ne put s'empêcher de dire, en parcourant la forteresse qu'on venait de remettre : « Nous

11.

« sommes bien heureux qu'il y ait eu « quelqu'un dans la place pour nous « en ouvrir les portes. »

Faut-il accuser Hompesch? Hélas, non. On n'a pas besoin d'être un traître pour ne pas faire son devoir, quand on est aussi nul et aussi lâche.

*Magistère de Paul I*er*.* « La prise de Malte, dit l'abbé Georgel dans son intéressant Voyage à Saint-Pétersbourg, la prise de Malte entraînait infailliblement la destruction de l'ordre souverain de Saint-Jean de Jérusalem. Les trois langues de Provence, d'Auvergne et de France n'existaient plus; celle d'Italie se trouvait sous la domination des Français républicains, maîtres du Piémont, de la Lombardie, de l'État ecclésiastique et du royaume de Naples. Le silence du grand maître Hompesch, retiré à Trieste, et son refus opiniâtre de justifier son inconcevable conduite à Malte, comme l'Europe s'y attendait, et comme tous les grands prieurés de l'Ordre le demandaient, décidèrent le grand prieuré de Russie à offrir la grande maîtrise de l'Ordre au czar Paul Ier. Ce prince, en acceptant cette dignité, sauvait du naufrage un corps que des siècles de gloire avaient illustré. Les grands prieurés de Bohême, de Bavière et d'Allemagne, pénétrés de reconnaissance, se déterminèrent à suivre l'exemple de celui de Russie. Leurs chapitres, convoqués pour ce grand objet, nommèrent des députés pour aller à Saint-Pétersbourg offrir au nouveau grand maître l'hommage de leur obéissance. »

Le même bailli de Pfürdt, qui avait paru au congrès de Rastadt, fut députe vers Paul par le grand prieuré d'Allemagne.

Nous croirions mériter un grave reproche si nous négligions de transcrire le récit des mille et une intrigues auxquelles donna lieu, à Saint-Pétersbourg, la grande maîtrise du czar. Nous continuons de citer l'abbé Georgel, témoin oculaire, et, qui plus est, acteur.

« Quand Paul Ier fonda un très-grand nombre de commanderies de l'ordre de Saint-Jean de Jérusalem pour ses sujets russes, qu'il eut rétabli le grand prieuré de Russie, et que, lors de la prise de Malte (*), il se fut déclaré protecteur de l'Ordre, le bailli de Litta, Italien, avait été envoyé à Saint-Pétersbourg, comme ambassadeur extraordinaire, pour remercier l'empereur, et accepter, comme délégué du grand maître, l'établissement des nouvelles commanderies, et le rétablissement du prieuré catholique de la Russie polonaise. Dans le même temps, le frère du bailli de Litta fut envoyé, par le pape Pie VI, comme nonce près de Paul Ier. Le bailli de Litta, homme d'esprit, d'une taille avantageuse et d'une belle figure, plut à Paul Ier. Ce fut lui qui engagea ce prince à se déclarer protecteur de l'Ordre; et quand le grand maître d'Hompesch se retira à Trieste, après la honteuse reddition de Malte à Bonaparte, le bailli détermina le grand prieuré de Russie à offrir la grande maîtrise à Paul Ier, puisque d'Hompesch avait déshonoré son nom et sa place. L'empereur, qui, dans tous les temps, avait marqué de la prédilection pour cet Ordre, daigna accepter cette dignité, et s'en fit gloire. Le bailli de Litta, promoteur de ce nouvel ordre de choses, devenait un homme nécessaire pour organiser le conseil et la chancellerie du nouveau grand maître, et établir le siège de la grande maîtrise à Saint-Pétersbourg. En conséquence, il lui fut facile d'insinuer à Paul Ier de le nommer son lieutenant pour tout ce qui avait rapport à l'Ordre. Ce poste éminent donnait à M. de Litta de grandes prérogatives; il devenait, par là, le premier ministre du grand maître, et travaillait seul avec Sa Majesté Impériale, qui voulut être appelée *Majesté Impériale Éminentissime.* »

Voilà un nouveau grand maître installé tant bien que mal, et son lieutenant aussi; nous allons voir la durée de cette parodie rendue impossible dès ses premières opérations.

(*) L'abbé Georgel se trompe, Malte n'était pas prise quand le czar accepta le protectorat de l'Ordre. Il se trompe encore en disant que le bailli Litta *fut envoyé;* on

« Les huit langues de l'Ordre avaient chacune un de leurs profès qui, sous le titre de *pilier*, était membre du sacré conseil ; les langues de Provence, d'Auvergne et de France étant supprimées par la révolution française, et les autres étant empêchées, le bailli de Litta fit nommer par l'empereur, l'héritier du trône et les plus grands seigneurs de l'empire pour remplacer au sacré conseil les piliers absents ; il attira à Saint-Pétersbourg quelques chevaliers français, pour diriger, sous lui, la chancellerie et le trésor. Le chevalier de la Houssaye fut mis à la tête de la chancellerie, et le chevalier de Vitri eut la direction du commun trésor. »

Nous nous expliquons mal comment les langues françaises pouvaient être supprimées aux yeux de Paul Ier, tant qu'il restait des chevaliers français et des chevaliers assez recommandables pour qu'on jetât les yeux sur eux de préférence à ceux des langues conservées, quand il s'agissait de fonctions importantes. Cette suppression signifierait-elle que c'était moins les hommes que les propriétés territoriales qui, à cette époque, étaient agrégées, et comptaient dans l'Ordre des pieux hospitaliers de Saint-Jean de Jérusalem ? Ne serait-ce pas plutôt que l'esprit courtisanesque du bailli de Litta et de ses faiseurs en sous-ordre leur avait suggéré la pensée de rayer de l'Ordre des noms qui sonnaient mal aux oreilles chatouilleuses du czar ? Quoi qu'il en soit, et, sans attacher à cette réflexion plus d'importance qu'elle n'en mérite, poursuivons le récit instructif de Georgel.

« M. de Litta se fit donner une commanderie de dix mille roubles dans le prieuré de Russie, fit nommer son frère, le nonce, grand aumônier de Londres, avec dix mille roubles de traitement ; les chevaliers de la Houssaye et de Vitri eurent chacun une commanderie de mille roubles. Le bailli de Litta obtint encore du pape dispense de ses vœux, pour se marier avec une princesse russe, veuve très-riche, et occupant une des premières places chez l'impératrice. Cette nouvelle organisation, faite avec intelligence et rapidité, plut beaucoup à Paul Ier. Son lieutenant monta au plus haut degré de faveur. Les ministres et les seigneurs russes qui occupaient les premières places à la cour, voyaient d'un œil jaloux cette élévation subite et ce grand crédit d'un étranger. »

Ce czar qui joue au chevalier de Malte, ce bailli de Litta et ses amis qui se font payer si cher leurs sacriléges complaisances, ces dignes ministres et seigneurs russes qui sont les seuls peut-être à prendre tout cela au sérieux, composent un tableau des plus curieux, poursuivons :

« Le comte Rostopchin qui, de simple chambellan, avait été fait, à trente-quatre ans, ministre des affaires étrangères et grand chevalier de l'ordre de Saint-Jean de Jérusalem, entreprit de renverser le bailli de Litta, qu'il regardait comme un concurrent dangereux : le seul titre d'étranger du bailli suffisait pour que M. de Rostopchin se vît secondé de tous les grands de l'empire. Des insinuations répétées eurent le succès désiré ; le bailli de Litta fut disgracié et exilé dans les terres de sa femme ; la place de lieutenant fut donnée au maréchal comte de Soltikoff ; le commandeur de la Houssaye, secrétaire du lieutenant disgracié, fut fait vice-chancelier de l'Ordre, avec cinq mille roubles de traitement, et le comte de Rostopchin, grand chancelier de l'Ordre, eut, de concert avec le nouveau lieutenant, la direction de toutes les affaires de l'Ordre ; le comte de Soltikoff, qui n'aimait ni le travail ni les embarras du détail, ne se réserva que les honneurs de la place et celui de communiquer avec le grand maître, afin d'en obtenir des grâces pour les commandeurs et les chevaliers qu'il voudrait favoriser. La disgrâce du bailli de Litta entraîna celle de son frère le nonce ; il fut renvoyé des États de l'empereur, et la grande aumônerie

lui envoya seulement ses pouvoirs : il était depuis longtemps à Saint-Pétersbourg.

fut confiée à l'archevêque de Mohiloff, métropolitain des églises catholiques sous la domination russe. »

Il y a quelque chose de pénible, de douloureux même dans l'avilissement d'un ordre auquel on peut avoir de graves reproches à adresser, mais qui, en définitive, s'était formé dans un but louable, était longtemps resté fidèle à l'esprit de son institution, et qui, d'ailleurs, s'était, durant des siècles, acquis une glorieuse renommée. Il est démontré que si Hompesch ne trahit pas ses frères personnellement, il les laissa trahir, ce qui ne vaut pas mieux : nous ne professons donc pas pour lui une fort grande estime; mais, en vérité, il nous semble moins coupable que les intrigants qui exploitaient les petites vues politiques ou la petite vanité de Paul. Malte livrée, les chevaliers avaient perdu le siége de leur Ordre, mais l'Ordre n'était pas détruit; il pouvait se reconstituer dans quelque coin du monde que ce fût; mais l'Ordre avili, son organisation faussée, sa règle profanée, ses dignités devenues de ridicules jouets entre les mains d'hommes ambitieux ou d'ineptes courtisans, voilà ce qui lui donnait le dernier coup. En vain Malte aurait été reprise et rendue à ce prétendu grand maître, il n'y avait plus d'Ordre de Saint-Jean de Jérusalem; le mépris public l'avait tué. Il n'est pas sans intérêt cependant d'assister jusqu'au bout à son agonie. C'est toujours l'abbé Georgel que nous citons :

« Tel était l'état des choses pour l'Ordre de Saint-Jean de Jérusalem, lorsque nous arrivâmes à Saint-Pétersbourg. L'empereur et toute la cour revinrent de Gatshina, fort peu de jours après notre arrivée. Le maréchal de Soltikoff fit savoir aux députés du grand prieuré d'Allemagne, que l'empereur avait fixé l'audience publique de la députation au dimanche matin, 29 décembre : elle eut lieu avec toute la pompe d'une cérémonie d'éclat. Le commandeur de Maisonneuve, maître des cérémonies de l'Ordre, vint prendre MM. les députés à leur hôtel, dans un superbe carrosse de la cour, attelé de six chevaux richement enharnachés, accompagné d'un écuyer à cheval, de deux heiduques aux portières, de quatre coureurs à pied en avant, tous en grande livrée, précédés par deux hussards de la garde, et suivis par des valets de pied. A la descente du carrosse, au pied du grand escalier du palais, MM. les députés trouvèrent les gardes impériales en haie jusqu'à la salle d'audience. Cette salle était magnifiquement décorée. L'empereur, sa couronne en tête, revêtu du costume et de tous les attributs de grand maître, était sur son trône, resplendissant d'or et de pierres précieuses. A sa droite étaient le grand-duc Alexandre, le sacré conseil et les grands-croix; à sa gauche, les commandeurs, tous en grand costume : les chevaliers bordaient les autres parties de la salle. Le grand bailli de Pfürdt, premier député, conduit par le grand maître des cérémonies, et suivi du commandeur de Baden, s'approcha du trône en s'inclinant profondément à trois reprises. Son discours, qui avait été communiqué et agréé, dura quatre à cinq minutes, il le prononça à haute et intelligible voix : ce discours eut du succès. Il présenta ensuite les lettres de créance dans un bassin d'or, que portait le commandeur baron de Baden. Paul Ier, après leur avoir donné sa main à baiser, remit les lettres de créance au grand chancelier de l'Ordre, comte de Rostopchin, qui répondit au discours au nom du grand maître. La cérémonie finie, la députation fut reconduite à son hôtel avec la même pompe qu'elle était venue. On donna, selon l'usage, deux cents roubles pour les gens de livrée de la cour, et on fit présent d'une montre en or à l'écuyer.

« La députation du grand prieuré de Bavière, qui nous avait précédés d'un mois, était encore à Saint-Pétersbourg : elle était composée du bailli de Flaschlande, du comte d'Arco, etc. Le bailli de Flaschlande, d'une des premières maisons d'Alsace, homme d'esprit et très-aimable courtisan, avait été général des galères à Malte. Honoré de la confiance du grand maître (Rohan), il avait développé des talents diplomatiques en plusieurs occasions; il était membre des deux grands prieurés d'Allemagne et de Bavière; et il possédait des commanderies. C'est lui qui avait rétabli l'ordre de Malte supprimé en Bavière, et qui avait ménagé un rapprochement, et même des liaisons d'intérêt et d'amitié entre les cours de Saint-Pétersbourg et de Munich. A son arrivée à la cour de Paul Ier, il y jouit de la plus haute et de la plus intime faveur. L'empereur le traitait avec distinction, et paraissait se plaire à converser familièrement avec lui : il avait l'honneur de dîner et de souper tous les jours à Gatschina, avec l'empereur et l'impératrice. Paul Ier l'avait comblé d'honneurs et de bienfaits; il lui avait fait présent d'une superbe pelisse de deux mille roubles, l'avait décoré de l'ordre impérial de Saint-Alexandre Neuski, et pourvu de deux commanderies de grâce, l'une dans le prieuré de Bavière, et l'autre dans celui d'Allemagne. Lorsque nous arrivâmes, cette haute faveur n'existait plus; la disgrâce la plus marquante l'avait suivie. La cause de cette disgrâce fait honneur à la loyauté du bailli de Flaschlande. »

Nous demanderions pardon au lecteur de la longueur de la citation, si ces détails ne nous paraissaient pas extrêmement curieux, et s'ils n'étaient pas comme l'oraison funèbre de l'Ordre de Jérusalem. D'ailleurs, il n'y a rien de petit en histoire : tel fait qui passe aujourd'hui inaperçu sous nos regards distraits, servira plus tard à expliquer un événement important. Quelques mots encore :

« Le bailli de Flaschlande avait assisté, comme lieutenant du turcopolier, à une séance du sacré conseil, présidé par l'empereur. Ce prince lui demanda ce qu'il en pensait. Le bailli, sans rien improuver, se permit quelques légères observations. L'empereur lui dit de les mettre par écrit. J'ai lu cet écrit; il est respectueux, mais il dit la vérité; on n'y blâme point les formes adoptées, mais on fait entrevoir qu'un jour il sera possible de les mieux rapprocher des statuts de l'Ordre. Ces franches observations ont été empoisonnées et présentées sous un aspect défavorable par les ennemis du bailli. Le commandeur de la Houssaye, qui avait fait adopter les formes actuelles depuis le renvoi du bailli de Litta, se crut compromis par les observations du bailli de Flaschlande; il lui fut facile de persuader au maréchal de Soltikoff et au comte de Rostopchin que M. de Flaschlande ambitionnait la place de lieutenant, et voulait s'attirer toute la confiance de l'empereur pour les affaires de l'Ordre. Ce triumvirat dressa si bien ses batteries, qu'il parvint à perdre le bailli dans l'esprit de Paul Ier, et que dès ce moment ce prince ne voulut plus ni le voir, ni lui parler. Cette défaveur a influé sur les compagnons de sa députation, ils ont été congédiés sans voir l'empereur grand maître. »

Nous ne suivrons pas plus loin l'abbé Georgel. Il ressort du dernier fait que nous lui avons emprunté, que le grand conseil n'ayant plus la moindre indépendance, la constitution de l'Ordre était anéantie dans son essence, et que puisque sur huit langues qui le composaient, et qui avaient concouru à l'élection d'Hompesch, deux seulement, dont l'une à peine rétablie, avaient arrangé l'élection de Paul, cette élection était radicalement nulle. Laissons maintenant Paul Ier fatiguer de croix de Malte la petite cour de Mittau, qui se vengea à coups de croix de Saint-Lazare; laissons la maîtresse du czar se travestir en sœur de Saint-Jean de Jérusalem; retournons à Malte, où trois flottes, anglaise, portugaise et sicilienne, et les habitants de l'île révoltés, bloquent étroitement, dans la Cité Valette, le brave général Vaubois et ses quatre mille soldats.

Malte sous les Français. Une municipalité et un gouvernement provisoire, à la tête duquel fut placé le commandeur Ransijat, furent établis à Malte aussitôt après la prise de possession par les nôtres. Les chevaliers reçurent l'ordre de quitter l'île, et les soldats et matelots passèrent sur la flotte française. Les créanciers d'Hompesch cherchèrent à s'opposer à son départ; mais le président Ransijat lui ayant officiellement appris les dédommagements que la république lui accordait, il partit emportant un morceau de la vraie croix apporté de la terre sainte, le bras de saint Jean et une image de la sainte Vierge de Philerme. Quelques-uns des principaux officiers de sa maison et six commandeurs et chevaliers, au nombre desquels le bailli de Suffren de Saint-Tropez, l'accompagnèrent jusqu'à Trieste, où il resta seul.

Paul Ier, devenu grand maître, s'occupa de reprendre Malte. Les Anglais, ses alliés, la tenaient déjà bloquée, mais ils n'avaient point assez de troupes pour tenter un débarquement. Le czar ordonna au prince Volkonski de les rejoindre avec des forces suffisantes, destinées à former ensuite la garnison de l'île, concurremment avec les Anglais et les Napolitains, les premiers accourus après le départ de notre flotte. Un revirement politique dérangea ce projet; les Russes, au lieu de venir appuyer les Anglais devant Malte, durent aller menacer leurs possessions dans l'Inde. Les assiégeants ne perdirent cependant pas l'espoir de nous réduire. Ne pouvant occuper l'île, ils excitèrent une sédition parmi les habitants de la campagne, qui devaient ensuite attaquer la cité du côté de terre, pendant que les flottes réunies la presseraient du côté de la mer. Les paysans se prêtèrent d'autant plus volontiers à ces vues, qu'ils n'avaient pas pardonné aux Français leurs cavalières façons d'agir envers les objets de leur culte. Le trésor de Saint-Jean avait été enlevé et mis sur le vaisseau *l'Orient,* pour être quelque temps après enseveli dans la rade d'Aboukir. Les autres églises n'avaient pas été plus épargnées. Ce fut une faute de la part des chefs de la garnison républicaine; il eût été plus prudent de ne pas heurter les prédilections et les croyances du peuple maltais, afin de s'assurer sa coopération contre les ennemis du dehors. Une circonstance malheureuse fit éclater le ressentiment des zélés catholiques de quelques localités. Les Français manquant d'argent, se décidèrent à enlever et à faire vendre les ornements précieux de l'église de la Cité Notable. A cette nouvelle, les habitants furieux formèrent un attroupement tumultueux pour s'opposer à la vente projetée. Le commandant Mosson, désespérant d'apaiser la sédition par les voies pacifiques, crut nécessaire d'appeler de la Valette de nouvelles troupes. Mais avant l'arrivée du renfort, les mécontents, dont les rangs s'étaient grossis par l'intervention des villageois du casal Zebug, massacrèrent le détachement français, qui se composait de soixante hommes. Dès ce moment, toute communication cessa entre la capitale et l'intérieur de l'île.

En septembre 1799, Nelson, victorieux à Aboukir, vint prendre le commandement avec ceux de ses bâtiments encore en état de tenir la mer, et le blocus le plus rigoureux fut établi. Avant l'arrivée de l'amiral anglais, Vaubois, qui avait été prévenu de son approche, avait tout disposé pour une défense longue et désespérée. On lui conseillait d'aller enlever, en Sicile, les magasins de Girgenti, qui renfermaient, disait-on, cinq mille salmes de blé, et ceux de Vittoria approvisionnés en vin. « Non, répondit-il, la république est en paix avec Naples, et elle ne pille pas ses amis » Bien que dans la position où il se trouvait, le soulèvement des campagnes, impuissantes, du reste, à lui nuire, lui fût avantageux, en ce qu'il le dispensait de nourrir une partie des habitants devenus rebelles, le général français n'avait rien négligé pour faire entendre raison aux séditieux. Les ennemis, de leur côté, avaient rempli les premières formalités qui, chez les nations civilisées, précèdent les sièges les plus activement conduits. L'amiral portugais et le commandant de l'escadre anglaise avaient envoyé un parlementaire, porteur d'une lettre écrite par eux, et d'une autre, adressée au général par Emmanuel Vitale et Xavier Caravana, ce dernier, chanoine de la Cité Vieille. Mais la réponse de Vaubois avait été ferme, laconique, et tout espoir d'arrangement perdu. La place pouvait avoir alors pour seize à dix-sept mois de vivres. L'amiral portugais, resté seul un instant au blocus, pensa que la menace d'un bombardement déterminerait Vaubois à capituler, ou du moins effrayerait assez les habitants pour les décider à l'insurrection : son expédient n'eut d'autre résultat que d'engager beaucoup de ceux-ci à demander à quitter la ville, ce qui leur fut accordé avec empressement. Dans une place conquise, moins il y a d'habitants, plus sûre et plus facile est la défense. Nelson, à son arrivée, fit offrir à son tour de transporter en France la garnison française qui ne serait point considérée comme prisonnière de guerre, à condition qu'on livrerait aux Anglais la place et les bâtiments de guerre qui se trouvaient dans le port. Le refus ne se fit pas attendre. Cependant les assiégeants, qui n'avaient pu réussir à établir leurs batteries sur la hauteur du Coradin, étaient parvenus à en former une de trois canons à Lattochia, et s'étaient emparés du Goze. Nouvelle députation à Vaubois, qui fait la même réponse. Le blocus se resserrait toujours davantage ; les travaux des ennemis se complétaient, et rien ne diminuait la résolution du commandant français, à qui l'on fit inutilement savoir la déclaration de guerre faite de concert à la république par l'Angleterre et l'Allemagne. Un nouveau bombardement que, dans les premiers jours de décembre, Nelson annonça et qui dura une heure et demie, dirigé par les anciennes batteries et celle soudainement démasquée du côté du fort Manoël, n'amena qu'une nouvelle émigration des habitants de la ville bloquée. Ceux de la campagne, qui harcelaient nos défenses du côté de l'île, essayèrent à cette époque une conspiration dont le succès tint à bien peu de chose. Un petit bâtiment génois était parvenu à tromper la vigilance des croisières, et avait apporté aux Français la nouvelle de l'abdication du roi de Sardaigne et de nos succès en Italie. Ce bâtiment était arrivé un vendredi, et les Français qui, en ceci du moins, ne heurtaient pas les opinions et les habitudes des Maltais, ne laissaient point ouvrir le théâtre un vendredi. Cette fois, pourtant, on crut pouvoir, en faveur de la circonstance, s'écarter de la règle ordinaire. Boulard, commandant du fort Manoël, et Roussel, officier de son état-major, avaient assisté au spectacle. En retournant à leurs postes, le soir, ils aperçurent, en longeant le port Marsa-Musciet, des hommes qui faisaient des signaux. Boulard aussitôt arrive au fort, fait embarquer Roussel avec sept hommes; et celui-ci voyant, en s'approchant du rivage, des gens qui s'enfuyaient, d'autres qui se jetaient dans la mer ou dans les fossés de la ville, aborda le plus rapidement possible et parvint à se saisir de quelques-uns des fuyards. L'alarme une fois donnée, on arrêta trente-quatre personnes. Le chef des conjurés était un nommé Guglielmo, qui avait longtemps couru les mers sous le pavillon maltais, et s'était acquis une assez grande réputation comme marin, pour que la Russie lui confiât le commandement de quelques bâtiments dans la Méditerranée et lui accordât le grade de colonel dans ses armées. Il était secondé, notamment, par un ancien officier des chasseurs maltais, un ancien sergent du régiment de Malte, le capitaine du lazaret, et par un arquebusier nommé Satariano, qui acheta sa vie par des révélations ; le reste appartenait aux classes populaires. Les habitants de la campagne, instruits du mauvais succès de leurs compatriotes de la ville, essayèrent de donner un assaut, dans l'espoir d'être secondés de l'intérieur par ceux qui avaient échappé aux investigations de la police française ; mais nul ne bougea, et ils s'enfuirent en désordre. Leurs travaux, toutefois, devenaient de plus en plus considérables : plusieurs batteries avaient été dirigées contre le grand port, afin d'en rendre l'entrée plus difficile. Cela n'empêchait pas que de temps en temps les

Français ne reçussent quelques petits bâtiments légers. Enhardis par la présence des Anglais, les Maltais tentèrent une nouvelle attaque et la dirigèrent contre la Cotonère dont la défense leur semblait plus difficile à cause de son étendue; mais, faute d'ensemble dans leurs opérations, ils échouèrent encore de ce côté, et les Français, pour prévenir toute crainte sur ce point, en changèrent le système de défense. Leur position commençait à devenir des plus fâcheuses sous le rapport des approvisionnements. Le bois manquait, et déjà l'on avait été réduit à la nécessité de dépecer plusieurs bâtiments marchands, afin de pourvoir au service de la boulangerie. Le scorbut faisait de grands ravages parmi les Français. En mai 1799 il y avait plus de six cents malades dans les hôpitaux (*). Il en était mort trente-sept en mars, quarante en avril, quatre-vingt-dix-huit en mai, et il y avait lieu de craindre que l'été qui s'approchait n'augmentât la mortalité dans une proportion encore plus effrayante : elle monta, en effet, à cent trente et un au mois de juin, et ne descendit que pour le mois d'août à quarante-huit. Les pertes des habitants étaient encore plus considérables, toute proportion gardée; car il faut remarquer que si, de septembre 1798 au 31 août 1799, les Français perdirent cinq cent cinquante-cinq soldats et les Maltais deux mille quatre cent cinquante-huit des leurs, la population de la ville, qui s'élevait dans le principe à quarante mille âmes, était rapidement descendue à treize mille par suite des émigrations. Mais ces émigrations n'étaient plus possibles : les assiégeants, sacrifiant la pitié à l'impérieuse loi de la nécessité, refoulaient dans les murs les malheureux qui, exténués de besoin, n'y pouvaient plus être que des bouches inutiles. Le général Vaubois déployait une activité remarquable et cette fécondité de ressources dont nos généraux ont su donner de si fréquents, de si admirables exemples; afin de ne pas laisser en arrière la solde des troupes, et dans l'impuissance où il était de recevoir des espèces monnayées, il fit rassembler tout ce qu'il put trouver d'or, d'argent et de cuivre, le fit fondre et couper en lingots de différentes valeurs, assimilées le plus possible à celles des monnaies françaises. La place renfermait, d'ailleurs, assez de blé pour une année encore, mais toutes les autres denrées devenaient d'une rareté dont le tableau suivant pourra donner une idée :

Prix en mars 1799.

Le porc frais, la livre.........	3 f. 40 c
Le fromage, id.................	3
Un lapin......................	7 20
Une poule.....................	29
Un pigeon.....................	6
Une bouteille de vin...........	3
Un œuf........................	» 40

Prix en septembre même année.

Porc frais....................	7 f. 20 c. à 8 f. 60 c.
Fromage.......................	8 75
Un lapin......................	11
Une poule.....................	60
Un pigeon.....................	12
Une bouteille de vin...........	4
Un œuf........................	» 80
Viande salée..................	2 50
Poissons, suivant la qualité, de	2 60 à 3 80
Une bouteille de vinaigre.....	4
Une bouteille d'eau-de-vie....	8
Une livre de sucre, de........	22 à 43 et 48 f.
Une livre de café, de.........	26 à 48 et 58 f.
Une livre de chocolat, de.....	18 f.
Un rat, de....................	1 f. 20 c. à 1 f. 90 c.

Les chiens, les chats, les ânes, les mulets et les chevaux, excepté ceux de ces derniers qui étaient strictement nécessaires pour le service, furent mangés jusqu'au dernier.

Les sources qui alimentent la place avaient été détournées par les assiégeants, mais les citernes ne tarirent heureusement pas.

Telle était la situation des Français à la fin de la première année du blocus, et la pénurie du trésor si précieusement ménagé par Vaubois était devenue telle, en dépit de tous les expédients dont il avait usé jusqu'alors, que dès le mois d'août il fut obligé de

---

(*) « Les malades, dit Boisgelin, furent « extrêmement soulagés par l'usage d'une « boisson préparée avec de la drêche; heu- « reusement qu'elle ne manquait pas et qu'ils « purent en boire abondamment. »

réduire la garnison à la demi-solde, et de suspendre pour trois mois les appointements des juges et des membres de toutes les administrations civiles, indépendamment de la réduction de moitié imposée au salaire de leurs employés.

Les nations ont appris à s'estimer assez pour se rendre justice quand le moment de la lutte est passé. L'Angleterre, qui de toutes s'est toujours montrée la moins accessible aux sentiments élevés, qui feront un jour de tous les peuples une même famille sous des noms différents, à bien pu nous contester nos victoires; mais, du moins elle a plus d'une fois admiré, proclamé le courage et l'égalité d'humeur de nos soldats au milieu des plus grands dangers et des plus dures privations. Pendant deux ans que dura le blocus, la garnison française perdit tout au plus une vingtaine d'hommes par la désertion. Pour ranimer le courage de ces braves, il suffisait de petites supercheries, honorables encore dans leur objet : tantôt c'était une lettre furtivement parvenue et qui annonçait l'arrivée d'un convoi; tantôt on leur racontait quelque victoire dont les Anglais n'avaient pas intercepté la nouvelle. Tous alors, oubliant ce qu'ils avaient déjà souffert et bravant l'ennemi, s'écriaient : *Vive la république! point de capitulation!* et couraient au spectacle qu'en l'absence des comédiens une troupe d'amateurs avait organisé. *Point de capitulation!* telle fut, en effet, la réponse que l'amiral portugais, venu une dernière fois comme négociateur, et reçu fièrement par Vaubois, reporta à ses alliés, les eux-mêmes d'une si longue résistance. Avant cette entrevue, les généraux, qui avaient souvent parlé d'un convoi qui devait partir de Toulon et venir ravitailler Malte, avaient appris d'une manière positive que ce convoi avait été intercepté. L'amiral Keith avait renvoyé à l'amiral Villeneuve deux lettres de sa femme trouvées à bord, et moitié ironiquement lui avait fait dire qu'il se chargerait volontiers de faire parvenir la réponse. Vaubois avait alors assemblé son conseil de guerre, afin d'examiner ce qui restait à faire dans une place où, faute de subsistances et de secours, on ne pouvait plus espérer de tenir longtemps. Le conseil avait décidé qu'on devait tenter un dernier effort pour faire savoir en France la position de la garnison. En conséquence, le vaisseau *le Guillaume Tell* avait été déblindé(*), et on se proposait d'y embarquer tous les malades de la garnison et les bouches inutiles. C'est durant ces préparatifs que se présenta l'amiral portugais, marquis de Nizza (septembre 1799). Tant de courage et de résignation montra plus que jamais aux alliés que les Français ne pourraient être réduits que par famine; ils redoublèrent donc de vigilance pour ne laisser rien entrer ni sortir. Ceux qui assiégeaient la place du côté de la terre n'étaient pas en force pour tenter un assaut; leurs batteries même n'avaient pu s'approcher assez pour produire tout leur effet. Le plus souvent, la garnison ne répondait pas à leur feu. Une seule pouvait être gênante pour la sortie du *Guillaume Tell* : construite près de la maison des jésuites, sur la hauteur qui sépare les deux Marse, elle commandait le grand port dans toute sa longueur. Le contre-amiral Decrès, à qui avait été confié le commandement du *Guillaume Tell*, choisit, pour sortir du port et traverser les croisières, le moment du coucher de la lune, celui où la nuit est le plus sombre. Mais ni l'obscurité, ni le silence qu'il faisait rigoureusement observer à son bord, ne purent cacher sa marche aux postes avancés du Coradin et de la Marse. A peine sortait-il du port des galères, que des signaux furent faits en même temps de ces deux points et avertirent les vaisseaux anglais, qui se mirent à sa poursuite, le joignirent, et, après un combat acharné, s'en emparèrent, et détruisirent ainsi la dernière espérance des assiégés.

(*) C'est-à-dire, débarrassé des claies et fascines dont on avait chargé son pont, afin de le mettre à l'abri des bombes.

La seconde année du blocus s'avançait; la garnison avait encore perdu cent soixante et dix hommes. C'était moins, sans doute, que dans le cours de la première, mais c'était encore beaucoup trop pour les nécessités de la défense. La disette menaçait de se changer bientôt en famine. Dans cet état de choses, une bombarde partie de Toulon arrive chargée de vin, d'eau-de-vie, de lard et de légumes; elle apportait aussi la nouvelle de la constitution de l'an VIII, qui établissait le consulat avec Bonaparte pour premier consul; et voilà que la joie est revenue partout; la salle de spectacle est comble, on y chante, on y crie des couplets de circonstance; on ne pense pas plus aux assiégeants et aux flottes ennemies que la France elle-même ne semblait y penser, et chacun se retire chez soi, heureux s'il peut voler, acheter, ou prendre sa part de quelque pauvre rat joyeusement mis à la broche. De pareils traits ne se conçoivent que de la part du caractère français.

Le moment était venu où le commandant pouvait dire : « Tout est perdu, fors l'honneur! » Villeneuve et Vaubois voulurent pourtant tenter encore de sauver les deux frégates *la Diane* et *la Justice*. Deux jours après, la première était au milieu de l'escadre anglaise. Il fallait capituler. Le conseil de guerre, après s'être assuré qu'il ne restait plus de farine dans les magasins que pour jusqu'au 8 septembre, les pourparlers furent entamés le 3, et la capitulation suivante fut signée le 5 :

Art. Ier. La garnison de Malte et forts en dépendant sortira pour être embarquée et conduite à Marseille, aux jour et heure convenus, avec tous les honneurs de la guerre; c'est-à-dire, tambour battant, drapeaux déployés, mèche allumée, ayant en tête deux pièces de canon de quatre avec leur caisson, les artilleurs pour les servir, et un caisson d'infanterie; les officiers civils et militaires de la marine, et tout ce qui appartient à ce dépôt, seront également conduits au port de Toulon.

Réponse : « La garnison recevra les « honneurs de la guerre demandés; « mais attendu l'impossibilité qu'elle « soit embarquée en entier immédiate-« ment, on suppléera par l'arrangement « suivant :

« Aussitôt que la capitulation sera « signée, les forts Ricasoli et Tigné « seront livrés aux troupes de Sa Ma-« jesté Britannique, et les vaisseaux « pourront entrer dans le port. La « porte Nationale sera occupée par une « garde composée de Français et d'An-« glais, en nombre égal, jusqu'à ce « que les vaisseaux soient prêts à rece-« voir le premier embarquement: alors « toute la garnison défilera avec les « honneurs de la guerre jusqu'à la ma-« rine, où elle déposera ses armes. « Ceux qui ne pourront faire partie du « premier embarquement, occuperont « l'île et le fort Manoël, ayant une « garde armée pour empêcher que qui « que ce soit se répande dans la cam-« pagne. La garnison sera considérée « comme prisonnière de guerre, et ne « pourra servir contre Sa Majesté Bri-« tannique jusqu'à l'échange, de quoi « des officiers respectifs donneront leur « parole d'honneur. Toute l'artillerie, « les munitions et magasins publics de « toute espèce, seront délivrés aux « officiers préposés à cet effet, ainsi « que les inventaires et papiers pu-« blics. »

II. Le général de brigade Chanez, commandant la place et les forts; le général de brigade d'Hennezel, commandant l'artillerie et le génie; les officiers, sous-officiers et soldats de terre; les officiers, troupes et équipages, et employés quelconques de la marine; le citoyen Pierre-Alphonse Guys, commissaire général des relations commerciales de la république française en Syrie et Palestine, accidentellement à Malte, avec sa famille; les employés civils et militaires; les ordonnateurs et commissaires des guerres et de la marine; les administrations civiles, membres quelconques des autorités constituées, emporteront leurs armes, leurs effets personnels et leurs propriétés, de quelque nature qu'elles soient.

Réponse : « Accordé, à l'exception « des armes déposées par les soldats, « conformément à ce qui est prévu par « le premier article. Les sous-officiers « conserveront leurs sabres. »

III. Sont regardés comme faisant partie de la garnison, tous ceux, de quelque nation que ce soit, qui ont porté les armes au service de la république pendant le siége.

Réponse : « Accordé. »

IV. La division sera embarquée aux frais de Sa Majesté Britannique ; chaque militaire ou employé recevra, pendant la traversée, les rations telles qu'elles sont attribuées à chaque grade, suivant les lois et règlements français ; les officiers, membres d'administrations civiles, qui passent en France, jouiront du même traitement, eux et leurs familles, en les assimilant à des grades militaires correspondant à l'élévation de leurs fonctions.

Réponse : « Accordé, conformément « aux usages de la marine anglaise, « qui n'attribue que la même ration à « tous les individus, de tels grades et « conditions qu'ils soient. »

V. Il sera fourni le nombre nécessaire de chariots et de chaloupes pour transporter et mettre à bord les effets personnels des généraux, de leurs aides de camp, des ordonnateurs et commissaires, des chefs des corps, des officiers, du citoyen Guys, des administrateurs civils et militaires de terre et de mer, ainsi que les papiers des conseils d'administration des corps, ceux des commissaires des guerres de terre et de mer, des payeurs de la division, et des autres employés d'administrations civiles et militaires. Ces effets et papiers ne pourront être assujettis à aucune recherche ni inspection, sous la garantie que donnent les généraux stipulants, qu'ils ne contiendront aucune propriété publique ni particulière.

Réponse : « Accordé. »

VI. Les bâtiments quelconques appartenant à la république, susceptibles de tenir la mer, partiront en même temps que la division, pour se rendre dans un port de France, après leur avoir fourni les vivres nécessaires.

Réponse : « Refusé. »

VII. Les malades transportables seront embarqués avec la division, et pourvus de vivres, médicaments, coffres de chirurgie, effets et officiers de santé, nécessaires à leur traitement pendant la traversée. Ceux qui ne seront point transportables, seront traités comme il convient ; le général en chef laissant à Malte un médecin et un chirurgien au service de France, qui en prendront soin : il leur sera fourni gratis des logements, s'ils sortent de l'hôpital, et ils seront renvoyés en France dès que leur état le permettra, avec tout ce qui leur appartient, et de la même manière que la garnison. Les généraux en chef de terre et de mer, en évacuant Malte, les confient à la loyauté et à l'humanité de M. le général anglais.

Réponse : « Accordé. »

VIII. Tous les individus, de quelque nation qu'ils soient, habitants de l'île de Malte ou autres, ne pourront être ni troublés, ni inquiétés, ni molestés pour leurs opinions politiques, ni pour tous les faits qui ont eu lieu pendant que Malte a été au pouvoir du gouvernement français. Cette disposition s'applique principalement, dans tout son entier, à ceux qui ont pris les armes, ou qui ont rempli des emplois civils, administratifs ou militaires ; ils ne pourront être recherchés en rien, encore moins poursuivis pour les faits de leur gestion.

Réponse : « Cet article ne paraît pas « devoir faire l'objet d'une capitulation « militaire ; mais tous les habitants « qui désireront rester, ou auxquels il « sera permis de rester, peuvent être « assurés d'être traités avec justice et « humanité, et jouiront de la pleine « protection des lois. »

IX. Les Français qui habitaient Malte, et tous les Maltais, de quelque état qu'ils soient, qui voudront suivre l'armée française, et se rendre en France avec leurs propriétés, en auront la liberté ; ceux qui ont des meubles ou des immeubles, dont la vente ne peut se faire tout de suite, et qui seront dans l'intention de venir habiter la France, auront six mois, à dater du jour de la signature de la présente capitulation, pour vendre leurs propriétés foncières et mobilières. Ces propriétés seront respectées : ils pourront agir par eux-mêmes s'ils restent, ou par procureur fondé, s'ils suivent la division. Lorsqu'ils auront fini leurs affaires dans le temps convenu, il leur sera fourni des passe-ports pour venir en France, transportant ou faisant passer sur des bâtiments les meubles qui pourraient leur rester, ainsi que leurs capitaux en argent ou lettres de change, suivant leur commodité.

Réponse : « Accordé, en se référant « à la réponse de l'article précédent. »

X. Aussitôt la capitulation signée, M. le général anglais laissera entièrement à la disposition du général commandant les troupes françaises, de faire partir une felouque avec l'équipage nécessaire, et un officier chargé de porter la capitulation au gouvernement français. Il lui sera donné le sauf-conduit nécessaire.

Réponse : « Accordé. »

XI. Les articles de la capitulation signés, il sera livré à M. le général anglais la porte dite des Bombes, qui sera occupée par une garde d'égale force d'Anglais et de Français. Il sera consigné à ces gardes de ne laisser pénétrer dans la ville ni soldat des troupes assiégeantes, ni habitants de l'île quelconques, jusqu'à ce que les troupes françaises soient embarquées et hors de vue du port : à mesure que l'embarquement s'exécutera, les troupes anglaises occuperont les postes par lesquels on pourrait entrer dans les places. M. le général anglais sentira que ces précautions sont indispensables pour qu'il ne s'élève aucun sujet de dispute, et que les articles de la capitulation soient religieusement observés.

Réponse : « Accordé, conformément « à ce qui est prévu par la réponse au « premier article ; et on prendra toutes « les précautions pour empêcher les « Maltais armés de tout rapproche-« ment des postes occupés par les « troupes françaises. »

XII. Toutes aliénations ou ventes des meubles et immeubles quelconques, faites par le gouvernement français, pendant le temps qu'il est resté en possession de Malte, et toutes transactions entre particuliers, seront maintenues inviolables.

Réponse : « Accordé, autant qu'elles « seront justes et légitimes. »

XIII. Les agents des puissances alliées, qui se trouveront dans La Valette lors de la reddition de la place, ne seront inquiétés en rien, et leurs personnes et propriétés seront garanties par la présente capitulation.

Réponse : « Accordé. »

XIV. Tout bâtiment de guerre ou de commerce, venant de France avec le pavillon de la république, et qui se présenterait pour entrer dans le port, ne sera pas réputé bonne prise, ni son équipage fait prisonnier, pendant les vingt premiers jours qui suivront celui de la date de la présente capitulation ; et il sera renvoyé en France avec un sauf-conduit.

Réponse : « Refusé. »

XV. Le général en chef et les autres généraux seront embarqués avec leurs aides de camp, les officiers attachés à eux, ainsi que les ordonnateurs et leur suite, sans séparation respective.

Réponse : « Accordé. »

XVI. Les prisonniers faits pendant le siége, y compris l'équipage du vaisseau *le Guillaume-Tell*, de la frégate *la Diane*, seront rendus et traités comme la garnison ; il en serait de même de l'équipage de *la Justice*, si elle était prise en se rendant dans un des ports de la république.

Réponse : « L'équipage du *Guil-* « *laume-Tell* est déjà échangé, et celui « de *la Diane* doit être transporté à « Minorque pour être échangé immé- « diatement. »

XVII. Tout ce qui est au service de la république ne sera sujet à aucun acte de représailles, de quelque nature que ce puisse être, et sous quelque prétexte que ce soit.

Réponse : « Accordé. »

XVIII. S'il survient quelque difficulté sur les termes et conditions de la capitulation, elles seront interprétées dans le sens le plus favorable à la garnison.

Réponse : « Accordé, suivant la « justice. »

Fait et arrêté à Malte, le 18 fructidor an VIII de la république française (8 septembre 1800).

Signé: le général de division, VAUBOIS,
le contre-amiral, VILLENEUVE,
le major général, PIGOT,
le capitaine, MARTIN.

Certes, si jamais capitulation fut honorable, ce fut celle que nous venons de lire.

Le 9 septembre, à quatre heures après midi, la Floriane, les forts Tigné et Ricasoli furent occupés par les Anglais. Deux vaisseaux, anglais aussi, un transport et deux chaloupes canonnières entrèrent en même temps dans le port; le 10, l'escadre entière vint y mouiller. Le 4, la presque totalité de la garnison fut embarquée pour la France, et le reste, consigné dans le fort Manoël, partit peu de jours après.

Malte sous les Anglais. La possession de Malte était d'une haute importance politique pour l'Angleterre, car elle lui permettait de tenir la marine française en échec dans la Méditerranée; elle lui offrait, en outre, un point de ralliement pour ses opérations projetées contre l'Egypte. Aussi cette conquête fut-elle en quelque sorte pour le gouvernement britannique le signal d'une politique nouvelle. Désormais ce gouvernement pouvait marcher à la réalisation de ses vues ambitieuses, car l'occupation de Malte complétait le système de domination maritime commencé par la prise de Gibraltar, porte de la Méditerranée, de Ceylan, la clef de l'Inde, et de la Trinité, poste avancé de l'Amérique.

Les Anglais ne tardèrent pas à exploiter leur nouvelle position; en 1801, ils débarquèrent à Alexandrie, et, peu de temps après, l'armée française évacuait le Caire pour faire place aux Turcs et à leurs nouveaux alliés.

La Grande-Bretagne était en bonne veine; il ne fallut pas moins que la défaite sanglante du *baron du Nil* (*) devant Boulogne, et la crainte d'une prochaine descente des Français, pour la décider à faire la paix. Le 5 octobre 1801 les préliminaires du traité d'Amiens furent arrêtés, et, le 25 mars de l'année suivante, la convention fut signée.

Voici les clauses de ce traité relatives à l'île de Malte :

« Art. 10. Les îles de Malte, de Gozzo et de Comino, seront rendues à l'Ordre de Saint-Jean de Jérusalem, pour être par lui tenues aux mêmes conditions auxquelles il les possédait avant la guerre et sous les stipulations suivantes :

1° Les chevaliers de l'Ordre dont les langues continueront à subsister après l'échange des ratifications, sont invités à retourner à Malte, aussitôt que l'échange aura eu lieu. Ils y formeront un chapitre général et procéderont à l'élection d'un grand maître choisi parmi les natifs des nations qui conserveront des langues, à moins qu'elle n'ait été déjà faite depuis l'échange des ratifications préliminaires.

« Il est entendu qu'une élection faite depuis cette époque sera seule considérée comme valable, à l'exclusion de toute autre qui aurait eu lieu dans un temps antérieur à ladite époque. »

Nous n'avons pas besoin de faire remarquer que cette exception était dirigée contre Paul Ier qui s'était posé grand maître de l'Ordre bien avant les discussions relatives au traité.

« 2° Les gouvernements de la république française et de la Grande-Bretagne, désirant mettre l'Ordre et l'île de Malte dans un état d'*indépendance entière à leur égard*, conviennent qu'il n'y aura désormais ni langue française ni anglaise, et que nul individu appartenant à l'une ou à l'autre de ces puissances ne pourra être admis dans l'Ordre. »

Nous arrêtons encore ici le lecteur. Il est clair que cette exclusion allait

(*) On sait que ce titre ridicule avait été donné à l'amiral Nelson après sa victoire d'Aboukir.

encore indirectement à l'adresse de la Russie, car le grand prieuré russe était compris dans la langue anglo-bavaroise. Bonaparte n'avait pas voulu heurter trop rudement le czar, dont il espérait l'alliance ; mais tout ce qui pouvait neutraliser l'influence moscovite en Europe et surtout à Malte, il l'avait fait, tout en ne nommant dans le traité que l'Angleterre, et en ne paraissant contre-carrer que l'ambition britannique.

« 3° Il sera établi une langue maltaise, qui sera entretenue par les revenus territoriaux et les droits commerciaux de l'île. Cette langue aura des dignités qui lui seront propres, des traitements et une auberge. Les preuves de noblesse ne seront pas nécessaires pour l'admission des chevaliers de ladite langue ; ils seront admissibles à toutes les charges et jouiront de tous les priviléges, comme les chevaliers des autres langues. Les emplois municipaux, administratifs, civils, judiciaires et autres, dépendants du gouvernement de l'île, seront occupés, au moins pour moitié, par des habitants des îles de Malte, Gozo et Comino. »

Cet article prouve bien clairement l'intention où était Bonaparte de faire de Malte un État complétement indépendant ; en effet, dispenser les Maltais de titres de noblesse pour entrer dans l'Ordre, c'était en éloigner tous les étrangers qui ne consentiraient jamais à subir le frottement des vilains de Malte, des anciens sujets du grand maître ; c'était presque réduire l'Ordre aux seuls habitants des trois îles, et par conséquent leur assurer une influence toute-puissante dans leur propre pays.

Nous omettons le paragraphe 4, qui est insignifiant.

« 5° La moitié de la garnison, pour le moins, sera toujours composée de Maltais natifs ; pour le restant, l'Ordre aura la faculté de recruter parmi les natifs des pays seuls qui continuent de posséder des langues. Les troupes maltaises auront des officiers maltais. Le commandement en chef de la garnison, ainsi que la nomination des officiers, appartiendront au grand maître, et il ne pourra s'en démettre, même temporairement, qu'en faveur d'un chevalier, d'après l'avis du conseil de l'Ordre. »

Toutes ces précautions tendent au même but. On présumait que l'île de Malte serait mieux gardée par des indigènes et par le chef de l'Ordre devenu plus exclusivement national.

« 7° La neutralité de l'Ordre et de l'île de Malte avec ses dépendances est proclamée.

« 8° Les ports de Malte seront ouverts au commerce et à la navigation de toutes les nations qui y payeront des droits égaux et modérés ; ces droits seront appliqués à l'entretien de la langue maltaise, comme il est spécifié dans le § III, à celui des établissements civils et militaires de l'île, ainsi qu'à celui d'un lazaret général, ouvert à tous les pavillons. »

Les paragraphes 9 et 10 sont sans importance.

« 11° Les dispositions contenues dans les § 3, 5, 7, 8 et 10, seront converties en lois et statuts perpétuels de l'Ordre dans la forme usitée, et le grand maître, ou s'il n'était pas dans l'île au moment où elle sera remise à l'Ordre, un représentant, ainsi que ses successeurs, seront tenus de faire serment de les exécuter ponctuellement. »

L'Ordre était donc obligé d'accepter les conditions que lui imposaient les puissances pour leur propre sécurité. Où était le temps où le grand maître ne se résignait qu'avec répugnance à l'insignifiant patronage dont Charles-Quint faisait la condition essentielle de la donation de Malte ?.

« 12° Sa Majesté Sicilienne sera invitée à fournir deux mille hommes natifs de ses États, pour servir de garnison dans les différentes forteresses desdites îles. Cette force y restera un an à dater de leur restitution aux chevaliers, et si, à l'expiration de ce terme, l'Ordre n'avait pas encore levé la force suffisante, au jugement des puissances garantes, pour servir de garnison dans l'île et ses dépendances, telle qu'elle est spécifiée dans le § 5, les troupes napolitaines y resteront jusqu'à ce qu'elles soient remplacées par une force jugée suffisante par lesdites puissances.

« 13° Les différentes puissances désignées dans le § 6, savoir la France, la Grande-Bretagne, l'Autriche, l'Espagne, la Russie et la Prusse, seront invitées à accéder aux présentes stipulations. »

L'Europe, fatiguée d'une guerre longue et sanglante, avait applaudi à ce traité qui devait rendre la tranquillité au monde. Mais la politique anglaise n'avait pas encore donné toute la mesure de son machiavélisme. Tandis que les Français, fidèles à leurs engagements, évacuaient le royaume de Naples, les États de l'Église, la Ligurie et l'Étrurie, les Anglais n'abandonnaient qu'avec des lenteurs calculées Minorque, Porto-Ferrajo, Tabago et la Martinique; au lieu de restituer l'Égypte à la Porte Ottomane, ils restaient à Alexandrie, d'où ils entretenaient des divisions entre les Turcs et les beys rebelles; enfin ils gardaient l'île de Malte et le cap de Bonne-Espérance. Des ordres contraires au traité furent même expédiés au gouverneur de cette dernière possession, de sorte qu'en pleine paix, les troupes hollandaises furent forcées de signer une capitulation qui laissait les forts du pays aux troupes britanniques.

Cependant la France pressait l'exécution du traité. Les troupes napolitaines qui, en vertu du § 12, devaient occuper Malte jusqu'à la réorganisation de l'Ordre sur les nouvelles bases, se présentèrent devant la Cité Valette; mais les Anglais les repoussèrent à coups de canon. Le prétexte de cette indigne violation de la foi jurée était que l'Espagne ayant confisqué les prieurés enclavés dans ses États, l'Ordre n'était plus dans le même état qu'à l'époque de la signature du traité. C'était là une pitoyable allégation, car peu importait que les chevaliers fussent riches ou pauvres, il suffisait que l'Ordre ne fût pas aboli.

Notre intention ne saurait être de rappeler toutes les péripéties de cette longue et déplorable querelle, ni la polémique à laquelle la mauvaise foi de l'Angleterre donna lieu. Quelques mots toutefois sont indispensables pour préciser les faits particulièrement relatifs à Malte.

Assiégé par les réclamations du gouvernement français, le cabinet anglais avait fini par faire évacuer Alexandrie, après plusieurs mois d'une scandaleuse obstination. Quant à Malte, il proposa de la rendre, sauf les fortifications; cette offre était dérisoire, aussi fut-elle rejetée. Alors l'Angleterre renchérit sur ses dispositions malveillantes; et tout en demandant que les troupes françaises sortissent de la Hollande, elle déclara qu'elle garderait Malte pendant six ans; elle exigeait aussi que l'île de Lampedouse, qui appartenait au roi de Naples, lui fût cédée.

Pour terminer le différend, Bonaparte fit proposer de remettre l'île qui faisait l'objet de la discussion, sous la garde des puissances garantes. Les Anglais répondirent en stipulant qu'ils occuperaient la colonie jusqu'à ce qu'ils eussent pu former un établissement à Lampedouse, qui n'en était pas le moins du monde susceptible. Ils voulaient en outre que la France signât un article secret par lequel elle s'engagerait à ne pas réclamer l'évacuation de Malte avant dix ans. Cette demande était rédigée sous forme d'*ultimatum*, et l'Angleterre n'accordait à la France que trente-six heures pour dire *oui* ou *non* (*)!

(*) Il est curieux de savoir ce qui se passait à Malte, tandis que les ministres de George III luttaient contre la France pour la conservation de ce point maritime. Voici ce que nous lisons dans un ouvrage intitulé *Les Anglais au dix-neuvième siècle*, et attribué au conventionnel Barrère : « Il paraît que les Anglais sont terriblement aimés à Malte, car, selon leurs journaux du 18 octobre, ils se disposent à déporter de cette île quatre cents Maltais qui croient que les Anglais sont des usurpateurs et des pirates. Quant aux Maltais qui se soumettent forcément à cette puissance, les Anglais exercent sur eux la *presse* pour leurs vaisseaux, et for-

Pendant tous ces pourparlers, les Anglais agissaient comme si la paix n'eût pas été signée à Amiens. Ils capturaient les bâtiments français et provoquaient la république par des actes d'odieuse violence. Le but de leurs désirs et de leurs efforts fut atteint : la guerre se ralluma plus terrible que jamais.

Ainsi ce fut Malte qui arma de nouveau les unes contre les autres les puissances européennes. Ce fut ce rocher stérile qui fit remettre en question l'avenir de tant de peuples, conduits par des ambitions ennemies sur les champs de bataille du continent. L'obstination de l'Angleterre à garder ce poste important fixa la destinée de Napoléon, car le germe de toutes les guerres de l'empire est dans la rupture du traité d'Amiens.

Ceci rappelle l'histoire du grain de sable.

Si la convention du 25 mars 1802 eût été fidèlement exécutée, l'ordre de Malte aurait-il retrouvé assez de force pour fournir une carrière quelque peu honorable? Évidemment non. Cette association était devenue sans objet depuis que l'intégrité de l'empire turc avait été reconnue nécessaire au maintien de l'équilibre européen. Du moment où il n'y eut plus d'infidèles à pourfendre dans la Méditerranée, le rôle des chevaliers devint parfaitement nul et inutile. Mais ce n'est pas la seule cause de l'extinction de cet Ordre. Les éléments hétérogènes qui entraient dans son organisation avaient développé dans son sein un ulcère qui détruisit peu à peu ses forces vitales. Les ravages opérés par la réforme dans les croyances catholiques de l'Europe, et les idées philosophiques du dix-huitième siècle, ajoutèrent un nouveau principe de décomposition à ceux qui existaient déjà. Avec la foi religieuse, les chevaliers perdirent toute vertu guerrière, car ils n'avaient pu remplacer ce sentiment par celui du patriotisme. Le vice marcha tête haute à Malte; la Cité Valette était devenue le rendez-vous de tous les nobles fainéants d'Europe, de tous ces fanfarons de débauche à qui le mariage inspirait une sainte horreur, et qui s'estimaient trop heureux de trouver à la table commune des chevaliers de Malte le pain que leur avaient enlevé de folles prodigalités et la banqueroute du régent de France. Cette société gangrenée était impuissante à protéger la ville qui l'abritait derrière ses murailles; si bien qu'un signe du sourcil de Bonaparte suffit pour l'anéantir, comme le corps frappé de la foudre, et qui tombe en poussière au plus faible contact (*).

(*) Le petit ouvrage intitulé : *l'Ordre de Malte dévoilé*, ou *Voyage de Malte*, par Carasi, donne une idée exacte du degré d'abaissement, de démoralisation et de faiblesse auquel était parvenue cette association fameuse. Carasi était un Français, qui, engagé pour deux ans seulement dans le *régiment de Malte*, fut contraint par la mauvaise foi des autorités militaires de l'Ordre, de passer huit années dans l'armée de la Religion. Il se vengea des avanies qu'on lui avait fait subir, en révélant les vices et les turpitudes des chevaliers. L'extrait suivant nous a paru digne d'être cité à l'appui de nos assertions:

« La faiblesse de la marine de l'Ordre contraste singulièrement avec les forces de la place, et plus singulièrement encore avec l'état de guerre prétendu continuel entre l'Ordre et l'empire du croissant; mais si l'on considère que cette guerre n'existe que dans le serment que prêtent les récipiendaires; si je dis que les galères qui vont en caravane, bien loin de diriger leur course du côté du Levant, de Tunis ou d'Alger, ne s'occupent pas même de favoriser les transports de Sicile à Malte; si je dis que ces caravanes ne sont que des promenades dans les ports d'Italie et de Sicile, où les chevaliers passent le temps qu'elles doivent durer, en jeux, en fêtes, en spectacles et en repas splendides; si je dis que le beau sexe d'Italie compte les jours en attendant l'arrivée des galères de la Religion, et se désespère quand elles se retardent ou qu'elles s'éloignent; si j'ajoute que ces galères rentrent dans le port de Malte sans avoir tiré d'autres coups de canon que ceux qui annoncent le

ment des autres un bataillon *dont les officiers seront tous Anglais*, tant ils se confient à leurs nouveaux hôtes ! »

1. Figurine antique. 2. Caractères qui se trouvent sur cette Figurine.

La résurrection de l'ordre de Saint-Jean était donc une chimère ; sans départ et l'arrivée, et ceux qui ont célébré les fêtes, on conviendra avec moi que la force maritime est de toute inutilité à la Religion. Cependant l'ordre de Malte, payé par toutes les cours de la chrétienté pour entretenir une marine en état de délivrer la Méditerranée de ces corsaires barbaresques, fléaux des navires marchands, reste spectateur paisible de leurs rapines et de leurs brigandages. Il y a mieux : les chevaliers aujourd'hui regardent comme au-dessous de leur dignité d'aller se battre contre de misérables corsaires, abandonnant ce métier aux Maltais à qui ils délivrent des lettres de marque. »

L'auteur, pour donner une idée de l'insouciance du gouvernement et des chevaliers de Malte pour la sécurité de leur capitale, à l'époque où il se trouvait dans l'île, raconte l'anecdote suivante :

« En 1781, une galiote turque vint pendant une nuit obscure jusque sous les murs du fort Ricazoli. La sentinelle cria plusieurs fois *qui va là ?* abandonna son poste et se replia sur la seconde, sans lâcher son coup de fusil, qui, pour sûr, n'était pas chargé. Ces deux sentinelles rejoignirent la troisième, et gagnèrent ensuite le corps de garde. Le sergent courut éveiller l'officier qui fit sonner une cloche, pour avertir le fort Saint-Ange son voisin. L'alarme se communique ainsi dans toute la place par le son des cloches. L'effroi saisit tout le monde ; on court chez le maréchal demander les clefs des magasins ; on se porte de là chez le grand maitre, pour avoir la permission de les ouvrir ; on bat la générale, les compagnies des forts se rassemblent ; notre régiment armé à la hâte se transporte sur la grande place, tandis que la galiote turque était précisément sous la batterie du *rastrello-magior*. On parlemente, on discourt, et quand les soldats sont répandus dans les

doute Malte aurait pu se maintenir indépendante, grâce au concours des grandes puissances qui avaient garanti l'exécution du traité d'Amiens ; mais l'Ordre n'y eût été pour rien, et les deux îles jumelles auraient encore été à la merci d'un agresseur entreprenant.

Pendant les guerres qui jusqu'à 1815 ensanglantèrent l'Europe et les mers de toutes les régions du globe, les Anglais ne furent pas un seul instant inquiétés dans la possession de Malte. En 1814, le congrès de Vienne la leur confirma, et depuis lors, l'ancienne résidence de l'ordre de Saint-Jean de Jérusalem est restée une annexe de l'empire britannique. C'est grâce à cette possession, fruit de l'usurpation de 1802, que l'Angleterre exerce aujourd'hui sur la Méditerranée une souveraineté qu'ose à peine lui contester la France, et qu'elle peut influer d'une manière dangereuse pour les autres nations européennes, sur la solution de la question d'Orient.

Quelques lignes jetées à propos de la population et du commerce de Malte dans les premières pages de cette notice, ont pu faire deviner au lecteur de quelle façon les habitants de cette colonie sont aujourd'hui gouvernés. Il nous paraît inutile d'entrer dans les détails de l'administration qui les régit. Qu'il nous suffise de dire qu'ils jouissent de tous les avantages et de toutes les sévérités du régime colonial de l'Angleterre.

ports, quand les magasins sont ouverts et les canons prêts à charger, la galiote était déjà à plus de trois milles en mer. S'il y eût eu dix galères au lieu d'une galiote, que n'aurait pas fait l'ennemi pendant tous ces embarras ! »

FIN.

TABLE DES MATIÈRES

CONTENUES

DANS MALTE ET LE GOZE.

A

Admission dans l'Ordre, 118.
Agathe (fort Sainte-), sa construction, 132.
Agiar Kien, ancien édifice de construction cyclopéenne, 52.
Alger, parallèle entre la constitution de cet État et celle de l'ordre de Saint-Jean à Rhodes, 82 à 85. Expédition de Charles-Quint, 88.
Allemands. Malte passe sous l'autorité des empereurs d'Allemagne, après avoir appartenu aux Normands. Elle est érigée en comté et en marquisat, 62.
Alphonse de Portugal, onzième grand maître. Veut sévir contre le luxe et les déréglemens des chevaliers. Est forcé d'abdiquer en 1204, 74.
Amboise (Émeri d'), trente-neuvième grand maître, cité pour mémoire, 81.
Amiens (traité d'), 176.
Amiral de la langue d'Italie. Ses attributions, 125.
André, roi de Hongrie, se fait admettre dans l'ordre de Saint-Jean, 74.
Anglais. Abolition de la langue anglaise, par Henri VIII, 85-88. Ennemis de l'Ordre et secourus par lui, 134.
Anglais (Malte sous les). Importance de la possession de Malte, 175. Traité d'Amiens, 176 et suiv. Inexécuté de la part des Anglais, 177. Violation ouverte du traité; exigences des Anglais; leur conduite à Malte, 178. La possession leur en est maintenue par le congrès de Vienne en 1814, 180.
Animaux. Pauvreté du règne animal à Malte, 13.
Arabes. Leur premier établissement à Malte. Ils en sont bientôt chassés par les Grecs; trente-quatre ans après, ils s'en emparent de nouveau. Leur système politique. Sous leur gouvernement, les Maltais deviennent les meilleurs corsaires de la Méditerranée. Débris et monumens de cette période, 61-62.
Arpajon (le comte d'), conduit un secours aux chevaliers menacés par les Turcs. Honneurs qui lui sont décernés, 129.
Arsenal. Vignacourt, deuxième du nom, le fait reconstruire, 135.
Assemblée législative de France. Elle prononce la destruction de l'Ordre en France, 149.
Auberges des langues, 118.
Aubusson (Pierre d'), trente-huitième grand maître, élu en 1476. Sa déloyauté envers Zizim. Meurt en 1503. 80.

B

Baillinges, 118 et 126.
Baillis conventuels, — capitulaires, — de grâce ou *ad honores*, 126.
Balben (Auger de), troisième grand maître de Saint-Jean de Jérusalem, 71.
Ballotte, boule de scrutin pour les verdicts judiciaires, 121.
Barberousse (les deux), battus par Charles-Quint aidé des chevaliers, 88.
Bavière. Création d'une nouvelle langue de cette nation, 145.
Bérenger (Raymond), vingt-neuvième grand maître. Prise d'Alexandrie par les chevaliers. Première collection des statuts de l'Ordre, 79.
Bichons ou chiens de Malte. Cette race, fort estimée des Sybarites de l'antiquité, est aujourd'hui perdue, 13.
Biens domaniaux de l'Ordre, leur division, 118.
Blanchefort (Gui de), quarantième grand maître, cité pour mémoire, 81.
Blancheur des maisons de Malte. Inconvéniens de cette couleur. Ophthalmies nombreuses, 28.
Blé. On n'en récolte à Malte que pour

MALTE

Auberge de Castille.

alimenter le tiers de la population. Usage des silos, 11.
Blocus par les Anglais, 168 à 176.
Bonaparte fait décider l'expédition d'Égypte, 152-157. Son opinion sur les moyens de résistance de l'Ordre et sur quoi fondée, 154. Son arrivée devant Malte, 157. Il demande à être admis dans le port, 158. On le lui refuse. Sa réponse, 159. Afin de hâter la reddition de Malte, il fait les préparatifs d'un bombardement général. Discussion de la capitulation, 162-163. Reddition de Malte, 164.
Bosquet (le), maison de campagne des grands maîtres, 23.

C

Cale Saint-Paul, fortifiée par Adolphe de Vignacourt, 116.
Calypso. Malte était la résidence de cette déesse, 21.
Candie secourue par les chevaliers sous le magistère de Lascaris, 129. Elle est prise par les Turcs sous Cotoner (Nicolas), 134.
Caprification. Voyez figues.
Caraffa, soixantième grand maître. Élu en 1680. Les Turcs aux portes de Vienne. Diversion opérée par les Maltais. Prise de Coron et de Napoli de Romanie. Échec devant Négrepont. Mort de Caraffa, 135.
Caravane, 127.
Caretto (Fabrice), quarante et unième grand maître. Cité pour mémoire, 81.
Carthaginois. Leur premier établissement à Malte. Monuments de cette période. Inscriptions, 58.
Casal. Synonyme de village; énumération des casaux de Malte, 24.
Cassière (de la), quarante-neuvième grand maître. Élu en 1572. Dissensions intestines causées par l'inquisiteur et le clergé maltais. Bruits d'attaque de la part des Turcs. Accusation injuste portée contre la Cassière. Insubordination des chevaliers de la langue de Castille. Imprudence du grand maître. Assassinat commis par six chevaliers portugais. Leur supplice. Conspiration de Romegas. Accusation intentée contre le grand maître. Il est emprisonné. L'affaire est portée à Rome. Henri III intervient en faveur de la Cassière. Les chevaliers s'humilient. Roideur de la Cassière. Romegas se démet de lieutenance. Départ du grand maître et de Romegas pour Rome. Mort de Romegas. Mort de la Cassière, 110 à 114.
Catacombes. Description des catacombes de la Cité Notable, 20.
Cession de Malte aux chevaliers de Saint-Jean, 63, 64 et 85.
Chambre du trésor (vénérable), ses attributions, 125.
Champignons (écueil aux). Détails sur ce rocher et l'espèce de champignon médicinal qu'on y trouve, 49.
Chapelains, 118.
Chapitres généraux. Leurs attributions. Comment tenus, 124-125.
Charles-Quint cède Malte aux chevaliers, 85.
Chasse aux pigeons. Intrépidité des Maltais qui se livrent à cette chasse, 13.
Châteauneuf (Guillaume de), dix-huitième grand maître. Élu en 1244. Arrivée de saint Louis à Damiette. Le grand maître l'y rejoint. Est fait prisonnier. Est délivré. Se ligue avec le pacha d'Alep contre les Karismiens. Est de nouveau fait prisonnier. Est encore délivré et meurt vers 1259. Les deux ordres de Saint-Jean et du Temple se livrent une bataille dans laquelle ces derniers sont défaits, 75.
Chevaliers. Leur division en trois classes, 118.
Chevalier de justice, 118. Idem, de l'élection, 123.
Chevissement, 127.
Christophe (l'île de Saint-) acquise par l'Ordre et revendue, 131.
Chypre (île de). Les chevaliers de Saint-Jean s'y réfugient après la chute du royaume de Jérusalem, 75 et suiv.
Cité Notable, ou Cité Vieille. Ancienne capitale de l'île de Malte, 23.
Cité Valette. Voyez Valette.
Clergé. Fin des discussions entre le clergé de Malte et l'Ordre, 138. Il se remue de nouveau sous Ximénès, 143. Conspiration étouffée, 144. Voyez : Inquisiteur, Évêque, Pape.
Clermont (Charles-Gersan-Annet de), cinquante-septième grand maître. Élu en 1660. Cité pour mémoire, 132.
Climat de Malte. Voyez Malte.
Cocagnes singulières inventées par le grand maître Pinto, 141. Voyez Jeux.
Commanderies, 118.
Commandeur (grand) de la langue de Provence. Ses attributions, 125.

Commerce. Pauvreté du commerce de Malte. Articles qui l'alimentent. Chiffre des importations et des exportations, 15 et suiv.

Comps (Arnaud de), grand maître supposé, 71.

Comps (Bertrand de), seizième grand maître. Élu en 1236, mort en 1241, 74.

Concile de Latran. Les chevaliers de Saint-Jean et ceux du Temple y sont accusés et sévèrement réprimandés, 72.

Conseil ordinaire,
— complet,
— secret,
— criminel,
— des rétentions.
} leurs attributions, 125.

Considérations générales sur les causes de la chute de l'Ordre, 179.

Corneillau (Pierre de), vingt-septième grand maître. Élu en 1353; mort vers 1355, 79.

Costume. La faldetta, 37. Idem, des chevaliers en 1536, 89.

Coton. C'est le principal produit de Malte. Différentes qualités de coton. Situation précaire de ce produit, 10.

Cotoner (Nicolas), cinquante-neuvième grand maître. Élu en 1663, 132. Les Français, soutenus par les chevaliers, échouent devant Gigelli. Beaux faits d'armes des chevaliers de Cremville, de Trémicourt et d'Hocquincourt. Fin malheureuse des deux derniers, 133. Prise de Candie par les Turcs. Construction de la Cotonère et du fort Ricazoli. Établissement d'un lazaret. Le grand maître offre assistance aux Anglais, ennemis de l'Ordre. Peste à Malte. Mort de Cotoner, 134.

Cotoner (Raphaël), cinquante-huitième grand maître. Élu en 1660. Mort de Raphaël, 132.

Cotonère (la). Sa construction, 134.

Couvent. Ce qu'on entendait par ce mot, 126.

Criminelles (causes). Devant qui portées. Comment jugées et exécution du jugement, 121.

Cumin. Ce produit est devenu insignifiant à Malte, 12.

Cumin (île du), ou Cumino. Particularité concernant cet îlot. Grand nombre de pétrifications. Rocher de Cuminetto, 46. Fortifiée par Alophe de Vignacourt, 116.

D

Daps (Ermangard), neuvième grand maître. Cité pour mémoire, 73.

Dégradation des chevaliers, 121.

Dépouilles. Revenus, 126.

Despuig (Raymond), soixante-cinquième grand maître. Élu en 1738. Cité pour mémoire, 140.

Dettes des chevaliers. Règlements de Jean de Villiers pour leur acquittement, 76 et suiv.

Dignités de l'Ordre, 125 et suiv.

Dolomieu (le commandeur), fait partie de l'expédition d'Égypte, 158. Assiste à la signature de la suspension d'armes, 161.

Donats. Frères servants, 118-119.

Dragut. Obligé de renoncer à la conquête de Malte, occupée par les chevaliers, 85. Les chevaliers lui enlèvent Africa. Il vient, aidé par Soliman, menacer la Cité Notable et s'empare du Goze et ensuite de Tripoli par trahison, 88 à 93. Sa participation au siège par les Turcs, 97 et suiv.

Drapier (le). Ses fonctions, 126.

Duisson (Godefroi de), dixième grand maître. La date de son élection est incertaine. Sa mort peut être placée vers 1201. Excessives richesses domaniales des chevaliers de Saint-Jean et du Temple. Nouvelles guerres entre eux, apaisées par le pape Innocent III, 73 et suiv.

Dupuy (Raymond), successeur de Gérard. Il est considéré comme le fondateur de l'ordre de Saint-Jean. Différents noms de ce grand maître. Il transforme la confrérie en ordre militaire et lui donne une organisation régulière. Division de l'Ordre en sept langues; division de ses domaines en prieurés. Les chevaliers prêtent leur assistance à Roger, à Garnier, connétable de Palestine, et à Baudouin. Rivalité créée à l'ordre de Saint-Jean par la fondation de l'ordre du Temple. Négociations heureusement conduites par Dupuy. Les hospitaliers se distinguent au siège d'Ascalon. Procès intenté à l'ordre de Saint-Jean par le clergé de Syrie. Mort de Dupuy. Énumération des souverains qu'il avait vus se succéder sur les trônes de l'Europe, 66 et suiv.

E

Égards. Nom générique des tribunaux de l'Ordre, 120. Id. des baillis. Cour souveraine, 121.
Elme (fort Saint-), sa construction, 33.
Émigration. Causes qui obligent les Maltais à quitter leur pays, 4 et 15.
Emplois et dignités à la nomination du grand maître, 123 et suiv.

Esclaves. Leur condition à Malte dans les premiers temps de l'occupation, 86-87. Échange proposé aux Turcs. Il échoue, 139 et suiv. Révolte des esclaves sous Pinto, 141.
Étienne (ordre de Saint-). Sa création. Ses premiers faits militaires, 95.
Évêque de Malte. Ses prétentions. Voy. Clergé, Inquisiteur, Pape.

F

Faldetta (la), 37.
Fiarnaud, 127.
Figues, excellente qualité de celles qu'on recueille à Malte. Singulière manière de hâter leur maturité et de les rendre meilleures, 12 et 13.
Finances de Malte à l'époque de l'expédition d'Égypte, 152.
Flavian (Antoine), trente-troisième grand maître, 79.
Fondation de l'hôpital de Saint-Jean à Jérusalem par des marchands d'Amalfi, 65.
Formation de Malte et des îles voisines. Voyez Malte.
Fossiles, ils ne sont à Malte ni fort intéressants ni en grande quantité, 8.
Français. Leur établissement à Malte, après la domination allemande. C'est à Malte que la conspiration des vêpres siciliennes fut organisée. La France dispute la colonie aux Espagnols. Elle est enfin obligée de la leur abandonner. Quelques églises et des fondations pieuses sont les seuls témoignages de cette époque, 63.
Français (Malte sous les). Les Français bloqués dans Malte. Leur faute au commencement de l'occupation, 168. Arrivée de Nelson. Vaubois refuse de capituler. Situation de la place. Conspiration découverte, 169. Scorbut. Mortalité dans la place bloquée, 170. Prix excessif des denrées pendant la première année du blocus. Admirable esprit de la garnison, 171. On tente de faire sortir le *Guillaume Tell* du port. Il est pris par les Anglais. Arrivée de la nouvelle de la constitution de l'an VIII. Joie des Français, 172. Dernier et inutile effort pour sauver deux frégates. Capitulation honorable, 172 à 176.
Frères servants. Frères servants de Stage ou Donats, 118-119.
Freslon (le bailli de). Sa belle conduite lors du tremblement de terre en Sicile, 145 et suiv.

G

Garnier de Syrie, huitième grand maître, mort vers 1192, 73.
Garzez, cinquante et unième grand maître, fait fortifier le Goze, 115 et suiv.
Gastus ou Castus, cinquième grand maître. Élu en 1170. Cité pour mémoire seulement, 31.
Gênes insulte le pavillon maltais et est obligée de demander grâce, 131.
Génoise (langue), créée en Russie par Paul Ier, 155.
Gérard. Premier chef des hospitaliers de Saint-Jean. Sous son administration cet ordre religieux s'enrichit de donations considérables et se recrute d'un grand nombre de personnages renommés. Le pape approuve et autorise la confrérie de Saint-Jean. Établissements de plusieurs succursales en France, en Italie et en Espagne. Construction d'une magnifique église et d'un bâtiment pour les religieux de l'Ordre. Mort de Gérard, 65-66.
Ghorgenti (ruines de), à Malte, 57.
Goze (île du), situation, dimension, population et aspect du Goze, 45 et 46. Productions, villes et casaux, 46 et 47. Voyage autour du Goze, 49 et suiv. Fortifiée par le grand maître Garzez, 116.
Gozitains. Portrait, mœurs et costume des hommes et femmes du Goze, 51-52.
Gozon, vingt-sixième grand maître, secourt le roi d'Arménie contre les Sarrasins d'Égypte, 79.
Grand bailli (le) de l'Ordre. Ses attributions, 126.
Grand chancelier. Ses attributions, 126.

Grand maître. Élection, 122. Ses pouvoirs. Bornes qui lui étaient posées. Ses revenus, 123-124.

Grands maîtres (faux), 71, 79.

Grecs. Leur premier établissement à Malte. Monuments de cette période. Restes d'une maison grecque. Autel dédié à Proserpine; statue d'Hercule; médailles, 56 et suiv.

Grecs du Bas-Empire. Retour des Grecs à Malte. Description d'une figurine singulière de cette époque, 60.

Grec (rit). Création de prieurés, en Russie, pour les catholiques de ce culte, 155.

Grottes. Elles sont en grand nombre à Malte. Grande grotte. La Makluba. Grotte de Saint-Paul. Grotte de Calypso, 19, 21 et 22.

Guérin ou Gérin, quinzième grand maître. Élu en 1231, mort en 1236, 74.

Guidalatti. Voyez Monte (de).

Guido. Son caractère, 160. Sa proposition hardie. Sa belle réponse devant le sacré conseil, 161.

H

Hérédia (Juan Fernandès d'), trente et unième grand maître. Élu en 1376. Prise de Patras. Tentative sur la Morée. Il est fait prisonnier par les Turcs. Prend parti dans la querelle entre Clément VII et Urbain VI. Meurt en 1397, 79.

Histoire de l'ordre de Saint-Jean de Jérusalem, rédigée par Bosio, sur l'ordre du grand maître Verdale, 115.

Hocquincourt (le chevalier d'). Beau fait d'armes, 133.

Hompesch, soixante-neuvième grand maître. Élu en 1797. Son caractère, 150. Motifs de son élection. Litta accrédité comme ambassadeur extraordinaire auprès de Paul Ier. Réception que lui fait l'empereur, qui est reconnu protecteur de l'Ordre, 151. L'Ordre ne peut se faire représenter au congrès de Rastadt. Bonaparte fait décider l'expédition d'Égypte. Situation financière de Malte à cette époque, 152. Forces militaires. Arrivée de trois frégates républicaines. Esprit public à Malte. Les dépêches du bailli de Litta sont interceptées, 153. Opinion de Bonaparte sur les moyens de défense des chevaliers. Apathie du grand maître. Protection donnée par Paul Ier. Poussielgue à Malte. Pauvreté de l'Ordre. Position pécuniaire des chevaliers, 154. Bruéïs arrive devant Malte. On reçoit amicalement deux des bâtiments de sa division. Il s'éloigne. Grand-duc, nouveau-né, décoré de la grand'croix de l'Ordre. Création d'une langue génoise en Russie. Érection de prieurés pour le rit grec en Russie, 155. Le pape, consulté; y donne son approbation. Bonaparte quitte Toulon, 156. Le grand maître prévenu des projets du général français par une lettre curieuse. Arrivée de Bonaparte devant Malte. Consternation des Maltais, 157. Organisation de la défense. Bonaparte demande à être admis dans le port de Malte, 158. Siége, 159. Effroi des Maltais. Ils pensent à demander une suspension d'armes. Guido, 160. Sa belle réponse au sacré conseil. Signature de la suspension d'armes. On s'apprête à capituler, 161. Ransijat fait en sorte que les envoyés du grand maître partent sans instructions. Discussion de la capitulation, 162-163. Reddition de Malte. Hompesch n'est pas un traître, 164.

Hospitalier (grand) de France. Ses fonctions, 125.

I

Impôt. Le pape autorise la France et la Savoie à imposer les biens de l'Ordre; cela n'a pas lieu, 135.

Inquisiteur. Ses démêlés avec l'Ordre. Ses prétentions, 111, 116. Nouvelles querelles avec le grand maître Lascaris. Le pape Urbain VIII est contraint de le désapprouver, 130. S'oppose à l'élection de Redin, vice-roi de Sicile. Le pape le désapprouve encore, 132. La discorde recommence, 138. Elle se continue sous Ximénès, 143. Voyez Clergé, Évêque, Pape.

Inscriptions. Explication de l'inscription phénicienne trouvée sur un débris antique à Malte, 58.

Insectes. Chenille mineuse de Malte, 15.

J

Janets, nom des ânes de Malte, 13.

Jérusalem (royaume de). Sa chute en 1291, 75 et suiv.

Jésuites. Leur expulsion de Malte, 131.

Jeûne absolu abrogé par le pape Pie II, 79-80.

TABLE DES MATIÈRES

Jeux populaires. Le carnaval de Malte; la cocagne. Fête de Saint-Jean. La Saint-Pierre ou minaria, 43 et 44.

Joubert de Syrie, sixième grand maître. Élu en 1173 ou 1174. Régent du royaume de Jérusalem sous Boëmond III. Gouverne avec justice et fermeté. L'ordre des Hospitaliers se fait remarquer par la régularité de ses mœurs; l'ordre du Temple par les dérèglements de ses membres. Joubert fait l'acquisition, au profit de l'Ordre, de la forteresse de Margat, située sur les frontières de la Judée. Opinions diverses sur les causes de sa mort, arrivée en 1177. C'est sous son magistère que Saladin prit le titre de soudan d'Égypte, 72.

Jugement des chevaliers, 121.

Juillac (Robert de), trentième grand maître. Élu en 1374. Mort en 1376, 79.

Junot. Envoyé par Bonaparte pour signer la suspension d'armes, 161.

K

Karismiens. Irruption de ces barbares en Palestine en 1244, 74.

Kzérémetz, ambassadeur de Pierre le Grand à Malte, 136.

L

Langon (le commandeur). Beaux faits d'armes, 138.

Langue maltaise. Différentes modifications qu'elle a subies. L'idiome maltais, tel qu'on le parle aujourd'hui, ne manque pas de poésie, 44 et 45.

Langues. Leur division, 18.

La Réveillère Lépaux et Rewbell, ennemis de Bonaparte, 157.

Lascaris, cinquante-cinquième grand maître. Élu en 1636. Neutralité de l'Ordre violée pendant la guerre entre la France et l'Espagne. Le roi de France prononce la confiscation des biens de l'Ordre. Bon mot qui termine la querelle. Hostilités de la Sicile. Famine à Malte. Monnaie de convention. Succès maritimes des chevaliers, 128. Malte menacée par les Turcs. Secours amené par le comte d'Arpajon. Comment il en est récompensé. Les chevaliers secourent Candie, 129. Nouvelles querelles entre le grand maître et l'inquisiteur. Comment terminées. Les chevaliers arment contre des princes italiens. Résultat de cette faute, 130. Expulsion des jésuites de l'île de Malte. Acquisition de l'île Saint-Christophe, revendue bientôt après. Gênes insulte le pavillon maltais et est obligée de demander grâce, 131. Mort de Lascaris. Construction du fort Sainte-Agathe, 132.

Lastic (Jean de), trente-quatrième grand maître. Rhodes deux fois défendue contre le soudan d'Égypte, qui se reconnaît enfin son vassal, 1444, 79.

Lazare (ordre de Saint-) réuni à celui de Saint-Jean de Jérusalem, 145.

Lazaret. Sa construction, 134.

Lépante. Belle conduite des chevaliers à cette bataille, 110.

Le Rat (Geoffroy), douzième grand maître. Cité pour mémoire, 74.

Lieutenant du grand maître, 122.

Litta (le bailli de). Ses négociations avec Catherine, 149; avec Paul Ier, en qualité de ministre plénipotentiaire, 150; d'ambassadeur extraordinaire, 151 et suiv. Ses intrigues à Saint-Pétersbourg, sous le magistère de Paul Ier, 165, 168.

Lorgue (Nicolas de), vingtième grand maître. Mansour, soudan d'Égypte, chasse les chevaliers de Saint-Jean du château de Margat en 1284, 75.

M

Malte. Sa situation géographique. Avantages de la position de cette île. Réflexions sur la séparation politique de Malte et de la Sicile, 1; ses différents noms, 2; sa formation et celle des îles voisines; opinions diverses à ce sujet. Son étendue, 3. Aspect général, 4. Brusques variations de température; il ne gèle jamais à Malte. Temps de sirocco. Les moustiques. Brises de la mer, 5 et 6. Propriétés de la terre à Malte; elle pourrait servir, comme le kaolin des Chinois, à faire de la porcelaine. Terre fébrifuge, 7. Manière ingénieuse dont les habitants cultivent le sol de Malte; naturellement stérile, il devient d'une extrême fertilité, 9; ses productions, 10. Histoire de Malte depuis les premiers temps jusqu'à l'établissement de l'ordre de Saint-Jean de Jérusalem,

52 et suiv. Sous la domination espagnole, elle est divisée en plusieurs fiefs et donnée à des courtisans. Les habitants se rachètent. Charles-Quint cède la colonie aux chevaliers de Rhodes, 63 et 64. Condition de cette cession, 85.

Maltais et Maltaises. Leur portrait; tradition du type arabe; blancheur des femmes. Vigueur physique des hommes. Les Maltais sont excellents nageurs; anecdote, 35 et suiv. Qualités morales et intellectuelles; instinct mercantile; activité et intrépidité des Maltais. Immoralité des femmes, 37 et suiv. Misère des Maltais, 4, 11 et 15. Contraste moral entre les Maltais et les Siciliens, 9. Langue, 44 et 45.

Maréchal (grand) d'Auvergne. Ses fonctions, 125.

Margat (château de). Les chevaliers s'y réfugient vers 1191, 73. Il est repris sur les chevaliers par Mansour, soudan d'Égypte, en 1284, 75.

Marsa-Scalla, fortifié par Alophe de Vignacourt, 116.

Marsa-Scirocco, fortifié par Alophe de Vignacourt, 116.

Messine. Tremblement de terre, 145 et suiv.

Michel (fort Saint-). Sa construction, 93.

Miel. Excellente qualité du miel de Malte. Sa renommée dans l'antiquité, 15.

Milly (Jacques de), trente-cinquième grand maître. Élu en 1454. Les règlements de l'Ordre modifiés par le pape Pie II. Attaque des Turcs contre Rhodes. Milly meurt en 1461, 79-80.

Monnaie de convention après le siége par les Turcs, 108. Id., sous le magistère de Lascaris, 128. Id., pendant le blocus sous les Français, 171.

Monstre de Rhodes. Son histoire, 78-79.

Montaigu (Guérin de), treizième grand maître. Élu en 1208. Mort en 1230. André, roi de Hongrie, entre dans l'ordre de Saint-Jean, 74.

Monte (de), quarante-huitième grand maître. Élu en 1568. Termine la construction de la Cité Valette. Échecs de la marine de l'Ordre. Sa belle conduite à la bataille de Lépante. Le couvent de Sixène en Aragon rentre sous la discipline de Malte. Mort de de Monte en 1572, 110.

Mortuaire. Revenu, 126.

Moulins (Roger de), septième grand maître. Discussions entre les chevaliers de Saint-Jean et ceux du Temple qui dégénèrent en querelles, puis en luttes armées. Alexandre III intervient et les contraint à la paix. Motifs de ces querelles. Le haut clergé accuse à la fois les deux Ordres au concile de Latran. Mauvaise situation du royaume de Jérusalem. Roger de Moulins, accompagné du patriarche de Jérusalem et du grand maréchal des templiers, se rend auprès de divers princes chrétiens et n'en obtient aucun secours. Saladin se ligue avec Raymond de Tripoli et vient mettre le siège devant Saint-Jean d'Acre. Roger de Moulins est tué dans une sortie, 72 et suiv.

N

Nageurs maltais, 101.

Naillac (Philibert de), trente-deuxième grand maître. Bataille de Nicopolis contre Bajazet Ier. Inutile acquisition de la Morée. Mort de Naillac en 1421, 79.

Noblesse maltaise exclue de l'Ordre. Comment elle éludait cette loi, 111.

Normands. Le comte Roger de Normandie s'empare de Malte. Révolte des Arabes. Ils sont expulsés de l'île, 62.

O

Oiseaux. Énumération des oiseaux qu'on trouve à Malte, 14.

Omèdes (d'), quarante-cinquième grand maître. Élu en 1536. Expédition de Charles-Quint contre Alger. Belle conduite des chevaliers. Expédition contre Dragut. Prise d'Africa. La Cité Notable menacée par les Turcs. Avarice du grand maître. Prise du Goze. Lâcheté du gouverneur de cette place. Siége et prise de Tripoli par Dragut. Infamie du grand maître. Admirable conduite de Villegagnon qui la dévoile. Construction du château Saint-Elme et du fort Saint-Michel. Échec en Afrique. Mort de d'Omèdes, 88 à 93.

Oranges de Malte. Ce sont les meilleures de l'Europe, 12.

Ordre de Malte (histoire de l'), 65.

Organisation de l'ordre de Malte, 117.

Ornières antiques, 23.

Othman (le Père), cause de guerre entre les chevaliers et les Turcs, 128.

P

Papes. S'attribuent le droit de juger et de déposer les grands maîtres, 115, et de nommer aux commanderies d'Italie, 117. Soutiennent les inquisiteurs à Malte contre l'autorité des grands maîtres, 116. Pie VI consent à l'érection de prieurés pour les catholiques du rit grec, 155. Voyez Clergé, Évêque, Inquisiteur.

Patentats de l'inquisiteur et de l'évêque de Malte. Leurs priviléges, 111.

Paul Ier, empereur de Russie, soixante et dixième et dernier grand maître. Crée un grand prieuré de Russie; est décoré du titre de grand-croix de l'Ordre, 150. Accepte le titre de protecteur de l'Ordre, 151. Appui qu'il lui prête lors des préparatifs de l'expédition des Français en Égypte, 154. Grand-duc, nouveau-né, décoré de la grand' croix de l'Ordre. Création d'une langue génoise en Russie. Érection de prieurés pour les catholiques du rit grec, 155. Paul est élu grand maître par deux ou trois langues, 164. Intrigues à Saint-Pétersbourg. Avilissement de l'Ordre, 165 et suiv. Paul abandonne les Anglais qui assiégent Malte, 168. Traité d'Amiens, 176.

Paul (Saint). Cet apôtre a-t-il fait naufrage à Malte? Dissertation sur cette question, 17 et 18. Port Saint-Paul et *Sasso di San Paolo*, au Goze, 51.

Paule (Antoine de), cinquante-quatrième grand maître. Élu en 1623. Il est obligé de se justifier au tribunal du saint-siége contre une accusation de mauvaises mœurs. Mécontentement causé par les prétentions d'Urbain VIII. Révision des statuts de l'Ordre. De Paulé meurt en 1636, 116 et suivantes.

Pêcheurs. Intrépidité des pêcheurs gozitains, 50.

Pélasges, époque pélasgique; monuments de cette période; la tour des Géants au Goze, 52 et suiv.

Pérellos de Rocafull (Raymond), soixante-deuxième grand maître. Élu en 1697. Ambassadeur de Pierre le Grand à Malte. Fin des discussions entre le clergé de Malte et l'Ordre. Querelle avec l'inquisiteur Delci. Formation d'une escadre de bâtiments de haut-bord. Succès maritimes. Le commandeur de Laugon. Mort de Pérellos, 138.

Peste à Malte dans le seizième siècle, 115. Idem sous Nicolas Cotoner, 134.

Phéniciens. Leur établissement à Malte. Monuments, médailles et débris archéologiques de cette période de l'histoire de Malte, 54 et suiv.

Pierres. Les pierres de Malte sont extrêmement tendres et poreuses. Pierres puantes. Avantages précieux des pierres de Malte pour la construction, 7 et 8.

Pigeons. Les pigeons de Malte font leurs nids dans les rochers du littoral. Manière dont les Maltais leur font la chasse. Anecdote, 13 et 14.

Pilier ou chef de langue, 118.

Pins (Odon de), vingt-deuxième grand maître. Son incapacité, 77.

Pins (Roger de), vingt-huitième grand maître. Élu en 1355. On pense à conquérir la Morée pour y établir l'Ordre, 79.

Pinto de Fonseca, soixante-sixième grand maître. Élu en 1741. Situation morale de l'Ordre. Mœurs déréglées. Gênes offre la Corse à Pinto. Révolte des esclaves à Malte. Mort de Pinto, 141 et suiv.

Pirateries des Maltais, 128.

Plaidoiries. Comment elles avaient lieu, 121.

Poissons. Il y en a une grande quantité dans les parages de Malte, 14.

Pologne. Les biens qu'y possédait l'Ordre lui sont rendus, 145.

Pont (Pierre du), quarante-troisième grand maître. Défaite de Barberousse. Prise de Tunis, 88.

Population de Malte; elle est hors de proportion avec l'étendue de cette île, 3.

Ports. Énumération des nombreux ports de Malte, 16.

Poussielgue à Malte, 154-163.

Prêtres d'obédience, 118.

Prieurés, 118.

Productions du sol, 10.

Protestants dans le seizième siècle. Les papes les laissaient s'emparer des commanderies, 95.

R

Ransijat (Bosredon de). Sa position pécuniaire, 154. Rend au grand maître les clefs du trésor de l'Ordre. Est enfermé au château Saint-Auge, 160. Il fait en sorte que les envoyés du grand maître partent sans instructions pour la capitulation à consentir, 162. Son rôle dans la discussion de cette capitulation, 163.

Rastadt (congrès de). L'Ordre ne peut obtenir de s'y faire représenter, 152.
Raymond, comte de Tripoli, se ligue avec Saladin contre les chrétiens de l'Orient. Est accusé d'avoir assassiné le grand maître Roger de Moulins au siége de Saint-Jean-d'Acre, 73.
Réception des chevaliers, 119 et suiv.
Redin, vice-roi de Sicile, cinquante-sixième grand maître. Élu en 1657. L'inquisiteur s'oppose à son élection. Le pape la confirme. Mort de Redin, 132.
Reggio. Tremblement de terre, 145 et suiv.
Régiment de Malte. Sa création, 145.
Renfort de l'égard, ou cour d'appel, 121.
Responsions, 126.
Revel (Hugues de), dix-neuvième grand maître. Les maisons de l'Ordre sont taxées pour subvenir aux besoins de la guerre en Orient. Hugues meurt en 1278, 75.
Rhodes. Guillaume de Villaret pense à y transporter le siége de l'Ordre, 77. Elle est conquise par Foulques de Villaret. Attaquée par Othman, elle est secourue par Amédée V de Savoie. Histoire du monstre de Rhodes, 78. L'île est deux fois défendue sous Jean de Lastic contre le soudan d'Égypte qui s'en reconnait enfin le vassal, 79. Descente des Turcs, 80. Siége et prise de Rhodes par Soliman, 81 et suiv.
Ricazoli (fort). Sa construction, 134.
Rochers. Impression que cause la vue des rochers du Goze dans la mer, 50.
Rohan (Emmanuel de), soixante-huitième grand maître. Élu en 1775. Relâchement dans la discipline. Réformes tentées par Rohan. L'instruction publique encouragée. Construction d'un observatoire. Érection d'un nouveau tribunal. Convocation d'un chapitre général de l'Ordre. Finances, 144. Adjonction des chevaliers de Saint-Lazare. Création d'une nouvelle langue de Bavière. Accroissement de l'Ordre en Pologne et en Russie. Création du régiment de Malte. Tremblement de terre en Sicile, 145. Belle conduite des chevaliers. L'évêque de Reggio, 146. Le commandant de Messine, 147 et suiv. L'assemblée législative décrète la destruction de l'ordre de Malte en France. Affluence des chevaliers à Malte. Négociations avec Catherine II. Avénement de Paul Ier. Véritable importance de l'île de Malte à cette époque, 149. Le bailli de Litta, ministre plénipotentiaire de l'Ordre à Saint-Pétersbourg. Érection d'un grand prieuré de Russie. Paul Ier grand-croix de l'Ordre. Mort de Rohan, 150.
Romains. Leur établissement à Malte. Leur politique prudente à l'égard des habitants de cette colonie. Prospérité du commerce et de l'industrie sous l'administration romaine. Monuments de cette période; lampe sépulcrale, statuts et médailles; fragments de sculpture, 58 et 59.
Romégas. Sa conspiration contre le grand maître la Cassière, 112 et suiv.
Russie. Ambassadeur de Pierre le Grand à Malte, 136. Les biens de l'Ordre y sont augmentés, 145. Voy. Paul Ier.

S

Saint-Jaille (Didier de), quarante-quatrième grand maître. Élu en 1535, 88.
Saladin prend le titre de soudan d'Égypte, 72. Se ligue avec Raymond de Tripoli contre les chrétiens, et assiége Saint-Jean-d'Acre. S'en empare ainsi que de Jérusalem, 73.
Saline de l'horloger. Phénomène physique dans l'île du Goze, 47.
Saly (Gilbert de), quatrième grand maître de l'ordre de Saint-Jean. Il assiste à la prise de Léontopolis. Il viole la paix conclue avec le soudan d'Égypte. Les chevaliers l'obligent à abdiquer, 71.
Sangle (Claude la), quarante-sixième grand maître. Élu en 1553. Fait continuer à ses frais les fortifications de l'île. Nouvelle mais inutile attaque de Dragut. Mort de la Sangle en 1557, 93-94.
Siége de Malte par les Turcs, 95 à 107. Par les Français, 159 et suiv.
Situation géographique de Malte, 1.
Sixène. Ce couvent situé en Aragon, entre sous la discipline de Malte. Costume pittoresque des religieuses, 110.
Sœurs hospitalières de Saint-Jean. Elles passent en Europe vers 1191, 73.
Sol de Malte. Voyez Malte.
Somptuaires (règlements) de Jean de Villaret, 76.
Statuts de l'ordre revisés sous le magistère de Paule, 117. Modifiés par le pape Pie II. Rassemblés pour la première fois sous Raymond Béranger, 79-80.
Sulla. Plante particulière à Malte et au Goze. Elle sert de nourriture aux bestiaux, 12.
Suprême magistrat de judicature. Création de ce tribunal et ses attributions, 144.

MALTE.

Restes du Temple d'Hercule situé près de Marso Siroco.

T

Tadarnadur isrira. Ancien édifice circulaire de construction pélasgique. C'est le plus grand de tous ceux que les voyageurs et les archéologues ont décrits, 53.
Templiers. Fondation de cet ordre, 69.
Terre de Malte. Voyez Malte.
Testaments. Urbain VIII accorde aux commandeurs la permission de tester. Conséquences de cette autorisation, 130.
Texis (Bertrand de), quatorzième grand maître. Élu en 1230, mort en 1231, 74.
Tombeaux. Description des tombeaux de la montagne Bengemma, 21.

Tour des Géants. Description détaillée de ce curieux monument, 54.
Tremblement de terre à Augusta, en Sicile, 135. A Messine et Reggio, 145 et suiv.
Trémicourt (le chevalier de). Ses exploits. Sa fin horrible, 133 et suiv.
Trésor de Saint-Jean pillé par les Français et perdu à Aboukir, 168.
Tribunaux de l'Ordre, 120.
Tripoli offert aux chevaliers, 85.
Triumvirat pour l'élection d'un grand maître, 122.
Turcopolier (le). Ses fonctions, 126.

U

Ursins (Jean-Baptiste des), trente-septième grand maître. Cité pour mémoire, 80.
Usages et cérémonies. Mariages maltais, procession, repas de noces. Funérailles.

Comparaison de ces cérémonies avec quelques usages de l'antiquité. La hargia. La cucciha. Singulier usage au premier jour de l'an, 40 et suiv.

V

Vacant. Revenu, 126.
Valette (Jean de la), quarante-septième grand maître. Élu en 1557. Il rétablit les finances de l'Ordre. Mauvais succès d'une attaque, combinée avec les forces du vice-roi de Sicile, contre Tripoli. Création de l'ordre de Saint-Étienne, en Toscane. Les chevaliers appelés à commander les flottes de la chrétienté. Ingratitude des puissances à l'égard de l'Ordre. Prise de Pignon de Velez et d'un galion turc. Soliman jure la perte de Malte, 95. Arrivée des forces turques jusque devant Malte. Faibles ressources du grand maître. Secours dérisoire que lui accorde Pie IV. Débarquement des Turcs, 96. Attaque du château Saint-Elme. Terreur des assiégés. Belle réponse de la Valette. Des renforts arrivent aux Turcs. Dragut est chargé de diriger le siège, 97. Lâcheté du chevalier Lacerda. La Valette refuse aux défenseurs de Saint-Elme la permission d'abandonner le fort. Combat de six heures sur les ruines des remparts de ce fort, 98. Héroïque dévouement de la garnison. Horrible cruauté de Mustapha après sa victoire, 99. Représailles non moins épouvantables de la part des chevaliers. Résolution désespérée de la Valette. Les Turcs attaquent les autres forts. Travaux de défense accomplis en neuf nuits, 100.

Combat entre des nageurs turcs et des nageurs maltais. Nouveau renfort arrivé aux Turcs. Attaque du château Saint-Ange, 101. Succès des chevaliers. Attaque du bourg et du fort Saint-Michel. Mort du neveu de la Valette, 102. Mustapha se retire au milieu d'un nouvel assaut donné au fort Saint-Michel. Il revient à la charge. Est repoussé. Intrépidité du grand maître, 103. Nouveaux combats. Mauvais succès d'une machine inventée par les Turs. Lacerda meurt après s'être réhabilité. Situation désespérée des assiégés, 104. La Valette refuse au conseil de l'Ordre de rien abandonner aux assiégeants. Embarras de Mustapha. Tentative contre la Cité Notable, 105. Le pacha, étonné de la trouver en état de défense, revient à la nouvelle résidence. Un assaut général est résolu. Arrivée d'un secours de Sicile. Couardise de l'officier qui le conduit. Les Turcs, affamés déjà, s'effrayent de ce renfort et lèvent précipitamment le siège, 106. Mustapha se ravise, essaye une dernière attaque par terre et est complètement battu. La Valette refuse le chapeau de cardinal. Présents qui lui sont envoyés par les souverains qui auraient dû le secourir, 107. État déplorable de l'île et de ses fortifications. La Valette se refuse à transporter ailleurs le siège de l'Ordre. Il fait incendier l'arsenal de Constantinople afin de prévenir un nouvel armement. Construction de la Cité Valette. Monnaie de convention, 108. Désordres des chevaliers. Injustice du pape. Chagrin de la Valette. Sa mort, en 1568. Ses funérailles, 109-110.

Valette (Cité). Capitale de l'île de Malte. Aspect. Situation géographique. Fondation de la ville. Fortifications. Ports, 25 et 26. Description détaillée de la ville. Portes, rues, balcons, fontaine publique, pavage; la rue aux duels, 28. Monuments. Leur caractère. Palais des grands maîtres, 28 et 29. Églises. Saint-Jean, magnificence intérieure de cette cathédrale. Tombes des chevaliers. Chapelle souterraine. Tombeaux des grands maîtres. Le bras de saint Jean. Richesses que contenait le trésor de saint Jean. Peintures du Calabrais et de Caravage. Cérémonie solennelle à l'anniversaire de la levée du siége de Malte, 29 et suiv. Bibliothèque. Hôpital et quelques autres édifices. Maison où descendit Bonaparte en 1798. Le frère de Louis-Philippe à Malte, 33. Dépendances de la Cité Valette. La Florianne. La Cité la Sangle. La Burmola. La Cité Victorieuse. Le bourg Vilhena, 34. Coup d'œil sur la société de la Valette, 35.

Vandales et Goths. Invasion de Malte par les hordes de ces peuples. Monuments de cette époque, 60.

Vasconcellos (Mendez), cinquante-troisième grand maître. Ne règne que six mois, 116.

Verdale (Loubeux de), cinquantième grand maître. Élu en 1582. Singularité de son élection, 114. Dégoûts qu'elle lui fait éprouver à Malte. Il retourne à Rome. Est fait cardinal et meurt en 1595, 115.

Vieux de la Montagne. Un de ses envoyés ayant été tué par un chevalier du Temple, Baudouin fait enlever et punir celui-ci malgré l'opposition du grand maître, 71.

Vignacourt (Alophe de), cinquante-deuxième grand maître. Succès de la marine de l'Ordre. Les Turcs font une descente à Malte et sont repoussés. Querelle avec l'inquisiteur. Comment terminée. Modification des statuts de l'Ordre. Construction des premières fortifications régulières. Mort de Vignacourt en 1622, 116.

Vignacourt, deuxième du nom, soixante et unième grand maître. Élu en 1689. Construction d'un nouvel arsenal. Tremblement de terre en Sicile. Le pape autorise la France et la Savoie à imposer les biens de l'Ordre, ce qui n'a pas lieu, 135. Mort de Vignacourt, 136.

Vilhena (Manoël), soixante-quatrième grand maître. Élu en 1722. Le port Musciet est fortifié. Échange d'esclaves avec la Porte. A quelle occasion. Il échoue, 139. Mort de Vilhena, 140.

Villaret (Fouques de), vingt-quatrième grand maître. Conquête de Rhodes. Supplice des templiers. Rhodes attaquée par les Turcs et secourue par Amédée V de Savoie. Fouques abdique en 1319, 78.

Villaret (Guillaume de), vingt-troisième grand maître. Élu en 1300. Tentative des chevaliers sur la Palestine. Le grand maître pense à transporter l'Ordre à Rhodes. Meurt en 1307, 77.

Villebride (Pierre de), dix-septième grand maître. Prise de Jérusalem par les Karismiens en 1244. Bataille qui dure deux jours et où périt le grand maître, 74.

Villegagnon (Nicolas de). Son intrépidité lors de l'expédition contre Alger par Charles-Quint, 89. Sa belle conduite dans l'affaire de Vallier, accusé par d'Ohmèdes d'avoir livré Tripoli à Dragut, 92-98.

Villeneuve (Hélion de), vingt-cinquième grand maître. Histoire du monstre de Rhodes, 78-79.

Villes et villages de Malte, 22 et suiv.

Villiers (Jean de), vingt et unième grand maître. Prise de Saint-Jean-d'Acre par le soudan d'Égypte, 1291. Fin du royaume de Jérusalem. Les chevaliers de Saint-Jean se réfugient à Limisse, dans l'île de Chypre. Commencement de la marine de l'Ordre. Mœurs des chevaliers à cette époque. Règlements somptuaires. Payement des dettes des chevaliers. Le pape Boniface VIII les protége. Jean de Villiers meurt vers 1295, 75 et suiv.

Villiers de l'Ile Adam (Philippe), quarante-deuxième grand maître. Élu en 1521. Siége et prise de Rhodes par Soliman. Parallèle entre Rhodes et Alger. Les chevaliers se réfugient en Sicile. On leur propose Malte et Tripoli. Conditions auxquelles Malte est acceptée par eux, en 1530. Prise de possession de Malte. État de ses fortifications. Construction de la Cité Notable. Expédition de Modon. Dissensions entre les chevaliers. Destruction de la langue d'Angleterre par Henri VIII. Mort de l'Ile Adam, 81 à 88.

La Valette

X

Ximenès, soixante-septième grand maître. Élu en 1773. Le clergé et l'inquisiteur se remuent. Conspiration ourdie par eux et étouffée aussitôt. Mort du grand maître, 143 et 144.

Z

Zacosta (Pierre-Raymond), trente-sixième grand maître. Création de la langue de Castille, Léon et Portugal, 80.

Zizim. Histoire de ce prince, 80.

Zondodari, soixante-troisième grand maître. Élu en 1720. Cité pour mémoire, 139.

FIN DE LA TABLE DES MATIÈRES DE MALTE ET LE GOZE.

AVIS

POUR LE PLACEMENT DES GRAVURES DE MALTE ET DU GOZE

	Pages.		Pages.
Cartes de Malte et du Goze........	1	Plan d'un édifice antique de forme circulaire à Malte...............	} 53
Colline Bengemma...............	} 21	Édifice antique situé près de la tour des Géants dans l'île du Goze.....	
Tombeaux de la Bengemma.......			
Grotte de Calypso...............	22	Tour des Géants.................	
Vue coralière de Malte...........	} 25	Vue générale de la tour des Géants..	
Cité Valette, n° 1...............		Plan de la tour des Géants........	
Cité Valette, n° 2...............		Fragments trouvés dans la tour des Géants......................	
Plan géométral de Malte.........	} 26		
Fort Ricozoli...................		Première vue intérieure du grand temple...........................	54
Rue Saint-Jean..................	} 27	Première entrée. Vue du sanctuaire à droite en entrant...............	} et 55
Rue Sainte-Ursule................			
Fontaine.......................		Première entrée. Vue du sanctuaire à gauche.......................	
Palais des grands maîtres..........	28		
Église Saint-Jean................	29	Deuxième entrée. Vue prise du sanctuaire à gauche................	
Tombeau de Nicolas Cotoner......	} 30		
Chapelle souterraine..............		Deuxième entrée. Vue du sanctuaire à droite......................	
Tombeau de la Valette............			
Auberge de Castille..............	33	Reste d'une maison de construction grecque......................	} 59
Costume des femmes maltaises au dix-huitième siècle..................	37		
		Fragments d'architecture antique....	
Vue de l'île de Goze.............	45	Reste du temple d'Hercule près de Marsa-Scirocco.................	
Saline de l'Horloger.............	47		
Écueil aux Champignons..........	49	Figurine antique.................	60
Pêche à l'île du Goze............	50	Portrait de la Valette.............	95
Habitants du Goze...............	51		

L'UNIVERS,
ou
HISTOIRE ET DESCRIPTION
DE TOUS LES PEUPLES,
DE LEURS RELIGIONS, MOEURS, INDUSTRIE, COUTUMES, ETC.

ILES DE L'AFRIQUE.

SECONDE PARTIE.
ILES AFRICAINES DE L'OCÉAN ATLANTIQUE,
PAR M. D'AVEZAC.

INTRODUCTION.

Démarcation, à travers l'Océan, entre les domaines insulaires d'Afrique et d'Amérique.

Dans le classement général que nous avons fait des îles susceptibles d'être comptées comme annexes du continent africain, nous avons cru devoir comprendre en une seule grande division celles qui, tantôt groupées en archipels, tantôt isolées au milieu des flots, sont répandues à la surface de l'océan Atlantique, dans les limites que l'Afrique peut revendiquer.

Quelles sont ces limites ? Telle est la première question que nous devons nous poser aujourd'hui, en étendant des regards incertains sur cet immense domaine liquide où, de temps immémorial, règne sans partage le nom africain d'Atlas.

Avant qu'une découverte fameuse fût venue révéler à l'ancien monde l'existence d'un monde nouveau par delà cette mer où le soleil allait s'éteindre chaque jour, toutes les îles d'Occident que l'antiquité put connaître ou soupçonner, toutes celles que des navigations aventureuses vinrent plus tard ajouter à la carte de nos connaissances géographiques, devaient naturellement être considérées comme des appendices du continent autour duquel elles étaient aperçues; mais quand l'immortel Génois, osant percer les lointaines obscurités de la mer Ténébreuse, eut trouvé un continent immense pour limite réelle de l'Océan occidental, il devint nécessaire de partager entre les deux mondes cet Océan qui baigne de part et d'autre leurs rivages.

Cette division, ce n'est point la géographie qui fut la première à la provoquer; elle fut la suite de rivalités politiques bientôt écloses entre les Portugais qui venaient de frayer la route maritime des Indes orientales en contournant les côtes africaines, et les Espagnols qui, pour avoir accueilli le rêve sublime de Colomb, se trouvaient à la fois les découvreurs et les maîtres des Indes occidentales. Le pape Alexandre VI fut appelé à décider la question; et, par une bulle célèbre, du 14 mai 1494, il fixa la ligne de démarcation qui devait séparer désormais le domaine respectif des Castillans possesseurs du nouveau monde, et des Lusiades explorateurs de l'Afrique et de l'Asie, en traçant d'un pôle à l'autre une ligne qui passât à cent lieues à l'ouest des Açores et des îles du Cap-Vert, laissant aux Portugais tout ce qui était en deçà, attribuant aux rois de Castille et de Léon tout ce qui était au delà (*).

Sans discuter la légitimité d'une pareille décision, dont, au surplus, la valeur politique nous inquiète aujourd'hui fort peu, nous n'hésitons pas à la prendre pour guide dans notre départ géographique des îles africaines et de celles d'Amérique; seulement, comme les Açores se trouvent plus avancées à l'occident que les îles du Cap-Vert, de telle manière que le méridien de 27° 40′ à l'ouest de Paris, marque à la fois l'extrémité orientale du groupe des Açores, et l'extrémité occidentale de l'archipel du Cap-Vert, il convient d'observer que la ligne de démarcation, à moins d'être flexueuse, doit être prise à cent lieues de ce méridien commun, et coïncider elle-même, dès lors, avec celui de 32° 40′ à l'ouest de Paris. Au nord comme au sud, les parallèles de 40 degrés de latitude marquent une limite naturelle, que le domaine de l'Afrique ne saurait dépasser sans empiétement sur les mers d'Europe, ou sur celles que peuvent revendiquer les terres australes.

Distribution, en divers groupes, des îles africaines de l'Océan Atlantique.

Dans ces bornes se trouvent compris, du nord au sud, les quatre archipels des Açores, de Madère, des Canaries, et du Cap-Vert, en ces parages où les traditions antiques placent la problématique Atlantide; puis, au fond du golfe de Guinée, la chaîne d'îles de Fernan-do-Po, du Prince, de Saint-Thomas et d'Anno-Bon, intéressantes aujourd'hui par l'importance commerciale que leur attribuent de récentes transactions politiques; enfin, jalonnant la route de l'Inde, l'île douteuse de Saint-Mathieu, l'Ascension, Sainte-Hélène, à jamais illustrée par l'exil du plus grand homme de guerre des temps modernes; et un peu à l'écart, le Penedo de San-Pedro, les rochers de Martin Vaz, ceux de Tristan da Cunha, et de Diego Alvarez.

L'énumération que nous venons de faire suffit pour montrer la convenance de considérer successivement toutes ces îles comme formant trois grandes divisions; l'une comprenant les archipels qui occupent aujourd'hui l'emplacement de l'ancienne Atlantide; une autre, les îles du golfe de Guinée; et une troisième, les stations successives de la grande route des Indes. Cet arrangement est en parfaite harmonie avec les indications de l'histoire, qui rattache à la première ses plus vieilles traditions; à la deuxième, les explorations littorales antérieures au passage du cap de Bonne-Espérance; et, à la dernière, les découvertes qui furent la conséquence des relations maritimes nouvellement ouvertes avec l'Orient.

(*) « De nostrâ merâ liberalitate et ex « certâ scientiâ ac de Apostolicæ potestatis « plenitudine, omnes insulas et terras firmas « inventas et inveniendas, detectas et dete- « gendas versùs occidentem et meridiem, « fabricando et construendo unam lineam « a polo arctico scilicet septentrione ad po- « lum antarcticum scilicet meridiem, quæ « linea distet a quâlibet insularum quæ vul- « gariter nuncupantur *de los Açores* et *Cabo- « Verde* centum leucis versùs occidentem et « meridiem, auctoritate omnipotentis Dei « nobis in beato Petro concessâ ac vicaria- « tûs Jesu-Christi quo fungimur in terris, « cum omnibus illorum dominiis, civita- « tibus, castris, locis et villis, juribusque « et jurisdictionibus ac pertinentiis universis, « vobis hæredibusque et successoribus ves- « tris Castellæ et Legionis regibus in perpe- « tuum tenore præsentiarum donamus, con- « cedimus et assignamus, etc. »

CANARIES

Cathédrale de la Grande Canarie.

Mais l'importance de ces divisions successives est très-diverse sous tous les rapports; et la première semble effacer les deux autres par l'étendue des développements qu'elle réclame : le lien traditionnel et conjectural qui permet de réunir sous un seul point de vue les quatre archipels atlantiques n'est point d'ailleurs assez fort pour les constituer en un seul tout homogène. Après le coup d'œil historique d'ensemble qui les signale en commun ainsi que les débris d'un continent effondré, ou comme un monde de merveilles où les légendes du moyen âge aussi bien que celles de l'antiquité classique plaçaient le séjour insulaire des bienheureux; au sortir de cette nuageuse atmosphère de conjectures et de fables, les archipels de la mer occidentale se montrent à nous comme autant de groupes mutuellement indépendants, qui exigent chacun une description particulière et une histoire séparée.

Tel est donc l'ordre dans lequel nous devons procéder nous-même dans cette partie de notre travail. D'abord les antiques traditions de continents perdus, et les légendes d'îles merveilleuses de l'Océan occidental; puis tour à tour les Açores; Madère et ses annexes, les Canaries, les îles du Cap-Vert; ensuite l'archipel de Guinée; enfin les escales de la grande route des Indes orientales.

§ Ier.

ANCIENNES TRADITIONS DE L'OCÉAN ATLANTIQUE.

Ce n'est point à la théogonie des Grecs que nous voulons ici demander l'histoire du vieil Océan; ce n'est pas le fils du Ciel et de la Terre, le frère et l'époux de Téthys, le père des soixante et douze Océanides, l'aïeul des Néréides, des Phorcydes et des Hyades, dont nous voulons tenter ici de débrouiller le mythe obscur. Nous n'avons même point à chercher sur la bordure du merveilleux bouclier forgé par Vulcain, et chanté par Homère, ou sur les pans du vaste manteau *historié* par Jupiter lui-même, et célébré par Phérécyde de Syra, l'Océan servant de limites à la terre habitable, et coulant comme un fleuve autour d'elle.

Laissons à l'écart de notre sérieuse étude les mythologues et les poëtes, et leurs décevantes fictions : laissons le divin Homère retirer, à l'orient, des profondeurs océaniques, le flambeau du jour qu'il ira replonger, au couchant, dans les mêmes ondes (*); laissons Orphée tracer, autour de notre terre, le cercle où il fait rouler sans terme un océan infatigable et limpide (*). Nous avons bien assez des philosophes, des cosmographes et des historiens pour nous montrer, comme l'auteur du livre aristotélique *Du Monde*, « la terre habitée formant une seule « masse insulaire au milieu de la mer « appelée Atlantique; » ou comme Cicéron, au dernier livre de sa *République*, « toute la terre ramassée en une « île étroite et longue, plongeant dans « cette mer que l'on décore des noms « d'Atlantique, de grande mer, ou d'O-« céan; »... ou encore, comme Possidonius dans Strabon, et comme Plutarque, en son livre *De la fortune des Romains*, « l'Océan roulant circulaire-« ment ses flots autour de la terre ha-« bitable. »

Nous n'avons pas à nous préoccuper ici de cette extension du nom d'Atlantique sur toute la périphérie du monde alors connu; ce n'est point cette mer

---

(*) Ἐξ ἀκαλαρρείταο βαθυρρόου Ὠκεανοῖο.
Iliad., VII, 422.
Ἐν δ' ἔπεσ' Ὠκεανῷ λαμπρὸν φάος ἠελίοιο. *Ibid.*, VIII, 485.

(*) Τὸν κύκλον ἀκαμάτου καλλιρρόου Ὠκεανοῖο
Ὅς γαῖαν δίνῃσι πέριξ ἔχει ἀμφιελίξας.
ORPH., *de Jupiter et de Junon*.

amphitrite, ce *bahhr mohhyth* (mer ambiante) comme l'appellent les Arabes, que nous avons à considérer en son entier : nous devons nous borner exclusivement à la portion qui constituait pour les anciens la mer *hespérienne*, c'est-à-dire la mer du soir, du couchant, que les Arabes dénommèrent *El-bahhr-el-mozhallam* (mer ténébreuse), ou *bahhr-el-zholmât* (mer de ténèbres), avec une parfaite justesse. Jamais, en effet, obscurité plus profonde n'a enveloppé notions plus incertaines sur des plages inexplorées.

Les premières connaissances positives que l'antiquité put recueillir au delà des colonnes d'Hercule, restèrent, on le sait, un secret national pour les Phéniciens, qui ne craignaient pas de faire sombrer leurs propres navires afin d'assurer la perte des étrangers assez hardis pour s'aventurer sur leurs traces. S'il transpira quelque chose de leurs découvertes, ce ne furent que de vagues indices, livrés au caprice de l'imagination des Grecs; et peut-être est-ce là le fondement unique des récits de Théopompe et de Platon, aussi bien que des traditions morcelées recueillies ou reproduites par l'auteur du livre aristotélique *Des ouï-dire merveilleux*, et par Diodore de Sicile.

Donnons, des uns et des autres, une analyse rapide.

La Méropide de Théopompe.

Midas, qui vivait dans les temps héroïques, et qui avait, comme chacun sait, les oreilles longues, oreilles fameuses dans tous les âges!... Midas régnait sur la Phrygie; et il avait entendu parler avec grand éloge de son contemporain Silène, roi de Carie au dire de quelques-uns, roi de Nysa en Afrique d'après Diodore, savant philosophe selon d'autres, joyeux et insouciant buveur suivant des traditions qui n'ont guère conservé la mémoire que de son gros ventre, devenu célèbre presque à l'égal des oreilles de Midas. Quoi qu'il en soit des quolibets dont est parsemée cette histoire, Midas, malgré ses longues oreilles, ou plutôt à cause d'elles, car elles sont représentées par quelques-uns comme une expression métaphorique de la haute intelligence du monarque phrygien,... Midas avait eu grande envie de posséder à sa cour le savant aimable que Bacchus de Thèbes avait eu pour précepteur; et il avait, afin d'y parvenir, à ce que racontent les poëtes, employé la supercherie, de douces violences, et des chaînes de fleurs.

L'ayant ainsi attiré près de lui, il écoutait avec avidité ses discours; et dans un de ces doctes entretiens, il reçut de son hôte les révélations géographiques que nous a transmises Théopompe de Chio, dont Élien nous a conservé ce curieux fragment.

« L'Europe, l'Asie et la Libye, disait Silène, étaient autant d'îles autour desquelles circulait l'Océan; en dehors de ce monde existait un continent unique d'une immense étendue, peuplé de grands animaux; les hommes qui l'habitaient avaient une stature double de la nôtre, et la durée de leur vie s'allongeait dans la même proportion; on trouvait chez eux de grandes et nombreuses cités, des mœurs particulières, et des lois tout différentes de celles qui nous régissent. Il y avait surtout deux cités, les plus considérables en étendue, qui n'offraient entre elles aucune espèce de ressemblance; l'une appelée *Makhimos* ou la Guerrière, l'autre *Fusebès* ou la Pieuse : les Eusébiens vivaient dans une douce paix, recueillant sans labeur d'amples moissons des fruits que la terre leur prodiguait sans culture; exempts de maux, ils coulaient leurs jours dans la joie et le bonheur; chez eux, point de procès : ils étaient si équitables, que les dieux mêmes ne dédaignaient pas de descendre souvent parmi eux. Les citoyens de Makhimos, au contraire, étaient très-belliqueux, toujours armés, toujours en guerre pour subjuguer leurs voisins, en sorte que cette république commandait elle seule à un grand nombre de nations; elle ne comptait pas moins de deux cents myriades d'habitants; peu mou-

CANARIES.

Habitants des Canaries.

raient de maladies, ils périssaient presque toujours dans les combats, sous les coups de pierre ou de massue, car ils n'avaient pas à redouter d'être blessés par le fer. Ils possédaient tant d'or et d'argent, que l'or avait à leurs yeux moins de prix que le fer n'en a pour nous. Une fois ils tentèrent de venir dans nos îles; et d'innombrables guerriers, traversant l'Océan, arrivèrent jusque chez les Hyperboréens ; mais ayant appris que nous regardions comme les plus heureux de la terre ces peuples dont la vie s'écoulait obscure et sans gloire, ils méprisèrent une telle conquête, et dédaignèrent d'aller plus loin.

« Mais voici le plus merveilleux du récit de Silène : Des hommes appelés *Méropes*, constitués en cités nombreuses et considérables, occupaient une vaste région qui se terminait à une espèce d'abîme appelé *Anostos*, rempli d'une vapeur sombre et rougeâtre. Dans ce pays coulaient deux fleuves, l'un *de la Joie*, l'autre *de la Tristesse*, bordés d'arbres semblables à de grands platanes, et dont les fruits participaient à la nature et à la vertu du fleuve près duquel ils naissaient : les cueillait-on sur les rives de la Tristesse, celui qui en mangeait versait désormais d'incessantes larmes, passait le reste de sa vie dans les pleurs, et finissait par mourir de chagrin. Les fruits cueillis sur les bords du fleuve de la Joie avaient un effet tout contraire ; celui qui en goûtait perdait le désir de ce qu'il avait le plus recherché, oubliait ce qu'il avait chéri, et rajeunissant graduellement, repassait tour à tour de la vieillesse à l'âge viril, à la jeunesse, à l'adolescence, au premier âge, jusqu'à ce qu'enfin il retournât au néant. »

Voilà le récit que Théopompe de Chio mettait dans la bouche de Silène. Élien, en le répétant, n'y voulait point ajouter foi, et ne voyait dans Théopompe, ici comme ailleurs, qu'un simple mythologue. Nous n'avons garde d'accorder plus de valeur qu'Élien à l'abîme sans issue et aux fleuves merveilleux de la Méropide ; mais l'indication même de cette contrée trahissait du moins une vague notion de l'existence réelle d'une grande terre d'Occident, que les révolutions physiques ont ensuite fait disparaître, ainsi que va nous le raconter Platon.

L'Atlantide de Platon.

Ici la tradition, revêtue de formes plus sérieuses, se produit avec toute la gravité d'une narration historique. Critias avait, en sa jeunesse, partagé avec son père Dropidas l'intimité de Solon, le législateur d'Athènes et l'un des sept sages de la Grèce. Il avait entendu de sa bouche des récits que sa mémoire avait précieusement conservés ; et dans sa vieillesse il les transmit à son petit-fils Critias, alors enfant. Le divin Platon, évoquant à son tour ces vieux souvenirs, dans les deux dialogues qu'il a intitulés, l'un *Timée*, et l'autre *Critias*, place dans la bouche de l'un des interlocuteurs, Critias, arrière-petit-fils de Dropidas, le récit des conversations qu'à l'âge de dix ans il avait entendues de son aïeul, alors nonagénaire.

Un jour que devant celui-ci étaient vantés, pour lui complaire, les talents poétiques de Solon, le vieillard s'était écrié que certes le grand législateur ne l'eût cédé, comme poëte, ni à Homère ni à Hésiode, si les troubles politiques de sa patrie ne lui eussent ôté le loisir d'achever la grande épopée qu'il avait entreprise à son retour d'Égypte : le sujet en était d'un bien haut intérêt ; c'était l'histoire des plus anciennes luttes de la Grèce primitive contre les peuples étrangers. Ces événements avaient été effacés de la mémoire des hommes par une grande révolution physique qui, engloutissant sous les eaux débordées les villes et leur civilisation, n'avait épargné que les grossiers habitants des montagnes, bientôt redevenus presque sauvages sous l'empire de la misère et des premières nécessités, et n'ayant pu renaître à une civilisation nouvelle qu'à travers de longues épreuves et une enfance lente, comme celle de toutes les nations barbares. L'Égypte, qui se trouvait, par un heureux privilége, à l'abri de pareilles catastrophes, avait pu conserver dans ses livres et sur ses monuments la tradition écrite de ces temps antiques, et c'est là que Solon l'avait recueillie.

Solon avait reçu bon accueil des habitants de Saïs, fondée par la déesse Neïth, la même que l'Athené des Grecs; et il avait eu avec leurs prêtres de savantes conversations. Un jour qu'il évoquait devant eux les plus anciennes traditions de sa patrie, le premier Phoronée, Niobé, le déluge, Pyrrha, Deucalion, et les temps héroïques, un des vieux prêtres se récria sur la nouveauté relative de pareils récits, et, à sa prière, lui déroula l'histoire des siècles antérieurs au grand cataclysme qui avait replongé la Grèce dans la barbarie : il indiqua la fondation de la première cité Athénienne mille ans avant la fondation de Saïs, dont les annales, gravées en caractères sacrés dans les temples, embrassaient un espace de huit mille ans : il rappela quelques institutions de cette antique Athènes, en tout semblables à celles de Saïs, et poursuivit ainsi :

« Nos monuments écrits célèbrent « beaucoup de grandes actions de votre « cité, mais une surtout plus grande « et plus belle que toutes les autres : « ils disent en effet comment votre « cité anéantit jadis une puissance « formidable qui, de la mer Atlanti- « que, s'avançait pour envahir à la fois « l'Europe entière et l'Asie. Car on « pouvait alors traverser cette mer : il « y avait, devant l'embouchure que « vous appelez les Colonnes d'Hercule, « une île plus grande que la Libye et « l'Asie ensemble, et d'où les naviga- « teurs pouvaient passer aux autres « îles, puis de ces dernières à tout le « continent opposé, qui entoure cette « mer proprement dite. Car ce qui est « en deçà de l'embouchure dont nous « parlons, ressemble à un port ayant « une entrée étroite; mais quant à « cette mer-là, certainement la terre « qui l'entoure de toutes parts doit avec « juste raison être appelée continent.

« Dans cette île Atlantide s'était « formée une grande et merveilleuse « puissance de rois dominant sur l'île « entière, de même que sur beaucoup « d'autres îles et de portions du conti- « nent. En outre, dans nos contrées « en deçà du détroit, ils dominaient « sur la Libye jusqu'à l'Égypte, et sur « l'Europe jusqu'à la Tyrrhénie. Toute « cette puissance se réunit un jour « pour asservir d'un seul coup votre « pays, le nôtre, et tous ceux qui se « trouvent en deçà du détroit. C'est « alors, ô Solon, que la puissance de « votre cité brilla aux yeux de tous les « hommes par la vigueur et le cou- « rage; car, supérieure à tous par sa « vaillance et par son habileté dans les « arts relatifs à la guerre, d'abord à « la tête des Hellènes, puis réduite à « elle seule par la défection de ses al- « liés, exposée aux plus grands dan- « gers, elle triompha pourtant de l'in- « vasion et en érigea des trophées, « sauva de l'esclavage les peuples en- « core indépendants, et délivra du joug « les autres, situés comme nous en « deçà des limites héracléennes.

« Mais, dans la suite des temps, « d'affreux tremblements de terre et « des inondations étant survenus en « un seul jour et une seule nuit de dé- « sastres, la terre engloutit tout ce « qu'il y avait chez vous de guerriers, « et l'île Atlantide disparut sous les « eaux : aussi, maintenant encore, ne « peut-on parcourir ni reconnaître « cette mer, à cause de la quantité de « vase profonde que l'île abîmée a lais- « sée à sa place. »

Tel est le récit que le prêtre de Saïs avait fait à Solon, et que Solon avait répété à l'aïeul de Critias, dans la famille duquel étaient même restées les notes manuscrites du sage. Oserons-nous, armés d'un scepticisme commode, reléguer parmi les fables et les contes philosophiques cette relation de l'existence et de la disparition soudaine de l'Atlantide ? Elle est trop gravement écrite, et par un homme trop sérieux, pour qu'il soit possible d'en faire si bon marché : c'est évidemment une tradition réelle que Platon a voulu constater; et Proclus, son commentateur, atteste que Crantor, postérieur de trois siècles à Solon, avait retrouvé les mêmes récits chez les prêtres de Saïs, qui lui montraient les stèles couvertes d'inscriptions où cette histoire était, disaient-ils, consignée.

Mais cette tradition égyptienne, quels en étaient l'origine et le fondement? Et quelle croyance méritait-elle en elle-même? Solon qui la recueillit, et Platon qui la promulgua, y avaient-ils une foi entière? C'est ce qu'il serait bien difficile de décider au milieu des opinions diverses qui eurent cours à ce sujet dans l'école néo-platonicienne : Longin allait jusqu'à regarder cet épisode du Timée comme un simple ornement littéraire; quelques autres y voyaient une allégorie où se cachaient des doctrines profondes sur la nature de notre univers; mais le plus grand nombre, et, à ce qu'il semble, les plus éclairés, se bornaient à prendre le récit au pied de la lettre, comme avaient fait jadis Crantor, Philon, et le géographe Marcellus, auteur d'un livre sur l'Afrique intérieure; ou bien ils conciliaient, avec une foi absolue dans la vérité historique du fait, l'idée que Platon l'avait choisi comme un symbole de dogmes philosophiques, et telle était la croyance d'Origènes, de Porphyre, de Jamblique, de Syrianus et de son disciple Proclus, et de bien d'autres. Hors de l'académie, le géographe Possidonius, et chez les Latins, Pline, Ammien-Marcellin, Arnobe, et Tertullien, admettaient de même, sans conteste, la narration de Platon. Chez les modernes, les opinions sont fort partagées : les géographes positifs, les critiques rigoureux la rejettent, comme d'Anville, Gossellin, Malte-Brun, Ukert, Letronne, Humboldt; mais c'est moins, de leur part, une négation absolue du fait, qu'une juste réserve à l'égard d'une tradition vague et dénuée de preuves; tandis que d'autres, moins exigeants sur la production des documents justificatifs d'événements si anciens, reçoivent sans difficulté le récit égyptien, comme Ortélius, Beckmann, Cellarius, Mentelle, Engel, Schérer, Tournefort, Buffon, Bory de Saint-Vincent, sans parler de mille autres qui ont abordé la question avec moins d'autorité : mais leur assentiment ne peut faire perdre, non plus, à la tradition de l'Atlantide son caractère d'incertitude, et aux explications qui s'y rattachent leur nature conjecturale. C'est le sort commun de tous les récits qui se rapportent aux âges antérieurs aux temps historiques.

Toujours est-il que si la vieille légende saïtique, accueillie par les anciens philosophes, admise par des géographes et des naturalistes célèbres, se trouve ainsi garantie du dédaigneux oubli d'une critique superbe, les singulières hypothèses auxquelles elle a servi de fondement, et qui en ont tour à tour transporté le théâtre au nord ou au sud de l'Europe, en Asie, en Amérique, et jusqu'en Océanie, prêteraient à la raillerie si elles n'étaient émises par des hommes pleins de savoir et de renommée, dans des ouvrages quelquefois brillants, quelquefois remplis d'une érudition peu commune. Mais nous n'avons à nous préoccuper aucunement ici des excentricités de Rudbek ou de Bailly, de Bær, de Latreille ou de Delisle de Sales, de Sanson ou de Stalbaum, ou de tels autres rêveurs moins célèbres.

En prenant le récit de Platon dans le sens géographique le plus prochain et le plus naturel, il ne sera douteux pour personne que les vestiges de l'Atlantide, s'il en existe encore, ne peuvent être cherchés ailleurs que sur l'emplacement qu'il a lui-même désigné, c'est-à-dire vis-à-vis du détroit des Colonnes, dans un espace aussi grand que les contrées auxquelles appartenaient de son temps les dénominations d'Asie et de Libye; là doit se trouver une mer moins aisément navigable, dont les flots soient épaissis par les détritus des terres englouties. Telle a dû être en effet, dans des siècles moins éclairés que le nôtre, l'explication donnée à cette épaisse végétation de sargasses brunâtres, qui couvre de ses amas flottants les immenses plaines liquides autour desquelles un grand courant circulaire accomplit et recommence sans fin sa route éternelle. Raynal, au siècle dernier, s'y trompait encore : pour lui ces sargasses, où la science moderne n'aperçoit que des produits spontanés d'une mer plus tranquille, étaient des débris arrachés à une terre cachée sous des eaux peu profondes.

Quoi qu'il en soit des causes qui déterminent la circulation de ce courant et le repos des eaux qu'il entoure de son flot accéléré, c'est bien dans le cercle circonscrit par ce même courant, que, réelle ou conjecturale, était sise l'Atlantide effondrée de Platon; et si quelques pointes de rochers, sommets de ses plus hautes montagnes, percent encore la surface de l'Océan, c'est là seulement qu'elles doivent se montrer. Or, c'est là précisément que l'on voit émerger, du sein de la mer Atlantique, les archipels des Açores, de Madère, des Canaries, du Cap-Vert, et cette foule de rochers, d'écueils, de vigies, de bancs, de récifs, dont la position incertaine et l'existence même, souvent problématique, font le désespoir des hydrographes.

Les découvertes phéniciennes.

L'historien auquel nous devons l'ouvrage le plus considérable que l'antiquité nous ait transmis sur les traditions primitives des peuples et des pays connus de son temps, Diodore de Sicile, qui avait donné à l'un de ses livres le titre de *Nèsiôtikè* ou *Insulaire*, ne pouvait manquer d'y consigner quelques récits des îles de l'Océan occidental, cette mer au delà des colonnes d'Hercule, où les Phéniciens avaient eu seuls la hardiesse de pénétrer.

Il raconte, avec plus de détails que nous n'en voulons transcrire ici, comment, à plusieurs journées de navigation de la Libye, il existe au sein des mers une île considérable, au sol fertile, coupée de montagnes et d'agréables vallées, sillonnée de rivières navigables; la richesse féconde des forêts, des vergers et des jardins, la douceur des eaux, la pureté de l'air, la bonté des fruits, du gibier et du poisson, tout concourait à en faire un séjour de bien-être et de santé. Séparée, dès l'origine, du reste du monde, cette île était longtemps restée inconnue : elle fut découverte par des navigateurs phéniciens partis de leur établissement de Gadir pour explorer l'Océan; comme ils voguaient le long des côtes Libyennes, ils furent assaillis et ballottés pendant plusieurs jours par une tempête qui les porta sur cette île, dont ils reconnurent et signalèrent les heureuses qualités. Plus tard, les Tyrrhéniens, maîtres de la mer, projetèrent d'y envoyer une colonie; mais ils en furent empêchés par les Carthaginois, qui voulaient se réserver à eux-mêmes ce refuge pour le cas où la fortune leur deviendrait contraire.

Le livre aristotélique des Ouï-dire merveilleux contient aussi la mention de cette île punique de l'Océan occidental; mais ce qu'il en rapporte semble applicable à une époque moins reculée : « On raconte, y est-il dit, que dans la mer au delà des colonnes d'Hercule, à plusieurs journées du continent, les Carthaginois avaient trouvé une île admirablement riche en bois de toutes sortes, en cours d'eau navigables, en productions de tout genre. La beauté de cette île y attirait fréquemment les Carthaginois, et un certain nombre d'entre eux s'y étaient établis; mais les suffètes résolurent de s'opposer à cette émigration : ils défendirent, sous peine de mort, de se rendre dans l'île, et ils firent même périr tous les habitants qui persistèrent à y demeurer, de peur qu'elle ne devînt un point de ralliement pour des factieux, qui, maîtres de cette île, pourraient venir porter le trouble dans la mère patrie, attenter à sa liberté, peut-être l'asservir. »

Ce n'est plus de la Méropide fabuleuse ou de la douteuse Atlantide qu'il est question en ces récits. Le grand cataclysme qui engloutit les

Atlantes et submergea leur île immense, n'avait déjà laissé que des îles lointaines et inhabitées, comme celle où abordèrent les Phéniciens, et les feux volcaniques sous l'effort desquels avait péri la grande terre océanienne, en jalonnaient dès lors l'emplacement : du moins ces feux ont-ils une mention aussi dans les Ouï-dire merveilleux : « On assure qu'en dehors des colonnes d'Hercule (c'est le disciple d'Aristote qui parle), sont des volcans dont les uns brûlent sans interruption, tandis que les autres ne montrent leurs feux que pendant la nuit ; ainsi (ajoute-t-il) l'a fait connaître le périple de Hannon. »

Nous allons recourir nous-mêmes à ce fameux périple, pour nous former une idée moins vague des explorations que les Phéniciens avaient effectuées dans l'Océan occidental ; mais remarquons dès ce moment que l'île où la tempête les avait poussés, d'où leur jaloux égoïsme avait exclu les Tyrrhéniens, et qu'eux-mêmes s'interdirent plus tard de coloniser, n'était point signalée par des volcans, que c'était une terre riante, fertile et surtout boisée. Peut-être, sur ces indices, est-il permis de supposer que le hasard et les vents les avaient conduits à Madère.

Strabon affirme au surplus, de la manière la plus expresse, que les Phéniciens connaissaient, dès avant le temps d'Homère, les îles des Bienheureux, dont nous aurons à nous occuper plus loin.

Mais venons au périple de Hannon : le morceau qui nous est parvenu sous ce titre est-il bien le même que cite l'écrivain aristotélique ; et n'avons-nous pas à regretter la perte d'une relation beaucoup plus étendue, mentionnée par Pline le Naturaliste, et ne s'arrêtant qu'aux confins de l'Arabie ? Ce serait un grave sujet d'interminables discussions dont nous n'avons que faire ici : examinons ce qui nous reste, voilà raisonnablement où nous devons borner notre tâche, et quoique ce morceau ne soit guère étendu, nous le réduirons à un simple résumé, plus concis encore.

« Les Carthaginois ayant ordonné à Hannon d'aller fonder des colonies au delà des stèles Héracléennes, il partit avec soixante vaisseaux portant trente mille personnes de tout sexe. A deux journées au dehors du détroit il forma l'établissement de Thymiatérion, dominant une vaste plaine ; puis continuant de voguer à l'ouest, il atteignit Soloïs, promontoire boisé où il éleva un autel à Neptune ; il courut ensuite une demi-journée vers l'est jusqu'à une lagune voisine de la mer, remplie de grands roseaux et fréquentée par les éléphants. Après avoir fait encore une journée, il échelonna sur la côte cinq comptoirs ; après quoi il se rendit au grand fleuve Lixos où il s'arrêta ; les Lixites étaient nomades, et avaient au-dessus d'eux des Éthiopiens, au milieu desquels s'élevaient des montagnes habitées par des Troglodytes. Ayant pris des interprètes en cet endroit, il longea pendant deux jours une côte déserte, et tourna à l'est pour gagner, en une autre journée, le fond d'un golfe où il trouva une petite île de cinq stades de tour, qu'il appela Kernè. Il estima sa route, et en conclut que Kernè devait être, à l'égard du détroit des Colonnes, à la même distance, mais à l'opposite de Carthage.

« De là, traversant le grand fleuve Khrétès, Hannon arriva dans une lagune renfermant trois îles plus grandes que Kernè, au delà desquelles il navigua une journée pour atteindre le fond, où s'élevaient de hautes montagnes peuplées d'hommes sauvages ; il passa de là dans un autre fleuve très-large rempli de crocodiles et d'hippopotames, et revint à Kernè.

« Repartant de Kernè pour aller vers le sud, Hannon longea pendant douze jours une côte habitée par des Éthiopiens qui fuyaient à son approche, et parlaient une langue inconnue à ses interprètes lixites ; il atteignit ainsi de grandes montagnes couvertes de bosquets odoriférants ; après avoir mis deux jours à les doubler, il entra dans un immense golfe terminé, vers la terre, par une plaine d'où l'on voyait briller de toutes parts et par intervalles des feux, tantôt plus, tantôt moins nombreux. Il avança pendant cinq jours encore le long du rivage jusqu'à un grand golfe dont le nom, suivant les interpretes, signifiait Corne du couchant; là se trouvait une grande île, et dans cette île un estuaire renfermant à son tour une autre île, où l'on aborda; le jour on n'y voyait qu'une forêt, mais la nuit c'étaient des feux ardents, des sons de flûte, des bruits de cymbales et de tambourins, des milliers de cris; la peur s'empara des navigateurs, et sur l'ordre de leurs devins, ils quittèrent l'île au plus tôt et longèrent la contrée brûlante des Parfums, d'où il s'écoulait vers la mer des courants embrasés; on ne pouvait marcher sur le sol à cause de la chaleur, et l'on s'en éloigna au plus vite. Pendant quatre journées on aperçut, la nuit, la terre couverte de feux, au milieu desquels s'en élevait un plus considérable que tous les autres; au jour il n'offrait qu'une haute montagne appelée Théôn okhèma ou chariot des Dieux.

« Après avoir mis trois journées à doubler ces torrents de feu, Hannon atteignit un golfe nommé Corne du midi, au fond duquel était une île pareille à la précédente, ayant comme elle un estuaire, et dans cet estuaire une autre île, peuplée de sauvages; les femmes, proportionnellement beaucoup plus nombreuses, avaient le corps velu, et les interprètes les appelaient Gorilles ou plutôt Gorgades (*). Il ne put s'emparer d'aucun homme; mais il parvint à saisir trois femmes, qui se défendirent si opiniâtrément à coups de dents et d'ongles, qu'on finit par les tuer et emporter leurs peaux à Carthage. Ce fut là le terme de cette navigation, faute de vivres pour aller plus loin. »

Tel est ce voyage de découvertes, le plus ancien dont une relation détaillée soit parvenue jusqu'à nous; les savants en ont trop exagéré ou trop restreint l'antiquité et l'importance; sans le faire remonter, comme Vossius et Gossellin, jusqu'à la date incertaine de la guerre de Troie, sans l'abaisser non plus, comme Dodevell, jusqu'au siècle d'Alexandre le Grand, on doit le rapporter à un âge antérieur à celui d'Hérodote et d'Aristote; et quant à l'étendue géographique des navigations qu'il raconte, autant il serait imprudent de les prolonger avec Campomanes et Bougainville jusqu'au golfe de Guinée, ou même, avec Bochart et Heeren, jusqu'au Sénégal et à la Gambie, autant il serait peu sage de l'arrêter, comme Gossellin, aux environs du cap Noun.

Dans tous les cas, ce n'est point des îles de la haute mer qu'il est question dans ce fameux périple, mais de quelques îlots collés au rivage; et pour les retrouver aujourd'hui, c'est entre d'obscurs rochers, sans importance et sans nom, qu'il faut rechercher Kerné aussi bien que les Gorgades; la tradition nous y aidera-t-elle? Hélas, elle s'arrête et s'éteint trop tôt. Cependant il n'est pas sans intérêt de la suivre, d'abord dans les instructions nautiques de Scylax, qui compte cinq journées depuis les Colonnes jusqu'à Soloïs, et sept journées de plus jusqu'à Kernè; ensuite dans le périple de Polybe, résumé par Pline avec moins de précision qu'il n'eût été désirable; enfin dans les Tables de Ptolémée, qui énumère un plus grand nombre d'îles littorales, savoir, Pœna ou la Phénicienne, Erythia, Kerné et Autolala, en détaillant en même temps les formes générales de la côte africaine et la situation relative des îles Fortunées, représentées maintenant par les Canaries. Une comparaison de ces formes avec celles que les reconnaissances modernes ont procurées, permet de déterminer en gros leurs correspondances mutuelles; des traits les plus saillants passant aux délinéations secondaires, on parvient ainsi à reconnaître conjecturalement l'île Pœna dans l'îlot de Fedâlah, l'île Ery-

---

(*) Il semble hors de doute que *Gorilles* est une mauvaise leçon provenant de l'analogie de formes, dans l'écriture onciale des anciens manuscrits, entre les mots ΓΟΡΙΛΛΑC et ΓΟΡΓΑΔΑC.

thia dans le rocher de Mazaghan, l'île de Kernè dans celle qui avoisine le cap Cantin et à laquelle Livio Sanuto attribue le nom de Doqâlah, enfin l'île Autolala ou Junonia ou du Soleil dans celle de Mogador.

Puis identifiant le promontoire Soloentia au cap Noun, et le promontoire Arsinarium ou Surrentium au cap Bojador, on retrouve, immédiatement après, la Corne du couchant, avec plusieurs îlots que les Grecs et les Latins, par confusion, appelèrent Gorgades et îles des Gorgones; enfin il semble que ce soit à l'entrée du Rio do Ouro et dans les îlots voisins qu'il faille reconnaître la Corne du midi et l'île des Gorgades de Hannon.

Ce n'est donc point dans le périple qui nous est parvenu de l'amiral carthaginois, que sont consignées les notions puniques sur les îles pélagiennes de l'Océan occidental; et si les Gorgades ont pris ultérieurement dans la géographie grecque une place plus considérable; si d'un autre côté le nom d'Atlantide était venu se confiner, au temps de Pline, dans l'une des petites îles de la côte que nous venons d'explorer (probablement dans celle que Ptolémée appelle Autolala), on n'y saurait voir qu'un résultat de cette incertitude et de ces capricieux déplacements qui caractérisent les traditions géographiques de l'antiquité.

C'est ce dont nous allons nous convaincre en passant en revue les notions classiques sur les îles occidentales, toujours placées aux dernières limites d'une sphère qui s'agrandissait successivement à mesure que le progrès des lumières ajoutait quelques terres de plus à l'orbe du monde connu.

Les Hespérides.

Au temps où la Grèce poétique, planant du haut de l'Olympe sur le disque terrestre, voyait à l'horizon les montagnes de la Thrace, les derniers cantons de l'Asie Mineure, les côtes de la Libye, et les rivages ultérieurs de la Sicile se perdre dans une lointaine obscurité, au voisinage du circulaire Océan qui formait le limbe du planisphère, les désignations absolues d'Orient et d'Occident avaient une application bien différente de celle que nous leur donnons aujourd'hui. Il suffisait d'atteindre la plage où la Pentapole cyrénéenne venait expirer devant les flots redoutables de la grande Syrte, pour se trouver dans le domaine des Hespérides ou enfants du couchant, dont les bosquets embaumés, étalant les fruits dorés du citronnier et de l'oranger, étaient justement vantés comme un jardin aux pommes d'or; et leur ville, baignée par le lac de Triton, portait elle-même le nom d'Hespéris, échangé plus tard contre celui de Bérénice, que remplace maintenant celui de Ben-Ghâzy.

Aux indications de la géographie, la fable était venue lier ses traditions mythiques : ces Hespérides, qui possédaient le délicieux jardin aux pommes d'or, elle en faisait des nymphes peu nombreuses, rarement plus de trois, filles, comme les Gorgones et les Grées, de Phorcus et de Céto; quelquefois elle confondait entre elles ces triades diverses nées d'un même père et d'une même mère, et c'est la gorgone Méduse qu'elle donnait pour reine aux peuples riverains du lac Triton. D'autres circonstances encore rattachaient ce mythe au sol de la Cyrénaïque, car Cyrène était la patrie de Phorcus, et Pallas y était adorée sous le nom de Gorgone.

Mais, plus tard, c'est au fond de la petite Syrte que nous retrouvons le lac Triton, avec le culte de Pallas, et l'origine du nom aussi bien que du redoutable ornement de son égide; car c'est l'*égide* ou vêtement de peau de chèvre des femmes libyennes que la déesse avait adoptée; et des franges de cuir, vues à travers le prisme de l'imagination poétique des Grecs, s'étaient transformées en serpents, ainsi que nous le révèle naïvement Hérodote (*). La tête de Gorgone, attachée par Homère et par Euripide au bou-

---

(*) Ὀυκ ὄφιες εἰσὶ, ἀλλὰ ἱμάντινοι.
HÉRODOTE, IV, 189.

clier de Pallas, et par Virgile sur la poitrine cuirassée de la déesse (*), n'était donc, suivant toute apparence, autre chose qu'un de ces bouquets de lanières de cuir diversement coloriées, qu'on voit encore, de nos jours, orner le centre des boucliers africains.

Puis enfin le Triton, les Gorgones, et les Hespérides avec leurs pommes d'or, furent transportés au fond de l'Occident, et reculés jusqu'au delà des Colonnes d'Hercule quand les Grecs en eurent connaissance par des récits étrangers avant que le samien Koléos eût été poussé jusque-là par les vents (**). Alors le jardin merveilleux des Hespérides fut placé sur les bords du Lixus, et leur ville fut Lixa, baignée aussi, comme l'antique Hespéris, par un lac Tritonide. Mais si la fable était obligée de s'enfuir au couchant devant les progrès successifs de la géographie, elle se modifiait sans effort et s'accommodait volontiers à ces nouvelles conditions; ce n'est plus alors du cyrénéen Phorcus que les Hespérides avaient reçu le jour, mais bien d'Hespérus frère d'Atlas, ou de sa fille Hesperis et d'Atlas lui-même; et le nom d'Atlantides leur appartenait désormais aussi bien que celui d'Hespérides : leur nombre aussi s'était accru jusqu'à sept. Les Gorgones elles-mêmes, au lieu de rompre leur ancienne liaison avec les Hespérides, étaient entraînées dans leur marche vers l'Occident, et les unes et les autres enfin

(*) Ἐνδέ τε Γοργείη κεφαλὴ δεινοῖο πελώρου
Δεινή τε, σμερδνή τε, Διὸς τέρας Αἰγιόχοιο. HOMÈRE, Iliade, V.
Γοργὼ δ' ὡς ἀπ' αἰγίδος θεᾶς
Χαλκὴ μετώποις ἱππικοῖσι πρόσδετος,
Πολλοῖσι συγκυδῶσιν ἐκτύπει φόβον.
EURIPIDE, Rhésus.
Connexosque angues, ipsamque in pectore Divæ Gorgona desecto vertentem lumina collo.
VIRGILE, Énéide, VIII.

(**) Γοργούς θ' αἳ ναίουσι πέρην κλυτοῦ Ὠκεανοῖο,
Ἐσχατιῇ πρὸς νυκτός· ἵν' Ἑσπερίδες λιγύφωνοι.
HÉSIODE, Théogonie, 274.
Πείρασιν ἐν γαίης, πρόπαρ Ἑσπερίδων λιγυφώνων. Ibid., 518.

quittaient le continent pour se réfugier dans des îles plus reculées. Des découvertes géographiques successives étaient ainsi constatées par les diverses transformations du mythe; mais qu'il nous suffise d'avoir indiqué celles-ci, et hâtons-nous de puiser à des sources plus sérieuses les traditions de ce monde insulaire que nous voulons reconstituer.

« Dans les temps primitifs » (c'est à Diodore de Sicile que nous empruntons ce récit), « il y eut, dit-on, en Libye des Amazones; et l'on assure, au surplus, qu'il a existé en Libye plus d'une nation de femmes belliqueuses et puissantes, telles que furent aussi les Gorgones. Les Amazones habitaient, aux dernières limites du monde, dans l'île Hespéra, ainsi appelée de sa situation occidentale; cette île se trouvait dans le lac Tritonide, au voisinage de l'Éthiopie et du mont Atlas; île grande, fertile, couverte d'arbres, de fruits et de troupeaux, semée d'escarboucles, de sardoines et d'émeraudes. Les Amazones s'emparèrent de tous les points de l'île, hors un seul, appelé Menes, qu'elles respectèrent comme sacré, et qui resta aux Éthiopiens ichthyophages; puis ce fut le tour des nations libyennes les plus voisines, notamment des Atlantes, maîtres d'un beau pays et de grandes villes; conduites par leur reine Myrina, elles enlevèrent Kernè aux Atlantes vaincus, et leur accordèrent ensuite paix et amitié; si bien qu'elles prirent fait et cause pour eux contre les Gorgones, qui infestaient leurs frontières; il y eut de grands combats, où la victoire resta aux Amazones. Plus tard, les Gorgones étant redevenues puissantes sous leur reine Méduse, elles subirent une nouvelle défaite de la part de Persée. Enfin les Amazones et les Gorgones furent détruites les unes et les autres par Hercule, dans sa grande expédition d'Occident. »

En cette narration, sortie d'une bouche grecque, pouvons-nous ressaisir les lambeaux d'une histoire réelle des premières races occidentales de la Libye? Les Atlantes, les Amazones et

ILES CANARIES.

La Ville des Palmiers
La Ciudad de las Palmas.

les Gorgones sont-elles en effet des nations libyennes tour à tour dominatrices du couchant, jusqu'à ce qu'Hercule, personnification de la race punique, fût venu leur enlever l'empire? Nous pouvons poser la question; mais c'est à des esprits plus hardis que nous laissons le soin de la résoudre.

Il règne, dans tous les cas, une grande confusion dans l'application faite par les Grecs, aux îles occidentales, des noms de Gorgades, d'Hespérides et d'Atlantides.

Quant aux Gorgades, nous avons vu qu'Hannon les avait trouvées dans la Corne du sud; Xénophon de Lampsaque ne croyait point s'écarter du récit de Hannon en les plaçant dans la Corne de l'ouest; et Pline, ainsi que bien d'autres, ont répété cela sur la foi d'un tel guide; mais Statius Sébosus, qui avait recueilli, soixante ans avant notre ère, les informations des navigateurs gaditains sur ces parages, rapprochait bien autrement les Gorgades, puisqu'il les mettait à quarante journées en deçà de la Corne du couchant. Et, quant aux Hespérides, est-il besoin de faire ressortir combien la position de l'île Hespéra de Diodore (à laquelle nous pouvons joindre Kernè, conquise par les Amazones Hespérides) est éloignée des deux îles des Hespérides de Sébosus, qui les établit à une journée seulement de la Corne du couchant, et à quarante journées de navigation au delà des Gorgades?

En ce qui touche les Atlantides, nous avons vu combien l'île de Platon est différente de celle de Pline; combien l'une et l'autre diffèrent à leur tour de Kernè, où Diodore avait placé les Atlantes avant d'y faire arriver ses Amazones ou Hespérides; enfin combien toutes trois sont dissemblables des sept Atlantides ou Hespérides, filles d'Atlas et d'Hespéris, signalées par Diodore de Sicile lui-même, énumérées par les poëtes (*), et que nous

(*) ...Ἑπτὰ δ' ἐκεῖναι ἐπιῤῥήδην καλέονται
Ἀλκυόνη, Μερόπη τε, Κελαινώ τ', Ἠλέκτρητε,
Καὶ Στεροπὴ, καὶ Τηϋγέτη, καὶ πότνια
Μαῖα.   ARATUS, *Phænomena.*

allons retrouver en pareil nombre sous le nom de Fortunées.

Les Iles Fortunées.

Homère avait placé aux extrémités de la terre, sur les bords de l'Océan, le champ Élyséen, où les dieux admettaient les héros à jouir d'une vie éternelle; séjour délicieux, sans neige, sans long hiver, et sans pluie, mais toujours rafraîchi par la suave haleine du zéphyr. Hésiode vint expliquer à son tour que cette demeure réservée aux héros était aux dernières limites du monde, dans les îles des Bienheureux, contre le profond Océan. Et Plutarque, mentionnant la rencontre faite par Sertorius, dans un port de la Bétique, de quelques mariniers nouvellement revenus d'un voyage aux îles Atlantides, les décrit, d'après leur rapport, comme deux îles peu distantes entre elles, éloignées de dix mille stades du continent ibérien, et appelées îles des Bienheureux; jouissant du climat le plus doux et de la plus admirable fécondité; si bien que les Barbares même les regardaient comme étant réellement le champ Élyséen, séjour des bienheureux, célébré par Homère.

Cette dénomination d'îles des Bienheureux, constamment retenue par les Grecs, et devenue vulgaire en leurs écrits, est celle que les Latins ont traduite par l'appellation, non moins répandue, d'îles Fortunées.

Après les indications recueillies par Sertorius, les premiers renseignements précis qui nous parviennent de l'antiquité nous sont transmis par Pline, d'après Statius Sébosus, qui les avait obtenus des navigateurs gaditains. Sébosus avait appris qu'à sept cent cinquante milles de Gades, le moderne Cadiz, on trouvait d'abord l'île Junonia, à l'occident de laquelle, et à pareille distance, étaient Pluvialia (ainsi nommée parce qu'elle n'avait d'eau que celle des pluies), et Capraria. A deux cent cinquante milles de celles-ci étaient les Fortunées, sur la gauche de la Mauritanie, au sud-ouest: l'une était appelée Convallis à raison de sa convexité, l'autre Planaria à cause de son aspect uni ; cette dernière avait trois cents milles de tour.

Le roi Juba le Jeune, qui avait établi des teintureries de pourpre dans les îles voisines de la côte des Autololes, d'où elles furent appelées îles Purpuraires, Juba s'enquit aussi des îles Fortunées, et voici ce qu'il apprit. Il fallait naviguer six cent vingt-cinq milles au sud-ouest des Purpuraires, savoir : trois cent soixante et quinze milles au midi, et deux cent cinquante milles à l'ouest (*), pour arriver, d'abord à Ombrios, qui n'offrait aucune trace d'habitations, et avait un lac dans les montagnes, ainsi que des arbres semblables à la férule, les uns noirs et fournissant un liquide amer, les autres blancs et donnant une boisson agréable. Une autre île était appelée Junonia, et ne renfermait qu'une petite maison de pierre ; au voisinage, un îlot de même nom. Au delà se trouvait Capraria, remplie de grands lézards. De ces îles, on apercevait la nébuleuse Nivaria, ainsi appelée de ses neiges perpétuelles. Sa voisine, Canaria, devait ce nom à la multitude de ses grands chiens, dont on amena deux à Juba ; elle offrait des vestiges d'habitations ; outre l'abondance des fruits et des oiseaux communs à toutes ces îles, celle-ci était surtout fertile en dattes, pommes de pin et miel ; elle produisait le papyrus ; l'esturgeon se trouvait dans ses rivières ; mais elle était souvent infectée par les monstres putrescents que la mer rejetait sur ses côtes.

Ainsi, au lieu des deux îles Fortunées indiquées à Sertorius et à Sébosus, Juba en comptait cinq, et même six, si l'on fait état distinct de la petite Junonia. Ptolémée, à son tour, énumère les Fortunées, et en compte six, se succédant du nord au sud en cet ordre : Aprositos, Junonia, Pluitalia, Casperia ou plutôt Capraria, Canaria, et Ninguaria.

Malgré les divergences que l'on aperçoit entre les indications de ces trois autorités, on ne peut manquer d'être en même temps frappé d'un certain accord mutuel d'où il est aisé d'arriver, par induction, à des résultats plus complets. Ainsi, entre la nomenclature de Juba et celle de Ptolémée, la concordance est presque parfaite : la pluvieuse *Ombrios* de Juba nous présente, sous une forme grecque, la *Pluitalia* de Ptolémée. Elle a près d'elle *Junonia*, ainsi appelée de part et d'autre ; et *Capraria*, dont le nom se lit *Casperia* dans Ptolémée, peut-être par une simple erreur de copiste. *Canaria* se produit sans variantes dans les deux documents ; et *Nivaria* de Juba, neigeuse et nébuleuse à la fois, se retrouve sans difficulté dans la *Ninguaria* de Ptolémée.

Sébosus, après une Junonia qui, d'après le compte des distances, ne peut être la même que celle dont nous venons de parler, offre *Pluvialia*, qu'il est impossible de ne pas identifier à la Pluitalia de Ptolémée, à l'Ombrios de Juba ; puis *Capraria*, qui est aussi la Capraria de Juba, et la Casperia de Ptolémée ; enfin *Planaria* et *Convallis*, les seules qu'il appelle Fortunées, et qui correspondent à Canaria et Nivaria, ou Ninguaria des deux autres autorités.

Essayons de nous rendre compte de la valeur géographique de ces indications.

Il suffit du nom de Canaria parmi ceux des îles de ce groupe, pour nous tenir dûment avertis qu'il s'agit bien certainement de l'archipel des Canaries. Or, cet archipel se compose de sept îles principales, et en dédoublant la Junonia de Ptolémée, sur l'autorité de Juba, on aurait précisément sept îles Fortunées, pour répondre une à une aux sept grandes Canaries. Des géographes éminents se sont laissé prendre à cette apparente concordance, même Gosselin, naguère l'oracle de nos académies en ce qui touche la géographie positive des anciens : lui,

---

(*) Le texte de Pline porte 250 milles à l'*ouest*, et 375 milles à l'*est ;* mais il est évident que la somme totale déjà énoncée étant de 625 milles au *sud-ouest*, c'est le *sud* qu'il faut lire, au lieu de l'*est*.

CANARIES.

Le Pino-Santo, dans l'Île de Palma.

dont la critique sévère semblait prendre à tâche de resserrer dans les plus étroites limites le monde connu des Grecs et des Romains, il s'écartait ici de son système restrictif pour embrasser tout l'archipel canarien dans le cercle des découvertes antiques, s'inquiétant peu de bouleverser toutes les indications de position relative des sept Fortunées, pour les identifier aux sept îles principales que nous connaissons aujourd'hui, déclarant inexplicables les mesures qui ne cadraient pas à ses idées, et corrigeant avec une liberté sans bornes les documents dont il s'était constitué l'interprète souverain.

Il est bien certain, toutefois, que Canaria et Ninguaria ou Nivaria, d'après les Tables de Ptolémée comme d'après la relation de Juba, sont les dernières îles visitées, peut-être même seulement aperçues, dans le groupe des Fortunées; or, puisque Canaria a conservé son nom jusqu'à nos jours, et que Nivaria, par sa dénomination aussi bien que par la position que lui assigne Ptolémée à l'égard de Canaria, est certainement Ténérife, ainsi que l'on s'accorde unanimement à le proclamer, il en résulte sans conteste que Gomère, Palme et Fer doivent être rejetées en dehors de la limite des connaissances des anciens sur cet archipel.

Pluitalia et Capraria, qui précèdent immédiatement Canaria et Nivaria, paraissent répondre naturellement à Lancelote (*) et Fortaventure. Junonia, au nord de Pluitalia, serait dès lors la moderne Graciosa, à laquelle il faut adjoindre Clara, pour représenter la Petite Junonia, que Juba signale comme une annexe de l'autre. Et il nous restera Allegranza pour répondre à Aprositos de Ptolémée.

Quant à cette autre Junonia que Sébrosus indique à moitié chemin de Gades et de Pluvialia, on la reconnaît sans difficulté dans la Junonia Autolala de Ptolémée, c'est-à-dire, dans l'îlot de Mogador. Et les Purpuraires de Juba, ces quelques îles situées vis-à-vis des Autololes, ce sont, d'abord cette même Junonia Autolala, et probablement avec elle Cerné (*), Érythia (**) et Pœna de Ptolémée.

La connaissance de ces îles se perdit dans le moyen âge, à tel point que leur exploration devint une entreprise de découvertes nouvelles, après un intervalle de plusieurs siècles. Et l'Océan eut derechef ses légendes d'îles merveilleuses, tant pour l'Europe chrétienne que pour le monde musulman dilaté jusqu'aux extrémités occidentales de l'Afrique et de l'Andalousie.

Occupons-nous d'abord des vagues notions qui eurent cours parmi ces enfants de l'Orient sur les îles de la mer Ténébreuse.

Îles connues des Arabes.

Au dire du noble géographe Mohhammed el-Édrysy, Ptolémée le Pélusiote avait porté le nombre des îles de la mer Ténébreuse à non moins de vingt-sept mille, les unes peuplées, les autres désertes. Ebn-el-Ouârdy, pour sa part, croyait ces îles si multipliées, que Dieu seul les pouvait compter. Quant aux hommes, ils n'avaient abordé qu'à dix-sept d'entre elles; et force nous est, en conséquence, de borner notre étude à ces dix-sept îles connues des hommes, quelque regret que nous puissions avoir d'ignorer les merveilles des vingt-six mille neuf cent quatre-vingt-trois autres.

Parmi les dix-sept dont il est venu mention jusqu'à nous, il faut compter en première ligne les îles ÉTERNELLES (El-Gézâyr el-Kkaledât), où les savants musulmans, à l'exemple de Pto-

---

(*) Pour répondre à l'étang de Pluitalia, Lancelote offre encore un marais, qui a pu être plus profond avant qu'un entier déboisement eût porté à son comble la sécheresse de cette île.

(*) La même, suivant toute apparence, qui est appelée *Gaulea* par Isidore et Dicuil, sans doute à cause des γαῦλοι phéniciens qui y stationnaient au rapport de Scylax.

(**) Nommée aussi *Erythrea;* ce qui semble convenir on ne peut mieux à l'une des *Purpuraires*.

lémée de Péluse, avaient fixé le premier degré des longitudes, et qu'ils plaçaient à dix degrés à l'ouest du continent d'Afrique. C'était un groupe de six îles florissantes, voisines les unes des autres, où les plantes et les arbres venaient naturellement sans culture, où tout était bon et agréable. Là se voyaient autant de hautes tours, élevées de cent coudées, et servant de fanaux aux navigateurs, sur chacune desquelles était placée une statue d'airain, le bras étendu en arrière, pour avertir qu'il n'y avait point de route au delà. Ces statues étaient l'œuvre de Dzou-el-Qarnayn, ou du héros Bicorne qui, dans les traditions arabes, tient la même place qu'Hercule dans les légendes mythiques de la Grèce.

Les îles Éternelles se trouvaient symétriquement réparties dans les trois premiers climats d'entre les sept qui se succèdent depuis l'équateur jusqu'au pôle. Le nom des deux îles comprises dans le premier climat ne nous est point connu; mais nous savons que les deux suivantes, celles qui appartiennent au deuxième climat, étaient appelées Masfahan et Laghous (*); quant aux deux autres, à retrouver dans le troisième climat, il ne nous est pas donné non plus de les distinguer avec certitude au milieu de celles que nous décrivent en ces parages les géographes arabes, et que nous allons passer en revue.

SARAH fut visitée par Dzou-el-Qarnayn, qui y passa une nuit, pendant laquelle ses compagnons et lui furent assaillis à coups de pierres par les habitants.

A SA'ALY, nul signe extérieur ne distingue les deux sexes; un vêtement de feuilles de palmier est commun aux femmes ainsi qu'aux hommes, et ceux-ci n'ont point de barbe; des dents aiguës leur sortent de la bouche, leurs yeux étincellent comme des éclairs, et leur souffle est enflammé comme des charbons ardents. Ils font la guerre aux monstres marins, dont ils se nourrissent, et parlent un langage inintelligible.

HHASARAT est d'une étendue considérable, et dominée par une montagne d'où s'écoule une petite rivière d'eau douce, et au pied de laquelle vivent des hommes basanés, de petite taille, ayant une grande barbe, la face large, les oreilles longues, et se nourrissant d'herbages comme les animaux.

EL-GHOUR est considérable aussi, et très-abondante en pâturages, plantes, arbres et fruits; elle a des rivières, des lacs, des forêts; et l'on y trouve en quantité des ânes sauvages et des bœufs à grandes cornes.

MOSTASCHKYN, appelée aussi l'île de TENNYN ou du *Dragon,* est fameuse par la destruction d'un énorme dragon qui y causait d'effroyables ravages, et que Dzou-el-Qarnayn vint détruire, ainsi qu'Hercule, dans les fables grecques, était venu détruire le dragon du jardin des Hespérides; mais l'expédition du héros arabe est moins poétiquement racontée : il fait remplir deux peaux de bœufs de poison et de matières inflammables, et quand le monstre a englouti dans son estomac ces deux simulacres, on lui lance dans la gueule une barre de fer rouge pour allumer le soufre, la poix et l'huile dont on l'avait ainsi gorgé. Les habitants, reconnaissants du service que leur avait rendu Dzou-el-Qarnayn, lui offrirent, entre autres présents, un petit animal appelé Mo'arêgj, semblable au lièvre, ayant le poil doré, une corne noire au front, et dont l'aspect seul mettait en fuite les lions et tous les animaux féroces ou dangereux. L'île est grande, remplie de rivières, d'arbres et de fruits, et renferme une ville défendue par une haute citadelle.

L'île de QALHAN a pour habitants des êtres à forme humaine, mais à tête d'animal, qui plongent dans l'Océan pour en retirer les monstres marins dont ils font leur nourriture.

L'île d'EL-AKHWAYN EL-SAHHARAYN ou des *Deux frères sorciers,* est célèbre par la punition de ces deux

---

(*) La leçon de quelques manuscrits donne les variantes Syfahan et La'ous.

frères, appelés Scherham et Schabram, pirates qui attaquaient les vaisseaux, s'emparaient des cargaisons, et réduisaient les hommes en esclavage; Dieu, irrité de leurs déprédations, les changea en deux rochers, que l'on voit encore surgir au milieu des flots; et l'île, depuis lors, s'est repeuplée. Elle est située en face du port d'Asafy, et par un temps clair, on peut, du continent, apercevoir la fumée qui s'élève de l'île, suivant la remarque d'un amiral de la flotte des Almoravides, qui avait résolu d'y aborder.

Une autre île, grande et brumeuse, est celle d'EL-GHANAM ou des troupeaux de menu bétail; on en trouve en effet beaucoup, mais la chair en est si amère, qu'il est impossible d'en manger.

Dans le voisinage est RAQA, appelée aussi GEZYRET EL-THOYOUR, ou l'*île aux Oiseaux*, à cause de certains oiseaux de proie, de couleur rousse, qui se nourrissent de poissons et de mollusques, et sont particuliers à cette localité. Il y croît de grosses figues, renommées comme un puissant antidote contre tous les poisons. Un monarque franc y expédia un navire pour en rapporter des fruits et des oiseaux dont il s'agit : mais le bâtiment se perdit, et l'on n'en eut plus de nouvelles.

L'île SAHHELYAH (*), ou *littorale*, n'a pas moins de quinze journées de long sur dix de large. Il y avait autrefois trois villes grandes et populeuses, où les navires venaient chercher de l'ambre et diverses pierres précieuses; mais les guerres civiles firent périr la plupart des habitants, et le peu qui restait passa en Europe.

LAQAH produit beaucoup de bois d'aloès, qui est sans valeur sur les lieux, et n'acquiert de prix qu'après avoir été exporté : c'est là que les rois de l'Afrique occidentale venaient s'en approvisionner. L'île était fort peuplée, mais elle est devenue déserte parce que les serpents s'y sont beaucoup multipliés.

Enfin NOURYAH offre des bois et des rivières, mais point d'habitants.

Une autre île manque encore pour compléter le nombre de dix-sept énoncé par Ebn-el-Wardy : c'est celle de QADES, formellement désignée par le schéryf El-Édrysy, parmi celles où furent établies les six statues de bronze élevées par Dzou-el-Qarnayn.

A quoi répondraient, dans une géographie moins fantastique, les diverses îles ou groupes d'îles que nous venons d'énumérer? Et d'abord, les Gezâyr el-Khaledât ou îles Éternelles représentent-elles les îles Fortunées des Romains? On pourrait le supposer au premier aspect, en les voyant échelonnées du sud au nord entre le premier et le troisième climat, et l'on pourrait même invoquer, à l'appui de cette identité, le témoignage de Soyouthy, compilateur d'un célèbre dictionnaire géographique arabe. Cependant c'est aux Açores que les traditions ultérieures ont placé les fameuses statues destinées à marquer les dernières limites connues de l'Occident; et la distance de dix degrés à l'ouest de la côte africaine est un nouvel argument que nous fournit Abou-el-Fédâ pour faire correspondre les îles Éternelles aux Açores. Un autre motif plus puissant encore, c'est qu'un savant géographe africain, Ebn Sa'yd, énonce que les GEZAYR EL-SA'ADEH, ou *îles du Bonheur*, dans lesquelles nous ne pouvons méconnaître les îles Fortunées de l'antiquité classique, sont situées précisément entre les îles Éternelles et le littoral d'Afrique.

Nous devons renoncer à déterminer en détail la synonymie géographique, soit ancienne, soit moderne, de toutes ces îles diverses; nous manquons de lumières suffisantes à cet égard. Tout ce que nous pouvons espérer, c'est de trouver, dans le récit d'une expédition de découvertes, que nous allons rapporter, quelques indices propres à nous faire reconnaître deux ou trois îles moins obscurément désignées.

La date de cette expédition n'est pas

(*) C'est là, ce nous semble, la véritable lecture d'un nom qui a été aussi transcrit *Ssássyl*, *Dhâdhyl*, et *Schaslend*.

fixée : nous savons seulement qu'elle est antérieure au temps de l'Édrysy, né à la fin du onzième siècle de notre ère; elle peut remonter au huitième siècle, auquel a commencé l'occupation de Lisbonne par les Arabes. Nous allons résumer ici purement et simplement la narration de l'Édrysy.

« C'est de Lisbonne que partirent huit mariniers, tous cousins germains, pour une expédition dont le but était de savoir ce que renferme l'Océan, et quelles en sont les limites. Ayant construit un navire de charge, et mis à bord de l'eau et des vivres pour plusieurs mois, ils prirent la mer au premier souffle du vent d'est; après onze jours de navigation, ils trouvèrent une mer épaisse, fétide, semée d'écueils, dont ils redoutèrent les périls, ce qui leur fit changer la direction de leurs voiles pour courir au sud l'espace de douze journées; ils atteignirent alors l'île d'El-Ghanam, ainsi nommée des nombreux troupeaux de menu bétail qui y paissaient sans berger. Il y avait une source d'eau courante ombragée de figuiers sauvages, mais la chair des têtes de bétail qu'ils tuèrent avait une telle amertume, qu'ils renoncèrent à en manger, et se contentèrent d'en emporter les peaux. S'étant rembarqués, ils naviguèrent encore douze jours vers le sud, et arrivèrent en vue d'une île qui paraissait habitée et cultivée; comme ils en approchaient, ils se virent entourés de barques, faits prisonniers, et conduits dans une ville qui était sur le bord de la mer : descendus à terre, ils se trouvèrent au milieu d'une population basanée, de haute taille, à cheveux lisses, et dont les femmes étaient d'une grande beauté. Le troisième jour, il entra dans la maison où on les avait logés, un interprète parlant arabe, qui les questionna sur leur origine, leur pays, et le motif de leur venue; deux jours après, ils furent conduits au chef de l'île, qui renouvela les mêmes questions, et auquel ils répondirent qu'ils avaient voulu explorer l'Océan pour en découvrir les limites. Le chef, à ces mots, se prit à sourire, et leur fit expliquer comment son père avait jadis envoyé aussi à la découverte, et comment, après un mois de vaines recherches, ses gens avaient été forcés de revenir. Il les assura d'ailleurs de sa bienveillance, et les fit reconduire à leur logis, jusqu'à ce que le vent d'ouest ayant soufflé, on vint les prendre, leur bander les yeux, et les embarquer. Après une navigation qu'ils estimèrent à trois journées et trois nuits, on les déposa sur le rivage, leur laissant les yeux bandés et les mains attachées derrière le dos : le silence régnait autour d'eux; mais ayant enfin entendu quelques voix humaines, ils poussèrent de grands cris, et firent ainsi accourir à eux des Berbers qui leur rendirent la vue et la liberté. Ils apprirent alors qu'ils étaient à deux mois de chemin de Lisbonne; et comme le plus considérable de la troupe, ému de pitié, s'écriait, en écoutant le récit de leur infortune, *Wasafy* (hélas!), ils prirent ce nom pour celui de la localité, qui a continué depuis lors d'être ainsi appelée. Ils revinrent à Lisbonne, assez confus de leur désappointement, et on ne les désigna plus que par l'épithète d'EL-MAGHROURYN ou *les Déçus*, qui resta depuis à la rue où ils habitaient. »

Quelles conclusions géographiques devons-nous tirer de ce récit? Onze journées à l'ouest de Lisbonne, puis douze journées au sud, ont dû conduire à Madère : ce serait donc là l'île d'*El-Ghanam* ou d'*El-Aghnâm* (*), c'est-à-dire, du menu bétail, dont le nom a un singulier rapport de consonnance avec la dénomination italienne d'île de *Legname*, qui se trouve inscrite sur les portulans néo-latins avant que les Portugais l'eussent traduite littéralement par celle d'île de *Madeira*. Seulement, il est à observer que le mot de *Ghanam* ou *Aghnâm*, qui s'entend le plus ordinairement des troupeaux de moutons, désignerait plutôt ici des troupeaux de chèvres, dont la chair est rendue amère, suivant l'observation de l'ingénieux au-

(*) *El-Aghnâm* est le pluriel d'*El-Ghanam*.

teur d'une histoire naturelle des Canaries, M. Berthelot, par une plante, le coqueret, qu'elles broutent quelquefois.

Comme l'île de Râqâ a été indiquée dans le voisinage de la précédente, on en devrait induire que Râqâ, ou l'île aux Oiseaux, n'est autre que Porto-Santo, autour de laquelle le même naturaliste a remarqué une grande quantité de pygargues pêcheurs, au plumage rutilant.

Quant à l'île des Deux frères sorciers, où les Maghrouryn se rendirent ensuite en douze journées de navigation vers le sud, et d'où ils furent reconduits à Asafy en trois jours et trois nuits, il semble qu'on ne puisse la chercher ailleurs qu'à Lancelote, flanquée, à sa pointe septentrionale, des deux rocs, celui de l'est et celui de l'ouest, auxquels paraît faire allusion la fable arabe de la transformation des deux frères en rochers.

Les îles de Saint-Brandan.

Les récits arabesques que nous venons d'analyser se répandirent-ils dès lors dans la chrétienté? On le pourrait croire à certains traits de ressemblance qu'on voit percer dans les légendes chrétiennes en circulation dès le onzième siècle, chez les diverses nations de l'Europe, sur les navigations de quelques saints personnages à travers l'Océan occidental.

Les voyages fantastiques de saint Brandan, rejetés avec raison par les Bollandistes de leurs *Actes des saints*, figurent dans d'autres graves recueils moins sévèrement épurés; ils font surtout l'objet de nombreuses légendes, tant en prose qu'en vers, latines, françaises, anglo-normandes, anglaises, erses, galloises, flamandes, saxonnes, qui nous racontent minutieusement, non sans quelques variantes, ces merveilleuses navigations, dont, à notre tour, nous allons résumer ici les grands traits.

Brandan était un moine irlandais, fondateur, vers le milieu du sixième siècle, de l'abbaye de Cluainfert, de l'ordre de Saint-Benoît, où il mourut en 578, le 16 mai, quantième auquel l'Église l'a inscrit dans le martyrologe.

« Ayant un jour donné l'hospitalité au moine Barinte, qui revenait de courir l'Océan, il apprit de lui l'existence, au delà du *Mont de pierre*, d'une île appelée DÉLICIEUSE, où son disciple Mernoc s'était retiré avec plusieurs religieux de son ordre ; Barinte était allé le visiter, et Mernoc l'avait conduit à une île plus éloignée vers l'Occident, où l'on n'arrivait qu'à travers une enceinte de brouillards épais, au delà desquels brillait une éternelle clarté : cette île était la TERRE PROMISE DES SAINTS.

« Brandan, saisi d'un pieux désir de voir cette île des Bienheureux, s'embarqua dans un navire d'osier recouvert de peaux tannées et soigneusement graissées, avec dix-sept religieux, parmi lesquels était saint Malo, alors adolescent. Ils naviguèrent vers le tropique, et, après quarante jours de mer, ils atteignirent une île escarpée, sillonnée de ruisseaux, où ils reçurent la plus gracieuse hospitalité et renouvelèrent leurs provisions. Ils remirent à la voile dès le lendemain, et restèrent à errer au caprice des vents jusqu'à ce qu'ils furent portés vers une autre île, coupée de rivières poissonneuses, couverte d'innombrables troupeaux de brebis grosses comme des génisses; ils y renouvelèrent encore leurs provisions, et comme on était au samedi saint, ils choisirent un agneau sans tache pour célébrer, le lendemain, la pâque sur une île qu'ils voyaient à une courte distance. Celle-ci était nue, sans plages sablonneuses ni coteaux boisés : ils y descendirent pour faire cuire leur agneau ; mais quand ils eurent disposé leur marmite et que le feu qu'ils allumaient au-dessous commença à flamber, l'îlot parut se mouvoir, et ils coururent effrayés vers leur barque, où saint Brandan était resté : il leur apprit alors que ce qu'ils avaient cru un îlot solide n'était autre chose qu'une baleine; et ils se hâtèrent de regagner l'île précédente, laissant s'éloigner de son côté le monstre, sur le dos duquel ils voyaient, à deux milles de distance, flamber encore le feu qu'ils avaient allumé.

« Du sommet de l'île où ils étaient retournés, ils en aperçurent une autre, mais cette fois herbeuse, boisée et fleurie, où ils se rendirent, et trouvèrent une multitude d'oiseaux, qui chantèrent avec eux les louanges du Seigneur ; cette île était le PARADIS DES OISEAUX. Les pieux voyageurs y restèrent jusqu'à la Pentecôte ; et s'étant alors rembarqués, ils errèrent pendant plusieurs mois sur l'Océan. Enfin ils abordèrent à une autre île, habitée par des cénobites qui avaient pour patrons saint Patrice et saint Ailbée ; ils célébrèrent avec eux la Noël, et ne reprirent la mer qu'après l'octave de l'Épiphanie.

« Un an s'était écoulé pendant ces pérégrinations, et ils recommencèrent sans interruption les mêmes courses pendant six autres années, se retrouvant toujours pour la Noël à l'île de Saint-Patrice et Saint-Ailbée, pour la semaine sainte à l'île des Moutons, pour la pâque sur le dos de la baleine, et pour la Pentecôte à l'île des Oiseaux. Mais la septième année, des épreuves toutes spéciales leur étaient réservées : ils furent sur le point d'être attaqués par une baleine, puis par un griffon, puis par des cyclopes. Ils virent diverses autres îles : d'abord une, grande et boisée, sur laquelle s'échoua la baleine qui les avait menacés, et qu'ils dépecèrent ; puis une autre île très-plane, produisant de gros fruits rouges, et habitée par une population qui s'intitulait les HOMMES FORTS ; ensuite une autre encore, embaumée par l'odeur des fruits en grappes sous le poids desquels pliaient les arbres qui les portaient, et rafraîchie par des sources limpides bordées d'herbages et de racines édules ; après quoi ils allèrent célébrer la Noël au lieu accoutumé.

« Ayant ensuite navigué au nord, ils virent l'île rocheuse et couverte de scories, sans herbe ni arbre, où les cyclopes avaient leurs forges ; ils s'en éloignèrent au plus tôt, et eurent le spectacle d'un immense incendie. Le lendemain, ils virent au nord une grande et haute montagne au sommet nébuleux, vomissant des flammes : c'était l'enfer. Revenus vers le sud, ils abordèrent une île petite, ronde, toute nue, au sommet de laquelle habitait un ermite qui leur donna sa bénédiction ; puis ils voguèrent encore vers le sud pendant tout le carême, et se retrouvèrent successivement, pour la semaine sainte, pour la pâque, et pour la Pentecôte, aux lieux qui leur étaient fatalement assignés.

« Enfin le terme de leurs épreuves étant arrivé, ils s'embarquèrent de nouveau, avec des provisions pour quarante jours ; après ce temps, ils entrèrent dans la zone d'obscurité qui entoure l'île des Saints ; et quand ils l'eurent traversée, ils se trouvèrent inondés de lumière, au rivage de l'île tant cherchée. C'était une terre étendue, semée de pierres précieuses, couverte de fruits comme à la saison d'automne, éclairée d'un jour sans fin ; ils la parcoururent sur un espace de quarante journées sans lui trouver de limite, et atteignirent un grand fleuve qui coulait au milieu ; un ange leur apparut alors, pour leur dire qu'ils ne pouvaient aller au delà, et qu'ils devaient retourner dans leur patrie, emportant des fruits et des pierres précieuses de cette terre, réservée aux saints pour le temps où Dieu aura subjugué à la vraie foi toutes les nations de l'univers.

« Saint Brandan et ses compagnons rentrèrent alors dans leur navire, traversèrent de nouveau l'enceinte de ténèbres qui dérobe cette bienheureuse terre à la curiosité des mortels, et vinrent aborder à l'île des Délices, où ils se reposèrent trois jours ; puis, ayant reçu la bénédiction de l'abbé de ce monastère, ils revinrent directement en Irlande raconter à leurs frères les merveilles qu'ils avaient vues. » Tels sont les récits du onzième siècle.

Ce n'était point encore assez de merveilles, et Sigebert de Gemblours, qui rédigea dans le siècle suivant la légende de saint Malo, trouva quelques particularités inédites à joindre à la relation de ce fameux voyage, dans lequel son héros avait jusqu'alors joué un rôle trop obscur : l'île tant vantée qu'il allait rechercher en compagnie de son ancien maître, s'appelait *Ima*; et quand ils l'eurent atteinte, saint Malo, qu'animait un zèle ardent pour la conversion des infidèles, se hâta de ressusciter un géant qui y était enterré, afin de l'instruire dans la vraie foi et de le baptiser sous le nom de *Mildus*, après quoi il le laissa mourir de nouveau.

En recherchant quel est le canevas géographique sur lequel sont brodées ces légendes merveilleuses, on ne peut manquer d'être frappé de l'ordre où se succèdent constamment, en cette pérégrination septennale, l'île aux grosses brebis, celle des oiseaux, enfin celle de Saint-Patrice et Saint-Ailbée, lesquelles offrent comme un vague reflet des îles d'El-Ghanam ou du menu bétail, d'El-Thoyour ou des oiseaux, et de Scherham et Schabram ou des Deux frères sorciers des voyageurs et des géographes arabes (*); et la baleine qui vient jouer le rôle d'une île au milieu de ce récit, mais qui s'éveille et se meut quand on allume du feu sur son dos, ne semble-t-elle pas empruntée de l'épisode tout semblable qu'on trouve dans la relation du septuple voyage de Sindbâd le marin? L'idée même du griffon aux serres menaçantes n'est-elle pas prise du grand oiseau rokh qui enlève Sindbâd?

D'un autre côté, cette montagne haute et nébuleuse qui vomit des flammes échappées de l'enfer, n'offre-t-elle pas un rapport marqué avec l'île d'Enfer, ainsi dénommée sur les cartes du moyen âge, et que nous appelons aujourd'hui Ténérife? L'île des Délices et la Terre-Promise des Saints ne devraient-elles point aussi être considé-

(*) Ce rapprochement des récits arabes et de la légende de saint Brandan est si naturel, que M. Reinaud de l'Institut a été conduit de son côté à le signaler également dans le beau travail qu'il prépare sur la géographie d'Aboulféda.

rées comme une transformation des îles du Bonheur et des îles Éternelles des Arabes?

Sans nous perdre en conjectures de ce genre, voyons ce que les traditions ultérieures ont fait des indications géographiques de saint Brandan. Dès le douzième siècle, Honorius d'Autun racontait, dans son Image du monde, « qu'il y avait dans l'Océan une cer- « taine île agréable et fertile par-dessus « toutes les autres, inconnue aux « hommes, découverte par quelque « hasard, puis cherchée sans qu'on « pût la retrouver, et enfin appelée « *Perdue* : c'était, disait-on, celle où « Brandan était venu. » Dans la carte vénitienne des frères Pizzigani en 1367, dans celle d'un anconitain dont le nom est effacé, conservée dans la bibliothèque de Weimar et portant la date de 1424, dans celle du génois Beccaria en 1435, le groupe de Madère est intitulé Iles-Fortunées de saint Brandan. Sur le fameux globe de Martin de Behaim en 1492, c'est à une grande île beaucoup plus occidentale et placée au voisinage de l'équateur, qu'appartient l'inscription suivante : « L'an « 565 après la naissance de Jésus- « Christ, saint Brandan arriva avec « son navire dans cette île, où il vit « beaucoup de choses merveilleuses; et « après sept ans écoulés, il s'en re- « tourna dans son pays. » Quand ces parages de l'Océan furent mieux connus, on transporta l'île de Saint-Brandan, avec des dimensions beaucoup moindres, dans l'ouest de l'Irlande, ainsi qu'on le voit au seizième siècle sur les cartes d'Ortélius; puis elle disparut tout à fait de l'Océan occidental pour s'aller réfugier dans la mer des Indes, où nous la reverrons en compagnie de Cerné.

Mais ses anciennes voisines d'occident ne purent croire à un si complet abandon; elles supposèrent que l'île capricieuse se dérobait malicieusement à leur vue, mais qu'elle se laissait quelquefois entrevoir (*) comme la

(*) Christophe Colomb, dans son journal (publié en 1825 par le savant Navarrete),

folâtre jouvencelle du Cygne de Mantoue, et jetait sur leurs bords des citrons, des fruits étrangers, même des arbres entiers !

« Malo me Galatea petit lasciva puella,
« Et fugit ad salices, et se cupit antè videri. »

Et cédant à de telles agaceries, on la cherchait sans la pouvoir découvrir, mais on ne doutait pas de son existence ; et quand, à Évora, Emmanuel de Portugal signait, le 4 juin 1519, l'abandon de ses prétentions sur les îles Canaries, il y comprenait expressément l'île Cachée, l'île Non-Trouvée, comme on l'appelait alors.

On la cherchait mal sans doute ! c'est du moins ce que pensèrent en 1526 Fernando de Troya et Fernando Alvarez, tous deux habitants de la grande Canarie, qui se promirent bien d'être plus habiles dans leur exploration, mais qui revinrent après de vaines courses, sans avoir rien découvert ; l'anglais Thomas Nicholls, qui écrivait à cette époque, était disposé à croire, lui, que l'île de Saint-Brandan n'était autre que Madère.

Mais voilà qu'en 1570 l'île fugace se laissa voir si fréquemment, si nettement, qu'on ne douta plus de la facilité de l'atteindre : cependant on voulut bien prendre ses mesures pour ne la point manquer. Le docteur Hernan Perez de Grado, premier juge de l'audience royale de Canarie, expédia, le 3 avril, une commission officielle aux tribunaux des trois îles de Palma, de Fer et de Gomère, pour procéder à une enquête exacte à ce sujet : sur quoi Alonso de Espinosa, gouverneur de l'île de Fer, entendit plus de cent témoins qui affirmaient avoir vu dans le nord-ouest, à environ quarante lieues de Gomère, et sous le vent de Palma, l'île où il s'agissait d'aborder.

A Palma, ce fut bien autre chose : on n'y entendit que trois témoins, il est vrai, mais quels précieux témoins ! trois Portugais de Sétubal, parmi lesquels le pilote Pero Velho, habitué aux voyages du Brésil ! les autres avaient vu l'île de Saint-Brandan, eux y avaient touché, et la tempête les y avait spontanément portés : ils étaient entrés dans une anse ouverte au sud, avaient sauté à terre, bu de l'eau fraîche d'un ruisseau, remarqué sur le sol l'empreinte répétée d'un pied humain double de la grandeur commune (*), trouvé une croix attachée à un tronc d'arbre par un clou dont la tête était large comme une pièce d'un réal, et près de là trois pierres assemblées en triangle et entre lesquelles on avait naguère fait du feu, pour cuire sans doute les mollusques dont les coquilles étaient jonchées à l'entour ; ils s'étaient enfoncés dans les bois à la poursuite de quelques vaches, chèvres et brebis ; mais l'approche de la nuit et la crainte que le vent n'emportât le navire déterminèrent Pero Velho à se rembarquer précipitamment, sans attendre deux hommes de son équipage qui étaient descendus à terre avec lui ; il prit le large pour laisser passer ce grain et voulut revenir ensuite prendre ses deux matelots, mais il eut la douleur de ne pouvoir retrouver l'île.

Le chanoine Pedro Ortiz de Funez recueillit de son côté, à Ténérife, le témoignage de Marcos Verde, qui avait eu pareillement le privilége de débarquer à Saint-Brandan : en revenant de la croisière de Barbarie, pendant les expéditions espagnoles d'Afrique, il se trouva en vue d'une île inconnue qu'il supposa être Saint-Brandan, et où il vint atterrir le soir, dans une anse formée par l'embouchure d'un marigot ; il descendit à terre avec quelques compagnons ; l'île leur parut déserte, et s'étant rembar-

rappelle, sous la date du 9 août 1492, que des habitants de Ferro, venus en 1454, lui avaient assuré voir tous les ans cette terre à l'occident ; et des habitants de Gomère lui avaient affirmé la même chose. Puis, en 1484, il avait vu en Portugal des gens de Madère qui venaient demander au roi une caravelle pour aller à la découverte de cette île, qui leur apparaissait toujours dans la même direction.

(*) Sans doute celui du géant Mildus ressuscité par saint Malo.

qués à cause de la nuit, ils furent assaillis d'un tel vent qu'ils eurent hâte de fuir cette côte inhospitalière.

Après de telles affirmations, il n'y avait plus à conserver de doutes : et une flottille commandée par Fernando de Villalobos, gouverneur de Palma, sortit de cette île pour aller à la découverte ; mais Saint-Brandan demeura encore introuvable.

On ne se découragea point, et en 1604 on confia une nouvelle expédition au pilote consommé Gaspar Perez de Acosta, aidé des conseils du franciscain Lorenzo Pinedo, habile dans la science pratique de la mer ; mais ils ne virent aucune terre ni aucun des indices qui peuvent en déceler le voisinage. Ce désappointement refroidit, au moins pour quelque temps, l'ardeur des recherches nautiques dont Saint-Brandan avait été l'objet ; mais de nouveaux témoignages de son existence venaient toujours s'ajouter à la masse de ceux qu'on avait antérieurement recueillis, et faisaient revivre la confiance que l'inutilité constante des précédentes explorations avait affaiblie.

Un aventurier français raconta à Abreu Galindo (*) qu'ayant été assailli par la tempête dans les parages des Canaries, il arriva démâté à une île inconnue extrêmement boisée, y débarqua, et abattit un arbre pour réparer sa mâture ; mais que pendant que ses hommes le dégrossissaient, l'atmosphère devint si chargée qu'ils abandonnèrent leur travail pour regagner le navire et prendre le large, en sorte que le lendemain ils entrèrent à Palme.

D'un autre côté, le colonel Roberto de Rivas constata que le capitaine d'un navire canarien avait cru passer en vue de Palme, et que le lendemain, croyant toucher à Ténérife, c'était Palme qu'il avait trouvée en réalité ; d'où il concluait que la première île devait être Saint-Brandan.

(*) Le franciscain Juan de Abreu Galindo, dont le livre traduit en anglais par George Glass a été publié à Londres en 1764, écrivait lui-même en 1633.

Les tempêtes du nord-ouest amenaient d'ailleurs toujours sur les plages de Fer et de Gomère des fruits, des branches d'arbres fraîchement arrachées ; et l'île fantastique continuait d'apparaître aux habitants de Fer et de Palme : si bien qu'en 1721, le capitaine général don Juan de Mur y Aguirre résolut de tenter encore une nouvelle expédition, qu'il confia au capitaine don Gaspar Dominguez, en lui adjoignant pour chapelain le dominicain Pedro Conde et le cordelier Francisco del Christo. Le navire partit de Sainte-Croix de Ténérife vers la fin de l'automne ; mais cette fois comme les autres l'heure de la découverte de Saint-Brandan n'était point arrivée : et l'on renonça définitivement à toute nouvelle tentative de ce genre.

Mais on ne cessa point d'apercevoir au loin, dans de certaines circonstances atmosphériques, cette île insaisissable, dont quelques dessinateurs recueillirent l'image ; le prêtre canarien don Joseph de Viera y Clavijo, historien judicieux de sa patrie, connaissait un grand nombre de pareils dessins ; il en cite seulement un de Prospero Cazorla, un autre fait en 1730 par le bénéficier don Juan Smalley, et il publia lui-même celui qu'avait esquissé à Gomère, le 3 mai 1759, vers six heures du matin, en présence de plus de quarante témoins, un franciscain plein de bonne-foi et d'amour de la vérité.

Tous les dessins, tous les récits, s'accordaient à présenter l'île de Saint-Brandan comme allongée du nord au sud, et formée de deux cimes inégales (dont la plus haute est au nord) ayant entre elles une dépression considérable, qui, vue à la lunette, paraissait couverte d'arbres. Au surplus, on reconnaissait unanimement que l'île, dans son ensemble, offrait une parfaite ressemblance avec celle de Palme. Là est précisément le mot de l'énigme : l'apparition de Saint-Brandan n'est autre chose que le phénomène expliqué par Monge à l'armée d'Égypte : c'est un effet de mirage, c'est la réflexion de Palme elle-même par des nuages spéculaires amoncelés dans le nord-ouest ; c'est la fée Morgane qui se joue de la crédulité des Canariens, et dont la capricieuse baguette crée ou détruit les illusions d'optique qui les ont tant de fois déçus.

Il est vrai que Morgane n'a pu leur envoyer ces fruits exotiques, ces rameaux verts, ces arbres entiers que la mer jette sur leurs côtes : mais c'est l'ouragan qui les a arrachés des côtes américaines et les a lancés à travers l'Atlantique. Et cette île boisée où Pero Velho, où Marcos Verde, où l'aventurier français ont abordé, elle n'est pas non plus l'œuvre de Morgane ; mais peut-on y méconnaître Madère?

Les Iles nouvellement trouvées, du quinzième siècle.

Saint Brandan et saint Malo n'étaient point les seuls à qui le moyen âge eût dédié quelques îles fantastiques de l'Océan occidental. Ils avaient seulement l'avantage d'une double priorité dans l'ordre chronologique, puisque leur légende remontait jusqu'au sixième siècle, et qu'elle eut cours en Europe dès le onzième.

De pieux évêques espagnols chassés de leurs siéges par l'invasion des Maures, au huitième siècle, trouvèrent à leur tour un lieu de refuge au milieu de l'Océan ; mais leur asile ne fut pas révélé au monde avant le quinzième. La plus ancienne indication explicite que nous ayons pu trouver de ce double fait, est consignée dans une légende de quelques lignes inscrite en vieil allemand sur le fameux globe dressé en 1492, pour la ville de Nuremberg, par le cosmographe navigateur Martin de Beheim ; en voici la traduction littérale :

« Quand on se reporte à l'année 734
« après la naissance du Christ, alors
« que toute l'Espagne fut envahie par
« les mécréants d'Afrique, alors aussi
« l'île *Antilia*, nommée *Septe Citade*
« (les Sept Cités), ci-dessus figurée,
« fut peuplée par un archevêque de
« Porto en Portugal, avec six autres
« évêques, et d'autres chrétiens hom-
« mes et femmes, lesquels s'étant en-
« fuis d'Espagne sur des vaisseaux, y
« vinrent avec leurs bestiaux et leur
« fortune. C'est par hasard qu'en l'an-
« née 1414 un navire d'Espagne s'en
« approcha de très-près. »

Et d'après le rapport sans doute du pilote de ce navire, les portulans rédigés depuis cette époque furent enrichis de l'île Antilia, que l'on voit en effet dessinée sur une carte conservée dans la bibliothèque grand-ducale de Weimar, et qui fut composée en 1424 par un cosmographe anconitain dont le nom est effacé ; puis sur la carte du génois Beccaria, datée de juillet 1435, et qui se conserve dans la bibliothèque de Parme ; pareillement sur la carte du vénitien Andréa Bianco, publiée par Formaléoni, et qui porte la date de 1436 ; et encore sur la carte du génois Bartholomeo de Pareto, publiée par Andrés, et datée du 1ᵉʳ janvier 1455 ; j'allais oublier une carte de l'anconitain Andréa Benincasa, de 1476, appartenant à la bibliothèque de Genève : enfin, le globe de Martin de Beheim vient clore cette liste des monuments géographiques où est consignée la tradition de cette île fantastique d'Antilia, que les découvertes de Colomb devaient faire reculer vers les ténèbres de l'Occident, jusqu'à ce qu'il plût aux cosmographes d'en appliquer le nom aux îles du Nouveau-Monde, que nous connaissons aujourd'hui sous la dénomination d'Antilles.

Cette île était désignée en 1474, par le savant docteur florentin Paul Toscanelli, dans les lettres qu'il adressait à la cour de Portugal et à Christophe Colomb, comme l'une des relâches intermédiaires sur la route de Lisbonne aux Indes par l'ouest : et il envoyait en même temps une carte dessinée de sa main, où il montrait la distance totale de Lisbonne au fameux port chinois de Quinsay, jalonnée par les grandes îles d'Antilia et de Zipangu, de telle manière qu'il fallait compter vingt-six *espaces* de Lisbonne à Quinsay, et dix *espaces* seulement entre Antilia et Zipangu.

Tout le monde sait que Zipangu n'est

autre chose que le Giapan-Koué, ou Japon, et que le nom en était parvenu en Europe par les récits de Marc Polo; c'était la dernière terre connue de l'Orient, comme Antilia était la dernière terre connue (ou censée connue) de l'Occident : évaluer la distance de l'une à l'autre, c'était mesurer la route à faire pour achever le tour du monde; noble préoccupation de quelques esprits supérieurs de cette époque, à la tête desquels il faut pieusement garder la première place à Colomb, dont toutes les facultés se concentraient sur cette grande pensée, et dont le dévouement sublime en devait poursuivre l'accomplissement à travers les obstacles et les dégoûts de toute espèce. Toscanelli l'aidait à combattre les répugnances de la cour de Portugal en représentant cette navigation aventureuse comme moins difficile et moins longue que ne le pensait le vulgaire : il n'y avait, sur sa carte, de mer absolument inconnue que sur une étendue de dix espaces ou intervalles de méridiens, chacun de ces intervalles, à la hauteur de Lisbonne, ne valant que deux cent cinquante milles nautiques : en d'autres termes, la carte de Toscanelli étant dessinée sur un cadre de projection où les méridiens et les parallèles étaient tracés de cinq en cinq degrés, l'île Antilia et le Japon s'y trouvaient placés à une distance mutuelle de cinquante degrés de longitude, sur le parallèle de Lisbonne, où le décroissement des longitudes ne laissait plus au degré qu'une valeur de cinquante milles nautiques.

Aujourd'hui que nous n'avons plus la carte de Toscanelli, ces indications ne suffisent pas à nous instruire complétement de la position qu'il assignait à cette Antilia, dont il ne lui venait pas même à la pensée que l'existence pût être révoquée en doute; l'intervalle total de vingt-six espaces ou cent trente degrés entre Lisbonne et Quinsay, comment était-il distribué quant aux distances de Quinsay au Japon, et de Lisbonne à Antilia? C'est ensemble seize espaces ou quatre-vingts degrés dont nous ignorons la répartition dans l'opinion du docteur florentin : heureusement que le globe de Martin de Beheim, savant mathématicien lui-même comme Toscanelli, nous est d'un grand secours pour la solution de ce problème, car il présente aussi, probablement sur les mêmes données, et peut-être comme copie pure et simple, en cette partie, de la carte du savant de Florence, cent trente degrés ou vingt-six espaces entre Lisbonne et l'emplacement de Quinsay, dont cinquante degrés ou dix espaces entre Zipangu et Antilia; il y a donc tout lieu de croire qu'il s'accordait non moins exactement avec Toscanelli pour le surplus, et que les trente-cinq degrés ou sept espaces qu'il marque entre l'emplacement de Quinsay et Zipangu, ainsi que les quarante-cinq degrés ou neuf espaces entre Lisbonne et Antilia, sont précisément les mesures que le Florentin avait calculées.

Il serait curieux sans doute d'arrêter un moment son attention sur ces premiers indices du retour à la projection graduée des cartes géographiques, laissée en oubli depuis Ptolémée, et reprise désormais avec des similitudes et des différences également intéressantes à observer, le premier méridien demeurant fixé aux îles Fortunées, tandis que Lisbonne reculait à l'est jusqu'au quinzième degré. Mais ce n'est point ici le lieu de se laisser entraîner à de telles considérations; et d'ailleurs le plus accompli des voyageurs et des géographes de notre temps, Alexandre de Humboldt, n'a-t-il pas promis au monde savant, à la suite de son *Histoire de la géographie du nouveau continent*, celle des *progrès de l'astronomie nautique aux quinzième et seizième siècles*? Et qui oserait s'aventurer au-devant de lui dans une telle carrière?

Qu'il nous suffise de remarquer, sur le globe de Beheim, que nous regardons comme une copie ou une réminiscence de la carte de Toscanelli en cette partie, l'emplacement de Quinsay tombant sous 245° de longitude orientale, Zipangu sous 280°, Antilia sous

330°, et Lisbonne sous 15°. Ainsi, en partant de la cour de Portugal, on n'avait à parcourir que 2 250 milles nautiques jusqu'à Antilia, et alors 2 500 milles seulement séparaient du Japon, éloigné lui-même de 1 750 milles du grand port des Chinois.

Mais cette île ainsi jetée entre le Portugal et le Japon, elle était donc bien connue des marins d'alors ? Probablement, puisque Toscanelli, dans sa réponse aux questions de la cour de Portugal, parle avec si peu d'hésitation de « l'île d'Antilia dont vous « avez connaissance, et que vous nom- « mez, vous autres, des Sept Cités. » Fernand Colomb, dans la Vie qu'il nous a laissée de son père (*), semble croire pourtant que ce n'était qu'une réminiscence de l'île Atlantique visitée par les Carthaginois, suivant le livre aristotélique des *Ouï-dire merveilleux* :

« Quelques Portugais, » dit-il, « l'ins- « crivaient sur leurs cartes avec le nom « d'Antilia, bien qu'elle ne s'accordât « pas avec la position donnée par Aris- « tote; aucun ne la mettait à plus de « deux cents lieues environ directe- « ment à l'occident des Canaries et « des Açores. Ils tiennent pour cer- « tain que c'est l'île des Sept Cités, « peuplée par des Portugais au temps « où l'Espagne fut enlevée au roi don « Roderic par les Maures, c'est-à-dire « en l'année 714 de Jésus-Christ. « À cette époque, dit-on, sept évêques « s'embarquèrent, et se rendirent avec « leurs gens et leurs navires à cette île, « où chacun d'eux fonda une cité; et « afin que les leurs ne pensassent plus « à retourner en Espagne, ils brûlèrent « les navires, ainsi que tous les cor- « dages et autres objets propres à la « navigation. Or, certains Portugais « discourant de cette île, il y en avait « tel qui affirmait que beaucoup de ses « compatriotes y étaient allés, mais « n'avaient jamais pu en revenir; on « dit particulièrement que, du vivant « de l'infant dom Henri de Portugal, « un navire du port de Portugal fut « poussé par la tempête sur cette île « Antilia, et que l'équipage étant des- « cendu à terre, fut conduit à l'église « par ceux de l'île, qui voulaient voir « si c'étaient des chrétiens, et s'ils sui- « vaient le rit romain; et ayant vérifié « qu'ils l'observaient, ils les prièrent « de ne point partir avant l'arrivée de « leur seigneur, qui était absent, et « qui leur aurait fait beaucoup d'ac- « cueil et de largesses; et on le fit « aussitôt prévenir. Mais le patron et « les matelots craignirent d'être rete- « nus, et que le peuple, pour rester in- « connu, ne brûlât leur navire; et ils « repartirent ainsi pour le Portugal, « espérant être récompensés de cela « par l'infant. Celui-ci les reprit sévè- « rement, et leur ordonna d'y retour- « ner au plus vite; mais le patron, ef- « frayé, s'enfuit de Portugal avec le « navire et l'équipage. On dit, de plus, « que, pendant qu'ils étaient à l'église « dans l'île, les hommes du bord ayant « ramassé du sable pour la cuisine, re- « connurent que le tiers en était de « l'or pur. Un certain Diègue de Tiene « alla aussi à la recherche de cette île; « son pilote, appelé Pierre de Velasco, « natif de Palos de Moguer, raconta à « Christophe Colomb, à Sainte-Marie « de la Rabida, qu'ils étaient partis du « Fayal et avaient navigué plus de « cent cinquante lieues au sud-ouest, « et que, revenant alors en arrière, ils « étaient arrivés en vue de l'île de « Flores, d'où ils étaient allés, en con- « tinuant au nord-est, atterrir au cap « Sainte-Claire en Irlande, et s'en « étaient retournés aussitôt à leur île.

(*) Ce livre fut écrit originairement en espagnol par Fernand Colomb, dont le manuscrit autographe fut donné par Louis Colomb, fils de Diego et neveu de Fernand, à un seigneur génois, Baliano de Fornari, qui résolut d'en publier simultanément une triple édition, espagnole, italienne, et latine ; mais la version italienne seule, exécutée par Alphonse d'Ulloa, parut à Venise en 1571; et l'original espagnol s'étant perdu, c'est sur cette version italienne qu'ont été faites les traductions peu fidèles de Cotolendy en français, et de Barcia en castillan. C'est dire assez que l'édition italienne est la seule qui puisse aujourd'hui être alléguée dans un travail sérieux.

« Ceci leur était arrivé plus de qua-
« rante ans avant la découverte des
« Indes occidentales. »

Mais, après cette grande découverte, la fantastique Antilia devait disparaître, et toutes les traditions qu'on y rattachait s'effacer; cependant un écrivain espagnol du seizième siècle, l'auteur bien connu d'un *Traité de l'art de naviguer*, Pierre de Médine, s'en mettait encore en peine dans son livre *Des grandeurs et choses mémorables de l'Espagne*. « Non loin de l'île de Madère, » écrivait-il, « est une autre île qui se nomme Antilia, qui ne se voit plus aujourd'hui. Je l'ai trouvée figurée sur une carte marine fort ancienne, et comme on n'en a aucune information, je me suis appliqué à chercher de tous côtés si j'en pourrais découvrir quelque trace ou renseignement; et dans un Ptolémée qui avait été adressé au pape Urbain, je trouvai cette île indiquée, avec la légende suivante (*) : « Cette île Antilia
« fut autrefois découverte par les Portu-
« gais; mais aujourd'hui on ne la ren-
« contre plus quand on la cherche :
« on y a trouvé des gens parlant la
« langue espagnole, qu'on dit s'être
« réfugiés dans cette île en fuyant de-
« vant les Barbares qui envahirent l'Es-
« pagne sous le règne du roi Roderic,
« le dernier qui gouverna l'Espagne
« au temps des Goths. Ils ont là un
« archevêque avec six autres évêques,
« et chacun d'eux a sa cité propre ; ce

(*) Voici cette légende dans le latin original, suivant la transcription de Pierre de Médine :

« Ista insula Antilia aliquandò a Lusitanis est inventa, sed modò quando queritur non invenitur. Invente sunt in illa gentes qui hispanica lingua loquuntur. Que tempore regis Roderici qui ultimus Hispaniam tempore Gothorum rexit, ad hanc insulam a facie Barbarorum qui tunc Hispaniam invaserant, fugisse creduntur. Habent hic unum archiepiscopum cum sex aliis episcopis, et quilibet illorum suam habet propriam civitatem, quare a multis Insula Septem Civitatum dicitur. Hic populus christianissimè vivit, omnibus divitiis seculi hujus plenus. »

« qui fait que beaucoup de gens l'appellent île des Sept Cités ; le peuple
« y vit très-chrétiennement, comblé de
« toutes les richesses de ce monde. »
Cette île, telle qu'elle était figurée sur la carte, a quatre-vingt-sept lieues dans sa plus grande longueur, qui est du nord au midi, et vingt-huit de large, avec l'indication de beaucoup de ports et de rivières. Dans le Ptolémée dont il est parlé ci-dessus, elle est située à peu près sur le même parallèle que le détroit de Gibraltar, à 36° et demi de latitude. On dit qu'en naviguant on voit cette île de loin, mais qu'en s'en approchant on ne la trouve plus. »

Le pape Urbain auquel fait ici allusion Pierre de Médine, ne peut être qu'Urbain VI, qui siégea de 1378 à 1389 ; si donc la légende lue sur un exemplaire de Ptolémée qui avait appartenu à ce pontife, y était portée dès l'époque de la confection de ce manuscrit, nous aurions là une preuve que les récits de l'île Antilia avaient commencé à se répandre dès le quatorzième siècle, une trentaine d'années avant l'époque à laquelle nous avons cru devoir en rapporter l'origine d'après les indications de Martin de Beheim. Mais il est probable que l'Antilia et sa légende figuraient, dans le Ptolémée dont il s'agit, sur une de ces cartes supplémentaires que les cosmographes des quinzième et seizième siècles se plaisaient à ajouter successivement aux exemplaires manuscrits et aux éditions imprimées du géographe alexandrin ; et nous persistons à croire que si la tradition populaire de la fuite des sept évêques à travers l'Océan peut remonter jusqu'à une date plus ancienne, l'application de cette tradition à une île déterminée, soit réelle, soit imaginaire, *comme l'Antilia des cartes marines dont j'ai donné la liste*, cette application, dis-je, ne doit pas être cherchée plus haut que l'année 1414, désignée par le cosmographe de Nüremberg comme celle où un navire espagnol eut connaissance, au delà de Madère, d'une terre jusqu'alors inaperçue ; terre qui n'était peut-être en réalité que le groupe des Açores imparfaitement observé, mais qui devint, par l'exagération si commune en pareille occurrence chez les cartographes, la grande île Antilia ou des Sept-Cités.

D'où vient ce nom d'Antilia? Ce n'est point chose facile à dire; toutes les étymologies proposées jusqu'à présent nous semblent fort peu satisfaisantes, et il nous paraît plus sage de s'abstenir tout à fait que d'opter entre elles. Les uns ont supposé qu'il y fallait voir une *île antérieure;* d'autres, plus savants, ont cru y reconnaître la Gézyret *el-Tennyn* ou île du Dragon des cosmographes arabes; d'autres encore y ont peut-être entrevu quelque rapport avec le nom d'*Atlantis;* cette dernière étymologie a du moins le mérite d'être la plus ancienne, et peut-être contemporaine de la première apparition de l'île sur les cartes; on trouve du moins dans un document géographique, portant la date de 1455, la désignation que voici : « Cette île est « appelée isle *de Antiliis;* Platon, qui « fut un grand et savant philosophe, « assure que cette île était presque « aussi grande que l'Afrique; et il dit « que dans cette mer se voient de « grands heurtements des courants qui « passaient sur cette île sablonneuse, « à raison desquels sables la susdite « île s'est presque effondrée par la « volonté de Dieu; et cette mer est « appelée mer de Batture. »

Sur la plupart des cartes anciennes que nous avons citées plus haut, l'île Antilia n'est point isolée; elle fait partie d'un groupe auquel est appliquée dans son ensemble la désignation de *Insulæ de novo repertæ,* ou îles nouvellement découvertes, et qui se compose, dans les cartes les plus complètes à cet égard, de quatre îles, savoir : *Antilia* elle-même, la plus considérable de tout le groupe, formant à peu près un parallélogramme d'environ quatre-vingts lieues de long du sud au nord, sur vingt lieues de large de l'est à l'ouest; tout auprès, à vingt lieues seulement à l'ouest d'Antilia, et parallèlement à elle, une petite île presque carrée, de douze lieues de long sur dix de large, appelée du nom de *Royllo;* à soixante lieues au nord et dans le prolongement d'Antilia, une autre grande île allongée, ayant à son tour cinquante lieues du sud au nord et quinze lieues de l'est à l'ouest; enfin, à l'extrémité septentrionale de celle-ci, une petite île semi-circulaire de douze lieues de base, terminant le groupe, et portant le nom de *Tanmar;* quant au nom de la troisième, il a été l'objet d'élucubrations qui méritent une mention particulière.

On avait peu examiné les monuments cartographiques du moyen âge, lorsque Formaléoni, savant libraire de Venise, occupé d'une édition italienne de l'Histoire des voyages, consulta les cartes d'André Bianco, conservées à la bibliothèque de Saint-Marc, et sur lesquelles notre célèbre d'Ansse de Villoison avait éveillé l'intérêt de l'Europe : il les jugea si curieuses, qu'il en fit le sujet d'une dissertation spéciale destinée à les faire connaître avec quelque détail. Les îles de l'océan Atlantique avaient principalement attiré l'attention, surtout Antilia, où l'on croyait trouver une révélation anticipée de la découverte des Antilles d'Amérique; quant au nom de l'autre grande île, on n'apercevait pas clairement ce qui était écrit, à ce qu'assure le célèbre abbé Andrés, qui examina aussi l'atlas de Bianco; mais Formaléoni lut ou crut lire *De la man Satanaxio,* qu'il traduisit par : *île de la main de Satan.*

« Cette dénomination, » dit-il, « m'a fait alambiquer le cerveau en conjectures. Après les plus profondes recherches dans tous les auteurs de géographie ancienne, du moyen âge, et moderne, je n'avais rien pu découvrir, sauf, dans les mémoires du vénitien Domenico Mauro Negro, la mention d'une certaine île *de Mana,* qui pourrait bien être notre île *Delaman;* mais, dans tout son ouvrage, je n'ai pu trouver à cet égard de renseignements suffisants. J'ai feuilleté vainement Corvino, Girava, Appianus, Lilio de Vicence, et autres écrivains des siècles inférieurs : partout j'ai trouvé un profond silence. Enfin, ce que je n'ai pu découvrir dans les livres de géographie, je crois l'avoir rencontré dans un ancien petit roman, intitulé : le *Pèlerinage de trois jeunes gens*, par Christophe Arménien : il y est fait mention d'une certaine région de l'Inde, où chaque jour on voyait sortir de la mer une grande main ouverte, qui, la nuit, saisissait les habitants, et les entraînait au fond de la mer.

« L'Inde était alors, comme chacun sait, le pays des merveilles, et comprenait toutes les terres et les îles imaginaires ou mal connues : opinion si bien enracinée, que les Espagnols et les Français même donnent encore le nom d'Indes occidentales aux îles Antilles. La main monstrueuse ne pouvait être certainement que celle d'un démon, et d'un grand démon, puisqu'elle paraissait d'une grandeur prodigieuse : voilà la preuve que c'était la main de Satan, le prince des ténèbres successeur de Pluton. Que le pays molesté par cette main diabolique fût île ou continent, peu importait; il suffisait de savoir que la chose était ainsi, et de croire à la vérité du fait. Or il paraît que Bianco y croyait, puisqu'il en fait expressément mention dans sa carte, et nomme l'île *de la main de Satan* »

Voilà une explication ingénieuse sans doute, mais qui ressemble quelque peu à celle de la dent d'or : rien n'est moins prouvé en effet que l'exactitude de Formaléoni dans le déchiffrement des mots qu'il a cru lire *de la man Satanaxio*. En comparant la carte de Bianco avec celles où la même inscription devrait se trouver, on cherche en vain cette dénomination singulière qui a tant occupé l'esprit du savant vénitien; sur les unes, le nom de l'île manque tout à fait; l'île elle-même a été effacée sur la carte de Pareto; mais sur celle de Beccaria, la plus complète de toutes, on voit le nom unique de *Satanagio* (*), qui est évidemment le même que *Satanaxio* de la carte de Bianco; et l'on est conduit à penser que le mot lu *Delaman* par Formaléoni, sur cette dernière carte, est un nom distinct appartenant à la petite île semi-circulaire voisine, et que Beccaria, ainsi que Pareto, appellent Tanmar. Ce ne serait donc plus *la main de Satan*, qui, d'un conte indien, aurait passé sur les monuments géographiques du quinzième siècle.

Mais, du moins, Satan ne s'y est-il pas impatronisé sous ces formes vénitienne et génoise de *Satanaxio* et *Satanagio*? Vraiment on pourrait être tenté de n'en rien croire si l'on réfléchit que ce nom peut se lire aussi bien *S. Atanaxio* ou *S. Atanagio*, ce qui transforme aussitôt le prince des ténèbres, l'abominable Satanas, en un saint du calendrier. le glorieux saint Athanase, dont la fête se célèbre le 2 mai, époque bien voisine du 13 avril et du 8 mai, qui ont valu à certaines autres îles de la même mer les noms de Saint-George et de Saint-Michel. Nous laissons à nos lecteurs la faculté d'opter pour celle des deux dénominations qui leur paraîtra le mieux fondée; mais nous ne saurions dissimuler que l'application du nom de Saint-Athanase nous paraît beaucoup plus conforme à l'esprit et aux habitudes des marins de ce temps, bien que l'enfer même ait pris rang dans leur nomenclature insulaire, comme nous l'exposerons tout à l'heure.

En résumé, les *îles nouvellement trouvées* d'Antilia, Royllo, S. Atanagio et Tanmar, disparurent successivement des cartes (d'où Antilia s'effaça la dernière), sans que l'histoire de leur existence ait été éclaircie pour nous; c'est une énigme dont le mot semble désormais perdu sans retour.

Mais ces îles n'étaient pas les seules auxquelles fût appliquée cette dénomination générale d'*îles nouvellement trouvées*; elle avait désigné, bien auparavant, des découvertes beaucoup moins problématiques, auxquelles nous allons consacrer un article séparé.

(*) On a quelquefois lu fautivement *Sarastagio* et *Saravagio*, comme on a lu *Bedrazius* le nom de l'auteur, et *Danmar* ou *Canmar* pour *Tanmar*.

Les découvertes antérieures aux explorations officielles.

Jusqu'ici, nous n'avons guère exposé que les notions vagues et incertaines recueillies par une science naissante, imparfaite, qui se paye d'indices hasardés et de légendes fantastiques; mais comme ces formes vaporeuses qui se jouent de notre œil aux lueurs indécises du crépuscule et s'effacent au grand jour, de même ces légendes et ces notions douteuses qui se jouent de notre intelligence à l'aurore des découvertes, disparaissent à mesure que la critique et l'exploration réelle répandent la lumière sur les régions inconnues où elles avaient leur domaine.

Mais aussi, avant la notoriété complète que le retentissement des grandes expéditions officielles attache pour le vulgaire à la découverte des terres et des îles qui s'encadrent dans un vaste réseau de reconnaissances et d'explorations, l'homme d'étude voit poindre çà et là, au milieu du champ immense des recherches futures, quelques jalons plantés par de hardis aventuriers, éclaireurs isolés et sans nom, qui ont frayé la voie aux découvreurs officiels pour lesquels sont réservées la commune renommée et l'admiration de la postérité. Presque toujours, d'ailleurs, le droit de découverte et même celui de première occupation, fruit d'entreprises privées, a été considéré comme non avenu et complètement effacé par la prise de possession des gouvernements ; et nous n'avions pas besoin, pour constater cette vérité, d'en trouver un nouvel et récent exemple dans la déclaration de souveraineté de l'Angleterre sur la Nouvelle-Zélande, au mépris des droits des colons français qui s'y étaient antérieurement établis.

Pour ne nous point écarter de la spécialité de notre sujet, nous devons ici nous restreindre à l'histoire des navigations de découverte dans l'Océan occidental, aux abords de l'Afrique; aussi notre dessein actuel est-il uniquement de signaler les indications certaines parvenues jusqu'à nous des découvertes accomplies en ces parages, avant que les grandes expéditions dirigées avec une si noble persévérance par l'immortel prince Henri le Navigateur se fussent engagées dans la même voie pour la suivre jusqu'aux rivages de l'Inde, et n'eussent plus laissé de place, dans l'histoire, aux tentatives plus obscures qui les avaient précédées (*).

(*) Les pages qui suivent n'offrent point le résultat hâtif d'une étude superficielle : c'est le fruit, au contraire, d'un examen lent et consciencieux, d'une méditation approfondie et réitérée.

Elles ne sont point inspirées non plus par un esprit de jalousie et de détraction à l'égard d'un peuple dont nous aimons au contraire à proclamer la gloire impérissable, et dont nous savons respecter les susceptibilités nationales dans le présent, comme nous admirons ses prouesses dans le passé.

Nous le déclarons hautement à l'avance, nous ne venons contester aucun des titres de la nation portugaise à une renommée justement acquise dans la carrière des découvertes. Eh! qui donc voudrait fermer les yeux au spectacle du merveilleux développement de cette puissance aux quinzième et seizième siècles? Qui fermera l'oreille aux chants du grand poète qui en écrivit la magnifique épopée? Loin de nous la pensée d'amoindrir ce patrimoine de gloire dont les fils des Lusiades ont si bien le droit d'être fiers, et qu'ils conservent avec une pieuse ferveur digne de respect dans son principe, d'indulgence dans ses écarts, et qui n'a jamais cessé d'avoir toutes nos sympathies.

Un noble prélat, distingué par son savoir, vénérable par son âge, éminent par la pourpre et la dignité patriarcale dont il est revêtu, pourra, sous l'empire de cet ardent patriotisme, trouver *hardi, d'une légèreté inconsidérée,* ou *tranchant et magistral,* l'humble exposé de nos convictions ; nous ne nous en offenserons point, et notre respect pour les convictions contraires auxquelles il obéit, n'en sera point altéré.

Les grandes explorations portugaises du quinzième siècle, dans l'océan Atlantique, eurent l'immense résultat d'ouvrir la route des Indes par le cap de Bonne-Espérance, d'élever soudainement alors au premier rang des puissances européennes, une nation jusque-là sans importance, et d'assurer un

Nous ne dirons rien des navigations dieppoises qui devancèrent d'un siècle les reconnaissances portugaises au long des *côtes d'Afrique*; soutenues avec bonne foi, elles ont été admises comme tout à fait probables dans le sein même de l'académie de Lisbonne; et elles ne présentent en effet rien que de très-plausible; mais les documents contemporains qui en assuraient l'authenticité ont péri, et la critique moderne s'arme avec avantage de cette absence de preuves, et de la nouveauté relative des relations alléguées, pour contester la légitimité des récits qui montrent les Français établis en Guinée et jusqu'à la Côte d'or avant la fin

immortel renom aux princes qui avaient su concevoir et exécuter cette belle entreprise. Rien ne peut, à cet égard, amoindrir leur droit à l'admiration de la postérité.

Mais ce grand œuvre, qu'ils eurent la gloire d'accomplir, furent-ils les seuls, *furent-ils les premiers à le concevoir et à le tenter ?* La prévention nationale peut le prétendre, et inspirer de savants ouvrages pour le soutenir : les témoignages historiques le démentent.

Ces témoignages, titres d'honneur pour d'autres peuples, nous venons les présenter dans leur simplicité, les montrer dans leur ensemble et leur enchaînement, en les laissant parler eux-mêmes. Ils ont pu être ignorés ou méconnus, morcelés, mutilés, arbitrairement interprétés: nous ne croyons pas que leur autorité en ait souffert. Ils sont trop clairs, trop explicites, trop certains, pour avoir besoin d'être commentés ou défendus : il suffit de les produire dans leur intégrité, et c'est ce que nous avons fait.

On ne s'étonnera pas que nous ayons évité une lutte corps à corps avec des hommes bien au-dessus de nous par le rang et le mérite, qui déjà sont entrés dans la lice comme les champions de la thèse opposée; il y aurait présomption à nous de mesurer nos forces personnelles contre d'aussi formidables jouteurs; il n'y en a point à apporter purement et simplement la preuve des faits qu'ils dénient.

Nous ne pouvons insérer ici les citations textuelles et les annotations que comporte notre thèse; mais nous les joindrons intégralement à une publication spéciale de ce morceau.

du quatorzième siècle : elle est dans son droit et elle en use ; nous aurions mauvaise grâce à le méconnaître.

Mais d'autres reconnaissances, plus difficiles à contester, précédèrent celles que fit exécuter le prince Henri, et dont il convient de rappeler avec quelque précision les dates successives ; c'est aux historiens portugais eux-mêmes, aux historiens spéciaux de leurs explorations et de leurs nobles efforts, que nous emprunterons à cet égard les données nécessaires.

Le célèbre Jean de Barros nous apprend d'abord que c'est après la prise de Sebthah, en 1415, que l'infant dom Henri, ayant obtenu des Arabes des renseignements sur l'intérieur du pays, résolut la conquête de la Guinée : « Il commença de mettre à exé-
« cution cette œuvre qu'il désirait si
« fort, en envoyant chaque année deux
« ou trois navires à la découverte des
« côtes au delà du cap de Noun,
« qui est à environ douze lieues plus
« avant que le cap d'Aguilon ; lequel
« cap de Noun était le dernier terme
« des terres connues que les marins
« espagnols eussent atteint dans leurs
« navigations en ces parages. — Mais
« les navires qui, cette fois et autres,
« allèrent et revinrent, ne découvrirent
« que jusqu'au cap Boyador, qui est en
« avant du cap de Noun environ
« soixante lieues; et tous s'arrêtaient
« là, sans que personne osât se ris-
« quer à le doubler. »

Deux jeunes chevaliers, Jean Gonçalvez Zarco et Tristan Vaz Teixeyra, eurent le courage de tenter les premiers cette entreprise jugée si périlleuse; mais, avant qu'ils fussent arrivés à la côte africaine (c'est encore à Barros que nous devons ce récit), ils furent assaillis par la tempête et les vents contraires avec une telle vivacité, que leur petit navire, perdu au sein d'une mer agitée, était emporté au caprice des flots, sans qu'on pût reconnaître, tant on avait l'esprit troublé par la frayeur, en quel parage on se trouvait ; car les mariniers [portugais] de ce temps n'étaient point accoutumés à voguer ainsi en pleine mer, toute leur science nautique se bornant à un cabotage toujours en vue de terre. Mais enfin la tempête s'apaisa, et ils eurent la bonne fortune d'apercevoir une île, où ils vinrent atterrir, et qu'ils appelèrent Porto Santo; il leur sembla qu'en leur offrant une terre en ces lieux inespérés, Dieu la leur accordait non-seulement pour leur salut, mais aussi pour le bien et le profit de leur pays, tant son aspect et sa position leur parurent favorables, outre l'avantage qu'elle avait de n'être point peuplée de sauvages comme l'étaient alors les Canaries, dont ils avaient déjà connaissance. Ils vinrent rendre compte de leur découverte au prince Henri, qui les renvoya pour coloniser cette île nouvelle. Au bout de deux ans, ils poussèrent une exploration vers le nord-ouest, où ils apercevaient une tache noire à l'horizon : c'était une autre île, dont ils prirent possession, et à laquelle, dit Barros, ils donnèrent le nom portugais de *Madeira*, ou bois de haute futaie, à cause des forêts épaisses dont elle était couverte.

Cependant l'infant ne perdait point de vue le passage tant désiré du cap Boyador; et, pendant douze années consécutives, il envoya à grands frais des navires de ce côté, sans que jamais il s'en trouvât aucun qui osât tenter de doubler le cap. Le chroniqueur officiel de la conquête de Guinée, Gomes Eannes de Zurara, nous donne, sur les efforts opiniâtres du prince, des détails précieux, dont nous ne pouvons que résumer ici les traits principaux. « Enfin, après douze ans, « dit Zurara, l'infant arma un navire « dont il donna le commandement à « Gil Eannes, son écuyer; mais ce-« lui-ci, frappé de la même crainte « que ses devanciers, n'arriva qu'aux « îles de Canarie, d'où il ramena quel-« ques captifs. C'était en l'année 1433 « de Jésus-Christ. L'année suivante, « l'infant arma de nouveau le même « navire, et faisant appeler Gil Eannes, « il lui donna pour mission spéciale « de doubler le cap, tenant pour suffi-« sant ce résultat seul du voyage.

« Aussi Gil Eannes prit-il la résolu-« tion de ne plus reparaître devant son « prince sans avoir accompli sa tâche; « et il tint parole, car cette fois, bra-« vant tout danger, il passa le cap : « l'action était, au fond, peu de chose « en soi, mais elle fut réputée grande, « tant il fallait de hardiesse pour sur-« monter les frayeurs invétérées qui « en avaient jusqu'alors empêché l'ac-« complissement.

« Gil Eannes fut, à son retour, gra-« cieusement accueilli, noblement et « richement récompensé. L'infant fit « alors armer un second bâtiment, « dans lequel il envoya Alphonse Gon-« çalvez Baldaya, son échanson, en « même temps qu'il renvoyait Gil « Eannes avec son navire, pour aller « de nouveau à la découverte; ce qu'ils « exécutèrent en dépassant cette fois « le cap de cinquante lieues. »

L'infant chargea encore Alphonse Gonçalvez Baldaya d'une nouvelle expédition : « le même bâtiment fut pré-« paré; et, dans ce voyage, on alla « soixante et dix lieues au delà du « point où l'on s'était arrêté la précé-« dente fois, c'est-à-dire, jusqu'à cent « vingt lieues du cap, où l'on trouva « une embouchure comme celle d'un « grand fleuve, s'enfonçant de huit « lieues dans les terres. — Poursuivant « sa route jusqu'à cinquante lieues « plus loin encore, Alphonse Gonçal-« vez arriva à une pointe formée par « un rocher qui, de loin, ressemblait « à une galère, ce qui a fait appeler « désormais ce lieu le port de la Ga-« lère (*o puerto da Galè*); ce fut en « l'année 1436 de Jésus-Christ. »

Cette embouchure de fleuve n'est autre que le *Rio do Ouro*, ainsi nommé en divers endroits par Zurara, qui ne dit cependant nulle part comment ce nom a été donné. Mais Jean de Barros assure que cet estuaire fut ainsi appelé à cause du premier or en poudre que les Portugais y reçurent pour la rançon des prisonniers maures qu'ils ramenèrent en cet endroit dans la campagne de 1442.

Ainsi l'histoire des navigations entreprises au long des côtes d'Afrique sous le patronage de l'illustre promoteur des grandes découvertes du quinzième siècle, montre que le cap Noun ne fut doublé par les Lusiades qu'à une date postérieure à la prise de Sebthah en 1415; qu'ils ne dépassèrent le cap Boyador qu'en 1434, et atteignirent seulement en 1436 l'estuaire auquel le nom de *Rio do Ouro* n'aurait même été donné par eux qu'en 1442.

Mais il ne faut point oublier que d'autres nations avaient précédé les Portugais dans le développement de leurs entreprises maritimes; et sans parler des navigations dieppoises dont les preuves ont péri, notre orgueil national peut encore revendiquer ici, pour les Normands, cette priorité que prétend disputer à tous l'orgueil national d'un autre peuple : c'est une glorieuse émulation, une noble susceptibilité, que nous devons respecter dans nos rivaux comme nous voulons qu'ils la respectent en nous.

Oui, les Français avaient doublé le cap Noun et le cap Boyador, et connaissaient le fleuve de l'Or bien avant que le prince Henri lançât les navigateurs portugais, tout novices encore alors, sur la même route : la chronique contemporaine de la Conquête des Canaries, par le baron normand Jean de Béthencourt, en l'année 1402, ne permet, à cet égard, aucun doute.

Et d'abord on voit l'expédition française, après avoir touché à Cadiz, reprendre la haute mer pour venir en droiture aux Canaries, et arriver à Lancelote au mois de juillet 1402 ; après quoi Béthencourt fit un voyage en Espagne pour y rendre hommage au roi de Castille ; et les chapelains qui ont écrit son histoire assurent que « Mon-
« sieur de Béthencourt, qui toutes les
« îles Canarianes a veu et visité (et
« aussi a fait messire Gadiffer de la
« Salle, bon chevalier et sage; et aussi
« ont-ils toute la costière des Mores
« et du destroit de Maroch en venant
« devers les îles), dit ainsi : que si
« aucuns nobles princes du royaume
« de France ou d'ailleurs vouloient entreprendre aucune grand'conqueste
« par deçà, qui seroit une chose bien
« faisable et raisonnable, ils le pour-
« roient faire à peu de frais, car Por-
« tugal et Espagne et Aragon les four-
« niroient pour leur argent de toutes
« vitailles et de navires plus que nul
« autre pays, et aussi de pilotes qui
« savent les ports et les contrées. »

Voilà bien pour la côte mauresque, où les Portugais, les Espagnols et les Catalans avaient l'habitude de caboter, c'est-à-dire, jusqu'au cap de Noun, ou au moins jusqu'au cap de Cantin. Voyons plus loin.

« Or est l'intention de Monsieur de
« Béthencourt de visiter la contrée de
« la terre-ferme, du cap de Cantin qui
« est mi-voye d'ici et d'Espagne, jus-
« ques au cap de Bugeder, qui fait la
« pointe de la terre-ferme au droit de
« nous, et s'estend de l'autre bande
« jusques au fleuve de l'Or, pour voir
« s'il pourra trouver aucun bon port
« et lieu qui se peust fortifier et estre
« tenable quand temps et lieu sera,
« pour avoir l'entrée du pays et pour
« le mettre en treu s'il chet à poinct. »

Ici, on le voit, il n'y a plus de pilotes portugais, espagnols ou catalans ; il faut que nos Français aillent eux-mêmes explorer la côte pour savoir s'il y a quelque port convenable. —
« Et mesmement, dit plus loin la Chro-
« nique, se partit, la saison avant,
« Monsieur de Béthencourt, et vint par
« deçà un basteau avec quinze compa-
« gnons dedans, d'une des îles nom-
« mée Erbanie, et s'en alla au cap de
« Bugeder, qui siet au royaume de la
« Guinoye, à douze lieues près de
« nous ; et là prindrent des gens du
« pays, et s'en retournèrent à la
« grand' Canare. »

Dans un autre endroit : « L'en ne
« compte du cap de Bugeder jusques
« au fleuve de l'Or que cent cinquante
« lieues françoises, et ainsi l'a mons-
« tré la carte ; ce n'est singlure que
« pour trois jours pour naves et pour
« barges ; car gallées qui vont terre à
« terre prengnent plus long chemin ;
« et quant pour y aller d'icy, nous n'en
« tenons pas grand compte. »

Plus tard, au retour d'un voyage en

23ᵉ *Livraison.* (ILES DE L'AFRIQUE.)

France, Béthencourt voulut faire une descente à la grande Canarie, et il partit de Fortaventure avec trois galères le 6 octobre 1405. « Fortune vint dessus la mer, que les barges furent départis, et vindrent tous trois près « des terres sarrazines, bien près du « port de Bugeder (*), et là descendit « Monsieur de Béthencourt et ses gens, « et furent bien huict jours dans le « pays, et prindrent hommes et femmes « qu'ils emmenèrent avec eux, et plus « de trois mille chameaux; mais ils ne « les peurent recueillir au navire, et « en tuèrent et jarèrent, et puis « s'en retournèrent à la grand' Canare « comme Monsieur de Béthencourt l'a- « voit ordonné. » — Cette expédition est rappelée dans le récit de l'audience que le pape Innocent VII donna quelques mois après à Béthencourt, qui venait lui demander un évêque pour les Canaries : « Ainsi que j'entens le « pays de terre-ferme n'est pas loing « d'ylà; le pays de Guynée et le pays « de Barbarie ne sont pas à plus de « douzé lieues; encore me rescript le « roy d'Espaigne que vous avez esté « dedans ledit pays de Guynée bien « dix lieues, et que vous avez tué et « amené des Sarrazins d'iceluy pays. »

Ainsi, vingt-neuf ans déjà avant l'entreprise tant vantée de Gil Eannes, nous voyons les Français faire une ghazyah de huit jours sur les terres africaines, au sud du cap de Bugeder : que valent, auprès de ce seul fait simplement énoncé, le bruit retentissant et le pompeux éclat d'une aveugle renommée?

Cependant, après avoir démontré la priorité des Français sur les Portugais dans leurs navigations au delà du cap Noun et du cap Boyador, nous n'avons pas la prétention de nier que d'autres découvreurs n'eussent précédé les nôtres en ces parages; nous devons loyalement déclarer, au contraire, que s'il n'existe point d'histoire certaine et suivie des explorations antérieures, les résultats du moins en sont déjà consignés d'une manière irrécusable sur les cartes du quatorzième siècle, où l'on voit un tracé parfaitement exact et détaillé de la côte africaine jusqu'au cap Boyador, avec une indication plus vague du littoral ultérieur jusqu'au fleuve de l'Or; la fameuse carte catalane de 1375 est un précieux monument de ces notions anciennes que l'histoire écrite n'a point constatées; et elle nous offre la mention d'un voyage au fleuve de l'Or, entrepris, dès l'année 1346, par le mayorquin Jacques Ferrer (*); ce voyage n'était sans doute pas le premier : car on ne fait point un armement à destination fixe, quand on ne connaît pas, approximativement au moins, le but que l'on doit atteindre.

Ce voyage, en effet, n'était point une nouveauté pour des gens habitués aux côtes d'Afrique; la chronique des chapelains de Béthencourt raconte les pérégrinations d'un frère mendiant espagnol qui, par deux fois, visita ces parages, et la seconde « trouva Mores « qui armoient une galère pour aller « au fleuve de l'Or, et se loua avec « eux, et entrèrent en mer, et tindrent « le chemin au cap de Noun et au cap « de Saubrun (**), et puis au cap de « Bugeder, et toute la costière devers « midy jusques au fleuve de l'Or. »

Les Maures, au surplus, c'est-à-dire les Arabes de Mauritanie, étaient accidentellement allés déjà beaucoup plus au sud, jusque dans le golfe d'Arguin, qu'ils appelaient le golfe Vert, ainsi que le géographe Ebn-Sa'yd le raconte du voyageur Ebn-Fathymah.

(*) La légende de la carte de 1375 est ainsi conçue :

« Partich l'uxer d'En Jac. Ferer, per anar « al riu de l'or, al gorn de san Lorens qui es « à X de agost, e fo en l'any m. ccc. xlvj. »

Un manuscrit plus récent, qui appartenait autrefois aux archives secrètes de Gênes, répète cette mention, en ajoutant que l'on n'avait plus eu, depuis, aucune nouvelle du bâtiment.

(**) C'est-à-dire le cap de *Sabro*, *Sabium*, *Sabion*, *Sabbie*, ou *Sabj*, ce qui signifie le cap de Sablon ou de Sable, dont les Anglais ont fait le cap Juby, devenu même, sur quelques cartes françaises, le cap *Djoubi*.

(*) Ce port est au sud du cap.

Une expédition génoise avait dès longtemps précédé celle de Ferrer; Foglietta, Giustiniano, dans leurs histoires de Gênes, Usodimare dans un manuscrit conservé aux archives royales de sa patrie, l'ont racontée avec des détails divers, mais concordants, qui se complètent les uns les autres; et une mention expresse en est faite aussi par le savant docteur Pierre d'Abano; celui-ci, mort en 1315 ou 1316, disait ce voyage exécuté près de trente ans avant l'époque où il écrivait; et Usodimare, dans une lettre datée du 12 décembre 1455, le rapportait à cent soixante et dix ans en arrière de son propre voyage. Cette double indication nous reporte à l'année 1285, tandis que Giustiniano, et Foglietta après lui, énoncent l'année 1291, et que, sur deux manuscrits où se trouve consigné le récit d'Usodimare, l'un porte 1281, et l'autre 1290; voilà un désaccord apparent qui n'a rien de grave, et qui dépend uniquement de la manière de lire le dernier caractère d'une date énoncée en chiffres romains : nous lirons, nous, M. CC. LXXXV.

« En cette année, Thedisio D'Oria
« et Ugolin de Vivaldo avec (Guy) son
« frère, et quelques autres, tentèrent
« un voyage nouveau et inusité, celui
« de l'Inde par l'Occident; ils armèrent
« à leurs frais deux galères bien équi-
« pées, emmenèrent avec eux deux
« moines franciscains, et se mirent
« ainsi en route pour l'Inde.

« Ces deux galères naviguèrent beau-
« coup; mais quand elles furent en la
« mer de Guinée, l'une d'elles se
« trouva sur un bas-fond de manière
« à ne pouvoir naviguer ni aller de
« l'avant; mais l'autre continua sa
« marche et fit route par cette mer
« jusqu'à une ville d'Éthiopie, appelée
« Ména, où ils furent pris et détenus
« par les gens de ladite ville, qui sont
« des chrétiens d'Éthiopie, soumis au
« Prêtre-Jean; la ville elle-même est
« sur le littoral, auprès du fleuve
« Gion. Ils furent si bien retenus,
« qu'aucun d'eux n'est jamais revenu
« de ces contrées. Voilà ce qu'a raconté
« le noble génois Antoniotto Usodi-
« mare. »

Usodimare dit lui-même, dans la lettre qu'il écrivait de Lisbonne à ses créanciers, pendant les préparatifs de l'expédition où il découvrit les îles du cap Vert, que, dans son précédent voyage, il avait rencontré un homme de sa nation, rejeton de ceux qui montaient la galère de Vivaldo, perdue cent soixante et dix ans auparavant; lequel affirmait que, sauf lui-même, il ne restait plus personne de leur race.

Ainsi les Français, les Catalans, les Maures, les Génois, avaient, le long de la côte africaine, frayé la voie aux explorations qui ont fait ensuite la gloire du prince Henri. Les historiens portugais contemporains, moins exclusifs à cet égard que les critiques modernes, laissent poindre quelques indices des navigations des autres peuples en ces mêmes parages : quand Diego Affonso, arrivé au cap Blanc en 1446, y eut fait planter une grande croix de bois : « Ce devait être, dit
« Zurara, une grande surprise pour
« quelqu'un d'*autre royaume* qui d'a-
« venture passât en vue de cette côte,
« sans rien savoir des voyages de nos
« navires en cette région, d'apercevoir
« chez les Maures un pareil signal. »
Aveu précieux, en ce qu'il constate à la fois que des étrangers visitaient ces mers, et qu'ils pouvaient ignorer encore les prouesses maritimes des Lusiades.

Les navigations portugaises dans l'Atlantique n'étaient d'abord en effet que les essais graduels d'un peuple novice dans la pratique de la mer, et préludant seulement aux glorieuses destinées que lui réservaient, dans un avenir prochain, ses efforts soutenus, son audace croissante, et ses progrès merveilleux dans cette même carrière. Il en était encore aux cinglages journaliers d'un timide cabotage, quand ses devanciers voguaient hardiment au large pour se rendre en droiture à leur destination. Un prince éclairé, le roi Denis le Libéral, avait préparé l'éducation nautique et la future émancipation maritime du Portugal, en engageant à son service d'habiles marins étrangers; par un traité passé, en 1317, avec le génois Emmanuel Pezagno, il s'était attaché celui-ci comme amiral héréditaire, avec charge expresse de fournir et tenir toujours au complet un état-major de vingt officiers génois pour le commandement et la conduite de ses galères. Aussi ne doit-on point s'étonner que les cartes italiennes du moyen âge nous offrent le tracé exact des archipels des Açores, de Madère et des Canaries, bien avant les dates assignées par les Portugais à leurs découvertes.

Quant aux Açores, les jésuites Gaspard Fructuoso et Antoine Cordeyro, qui y étaient nés tous deux, et qui en ont écrit des histoires détaillées, et l'oratorien Joseph Freire, auteur d'une biographie de l'infant dom Henri, devenue classique, s'accordent à placer la découverte et la colonisation successive de ces îles, depuis l'année 1431 jusqu'en 1460, et c'est Gonçalve Velho Cabral à qui l'on fait honneur de la rencontre des Formigas en 1431, et de la première reconnaissance de Sainte-Marie le 15 août 1432, comme de Saint-Michel le 8 mai 1444.

Cependant la carte catalane de Gabriel de Valsecca, datée de 1439, et sur laquelle est figuré l'archipel entier des Açores, offre en cet endroit une légende portant que « ces îles furent « trouvées par Diegue de Séville, pilote « du roi de Portugal, en l'année 1427. » — Cette légende ne paraît point s'appliquer aux deux îles extrêmes de Corvo et de Flores, mais seulement à la série de Saint-George, Fayal, Pico, Tercère, Saint-Michel et Sainte-Marie, inscrites sous des noms qu'on ne retrouve point ailleurs, savoir : *illa de Sperta, Guatrila, ylla de l'Inferno, ylla de Fruydols, ylla de Osels*, plus un nom effacé.

Le père Cordeyro a mentionné, au surplus, en ce qui concerne Saint-Michel, une tradition d'après laquelle un Grec, surpris à Cadiz par une tempête, vers l'année 1370, plus de soixante et dix ans avant la découverte portugaise, avait été emporté jusqu'à cette île, qu'il résolut dès lors de coloniser et de se faire concéder; mais ayant voulu d'abord en éprouver le climat, il y revint avec beaucoup de bétail, le perdit presque aussitôt, et se désista en conséquence de son projet.

Il est certain que les cartes du quatorzième siècle, en remontant jusqu'au portulan médicéen de 1351, nous offrent tout l'archipel des Açores dessiné avec précision et détail, et avec une remarquable exactitude dans le groupement des îles, sauf un défaut général d'orientation qui les aligne du nord au sud, au lieu du nord-ouest au sud-est. Le portulan médicéen ne donne point le nom de chacune des îles, mais il leur attribue, par groupe, une appellation commune, comme *Insule de Cabrera* pour les deux îles de Sainte-Marie et Saint-Michel; *Insule de Ventura sive de Colombis* pour les trois îles de Saint-George, Fayal et Pico; et *Insule de Corvis marinis*, pour les deux îles de Corvo et Flores; Tercère seule a sa dénomination propre de *insula de Brazi*. Mais les cartes ultérieures nous offrent une nomenclature complète, qui conserve sa physionomie italienne même sur les cartes catalanes de 1375 et de 1400, et qui se retrouve encore sur la carte d'André Bianco de 1436, bien que défigurée dans l'inhabile déchiffrement de Formaléoni.

Petite et ronde, Sainte-Marie apparut comme un œuf à ses premiers découvreurs, qui l'appelèrent en conséquence l'*Uovo*, l'*Ovo*, ou l'*Obo* suivant la lecture douteusement exacte de Formaléoni. Saint-Michel, qui leur offrit sans doute des troupeaux de chèvres, reçut d'eux le nom de *Cabrera, Capraria,* ou peut-être *Chaprera*, que Formaléoni a lu *Chapesa*.

Tercère, ou la troisième, que les Portugais appelaient auparavant île de Jésus ou du Bon Jésus, est fameuse par son nom primitif d'*Insula de Brazil*, où certains rêveurs croyaient trouver, comme dans celui d'*Antilia*, la révélation de quelque notion anticipée de l'Amérique, tandis qu'il s'agissait uniquement ici d'un bois de teinture qui abondait dans l'île comme il abonde sur la terre ferme du Brésil.

L'île du Pic offrit sans doute à ses découvreurs abondance de pigeons sauvages, si l'on en juge par la dénomination d'*Insula de Colombis* ou *di Colonbi*, ou bien simplement *li Columbi*, inscrite sur les cartes du quatorzième et du commencement du quinzième siècle.

L'île Fayal, que ses forêts de hêtres ont fait ainsi appeler vers le milieu du quinzième siècle, avait été visitée plus d'un siècle auparavant, et peut-être la première de toutes, sous l'influence d'une tempête qui y conduisit accidentellement quelque vaisseau; c'est du moins ce que semble constater le nom qui lui fut primitivement donné, et qui se lit uniformément *Insula de Ventura* ou *de la Ventura* sur toutes les cartes anciennes, même sur celle de Bianco, disons-le hardiment, bien que la légèreté de Formaléoni ait burlesquement transformé *Ventura* en *Bentufla*, comme pour susciter à plaisir les élucubrations des étymologistes, qui ne se sont fait faute d'expliquer gravement par l'arabe la billevesée du libraire vénitien.

Saint-George garde encore sa dénomination originaire, *San Zorzo*, *San Zorzi* ou *Sancto Zorzi*, due sans doute au patron du jour où elle fut abordée pour la première fois.

Ce fut probablement l'abondance des lapins qui valut à l'île de Flores son nom primitif de *li Coniyi*, défiguré en *Coriios* par Formaléoni. Enfin, Corvo, la plus éloignée des Açores, garde encore, sous cette forme, le nom que lui avaient donné les premiers découvreurs, lesquels, à raison du nombre d'oiseaux de cette espèce qu'ils y avaient rencontrés, l'appelaient *Insula de Corvis marinis* ou *de Corvi marini*, que Formaléoni a lu *Corbo marinos* sur la carte d'Andrea Bianco.

Graciosa ne paraît sur aucune de ces cartes.

De l'archipel des Açores, passons à celui de Madère : nous aurons à faire, en ce qui le concerne, des observations tout à fait semblables. La rencontre fortuite de Porto-Santo par Jean Gonçalvez Zarco, ne date que de 1418 au plus tôt; la reconnaissance qu'il fit ensuite de Madère est de l'année 1420. Barros avait reçu de la famille de ce seigneur communication d'une relation détaillée de son entreprise; mais une autre relation circonstanciée en avait été écrite par François Alcaforado, qui était aussi du voyage, et celle-ci contenait l'aveu très-explicite des indications fournies d'avance aux Portugais, sur l'existence et la position de Madère, par un pilote espagnol qui les avait reçues de quelques naufragés anglais; ces derniers avaient été les compagnons d'infortune de Robert Macham qui, sous le règne d'Édouard III d'Angleterre (en 1344), s'était embarqué à Bristol pour passer en France avec une jeune lady qu'il avait enlevée : une tempête les poussa à Madère, où Macham perdit sa maîtresse, et mourut lui-même de chagrin quelques jours après; ses compagnons ayant repris la mer, abordèrent en Afrique, et devenus esclaves des Maures, eurent pour compagnon de captivité le pilote sévillan Jean de Morales, qui plus tard devint le guide de Jean Gonçalvez.

Mais les cartes italiennes et catalanes du quatorzième siècle contiennent déjà le tracé de tout cet archipel, y compris le petit groupe des trois îles Désertes, et même celui des îles Sauvages : et sur toutes uniformément la nomenclature est italienne, avec cette particularité digne de remarque, que les dénominations imposés au quinzième siècle par les Portugais en sont la reproduction pure et simple, ou la traduction littérale. Ainsi *Porto Sancto* nous est déjà offert par le portulan medicéen de 1351, et l'on y voit Madère avec le nom de *Insula de lo Legname*, qui a absolument la même signification que *Ilha da Madeira* en portugais. Les *Insule Deserte* se trouvent également sur le portulan médicéen; mais les *Insule Salvatge* ou *Salvaze* ne commencent à paraître que sur la carte catalane de 1375.

Quant à l'archipel des Canaries, les

grands historiens des navigations portugaises du quinzième siècle n'avaient point dissimulé l'antériorité de l'établissement, en ces îles, des Français conduits par Béthencourt, dont l'infant dom Henri acquit les droits en 1428, en échange de certains domaines à Madère. Or, Béthencourt était parti de Normandie au commencement de 1402, avec le dessein arrêté d'aller conquérir les Canaries, ce qui suppose la connaissance déjà acquise de leur situation : bien mieux, il amenait *de France*, avec lui, des interprètes *canariens!* La chronique rédigée par ses aumôniers contient, en outre, plus d'une indication curieuse, où l'on peut trouver la preuve que ces îles étaient déjà fréquentées par les Espagnols et les Français, et la confirmation des traditions et des témoignages qui nous sont fournis par d'autres sources, sur de précédentes expéditions.

Ainsi, il y est dit que l'île de Lancelot... « souloit estre moult peuplée « de gens ; mais les Espagnols et au-« tres corsaires de mer les ont par « maintes fois prins et menés en ser-« vaige, tant qu'ils sont demourés peu « de gens ; car quand monsieur de Bé-« thencourt y arriva, ils n'estoient en-« viron que trois cents personnes. »

De ces *maintes fois*, une au moins nous est racontée avec quelque détail par les historiens espagnols et canariens : c'est celle où les vaisseaux équipés à Séville par une association formée en 1390 sous le patronage du roi de Castille Henri III, et à la tête de laquelle se trouvait Gonzalve Peraza, s'abattirent, en 1393, sur cette île, la pillèrent, et enlevèrent le chef du pays avec sa femme et cent soixante-dix de leurs sujets.

Mais c'est par des tempêtes et des naufrages que les vaisseaux d'Europe étaient surtout jetés aux Canaries ; on raconte que le biscayen Ferdinand d'Ormel, comte d'Ureña, aborda ainsi en 1786 à Gomère, où il fut bien accueilli et laissa son aumônier pour instruire les indigènes dans la foi chrétienne ; que le navire de Francisco Lopez vint naufrager le 8 juillet 1382 sur les côtes de la grande Canarie ; que le biscayen Martin Ruiz d'Avendaño fut poussé en 1377 à Lancelote, et y trouva l'hospitalité la plus gracieuse.

La perte du navire de Francisco Lopez à la grande Canarie avait laissé dans l'île treize naufragés, qui y vécurent tranquillement pendant sept années, au bout desquelles ils furent massacrés par les indigènes, et Béthencourt, à son arrivée, trouva le testament qu'ils avaient écrit douze ans auparavant pour recommander à ceux qui viendraient après eux, de se méfier de la perfidie des insulaires.

Mais il y a mieux : la chronique française cite à plusieurs reprises la carte nautique de ces parages, soit à propos de la distance du cap de Bugeder au fleuve de l'Or, soit à propos de l'île de Palme, « plus grande qu'elle « ne se monstre en la carte. » Or, nous avons en effet cette carte ou ses analogues, qui, dès 1351, nous offrent un tracé exact des Canaries, précisément avec les noms qu'elles portent encore aujourd'hui ; sauf Ténérife, qui a repris son nom indigène au lieu de celui d'île de l'Enfer, que son volcan lui avait fait donner par les découvreurs européens.

Aucune trace des Portugais ne se laisse apercevoir dans cet espace de plus de quatre-vingts années avant l'expédition de Gil Eannes ; mais remontons un peu plus haut : nous voyons en 1344 Louis d'Espagne, arrière-petit-fils d'Alphonse le Sage et de saint Louis, recevoir à Avignon, du pape Clément VI, l'investiture des îles Canaries à titre de principauté héréditaire, et le saint-père écrire aux rois de France, de Sicile, d'Aragon, de Castille, de Portugal, au dauphin de Viennois, et au doge de Gênes, pour leur recommander de prêter au nouveau souverain l'appui de leurs finances et de leurs forces navales. La réponse d'Alphonse IV de Portugal, datée du 12 février 1345, contient ce passage remarquable : « Considérant que ces « îles nous sont plus voisines qu'à aucun « autre prince, et qu'elles pourraient « être plus convenablement subjuguées

« par nous, nous y avons appliqué no-
« tre pensée, et voulant mettre à exé-
« cution notre dessein, nous y avons
« envoyé, pour examiner l'état du
« pays, des gens à nous et quelques
« navires, qui, abordant à ces îles, y
« ont enlevé de force des hommes, des
« animaux et autres objets, qu'ils ont,
« à notre grande satisfaction, ramenés
« dans nos États. »

C'est là une révélation importante, dont l'explication semble, au premier aspect, offrir quelque chose d'embarrassant : quoi ? ces mêmes Portugais, si novices dans l'art de naviguer au commencement du quinzième siècle, auraient déjà fait des expéditions aux Canaries dans la première moitié du siècle précédent ? — Non; il n'y a là qu'une équivoque dont l'explication est facile : le roi de Portugal avait envoyé des vaisseaux aux Canaries, rien n'est plus vrai; mais ce n'étaient pas des marins portugais qui les avaient conduits, et c'est le cas de se souvenir que Gênes était en possession de fournir à Lisbonne l'amiral héréditaire de ses flottes, les capitaines et les patrons de ses galères. On a retrouvé dans les papiers du célèbre Boccace le récit d'une expédition de deux navires et une allège, envoyés en effet par le roi de Portugal, de Lisbonne aux Canaries, en 1341, quatre ans avant la réponse au pape Clément VI; cette expédition ramena en Portugal des hommes, des dépouilles d'animaux et d'autres objets, *comme le déclare cette réponse*; c'est donc là précisément l'expédition dont Alphonse IV parle au souverain pontife. Or la relation elle-même nous dit que les capitaines des navires étaient italiens : c'étaient le génois Nicolosso di Recco, et le florentin Angelino del Tegghia dei Corbizzi. Au point de vue de la politique l'expédition était portugaise, il serait puéril de le nier; mais au point de vue de la science elle était italienne, il ne serait pas moins puéril de le méconnaître.

Ce n'est pas tout. Dans sa lettre au pape, Alphonse IV ajoute encore :
« Mais quand nous songions à envoyer,
« pour conquérir ces îles, notre flotte
« avec de nombreuses troupes de cava-
« liers et de fantassins, la guerre, al-
« lumée d'abord entre nous et le roi
« de Castille, puis entre nous et les
« rois sarrasins, s'opposa à notre pro-
« jet. » Est-ce à dire que la naissance de cette guerre, qui éclata à la fin de 1336, vint à la traverse des préparatifs déjà résolus pour la conquête des îles ? ou bien que les soins de la guerre, qui après avoir depuis 1336 occupé Alphonse contre la Castille, l'occupèrent jusqu'en 1344 contre les Sarrasins, ne lui avaient pas encore permis de mettre à exécution ses vues sur les Canaries ? Ce dernier sens paraît beaucoup plus probable. A moins qu'on ne voulût expliquer les choses de telle manière qu'Alphonse aurait envoyé en 1341 l'expédition d'exploration, après avoir été empêché en 1336, par la guerre, d'envoyer une expédition de conquête. Dans tous les cas, la date de 1336 signalerait les plus anciennes tentatives essayées, voire projetées par le gouvernement portugais.

Or cette date même est primée par celle que les historiens des Canaries attribuent à l'arrivée en ces îles d'un navire français qui y fut poussé par la tempête; le père Abreu Galindo dont on vante l'exactitude, dit que cet événement se place entre les années 1326 et 1334.

On serait tenté de rattacher à cette *indication* le nom de Lancelot Maloisel, qui nous est fourni par la précieuse chronique de Béthencourt, lorsque, racontant les événements arrivés en l'île Lancelote à la fin de l'année 1402, elle nous offre ce passage : « Aucuns
« jours après transmit Gadifer de ses
« gens pour quérir de l'orge, car nous
« n'avions plus de pain si peu non; si
« assemblèrent grande quantité d'orge,
« et le mirent dans un *vieil chastel* que
« Lancelot Maloisel avait *jadis* fait
« faire, selon que l'on dit. »

Ce personnage, dont la trace était déjà si vieille au temps de l'arrivée de Béthencourt, mérite d'autant plus d'exciter notre curiosité, que suivant toute apparence c'est de lui que tenait son nom l'île même où il avait jadis bâti son ancien château ; cette hypothèse devient même une certitude dès qu'on fait quelque attention à une particularité digne de remarque et qui est trop longtemps restée inaperçue, à savoir, que tout à côté, ou dans un voisinage plus ou moins immédiat du nom bien connu d'*Insula di Lanciloto, Lansalot,* ou *Lansaroto*, inscrit sur tous les portulans des quatorzième et quinzième siècles, sans exception, on aperçoit souvent cet autre nom, *Maloxelo, Maloxeli, Marogelo* ou *Maroxello*, qui complète ainsi le nom entier de *Lanciloto Maloxelo*, forme italienne qui correspond incontestablement à la forme française *Lancelot Maloisel.*

Ainsi voilà bien, désigné par son nom, le premier Européen, à notre connaissance, qui ait usé du droit de découverte en ces parages en donnant ce nom même à l'île où il s'était établi ; et la postérité a consacré son droit en maintenant cette dénomination.

Mais il est une circonstance à laquelle on n'a point encore assez pris garde, à laquelle on n'a point attaché l'attention et l'importance qu'elle mérite : c'est que toutes les cartes des quatorzième et quinzième siècles, sans exception aussi, en donnant le tracé des Canaries, peignent constamment Lancelote d'argent à la croix de gueules, c'est-à-dire aux armes de Gênes. Or les armes d'un État, placées de cette manière sur une terre éloignée, constatent irréfragablement un droit de possession officiel et reconnu, de la part de cet État, sur le pays ainsi estampillé de ses armes ; et dans le cas actuel, ce droit de possession de Gênes sur Lancelote se trouve constaté, dès 1351, par le portulan médicéen que nous avons tant de fois invoqué.

Et si l'on se demande à quelle date remonte ce droit de possession, Pétrarque nous répondra, avec l'autorité qui s'attache à un pareil témoignage, que cette date est fort ancienne ; car il nous dit, lui né en 1304, qu'une flotte de guerre génoise avait pénétré aux Canaries tout un âge d'homme avant lui : « Eò siquidem, patrum memoriâ, « Januensium armata classis penetra- « vit. » Cela nous reporte assez loin dans le treizième siècle ; et s'il nous faut, pour préciser les idées, énoncer un millésime grossièrement approximatif, nous hasarderons, sans tirer à conséquence, le chiffre conjectural de 1275.

Cette prise de possession génoise, qui remonte si haut, remplaça-t-elle donc le droit de découverte et d'occupation première de Lancelot Maloisel, dont le souvenir au moins, sinon la durée, est constaté et perpétué par les mêmes monuments géographiques où demeure stéréotypé aussi le droit de Gênes ? Et faudra-t-il faire remonter l'établissement de Lancelot plus haut encore que l'occupation génoise ? — Nullement ; car loin de s'exclure l'un l'autre, ces deux droits se confondent ; ils se confondent, disons-nous, car Gênes est fondée à revendiquer le nom de Maloisel, soit qu'il revête sa forme italienne de *Malocello* ou *Marocello*, soit qu'il prenne la forme latine de *Malocellus* ou *Malus-Aucellus*, soit qu'il conserve la forme primitive française sous laquelle il vint se nationaliser jadis dans la Ligurie. Ouvrons les annales de Gênes, et depuis le commencement du douzième siècle jusqu'à la fin du seizième nous verrons cette noble famille figurer sans interruption sur la liste des premiers magistrats de la république ; son nom se retrouve dans les marchés par lesquels saint Louis nolisait des navires génois pour ses saintes expéditions d'outre-mer ; il se retrouve encore sur la liste des officiers commandant les galères génoises au service de France sous Philippe de Valois ; le prénom même de *Lanciloto* ou *Lanzaroto* se rencontre parmi ceux qui étaient en usage dans cette famille distinguée, complétement éteinte aujourd'hui ; et pour qu'il ne puisse nous rester aucun doute sur la nationalité génoise du premier occupant de Lancelote, un portulan dressé en 1455 par le génois Barthélemi Pareto, porte, auprès de cette île, l'inscription que voici, et que l'abbé Andrés avait incorrectement lue : *Lansaroto Maroxello januensis*. A quelle date exacte, à quel degré précis, dans le tableau généalogique de sa maison, doit prendre sa place ce Lancelot? Nous laissons au zèle érudit et patriotique des savants génois le soin de le découvrir dans la poussière de leurs archives et de leurs papiers de famille.

En définitive, c'est à des vaisseaux de Gênes, et en particulier au noble Génois Lancelot Maloisel qu'est due l'expédition européenne la plus ancienne que nous connaissions, vers les Canaries. Ce résultat ne doit point étonner; il y aurait lieu d'être surpris, au contraire, qu'il en eût été autrement : l'Italie fut l'institutrice de l'Europe au moyen âge, comme elle l'avait été dans les temps antiques; et Gênes avait donné un immense développement à sa marine bien avant que les puissances occidentales eussent pu, de proche en proche, s'enhardir à son exemple jusqu'à tenter d'aventureuses navigations vers les parages inconnus de l'Océan. Lancelot Maloisel en allant aux Canaries; Tédisio Doria et les frères Vivaldi en cherchant la route de l'Inde par la mer de Guinée, devançaient leur siècle, comme Christophe Colomb étonnait et devançait le sien en s'élançant à la découverte du nouveau monde.

Les Portugais furent moins précoces; mais la renommée et la puissance les dédommagèrent amplement de leur tardive entrée dans la carrière; et leur part, réduite à ses justes limites, est encore assez belle dans l'histoire des découvertes, pour qu'ils n'aient, de ce côté, rien à envier aux autres nations.

§ II.
ARCHIPEL DES AÇORES (*).

I. DESCRIPTION GÉNÉRALE.

1° LE SOL.

Situation générale des Açores; dénominations diverses.

Les Açores forment, au milieu de l'océan Atlantique, un archipel qui s'étend sur une longueur de plus de cent lieues marines de l'ouest-nord-ouest à l'est-sud-est, entre les 36° 59′ et 39° 44′ de latitude nord, et les 22° 50′ et 28° 47′ de longitude à l'occident du méridien de Paris.

Elles ont été divisées par la nature en trois groupes distincts, placés à une distance assez considérable les uns des autres; le premier, situé à l'extrémité orientale de l'archipel, ne comprend que les deux îles de Sainte-Marie et Saint-Michel, précédées et en quelque sorte annoncées par cet amas de roches pointues que l'on appelle les Fourmis; le second, ou le groupe central, comprend Tercère, Saint-George, le Pic, le Fayal, et Graciosa; le troisième, formant l'extrémité occidentale, comprend les deux îles de Flores et Corvo.

Dépendance politique du Portugal, les Açores ont été rattachées par quelques géographes à l'Europe, dont elles sont en effet plus voisines que de l'Afrique continentale; mais cette attribution irréfléchie, à bon droit répudiée par Malte-Brun, est contraire à toutes les indications de la géographie physique, de la géologie et de l'histoire : même au point de vue de la proximité relative, la distance des Açores à l'égard de Madère, dépendance immédiate de l'Afrique, est moins considérable que celle qui les sépare de l'Europe.

Nous nous garderons bien d'oublier, nous, que les Açores constituent un archipel analogue de situa-

---

(*) Cette description des Açores est due en majeure partie à la collaboration de M. Oscar Mac Carthy, secrétaire de la Société orientale de Paris, en prenant pour guides principaux le père Cordeiro (1717), le docteur Webster (1821), le capitaine Boid (1835), et le docteur Bullar (1841).

tion, d'aspect, d'origine, avec les archipels de Madère, des Canaries et du cap Vert; que la tradition antique de l'Atlantide les rattache à ces autres fractions éparses d'un même continent effondré, et qu'enfin l'histoire des découvertes modernes les encadre dans un même réseau d'explorations maritimes entreprises autour de l'Afrique.

Elles reçurent des colons portugais qui s'y établirent les premiers, le nom d'îles des *Açores*, c'est-à-dire, des autours ou des milans, à raison du nombre immense de ces oiseaux de proie qu'ils y rencontrèrent, et cette dénomination a été consacrée par le temps. Elles ont aussi été appelées îles *Flamandes*, soit parce qu'un navigateur flamand les aurait le premier aperçues, soit plutôt à cause des familles flamandes auxquelles il en fut concédé une partie pour les coloniser; ce nom, qui ne pouvait strictement convenir qu'à Tercère, au Fayal, au Pic et à Saint-George, fut appliqué non-seulement au groupe central dans lequel sont comprises ces quatre îles, mais à l'archipel même tout entier. On en peut dire autant de la dénomination générale d'îles *Tercères*, qui, de la seule Tercère, s'étend à tout le groupe central dont elle est la plus considérable, et à l'archipel entier, qui la reconnaît pour sa capitale. Les Anglais les ont appelées et les appellent encore quelquefois *Western* ou Occidentales, ce qui est suffisamment justifié par leur position à l'extrême occident de l'ancien monde.

Constitution géologique.

Toutes ces îles doivent être considérées comme le produit d'une action volcanique sous-marine; le géologue en découvre à chaque pas des traces manifestes empreintes dans le sol; Sainte-Marie seule, bien qu'émergée sous l'influence des mêmes causes, n'offre point à sa surface l'indice de l'effort des feux souterrains.

Ces grands mouvements de la nature impriment aux régions qui les ont subis, un cachet particulier que nulle part on n'observe avec plus d'intérêt qu'aux Açores. L'aspect général en est pittoresque et hardi, les formes saillantes et fortement prononcées. La surface de la plupart d'entre elles présente une succession irrégulière de montagnes isolées de forme conique ou pointue, et de plateaux dont la hauteur varie entre six cents et quinze cents mètres, celles-là séparées par de riantes vallées, ceux-ci entrecoupés d'affreux ravins et de profondes déchirures causées par l'action des pluies sur des matériaux volcaniques peu consistants; de toutes parts les reliefs se terminent abruptement à la mer par des rocs perpendiculaires, semblables à de hautes murailles, fréquemment rendues inaccessibles par la facile désagrégation des laves et la friabilité du tuf dont elles sont formées.

Bien que, suivant toute apparence, la formation des Açores appartienne à un âge récent, on n'a pu encore constater, dans l'ensemble de leurs éléments constitutifs, un ordre général de superposition ou de stratification assez nettement indiqué pour permettre au géologue de fixer, avec quelque degré de probabilité, l'époque à laquelle les diverses parties qui les composent maintenant se sont élevées du fond de l'Océan. La succession des couches stratifiées est tellement irrégulière, que les caractères observés sur un point sont presque toujours diamétralement opposés et entièrement contradictoires avec les phénomènes qui se manifestent sur un autre point. La disposition abrupte des rochers de ceinture a du moins l'avantage de faciliter l'étude de la position relative et de la nature des couches dont ils sont composés. Il résulte de l'examen de ces coupes naturelles, tant sur la côte que dans les ravins de l'intérieur, que les strates sont formées de masses de basalte compacte renfermant des cristaux de horn-blende et d'olivine incrustés dans une sorte de pâte grenue rude et friable, entièrement feldspathique, à odeur d'argile. Le même basalte se reconnaît aussi dans presque tous les rocs et les îlots disséminés autour des grandes îles, et qui en ont évidemment été séparés par l'érosion et la destruction totale des matériaux moins résistants qui les unissaient jadis aux terres voisines.

Ce basalte affecte rarement une cristallisation régulière. On en trouve cependant quelques prismes très-courts en certains endroits, comme à la Pointe d'Ajuda, sur la côte nord de Saint-Michel, où il forme un petit parapet colonnaire, et à l'île Saint-George, un peu à l'ouest du port de Vellas, où il forme une sorte d'arcade d'un effet très-pittoresque à l'entrée d'une petite crique digne du pinceau d'un artiste.

Aucune de ces masses basaltiques ne paraît alterner nulle part avec les terrains superposés, que ce soient des laves poreuses ou leucitiques, ou des conglomérats; d'où il semble raisonnablement permis de conclure que ces basaltes doivent être rapportés à un âge fort antérieur au reste du sol émergé.

Les divers éléments géologiques superposés aux basaltes dont il vient d'être question, sont si irrégulièrement distribués, qu'on rencontre fréquemment ainsi des conglomérats exclusivement formés de substances volcaniques contenant de gros fragments de basalte, de lave leucitique, de pierre ponce et d'obsidienne. Quelquefois le grain en est grossier, et forme une sorte de poudingue; d'autres fois, il est extrêmement fin, les fragments sont plus tendres et plus homogènes, et leur pâte assez ductile pour devenir propre à la fabrication de la poterie.

Ces conglomérats se montrent dans toutes les positions, depuis le niveau de la mer jusqu'au sommet des plus hautes montagnes, ce qui tend à prouver qu'à l'époque de leur formation celles-ci se trouvaient sous les flots de l'Océan. Ces mêmes conglomérats servent souvent aussi de base à des collines entières de scories et de pierre ponce, mêlées à des coulées d'obsidienne, comme au pic de Bagacina en l'île Tercère, et dans toutes les montagnes qui s'élèvent entre la belle vallée de Furnas et la mer, en l'île Saint-Michel; en ce dernier endroit, la pierre ponce est en telle quantité, qu'elle pourrait devenir un objet de commerce des plus profitables, si l'esprit d'entreprise et l'industrie s'en occupaient.

On trouve fréquemment dans ces masses de scories et de pierre ponce, de grands billots de bois et des troncs d'arbre bien conservés, ayant subi très-peu d'altération : on fait généralement remonter leur origine jusqu'au déluge; mais c'est, en réalité, le produit d'une action beaucoup plus moderne, d'un phénomène particulier encore commun dans différentes parties des Açores, savoir, l'éboulement de montagnes entières surplombantes qui tombent de toute leur hauteur sur les plaines inférieures, en causant de grands désastres, ensevelissant dans leur chute maisons, arbres, hommes et animaux. Ces éboulements paraissent dus au concours de diverses causes réunies, mais principalement à l'action des vapeurs sulfuriques sur les scories tendres et les pierres ponces qui composent ces montagnes; ou à celle des torrents dont l'érosion continue mine sourdement et finit par détruire la base sur laquelle elles sont assises.

Le sol de presque toutes ces îles a revêtu, sous l'influence des agents volcaniques et des éruptions successives, un aspect et des caractères géologiques des plus curieux; partout se laisse apercevoir l'empreinte du feu, et d'énormes fragments de lave ont été lancés dans toutes les directions, à de telles distances qu'il est souvent difficile de se rendre compte de la position isolée où on les rencontre.

Les Açores sont toutes plus ou moins remarquables par le nombre de leurs grottes, dont l'aspect intérieur est aussi étrange que romantique; elles ont fréquemment 250 à 300 mètres de profondeur, une hauteur proportionnée, et quelquefois, tout au fond, une source d'eau limpide. Elles ont évidemment été formées par la submersion, dans la lave incandescente, d'amas de scories friables et tendres qui se sont ultérieurement affaissées, ou qui ont été détrempées et entraînées par les eaux, laissant vide désormais la voûte qui s'était moulée sur elles, et que des infiltrations subséquentes sont venues çà et là orner de stalactites.

Les élévations coniques que l'on voit surgir partout, ne sont bien souvent que des cratères de volcans éteints, d'une profondeur qui varie de 15 à 600 mètres, et agréablement parés de bruyères et d'arbrisseaux verdoyants, offrant quelques-uns des paysages les plus gracieux et les plus pittoresques qui se puissent trouver en ces îles ou dans toute autre contrée. Les crevasses, les déchirures, les profondes ravines dont les eaux sauvages et les pluies torrentielles ont labouré le flanc des montagnes, sont elles-mêmes, grâce aux efforts bienfaisants de la nature durant une période de plusieurs siècles, tapissées aujourd'hui de bosquets touffus et d'épais buissons, dont la riche verdure a fait de ces vallons de charmantes retraites, souvent choisies comme les lieux d'habitation les plus agréables et les plus féconds de ces îles.

La constitution géologique des Açores indique assez qu'il doit s'y rencontrer des sources minérales en abondance; elles sont en effet très-nombreuses, offrant une grande variété de températures et de propriétés. Ces eaux privilégiées pourraient devenir pour les Açoréens une source de richesses, si l'état du pays et les commodités de la vie étaient de nature à y attirer ceux qui peuvent avoir besoin de recourir à leur influence. Les plus remarquables sont celles du Val das Furnas et de Ribeira Grande, à Saint-Michel; celles d'Euxofra près d'Angra, à Tercère; celles de Pico et de Flores. Leur température s'élève jusqu'à cinq degrés au-dessus de la chaleur de l'eau bouillante, ce qui peut donner une idée de l'activité permanente des feux souterrains dans ce coin du globe. On suppose avec raison que toutes ces sources contribuent soit à prévenir les tremblements de terre, soit du moins à en diminuer la funeste puissance, en donnant issue aux vapeurs brûlantes dont il s'échappe sans cesse des quantités incalculables par ces nombreux soupiraux.

Les éruptions volcaniques qui ont eu lieu aux Açores depuis leur découverte, ont été aussi importantes que multipliées; la topographie particulière de chaque île nous donnera occasion de les signaler. Nous dirons seulement ici que la première et la dernière dont il soit fait mention dans l'histoire, ont eu lieu à Saint-Michel : l'une, en 1445, qui forma le lac des Sept Cités ; l'autre, en 1811, qui donna naissance à l'île Sabrina, ensevelie plus tard dans les flots d'où elle était sortie.

Les tremblements de terre, bien que fréquents aux Açores, sont loin de présenter le caractère d'effrayante puissance destructive de ceux de l'Amérique méridionale et de quelques autres points. A l'exception des grandes catastrophes de 1531 et de 1755, on ne raconte rien de grave; et à Corvo et Flores, le phénomène est même inconnu. Celles des îles qui y sont le plus sujettes et qui en ressentent encore aujourd'hui les effets, sont Tercère, Saint-George et le Fayal; de longues sécheresses suivies de pluies abondantes en sont invariablement les signes précurseurs.

Les Açores présentent à l'observateur, dans leurs phénomènes volcaniques, un sujet inépuisable de profonde méditation. Le spectacle affreux d'une ancienne dévastation, de vastes plaines de laves rejetées des entrailles de la terre en torrents enflammés, des masses compactes et rugueuses, d'un aspect sombre et triste, vomies dans les siècles passés, et formant aujourd'hui d'énormes montagnes dures et rocheuses; tout cela pénètre l'homme du sentiment de sa faiblesse, et l'oblige, en dépit de lui-même, à reconnaître et adorer le pouvoir mystérieux, incompréhensible, pour lequel ces prodiges ne sont qu'un jeu.

Climat.

Il y a peu de climats aussi beaux que celui des Açores, et la nature semble avoir été réellement prodigue en leur donnant cette douce atmosphère et cet air pur, si favorable à toutes les fonctions animales et végétales. La température y est délicieuse, et conserve durant toute l'année cette exquise douceur printanière que l'on ressent toujours quand les variations extrêmes du thermomètre ne dépassent pas 14 à 15 degrés de l'échelle centésimale. De janvier à décembre le chiffre moyen des indications thermométriques varie de 10 à 24 degrés seulement. Le voisinage de la mer, le caractère montagneux de ces îles, l'absorption continuelle de l'humidité par un sol volcanique et spongieux, tendent à adoucir et à tempérer l'ardeur du soleil en ces parages. Le froid de l'hiver et les chaleurs de l'été n'y sont jamais intenses, et le pauvre ne songe nullement à s'y mettre en garde contre les rigueurs des mois les moins chauds. Rien n'est, du reste, plus enchanteur, plus délicieux que le printemps; la végétation s'y déploie avec une rapidité et une vigueur qui ont quelque chose de surprenant; les gazons et les prairies y ont alors une fraîcheur, les fleurs une grâce, une beauté et un parfum qui ajoutent éminemment à la richesse du paysage qu'elles embellissent.

Mais rien en ce monde n'est parfait. Cette atmosphère toujours si douce est d'une grande inconstance, et la longue expérience des habitants leur a appris que l'on ne peut vraiment compter sur la fixité du temps que du solstice d'été à l'équinoxe d'automne, de juin à septembre, durant trois mois à peine. De plus il tombe à l'improviste dans toutes les saisons des averses, qui en hiver deviennent assez fortes pour causer de fréquents changements à la surface du sol; car elles charrient d'énormes masses de pierre ponce, arrachées au flanc des montagnes; elles minent et déplacent des monceaux de matières volcaniques peu consistantes, et dénudent en beaucoup d'endroits les rochers et les sommités des montagnes, de manière à n'y laisser qu'une surface aride vouée désormais à une stérilité éternelle. Toutefois il ne se passe guère de jour que le soleil ne resplendisse au ciel, et que des éclaircies ne se forment au sein des nuages. Le nombre total des jours parfaitement beaux peut être évalué en moyenne à deux cents, et celui des jours pluvieux à environ soixante.

Cette inconstance du temps est surtout rendue sensible par les coups de vent et les grains auxquels les Açores sont incessamment exposées d'un bout de l'année à l'autre : et comme il n'existe sur leurs côtes aucun port qui puisse offrir un refuge et un abri aux marins, ces îles sont ainsi devenues pour eux un sujet de crainte et d'éloignement. Le capitaine Boid croit trouver la cause de ces brusques phénomènes dans la constitution volcanique de cet archipel, où l'expansion intermittente de la chaleur souterraine aurait pour résultat de produire dans l'atmosphère de soudaines raréfactions, qu'un air frais et dense viendrait combler avec une violente rapidité.

Quoi qu'il en soit, le climat des Açores est en général très-sain, comme le démontrent victorieusement la force, la vigueur et la longévité de leurs habitants. Il y a cependant une différence très-marquée dans le degré de salubrité de certaines expositions; ainsi les versants du nord-est sont partout beaucoup plus favorables à la santé que ceux du sud-ouest, ce que l'on peut attribuer à l'influence du vent qui souffle de ce point de l'horizon avec plus de force, et arrive toujours saturé d'humidité.

L'humidité est, au surplus, un des plus grands désagréments du climat des Açores, où elle règne constamment, par suite du travail d'évaporation et d'absorption auquel elles sont continuellement sujettes. Elle n'a du reste, généralement parlant, d'autre inconvénient que de gâter les étoffes d'habillement et d'ameublement, ainsi que les ustensiles et objets métalliques susceptibles d'oxydation, à moins qu'on ne prenne grand soin de les en préserver.

Productions végétales; état de l'Agriculture.

Les terrains les plus fertiles sont en général ceux des régions volcaniques, quand les laves sont arrivées à un état de désagrégation assez avancé. C'est le cas où se trouvent les Açores, dont le sol est couvert de déjections plutoniennes que l'action d'une atmosphère souvent humide et même pluvieuse a de bonne heure réduites au degré de décomposition le plus favorable au développement de la végétation : aussi y a-t-il peu de contrées qui aient un sol plus riche que cet archipel. On y trouve réuni ce que la nature a disséminé ailleurs à de grandes distances; mais l'homme n'a point tiré parti de ces éléments favorables de prospérité : l'agriculture est encore dans l'enfance, et ces îles nourrissent à peine la vingtième partie de la population qui pourrait y vivre.

S'il en faut croire le capitaine anglais Boid, qui a publié, en 1835, une description détaillée des Açores, la misérable politique du gouvernement, l'influence funeste du clergé, le système des majorats, le manque de voies intérieures de communication, concourent à produire cet état de marasme. « Le clergé, dit-il, en chargeant la conscience du peuple d'exigences outrées, l'a maintenu dans un état d'abaissement moral, arrêtant le développement de son intelligence, et exerçant sur ses propriétés d'avides exactions. L'État, de son côté, a établi une sorte de dégradation physique par son despotisme militaire et par des lois qui, au lieu de protéger les personnes et les propriétés, au lieu d'encourager l'industrie et les talents, ne tendent qu'à laisser les unes sans garanties, et à contenir l'essor des autres. Il résulte de là qu'une grande partie de la population est tombée dans cette apathie et cette insouciance qui caractérisent tous les peuples opprimés et mal gouvernés.

« Le système des majorats a eu des résultats non moins déplorables, d'autant plus que les trois quarts des terres cultivables sont substituées; or, tant que cette législation existera, ce sera un obstacle insurmontable à la civilisation et à la prospérité du pays. En effet, les biens qui constituent ces majorats sont tellement vastes, qu'en aucun pays leurs propriétaires ne pourraient tenter de les mettre directement en rapport, ici encore moins qu'ailleurs, à cause du manque de capitaux et de l'absence de tout esprit de spéculation. Ils se sont donc vus obligés de les donner à bail par petites portions à d'ignorants fermiers, sur lesquels ils exercent la plus criante tyrannie. Ceux-ci, d'un autre côté, n'ayant que des baux à court terme, loin d'améliorer le sol, en tirent tout ce qu'il peut donner, afin de faire le marché le moins mauvais possible, et le rendent à son maître dans un état d'épuisement à peu près complet. Les grands propriétaires de ces domaines substitués sont appelés *morgados* (ce qui signifie littéralement *majorats*, le titre de la terre passant ainsi à celui qui la possède). Plusieurs d'entre eux retirent de leurs biens un revenu annuel de plus de 40,000 *contos de reis* (240,000 fr.), tout en résidant en Portugal, où les produits leur sont transmis en nature. Mais la conséquence peut-être la plus fâcheuse de cet état d'inaliénabilité de la propriété, est de s'opposer à l'établissement aux Açores d'étrangers entreprenants, qui sans cela pourraient s'y fixer, y achèteraient des terres, et y apporteraient, avec leurs capitaux, leur intelligence, leur activité et leur industrie.

« Enfin, le manque de voies de communication, et par conséquent de débouchés, a laissé l'intérieur de ces îles, c'est-à-dire plus des deux tiers de leur surface, couvert de taillis, de broussailles à l'état inculte, de cèdres rabougris et totalement improductifs; les habitations, les cultures, la vie active, demeurant concentrées sur la zone littorale. »

L'agriculture des Açores a eu différentes phases de prospérité et de décadence. Lorsqu'elles furent colonisées par les soins de la cour de Portugal, elles étaient entièrement couvertes de bois qui, sur les points occupés, firent place à des plantations de cannes à sucre, importées de Candie et de Chypre; et le gouvernement de la mère patrie encourageait vivement alors cette culture : ce fut l'époque la plus prospère de l'archipel. Mais la même culture s'étant développée au Brésil et dans les possessions portugaises de l'Inde, la production des Açores s'en ressentit et déclina. La canne à sucre fut remplacée par le pastel, dont les produits dédommagèrent les planteurs de ce qu'ils perdaient : Jean III, en frappant les produits de droits d'exportation énormes, tua cette industrie, à laquelle succéda la culture des céréales, qui, se développant par la franchise du commerce auquel elle donnait lieu avec le Portugal, devint une nouvelle source de richesses. Une mesure impolitique, semblable à celle qui avait mis fin à la culture du pastel, arrêta celle-ci dans son essor, et obligea les colons açoréens à chercher aux céréales des auxiliaires, qu'ils ne tardèrent pas à trouver dans l'oranger et la vigne. La suite a prouvé que l'on avait créé là un revenu aussi important que profitable, et aujourd'hui encore ces trois produits, les grains, les vins, et les oranges, forment la base de la richesse agricole des Açores. La culture des grains n'offre rien de particulier; mais celle de la vigne et des orangers a ici des allures à elle; nous entrerons donc à ce sujet dans quelques détails.

Pour cultiver la vigne, on écarte, sur un sol choisi, les fragments de lave dont il est couvert; on les amoncelle de manière à ce qu'ils entourent un trou de cinq pieds de profondeur, et de six à huit de largeur; puis on remplit ce trou de quatre pieds de terre. C'est là qu'on plante la vigne qui, dès qu'elle s'élève, étend ses pampres et accroche ses vrilles sur la lave qui l'environne : ainsi, tandis que le sol conserve de l'humidité, l'arbuste profite de la chaleur du soleil et de celle que réfléchissent les quartiers de lave. La terre qui remplit les cavités où croît la vigne est à la longue entraînée par les eaux; mais on la remplace chaque fois que cela est nécessaire. Au Pic on est obligé de l'apporter du dehors; c'est le Fayal qui la fournit.

Le temps des vendanges est la fin de septembre. On presse le raisin comme à Madère, en le foulant avec les pieds. Saint-Michel produit plusieurs milliers de pipes de vin, qui suffisent à peine à la consommation intérieure. L'île du Pic donne un vin fameux, connu aussi sous le nom de vin du Fayal, où on le travaille, et d'où il s'en exporte annuellement 25,000 pipes. Celui de Tercère est bon, quoique inférieur à ceux des Canaries et de Madère; mais celui de Graciosa est presque tout converti en eau-de-vie.

Les plantations ou *quintas* d'orangers sont ordinairement la propriété des morgados; elles sont presque toujours d'une vaste étendue, toujours environnées d'une muraille de quinze à vingt pieds, ce qui est la hauteur ordinaire des arbres; les plus vastes sont en outre divisées par des murs d'une hauteur moindre; toutes sont garnies d'arbres verts très-élevés, de hêtres, de cèdres, de bruyères, de bouleaux, tout cela dans le but de les préserver de la violence des vents et de l'action des brises de mer; mais cette précaution, souvent encore inefficace, a l'inconvénient de les ombrager excessivement, et de nuire à la qualité des fruits, en entretenant sur le sol une humidité constante.

Les plantations se font et se renouvellent au moyen de marcottes, ou de rejetons dont on courbe l'extrémité vers le sol pour la recouvrir de terre jusqu'à ce que les racines commencent à se montrer; la marcotte est alors séparée de la branche mère et transplantée dans une cavité d'environ trois pieds de profondeur, entourée de lave, et ombragée de lauriers, de hêtres, de genêts, jusqu'à ce que le jeune plant soit assez fort : quand ce moment est arrivé, on enlève les arbres qui le protégeaient, et l'oranger commence dès lors à croître et à s'étendre à sa guise. On ne s'en occupe plus, on ne le taille même pas, et la seule précaution que l'on prenne est d'enduire légèrement la tige de goudron pour la préserver des insectes; il acquiert avec le temps les dimensions d'un majestueux châtaignier. Les orangers et les citronniers fleurissent ordinairement aux mois de février et de mars. Il ne faut pas ici plus de sept ans pour qu'une plantation d'orangers soit en plein rapport, et chaque arbre, arrivé à son entier développement peu d'années après, donne alors annuellement une moyenne de dix à quinze mille oranges. Un morgado assurait au capitaine Boid qu'il en avait recueilli une fois vingt-six mille sur un pied; un seul arbre même avait produit dans une année d'abondance jusqu'à vingt-neuf mille oranges.

Ce sont presque toujours des marchands anglais ou américains, et maintenant quelques russes, qui traitent avec les morgados du produit des plantations. Ordinairement, on achète les fruits sur pied, ou *en l'air*, comme disent les Açoréens, et avant qu'ils soient parvenus à maturité. L'estimation d'une plantation est faite contradictoirement par les agents du propriétaire et par ceux du marchand. Ces hommes ne font pas d'autre métier, et leur habileté est telle, qu'il leur suffit de parcourir la plantation, de jeter un coup d'œil sur les arbres, pour déterminer avec une précision étonnante le nombre de caisses sur lequel le marchand peut compter. L'acheteur court des risques graves, car une récolte d'orangers est une propriété très-incertaine, et exposée à bien des éventualités entre le moment où on l'a estimée et celui où on la recueille. Outre les voleurs, les rats et les insectes, il y a à redouter les vents froids du nord et du nord-est, ou les ouragans qui souvent jettent tous les fruits à terre dans une seule nuit. On n'embarque jamais les oranges ramassées; on les vend au marché, où elles n'ont presque aucune valeur: aussi le prix d'une plantation s'élève-t-il à mesure que l'on approche du moment de la récolte. Il serait moins hasardeux d'acheter à cet instant même les oranges au millier; mais la concurrence le permet rarement, chaque marchand s'efforçant, longtemps à l'avance, de s'assurer de plusieurs jardins.

Rien ne surpasse l'aspect de richesse et de magnificence de ces jardins des Hespérides, à l'époque des récoltes, c'est-à-dire de novembre à mars, quand les tons jaunissants des fruits encore verts et la couleur d'or des fruits mûrs se mêlent à la verdure intense et sombre du feuillage, embaumant l'atmosphère de leur suave parfum. Un grand nombre de navires arrivent alors aux Açores; il n'est pas rare d'en voir sur la côte de Saint-Michel cinquante, soixante et jusqu'à quatre-vingts, attendant à la fois leur cargaison, et ayant beaucoup à souffrir du défaut absolu d'un bon port.

La cueillette des fruits se fait avec assez d'adresse et de promptitude pour que, chaque jour, dans une seule quinta, on remplisse plusieurs centaines de caisses, et qu'une cargaison entière puisse être complétée en trois jours. Les oranges, détachées avec soin de l'arbre, sont enveloppées chacune dans une feuille de maïs soigneusement desséchée, puis placées dans la caisse. Les caisses pleines sont sur-le-champ fermées, puis portées sur des ânes jusqu'au magasin, où on les prend pour les embarquer.

Quarante mille caisses d'oranges environ sont annuellement consommées dans l'île, ou détruites par les ouragans; on en exporte, dans les années de prospérité, plus de cent vingt mille caisses; il y a vingt-cinq ans, la moyenne des bonnes années ne dépassait guère la moitié de ce chiffre. L'exportation des citrons n'excède pas trois mille caisses.

Dans quelques jardins de Saint-Michel, on cultive l'orange amère, et il s'en expédie quelques caisses en Angleterre et en Russie; mais la plus grande partie pourrit chaque année au pied des arbres.

Les habitants de Saint-Michel consomment une grande quantité de citrons doux, qu'on obtient en greffant le citronnier à fruits acides sur l'oranger; mais ce fruit est d'un goût médiocre, bien qu'on l'estime dans le pays comme salutaire et rafraîchissant; on n'en recueille pas assez pour qu'il puisse former un article de commerce.

Du reste, les hautes classes affectent une délicatesse extrême dans le choix des oranges servies sur les tables, et ne mangent que le côté qui a été le mieux exposé au soleil, ce qu'il leur est facile de reconnaître à la couleur quand les oranges sont fraîchement cueillies. Nous ne pourrions suivre leur exemple en Europe, où les fruits ne nous arrivent qu'après avoir pris une teinte uniforme en achevant leur maturation dans les caisses.

Les céréales les plus généralement cultivées aux Açores sont le froment, le maïs et l'orge. On y recueille beaucoup de lupin, de gesse, de pois, de haricots, de calebasses douces, et quelques autres légumes.

Le lupin est une plante précieuse pour ces îles; aussi y est-elle cultivée très en grand. Ses graines, après avoir été trempées dans l'eau salée ou l'eau de mer, afin de leur enlever leur âcreté, forment pour les classes nécessiteuses un aliment très-nutritif. La plante elle-même offre un excellent herbage pour le bétail, bien qu'à raison de ses vertus enivrantes elle ne doive lui être donnée qu'en petite quantité à la fois. Elle sert aussi à fumer les champs; on la laisse pousser jusqu'à un mètre de haut, et on l'enterre alors par un labour à la charrue; ses propriétés sont si énergiques, que la terre ainsi préparée ne manque jamais de produire une abondante moisson.

Presque tous les végétaux culinaires communs en Europe réussissent aux Açores. Les oignons y acquièrent une douceur et une grosseur remarquables. Les pastèques, les melons, les giraumons, les calebasses sucrées, y croissent pour ainsi dire sans culture; la patate commune et la patate douce y sont abondantes, et le manioc vient naturellement à Saint-Michel; les indigènes n'en font point de cas; quelques étrangers le recueillent pour leur consommation; mais la préparation qu'il faut faire subir à cette racine pour en retirer la fécule est pénible, et contribue à en limiter l'usage. L'igname se plaît dans les terrains bas et humides; c'est une ressource importante pour les paysans. Les récoltes de chanvre et de lin sont seulement proportionnées aux besoins des basses classes, qui en font différents tissus. Les rochers de Corvo et les flancs du Pic donnent une grande quantité d'orseille.

On trouve aux Açores tous les arbres fruitiers de l'Europe, excepté le pêcher et le prunier. Les fruits pourraient, avec un peu de soins, grâce à la bonté du climat, devenir supérieurs à ceux de quelque contrée que ce fût; mais cela exigerait de la part des habitants une activité et des connaissances qu'ils n'ont pas. Cependant les abricots du Fayal sont excellents. Le bananier vient marier pittoresquement ses larges feuilles et ses grands fruits à ces arbres venus du Nord, et prêter au paysage une grâce qui ne peut être décrite, et qu'il faut admirer sur les lieux. Les fraises abondent à Saint-Michel et dans les autres îles, ainsi que les mûres et une sorte de baie qu'on appelle *raisin de montagne;* mais on n'a pu acclimater la groseille ni le raisin de Corinthe.

Le noyer, le châtaignier, le peuplier blanc, s'élèvent majestueusement dans toutes les positions favorables; mais on remarque surtout une sorte d'arbousier, que les Portugais, à leur arrivée, prirent pour un hêtre, ce qui valut son nom à l'île du Fayal. C'est Flores qui a les plus beaux bois de tout l'archipel : les essences les plus communes sont le cèdre, l'arbousier-hêtre dont nous venons de parler, l'if blanc, le myrte; celui-ci est tellement commun que c'est avec le suc exprimé de ses branches que les paysans tannent leurs cuirs.

Graciosa, Saint-Michel et le Fayal doivent être regardées, à raison de la fertilité de leur sol, comme les plus florissantes des Açores sous le rapport agricole ; le Pic, Tercère et Sainte-Marie viennent ensuite.

Dans l'état actuel des choses, on exporte de ces îles plus de trois cent mille boisseaux de blé, et elles approvisionnent de temps à autre les marchés de Lisbonne, de Porto et de Madère, en froment, orge, et légumes de toute espèce.

Si les Açoréens avaient le moindre goût pour l'horticulture, ils trouveraient dans les seules plantes indigènes de quoi suffire à l'ornement de leurs jardins ; car des fleurs sans nombre parfument leurs campagnes ; le thym, la lavande, la sauge, le romarin, le basilic y foisonnent ; l'œillet, la giroflée, la balsamine, le jasmin, le balisier, les asphodèles, les narcisses, la tubéreuse, y étalent leurs corolles variées. Les fleurs exotiques que la naturalisation a introduites dans quelques rares parterres, y ont pris un développement inaccoutumé ; le fuchsia y est devenu un grand arbuste, et le camélia du Japon s'y est élevé comme un puissant arbre des forêts.

Zoologie.

Les Açores n'ont guère d'autres quadrupèdes que ceux qui y ont été transportés par l'homme, et qui appartiennent ainsi aux espèces domestiques.

Les chevaux y sont rares, petits, et en général de race médiocre. Mais les ânes y sont très-nombreux, et ils partagent avec les bœufs tous les travaux que l'on a coutume d'exiger des bêtes de somme. Ils remplacent presque partout les chevaux ; leur marche est très-sûre, et on les voit rarement broncher, même dans les plus mauvais pas ; les plus longs voyages ne les fatiguent point, quoiqu'ils soient grossièrement nourris et toujours pesamment chargés. Chaque famille en possède au moins un. Les ânesses donnent beaucoup de lait, qui se vend assez cher, pour les malades.

On fait très-aisément à âne un voyage de plusieurs lieues. L'usage des brides est presque inconnu. Le voyageur est suivi d'un ânier, armé d'un aiguillon dont il fait usage pour hâter le pas de l'animal. Si celui-ci va trop vite, l'ânier lui saisit la queue et la tire de toute sa force, moyen assez étrange qu'il emploie aussi toutes les fois que l'animal descend des pentes trop rapides.

On élève aux Açores beaucoup de gros bétail ; les plus belles races sont celles de Saint-George et de Saint-Michel. Le nombre des moutons est encore plus considérable, bien qu'on n'attache de valeur qu'à leur laine, qui sert à la fabrication d'étoffes grossières à l'usage des habitants. Les chèvres errent par milliers partout où elles trouvent un brin d'herbe à brouter. Les porcs et les chiens pullulent ici comme dans la mère patrie, et leurs troupes obstruent souvent les rues des villes et des villages, au grand déplaisir des passants. Malgré la chaleur du climat, on n'y entend jamais parler de chiens enragés.

Les oiseaux domestiques sont les mêmes aux Açores qu'en Europe ; toutefois les oies et les dindons y sont moins nombreux. Parmi les oiseaux sauvages, on remarque plusieurs espèces du genre faucon, une immense quantité de pigeons, de perdrix rouges, de bécasses, de bécassines, de cailles, et beaucoup d'autres oiseaux communs à ces îles et au Portugal ; en outre, une grande variété d'oiseaux chanteurs que les Açoréens paraissent n'avoir jamais troublés dans leurs retraites, car leur nombre est incroyable, et l'harmonie de leurs gazouillements divers produit le plus charmant effet à la naissance et à la fin du jour. Nous citerons, entre autres, le merle, la grive, le serin des Canaries, et le serin indigène au plumage jaune brun, et deux autres oiseaux appelés en portugais *totonegro* et *avenigreira* très-estimés des habitants pour leur chant mélodieux, surtout le premier. Le merle des Açores n'est pas moins estimé comme gibier que comme chantre des forêts.

ILE DU CAP VERT.

Habitans de San Yago

ILE DE L'ASCENSION.

Sommet de Green-Mountain.

Nulle part peut-être on ne trouverait à la fois la même abondance et la même variété de poissons. Au voisinage immédiat des côtes pullulent les thons, les bonites, les sardines, les dorades, les ombres, les perches, les barbeaux, et bien d'autres; en un mot, les espèces les plus communes et les plus délicates, de manière à satisfaire avec une égale facilité aux humbles besoins du pauvre et aux goûts raffinés du riche.

Quelques mollusques viennent s'ajouter à ce menu; on cite particulièrement ceux qu'on appelle dans le pays *lapa* et *craca*; il y faut joindre des tortues marines de petite taille. Les côtes de ces îles offrent encore des éponges dont on ne tire aucun parti; et les mers voisines pourraient offrir à la grande pêche un aliment important dans les baleines, ou plutôt les cachalots, qui reviennent fréquenter ces parages, où ils avaient été jadis pour les insulaires une source de profits considérables.

Quant aux insectes, l'homme n'arrête guère son attention que sur ceux qui lui sont utiles ou nuisibles : l'abeille, le ver à soie et la cochenille veulent à ce titre être mentionnés ici les premiers; cependant le miel est d'une qualité inférieure, ce que l'on attribue à l'extrême facilité qu'ont les abeilles de trouver en toute saison une nourriture abondante. Quant aux vers à soie et à la cochenille, ils ne pourraient devenir une source de richesse qu'autant que l'industrie en saurait tirer parti. Les insectes les plus nuisibles sont les mouches, les cousins, les punaises et les puces qui, dans la saison chaude, infestent les maisons d'une façon désespérante. Les deux dernières espèces surtout se sont multipliées d'une manière désolante, par suite de la malpropreté et de la négligence des habitants.

Les Açores ne nourrissent aucun reptile venimeux, et il paraît même que les espèces les plus innocentes n'y peuvent vivre quand elles y sont transportées. Quelques années avant le séjour qu'y fit, en 1821, l'Américain John Webster, un vaisseau des États-Unis ayant apporté des grenouilles à Saint-Michel, et la personne qui avait demandé ce singulier envoi les ayant mises dans un bassin disposé pour elles, toutes étaient mortes au bout de quelques mois.

2° LES HABITANTS.

Caractère physique et moral.

La population des Açores doit naturellement présenter, dans son aspect extérieur, et sans doute aussi dans ses qualités morales, une sorte de fusion des éléments divers qui ont concouru à sa formation : les conquérants portugais, les colons flamands, les cultivateurs africains qui tour à tour y ont assis leur demeure, ont fourni à la masse commune des traits plus ou moins tranchés, qui ont dû influer d'une manière sensible sur les caractères généraux de la race née de leur cohabitation. C'est ce que reconnaît en effet, au premier abord, l'observateur le moins attentif.

Au physique, les habitants des Açores sont très-supérieurs aux Portugais. Les femmes ont le teint beaucoup plus clair, ou pour parler plus exactement, beaucoup moins jaune, avec des yeux et des cheveux noirs; mais elles n'ont ni de jolis pieds ni de belles formes. Elles sont renommées toutefois par leur fécondité, et il n'est pas rare de leur voir douze à quatorze ou quinze enfants. Quelques voyageurs portugais les ont représentées comme douées d'une grâce toute particulière, d'un air plein de dignité. « Je regret-
« te, » dit un peu crûment le capitaine Boid, « de ne pouvoir adhérer
« à ces éloges, à moins que marcher
« droite et roide, la tête enfoncée
« dans un capuchon comme un fan-
« tôme accompagnant un enterre-
« ment, ne paraisse un attribut spé-
« cial de la dignité et de la grâce. »

Les Açoréens sont en général forts et bien faits; leur figure est presque ovale, avec des pommettes un peu saillantes, des yeux noirs et brillants, une chevelure brune et fournie, le teint pâle et basané, surtout parmi les gens de la campagne, et une expression agréable de physionomie, ressemblant quelque peu à celle de leurs ancêtres mauresques.

Le portugais est leur langue, mais avec quelques variétés de dialecte dans certaines îles, et dans toutes un ton chantant désagréable.

Au moral, ils sont intelligents, très-laborieux quand ils se décident à travailler, paisibles, doux et polis; le plus pauvre se montre toujours humain et hospitalier : dans toutes les cabanes, il y a pour les étrangers un lit propre que l'on rembourre, à Saint-Michel, avec la racine douce et soyeuse d'une sorte de fougère qui croît abondamment dans quelques parties de l'île.

Avec ces bonnes qualités, les Açoréens ont des défauts, qui tiennent, d'ailleurs, au système de gouvernement sous lequel ils ont vécu jusqu'à présent, bien plus qu'à leurs dispositions naturelles. Ils sont ignorants, superstitieux et bigots : les pénitences les plus rigoureuses, telles que les cilices, les ceintures armées de pointes, les pèlerinages à pied, sont souvent imposées par les confesseurs, ou volontairement pratiquées par les pénitents.

Distinction des diverses classes de la population.

Les gens des classes inférieures valent mieux que leurs frères de Portugal; on ne saurait leur reprocher, comme à ces derniers, d'être traîtres et vindicatifs, bien qu'ils n'hésitent pas à se servir du couteau lorsqu'ils y sont poussés par la colère. Ils sont enclins au larcin et le regardent presque comme un droit : aussi n'est-ce pas seulement pour mettre les plantations d'orangers à l'abri du vent que l'on a donné à leurs murs une si grande élévation; et un voyageur observe que les vergers ouverts de la France et de l'Allemagne rhénane seraient d'un pauvre revenu s'ils avaient pour voisins une race aussi portée au communisme que celle-ci. Cette habitude, et quelques autres particularités, les rapprochent beaucoup des lazzaroni de Naples, auxquels ils ressemblent en outre par la vivacité des gestes dont ils accompagnent leurs discours bruyants. Ils sont généralement sobres; aussi les cabaretiers, pour les engager à boire, ont-ils soin de leur présenter d'abord une sorte de poisson salé très-appétissant, accommodé avec une sauce fort connue sous le nom de *linguiças*, propre à exciter la soif, et dont ils sont très friands; on les amène ainsi à boire chacun une à deux bouteilles de mauvais vin du pays, ce qui absorbe à peu près tout ce qu'ils gagnent.

Les femmes qui appartiennent à cette classe de la population sont obligées ici, comme presque partout, d'exécuter certains travaux qui semblent être au-dessus de leurs forces. On est souvent surpris de la facilité avec laquelle elles portent des fardeaux énormes; mais aussi elles perdent bientôt tous les attraits de leur sexe, elles se rident, deviennent effroyablement laides, et infirmes de bonne heure. Elles sont du reste très-industrieuses, et les paysannes, comme celles de nos campagnes, travaillent à la terre avec leurs maris.

Le costume des uns et des autres, bien qu'un peu différent entre les diverses îles, se rapproche en général des formes européennes. La coiffure appelée *Carapuça*, avec sa longue visière, ses deux cornes relevées et pointues, et son large couvre-nuque, est une des choses les plus singulières de ces îles. Dans toutes les saisons on porte le manteau : c'est un article si important pour la considération personnelle, que l'on voit souvent un paysan différer son mariage jusqu'à ce qu'il soit assez riche pour acheter cette pièce essentielle de son costume. On rencontre rarement une femme, même des classes inférieures, qui n'ait, avec de grandes boucles d'oreilles, un collier pesant auquel est suspendu un crucifix ou une image de la Vierge, et ces bijoux sont toujours en or. Après s'en être parées pendant leur vie, les femmes qui ne comptent pas beaucoup sur d'autres économies, destinent le prix de ces objets à payer la pompe de leurs obsèques; chose de la plus haute importance pour un habitant des Açores. Du reste, ces insulaires sont généralement très-sales, presque toujours couverts de vermine, et sujets, par suite, aux éruptions cutanées, particulièrement à la gale.

Les classes moyennes, celles qui se livrent à l'industrie ou au commerce, ne constituent point ici, comme dans certains États du continent, la partie la plus morale de la population; elles ne ressemblent même aux classes commerçantes et industrieuses de l'Europe que par leurs défauts et leurs vices. Leur ignorance est excessive; le jeu forme pour ainsi dire leur seule occupation, et l'honnêteté n'est pas toujours suffisamment observée dans leurs relations d'affaires.

Quant aux classes supérieures, qui se composent des Morgados et de la noblesse du pays, c'est une race vaniteuse et tyrannique qui fait peser sur ceux qui dépendent d'elle le même despotisme dont elle a à souffrir de la part du gouvernement. Ces gens sont néanmoins charitables pour les pauvres, bons et affectueux envers les étrangers, d'un caractère conciliant, quoique orgueilleux à l'excès, avides d'ostentation, et affectant un luxe et une opulence souvent bien au-dessus de leurs revenus. Leur état d'abjection intellectuelle et morale n'est que trop frappant: ils ignorent à peu près complétement la situation politique, et presque l'existence des autres nations du monde. Après avoir passé leur journée dans la paresse et l'oisiveté, ils s'assemblent tour à tour les uns chez les autres pour jouer.

Leurs femmes n'ont aucune instruction, et ne possèdent guère d'autre talent que celui de la musique, qui est fort répandu, et dans lequel elles acquièrent quelquefois une remarquable habileté. Leur conversation est nulle, et leurs jours s'écoulent dans l'isolement et l'indolence. Elles ne sortent que pour se rendre à l'église ou à quelque invitation, toujours accompagnées de leurs frères ou de leur père. Elles sont peu agréables de manières, bien qu'elles aient un fonds d'aménité et de douceur qui, développé par l'éducation, en pourrait faire d'aimables compagnes dans la vie domestique et dans la vie sociale.

Leur seule occupation est de manger, boire, dormir aussi longtemps que possible, ou de s'accroupir les jambes croisées, derrière les treillages de leurs balcons pour voir ce qui se fait au dehors, sans autre société que celle de leurs servantes, qu'elles emploient à recueillir toute espèce de nouvelles sur leurs voisins ou leurs connaissances, distraction assortie à leur esprit trivial et à leur genre de vie. Elles sont passionnées pour la danse et pour la toilette; mais bien que les articles de modes leur viennent de France ou d'Angleterre, elles offrent dans leur mise aussi peu de goût que de propreté. Une des pièces indispensables de leur costume est un grand manteau de drap bleu ou de soie noire avec un vaste capuchon que l'on ferme si bien par-devant, qu'il ne laisse apercevoir qu'une petite portion du haut du visage.

Cependant depuis quelques années les relations que les événements politiques ont procurées aux Açoréens des hautes classes avec les étrangers, ont grandement contribué à leur emancipation intellectuelle, et le Morgado tend chaque jour davantage à se rapprocher, par ses manières, des Anglais et des Français de même condition.

Nourriture, habitations, manière de vivre.

Les paysans et le bas peuple des villes se nourrissent surtout d'ignames, de calebasses, de lupin, qu'ils accommodent à l'huile et au vinaigre, de poisson, et d'un pain de maïs assez grossier. Ils ne mangent jamais d'autre viande que celle de porc, et encore est-ce très-rarement, parce que si le paysan parvient à posséder un porc, il en destine le prix de vente à l'acquittement d'une partie de son fermage; c'est, à cet égard, une de ses plus grandes ressources, attendu qu'il ne lui en coûte presque rien pour nourrir l'animal.

Du reste les denrées sont à assez bas prix dans les villes; quelques détails nous sont donnés à ce sujet par le docteur Bullar, auteur d'*un Hiver aux Açores*. Malgré les désavantages de la saison, le prix courant, à Villa-Franca, en l'île Saint-Michel, se trouvait établi ainsi qu'il suit : les poulets, 60 centimes; les canards, 1 fr. 85 c.; le pain, 20 cent. la livre; le jambon, 40 cent. la livre; les œufs, trois à quatre pour 10 cent.; le lait, 40 cent. la pinte (un peu plus d'un litre); le beurre, 1 fr. 16 c. la livre; un poisson de la grosseur d'une truite de deux livres, 30 à 40 c. selon le marché; 20 c. la bouteille de vin commun du pays : ce vin est à peine potable; mais on peut faire venir du Fayal, pour une bagatelle, du vin doux ou Passado.

Le mode de construction adopté aux Açores pour les habitations est à peu près semblable à celui du Portugal. Extérieurement les villes et les villages semblent aussi régulièrement que proprement bâtis, et lorsqu'on les voit de la mer avec leurs églises et leurs couvents, ils présentent généralement un aspect vraiment pittoresque; mais l'illusion se dissipe aussitôt que l'on y pénètre. De même que dans presque toutes les villes du Midi, les rues en sont mal pavées, toujours sales, et très-étroites afin de se garantir autant que possible des ardeurs du soleil. Les maisons sont principalement bâties en lave; elles ont deux et trois étages, et des murs extraordinairement épais dans le but d'opposer une plus grande résistance aux secousses des tremblements de terre. Les étables, les magasins, les boutiques, occupent invariablement le rez-de-chaussée; au-dessus sont les appartements des maîtres, qui, sous le climat chaud de l'archipel et par cela même, sont infectés, d'un bout de l'année jusqu'à l'autre, surtout en été, des odeurs les plus nauséabondes, des insectes les plus dégoûtants. Toutes les maisons ont des *varandas* ou balcons garnis de treillages, que les Portugais ont hérités des Maures, et dont le caractère oriental est moins altéré ici que dans la mère patrie.

Le défaut de confort dans ces habitations devait naturellement frapper les voyageurs anglais qui nous les ont décrites.

Cependant les habitants des points les plus fréquentés par les Européens paraissent avoir apporté, depuis une vingtaine d'années, de grandes modifications dans leur manière de vivre. Déjà en 1820 l'américain Webster remarquait que l'usage des carreaux de vitre et des chaises venait de s'introduire à Saint-Michel, que les maisons étaient plus propres, les meubles moins massifs et plus élégants; mais on ne voyait encore, comme véhicules, que quelques grossiers cabriolets, et partout on observait une préférence marquée pour les choses brillantes et bizarres. Des fresques quelquefois assez belles couvraient les murs des appartements dans les maisons les plus modernes, et l'on voyait certains individus dépenser quelquefois plus de 10,000 francs pour décorer ainsi une pièce d'une grandeur ordinaire.

Mais les vieux usages prévalent encore dans les basses classes. Les habitations du peuple ne sont que des cabanes, construites en pierre ou en terre et couvertes en chaume; l'intérieur n'est guère divisé que par quelques nattes qui descendent du toit. La cuisine est souvent dans une cabane séparée, dont la porte seule offre une issue à la fumée. On y voit peu de vases en fer, mais une poterie grossière de fabrication indigène. Les paysans mangent habituellement avec leurs doigts. Les lits sont le plus ordinairement faits de feuilles de maïs, que l'on dessèche et que l'on passe ensuite une à une sur les dents d'un peigne.

Statistique.

Quant au nombre, la population de l'archipel des Açores n'est pas, et n'a jamais été en rapport avec l'étendue du sol.

D'après les données recueillies par le docteur Webster, cette population était, en 1821, au-dessous de deux cent mille âmes; dix ans après, le capitaine anglais Boid en élève le total à 250,000 âmes ainsi réparties :

Sainte-Marie	5,500 âmes.
Saint-Michel	110,000
Tercère	40,000
Graciosa	12,000
Saint-George	20,000
Le Fayal	22,600
Le Pic	30,000
Flores	9,000
Corvo	900
Total	250,000 âmes.

On ne peut guère s'expliquer un accroissement aussi considérable qu'en admettant, ou que le docteur Webster était resté au-dessous de la vérité, ou que l'augmentation constatée par le capitaine Boid était due en majeure partie à une population flottante grossie par les intérêts politiques qui se débattaient sur ce théâtre à l'époque du séjour de cet officier. Peut-être aussi y a-t-il dans le chiffre donné par le capitaine Boid quelque exagération ou quelque incertitude. Il ajoute que cette population est à peine le sixième de celle que les Açores pourraient nourrir si l'on mettait en valeur les immenses terrains qui sont demeurés incultes jusqu'à ce jour. Nous avons déjà dit quelles causes ont empêché les défrichements dans l'intérieur des îles.

Mœurs et coutumes.

Les Açoréens surpassent tous les autres peuples sur l'article du cérémonial ; du plus riche au plus pauvre, nul ne néglige de vous saluer en passant, nul ne vous pardonnerait de ne pas lui rendre le salut. Le tailleur, le cordonnier, ou tel autre ouvrier que vous employez, croit, en travaillant pour vous, vous faire une faveur, qui ne se répétera qu'autant que vous la reconnaîtrez en le saluant partout où vous le rencontrerez, et en lui faisant en outre, dans l'occasion, quelques présents.

Des amis, même intimes, se visitent rarement sans en réclamer d'abord l'autorisation par un message exprès, par exemple : « Madame X... envoie faire ses compliments à madame Z..., et lui demande la permission de venir se mettre à ses pieds cette après-midi. » A quoi il est répondu : « Dites à madame X... que la maison et le cœur sont à ses ordres. » On guette alors l'arrivée de la visiteuse ; le maître de la maison va la recevoir à la porte de la rue et la conduit par la main jusqu'au sofa qui lui est exclusivement réservé dans le salon ; la dame du logis prend un siége et va se placer à sa droite, tandis que les autres membres de la famille se rangent à la gauche. La toilette est assortie à ces habitudes cérémonieuses, et la plus grande tenue est presque de rigueur.

D'après cela, on ne doit point être surpris de la froideur glacée des réunions où les femmes d'un côté, les hommes de l'autre, restent assis une soirée entière presque sans se parler. Les étrangers s'amusent d'abord de ces bizarres manières, et en sont bientôt excédés ; aussi ceux qui s'établissent aux Açores ne voient-ils guère que leurs compatriotes, autant du moins qu'ils le peuvent sans risquer de se faire des ennemis.

Les présents que l'on doit faire à certaines époques de l'année forment un article important de la politesse, et personne ne se permet d'y manquer. C'est à Noël qu'on doit avoir cette attention pour le boucher, le cordonnier, la blanchisseuse ; à Pâques, on envoie à son médecin des fruits, des confitures, des cochons de lait ; au mardi gras, autres présents. Ceux qu'on offre aux personnes en place sont souvent d'un grand prix, et ne dispensent pas d'en faire à chacun de leurs domestiques.

Les mariages se font sans beaucoup d'égard à l'âge respectif des parties contractantes : tantôt la femme a douze ans et le mari seize, tantôt il y a quarante ans de distance entre les deux époux. Une fille est rarement consultée sur son établissement : c'est à son père que s'adresse l'homme qui la recherche, et le père a souvent conclu tous les arrangements avant d'en parler à sa fille, qui ne refuse presque jamais de lui obéir. Mais un amant rebuté par le père écrit à sa maîtresse, et la fait aisément consentir à se laisser conduire dans la maison d'une parente ou d'une amie, chez qui son père ne pourra la reprendre. Si cette mesure n'est pas praticable, l'amant obtient de sa maîtresse un écrit où elle déclare qu'elle veut l'épouser; il porte cette déclaration au corrégidor, qui enjoint au père de donner son consentement, fait conduire la fille à l'église et nomme un prêtre pour la cérémonie. Peu de jours après, le père pardonne à sa fille et la reçoit dans sa maison.

Tous les mariages se célèbrent le matin et sont signalés par quatre jours de réjouissances. La femme, après le mariage, garde le nom qu'elle portait auparavant.

Amusements et fêtes.

Le jeu, les cérémonies religieuses ou militaires, tout ce qui peut amuser et distraire, est ardemment recherché par les Açoréens. Ils sont passionnés pour la musique, depuis le paysan qui s'accompagne sur la guitare, jusqu'aux filles de Morgados qui, ne sachant quelquefois ni lire ni écrire, n'en déploient pas moins un grand talent sur le piano. Les femmes raffolent de la danse, surtout de la *landum*, qui est propre au pays et dont l'air et les figures ressemblent à ceux du boléro espagnol : elle a pénétré jusque dans les hautes classes, et forme le complément obligé de toutes les soirées, où du reste nos quadrilles sont également dansés.

On célèbre tous les ans, de Pâques à la Pentecôte, une fête placée, à cause de ce dernier jour, sous l'invocation du Saint-Esprit. Dans chaque paroisse, en effet, à la Pentecôte précédente, a été élu par la voie du sort, entre un certain nombre de candidats désignés par leurs concitoyens, un *empereur*, dont l'intronisation est célébrée seulement à Pâques: alors, pendant la grand'messe, le prêtre lui met à la main un sceptre bénit et sur la tête une couronne d'argent. Il assiste au service divin assis sous un dais; il est ensuite reconduit par tout le peuple, qui sème des fleurs sur son passage, et auquel, de son côté, il distribue avec son sceptre force bénédictions, jusqu'à un petit bâtiment ouvert, en pierres brutes, construit tout exprès pour cela dans chaque paroisse, et qui est appelé *o theatro do Imperador*, le théâtre de l'empereur; là, il siége en forme, environné de ses amis, devant une table sur laquelle il reçoit de pieux tributs de pain, de vin, d'œufs, de volailles, de viandes, qu'il bénit et distribue aux pauvres. L'*empereur* se retire ensuite avec son entourage, dans sa propre cabane, qu'on a eu le soin de réparer à neuf, de badigeonner et d'orner de branchages et de fleurs, et dans laquelle toute la compagnie reste à festiner, à exécuter divers jeux rustiques, à jouer de la guitare et à danser jusqu'à la nuit. La cérémonie se répète ainsi, chaque dimanche, durant les sept semaines, et rien n'égale l'émulation qu'elle excite parmi ceux qui sont appelés à y jouer le principal rôle; il n'est pas rare de les voir mettre en gage ou vendre le peu qu'ils possèdent pour exercer selon leurs désirs l'hospitalité qu'ils doivent pratiquer pendant toute la durée de leur règne, alors qu'ils sont obligés d'avoir table ouverte pour tous leurs amis. A l'expiration des sept semaines, la couronne et le sceptre sont rendus à l'église paroissiale; et restent déposés sur un plat d'argent jusqu'à l'année suivante; et l'on élit incontinent un nouvel empereur, dont la maison, jusqu'à la Pâque prochaine, devient, tous les dimanches, le lieu d'assemblée du village, le théâtre de la danse et des amusements.

Religion et culte.

La religion professée aux Açores est celle de la mère patrie, c'est-à-dire la religion catholique romaine, mais avec une bigoterie superstitieuse qui étonne les Portugais eux-mêmes. Un évêché a été institué en 1534, à Angra, capitale de tout l'archipel. L'Etat pourvoit aux dépenses du clergé et de l'Église; elles ne forment guère moins d'un tiers des dépenses totales, bien qu'elles ne s'élèvent pas au quart des dîmes payées au gouvernement, et dont le clergé jouissait autrefois exclusivement.

Le clergé des Açores était jadis puissant et nombreux; les Franciscains et les Dominicains y possédaient des couvents riches et multipliés; les plaisirs mondains n'en étaient point bannis, tant s'en faut, et le carnaval y était fréquemment signalé par de honteux excès; les monastères de femmes étaient accessibles aux jeunes gens avec tout le cynisme des maisons de joie. Cette conduite scandaleuse appela, en 1832, l'attention de l'empereur don Pedro, qui ferma les couvents, sécularisa les moines, et plaça l'Église dans les mêmes conditions que les autres services publics. Les pratiques extérieures du culte ont, du reste, peu souffert de ce nouveau régime; elles prennent une place trop importante dans la vie des Açoréens pour que nous n'entrions pas, à ce sujet, dans quelques détails.

Les austérités du carême se rachètent publiquement, comme au surplus dans beaucoup de pays catholiques, moyennant un prix déterminé et gradué suivant l'étendue de la dispense, constatée par une bulle imprimée, dûment paraphée et scellée, qui devient le titre exprès des priviléges du possesseur; celle qui permet seulement l'usage du beurre, des œufs et du fromage ne coûte que cent reis ou soixante de nos centimes. Nul ne néglige de se munir de cette pièce indispensable, car aucun prêtre ne donne l'absolution qu'après s'être fait représenter, par son pénitent, l'exemplaire de la bulle dont il a dû se pourvoir.

Les plus brillantes cérémonies du culte ont presque toutes lieu dans le carême. Les images que l'on promène dans les rues sont surchargées d'ornements et de bijoux en argent, en or, en diamants, en perles et pierres précieuses. Le docteur Webster a vu, à Saint-Michel, un crucifix de bois couvert de pierreries pour une valeur que l'on estimait à plus d'un million de contos de reis, ou six millions de francs.

C'est par les yeux, surtout, que le clergé s'étudie à faire impression sur l'esprit des fidèles. Le vendredi saint, l'orateur chrétien chargé de prêcher la Passion, déploiera devant ses auditeurs un mouchoir empreint d'une figure sanglante et représentant le saint suaire. Puis, dans une procession solennelle, on verra figurer les divers personnages de ce drame tout entier, avec les instruments du supplice du Sauveur, et des suaires à l'empreinte sanglante seront confiés à des enfants pour les montrer par intervalles en criant : *Ecce homo*. Et le dimanche de la résurrection, on verra dans l'église une figure monter vers la voûte et disparaître derrière un rideau pour représenter le retour au ciel du Dieu fait homme.

Maladies.

La vie indolente des Açoréens et leur amour des plaisirs sensuels les exposent à plusieurs maladies organiques; la dyspepsie et l'hydropisie en enlèvent un grand nombre. Il y a peu de fièvres et de maladies inflammatoires, mais beaucoup d'affections cutanées, dues principalement à la malpropreté, et toujours mal soignées, parce que le peuple se persuade que l'application des remèdes serait dangereuse. Les sources thermales que possèdent quelques-unes des îles leur offriraient des ressources précieuses pour se guérir, mais ils ne savent ni ne veulent en profiter. Aux maladies psoriques, très-communes dans la classe pauvre, se joint quelquefois une sorte de lèpre, et même une véritable éléphantiasis. La dyssenterie et le choléra ne sont point rares, dit-on, à l'époque des vendanges; mais on assure qu'on les guérit facilement en prenant, à la température la plus élevée que l'on puisse supporter, un mélange d'eau, de vinaigre et de sucre.

Industrie et commerce.

Les Açores n'ont pas d'industrie manufacturière, car on ne peut donner ce nom à la fabrication isolée de quelques articles de première nécessité.

Dans les intervalles de repos que leur laissent les travaux agricoles, les femmes filent au fuseau le lin et le chanvre récoltés sur les lieux, et en font de la toile commune en assez grande quantité pour qu'elle figure au nombre des articles d'exportation. Elles tissent aussi de grosses étoffes de laine avec la matière première que donnent les troupeaux indigènes. Le paysan tanne et prépare lui-même le cuir dont il a besoin; il fabrique la poterie qui lui est nécessaire avec une argile plastique fournie par Sainte-Marie.

L'industrie agricole n'existe en réalité qu'au Fayal, parmi les descendants de ces colons flamands qui y transportèrent jadis les méthodes perfectionnées de la Flandre. Le reste de la population açoréenne se borne à suivre, dans ses cultures, les routines traditionnelles de la mère patrie.

Cependant, ces îles trouvent, dans la surabondance des productions du sol, un retour plus que suffisant des produits manufacturés qu'elles demandent à l'industrie étrangère, à laquelle elle offre ses oranges, ses vins, ses céréales et quelques autres denrées.

L'Angleterre vient y chercher environ cent vingt mille caisses d'oranges, deux mille pipes de vin et d'eau-de-vie, une certaine quantité d'orseille, en échange desquels elle donne des lainages, de la quincaillerie, des articles d'habillement de tous genres, de la papeterie, etc. Hambourg et la Russie y apportent de la poix, du fer, du verre, des cordages, et y prennent quatorze mille caisses d'oranges et six mille pipes de vin et d'eau-de-vie.

Au Portugal les Açores donnent surtout des vivres, une grande quantité de grains et de légumes (indépendamment de ceux qui servent au payement des rentes des propriétaires non résidants), du porc, du bœuf salé, du fromage et de la toile, commerce que l'on paye avec de la chaux, du sel, du thé, des images, des crucifix, des indulgences, des dispenses et des reliques, ces cinq derniers articles se vendant publiquement dans les boutiques à des prix exorbitants.

Les États-Unis demandent, en échange de leurs douves, poisson, huile, graine de lin, goudron et bois, quatre mille pipes de vin, deux cents d'eau-de-vie, et douze mille caisses d'oranges.

Quant au Brésil, il donne du rhum, du café, du sucre, du coton, des bois, et les retours consistent en cinq mille pipes de vin et mille d'eau-de-vie, environ douze mille mètres de toile, des légumes de toute espèce, et quelques autres articles de moindre valeur.

Ce commerce emploie, chaque année, huit à neuf cents bâtiments d'un très-petit tonnage, à cause de l'absence de ports, ou d'ancrages qui puissent en tenir lieu. Les inconvénients des rades sont tels, que les navires sont presque toujours obligés de s'éloigner dès que le vent souffle du large, avant d'avoir complété la moitié de leur chargement qui, n'étant quelquefois composé que de marchandises faciles à altérer, est souvent perdu lorsque le navire revient pour l'achever.

On a souvent dit, et les écrivains portugais les premiers, que les Açores possédaient six ports de commerce: Horta, dans l'île de Fayal; Vellas, à Saint-George; Angra et Praya, à Tercère; Ponta Delgada et

Villa-Franca, à Saint-Michel; mais ces prétendus ports ne sont que des rades ouvertes, où l'on est exposé à tous les dangers et à tous les inconvénients que nous venons de signaler, sauf cependant celles de Horta et de Villa-Franca, dont la première est abritée par les îles voisines Saint-George et le Pic; la seconde, par le sommet d'un ancien cratère volcanique, désigné par le simple appellatif d'*Ilheo;* l'une et l'autre pourraient, moyennant les dépenses nécessaires, devenir de beaux ports pour les navires de toute espèce. Si cela s'exécutait jamais, les Açores en retireraient de grands avantages commerciaux, la mère patrie un accroissement notable de revenus, et cet archipel acquerrait en même temps une tout autre importance politique.

Gouvernement, administration civile et militaire, revenus et dépenses.

Les Açores, comme les autres colonies du Portugal, sont gouvernées par un fonctionnaire militaire qui prend le titre de *capitaine général des Açores.* Bien qu'il puisse être maintenu dans ses fonctions aussi longtemps qu'il plaît au gouvernement, il n'est en principe nommé que pour trois ans, ce qui explique l'esprit de rapacité et de concussion que l'on a trop souvent reproché à ces fonctionnaires. Ce gouverneur a sous ses ordres deux commandants secondaires nommés par le pouvoir royal et placés à la tête des deux arrondissements qui, avec celui que dirige personnellement le capitaine général, forment les trois grandes divisions politiques de l'archipel. Ces trois divisions sont : 1° l'arrondissement du Midi embrassant Tercère, Saint-George et Gracieuse, et ayant pour chef-lieu Angra, capitale de tout l'archipel et résidence du capitaine général; 2° l'arrondissement de l'Ouest comprenant le Fayal, le Pic, Flores et Corvo, avec Horta pour chef-lieu; 3° l'arrondissement de l'Est qui comprend les îles Sainte-Marie et Saint-Michel, et dont le chef-lieu est Ponta-Delgada.

Les îles autres que celles où résident ces trois fonctionnaires principaux, sont elles-mêmes sous l'autorité de commandants particuliers nommés par le capitaine général. A la suite des derniers événements politiques dont les Açores ont été le théâtre, les attributions de ces fonctionnaires ont été singulièrement modifiées. Jadis le pouvoir du gouverneur général était incontestablement moins contrôlé que celui du roi ou de la reine, ses prérogatives plus grandes. Il jouissait de la puissance suprême sur tous les fonctionnaires municipaux et les autorités judiciaires, sur les finances, l'agriculture, le commerce et la navigation, outre qu'il commandait en chef les forces militaires, ce qui, ajoutant encore à son influence, rendait inutile toute résistance à ses ordres, quelque tyranniques qu'ils fussent. Quant aux gouverneurs subalternes, ignorants, grossiers, ils ne voyaient dans leur position qu'un moyen de satisfaire leurs mauvaises passions, fût-ce en recourant à la force brutale.

L'administration civile est confiée, dans chaque arrondissement, à un *corrégidor,* nommé de la même manière et pour le même temps que le gouverneur. Les arrondissements sont divisés en districts, à la tête de chacun desquels se trouve un conseil de six membres, y compris le juge du district qui en préside les assemblées : celles-ci ont lieu deux fois par semaine; leur principal objet est la police du pays.

Le siége principal du gouvernement, soit militaire, soit civil, soit ecclésiastique, a été placé avec raison à Angra dans l'île Tercère, à cause de la force naturelle de cette île et de la facilité avec laquelle elle peut repousser les attaques de l'extérieur.

Les revenus des Açores et les dépenses auxquelles donne lieu leur administration, sont en rapport avec le peu d'importance qu'on leur a attribuée jusqu'à ce jour, avec l'état d'abandon et d'inertie dans lequel elles végètent depuis si longtemps. Cependant, et tels qu'ils sont, ces revenus laissent entrevoir ce qu'ils pourraient être si on mettait à profit les ressources de tous genres que possède chacune des îles de l'archipel. Voici un aperçu de l'ensemble de leur budget extrait de l'ouvrage du capitaine Boid.

Recettes.

Dîmes...............	1,323,000 fr.
Douanes.............	660,000
Droit sur le sel et sur les mutations de propriétés............	240,000
Droits sur les livres et le papier..........	84,000
Taxes sur la viande et sur le revenu des maisons..............	180,000
Taxe sur le tabac, le savon et l'orseille.....	660,000
Total....	3,147,000 fr.

Dépenses.

Appointements du capitaine général et des gouverneurs.......	30,000 fr.
Église et clergé.......	480,000
Magistrature.........	50,500
Administrations financières.............	27,000
Armée..............	540,000
Instruction publique...	19,500
Total...	1,147,000 fr.
Excédant des revenus sur les dépenses.....	2,000,000 fr.

A cet excédant de deux millions de francs qui rentre chaque année dans les caisses de la mère patrie, il faut joindre les revenus des anciens biens du clergé, qui ont fait retour à l'État, et qui donnent un autre excédant à peu près aussi fort que le premier, déduction faite des rentes viagères accordées aux moines et aux religieuses sécularisés. Ainsi le Portugal retire annuellement des Açores une somme d'au moins quatre millions de francs.

II. DESCRIPTION PARTICULIÈRE DES ILES.

Après avoir décrit d'une manière générale l'archipel des Açores dans son ensemble, il convient de passer en revue successivement, et une à une, les diverses îles qui le composent, afin de signaler ce que chacune d'elles offre de spécialement remarquable. Dans quel ordre procéderons-nous à cet examen : est-ce d'après le degré d'importance relative, ou suivant leur rang chronologique de découverte et de colonisation ; ou bien, préférant un mode de classification par groupes, choisirons-nous la répartition naturelle qui les agglomère sur trois points distincts et bien espacés, ou les indications ethnologiques dans lesquelles il faudra discerner les îles flamandes des îles portugaises, ou enfin les circonscriptions politiques, dont les trois sections ne répondent ni au groupement naturel des îles, ni aux affinités originelles des habitants?

Nous opterons pour ce dernier parti, parce que l'organisation politique, en établissant une hiérarchie dans laquelle se trouvent échelonnés, à divers degrés, les pouvoirs qui règlent la dépendance des îles à l'égard des chefs-lieux d'arrondissement, et celle des chefs-lieux d'arrondissement à l'égard d'une capitale unique, trace d'elle-même l'arrangement le plus commode que nous puissions suivre pour coordonner ces membres épars d'un seul corps, dont la tête est à Tercère, et les bras au Fayal et à Saint-Michel.

Arrondissement du Midi.

TERCÈRE.

Située vers le milieu de l'archipel des Açores, Tercère offre à peu près la forme d'un parallélogramme de 20 milles de long sur 12 milles de large, dirigé de l'ouest à l'est, entre la pointe Serretta, dont la position est fixée par 38° 46' de latitude septentrionale, 29° 42' de longitude occidentale comptée du méridien de Paris ; et la pointe

ILE DE L'ASCENSION.

Malmeranda, qui se projette par 38° 44′ de latitude, et 29° 22′ de longitude.

Le sol en est montagneux, surtout dans la partie centrale, où les hauteurs prennent le nom de Bagacina, se continuant à l'ouest sous le nom de Serretta, jusqu'à l'extrémité la plus occidentale de l'île. Des pentes assez douces descendent vers le midi, tandis qu'au nord la côte ne présente que des rocs verticaux et anfractueux, dont les plus remarquables sont celui du *Peneireiro* ou du Tamisier, et le *Queimado* ou Brûlé.

Les traces de l'action volcanique se montrent de toutes parts : sur plusieurs points, les masses montagneuses, dans un état incontestable de calcination, semblent avoir tout récemment subi la puissance des feux intérieurs. Des mornes entièrement formés de pierre-ponce friable et de tuf, paraissent prêts à s'écrouler et s'affaisser sur les terres inférieures, aux premières pluies : il y a eu, en effet, de ces éboulements, et à des époques reculées ils paraissent avoir eu lieu sur d'assez vastes espaces, ensevelissant dans leur chute les villages et le bétail répandus sur les plaines sous-jacentes. Des arbres entiers, enveloppés dans ces désastres, sont cités avec assurance et montrés aux voyageurs comme des vestiges incontestables du déluge de Noé : le capitaine Boid en vit un près des hauteurs de Bagacina ; c'était un grand tronc, engagé sous les couches inférieures d'un amas de terrain volcanique ; il ne différait en rien des arbres vivants d'alentour, et il conservait même tous ses caractères ligneux. La pierre-ponce existe partout en grande quantité, et l'on pourrait sans doute, en l'utilisant pour les arts, en faire une source de profit pour le pays.

L'éruption la plus récente dont on ait conservé le souvenir, est celle du pic de Bagacina qui, en 1761, jeta au dehors un courant de lave dont la masse fluide s'avança jusqu'à près d'une lieue de la mer. A plusieurs reprises les tremblements de terre ont causé des ravages considérables, et celui de 1614 renversa presque tous les édifices de la ville de Praya. Depuis cette époque, l'émission des vapeurs aux furnas d'Enxofre et en d'autres lieux a, dit-on, sensiblement diminué d'intensité, et des sources minérales ont disparu.

Du reste, au milieu des sites de Tercère, le peintre et le dessinateur peuvent amplement donner carrière à leur génie ; les formes heurtées et rudes des montagnes, des précipices et des cavernes, l'aspect âpre et austère des régions volcaniques, s'y marient sans cesse au plus délicieux paysage.

En général, le sommet des hauteurs y est couvert de taillis, d'impénétrables broussailles, de cèdres rabougris, d'arbustes presque arborescents, tels que le myrte, le genévrier, le buis, tandis qu'à leur base et dans les vallées croissent le pin et le hêtre. Tercère est, d'après les indigènes, celle de toutes ces îles qui a le plus de gibier ; elle abonde, disent-ils, en lapins, cailles, bécasses et perdrix ; mais le capitaine Boid dit n'y avoir vu que des myriades de lapins et une quantité prodigieuse de pigeons. Les porcs surpassent ceux des autres îles, non-seulement en grosseur, mais encore par la délicatesse de leur chair ; le gros bétail y est aussi d'une qualité supérieure.

Voici la manière toute particulière dont on y fait le beurre : on met une certaine quantité de crème dans une calebasse, à laquelle des femmes, tout en vaquant à leurs autres occupations, impriment un mouvement rotatoire rapide, jusqu'à ce que le beurre soit formé ; on le retire alors et on le sale immédiatement. « J'avoue, dit le capitaine Boid, n'en avoir jamais mangé de plus parfait en Angleterre, et qu'il faut attribuer à la qualité supérieure des pâturages, qui sont extrêmement riches, bien que n'étant l'objet d'aucuns soins. »

La population, évaluée par ce même officier à quarante mille âmes, est répartie dans les trois villes d'Angra, Praya, Villanova, et dans quinze villages, entre lesquels se fait remarquer principalement celui de Ribeirinha, qui pourrait passer pour une charmante petite ville.

Angra, chef-lieu de l'île Tercère et de la *comarca* ou arrondissement du Sud, en même temps que de toute la province des Açores, est située au fond d'une anse profonde à laquelle elle doit son nom, et qui est défendue au midi par les batteries du Morro do Brazil, et au nord par le fort Saint-Jean-Baptiste, éloignés l'un de l'autre de trois quarts de mille. L'aspect de cette baie, vue de sa partie centrale, est un des plus beaux panoramas qu'il soit possible d'admirer, et au milieu de ce tableau superbe la ville se présente de la manière la plus pittoresque. Ses blanches maisons, ses églises et ses clochers s'élèvent graduellement en amphithéâtre. En arrière s'étend un rideau de ravissantes collines couvertes de quintas, de plantations d'orangers et de vignes; plus loin est le riche canton appelé *Terra-Chaa* ou plaine; c'est la partie la plus féconde de l'île, et où se trouvent les propriétés et les maisons de plaisance des morgados et des nobles les plus influents.

Mais Angra n'a pas seulement pour elle la beauté de sa situation; ses rues sont régulières, se coupant à angles droits, très-larges, et solidement bâties. Les maisons ont généralement trois étages, mais elles sont, pour la plupart, sans élégance, et les lourdes fenêtres mauresques dont elles sont garnies contribuent à leur donner un aspect sombre et triste; il serait facile, au moyen de légères modifications, de leur procurer une physionomie plus moderne, et Angra pourrait alors rivaliser avec les plus jolies villes de l'Europe. Cependant, pour être sincère, il faut avouer que ses rues sont fort mal pavées et aussi sales que ceux qui les parcourent, malgré les nombreuses fontaines publiques qui répandent une abondante quantité d'eau. Afin de donner au lecteur une idée de la malpropreté des habitants de Tercère, un voyageur anglais raconte que se promenant un jour avec un Portugais fixé à Angra, et cherchant à se frayer un passage au milieu de la foule qui obstruait la place, il fut averti par son compagnon de prendre plus de précautions en s'approchant des habitants de cette île, attendu que tous ou presque tous avaient la gale.

On remarque à Angra nombre d'églises et d'anciens couvents, qui lui ont valu le nom de la *Ville aux églises*. En 1832, à l'époque de l'expédition de don Pedro, les monastères, à l'exception d'un seul, furent convertis en casernes. L'édifice dont on a fait le palais du gouvernement, avait été élevé par les Jésuites, qui furent expulsés des Açores sous le ministère du célèbre marquis de Pombal. En 1766, lorsque le gouvernement de ces îles fut confié à un capitaine général résidant à Angra, la maison des révérends Pères fut mise au nombre des propriétés de l'État, et affectée à la demeure du nouveau gouverneur.

Le Morro do Brazil, qui ferme au sud-ouest la baie d'Angra, est un promontoire péninsulaire digne d'attention au point de vue géologique: il est évidemment le produit d'un soulèvement volcanique postérieur à la formation de l'île entière; il est entouré de rocs verticaux inaccessibles, du milieu desquels s'élèvent quatre pics dont le plus haut, celui du *Facho* ou fanal, atteint 90 mètres environ au-dessus de la mer, et supporte un télégraphe; au centre est un cratère de volcan éteint, si bien abrité, d'un sol si riche et si admirablement propre aux travaux d'horticulture, que l'on pourrait à peu de frais le convertir en un magnifique jardin. Les Portugais regardent cette position comme imprenable.

Au point de vue maritime, la baie d'Angra est peu sûre; les navires sont obligés de prendre le large dans les mauvais temps; encore les tempêtes y font-elles périr tous les hivers cinq ou six des petits bâtiments qui fréquentent cette place.

Du reste, c'est un point admirablement disposé pour y faire de l'eau,

ILE DE L'ASCENSION

Ravins Volcaniques et Montagnes de Cendre.

non-seulement à cause de son excellente qualité et de sa quantité, mais encore de la commodité qu'ont les embarcations de remplir leurs futailles sans même descendre à terre.

La ville de la Praya, peuplée d'environ 3000 âmes, est pittoresquement située au centre d'une belle et profonde baie, naturellement défendue, à chacune de ses extrémités, par une côte inaccessible et des rocs escarpés de lave noire, sur lesquels s'élèvent les forts de Santa-Catarinha et de Spirito-Santo, qui défieraient aisément l'approche des vaisseaux et toute tentative de débarquement. Au surplus, la baie est fort exposée aux vents, et regardée comme très-dangereuse dans la mauvaise saison.

L'air de ce lieu n'est pas sain, à cause des miasmes qu'engendre un marais du voisinage, qu'il serait cependant facile de dessécher, ce qui rendrait à la culture une vaste portion de terre extrêmement fertile. Le pays environnant est très-beau, et les encouragements donnés autrefois à la production du tabac et du sucre avaient rendu cette ville riche et importante; aujourd'hui elle est bien déchue, et, sous l'influence du fléau qui la mine, ses valétudinaires habitants vivent dans une complète indolence.

GRACIEUSE.

Gracieuse doit son nom à la magnificence de sa végétation et à l'aspect enchanteur de ses rivages, qui contrastent avec les côtes abruptes et décharnées des autres îles. Elle gît à 28 milles au nord-ouest de Tercère, et à 20 milles au nord de Saint-George; son étendue est seulement de 20 milles de long sur 5 de large; près de la côte méridionale se trouve un groupe de petits îlots appelés *Gaivotos*, et près de la côte orientale ceux que l'on a nommés *los Homiziados*.

Une population de 12000 âmes est répartie entre la ville de Santa-Cruz, le village de Nostra-Senhora de Guadalupe, la ville de la Praya et le village de Nostra-Senhora-da-Luz; les deux premiers points vers l'extrémité nord-ouest, les deux autres dans la partie sud-est. Santa-Cruz est la capitale, et compte 3000 habitants; sa rade est dangereuse et ne présente qu'un fond de roches. Le meilleur ancrage de l'île est au sud, à la Ponta Carapacho, par 38° 54' de latitude nord et 25° 33' de longitude ouest du méridien de Paris. Il est digne de remarque et de surprise, que la nature, en procédant à la formation des Açores par les opérations les plus variées, par les convulsions les plus épouvantables, en donnant à leurs roches, à leurs côtes les formes les plus diverses, les plus fantastiques, n'ait pas créé une seule crique, une seule baie assez abritée contre les mouvements de la mer, pour qu'elle puisse offrir un port sûr sans le secours de l'art; qu'il ne s'y trouve pas une île, pas un groupe d'îlots disposé de telle sorte qu'il présente un ancrage protégé des vents par les terres voisines.

Graciosa paraît être d'une origine antérieure à celle des autres îles de l'archipel des Açores. A l'exception de quelques tremblements de terre, on n'y a observé, depuis sa découverte, aucun mouvement volcanique. Les laves y sont de formation très-ancienne, ainsi que le prouve leur état avancé de décomposition et l'épaisse couche de terre qui les recouvre. Le pic qui s'élève au centre de l'île offre un ancien cratère, dont la cavité est parée de la plus riche végétation. Cette île est, au surplus, considérée comme la plus féconde; il ne faut qu'un bien léger travail pour lui faire donner en abondance des légumes de toute espèce, des ignames, un peu de maïs et beaucoup d'orge; quelques bons pâturages s'y rencontrent aussi, et l'on recueille en outre un vin assez bon, dont il s'exporte annuellement 1500 pipes. Gracieuse est un point de ravitaillement pour les navires qui y trouvent, à bon marché, le bétail, les légumes, la volaille, les moutons, les chèvres et les porcs; la chair de ces derniers est d'un goût parfait.

Les habitants sont doux et communicatifs, et montrent quelques dispositions industrielles, qui se développeraient aisément si l'on en voulait stimuler l'essor. Ce sont eux qui fabriquent toutes les étoffes de lin et de laine que consomment les basses classes de l'archipel, et ils en envoient même au Brésil une quantité assez considérable.

Ainsi que la plupart des Açores, Gracieuse était, dans l'origine, couverte de bois, qui furent ensuite brûlés ou abattus pour faire place à la canne à sucre et au tabac, dont l'espèce était excellente et donnait d'abondants produits. Mais depuis ces jours d'or qui signalèrent la prospérité des Açores, l'île a été délaissée par la mère patrie; et après la restauration de la maison de Bragance, en 1640, elle devint la proie des pirates algériens qui, pendant plusieurs années, en firent le but de leurs courses de pillage et de rapines, emmenant les habitants dont ils pouvaient s'emparer, pour les aller vendre sur les marchés de Fès et des autres villes barbaresques.

SAINT-GEORGE.

Saint-George, colonisée par les Flamands de Tercère, fut naturellement considérée comme une dépendance de cette île, et c'est ainsi qu'elle se trouve comprise dans le département d'Angra, quoiqu'elle soit plus voisine encore du Pic et du Fayal, qui appartiennent à une autre division politique.

C'est une île longue et étroite, dont l'axe se dirige de l'ouest-nord-ouest à l'est-sud-est; elle a environ 30 milles de long sur 5 de large. Une chaîne de montagnes la traverse dans sa plus grande étendue, escarpée comme un mur du côté du nord, et couronnée par un plateau, dont la hauteur au-dessus de la mer voisine est de plus de 600 mètres. A chacune des extrémités s'élève un petit îlot volcanique; celui qui est à l'orient, vis-à-vis de la pointe du Topo, où débarquèrent, dit-on, les premiers colons, se trouve placé par 38° 15' de latitude nord, et 25° 30' de longitude à l'ouest de Paris, à 31 milles ouest quart sud-ouest du mont Brazil de Tercère.

Saint-George paraît être d'une origine volcanique plus récente que Tercère, et elle est encore sujette à des mouvements convulsifs qui, chaque année, jettent l'alarme dans la population. Les éruptions y ont été extrêmement violentes, et généralement concentrées sur les côtes méridionales, où elles ont causé de grands ravages. La plus ancienne dont il soit fait mention est celle de 1580, qui eut lieu à une demi-lieue de la ville de Vellas; elle dura plusieurs jours et vomit des torrents de lave qui allèrent se coaguler en masses rugueuses le long de la mer. En 1691, une autre convulsion sous-marine fit surgir en vue des côtes plusieurs îlots que les flots recouvrirent bientôt après; un semblable phénomène, accompagné de tremblement de terre, se reproduisit en 1720 et encore en 1757; une éruption encore plus violente souleva, à trois cents pas du rivage, non moins de dix-huit petits îlots, qui ne tardèrent pas à disparaître comme ceux qui les avaient précédés. La dernière éruption, et à ce qu'il paraît la plus destructive, eut lieu en mai 1808, près de la petite ville d'Urzelina; elle jeta la terreur jusque parmi les habitants du Pic et du Fayal : elle fut annoncée par des bruits souterrains graves et effrayants, par une sorte de fermentation sourde et d'agitation qui dura plusieurs jours, jusqu'à ce qu'enfin s'ouvrit d'abord un vaste cratère, et ensuite douze à quinze autres plus petits. Durant vingt-cinq jours consécutifs, on vit s'échapper de leurs bouches enflammées des torrents de lave incandescente qui ravagea la plus fertile partie de l'île, envahit ses pâturages, ses vignobles, ses champs, détruisit ses troupeaux, et menaçait d'envelopper dans sa course une portion de la ville d'Urzelina, quand le fleuve destructeur se détourna miraculeusement, épargnant ainsi la vie de plusieurs milliers d'hommes. Depuis ce désastre, aucune autre éruption n'a eu lieu à Saint-George; mais l'île

ILES DE L'AFRIQUE.

est chaque année épouvantée par des tremblements de terre qui se font généralement sentir vers la fin de l'automne. Le canton qui a éprouvé cette funeste atteinte, ne présente partout aux regards qu'une masse uniforme de laves, de scories et de cendres noirâtres, qui lui donne un aspect triste et sombre que des siècles de travail pourront à peine effacer.

Les terres environnantes sont encore aujourd'hui, comme autrefois, célèbres par la qualité supérieure des vins qu'elles produisent, et qui sont sans contredit les vins les plus généreux des Açores ; celui de Castelhetes est surtout renommé. Ils sont tous transportés au Fayal, et vendus avec ceux du Pic, sous le nom de vins du Fayal. Les habitants de Saint-George font aussi un peu de vin doux, lequel, à cause de son délicieux bouquet, est appelé Angelica : la préparation n'en est pas différente de celle des autres *passados* ou vins de liqueur. Les vignobles de Saint-George sont généralement placés sur le flanc des collines, au milieu des plus vieilles laves.

La ville de Vellas est le chef-lieu de l'île ; on y compte environ 4 000 âmes. Elle est assise au fond d'une baie spacieuse, entre la Ponta Queimada et le Morro Grande ; on y trouve un bon ancrage et un excellent quai, le long duquel peuvent venir se placer les bâtiments de moyenne grandeur, pour charger ou décharger leurs cargaisons. La ville est protégée par une muraille du côté de la mer, dominée du côté opposé par de hautes montagnes, et défendue par trois forts sans canons. La population semble jouir d'une condition meilleure que celle de Tercère ; elle a certainement plus d'activité et d'industrie et un air de plus grande indépendance. Presque toute la population de l'île, montant à 20 000 âmes environ, est concentrée sur la côte méridionale, la côte opposée étant rocheuse et moins productive. Le plateau supérieur est couvert de riches pâturages, où l'on élève des troupeaux nombreux de beau bétail, qui donne du beurre et du fromage renommé, que l'on envoie en grande quantité pour l'approvisionnement de Horta. Saint-George produit aussi en abondance la pomme de terre commune, la patate douce, et l'igname ; cette dernière est supérieure à toutes celles des Açores, et presque égale, par la grosseur et le goût, à celle des Antilles. Les habitants cultivent aujourd'hui plus de fruits qu'autrefois, surtout plus d'oranges et de citrons, dont le développement est favorisé par une position excellente. Ils exportent à Madère et à Lisbonne beaucoup de bétail ; bien que le bœuf ne soit pas aussi gras, la viande ne le cède point en qualité à celle des belles races anglaises.

Non loin de Vellas est un bassin de l'aspect le plus romantique, enceint de murs de lave, et où l'on entre, en venant de la mer, par une arcade naturelle de basalte prismatique, s'appuyant sur une masse compacte de la même roche ; des massifs touffus de plantes verdoyantes, de bruyères et d'arbustes sont venus en parer les bords, et offrent de charmants abris aux citadins qui viennent ici en partie de plaisir, manger des huîtres fraîches pêchées aux bancs dont la côte voisine est garnie. La petite ville de Calheta en est éloignée de deux lieues à l'est : elle est assise au pied de collines rocheuses qui l'entourent du côté de la terre : elle présente du côté de la mer, la petite cale ou *calheta* qui lui a valu son nom.

Entre Urzelina et Vellas est la *Ribeira do Nabo*, où débarqua, en 1831, le comte de Villaflor, quand il vint enlever Saint-George aux Miguélistes.

Arrondissement de l'Ouest.

LE FAYAL.

Le Fayal est à 16 milles à peine de l'extrémité occidentale de Saint-George, et bien que les colons de cette île l'eussent pour ainsi dire constamment en vue, ils ne le visitèrent que tardivement, et de temps à autre, jusqu'à ce qu'enfin le Flamand Jobst de Huerter vint s'y établir sous les auspices de la duchesse Isabelle de Bourgogne. Le nom de Fayal, qui se traduit littéralement en français par Faye, Fayet ou Faget, c'est-à-dire lieu planté de hêtres, provient d'une erreur d'après laquelle les Portugais, venus en cette île, avaient pris pour des hêtres les arbousiers qui couvraient le sol, et dont l'espèce est désignée par ce motif, en botanique, sous le nom de *myrica faya* ou arbousier-hêtre.

Cette île a environ vingt milles de long sur dix de large; sa surface s'élève graduellement au sud-est, où se dresse un pic de neuf cents mètres de hauteur, ancien volcan dont le cratère est l'une des plus intéressantes curiosités de l'île. La profondeur en est presque égale à la hauteur totale de la montagne, et les parois en sont richement parées de taillis, d'arbustes verts et de fleurs sauvages; on y descend par un tortueux ravin qui serpente à travers d'impénétrables massifs d'arbustes, sur des pentes escarpées d'une beauté sauvage et pittoresque, pour arriver enfin dans une vallée circulaire resserrée, au centre de laquelle est un lac transparent, rempli de cyprins aux écailles d'or et d'argent. Ces poissons y furent déposés par un gentilhomme portugais, qui s'était construit dans ce lieu retiré une chaumière où il venait, de temps à autre en été, passer quelques jours; aujourd'hui la petite habitation a presque disparu. A l'une des extrémités du lac s'élève un monticule conique de scories et de cendres volcaniques, couronné d'un petit cratère, produit sans doute par les derniers efforts du volcan. La végétation de la Caldeira est du reste extrêmement brillante, et nourrit un nombre considérable de moutons. Géologiquement parlant, l'île du Fayal diffère peu de ses voisines; on y voit de grandes quantités de pierre ponce, de tufs et de scories volcaniques; la lave y est de l'espèce bleuâtre contenant de la hornblende basaltique et de l'olivine. La seule éruption dont on y ait mémoire est de l'année 1672 : un pic situé près de la ville de la Praya jeta à cette époque, pendant plusieurs jours, des torrents de lave, qui ne causèrent d'ailleurs aucun ravage.

Dans toutes les villes et les villages situés sur les côtes du Fayal et du Pic, l'eau des puits est saumâtre à cause de la nature poreuse du sol, qui laisse filtrer l'eau de mer avec facilité, au point qu'on y remarque un mouvement de crue et d'abaissement alternatifs correspondant au flux et au reflux. On pourrait aisément remédier à la mauvaise qualité des eaux potables, en amenant, au moyen de tuyaux, dans tous les lieux où cela serait nécessaire, l'eau des excellentes sources qui sont à peu de distance dans l'intérieur.

La population du Fayal dépasse 22 000 âmes. Les habitants des campagnes sont certainement les plus paisibles, les plus industrieux et les plus robustes des Açoréens; ils exécutent gaiement les travaux les plus durs, pour un salaire minime.

La partie la mieux cultivée est celle qui avoisine le chef-lieu; là s'étend la belle *vallée des Flamands*, à laquelle on arrive en remontant le lit d'un torrent qui traverse la partie occidentale de la ville; les bords en sont charmants et changent incessamment d'aspect; à environ un demi-mille de distance, le vallon semble fermé par une barrière de rochers, du haut desquels l'eau se précipite en cascade. Après avoir grimpé assez longtemps dans la même direction, à travers des sites toujours agréablement variés, on arrive enfin au lieu du premier établissement des Flamands; à une certaine distance, l'œil est déjà charmé d'un aspect qui porte en quelque sorte l'empreinte de l'industrie de l'homme et de la fécondité du sol, offrant un caractère différent de tout le reste de la contrée, et ressemblant bien plutôt à un paysage suisse qu'à un site des Açores. C'est une vaste, riche et fertile plaine, dans laquelle se trouvent dispersées de jolies maisons blanches, resplendissan-

ILE DE STE HÉLÈNE

Vue de James Town.

tes aux rayons du soleil. Les habitants offrent encore, dans leur beauté physique, des traces de leur origine flamande : ils conservent les coutumes ainsi que des restes du langage de leurs ancêtres; ils ont hérité aussi d'une partie de leur industrie, et leur vallée s'est toujours maintenue, de génération en génération, dans un état de culture perfectionnée, si bien que le sol donne aujourd'hui des récoltes dont l'abondance étonnerait nos fermiers les plus experts. La vallée est bien arrosée.

Les environs produisent du lin et du chanvre excellents, avec lesquels les indigènes fabriquent quelques étoffes grossières pour leur consommation. L'objet le moins pittoresque de ce beau pays, ce sont les haies de clôture, qui sont formées d'une grande espèce de roseau qui atteint jusqu'à cinq mètres de hauteur, et qu'on emploie aussi à couvrir les cabanes et les bâtiments de service des fermes.

La partie de l'île qui s'étend entre Horta et le cap Espalamaca, semble se ressentir du voisinage de la vallée flamande; les cultures y sont superbes, et calculées, aux approches de la ville, de manière à satisfaire aux demandes des navires qui fréquentent le port. On y voit surtout des pommes de terre, des ignames, des oignons, des pois, des calebasses; le tout d'excellente qualité, enlevé en quantités considérables par les baleiniers américains. Les plantations d'orangers sont aussi très-nombreuses, et comme on en fait chaque jour de nouvelles, le Fayal rivalisera bientôt avec Saint-Michel; ses oranges sont déjà tout aussi parfaites. Du reste, soit à raison de la qualité supérieure du terroir, soit de quelque modification dans le climat, on remarque une différence très-sensible, et toute en faveur du Fayal, entre ses fruits et ceux des autres îles; les bananiers particulièrement y sont plus vigoureux, et les bananes y sont bien meilleures. Les abricots sont exclusivement cultivés ici, et le Fayal en approvisionne le reste de l'archipel.

L'île ne produit qu'une petite quantité de vin de médiocre qualité; mais elle tire, des vignobles du Pic, des produits supérieurs qui, apportés et travaillés à Horta, y prennent le nom de *vins du Fayal ;* la meilleure qualité se vend 60 contos de reis ou 360 francs la pipe. Ce vin même, à l'état naturel, est sec et âpre; mais voici les procédés qu'emploient les marchands pour en développer la force et le bouquet. Après y avoir mêlé des quantités de vin de Saint-George et d'eau-de-vie (*), proportionnées au goût des différents marchés, on l'accumule en fût dans de longs celliers peu élevés, où l'on brûle ensuite du soufre, en maintenant la température durant quatre, cinq et six mois, à 50 degrés, environ, du thermomètre centésimal. L'évaporation est nécessairement considérable, et l'on ouille à mesure avec du vin, ou de l'eau-de-vie, au gré du préparateur. Ce procédé corrige entièrement l'âpreté du vin, lui donne beaucoup de douceur, et en change tellement la qualité, qu'il s'en exporte des quantités assez considérables en Angleterre, en Russie et en Amérique, comme vin de Ténérife.

On élève au Fayal du gros bétail, qui s'exporte en Portugal et à Madère; il est d'une belle race et fournit une viande excellente. Il y a aussi de nombreux troupeaux de moutons, beaucoup de chèvres et de porcs, de la volaille de toutes sortes. Le poisson d'eau douce n'y est pas commun, et l'on n'y mange guère que du poisson de mer; le plus abondant paraît être la sole d'une petite espèce et le carrelet. « J'ai remarqué, dit Adanson, « une certaine conformité entre cette « île et celle de Ténérife, en ce qu'elle « a peu de gibier et peu d'oiseaux. « Dans plusieurs promenades que j'y « ai faites, à deux lieues à la ronde « je n'ai rencontré que peu de lièvres, « et quelques cailles répandues dans « les campagnes. Il est vrai qu'il ne « manquait pas de merles sur le som-

(*) Généralement 15 pour cent de celle-ci.

« met des montagnes; j'en ai vu même
« un assez grand nombre dont le plu-
« mage était agréablement taché de
« blanc: ils étaient par compagnies sur
« les arbousiers, dont ils mangeaient
« les fruits en jasant continuelle-
« ment. »

Sauf un peu de poterie grossière, et quelques tissus communs de laine, de chanvre et de lin, fabriqués sur les lieux mêmes, tous les autres objets manufacturés sont apportés d'Europe. On fait cependant encore au Fayal de fort jolis paniers, solides, de formes très-variées, propres à de nombreux usages, et qui, de plus, sont à bas prix; c'est une industrie qui lui est toute particulière.

La ville de Horta, chef-lieu du Fayal et de tout l'arrondissement de l'Ouest, fut fondée vers 1460 par Jobst de Huerter, le colon flamand, dont quelques écrivains prétendent qu'elle a conservé le nom, un peu altéré à la vérité; l'étymologie bien plus naturelle donnée par le père Cordeyro, fait venir le nom de la ville de celui qu'on avait donné à la riante campagne où elle fut bâtie, et qu'on appelait *a horta*, le jardin, comme en Espagne la belle campagne ou *huerta* de Valence. On y compte environ 10000 habitants. Elle est située au fond d'une baie semi-circulaire, que limitent, au nord un promontoire haut et escarpé appelé *Ponta Espalamaca* (sur le sommet duquel il y a un télégraphe), et au midi le cap rocheux de *Ponta da Guia*, à un peu plus de deux milles de distance. La ville s'élève en amphithéâtre, avec ses clochers et ses églises, jusqu'à une éminence que couronne l'ancien couvent des Jésuites, le plus bel édifice qu'ils eussent élevé aux Açores; puis l'ancien monastère des Carmélites, avec ses tourelles aux formes orientales, et encore l'ancien couvent de San-Antonio, placé sur une terrasse isolée, à droite. Tout cela, entouré de jardins, de maisons de plaisance, de bosquets d'orangers, et dominé en arrière-plan par le pic de la Caldeira, forme un tableau d'une beauté magique.

Mais au débarqué, une partie du charme s'évanouit, car la ville n'a, pour ainsi dire, qu'une longue rue, irrégulière et mal pavée, bifurquée à son extrémité occidentale.

Elle est défendue par trois forts, dont deux sont placés à chacune de ses extrémités, et le troisième, qui est le plus considérable, le fort de Santa-Cruz, s'élève au centre; il est relié au fort de l'Ouest par une muraille et un parapet qui s'étendent le long de la mer.

La baie de Horta présente incontestablement plus d'avantages et de sécurité que les autres mouillages des Açores; elle est protégée à l'est par le cône gigantesque du Pic, qui en est seulement à quatre milles, et au nord par l'île de Saint-George, dont la position transversale la met efficacement à l'abri des agitations de la mer de ce côté; mais elle est exposée aux vents de la partie du sud. Le promontoire de *Monte da Guia*, qui ferme la baie au midi, n'était évidemment dans l'origine qu'une île, entre laquelle et le rivage une commotion volcanique a fait surgir cet immense amas de cendres volcaniques rougeâtres appelé aujourd'hui *Monte Queimado*, ou la montagne brûlée, qui tient d'une part au *Monte da Guia* par une jetée de sable peu élevée, et à la terre voisine par un massif de tuf friable et de scories.

Horta possède deux ou trois chantiers bien approvisionnés d'agrès de tous genres, et l'on y trouve d'ailleurs toutes les facilités désirables pour se procurer des vivres frais, dont la demande est toujours considérable de la part des navires qui relâchent au Fayal, et qui impriment à Horta une activité que l'on ne retrouve sur aucun autre point des Açores.

LE PIC.

L'île du Pic, avec ses formes colossales, produit un effet des plus imposants; elle surgit immédiatement au-dessus des flots et s'élance dans les airs sous la forme d'un cône immense, qui semble comme une haute tour

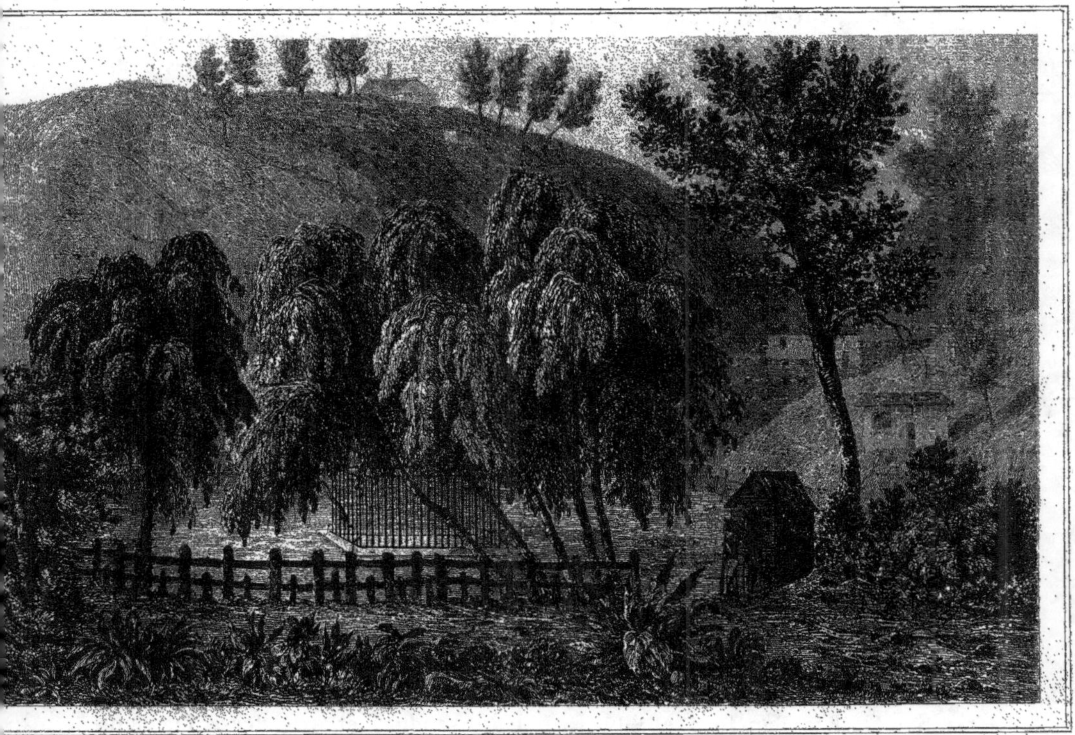

ILE DE S.TE HÉLÈNE

Tombeau de Napoléon.

placée en ces lieux par la nature pour protéger les îles environnantes.

Malgré son voisinage de l'île du Fayal, les colons de celle-ci répugnaient, dans le principe, à la visiter, effrayés qu'ils étaient du caractère volcanique qu'elle présentait, et ils ne l'appelaient point autrement que le Pic, *o Pico*, nom qui lui a toujours été conservé depuis par les écrivains portugais. Sa forme est allongée de l'est-sud-est à l'ouest-nord-ouest, et sa plus grande longueur est de trente-cinq milles, sur une largeur de huit milles dans sa partie occidentale. La pointe du nord, appelée Ponta Negra, est située par 38° 33′ de latitude, et par 30° 53′ de longitude à l'ouest de Paris; celle du sud-ouest, appelée Ponta do Espartal, est par 38° 26′ de latitude et 30° 58′ de longitude; la plus orientale, appelée Calhagrossa, est par 38° 18′ nord et 30° 5′ ouest. L'île est traversée dans toute sa longueur par une haute chaîne volcanique, que domine, vers l'extrémité occidentale, le fameux pic auquel elle doit son nom, et dont la hauteur dépasse deux mille mètres.

L'île du Pic renferme environ trente mille habitants, lesquels, ainsi que ceux des autres îles, sont en majeure partie établis le long des côtes. On y compte trois villes et treize villages, savoir: au midi, Lagens, capitale; Riveiras, Calheta de Resquim, et Ponta de Piedade; au nord, Ribeirinha, Santo-Amaro, Prainha, la ville de San-Roque, Sant-Antonio, Santa-Lugia, et Bandeiras; à l'ouest, la ville de Magdalena, Criacão-velha, Candellaria, San-Matheo, San-Joaõ, et Silveira. La côte tout entière est bordée de rochers escarpés et inabordables, sans ports ni rades; le seul point qui offre quelque abri aux embarcations est la petite crique de Lagens, dont l'entrée est d'ailleurs bordée de récifs. Aussi tout le commerce de l'île est-il transporté au Fayal, dont les Morgados sont d'ailleurs propriétaires de la plus grande partie des terres du Pic.

Cette île possède les plus beaux bois des Açores, surtout en cèdre et en if blanc. Ses montagnes offrent en outre d'abondants pâturages qui nourrissent une grande quantité de moutons, dont la laine est travaillée par les naturels en tissus destinés à la consommation locale. Ils élèvent aussi de gros bétail d'une belle race, et des milliers de chèvres, que l'on voit errer, presque sauvages, au milieu des précipices.

Le sol est généralement couvert d'une lave rugueuse qui le rend impropre à l'agriculture; le surplus est d'une grande fertilité et donne d'abondantes moissons de grains et de légumes pour la consommation des habitants; on y cultive en outre, pour l'exportation, beaucoup de plantes potagères, et entre autres de superbes oignons, qui sont enlevés par les Américains et les autres marchands qui fréquentent le Fayal. Le versant méridional est le mieux cultivé, et il présente, vu de la mer, un agréable tableau, surtout près de Lagens, et du côté de l'est, où le sol est disposé en terrasses et cultivé avec un soin tout particulier. Tout auprès de la ville s'élève majestueusement un ancien couvent de Franciscains, et les chaumières répandues dans la campagne ajoutent singulièrement à l'effet pittoresque du paysage; ces chaumières aux murailles blanches, avec leurs légers toits coniques de roseau, ressemblent, d'une certaine distance, aux tentes d'un camp.

La production principale du Pic est son vin; elle en livre annuellement environ 25 000 pipes, qui sont transportées au Fayal pour y être travaillées, vendues et exportées. La vigne fut introduite au Pic vers la fin du seizième siècle; les plants venaient de Porto, de Lisbonne et de Madère; mais cette culture ne prit l'extension qu'elle a aujourd'hui que durant les soixante dernières années, se développant à proportion de l'accroissement progressif de la consommation extérieure; maintenant elle décline: c'est un mouvement de réaction auquel les meilleures choses ne peuvent échapper.

La partie occidentale de l'île du Pic est la plus rocheuse ; c'est cependant sur cette lave, qui présente à l'œil un aspect si aride, que sont plantées les vignes dont la végétation est si brillante. On élève, pour les protéger contre l'air de la mer, de petits murs de lave de cinq à six pieds de haut ; ces clôtures donnent à toute la région des vignes, durant l'hiver, l'aspect d'une immense et sombre mosaïque ; mais, du printemps à la fin de l'automne, alors que sol et murailles sont cachés sous l'épais feuillage des vignes, toute cette zone est revêtue d'une verdure dont les tons passent successivement par les nuances variées qu'amène tour à tour la marche de la saison.

Le meilleur vin du Pic provient des plants de Madère ; on le recueille surtout dans la partie de l'ouest, près de Magdalena, où l'on fait aussi beaucoup d'excellent vin doux, que les Portugais appellent *Passado*. On le tire du même raisin ; mais, comme pour le vin doux de tous les pays, on lui procure son goût sucré en ne mettant le raisin au pressoir qu'après l'avoir laissé se rider au soleil.

Les morgados du Fayal, propriétaires des terres du Pic, ont de ce côté de l'île vassale des maisons de plaisance où ils se rendent à l'époque des vendanges ; ces *quintas*, comme ils les appellent, sont nombreuses, surtout dans les environs de Magdalena, qui forment la partie la plus agréable de l'île. En face, et à trois quarts de mille du rivage, s'élèvent deux grandes masses escarpées de roche volcanique rougeâtre, appelées les îles de Magdalena ; entre celles-ci et la ville se trouve la rade où le comte de Villaflor vint mouiller, en 1831, avec son expédition lilliputienne, et c'est de là qu'il se rendit au Fayal, où il opéra son débarquement sans s'inquiéter d'une belle corvette miguéliste qui était à l'ancre à une petite portée de canon.

Les fruits que produit le terroir de Magdalena sont particulièrement beaux, et la végétation est d'une vigueur surprenante. Les oléandres offrent ici, comme au Fayal, les formes arborescentes les plus splendides, et le myrte y prend un tel développement en hauteur et en grosseur, que les naturels en tirent le *tannin* pour la préparation de leurs cuirs. L'*orseille* est l'une des productions les plus importantes du Pic ; c'est, comme on sait, un lichen d'un gris légèrement verdâtre, qui croît sur les rochers et les murailles, et fort recherché pour ses précieuses propriétés tinctoriales. Le monopole en était réservé à la couronne de Portugal, pour les épingles de la reine ; le gouvernement l'achetait à raison de 40 reis par livre, et la revendait pour l'exportation au prix de 200 reis ; cet ordre de choses a été modifié, et la vente de l'orseille est aujourd'hui publique. La meilleure espèce, avec celle des îles du cap Vert, est celle des Açores, et elle est devenue dans ces derniers temps un grand article de commerce avec l'Angleterre et la France, où la chimie est parvenue à tirer de ses propriétés un parti bien supérieur à ce qu'on en pouvait jadis obtenir. La plante, après avoir été bien séchée et pulvérisée, est humectée d'urine et transformée en une sorte de pâte qui, mêlée avec la chaux ou divers alcalis, donne des teintures bleues et pourpres, et, avec une solution d'étain, de belles et riches nuances violettes d'un excellent teint.

FLORES.

L'île de Flores a environ quinze milles de long sur neuf de large. Les côtes en sont toutes rocheuses ; mais à partir du bord de la mer s'élèvent par étages des collines du plus brillant aspect, dominées au centre par un haut pic conique dont les flancs sont couverts de bois, et que termine un cratère semblable à celui du Fayal, mais plus petit.

Le sol de Flores est formé d'une lave plus friable encore que celle des autres Açores ; aussi la fertilité et la richesse végétale de cette île sont-elles admirables. Au sommet des collines s'étendent de gras pâturages ou des bois vigoureux, tandis que sur leurs versants, de petits champs, encadrés de murs de lave et de pierre ponce, offrent de riches moissons de maïs, d'orge, de légumes, d'ignames, de pommes de terre et d'autres végétaux. Le bois y est aussi bon qu'abondant, et l'île approvisionne de temps à autre les chantiers du Fayal, de cèdre, de hêtre, d'if blanc et d'autres essences. On y voit croître les lauriers, le buis, le myrte, le genévrier, les fougères, et une profusion de plantes et de fleurs sauvages qui lui ont valu son nom. Le climat y est délicieux, et l'air y est exempt de cette humidité qui, dans les îles plus orientales, produit si rapidement l'oxydation et la moisissure. Mais en revanche elle est, ainsi que Corvo, d'un bout de l'année à l'autre, exposée à des ouragans violents, accompagnés d'effroyables averses. Ces passages du temps le plus beau au temps le plus affreux se font avec une rapidité dont on ne peut se faire une idée, et qui exige impérieusement que le navigateur soit, en ces parages, constamment sur ses gardes, surtout en hiver.

Elle possède de nombreuses sources minérales, dont quelques-unes sont sulfureuses, et elle est abondamment arrosée par les ruisseaux qui descendent de ses montagnes.

On y recueille peu d'oranges; mais elle produit plus d'orseille qu'aucune autre des Açores. Ses riches pâturages nourrissent d'excellent bétail, des moutons, des chèvres et des porcs, qui sont envoyés en grand nombre aux propriétaires terriers résidant en Portugal.

C'est du reste un excellent point de ravitaillement pour les bâtiments d'Europe, qui y trouvent, soit à l'aller, soit au retour, abondance de provisions et d'eau fraîche.

La population de Flores est d'environ 9 000 âmes; une émigration considérable pour le Brésil l'a fort diminuée. Les Floréens sont plus petits, mais mieux faits que les habitants des îles orientales, dont ils diffèrent par leur esprit entreprenant. Ce sont de bons marins, et ils s'engagent souvent à bord des baleiniers américains qui viennent faire la pêche dans les mers voisines.

On compte à Flores deux villes, Santa-Cruz et Lagens, et quatre villages, Cedros, Ponta-Delgada, Fajazinha et Lomba. Les deux villes sont situées sur la côte orientale, à deux lieues l'une de l'autre. Santa-Cruz, la capitale, est située par 39° 32' de latitude nord, et 31° 5' de longitude à l'ouest de Paris. Elle est bâtie sur une partie basse de la côte, immédiatement au pied d'une colline escarpée, dont le sommet est couvert d'un bois épais de genévriers, au-dessus desquels s'élèvent les ruines pittoresques d'une vieille tour. La ville renferme à peu près trois mille habitants; elle est percée de trois rues parallèles à elles-mêmes et à la mer, coupées à angles droits par une quatrième rue qui se dirige du sud-est au nord-ouest. Les maisons en sont solidement construites en pierre; elles ont généralement deux étages, avec de lourds balcons garnis de jalousies dans le style mauresque. L'église est vaste et pourrait aisément contenir la moitié de toute la population de l'île: c'est un bel édifice; mais le temps et l'incurie l'ont considérablement endommagé, et sur ses murailles croissent en maint endroit des touffes d'herbes variées. L'ancien monastère des Franciscains est dans un meilleur état de conservation; mais pour lui aussi il est facile de voir que les temps de prospérité sont passés.

Santa-Cruz n'a pas de port, et le mouillage qu'offre la côte entre la ville et le petit îlot d'Alvaro Rodriguez, est dangereux; cette capitale est du reste assez faiblement protégée par un vieux fort qui, tout placé qu'il est dans une position favorable au sommet d'un rocher, ne peut rendre aucun service à cause de l'état de délabrement dans lequel il se trouve.

On compte de Santa-Cruz au Fayal trente-huit lieues seulement, et cette faible distance suffit pour isoler les habitants de Flores et de Pico de ceux des autres îles, au point qu'ils n'ont pour ainsi dire aucun rapport avec ces derniers, et ne connaissent guère d'autre gouvernement que celui de leurs propres autorités.

CORVO.

Corvo est la plus petite et la plus septentrionale des Açores; elle n'a que six milles de long sur trois de large; sa pointe sud, appelée *Pesqueiro Alto*, est par 39° 41′ 41″ de latitude. Elle est assez remarquable par sa configuration extérieure : à ses deux extrémités s'élèvent deux montagnes, séparées par une dépression très-forte, ce qui lui donne, quand on l'aperçoit du sud-est ou du nord-ouest, la forme d'une selle. Les rivages en sont partout escarpés. Le sol y est aussi fertile qu'à Flores, et le climat aussi délicieux. On n'y voit non plus aucune trace de l'action récente des feux volcaniques.

On y compte environ 900 habitants; ce sont, de tous les Açoréens, ceux qui présentent la plus misérable et la plus chétive apparence. Puis, comme si le physique avait réagi sur le moral, ils sont ignorants, superstitieux et bigots au delà de toute expression. Ils élèvent des bœufs de petite taille, beaucoup de moutons, de chèvres et de volailles, et ils recueillent une assez grande quantité d'orseille, de maïs, de froment, de légumes; la majeure partie de tout cela est expédiée dans la mère-patrie pour payer les fermages.

Arrondissement de l'Est.

SAINT-MICHEL.

L'île de Saint-Michel s'étend à peu près de l'est-sud-est à l'ouest-nord-ouest, sur une longueur de quarante-cinq milles, et une largeur qui varie de six à douze milles. Bien qu'elle pût nourrir un million d'habitants, on n'y compte actuellement qu'environ 110,000 âmes : mais elle n'en avait que 80,000 en 1820, et guère plus de 60,000 en 1790; le progrès est donc très-remarquable.

Vue de la mer, elle offre un aspect âpre et montagneux; en approchant, on aperçoit d'innombrables ravines, longues et profondes, dont la largeur varie de quelques pieds à quelques toises. Presque partout, la terre s'élève soudainement du fond de la mer, et souvent elle présente un mur de rochers perpendiculaires de 35 à 40 mètres d'élévation.

Une série de hauteurs montagneuses traverse l'île d'une extrémité à l'autre; ce n'est point une chaîne continue, et un petit nombre seulement de ces montagnes sont liées entre elles à leur base. Beaucoup sont tronquées, et offrent à leur sommet des dépressions plus ou moins vastes, dont quelques-unes ont plusieurs milles de circuit, et renferment des lacs assez considérables; ce sont évidemment des cratères de volcans éteints; mais leur dimension est telle, qu'on peut les regarder comme de véritables vallées circulaires. Les autres vallées sont généralement dirigées perpendiculairement à la ligne des montagnes et à la côte où elles viennent aboutir, servant de lit à des ruisseaux et des torrents peu étendus, dont les plus grands, tels que ceux de *Ribeira Grande* et de *Ribeira Quente*, n'ont eux-mêmes qu'une bien mince importance.

Outre ses cratères éteints, l'île de Saint-Michel conserve des traces multipliées des éruptions dont elle a été le théâtre; peut-être n'est-elle même, en entier, que le produit de volcans sous-marins. Beaucoup de grottes et de cavernes existent dans le flanc des montagnes, sur plusieurs points de l'île; on en cite une très-remarquable à quatre milles de Ponta-Delgada. Il n'est pas probable cependant que toutes soient dues exclusivement à l'action des volcans, et l'on peut juger, par la disposition des couches qui se laisse apercevoir sur divers points de la côte, et par la nature des matériaux qui les composent, que d'autres causes ont aussi contribué à la formation de ces vastes cavités; on remarque en effet, le long du rivage, des couches comparativement minces de laves, alternant avec d'énormes lits de pierres ponces, de tufs, ou de cendres, qui ont jusqu'à quarante et cinquante pieds d'épaisseur. Le tassement des substances friables et l'action des eaux opèrent dès lors aisément, sous la lave solide, des déblaiements énormes, qui constituent quelques-unes au moins des cavernes de Saint-Michel.

Le rempart escarpé que présente la côte sur presque toute la périphérie de l'île, offre une grande facilité pour reconnaître la superposition relative des roches et des terrains qui entrent dans la structure géologique du sol. L'assise inférieure est une lave compacte, sur laquelle reposent des couches alternatives de tuf volcanique, de scories, et de laves, tantôt poreuses, tantôt plus serrées, de moins en moins riches en cristaux d'olivine, de hornblende et de leucite.

Toute l'île peut se partager, dans sa longueur, en quatre régions successives, distinctes d'aspect et de caractère; l'une à l'est, la plus élevée, la plus homogène dans sa constitution, exempte de traces de paroxysmes volcaniques postérieurs à sa première formation; deux autres, d'une hauteur un peu moindre, où se montrent au contraire de nombreux indices de bouleversements et de convulsions peu anciennes, des cratères remplis par des lacs, des coulées de lave, des amas de scories, des sources minérales; et enfin, entre ces deux dernières, une quatrième région plus basse, où des monticules coniques épars remplacent la chaîne centrale des montagnes proprement dites.

Dans cette partie basse et étroite de Saint-Michel, le point le plus remarquable est le *Pico do Fogo* ou pic du Feu, ainsi nommé de l'apparence des roches qui le composent. Il n'a pas deux cents mètres de haut, et présente un cône très-régulier; sa base est formée de scories spongieuses d'un rouge foncé, entremêlées de masses de lave basaltique compacte, à grains fins. Sur le flanc oriental est une grande ouverture, aujourd'hui remplie de scories et de débris de laves, mais qui, par sa figure irrégulière, les déchirures et les fissures qui de là s'étendent sur une portion considérable de la montagne, et par ses bords calcinés et en partie vitrifiés, montre qu'elle a jadis donné issue à un torrent de lave, aujourd'hui dure et compacte, qui se reconnaît jusqu'à une certaine distance.

La montée de ce cône est fatigante, à cause du peu d'adhérence du sol, et de la roideur des pentes. Les flancs sont couverts de bruyère commune; le sommet est composé de petits fragments de pierre ponce, entremêlés de cendres, et presque entièrement dénué de végétation.

De ce point, on peut suivre de l'œil la trace de quelques coulées de lave qui se sont dirigées et réunies vers le nord: on les reconnaît à des espaces noirs et entièrement nus, qui font avec les terrains cultivés un contraste frappant. La lave est cependant cachée en maint endroit par des bruyères et d'autres arbustes, et quelquefois aussi par des champs de blé, là où une décomposition plus rapide a créé une couche de terre végétale d'une certaine épaisseur.

Près du Pico do Fogo, il y en a un autre qui lui ressemble pour la forme et l'aspect général, sauf le sommet tronqué, et creusé en bassin comme un cratère de volcan. Plusieurs monticules du voisinage ont également une cavité à leur sommet, ou bien leurs flancs présentent des traces d'éruptions latérales. Les bords de quelques-uns de ces cratères sont déchirés irrégulièrement; d'autres au contraire sont entiers et presque circulaires, souvent tapissés de bruyères et d'arbustes. La plupart, offrant la figure d'un cône renversé ou d'un entonnoir, se terminent parfois, dans le fond, par une surface plate, plus ou moins étendue. La profondeur varie de trois à quinze et même à **trente mètres**.

Dans la région de l'Ouest, contiguë à celle-ci, la chaîne montagneuse se relevant d'une manière assez marquée, s'élargit en un plateau qui atteint, à son extrémité, une hauteur de plus de six cents mètres au-dessus du niveau de l'Océan ; mais là, une vaste dépression, ou plutôt un énorme effondrement, dessine un immense cratère dont le bord supérieur n'a pas moins de quinze milles de tour ; le fond a neuf milles de circuit.

On s'y rend par un chemin tracé sur le flanc méridional de la montagne, et praticable pour les bêtes de somme. Du point où la route traverse le sommet, on a une vue d'ensemble de l'énorme cratère, dont l'ouverture paraît bien plus considérable que lorsqu'on le regarde d'en bas. Les parois en sont revêtues de très-belles fougères, et s'abaissent par un angle de quarante-cinq degrés jusqu'à la plaine du fond, que l'on nomme *Valle das sette Cidades*, ou Vallée des Sept Cités, et dont une partie est occupée par deux lacs, l'un appelé *Lagoa Grande*, ou Grand Lac, et l'autre *Lagoa Azul*, ou lac Bleu. Le reste est assez bien cultivé ; c'est un sol de lave et de pierre ponce recouvert d'un humus fertile. Quelques misérables chaumières composent le hameau, que l'on a qualifié du nom pompeux des Sept Cités, souvenir sans doute des traditions de l'ancienne Antilia, et indice peut-être d'une explication plausible des récits relatifs à cette île fantastique. Les ravins et les précipices sont nombreux à l'intérieur du cratère, et quelques-uns sont coupés de cascades pittoresques.

Une route étroite et raboteuse, partant du village des Sept Cités, gravit les pentes septentrionales pour sortir de la vallée. Quand on est parvenu au faîte, où culmine le pic de Mafra, haut d'un millier de mètres, on jouit d'une vue étendue et pittoresque ; d'un côté, le flanc des montagnes incliné doucement vers la surface tranquille des deux lacs; de l'autre, des versants escarpés au pied desquels fleurissent des bosquets d'orangers et de myrtes ; plus loin, des champs, des cabanes, des montagnes et des collines s'étendant à perte de vue à l'est, tantôt parées de belles fougères verdoyantes, tantôt sillonnées de profondes ravines aboutissant à de sombres vallées. Au delà, pour bordure, l'immensité de l'Océan, sur lequel l'œil s'égare jusqu'à ce qu'il rencontre les contours vagues de Tercère au nord-ouest, ou de Sainte-Marie au sud-est.

Une autre dépression, occupée par la *Lagoa do Conde*, se fait remarquer vers le centre du même plateau, au nord-est du village de Feiteiras ; et dans le voisinage de celui-ci existent des sources thermales, dont on ne tire aucun parti.

Contiguë vers l'est à la région des monticules coniques, et symétriquement placée à l'opposite de celle que nous venons de décrire, s'élève une autre région de grands cratères éteints, de lacs, et d'eaux thermales ; la *Lagoa do Fogo*, formée en 1563 à la place du *monte Volcaõ*, remplit le fond d'une vaste *caldeira* dont les bords atteignent une hauteur absolue de mille mètres ; plus loin dans l'est, en tirant un peu au sud, se voit au milieu d'un beau plateau, la *Lagoa do Congro*, peu considérable, et à l'est de celle-ci la grande *Lagoa das Furnas*, ainsi appelée des *furnas* ou grottes répandues dans les alentours, et qui donnent aussi leur nom au plateau, à la vallée voisine, au village qui domine la vallée, et aux sources thermales qui font la renommée de tout ce canton.

La vallée a la forme d'un bassin presque circulaire, d'environ dix milles de circonférence, entouré de montagnes arides, qui ne laissent d'autre entrée qu'un étroit défilé au nord-est, par lequel s'échappe la *Ribeira Quente*, ou rivière chaude.

Les sources thermales sont à environ un mille au nord du village. Elles consistent principalement en trois grands bassins situés à quelques mètres de distance l'un de l'autre. Le plus considérable a environ vingt pieds de diamètre; au centre surgit une épaisse colonne d'eau bouillante, qui s'élève à deux ou trois pieds au-dessus de la surface du bassin; et il se répand à l'entour un nuage de vapeur sulfureuse dont on ne peut endurer la chaleur brûlante quand on se trouve sous le vent; on observe toutefois que le bétail se place quelquefois sous son influence pour détruire la vermine qui le tourmente ou pour se débarrasser de quelque affection cutanée.

La température de cette source atteint 104° du thermomètre centigrade, qui, dans les environs, ne descend point au-dessous de 20°. Il se dépose à plusieurs mètres à la ronde un sédiment siliceux très-fin, qui revêt les brins d'herbe, les bruyères, les roseaux qui croissent dans ce rayon, d'une croûte pierreuse dont l'épaisseur et la dureté augmentent graduellement d'une manière remarquable.

Le bassin voisin n'a point la même étendue ni une température aussi élevée; mais sous les autres rapports, il présente à peu près les mêmes caractères; le sol d'alentour est couvert de cristaux qu'y déposent les vapeurs flottantes; et l'on découvre souvent dans les fissures des dépôts considérables de soufre cristallisé. La terre environnante conserve jusqu'à une profondeur considérable la même température que l'eau.

A environ dix mètres du premier bassin, dans une excavation que les gens du pays considèrent presque comme un soupirail de l'enfer, se trouve le troisième bassin, auquel est attaché le nom de *Pedro Botelho;* l'eau y bouillonne avec violence au milieu de bruits effrayants; il en sort une immense quantité de boue savonneuse, dont les propriétés curatives dans les maladies cutanées et les ulcères, sont singulièrement efficaces. Mais le phénomène le plus curieux que présente cette source, et qui l'a rendue célèbre, c'est que si l'on fait du bruit à l'entrée de la grotte, l'eau s'élance de la source à une distance proportionnée à la violence du bruit, et il a été constaté que cela allait quelquefois jusqu'à dix pieds. « J'avoue, dit le ca-« pitaine Boid, que j'étais un peu in-« crédule quand on me le raconta pour « la première fois, et que je regardais « cela comme un conte; aussi mon « étonnement fut-il grand lorsque les « cris réunis de notre troupe vinrent « me démontrer la vérité du fait; et « mon guide m'assura même qu'en « certaines occasions, il avait vu ce « mouvement de furie de l'eau accom-« pagné de feu et de fumée. Je livre « l'explication de ce phénomène à la « sagacité des physiciens. »

A une petite distance de ce lieu, vers l'ouest, se trouvent un nombre considérable d'autres sources d'un moindre volume, qui offrent aussi des propriétés caractéristiques très-remarquables; quelques-unes sont froides: l'une d'elles, fortement imprégnée d'oxygène, est extrêmement agréable au palais et possède des propriétés digestives puissantes: elle donne presque immédiatement de l'appétit; une autre a une saveur acide qui n'est point désagréable; une troisième offre un goût salin très-marqué. Tout près de là sont des sources ferrugineuses chaudes qui ont fait les cures les plus merveilleuses, de même qu'une source froide de vertus analogues, située dans un autre endroit. Un pauvre homme dont la jambe était couverte d'ulcères, et qui n'avait pas grande confiance dans la science des médecins de l'île, eut recours à cette dernière source; l'usage de l'eau et l'application des boues deux fois par jour sur la partie malade, le guérirent complètement en moins de quinze jours. Quelques-unes de ces eaux, chaudes ou froides, sont conduites jusqu'à une suite de bains construits pour la commodité des malades, mais tenus avec une telle négligence, qu'il faut à une personne habituée au confort de la civilisation européenne, une certaine dose de philosophie pour se décider à faire usage de baignoires d'un aussi dégoûtant aspect, véritables auges à pourceaux, moins propres encore que celles de nos basses-cours.

Ribeira-Grande, dans la même région, a aussi de précieuses sources thermales, renommées pour leur efficacité presque miraculeuse, un peu plus fréquentées que celles des Furnas, mais tenues à peu près de la même manière.

Quant à la région située à l'extrémité orientale de l'île, elle s'élève au-dessus de la précédente, comme celle-ci et celle de l'ouest s'élèvent au-dessus de celle des monticules qui les sépare. Toute cette masse est dominée par quelques cimes, dont la plus haute est le *Pico da Vara*, qui atteint environ douze cents mètres d'altitude.

Sauf cette dernière région géologique, la moindre en étendue, l'île de Saint-Michel offre partout des traces de l'action peu ancienne des feux souterrains, et l'histoire même a constaté, depuis la date de la prise de possession portugaise en 1445, le souvenir de plusieurs éruptions désastreuses, qui avaient paru au bon père Fructuoso mériter à Saint-Michel l'épithète caractéristique de *fatale*, que lui a conservée le père Cordeyro, fidèle abréviateur de son devancier.

On sait en effet que dans l'intervalle du premier au second voyage de Gonçalo Velho Cabral, un tremblement de terre avait fait crouler, dans la partie ouest de l'île, les montagnes dont la vallée des *Sette Cidades* occupe aujourd'hui la place. On sait que du 22 au 25 octobre 1522, un événement semblable abîma Villafranca sous les ruines de deux montagnes arrachées de leur base. On sait que le 25 juin 1563, au milieu de convulsions dont Ribeira-Grande eut surtout à souffrir, la cime du mont Volcaõ s'abîma dans un cratère, maintenant rempli par le lac *do Fogo*. Le 2 septembre 1630, on vit s'opérer un phénomène tout contraire; une violente explosion fut suivie de la formation d'un pic au milieu de ce qu'on appelle *a lagôa secca*, le lac desséché. Le 19 octobre 1652, après de violentes secousses qui avaient commencé dès le 10 du même mois, une éruption se déclara au pic de *João Ramos*, au nord-est du village de *Rosto de Cão*. La dernière éruption du *Pico do Fogo* est encore plus récente.

Indépendamment de ces convulsions volcaniques dont l'intérieur de l'île a été le théâtre, des éruptions sous-marines ont eu lieu, de mémoire d'homme, à peu de distance de ses rivages. On en cite une, notamment, à la date du 3 juillet 1638, à une lieue en mer en face du pic des *Camarinhas*, au sud-ouest; après l'événement on reconnut qu'un haut-fond s'était formé là où naguère la sonde accusait une profondeur de quarante brasses. Un phénomène semblable se renouvela, mais avec plus de violence et de durée, à la fin de 1810 et au commencement de 1811, vers le même point, en face du village de *Ginetes* : nous donnerons ici le récit d'un témoin oculaire.

« Dès juillet et août 1810, de violents tremblements de terre se firent sentir dans toute l'île; les secousses continuèrent, mais légèrement, jusqu'en janvier 1811; le 28 et le 30, elles furent plus fortes. Le 31, un épouvantable tremblement de terre ébranla la ville de Ponta-Delgada, et le 1er février une forte odeur de soufre, des nuages de cendres portés par le vent d'ouest, et des monceaux de lave lancés en l'air jusqu'à deux mille pieds de hauteur, ne laissèrent plus de doute sur l'éruption d'un volcan à deux milles de la côte. On voyait sortir de la mer une colonne surmontée de fumée, et d'où s'élançaient des matières enflammées. L'éruption cessa au bout de huit jours, ayant produit un écueil sur lequel la mer venait se briser.

« Le 13 juin suivant, une vive odeur de soufre, et des secousses fortes et répétées annoncèrent que l'éruption avait recommencé; elle eut lieu deux milles plus loin que la première. Le vent éloignant la fumée, on put jouir de ce spectacle en se tenant sur les hauteurs de la côte, dont le sol éprouvait une sorte de trépidation plus ou moins prononcée, suivant que l'éruption était plus ou moins violente; un rocher même se détacha et roula dans la mer. On vit alors le

ILE DE L'ASCENSION.

Sources de Dampier.

volcan dans toute sa grandeur, lançant du milieu des flots des matières enflammées, à des intervalles assez réguliers.

« Le 17, une masse immense de fumée blanche reposait sur *la surface de l'eau* ; tout à coup il en jaillit successivement des colonnes de cendres d'un noir foncé, mêlées de pierres, qui s'élevaient perpendiculairement à près de huit cents pieds au-dessus de la mer ; puis retombant à travers la fumée blanche où elles se plongeaient, elles dessinaient, en lignes sombres, comme les branches pendantes d'un saule-pleureur. Ces explosions étaient accompagnées d'éclairs d'une vivacité éblouissante, et d'un bruit semblable à celui d'un feu d'artillerie et de mousqueterie bien nourri. Les nuages de fumée, chassés par le vent, aspiraient de la surface de la mer une multitude de trombes qui ajoutaient à la grandeur et à la magnificence de cet étonnant spectacle. On distingua enfin une petite île de trois cents mètres de tour et d'environ cent mètres d'élévation au-dessus de l'eau, présentant au nord-est une forme conique, et à l'extrémité opposée un cratère profond, où la marée se précipitait, et dont, pendant quelques jours, sortirent encore des flammes accompagnées d'explosions. Le ressac fut d'abord trop violent pour permettre d'en approcher. Enfin le 4 juillet, le capitaine Tilliard, commandant la frégate anglaise *la Sabrina*, y aborda ; la chaleur du sol et le peu de consistance des cendres sur lesquelles il fallait marcher, l'empêchèrent de pénétrer bien avant ; toutefois il prit officiellement possession de l'île et y arbora le pavillon de la Grande-Bretagne. Près de l'île nouvelle, la mer avait dix mètres de profondeur, et, à une demi-encablure, elle en avait près de quarante. Cet îlot, battu par les vagues, disparut graduellement sous leur effort, et il est resté seulement à sa place un banc que la violente agitation des flots n'a pas permis d'examiner avec la sonde. Vers la fin de janvier 1812, l'on observa de la fumée qui sortait encore de la mer à l'endroit même où ce phénomène s'était montré. »

En 1628, un volcan sous-marin qui fit éruption entre Saint-Michel et Tercère, produisit pareillement une île qui disparut ensuite ; presque à la même place, de 1719 à 1721, s'éleva une nouvelle île qui, s'abaissant ensuite graduellement, disparut enfin le 17 novembre 1723 : on trouva quatre-vingts brasses de fond au lieu même qu'elle avait occupé.

Au point de vue de l'administration, Saint-Michel est partagé en quatre districts, savoir : celui de Ponta-Delgada, qui s'étend sur un tiers de l'île, dont il forme la partie occidentale ; celui de Ribeira Grande au nord, et celui de Villa-Franca au sud, qui occupent ensemble les deux tiers de la partie restante ; et enfin celui de Nord-este, qui forme la partie orientale.

La ville de Ponta-Delgada est à la fois la capitale de l'île Saint-Michel et celle de tout l'arrondissement de l'Est, qui comprend en même temps, comme on sait, l'île de Sainte-Marie ; c'est donc la résidence du gouverneur militaire, du corrégidor entre les mains duquel sont réunis le pouvoir judiciaire et l'autorité administrative, du *meirinho* ou procureur royal, et de tous les autres officiers d'épée ou de plume attachés à la direction centrale des affaires de l'arrondissement, en même temps que des autorités particulières du district. Un consul général d'Angleterre s'y trouve aussi établi.

C'est la plus importante et la plus florissante cité des Açores. Elle est située sur la côte méridionale de l'île, entre la Ponta-Delgada, près de laquelle elle est bâtie et qui lui donne son nom, et la Ponta-Galé à l'est, par 37° 40′ de latitude nord, et 23° 16′ de longitude occidentale comptée du méridien de Paris, à 212 lieues marines des côtes du Portugal. Elle est défendue à l'ouest, du côté de la mer, par le château fort de San-Braz, qui peut avoir 90 pièces en batterie, et à l'est, mais à trois milles de distance, par les deux forts de San-Pedro et de Rosto de Cão.

La blancheur des maisons, la symétrie avec laquelle elles sont disposées en amphithéâtre, donnent à cette ville une apparence séduisante : mais le prestige disparaît dès qu'on y pénètre ; les maisons, généralement élevées de trois étages et bâties en lave, offrent, quoique blanchies extérieurement, l'aspect sombre et triste d'une prison ; les rues sont étroites, mal pavées, horriblement sales, et toujours encombrées de pourceaux, presque tous d'une taille énorme.

On y compte six églises, dont les cloches sans cesse en mouvement depuis le lever jusqu'au coucher du soleil, produisent sur les étrangers l'effet le plus désagréable. On trouve aussi une chapelle protestante ; il y avait de plus autrefois huit couvents d'hommes et quatre de femmes.

La ville est pourvue d'eau par un réservoir placé dans les montagnes voisines, d'où elle est amenée par des tuyaux. Les fontaines coulent jour et nuit dans des bassins autour desquels se trouvent toujours réunis quelques hommes et femmes des classes inférieures, ce qui en fait, pour les étrangers, un lieu aussi divertissant qu'une place de marché. On a l'habitude de les badigeonner en rouge et en noir, ce qui leur donne quelquefois un aspect très-pittoresque quand le temps a amorti la crudité des couleurs, et y a semé quelques plaques de mousse ou de lichen. L'eau est transportée de là aux habitations dans de longs et étroits barils placés par paires à dos d'âne, ou bien dans des cruches de terre rouge, dont les formes rappellent celles des vases d'Herculanum, et qui, par leur nature poreuse, servent, en été, au même usage que les alcarazas d'Espagne et les bardaks d'Égypte.

Le mouillage est aussi mauvais que tous ceux de l'île, mais il serait facile d'y remédier par la construction d'un dock. Le bon marché de la main-d'œuvre, la facilité de se procurer des matériaux de construction, rendraient les dépenses de ce travail bien légères à côté des avantages qui en résulteraient pour le commerce, et l'on n'aurait plus à déplorer, chaque année, la perte de quatre ou cinq navires.

Les environs de Ponta-Delgada, si brillants lorsque de loin l'œil s'égare sur leur ensemble, se montrent de près sous un tout autre aspect. Ces beaux ombrages, les riches perspectives que l'on avait rêvées n'existent pas : les *quintas* se dérobent de tous côtés derrière de hautes et vilaines murailles, entre d'étroits et poudreux chemins, qui vont se perdre dans des champs de blé et de légumes, au milieu desquels un arbre apparaît de loin en loin. Pour retrouver cette belle végétation qui semble avoir disparu, il faut pénétrer au delà de ces maussades enceintes, et l'on retrouve alors plus qu'on n'avait espéré. Les arbres, les fleurs, toutes les plantes y acquièrent une beauté dont il serait difficile de se faire une idée ; il n'est pas rare d'y voir, par exemple, le rosier à fleurs blanches et le camélia du Japon grands comme les arbres des forêts.

Ces *quintas* sont fréquemment louées à des Anglais ou des Américains, fort nombreux à Saint-Michel, qui en font de délicieuses retraites. Un jour que le capitaine Boid, au milieu d'une promenade à l'aventure, était entré dans une de ces charmantes résidences, et ravi de son aspect, déplorait tout haut l'insouciance des Portugais pour une terre si belle, une jolie petite fille aux yeux bleus se hâta de lui dire, avec un accent anglais facile à reconnaître : « Oh ! mon« sieur, c'est papa qui a fait tout cela ; « les Portugais sont trop paresseux : « ils ne savent que dormir, fumer, et « jouer aux cartes. »

La seconde ville de Saint-Michel est aujourd'hui Villa-Franca do Campo, située à une dizaine de milles dans l'est de Ponta-Delgada ; c'était autrefois la première, et jusqu'en 1546 elle fut la capitale de l'île. Elle était d'abord assise un peu à l'ouest de son emplacement actuel ; mais en 1522, un violent tremblement de terre ayant arraché de leurs fondements les deux collines adjacentes de Lorical et

ILE DE S.te HÉLÈNE.

Habitation de Napoléon à Longwood.

de Rubaçal, engloutit sous leurs débris la ville entière et quatre mille de ses habitants; elle fut rebâtie alors à l'endroit où on la voit maintenant. Elle compte aujourd'hui environ 5 000 âmes.

Elle est entourée d'un charmant paysage, brillant de la plus riche végétation; la vigne y donne un vin excellent; les grains de toute espèce y sont aussi beaux qu'abondants; les oranges y sont délicieuses; tous les fruits en général y sont supérieurs à ceux du reste des Açores, grâce aux soins que les riches propriétaires donnent à leur culture.

La ville est défendue, du côté de la mer, par un château, outre deux forts situés aux extrémités de la place, l'un à l'ouest, nommé *Forte da Forca*, et l'autre à l'est, *Forte da Area*. Vis-à-vis, à moins d'un mille en mer, s'élève à une centaine de mètres au-dessus des flots, un rocher escarpé que l'on appelle vulgairement *o ilheo*, l'îlot; il est formé d'un tuf composé de scories, de cendres volcaniques et de pierres ponces, le tout aggluttiné par un ciment jaunâtre. C'est évidemment le sommet conique d'un ancien volcan sous-marin, avec son cratère formant à l'intérieur un entonnoir dont le fond est occupé par un bassin d'environ 90 mètres de circuit; ce bassin communique avec la mer par une coupure naturelle au sud-ouest, et par un passage étroit, creusé en 1590 par les Espagnols, du côté de la ville, afin de servir d'entrée aux petits navires, qui y trouvèrent ainsi un port excellent. On avait en même temps fermé d'une forte digue une autre petite issue du côté du sud-est, où la mer brise avec violence durant les mois d'hiver; mais la digue a été depuis lors tellement négligée, qu'elle a entièrement disparu, et qu'aujourd'hui ce point est tout à fait abandonné par ses possesseurs actuels, bien que ce soit incontestablement, de toutes les localités des Açores, celle qui présente le plus d'avantages et de facilités pour la création d'un vaste port. L'intervalle qui sépare l'*ilheo* de la ville offre

déjà un excellent mouillage, où l'on trouve depuis 4 jusqu'à 9 et 10 brasses d'eau sur un fond de bonne tenue.

Saint-Michel a encore quelques villes: *A-Lagoa*, un peu à l'est de Ponta-Delgada, avec 4 000 habitants; *Agoa de Páo*, plus loin dans la même direction et voisine de Villa-Franca, avec une population de 3 000 âmes; *Nordeste*, dont le titre officiel de ville date de 1514, ne compte guère que 2 500 âmes; *Ribeira-Grande*, qui eut ce rang dès 1507, est beaucoup plus importante, et pourrait, avec sa banlieue, arriver au chiffre de 13 000 habitants. Le capitaine Boid donne encore le titre de ville à *Rabo de Peixe* (queue de poisson), qui ne renferme pas moins de 5 000 âmes.

Quant aux villages, il en faut compter plus d'une vingtaine, en tête desquels mérite d'être mentionné celui qui conserve le nom de *Povoação Velha*, et qui fut le premier établissement des colons portugais; *Rosto de Cão* (museau de chien) est remarquable par le rocher dont l'aspect lui a valu son nom; *Fayal* est ainsi nommé pour ses hêtres, *Feteiras* pour ses fougeraies, *Relva* pour son gazon, *Fanaes da Luz* et *Fanaes d'Ajuda*, pour les fanaux qui y sont établis, *Capellas* pour les grottes en arceaux qui se voient sur la côte voisine, *Mosteiros*, pour ses couvents, *Achada grande* et son diminutif *Achadinha* pour la grande plaine où ils sont bâtis, etc.

SAINTE-MARIE.

Sainte-Marie a environ treize milles de long sur neuf de large; elle est à peu près à 46 milles au sud-sud-est de Ponta-Delgada, et à 740 milles de la côte de Portugal. Elle diffère, par ses caractères géologiques, de toutes les autres îles du même archipel: car bien qu'elle ait été évidemment comme elles poussée au-dessus des flots par une action volcanique, il y a tout lieu de croire que jamais les feux intérieurs ne se firent jour à sa surface. Nulle part on ne voit l'indice d'aucune éruption postérieure à la formation de l'île; les éléments qui entrent dans la composition de ses roches diffèrent complétement de ceux du reste des Açores. Sa surface est partout élevée, offrant un terrain ardoisier à strates perpendiculaires, qui forment de tous côtés de hautes murailles plongeant immédiatement dans la mer. Sur la côte nord-ouest, les pluies ont mis à découvert, par leur action sur les roches schisteuses, l'immense fémur de quelque animal (les habitants disent d'un géant), qui se projette en avant de la masse du rocher.

On trouve en quelques lieux de vastes amas d'une argile plastique avec laquelle les habitants fabriquent une sorte de poterie grossière dont ils approvisionnent les îles voisines; ils y exportent aussi de la chaux fournie par un calcaire dans lequel des débris de coquilles se trouvent quelquefois mélangés dans une proportion très-forte.

Le terroir de Sainte-Marie, fertilisé par les nombreuses sources qui l'arrosent, pourrait aisément être mis dans le plus riche état de culture et de production, mais il est loin de présenter un aspect pareil même à celui des autres Açores; la cause en est aux exigences des morgados envers leurs tenanciers, et à la tyrannie des autorités locales qui, plus éloignées du gouvernement central, exercent sans contrôle un pouvoir dont il est si facile d'abuser. Une des conséquences de cet état de choses a été d'amener une grande diminution dans le chiffre de la population, qui aujourd'hui ne s'élève pas à plus de cinq mille âmes, tandis qu'il y a trente ans elle en comptait le double. Arbitrairement chargé de corvées gratuites au profit de chaque petit fonctionnaire de son voisinage, le laboureur prend le parti de s'enfuir au Brésil pour échapper à une vexation qui lui est devenue insupportable.

Sainte-Marie produit des vins comparables, pour leur qualité, à ceux de Madère, et elle pourrait les fabriquer dans des proportions fort considérables, mais elle se borne à une très-petite quantité. On y voit beaucoup d'arbrisseaux et d'arbustes, mais peu d'arbres d'une belle venue. Les légumes et les plantes potagères y abondent. On y recueille du maïs et du froment, dont une partie, jointe à quelques têtes de gros bétail, s'exporte annuellement à Madère. Ses pâturages nourrissent de beaux moutons; la perdrix rouge et la volaille s'y trouvent par myriades, aussi la vie matérielle y est-elle à très-bon marché.

Sainte-Marie compte seulement une ville et trois villages; la ville se nomme Porto: les trois villages, Santo-Spirito, Santa-Barbara et San-Pedro.

La ville de Porto est très-agréablement située à l'extrémité d'une plaine, sur un coteau qui domine la mer, au sud-ouest de l'île, par 36° 58' nord et 27° 32' à l'ouest de Paris. Elle est mal bâtie et d'une assez maussade apparence; elle est défendue par un vieux château assis au sommet de la colline, vers le milieu de la baie. Celle-ci est petite, entre les pointes Marvaõ et Forca, que couronnent deux petits forts en ruine; l'ancrage y est mauvais, exposé aux vents les plus contraires, et nullement susceptible d'être amélioré; il vaut mieux mouiller à un mille au large, où l'on a 36 brasses sur un fond de sable; il ne faut pas s'écarter davantage vers l'est, sous peine de ne plus trouver qu'un fond vaseux rempli de roches.

Porto compte environ 1 800 habitants, qui sont, la plupart, de bons marins, et dont la pêche constitue l'industrie principale. Cette petite ville possède un couvent de Franciscains et trois de religieuses, aujourd'hui déserts. Le sol des environs est le mieux cultivé de l'île, et produit d'excellent seigle, du maïs, du froment, de l'orge et de délicieux légumes.

Le village de Santo-Spirito est petit et situé à trois milles au nord-est de Porto, sur une éminence rocheuse d'où la vue s'étend sur la mer. Les habitants y sont peu nombreux, pauvres et inoffensifs.

Santa-Barbara est sur la côte, à environ trois milles au nord du précédent ; son territoire est très-agréablement varié de collines ondulées, dont les pentes regardent le midi et sont admirablement appropriées à la culture de la vigne et des fruits intertropicaux.

Sam-Pedro est le plus grand de ces villages ; il est situé sur une hauteur qui domine la mer, à environ deux milles au nord-ouest de Porto ; on y compte un millier d'habitants qui cultivent des grains et élèvent du bétail.

Sainte-Marie contient en outre beaucoup de petits hameaux et d'habitations isolées ; mais la masse principale de la population agglomérée est établie dans le sud de l'île.

Sur la côte nord-est, à moins de deux cents mètres du rivage, est le petit îlot *do Romeiro*, ou du Pèlerin, où les chevaliers du Christ, qui les premiers occupèrent Sainte-Marie, élevèrent à la Vierge une chapelle qui devait consacrer la mémoire du jour de la découverte de l'île, et qui devint un but de pèlerinage, ce qui valut son nom à l'ilheo sur lequel elle est bâtie. Il offre en outre aux visiteurs une grotte curieuse, où la nature, un peu aidée par la main de l'homme, a moulé diverses représentations grossières de figures humaines, dans lesquelles le clergé de la chapelle n'a pas manqué de reconnaître des statues de la Vierge et de plusieurs saints. La grotte est du reste ornée de très-belles stalactites.

Entre l'*ilheo do Romeiro* et la pointe nord de Sainte-Marie, se trouve une baie qui présente le mouillage le plus sûr de l'île ; il prend, du hameau voisin, le nom de San-Lourenço. On peut s'y procurer aisément, aussi bien qu'à Porto, de l'eau et des vivres frais.

La population de Sainte-Marie est fort ignorante ; on en pourra juger par l'anecdote suivante, empruntée au capitaine Boid : « Un magistrat nouvellement entré en fonctions, voulant commencer aussitôt que possible l'œuvre de réforme qu'il savait être indispensable pour améliorer l'état économique de l'île, prit à ce sujet des dispositions dont il ordonna l'impression et l'affiche dans les différentes parties de l'île ; un de ses subordonnés fut obligé de lui faire remarquer que ce serait peine perdue, attendu que dans toute l'étendue de sa juridiction, il ne se trouvait que *deux* femmes et *un* homme qui sussent lire ! »

LES FOURMIS.

Notre description de l'archipel des Açores ne serait point complète si nous n'y faisions état de ce groupe de rochers qui surgissent à l'est entre Saint-Michel et Sainte-Marie, à trente milles au sud-sud-est de la première, et vingt milles dans le nord-est de la seconde ; c'est un amas de petits îlots courant à peu-près du nord-nord-est au sud-sud-ouest, sur une étendue totale d'environ trois quarts de mille ; les marins portugais leur donnèrent le nom de *Formigas* ou fourmis, qui leur est demeuré.

Ils sont de figures diverses ; le plus considérable, appelé la grande Fourmi, est au sud, par 37° 17′ 10″ de latitude septentrionale et 27° 17′ 47″ de longitude à l'ouest du méridien de Paris. Le plus élevé est au centre, haut de dix à douze mètres, presque cylindrique : on l'a nommé le *Formigon*, à cause de sa taille, qui le fait apercevoir le premier.

Vues de loin, les Formigas offrent l'aspect d'une ville avec ses clochers et ses édifices diversement étagés ; de près, ce sont des roches nues, entre lesquelles, malgré le ressac, on peut circuler en bateau comme font les pêcheurs de Sainte-Marie, qui y trouvent abondance de poissons, même d'*escolars* (ce scombre si recherché à Naples sous le nom de Rovetto), et une grande quantité de coquillages.

III. HISTOIRE.

Découverte et colonisation.

Peut-être une vague indication de l'archipel des Açores est-elle renfermée dans les récits arabes touchant les îles Éternelles, et dans les légendes chrétiennes qui semblent en offrir un incertain reflet. Ce sont d'imperceptibles lueurs auxquelles nous n'avons garde d'attacher une grande importance.

Mais nous avons montré, dans l'esquisse rapide des découvertes antérieures aux grandes explorations portugaises du quinzième siècle, que les Açores étaient inscrites et dessinées sur les cartes nautiques de ce temps, au moins dès l'année 1351, exactement distribuées en trois groupes successifs, avec une dénomination spéciale pour chaque groupe et bientôt pour chaque île (*).

Nous avons aussi rappelé les traditions conservées par Cordeyro et par Vallsecca sur les reconnaissances, fortuites ou préméditées, d'un Grec en 1370, et de Diègue de Séville, en 1427. Ce fut en 1431 seulement que commença la découverte portugaise, et elle ne se poursuivit que lentement de proche en proche jusqu'en 1460; en sorte que l'on peut dire, d'une manière générale, que les Açores étaient bien connues des marins et des géographes de l'Europe un siècle au moins avant que les Portugais y eussent abordé.

Les anciens historiens de la découverte de ces îles ne dissimulent point d'ailleurs que l'existence en était signalée au prince Henri par une carte nautique rapportée d'Italie, en 1428, par son frère Pierre, duc de Coïmbre, le même qui rapporta également de Venise un exemplaire de la relation des voyages de Marc Polo. Aussi l'infant dom Henri envoya-t-il expressément une expédition pour vérifier et reconnaître la position des îles ainsi désignées à sa curiosité : ce fut à Gonçale Velho Cabral, commandeur d'Almourol, qu'il donna cette mission, lui ordonnant de naviguer droit à l'ouest, jusqu'à la première île qu'il découvrirait, et de revenir immédiatement lui en donner des nouvelles. Parti de Sa-

(*) Voir ci-dessus, p. 36, 37.

gres, en 1431, avec un vent favorable, Gonçale se trouva, au bout de quelques jours, en vue des rochers des *Formigas*, qu'il examina, et dont il vint rendre compte à l'infant ; ce prince le renvoya l'année suivante dans les mêmes parages pour continuer la découverte des îles qui devaient se trouver au voisinage, et en effet Gonçale atteignit, le 15 août, la petite île ronde que les Italiens avaient appelée l'*Uovo*, et qu'il se crut en droit de nommer Sainte-Marie en l'honneur de la sainte patronne du jour où il y aborda.

Après l'avoir explorée, il revint en faire son rapport à l'infant dom Henri, qui résolut d'y fonder une colonie, et chargea Gonçale de ce soin, en lui décernant le titre de capitaine donataire, et lui accordant la faculté d'emmener, pour la peupler, non-seulement ses propres parents et amis, mais tous les gentilshommes de la maison même de l'infant qui seraient disposés à se mettre de la partie. Le nouveau seigneur de Sainte-Marie recruta pendant trois ans les compagnons de son entreprise parmi les gens les plus distingués de la cour de Portugal ; en sorte qu'au lieu d'emmener, suivant l'usage des colonisateurs, le trop plein de la population pauvre de la métropole, il fut suivi dans son île par une foule de gens nobles et riches, dont le concours eut bientôt donné à la colonie un aspect d'opulence et de prospérité par la beauté des édifices et des cultures, l'activité et la facilité du commerce qu'ils établirent.

Quelques années après, un nègre esclave qui s'était enfui dans la montagne pour y trouver la liberté, découvrit un jour, au loin, par un temps clair, une autre île gisant au nord de Sainte-Marie, et qui était restée jusqu'alors inaperçue des colons, dont les habitations se trouvaient du côté opposé ; la révélation de sa découverte, pensa-t-il, lui tiendrait lieu de rançon, et il courut en faire part à son maître : on vérifia le fait, et la nouvelle en fut transmise à l'infant dom Henri, qui trouva, disent les historiens portugais, qu'elle concordait avec les indications des cartes anciennes dont il était possesseur. Comme Gonçale Velho Cabral était alors près de lui, il lui ordonna d'aller reconnaître cette autre île. Celui-ci partit aussitôt; mais il passa au nord de Sainte-Marie sans apercevoir la grande île désignée à ses recherches, et revint désappointé auprès de l'infant, qui lui répondit que certainement il avait passé entre la grande île cherchée et l'îlot de Sainte-Marie; aussi le renvoya-t-il l'année suivante (1444) : Gonçale, touchant cette fois à Sainte-Marie, et naviguant ensuite droit au nord, alla atterrir le 8 mai, jour de Saint-Michel, à l'île qui portait sur les cartes italiennes le nom de Capraria, et à laquelle il donna celui du saint archange sous les auspices duquel il l'avait découverte.

L'infant, à qui Gonçale vint rendre compte du succès de son expédition, lui concéda encore cette deuxième île, à charge de la peupler; celui-ci, après avoir rassemblé des colons en conséquence, s'y rendit de nouveau avec eux, et y arriva le 29 septembre 1445. Il y avait laissé, à son premier voyage, un certain nombre de Morisques, qui n'auraient point attendu son retour s'ils avaient eu à leur disposition quelque navire pour s'en aller, tant ils furent tenus dans un perpétuel effroi par les tremblements de terre et les bruyants phénomènes volcaniques dont ils étaient témoins; il y eut, en effet, dans le pays, de tels bouleversements, que le pilote de Gonçale Velho Cabral ne pouvait plus, au second voyage, reconnaître l'aspect de l'île, notamment en ce qu'un haut pic qui faisait dans l'ouest le pendant de celui de l'est, avait disparu pour faire place à la vallée des *Sete Cidades*. Dans l'intervalle, cependant, quelques habitants de Sainte-Marie y étaient venus: *on raconte du moins que l'amant d'une jeune femme s'y était enfui avec elle, mais que, poursuivi par le mari, il l'avait tué, et que, saisi lui-même par le chef des Morisques, il avait été pendu par les ordres de celui-ci sans autre forme de procès.*

C'est de cette époque, suivant l'observation des historiens, que date le nom d'îles des *Açores*, qui fut alors donné en commun à Sainte-Marie et Saint-Michel, et qui s'étendit ensuite aux autres îles de l'archipel, à mesure qu'elles entrèrent dans le cercle des connaissances géographiques des Portugais. Ces deux îles offraient, en effet, un grand nombre de milans, que les premiers visiteurs prirent pour des autours, et de là était venue cette dénomination d'*ilhas dos Açores*, qui signifie littéralement îles des Autours.

Un Français, ou Flamand, que les historiens portugais appellent Fernam Dulmo (ce qui paraît être une traduction de Ferdinand de l'Orme), est désigné comme le premier qui aurait tenté un établissement à Tercère, sur la côte septentrionale, à l'endroit appelé Quatro-Ribeiras, où il était venu avec une trentaine de personnes; mais ses essais de culture ne réussissant pas, il serait retourné en Portugal, où un autre Flamand, Jacques de Bruges, ayant reçu de lui des informations précises, demanda et obtint de l'infant dom Henri la concession de l'île, par lettres du 2 mars 1450. Les Flamands de leur côté revendiquent exclusivement cette découverte, dont ils rapportent la date à l'année 1445, donnant le nom de van den Berghe au Brugeois qui en eut l'honneur. Quoi qu'il en soit, il paraît avéré que cette île, connue des Italiens sous le nom d'île du Brésil, et qui fut appelée par ses nouveaux découvreurs île de Jésus-Christ, peut-être parce qu'ils y avaient abordé à l'un des jours consacrés au Dieu fait homme, tels que le Noël, la Circoncision, ou l'Ascension; il paraît certain, dis-je, que cette île vint s'ajouter aux Açores entre la date de la prise de possession de Saint-Michel en 1444, et celle de la concession de 1450 que nous venons de rappeler; le nom de *Terceyra*, ou troisième, en fait foi dans l'acte même de concession en faveur de Jacques de Bruges, qui débute ainsi :

« Moi, l'infant dom Henri, gouver-
« neur et administrateur de l'ordre de

« chevalerie de N. S. Jésus-Christ, « duc de Vizeu et seigneur de la Co- « villane, je fais savoir à ceux qui ver- « ront ces présentes lettres, que Jac- « ques de Bruges, mon serviteur, « natif du comté de Flandre, est « venu à moi, et m'a dit que comme « depuis l'origine et de mémoire « d'homme on ne savait point les îles « des Assores soumises à d'autre sei- « gneurie agressive que la mienne, « et que l'île de Jésus-Christ, troi- « sième (*terceyra*) desdites îles, on ne « la savait point jusqu'à ce jour peu- « plée d'aucunes gens qui fussent au « monde ; et que maintenant elle était « déserte et inhabitée; qu'il me de- « mandait à titre de faveur, d'autant « qu'il voulait la peupler, de lui en « faire octroi et de lui donner à cet « effet mon autorisation royale comme « seigneur desdites îles. Et moi, voyant « que ce qu'il me demandait ainsi « tournerait au service de Dieu, au « bien et profit dudit ordre, voulant « lui faire grâce et faveur, il me plaît « de la lui octroyer comme il me l'a « demandée. »

Ce qui vient confirmer la prétention des Flamands à la découverte de cette île, c'est que la concession actuelle, faisant une exception toute spéciale aux lois de Portugal, assurait la possession héréditaire de l'île à Jacques de Bruges et à sa descendance *même féminine*. Au surplus, c'était un seigneur fort riche, qui épousa une noble dame portugaise, et qui fit à ses propres frais l'armement nécessaire pour la colonisation de son nouveau domaine, dont les habitants furent tirés principalement de Madère.

Gracieuse et Saint-George, qui sont en vue de Tercère, ne purent tarder beaucoup à recevoir à leur tour des colons ; on raconte qu'un vaillant chevalier portugais nommé Vasco Gil Sodré, de Montemor le Vieux, ayant entendu parler en Afrique, où il servait, de l'établissement nouvellement fondé à Tercère, s'y rendit aussitôt avec sa famille, et passa de là à Gracieuse, dont Edouard Barreto, son beau-frère, avait obtenu la concession partielle ; mais Barreto ayant été enlevé par des pirates castillans, un autre seigneur, d'origine gasconne, Pierre Correa da Cunha, qui venait d'obtenir l'autre moitié de l'île, profita de cette circonstance pour se la faire concéder tout' entière à titre de capitaine donataire.

Quant à Saint-George, un noble flamand, Guillaume van der Haagen, l'un des compagnons de Jacques de Bruges à Tercère, y conduisit de Flandre deux navires chargés de monde, d'ouvriers de diverses professions, et de provisions de toutes sortes ; il débarqua à la pointe du Topo, où fut bâtie une ville appelée pareillement le Topo. Comme le nom flamand de *Van der Haagen* paraissait un peu dur à l'oreille des nombreux Portugais qu'attirait la prospérité du nouvel établissement, on prit le parti de le traduire, et il fut en conséquence transformé en *Da Silveira*, qui signifie la même chose, c'est-à-dire, en français, Des Haies. Le nom de l'île, dès longtemps appelée Saint-George par les Italiens, fut religieusement conservé, par exception à ce qui avait été fait à l'égard des premières.

Ce fut encore un Flamand, Josse van Huerter, seigneur de Mœrkerke, beau-père du célèbre Martin de Beheim, qui peupla l'île du Fayal, et quelques années après celle du Pic, où déjà s'était établi un marin portugais nommé Fernand Alvarez, que la tempête y avait poussé ; Josse van Huerter, dès lors capitaine donataire du Fayal, obtint aisément que le Pic fût adjoint à sa concession.

Ce fut ensuite le tour de Flores et Corvo ; elles avaient, à ce qu'on croit, été visitées par deux Castillans, nommés Antonio et Lope Vaz ; puis une dame de Lisbonne, appelée Marie de Vilhena, dont le nom semble pareillement espagnol, en obtint la concession ; et comme Guillaume van der Haagen, découragé par quelques essais infructueux à Saint-George et au Fayal, était venu à Lisbonne, elle lui proposa d'aller coloniser et gouverner pour elle ces deux îles, ce qu'il accepta et mit à exécution; et au bout de sept ans, il revint au Topo de Saint-George. Quelques documents, que le père Freire avait eus sous les yeux, montraient que van der Haagen avait peu de fortune, et cette circonstance peut servir à expliquer une sorte d'instabilité dans sa conduite au milieu de tentatives d'établissement où le manque de ressources suffisantes lui créait de grandes difficultés; il semble résulter des vagues indices que nous avons pu recueillir, qu'il avait quitté la Flandre lors de la guerre du Bien public, pour venir à Tercère; que déçu dans ses premiers essais à Saint-George, ou arrêté dans son entreprise par l'épuisement de ses ressources, il passa au Fayal, pour s'en procurer de nouvelles auprès de son compatriote van Huerter, qui depuis quatre ans était occupé à créer une colonie; désappointé dans ses espérances par suite de quelque différend avec lui, il serait revenu à Tercère, et de là aurait fait un voyage en Flandre, peut-être avec l'espoir de s'y procurer quelques capitaux; déçu encore cette fois, et retournant à Tercère par Lisbonne, il aurait trouvé une planche de salut inespérée dans l'offre de Marie de Villiena; et après avoir enfin, comme Jacob chez Laban, acquis au prix de sept années de travaux pour autrui, les ressources qui lui avaient manqué jusqu'alors, il serait enfin revenu fonder définitivement sa colonie du Topo de Saint-George.

Un défaut presque absolu de chronologie se fait remarquer dans toutes ces indications; quelques jalons seulement nous sont fournis par certaines dates consignées dans les Décades de Barros et sur le globe de Martin de Beheim.

On trouve d'abord sur le fameux globe du géographe de Nuremberg l'annotation que voici : « L'an 1431 « après la naissance de Jésus-Christ, « lorsque gouvernait en Portugal l'in- « fant dom Pedro, on équipa deux « vaisseaux munis des choses néces- « saires pour deux ans, par ordre de « l'infant dom Henri, frère du roi de « Portugal, afin de savoir ce qui était « au delà de Saint-Jacques de Finis- « terre; lesquels vaisseaux ainsi équi- « pés firent toujours voile vers le cou- « chant l'espace d'environ cinq cents « milles d'Allemagne; à la fin ils dé- « couvrirent un jour ces dix îles; y « ayant pris terre, ils n'y trouvèrent « que des déserts et des oiseaux si ap- « privoisés qu'ils ne fuyaient devant « personne; mais on n'aperçut dans ces « déserts nulle trace d'homme ni de « quadrupède, ce qui était cause que « les oiseaux n'étaient pas farouches. « Aussi furent-elles nommées îles *dos* « *Açores*, ce qui veut dire îles des « Autours. D'après l'ordre du roi de « Portugal, on y envoya l'année sui- « vante seize vaisseaux, avec toutes « sortes d'animaux domestiques, et on « en mit une partie dans chaque île « pour y multiplier. »

Si les faits racontés ici dataient en effet de la régence de l'infant dom Pedro, ils seraient postérieurs à l'année 1439; mais comme l'année 1431 est celle que donnent tous les auteurs, il en faudrait conclure que l'erreur tombe sur le nom du prince, et qu'au lieu de l'infant dom Pedro, tuteur d'Alfonse V, c'est du roi Jean Ier qu'il s'agit. On pourrait se trouver fort embarrassé de l'alternative, si l'on ne remarquait dans la chronique de Guinée de Gomez-Eannes de Zurara un passage qui nous fait connaître la cause de la confusion dans laquelle est tombé Beheim.

« En l'année 1445, dit Zurara, l'in- « fant dom Henri envoya un chevalier « nommé Gonçalo Velho, comman- « deur en l'ordre du Christ, pour peu- « pler deux autres îles qui sont éloi- « gnées de celle de Madère de 170 lieues « au nord-ouest; l'infant dom Pedro « avait envoyé peupler l'une, du con- « sentement de son frère; mais sa mort « suivit de près, et elle demeura ainsi « à l'infant dom Henri; l'infant dom « Pedro lui avait donné le nom de « Saint-Michel, pour la singulière dé- « votion qu'il avait toujours eue à ce « saint. »

Ainsi le nom de l'infant dom Pedro, qui n'avait à intervenir que pour Saint-Michel a été un peu étourdiment rapproché par Beheim de la date de 1431 qui ne s'applique qu'aux Formigas et à Sainte-Marie.

Au surplus, nous avons déjà des indications précises en ce qui concerne la désignation des trois premières îles; c'est pour les époques ultérieures que les dates manquent; voici celles que nous fournit Barros : « Nous n'avons, à du temps du roi Alfonse, que quelques « mémoires qui se trouvent aux archives de *Tombo* et dans les registres « des comptes..... Nous y voyons « qu'en l'année 1449, le roi permit à « l'infant dom Henri d'envoyer coloniser les sept îles des Açores découvertes à cette époque, et dans lesquelles avait été débarqué quelque « bétail, suivant l'ordre du même in- « fant, par un Gonçalo Velho, com- « mandeur d'Almourol près de Tancos. « Et en l'année 1457, le roi fit octroi « à l'infant dom Fernando, son frère, « de toutes les îles jusqu'alors découvertes, avec juridiction civile et criminelle sous certaines réserves. Et « en 1460 l'infant dom Henri fit à l'in- « fant dom Fernando, son neveu et son « fils adoptif, donation des deux îles « de Jésus et de Gracieuse, se réservant seulement la juridiction spirituelle qui appartenait à l'ordre du « Christ dont il était grand maître : et « cette donation fut confirmée par le « roi à Lisbonne, le 2 septembre de « ladite année. »

Des lettres royales du 14 février 1453, par lesquelles Alfonse V donne l'île de Corvo à son fils naturel Alfonse duc de Bragance, montrent qu'elle était venue s'ajouter nouvellement aux découvertes antérieures; et Flores, sa voisine, dut être visitée à la même époque.

Ainsi, sauf Flores et Corvo, toutes les Açores étaient donc connues des Portugais en 1449, et la reconnaissance de tout l'archipel pourrait avoir été complète en 1453; ce qui ne permet pas d'adopter les dates plus tardives conjecturalement proposées par le père Cordeyro et répétées par la plupart des modernes. Il faudra rejeter, par un motif contraire, les dates trop hâtives de la colonisation du Fayal et des îles peuplées ultérieurement, si l'on s'en rapporte à cette autre annotation de Beheim sur les Açores :

« Les susdites îles furent habitées l'an « 1466, lorsque le roi de Portugal les « donna, après beaucoup d'instances, à « la duchesse de Bourgogne sa sœur, « nommée Isabelle (*). Il y avait alors « en Flandre une grande guerre et une « extrême disette, et ladite duchesse « envoya de Flandre dans ces îles beau- « coup de monde, hommes et femmes « de tous les métiers, ainsi que des « prêtres, et tout ce qui appartient au « culte religieux, comme aussi plu- « sieurs vaisseaux chargés de meubles « et ce qui est nécessaire à la culture « des terres et à la construction des « maisons; et elle fit donner pendant « deux ans tout ce dont ils pouvaient « avoir besoin pour subsister, afin « qu'à l'avenir, dans toutes les messes, « chaque personne dît à son intention « un *Ave Maria* : lesquelles personnes « étaient près de deux mille, et avec « celles qui sont arrivées postérieurement ou nées d'elles, cela fait plu- « sieurs milliers. En 1490, il y avait « encore plusieurs milliers de person- « nes, tant Allemands que Flamands, « qui y avaient passé avec le noble et « preux chevalier Josse van Huerter, « seigneur de Mœrkerke en Flandre, « mon cher beau-père, à qui ces îles « ont été données, pour lui et sa pos- « térité, par la dite duchesse de Bour- « gogne. Dans lesquelles îles croît le « sucre portugais; et les fruits y mû- « rissent deux fois l'an, attendu qu'il « n'y a point d'hiver; et tous les vi- « vres y sont à bon marché, de sorte « que beaucoup de monde peut encore « y aller chercher sa subsistance. »

Gouvernement des capitaines donataires.

Par suite des concessions faites à

(*) Isabelle était sœur du roi Édouard, mort en 1438, mais *tante* du roi Alfonse, qui régnait en 1466.

ces premiers fondateurs de la colonisation des Açores, ces îles se trouvaient réparties entre cinq capitaines donataires, dont le premier, Gonçalo Velho, tenait à la fois Sainte-Marie et Saint-Michel; le second, Jacques de Bruges, avait la double possession de Tercère et de Saint-George; un troisième, Pierre Correa da Cunha, possédait exclusivement Graciosa; Josse van Huerter avait pour son domaine les deux îles du Fayal et du Pic; enfin dona Maria de Vilhena avait pour son lot Flores et Corvo.

Le père Cordeyro a soigneusement recueilli l'histoire généalogique de la succession de tous ces petits seigneurs; nous nous bornerons à indiquer sommairement les diverses phases de leur possession héréditaire.

Quant à Sainte-Marie et Saint-Michel, Gonçalo Velho obtint la faculté de les transmettre à son neveu, Jean Soares d'Albergaria, fils de sa sœur, et celui-ci fut autorisé à son tour à céder Saint-Michel à Rui Gonçalves da Camera, ne se réservant pour lui-même que Sainte-Marie ; en sorte que ces deux îles formèrent désormais *deux capitainies distinctes*. Celle de Sainte-Marie passa successivement, de père en fils, à Jean II Soares de Sousa, à Pedro, à Braz, à Pedro II, et enfin à Braz II, en la personne duquel s'éteignit cette lignée ; et le domaine fit alors retour à la couronne, *sous le règne de la maison d'Espagne*.

La capitainie de Saint-Michel passa également, de père en fils, de Rui Gonçalves da Camera à Jean Rodriguez, à Rui II, à Manoël, et à Rui III, qui fut gratifié du titre de comte par Philippe II.

Pour ce qui est de la capitainie de l'île Tercère, Jacques de Bruges n'en jouit que peu d'années; une trame, ourdie par un de ses compagnons de fortune, Diogo de Teve, que l'ambition de lui succéder animait sourdement contre lui, parvint à lui faire *entreprendre un voyage pour sa patrie*, dans lequel il disparut. Diogo de Teve s'étant rendu à Lisbonne, l'épouse de Jacques de Bruges, Sancha Rodriguez de Arça, dame de l'infante Béatrix, l'accusa hautement du meurtre de son époux; il fut arrêté, et mourut six jours après dans sa prison. L'anglais Édouard Paim, gendre de Jacques de Bruges, fit valoir en faveur de sa femme le droit d'hérédité même féminine qui avait été concédé à son beau-père; et la mort l'ayant frappé sur ces entrefaites, son fils Diogo Paim poursuivit la même réclamation; mais ce fut sans succès : il avait été irrévocablement disposé de cette capitainie au commencement de 1464, en faveur de deux chevaliers, Joam Vaz da Costa Cortereal, et Alvaro Martins Homem, auxquels on avait partagé l'île de manière à ce que le premier eût pour son lot la partie du nord, avec le titre de capitaine donataire d'Angra, et qu'au second échût la partie du sud où était l'établissement de Jacques de Bruges, avec le titre de capitaine donataire de la Praya.

Alvaro Martins Homem eut pour successeur son fils Antoine, qui fut remplacé lui-même par son fils Alvaro II, auquel succéda à son tour son fils aîné Antoine II; celui-ci étant mort sans postérité masculine, son frère Antoine de Noronha obtint de lui être substitué; mais il fut enlevé par la peste sans laisser d'enfants, et la capitainie de la Praya, devenue vacante, fut réunie par le roi Philippe II à celle d'Angra.

Cette dernière avait passé, en ligne directe, de Jean Vaz à Vasqu'Eannes, puis à Manoël, ensuite à Vasqu'Eannes II, après la mort duquel son gendre Christophe de Moura obtint de Philippe II non-seulement la capitainie d'Angra avec l'île de Saint-George qui en dépendait, mais encore celle de la Praya, qui y fut désormais réunie. Le nouveau donataire, très en faveur auprès du monarque espagnol, devint successivement gentilhomme de la chambre, marquis de Castello-Rodrigo, et vice-roi de Portugal.

La capitainie de Graciosa passa héréditairement de Pierre Correa da Cunha à son fils Édouard et à son petit-fils George, après lequel elle fut obtenue par Ferdinand Coutinho Marichal, leur parent, qui la laissa à son fils, Ferdinand II. Le roi Philippe II en gratifia ensuite Pierre Sanches Farinha, et son fils Rodrigue, qui eut aussi celle de Fayal et Pico.

Celle-ci avait été laissée par Josse de Huerter à son fils Josse II, et par ce dernier à son fils Manoël; à la mort de celui-ci, Alvaro de Castro en avait été pourvu au préjudice de Gaspard de Huerter, fils de Manoël; mais il y avait renoncé par scrupule, et à son défaut François Mascarenhas en avait reçu provisionnellement l'investiture du roi dom Sébastien. Cependant les héritiers n'avaient point renoncé à la poursuite de leurs droits, et Jérôme de Huerter, fils de Gaspard, obtint juridiquement, en 1582, sa réintégration. Après lui, cette capitainie fut réunie à celle de Graciosa, en la personne de Rodrigue Sanches de Baena Farinha, qui l'obtint du roi Pierre II.

Quant à la capitainie de Flores et Corvo, elle passa, de Marie de Vilhena aux comtes de Santa-Cruz.

Jusqu'à l'avénement de la maison d'Espagne au trône de Portugal, les capitaines étaient les uniques gouverneurs des îles dont ils avaient respectivement la possession; mais Philippe II ne leur en laissa plus que le domaine utile, et nomma, pour y commander en son nom, des gouverneurs militaires, qui furent remplacés ensuite par des capitaines généraux, à l'avénement de la maison de Bragance.

Ce double changement de maîtres, considéré en Portugal comme le commencement et la fin d'une usurpation étrangère, est marqué, dans les annales des Açores, par des événements militaires qui méritent d'être spécialement rapportés, car ce sont les grandes pages de l'histoire de ces îles, dont la vie politique n'offrirait sans cela qu'une longue et aride monotonie.

Conquête des Açores par Philippe II d'Espagne.

Le coup fatal qui trancha prématurément les jours du roi dom Sébastien sur la terre d'Afrique sembla aussi frapper à mort la grandeur et la puissance du Portugal; sans postérité, unique rejeton lui-même de son prédécesseur, il laissait la couronne en proie à des prétendants collatéraux qui tenaient leurs droits, à des titres divers, de son bisaïeul le roi Emmanuel. Le cardinal Henri, son grand-oncle, primait il est vrai tous les autres et fut immédiatement proclamé; mais à son âge, avec ses infirmités, son règne ne pouvait être qu'une courte transition.

La succession du cardinal-roi fut donc immédiatement disputée entre ses neveux et petits-neveux; son frère aîné, l'infant dom Louis, n'avait laissé qu'un fils naturel, Antoine, grand prieur de Crato; sa sœur aînée, l'infante Isabelle, l'épouse de Charles-Quint, était représentée par son fils le roi d'Espagne, Philippe II, qui se targuait d'être le plus proche héritier légitime; quant aux autres prétendants, ils étaient trop faibles pour que leurs titres fussent d'un grand poids.

Antoine, qui malgré la tache de sa naissance avait voulu faire valoir son droit de primogéniture dès la mort de dom Sébastien, parvint à se faire proclamer après la mort de son oncle le roi Henri; mais Philippe II envoya contre lui le duc d'Albe, qui l'eut bientôt dépouillé du Portugal. Il n'en fut pas tout à fait de même aux Açores.

Dès la fin de juillet 1580, la municipalité de Lisbonne avait notifié à celle d'Angra la proclamation du nouveau roi dom Antoine, et ce prince lui-même avait dépêché vers les îles un commissaire nommé Antoine da Costa, qui touchant d'abord à Saint-Michel y fit reconnaître son souverain, et arrivé à Tercère, pourvut à l'accomplissement solennel de la même formalité; après quoi il passa au Fayal à pareilles fins, et y mourut au bout de huit jours. Après la victoire du duc d'Albe, pendant que le monarque battu allait demander en France et en Angleterre des secours pour le maintien de ses droits, la municipalité de Lisbonne écrivit encore à celle d'Angra pour lui notifier son adhésion à la nouvelle dynastie ; mais cette démarche demeura sans effet; bien plus, un noble chevalier, Jean de Béthencourt, ayant osé tenter dans la ville une démonstration en faveur du monarque espagnol, fut saisi, mis à la chaîne, et un peu plus tard décapité pour ce fait. Et sur le simple soupçon d'être affectionnés au même parti, les jésuites d'Angra furent emprisonnés dans leur couvent, dont les issues furent murées.

Philippe II n'était point homme à endurer longtemps cette résistance. Au mois d'avril 1581, il dépêcha aux Açores sur le galion le *Saint-Christophe*, avec le titre de gouverneur, Ambroise d'Aguiar Coutinho, qu'il chargeait d'aller le faire reconnaître aux Tercères ; en passant devant Saint-Michel, d'Aguiar y déposa Thomas Rodrigues Tibao, avec ordre d'y faire proclamer son souverain ; ce qui eut lieu sans opposition, bien qu'au grand regret des insulaires, surtout des habitants de Villa-Franca ; arrivé lui-même devant Angra, d'Aguiar n'y fut point reçu, et se vit forcé de retourner à Saint-Michel, où il prépara aussitôt une attaque contre l'île réfractaire.

Dès le mois de juin suivant, une division de sept grands navires, commandée par Pierre Valdès, partit de Sainte-Marie avec nombre de gentilshommes et de gens de mer, ayant en outre à bord mille hommes de troupes de débarquement, à la tête desquels d'Aguiar plaça le mestre de camp Jean Valdès, chevalier renommé pour sa bravoure, et cousin du commandant de l'expédition ; la flotte vint accoster à Tercère du côté de l'est, en un lieu autrefois appelé Casa da Salga (maison de la Gabelle), et mit à terre, le 23 juin, jour de la Saint-Jacques, quatre cents hommes bien armés avec de l'artillerie ; cette petite troupe s'emparant de quelques canons qui étaient restés dans ce poste, brûlant le peu d'habitations qui s'y trouvaient et incendiant les moissons, mit en fuite les paysans, qui coururent donner l'alarme à la ville de la Praya. La population ayant aussitôt pris les armes, marcha sur les Espagnols, en chassant devant elle des troupeaux de gros bétail qui jetèrent le désordre parmi les assaillants et les livrèrent pour ainsi dire à la merci des insulaires exaspérés. Tous restèrent sur la place, et les Castillans perdirent en cette occasion non-seulement leur chef Jean Valdès, mais encore don Jean de Bazan neveu du marquis de Santa-Cruz, un neveu du duc d'Albe, et beaucoup d'autres gentilshommes. Le butin fut considérable.

C'était pour l'Espagne un motif de chercher au plus tôt à venger cet échec. Aux premiers jours d'août on vit arriver à Saint-Michel une autre escadre de vingt-deux navires, commandés par Lope de Figueroa, dont les forces, réunies à celles de Pierre Valdès, formaient un total de près de trente voiles, qui vint se présenter devant Angra. On essaya d'abord de parlementer en envoyant à terre un franciscain bien connu dans le pays, et sur l'habileté duquel on comptait pour ramener les esprits à la cause de Philippe II ; mais on ne laissa même pas approcher son bateau, qu'on accueillit à coups de fusil. Après une huitaine de jours passés à louvoyer en vue de l'île, on voulut tenter un débarquement pendant la nuit ; mais les troupes furent reçues par un feu d'artillerie et de mousqueterie si bien nourri, qu'elles se virent obligées de se retirer sans avoir pu mettre pied à terre, et la flotte s'en retourna à Lisbonne. Les fonctions de gouverneur étaient exercées, depuis la proclamation du roi Antoine, par le corrégidor Cyprien de Figueyredo de Lemos, qui les continua jusqu'à l'arrivée, en février 1582, du titulaire Emmanuel da Silva, comte de Torres-Vedras, muni des pleins pouvoirs de ce prince.

Au commencement de mai 1582, il vint à Saint-Michel une flottille commandée par le capitaine Pedro Peyxoto da Silva ; mais elle ne put rien tenter contre Tercère, attendu qu'elle fut vivement attaquée en rade même de

Saint-Michel par une petite division française sous les ordres d'un officier du nom de Landroy, dont l'apparition jeta l'épouvante dans toute l'île, et refoula la population dans l'intérieur; après quoi elle s'éloigna, à la vue de quatre navires génois que Lorenzo Cenoguerra amenait au secours des Castillans, et qu'il vint amarrer sous la protection du fort, en dedans de la rade où Peixoto était mouillé.

Le gouverneur Ambroise d'Aguiar étant mort quelque temps après, les habitants de Saint-Michel lui donnèrent pour successeur, par voie d'élection, son beau-fils Martin Alfonso de Mello, qui entra en fonctions le 5 juillet 1582.

Ce fut sur ces entrefaites, le 14 du même mois, que l'on signala au large de Saint-Michel une grande flotte, sur laquelle se trouvait le roi dom Antoine en personne. Elle était composée de soixante voiles, galions, navires de guerre et autres, montés par 8 000 hommes presque tous français, avec beaucoup de seigneurs et gentilshommes des deux pays. A leur tête se trouvaient, comme amiral de la mer et connétable, le comte de Vimioso, du sang royal de Portugal; et comme généralissime de l'armée et maréchal, le comte Philippe Strozzi. Un parlementaire fut d'abord envoyé à terre pour proposer une capitulation amiable; mais il fut répondu que l'île ayant embrassé le parti de l'Espagne, elle était décidée à se défendre.

L'attaque fut alors dirigée sur les points les plus vulnérables. Dans la journée du 16, dix chaloupes ou galères débarquèrent, entre Alagoa et Rosto de Cão, trois mille hommes qui se formèrent aussitôt en bataille; le roi lui-même mit pied à terre avec deux mille hommes de sa garde. Le gouverneur Martin Alfonso de Mello ne pouvant résister à de telles forces, se retira dans la citadelle. Ponta-Delgada fut saccagée ainsi que presque tous les lieux qui se trouvèrent à portée de l'armée, sauf Villa-Franca qui d'avance avait envoyé sur la flotte faire sa soumission au roi.

On se disposait à emporter de force la citadelle de Ponta-Delgada, lorsqu'on eut la nouvelle de l'arrivée d'une puissante flotte espagnole : c'était le 21 juillet 1582. Le roi dom Antonio, qui voulait présenter immédiatement la bataille à l'ennemi, s'embarqua le soir même dans ce dessein; mais le conseil ayant jugé qu'il n'était pas convenable de le laisser prendre part au combat, il se retira à Tercère.

La flotte castillane était sortie des eaux du Tage le 10 juillet, forte de vingt-huit voiles; elle rallia ensuite d'autres navires qui en élevèrent la force à quarante vaisseaux, sans compter les avisos. Elle était commandée par le marquis de Santa-Cruz, Alvar de Bazan, et avait pour mestre de camp général Lope de Figueroa; on y avait embarqué 6 000 hommes d'infanterie, beaucoup de noblesse, et des matelots sans nombre. Elle se présenta devant Villa-Franca, mais n'y fut point reçue, la ville déclarant qu'elle tenait pour le roi dom Antonio.

Le 23 juillet, les deux flottes commencèrent le combat et se canonnèrent pendant trois jours sans que l'état de la mer leur permît d'en venir à une action décisive; mais le 26, jour de Sainte-Anne, on parvint à s'aborder; la mêlée dura cinq heures, avec un indicible acharnement; le comte de Vimioso y fut tué; les Français perdirent leur général et 1200 hommes; quelques-uns de leurs navires furent coulés à fond, beaucoup d'autres entièrement désemparés; le reste s'éloigna sans être même inquiété par les Espagnols, dont la perte n'avait pas été moins grande. Cependant, comme le marquis de Santa-Cruz était resté à couvert sous le pont de son vaisseau, dont il dirigeait l'artillerie, tandis que les chefs ennemis avaient péri avec la majeure partie de leur noblesse, la victoire demeura en définitive aux Castillans. Le vainqueur souilla ses lauriers du sang de trente gentilshommes et cinquante-trois autres Français, habitants de Villa-Franca, qu'il fit décapiter ou pendre comme coupables d'avoir troublé la paix établie entre la France et l'Espagne!

Après avoir laissé une garnison de trois mille hommes à Saint-Michel, le marquis de Santa-Cruz en repartit le 3 août, avec le reste de ses forces, pour aller réduire Tercère; mais ses sommations y furent accueillies par une canonnade si vigoureuse, qu'il ne se crut point en état de vaincre une telle résistance, et qu'il prit le parti de retourner à Lisbonne au commencement de septembre, afin d'y organiser des moyens plus puissants de succès contre cette île qui, depuis près de trois ans, osait tenir tête au redoutable roi de toutes les Espagnes.

Une année presque entière se passa en préparatifs; mais les résultats en furent formidables. Cinq galions, trente grands navires de guerre, douze galères, deux galéasses, quinze frégates légères, douze avisos, quatorze caravelles et sept grandes barques, en tout quatre-vingt-dix-sept voiles, portant quatre mille matelots et neuf mille soldats espagnols, allemands, italiens et portugais, se trouvèrent, en juillet 1583, aux ordres du marquis de Santa-Cruz.

D'un autre côté, le roi dom Antonio, après avoir fait à Tercère un séjour de quatre mois, pendant lequel il reçut de grands témoignages de dévouement, surtout de la part d'une riche héritière (dona Violante do Canto e Silva), qui mit à sa disposition son immense fortune pour subvenir aux frais de la guerre; le roi dom Antonio, dis-je, s'était rembarqué vers la fin de novembre pour aller en France solliciter de nouveaux secours. La reine Catherine de Médicis, mère d'Henri III, ayant pris la résolution de s'opposer aux projets du roi d'Espagne, lui donna neuf compagnies de gens de pied sous les ordres du commandeur de Chaste (Aymar de Clermont), gouverneur de la ville et châteaux de Dieppe et d'Arques, qui devait en outre prendre le commandement des troupes françaises passées à Tercère l'année précédente. Les neuf compagnies formaient un total de quinze cents hommes; avec le reste des Français, quelques compagnies anglaises et les troupes indigènes, on pouvait compter environ neuf mille hommes armés. Chaste partit le 17 mai 1583, et arriva le 11 juin: il fut reçu à Tercère comme un sauveur; les pauvres Français qui se trouvaient déjà là pleuraient de joie en embrassant les pieds de leurs compatriotes, tant ils avaient eu à souffrir sur cette terre lointaine.

Le désappointement de Chaste fut grand: de tous les renseignements donnés par le roi dom Antonio il y en avait bien peu d'exacts. Outre Tercère, il fallait encore, avec le peu de forces dont on pouvait disposer, défendre le Fayal, où l'on envoya quatre compagnies; cette île Tercère, même, qu'on lui avait dit n'être abordable que sur trois points, était pour ainsi dire ouverte de tous côtés, ce qui obligeait de disséminer les troupes en vingt endroits, où leur utilité devenait en quelque sorte nulle si l'attaque était un peu vive. Le comte de Torres-Vedras, que dom Antonio avait laissé comme vice-roi, n'était aucunement à la hauteur des circonstances au milieu desquelles le sort l'avait jeté. Faible, indécis, il ne seconda pas le commandeur de Chaste comme il l'eût fallu, et perdit tout.

Le 24 juillet, la flotte espagnole se montra au large de la Praya et vint ensuite jeter l'ancre à la hauteur de Sainte-Catherine, située une lieue plus loin, après avoir canonné différents points de la côte pour faire diversion et cacher ses mouvements. Deux fois le marquis de Santa-Cruz essaya de parlementer; mais n'ayant pu y réussir, il prit le parti d'envoyer à terre à la nage deux prisonniers de Tercère, dont l'un portait au cou une lettre pour le comte de Torres-Vedras: il l'engageait, dans cette lettre, à remettre l'île au roi d'Espagne, l'assurant sur son honneur que Sa Majesté lui pardonnerait sa désobéissance, que sa femme et ses enfants, prisonniers à Madrid, lui seraient rendus, qu'il rentrerait dans ses biens auxquels le roi ajouterait de grands emplois. « Quant aux Français, continuait-il, Sa Majesté leur pardonnera aussi, parce qu'elle sait qu'ils sont toujours là où il y a des dangers à courir. J'ai ordre de plus de leur faire payer la solde de trois mois, et de leur donner passage pour s'en retourner en France avec les navires qui les ont amenés. » Le comte transmit cette lettre au commandeur de Chaste, qui la déchira sans la communiquer à personne.

Le mardi 26 juillet, les galères et quinze ou vingt grands bateaux débarquèrent, à Sainte-Catherine, 4 500 hommes soutenus par six pièces d'artillerie. La redoute qui protégeait ce point était défendue par deux compagnies de Portugais et par la compagnie du capitaine français Bourguignon, composée de cinquante hommes. Les Portugais s'enfuirent sans même tirer un coup d'arquebuse; le capitaine français se fit tuer avec trente-cinq de ses hommes; les quinze autres furent tous blessés. Les capitaines du Mayet et de La Grave, et le mestre de camp avaient inutilement cherché à s'opposer au débarquement, lorsque le commandeur de Chaste s'avança dans le même but à la tête d'environ quatre cents hommes. Il se jette sur un corps de sept à huit cents mousquetaires qui s'avançaient vers l'intérieur de l'île, en tue plus de quatre cents, et mène le reste battant jusqu'à une petite montagne au pied de laquelle l'armée espagnole s'était rangée en bataille. La position fut vivement disputée, prise et reprise quatre à cinq fois; mais elle resta enfin aux Français, car leur chef était décidé à mourir plutôt que de reculer d'un pied.

Sur le soir, le comte de Torres-Vedras arriva avec mille Portugais et trois ou quatre cents vaches, qu'il comptait bien employer comme auxiliaires dans le combat, ainsi que l'avaient fait peu de temps auparavant les habitants de la Praya, qui durent à ces animaux de remporter une victoire signalée sur les Espagnols. Chaste repoussa avec énergie un tel moyen, comme indigne de véritables hommes de guerre, et reprocha fortement au comte d'arriver alors qu'il n'était plus temps de s'opposer à la descente des Castillans et que l'île était perdue! « Mais enfin, ajouta-t-il, puisque la faute est faite, je ne vois d'autre remède que de faire une mort honorable ensemble, plutôt que de souffrir la cruauté dont l'Espagnol est accoutumé d'user depuis quelque temps même à l'endroit des Français. » Le comte répondit qu'il reconnaissait avoir tort, mais qu'il ne pouvait se rendre au combat, que du reste il y enverrait tout son monde.

Chaste, se voyant si lâchement abandonné, résolut néanmoins de rassembler le reste de ses hommes et de marcher en avant; mais la nuit s'opposa à ce projet, et l'obligea de camper à quelque distance de l'ennemi. A une heure du matin, on vint l'avertir que les Portugais s'étaient enfuis dans les montagnes. Le comte lui proposa alors de se retirer aussi dans l'intérieur, sur un point qui les laisserait maîtres de l'île. Les capitaines français eussent préféré se jeter dans les forts d'Angra; mais Torres-Vedras qui tenait les Français en grande méfiance, les en dissuada. Se rangeant à l'avis du comte, Chaste avait commencé à le suivre, lorsqu'on lui apprit que, gagnant la côte, il s'était enfui dans un bateau.

Chaste revint alors à la proposition de ses capitaines, et envoya reconnaître les forts d'Angra; mais il n'était plus temps, les Portugais venaient d'en remettre les clefs aux Espagnols, qui les avaient occupés. Il ne restait plus aux Français d'autre ressource que de se replier sur le village voisin de Nossa Senhora de Guadalupe et de s'y retrancher, ce qu'ils firent. Dans cette tentative désespérée, le courage des soldats français ne put se maintenir toujours à la hauteur de celui de leur chef; affaiblis par les privations, dénués de tout, ils se mutinèrent à deux reprises différentes, et il ne fallut rien moins que la conduite pleine de dignité, les paroles pleines de noblesse de Chaste, pour faire rentrer dans le devoir ces hommes un moment égarés.

Le courage de ce noble chevalier et

sa fermeté d'âme lui avaient d'ailleurs gagné l'amitié des chefs ennemis. Deux d'entre eux, Pierre de Padilla et Augustin Iñiguez, lui écrivirent dans la nuit, que, connaissant sa position désespérée, ils avaient intercedé auprès du général pour qu'il eût la vie sauve, et que cela leur avait été accordé. Chaste leur fit répondre verbalement « qu'il remerciait bien fort ces messieurs qui craignaient plus que lui-même la perte de la vie; qu'elle n'était pas en si grand hasard qu'ils pensaient; que quand bien même il la perdrait ainsi que ses compagnons pour le service du roi son maître, il la tiendrait bien employée, mais que ce ne serait pas sans la leur vendre bien cher. »

Après cela et malgré tout ce qu'il avait éprouvé de dégoûts de la part des Portugais, et voulant les mettre à portée de réparer leurs torts, il leur proposa de se joindre à lui, leur déclarant qu'il était prêt à retourner au combat et à rejeter toute offre de composition, bien qu'il y fût engagé, s'ils prenaient la résolution de mourir avec lui.

Non-seulement sa lettre resta sans réponse, mais les capitaines portugais commirent à cette occasion l'insigne lâcheté de la faire porter au marquis de Santa-Cruz, auquel ils demandèrent en même temps de passer dans les rangs espagnols, pour s'employer à la mort des Français, après avoir en outre livré leur général le comte de Torres-Vedras. Celui-ci avait été arrêté dans sa fuite, et s'était sauvé dans les cavernes de l'intérieur de l'île; le commandeur de Chaste ignorait cette circonstance et lui avait fait demander des vivres; il apprit bientôt par ses propres yeux qu'il n'avait rien à espérer de ce côté, car le comte se présenta à lui dans l'état le plus pitoyable, n'ayant pas mangé de pain depuis six jours.

Une seconde lettre adressée au général français par les deux officiers espagnols dont nous avons parlé, eut une réponse encore plus fière que la première. Mais hélas! c'était se roidir inutilement contre la destinée, et vouloir surmonter des obstacles plus grands que toute force humaine. Au moment où il repoussait toute proposition d'arrangement, une partie de ses troupes passait à l'ennemi, le reste semblait disposé à en faire autant, les munitions et les vivres lui manquaient, ses malades restaient privés des soins les plus indispensables. Alors seulement il consentit à négocier, et obtint du marquis de Santa-Cruz la signature d'une capitulation dont voici les trois articles:

1° Il sera permis au commandeur de Chaste et à ses gens de se retirer en France avec leurs épées et leurs dagues.

2° Il leur sera donné à cet effet des vaisseaux et tous les vivres nécessaires.

3° Le marquis de Santa-Cruz jurera sur les saints Évangiles d'observer la dite composition.

Les troupes françaises s'embarquèrent le 14 août; mais elles n'arrivèrent en France que plus de six semaines après, ayant beaucoup souffert du mauvais temps et des vents contraires.

Quant au comte de Torres-Vedras, sa tête fut mise à prix pour cinq cents ducats; un caporal espagnol s'empara de lui, et il eut la tête tranchée sur la place d'Angra. Sa mort lui fit pardonner toutes les faiblesses de sa vie; elle fut digne d'un chrétien et d'un soldat.

Dès que la prise de l'île de Tercère avait été assurée, c'est-à-dire six jours avant la capitulation accordée au commandeur de Chaste, le marquis de Santa-Cruz avait envoyé au Fayal Pierre de Tolède, marquis de Villa-Franca, à la tête de trois mille hommes. Cette île était défendue par le capitaine Carles, de Bordeaux, à la tête de quatre cents Français, et par des troupes portugaises: celles-ci, comme celles de Tercère, s'enfuirent à l'approche de l'ennemi; les Français, décidés à mourir, se jetèrent en avant, taillèrent en pièces cinquante à soixante Espagnols retranchés dans un fort sur le bord de la mer, et marchèrent sur un corps d'armée que commandait en personne Pierre de Tolède; mais la lutte était trop inégale : repoussés dans l'intérieur, ils se replièrent en bon ordre sur un fort qu'ils occupaient en premier lieu, et capitulèrent enfin aux mêmes conditions que ceux de la Tercère, qu'ils ne tardèrent pas à rejoindre.

La soumission des autres Açores suivit de près celle de Saint-Michel, de la Tercère et du Fayal, sans opposition. Le marquis de Santa-Cruz y séjourna peu de temps après avoir achevé sa conquête; il laissa en partant le gouvernement de ces îles à Jean d'Urbina, que Philippe II avait nommé à cet effet.

La dépossession du roi dom Antonio fut alors complète et sans retour ; en vain demanda-t-il à l'Angleterre de lui prêter secours : elle envoya des flottes, il est vrai, et les noms de Raleigh, de Drake, de Norris, de Cumberland, d'Essex, figurèrent dans ces expéditions qu'Élisabeth dirigeait contre Philippe d'Espagne; mais les intérêts de dom Antonio y comptaient pour bien peu, et les Açores n'en éprouvèrent que des pillages ; en 1586 le Fayal fut dévasté, en 1587 ce fut l'île de Flores; de nombreuses prises furent faites dans l'archipel en 1589 ; et même après la mort de dom Antonio, en 1597, Raleigh opérait encore une descente au Fayal.

C'était, pour ces malheureuses îles, comme un prélude aux actes de piraterie qu'elles eurent à endurer de la part des corsaires algériens qui s'abattirent sur Sainte-Marie en 1616, sur Gracieuse en 1623, et que l'on vit encore revenir en 1676 dévaster Sainte-Marie.

Maître enfin de Tercère, Philippe II voulut pourvoir à la conservation de sa conquête : il fit élever ou plutôt agrandir et renforcer, au-dessus d'Angra, sur l'emplacement de l'ancien fort Saint-Antoine, une citadelle qui lui assurât non-seulement la possession de Tercère, mais celle du reste de l'archipel. Le commandant Antoine de la Puebla et l'évêque Emmanuel de Gouvea en posèrent la première pierre en 1591 avec grand apparat. C'était une de ces forteresses comme les Espagnols en dressèrent sur les points principaux de leurs immenses possessions, constructions puissantes où les combinaisons de l'art le disputaient aux avantages de positions que la nature avait déjà rendues formidables. Ses hautes murailles enfermaient un espace assez étendu pour contenir cinq cents habitants, des casernes pour une forte garnison, une église, un palais pour les gouverneurs, et des bâtiments appropriés à différents besoins, sans préjudice de l'emplacement nécessaire pour les exercices. A l'extérieur, des courtines, des forts, des batteries basses sur les rivages de la baie, y complétaient le système de défense. Cent soixante pièces d'artillerie, la plupart en bronze, parmi lesquelles on remarquait des canons de 48 livres de balle et une pièce fameuse par sa longueur et sa grosseur, appelée *la Maluca*, garnissaient les embrasures. Des munitions de toutes espèces, des vivres en abondance, plusieurs fontaines d'une eau excellente, permettaient d'y faire une longue résistance. Cet ensemble de fortifications redoutables s'étageait sur les flancs du *Morro do Brazil*. On lui imposa, en l'honneur du souverain, le nom de forteresse de Saint-Philippe.

Restauration de la domination portugaise.

Parmi les prétendants qui avaient invoqué leurs droits héréditaires à la couronne de Portugal, en concurrence avec dom Antoine et Philippe II, se trouvait l'infante Catherine, nièce comme eux du roi Jean III, et qui pouvait opposer à Antoine sa bâtardise, à Philippe sa qualité d'étranger et de représentant d'une ligne féminine, tandis qu'elle venait elle-même aux droits de son père l'infant dom Édouard.

Ces droits, elle les transmit à son petit-fils Jean, duc de Bragance, dont la lignée paternelle remontait en outre directement à Alphonse, premier duc de Bragance, fils naturel du roi Jean Ier.

Une révolution inopinée vint tout à coup, à la fin de 1640, donner une valeur réelle à ces droits, et substituer la dynastie de Bragance à celle d'Espagne : le petit-fils de Catherine, proclamé à Lisbonne le 1er décembre, sous le nom de Jean IV, fut solennellement reconnu par les cortès du royaume le 28 janvier 1641.

La première nouvelle de cette révolution inattendue fut apportée aux Açores par une caravelle qui arriva à Tercère au commencement de janvier, ayant à bord le commandant de la Praya. Le commandant espagnol de la citadelle d'Angra, Alvaro de Viveros, en ayant eu avis, ne perdit pas un instant pour s'approvisionner sans éclat, afin d'être prêt à tout événement ; de son côté, la ville, où cette nouvelle vint à transpirer, prit quelques mesures de précaution, pour sa propre sûreté, contre l'opposition qu'elle pouvait prévoir de la part de la citadelle, lorsque viendrait le moment de proclamer le nouveau roi.

Les choses restèrent en cet état jusqu'au 25 mars, jour où la ville de la Praya, à l'instigation de son commandant, se déclara ouvertement pour Jean IV. Les défiances mutuelles de la ville et de la forterese d'Angra furent alors plus grandes que jamais, et les hostilités devinrent imminentes. Elles éclatèrent deux jours après. Viveros ayant envoyé un sergent avec quelques soldats pour requérir du capitaine qui commandait le poste de la milice urbaine, l'arrestation d'un habitant, ce capitaine crut d'abord nécessaire d'aller prendre les ordres de son supérieur, chez lequel il se rendit accompagné des soldats espagnols ; la populace, croyant qu'on emmenait prisonnier le capitaine des milices, s'ameuta contre les soldats, lesquels firent usage de leurs armes pour se défendre ; ce fut le signal d'un soulèvement général du peuple, qui assaillit les Espagnols aux cris de *Vive le roi Jean IV*; ceux-ci parvinrent à regagner leur corps de garde, après avoir perdu un des leurs et avoir blessé quelques miliciens.

Le peuple, impatient d'être sans armes, se mit à briser les portes des magasins où il s'en trouvait. A la vue de cette émeute, le canon de la citadelle commença à gronder ; un soldat et une femme furent atteints par le premier boulet ; mais en général l'artillerie de la forteresse fit peu de mal à la ville, par-dessus laquelle passaient la majeure partie des projectiles : ce ne fut d'ailleurs qu'une démonstration comminatoire, une sorte d'avertissement instantané, dont Viveros attendit ensuite l'effet. Mais il n'y fut répondu que par le rappel des tambours qui battirent dans toute la banlieue, pendant qu'on envoyait demander au commandant de la Praya d'amener le plus de monde et d'armes qu'il pourrait.

Le même soir arrivèrent les milices de San-Bento, du Val de Linhares et de Ribeirinha, qui se mirent aussitôt à travailler aux tranchées que l'on établissait à la tête des rues contiguës à la forteresse ; une sortie faite par les Espagnols pour s'y opposer, fut repoussée avec intrépidité. Le lendemain matin, 28 mars, le commandant de la Praya avec ses capitaines, amena plus de huit cents combattants bien armés et excellents tireurs, pendant que les localités voisines envoyaient neuf autres compagnies avec leurs officiers, des armes et des munitions.

Avec ces renforts, non-seulement on activa le travail des tranchées, mais on entreprit même d'attaquer le petit fort de Saint-Sébastien, occupé par les Espagnols et reconnaissant l'autorité de la citadelle. Il fut emporté d'assaut par la milice de Ribeirinha, secondée seulement par quelques soldats détachés d'une autre compagnie. Ce fut un succès important pour les Portugais ; car à partir de ce jour la citadelle ne pouvait plus recevoir de secours du dehors, et rien ne s'opposait plus au contraire à ce qu'il en arrivât à la ville.

Mais la citadelle était toujours menaçante ; les tranchées étaient l'objet d'attaques continuelles, et les boulets ne cessaient de pleuvoir sur la ville, bien qu'ils fissent peu de mal. D'un autre côté, les assaillants redoublaient d'ardeur : aux tranchées on vit s'ajouter divers forts élevés par quelques particuliers sur les points les plus favorables : un entre autres construit par les marchands anglais sur les hauteurs de Sainte-Luce, incommodait singulièrement les Espagnols. Dix compagnies de milice étaient toujours sous les armes, formant la ligne entre la forteresse et la ville.

Ces dispositions faites, le commandant de la ville d'Angra, Jean de Béthencourt, procéda en grande pompe à la proclamation solennelle du roi Jean IV. La même cérémonie eut lieu le 6 avril à Saint-Michel, et successivement dans les autres îles : nulle part il n'y eut d'opposition. La citadelle d'Angra seule protestait, par sa résistance, contre le grand évènement politique qui venait d'avoir lieu. A partir de ce moment, Saint-Michel, le Fayal, Saint-George, et les autres îles envoyèrent à Tercère des soldats, des armes, des munitions et des vivres. Tout cela y arrivait la plupart du temps par les petits ports des environs, car celui d'Angra était encore de difficile accès à cause du voisinage de la citadelle.

Le 7 avril parut devant la Praya un navire sur lequel se trouvaient des troupes espagnoles, envoyées au secours de la citadelle ; le commandant était un Portugais nommé Manoel do Canto et Castro, lequel se fiant aux nombreuses relations de famille qu'il avait dans l'île, pensa pouvoir débarquer sans obstacle au Porto-Judeo ; mais soldats et équipage furent immédiatement faits prisonniers, et le navire, changeant de maître, fut employé quelques jours après à capturer deux frégates qui étaient envoyées de Séville pour porter des ordres à la citadelle. Ces trois bâtiments devinrent le noyau d'une flottille qui fut bientôt portée à quinze navires, au moyen desquels on put désormais intercepter les secours et les ordres qui arrivaient d'Espagne.

A terre, les succès n'étaient pas moins heureux ; deux vaisseaux castillans étant parvenus à débarquer sur la côte un renfort de trois cents hommes, huit compagnies de milice envoyées contre eux les firent prisonniers sans coup férir. Le siége se poursuivait d'ailleurs avec activité.

Dans la nuit de la Saint-Jean, à la suite des réjouissances auxquelles la ville s'était livrée à l'occasion de la fête du roi, il y eut aux tranchées un engagement terrible, le plus acharné qu'on eût encore vu.

Au mois de juillet, on apprit par des déserteurs que l'état dans lequel se trouvait la garnison de la citadelle commençait à devenir intolérable ; il n'y restait plus que trois cents hommes en état de combattre ; les munitions étaient diminuées de moitié ; et quant aux vivres, on venait d'être réduit à manger trois chevaux de service. Le 25 octobre, on avait recours aux rats et autres animaux immondes pour se nourrir ; beaucoup n'avaient plus de vêtements ; le nombre des malades était considérable, et la faim ôtait leurs forces aux valides : on calculait que les dernières ressources seraient épuisées à la Noël. Le commandant conservait cependant la même fermeté, la même énergie, et il ne fit cesser les sorties qu'à la fin de décembre, après que ses redoutes extérieures eurent été complétement détruites par quelques expéditions de nuit. Les commandants portugais lui firent proposer de rendre la forteresse au roi Jean IV : « J'en ai fait hommage au « roi Philippe, répondit-il, et je mour- « rai plutôt en combattant. »

Il fut alors arrêté dans un conseil tenu par les commandants, qu'on livrerait un assaut général par terre et par mer à la citadelle ; on s'y prépara par une communion générale faite le 1ᵉʳ janvier 1642 dans la cathédrale, et les ordres furent donnés pour le 3 janvier ; mais l'état de la mer ne permit pas de mettre le projet à exécution, et il n'y eut qu'une légère attaque au pied des murailles.

Le 30 janvier, le père Francisco Cabral, supérieur des jésuites, écrivit au brave Viveros pour lui proposer d'entrer en négociations; cette lettre amena une entrevue qui n'eut d'autre résultat qu'une trêve de six jours, à l'expiration de laquelle la citadelle recommença à tirer sur la ville. Cependant le 24 février, l'intrépide gouverneur, réduit à la plus affreuse extrémité, demanda à entrer en pourparler. Après beaucoup d'allées et de venues, on signa enfin une capitulation par laquelle la garnison espagnole sortait avec tous les honneurs de la guerre. De cinq cents hommes dont elle se composait au commencement du siége, il en restait à peine deux cents. Bon nombre de ceux-ci demeurèrent dans l'île; les autres partirent pour l'Espagne. Telle fut l'issue de ce siége qui dura deux ans presque entiers, et où l'on vit de part et d'autre preuve d'autant de courage que de persévérance.

La ville d'Angra avait beaucoup souffert, et l'on s'occupa aussitôt de la restaurer. Quant à la citadelle, qui reçut à partir de ce jour le nom de forteresse Saint-Jean, elle avait éprouvé peu de dommages; mais on en modifia beaucoup les dispositions intérieures, surtout lorsque le roi Alphonse VI vint y résider après sa déposition en 1667.

Résistance des Açores à l'usurpation de Dom Miguel.

A la mort de Jean VI, arrivée à Lisbonne en 1826, son fils aîné, l'empereur Dom Pedro, recueillit la couronne de Portugal, dont il disposa presque aussitôt en faveur de sa jeune fille Dona Maria da Gloria, et bientôt il confia la régence de ce royaume à son frère Dom Miguel, avec lequel fut en même temps fiancée la jeune reine. Mais, cédant à la tentation du pouvoir absolu, Dom Miguel se fit proclamer lui-même, le 30 juin 1828, roi légitime du Portugal, et triompha par les armes des résistances que son usurpation avait soulevées.

Les Açores parvinrent seules à échapper à la sanguinaire oppression de ce tyran; elles surent garder leur foi à la jeune reine, et devinrent le point de ralliement de tous les sujets fidèles qui allaient travailler au rétablissement de leur souveraine. Tercère donna l'exemple d'une résistance ouverte, et dès le mois d'octobre il y fut établi une junte provisoire de gouvernement, qui se mit aussitôt en relations avec le comité central des réfugiés portugais formé en Angleterre par les soins du marquis de Palmella, dernier ambassadeur près de cette cour avant l'usurpation.

Le comité s'empressa d'expédier à Tercère le général Cabreira avec plusieurs officiers de mérite, de l'argent et des munitions, afin de pourvoir aux premiers besoins de la défense, et l'on prépara une expédition toute composée de Portugais émigrés, qui partit de Plymouth au commencement de janvier 1829, sous les ordres du général Saldanha; il y avait en tout neuf cents hommes, répartis sur quatre navires, qui se dirigèrent immédiatement vers Tercère et arrivèrent le 16 janvier en rade de la Praya; mais deux frégates anglaises aux ordres du commodore William Walpole avaient été envoyées pour surveiller leurs mouvements et les empêcher de débarquer; lorsque Saldanha commença à mettre son monde à terre, les boulets anglais vinrent y mettre obstacle; et Walpole signifia l'opposition qu'il était chargé d'y apporter; les représentations furent inutiles, et pour échapper à un désastre sans gloire et sans profit pour leur cause, ces Portugais fidèles, après une protestation solennelle, rebroussèrent chemin et vinrent débarquer le 30 janvier à Brest, où l'hospitalité française eut à cœur de les dédommager de cette cruelle déconvenue.

Cependant Dom Miguel s'occupait des préparatifs d'une expédition contre Tercère. Quelques bâtiments avaient commencé par établir une espèce de blocus devant cette île, et deux divisions étaient déjà débarquées à Saint-Michel, qui devait être le point de réunion des troupes destinées à cette entreprise; la troisième mit à la voile le 16 juin à bord de deux frégates, deux corvettes et plusieurs bâtiments inférieurs, et arriva heureusement comme les deux autres à Saint-Michel, d'où elles devaient se porter ensemble sur Tercère.

De leur côté, les conseillers de la jeune reine faisaient parvenir à Tercère, malgré la croisière de Walpole et le blocus de Dom Miguel, des secours d'armes et de munitions : le comte de Villaflor, se dévouant lui-même à la défense de cette île, en accepta le commandement sous le titre de capitaine général, et traversant le blocus sur une petite goëlette qui fit force de voiles en essuyant le feu d'un brick de guerre, il réussit à y débarquer le 22 juin avec quelques soldats qui avaient déjà servi sous lui en Portugal, et dont il fit le noyau d'un bataillon de volontaires de *Dona Maria*. Bientôt les braves qui étaient restés à Brest allèrent les rejoindre, effectuant leur voyage avec le même bonheur, au milieu des plus grands dangers.

La junte provisoire résigna aussitôt ses pouvoirs entre les mains de Villaflor; il organisa de son mieux ses moyens de défense, passa la revue de ses troupes, évaluées à deux mille hommes, auxquelles il donna un drapeau brodé des mains de la jeune reine; il fit placer des batteries sur les points abordables, et attendit l'ennemi.

L'expédition miguéliste réunie à Saint-Michel sous les ordres supérieurs de l'amiral Lego, qui avait le titre de gouverneur des Açores, se composait d'un vaisseau de ligne (*le Jean VI*), trois frégates, quatre corvettes, six bricks et quatre-transports, avec trois cent trente quatre bouches à feu, sous le commandement de l'amiral Rosa, et environ trois mille cinq cents hommes de troupes de débarquement commandées par le colonel Lemos. Elle se présenta le 29 juillet devant Tercère, déjà bloquée par deux bricks, et attendit douze jours l'effet des menées de quelques émissaires qui avaient promis d'opérer un soulèvement.

Cette espérance déçue, l'escadre s'approcha de l'île le 11 août; à la pointe du jour, du côté de l'anse Saint-Mathieu, qu'elle trouva trop bien fortifiée pour y tenter un débarquement, et ensuite vers la baie de la Praya, où elle entra sans opposition à la faveur d'un brouillard qui cachait ses mouvements.

La ville de la Praya est située sur une jolie baie sablonneuse, ayant la forme d'un croissant d'environ trois milles de développement, et du centre de laquelle la ville s'élève en pente douce, défendue par un fort immédiatement adjacent appelé le Fort du Port, outre le fort du Saint-Esprit au nord, vers le fond de la baie; et au sud celui de Sainte-Catherine; tous les trois pitoyablement dégradés, et ne contenant pas plus de sept pièces en état de servir. Il n'y avait de troupes pour la défense de la place qu'un bataillon de volontaires, et un petit nombre de canonniers gardes-côtes, le tout s'élevant ensemble à environ trois cent soixante hommes, sous les ordres du brave major Menezès, ancien officier de l'armée portugaise constitutionnelle.

L'escadre s'embossait dans la baie à onze heures du matin; et le fort du Port ouvrait aussitôt le feu; son exemple fut immédiatement suivi par les deux autres forts. L'escadre y répondit vigoureusement, mais avec si peu d'habileté, que le lendemain on trouva plus de trois mille boulets logés dans le flanc de la colline qui s'élève en arrière de la ville. A deux heures l'ennemi débarqua une colonne de mille à douze cents hommes, au pied du fort du Saint-Esprit dans lequel elle réussit à pénétrer, mais d'où elle ne tarda pas à être délogée avec de grandes pertes par les volontaires qui, retranchés sur les hauteurs, continuaient un feu meurtrier, et faisaient en outre rouler sur l'ennemi des quartiers de rocher qui l'obligèrent à se replier précipitamment vers la grève, tandis que d'autres troupes, arrivant du côté de la ville avec huit pièces de canon, venaient couper les communications de la flotte avec ce détachement, lequel, se trouvant bloqué sans espoir de secours, ayant perdu son commandant, le lieutenant-colonel Azeredo, et beaucoup de monde, se rendit, et prit même parti dans les troupes de Villaflor.

Cependant une autre colonne essayait de débarquer sur la droite du fort Sainte-Catherine ; mais elle sembla ne quitter ses embarcations que pour subir sa fatale destinée ; car elle fut accablée avec une telle promptitude et frappée d'un tel trouble au milieu de la confusion causée par l'embarras du débarquement sur un point naturellement peu accessible, qu'elle demeura comme paralysée, et incapable de résister à la bravoure du petit nombre de soldats qui en interdisaient l'approche.

Pendant tout ce temps, l'escadre ne cessait de tirer sur les batteries et sur tous les points où il était nécessaire pour couvrir les opérations des troupes ; et pourtant, malgré sa supériorité et l'immense avantage de sa position, puisqu'elle n'était qu'à portée de pistolet, son feu fut si mal dirigé, que c'est à peine si un boulet sur cent portait coup ; tandis que le peu de canons qui ripostaient (il n'y en avait réellement que cinq qui fonctionnassent), faisaient un feu si meurtrier sur les vaisseaux, que vers sept heures du soir toute la flotte, après avoir rembarqué les tristes débris de son armée, coupa ses câbles et sortit de la baie à la faveur de la nuit, en profitant d'une brise de terre favorable, sans laquelle elle eût sans doute été entièrement détruite.

Tel fut le résultat de cette expédition : Dom Miguel y perdit un millier de soldats, dont les deux tiers tués ou noyés ; et ses vaisseaux rentrèrent à Lisbonne avec de grosses avaries. Villaflor n'avait eu que neuf hommes tués, dont trois officiers, et vingt-cinq blessés.

Au moment même où les derniers apprêts de cette expédition se terminaient à Lisbonne, l'empereur Dom Pedro, de son côté, avait rendu au Brésil, le 15 juin 1829, un décret portant création d'une régence de trois membres pour gouverner et administrer les affaires au nom de sa fille la reine Dona Maria. Ces trois membres étaient le marquis de Palmella président, le capitaine général comte de Villaflor, et le conseiller d'État José-Antonio Guerreiro. Après la victoire de Tercère, cette île devait plus que jamais devenir le point de ralliement de tous les Portugais fidèles, d'autant plus que c'était le seul point du royaume qui eût encore échappé à la possession de Dom Miguel. Ce devait donc être naturellement le siége des pouvoirs institués par l'autorité légitime, et la régence nommée par Dom Pedro y fut en conséquence installée le 15 mars 1830.

Il fallait à la fois se maintenir, et préparer la conquête du Portugal. La régence, dénuée en même temps et de munitions de guerre et d'argent, eut recours aux réquisitions publiques et aux dons privés ; elle fit de plus convertir en monnaie toutes les cloches des églises et des couvents, afin de solder les troupes. La valeur intrinsèque de cette monnaie n'était guère que de vingt-quatre reis ou environ quinze de nos centimes ; mais les besoins du gouvernement l'obligèrent à lui donner cours au taux de quatre-vingts reis ou cinquante centimes, ce qui fournit à des spéculateurs anglais déhontés l'occasion de coupables bénéfices, en introduisant des masses de monnaie analogue fabriquée à Birmingham.

On pouvait espérer de tirer des autres Açores des ressources précieuses dans le dénûment où l'on se trouvait. Déjà le comte de Villaflor, après sa victoire de Tercère, avait publié une proclamation dans le but de déterminer le soulèvement des îles voisines ; mais, gardées par neuf mille hommes de garnison et plus de trois cents canons, outre les forces navales, elles n'avaient osé faire aucune manifestation. Il fallait en faire la conquête.

Ce fut le 17 avril 1831 que Villaflor commença sa croisade contre les troupes et les autorités miguélistes de ces îles. Après avoir organisé une petite expédition composée de 500 hommes, que devaient transporter de petites embarcations à peine supérieures à des bateaux de pêcheurs, et protégées par deux petites goëlettes, il fit voile pour Saint-George; mais ballotté par des vents contraires et par le mauvais temps, il fut obligé de débarquer le 21 à Santa-Cruz das Ribeiras dans l'île du Pic, d'où il se dirigea, par terre, sur Magdalena; et après quelque repos, il s'embarqua de nouveau le 9 mai, pour venir descendre sur la côte de Saint-George, au petit port de Ribeira-do-Nabo, entre lequel et celui das Vellas eurent lieu divers engagements avec les forces très-supérieures qui occupaient l'île et qui furent battues. Villaflor craignant de n'avoir pas assez de monde pour assurer la victoire, courut chercher du renfort à Angra; mais dans l'intervalle le commandant Pacheco, qu'il avait laissé à la tête des troupes, se porta bravement en avant, et compléta la conquête en taillant en pièces l'ennemi qui fuyait sur Calheta, et lui faisant de nombreux prisonniers; une trentaine seulement s'échappa dans une chaloupe et gagna le Fayal.

Le 20 juin, Villaflor se dirigea de Saint-George sur le Pic, et de là, sous le feu d'une corvette miguéliste, il se rendit à la Horta du Fayal, où il fut reçu avec le plus patriotique enthousiasme; la garnison se sauva à Saint-Michel sur la corvette Isabel-Maria. Dans le courant du mois suivant, Graciosa, Flores et Corvo se déclarèrent spontanément pour la reine, ce qui permit à la régence de diriger toute son attention sur Saint-Michel, le principal boulevard de l'usurpateur dans les îles.

Après avoir fait à Tercère quelques préparatifs à cet effet, le comte de Villaflor, dont l'activité, la bravoure et le patriotisme sont dignes de toute la reconnaissance que peut lui vouer son pays, fit voile du port d'Angra, le 30 juillet, à la tête de quinze cents hommes, et débarqua le 1er août sur a côte nord de l'île, en un petit endroit rocheux et presque inaccessible, appelé Pesqueiro da Achadinha, où une seule chaloupe peut aborder à la fois. Après avoir, le même jour, livré avec succès deux escarmouches près des hauteurs de Ponta da Ajuda, il remporta le lendemain une victoire complète sur l'armée ennemie, composée de plus de trois mille hommes, outre l'artillerie, et retranchée dans une forte position près des hauteurs appelées *Ladeira da Velha* (montée de la vieille), et le 3 août il entra en triomphe dans la ville de Ponta-Delgada, où il proclama la reine et la charte, au milieu des cris unanimes de toute la population. Ce beau succès, joint à la soumission volontaire de Sainte-Marie qui eut lieu quelques jours après, acheva la soumission complète des Açores.

C'est là que bientôt après fut fixé le rendez-vous général de l'expédition décisive qui devait aller rétablir en Portugal l'autorité de Dona Maria; une escadre achetée en Angleterre et mise sous les ordres de l'amiral Sartorius, fut réunie à Belle-Ile-en-Mer, où elle reçut un grand nombre de Portugais et de volontaires français; l'empereur Dom Pedro lui-même, qui avait tout quitté pour se consacrer au triomphe des droits de sa fille, s'y embarqua sur la frégate *la Reine de Portugal*, et l'on partit aussitôt pour les Açores. On arriva le 22 avril 1832 à Saint-Michel, où l'empereur passa en revue les troupes qui y avaient été rassemblées; le 2 mai il se rendit à Tercère, puis s'arrêta quelques jours au Fayal, et revint à Saint-Michel présider aux dispositions du départ. Enfin l'expédition mit à la voile, et le 8 juillet elle s'emparait de la ville de Porto; ce ne fut qu'un an après, le 25 juillet 1833, que secondé par les talents de l'amiral Napier et du fidèle Villaflor, Dom Pedro parvint à entrer à Lisbonne; et la reine Dona Maria fut couronnée le 23 septembre suivant.

Le comte de Villaflor fut récompensé de ses services par le titre de duc de Tercère : il n'en fut jamais de mieux mérité.

Un décret du 25 avril 1835, en établissant une nouvelle division politique et administrative de tout le royaume, a modifié d'une manière notable la circonscription des arrondissements compris dans l'archipel des Açores, désormais réduits à deux, savoir la Comarca occidentale, ayant pour chef-lieu Angra, et la Comarca orientale, avec Ponta-Delgada pour capitale. Dans l'organisation administrative instituée par ce décret, les comarcas sont subdivisées en communes, dont chacune comprend une ou plusieurs paroisses ; et une représentation locale est élue dans chacune de ces divisions, savoir, une junte générale par comarca, une junte municipale par commune, une junte paroissiale par paroisse. Le pouvoir exécutif est délégué hiérarchiquement aux gouverneurs civils des arrondissements, aux administrateurs des communes, aux commissaires des paroisses. Un conseil permanent existe en outre dans chaque arrondissement pour assister le gouverneur civil.

§ III.

ARCHIPEL DE MADÈRE.

I. DESCRIPTION (*).

1° LE SOL.

Aspect général.

A 180 lieues environ au sud-ouest de Lisbonne et à la même distance au sud-est des Açores, vers l'intersection du parallèle de 33° de latitude septentrionale avec le méridien de 19° de longitude à l'ouest de Paris, *Madère* commande un groupe d'îles où se trouvent comprises, en outre d'elle, *Porto-Santo* qui s'offre la première en venant d'Europe, ensuite les trois *Iles désertes*, et plus loin au sud l'île *Sauvage*, avec les rochers qui en forment pour ainsi dire le prolongement.

MADÈRE.

Étendue en longueur de l'ouest-quart-nord-ouest à l'est-quart-sud-est, Madère mesure une quarantaine de milles entre la pointe *do Pargo* au couchant, et celle de *San-Lourenço* qui forme son extrémité la plus orientale ; sa plus grande largeur, entre la pointe de *San-Jorge* au nord, et celle *da Cruz* au sud, est tout au plus d'une quinzaine de milles : on ne peut guère estimer sa superficie qu'à deux cent vingt-cinq milles ou vingt-cinq lieues carrées géographiques.

Rien n'est plus pittoresque et plus majestueux à la fois que les approches de Madère aperçue du pont d'un vaisseau : ce sont de toutes parts de hautes falaises, des escarpements formidables de lave, à travers lesquels le feu, le temps et les eaux ont pratiqué des déchirements qui ouvrent des ports et des baies aux navigateurs. Tantôt les roches basaltiques revêtent à s'y méprendre les formes de vieux châteaux en ruine ; tantôt les couches descendent librement jusqu'à la mer en piliers gigantesques, qui marquent avec tant de précision la direction des torrents de feu dont l'île fut inondée, qu'ils semblent avoir été arrêtés et durcis dans leur course, pour porter témoignage aux siècles à venir.

Une verdure éternelle couvre ces hauteurs, et y atteint une élévation que les savants n'ont constatée sur presque aucun autre point du globe. Cette végétation vigoureuse a emprunté leurs richesses à toutes les latitudes, depuis la fraise jusqu'aux bananes, depuis la vigne qui couvre la base, jusqu'aux myrtes, aux fougères et aux lauriers qui couronnent les sommets. De même que de tous les points du monde les vaisseaux de

---

(*) La rédaction de cette partie descriptive est due presque tout entière à la collaboration de MM. Gabriel de Garat et Oscar Mac Carthy.

toutes les nations abordent à Madère, cette première escale de la navigation transatlantique, de même sa végétation semble participer de tous les pays : et son climat favorise toutes les cultures, comme son port accueille tous les voyageurs. Sur le vert large et sombre des plantes tropicales, ressort le feuillage plus clair de nos climats tempérés ; et des lichens, qui rampent dans les crevasses des rochers, ou grimpent le long des arbres, retombent le long des branches comme une fine chevelure verte.

Une chaîne de montagnes, qui n'est, à vrai dire, que le noyau de l'île elle-même, la parcourt dans toute sa longueur et en détermine la direction. Elle est généralement moins élevée vers ses deux extrémités que dans sa partie moyenne. Là, elle se dédouble, si l'on peut employer cette expression, pour enceindre un plateau creusé de profondes vallées, qui forme le centre du massif. C'est sur le rempart nord de cette haute région que sont rangées les sommités culminantes de Madère, le *Pico Ruivo*, celui des *Torrinhas*, celui *do Cidrao*, celui *do Arriero*. La portion de la chaîne qui couvre la partie occidentale de l'île prend le nom de *Paûl da Serra*. La partie orientale n'a pas de nom particulier; elle se détache du groupe central au pic *das Lagoas*, et est dominée par le pic *da Noia*. La plupart de ces points sont assez remarquables pour fixer un moment notre attention.

Le Pico Ruivo, paré de verdure jusqu'à la cime, est de tous le plus élevé. On n'en connaissait la hauteur qu'assez imparfaitement, lorsqu'en 1823 le voyageur anglais Bowdich parvint à le gravir : « Nous eûmes à « traverser, dit-il, des bouquets de *cle-* « *thra arborea*, de *vaccinium cappa-* « *docium* et de lauriers, avant d'arri- « ver aux bruyères arborescentes , « qui concourent avec l'épaisseur du « gazon à donner à ce pic l'éclat éton- « nant de sa verdure. La menthe et « la mélisse répandaient leur parfum « jusqu'au sommet, et la digitale « pourprée se montrait presque à la « même hauteur. Au moment où je « touchai la cime, il n'existait pas un « nuage, et, au milieu des pics volca- « niques brisés et des profonds abîmes « que mon œil rencontrait de toutes « parts, j'éprouvais tous les senti- « ments d'un homme qui, survivant « seul à une violente convulsion de la « nature, se serait traîné jusqu'aux « sommités les plus élevées pour con- « templer les ruines et les déchire- « ments d'un continent. La scène chan- « gea bientôt ; les nuages s'avancèrent « d'abord comme de vastes glaciers « flottants, puis ils formèrent un « océan tout entier, du sein duquel « les cimes voisines s'élevaient sem- « blables à des îles et à des récifs nus. »

Les mesures barométriques et trigonométriques qu'il prit de cette montagne, lui donnèrent des résultats dont la moyenne est à peu près de 1 900 mètres au-dessus du niveau de l'Océan.

A l'est du pic Ruivo se montrent les cimes que les habitants appellent *as Torrinhas* (les Tourelles), et qui par leur profil tout particulier jettent de la variété dans le contour pittoresque des hauteurs ; elles s'élèvent à 1 670 mètres. Plus à l'est encore, on aperçoit le sommet incliné du pic do Arriero, haut de 1 660 ; on le reconnaît d'une très-grande distance à la bande de tuf rouge qui colore sa base septentrionale ; et l'éclat lointain de la mer, lorsqu'on domine toute la scène environnante, vient ajouter aux idées de grandeur et d'immensité si puissamment excitées par l'admirable tableau que l'on a sous les yeux.

Le Paûl da Serra est un vaste plateau d'environ 90 milles de longueur sur 3 de largeur, élevé de 1 572 mètres, tantôt couvert d'un sol sablonneux, tantôt de riches pâturages, et qui pourrait être d'un produit considérable s'il était habilement cultivé. Les superstitions populaires en ont fait un lieu redoutable habité par des démons, et les paysans ne le traversent qu'à la course et en tremblant. Cependant quelques familles qui vivent au pied de ce plateau, ont su trouver profit à y aller couper du bois et paître des troupeaux.

En se rendant du Funchal au Paûl da Serra, on traverse le Pico da Cruz, élevé d'environ mille mètres, et celui de Giram dont la hauteur n'est guère que de 660 mètres.

En allant du Funchal vers le nord pour gagner la base du pic Ruivo, le voyageur rencontre d'abord le mont de l'Église, haut de 580 mètres, et plus loin trois chaînes parallèles d'environ 1,260 mètres d'altitude moyenne, ayant derrière elles une large vallée, abîme immense que domine à l'opposite le pic Ruivo.

Cette vallée centrale a reçu le nom de *Courral das Freiras*, ou Parc des religieuses.

Aucun pinceau, aucune plume ne sauraient rendre l'impression que produit sur le voyageur l'aspect de cette vallée, lorsque, arrivé au sommet d'une route construite à plus de 800 mètres de hauteur, il voit tout à coup la vallée se dérouler sous lui comme un tableau fantastique, et ses pieds s'arrêtent avec un frisson involontaire; il tremble de surprise, de terreur et d'admiration sur les bords d'un effroyable précipice d'une profondeur de 500 mètres. Les roches basaltiques semblent avoir été rompues, fracassées, dans la grande convulsion qui, déchirant les couches fondamentales, enfanta cette étonnante vallée, élargie et creusée par les torrents qui en battent les flancs depuis des siècles.

Les surfaces glacées des roches, qui s'élèvent et s'élancent comme des tours et des remparts, contrastent avec les teintes du tuf et les différents verts des parties couvertes de végétation; à droite des rideaux de lauriers et de châtaigniers couronnent les *Torrinhas*; à gauche le pic d'*Arriero*; au dernier plan le pic *Ruivo*, et dans le bas de la vallée un torrent qui roule au milieu de vignobles et de jardins. L'église du *Libramento* et les chaumières qu'elle domine, paraissent comme des points au fond de l'abîme, et le calme de la scène n'est interrompu que par les clochettes des chèvres qui bondissent sur le bord des précipices.

PORTO-SANTO.

Placée à une trentaine de milles dans le nord-est de Madère, la petite île de Porto-Santo n'a guère de longueur que six milles depuis le nord-nord-est, où se détachent les rochers *do Pescador*, de *San-Lourenço* et *do Nordeste*, jusqu'au sud-sud-ouest, où la pointe *da Fachada* est signalée par l'îlot *do Farol* projeté vis-à-vis, à un demi-mille de distance. Sa plus grande largeur, mesurée depuis l'ouest-nord-ouest, où surgit en face de la pointe *da Raya* le rocher conique *da Fonte*, jusqu'à l'est-sud-est, où émerge l'îlot aplati *da Serra*, n'est guère moindre de quatre milles; tandis qu'en son milieu Porto-Santo n'a pas deux milles et demi de large, à travers une plaine sablonneuse qui s'abaisse entre les hautes montagnes du nord et celles de la partie méridionale, terminées au sud par une pointe à un demi-mille de laquelle se relève encore le gros *ilheo Baixo*, qui n'en est en réalité qu'une continuation.

A vrai dire, les hauteurs de la partie méridionale de Porto-Santo ne sont guère que des collines ou des mamelons dont le plus élevé porte le nom de *Pico da Fachada*; dans la partie septentrionale au contraire se font remarquer plusieurs cimes d'une assez grande élévation, notamment, au centre, les pics *do Castello*, *do Facho* et de *Juliana*, et sur la côte orientale le *Pico Branco* et le *Pico do Consul*, après lesquels on peut indiquer encore le *Pico Baxo* et le *Pico Rochedo*.

Beaucoup moins élevée, au total, que Madère, mais exempte des brumes qui du côté du nord-est enveloppent celle-ci, Porto-Santo se voit bien plus tôt qu'elle par les navires venant d'Europe.

LES DÉSERTES.

Souvent aussi, en arrivant de l'est, on découvre, avant d'avoir connaissance de Madère, le groupe des petites îles Désertes, rangées en ligne droite sur une longueur de douze milles dans la direction du nord-nord-ouest au sud-sud-est, à dix milles de distance au sud de la pointe San-Lourenço. Par un beau temps on les aperçoit de douze lieues. L'île principale, à laquelle appartient plus spécialement le nom de *Déserte*, a six milles de long sur une largeur d'un mille au plus ; elle est haute, escarpée, et difficilement accessible : deux bergers purent à eux seuls, en faisant rouler des quartiers de rochers sur les assaillants, rendre vaines les tentatives d'une nombreuse troupe de maraudeurs anglais qui venaient y chercher du bétail.

Au sud de la grande Déserte gît celle qui reçoit le nom particulier d'Ile au Singe, *Ilha do Bugio*, longue d'un peu plus de trois milles, large d'un demi-mille seulement, offrant une crête dentelée au milieu de laquelle une dépression très-sensible semble dénoter une coupure et a pu faire croire que cette île en formait deux en réalité.

A l'opposite, c'est-à-dire au nord de l'île principale, se trouve celle qu'on appelle l'îlot Plan, *Ilheo chaó*, plateau rocheux d'un mille de long sur une largeur qui ne dépasse guère un quart de mille, et entouré d'une berge escarpée. A une petite distance de son extrémité boréale s'élance du sein des eaux une roche élevée et pointue en forme de pyramide ou de cône, que l'on serait tenté de prendre de loin pour un bâtiment à la voile.

Malgré leur nom de Désertes ces îles ne sont pas complètement inhabitées ; du moins la grande Déserte a-t-elle beaucoup de bétail, et des bergers chargés de le garder sous l'administration d'un *Feytor* ou Intendant. Ils y cultivent de l'orge et un peu de blé ; mais ils n'ont que de l'eau saumâtre. Il existe aussi dans l'île un ermitage avec une chapelle où un prêtre célèbre les saints mystères. Au total on portait, en 1812, à 600 personnes le nombre des habitants.

LES SAUVAGES.

Ce qu'on appelle les *Salvages*, dit Borda, consiste en une petite île accompagnée de plusieurs rochers, entre les îles de Madère et de Ténériffe, dépendante de la première quoique plus voisine de la seconde. Cette petite île est assez élevée pour qu'on puisse l'apercevoir de plus de huit lieues ; elle peut avoir un mille de long et autant de large. Elle est inhabitée ; il n'y a pas de bois, et elle est néanmoins verdoyante ; il s'y trouve, à ce qu'on assure, quantité de lapins, et beaucoup d'orseille. A un peu moins d'un mille de sa pointe boréale il y a plusieurs rochers toujours à découvert ; au sud-ouest, à dix milles de distance au moins, est un gros rocher rond, piton ou îlot, absolument nu du côté du nord, couvert de verdure du côté du sud ; ce piton est assez élevé, et on peut le voir de cinq ou six lieues. En suivant toujours la même direction on trouve un autre petit îlot très-plat, qui paraît joint au gros piton par une chaîne de rochers, qui s'étend aussi au nord-est.

Constitution géologique.

Pour le géologue, toutes ces îles appartiennent à un même système : ce sont, en quelque sorte, de grandes masses basaltiques assises sur des terrains de formation plus ancienne. Leur constitution est donc essentiellement et uniformément volcanique, sauf les modifications résultant de la différence de force avec laquelle les révolutions souterraines ont agi sur chacune d'elles.

Madère et ses dépendances peuvent être considérées comme ayant existé d'abord à l'état de roches de transition, déchirées plus tard par les convulsions de volcans dont les éruptions successives ont accru l'élévation des îles en recouvrant la base primitive de couches de tuf et de basalte. Cependant cette base de calcaire ancien, observée à Madère au-dessous du basalte, sur une épaisseur de plus de deux cents mètres jusqu'au point où le niveau de la mer ne permet plus de la poursuivre ; cette base n'a point été vue à Porto-Santo, où le dépôt visible le plus inférieur est un tuf calcaire d'un gris verdâtre ayant, dans la partie nord, jusqu'à cinq cents mètres d'épaisseur, et qui se rencontre, sur toute la circonférence de l'île, au-dessous du niveau de la mer.

Le basalte prismatique de Madère est en général compacte, d'une cassure large et conchoïde; les masses inférieures sont d'espace en espace dans un état assez avancé de décomposition, produite sans doute par les sources qui en jaillissent; les couches sont inégales, et, au delà de la chaîne qui sépare les deux grandes vallées ou *Couraes* de Madère, elles se dirigent vers le nord. Cependant cette inclinaison, quoiqu'en général assez rapide, est parfois interrompue par des inflexions principalement dues aux montagnes et aux vallées de l'île primitive; on peut se former une idée à peu près exacte de cette inclinaison vers le nord, en lui assignant un angle de 6° 17'. La forme et la direction des filons de basalte ne laissent pas douter d'ailleurs qu'ils n'aient commencé par en haut et se soient écoulés entre les crevasses formées dans le calcaire, par les convulsions qui ont déchiré la première structure et produit les formes que nous voyons aujourd'hui.

Il ne reste cependant aucunes traces actuelles de l'existence du grand cratère *générateur*; mais il a dû être situé à Madère entre le pico *Ruivo*, le pico *Grande* et celui *dos Canarios*; les seuls phénomènes qui aujourd'hui semblent montrer que l'action volcanique n'a pas entièrement cessé, sont les tremblements de terre : de 1813 à 1816, on y ressentit des secousses dont l'une fut très-violente. Quant aux nombreuses montagnes dont ce pays est naturellement hérissé, leur existence est due aux mêmes phénomènes que nous venons de décrire.

L'importance relative de Madère, dans les bornes de notre cadre, ne nous permet pas d'insister davantage sur les détails géologiques, quelque curieux qu'ils puissent paraître pour la science, et nous nous contenterons de terminer cet aperçu par le relevé d'une coupe de terrain prise derrière le Funchal, et qui sans être absolue, comme on peut le croire, pour le reste de Madère et les autres îles de l'archipel, peut néanmoins servir d'échelle générale à la constitution géologique.

En commençant par la base :

Une immense quantité de tuf jaunâtre presque entièrement caché par les grandes masses de basalte et de tuf détaché de la partie supérieure.

7 pieds de scories ou de cendres.
10 pieds de tuf jaune.
7 pieds de scories avec des veines de tuf étroites et horizontales.
6 pieds de tuf rouge.
15 pieds d'un basalte compacte et prismatique.

Quant à *Porto-Santo* et aux autres îles adjacentes, nous ne saurions entrer dans les mêmes détails à ce sujet sans tomber dans d'inutiles répétitions. — Nous mentionnerons seulement à Porto-Santo, la présence d'un gypse fibreux, et d'une ocre orangée d'une teinte fort riche, produite sans nul doute par la décomposition du basalte, et que l'on ne retrouve pas dans les autres parties de cet archipel.

Eaux courantes.

Les hautes cimes et les parties élevées de Madère se couvrent matin et soir de brouillards épais dont l'origine est due suivant la théorie du célèbre physicien Humphrey Davy, à l'inégalité du refroidissement de la terre et de la mer. Ces brouillards prennent ici un développement peu ordinaire, à raison de la grande profondeur de la mer et de la grande élévation du sol. On conçoit facilement que, de cimes ainsi continuellement brumeuses, il jaillisse beaucoup de sources, et que leurs versants soient arrosés par grand nombre de ruisseaux, dont les plus considérables sont le *Rio dos Socorridos*, la *Ribeira Brava*, et la *Ribeira de Janella* à l'origine de laquelle on a exécuté dans ces derniers temps un magnifique travail hydraulique. Ces courants, cachés au fond des ravins, y forment presque tous des cascades très-pittoresques.

Quelquefois les fortes pluies ou les orages donnent aux torrents une puissance de destruction dont on peut seulement avoir une idée lorsqu'on a visité les pays de montagnes. Ce fut ce qui arriva, au mois d'octobre 1809. Toute pluie avait cessé depuis plusieurs mois; les rivières et les torrents étaient presque desséchés : tout à coup la pluie commence vers midi; elle tombe à flots non interrompus, et à 8 heures les torrents se précipitent; ils emportent tous les ponts à l'exception d'un seul, ils arrachent et entraînent des maisons, dont les habitants implorent en vain des secours; les étages inférieurs déjà remplis d'eau ne permettent pas d'enfoncer les portes, et avant qu'on pût appliquer des échelles, les maisons s'étaient écroulées et leurs malheureux habitants avaient disparu sous les flots. Une maison fut entraînée jusque dans la mer; et pendant quelques minutes on put l'y distinguer encore entière, avec des lumières dans les étages supérieurs. On pense que le nombre des victimes s'éleva à Funchal jusqu'à quatre cents. Les rues étaient jonchées de débris et de toutes espèces d'animaux domestiques; le parvis des églises était encombré de cadavres que l'on y déposait pour être ensevelis et qui furent ensuite brûlés. A l'horreur de ce spectacle succéda une scène non moins déchirante, c'était le désespoir qui pendant plusieurs jours domina les classes inférieures. Convaincues que la fin du monde était arrivée, elles avaient renoncé à toute occupation; tous restaient fixes et immobiles comme des statues, jusqu'au moment où la pluie ayant de nouveau paru, on les vit se précipiter hors de leurs maisons, les uns courant dans la foule avec des torches, ceux-ci roulant sur les autres dans l'obscurité de la nuit, ceux-là abattus par le désespoir et incapables de se chercher une retraite. Des flots de paysans se dirigèrent sur le Funchal, croyant que le fleuve n'avait ravagé que l'intérieur, et ils trouvèrent sur leur route le peuple qui fuyait de la ville.

Quant à Porto-Santo, est-ce la peine de mentionner quelques petits cours d'eau dont la longueur n'atteint pas un développement de deux milles?

Climat.

Le climat de Madère et de ses annexes est chaud, mais salubre : la sérénité de son ciel le dispute à la pureté des plus beaux ciels d'Italie. Les observations météorologiques lui assignent une température moyenne de 19° du thermomètre centigrade. La différence entre l'époque la plus froide (février) et l'époque la plus chaude de l'année (août), ne dépasse pas dix degrés.

Suivant l'observation de Bowdich, la limite des neiges descend en ces parages jusqu'à 750 mètres d'altitude. La moyenne de la quantité annuelle de pluie peut s'évaluer à près d'un mètre.

Les mois d'octobre, novembre, décembre et janvier forment la saison des pluies; cependant, dans les deux premiers mois, les intervalles de beau temps surpassent encore la somme des jours de pluie. Cette saison s'annonce par la cessation des vents du nord-est qui règnent constamment durant les huit autres mois.

C'est en effet au vent du nord-est qu'il faut attribuer, pendant les deux tiers de l'année, la cessation à peu près complète des pluies; tant qu'il règne, il empêche l'air qui repose sur les régions et sur les mers équinoxiales de se saturer d'humidité, parce que la colonne ascendante d'air humide et échauffé est régulièrement remplacée par un courant plus froid et plus sec venant du nord. La condensation des nuages ne s'opère dès lors que du moment où ce vent vient à cesser. Ce vent du nord-est étant formé par la différence de température existant entre plusieurs régions voisines s'affaiblit dans la même proportion que cette différence de température diminue.

Le vent d'Afrique, appelé *sirocco* dans le bassin occidental de la Méditerranée, parce qu'il y souffle du sud-est, a conservé ce nom pour les Anglais de Madère, bien que dans cet archipel il arrive de l'est ; les Portugais se bornent, avec plus de justesse, à le distinguer par la direction d'où il vient, *leste*. Il ne se fait sentir ici que légèrement.

Les vents de nord-est qui de février à septembre soufflent constamment en cette contrée, et l'extrême profondeur de la mer, jusqu'au pied des rivages, rendent les abords de Madère très-difficiles. Ces inconvénients se font surtout remarquer dans la baie du Funchal, où est la principale rade de l'île. Cependant, en 1809, une inondation considérable en a exhaussé le fond de plusieurs brasses, par la quantité énorme de terres que les pluies entraînèrent dans la baie.

Le port de Machico, devant la ville de ce nom, est moins important sans être plus favorable.

Végétation.

L'île de Madère, dit le baron de Buch, est encore parée aujourd'hui, malgré les effets du défrichement et de la culture, de cette richesse et de cette beauté de formes végétales que le Camoëns a célébrées dans le cinquième chant de ses *Lusiades*, avec tout le charme de l'inspiration poétique.

Elle semble être le point de réunion des végétations les plus différentes, et pourrait devenir le plus magnifique jardin botanique expérimental du monde entier. Les plantes tropicales y réussissent aussi bien que celles des zones tempérées ; la violette y croît à l'ombre des bananiers, la fraise y mûrit au pied des mimoses. Ce curieux mélange peut être attribué non-seulement aux causes que nous venons d'indiquer, mais encore au grand nombre de vaisseaux qui, de tous les points du globe, faisant escale à Madère, y laissent par hasard des graines et des plantes étrangères ; au vent d'est qui porte d'autres semences des continents d'Europe, d'Amérique et d'Afrique, semences que cette terre féconde est appelée à fertiliser ; enfin aux Anglais, qui depuis leur possession passagère y sont restés en grand nombre, et dont on connaît le goût pour l'agriculture et la botanique. C'est à ces causes réunies qu'il faut attribuer l'existence, dans les Madères, d'une végétation si riche à la fois et si variée.

Comme dans toutes les îles élevées, elle change de caractères suivant les hauteurs, et forme plusieurs zones étudiées par Bowdich, et sur lesquelles il donne les détails que nous reproduisons ici.

« J'ai assigné à ce que l'on peut appeler la première région, ou la région de la vigne, une hauteur extrême de 2 700 pieds (823 mètres) au-dessus du niveau de la mer. Cependant, à l'extrémité de cette région, il est difficile de dire que la vigne prospère, puisqu'elle ne donne plus de vin, quoique ses fruits soient encore mangeables. Je trouve un nouveau motif de lui assigner cette limite, en voyant les plantes des tropiques réussir par la culture dans la même étendue. Si l'on compare la région qui, chez M. de Humboldt, correspond à la nôtre, on reconnaît entre nous une différence de 170 pieds ; mais les productions de toutes deux sont exactement les mêmes, excepté que j'ai remarqué ici une plus grande variété et un mélange plus parfait des plantes d'Europe et des tropiques. M. de Buch admet une région intermédiaire, caractérisée par des formes propres à l'Afrique, mais qui ne peut s'appliquer à Madère ; d'ailleurs est-il nécessaire de faire remarquer que toutes les plantes ne s'élèvent pas jusqu'à la limite extrême de la région où elles sont classées ; par exemple, la petite *sida* à feuilles de charme est répandue avec profusion dans les parties basses de l'île, mais disparaît complétement à une hauteur de 1 000 pieds (305 mètres) : les plantes des tropiques sont surtout bornées aux jardins qui touchent ou qui environnent le Funchal.

« La seconde région, en la calculant jusqu'à sa limite extrême, s'élève à 3 700 pieds (1 128 mètres). On ne saurait la comparer à la région du laurier de M. de Humboldt; mais elle paraît intermédiaire entre la région de la vigne et celle du laurier : ici c'est le genêt qui domine, et qui pourrait donner son nom à la région ; quelques acrostiques s'y mêlent d'espace en espace ; en d'autres endroits ils se présentent avec abondance. Là vient se placer le châtaignier, dont la beauté varie avec la position : épais et majestueux au fond des ravins, on le trouve, dans les parties découvertes des montagnes, solitaire et peu développé ; mais nulle part il n'est restreint au bord des courants. On rencontre encore des graminées très-abondantes dans les parties les moins découvertes, la molène, le saule rouge, l'agaric, quelques bruyères, des composées, des menthes en abondance ; la digitale, le groseillier en grande quantité ; des solanées, des roses, des fuchsies, échappées sans doute des jardins ; le buis, le piment, le millepertuis, croissant sans culture. Le pin sauvage a été cultivé avec succès dans la partie basse de cette zone.

« La troisième région, qui s'étend jusqu'à 3 600 pieds (1 707 mètres), est plus compliquée que les autres, soumise comme elle l'est à l'influence plus variée des localités ; peut-être pourrait-on la nommer la région de l'airelle et du laurier. En gravissant le pic d'Arriero, on trouve la première en larges bouquets sur les pentes qui descendent au Coural, tandis que le versant opposé, exposé à la mer, offre une végétation bornée à des graminées et à des bruyères ; encore ces dernières n'atteignent-elles que çà et là les dimensions de bruyères arborescentes. Le jonc s'élève en quantités considérables du même côté que l'airelle. Sur le Paûl, dont la hauteur égale, à quelques pieds près, celle du pic d'Arriero, l'airelle encore forme des bouquets nombreux ; nouveau motif pour en donner le nom à cette région ; d'ailleurs la même cause qui rend la végétation de ce côté de l'île beaucoup plus vigoureuse, a fait naître une plus grande variété de plantes, et cependant l'airelle domine et s'étend avec la même abondance jusqu'au sommet. Cette zone nous offre encore le jonc que nous avons déjà cité, les genres thym, stéhéline, laitron, népéta, yeuse, if, érodier, digitale, avec plusieurs petites composées, et des fougères de divers genres. Les lauriers, qui forment un des caractères de cette région, surtout dans sa partie inférieure, atteignent de très-grandes dimensions sur le côté occidental de l'île, tandis qu'à l'est ils ne s'élèvent pas à la hauteur de l'airelle, et sont d'une grosseur fort médiocre. Au sommet du pic d'Arriero, je trouvai dans les positions les plus découvertes, deux ou trois pieds solitaires de la violette odorante ; à l'ouest, qui est le côté le plus abrité, les clethras s'élevaient comme de grands arbres, au pied desquels croissait la digitale. Je fais ici une mention spéciale du clethra, parce que je crois qu'à cette hauteur il est particulier au pico Ruivo. Plus vers l'est, où le sol est composé d'une terre rouge-foncé qui contient plus d'alumine que le tuf rouge ordinaire, et où la végétation languissante a perdu toute la richesse et toute la variété qui la distinguent à l'ouest, on trouve le genêt à 2 000 pieds (601 mètres) au-dessus du niveau de la mer, et l'on voit sur les collines qui avoisinent l'ermitage d'Antonio da Serra, à dix milles du Funchal, des airelles avortées, au milieu des genêts, des bruyères et des ronces.

« La quatrième et dernière région, qui s'élève jusqu'à environ 6 000 pieds (1 829 mètres), est formée de la partie supérieure du pico Ruivo, et se compose de bruyères arborescentes, de graminées, et d'espace en espace de quelques fougères solitaires. »

Les fougères constituent la famille de beaucoup la plus intéressante de tout l'archipel de Madère, et, comme l'a remarqué M. de Humboldt, c'est dans les parties montagneuses des petites îles que ses espèces se trouvent le plus abondantes : on remarque surtout la superbe fougère que les naturalistes appellent *asplenium palmatum*. On rencontre beaucoup aussi la bruyère à balais et la bruyère arborescente, qui se mêlent aux lauriers sur le flanc des précipices.

« Je me trouvai, dit Bowdich, dans le moment le moins favorable à la récolte des plantes de Porto-Santo, qui n'est du reste sous ce rapport riche en aucune saison. Le cestreau grimpant, que l'on taille en haies et dont la tige devient très-forte, la disandre africaine et le romarin, m'ont paru caractériser seuls la végétation du sol sablonneux. Dans ma course à l'est, je trouvai le thym à feuilles étroites, la fumeterre à petites feuilles, le faux raifort, la bruyère à balais, le polypode et le souci des jardins. A l'ouest, je rencontrai le coquelicot, le seneçon vulgaire, une molène, le *nepeta calaminta*, le *solanum pubescens*, un mésembryanthème, et quelques autres plantes. L'orseille abonde au voisinage des hauteurs de l'est; mais elle est en général regardée comme inférieure à celle des îles Sauvages et des îles du Cap Vert. Un seul pied de dragonnier gigantesque se voyait naguère avec quelques cactiers d'une taille remarquable, au-dessus de la fontaine des Anjos, près du pico do Facho. On trouve dans Cordeyro, que jadis les dragonniers de Porto-Santo étaient assez grands pour faire de leurs troncs des bateaux de pêche susceptibles de contenir six ou sept hommes; mais il ajoute que l'on avait tant fait de bateaux, de planches, et de mesures à blé, que même de son temps on voyait à peine un dragonnier dans toute l'île. Il n'y a pas aujourd'hui vingt arbres debout à Porto-Santo, et les habitants sont réduits à faire du feu avec des excréments de vache séchés, quand ils ne peuvent se pourvoir de bois à brûler de Madère. »

D'immenses forêts donnaient un aspect majestueux à Madère lorsqu'on la découvrit; mais le premier gouverneur portugais y fit, dit-on, mettre le feu: tous les habitants de la colonie, hommes, femmes, enfants, furent réduits à s'enfoncer dans la mer pour échapper à la fureur de l'incendie, et ils y restèrent deux jours et deux nuits sans nourriture, plongés dans l'eau jusqu'aux épaules. On ajoute que le feu continua de brûler pendant plus de six ans. Cela donna une telle activité au sol, que, suivant Cadamosto, il rendait soixante pour un. Il paraît que tout ne périt pas, bien qu'aujourd'hui l'île n'offre que des bois comparativement jeunes et composés surtout de châtaigniers et de lauriers vinhatrios ou autres. Le vinhatrio, dont le bois s'emploie aux mêmes usages que l'acajou avec lequel il a d'ailleurs quelques rapports, est l'une des plus riches productions de l'île; c'est le *laurus indica* des botanistes.

Nous parlerons ailleurs des produits du règne végétal que l'homme a plus intimement associés à ses besoins.

Animaux.

La zoologie de Madère ne compte qu'un petit nombre d'espèces, qu'a mentionnées Bowdich. Les bœufs, les vaches, les pourceaux y ont été importés, ainsi que le mulet et le cheval, qui servent principalement comme bêtes de somme. Le Paûl de Serra nourrit un nombre prodigieux de lapins, que l'on dit être tous venus d'une seule femelle qui mit bas sur le vaisseau de Perestrello, premier gouverneur de Porto-Santo. Le surmulot pullule dans l'intérieur de l'île, quoiqu'il ne soit parvenu en Europe que dans le cours du dix-huitième siècle; et la chauve-souris que l'on rencontre ici, a des caractères spécifiques qui la distinguent des autres espèces. Quant aux lézards, ils y sont très-nombreux, et dévorent une énorme quantité de raisin, ainsi que les rats. Parmi les oiseaux, on remarque l'émerillon, la huppe du Cap, que l'on rencontre rarement aussi haut vers le nord; la mouette à pieds bleus qui, selon les naturels, vient de la côte d'Afrique; le pigeon domestiqué que l'on rencontre en troupes nombreuses; un *turdus*, le durbec et un autre grand *corythus*, un fourmillier, une perdrix à jambes rouges, un merle qui ne diffère de l'espèce européenne que par la couleur du bec, d'un brun foncé avec l'extrémité légèrement jaune. La bécasse commune se trouve dans les montagnes et ne quitte jamais Madère. Le serin gris est indigène. La vallée de la Cascade, à l'ouest de Funchal, est habitée par une très-belle espèce de chouette, l'effraie; par le totonegro, espèce de rossignol qui fait si vivement admirer ses chants, et par la fauvette à tête noire dont la voix n'est pas moins mélodieuse. Sur les hautes cimes plane *la manta*, espèce d'aigle, qui reste au voisinage des étangs et des eaux stagnantes des montagnes.

Les mulets sont quelquefois cruellement déchirés par la *mosca da serra*, qui ne diffère pas de l'hippobosque des chevaux. Au nombre des autres insectes se trouve une nouvelle espèce de sauterelle et de grillon. L'abeille de Madère est sans aucun doute une espèce différente de celle d'Europe, et elle semble former la chaîne entre celle-ci et l'abeille du Sénégal. Mais l'insecte de tous le plus curieux est une arachné qui ne se tisse aucune toile et se retire seulement dans un petit trou arrondi : il paraît qu'elle fascine d'abord les mouches, puis elle s'élance dessus, en suce le sang pendant quelque temps, et enfin les entraîne dans sa retraite.

Sous le rapport de l'ichthyologie l'archipel de Madère nous offre l'abrota ou phycis fourché, une espèce de sériole appelée chinchara, le diodon *tigrinus*, l'imperador qui semble être le barbier ou *serranus anthias*, le garoupa ou *serranus scriba*, une autre espèce de serran appelée marracho, l'exocet ou poisson volant, le coryphène à rasoir, le rouget, un ésoce, et quelques autres poissons qui, à l'exception du diodon, offrent une bonne nourriture. Le thon se pêche aussi en abondance, et on en a vu qui pesaient trois cents livres. L'anguille commune se trouve dans les torrents, et la murène qui a quelquefois près de trois pieds de long, se pêche à leur embouchure; mais ce dernier poisson, si estimé chez les anciens, qui l'élevaient dans des étangs, sert à la nourriture de la classe la plus pauvre.

A cette liste on peut ajouter des soles et des sardines, des seiches, une belle espèce de pagure, la tortue d'eau douce, et la caouane, avec laquelle on prépare une soupe que les Épicuriens qui visitent Madère apprécient beaucoup. Malgré les ressources que présente, comme on le voit, la pêche locale, les indigènes ont recours à la morue importée par les navires étrangers.

Bowdich ne donne que quelques détails insignifiants sur la conchyliologie vivante, les espèces fossiles lui ayant permis de faire des observations plus aisées et plus nombreuses. L'hélice paraît être de tous les coquillages le plus commun. Cependant il cite un rocher, un triton, une pourpre, une colombelle, l'argonaute tuberculeux, l'auricule, la patelle plissée, le sabot édule, et deux espèces de troches, qui tous servent de nourriture.

2° LES HABITANTS.

Composition, classement et physionomie générale de la population.

Lors de leur arrivée à Porto-Santo, à Madère, et dans les îlots qui en dépendent, les Portugais les trouvèrent inhabités, et ils tirèrent du Portugal la population qu'ils y établirent; est-ce à dire qu'elle fût homogène? Nous n'oserions l'affirmer, tant s'en faut. Le premier chef de la colonisation, Barthélemi Perestrello, était lui-même d'origine italienne. A ce premier noyau, qui du moins avait pu contracter en Portugal un certain air de nationalité commune, vinrent s'agréger successivement des éléments fort dissemblables, notamment des juifs, des Maures et des nègres, transportés comme esclaves, des côtes d'Afrique dans cet archipel, vers la fin du quinzième siècle. Les vaisseaux de toutes les nations, qui depuis cette époque ont constamment et de plus en plus fréquenté ces parages, y ont aussi apporté leur bonne part contributive; enfin les Anglais, qui ont possédé Madère de 1801 à 1814, et y ont laissé en l'abandonnant de nombreuses familles établies, entrent pour beaucoup dans la composition de cette population. Au fond cependant la race est principalement portugaise. Elle est actuellement composée de propriétaires, de négociants, et de paysans indigènes, d'Anglais domiciliés, d'Européens voyageurs, de moines cosmopolites.

En 1767, la population de Madère était de 64,000 âmes; quatorze ans après, elle s'élevait à 90,000; en 1825 elle montait à 96,000; enfin des indications qui se rapportent à l'année 1842, attribuent à Madère 100,000 âmes; à Porto-Santo, 6,000, et aux Désertes, 600 : soit, pour tout l'archipel, 106,600 âmes.

La population indigène des villes est grêle, maigre, et maladive; mais les paysans des montagnes forment une race forte et vigoureuse. Quand la vendange est faite, on les voit descendre les sentiers escarpés avec leur chemise de toile, leurs chausses bigarrées et leur bonnet rouge ou bleu; ils portent suspendues à un bâton des outres (borrachas) pleines du vin qu'ils ont récolté. Laissant aux hommes la culture de la vigne, les femmes de la campagne se livrent à d'autres travaux : elles coupent des genêts au revers des montagnes, ou des cytises qu'elles lient en fascines pour le chauffage. Leur costume se compose d'une simple chemise, d'un jupon, d'un bonnet, ou d'un mouchoir roulé autour de la tête.

Ici, comme partout, la population des villes se divise en trois classes bien distinctes. La classe supérieure se fait remarquer par son aménité, son goût et ses bonnes manières; ses mœurs, ses habitudes, son costume sont empruntés à l'Europe; il n'y existe, à vrai dire, aucun caractère national : les modes y tiennent de celles de France, les mœurs de celles d'Angleterre. La classe ouvrière, de son côté, est aussi laborieuse qu'il est permis de l'attendre d'elle sous un climat aussi ardent. La classe intermédiaire ou marchande est la seule à laquelle nous ayons à refuser notre éloge. Sans parler ici d'une certaine rapacité qui la caractérise, le voyageur est trop souvent, de sa part, l'objet d'une curiosité impertinente, d'éclats de rire, de ricanements ou de dédain; ces gens regardent comme ridicule tout ce qu'ils ne comprennent pas, et ne se font pas faute de le montrer, puisant dans leur ignorance même une incroyable dose de suffisance et d'orgueil. Cette observation toutefois doit être restreinte à l'île de Madère, car les habitants de Porto-Santo se distinguent au contraire par leur hospitalité, leur désintéressement, et leur bienveillance envers les voyageurs.

Il nous reste à parler d'une individualité curieuse, et digne à tous égards de l'attention de l'observateur : nous voulons dire le *morgado*. Il n'est pas rare de rencontrer dans la campagne qui environne le Funchal et Machico, des hommes vêtus d'un vieil habit noir râpé, d'un pantalon de nankin décoloré, et d'un chapeau informe, qui, un gros bâton à la main, se promènent avec une gravité et une importance toute magistrale, au milieu des champs : ce sont les propriétaires du sol, ce sont les *morgados*. Nobles gueux ruinés, que la lèpre de la misère ronge avec leur famille, et qui se regarderaient comme déshonorés par un travail quelconque; toute leur occupation consiste à tenir un relevé exact du revenu de leurs fermiers, car la loi portugaise leur accorde la moitié de tout ce qui est produit non-seulement *par* leurs propriétés mais encore *sur* elles, comme le croît des bestiaux, les volailles, les œufs, etc. Malgré de pareils avantages la plupart des morgados vivent dans la misère par suite de leur passion pour le jeu et de leur paresse; les fermiers au contraire sont dans un certain état de prospérité : économes, laborieux, ils sont devenus peu à peu les véritables maîtres, et ont mis leurs propriétaires dans l'impossibilité de les expulser, soit en leur faisant des avances, soit en construisant contre les envahissements de la mer ou les dégâts des eaux pluviales, des murailles et des digues, dont l'usage a élevé fort haut la valeur, et dont le *morgado* aurait à rembourser le prix avant de pouvoir évincer son fermier. C'est ainsi que par un équilibre trop rare dans nos nations d'Europe, il arrive à Madère que la paresse qui possède se trouve dans la dépendance du travail qui ne possède pas.

Industrie agricole.

Les principales productions que le travail de l'homme obtient du sol de Madère sont le blé, l'orge, l'avoine, la vigne, la canne à sucre, les légumes et les fruits, les châtaignes.

La récolte du blé peut à peine suffire au cinquième de la consommation annuelle. Près de la mer les terres en donnent une récolte par an; le maximum du produit est dans le rapport de quinze à un, mais le terme moyen est de cinq à un. Dans les parties les plus septentrionales et les plus hautes, on ne fait qu'une récolte tous les sept ans; on laisse croître la bruyère pendant les six autres années, puis on la brûle sur place comme un engrais, et c'est le seul que l'on emploie. En 1803, Madère produisit 77 600 hectolitres de blé, 11 616 de seigle, et 12 768 d'orge.

On se procure le maïs avec tant de facilité sur le continent et les îles voisines, qu'on ne le cultive pas autrement que comme plante d'agrément ainsi que le riz.

Le blé à Madère se sème du mois d'octobre à celui de janvier; on le récolte en juin, et on fait suivre sa culture de celle des fèves ou des patates. Ces dernières se recueillent au bout de six mois, si elles ont été plantées après le froment, et seulement au bout de douze si elles l'ont été parmi les vignes. Leur tige forme une excellente nourriture pour le bétail, mais les chevaux ne la mangent pas. L'introduction de la pomme de terre a fait accroître d'une manière sensible la population de l'intérieur. On a trouvé que le produit est de soixante-quatre pour un. Quoique la terre puisse donner chaque année trois récoltes de pommes de terre dans les parties basses de l'île, et deux dans les parties les plus élevées, cependant beaucoup de paysans préfèrent encore, et cultivent avec obstination, sans autre motif que la tradition de leurs pères, une espèce de gouet (*arum*) que l'on dit être le coco des Indes occidentales. Il est fort abondant, mais il présente cette particularité de ne fleurir jamais. La récolte ne se fait que tous les trois ans sur les montagnes, à 800 mètres au-dessus de la mer, mais ailleurs elle est annuelle. Les feuilles en sont si âcres qu'on n'en peut nourrir que les pourceaux, et le tubercule a besoin d'être conservé longtemps avant de pouvoir être cuit. Les paysans, regardant le gouet comme une igname, lui donnent inexactement ce nom. L'igname ailée se cultive dans les jardins, où elle semble avoir été transportée par le hasard. Elle forme un bon aliment et n'a été pendant longtemps connue que d'un petit nombre des plus pauvres habitants; c'est une plante élégante, qui serait d'une utilité bien plus générale que le gouet, puisque le bétail en mange la partie herbacée.

On trouve à Madère des variétés sans nombre de la vigne, si l'on veut s'en rapporter aux cultivateurs; mais elles peuvent se réduire à neuf lorsqu'on les étudie avec soin. Les variétés que l'on a nommées *verdelho, negro, molle, bastardo, bual* et *tinta*, donnent des fruits que l'on mêle ordinairement ensemble, et d'où résulte le meilleur vin de Madère, c'est-à-dire celui qui se fait dans la partie méridionale de l'île, et qui doit surtout son parfum aux deux dernières variétés. Le *tinta* (*), exploité séparément, donne un vin qui, lorsqu'il est jeune, ressemble beaucoup par la couleur et par la saveur au vin de Bourgogne, mais il est plus doux. Quand il a passé deux ans en tonneau il se rapproche du vin rouge de Porto, et au bout de vingt ans on ne trouve rien dans sa couleur ni dans sa saveur qui puisse le faire distinguer

---

(*) C'est-à-dire *uva tinta*, ou raisin noir.

d'un riche et vieux vin blanc de Madère. C'est le seul vin rouge que l'on fasse dans l'île, et on le laisse fermenter avec le marc pour mieux fixer sa couleur. Les vins très-blancs, comme le *verdelho* ou vin du nord, purs, prennent avec l'âge une teinte jaunâtre, tandis que ceux auxquels le marc a donné sous le pressoir une couleur un peu foncée, deviennent plus clairs en vieillissant. La variété nommée *sercial* est, dit-on, analogue au raisin d'Allemagne que l'on nomme *hock*. Enfin on reconnaît trois qualités de Malvoisie : celle qu'on nomme *cadel* est la meilleure, mais produit peu ; les variétés *babosa* et *malvazion* rapportent assez abondamment ; mais la dernière surtout est très-inférieure. On arrête la fermentation du vin de Malvoisie, bien avant celle des autres, afin d'en augmenter la douceur. La plus belle plantation de Malvoisie de toute l'île est sans contredit celle de la *Fazenda dos Padres*, auprès et à l'ouest du Funchal. La vigne donne du fruit jusqu'à une altitude de 825 mètres, mais on n'en peut pas faire de vin ; la plus grande hauteur à laquelle on la cultive aujourd'hui pour cet objet, est dans le *Coural das Freiras*, à 634 mètres. On calcule que dans les circonstances les plus favorables, un terrain d'un hectare d'étendue peut produire dix pipes ou 50 hectolitres de vin ; mais si l'on embrasse dans les calculs les vignobles de l'île entière, le produit moyen paraît être d'une pipe. Suivant Staunton, on récolte annuellement 500 pipes de Malvoisie. L'autre qualité, beaucoup plus abondante, est célèbre sous le nom de Madère sec ; la récolte annuelle en varie singulièrement ainsi qu'on peut s'en faire une idée par les chiffres suivants. En 1813 elle fût de 22 000 pipes ; en 1814, de 14 000 ; en 1815, de 5 000 ; en 1816, de 12,000 ; en 1818, de 18 000 ; en 1825, de 14 000 ; en 1826, de 9 000 ; en 1827, de 7 000 ; et la diminution de production, due, à ce qu'il semble, à la concurrence fatale d'une contrefaçon trop habile, s'est continuée dans une progression tellement rapide, que Madère n'a plus récolté en 1843, que 3 221 pipes ; en 1844, que 3 012 pipes ; et en 1845, que 2 669 pipes. Où donc s'arrêtera cette déplorable décadence ?

Au quinzième siècle, Madère produisait déjà par an 400 quintaux de sucre, et les Portugais y trouvaient la majeure partie de leur approvisionnement. Mais depuis que la canne a été naturalisée aux Indes occidentales, cette culture a été abandonnée ici pour celle de la vigne, qu'on y a portée de Chypre antérieurement à 1445, et qui est devenue beaucoup plus productive.

En général, les méthodes agricoles suivies à Madère ne présentent rien de particulier. Les irrigations seules, dans un pays où elles présentent souvent de grandes difficultés, et où elles sont cependant de toute nécessité pour certaines cultures, ont toujours été l'objet de beaucoup de soin. L'eau des torrents est amenée dans les champs cultivés au moyen de canaux artificiels appelés *levadas*, qui traversent le pays dans toutes les directions, et dont l'ensemble constitue un système parfait. Quelques-unes de ces levadas ont été construites par les premiers colons de l'île, au commencement du quinzième siècle. Leurs esclaves étaient des Maures ou des Orientaux captifs, et il est à croire que l'on doit à ces étrangers l'idée première de ce soin si grand donné à l'irrigation des terres, et de l'habileté supérieure déployée dans son application, deux choses jadis fort peu appréciées de l'agriculture européenne.

Tout ce que nous venons de dire se rapporte plus particulièrement à Madère ; les productions agricoles de Porto-Santo sont les mêmes, seulement elles sont moins importantes. La vigne, le froment, l'orge, forment le fond de la culture, et présentaient, d'après une évaluation faite en 1813, 695 pipes de vin, 3 768 boisseaux de froment et 1 628 boisseaux d'orge.

Industrie manufacturière, commerce.

Madère étant une terre essentiellement agricole, n'a que peu ou point d'industrie manufacturière proprement dite. Tous les objets de première nécessité, meubles, habillements, y sont pour ainsi dire apportés du dehors. Les habitants exploitent bien les basaltes, pour en faire des meules ou pour construire des murs ; ils élèvent bien quelques moulins ; mais tout cela est restreint dans le cercle de quelques besoins immédiats, auxquels l'importation étrangère ne pourrait ou ne saurait pourvoir, et qu'il est plus facile de satisfaire sur place, grâce aux matériaux que l'on a sous la main. Il n'en est pas de même du commerce, auquel la fécondité du sol donne une singulière activité. Le principal, pour ne pas dire l'unique article d'exportation est, comme chacun sait, le vin célèbre qui a répandu au loin le nom de l'île. C'est là sa richesse. Cependant le succès extrême avec lequel les vins de Madère et de Porto-Santo sont accueillis sur tous les points du globe, loin d'encourager cette industrie dans l'archipel, semble en avoir au contraire diminué la production par la contrefaçon trop considérable et surtout trop heureuse qui lui fait concurrence; c'est ainsi qu'en 1815 Madère exportait de 15 à 20 mille pipes de vin, et que nous la retrouvons, en 1845, n'en exportant plus que 2 823 pipes, dont 616 en Angleterre, 220 à la Jamaïque, 175 à Calcutta; 669 aux États-Unis d'Amérique, 320 en Russie, 202 en France, 109 en Portugal; et le reste par petites fractions en divers autres pays.

Travaux publics : ponts, routes, et canaux.

Il est rare que l'homme, placé d'ailleurs dans de bonnes conditions morales, vis-à-vis de grands obstacles, ne les surmonte d'une manière digne de son intelligence; la nécessité devient alors un de ses plus puissants stimulants. C'est ce qui est arrivé à Madère lorsqu'on a voulu créer des communications entre ses diverses parties. De toutes parts les difficultés se présentaient nombreuses; elles ont été souvent vaincues avec une rare habileté. On reconnaît cela partout, lorsque, se dirigeant du Funchal vers le pico Ruivo, on va descendre dans la belle vallée du Coural das Freiras.

En présence même de la puissante majesté de cette nature, on reste frappé du génie et de la persévérance de l'homme. Ces pics hardis, ces rochers impénétrables, ces ravins profonds qui semblaient désunis pour jamais, ont été percés, joints, reliés par des ponts, par des routes, qui ont permis aux hommes de triompher de la nature; c'est à l'ingénieur don *José d'Alfonséca* qu'appartient la gloire de ces gigantesques travaux. Car, jusqu'à lui, les obstacles de l'intérieur avaient été déclarés insurmontables, et l'impossibilité de les franchir avait laissé une grande partie de Madère négligée et même inconnue. Ces routes ont coûté un travail de trois années et ont été achevées en 1817.

La plupart des travaux exécutés à Madère pour la distribution des eaux, dénotent aussi dans les indigènes un esprit de hardiesse et d'industrie vraiment remarquable ; mais aucun d'eux ne peut être comparé cependant à ceux qui ont été exécutés au rocher de Rabaçal. A l'origine d'un ravin profond et étroit, qui forme la tête de la Ribeira da Janella, à l'extrémité occidentale de l'île, s'élève perpendiculairement un roc de mille pieds de hauteur au moins ; des eaux abondantes s'en échappent, partie en une large cascade qui s'élance du sommet, partie sous la forme de ruisseaux innombrables sortant de toutes les fissures qui découpent sa surface, et que les arbrisseaux qui y croissent divisent de mille manières diverses. Ces eaux tombaient à la base du rocher dans un abîme profond, d'où elles coulaient inutiles et abandonnées, à travers le ravin et la vallée de Janella, jusqu'à l'Océan. Quelques restes d'anciens travaux, auxquels ne se rattache cependant aucune tradition, montrent que l'on fit jadis des tentatives dans le but de les utiliser pour l'arrosement des terres voisines. Ces tentatives ont été renouvelées de nos jours avec un plein succès. Ce fut seulement en 1836 que les travaux commencèrent : la direction en fut confiée au capitaine Vicente de Paula Texeira, natif de Madère; nous allons donner une idée de la grandeur et de l'étendue de ces travaux. La hauteur du Rabaçal est de 340 mètres environ. A 100 mètres au-dessus de la base, un canal horizontal a été creusé dans le rocher de manière à ce que les eaux venues d'en haut, arrêtées dans leur course, soient obligées d'y couler. L'excavation se poursuit sur une étendue de 200 mètres, et offre l'aspect d'une galerie voûtée, soutenue de distance en distance par des piliers ménagés dans le roc. L'eau conduite par ce canal est ensuite dirigée par un aqueduc découvert ou levada, jusqu'à une distance de cinq à six milles. Là, on a entrepris un autre grand travail ; un tunnel qui a 275 mètres de développement, traverse la crête des montagnes centrales de l'île, et par ce moyen les eaux du rocher de Rabaçal, dirigées sur les deux versants nord et sud, répandent l'abondance au milieu de districts précédemment abandonnés, ou dont les produits étaient chétifs et précaires par suite du manque d'arrosement.

Gouvernement et administration.

L'archipel de Madère appartient au royaume de Portugal, et forme à la fois, dans son ensemble, un gouvernement militaire à la tête duquel est un haut fonctionnaire portant le titre de *Capitaine général*, un arrondissement civil ou comarca sous l'autorité d'un gouverneur civil ou corregedor, et un diocèse placé sous la verge pastorale de l'évêque du Funchal.

L'île de Madère comprend quatorze communes, subdivisées en quarante-deux paroisses. Les quatorze bataillons des milices communales forment par leur réunion trois régiments de huit cents hommes chacun, pour la garde de l'île ; les forts sont en outre occupés par un bataillon d'artillerie de six cents hommes, auquel il faut ajouter un corps nombreux d'artillerie auxiliaire.

Sous le rapport administratif et judiciaire, le *corregedor* a au-dessous de lui un juge royal pour le canton du Funchal, et cinq juges ordinaires pour les villes de Machico, Calheta, Ponta do Sol, Santa-Cruz et Saô-Vicente. Nous les nommons ici dans l'ordre chronologique de leur création, c'est-à-dire des décrets royaux qui les ont élevées au rang de villes : celle de Machico remonte au temps de la première colonisation; les suivantes datent successivement de 1511, 1513, 1515, et 1750.

La cité du Funchal, capitale de l'île et de tout l'archipel, est située sur la côte méridionale de Madère, par 32° 37′ 40″ de latitude nord, et 19° 15′ 9″ de longitude à l'ouest de Paris. Elle s'élève au fond d'une baie qui s'arrondit mollement entre les deux caps basaltiques appelés Ponta da Cruz et Cabo do Garajaô : les Anglais ont donné à ce dernier le nom de *Brazenhead* ou tête de bronze. Les maisons, disposées parallèlement au rivage sur une étendue de 1 600 mètres, encadrées de noirs rochers de lave et d'une forêt d'arbres verdoyants, offrent de loin un aspect des plus agréables ; mais lorsqu'on pénètre dans la ville on ne trouve plus que des rues étroites, tortueuses, sales, pavées de cailloux ou de quartiers de basalte, coupées par des torrents descendant des montagnes, et encombrées par une multitude de pourceaux. En général, les habitations, à l'exception de celles de quelques riches personnages ou de commerçants anglais, sont d'une assez pauvre construction. Les principaux édifices du Funchal sont l'hôtel du Gouvernement, le quartier militaire de Saô-João, l'église de Santa-Cruz, le théâtre, et l'hôpital. La promenade, quoique peu étendue, est fort agréable. On montre aux étrangers les flèches et le toit de la cathédrale, construits avec une partie des cèdres dont l'île était jadis couverte, et, dans un couvent de Franciscains, la *chapelle des crânes*, dont les murs sont incrustés de près de 3 000 crânes humains. On y compte environ 2 000 maisons et 18 000 habitants. C'est l'entrepôt du commerce de l'île, et le centre de toutes les affaires. Ses environs sont charmants et ornés de nombreuses quintas ou maisons de campagne. Au fond du paysage, et le dominant tout entier, est le couvent de *Nossa senhora do Monte*, que l'on dirait enseveli dans une forêt.

La ville de Machico, dont le nom rappelle celui de l'anglais O'Machin, qui dans le quatorzième siècle vint aborder en cet endroit, compte 2 500 habitants. *Santa-Cruz* n'en a que 1 500. *Camera de Lobos* n'est qu'un village, bâti sur le bord de la mer, et dominé par une falaise gigantesque qui forme une seule nappe verticale de 500 mètres. Les maisons et les vignobles ne sont accessibles que par eau pour les voyageurs, qui frémiraient à l'idée de suivre l'audacieuse route des ouvriers, lesquels gravissent ou descendent l'escarpement au moyen de simples pieux enfoncés dans la roche et qui font saillie en dehors.

Porto-Santo, sous l'autorité d'un commandant particulier, ne forme qu'une seule commune et une seule paroisse, avec un juge ordinaire.

II. HISTOIRE.

Anciennes notions sur l'archipel de Madère.

L'archipel de Madère, comme ceux des Açores et des Canaries, semble avoir été connu des Arabes avant la renaissance de la civilisation européenne; et si leurs *gezâyr-el-Khaledât* ou îles Éternelles répondent aux Açores; si leurs *gezâyr-el-Sa'adeh* ou îles du Bonheur représentent les anciennes Fortunées, et sont représentées à leur tour par les Canaries de nos jours, il faudra admettre aussi que leur brumeuse *gezyret-el-Ghanam*, ou île du menu bétail, répond à l'*isola dello Legname* des Italiens, ou *ilha da Madeira* des Portugais, notre moderne Madère; et que leur *gezyrah Râqâ* ou *gezyret-el-Thoyour*, l'île aux oiseaux, qui en est voisine, est la même que Porto-Santo. La première fut visitée par les fameux *Maghrouryn*, à une date inconnue, intermédiaire entre l'occupation de Lisbonne par les Arabes au VIIIe siècle, et le temps du noble géographe Edrysy, au XIIe; la seconde avait été visitée aussi à cette dernière époque, et l'Edrysy rapporte qu'un roi franc y avait envoyé un vaisseau qui se perdit.

La légende de saint Brandan, qui avait cours en Europe au moins dès le XIe siècle, paraît offrir aussi une mention de ces deux îles sous des noms analogues à ceux que leur donnent les géographes arabes; l'île aux Grosses brebis n'est-elle point la même que la gezyret-el-Ghanam, et l'île aux Oiseaux la même que la gezyret-el-Thoyour? Les cartographes des siècles suivants paraissent du moins n'en avoir point douté; car dans leurs portulans ils ont inscrit, sur l'archipel de Madère et ses annexes, la dénomination générale d'*insulæ fortunatæ sancti Brandani*.

Les cartes marines du XIVe siècle nous montrent toutefois ces îles d'une manière plus certaine et plus précise, avec leurs appendices les îles Désertes et les îles Sauvages; et il est à cet égard un fait digne de remarque : c'est que, sans acception de l'école hydrographique d'où nous viennent ces portulans, les dénominations appartiennent uniformément à la langue italienne; *Insula de Legname*, *Porto Sancto*, *Insule Deserte*, *Insule Salvatge*, tels sont les noms que portent les cartes catalanes elles-mêmes; d'où il faut nécessairement conclure que c'est aux Italiens, et, nous pouvons le dire d'après quelques indices très-significatifs, aux Génois en particulier, que l'Europe néo-latine dut la révélation effective de cet archipel.

Naufrage de Robert O'Machin.

A une époque voisine se rapporte aussi une tradition qui nous offre à son tour le récit d'une découverte fortuite de Madère par des naufragés anglais. Il en avait été écrit, par François Alcaforado, écuyer de l'infant dom Henri de Portugal, une relation adressée à ce prince, et dont l'original, possédé ultérieurement par le célèbre littérateur Francisco Manuel, lui fournit le sujet de l'un des récits historiques qu'il dédia au roi Alphonse VI sous le titre d'*Epanaphoras*, et qui réunissaient, suivant le témoignage qui en fut rendu à ce monarque par le censeur chargé de les examiner, ces trois qualités essentielles de l'histoire, la vérité des faits, la clarté de l'exposition, et la juste appréciation des événements. Nous n'avons pas dessein de traduire ici en entier le morceau que l'auteur a consacré à la découverte de Madère; nous en voulons seulement offrir une exacte analyse, dépouillée de la pompe et de la recherche de langage dont l'original est orné.

« Sous le règne paisible d'Édouard III d'Angleterre (qui occupa le trône de 1327 à 1377), vivait à Londres un jeune gentilhomme d'un grand mérite, nommé Robert O'Machin, qui avait su plaire à une jeune lady de la plus haute aristocratie, Anna d'Arfet, destinée par sa famille à un époux digne d'elle par le rang et la fortune; mais l'amour des deux jeunes gens était un obstacle à l'accomplissement de ce dessein; on s'adressa au roi pour y mettre ordre, et Robert O'Machin fut arrêté, pendant qu'Anna devenait l'épouse d'un lord, qui l'emmena à Bristol : après quoi le jeune homme fut remis en liberté.

« Dans sa prison, il avait résolu de prendre sa revanche de la violence dont il était victime, et dès qu'il se vit libre, son unique pensée fut de pourvoir à l'exécution de ses projets; il rassembla secrètement, dans ce but, des parents et des amis sur lesquels il croyait pouvoir compter, leur exposa ses griefs et ses desseins, et reçut leur parole qu'ils l'aideraient de toutes leurs forces à l'accomplissement de ses vues. Il fut résolu que l'on se rendrait séparément et par diverses routes à Bristol, où l'on se réunirait de nouveau pour aviser aux moyens d'enlever la jeune épouse, et profiter ensuite des facilités que le voisinage de la mer leur offrait pour se rendre en France où ils trouveraient un refuge assuré.

« Les choses ainsi arrêtées, on se sépara, pour se retrouver bientôt exactement au rendez-vous de Bristol, où l'on délibéra derechef sur ce qu'il y avait lieu de faire : on convint d'abord que le plus adroit d'entre eux essayerait d'entrer au service du nouvel époux; il réussit à souhait, et parvint à se faire prendre comme palefrenier, pour soigner les chevaux de selle, parmi lesquels se trouvait précisément une belle haquenée destinée aux promenades de la jeune femme en la compagnie de son mari ou de ses gens. De son côté, O'Machin et ses autres amis choisissaient dans la rade de Bristol le navire dont ils pourraient à un moment opportun se rendre maîtres sans trop de peine; et afin de ne pas donner l'éveil sur leurs démarches, ils prirent l'habitude de se montrer journellement dans le port sur un léger bateau, comme des gens qui ne songeaient qu'à leurs plaisirs et qui affectionnaient ce genre de divertissement.

« Cependant, la belle Anna, secrètement avertie par le faux palefrenier de ce qui se tramait pour la réunir à son amant, consentit à tout; et l'on n'attendit plus que l'instant favorable pour faire les dernières dispositions et tenter le coup de main; le vent du nord s'étant enfin déclaré, un jour fut choisi pour en profiter : Anna devait ce jour-là sortir à cheval pour se promener sur le bord de la mer vers un endroit très-peu fréquenté, où Robert alla s'embusquer dans sa chaloupe avec ses amis. A peine la jeune femme fut-elle dans la campagne, que sa haquenée, privée d'eau à dessein depuis trois jours, prit brusquement sa course vers le rivage, semblant entraîner à la fois son précieux fardeau et le palefrenier qui feignait de tenter en vain de la retenir, et qui la guidait en réalité vers l'endroit convenu; Robert et les siens s'élancèrent de la chaloupe comme pour secourir la jeune dame, et elle fut aussitôt transportée dans l'embarcation, qui s'éloigna à force de rames, et se dirigea résolûment vers le navire dont on avait dessein de s'emparer.

« Le jour choisi était précisément une fête, et tout l'équipage, comme on l'avait espéré, était en ville à se divertir; on put donc se rendre maître du bâtiment sans coup férir, et comme l'un des compagnons de Robert connaissait un peu la mer, on leva l'ancre, sans se mettre en peine d'autre pilote; on déploya les voiles, on sortit heureusement du port, et l'on cingla vers la France; mais le vent fraîchit, et Robert qui n'avait d'autre souci que d'échapper à la poursuite dont il pensait bien qu'il allait être l'objet, en profita pour forcer sa marche, mettant toutes les voiles dehors, si bien qu'après un jour et une nuit, l'équipage improvisé ne savait plus où il était; le vent, devenu plus fort, entraînait avec vitesse le bâtiment au milieu d'une mer courroucée et inconnue; le cinquième jour on avait perdu tout espoir de gagner la France, et la désolation s'était emparée de tous les esprits; Robert surtout, responsable envers ses compagnons et sa bien-aimée du péril où il les avait exposés, souffrait doublement de leur malheureuse situation.

« Enfin, après treize jours de tourmente, on découvrit au matin une apparence de terre, qui se laissa voir plus distinctement à mesure que le soleil se levait; c'était une île très-haute et très-boisée, où l'on aborda avec précaution. Une quantité d'oiseaux divers de taille et de plumage, qui vint se percher sur les agrès du navire sans montrer la moindre défiance, donna lieu de penser que l'île était inhabitée. Quelques-uns débarquèrent pour s'en assurer, et rapportèrent bientôt que l'île était déserte en effet, mais belle et salubre; alors Anna et Robert y descendirent avec leurs amis, laissant tous à bord leurs gens pour la garde du navire.

« Animé par un beau soleil, sous un ciel parfaitement serein, le pays offrit aux voyageurs un charmant paysage, où des montagnes et des collines couvertes d'arbres inconnus étaient coupées d'agréables vallées arrosées de ruisseaux limpides; on y rencontrait même des animaux sauvages que la présence de l'homme n'effarouchait pas. Cet aspect riant les encouragea à s'avancer davantage, et ils gagnèrent, à peu de distance de la plage, un tertre arrondi au milieu d'une enceinte de lauriers, et dominé par un arbre magnifique dont aucun d'eux ne connaissait le nom ni l'espèce; de la montagne voisine descendait vers les prairies inférieures une petite rivière roulant doucement ses eaux sur un lit de sable fin. Ce lieu parut tout à fait propre à un campement, et l'on s'y établit sous des huttes de feuillage.

« Pendant trois jours de beau temps, on put reconnaître le pays et prendre dans le vaisseau les objets dont on avait besoin; mais, après ces trois jours, il s'éleva dans la nuit une horrible tempête du nord-ouest, qui fit chasser le navire sur ses ancres, le ballotta pendant deux jours dans une mer courroucée, et le poussa en dérive sur les côtes de Maroc, où il fut pillé par les Maures, et ceux qui le montaient réduits en esclavage et jetés dans les bagnes. La disparition du bâtiment fut un coup affreux pour ceux qui étaient restés à terre : la malheureuse Anna, muette de désespoir, ne proféra plus une parole, et déjà ébranlée par tant de secousses, elle expira trois jours après, pleine de regrets et de résignation.

« Robert en éprouva de tels remords et une si affreuse douleur, qu'il ne put lui survivre : les soins de ses compagnons d'infortune essayèrent en vain de l'arracher au sombre désespoir où il était plongé; mourir auprès de sa bien-aimée, reposer avec elle dans le même tombeau, auprès de l'autel dressé au pied du grand arbre qui lui servait de dais, telle était son unique pensée; au bout de cinq jours il rendit le dernier soupir, et, suivant son dernier vœu, il fut enseveli avec son Anna près de l'autel rustique ; et sur son tombeau fut placée une grande croix de bois, avec une épitaphe latine, où étaient rappelés en vers élégiaques ses malheurs et sa fin, et qui se terminait par la prière, adressée aux chrétiens qui pourraient venir habiter cette terre, d'élever à cette place un oratoire au Dieu rédempteur.

« Après ces derniers devoirs rendus à leur ami, les compagnons de Robert, qui avaient fait des provisions de fruits et de gibier, et réparé la voile de leur chaloupe, se confièrent à la mer, dans l'espoir de regagner leur patrie, en se dirigeant d'abord vers la côte la plus prochaine ; ils arrivèrent ainsi sur le littoral africain, et se hâtèrent d'y aborder : mais ils furent aussitôt pris et menés au sultan de Maroc, qui les envoya rejoindre leurs camarades dans les bagnes.

Le pilote espagnol Jean de Morales.

« Dans ces matamores remplies d'esclaves chrétiens, le sort leur donna pour compagnon de captivité un Espagnol, natif de Séville, dont le nom était Jean de Morales, homme expert en la navigation, et qui avait été pilote pendant plusieurs années : il écouta avec un intérêt particulier, et prit plaisir à se faire répéter souvent par les esclaves anglais, le récit de leur déplorable aventure, de manière à se faire lui-même, de la situation, de l'aspect et des autres circonstances de l'île où la tempête les avait jetés, une idée aussi complète qu'il était possible de se la former sur de tels indices; se promettant de tirer parti de cette notion, si l'occasion lui était jamais offerte d'en profiter. Cette occasion devait se présenter en effet.

« On sait que le roi de Portugal Jean Iᵉʳ était allé en 1415 conquérir la ville de Sebthah, et que l'infant dom Henri, qui se distingua particulièrement dans cette glorieuse expédition, et qui avait toujours eu un goût prononcé pour les sciences et la géographie, profita de l'occasion pour recueillir, de la bouche des Maures et des Juifs du pays, des informations sur les contrées plus éloignées, leurs côtes et la mer qui les baigne, et conçut dès lors la résolution de les envoyer découvrir. Il y employa principalement un gentilhomme de sa maison, Jean Gonçalves Zarco, le premier qui eût été armé chevalier à la prise de Sebthah, et qui continua de servir bravement dans les autres expéditions d'Afrique; le premier, dit-on aussi, qui introduisit sur les vaisseaux portugais l'usage de l'artillerie; il fit dès 1418 (*lisez plutôt* 1419) la rencontre fortuite de l'île de Porto-Santo, où il fut jeté par une tempête en allant découvrir le cap Bojador; et il commandait la flotte portugaise qui croisait, au commencement de l'année 1420, à l'entrée du détroit de Gibraltar.

« D'un autre côté, afin de remplir les dernières volontés de l'infant don Sanche d'Aragon, grand maître de Calatrava, mort le 5 mars 1416, lequel avait laissé des sommes considérables pour le rachat des chrétiens espagnols esclaves à Maroc, une fuste avait été envoyée d'Espagne à cet effet, et elle ramenait à Tarifa les esclaves rachetés, parmi lesquels se trouvait le sévillan Jean de Morales, lorsqu'elle fut aperçue par l'escadre portugaise : la paix n'était point assez fermement rétablie entre les deux couronnes pour qu'il n'y fût fait, en mer, plus d'une brèche. Jean Gonçalves fit donner la chasse à la fuste, s'en empara, puis relâcha sa misérable prise, ne retenant que le pilote Jean de Morales, dont il jugea que l'infant dom Henri pourrait mettre à profit l'habileté.

« Morales prit de bonne grâce son parti là-dessus, et s'offrit de conduire une expédition à la découverte de l'île inconnue où Robert et Anna avaient leur sépulture. Gonçalves, plein de joie, le ramena à Terçanabal et le présenta à l'infant dom Henri, qui l'écouta favorablement, et chargea Gonçalves d'aller solliciter l'agrément du roi et de son conseil, pour l'entreprise proposée : Jean Gonçalves partit donc pour la cour de Lisbonne, avec le pilote Jean de Morales, accompagné en outre des capitaines Jean Lourenço, François Carvalhal, Ruy Paes, Alvar Affonso, et François Alcaforado, auteur de la relation originale d'où est tiré ce récit, et ayant encore avec lui quelques habiles mariniers de Lagos, tels que Antoine Gago et Laurent Gomes. Ils furent très-bien reçus à la cour ; mais les conseillers du monarque, qui ne voyaient peut-être pas sans ombrage les vastes desseins de l'infant, semblaient, au moins par leur lenteur, vouloir en arrêter l'essor ; si bien qu'averti par Gonçalves, ce prince vint lui-même à Lisbonne trouver le roi son père, et obtenir son approbation pour l'expédition qu'il projetait.

Expédition de Jean Gonçalves.

« Jean Gonçalves partit au mois de juin 1420 avec un vaisseau bien équipé, et un autre navire de moindre grandeur, et prit la route de Porto-Santo. Les Portugais établis en cette île étaient alors fort préoccupés d'une ligne sombre qui se voyait dans le sud-ouest à l'horizon, entre le ciel et la mer, et d'où le vent apportait quelquefois un bruit étrange. Et comme en ce temps-là on ne naviguait qu'à portée des côtes, tenant pour miracle de retrouver la terre, si l'on venait à la perdre de vue, on prenait cette obscurité lointaine pour un abîme, même pour une des bouches de l'enfer ; les esprits forts supposaient que c'était tout au moins l'île où s'étaient réfugiés les évêques de Portugal et leurs ouailles à l'époque de l'invasion musulmane.

« L'expédition de Jean Gonçalves, arrivée à Porto-Santo, put y observer à l'aise le phénomène dont tous les esprits étaient alors émus : le pilote Jean de Morales affirmait que d'après son calcul, ce devait être la terre qu'ils cherchaient, et il expliquait l'existence de cette brume épaisse, objet de tant de conjectures, par l'action du soleil sur un sol dont l'humidité constante était entretenue par d'impénétrables forêts. Persuadé par cette assurance, Jean Gonçalves, après une relâche de huit jours, remit en mer de bon matin, se dirigeant à pleines voiles vers cette ombre redoutée ; à midi ils se trouvaient au milieu de la brume, ne voyant plus ni la mer, ni le ciel, et entendant un effroyable mugissement des vagues sur tout l'horizon. L'équipage intimidé demandait à grands cris qu'on n'avançât pas davantage, qu'on ne risquât point ainsi de gaieté de cœur la vie de tant d'hommes. Gonçalves, faisant appel au courage dont ces gens avaient déjà donné tant de preuves dans les combats où ils s'étaient trouvés ensemble, les détermina à le suivre partout où il voudrait les mener ; et l'on continua d'avancer, mais avec prudence, et les deux chaloupes furent envoyées en avant sous les ordres d'Antoine Gago et de Gonçalve Luiz, pour sonder la route et éclairer la marche des deux navires.

« On trouva que la brume diminuait d'étendue et d'intensité vers l'est, et, en se portant dans cette direction, on aperçut à travers les brouillards, des formes noires que l'imagination de quelques-uns transforma aussitôt en des géants armés. Cependant la couleur et le clapotement des eaux annonçaient l'approche de la terre, et bientôt ils eurent la douce surprise de la voir distinctement devant eux : c'était une pointe peu élevée, à laquelle Jean Gonçalves donna aussitôt le nom de Ponta de San-Lourenço. Après l'avoir doublée, on côtoya le rivage exposé au sud, et l'on eut devant soi une terre élevée, couverte d'un bois épais, qui s'élevait de la plage jusqu'aux montagnes, sur la cime desquelles s'arrêtait la brume : Jean de Morales reconnut la baie que les Anglais lui avaient signalée, et l'on y mouilla au soleil couchant.

« Le lendemain, Ruy Paes fut envoyé avec une chaloupe pour explorer la côte, et relever sur le rivage les indices dont Morales avait conservé le souvenir ; il trouva exacts tous les détails donnés par le pilote sévillan, et se guidant sur les traces non encore effacées du passage des anciens hôtes de ce lieu, il arriva sur le tertre où étaient le tombeau, l'épitaphe, et les croix de bois, qu'ils y avaient laissées. Jean Gonçalves, à qui il en fut rendu compte, ordonna alors le débarquement, prit solennellement possession du pays au nom du roi Jean de Portugal, de l'infant dom Henri, et de l'ordre du Christ; on releva l'autel que le temps avait dégradé, et l'on y célébra le service divin.

« Jean Gonçalves prenant ensuite sa chaloupe, et mettant la seconde sous la conduite d'Alvaro Affonso, s'avança le long de la côte pour l'explorer; il rencontra d'abord une belle rivière, dans laquelle il fit emplir quelques bouteilles d'eau; un peu plus loin s'offrit une vallée, où il fit descendre des soldats pour la visiter; plus loin encore, une autre vallée bien boisée montrait un grand nombre d'arbres abattus; Gonçalves en prit divers échantillons, laissant sur ce point une grande croix de bois, qui valut à la localité le nom de Santa-Cruz. A quelque distance de là, il s'éleva d'une pointe de terre une quantité de geais, ce qui la fit appeler *a ponta dos gralhos*. Deux lieues plus loin, se voyait une autre pointe qui, avec celle-ci, formait un golfe spacieux et commode où débouchaient plusieurs vallées : une d'abord, ornée de cèdres majestueux; puis une seconde, où se voyait une large rivière, favorable à un débarquement; Gonçalvo Ayres y fut envoyé avec des soldats pour explorer l'intérieur; il rapporta que, du sommet des montagnes qu'il avait gravies, on apercevait la mer tout autour de cette terre, dont la nature insulaire fut ainsi constatée. A l'ouest de cette vallée, la plage, élargie et découverte, ne présentait à la vue qu'un vaste champ de fenouil, un *funchal* comme disent les Portugais, et ce nom lui est resté : car les Portugais, au lieu de chercher, comme d'autres peuples, de grands noms pour leurs colonies, se sont contentés de conserver ceux qui existaient déjà, ou d'adopter ceux que la nature leur fournissait. De petits îlots, en face de ce *funchal*, offraient aux embarcations un excellent abri; Jean Gonçalves y fit mouiller les deux navires, pour faire du bois et de l'eau, et fit rentrer tout le monde à bord pour passer la nuit.

« Le lendemain, les chaloupes repartirent pour s'avancer encore à l'ouest, et doubler la pointe qui de ce côté borne la baie du Funchal; il y fit planter comme signal une croix, d'où elle prit le nom de *Ponta da Cruz*; au delà s'étendait une belle plage, qu'il appela en conséquence *Praya fermosa*; elle se terminait à un torrent considérable dont la beauté tenta la curiosité de deux soldats de Lagos, qui allèrent le reconnaître; mais les imprudents voulurent le passer à la nage; le courant les emporta, et ils eussent infailliblement péri s'ils n'eussent été promptement secourus : cet événement fit désigner le torrent par le nom de *Ribeira dos Socorridos*.

« Continuant encore d'avancer, Jean Gonçalves parvint à une petite anse abritée par un rocher, et il y entra avec ses chaloupes; son arrivée troubla le repos d'une troupe de loups marins, qui s'enfuirent avec bruit d'une caverne située au pied du rocher et qui leur servait de retraite. Gonçalves ne poussa pas plus loin que cette *Camera dos Lobos*, la reconnaissance du littoral de l'île; il regagna ses navires au mouillage du Funchal, et ayant fait provision d'eau, de bois, de plantes, d'oiseaux, il reprit la route de Portugal, où il arriva à la fin d'août.

« Le roi le reçut avec distinction, et lui confia le commandement héréditaire de sa nouvelle découverte, où il retourna au mois de mai suivant, avec sa femme, son fils, et toute sa famille. Il débarqua au port des Anglais, ou de Robert O'Machin, dont le nom s'est un peu altéré dans celui de *Porto do Machico*, qui subsiste encore aujourd'hui; pour remplir le vœu de cet infortuné jeune homme, il jeta, à l'endroit même de son tombeau, les fondements d'une église dédiée au Sauveur. Puis il se rendit au Funchal, dont la baie offrait un mouillage meilleur, et commença d'y bâtir une ville, qui s'agrandit rapidement autour de l'église de Sainte-Catherine fondée par sa femme. L'infant dom Henri reçut plus tard (*), du roi dom Duarte son frère, la donation viagère de cette colonie, dont la juridiction spirituelle demeura attribuée à l'ordre du Christ. Jean Gonçalves Zarco fut lui-même en outre décoré du titre de comte *da Camera dos Lobos*. »

Tel est le récit de la découverte de Madère, consigné dans le rapport adressé au prince Henri par François Alcaforado, qui faisait partie de l'expédition de Jean Gonçalves, et publié par dom Francisco Manuel, qui se faisait honneur de descendre lui-même en ligne directe de Jean Gonçalves de Camera, et de posséder le principal majorat de la famille.

Colonisation portugaise.

Nous ne pouvons borner l'histoire des premiers temps de l'établissement des Portugais dans l'archipel de Madère, à cette relation, où il n'est parlé que de Jean Gonçalves, et où il semble que Porto-Santo, aussi bien que l'île principale tout entière, avec ses dépendances, n'aient eu d'autre découvreur portugais, ni d'autre colonisateur que ce même Jean Gonçalves, qui pourtant n'y fut que pour un tiers.

Nous avons déjà dit (**) comment

(*) Lettres données à Cintra le 26 septembre 1433.

(**) Voir ci-dessus, pp. 31, 32. Le Père Cordeyro mentionne une tradition d'après laquelle Porto-Santo, déjà connue des Français et des Castillans, aurait été révélée par ceux-ci aux Portugais. Que Porto-Santo fût déjà connue en France au quatorzième siècle, c'est un point incontestable dont fait foi la carte catalane de la bibliothèque du roi Charles V; et il est probable que cette île avait été signalée aux Portugais avant la rencontre fortuite de Jean Gonçalves et de Tristan Vaz, sans quoi il serait difficile d'expliquer comment la donation en aurait été faite à un autre qu'eux.

Jean Gonçalves Zarco et Tristan Vaz Teixeira, embarqués ensemble pour une tentative vers le cap de Bojador, se trouvèrent emportés par la tempête loin de la côte qu'ils prolongeaient, et furent jetés à Porto-Santo, qui fut en effet pour eux un port de salut inespéré. Ceci ne put leur arriver qu'en 1419, puisqu'ils avaient accompagné l'infant dom Henri au secours de Sebthah assiégée, et que la flotte n'était rentrée en Portugal qu'au mois de décembre 1418.

Quand les deux aventuriers eurent rendu compte à l'infant de leur découverte inopinée, chacun, pour complaire au prince, offrit d'y aller fonder une colonie. Parmi ces gens empressés, le plus notable était un gentilhomme de la maison de l'infant dom Jean, nommé Barthélemi Perestrello, d'origine italienne (des Perestrelli de Plaisance); l'infant dom Henri agréa ses services, et lui adjoignit les deux découvreurs pour aller ensemble, sur trois bâtiments bien pourvus de toutes choses propres à la colonisation, s'établir dans cette terre nouvelle, dont le commandement héréditaire lui fut concédé. Perestrello emportait dans une cage une lapine pleine; elle mit bas pendant le voyage: ce fut pour l'expédition un bon augure, un motif de joie et d'espérance; malheureusement, lorsqu'on se fut établi à Porto-Santo, la fécondité des lapins se continua dans une telle proportion, que toutes les cultures en souffrirent, et que Perestrello lui-même, dit-on, revint découragé en Portugal.

Quant à ses deux compagnons, la prise de possession de Madère leur fut plus favorable; ce n'est point à l'un d'eux seulement, à Jean Gonçalves, qu'en fut faite une donation intégrale; l'île, au contraire, fut partagée entre les deux chevaliers, de manière à former deux capitaineries d'étendue à peu près égale, séparées par une ligne courant du milieu de la face nord-ouest (entre la ponta do Pargo et la ponta de Tristam), au milieu de la face sud-est (entre la ponta de San-Lourenço et la ponta do Garajam). Celle du nord, avec la ville de Machico pour chef-lieu, échut à Tristan Vaz ; celle du sud, avec le Funchal pour capitale, forma le lot de Jean Gonçalves. Le groupe des trois îles Désertes, au sud-est de Madère, était une dépendance de la capitainie du Funchal.

Les historiens présentent ordinairement cette colonisation des îles comme ayant immédiatement suivi la première reconnaissance des Portugais ; cependant, il résulte d'un document officiel qu'il n'en aurait point été ainsi. Dans un acte du 18 novembre 1460, par lequel l'infant dom Henri fit donation à l'ordre du Christ des revenus ecclésiastiques de ces colonies, ce prince déclare lui-même « qu'il avait commencé de coloniser « son île de Madère, il y avait alors « trente-cinq ans, de même que celle « de Porto-Santo, et ensuite la Dé- « serte (*). » Ce qui ne permet point de faire remonter plus haut que l'année 1425 l'établissement, en ces îles, de Jean Gonçalves, de Tristan Vaz, et de Barthélemi Perestrello.

L'infant dom Henri mourut cinq jours après la date de cet acte, et, le 3 décembre suivant, le roi Alphonse V faisait à son frère l'infant dom Ferdinand donation de la seigneurie des îles, qu'avait possédée leur oncle de glorieuse mémoire : Madère, Porto-Santo, et la Déserte s'y trouvaient désignées en première ligne.

Gouvernement des capitaines donataires.

Quant aux capitaines donataires qui possédaient spécialement chacune de ces îles, ils transmirent héréditairement à leur postérité le commandement particulier dont ils étaient investis : le père Cordeyro a donné sur chaque famille des détails, qu'il nous suffit de résumer ici en quelques mots.

Commençons par ceux de Porto-Santo : Barthélemi Perestrello avait eu, de Béatrix Furtado de Mendoça sa première femme, une fille, Iseult, qui fut mariée à Pedro Correa, capitaine donataire de l'île Gracieuse des Açores; et de sa seconde femme Isabelle Moniz, il laissa un fils, appelé Barthélemi comme son père, et une fille, Philippe Moniz Perestrello, qui fut l'épouse de Christophe Colomb, alors qu'il courait l'Océan, rêvant longtemps à l'avance la découverte d'un nouveau monde; et c'est à Porto-Santo que vit le jour leur premier-né, Diego Colomb, celui-là même pour qui l'immortel découvreur alla mendier un peu de pain au couvent de la Rabida.... Le vieux Perestrello était mort avant que son fils fût sorti de l'enfance; et sa veuve, pressée de quitter Porto-Santo, prit le parti de vendre sa capitainie à Pedro Correa; mais le jeune Barthélemi, devenu majeur, fit révoquer cette vente, et reprit lui-même la capitainie de Porto-Santo ; il épousa Guiomar Teixeira, la fille de Tristan Vaz, capitaine donataire de Machico et ancien compagnon de son père; leur fils porta le nom de Barthélemi, et eut à son tour un fils, appelé Garcie, qui fut orphelin de bonne heure, et succéda directement à son aïeul ; Garcie eut lui-même pour successeur son fils aîné Diogo Soarez Perestrello, et celui-ci fut remplacé par son fils aîné appelé aussi Diogo, lequel défendit vigoureusement son île, dit-on, contre des corsaires français qui vinrent la piller trois fois. Bien qu'à la réunion du Portugal à l'Espagne, sous Philippe II, le gouvernement des îles portugaises subît une nouvelle organisation, Porto-Santo demeura sous l'autorité de ses commandants, de la famille des Perestrellos. En 1797 seulement apparaissent des gouverneurs, dont le premier portait le nom de Figueroa, sous les ordres du capitaine général de Madère.

Dans cette dernière île, la capitainie du Funchal avait été transmise héréditairement du premier donataire Jean Gonçalves, à son fils aîné Jean II, qui mourut en 1501, après un gouver-

---

(*) « Comecei de povorar a minha ilha « da Madeira, havera hora 35 annos; e « isso mesmo a do Porto-Santo; e deshi « proseguindo a Dezerta. »

nement de trente-quatre années consécutives ; de Simon le Magnifique, fils de ce dernier, elle passa à un troisième Jean, puis à un autre Simon, qui fut confirmé en 1537 par le roi Jean III de Portugal, et reçut en 1576, du roi Sébastien, le titre de comte da Calheta.

Pendant son gouvernement arrivèrent, au commencement d'octobre 1566, trois navires français montés par des luthériens, qui débarquèrent un millier d'hommes, s'emparèrent du Funchal, le pillèrent pendant quinze jours, et reprirent ensuite la mer. Il fut remplacé en 1582 par son fils Jean Gonçalves, bientôt emporté par la peste ; celui-ci laissait pour héritier un enfant appelé Simon comme son aïeul ; mais Philippe II d'Espagne envoya aussitôt un commandant civil, puis un commandant militaire, et bientôt après réunit cette capitainie à celle du Machico sous les ordres d'un seul gouverneur de son choix.

Au Machico s'étaient succédé d'abord de père en fils trois capitaines donataires du nom de Tristan ; Diogo Teixeira, fils du dernier, était mort en 1540 sans postérité masculine. Alors le roi Jean III avait investi de cette capitainie Antonio da Silveyra, qui fut autorisé à en faire cession, en 1549, à Alphonse de Portugal comte de Vimioso, et celui-ci la laissa à son fils le comte dom Francisco, tué dans un combat devant l'île Saint-Michel des Açores. Philippe II alors conféra à Tristan Vaz de Veyga, parent à la fois des Teixeiras du Machico et des Cameras du Funchal, le titre de gouverneur de Madère, laissant aux comtes de Vimioso le domaine utile seulement de l'ancienne capitainie du Machico.

A dater de 1635, ces gouverneurs furent décorés du titre de capitaines généraux, qu'ils ont conservé jusqu'à ces derniers temps ; trois fois sur leur longue liste figure encore le nom historique de Camera, une fois même avec les prénoms de Jean Gonçalves, qui furent ceux du premier explorateur portugais.

Confondu dans le nombre des provinces du Portugal, dont il a désormais constamment suivi les vicissitudes, l'archipel de Madère n'a plus d'histoire propre ; et l'espèce d'individualité qu'avait pu lui conserver le gouvernement seigneurial de ses anciens capitaines est depuis longtemps effacée.

§ IV.

ARCHIPEL DES CANARIES.

I. DESCRIPTION (*).

1° LE SOL.

Vue générale des Canaries : situation, aspect, formes orographiques.

L'archipel des Canaries est situé sur la côte nord-ouest de l'Afrique septentrionale, au large des rivages les plus méridionaux de l'empire de Maroc, et à 60 milles du cap de Bojador, entre les 27° 37′ et 29° 30′ de latitude nord. Il se compose de sept îles et de quelques îlots, ainsi disposés en marchant de l'est à l'ouest : Lancelote et Fortaventure, avec les petites îles Graciosa, Allegranza, Santa-Clara, et Lobos ; Canarie, Ténérife et Gomère, Palma et l'île de Fer. Elles forment pour ainsi dire trois groupes, un à l'est composé des deux premières, un au centre comprenant les trois suivantes, et un à l'ouest, composé des deux dernières. C'est l'ordre que nous suivrons ultérieurement pour les décrire.

La surface des Canaries, dans leur

(*) Cette description des Canaries est l'œuvre presque exclusive de MM. Saint-Germain Leduc et Gabriel de Garat, dont le travail a été revu par M. Oscar Mac Carthy. Leurs principaux guides ont été les trois ouvrages qu'on peut appeler fondamentaux, de Georges Glas, de M. Léopold de Buch, et de MM. Berthelot et Webb.

ensemble, peut être évaluée à environ 2 500 milles ou 275 lieues carrées géographiques; quant aux contours, les cartes les plus récentes laissent encore beaucoup à désirer. L'aspect général des rivages est aride, abrupt, et la mer qui s'y brise, presque toujours forte et mauvaise. Sur la bande orientale principalement, ces îles semblent avoir des côtes de fer, qui s'enfoncent si brusquement à pic dans les flots, que les poissons ne peuvent même y déposer leur frai et que la pêche y est presque nulle. Presque partout le littoral escarpé ne présente que des rochers, des blocs de lave incessamment battus par les vagues; nulle verdure, nulle végétation, nulle plage hospitalière ne vient rompre la monotonie de ce triste spectacle. Cet aspect contraste singulièrement avec le nom d'*Iles Fortunées* que les Canaries ont longtemps porté, et le voyageur qui passe devant elles sans s'y arrêter, serait tenté de prendre pour une fiction beaucoup trop poétique, le printemps éternel, le ciel clément et la fertilité, si souvent vantés, de ces contrées.

Ténérife présente à l'œil du navigateur étonné un cirque immense et régulier dans ses contours; son rivage, hérissé de hautes falaises et d'escarpements formidables, laisse voir, au débouché des vallées côtières, de profondes anfractuosités; du centre de l'île s'élève un pic gigantesque dont le sommet pyramidal apparaît à plus de 45 lieues en mer au-dessus des nuages.

A Canarie, à Palma, à Gomère, à l'île de Fer, comme à Ténérife, une ceinture de lave défend les abords; leurs escarpements se dressent du sein des eaux et laissent voir de toutes parts leurs murs de basalte, bordés d'une grève étroite, et garnis sur les assises de plantes grasses ou salines.

Le système orographique des Canaries présente un des spectacles les plus curieux et les plus intéressants du globe; il est le plus complet exemple de la forme primitive sous laquelle les îles basaltiques ont dû sortir du sein des eaux. C'est une enceinte continue de collines et de montagnes volcaniques qui s'élève circulairement des rivages de chacune de ces îles, autour d'un cratère principal qui leur sert d'axe. Mais il paraît certain que ces principaux cratères n'ont aujourd'hui aucune communication avec les feux intérieurs de la terre. La plupart cependant sont profondément excavés en forme de cône renversé ou d'entonnoir. Mais les révolutions qui ont amené le bouleversement de ces contrées se perdent presque toutes dans la nuit des temps. Le centre de ces abîmes, les intervalles qui séparent les montagnes et les plateaux dont sont couronnées quelques-unes de leurs cimes, forment ces vallées si renommées par la fécondité de leur sol et la beauté de leur climat. Protégées par les montagnes contre les ravages des vents du désert de l'Afrique, échauffées par les rayons concentrés du soleil, arrosées par les eaux qui descendent des montagnes et les vapeurs permanentes qui flottent sur leurs sommets, ces plaines fertiles donnent en effet, presque sans culture, jusqu'à trois récoltes par an.

Ce serait inutilement abuser de l'attention du lecteur que de vouloir énumérer les innombrables montagnes qui hérissent les Canaries; nous indiquerons seulement le point culminant de chacune d'elles. Ces îles, qui par leur élévation se distinguent en mer à une distance énorme, ont entre elles une hauteur relative très-inégale : la cime du pic de *Teyde* (plus vulgairement connu sous le nom de *pic de Ténérife*) atteint 3 710 mètres au-dessus du niveau de la mer; le point culminant de Palma n'atteint que 2 366 mètres; les plus hautes cimes de la grande Canarie n'arrivent qu'à 1 898; le point le plus élevé de Lancelote à 576; les plus hautes montagnes de Fortaventure ont à peine 487 mètres d'élévation.

La masse immense du pic de Ténérife mérite cependant une mention particulière. Il occupe le milieu d'un cirque gigantesque de montagnes. Sa cime présente, en s'élevant, trois pointes distinctes qui partent d'une base commune, assez semblables aux racines d'une dent molaire : la principale, nommée *le Piton* ou, vulgairement dans le pays, *Pan de Azucar* (pain de sucre), est élevée de 3 710 mètres au-dessus de l'Océan.

Les voyageurs qui veulent visiter ce pic, doivent partir de l'*Orotava*; c'est le point d'où l'on parvient avec le moins de peine au plus court chemin qui conduit à son sommet. Il est indispensable, en outre, de choisir la saison; car, pendant l'hiver, les neiges, qui prennent promptement la consistance de glace, rendent la montagne inaccessible. En quittant *Orotava*, on gravit d'abord le *Monte Verde*, qui doit son nom à la riche végétation dont il est, ou plutôt dont il était revêtu. Une magnifique forêt de pins, dont quelques-uns étaient devenus historiques parmi les voyageurs, couvraient jadis cette montagne; mais la violence des vents ou des torrents, et plus encore l'esprit dévastateur des habitants du pays, l'ont entièrement détruite; et, dès qu'il a dit adieu au dernier châtaignier d'*Orotava*, le voyageur, dans cette pénible ascension, ne rencontre plus un seul arbre, un seul objet, qui puisse rappeler à sa mémoire le chemin parcouru. En quittant le *Monte Verde*, on traverse le petit défilé de *Portillo*, à l'extrémité duquel on voit tout à coup surgir le *pic de Ténérife*; il apparait au loin comme une immense pyramide. Ses flancs sont sillonnés de torrents de lave, qui tranchent sur les nappes blanches et ponceuses dont il est revêtu.

Sur ces immenses blocs de ponce, que les exhalaisons sulfureuses ont rendus plus éclatants qu'un champ de neige, la vue de l'homme est impuissante à mesurer la dimension et l'espace. Ce qui paraissait de loin un fragment devient tout à coup un rocher; des collines, petites en apparence, s'agrandissent et deviennent de grands cônes, sans que l'œil ait pu apprécier la distance qu'il a fallu franchir pour s'approcher d'elles; à peine s'aperçoit-on qu'il faut trois longues heures pour traverser ce plan incliné.

Constitution géognostique, phénomènes volcaniques.

La nature du sol des Canaries est essentiellement volcanique. Travaillé de fond en comble par des bouleversements dont la mémoire est perdue, il présente une succession accidentée de montagnes et de plaines, de cratères éteints et de vallées fertiles encaissées dans le fond de leurs gouffres.

Quelques savants géologues ont attribué l'existence de ces îles à un soulèvement isolé qui se serait longtemps concentré avant d'acquérir l'intensité suffisante pour vaincre la résistance que les masses supérieures opposaient à son action. Brisant alors les couches de basalte et de conglomérats qui se trouvaient au fond de la mer, cette force les aurait soulevées jusqu'à la surface des eaux, sous la forme d'immenses cratères, sans que, pour cela, l'action de ces matières eût été assez puissante pour entretenir des foyers d'éruption. Dans ce système, il n'existerait qu'un seul volcan aux Canaries, celui du pic de Teyde, qui expliquerait tous les phénomènes orographiques groupés autour de lui.

Mais la disposition de ces îles d'orient en occident, le prolongement uniforme de leurs montagnes dans la même direction, et enfin leur proximité du continent, nous portent à les regarder simplement comme un chaînon détaché violemment du grand système de montagnes de l'Afrique septentrionale.

Ce serait cependant aller trop loin que de prétendre rattacher à un ensemble unique toutes ces îles, et les considérer comme les débris d'un seul continent bouleversé et fractionné par les actions volcaniques. Prise isolément, chacune de ces îles est complète, déterminée, et présente à son centre un cratère de soulèvement d'une étendue considérable, sur les flancs duquel se relèvent de toutes parts des couches basaltiques.

Le tuf, l'argile blanche calcaire, le trachyte, et les conglomérats où l'on retrouve une grande quantité de coquillages marins, composent les couches supérieures du sol. Cette surface est fréquemment recouverte ou traversée par d'immenses torrents de laves refroidies et d'obsidienne sulfureuse et porphyrique. Le ton général de ces terrains calcinés est d'un rouge brun passant au noir, parsemé de rapilles de scories, et mêlé parfois de teintes d'émail qui étincellent sous les rayons du soleil. En quittant les premiers plateaux, pour s'avancer vers les hautes régions, il est facile de constater la transition des basaltes aux trachytes. Leurs masses noires commencent à se mêler d'abord avec des cristaux de feldspath; les roches deviennent de plus en plus grisâtres, et sont entrecoupées de tuf vert ou bigarré qui décèle les trachytes, sur lesquels les basaltes reposent. Des blocs de différentes grandeurs, que les volcans ont évidemment rejetés, sont épars dans les plaines et sur le versant des montagnes; plusieurs paraissent appartenir aux vrais granits et contiennent du feldspath blanc, quelque peu de quartz, de l'amphibole et du mica noir à reflets; d'autres semblent des fragments de gneiss gris, des diorites granitoïdes compactes, à feldspath grenu; enfin, il y en a qui constituent un agrégat de riacaolithes dont les cristaux se croisent dans tous les sens. Toutes ces portions de terrains sont visiblement altérées par le feu.

Pour donner en nous résumant une idée complète des diverses modifications qu'affectent les terrains basaltiques, soit dans leurs éléments constitutifs, soit dans leurs superpositions relatives, voici les coupes générales du littoral de l'île en suivant les couches de bas en haut:

1° Conglomérat basaltique;
2° Basalte solide;
3° Banc de basalte scoriforme en plusieurs couches;
4° Gros blocs de basalte peu cohérent;
5° Banc d'argile rouge-brique.

Voici encore une autre coupe, prise sur les berges escarpées du contre-fort de *Tigayga* à Ténérife, en prenant les couches de haut en bas:

1° Forte couche de conglomérat basaltique;
2° Tuf basaltique;
3° Basalte très-compacte;
4° Tuf ponceux;
5° Conglomérat;
6° Basalte compacte;
7° Tuf ponceux;
8° Conglomérat;
9° Basalte avec soufflures et cavités.

Les phénomènes volcaniques dont les Canaries ont été le théâtre, sont la plupart très-remarquables; il en est qui méritent une attention toute particulière, ce sont ceux de l'île de Ténérife, qui d'ailleurs ont été étudiés avec le plus de soin.

Le cratère qui occupe le sommet du pic de Ténérife n'est plus aujourd'hui qu'une solfatare de forme elliptique; la chaleur que l'on éprouve sur ses bords est si forte qu'il est presque impossible d'y séjourner, et le sol est tellement amolli par les actions volcaniques qu'il faut apporter beaucoup de circonspection pour ne s'y point enfoncer; l'odeur sulfureuse y est également insupportable.

Nous n'avons parlé que du *Teyde*, mais en partant du cirque pour gravir jusqu'au point culminant de l'île, on compte sur cet énorme massif central quatre cratères bien distincts, d'abord le cirque lui-même qui n'est qu'un cratère primordial et gigantesque, puis *la Caldéra* (la Chaudière), *la Rambleta*, et enfin *le Piton* qui les couronne. Bien qu'un dégagement continuel de vapeurs ardentes atteste encore l'état d'incandescence de ces cratères, un examen attentif porte à penser qu'ils ont épuisé leurs forces. Les torrents de lave, sortis jadis de ces bouches, ont débordé sur les vallées et sont d'une date et d'une nature différentes entre elles.

Les écrivains de l'antiquité qui ont parlé des *îles Fortunées*, ne paraissent pas même s'être doutés de l'existence d'un volcan; il est probable que dans cette période le *Teyde* était en repos. Dans le cours de 1393, une expédition composée d'aventuriers andalous et biscayens, n'osa aborder à Ténérife à cause des flammes et de la fumée que l'on apercevait au loin; ce renseignement est le plus ancien qui nous soit parvenu sur l'éruption des Canaries. En 1444, le pic de *Teyde* semblable à l'*Etna* vomissait des flammes sans interruption. En 1492, Colomb, qui se trouvait en vue de Ténérife, y aperçut, dit-il, la chaîne des montagnes de l'île tout en feu.

Mais la plus terrible catastrophe qui ait ravagé ces contrées date de 1704. Dans la nuit de Noël de cette année, la terre commença de trembler avec une telle violence que l'on compta jusqu'à vingt-neuf secousses avant que parût le jour. Depuis ce fatal moment jusqu'au milieu de l'année 1706, les éruptions du volcan et les tremblements de la terre se succédèrent avec intermittence, et chaque fois avec des conséquences plus terribles et des caractères plus épouvantables. Le 2 février 1705, jour de la Purification, vers la brune, l'éruption surprit tout à coup la population de l'île accourue tout entière aux fêtes religieuses. Aux premières explosions des bruits souterrains, l'île entière, et principalement la ville d'*Orotava*, furent saisies d'effroi : chacun fuyait en désordre au milieu des cris de désolation; les maisons furent abandonnées sans que personne, même les voleurs, trouvât le courage d'y rentrer; les vases, les reliques, les ornements sacrés, furent transportés sur le rivage, le saint sacrement fut placé sur un autel en plein champ sous la voûte du ciel; les prêtres absolvaient en masse la foule éperdue. Dès le début de cette catastrophe, l'évêque était mort de frayeur dans une chaumière.

L'éruption du 5 mai 1706, qui fut la dernière, ne jeta pas moins d'horreur et de désolation à *Garachico*. Au lever du soleil, le pic apparut couvert d'une vapeur rouge et effrayante, l'air était embrasé, une odeur de soufre suffoquait les habitants et les animaux épouvantés, et les eaux de la mer étaient surmontées de vapeurs semblables à celles qu'exhalent les chaudières bouillantes. Un torrent de lave incendia l'église principale et plusieurs maisons de la ville. Vers 9 heures du soir, une autre coulée se fit jour à travers les rues jusqu'aux escarpements du littoral. Cet horrible débordement fit retirer la mer du rivage et combla le port. Des rochers entiers calcinés furent ensevelis sous cette inondation de feu, et de toute la ville le désastre ne laissa debout que quelques maisons désertes au milieu d'un désert de cendres.

L'éruption de *Chaorra*, dans la nuit du 9 juin 1798, fut moins violente, mais se présenta dans des caractères identiques.

Climat; phénomènes météorologiques; eaux.

Ce n'est pas sans raison qu'on a vanté le printemps perpétuel des Canaries : la température moyenne du mois le plus froid de l'année dans cet archipel, surpasse celle de toute l'année dans les parties méridionales de l'Italie; mais la condensation des vapeurs aqueuses qui flottent sur les montagnes, adoucissant les ardeurs du soleil tropical, il n'existe peut-être aucune région du globe dont le climat soit aussi constamment clément et doux.

L'hiver est presque nul sur la côte, et dure peu dans les stations supérieures. Sur le littoral, le thermomètre monte de 26° à 31° de l'échelle centigrade dans le mois d'octobre, qui est le plus chaud, et se soutient entre 16° et 19° dans le mois de janvier, qui est le plus froid. L'intensité de chaleur que nous venons d'indiquer se maintient depuis le niveau de la mer jusqu'à 1 500 pieds au-dessus, sans variation très-sensible; de cette altitude jusqu'à 4 000 pieds, le thermomètre s'abaisse de 2° à 8°; enfin, depuis 4 000 pieds jusqu'aux plus hauts sommets de l'archipel, où l'atmosphère est dégagée des vapeurs de la région inférieure, la température diminue dans la proportion de 9° à 17° et 18° comparativement à la température de la côte. Nous ferons toutefois observer que ces chiffres ne sont pas rigoureusement absolus, et que les trois séries de température sont subordonnées, non-seulement aux limites que nous avons fixées, mais encore à l'exposition ou à l'abri des vents généraux.

Les îles Canaries ne sont pas arrosées par ces grandes pluies des tropiques qui, selon l'expression pittoresque des marins, suivent et boivent le soleil; la température de l'automne n'y est pas encore assez basse pour condenser les vapeurs atmosphériques; il en résulte que sous ce climat, les pluies commencent plus tard qu'en Espagne, en Italie, et surtout qu'en France et en Allemagne. Il est rare qu'elles commencent avant la fin de novembre et se prolongent plus de deux mois.

Dans la partie méridionale des îles, principalement dans les contrées maritimes, les pluies sont beaucoup plus rares, et la sécheresse que supportent souvent pendant plusieurs années les districts de cette bande, oblige une partie de la population à émigrer vers des contrées plus fertiles; les îles de *Lancelote* et de *Fortaventure* sont principalement exposées aux inconvénients de cette sécheresse. L'été des Canaries rapproche alors ce climat de celui des régions tropicales, de telle sorte que les zones torride et tempérée paraissent se mêler dans ces latitudes. Les vents d'est et de sud-est sont les plus terribles fléaux de ces îles : nés sous le ciel embrasé de la zone torride, au milieu des déserts brûlants de l'Afrique, ils sont chargés d'une chaleur que le trajet même de la mer ne peut tempérer ; ces insupportables ardeurs sont peu de chose encore, comparées aux maladies contagieuses que ces vents apportent : des nuages de sauterelles dévastatrices les accompagnent d'ordinaire, et la végétation n'a pas moins à souffrir que les hommes; la terre est aussitôt desséchée, l'herbe jaunit, les arbres perdent leur verdure, les moissons sont dévorées dans leur germe par ces redoutables insectes. Les annales canariennes sont remplies du récit de ces catastrophes : en 1704, notamment, la chaleur fut excessive ; les animaux expiraient; les meubles, les portes, les fenêtres, presque toujours construits en sapin, transsudaient leur résine ; le judicieux Viera ajoute même, sans garantir le fait, qu'un village s'incendia spontanément.

Dans ces températures extraordinaires, le thermomètre monte à l'ombre à 34°, et dépasse 46° au soleil.

Si les végétaux ont à redouter les excès de la chaleur, ils sont du moins presque toujours à l'abri de ceux du froid. Les gelées sont en effet fort rares en ce pays, et l'hiver n'empiète jamais sur les autres saisons.

D'avril en octobre, le vent nord-est des tropiques souffle sans interruption, avec une constance telle, qu'il rend toute communication impossible, même dans l'archipel, entre le nord-est et le sud-ouest.

Les observations barométriques conduisent à supposer que l'air est singulièrement accumulé sur les Canaries ; la pression atmosphérique paraît surtout plus forte en été. Dans presque toutes les latitudes, la température de l'atmosphère surpasse la température du sol : la moyenne est pour la première d'environ 17° Réaumur, pour le second d'environ 14°.

Les eaux sont en général peu abondantes dans cet archipel ; et même, dans plusieurs localités importantes, les habitants sont obligés de recourir à leur industrie ou aux moyens factices que la nature leur a ménagés contre cette privation. Tantôt ils recueillent les eaux du ciel dans des citernes, tantôt ils creusent des réservoirs aux pieds des nopals et des agaves, dont les larges feuilles ont la forme de gouttières; les vapeurs humides de l'atmosphère, condensées en gelée blanche sur ces feuilles, se fondent sous les rayons du soleil, et remplissent ces réservoirs, qui dans plusieurs villes sont placés sous la sauvegarde publique.

Les sources chargées d'acide carbonique sont fréquemment voisines de celles d'eau douce; la différence de leur température varie entre 5 et 6 degrés.

Les Canaries présentent ce fait particulier, que les sources d'eaux chaudes y sont aussi rares qu'elles sont fréquentes dans les Açores. Dans l'île de *Palma*, il en existe une d'une chaleur remarquable; mais elle est presque constamment cachée par les eaux de la mer, et on ne peut l'observer que dans les marées très-basses.

Ce fait, joint à beaucoup d'autres observations, tendrait à faire présumer qu'un certain nombre de sources chaudes latentes existent dans cet archipel, mais qu'elles se rendent à la mer à des profondeurs qui échappent aux investigations de la science.

Végétation : Flore naturelle ; plantes exotiques.

Ainsi qu'on le remarque dans tous les pays de montagnes et de plateaux, la végétation des Canaries se divise en un certain nombre de zones, comme la température en un certain nombre de degrés : la démarcation est même assez sensible aux Canaries, pour que l'existence de certains végétaux s'arrête exactement à une altitude donnée, de telle sorte qu'un voyageur suffisamment instruit des conditions botaniques de ces contrées, pourrait reconnaître à la seule inspection de la végétation qui l'entourerait, la hauteur à laquelle il serait placé au-dessus du niveau de la mer.

Les voyageurs et les savants illustres qui nous ont précédés dans l'étude de ces contrées, nous paraissent avoir, par des observations peut-être bien minutieuses, reconnu l'existence d'un nombre de zones de végétation trop multipliées pour pouvoir être nettement caractérisées.

Dans un pays aussi accidenté, où l'agriculture met à profit les moindres avantages du terrain, jusque sur les plateaux supérieurs, il serait difficile de préciser nettement la limite de la culture européenne; mais la botanique de ces îles est trop intéressante pour que nous ne donnions pas ici leur division en trois climats, correspondant à trois zones ainsi déterminées.

PREMIER CLIMAT (zone inférieure.)

Limite. — Au nord 500 mètres, au sud 800 mètres au-dessus du niveau de la mer.

Température. — La moyenne entre 31° de chaleur au maximum, et 17° au minimum; ciel presque toujours sans nuage; quelques averses de novembre à janvier.

Productions. — Espèces dominantes : toutes les euphorbes. — Espèces éparses : chrysanthèmes, héliotropes, lotus, réséda, aloès. — Végétaux naturalisés : palmiers, nopals, figuiers, bananiers, mûriers, orangers.

DEUXIÈME CLIMAT (zone intermédiaire.)

Limite. — De 500 à 1 600 mètres d'altitude.

Température. — Humide au nord, chaude et sèche au sud-ouest.

Productions. — Espèces dominantes : tous les lauriers. — Espèces éparses : géraniums, convolvulus, myosotis. — Végétaux naturalisés : châtaigniers, chênes. — Région des bruyères : cistes, mousses et fougères.

TROISIÈME CLIMAT (zone supérieure.)

Limite. — De 1 600 mètres jusqu'à la cime du pic ou 3 710 mètres.

Température. — Chaude et sèche pendant le jour, souvent humide pendant la nuit.

Productions. — Région des pins. Espèce unique : pins des Canaries. — Région des plantes alpines : cytises prolifères, chrysanthèmes, etc.

Les côtes occidentales sont richement couvertes par des forêts de lauriers et de pins suivant la hauteur.

Dans les vallées côtières, la main de l'homme a changé la physionomie du pays, et lui a imprimé les caractères les plus opposés. A côté de l'agreste campagne d'Europe, avec ses vergers d'arbres fruitiers, ses vignobles, ses labours, on retrouve les larges sites des tropiques avec leur verdure foncée et leur végétation puissante, les oasis du désert avec leurs palmiers et leurs sources. Les euphorbes régnicoles et les autres plantes leurs compagnes, les orangers, les citronniers, les pêchers, et une foule d'autres plantes exotiques successivement naturalisées dans ces climats, confondent leurs feuillages étrangers avec celui des dragonniers, des arbousiers et des lauriers des forêts primitives.

Sur le versant des falaises, la végétation a gardé les formes africaines: elle se distingue par des troncs nus et tortueux, des feuilles charnues d'un vert pâle et bleuâtre. L'euphorbe des Canaries, aux tiges droites et anguleuses, domine dans les buissons, entrelacé au rubia.

Pour résumer le plus brièvement possible l'étude botanique de ces contrées, nous la partagerons en deux divisions bien distinctes, la *végétation naturelle* et la *végétation exotique*.

La végétation naturelle est toute empreinte des caractères tropicaux; elle se compose, principalement sur les côtes, de plantes grasses et salines; dans les villes, de fougères et de joubarbes pariétaires, qui poussent avec une vigueur inouïe sur les murs et sur les toits des édifices. On ne voit en Europe rien de semblable, pour le port et l'éclat des fleurs, à ces espèces, qui dominent aux Canaries toutes les plantes urbaines. Dans les ravins, la végétation se distingue de celle des vallées côtières, par plus de vigueur et de variétés. Il n'est pas rare de rencontrer sur leurs parois de basalte des plantes qui, infiltrant leurs racines dans les moindres fissures, s'étendent, comme un magnifique manteau, jusqu'à des hauteurs de six ou huit cents pieds. Nous citerons dans ces familles, le *salix canariensis*, aux chatons roses; le *solanum nava*, aux tiges volubiles; le *poterium caudatum*, aux rameaux panachés. Dans les régions némorales, le laurier, l'arbousier, l'olivier, entremêlés à des bruyères arborescentes, parmi lesquelles nous citerons le *convolvulus* des Canaries dont les lianes s'élancent jusqu'au sommet des plus grands arbres, et les géraniums si remarquables par l'éclat de leur couleur.

A l'aspect majestueux de ces impénétrables forêts, le voyageur ne peut se défendre d'un sentiment d'admiration, qui s'augmente encore lorsque, à travers les accidents du terrain, son œil découvre, sous un soleil radieux, les vallées de la côte, la mer et son immense horizon. Nulle expression ne saurait peindre un semblable tableau.

Dans la troisième zone, qui comprend les sommets les plus élevés, la végétation présente nécessairement des caractères particuliers. Ce sont d'abord le *cytise prolifère*, puis les *adénocarpes*. Ces cytises, que les habitants appellent *retamas*, croissent de préférence sur les tufs volcaniques.

Les anciens torrents de laves nourrissent plusieurs espèces solitaires, et notamment une violette qui brave l'aridité du sol et la sécheresse de l'air à une hauteur plus grande qu'aucune autre plante sur aucune autre montagne du globe.

Beaucoup d'espèces, et notamment les genévriers, et un arbre d'un bois précieux et odorant, l'oxycédrus, qui formaient autrefois des forêts entières de l'archipel, ont presque entièrement disparu, brûlées par les ardeurs du soleil ou détruites par la cognée des paysans. Le pin est resté très-abondant.

Le vin, l'huile, l'orge, le blé et généralement les céréales, la résine, les arbres fruitiers d'Europe, mêlés à ceux des tropiques, sont les principales productions du sol qui servent aux besoins et au commerce des habitants.

Avant que la culture de la canne à sucre, aux Antilles, fît à celle des Canaries une concurrence assez désastreuse pour la forcer à disparaître, cette plante réussissait admirablement dans l'archipel.

Il n'en est pas de même de la pomme

de terre, dont la culture, bien souvent tentée, est à peine aujourd'hui pratiquée sur quelques points.

Animaux.

Il y aurait sans doute intérêt, dans une revue succincte du règne animal aux Canaries, de distinguer aussi la faune indigène de la faune simplement naturalisée. Mais que savons-nous des hôtes primitifs de ces forêts, de ces plages? à peine nous est-il permis de constater l'antériorité relative d'habitat de quelques espèces, le chien, la chèvre, certains grands lézards.

On compte un grand nombre de chiens dans les Canaries; on a même pensé que leur nom pouvait avoir servi d'étymologie à celui de ces îles : du moins est-il certain qu'il en fut ramené à Juba deux de très-forte taille.

La chèvre est l'animal le plus précieux de ces îles. Son lait, sa chair, sa peau, servent à la nourriture et aux vêtements des habitants; elle est en outre très-commune, et remarquable par son élégance et sa légèreté, qui la rapprochent plutôt de nos gazelles et de nos daims que de nos chèvres d'Europe.

Parmi les mammifères, tous les animaux domestiques d'Europe se sont naturalisés facilement dans l'Archipel. La brebis et tous les lanifères sont de qualités inférieures et généralement négligés. Les ânes, à peine importés d'Europe, se multiplièrent avec une telle fécondité, qu'ils passèrent à l'état sauvage, et que, vers le milieu du quinzième siècle, les habitants se virent contraints à leur donner la chasse. Le chameau s'est acclimaté avec succès.

Parmi les oiseaux de proie, nous avons à citer les éperviers, les crécerelles, le vautour. L'outarde, le faisan, les ramiers, la perdrix rouge, dont la chair est exquise, et qui offre une variété toute différente de nos perdrix d'Europe, approvisionnent les marchés. Le merle, le chardonneret, la linotte, le verdier, les mésanges, les lavandières jaunes et grises, et surtout le serin, font l'ornement des campagnes. Ce dernier petit oiseau, aujourd'hui fort recherché et fort commun en Europe, y porte encore vulgairement le nom de canari.

Nous terminerons la courte nomenclature de la zoologie de cet archipel, fort peu riche sous ce rapport, par un mot sur les abeilles, dont le miel est une branche de commerce pour les habitants. Celles de Ténérife sont surtout en grande réputation; dès le mois de mai, les habitants des villages voisins du pic de Teyde montent sur le volcan avec leurs ruches d'abeilles, formées par le tronc creux d'un dragonier; ils les déposent dans les fissures des rochers. Des millions d'abeilles se dispersent alors sur les larges et belles fleurs odorantes des rétamas. On fait, par été, deux récoltes de leur miel en quantité si considérable, que jamais ni les coteaux d'Hybla, ni l'Hymète, ni Chamouni, n'ont produit ce que les abeilles des Canaries fabriquent sous ce climat, et avec cette nourriture. Il est à regretter que, quoi qu'on en ait pu dire, il ait été jusqu'ici impossible de naturaliser en Europe la culture des rétamas.

Topographie particulière des îles.

LANCELOTE ET SES ANNEXES.

Lancelote est située entre les 29° 15' et 28° 51, de latitude nord, et les 16° 20' et 15° 45' de longitude ouest. Cette île, de forme irrégulière, a 28 milles 1/2 de longueur sur 5 à 14 de large. Quelques auteurs ont voulu faire dériver son nom, qui affecte souvent la forme *Lancerotte*, des deux mots espagnols *lanza rotta* (lance rompue), en mémoire des premiers exploits qui signalèrent l'arrivée des Européens. Mais au lieu de cette étymologie puérile, l'histoire nous en a fourni une plus certaine, en nous montrant le génois *Lancelot Maloisel* comme le premier Européen qui s'y soit établi, ainsi que nous avons déjà eu occasion de le constater. Les indigènes lui conservaient celui de *Tithe roygatra*.

Teguise, résidence principale de l'ancienne et orgueilleuse noblesse qui descend des conquérants, est le chef-lieu de cette île ; elle est située au centre, et compte environ 4 400 habitants ; mais elle a une redoutable rivale dans la nouvelle ville d'*Arecife*, et voit chaque jour décroître son ancienne prospérité.

Arecife possède un des mouillages les plus sûrs de l'archipel ; il s'y fait un grand commerce de soude, qui donne à ce port une activité de plus en plus considérable. Malheureusement les sables vaseux qui l'encombrent, n'en permettent pas l'entrée aux navires d'un fort tonnage, et la plupart des bâtiments étrangers sont contraints de jeter l'ancre au *porto de Naos*, de moindre importance ; plusieurs îlots barrent ces deux mouillages et les défendent contre les vents du sud.

Il ne reste à *San Marcial de Rubicon*, siége autrefois de l'évêché des Canaries, que le souvenir de son ancienne importance. *Haria*, qui a 2 000 habitants, est située au milieu d'un vallon dans une véritable oasis. Après les villes que nous venons de citer *la Vegeta*, *San Bartolomeo*, *Tias*, *Tinajo* et *Yaiza* sont les principaux centres de population, sans que cependant aucune de ces bourgades renferme plus de 1 800 habitants.

Presque contiguës à Lancelote, et formant un prolongement de sa pointe nord, les petites îles de Graciosa, Santa Clara, et Alegranza, auxquelles on doit ajouter encore les deux rochers appelés *Roque del Oeste* et *Roque del Este*, peuvent être considérées comme une annexe naturelle de la grande île contre laquelle elles semblent se presser.

Alegranza, déjà inscrite sous ce nom dans les cartes du quatorzième siècle, et appelée Joyeuse dans la chronique de la conquête de Béthencourt, paraît répondre à l'*Aprositos* ou inaccessible de l'antiquité classique ; elle est en effet haute et rocheuse, aride, inhabitée ; elle n'est visitée que pour la récolte de l'orseille.

Graciosa, séparée de Lancelote par un canal si étroit qu'il a reçu le simple nom de Rio, est aussi déserte et aride ; l'hiver seulement, grâce aux pluies, les Lancelotais y peuvent envoyer paître leurs chèvres.

Santa Clara, qui dut cette appellation sans doute à la patronne du jour où elle fut découverte ou reconnue, n'est qu'un petit îlot rocheux, funeste aux navigateurs, aussi bien que les deux rocs, l'un tout voisin, l'autre plus écarté à l'est, qui complètent ce petit groupe.

FORTAVENTURE ET LOBOS.

Fortaventure est au sud de Lancelote, par 28° 27' de latitude nord, et 16° 25' de longitude ouest. La masse principale de cette île s'allonge du nord-nord-est au sud-sud-ouest sous la forme d'un rectangle obtus, de 12 à 16 milles de large sur une longueur de 41 milles. De l'angle sud-ouest se détache une autre masse infiniment moindre et ayant aussi la forme d'un rectangle, mais à angles aigus, et qui est dirigé de l'ouest à l'est.

A l'époque de la conquête de Béthencourt, elle portait encore parmi les indigènes le nom d'*Erbanie*. Le nom moderne de *Fortaventure* dérive, suivant quelques-uns, des rudes combats que les aventuriers normands eurent à livrer pour s'emparer du pays. Mais comme ce nom existe déjà sur les cartes du quatorzième siècle, il vaut peut-être mieux se borner à conjecturer qu'il fut donné à raison de quelque naufrage ou autre grosse fortune de mer, qui y conduisit fortuitement ses premiers explorateurs.

Cette île renferme 11 860 habitants répartis sur une surface de 50 milles carrés.

Santa-Maria de Betancuria, qui porte le nom du fondateur, en est le chef-lieu. Cette petite ville, l'une des moins peuplées de *Fortaventure* (elle compte à peine 900 âmes), a conservé jusqu'à nos jours l'empreinte de la physionomie normande des conquérants. Les maisons, construites pour la plupart en pierres de taille, sont alignées, les fenêtres en ogives, les frises et les corniches ornées de mascarons et d'élégantes dentelures.

Depuis quelques années, un établissement maritime s'est élevé sur le rivage de *Puerto de Cabras;* et favorisé par les acquisitions des négociants et des spéculateurs anglais qui sont venus s'y fixer, ce comptoir semble appelé à devenir un jour la capitale de toute l'île. Il peut déjà rivaliser avec les bourgs les plus considérables de l'intérieur; des rues spacieuses commencent à s'ouvrir le long du littoral, et 2 200 habitants sont déjà réunis sur ce point.

Nous citerons encore *la Oliva*, qui a 2 300 habitants; *Richeroque*, où l'on voit les ruines du château de ce nom que Béthencourt fit construire en 1405; *Pajara*, village le plus important de la partie sud; *Antiga*, *Tetir* et *Casillas*, qui comptent chacun une population de 2 000 âmes.

Fortaventure est séparée de *Lancelote* par le canal de *Bocayna* qui a tout au plus deux lieues dans sa plus grande largeur; à la partie orientale de ce canal, se trouve un petit îlot rond d'environ une lieue de circonférence nommé *Lobos* ou île des Loups, parce qu'on y prenait autrefois beaucoup de phoques que les pêcheurs appellent loups marins, et de la peau desquels on faisait un grand commerce vers le quinzième siècle. Ces animaux ont entièrement abandonné l'île, qui n'a gardé d'eux que son nom.

CANARIE.

L'étymologie du nom de Canarie, devenu générique pour toutes les îles de cet archipel, est fort obscure, et a donné lieu aux opinions les plus contradictoires de la part des savants et des voyageurs. La plus ancienne et en même temps la plus vulgaire la fait dériver du grand nombre de chiens dont ces îles étaient remplies; peut-être y aurait-il plus de justesse à penser que cette dénomination y a été transporté par les peuples *Canarii* de l'Atlas, qui seraient venus l'habiter.

Canarie renfermait à l'époque du dernier relevé statistique fait par M. Berthelot, 57 625 habitants répartis sur une surface de 600 milles carrés; sa forme est entièrement ronde et elle a du sud-ouest au nord-est 34 milles; de ce dernier côté se détache de la masse un îlot joint à elle par un isthme.

Canarie compte deux atterrages; le principal, *la Luz*, est une baie ouverte aux vents d'est, mais abritée contre ceux du nord; l'autre, *Arecife*, est sur la côte opposée. Nous citerons pour mémoire deux autres petits ports: l'*Aldea de San Nicolas* et *Agaëta*.

A un quart de lieue du port de *la Luz*, sur la côte méridionale, s'élève la ville de *las Palmas*, la plus considérable de tout l'archipel; divisée en deux parties inégales par le ruisseau appelé *Rio de Guiniguada*, elle ne renferme pas moins de 11 400 habitants. On y remarque une grande et belle cathédrale gothique, le palais de justice, et celui de l'évêque; ces monuments, et toutes les maisons des chanoines du chapitre, et des grands propriétaires de l'île, sont placés dans la portion la plus petite de la ville; l'autre est occupée par le commerce et les ouvriers; la population de *las Palmas* se trouve donc aussi tranchée par ses habitudes et par ses mœurs que par la division naturelle que son terrain lui assigne.

Dans la partie de la ville appuyée à l'aride montagne de St-Antoine, les maisons, creusées dans le tuf même de la montagne, présentent le curieux spectacle qui attire à *Atalaya* l'attention des étrangers.

Cette dernière et singulière ville est située dans les environs de *las Palmas;* c'est dans le tuf que sont creusées les habitations, disposées par terrasses et régulièrement assises les unes au-dessus des autres. Leurs portes, et quelques rares ouvertures décorées du nom de fenêtres, peuvent seules faire soupçonner la population humaine que recèlent les flancs de la montagne; pendant la chaleur du jour, les habitants se retirent dans leurs maisons et s'y abritent sous des nattes de feuilles d'agave contre les ardeurs du soleil; mais le soir on voit les 2 000 habitants de cette ville souterraine sortir de tous côtés de leurs demeures ainsi que d'une fourmilière, et se répandre dans toutes les directions de la montagne, comme si la terre venait tout à coup de les enfanter. A ce moment, le long de la montagne qui projette ses grandes ombres, les feux qui s'allument et brillent à travers les fenêtres, semblent les yeux flamboyants des cyclopes de la fable, et jettent dans l'âme du voyageur étonné une impression fantastique.

A deux lieues de *las Palmas*, la première ville que l'on rencontre est *Telde*; elle est aussi la première en importance. Sa campagne riante est une véritable oasis le long de ces tristes et arides côtes de la mer.

Aguimez a 2 300 âmes; l'évêque de Canarie prend le titre de seigneur de ce lieu.

Tiraxana n'offre qu'une particularité, mais elle est remarquable : c'est une colonie de nègres libres qui vivent dans des grottes retirées, à côté de la population blanche et sans s'y mêler; à peine dans le cours d'une année en voit-on descendre un seul à la ville. Il est probable que cette singulière colonie doit son existence au marronnage des nègres, transportés jadis sur cette côte pour la culture des cannes à sucre.

Teror, qui compte 4 600 habitants, est la résidence de l'évêque; c'est un lieu de pèlerinage très-fréquenté; une image miraculeuse de la Vierge, fort en vénération dans le pays et parmi les marins, explique la richesse de l'église et la magnificence des *ex-voto* qui la décorent. Un autre motif y attire la dévotion des pèlerins et la curiosité des voyageurs : ce sont des sources d'eaux chaudes renommées pour leurs vertus médicinales, et les fontaines naturelles qui jaillissent du sein des rochers basaltiques au milieu desquels la ville est assise; des lauriers gigantesques et impénétrables aux rayons du soleil les recouvrent de leurs dômes.

Nous citerons encore les bourgs de *Lovega* ou *San Lorenzo* abondant en fruits et en eaux; *Tamisas*, où l'on voit les plus forts oliviers du globe; *Ingenio*, *San Bartholomeo* et *San Mateo*, *Santa Brigida* et *Valsequillo*, qui ne comptent pas moins de 2 000 habitants chacun.

TÉNÉRIFE.

Le nom indigène de cette île, qui apparaît pour la première fois, chez les géographes, dans le commencement du quinzième siècle, et qui est écrit *Tonerfis* dans la chronique de l'expédition de Béthencourt; ce nom, remplacé par celui d'*île de l'Enfer*, qui prévalut longtemps parmi les Européens, a néanmoins prévalu à son tour; et c'est le seul que l'on donne aujourd'hui à cette reine des Canaries.

Sa forme est oblongue, sa plus grande dimension de 59 milles, sa largeur de 12 à 13, sa superficie totale d'environ 700 milles carrés. En 1824, elle comptait 72 131 habitants.

Sa principale ville est *Santa-Cruz*, qu'on peut considérer comme la capitale actuelle. Elle est située sur la bande orientale, et dans la portion la plus aride, la plus inculte et la plus affreuse de toute l'île; la rade est le seul avantage qui ait pu déterminer le choix d'un pareil emplacement. Comprise entre le morne fortifié de Paso-Alto, et l'embouchure du Barranco-Hondo que défend la tour de San-Juan, cette rade peut contenir dix à douze vaisseaux de guerre, protégés par un môle solidement construit en pierre volcanique noire, et par plusieurs autres forts. Le fond de son mouillage est généralement d'une bonne tenue, et, en s'affourchant est-sud-est et ouest-nord-ouest, les vaisseaux peuvent en toute sécurité affronter la grosse mer que soulèvent fréquemment les vents du large; mais il est essentiel de laisser flotter les câbles, car sans cette précaution, les navires courraient le risque d'être dragués par les rocailles et les ancres nombreuses qui se trouvent au fond. Il est assez ordinaire aux vaisseaux qui se rendent d'Europe dans ce port, d'avoir à décharger une partie de leur cargaison à l'Orotava, sur le rivage opposé; mais quand soufflent les vents alizés, il est souvent impossible de doubler la pointe Nago, et le meilleur parti à prendre est alors de tourner la pointe et de longer la côte.

Santa-Cruz a une population de 6 500 âmes. Ses rues sont larges, propres et aérées; les maisons, à un ou deux étages, sont généralement bien construites, et décorées de sculptures et d'ornements gothiques ou mauresques; les peintures qui couvrent les murs extérieurs donnent à la ville un aspect original et pittoresque. Les appartements intérieurs sont si vastes et si peu garnis, qu'on s'y croirait plutôt au milieu d'une place publique, et la tristesse qu'on y éprouve est à peine compensée par une fraîcheur bien précieuse cependant dans les régions tropicales.

Un obélisque de marbre blanc d'Italie, surmonté d'une madone, et orné aux arêtes de sa base par quatre statues d'anciens rois guanches, est le seul monument qui puisse attirer l'attention; il est situé près d'une fontaine qui arrose la place principale.

La *Laguna*, ville que nous mentionnons en second ordre, est cependant plus grande et plus peuplée que Santa-Cruz; mais elle n'est ni si bien construite, ni aussi propre; elle compte 9 400 habitants, et servit longtemps de capitale à Ténérife. Alonzo de Lugo en fut le fondateur; et elle est encore la résidence des fiers et pauvres marquis descendants des anciens *consquistadores*. D'épaisses couches de mousse et de graminées recouvrent la totalité des toits de cette ville et jusqu'aux blasons orgueilleux sculptés sur la plupart des portes. Cette végétation pariétaire produit l'effet le plus étrange pour l'œil d'un Européen.

L'*Orotava* est, après *Santa-Cruz* et la *Laguna*, la ville la plus importante de *Ténérife*; sa population est de 5 500 habitants. A deux milles au nord, se trouve le port (el puerto), qui forme une commune séparée avec 4 000 habitants. Depuis le désastre de *Garachico*, en 1706, ce mouillage a pris une grande importance; mais, ouvert à tous les vents, il est très-dangereux dans la mauvaise saison. En tout temps les lames y déferlent avec violence; les bâtiments mouillent, suivant les circonstances, sur trois fonds différents: *el Limpio*, qui varie depuis 35 jusqu'à 50 brasses, à deux milles ouest-nord-ouest de terre; *el Limpio de las Calaveras*, par 18 et 35 brasses dans la même direction; *el Rey*, par 16 et 12 brasses au nord-ouest. Ce dernier est hérissé de roches.

Pour compléter la topographie de Ténérife, nous citerons encore: sur la côte occidentale, *Tequesta*, *Teguina*, *Matanza*, *Vittoria*, fécondes en vins et en céréales; *Tacoronte*, dans une position délicieuse, et *Sozal*, un petit port; *Realejo-Alto* et *Realejo-Bajo*, qui réunissent une population de près de 5 000 âmes; *Santa-Ursula*, *Guimar* et *Guia*, dont les eaux ne sont pas moins renommées que leurs vins; *Garachico*, *Silos*, *Buona-Vista*, sur les bords de la mer; *Granadilla*, qui produit du blé, et de la soie que l'on manufacture à *Icod*; *San-Juan de la Rambla*, la *Fuente del Guanche*, et enfin, à 4 013 pieds au-dessus du niveau de la mer, *Chasna*, qui forme le point culminant habité.

Nous ne parlerons, que pour les mentionner seulement, des petites baies de *Candelaria* et d'*Abona*. Toute la bande orientale de l'île et toute la partie sud-ouest sont entièrement inaccessibles.

GOMÈRE.

Au large de la côte sud-ouest de Ténérife, dont elle est séparée par un détroit de 13 milles de largeur, Gomère a la forme d'un trapèze renversé, dont la base a 12 milles; sa largeur est de 9.

Sur la côte orientale se trouve la baie de *San-Sebastian*; elle est protégée contre les rafales du nord et du nord-ouest par le prolongement de la pointe de *San-Cristoval*, et contre les vents du sud-ouest par la pointe de *los Canarios*. C'est au sortir de cette baie que Colomb s'aventura sur l'océan à la recherche d'un nouveau monde : il partit de *San-Sebastian* le 7 septembre 1492; trente-quatre jours après, le 11 octobre, l'Amérique était découverte.

Relâche importante pour la navigation transatlantique, ce port fut longtemps le point de mire de toutes les attaques dirigées contre les Canaries. Sa principale fortification consiste dans la tour du Comte (torre del Conde) : démantelée et en partie détruite dans différentes invasions, elle fut restaurée successivement par le comte don Guillen et par Philippe II, qui la pourvut d'une formidable artillerie. Les bâtiments peuvent mouiller très-près de terre sur un bon fond ; la sonde donne 20 brasses à l'entrée de la baie, 18 vers le rocher du morne qui avoisine la forteresse, et successivement 12, 8 et 4 en se rapprochant du rivage. La ville de *San-Sebastian* compte au plus 2 000 habitants.

L'île renferme encore *Agulo*, *Alaxara*, *Hermigua*, qui produisent du vin et des céréales ; *Villa-Hermosa*, connue par ses soies, et *Chipul* par ses fromages.

PALMA.

Située par 28° 43′ de latitude nord et par 20° 15′ de longitude ouest, l'île de Palma a 25 milles du nord au sud, et 18 1/2 dans sa plus grande largeur ; elle comptait, d'après le dernier relevé que nous en avons, 29 683 habitants, sur une surface d'environ 500 milles carrés.

La ville chef-lieu porte aussi le nom de Palma. Assise sur les escarpements du littoral, elle fut érigée en capitale dès sa fondation. On y retrouve encore les gothiques coutumes et les mœurs des anciens conquérants. L'heureuse situation de son port, sous la pointe de *Baxamar*, à l'endroit où la côte se recourbe en forme d'arc, et où les vaisseaux peuvent mouiller en face de la ville sur un fond de 15 à 20 brasses, devait en faire une des principales échelles du commerce de l'Amérique. Aussi les bâtiments européens n'ont pas tardé à fréquenter promptement ce mouillage, et plus tard même on y établit des chantiers de construction, auxquels les forêts de l'île fournirent les matériaux principaux pour les besoins de la marine marchande.

Couchées les unes au-dessus des autres, sur les flancs des rochers, les maisons de Palma, qui compte près de 5 000 habitants, rappellent, par les balcons grillés de leurs façades, les habitudes de l'Orient.

On trouve encore à Palma, *San-Andres*, petit port renommé par ses eaux douces et ses fruits ; *Tazacorte* avec 2 200 habitants, fréquentée par les caboteurs de l'archipel ; *Los Llanos* qui a 6 500 habitants ; *Puerta Llana*, d'un accès difficile, mais ayant de bonne eau et de bons fruits. — *Mazo*, qui produit du vin, et *Tixarafe*, du blé ; *Sauceb*, qui dort à l'ombre des platanes et des orangers ; *Guarafia*, située sur les escarpements les plus abrupts des Canaries, et *Pedra de Buena-Vista*, compléteront, pour nos lecteurs, la topographie de cette île.

FERRO.

L'île de Fer, qui, avec Palma, forme le groupe occidental des Canaries, est située à peu près sous le même méridien et à 26 milles au sud de celle-ci, et à 22 milles au sud-ouest de Gomère. Elle a la forme d'un croissant d'une étendue d'environ 50 milles carrés. Sa population est de 4 337 âmes.

La ceinture de lave qui l'entoure la rend presque inabordable, et, du pied de ses falaises, la côte s'élève presque à pic à une hauteur de plus de 1 100 mètres. Cette structure naturelle n'a pas permis aux habitants de s'établir sur le littoral. Beaucoup de villages sont groupés sur les coteaux maritimes les plus rapprochés.

La plupart des géographes européens ayant fait jadis passer le premier méridien de la terre par cette île, et le roi de France Louis XIII en ayant même ordonné en 1634 l'usage exclusif dans ses États, c'est à cette circonstance seule qu'elle doit la célébrité vulgaire de son nom. Elle est, en effet, la moins importante comme la moins fertile des Canaries, et les vents contraires, ainsi que les courants qui l'entourent, rendent fort périlleuse la navigation des bâtiments qui la quittent; les habitants sont, pour ainsi dire, isolés, et leur commerce nul.

La ville, ou plutôt le grand bourg de *Valverde*, en est le chef-lieu.

Quand nous aurons nommé *San-Andres*, *Tinor*, *Teguaciente*, *Tenecedra* et *Mocanal*, nous aurons mentionné les seules bourgades dont l'importance puisse mériter quelque attention.

2° L'HOMME.

Caractères physiques des populations indigènes; origines.

Les premiers navigateurs qui abordèrent dans l'archipel des Canaries le trouvèrent occupé par une population dont le type physique présentait, avec des modifications importantes cependant, les caractères distinctifs des races blanches.

Ces indigènes étaient généralement d'une taille élevée, mais bien proportionnée; de bonne mine, forts et souples à la fois; leurs yeux étaient vifs et intelligents; l'angle facial moins aigu qu'il ne l'est d'ordinaire dans les races africaines. La couleur olivâtre de leur peau tenait le milieu entre le noir foncé des Nègres et le jaune cuivré des Indiens; cette teinte bistrée était beaucoup plus prononcée sur les côtes sud de l'Archipel que dans les parties opposées : ils n'avaient point de barbe, mais, par une remarquable anomalie sous ces latitudes tropicales, leurs cheveux, si nous en pouvons croire les premiers chroniqueurs, étaient blonds, soyeux (*dulces flavosque crines*), et tellement longs, qu'ils retombaient comme un manteau sur leurs épaules.

Les femmes, au dire de ces mêmes historiens, n'étaient dépourvues ni de beauté, ni même d'une certaine grâce; leur fécondité était extrême, mais leurs mamelles presque toujours stériles; et les chèvres, si communes dans ces contrées, y servaient habituellement de nourrices.

Par un contraste remarquable avec la plupart des tribus sauvages, les habitants des Canaries étaient d'un naturel communicatif, affables et liants dans leurs habitudes, hospitaliers dans leurs mœurs. Un sentiment de justice et de bonne foi, qui distinguait toutes leurs actions, semblait former le fond du caractère moral de ce peuple. Mais cette douceur naturelle n'excluait point chez eux le courage, car ils se livraient entre eux d'assez fréquentes guerres pour la possession de leurs troupeaux; les habitants de la grande Canarie se faisaient surtout remarquer par leur humeur belliqueuse; les Européens eux-mêmes eurent d'abord à en souffrir, et Scory rapporte naïvement, en parlant de lui et de ses compagnons, « qu'ils furent bien souvent battus, et « si rudement, qu'ils rentraient à l'hô- « tel les têtes sanglantes, les bras et les « jambes rompus à coups de pierres. »

Dans l'expédition de Béthencourt contre Fortaventure, l'un de ces guerriers sauvages se battit de telle sorte, qu'il fit mordre la poussière à dix Européens; et, malgré les ordres précis de leur chef, les Normands ne purent s'en emparer vivant, et se virent forcés de l'accabler sous le nombre.

Mais les Canariens ne tuaient point leurs prisonniers, qu'ils employaient seulement aux plus rudes travaux; et ces barbares étaient si remplis de vertus naturelles et d'honnête simplicité, que c'était une loi inviolable, chez eux, de mettre à mort tout soldat ou homme armé qui se serait comporté licencieusement ou injurieusement en public envers une femme.

Leur langue, qui, d'après les écrivains de la conquête européenne, ne ressemblait à aucun idiome connu, était tellement informe et barbare, que, de prime abord, les Européens pensèrent que ces peuples n'avaient point de langage propre, et ne faisaient entendre que des sons isolés et inarticulés. Ces truchements sauvages variaient même d'une île à l'autre, et les habitants ne pouvaient se comprendre avec leurs voisins. Cet embarras de prononciation était, au reste, commun à toute la race; il est encore fort sensible aujourd'hui dans leurs descendants; de ce vice des organes de la parole est, sans aucun doute, dérivée cette tradition locale, que les premiers habitants des Canaries, originaires d'Afrique, avaient été transportés en ces îles par les Romains, qui, auparavant, leur coupèrent la langue pour avoir blasphémé les dieux.

Malgré cette assertion des premiers explorateurs de l'Archipel, que la langue des Canaries ne ressemblait à aucun langage connu, assertion qui résultait de l'impression qu'elle avait produite sur eux, on l'a depuis rattachée à l'un des grands idiomes de l'ancien continent. Le père Abreu Galindo, se lançant dans cette voie d'investigation, avait démontré dans un mémoire spécial sur l'origine des naturels des îles Canaries, la similitude de mots et d'expressions de la langue canarienne, conservés par les anciens écrivains, avec des mots et des expressions de la langue des Berbers. M. Sabin Berthelot, dans la partie ethnographique de sa belle *Histoire naturelle des Canaries*, a rassemblé tous les arguments qui, dans l'état de nos connaissances, peuvent faire regarder l'identité comme bien positive. Mais la question linguistique devait naturellement amener avec elle l'examen de la question de race, et M. Berthelot a également fait voir que tous les caractères physiques de la race berbère se retrouvaient dans les anciens habitants des Canaries.

Il est d'ailleurs des rapprochements d'une autre nature dont on peut encore à bon droit se prévaloir pour appuyer cette solution de la question d'origine des populations canariennes : je veux parler de la similitude de leurs noms nationaux, dans l'antiquité comme dans les temps modernes, avec des noms appartenant aux tribus cantonnées dans l'Atlas. Ainsi les *Canarii* indiqués par Pline sur les bords du Gir peuvent être considérés avec quelque vraisemblance comme les ancêtres ou les frères des habitants de la Grande-Canarie au moins, sinon de toutes les îles auxquelles ce nom s'est étendu; *Gomère* porte précisément celui d'une des tribus berbères les plus puissantes et les plus célèbres du Maghreb ou Barbarie occidentale; les indigènes de Palma avaient conservé sous la forme de *Benehoare* la dénomination de Bény Haouârah qui rappelle une autre tribu berbère non moins puissante ni moins fameuse; ne paraît-il pas naturel de soupçonner aussi que les *Guanches* de Ténérife pouvaient bien tirer leur origine des Ouânscherys (les mêmes que Marmol appelle Guanazeris); et les *Bimbachos* de Ferro aussi bien que les *Mahoreros* de Fortaventure ne rappellent-ils pas les noms africains de Bény-Bascher et de Muharur?

Mœurs et coutumes des anciens Canariens.

Lorsqu'un enfant venait à naître, les parents désignaient une femme qui, en prononçant certaines paroles mystérieuses, jetait de l'eau sur la tête de l'enfant; à dater de cette cérémonie, qui offre une curieuse analogie avec les pratiques du culte catholique, cette femme faisait partie de la famille; et aucun des membres de celle-ci ne pouvait contracter mariage avec elle.

Leur éducation première se bornait à quelques exercices du corps, qui consistaient à sauter, à courir, à lancer le dard, à jeter des pierres, et à danser; les jeunes gens aimaient beaucoup ces exercices, et y excellaient.

Les formalités de leurs mariages étaient aussi simples que possible; l'homme demandait leur consentement aux parents de la femme qu'il voulait épouser ; et, s'il l'obtenait, l'union était conclue sans autre cérémonie. Mais ces nœuds n'étaient pas plus difficiles à rompre qu'à former : la volonté formelle de l'un des deux époux suffisait pour annuler le mariage, et chacun d'eux était libre aussitôt de contracter de nouveaux liens ; cependant, les enfants nés de personnes ainsi séparées étaient regardés comme illégitimes : le roi seul était affranchi de cette loi, et pouvait même se marier avec sa sœur.

La coutume qu'à des époques et chez des peuples plus civilisés, on a longtemps appelée le droit du seigneur, était en honneur à la grande Canarie, où la pluralité des femmes était en outre admise, à ce que prétend Cadamosto ; mais comme cette dernière assertion n'est reproduite par aucun autre historien, nous lui en laissons l'entière responsabilité.

A Gomère, le mari conduisait sa femme à l'hôte, ami ou voyageur, qui venait passer la nuit sous son toit : cette singulière courtoisie se faisait à titre d'échange, quand le voyageur était lui-même accompagné de sa femme. Lorsqu'un enfant venait à naître de ces liaisons accidentelles, il appartenait non à sa mère, mais à la sœur de sa mère.

Les aumôniers de Béthencourt affirment qu'à Lancelote, la plupart des femmes avaient trois maris, qui *servaient* successivement par mois :
« Celui qui doit succéder immédiatement à l'époux en fonctions, disent-ils, sert le ménage tout le temps que l'autre le tient, et sont toujours ainsi à leur tour. »

Ce fait donne lieu à un rapprochement étrange, car cet usage est précisément celui dont certains socialistes modernes osèrent, il y a quelques années, proposer la mise en pratique. N'est-il pas curieux de trouver, chez une peuplade sauvage, perdue dans l'Océan, au milieu du douzième siècle, une coutume si bizarre, que, huit cents ans plus tard, ceux qui s'en croyaient naïvement les inventeurs furent, pour cela même, taxés de folie et d'immoralité ?

Ces peuples apportaient un grand soin à leurs funérailles, qui se célébraient avec pompe. Les corps étaient embaumés avec une préparation de beurre de chèvre, de certaines herbes, d'écorces de pin, et d'une pierre ponce, nommée *furzes*, réduite en poudre. Puis, on les exposait publiquement durant quinze jours au soleil, entourés de leurs proches et de leurs amis. Après cette exposition, qui avait le double but d'honorer la mémoire des morts et de dessécher complétement leurs cadavres, on les plaçait dans des cavernes profondes, où les Européens en retrouvèrent encore un grand nombre.

Manière de vivre des anciens Canariens.

La plupart de ces aborigènes allaient entièrement nus, à l'exception d'un caleçon, ou plutôt d'une sorte de tablier de filasse de palmier ou de roseaux, qui couvrait leur sexe. A Lancelote, ils portaient en outre un *mantel* en peaux de bêtes, qui leur tombait jusqu'aux jarrets ; à Ténérife, un *surcot* sans collet ni manches, en peaux d'agneau, cousues fort artistement avec les boyaux même de l'animal. Pour les chefs et les hommes considérables du pays, ces peaux étaient plus fines, et teintes en jaune ou en rouge. Cet accoutrement, commun aux hommes et aux femmes, s'appelait *tomarco*. Les filles non mariées allaient entièrement nues, sans en éprouver d'embarras ; mais les femmes mariées étaient habillées avec modestie : elles portaient, sur leur tomarco, un ample vêtement qui descendait jusqu'à terre. Ces insulaires regardaient en effet comme une chose malséante d'avoir les mamelles ou même les pieds découverts. Ils gardaient toute leur vie le même vêtement, qui les suivait jusque dans leurs sépultures.

Le blé leur était inconnu ; ils vivaient principalement de fruits et de farines d'orge et de fèves, détrempées dans de l'eau, du miel et du beurre. Ils se nourrissaient aussi beaucoup d'une sorte de miel végétal, tiré d'un fruit nommé *mocan*, de la grosseur d'un pois.

Leurs habitations étaient construites avec beaucoup plus de solidité, de commodité et même d'élégance, qu'on n'aurait pu en attendre d'un peuple qui paraissait complètement isolé, et ignorant les premières notions des arts.

Les aumôniers de Béthencourt rapportent même qu'ils trouvèrent, à Fortaventure, de véritables châteaux forts, et un immense mur de pierre d'une construction cyclopéenne, qui atteignait des deux côtés les rivages de la mer.

Les Canariens n'avaient aucune idée de commerce ou d'industrie. Les monnaies leur étaient totalement inconnues, ainsi que tous les ouvrages d'or, d'argent et de fer, tant comme armes que comme servant aux usages habituels de la vie. La culture des terres suffisait, avec la pêche, à leurs besoins, et les troupeaux formaient leur unique richesse.

Religion et gouvernement des anciens Canariens.

Les historiens ne nous ont transmis que fort peu de renseignements sur la religion des Canariens. Dans plusieurs îles, ils reconnaissaient l'existence d'un être supérieur, qu'on nommait, à Ténérife, *Achaman;* à la grande Canarie, *Acoran* ou *Alcorac;* à Palma, *Abora*. On lui rendait même un culte particulier : ici, c'était autour de pyramides en pierres sèches, érigées en son honneur ; à Canarie, dans de petits temples de pierre, ou sur le sommet des cimes les plus escarpées ; à Fortaventure, dans des édifices circulaires, élevés au sommet des montagnes. Mais cette croyance si simple s'était compliquée de superstitions liées à une base d'une nature moins abstraite. Ainsi, les habitants de Canarie vénéraient des idoles, dont l'une fut transportée à Lisbonne par les navigateurs portugais qu'Alphonse IV envoya explorer les Canaries en 1341 ; et ils invoquaient, dans leurs serments, les hautes cimes de Firma et d'Umiaya. Quelques mots recueillis par Abreu Galindo montrent qu'ils croyaient au malin esprit et à des spectres, des êtres surnaturels. Les Benehoare de Palma déposaient des offrandes au pied d'un roc escarpé, appelé par eux *Ydafé*, qui se dresse comme un immense obélisque dans la profonde vallée d'Aura, au centre de l'île. Ce qu'ils appelaient *Yrouené*, était un fantôme sous la forme d'un chien. Les Guanches de Ténérife disaient que *Guayota*, le génie du mal, habitait au centre de la terre, ou bien se tenait caché dans le volcan formidable dont ils redoutaient les éruptions, le *Teyde*, le pic ; par *Echeyde*, ils désignaient l'enfer, où l'ardente fournaise que Guayota ne cessait d'attiser. C'était par l'*Echeyde* et par *Magec*, le soleil, qu'ils prononçaient leurs serments. Après leur conversion, les naturels de l'île de Fer continuèrent à invoquer Jésus et la Vierge, sous les deux noms d'Éraoranhan et de Moreyba, leurs anciennes divinités, dont le siége était aux deux rochers élevés de Bentayga. Dans les sécheresses, on les invoquait suivant certains rites ; et lorsque le ciel restait sourd à leurs prières, un vieillard vénéré pénétrait dans un antre solitaire, où l'on nourrissait l'*Aranfaybo* protecteur, un porc de petite race, qu'il présentait au peuple accouru sur ses pas, et qu'on laissait libre jusqu'au moment où la pluie commençait à tomber. Cadamosto applique d'ailleurs à tous les Canariens cette parole : Ils sont idolâtres, et vénèrent le soleil, la terre, les étoiles, et diverses autres choses.

Dans les temps de sécheresse, ou pour conjurer tout autre fléau public, les Guanches avaient coutume de conduire leurs troupeaux sur des terrains consacrés ; et là, ils séparaient les petits d'avec leurs mères, afin que le bêlement plaintif de ces animaux apaisât le courroux du dieu ; mais, dans leurs cérémonies et leurs fêtes religieuses, ils ne faisaient aucun sacrifice d'hommes ni d'animaux. C'était même à leurs yeux un office immonde et vil, que de mettre à mort toute espèce de bêtes ; ils abandonnaient cette fonction à leurs prisonniers ; et celui à qui elle était échue demeurait à jamais flétri et séparé du reste du peuple.

Il existait, dans la grande Canarie, un temple construit sur le haut d'un rocher, d'où les plus fanatiques se précipitaient les jours de fêtes, persuadés, par leurs prêtres, que leurs âmes deviendraient ainsi bienheureuses après leur mort. Ces actes de superstition barbare se renouvelaient à chaque avénement d'un chef ; et cette coutume, qui rappelle certains usages de l'Inde, s'est perpétuée, aux Canaries, jusqu'à une époque de civilisation assez avancée.

La nature même de quelques-unes des croyances des Canariens, quelques coutumes, ne permettent pas de douter qu'ils n'aient eu aucun soupçon de l'immortalité de l'âme.

Les prêtres et les prêtresses (appelées, à Canaria, *Hàmiguadas*) exerçaient sur eux un grand empire ; et le *faycan*, dont les écrivains espagnols ont fait un évêque, présidait, à côté des chefs, à la plupart des solennités. Ils ajoutaient une grande foi dans les paroles de leurs devins et de leurs devineresses ; quelques-uns de ces personnages ont même joué un rôle important dans certains événements.

Leur respect pour les pratiques religieuses était, du reste, si grand, qu'à l'époque de leurs fêtes, toutes les guerres publiques, comme toutes les inimitiés particulières, étaient suspendues ; il arrivait même que les ennemis festoyaient entre eux.

L'autorité souveraine était exercée par un chef dans le plus grand nombre des îles, et par un conseil suprême dans les autres. Le pouvoir royal était héréditaire, et le peuple obéissait avec respect et soumission aux lois qui en émanaient. La petite armée des rois canariens était divisée en six corps, dont les chefs portaient le nom de *Guayres;* ces chefs ne reconnaissaient d'autre supérieur que le roi, dont ils formaient le conseil militaire.

A Ténérife, ils avaient certaines assemblées qui rappellent les cours plénières du moyen âge, et les banquets d'échevins des villes ; elles se tenaient principalement au temps des semailles. Dans ces occasions, le roi distribuait lui-même à chacun un cadeau de bétail et de *gofio*, et lui assignait une portion de terre déterminée à ensemencer.

Caractères généraux et composition de la population actuelle des Canaries.

Tels étaient les caractères généraux des peuples de l'archipel des Canaries, et de leur gouvernement, lorsque les premiers navigateurs européens y débarquèrent.

La longue période de la conquête successivement entreprise par de hardis aventuriers de tous pays, génois, catalans, espagnols, normands, portugais, a si profondément modifié ces caractères distinctifs, qu'il n'en reste aujourd'hui que peu de traces chez les descendants actuels.

Les habitants de Ténérife, de Palma, de Gomère et de Fer, sont un résultat du mélange des anciens naturels avec les colons européens qui s'y établirent ; mais tous se prétendent bons Espagnols, et n'ont d'autre langue que le castillan ; parlé dans la haute classe avec une grande pureté, il devient inintelligible pour les étrangers dans la bouche des paysans. Les Canariens actuels sont, en général, d'une complexion maigre, d'une taille moyenne, de formes et de traits réguliers ; leur teint est plus basané que dans les provinces méridionales de l'Espagne ; de grands yeux noirs, pleins de feu, animent leur physionomie ; mais la vieillesse est prématurée aux Canaries, et la décrépitude y est affreuse.

Sous un extérieur grave, les Canariens ont une vivacité extrême et une grande sensibilité. Les femmes apportent, dans la conversation, un esprit naturel et brillant, qui rappelle celui des Françaises.

La population des îles de Lancelote et de Fortaventure diffère, au physique et au moral, de celle des autres îles ; elle est de haute taille, plus robuste, plus forte, d'un teint plus basané, et de manières plus rudes ; certains voyageurs lui reprochent de mêler l'avarice à cette grossièreté naturelle. C'est un mélange des anciens indigènes avec des Maures que *Diégo de Herrera* y transporta de la côte d'Afrique, et d'abord et surtout avec le sang normand. La physionomie des habitants de *Betancuria* a particulièrement gardé l'empreinte de ce dernier type originaire ; leurs cheveux sont blonds ; leurs regards indiquent la pénétration et la ruse ; c'est un composé de l'audace normande et de l'astuce africaine ; on trouve encore chez eux quelques traces de l'ancienne coutume de Normandie, que *Béthencourt* y avait introduite.

Les habitants de l'île de Fer forment un peuple à part. Le terrain y est également réparti, et chaque propriétaire cultive son champ ; dès que la famille devient trop nombreuse, quelques membres émigrent pour aller vendre leurs services dans les îles voisines ; ce sont les Auvergnats des Canaries. Honnêtes, sobres, économes, ils regagnent toujours leur pays avec quelques épargnes. Cette population, éminemment religieuse, se distingue par une grande vénération pour la mémoire des morts.

Quelque incontestable que puisse être l'origine de ces habitants, évidemment issus des anciens aborigènes et de leurs conquérants, les Canariens refusent énergiquement de la reconnaître ; la plus mortelle injure à faire à un homme d'une certaine condition dans l'Archipel, serait d'oser soupçonner qu'il puisse porter dans ses veines du sang maure ou du sang des indigènes primitifs, bien que ce soit à eux qu'ils doivent leurs plus aimables qualités. La fierté proverbiale des hidalgos espagnols n'est que de l'humilité comparée à l'orgueil d'un noble canarien.

Qualités et défauts.

La classe riche, et par conséquent la classe éclairée, est peu nombreuse aux Canaries ; mais, à l'exception du bas peuple de Lancelote et de Fortaventure, dont nous parlions tout à l'heure, la population entière est extrêmement polie et bienveillante ; les gens les plus pauvres de la campagne ne manquent pas d'une certaine affabilité dans leurs manières, tout en conservant dans leur maintien, en présence de leurs supérieurs, le sentiment de leur dignité personnelle.

Dans les grandes villes, les habitants aisés ont adopté les manières anglaises ou les nôtres ; les modes viennent de Paris et de Londres ; et toute femme qui veut passer pour élégante a remplacé la mante nationale par des toilettes françaises. Lorsque l'infortuné Jacquemont allait, il y a dix ans, chercher la science dans l'Inde, où il ne trouva que la mort, il relâcha d'abord à Ténérife : « J'espérais, » écrivait-il, « commencer à voir ici un « peu de couleur locale, mais je n'aper-« çus, partout où j'allais, que des toi-« lettes françaises, des habits noirs, « et des femmes habillées sur le jour-« nal des modes ; on y dînait, on y « dansait, on y vivait à la française ; « je me crus à Paris, et je me rembar-« quai désolé. »

La sobriété est une vertu commune et comme innée chez les Canariens ; un habitant qui serait vu en public dans un état équivoque serait à jamais perdu de considération ; et le témoignage d'un homme connu pour s'adonner à l'ivresse ne serait pas reçu devant les tribunaux. Cette tempérance générale, et l'absence presque complète de cafés et de lieux publics, rend les querelles beaucoup moins fréquentes que dans nos pays d'Europe ; mais elle entraîne souvent des conséquences plus terribles, car le meurtre s'y commet avec une grande facilité ; l'esprit de vengeance règne dans tout l'archipel ; le duel y est inconnu, ou plutôt incompris ; et ils ont toujours recours à l'assassinat pour laver leur injure; ordinairement le meurtrier se réfugie dans l'église la plus voisine, et passe de là dans une autre ville.

Ce n'est pas dans le bas peuple qu'il faut chercher des modèles de propreté, ni de probité sévère; mais le vol grave est fort rare.

Tous les soirs, dans les villes commerçantes, et au milieu de cette population généralement honnête et morale, les rues, les places, les quais sont infestés par des femmes de mauvaise vie, qui, un chapelet à la main, provoquent impudemment les passants. Cette prostitution permanente, sur laquelle la reine Jeanne, fille de Ferdinand V, ne craignit pas de lever un impôt régulier dans le seizième siècle, est le fléau comme la honte des Canaries, car les maladies dont la plupart des femmes sont gangrenées sont aussi communes que pernicieuses.

La classe noble a horreur de quitter ses foyers; c'est la chose la plus rare que de rencontrer dans un gentilhomme le désir de voyager pour voir le monde; bien peu visitent l'Espagne, et même les autres îles, à moins que quelque procès n'appelle au siége du gouvernement, ce qui est assez fréquent, car ces gens sont très-processifs. Un gentillâtre qui possède quelques acres de terre, une douzaine de moutons, un couple d'ânes et un chameau, aimerait mieux manger du *gofio* jusqu'à la fin de ses jours, que d'aller tenter fortune ailleurs. Il croirait déshonorer le nom qu'il tient de ses ancêtres, s'il s'occupait en quoi que ce fût d'industrie ou de commerce. Il trouve plus noble de rançonner le pauvre paysan, et de rapiner sur lui, afin d'avoir les moyens de soutenir son rang, c'est-à-dire, de passer la journée sans rien faire, ou à se promener sur un âne, suivi d'un domestique en guenilles, au lieu d'aller à pied. Tel est, à ses yeux, le comble de la distinction.

Habitations; manière de vivre.

Nous avons déjà eu l'occasion de parler des anciennes habitations canariennes. Nous ajouterons quelques mots des habitations modernes.

L'appartement est composé, d'ordinaire, d'un salon immense, terminé, à ses extrémités, par les chambres particulières des maîtres de la maison et de leurs domestiques. L'orgueil extrême des Canariens leur fait une nécessité de la représentation; aussi le salon d'apparat compose-t-il à lui seul, pour ainsi dire, toute l'habitation. Il n'est pas rare qu'un habitant de Ténérife mesure son importance personnelle sur la grandeur de cette pièce; mais il s'en faut que le luxe de décor réponde à son étendue. Quelques nattes de jonc, quelques peintures religieuses de saints et de martyrs en font tout l'ornement. Ces peintures décorent d'ordinaire les fenêtres. Aussi, lorsqu'un étranger arrive, c'est à une fenêtre que le maître de la maison le conduit d'abord, comme à la place d'honneur.

Les chambres intérieures sont fort simples: les lits seuls étalent, avec un certain luxe, des broderies, des dentelles; on ne s'y sert pas de rideaux, qui offriraient un abri trop favorable aux insectes, si abondants sous ce climat ardent.

Quel que soit, d'ailleurs, le rang ou la fortune du propriétaire, chaque maison renferme un réduit particulier, où la maîtresse de la maison, assise sur un divan circulaire, reçoit, toute la journée, les femmes de sa connaissance intime.

La cuisine de la classe riche, empruntant à l'Europe tous ses produits et tous ses raffinements, ne présente aucune particularité curieuse; nous ne parlerons donc que de la nourriture habituelle des habitants de la campagne, qui se compose du *gofio*. Le *gofio* est pour le paysan canarien ce qu'est le macaroni pour les lazzaroni, le riz pour les Indiens, la banane pour les Nègres, la pomme de terre pour l'Irlandais. Le *gofio* se compose de farine d'orge ou de blé, fortement torréfiée, et délayée dans de l'eau par les plus pauvres, dans du lait par ceux qui le sont moins. Cette préparation si simple, et qui fait, à coup sûr, grand honneur à la sobriété de ceux qui s'en contentent, rappelle la nourriture en farine de maïs de nos paysans des Pyrénées ; elle est en si grand honneur dans le goût des campagnards canariens, qu'ils méprisent souverainement les *mangeurs de viande* des villes. Ils boivent rarement du vin, et jamais aucune autre liqueur fermentée.

Industrie et commerce.

L'industrie locale est presque nulle aux Canaries, et le commerce n'y a jamais pris le développement qu'on pouvait légitimement en attendre. Ce n'est cependant ni à la fertilité du sol généreux de cet archipel, ni à l'esprit intelligent de ses habitants, ni à la situation géographique, qu'il faut attribuer cet état de torpeur et de stagnation, mais seulement au peu d'énergie que le gouvernement espagnol a imprimé à cette partie de ses possessions, et à l'état d'inertie et d'abandon où l'Espagne, ébranlée par ses commotions politiques, a laissé ses colonies.

Jamais position ne fut, en effet, plus favorable ; les Canaries sont une admirable escale de commerce pour les quatre parties du monde. Véritables hôtelleries de la mer, placées sur le grand chemin de l'Océan, on peut de là se rendre en Espagne en quatre jours ; en Portugal, en cinq ; en France, en huit ; en Angleterre et en Irlande, en dix ; en Hollande, en douze ; à Hambourg, en dix-huit ; en Danemark, au Brésil, et dans les principaux ports d'Amérique, dans une moyenne de vingt jours. Aussi, lorsqu'en 1748, Pitt écrivait « que l'Angleterre devait faire tous ses efforts pour échanger Gibraltar contre les Canaries », cet homme d'État avait compris tout le parti que le génie anglais saurait tirer des ressources d'une possession où l'Espagne n'a rien su faire. L'absence de prévoyance a parfois amené la famine sur cette terre féconde ; l'absence de protection a forcé trop souvent les propriétaires agricoles à abandonner des essais de culture qui auraient pu devenir une source de prospérité. C'est ainsi que, depuis le commencement de ce siècle, la culture du coton, celle de la canne à sucre, ont été abandonnées, et remplacées par celle du maïs, et par l'introduction de la cochenille sur les nopals ; tentatives qui paraissent avoir eu, l'une et l'autre, des résultats avantageux, mais seulement par la force même des choses, et non par l'intelligent emploi des moyens d'émulation et de progrès. Nous pensons que c'est principalement à cet état de choses qu'on doit attribuer la nonchalance devenue proverbiale des cultivateurs de l'archipel. *Dios para todos*, dit le laboureur canarien, et il s'endort au soleil, laissant à la Providence le soin de ses cultures.

Pour offrir à nos lecteurs une idée exacte du commerce des Canaries, sans entrer dans d'inutiles détails, nous leur donnerons les chiffres généraux de l'importation et de l'exportation de l'archipel. La conséquence de ce bilan commercial sera facile à déduire.

Les Canaries exportent du vin (la moitié environ de leur récolte), de la soude, de l'orseille, des amandes, de l'eau-de-vie de qualité très-estimée, de la soie brute, de la cochenille. Elles produisent, en outre, de l'huile, de l'orge, du maïs, des résines, qui occasionnent parmi les îles entre elles, et avec la côte d'Afrique, un commerce d'échange ; enfin, du blé, dont la sortie est interdite au dehors de l'archipel. Toutes ces exportations s'élèvent annuellement à la somme totale de 3 750 000 fr.

Les îles reçoivent en échange : *d'Angleterre*, eaux-de-vie, savons, draps, quincailleries, cotonnades, etc., etc. ; *des États-Unis*, farines, cuirs tannés, riz, douelles, planches, etc. ; *de Gibraltar et de Gênes*, soieries, cotonnades, chapellerie, fruits secs, pâtes, savons, etc. ; *de Hambourg, Brême, et la Hollande*, fromages, beurre, jambons, toileries, cordages, genièvre, etc. ; *d'Espagne*, eaux-de-vie de Catalogne, huiles, drogueries, librairie, etc.; *de France (par Marseille)*, savons, chandelles, salaisons, papeterie, et objets de modes. Ces importations s'élèvent annuellement à la somme de 5 000 000 fr.

On voit, par ce qui précède, que la France n'a jamais eu, jusqu'ici, de commerce sérieux ni profitable avec les Canaries, dont les produits, à l'exception du vin et de l'orseille, ne pourraient nous convenir; mais les droits sur les vins canariens sont trop élevés pour le consommateur français; et l'orseille ne saurait, à titre d'échange, alimenter notre commerce. La découverte récente des moyens d'extraire toute la partie colorante du bois de campêche neutraliserait cette branche de commerce.

L'arrivage de cent quarante-cinq bâtiments par an suffit à ce mouvement commercial; les deux tiers viennent des ports d'Angleterre; dans le dernier tiers, les bâtiments américains figurent en première ligne; puis les bâtiments sardes, et les bâtiments espagnols. Les Anglais et les Américains peuvent seuls s'accommoder avec avantage du vin et de la soude naturelle, les deux principales branches d'exportation. Cette dernière a de beaucoup baissé par l'emploi des procédés qui tirent aujourd'hui la soude du varech.

Au reste, si l'Espagne avait eu quelque intérêt à restreindre le commerce des Canaries, au lieu de favoriser son extension, les gouverneurs de ces îles n'auraient pu agir autrement qu'ils ne l'ont fait. La prohibition d'exportation du blé, entre autres mesures funestes à la prospérité de la colonie, ne pouvait avoir d'autre résultat que de faire tomber le prix des grains, dans les années d'abondance, si bas, qu'il couvrait à peine les frais de culture et de transport; c'est ainsi que, dans les mauvaises années, la population agricole s'est trouvée réduite à la disette.

Vers le milieu du dix-huitième siècle, Fortaventure exporta avec succès des chameaux pour la Jamaïque et les autres possessions anglaises dans les Indes occidentales; mais, dès que l'on connut, à Ténérife et à Canarie, les avantages que ce commerce offrait avec les Anglais, le gouverneur général et l'audience royale défendirent, dans leur sagesse, l'exportation de ces animaux, « dans la crainte », portait l'édit, « que la race ne se perdît dans « l'archipel. »

En présence de pareils faits, on comprend comment il est arrivé qu'avec tant d'éléments de prospérité, le commerce ait pris si peu de développement dans les Canaries, et que l'industrie y soit restée stationnaire, lorsque la difficulté des communications, entre les îles mêmes, venait encore s'opposer à son développement. Quelques bateaux de cabotage suffiraient cependant à rendre les transports faciles et les communications rapides.

Fortaventure et Lancelote exportent, pour les autres îles, du blé, de l'orge, du maïs, de la volaille, du bétail et des peaux de chèvres; Lancelote fait en outre, avec ses voisines, un petit commerce de sel et de poisson salé.

A l'époque de l'établissement des premiers comptoirs européens, le commerce extérieur était presque en totalité aux mains d'Irlandais qui étaient venus se fixer sur les côtes, où ils avaient contracté des alliances avec des femmes aborigènes. Aujourd'hui, ce sont des négociants anglais qui leur ont, en majeure partie, succédé dans l'exploitation de cette espèce de monopole.

Pêches.

Ce que nous avons dit de l'industrie agricole et manufacturière aux Canaries, nous sommes obligés de le dire de la pêche dans ces parages. C'est la même ignorance de tous progrès, le même entêtement dans les anciennes routines, la même indolence. La pêche dans cet archipel est aujourd'hui ce qu'elle était en 1764, lorsque Glas la décrivait dans ses plus minutieux détails; et nous n'aurons que peu de chose à ajouter à ses indications.

La pêche est cependant, pour ces

populations insulaires, la principale branche de leur *industrie maritime*. En parlant des côtes des différentes îles, dans la première partie de ce travail, nous avons dit quelles causes s'opposaient à ce que les parages voisins fussent poissonneux : aussi n'est-ce pas là que le pêcheur canarien va jeter ses filets, mais sur les côtes prochaines du continent africain.

Cette pêche occupe une trentaine de bâtiments de vingt à cinquante tonneaux, et se pratique depuis le cap de Noun jusqu'au-dessous du cap Blanc, sur un espace d'environ dix degrés de latitude. Les points de la côte sur lesquels elle a lieu varient suivant les saisons. Au printemps et en été, la pêche se fait du côté de la côte septentrionale, c'est-à-dire, vers le cap de Noun, et même au-dessus; dans l'automne et l'hiver, elle a lieu, au contraire, au sud, dans la direction du cap Blanc, les bateaux pêcheurs poursuivant ainsi dans cette direction les migrations des bancs de poissons. Dans la saison réelle, qui s'étend, sur ce littoral, depuis la mi-février jusqu'à la fin d'avril, les bâtiments font huit ou neuf voyages.

Les principales espèces de poissons qu'on y rencontre sont, près des rivages : les *tasartes*, poisson sans écailles, très-vorace, de la forme du maquereau, de la grosseur du saumon, et qui, séché et salé, ressemble à ce dernier de façon à s'y méprendre; cette espèce est si abondante, que, dans les pêches heureuses, elle suffit à la cargaison entière de certains bateaux. L'*anjora* est un diminutif de l'espèce précédente; le *cavallo* (*horse mackerel* des Anglais) est très-abondant au nord. Entre cinquante et soixante brasses de profondeur on trouve la morue, les samas, les curbinas.

Cette pêche, très-productive sous le rapport de la quantité et de la qualité du poisson, l'est très-peu dans ses résultats commerciaux; mais il semble possible que, si des armateurs français organisaient des expéditions de pêcherie sur ce littoral, elles leur présentassent au moins autant, et peut-être plus d'avantages que les établissements de Terre-Neuve. En effet, la morue de l'archipel vaut au moins celle de ce dernier banc; l'anjora est délicieuse; et la *curbina* est un gros poisson qui pèse trente livres. Enfin, l'île de Lancelote possède des salines abondantes; et le petit îlot de Graciosa, sa dépendance, semble disposé par la nature pour des établissements de pêcherie. Préparé par les procédés de la Hollande et de nos côtes du Nord, le poisson de ce littoral serait promptement appelé à acquérir une réputation et une valeur considérable.

Organisation politique; administration.

L'ensemble des îles Canaries forme une province du royaume d'Espagne. Son administration est confiée à un commandant général ou gouverneur de province, qui siége à Sainte-Croix de Ténérife. La province se divise en juridictions.

L'île de Ténérife compte trois juridictions distinctes : 1º celle de la *Laguna* ou de la *Ciudad*, avec un corrégidor ou alcade mayor; 2º celle de l'*Orotava*, d'où relèvent toutes les petites communes du district de *Taoro*, également régie par un alcade mayor; 3º Celle de *Sainte-Croix*, sous la surveillance d'un simple alcade, à raison de la présence du gouverneur général.

Canarie forme une juridiction régie par un alcade-mayor.

Il en est de même de Palma.

Les communes des autres îles, au nombre desquelles nous citerons *Valverde* et la *Oliva*, sont régies par de simples alcades.

La défense militaire des Canaries est confiée à une milice provinciale, qui compte, pour Ténérife, 4 600 hommes; pour la grande Canarie, 2 700; pour Palma, 1 100, et pour le reste des îles, des forces proportionnées à leur importance. L'archipel est, en outre, fortifié par vingt châteaux forts et douze redoutes. La côte est protégée contre l'ennemi par quatorze batteries et six tours, armées de 81 canons en bronze et 137 canons en fer.

Au point de vue de l'organisation ecclésiastique, les Canaries forment un seul diocèse dont le siége, établi d'abord à Saint-Martial de Rubicon, fut transféré en 1485 à la grande Canarie, bien que la chancellerie romaine n'ait abandonné qu'en 1496 l'usage d'intituler le prélat de ces îles évêque de Rubicon. Il a dans son obédience quatre vingt-huit églises paroissiales et trois cent dix chapelles.

Les mœurs de l'Espagne avaient d'abord couvert ce pays de monastères appartenant aux trois ordres de Saint-Dominique, Saint-François, et Saint-Augustin; ils comptaient en tout 445 membres, dont les trois quarts réguliers, et le reste laïques, répartis en quarante couvents, sur lesquels Ténérife seule en comptait vingt-quatre. Plus de la moitié de ces asiles religieux étaient déjà fermés en 1823 ; ce qu'il en reste est aujourd'hui presque vide.

Les revenus publics sont peu considérables. Ils se composent des droits de douanes, qui s'élèvent à une valeur de 1 500 000 francs ; des droits municipaux, qui produisent 125 000 francs ; des redevances à l'Église, évaluées à 1 750 000 francs ; enfin, des contributions volontaires et des revenus particuliers des municipalités ou *ayuntamientos*; ces redevances, qui varient suivant l'importance et la richesse de chaque commune, portent le nom de *proprios y arbitrios* (*propria bona urbis aut oppidi*).

Les redevances particulières, désignées sous le nom de *tributos*, forment à peu près l'unique ressource des municipalités les moins favorisées sous le rapport territorial ou commercial ; mais les habitants se refusant à supporter des charges trop pesantes, la plupart des communes restent pauvres ; et même, dans les villes plus considérables, le pavage des rues, l'éclairage, les fontaines, et toutes les améliorations d'utilité et d'édilité publique, ne peuvent être exécutées qu'au moyen de souscriptions volontaires et spéciales.

II. HISTOIRE.

Premières expéditions des Européens aux Canaries, dans le moyen âge.

Une partie, au moins, de l'archipel des Canaries avait été connue de l'antiquité classique sous la dénomination d'îles Fortunées, et le nom de Canaries lui-même est un témoignage persistant de ces notions anciennes que le roi Juba avait mises en circulation dans le monde romain. Les Arabes ne nous ont pas laissé de récits de leurs propres explorations, et peut-être, en nous désignant dans leurs livres les Gezâyr-el-Sa'âdeh ou îles du Bonheur, se sont-ils bornés à nous transmettre un reflet des indications de Ptolémée.

Pour l'Europe néo-latine, ces îles étaient une terre perdue, qu'il fut donné à l'habileté des marins génois de retrouver et de faire connaître à la chrétienté. Nous avons déjà signalé la prise de possession de l'une de ces îles au treizième siècle, par Lancelot Maloisel, qui lui donna son nom, et y bâtit un château dont les ruines servirent encore, au quinzième siècle, aux Normands qui vinrent s'y établir.

Les Génois que le Portugal prit à son service dans les premières années du quatorzième siècle, pour leur livrer le commandement et la conduite de ses armements maritimes, apportèrent à leur patrie d'adoption la science nautique et les connaissances effectives qui en faisaient les marins les plus habiles de l'Europe.

C'est ainsi que le roi Alphonse IV, instruit de l'existence des Canaries, y envoya, pour les reconnaître, une expédition de trois navires, conduits par des capitaines italiens, avec des équipages où l'on ne voit pas figurer un seul Portugais. On a retrouvé, dans les papiers du célèbre Boccace, une relation de cette expédition, assez intéressante et assez concise, pour que nous ne craignions point de la traduire ici dans son entier.

« De Canarie et des autres îles nouvellement retrouvées dans l'Océan au delà de l'Espagne.

« L'an mil trois cent quarante un de l'Incarnation du Verbe, ont été apportées à Florence des lettres des marchands florentins établis en la cité de Séville, dans l'Espagne Ultérieure; datées du 15 novembre de ladite année, et qui contiennent ce que nous allons exposer ci-après.

« Ils disent donc que le 1er juillet de cette année, deux navires, chargés par le roi de Portugal d'approvisionnements convenables pour une traversée, ayant avec eux une petite embarcation armée, et des équipages de Florentins (*), de Génois, de Castillans et d'autres Espagnols, mirent à la voile de la cité de Lisbonne et prirent le large, emportant en outre des chevaux, des armes, et diverses machines de guerre, pour l'attaque des villes et châteaux ; se dirigeant vers les îles que nous appelons vulgairement Retrouvées ; qu'à l'aide d'un vent favorable ils y abordèrent tous après cinq jours de navigation ; et qu'enfin ils sont revenus chez eux au mois de novembre, rapportant en même temps ce qui suit : d'abord ils ont amené quatre hommes d'entre les habitants de ces îles ; et de plus, beaucoup de peaux de boucs et de chèvres, du suif, de l'huile de poisson, des dépouilles de veaux marins, des bois de teinture rouge analogues au brésil, mais que les connaisseurs disent n'être point du brésil ; outre des écorces d'arbres teignant également en rouge, ainsi que de la terre rouge, et autres choses semblables.

« Le Génois Niccoloso di Recco, l'un des capitaines de ces navires, avait répondu aux questions qu'on lui adressait, que de la cité de Séville jusqu'aux susdites îles il y avait environ neuf cents milles ; mais que, du lieu qu'on appelle aujourd'hui cap Saint-Vincent,

(*) « Le Florentin qui est allé avec ces navires est Angelino del Tegghia dei Corbizzi, cousin des fils de Gherardino Gianni, » suivant ce que nous apprenons d'une note marginale de la main de Boccace.

elles sont beaucoup moins éloignées du continent. Que la première des îles explorées avait environ cent cinquante milles de circuit, était entièrement rocheuse et sauvage, abondante néanmoins en chèvres et autre bétail, ainsi qu'en hommes et femmes nus, d'aspect et de mœurs farouches ; c'est là, disait-il, que lui et ses compagnons avaient pris la majeure partie des peaux et du suif, sans qu'ils eussent osé s'aventurer trop avant dans l'île.

« Que de là, passant à une autre île un peu plus grande que la précédente, ils virent venir à eux, sur le rivage, une grande quantité de gens, tant hommes que femmes, tous presque nus ; parmi lesquels quelques-uns, qui semblaient supérieurs aux autres, étaient couverts de peaux de chèvres peintes en jaune et en rouge, et, autant qu'on en pouvait juger de loin, fines et souples, assez bien cousues en boyau ; et suivant ce qu'on pouvait comprendre d'après leurs gestes, ils semblaient avoir un chef envers lequel tous manifestaient des égards et de la déférence. Cette multitude se montrait désireuse de communiquer avec ceux qui étaient dans les navires, et de prolonger leur séjour. Quelques canots s'étant détachés des navires pour s'approcher du rivage, comme on n'entendait en aucune façon la langue des indigènes, personne n'osa débarquer : leur langage au surplus est, dit-on, assez doux, et coulant comme l'italien. Voyant que personne des navires ne débarquait, certains d'entre eux tâchèrent d'y venir à la nage ; on en prit quelques-uns, et de leur nombre sont ceux que l'on a ramenés. Enfin les mariniers, ne trouvant là aucun profit, repartirent ; et faisant le tour de l'île, ils la trouvèrent beaucoup mieux cultivée au nord qu'au midi ; ils virent des habitations nombreuses, des figuiers et autres arbres, des dattiers stériles, des palmiers, des potagers, des choux et des légumes.

« On mit à terre en conséquence vingt-cinq matelots armés, lesquels allant examiner quelles gens habitaient ces maisons, y trouvèrent une trentaine d'hommes ; tous étaient nus.

Ceux-ci, effrayés à la vue des armes, s'enfuirent aussitôt; les autres, entrant dans les maisons, remarquèrent qu'elles étaient bâties de pierres carrées, et couvertes de grands et magnifiques madriers. Comme ils avaient trouvé les portes fermées et qu'ils voulaient voir l'intérieur, ils s'étaient mis à les enfoncer à grands coups de pierres, ce qui irrita les fugitifs et leur fit remplir l'air de grands cris. Après avoir brisé les fermetures, on entra dans presque toutes les maisons, où l'on ne trouva que des figues sèches dans des cabas de palmier, aussi bonnes que celles de Césène, et du froment beaucoup plus gros que le nôtre, ayant le grain plus long, plus gros, et très-blanc; de même de l'orge et autres céréales, dont on jugea que se nourrissaient les habitants. Ces maisons, très-belles, et couvertes de très-beau bois, étaient toutes fort blanches à l'intérieur, comme si elles eussent été blanchies avec du plâtre. On trouva aussi un oratoire ou temple, dans lequel il n'y avait absolument aucune peinture, ni aucun ornement autre qu'une statue de pierre, offrant l'image d'un homme tenant à la main une boule, et nu, sauf un caleçon de feuilles de palmier, suivant l'usage du pays; on l'enleva, et l'ayant mise à bord, on la transporta à Lisbonne au retour. Cette île, au surplus, est très-peuplée et très-cultivée; les habitants y recueillent du grain, des blés, des fruits, surtout des figues; ils mangent le froment et les blés, soit à la manière des oiseaux, soit en les réduisant en farine, sans en fabriquer aucune sorte de pain, et en buvant de l'eau.

« En quittant cette île, les mariniers, qui en apercevaient beaucoup d'autres, distantes de celle-ci, de cinq, dix, vingt et quarante milles, naviguèrent vers une troisième, où ils ne rencontrèrent rien autre chose que de grands arbres s'élançant vers le ciel.

« De là, se dirigeant sur une autre, ils la trouvèrent abondamment pourvue de ruisseaux et d'eaux excellentes, ayant en outre beaucoup de bois, et des palombes qu'ils tuaient à coups de bâton ou de pierres, et qu'ils mangeaient. Ils les disent plus grosses que les nôtres et d'un goût pareil ou meilleur. Ils virent aussi là beaucoup de faucons et d'autres oiseaux de proie. Ils ne la parcoururent guère, parce qu'elle leur parut tout à fait déserte.

« De là, cependant, ils aperçurent une autre île, où étaient de hautes montagnes rocheuses, la plupart du temps couvertes de neige; les pluies y sont fréquentes, mais par un temps serein elle offre un aspect charmant, et elle leur parut habitée.

« Ils allèrent de là à plusieurs autres îles, les unes habitées, les autres entièrement désertes, au nombre de treize; plus ils avançaient, plus ils en voyaient, près desquelles la mer était bien plus tranquille que chez nous, avec de bons mouillages, quoiqu'elles aient peu de ports, mais toutes abondantes en eau. Des treize îles où ils allèrent, il y en a cinq qu'ils trouvèrent habitées, et bien peuplées, mais non également, l'une ayant plus d'habitants que l'autre. Outre cela, on dit qu'ils diffèrent tellement par le langage, qu'ils ne peuvent mutuellement s'entendre en aucune manière, et de plus qu'ils n'ont aucun navire ni aucun autre moyen de se rendre d'une île dans les autres, à moins qu'à la nage.

« Ils trouvèrent de plus une autre île où ils ne descendirent pas, attendu qu'il s'y manifesta quelque chose de surprenant. Ils disent, en effet, qu'il y existe une montagne d'une hauteur de trente milles ou davantage, à leur estime, visible de très-loin, et au sommet de laquelle paraît quelque chose de blanc : et comme toute la montagne est rocheuse, ce blanc-là semble bien avoir la forme d'une citadelle; mais on suppose qu'au lieu d'une citadelle c'est un rocher très-aigu, à la cime duquel serait un mât de la grandeur à peu près du mât d'un navire, où serait pendue une vergue avec une grande voile latine pincée en forme d'écu, gonflée en haut par le vent et tendue dans toute sa largeur; elle semble ensuite s'abaisser peu à peu, de même que le mât, à la manière des vaisseaux longs; puis elle se relève, et cela continue toujours de cette façon, ainsi qu'ils l'ont remarqué dans toutes les positions en faisant le tour de l'île; et supposant que ce prodige était produit par quelque enchantement magique, ils n'osèrent point débarquer dans cette même île.

« Au surplus, ils ont vu beaucoup d'autres choses, que ledit Niccoloso n'a point voulu raconter. Toutefois, il paraît que ces îles ne sont point riches, car les matelots ont à peine trouvé de quoi couvrir la dépense des vivres qu'il leur a fallu emporter. Les quatre hommes qu'ils ont ramenés, encore imberbes, d'une belle figure, vont tout nus; ils ont cependant une espèce de cotte, formée d'une corde qui leur ceint les reins, et d'où pendent en grande quantité des fils de palme ou de jonc, longs d'un palme et demi à deux palmes au plus, dont ils se couvrent devant et derrière, de telle sorte que le vent ni le hasard ne les soulèvent. Ils sont incirconcis; leurs cheveux, d'un blond doré, et leur descendant presque jusqu'au nombril, leur couvrent les épaules; ils marchent pieds nus.

« L'île d'où ils ont été enlevés s'appelle Canarie; elle est plus peuplée que les autres. Ils n'entendent absolument rien d'aucun langage, bien qu'on leur en ait parlé beaucoup de différents. Leur taille n'excède point la nôtre; ils sont membrus, assez vigoureux, et fort intelligents, à ce qu'on peut comprendre. On leur parle par signes, et ils répondent eux-mêmes par signes à la façon des muets. Ils montraient des égards les uns envers les autres, mais envers l'un d'eux plus qu'à tous: celui-là avait une cotte de palmier, tandis que celle des autres était de jonc, peinte de jaune et de rouge. Leur chant est doux, leur danse analogue à celle des Français; ils sont vifs et gais, et assez sociables, plus que ne le sont beaucoup d'Espagnols.

« Après qu'ils eurent été embarqués, ils mangèrent du pain et des figues, et le pain leur plut, bien qu'ils n'en eussent jamais mangé auparavant; ils refusent absolument le vin, et se contentent d'eau. Ils mangent aussi le froment et l'orge à pleines mains, le fromage, et la viande, dont ils en ont grande abondance et de bonne qualité; ils n'ont cependant ni bœufs, ni chameaux, ni ânes, mais beaucoup de chèvres et de moutons, et de sangliers sauvages. On leur a fait voir des monnaies d'or et d'argent, elles leur sont tout à fait inconnues; ils ne connaissent non plus les épiceries d'aucune espèce. On leur a montré des colliers d'or, des vases ciselés, des épées, des coutelas: il ne paraît pas qu'ils en eussent jamais vu ou possédé. Ils semblent d'une bonne foi et d'une loyauté très-grandes, car on ne donne rien à manger à l'un, qu'avant d'y goûter il ne le partage avec les autres en portions égales.

« L'institution du mariage existe chez eux, et les femmes mariées portent une cotte comme les hommes. Mais les jeunes filles vont toutes nues, sans aucune honte de se montrer ainsi. Ces gens ont comme nous un système de numération, dans lequel toutefois ils énoncent les unités avant les dizaines. »

Tel est le récit de cette expédition de 1341, qui, dans l'intention du monarque portugais au nom duquel elle était entreprise, ne devait être qu'une reconnaissance préalable, faite dans un but de conquête prochaine. Les soins de la guerre qu'il soutenait alors contre la Castille, et qu'il eut à soutenir ensuite contre les Sarrasins, le forcèrent d'ajourner l'exécution de son projet; et il fut devancé par un prince de sang royal, qui cherchait des États à conquérir, en remplacement du trône de Castille, dont il avait été déshérité.

Principauté des Canaries en faveur de Louis d'Espagne.

Soit que la connaissance des Canaries lui vînt aussi des Génois, soit qu'il la dût aux indications des gens de ce navire français que la tempête y avait conduit une dizaine d'années auparavant, soit même qu'il n'en eût d'autre notion que les vagues désignations de la géographie antique, Louis d'Espagne demanda au pape Clément VI l'investiture de ces îles, en y adjoignant celle de la Galite dans la Méditerranée, pour lui former une principauté souveraine sous le nom de *Fortunie*.

Le pape lui fit en conséquence expédier à Avignon, le 15 novembre 1344, une bulle dont nous traduirons ici les principales dispositions :

« Clément, évêque, serviteur des « serviteurs de Dieu, à notre cher fils « le noble Louis d'Espagne, prince de « Fortunie. Suivant que l'expose la « demande qui nous a été soumise de « votre part, il existe dans l'Océan, « entre le midi et l'occident, des îles « dont on sait que les unes sont ha- « bitées, et les autres inhabitées, les- « quelles sont appelées en commun « Fortunées, bien que chacune ait sa « dénomination propre, comme il est « dit plus bas ; et quelques autres îles ad- « jacentes à celles-là ; et il existe encore « une certaine île située dans la Mé- « diterranée. De toutes lesquelles îles, « la première est vulgairement appe- « lée Canarie, la seconde Ningaria, la « troisième Pluviaria, la quatrième « Capraria, la cinquième Junonia, la « sixième Embronea, la septième Ath- « lantica, la huitième des Hespérides, « la neuvième Cernent, la dixième les « Gorgones, et celle qui est dans la « Méditerranée, Goleta ; et toutes ces « îles susdites sont étrangères à la « foi du Christ et à la domination des « chrétiens : c'est pourquoi, en vue « de l'exaltation de la foi et de l'hon- « neur du nom chrétien, vous désirez « employer votre personne et vos biens « à l'acquisition de toutes lesdites îles, « pourvu toutefois qu'il vous soit par « nous concédé sur elles, ainsi que « vous nous en avez humblement fait « la demande, titre et autorité pour « vous et vos héritiers et successeurs, « tant mâles que femelles.

« Nous, en conséquence, approu- « vant grandement le dessein pieux et « louable que vous énoncez avoir à cet « égard, et désirant que la foi ortho- « doxe se propage et fleurisse dans ces « mêmes îles, que le culte divin y soit « observé, et que par votre moyen « les bornes de la chrétienté soient « élargies ; accueillant votre demande « pour l'honneur de Dieu, pour votre « salut et l'augmentation de votre « État, en vertu de l'autorité aposto- « lique, en notre nom et en celui des « pontifes romains nos successeurs, « et de l'Église romaine elle-même, « de l'avis et consentement de nos « frères, et dans la plénitude de l'au- « torité apostolique, nous vous con- « cédons et donnons en fief perpétuel, « en la manière, forme et teneur, et « sous les conditions et conventions « contenues aux présentes, en tant « qu'il n'y ait aucun chrétien qui y « prétende spécialement droit, toutes « lesdites îles et chacune d'elles, avec « tous leurs droits et appartenances, « haute et moyenne justice, et toute « juridiction temporelle quelconque, « pour vous et vos héritiers et suc- « cesseurs, tant mâles que femelles, « catholiques et légitimes, demeurant « dévoués à l'Église romaine ; et nous « vous investissons de fait présente- « ment du susdit fief, par le sceptre « d'or ; donnant néanmoins à vous et « à vos héritiers et successeurs sus- « dits, sauf, comme il a été dit, le « droit d'autrui, plein et libre pou- « voir d'acquérir et posséder à perpé- « tuité ces mêmes îles, d'y battre mon- « naie d'une ou plusieurs espèces, et « d'exercer en ces mêmes îles, sous la « suzeraineté du pontife romain, les « autres droits régaliens ; avec la fa- « culté de bâtir, dans toutes et cha- « cune d'elles, des églises et monas- « tères, et de les doter convenable- « ment, réservant à vous et à vos hé- « ritiers et successeurs le droit de « patronage, ainsi qu'il est permis par « les règles canoniques.

« Et afin que, par suite de la con- « cession que nous vous avons ainsi « faite, vous soyez décoré du titre « d'une plus haute dignité, nous, en « vertu de l'autorité sus-énoncée, de

« l'avis et consentement de nos frères,
« nous vous décernons la principauté
« desdites îles, et statuons que vous
« serez appelé prince de la Fortunie,
« posant de nos mains, sur votre tête,
« une couronne d'or en signe de la
« dignité qui vous est acquise de la-
« dite principauté et de l'augmenta-
« tion de votre honneur; voulant que
« vous-même et votre héritier et suc-
« cesseur, quel qu'il soit, en la même
« principauté, soyez d'ailleurs nommé
« *prince de la Fortunie*, de telle sorte
« que vous en ce qui vous concerne,
« et vos héritiers et successeurs en
« ladite principauté, soyez tenus en-
« vers nous et chacun des pontifes
« romains nos successeurs, de faire,
« par vous-mêmes ou par vos procu-
« reurs légalement constitués, aveu et
« hommage lige, et plein vasselage,
« et serment de fidélité, suivant la for-
« mule qui sera indiquée. Que s'il ar-
« rivait par hasard qu'à défaut de mâ-
« les, la succession à ladite princi-
« pauté appartînt à une femme non
« mariée, elle épousera un catholique
« dévoué à l'Église romaine, après
« toutefois qu'elle aura demandé, à ce
« sujet, l'avis du pontife romain.

« Et de plus, vous, et quiconque de
« *vos héritiers et successeurs en ladite*
« *principauté*, et à raison d'icelle,
« paierez intégralement, chaque an-
« née, le jour de Saint-Pierre et Saint-
« Paul, au pontife romain alors sié-
« geant, en quelque lieu qu'il soit, et
« à l'Église romaine; ou bien, en cas
« de vacance du saint-siége, à l'Église
« elle-même, en quelque lieu qu'elle
« soit, recevant pour le futur pontife,
« et selon la part qui intéresse le col-
« lége de ladite Église, un cens de 400
« florins de bon et pur or, au coin et
« poids de Florence; au paiement du-
« quel cens, ainsi qu'il vient d'être
« dit, vous et quiconque de vos héri-
« tiers et successeurs en ladite princi-
« pauté serez tenus et astreints », etc.,
etc.

Conformément aux conditions portées dans la bulle d'investiture, le
nouveau souverain fit expédier, le 28
du même mois, en la forme convenue,
des lettres patentes de foi et hommage,
dont nous traduirons ici les clauses
fondamentales.

« Moi, Louis d'Espagne, prince de
« la Fortunie, confesse et reconnais
« que les îles ci-dessous désignées,
« savoir: Canarie, Ningaria, Pluvia-
« ria, Junonia, Embronea, Athlantica,
« des Hespérides, Cernent, Gorgo-
« nide et Goleta, avec tous leurs droits
« et appartenances, ont été, par vous,
« monseigneur Clément VI par la di-
« vine Providence pape, en votre nom
« et en celui de vos successeurs les
« pontifes romains canoniquement in-
« tronisés, et de l'Église romaine,
« concédées en fief perpétuel, à moi
« et à mes successeurs catholiques et
« légitimes, et dévoués à l'Église ro-
« maine, tant mâles que femelles; et
« que je les ai reçues et les tiens,
« moyennant le cens annuel de 400
« florins de bon et pur or, au poids
« et coin de Florence, à payer chaque
« année, le jour des saints apôtres
« Pierre et Paul, à vous monseigneur
« Clément VI par la divine Providence
« pape, et à vos successeurs, et à l'É-
« glise romaine. Pour lesquelles îles
« faisant plein vasselage à vous et à
« vos successeurs canoniquement in-
« tronisés, et à la susdite sainte Église
« romaine, je serai dorénavant fidèle
« et obéissant à saint Pierre, et à
« vous monseigneur Clément VI pape,
« et à vos successeurs canoniquement
« intronisés, et à la sainte Église ro-
« maine », etc., etc.

Après la cérémonie du couronne-
ment, le cortége fut surpris au milieu
de sa marche par une pluie diluviale,
et le prince rentra chez lui tellement
mouillé, qu'on y vit un présage de la nature pluvieuse et humide du pays dont
la principauté lui était échue : nous
tenons ce récit de Pétrarque, témoin
oculaire du fait. Mais ne nous arrêtons pas à ces futiles détails, et occupons-nous de la signification réelle des
dispositions qu'on venait d'adopter.
Ce n'étaient là que des préliminaires, des précautions peut-être, prises
par une politique habile contre les
prétentions ou les desseins qui pou-

vaient avoir été conçus par divers gouvernements rivaux, de s'emparer de ces îles, à raison de quelques tentatives de première occupation déjà effectuées sur quelques points, mais dont les effets ne pouvaient être réalisés et prendre de la consistance, suivant les idées du temps, que par la consécration du saint-siége, dont l'autorité n'était point contestée quant à l'attribution de la souveraineté temporelle des terres à conquérir sur les Gentils.

Telles étaient les circonstances au milieu desquelles le pape Clément VI écrivit aux rois de France, de Sicile, d'Aragon, de Castille, de Portugal, au dauphin de Viennois et au doge de Gênes, la lettre que nous avons déjà citée (*), dans le but d'obtenir, pour le prince nouvellement institué, des secours d'hommes, d'argent et de vaisseaux. Le roi de Castille et celui de Portugal, ce dernier surtout, firent mention, dans leurs réponses, des droits antérieurs qu'ils croyaient avoir à la conquête des îles que le saint-père venait de concéder à Louis d'Espagne, protestant néanmoins de leur respect pour sa décision, et de leur empressement à s'y conformer. Quoi qu'il en soit, le prince de la Fortunie fut détourné, par les affaires de France, auxquelles il prit une part active, de s'occuper sérieusement de la prise de possession de ses domaines océaniens. Cependant il avait écrit, le 13 avril 1345, à la cité de Valence, pour lui demander un puissant secours, qui fut promis, sous la réserve de l'autorisation du roi d'Aragon : ce monarque de son côté, personnellement sollicité par le prince Louis, qui était venu le trouver à Poblete au mois d'août 1347, mit à sa disposition un certain nombre de galères, et lui permit de prendre dans l'île de Sardaigne les approvisionnements de vivres dont il aurait besoin. Si l'on en croit Benzoni, deux galères ainsi armées par le prince de la Fortunie, étant parties de Cadix, abordèrent à Gomère et y débarquè-

(*) Ci-dessus, p. 38.

rent cent vingt hommes, qui, à peine sur le rivage, furent assaillis par les indigènes avec une telle vigueur, que la plupart furent tués, et le reste ne regagna qu'à grand'peine les navires, lesquels s'en retournèrent avec le regret et la honte d'avoir manqué leur expédition.

Première expédition de Béthencourt pour la conquête des Canaries.

Ainsi que nous avons eu occasion de l'indiquer déjà, les Canaries furent, dans la seconde moitié du quatorzième siècle, le théâtre de fréquents pillages de la part des corsaires et des aventuriers qui tenaient alors la mer, et que leur volonté ou les hasards de la tempête conduisaient à ces îles; tels que les Génois, les Normands, le Biscayens, les Castillans, les Mayorquins, etc. Nous avons cité, notamment, la descente préméditée faite à Lancelote en 1393 par Gonzalve Peraza, les descentes fortuites de Ferdinand d'Ormel, de Martin Ruiz d'Avendaño, de Francisco Lopez en 1382; nombre d'autres sans doute eurent lieu, qui ne nous sont pas connues : le poëte canarien Antonio de Viana donne le nom de Servant au chef de la première expédition française venue en ces îles; un document officiel conservé à l'Escurial, et qui contient les résultats d'une enquête faite en 1476, par ordre exprès de la reine Isabelle de Castille, sur les droits respectifs des divers prétendants à la possession des Canaries, déclare formellement que Jean de Béthencourt avait reçu, en Normandie, des informations sur ces îles, de la bouche de quelques aventuriers français, de deux surtout qui y avaient fait des incursions en compagnie de l'Espagnol Alvaro Becerra, ce qui inspira au baron normand la résolution de les aller conquérir.

Nous nous trouvons ainsi naturellement amenés au récit de cette grande entreprise. Quelques mots, auparavant, de ce seigneur et de sa famille. Jean de Béthencourt, chevalier, baron de Saint-Martin le Gaillard en la Comté d'Eu, seigneur de Béthencourt en Bray, de Grainville la Teinturière, de Saint-Sère, de Lincourt, de Riville, du Grand-Quesnay, de Huqueleu, etc., chambellan du roi Charles VI et du duc Philippe de Bourgogne, était fils de Jean de Béthencourt, et de Marie de Braquemont; son grand-père, nommé aussi Jean de Béthencourt, avait eu pour femme Isabelle de Saint-Martin, laquelle, devenue veuve, s'était remariée à Mathieu de Braquemont. Des alliances intimes et multipliées rattachaient ainsi l'une à l'autre les familles de Béthencourt et de Braquemont; et notre héros se trouvait, par cette voie, neveu de Robert de Braquemont, qui depuis fût amiral de France. Celui-ci, qui avait fait la guerre en Espagne avec le fameux Bertrand du Guesclin, avait épousé Inès de Mendoça, et se trouvait, tant par ses services que par ses nouveaux liens de famille, jouir d'une grande considération en Castille. Outre cet appui à la cour de Séville, Jean de Béthencourt y avait encore d'autres alliances, sa nièce Agnès de Béthencourt ayant épousé Guillaume de Casaux (ou Guillem de las Casas), descendant des anciens vicomtes de Limoges. Ces détails ne sont point inutiles pour l'intelligence du récit que nous ont laissé, de l'expédition des Canaries, les chapelains du *Conquéreur*.

Décidé à son entreprise, Béthencourt eut besoin de s'assurer des moyens d'exécution, et ce fut Braquemont qui lui vint en aide en lui fournissant, en échange de l'engagement de ses terres de Grainville et de Béthencourt, les deniers nécessaires à ses préparatifs; et il lui remit en outre des lettres de recommandation pour la cour d'Espagne.

Jean de Béthencourt se rendit à la Rochelle, où il proposa à un chevalier gascon, nommé Gaïfre de la Salle, d'être de la partie, ce que celui-ci accepta volontiers; et ils mirent en mer le 1er mai 1402. Ils n'en étaient ni l'un ni l'autre, ce semble, à leur coup d'essai, et l'on pourrait croire qu'ils avaient déjà couru ensemble quelques aventures à l'encontre des navires anglais : c'est du moins ce qui nous paraît résulter des instructions données en juillet 1402, par le roi Charles VI, à l'évêque de Chartres et à ses autres plénipotentiaires chargés de négocier la paix avec le roi Henri de Lancastre, instructions où il est dit : « Item, si de ladite partie
« d'Angleterre est demandé réparation des attentats *piéça* faits en la
« mer par le sieur de Béthencourt,
« dont ils ont *autrefois* fait la demande, répondront que ledit de
« Béthencourt et messire Gadifer de
« la Salle vendirent *piéça* tout ce qu'ils
« avoient au royaume, et disoient
« qu'ils alloient conquérir les îles de
« Canarre et d'Enfer; et là sont demeurés, et l'on ne sait qu'ils sont
« devenus. »

La bonne harmonie des deux chefs était loin d'être partagée par leurs gens : un gentilhomme normand, Bertin de Berneval, compagnon de Béthencourt, avait vu de mauvais œil l'adjonction des aventuriers gascons, et l'on n'était point encore parti de la Rochelle que déjà il avait organisé une espèce de ligue contre eux; et ce mauvais vouloir se traduisit, pendant le voyage, tantôt en actes de violence, tantôt en sourde opposition, si bien que l'expédition, forcée, par les vents contraires, de relâcher d'abord à Viveros, puis à la Corogne, fut en grand danger d'être rompue, et qu'avant de quitter les ports d'Espagne, elle avait perdu jusqu'à deux cents de ses hommes les mieux équipés ; en arrivant à Cadix elle comptait encore quatre-vingts personnes; mais pendant que Béthencourt était obligé de se rendre à Séville pour répondre aux réclamations des marchands génois, plaisantins et anglais, qui l'accusaient de leur avoir pris et coulé trois navires, les mariniers normands, constants dans leurs mauvaises dispositions, travaillèrent encore si bien leurs compagnons, en se plaignant de l'insuffisance des vivres et prétendant que c'était vouloir les faire mourir de faim, que l'expédition ne tarda pas à se trouver réduite à cinquante-trois personnes seulement. Béthencourt, après avoir reçu satisfaction et presque les excuses du conseil devant lequel il avait comparu, s'en revint à Cadix. On remit en mer avec le peu de monde qui était resté dans la nef, et l'on prit le large : après trois jours de calme, le temps redevint favorable, et en cinq jours l'on aborda à l'île Gracieuse, et l'on débarqua à Lancelote : on était alors au mois de juillet. Béthencourt fut bien reçu par les habitants, qui contractèrent amitié avec lui, et lui permirent de bâtir un fort, auquel il donna le nom de Rubicon; y ayant laissé quelque monde sous les ordres de Bertin de Berneval, on se rendit de nuit à Fortaventure; mais les habitants, qui avaient aperçu le navire, s'étaient enfuis à l'autre bout de l'île; et Gadifer de la Salle, bien qu'il fût entré assez avant dans les terres, n'en put prendre ni apercevoir un seul, et au bout de huit jours de vaine attente, le manque de provisions l'obligea de revenir à l'île de Lobos, où il eut le déplaisir assez grand, lui maître de la nef, de n'être repassé à Lancelote, par les mariniers qui la montaient, qu'à la condition qu'il n'entrerait pas à bord plus de Gascons qu'ils n'étaient eux-mêmes de Normands.

Il fut alors résolu que Béthencourt se rendrait en Espagne, afin d'en ramener tout ce qui leur manquait pour la poursuite de l'entreprise. Gadifer, de son côté, laissant Bertin de Berneval à Rubicon, se rendit à l'île de Lobos pour y faire provision de peaux de loups marins, afin de renouveler la chaussure de sa troupe; et comme il n'avait de vivres que pour deux jours, il renvoya sa barque à Rubicon, avec ordre d'en rapporter immédiatement. Dans l'intervalle étaient arrivées aux Canaries deux nefs espagnoles, l'une appelée Tranchemar, et l'autre Morelle. L'infâme Bertin, dont les propositions furent repoussées, par le capitaine et l'équipage de celle-ci, complota avec Ferdinand Ordoñez, capitaine de la première, l'enlèvement d'une trentaine d'insulaires pour les aller vendre en Espagne; ce qui fut exécuté. Les munitions de toute espèce, rassemblées au château de Rubicon, furent pillées ou détruites, les femmes livrées à la merci des mariniers espagnols, et la barque même de Gadifer retenue à son arrivée, au risque de le laisser périr de faim avec ses compagnons. La scélératesse de Bertin n'était pas encore allée jusqu'au bout : après avoir entraîné dans sa défection un certain nombre de Gascons, il les trahit à leur tour et les abandonna sur la plage; ces malheureux, n'osant rester exposés au courroux de Gadifer quand il viendrait leur demander compte de leur conduite, prirent le parti de se jeter dans la barque et de gagner la côte voisine; mais ils allèrent y échouer, et, de douze qu'ils étaient, il y en eut dix de noyés, et les deux autres furent faits prisonniers par les Maures; plus tard, cette même barque, ballottée par les flots, fut poussée en dérive jusqu'au port de l'île Gracieuse, où elle arriva au mois d'août 1403, dix mois après qu'elle en était partie.

Le malheureux Gadifer, resté, lui onzième, dans l'île de Lobos, sans vivres et sans eau potable depuis huit jours, était réduit, pour étancher sa soif, à étendre la nuit, à la rosée, un linge qu'il tordait ensuite, afin d'en exprimer péniblement quelques gouttes d'eau. Le patron de la nef Morelle envoya à son secours un de ses pilotes avec quelques vivres, dans un canot, au moyen duquel le noble chevalier put revenir à Rubicon.

Il y trouva les choses dans le plus piteux état : plus de provisions de bouche pour assurer la subsistance de sa troupe, plus de munitions suffisantes, ni assez d'hommes pour tenir tête aux indigènes désormais hostiles, et que la trahison de Bertin de Berneval avait exaspérés. Il entra cependant en pourparlers avec un d'entre eux appelé Asche, oncle de l'interprète Alfonse que Béthencourt avait amené de France. Cet homme avait dessein de profiter de l'appui des

Français pour supplanter le roi Guadarfia, sauf à se retourner ensuite contre les Français pour détruire le peu qui en était resté. Il y eut même à cet égard un commencement d'exécution : car le roi Guadarfia ayant été fait prisonnier par Gadifer dans un coup de main, le 24 novembre 1402, Asche revêtit les ornements royaux, et traita avec les Français de sa conversion au christianisme avec tous ceux de son parti; d'un autre côté, les gens de Gadifer ayant fait dans le pays des provisions d'orge pour suppléer aux vivres qui leur manquaient, la déposèrent provisoirement dans l'ancien château jadis élevé par Lancelot Maloisel, et quelques-uns partirent pour Rubicon, afin d'y chercher du monde qui les aidât à en opérer le transport ; ils furent accompagnés dans la route par Asche et vingt-quatre des siens, qui, dans un endroit écarté, tentèrent de tomber sur eux, et en blessèrent grièvement un; ceux qui étaient restés dans l'ancien château se saisirent, par représailles, d'un Canarien, le décapitèrent, et exposèrent sa tête au bout d'un pieu sur une haute montagne, comme un exemple. Le roi Guadarfia, parvenu à s'échapper en même temps de Rubicon, se saisit d'Asche, et le fit lapider et brûler. Depuis ce moment, on se tint sévèrement sur ses gardes, et l'on ne manqua aucune occasion de faire les indigènes prisonniers, dans le dessein de tuer tous les guerriers si l'on ne pouvait en venir à bout autrement, et de donner le baptême aux femmes et aux enfants : il y eut ainsi, à la Pentecôte 3 juin 1403, plus de quatre-vingts personnes baptisées ; et, en attendant des nouvelles de Béthencourt, on se résigna à vivre de la même manière que les naturels, s'étonnant toutefois de ne voir rien venir, pas même les navires espagnols et autres, qui avaient coutume de fréquenter ces parages.

Expéditions ultérieures de Jean de Béthencourt.

Cependant Béthencourt, arrivé à Cadix avec la nef de Gadifer, avait eu soin, à son arrivée, de mettre sous la main de la justice ceux des mariniers qui s'étaient montrés les plus mal-intentionnés, et de se saisir lui-même du navire, qu'il voulut faire remonter à Séville; mais ce bâtiment coula et se perdit devant San-Lucar de Barrameda, et l'on ne sauva qu'une partie du chargement, dont Gadifer demeura frustré. Arrivé à la cour de Castille, le seigneur normand, ayant obtenu audience du roi Henri III, lui dit : « Sire, je viens à secours à vous : c'est « qu'il vous plaise me donner congé « de conquérir et mettre à la foi chré- « tienne unes îles qui s'appellent les « îles de Canare, esquelles j'ai été et « commencé tant que j'y ai laissé de « ma compagnie, qui tous les jours « m'attendent, et y ai laissé un bon « chevalier nommé messire Gadifer « de la Salle, lequel il lui a plu me « tenir compagnie; et pour ce, très- « cher Sire, que vous êtes roi et sei- « gneur de tout le pays à l'environ, « et le plus près roi chrétien, je suis « venu requérant votre grâce qu'il « vous plaise me recevoir à vous en « faire hommage. » Le roi accueillit avec beaucoup de satisfaction cette ouverture, reçut l'hommage, et concéda en retour la seigneurie des îles, avec le quint des marchandises qui seraient importées de là en Espagne, le droit de battre monnaie, et une somme de 15 000 maravédis d'or, à prendre à Séville.

Béthencourt avait d'abord eu le projet de poursuivre son voyage jusqu'en France, pour y ramener sa femme, qui l'avait accompagné dans son expédition et s'était arrêtée à Cadix, où elle l'attendait; mais il n'en eut point le loisir, et chargea l'un des siens, Enguerrand de la Boissière, de la reconduire à Grainville, obligé qu'il était lui-même de pourvoir aux besoins des gens qu'il avait laissés à Lancelote, et que la trahison de Bertin de Berneval avait réduits à une position pénible. Béthencourt avait reçu la première nouvelle de ces événements par l'arrivée de la nef Morelle, qui précéda de fort peu celle de la nef

Tranchemar, où se trouvaient Bertin et ses complices, ainsi que les captifs canariens. Un des gens de Gadifer de la Salle, présent à Cadix au débarquement du traître, le fit arrêter, et entama des poursuites contre lui ; mais, dans l'intervalle, Ferdinand Ordoñez s'esquiva avec son navire et son chargement, qu'il alla vendre en Aragon.

Béthencourt s'adressa au roi d'Espagne pour obtenir les secours nécessaires au ravitaillement de son château de Rubicon ; et le roi lui fit donner une nef bien artillée avec 80 hommes d'effectif, 4 tonneaux de vin, 17 sacs de farine, et autres munitions de guerre et de bouche ; le tout fut expédié à Gadifer de la Salle avec des lettres où Béthencourt lui recommandait de tirer immédiatement tout le parti possible des moyens qu'il lui envoyait d'explorer les diverses îles, afin d'en préparer la conquête ; il l'instruisait en même temps des bonnes dispositions qu'il avait trouvées auprès du roi de Castille, et de l'hommage qu'il lui avait rendu, toutes choses dont Gadifer fut très-satisfait, si ce n'est de l'hommage, qui lui parut impliquer à son propre égard, quant à la possession des îles, une exclusion dont il n'avait pas lieu de se réjouir.

Quoi qu'il en soit, le bon chevalier se mit incontinent en devoir de profiter du ravitaillement qui lui arrivait. Après avoir reçu et emmagasiné les munitions, il s'embarqua vers la mi-novembre, avec une bonne partie de son monde et deux interprètes, pour faire une reconnaissance dans l'île de Fortaventure ; il descendit à terre avec trente-cinq hommes, parmi lesquels se trouvaient vingt-un Espagnols, la plupart arbalétriers, qui n'osèrent suivre l'expédition qu'à moitié chemin, laissant les treize Français s'enfoncer seuls dans l'intérieur des montagnes ; mais, en s'en retournant, ces Espagnols tombèrent dans une embuscade des insulaires, et ne furent dégagés que par la bravoure des Français, qui accoururent successivement à leurs cris : aussi Gadifer ne compta-t-il plus sur eux dans la suite de son voyage, qui dura environ trois mois, jusqu'à l'arrivée de Béthencourt avec de nouvelles forces.

De Fortaventure on se rendit à la grande Canarie, où l'on commerça avantageusement avec les indigènes, leur donnant des hameçons, de la vieille ferraille, de petits couteaux d'un prix minime, pour des quantités de sang-dragon d'une grande valeur ; mais on ne put débarquer, à cause de leur opposition : ils avaient tué douze ans auparavant, treize chrétiens qui avaient vécu sept années au milieu d'eux, leur annonçant l'Évangile, et qu'ils accusèrent d'avoir écrit en Europe à leur préjudice. On recueillit leur testament, destiné à prémunir les nouveau-venus contre la perfidie des naturels. Nous avons déjà dit (*) que ces chrétiens provenaient du navire de Francisco Lopez, naufragé sur cette côte le 8 juillet 1382.

Côtoyant ensuite l'île de Fer, De la Salle se rendit à Gomère, où il arriva le soir, et se saisit de quelques indigènes ; mais quand il voulut débarquer le lendemain, il fut vivement repoussé, et ne put même faire de l'eau. Il se dirigea alors sur l'île de Palme ; mais le vent le força à venir à l'île de Fer, où il s'arrêta 22 jours. Il ne put lier de relations avec les naturels, faute d'avoir alors un truchéman, qu'il ne parvint à se procurer qu'ultérieurement. Puis on descendit à Palme, où l'on fit de l'eau ; et de là, en deux jours et deux nuits, on revint au château de Rubicon, en l'île Lancelote.

Gadifer renvoya alors en Espagne le navire avec les mariniers espagnols qui le montaient, expédiant à Béthencourt un messager avec des lettres où il lui rendait compte de la situation des choses, et de la reconnaissance qu'il venait de faire. Mais Béthencourt était déjà en mer pour son retour, et il arriva bientôt au port de Rubicon, où il fut reçu avec de grandes démonstrations de joie ; on poussa vigoureusement la réduction

(*) Ci-dessus, p. 38.

des naturels, et au bout de peu de jours, leur roi, ayant été fait prisonnier, demanda formellement le baptême dans une entrevue qu'il eut avec Béthencourt le 20 février 1404, ce qui avança beaucoup d'autres conversions ; et les deux chapelains de l'expédition rédigèrent, pour l'*instruction de leurs ouailles*, un exposé clair et succinct de la doctrine chrétienne, ainsi mise à la portée de ces naïves intelligences. Cependant la trahison dont ils avaient été victimes avait tellement exaspéré les insulaires, qu'il fallut encore beaucoup de peine pour compléter leur soumission.

Gadifer de la Salle crut que les services qu'il avait rendus méritaient leur récompense, et il demanda à Béthencourt de lui laisser, pour sa part, les trois îles d'Erbanie, d'Enfer et de Gomère, qui n'étaient point encore conquises, mais qui se trouvaient néanmoins faire partie de la concession générale que le roi d'Espagne lui avait faite des Canaries en retour de l'hommage qu'il en avait reçu : sans accéder à cette demande, le baron normand invita son compagnon à attendre le résultat définitif de leur entreprise, promettant *qu'il lui baillerait et laisserait telle chose dont il serait content.* Et ils se rendirent ensemble à Fortaventure, où ils firent une grande *rese* (ghazyah), et transportèrent leurs prisonniers à Lancelote. Béthencourt se retrancha sur le flanc d'une montagne, près d'une source, à une lieue de la mer, et y commença une forteresse qui reçut le nom de Richeroque; Gadifer, de son côté, se fortifia sur un autre point. Leur mésintelligence avait grossi jusqu'à la menace : cependant Gadifer prit encore part à une expédition faite le 25 juillet 1404 contre la grande Canarie, et qui se borna à quelques relations de trafic, brusquement interrompues par une tentative des indigènes à surprendre les Français ; lesquels n'échappèrent qu'à grand'peine et non sans dommage. Revenu à Fortaventure, Gadifer renouvela auprès de Béthencourt la demande qu'il lui avait faite de trois des îles à conquérir; mais il n'en obtint encore que de belles paroles, et ils partirent tous deux pour l'Espagne sur des navires distincts, assez mécontents l'un de l'autre ; puis, voyant que Béthencourt jouissait auprès du roi de Castille d'une faveur qui ne laissait nul espoir de rien gagner sur lui, Gadifer de la Salle, dégoûté, s'en revint en France, d'où il ne retourna plus aux Canaries.

Béthencourt, au contraire, après avoir obtenu du roi d'Espagne des lettres solennelles d'investiture, s'en revint en l'île d'Erbanie, où il fut joyeusement accueilli des siens ; mais il eut à soutenir de rudes attaques de la part des indigènes, qui surprirent et détruisirent, le 7 octobre 1404, le château de Richeroque, et pillèrent, dans le port voisin, les vivres et les munitions que Béthencourt y avait déposés; néanmoins l'avantage resta en définitive aux chrétiens, surtout en deux rencontres où il y eut beaucoup de morts et de prisonniers. Le 1er novembre suivant, Béthencourt revint à Richeroque, qu'il fit remettre en état. Il continua de guerroyer, avec l'aide des gens que Gadifer de la Salle avait laissés en son château de Baltharhayz (ou Val-Tarahal) et des auxiliaires indigènes qu'il fit venir de Lancelote, jusqu'à ce que les deux rois païens de l'île se déterminèrent à faire leur soumission et à demander le baptême; l'un d'eux, auquel les historiens espagnols donnent le nom de Guize, roi de Mahorata, vint le premier, avec quarante et un des siens, et reçut l'onde sainte avec le prénom de Louis, le 18 janvier 1405 ; vingt-deux autres de ses sujets furent encore baptisés trois jours après. L'autre roi, appelé par les Espagnols Ayoze, roi de Handia, arriva le 25 janvier avec quarante-six de ses gens, et ils furent tous baptisés le surlendemain : l'exemple fut contagieux, et il n'y eut bientôt plus que des chrétiens à Fortaventure.

Après un tel succès, Béthencourt s'embarqua le 31 du même mois, avec quelques-uns des gens de Gadifer de la Salle, pour aller faire un voyage en

France. Une traversée de vingt et un jours le conduisit au port de Harfleur, d'où il se rendit à son château de Grainville. Là il s'occupa de réunir des gens d'armes et de métier pour une nouvelle expédition, et ayant ainsi, avec l'aide de son neveu Mathieu (ou, comme on l'appelait vulgairement, Maciot) de Béthencourt, rassemblé cent soixante hommes, dont vingt-trois avaient leurs femmes avec eux, il acheta, de son parent Robert de Braquemont, un second navire, et remit en mer avec tout son monde le 9 mai 1405. Son arrivée fit un merveilleux effet à Lancelote et à Fortaventure, où il descendit en grande pompe; puis il songea à faire une tentative sur la grande Canarie, et fixa le 6 octobre 1405 pour le départ.

Il partit en effet ce jour-là de Fortaventure avec tout son monde et ses deux navires, auxquels il en fut adjoint un troisième envoyé par le roi d'Espagne; mais il s'éleva une tempête qui les poussa sur la côte d'Afrique auprès du port de Bugeder; Béthencourt y descendit, et fit dans l'intérieur des terres une ghazyah dans laquelle ils prirent des hommes, des femmes, et jusqu'à trois mille chameaux, dont ils tuèrent et salèrent une partie pour leur provision. Puis on repartit pour la grande Canarie; mais la tempête sépara les trois navires, dont l'un arriva à Fontaventure, l'autre à l'île de Palme; celui que montait Béthencourt arriva seul en droiture à sa destination, où il fut ensuite rejoint par le premier. La descente qu'ils tentèrent dans l'île, avec trop peu de précautions, fut désastreuse; ils perdirent beaucoup de monde, et furent obligés de se rembarquer.

Béthencourt se rendit alors à l'île de Palme, où il retrouva un de ses navires; il y resta environ six semaines, et y obtint des succès assez notables. Il alla ensuite à l'île de Fer; et comme il avait eu du roi d'Espagne un interprète nommé Augeron, qui se trouvait être le frère du roi de l'île, il s'en servit pour attirer perfidement ce chef et cent onze de ses sujets, dont il fit aussitôt sa proie, les remplaçant par des Normands, à qui il distribua leurs terres pour les cultiver.

Après avoir ainsi conquis les îles de Lancelote, Fortaventure et Fer, Béthencourt régla l'administration de ce domaine. Il exempta ses compagnons d'armes de tout impôt pendant neuf années, au bout desquelles ils devaient rentrer dans le droit commun, et payer le quint de toutes leurs récoltes, sauf pour l'orseille, dont le seigneur se réservait le monopole. Quant à ses deux chapelains, qu'il avait faits curés de Lancelote et de Fortaventure, il déclara que, bien qu'ils eussent droit à la dîme, ils n'en toucheraient provisoirement que le tiers, jusqu'à ce que les îles eussent été pourvues d'un évêque. Il créa pour son lieutenant au gouvernement des Canaries son neveu Maciot, lequel aurait sous ses ordres, en chaque île, deux sergents pour l'expédition des affaires de justice, se conformant autant que possible à la coutume de Normandie. Sur le quint qui constituait son revenu seigneurial, il déléguait un tiers pour l'émolument de son neveu, et quant aux deux autres tiers, il en faisait abandon pendant cinq années, afin d'être employés à la construction de deux églises, l'une à Lancelote, l'autre à Fortaventure, et à tels autres édifices publics qui seraient jugés nécessaires : à l'expiration des cinq années, le revenu qu'il se réservait devait lui être envoyé en Normandie, avec le compte rendu de l'état du pays.

Gouvernement de Mathieu de Béthencourt.

Après avoir tenu une cour plénière au château de Rubicon, Jean de Béthencourt mit en mer le 15 décembre 1405, au milieu des témoignages les plus touchants de regret de la part de ses vassaux, et il arriva sept jours après à Séville, d'où il se rendit à Valladolid auprès du roi son suzerain, qui lui fit un accueil plus gracieux que jamais, et lui remit des lettres pour le pape, auquel le seigneur normand avait dessein d'aller demander l'institution d'un évêque pour les Canaries. Reparti de Valladolid vers le milieu de janvier pour se rendre à Rome, Béthencourt se présenta devant le saint-père (le pape romain était alors Innocent VII, retiré à Viterbe, et qui ne rentra dans la ville éternelle que le 13 mars); il obtint de lui la création d'un siége épiscopal aux Canaries, et la nomination à ce siége d'Albert ou Alvaro de Casaus ou de las Casas, frère de Guillaume, l'époux de sa nièce Inès de Béthencourt. Après quinze jours passés à la cour pontificale, le baron normand prit la route de France, tandis que le nouveau prélat se rendait dans son diocèse par l'Espagne. A son passage à Florence, Béthencourt fut accueilli, festoyé et défrayé par la commune pendant quatre jours; il arriva ensuite à Paris, où il s'arrêta huit jours, et enfin il rentra, le 19 avril 1406, en son château de Béthencourt, d'où il se rendit peu après à Grainville, son manoir principal.

C'est là qu'il reçut à diverses reprises des nouvelles des îles, qui prospéraient sous l'administration sage et paternelle de son neveu; un acte daté de Valladolid, le 25 juin 1412, nous le montre de nouveau à la cour de Castille, accomplissant la formalité de l'hommage envers le roi Jean II, son suzerain, en présence de la reine-mère Catherine de Lancastre, régente, et, entre autres témoins, de son parent Robert de Braquémont. Cependant la guerre civile qui désolait la France, et qui amena les Anglais jusqu'au cœur du royaume, vint compromettre gravement en Normandie la fortune de Béthencourt, qui y perdit son château de Saint-Martin le Gaillard, pris et démoli par les Anglais. Dans ces conjonctures fâcheuses, il eut recours sans doute aux moyens que son domaine des Canaries pouvait lui fournir de parer à ses pertes, et il y a lieu de penser que ce fut conformément à ses ordres que son neveu Maciot poursuivit rigoureusement le recouvrement de l'impôt du quint, et fit contre les insulaires non soumis des rèses multipliées, afin de se procurer de l'argent par la vente des prisonniers; mais il résulta de cette nouvelle conduite du gouverneur une désaffection et même une opposition directe, dont l'évêque Mendo de Viedma, successeur d'Albert de las Casas, devint le principal moteur, et qui se traduisit enfin en accusations formelles auprès de la reine-régente de Castille, laquelle donna à Henri Perez de Guzman, comte de Niebla, commission d'examiner les faits et de lui en rendre compte: et Guzman à son tour envoya à cet effet aux Canaries, avec trois navires bien pourvus de monde et de munitions, Pierre Barba de Campos, seigneur de Castro-Fuerte, qui détermina Maciot à le suivre en Espagne, et le conduisit à San-Lucar de Barrameda.

Soit que ces mesures, qui semblaient faire présager une tentative de spoliation, suggérassent à Béthencourt des dispositions propres à y échapper ou à en atténuer l'effet, soit que la situation embarrassée où la guerre de Normandie l'avait réduit, fût le seul motif de sa résolution, il envoya des pouvoirs, signés à Grainville le 17 octobre 1418, et donna commission expresse, tant à son neveu Mathieu de Béthencourt qu'au sieur de Sandouville, d'aliéner le domaine utile de ses îles de Canarie, sauf réserve, pour lui et ses successeurs, de celle de Fortaventure, et de la seigneurie de toutes, sous l'hommage de la Castille. L'aliénation fut consommée à San-Lucar, par acte du 15 novembre suivant, en faveur du comte de Niebla, Maciot conservant, au nom du nouveau propriétaire, le gouvernement qu'il avait jusqu'alors exercé au nom de son oncle.

D'autres prétendants s'étaient mis sur les rangs dans l'intervalle, notamment Ferdinand Peraza, fils de Gonzalve-Martel Peraza, qui avait fait en 1393, sous le patronage du roi Henri III, une expédition contre ces îles; mais il ne paraît pas qu'il obtint alors aucun résultat de ses démarches. Alfonse de las Casas, père de Guillem, dont

Peraza avait épousé la fille, eut du moins l'avantage de se faire octroyer, par lettres données à Avila, le 29 août 1420, le privilége de la conquête des trois îles de Gomère, Palme et Ténérife, avec concession héréditaire de toute seigneurie, juridiction et autorité.

On ne voit point que la grande Canarie soit comprise dans cette concession; elle fut, quelques années après, l'objet d'une tentative de la part des Portugais : l'infant dom Henri le Navigateur expédia contre elle, en 1424, une escadre portant 2 500 fantassins et 120 cavaliers, sous les ordres de Ferdinand de Castro, le même que Ruy Diaz de Mendoza avait rudement désarçonné, l'année précédente, aux joûtes de Séville. A peine débarqués, les assaillants furent si vigoureusement reçus par les insulaires, qu'ils se hâtèrent de regagner leurs vaisseaux, non sans avoir éprouvé une perte considérable.

Cependant la possession des Canaries était, d'un autre côté, l'objet d'interminables contestations entre le comte de Niebla et Guillem de las Casas, fils d'Alfonse, l'un acquéreur des droits des Béthencourt sur les îles conquises, l'autre concessionnaire des îles à conquérir. Henri de Guzman prit le parti de se soustraire à ces ennuis par une transaction : ayant obtenu à cet effet une cédule royale donnée à Médina del Campo le 4 février 1430, il fit à Guillem de las Casas, moyennant 5 000 dinars mauresques de bon or (une soixantaine de mille francs), cession de ses droits sur les îles conquises, par acte signé à San-Lucar de Barrameda le 15 mars suivant. Guillem, à son tour, rétrocéda, en 1432, l'île Lancelote à Maciot de Béthencourt, son parent, à condition de n'en pouvoir disposer lui-même qu'en faveur de Guillem ou de ses successeurs, et, à leur refus, de quelque autre sujet et vassal du roi de Castille.

Guillem de las Casas étant mort, sa succession fut partagée entre ses deux enfants, l'un appelé Guillem comme son père, l'autre, qui était une fille nommée Inès, mariée à Ferdinand Peraza. Celui-ci, au nom de sa femme, traita avec son beau-frère, le 28 juin 1443, à Ocaña, d'un échange au moyen duquel il demeura maître exclusif des Canaries (sauf Lancelote, qui était entre les mains de Maciot); et il prit possession effective de ce domaine le 28 juin 1445. Ayant voulu faire, en 1447, une descente en l'île de Palme, il fut vigoureusement repoussé par les indigènes, et perdit dans la mêlée son fils, le jeune et beau Guillem Peraza, dont la mort fut chantée par les romanciers du temps. Des rivalités fâcheuses s'étant élevées, dans leurs courses de pillage, entre Peraza et Maciot, le premier ne recula point devant un acte de violence : il fit enlever Maciot et quelques-uns des siens, et les envoya prisonniers à l'île de Fer; mais Maciot trouva le moyen de s'échapper et de se sauver à Lisbonne, d'où il vint à Séville, auprès du comte de Niebla, qui opéra la réconciliation des deux seigneurs.

Mais la position de Maciot n'était plus tenable, et, résolu à la changer, il envoya à Madère un religieux chargé de ses pouvoirs, à l'effet de vendre son île de Lancelote à l'infant dom Henri, qui avait su le gagner par ses caresses : l'affaire fut conclue moyennant une rente annuelle de 20,000 reis. Antonio Gonzalves, écuyer de l'infant, fut aussitôt dépêché avec deux caravelles, pour prendre possession de l'île cédée, et ramener à Madère la famille de Maciot. Peraza se plaignit au roi de Castille, et fit valoir son droit à reprendre Lancelote, puisque Maciot de Béthencourt avait manqué à la condition expresse de n'en disposer qu'en faveur des successeurs de Guillem Peraza, son auteur; et le roi donna à Benavente, le 7 avril 1449, une cédule ordonnant aux habitants de Lancelote de mettre le réclamant en possession de la seigneurie de leur île. Ceux-ci se mirent aussitôt en devoir de se débarrasser des Portugais, qui furent immédiatement expulsés; mais, quant aux prétentions de Peraza, ils se récusaient comme juges de la valeur de ses droits. Le roi alors nomma provisoirement, par lettres données à Toro, le 22 février 1450, un des huissiers de sa chambre pour gouverneur et séquestre de Lancelote, en attendant la décision juridique de la difficulté; et, comme on apprit qu'il se préparait à Lisbonne une expédition pour recouvrer Lancelote, une cédule royale, signée à Valladolid le 8 mars 1451, ordonna que ni Maciot, ni aucune personne suspecte ne fût admise dans l'île, et fût, au contraire, repoussée au besoin à main armée, ce qui eut lieu en effet à diverses reprises.

Fernand Peraza mourut sur ces entrefaites, en 1452, laissant, pour unique héritière, sa fille Inès, mariée à Diègue de Herrera. L'affaire fut poursuivie à la requête de celui-ci ; Maciot fut ajourné devant la cour du roi, et un arrêt du 30 juin 1454 prononça la déchéance de Béthencourt, adjugeant Lancelote à Inès Peraza et Diègue de Herrera son mari, comme héritiers de Guillem de las Casas. Il fallut toutefois des lettres de jussion, expédiées à Tolède le 4 juin 1455, pour déterminer les Lancelotais à mettre en possession leur nouveau seigneur.

Seigneurie de Diègue de Herrera.

D'un autre côté, les inimitiés de la Castille et du Portugal venaient de s'éteindre dans l'union de l'infante Jeanne de Portugal avec le nouveau roi d'Espagne Henri IV; et ce souverain, pour se montrer gracieux envers les deux ambassadeurs, Martin d'Atayde Gonzalves de Castro comte d'Atouguia, et Pierre de Menezès comte de Villaréal, qui lui avaient amené cette princesse à Cordoue, leur octroya, par lettres du 21 mai 1455, le privilége de la conquête des trois îles de Canarie, Palme et Ténérife. Herrera, qui ignorait cet acte de la munificence royale si préjudiciable à ses intérêts, fit à la grande Canarie une visite amiable, dont il profita pour faire dresser, sous la date du 12 août 1461, un acte solennel de prise de possession, appuyé par la construction d'un fortin, appelé la tour de Gando; et pareille cérémonie fut exécutée à Ténérife le 12 juin 1464. Cependant, les chrétiens ayant maltraité quelques bergers guanches, ils furent assaillis dans un petit fort que les insulaires les avaient d'abord autorisés à bâtir, et ils furent obligés de se rembarquer.

Mais les Portugais, qui n'avaient point encore exercé le privilége concédé aux comtes d'Atouguia et de Villaréal, voulurent enfin le mettre à profit, et l'infant dom Fernando, acquéreur des droits de ces deux seigneurs, arma quelques caravelles, et les envoya en 1466, avec des troupes de débarquement, sous les ordres de Diogo da Silva, contre la grande Canarie ; Silva, pillant au passage Lancelote et Fortaventure, et débarquant ensuite à la grande Canarie, s'empara sur les Espagnols de la tour de Gando, qu'il occupa. Herrera porta aussitôt ses plaintes et ses réclamations aux cours de Castille et de Portugal : le roi Henri IV, après s'être fait rendre un compte exact de l'état des choses, fit expédier à Placencia, le 6 avril 1468, une cédule royale portant révocation formelle de la concession subreptice que, dans l'ignorance des droits d'Inès Peraza, il avait jadis accordée aux importunités des comtes d'Atouguia et de Villaréal, faisant inhibitions et défenses de troubler Herrera dans la possession des Canaries et petite mer de Barbarie (*Mar Menor de Berberia*), dont il était seigneur incontestable. Un arrangement amiable se faisait en même temps avec Diogo da Silva, qui devint l'époux de Marie d'Ayala, fille de Herrera, à laquelle fut donné en dot un tiers des revenus de Lancelote et Fortaventure : aussi ce seigneur dut-il contribuer de tout son crédit au succès des réclamations de son beau-père à la cour de Portugal, qui rendit, en 1469, un arrêt pour suspendre un nouvel armement que l'infant dom Fernando avait préparé.

Les Castillans de Herrera et les Portugais de Diogo da Silva tournèrent dès lors de concert leurs armes contre la grande Canarie. On s'imagina que tous les habitants de l'île devaient être accourus à la défense de la contrée de Telde, attaquée depuis longtemps par les Européens; et que, par conséquent, on avait chance de les surprendre facilement, ou tout au moins de diviser leurs forces, en opérant une diversion du côté de *Galdar*. Silva, prenant avec lui trois caravelles portant deux cents hommes, partit une nuit, et fit le tour de l'île pour venir débarquer le plus secrètement possible sur la côte septentrionale.

Cependant, que s'était-il passé parmi les indigènes depuis quelques années? Le roi *Artemi*, en mourant, avait laissé deux fils, *Temesor* et *Bentaguayre*, le premier régnant dans la contrée de Galdar, le second dans la contrée de Telde. Bentaguayre, jaloux de son frère, l'avait attaqué, mais sans parvenir à le déposséder. Parmi les *guayres* ou nobles qui l'avaient assisté dans cette guerre, il en était plusieurs envers qui il s'était montré cruel et ingrat : l'un de ces braves, nommé *Menedan*, s'expatria et vint finir ses jours à Fortaventure, sans que Herrera pût jamais le déterminer à rendre aux Européens quelques services dans la conquête des États de ce roi qui l'avait maltraité. Un autre, du nom de *Doramas*, avait conservé au cœur plus de soif de vengeance : retiré dans des montagnes inaccessibles, il avait de là entretenu des rapports avec d'autres mécontents, avait rallié des forces autour de lui, et tenait de ce côté aussi Bentaguayre en échec. L'île était ainsi divisée en deux États qui se faisaient une guerre acharnée; Herrera n'avait donc point en face de lui, à Gando, toutes les forces de l'île; et Silva, sans le savoir, allait trouver le pays de Telde bien gardé.

Le matin du troisième jour après son départ de Gando, il effectua son débarquement dans la baie d'Agumastel, où sont aujourd'hui les bains de Galdar. Le rivage était désert : c'est que le roi Temesor, qui avait vu les vaisseaux, et avait rassemblé en toute hâte les plus braves de ses sujets, tendait un piége aux Européens, en leur offrant la facilité de pénétrer dans les terres, où il se proposait de leur couper la retraite.

Silva donna dans le piége, et ne tarda pas à se voir tout à coup entouré de naturels en armes, et qui poussaient des cris furieux. Il n'eut que le temps de se jeter, avec sa petite troupe, dans une espèce d'arène entourée d'un mur à hauteur d'appui. C'était le lieu où les naturels tenaient d'ordinaire leurs assemblées politiques; il servait aussi aux exécutions judiciaires. Deux jours s'écoulèrent dans cette position horrible, où il manquait de vivres, d'eau, et où il perdait à chaque moment quelqu'un des siens. Les naturels refusaient obstinément d'entendre à toute espèce de capitulation. On prétend qu'alors une femme, de la famille du roi, prit pitié des Européens, et s'intéressa pour eux. Quoi qu'il en soit, tous les historiens s'accordent à raconter que le roi de Galdar vint s'aboucher avec Silva. Ce roi, bon et en même temps prudent et rusé, comme l'observe Nuñez de la Peña, conseilla aux Portugais de le retenir prisonnier, et d'annoncer aux naturels qu'ils allaient le mettre à mort, si on ne leur accordait passage jusqu'à leurs vaisseaux. Il est plutôt probable que Silva fut assez heureux pour pouvoir s'emparer de la personne du roi, et fut assez bon politique pour en tirer le même parti que Fernand Cortez, dans une situation analogue, tira de la personne de Montezuma, vis-à-vis des naturels de Mexico.

De retour à Gando, Silva ne put dissuader Herrera d'entreprendre une excursion dans la contrée de Telde, où il s'empara du village de ce nom, et construisit un petit fort qui servit en même temps d'oratoire, et fut consacré par l'évêque de Rubicon, Diègue d'Illescas. Diogo da Silva, dégoûté des conquêtes, repartit avec sa femme pour le Portugal, où il eut l'honneur d'être choisi pour gouverneur de

Jean II, qui en 1483 le fit comte de Portalègre. Herrera retourna à Lancelote, après avoir établi dans le petit fort de Telde deux cents hommes sous le commandement de *Pedro Chemida*.

L'histoire de la destruction de ce poste ne manque pas d'intérêt : Herrera, avant son départ, avait conclu avec les naturels de la contrée une sorte de traité : on avait échangé des otages, et l'on s'était engagé à ne pas livrer à d'autres qu'à lui toute l'orseille du pays, sous la condition d'un salaire à qui lui en apporterait. Pedro Chemida se montra observateur peu scrupuleux de la convention. Il accabla en outre les naturels de mille vexations; un historien va jusqu'à prétendre que, par politique et pour diminuer le nombre des habitants de l'île, ses soldats faisaient des courses de nuit, où ils tuaient tout ce qu'ils rencontraient de naturels, et les enterraient soigneusement. Ce qu'il y a de certain, c'est que les naturels se mirent de nouveau sur la défensive, et traitèrent les Européens en ennemis. Cinq Espagnols qui maraudaient nuitamment, étant tombés entre leurs mains, furent massacrés. Une embuscade, dressée contre trente-cinq autres, eut un plein succès ; dépouillant alors les cadavres, un certain nombre se couvrit des vêtements européens, et marcha vers le fort en poussant devant soi quelque bétail ; la masse suivait en faisant mine de menacer les faux maraudeurs. La garnison, dupe du stratagème, s'empressa d'ouvrir la porte à ceux qu'elle prenait pour des camarades poursuivis. Les naturels s'emparèrent ainsi du fort, et ne laissèrent pas pierre sur pierre. Un bateau pêcheur que le hasard avait amené sur la côte revint porter cette triste nouvelle à *Diègue de Herrera*.

Pedro Chemida et les siens, bien que prisonniers, eurent assez d'influence pour déterminer les deux rois canariens à envoyer des députés à Lancelote pour conclure un arrangement. Une assemblée générale se tint, où figurèrent les guanartèmes, les faycans et les guayres des deux royaumes ; chaque grand centre de population fit choix d'un député, et leurs noms nous ont été conservés ; c'étaient : *Acorayda* pour Telde; *Egenenaca* pour Aguimez ; *Vildecane* pour Texeda ; *Aridani* pour Aquexata; *Isaco* pour Agaëte ; *Achutindac* pour Galdar ; *Adeuna* pour Tamarazeyte ; *Arlenteyfac* pour Artebirgo ; *Achuteyga* pour Artiacar ; *Guriruguiam* pour Aruca. L'ambassade, conduite par Pedro de Chemida, arriva à Lancelote sur une petite embarcation que le hasard avait jetée sur la côte de Canarie. Le résultat fut un nouveau traité, en date du 11 janvier 1476, portant : 1° que les prisonniers et otages actuellement retenus à Canarie seraient immédiatement remis en liberté; 2° qu'il en serait de même des Canariens retenus actuellement à Lancelote et Fortaventure; 3° que toute l'orseille qui pourrait se récolter à Canarie serait livrée à Diègue de Herrera et à ses successeurs, de préférence à tout autre.

Herrera ne fut pas longtemps à oublier ses promesses de paix, puisque l'on voit une cédule royale, datée de Burgos le 28 mai de cette même année 1476, lui accorder, à sa sollicitation, la faculté de tirer de l'archevêché de Séville et de l'évêché de Cadix les vivres et munitions nécessaires pour une nouvelle expédition, sous le serment, toutefois, de n'en rien vendre aux Portugais ni aux ennemis de la foi.

Cependant, dans le courant de cette année 1476, les habitants de Lancelote, fatigués du gouvernement oppressif de Diègue de Herrera, se soulevèrent contre lui, prétendant relever directement de la couronne de Castille, et ne reconnaître d'autres suzerains et rois que Ferdinand et Isabelle. Ils se fondaient sur deux raisons : d'abord, sur ce que Jean de Béthencourt étant mort sans laisser d'héritier direct de son droit sur les Canaries, ce droit avait dû faire retour à la couronne de Castille, dont elles étaient une dépendance, et en second lieu, sur ce que, depuis la vente illégale faite par Mathieu de Béthencourt à l'infant dom Henri, l'île avait été reconquise par eux-mêmes sur les Portugais. On vit bientôt arriver en Castille, d'un côté, Diègue de Herrera en personne, pour la revendication de son droit contre les révoltés; et, d'autre part, *Jean Mayor* et *Jean de Arenas*, envoyés par les Lancelotais pour soutenir leurs prétentions. Ces deux derniers n'étaient qu'à une journée de Cordoue, lorsque des malfaiteurs les assaillirent, leur enlevèrent leurs papiers les plus importants, et les retinrent en prison. L'embuscade avait été préparée par les soins de Pierre-Garcie de Herrera, fils aîné de Diègue. Il ne fallut rien moins qu'un ordre supérieur pour qu'ils recouvrassent leur liberté. Dans le mémoire qu'ils présentèrent à la cour, ils exposèrent les franchises accordées par les premiers seigneurs de Lancelote, franchises qui suffisaient à montrer qu'ils étaient les gens les plus malheureux du monde : « que sur leurs récoltes, n'importe de quelle nature, ils devaient abandonner le cinquième dès qu'ils voulaient les embarquer pour l'Espagne ou le Portugal; qu'en outre de leur ignorance, ils vivaient dans un tel dénûment qu'ils n'avaient que l'eau du ciel, du fromage et quelques chèvres. S'il leur arrivait, une année, de récolter un peu de grain, l'année suivante ne donnait rien. Qu'en outre du cinquième, ils payaient aussi des dîmes; et tout cela, sans pouvoir contenter leur seigneur, puisque celui-ci portait atteinte à leurs priviléges, us et louables coutumes, qui depuis cinquante ans réglaient la matière. Que, lorsqu'ils s'en plaignaient à leurs seigneurs, non-seulement ceux-ci ne tenaient cas de leurs plaintes, mais les forçaient à vider leurs demeures, à abandonner leurs femmes et leurs enfants, et les transportaient de force et sans solde dans les autres îles des infidèles pour garder des castels et des tours. Ils ajoutaient qu'après avoir joui en toute franchise de la récolte de l'orseille, sans autre charge que d'en abandonner le cinquième, ils s'en voyaient privés par l'injustice des seigneurs. »

La reine Isabelle répondit à ce mémoire par une cédule où elle déclarait prendre l'île de Lancelote sous sa protection et sauvegarde, en même temps qu'elle ordonnait à Étienne Perez de Cabitos de procéder à une enquête solennelle sur les prétentions respectives des parties. L'examen et la discussion s'étendirent à tout ce qui concernait la possession et la conquête des Canaries depuis l'origine; et il en résulta que tout en reconnaissant la validité des droits de Herrera, comme représentant sa femme Inès Peraza, a la seigneurie de toutes les îles; considérant qu'il n'avait la possession effective que des quatre premières, on déclara réunies à la couronne celles de Canarie, Ténérife et Palma, dont la conquête serait en conséquence poursuivie aux dépens du trésor royal; concédant à Diègue de Herrera et à ses hoirs, en indemnité de leur droit sur ces trois îles, et des dépenses par eux déjà faites pour les soumettre, le titre de comtes de la Gomère, et une somme de cinq cents maravédis; ce qui fut constaté par un acte solennel donné à Séville le 15 octobre 1477, bientôt suivi d'un ordre royal du 12 mai 1478, portant défense expresse à tous officiers et autres destinés à l'expédition contre la grande Canarie, de troubler en aucune façon ni sous aucun prétexte Herrera et les siens dans la paisible jouissance de leurs domaines, droits et seigneurie.

Diègue de Herrera et Inès Peraza laissèrent après eux cinq enfants, savoir : Pierre Garcie de Herrera, qui fut déshérité pour cause d'inconduite (c'est le même que nous avons vu traiter si cavalièrement les envoyés de Lancelote); Fernand Peraza, qui eut en majorat les îles de Fer et de Gomère; Sanche de Herrera, à qui furent adjugés cinq douzièmes dans les revenus et la juridiction des deux îles de Fortaventure et Lancelote, avec les petites îles de leur dépendance; Marie d'Ayala, mariée à Diogo da Silva, comte de Portalègre, qui eut quatre douzièmes; et Constance Sarmiento, mariée à Pedro Fernandez d'Arias Saavedra, qui eut les trois autres douzièmes. La mort de Diègue de Herrera est du 22 juin 1485; il était âgé de soixante et dix ans. Sa succession forma trois seigneuries distinctes : Fernand Peraza, sous le titre de comte de la Gomère, fut seigneur de cette île et de celle de Fer; Pierre Fernandez de Saavedra fut seigneur de Fortaventure; Sanche Herrera fut seigneur de Lancelote, Alegranza, Graciosa, Lobos et Santa-Clara; ses descendants reçurent par la suite le titre de comtes puis marquis de Lancelote.

Conquête de la grande Canarie.

Les rois d'Espagne, ayant pris, comme on vient de le voir, la résolution de faire des Canaries une province de leur royaume, ordonnèrent une expédition en leur propre nom : on arma trois vaisseaux, on recruta dans les villes de Séville, Niebla, Xérès et Cadix, six cents soldats de pied, et une trentaine de cavaliers, sans compter bon nombre de vaillants chercheurs d'aventures, et de nobles volontaires séduits par les chances de fortune qu'offraient alors les voyages maritimes. Cette décision de la cour d'Espagne avait été sollicitée par Jean Bermudez, doyen de l'église de Rubicon, qui ayant accompagné son évêque, le célèbre Illescas, lors des dernières tentatives sur l'île Canarie, connaissait parfaitement la situation du pays. Jean Rejon, de la ville de Léon, habile et brave capitaine, fut revêtu du commandement en chef, et eut pour son lieutenant général Alonzo Jaymez de Sotomayor.

On aborda à Canarie, dans la matinée du 24 mai, dans la baie de l'*Isleta*. Le premier soin fut de couper quelques branches de palmier, et de construire une tente, avec un autel, où le doyen Bermudez célébra la messe, demandant à Dieu qu'il daignât accorder aux Espagnols l'extermination de ces peuples. Rejon avait le dessein d'aller à Gando et d'y rétablir la tour récemment détruite par les naturels; mais tout en se dirigeant sur ce point, on raconte qu'arrivé au barranco de Guiniguada, à l'endroit où est aujourd'hui la ville de las Palmas, il vit tout à coup devant lui une vieille femme, vêtue comme les naturels, et qui lui dit en bon castillan « qu'il aurait tort d'aller plus loin; que cette position de Guiniguada était plus forte que celle de Gando; le voisinage de la mer, l'abondance des palmiers et d'autres productions la rendaient tout à fait propre à recevoir un camp retranché, d'où l'on se porterait facilement sur tous les points de l'île. » On voit que le général était adroit politique, et savait au besoin faire intervenir la religion pour inspirer confiance à ses soldats. On éleva une enceinte de pierres et de tiges de palmier, on construisit un donjon et un bâtiment pour les munitions, et on donna au tout le nom de camp de *las Palmas*.

Temesor, le roi de Galdar, était mort et avait eu pour successeur Adargoma; celui-ci, en présence des Européens et du danger commun, reconnaissant toute la supériorité du vaillant Doramas, le roi de Telde, s'unit à lui. Les guerriers d'Adargoma furent distribués dans toutes les gorges et sur le sommet des hauteurs qui gardaient la côte; Doramas, suivi des siens, s'avança directement et en bon ordre vers Rejon, qui, étonné du nombre, des mesures et de la contenance de ses ennemis, crut devoir éviter une première attaque qui pouvait lui devenir funeste, et de laquelle dépendait en quelque sorte l'issue de toute la guerre. Il se tint sur la défensive pour éviter toute surprise, et usa de la méthode si fort en vogue alors chez les Espagnols, en envoyant au roi de Telde un député chargé de lui offrir l'amitié de son roi, celle de ses troupes, et un traité d'alliance.

Entourés de plusieurs milliers de naturels armés, les Espagnols passaient tranquillement les journées dans leur camp retranché. Les naturels, poussés par la curiosité, s'approchaient par petites bandes de cinq ou six. On entrait en pourparlers avec eux par signes et à l'aide de truchemans. On leur faisait répéter, sans qu'ils y comprissent rien, la formule d'un serment d'obéissance au roi de Castille, et on les baptisait; ce qui n'empêchait pas que la nuit les Espagnols ne sortissent de leur camp pour enlever des bestiaux, et que, de leur côté, les naturels ne tentassent des assauts sur le camp espagnol.

Dans un de ces combats, le roi Adargoma fut fait prisonnier; on le transporta plus tard en Espagne. On raconte qu'un jour qu'il se trouvait dans le palais de l'archevêque, à Séville, un jeune Espagnol, renommé pour sa vigueur extraordinaire, lui proposa de lutter ensemble : « Commen-« çons par boire un coup, » répond le Canarien. On apporte du vin. Le Canarien alors, tenant son verre rempli, s'adresse à son présomptueux rival : « Si avec tes deux bras tu es « capable de me contenir le poignet « de manière à m'empêcher de boire, « nous lutterons ensemble, sinon re-« tourne d'où tu viens. » L'Espagnol se met à l'œuvre, et malgré tous ses efforts, il a le déplaisir de voir le Canarien élever tranquillement son verre à la hauteur de sa bouche, et boire sans répandre une goutte.

Cependant la cour de Lisbonne venait de rompre avec celle de Castille, au sujet des droits de la malheureuse fille de Henri IV, et aussi en vertu de ses prétentions sur les Canaries, qu'elle regardait comme un appendice de ses récentes conquêtes sur la côte d'Afrique. Les Portugais, avec cinq caravelles, vinrent débarquer à la grande Canarie, sur la côte d'Agaëte, dans la contrée de Galdar. Ils se mirent en communication avec les naturels, et leur offrirent de les aider à chasser les Espagnols, après quoi l'escadre portugaise se présenta en face du camp de las Palmas. Rejon eut le talent de montrer aux Portugais peu de forces, et de leur inspirer assez de confiance pour qu'ils risquassent un débarquement sur-le-champ, bien que la mer fût mauvaise et ne leur permît pas de jeter à la côte plus de deux cents hommes. Ces troupes, débarquées, marchèrent droit au camp; mais un corps espagnol, caché en embuscade, se jeta tout à coup entre elles et la mer, et leur coupa la retraite vers leurs chaloupes. La mer était trop grosse pour que les caravelles pussent envoyer du renfort : ce fut en vain qu'elles tentèrent d'autres débarquements.

Les Espagnols, n'ayant plus affaire qu'aux Canariens, continuèrent à se tenir renfermés dans leur camp. Leur nombre avait considérablement diminué quand l'Espagne, en 1480, envoya un renfort avec lequel Pierre de Vera, chargé à son tour de la conquête, affaiblit les insulaires dans un grand nombre de combats. Ayant reçu, trois ans après, de nouvelles troupes de Lancelote et de Fortaventure, ce chef s'empara définitivement de la grande Canarie. Doramas, blessé et fait prisonnier dans un combat, avait reçu le baptême, mais sans survivre longtemps à la perte de sa liberté. Les malheureux Canariens étaient anéantis ou dispersés dans tous les lieux inaccessibles. Le gros de la nation, qui ne se composait que de six cents guerriers et de quinze cents femmes avec leurs enfants, s'était réfugié sur la montagne d'Ansite, entre Galdar et Tirajana, sous la conduite du guanartème *Bentchui*. Il déposa enfin les armes; l'évêque espagnol entonna le *Te Deum* pour ce dernier succès le 29 avril 1493, quatre-vingt-huit ans après que Jean de Béthencourt s'y était présenté pour la première fois. Le siége épiscopal de Rubicon fut transféré dans cette île, par l'évêque Jean de Frias, en 1485.

Conquête de Palma et de Ténérife.

L'île de Palma, encore libre, était divisée en douze cantons très-petits, trop désunis pour pouvoir former un plan commun de défense, et incapables de résister séparément : aussi, malgré la valeur que montrèrent ses habitants, il ne fallut pas un long temps pour la soumettre. Elle avait résisté à plusieurs descentes, quand Alonzo Fernandez de Lugo fut envoyé, en 1492, par l'Espagne, pour soumettre les îles qui n'étaient pas encore conquises. Il se présenta devant Palma le 29 septembre, et six mois lui suffirent pour s'en rendre maître entièrement : une bataille décisive, livrée le 3 mai 1493, amena une soumission complète.

L'année suivante, Lugo conduisit une expédition contre Ténérife : il aborda dans la baie de Santa-Cruz le 3 avril. Les Guanches de Ténérife eurent aussi leurs héros dans Benchomo, roi de Taoro, dans son frère Tinguaro, et aussi dans Beneharo roi d'Anaga. Après une année de combats, par suite de l'inaction des rois de Guimar, d'Abona, de Dante et d'Icod, les Guanches libres se trouvaient, pour ainsi dire, confinés dans les royaumes de Taoro, de Tacoronte et de Tegueste. Les Espagnols, qui avaient hiverné dans la vallée de la Laguna, s'acheminèrent, dans les premiers jours du printemps de 1495, vers le vallon d'Acantejo, qui conduit à l'Orotava, où ils se flattaient de parvenir. Une fois engagés dans le ravin, ils se virent assaillis en tête par Benchomo et en queue par son terrible frère. Une pierre, lancée par Tinguaro lui-même, fracassa la mâchoire du général Lugo, qui n'échappa à la mort que par le dévouement d'un des siens : ce généreux soldat, voyant son chef vivement poursuivi, imagina de lui arracher son manteau et son chapeau à plumes et de s'en vêtir pour attirer sur lui l'attention des ennemis et la détourner du véritable chef. On raconte qu'à la suite de cette affaire des prisonniers espagnols furent conduits devant Benchomo, qui non-seulement leur accorda la vie, mais la liberté. Alphonse de Lugo s'était sauvé à grand'peine à la Laguna, d'où Tinguaro ne tarda pas à le chasser. Retiré à Santa-Cruz, il fut attaqué par Beneharo, qui le fatigua beaucoup et acheva de ruiner ses troupes. Comme triste souvenir de cette défaite sanglante, les Espagnols changèrent le nom du vallon d'Acantejo en celui de *Matanza* (du Massacre), et c'est le nom qu'il porte encore aujourd'hui.

Le 8 juin de la même année, Lugo passa à la grande Canarie, et se procura six cents fantassins et cinquante cavaliers. Reparti pour Ténérife avec ces nouvelles forces, il débarqua le 2 septembre à Santa-Cruz, dont il accrut et répara les fortifications. Ses troupes montaient en total à onze cents hommes de pied et soixante-dix cavaliers. Trouvant un allié dans le roi de Guimar, il commença par s'emparer du royaume d'Anaga et descendit ensuite vers Tégueste ; mais, y ayant reçu quelque échec, il se dirigea vers la Laguna. Dans ce vallon se donna une grande bataille qui fut fatale aux Guanches, et où périt Tinguaro, après avoir, racontent les hisriens, renversé à lui seul dix-neuf Espagnols à coups d'une grande pique dont il s'était emparé à la bataille de la Matanza, et qui, depuis, était son arme favorite. Comme il se sauvait, ajoute-t-on, par la campagne avec trois de ses amis, ils furent poursuivis par sept cavaliers. « Nous allons être atteints, dit le frère du roi, fuyez, je me charge seul d'occuper ces soldats. Il rétrograda donc pour marcher au-devant d'eux. Dès qu'il fut à portée de fusil, les Espagnols firent tous à la fois feu sur lui. Quoique atteint de presque toutes les balles, il renversa les deux premiers cavaliers, et sa pique s'étant brisée, il en saisissait un troisième par les jambes, quand les autres lui déchargèrent plusieurs coups de hache sur la tête et par derrière. Il tomba baigné dans son sang et s'écria d'une voix lamentable : « Ne donnez pas la mort à un homme abattu ; je suis le frère du roi Benchomo ; qui aura jamais fait un captif aussi redouté que moi ? » Mais un Castillan le perça de sa lance, malgré les cris de grâce que jetèrent les autres cavaliers. Lugo fit couper la tête au cadavre et l'envoya à Benchomo, qui, pour toute réponse, dit qu'il avait désormais un devoir de plus, celui de venger son frère.

Bientôt une maladie endémique vint exercer ses ravages sur les malheureux Guanches ; Lugo en profita pour marcher sur Orotopala et s'en emparer. Peu après, le barranco de la Matanza fut témoin d'une nouvelle bataille où, cette fois, expira la liberté des Guanches. Après un effroyable carnage, les Espagnols, fatigués de donner la mort, s'arrêtèrent pour prendre du repos en un lieu qui depuis a été nommé Victoria, non loin du barranco de la Matanza.

Benchomo et sa famille errèrent encore quelque temps dans les montagnes. Après une succession de petits combats, on s'empara d'eux les uns après les autres, et on les conduisit à Santa-Cruz. Après qu'on les eut instruits tant bien que mal dans la religion chrétienne, on leur administra le baptême en 1497; et quoique, dès novembre 1496, l'île eût été à peu près soumise, ce n'est guère que depuis le baptême des Menceys, suivi même encore de quelques troubles, qu'on peut dater la conquête de Ténérife. On proclama dans toute l'île qu'elle appartenait au roi de Castille et de Léon, et cela trente-trois ans après la singulière prise de possession de Diègue de Herrera.

Les neuf *menceys* furent embarqués et conduits devant le roi de Castille. Leur costume, leur taille gigantesque, et leurs formes mâles, amusèrent les oisifs de la cour, sans que la politique permît qu'ils revissent jamais leur patrie, et que même leur dépouille vînt reposer auprès des ossements de leurs pères.

État des Canariens sous la domination espagnole.

Depuis cette époque, les Canaries, désormais irrévocablement acquises à l'Espagne, furent soumises en commun à un gouvernement général, militaire, politique et judiciaire, sous lequel se mouvaient, à des conditions diverses, d'une part, les officiers royaux en fonctions dans les trois grandes îles; de l'autre, les officiers d'épée et de robe établis par les seigneurs dans celles de leur domaine.

Nous avons déjà dit que celles-ci se partageaient entre trois seigneuries distinctes, savoir : Lancelote et les quatre îlots de sa dépendance; Fortaventure; et Gomère, avec son annexe l'île de Fer; que Fernand Peraza de Herrera avait eu ce dernier lot; son frère Sanche, Lancelote et ses dépendances; et leur beau-frère Pierre Fernandez de Saavedra, Fortaventure.

Guillem, fils de Fernand, fut décoré du titre de comte de la Gomère, qu'il transmit à ses successeurs en ligne directe masculine, Diègue d'Ayala y Roxas; Gaspard de Castilla y Guzman; un second Diègue de Guzman Ayala y Roxas; un second Gaspard d'Ayala y Roxas; un troisième Diègue d'Ayala Herrera y Roxas; Jean-Baptiste de Herrera Ayala y Roxas; un second Jean-Baptiste, puis un Antoine-Joseph, et enfin un Dominique, avec lequel s'éteignit, le 24 décembre 1766, la lignée masculine des Herrera; sa succession, recueillie par sa nièce Florence Pizarro, fut par elle transmise à la maison de Moncade, à raison de son mariage avec Pascal Belvis de Moncade, marquis de Belgida.

Sanche de Herrera, seigneur de Lancelote et ses annexes, n'ayant point eu d'enfant mâle, sa fille unique, Constance Sarmiento, porta cet héritage dans la maison de Saavedra, en épousant son cousin, Pierre Fernandez de Saavedra le jeune, fils cadet du seigneur de Fortaventure; Augustin de Herrera y Roxas, fruit de cette union, reçut le titre de comte de Lancelote, changé en celui de marquis à la suite de la manière distinguée dont il servit les intérêts de Philippe II contre les prétentions de l'infant dom Antonio de Portugal. Sa succession fut recueillie par son fils, puis par son petit-fils, appelés tous deux aussi du nom d'Augustin; celui-ci n'ayant point laissé de lignée, sa mère, Louise Bravo de Guzman, se fit adjuger son héritage, qu'elle transmit à son neveu Fulgence Bravo, d'où il passa à un autre neveu, Jean-François duc d'Estrada, qui le laissa à son tour à son fils le duc Emmanuel, et celui-ci à sa fille Éléonore. Un procès relatif à cette succession s'étant élevé à la mort de cette dame, le jugement fut rendu en faveur d'Emmanuel Mazan de Castejon, marquis de Velamazan, dans la maison duquel se continua le titre de marquis de Lancelote.

A Fortaventure, Pedro Fernandez de Saavedra eut pour successeur son fils Fernand d'Arias Saavedra, remplacé à son tour par son fils Gonzalve de Saavedra, qui laissa à sa mort, en 1574, deux jeunes enfants, Fernand et Gonzalve; l'aîné, élevé en Espagne dans le palais de la maison de Sandoval, alliée à la sienne, caressé par le chef de cette puissante famille, le fameux duc de Lerme, fit en sa faveur un testament contenant transmission de tous ses droits sur Fortaventure; son frère Gonzalve, irrité de cette disposition, fit aussitôt une donation effective, avec transmission de nom et armes, à André-Laurent Herrera de Mendoza, auquel succéda son fils Fernand d'Arias Saavedra, qui eut pour héritier Fernand Mathias son fils, lequel transmit ses droits à son petit-fils François-Baptiste Benitez de Lugo Arias y Saavedra, en la personne duquel la seigneurie de Fortaventure entra dans la maison de Lugo.

Quant aux trois grandes îles, elles eurent, au lieu de ce gouvernement seigneurial, une constitution municipale, avec quelques différences pour chacune d'elles. Le conseil ou ayuntamiento de la grande Canarie fut d'abord composé de douze régidors, dont le nombre fut ensuite réduit à six, et dont la charge devait être bisannuelle; puis ce nombre s'accrut de nouveau graduellement jusqu'à vingt-quatre, bientôt institués à vie, et, enfin, à perpétuité.

A Palma, le conseil, d'abord restreint à peu de membres nommés à vie, s'augmenta de même jusqu'à dix-huit, puis jusqu'à vingt-quatre, qui pareillement devinrent perpétuels.

A Ténérife, ce fut bien pis, quoique l'on tentât, à diverses reprises, de réduire le nombre des charges, qui n'était d'abord que de six régidors; il s'accrut graduellement jusqu'à huit, puis dix-huit, puis vingt-sept, puis trente-six, puis trente-huit, puis quarante-quatre, puis cinquante-trois, puis soixante-cinq!...

Une audience royale ou cour d'appel fut instituée, en 1527, à la grande Canarie, où était le siége du gouvernement général des îles; l'officier, tantôt politique et militaire, tantôt simplement civil et judiciaire, qui représentait la couronne dans cette province éloignée, revêtu d'abord du titre d'adelantado ou généralissime, puis de celui de gouverneur, ou de régent, ou de président, ou de corrégidor, conserva enfin, après toutes ces variations, celui de capitaine général. Les Canaries sont aujourd'hui soumises à la même organisation administrative que le reste des provinces de la monarchie espagnole.

§ V.
LES ILES DU CAP-VERT (*).

1. DESCRIPTION GÉNÉRALE.

1° LE SOL.

Vue générale des îles du Cap-Vert; situation, étendue, distribution par groupes.

'Entre le Sénégal et la Gambie, le continent africain projette dans les flots de l'océan Atlantique le cap le plus occidental de tous ceux qui jalonnent sa côte de l'ouest. Un groupe de baobabs énormes, qui en couronne le sommet depuis plusieurs siècles, lui fit donner par les découvreurs le nom de Cap-Vert, qu'il a toujours conservé depuis. A un peu plus de cent lieues géographiques au large, droit à l'ouest,

(*) Ce qui concerne les îles du Cap-Vert est dû presque exclusivement à la collaboration de M. Oscar Mac Carthy, qui a pris naturellement pour guide principal l'ous'étend l'archipel auquel sa position, relativement à ce promontoire, a fait appliquer la dénomination d'*îles du Cap-Vert*. Leur distance des Canaries est de 252 lieues au sud-ouest. Elles sont au nombre de dix, plus quatre îlots : Ilha do Sal (l'île du Sel); ilha da Boavista (l'île de Bellevue); ilha do Maio (l'île de Mai); São-Thiago (Saint-Jacques), la plus considérable; ilha do Fogo (l'île du Feu); ilha Brava (l'île Sauvage); les deux îlots, Grande et do Rombo; São-Nicolão (Saint-Nicolas); Santa-Luzia (Sainte-Luce); les îlots Branco et Razo; São-Vicente (Saint-Vincent); enfin São-Antão (Saint-Antoine).

Les îles du Cap-Vert sont situées entre les 14° 45′ (pointe sud de l'île Brava), et 17° 13′ (ponta do Sol à São-Antão) de latitude nord, et les 25° 5′ (ponta da Orvatão à Boavista), et 27° 45′ (pointe la plus occidentale de São-Antão) de longitude occidentale.

La nature les a divisées en deux chaînes d'autant plus distinctes que la disposition en est entièrement différente. La première, à l'ouest, composée des îles São-Antão, Saint-Vincent, Sainte-Luce et Saint-Nicolas, est placée sur une ligne droite dirigée du nord-ouest au sud-est; la seconde, à l'est, embrassant les autres îles, décrit une courbe très-prononcée, dont la concavité est tournée vers la première; et comme la ligne droite prolongée idéalement rencontrerait la courbe vers l'une de ses extrémités, le tout figure assez bien l'image d'une houe ou d'une pioche. Les quatre pre-

vrage publié récemment (1844), sous les auspices du gouvernement portugais, par le commandeur Jose Joaquim Lopes de Lima, conseiller d'État, et intitulé : *Ensaio sobre a statistica das ilhas do Cabo Verde no mar Atlantico e suas dependencias na Guiné portugueza ao norte do Equador*. Le rédacteur a, en outre, profité des observations de Bartholomew, de Brunner, de Darwin, et surtout de la bienveillante communication des travaux inédits de M. Sainte-Claire Deville, qui a visité en dernier lieu cet archipel.

mières îles sont appelées vulgairement, de leur exposition aux vents généraux, *as ilhas de Balravento*, îles du Vent; les autres, *as ilhas de Sotavento*, îles sous le Vent. Quelques écrivains, isolant de la seconde chaîne l'île du Sel et l'île de Mai pour en former un groupe isolé, ont considéré tout l'archipel comme partagé en trois groupes : du nord-ouest, du nord-est et du sud. Cette division n'est pas aussi simple que celle des deux chaînes, et on eût pu d'ailleurs porter le nombre des groupes à un chiffre plus élevé, car les îles de la seconde chaîne forment bien réellement *trois* groupes binaires : 1° Brava, Fogo et les îlots; 2° São-Thiago et Maio; 3° Boavista et l'île du Sel.

La superficie totale des îles du Cap-Vert est de 1240 milles carrés (216 lieues carrées de France), total dans lequel chacune des îles entre pour les valeurs suivantes :

	milles c.
São-Thiago (Saint-Jacques)	360
Saint-Antoine	240
Fogo	144
Boavista	140
Saint-Nicolas	115
Saint-Vincent	70
Ilha do Sal (île du Sel)	68
Maio	50
Brava	36
Sainte-Luce	8 50
Les îlots Razo, Branco, do Rombo, Grande	9
	1240 50

Ce chiffre diffère de celui de 1223 milles, donné par le capitaine Lopes de Lima, parce qu'il n'a fait entrer dans ses évaluations ni Sainte-Luce ni les îlots qui sont encore inhabités; nous avons calculé leur superficie d'après la carte de Vidal et Mudge.

Aspect; orographie et hydrographie.

Les îles du Cap-Vert se présentent aux regards sous deux aspects bien différents : ou la vue se perd sur des plages basses et sablonneuses, ou elle s'arrête devant des montagnes hautes et escarpées. Le navigateur qui, arrivant d'Europe, vient reconnaître cet archipel, commence par découvrir celle de ces îles que Bowdich compare à un tombeau de sable, l'île du Sel; puis, se dirigeant au midi, il côtoie l'ilha da Boavista, l'île de Bellevue, à laquelle son nom semble avoir été donné par dérision, car jamais terre plus triste n'affligea les regards. De là, laissant à gauche la barre de João Leitão, il aperçoit bientôt, entre deux mornes arrondis et isolés, les sables de l'île do Maio et la roche noire, coupée à pic, au pied de laquelle sont les cabanes du port et ces hautes piles de sel, sa richesse naturelle. Tournant alors à l'ouest, il cherche la pointe orientale de São-Thiago, et ses yeux, fatigués de la monotone couleur des plaines aréneuses, rencontrent tout à coup de noires montagnes de basalte et de lave, au-dessus desquelles s'élève le pic conique da Antonia. En passant le long de la côte australe de l'île, où s'élèvent le moderne chef-lieu de l'*archipel* et les ruines de son ancienne capitale, il ne tarde pas à voir se dresser dans le lointain le majestueux pic volcanique de Fogo, qui cherche la nue; au delà, et à sa base, sont deux îlots de roches élevées, et une petite île à laquelle ses côtes repoussantes firent donner le nom d'*île Sauvage*, ilha Brava. Là se termine la chaîne sud-est des îles; et, s'il désire visiter le reste de l'archipel, le navire devra remonter vers le nord à la hauteur des terres qu'il aperçut en premier lieu. Les quatre îles devant lesquelles il va passer successivement sont toutes hautes, escarpées, et le profil des formes extérieures suit, pour ainsi dire, une progression ascendante depuis Saint-Nicolas jusqu'à São-Antão, sans contredit la plus pittoresque du groupe. Ses hautes montagnes, qui plongent leur base à pic dans les flots, vont cacher leurs têtes chauves sous la neige dont elles sont presque toujours couvertes.

Tel est l'aspect extérieur des îles du Cap-Vert; il leur fit donner par quelques cosmographes de la renaissance le nom d'*îles des Gorgones*, qu'elles méritent bien réellement si les anciens ne le leur ont pas donné, ce qui est fort douteux.

En pénétrant dans l'intérieur des îles montagneuses, on ne tarde pas à reconnaître que cette apparence est en partie trompeuse. Tout ce qui ne se cache pas au fond des vallées, nu et partout déboisé, exposé aux rayons d'un soleil ardent, est, il est vrai, sec et aride dans la saison sèche; mais à peine les premières pluies sont-elles venues abreuver les terres desséchées, qu'elles se couvrent d'une végétation puissante, et qu'alors la verdure des moissons vient contraster avec le vert diapré des champs incultes et la couleur cendrée des roches couvertes d'orseille.

Même au temps de la sécheresse, les îles de São-Thiago, de Saint-Nicolas, de São-Antão surtout, ont encore au sein de leurs montagnes de délicieuses vallées, dans lesquelles des eaux plus ou moins abondantes entretiennent sans cesse une fraîcheur et une verdure auxquelles les chants délicieux d'un passereau (passarinha) aux couleurs brillantes prêtent un charme nouveau.

A ce coup d'œil sur l'aspect général des îles du Cap-Vert, qui donne une idée de la nature de leur surface, nous ajouterons quelques détails.

Il suffit de se rappeler quelles sont les grandes lois qui ont présidé à la formation des îles et des îlots pour reconnaître que les deux parties dont se compose l'archipel appartiennent à deux chaînes sous-marines dont elles sont la partie la plus élevée et dont la direction est indiquée par celle des îles mêmes. Leur disposition suivant deux lignes géométriques rigoureuses est assez remarquable. Les divers points de la première se rattachent tous à une portion de circonférence équivalente à un peu plus du quart, décrite avec un rayon de 87 milles, d'un point situé au midi de Saint-Nicolas par 16° 18′ nord et 26° 46′ ouest; l'axe de la seconde est une ligne orientée ouest 30° nord; ces deux lignes se coupent un peu au midi de l'île du Sel. Les lignes de faîte ne sont pas toujours parallèles aux directions générales. A l'île du Sel, à Boavista, à Saint-Nicolas, à Sainte-Luce, à Saint-Vincent elles présentent ce caractère; mais à São-Thiago et à Brava, elles lui sont perpendiculaires; à l'île São-Antão, à l'île do Maio elles font avec elles des angles de 30 et de 40 degrés.

Bien que l'hypsométrie des îles du Cap-Vert soit très-incomplète, on peut dire en thèse générale que dans la première des deux chaînes la hauteur augmente progressivement en s'avançant du nord vers le midi, et dans la seconde, ainsi que nous l'avons déjà remarqué, de l'est à l'ouest. Les cartes anglaises des îles du Sel, de Boavista et de Maio, par les capitaines Vidal et Mudge, quoique portant le titre de reconnaissance orométrique, ne donnent qu'une seule quote de hauteur; le *Pico Martins* de l'île du Sel y est indiqué comme ayant 1 340 pieds (408 mètres). Le point culminant de São-Thiago a, d'après M. Lopes de Lima, 4 500 pieds, et le pic de Fogo 1 480 toises ou 2 884 mètres (la carte anglaise lui donne 9 760 pieds ou 2 974 mètres); mais une mesure plus récente et plus exacte de M. Sainte-Claire Deville ne lui donne que 2 780 mètres. L'écrivain portugais assigne une hauteur de 2 000 pieds à la masse des montagnes de São-Antão, 5 000 à 6 000 aux sommets *da Corda* et *da Caldeira*, et enfin 8 000 au *Pão d'Açucar* (le Pain de Sucre), qui les domine toutes.

L'hydrographie fluviale des îles, quand elles sont aussi peu considérables que celles du Cap-Vert, n'a et ne peut avoir qu'une importance toute locale. São-Thiago, São-Antão ont des vallées souvent assez étendues, qu'arrosent à peu près toute l'année des cours d'eau auxquels on ne peut cependant pas donner le nom de rivières; quelques unes voient les eaux y couler pendant plusieurs mois, mais le plus grand nombre ne présentent que des lits desséchés, si ce n'est à l'époque de la saison des pluies. La plupart deviennent alors autant de torrents dévastateurs, dont les eaux fuyant avec impétuosité vont se perdre bientôt sans avoir été d'aucune utilité, à raison de l'imprévoyance des habitants. On ne peut malheureusement suppléer à leur absence que par des sources ou des puits, en si petit nombre, qu'on les compte. Le sol, généralement calcaire ou sablonneux, frappé par les rayons d'un soleil toujours très-chaud, donne lieu à une évaporation d'autant plus rapide qu'il est complètement déboisé et qu'il ne saurait conserver à la terre son humidité. Ce sont là les deux grandes calamités des îles du Cap-Vert, le manque d'eau, le manque d'arbres. Brava, qui n'a pour ainsi dire de sauvage que le nom, est la mieux abreuvée de l'archipel. Fogo possède des sources qui fertilisent toute sa partie septentrionale, et Saint-Vincent en a deux, Madevial et Maderalimho, peu abondantes, il est vrai, mais qui suffisent cependant aux besoins de sa petite population. Au milieu des sables de Boavista et de Maio il y a de fraîches oasis; ici au bord d'une retenue d'eau formée par les pluies, là autour de deux filets d'eau minces, mais constants, qui ont valu à deux possessions voisines les noms de Bonne-Espérance (*Boa-Esperança*) et de Beaumont (*Belmonte*).

La mer qui baigne les îles du Cap-Vert est en général d'une navigation sûre et facile. Il y a des bancs et des récifs assez nombreux au voisinage des îles basses du Sel, de Maio, de Boavista et surtout de cette dernière : c'est dans son voisinage, au sud-sud-ouest, par 15° 48′ N. et 25° 34′ O., que se trouve le bas-fond (baixo) de João Leitão, récif de corail d'une lieue à peu près d'étendue dans tous les sens, que l'on aperçoit de 5 à 6 milles, et à peu de distance duquel on trouve encore 30 et 40 brasses. Les rivages escarpés de toutes les autres îles présentent partout un grand fond.

Constitution géologique; espèces minérales.

La géologie des îles du Cap-Vert n'a été jusqu'à présent l'objet d'aucun travail complet. En 1832, le naturaliste anglais Darwin fit quelques observations à São-Thiago ; dix ans après, un géologue français, M. Charles Sainte-Claire Deville, a étudié le volcan de l'île de Fogo, dont il a donné une carte beaucoup plus vraie que celle de Vidal et Mudge. Nous emprunterons au compte rendu de l'Académie des sciences l'ensemble des faits consignés dans son mémoire encore inédit.

« Lorsque le voyageur, en quittant les côtes de São-Thiago, dit M. Deville, découvre l'île de Fogo, il est frappé de la hauteur du pic, qui semble s'élever brusquement du sein des eaux. Le pic de Teyde, quoique très-imposant par sa masse, repose sur un groupe de montagnes très-étendu, qui en dérobe une partie considérable, tandis que, vu du nord-est, le pic de Fogo a sa base au niveau même de la mer et s'élève d'un jet et presque par une pente continue jusqu'à près de trois mille mètres de hauteur : on en saisit ainsi parfaitement la forme générale, qui offre une grande analogie avec celle du Vésuve. Comme ce volcan, la montagne de Fogo se compose d'un cône entouré d'un côté par un rempart demi-circulaire, et détruit dans la partie qui regarde la mer. C'est précisément par ce côté ouvert qu'elle se présente quand on l'aborde en venant de São-Thiago.

« L'île est entourée de falaises très-escarpées, mais non pas fort élevées, composées d'une roche prismatique rougeâtre ; ce sont des nappes basaltiques alternant avec des assises de conglomérats ; elles sont quelquefois horizontales, d'autres fois fort inclinées. Sur la surface de l'île s'élèvent une foule de cônes parasites, dont un grand nombre ne paraissent pas avoir donné de coulées de laves.

« Les nappes basaltiques paraissent être étendues sur des pentes extrêmement douces, qui leur ont permis de prendre une structure compacte, et même à certaines assises dont la composition s'y prêtait sans doute, de se convertir entièrement en des masses de cristaux de pyroxène : aussi les traces de mouvement, quoiqu'elles ne manquent pas tout à fait, s'observent à peine dans les grandes assises, tandis qu'elles forment le caractère principal des coulées échappées des cônes modernes, et qui constituent au-dessus de la surface du sol des *cheires* plus ou moins tourmentées.

« Des bords d'un ravin ou barranco, appelé *Ribeira grande*, situé sur le chemin qui conduit de la Luz (chef-lieu de l'île) au volcan, la *Punta alta*, qui est le point le plus élevé du cirque et qui se trouve aussi à peu près au milieu de son développement, se voit dans la direction du nord-ouest. La crête du cirque, ou *Cumbre do Fina*, tourne sa convexité vers l'ouest ; elle s'abaisse très-sensiblement en s'étendant vers le nord-est et le sud-est, mais elle cache complétement le pic. Un très-grand nombre de cônes de scories modernes marquent le pied de ses pentes extérieures.

« Le col qui donne entrée dans l'intérieur du grand cirque se trouve à peu de distance du cône moderne de *Pedras Pretas* (les Pierres Noires), qui a produit, en 1799, une coulée de lave considérable. A peu de distance de ce cône, on rencontre un cratère d'une très-grande dimension, complet dans son pourtour et sans aucun mamelon volcanique ; c'est simplement une immense cavité circulaire. La coupe cylindrique intérieure présente des assises régulières de basalte et de conglomérats, recouverts par de nombreuses assises de matières fragmentaires.

« A l'ouest du col par lequel on pénètre dans son intérieur, l'enceinte du grand cirque est parfaitement continue ; elle s'élève insensiblement jusqu'à la Punta alta, son point culminant, puis elle va en s'abaissant vers le nord-est. C'est une muraille circulaire qui semble perpendiculaire, et dont la hauteur n'est guère inférieure à mille mètres dans son point le plus élevé. On citerait difficilement un spectacle plus imposant que celui de ce vaste cratère de soulèvement, qui, pour la perfection et la conservation des lignes, surpasse la plupart de ceux qu'on pourrait lui comparer. « Je n'excepterai même pas, dit M. Deville, le grand cirque de Ténérife, dont certaines parties sont disloquées ou ont disparu, et auquel sa double bouche centrale (le Teyde et le Chahowa) enlève un peu de sa régularité; ici, au contraire, la ligne de ceinture est continue sur la moitié du pourtour. »

« En s'approchant de la grande muraille presque verticale qui forme les escarpements intérieurs du cirque, M. Deville reconnut que toute la masse est uniquement composée d'un nombre prodigieux d'assises basaltiques alternant avec des conglomérats, et traversée par des filons verticaux ou inclinés, qui se coupent les uns les autres et sont, sans aucun doute, les canaux par lesquels la roche est venue au jour et s'est épanchée en nappes plus ou moins étendues. Ce phénomène est parfaitement semblable ici à ce qu'il est dans toutes les contrées basaltiques, à Ténérife, à Palma, ainsi qu'à la Somma dans le groupe du Vésuve, et dans le Val del Bove au centre du massif de l'Etna. »

Le fond du grand cirque est occupé par une plaine qu'on pourrait appeler la *Cañada*, par analogie avec le plan des Cañadas de Ténérife ou l'*Atrio*, en le comparant à l'*Atrio del Cavallo* du Vésuve.

Une observation, faite par M. Deville dans l'*Atrio*, lui a donné pour le niveau général du fond du grand cirque une élévation de 1712 mètres.

Arrivé dans cette plaine, le voyageur se trouve à une très-petite distance de la masse imposante du pic. Sa forme est parfaitement régulière; son inclinaison, qui est de 35 à 40 degrés, paraît tellement considérable, qu'il semble d'abord impossible de le gravir, et que l'ascension en est effectivement d'une très-grande difficulté.

Ce fut par la pente septentrionale du pic que M. Deville, accompagné seulement de M. Bertrand, chef de timonerie de *la Décidée* (goëlette de l'État), entreprit l'ascension. Après trois heures de fatigue, ils atteignirent le bord du cratère; et, au grand regret de M. Deville, le roc isolé et escarpé, qui forme la dernière cime du pic, se trouva inabordable de ce côté.

Une observation barométrique, faite au pied du rocher qui le dominait encore, donne à ce point une hauteur de 2764 mètres; et, en ajoutant 26 mètres pour la hauteur approximative du rocher lui-même, M. Deville trouve 2790 mètres pour la hauteur totale du pic de Fogo.

Ainsi que nous l'avons déjà vu, une autre mesure barométrique lui avait donné 1712 mètres pour la hauteur du fond du cirque au milieu duquel surgit le pic; de là il résulte que son élévation au-dessus de l'Atrio est de plus de 1000 mètres, c'est-à-dire à peu près double de celle du cône du Vésuve au-dessus de l'Atrio del Cavallo.

A quelques mètres au-dessous du bord du cratère, on voyait s'échapper du plan du volcan une vapeur sans aucune odeur, qui sortait librement et sans bruit d'une large ouverture communiquant probablement avec quelque grotte profonde. On ne pouvait guère que jeter les yeux dans cette crevasse, car la température de la vapeur qui en sortait était d'environ 50 degrés. Ce phénomène, dit M. Deville, doit sans doute présenter quelque analogie avec celui que m'ont offert, à la *Rembleta* de Ténérife, les narines du pic.

Le diamètre du cratère, sensiblement circulaire, qui termine le pic, a paru à M. Deville supérieur à 500 mètres. La profondeur doit être, d'après son estimation, d'environ 250 à 300. L'excavation intérieure, dont le fond ne présente qu'un vaste amas de masses basaltiques en désordre, se découpe avec une grande roideur : du côté où le voyageur se trouvait, la paroi semblait verticale; le roc au pied duquel il était placé, aussi bien que tout l'ensemble de ce qui l'entourait, et l'intérieur des escarpements du cratère, est uniformément composé de basalte solide. Ainsi, tout annonce que le pic de Fogo est le produit du redressement de grandes assises de basalte.

« Rien ne présente ici l'aspect de coulées successives qui se seraient appliquées l'une sur l'autre pour former le cône. Aucune coulée de lave ne s'est même échappée de la cime; les plus élevées sont sorties fort peu au-dessus du niveau du fond du cirque au milieu duquel il s'élève.

« D'après les relations écrites par des témoins oculaires des éruptions survenues en 1769, en 1785 et en 1799, le pic paraît avoir été fendu, et des couches, quelquefois nombreuses et alignées suivant des rayons partant de sa cime, se sont ouvertes vers sa base. Les laves ont surtout coulé vers la partie où le grand cirque est échancré; et, se précipitant vers la côte, elles sont entrées dans la mer où elles ont formé des brisants qui contribuent à rendre difficile l'accès de cette partie de l'île. Toutes ces circonstances rappellent les éruptions du Vésuve. Il est cependant à remarquer que la partie de l'île qui se trouve derrière la crête du cirque présente de nombreux cônes de scories; ce qui prouve qu'elle n'est pas préservée de l'atteinte des éruptions modernes comme l'est, au pied du Vésuve, le revers extérieur de la Somma. »

Voici maintenant ce que M. Darwin a consigné dans son journal, relativement à São-Thiago :

« En entrant dans le port, on observe sur les rochers une bande blanche, parfaitement horizontale, qui court le long de la côte pendant plusieurs milles, à une hauteur d'environ quarante-cinq pieds au-dessus de la surface de l'eau. Si on l'examine, on la trouve composée d'une matière calcaire, renfermant de nombreuses coquilles, semblables à celles des rivages voisins. Elle repose sur d'anciennes roches volcaniques, et elle a été recouverte par un courant de basalte qui doit être entré dans la mer lorsque cette couche de calcaire à coquilles était encore submergée. Il est curieux de remarquer les changements produits sur cette masse friable par la chaleur des laves superposées. Elle a été convertie, sur une épaisseur de plusieurs pouces, en une pierre aussi dure que la meilleure pierre de taille; et la matière terreuse, mêlée dans l'origine avec le calcaire, s'en est séparée par petites places, en laissant ainsi pure et blanche la chaux qu'elle contenait. Sur d'autres points, il s'est formé un marbre cristallin si parfait, que les cristaux de carbonate de chaux peuvent être aisément mesurés au moyen du goniomètre réflecteur. Le changement est encore plus extraordinaire lorsque la chaux s'est trouvée immédiatement en contact avec les fragments scoriacés de la surface inférieure du courant, car alors elle s'est trouvée convertie en groupes de fibres radiées magnifiques, ressemblant à l'aragonite.

« Les coulées de laves s'élèvent en plaines successives d'une pente douce, vers l'intérieur de l'île, d'où sont parties originairement les submersions de roches fondues. Depuis les temps historiques, il ne s'est manifesté à São-Thiago, que je sache, aucun signe d'activité volcanique; ce qui est probablement dû au voisinage de l'île de Fogo, dont le pic a eu de fréquentes éruptions. On ne reconnaît même que rarement, au sommet de quelque colline cendré rougeâtre, la forme d'un cratère; et cependant, des coulées d'une origine très-récente se montrent sur la côte, où elles forment une ligne de rochers d'une moindre hauteur qu'elle, mais qui se projette en avant de la masse appartenant à une plus ancienne série, les différences de hauteur donnant ainsi une grossière idée des âges respectifs. »

Il semble, d'après le rapport qu'il y a entre plusieurs faits signalés par les deux géologues, que la masse de São-Thiago se rapproche, dans sa formation, de celle de Fogo; et, si nous pouvons en juger par quelques mots épars dans les descriptions géographiques, cette observation peut s'étendre à toutes les îles de l'archipel. Du moins est-il constant que le basalte et les laves y dominent partout : « Boavista, dit Bowdich, n'est qu'un simple banc de sable, avec deux pics d'un basalte nu à son milieu. » Et ce sont trois pics noirs et décharnés de basalte, dont le pied disparaît également sous le sable, qui, vers le nord, signalent aussi au navigateur l'île du Sel. La pointe septentrionale de Saint-Nicolas est dominée par le Monte-Gordo, où se voient, de temps immémorial, des laves et des ponces, vestiges d'un volcan déjà éteint à l'époque de la découverte; cette île a d'ailleurs beaucoup de pierre de taille, quelque peu de pierre calcaire (moellons), et on y a trouvé des sulfates de différents genres; il y a, dit-on, du cristal de roche à la Punta-Vermelha, la pointe rouge. On paraît avoir reconnu du talc sur l'Ilho-Razo. Les laves et les basaltes se voient de toutes parts à São-Antão, mêlés à du tuf rouge, à de l'argile, à de la marne; et l'une de ses montagnes doit à son cratère le nom de *Caldeira*. Cette abondance des basaltes aux îles du Cap-Vert est, ainsi que l'a déjà remarqué M. de Humboldt, un fait commun à toute cette partie des rivages occidentaux de l'océan Atlantique qui s'étendent du 10° parallèle à l'extrémité nord de l'Écosse; on les retrouve en masses considérables aux Canaries, à Madère, aux Açores, en Bretagne, en Irlande, à l'île de Staffa, etc.

Le sol des îles du Cap-Vert est extrêmement varié : sablonneux, calcaire et salitreux à l'île du Sel, à Boavista, à Maio; argileux, pierreux, calcaire et en partie volcanique à São-Thiago, São-Antão, Saint-Nicolas et Fogo (où il est surtout volcanique); marneux à Brava, qui doit sa riche végétation à l'humus si productif de ses vallées. Combinée dans différentes proportions, soumise à l'influence de températures diverses, selon ses diverses expositions et son élévation au-dessus de la mer, la terre de cet archipel offrirait à d'habiles colons une variété de productions qui pourraient entretenir dans l'abondance une population considérable. Aussi faut-il déplorer qu'une grande partie de sa surface, livrée à l'action dévorante d'un soleil tropical par le manque d'arbres nécessaires pour lui conserver l'humidité des nuits et des pluies, ne présente plus à l'œil que des plaines ou des côtes dénudées, exposées, à certaines époques, à toute la furie des vents de brise, toutes choses qui ont contribué à donner aux îles du Cap-Vert cet aspect désolé qu'elles offrent, vues de la mer.

Il existe, sur quelques points de l'archipel des îles du Cap-Vert, des indices bien caractérisés de mines de fer, entre autres à São-Antão et à Brava, qui ont des sources minérales ferrugineuses. Peut-être y découvrirait-on d'autres métaux plus précieux; et les indigènes affirment, par exemple, que des grains d'or se montrent dans l'argile du *monte Vermelho* (le mont Rouge) à São-Thiago, avec laquelle on fait une poterie où apparaissent en effet, de place à autre, des parcelles brillantes (*). Brava offre quelques indices de cuivre et une mine de salpêtre. On tirait, il y a quelques années, une assez grande quantité de soufre du volcan de Fogo, et à sa surface se trouvent d'ailleurs les divers produits volcaniques tels que la pierre ponce, le sulfate de soude, le sel ammoniac. Sur plusieurs autres points des différentes îles, l'explora-

(*) Voici ce que nous trouvons dans une note de Bowdich à ce sujet : Un bâtiment américain, commerçant avec São-Thiago, s'en retourna à moitié chargé de l'argile dans laquelle on trouve l'or, pour tenter des expériences sur cette matière; elle donna une quantité si notable de métal, que ce bâtiment revint, avec deux autres, en chercher des cargaisons complètes. Mais quand le gouvernement portugais eut acquis par là la conscience de ses richesses, il défendit toute exportation de cette argile, quoiqu'il paraisse n'en avoir jamais tiré parti lui-même.

teur découvrira quelques marbres, beaucoup de pierre calcaire, du jais, de la terre bolaire, de la terre à poix, et quelques productions encore dont nous avons déjà parlé.

Le sel, soit naturel, soit artificiel, a rendu depuis bien longtemps célèbres les îles du Cap-Vert, et au dix-septième siècle les écrivains flamands ne les désignaient que sous le nom d'*îles du Sel*. Cependant il n'y en a que trois qui en produisent, Maio, Boavista et l'île du Sel ; leur produit total s'élève aujourd'hui annuellement à 15 000 muids (122 000 hectolitres), et augmentera sûrement par suite de l'exploitation de nouvelles salines créées à l'île du Sel, qui, restée pendant longues années déserte, a été colonisée en 1839. Les documents officiels montrent que, de 1839 à 1842, on a exporté 46 505 muids (378 829 hectolitres) : ce qui donne, pour terme moyen de chacune de ces quatre années, 11 636 muids (94 505 hectolitres). Ce chiffre, comparé à ceux des séries de quatre, douze et vingt années antérieures, ne présente pas de différence sensible ; ce qui prouve surabondamment que l'abaissement des droits de sortie n'a pas influé sur la consommation (presque exclusivement étrangère), et n'a fait qu'appauvrir le coffre de la province. Le meilleur sel de toutes ces îles, le seul qui soit bien cristallisé, est celui que produisent les salines naturelles du port *do Norte*, à Boavista, où les salines artificielles du port de Sal-Rey ne donnent, au contraire, qu'un sel de dernière qualité, mauvais, menu, impur. Après le sel du Porto do Norte vient celui de l'île du Sel, puis celui de l'île de Maio, surtout lorsqu'on le tire de la vieille saline (*a salina velha*).

Climat.

Le climat des îles du Cap-Vert est très-chaud, moins cependant que ne le serait celui d'une région continentale située à la même latitude, ce qui est dû à l'influence de l'Océan, à l'humidité constante qui y règne, aux brises de mer qui en rafraîchissent constamment l'atmosphère. Dans quelques vallées intérieures qui échappent à leur action, le thermomètre atteint par moments jusqu'à 32° 2 du thermomètre centigrade ; mais, en général, la température moyenne y est de 26° 6 lors des deux passages du soleil, en mai et août ; de 21° 1 aux mois d'avril, juin, juillet et septembre ; de 18° 3 durant les autres mois. Les matinées et les soirées sont ordinairement fraîches, souvent froides ; et la plupart du temps les rosées sont abondantes au point de traverser les voiles des bâtiments naviguant dans ces parages, lesquelles s'imprègnent alors d'une poussière jaunâtre subtile, qu'enlèvent à la surface des terres desséchées les vents dominants : de là cette expression vulgaire (vraie en fait, mais non dans l'application) : « Aux îles du Cap-Vert les voiles des navires deviennent jaunes. »

L'atmosphère est humide et pesante aux mois de juin, juillet, août et septembre, époque de la saison des pluies (*o tempo das agoas*), et surtout pendant les deux derniers, alors que tombent ces grandes pluies aussi nécessaires à l'existence des populations de l'archipel que les inondations du Nil aux peuples de l'Égypte ; car, ainsi que nous l'avons dit plus haut, le manque d'eau est une véritable calamité pour ces îles. Malheureusement il s'écoule quelquefois plusieurs années sans que les pluies aient lieu, ainsi que cela s'est vu de 1770 à 1773, et de 1831 à 1833 ; alors des famines horribles emportent et les hommes et les animaux. Il faut d'ailleurs attribuer ces déplorables résultats, en grande partie, au manque d'arbres, qui est surtout sensible dans les îles du nord, dont la surface est remarquablement dénudée ; la résistance qu'opposent la plupart des propriétaires aux mesures qui pourraient avoir pour objet de mettre un terme à cet état de choses, est d'ailleurs singulière, et ce n'est pas sans étonnement qu'on leur entend dire, ainsi que cela est arrivé à M. Lopes de Lima, *que les arbres sont nuisibles à la terre et la dessèchent!!!*... On ne parviendrait qu'avec beaucoup de peine à les convaincre du contraire.

D'octobre en mai, l'atmosphère est pure, le ciel est brillant, parce qu'alors soufflent avec violence les vents de l'est-nord-est jusqu'au nord-nord-est, qui ont valu à cette partie de l'année le nom de *saison des brises*. En décembre et en janvier, les vents d'est se font sentir, de temps à autre, dans les matinées, mais presque toujours avec peu de force; leur souffle brûlant dessèche tout.

Même pendant la sécheresse, l'atmosphère des îles du Cap-Vert est extrêmement humide; car la chaleur qu'acquiert l'air dans la plus grande partie de l'Afrique, le rend susceptible de se charger d'humidité, et en traversant la mer, il en est saturé au plus haut point, de sorte que le moindre relâchement de température lui fait déposer d'abondantes vapeurs. Non seulement le pic da Antonia, mais même toute la chaîne centrale de São-Thiago et les montagnes de São-Antão sont enveloppées de nuages depuis dix heures du matin. Cette humidité les couvre de gras pâturages, et donne au pays un aspect auquel on est loin de s'attendre sous une telle latitude et dans une contrée si peu élevée au-dessus du niveau de la mer.

La partie la plus élevée de Saint-Antoine jouit d'un climat et d'une pureté d'air semblables à ceux de Lisbonne.

L'influence du climat sur l'état sanitaire varie selon les îles: celle de São-Thiago est réellement mortifère, et Saint-Nicolas devient chaque jour moins en moins salubre. Dans l'une et dans l'autre, mais surtout dans la première, on éprouve des fièvres endémiques et malignes, connues sous le nom de *carneiradas* (dyssenteries épidémiques), funestes surtout aux Européens. L'île de Maio est sujette aux fièvres de saison; ici, comme à São-Thiago et à Saint-Nicolas, elles sévissent particulièrement durant les mois pluvieux de juillet et août. Quant aux autres îles, São-Antão, Saint-Vincent, Brava, elles sont toutes très-saines, plus même que Lisbonne.

Lors de sa courte station à Villa da Praia, le capitaine Wilkes a observé un phénomène qu'il n'avait encore remarqué nulle part: c'est un trouble dans l'atmosphère, qui fait que les formes d'aucun objet ne sont jamais précises, quelle que soit la beauté du temps, et cela avant comme après une averse. Dans la saison des brises, dit de son côté M. Lopes de Lima, lorsque l'atmosphère est pure, l'horizon est presque toujours trouble, ce qui, au lever et au coucher du soleil, produit une réfraction telle de cet astre, qu'on peut le fixer attentivement à l'œil nu lorsqu'il est jusqu'à 8° et 10° au-dessus de l'horizon.

D'après M. Darwin, ce singulier état de l'atmosphère serait principalement dû à la même cause qui, d'après M. Lopes de Lima, colore en jaune les voiles des navires, c'est-à-dire, à une poussière impalpable suspendue dans l'air, poussière brune, qui se fond au chalumeau en un émail noir. Il pense qu'elle est produite par la décomposition des roches volcaniques, et qu'elle doit venir de la côte d'Afrique; mais cette dernière supposition est gratuite, car nous ne savons que peu de chose des roches volcaniques du continent, tandis que l'archipel entier en est formé.

Phytographie; productions végétales.

La botanique des îles du Cap-Vert, ainsi que le fait remarquer le naturaliste Smith, est peu riche. M. Darwin observait, en 1832, que la géologie était la partie la plus intéressante de leur histoire naturelle, assertion que M. Brunner est venu confirmer, en disant que ces terres lointaines seraient toujours plus curieuses à visiter pour le physicien et le géologue que pour le phytographe. Cependant le sol y est fertile, et le soleil qui les éclaire est le même que celui qui couvre l'Afrique équatoriale de la végétation la plus brillante. Mais la raison de cette pauvreté de végétation est dans leur manque d'eau et dans la rareté des arbres, deux calamités que nous avons déjà signalées.

L'île du Sel, Maio, Boavista, qui doivent toute leur richesse à leurs salines, et Saint-Vincent avec son indolente population de pasteurs, sont loin de produire assez pour leur consommation. Dans les autres îles, São-Antão, Saint-Nicolas, São-Thiago, Fogo et Brava, qu'un écrivain a nommées les *îles agricoles*, l'agriculture a pris un développement proportionné au chiffre de leurs habitants, mais qui pourrait être bien plus considérable, si l'on prenait les mesures nécessaires pour le favoriser, notamment par la plantation de grands végétaux; car leur absence, en livrant sans défense les îles du Cap-Vert aux ardeurs d'une atmosphère brûlante, dessèche le sol, y rend les eaux rares et les met ainsi dans l'impossibilité de lutter contre les longues sécheresses auxquelles elles sont quelquefois exposées. Toutes, ou presque toutes, ont été signalées par des famines, dont quelques-unes ont été horribles. Celle de 1730 à 1733 enleva environ un tiers de la population de Fogo; et on dit que la sécheresse de 1792, qui fut très-forte, ne pouvait être comparée à celle de 1772 à 1774, surpassée à son tour par la grande famine de 1831 à 1833, dont le nombre des victimes a été porté à 30 500, chiffre évidemment exagéré si l'on jette un coup d'œil sur les recensements, mais qui sert à peindre la grandeur du fléau. Un caractère singulier de ces calamités est leur durée triennale.

M. Lopes de Lima insiste nombre de fois dans son ouvrage, et avec raison, sur la nécessité de reboiser le sol, et il indique même quelques-uns des moyens par lesquels on pourrait y pourvoir: il voudrait, par exemple, que l'on obligeât chaque propriétaire foncier à planter et conserver toujours un certain nombre d'arbres, et tous les habitants des villes et des villages à en placer au moins un devant leur maison, recommandant surtout le dragonnier et l'oranger, que l'on devrait planter de préférence à São-Antão, Saint-Vincent, Saint-Nicolas, São-Thiago, Fogo et Brava, dans lesquelles on pourrait aussi faire avec succès des plantations de palma-christi; Maio, Boavista, São-Thiago, seraient particulièrement favorables au cocotier: toutes verraient prospérer le figuier sauvage.

Les plantes de grande culture sont le maïs et les haricots. La variété de maïs cultivée ici est celle à grains blancs ronds, l'une des plus estimées; on le sème à la main, dans des trous à fleur de terre (ce qui paraît indispensable à une bonne production), sans charrue ni herse; et lors même que les pluies ne tombent pas, il donne encore plus de cent pour un. Les haricots sont de différentes sortes, parmi lesquelles on remarque, par son excellente qualité, le *bonghé*, rond et rayé; on les cultive de la même manière.

Des diverses productions végétales des îles du Cap-Vert, la plus connue en Europe depuis le milieu du quinzième siècle est l'orseille (*lichen rocella*), qui croît de préférence sur les cimes et les pentes escarpées des montagnes. Richesse toute naturelle, qui n'est le prix d'aucun labeur, d'aucun soin, elle a toujours été regardée comme la propriété exclusive du gouvernement portugais, à qui elle donne le produit le plus net qu'il retire de ces îles. La découverte, ici, en remonte à 1730. Affermé d'abord à des particuliers, il le fut plus tard, en 1755, à la compagnie du Grand-Para et du Maranham, avec peu d'avantages pour l'État. Depuis 1790, la récolte et la vente en furent faites au nom du gouvernement; le produit en baissa graduellement: de 1820 à 1838, il rendit de 80 à 100 *contos de reis* (480 000 à 600 000 francs); de 1838 à 1841, on l'afferma 90 contos (540 000 francs). A cette époque, le privilège étant expiré et l'article ayant subi une baisse de prix extraordinaire dans le commerce, par la concurrence de celui venu d'Angola et des autres possessions portugaises, la libre ex-

exportation en fut imprudemment permise par le décret du 17 janvier 1837. Le budget de 1843 en portait le produit net seulement à 45 contos (270 000 francs), et déclarait que ce produit allait progressivement en déclinant, par suite de la dépréciation de l'orseille dans le commerce, et aussi par le manque de bras pour la recueillir. Mais le décret du 5 juin 1844 a remédié en partie à cet état de choses, en restreignant une prétendue liberté, qui ne faisait qu'appauvrir le pays et le trésor public.

Bien que São Thiago et São-Antão, les deux îles les plus étendues et les plus vastes, n'aient en culture que le tiers de leur surface, et Saint-Nicolas, ainsi que Fogo, seulement un cinquième, tandis que Brava est entièrement cultivée, ces cinq îles produisent, en maïs et haricots, environ 8 000 muids (65 112 hectolitres), qui suffisent non-seulement à leur consommation, mais encore à celle de leurs voisines, et à quelques exportations pour Madère et le Portugal dans les bonnes années. Ces plantes, qui forment la base de la nourriture de la population, ont pour auxiliaires le *manioc*, que les cultivateurs multiplient ou restreignent en raison de la consommation locale, et la *patate*, qui devient à Brava un objet d'exportation.

Parmi les productions qui fournissent encore à l'exportation, se trouvent le café et le ricin. Le café fut introduit à Saint-Nicolas en 1790, quelques années après à São-Thiago, et enfin, dans ce siècle-ci, à São-Antão; il y a parfaitement réussi, et a donné une graine rivale de celle de Saint-Thomas et peu inférieure à celle de Moka. En 1834, le gouvernement fit distribuer, dans les paroisses, des instructions relatives à la culture. Cependant, ce n'est pas sans étonnement que l'on voit l'exportation en 1842 et 1843 descendre à 290 quintaux, lorsqu'en 1840 elle s'élevait à 800.

Le ricin ou palma-christi est aujourd'hui aussi apprécié aux îles du Cap-Vert qu'à Lisbonne : on le coupait autrefois comme bois à brûler, mais aujourd'hui on le plante et ne le coupe plus; il vient dans tous les terrains, n'importe où, sans soins, et au bout de deux ans il donne un fruit duquel on extrait une huile bonne à brûler, qui procure annuellement au cultivateur au moins mille pour cent du capital engagé. En 1843, on en a exporté 552 muids (4 493 hectolitres); et cette exportation doit avoir augmenté depuis l'établissement à Lisbonne d'une fabrique créée pour la préparation de cette huile. Les îles du Cap-Vert pourraient en donner annuellement 200 000 pipes ou pour 25 millions de francs.

L'archipel a encore quelques productions qui suffiraient pour enrichir une population moins indolente : le coton, l'indigo, le tabac, le dragonnier, la cochenille.

Le cotonnier y est indigène et appartient à deux espèces : le blanc, ou arborescent, et le jaune ou herbacé. Il a besoin d'être mis à l'abri des brises du nord; mais on a remarqué qu'il venait supérieurement dans les terres les plus stériles, à Boavista, à Maio, à Saint-Vincent, à Sainte-Luce, à l'îlot Razo et à l'îlot do Rombo. Malgré la facilité de cette culture, on ne s'en occupe nulle part d'une manière suivie, et on recueille à peine, en le nettoyant fort mal, le coton qui s'élève çà et là dans les campagnes.

L'indigo croît sauvage dans les différentes îles, et on le trouve surtout en abondance à São-Antão. Dans cet état même, et bien que mal préparé, il donne encore ce beau ton qu'offrent les draps qu'on fabrique ici.

La culture et la préparation du tabac ne présentent pas la même négligence ni la même imperfection, bien que l'on n'ait fait aucun effort pour l'améliorer. On le cultive sur une petite échelle à Fogo, dont le sol lui est particulièrement favorable. Tel qu'il est, on l'estime égal à ceux du Kentucky et de la Virginie de seconde qualité.

Le dragonnier est non-seulement un végétal utile, mais même nécessaire aux îles du Cap-Vert; car c'est un arbre branchu qui réussit bien, se développe, et devient touffu, en moins de dix années, dans les terrains les plus pierreux, les plus arides, sans culture et sans soins; il est précieux en ce qu'il appelle la rosée, et protège autour de lui la végétation. Mais ce n'est pas là sa seule utilité : de son tronc coule une résine bien connue des teinturiers sous le nom de *sang de dragon*, et qui, déjà au dix-septième siècle, était pour les îles du Cap-Vert un objet d'exportation, comme le sel et les cuirs. Chaque arbre fournit annuellement deux livres de cette drogue, qui valent chacune 800 reis (5 francs 66 centimes), et on peut extraire des feuilles environ quatre livres d'une espèce de bourre bonne pour fabriquer des cordages, qui se vend 60 reis (33 centimes) la livre, de sorte que le propriétaire qui aurait planté cent pieds de dragonniers dans la partie la plus inculte, la plus désolée de sa ferme, en retirerait, au bout de dix ans, non-seulement une ombre salutaire pour les terres voisines, mais encore un produit de 125 francs 40 centimes (180,000 reis).

En 1840, on transporta de Ténérife aux îles du Cap-Vert des plans de *cactus coccionilifera*, qui ont bien réussi, et dont la cochenille a été regardée comme peu inférieure à celle de Mexico.

Bien que l'archipel possède deux espèces de cannes à sucre, la culture ne peut, quant à présent, y prendre de développement par suite du manque de combustible. On n'y fait actuellement qu'une petite quantité de sucre, de qualité très-inférieure, et un peu de tafia très-cher.

La vigne donne des produits assez abondants. Le raisin qui naît dans les terrains volcaniques de Fogo a fort bon goût. Mais le vin en est assez mauvais pour que, dans le pays même, on lui ait appliqué le nom de *mijarella* (urinelle). Le capitaine Wilkes compare celui de Fogo aux vins italiens, et Mme Bowdich attribue au vin sucré de Saint-Antoine la couleur du Madère et le goût de l'hydromel. « Dans tous les cas », dit M. Lopes de Lima sous l'influence de vieilles théories économiques, « il n'est pas dans l'intérêt d'une nation essentiellement vignicole, comme la nôtre, de développer une semblable industrie dans ses colonies. »

Outre ces productions principales, les îles du Cap-Vert en ont un certain nombre d'autres, qui, sans avoir la même importance, ont aussi leur utilité : ce sont des arbres, des arbrisseaux ou des arbustes, tels que l'aipo-albi, qui donne un très-bon bois; le caroubier; l'ameixoeira, arbre dont le fruit, semblable à une grosse prune, a la saveur d'une amende amère; l'anone; le cajueiro, qui donne le cachou; le guignier des Antilles, ainsi que le *taraffe*, tamarin à l'état d'arbrisseau; le goyavier, le néflier, le papayer; le *piorno*, arbre qui ne sert que de bois à brûler; la bombardeira (probablement un pandanus), dont le fruit, de la grosseur d'un petit melon, éclate lorsqu'il est mûr, et répand ses graines enveloppées d'une pellicule soyeuse et luisante; *l'intendente*, dont le feuillage ressemble à celui de l'acacia; le *lóló*, des feuilles duquel on tire une filasse pour les cordages; l'ananas, le cédrat, la coloquinte, le cresson, le pourpier, la bourrache, la blette, la casse; le *fundo*, le *gégé* et le *pega saias*, plantes fourragères dont les graines se mangent; le gingembre, de deux espèces, blanc et jaune; l'igname; la palha-fede, plante astringente, que l'on emploie dans la guérison des plaies, tandis que la cendre sert à enlever les taches; le noisetier, le safran, la lavande, l'armoise, la rue, l'adianthe, l'aloès; le *bagueche*, qui donne un fruit acide que l'on emploie en assaisonnement; l'aubergine, et d'autres encore. Le bananier d'Haïti, le thé des Antilles, l'amandier, ne se trouvent qu'à Saint-Nicolas; le pommier seulement à Fogo; le manguier, le cognassier, le grenadier, sont rares, ainsi que l'olivier, qui ne donne pas de fruits. Le romarin parfume toutes les montagnes de São-Antão, et on peut dire que Saint-Vincent est à la lettre couverte de séné. Les plantes potagères auxquelles on donne quelques soins, sont : l'ail, la ciboule, la laitue, l'oseille ; le chou, dont il y a deux ou trois espèces, et, entre autres, le chou pommé, qui vient particulièrement bien dans quelques ribeiras de São-Thiago et à Fogo ; mais on ne peut obtenir d'oignons. Il se cultive plusieurs espèces de cucurbitacées, telles que courges et concombres, des melons et des pastèques ; une petite courge appelée *caqueta*, savoureuse et salubre, croît à travers les champs.

Les orangers sont nombreux dans les cinq îles agricoles, et donnent d'excellents produits ; il est difficile de voir de plus belles oranges que celles de São-Thiago. Le citronnier est de deux espèces, dont l'une, le *gallego*, a un fruit très-petit, mais plein de suc. La goyave, la banane, chacune de deux espèces ; les figues, les noix de cocos, sont abondantes et excellentes. Le baobab y vient aussi bien que sur le continent voisin, et on en voit un près de la Praya, sur la route de Montagano, qui a 17 mètres de circonférence et 24 de hauteur ; son fruit, de la grosseur d'un melon ordinaire, de couleur noire, donne un suc acide également noir, excellent pour faire des limonades calmantes. Il n'y a de dattiers qu'à São-Thiago, et ils ne donnent pas de fruits. Les tamarins sont assez nombreux, ainsi que les genévriers, dont le bois sert à faire les courbes et les quilles des bateaux et des chaloupes. On fait servir au tannage le suc du *tortaolho* (le louche), ainsi appelé de l'effet qu'il produit sur les yeux. Il y a une grande abondance de rocou.

M. Brunner, dans ses excursions à Boavista, São-Thiago et Brava, a signalé quelques autres plantes, parmi lesquelles nous remarquons le prenanthes épineux, de quatre pieds de haut ; le tribulus cistoïde, à l'ombre des cocotiers, et favorisé par un peu d'eau douce ; la poinciana pulcherrima, le lantana aux belles fleurs, le nerium splendens, l'acacia farnèse, le datura metel ; puis le gossypium punctatum, le convolvulus kahiricus, et la physalis somnifère en abondance ; le cyperus dives et le cyperus articulata, l'acacia albida, un lotus non décrit, l'euphorbe genistoïde, le momordica charantia, la bruyère à longues feuilles, le figuier d'Inde, le capsicum frutescens, et quelques plantes d'Europe, dont il est difficile d'expliquer la production, telles que le sisymbrium nasturtium, le samolus Valerandi, le polygonum minus, le rumex maxima, la verbena officinalis. Un dismanthus natans était en pleine fleur.

Les habitants de Boavista emploient la *salicornia indica* pour fabriquer la liqueur noire (*morass*) avec laquelle ils marquent leurs sacs de sel, et Mme Bowdich a décrit une nouvelle espèce de *cæsalpina* qui est la principale plante parmi le grand nombre de celles que les naturels font entrer dans la teinture en noir des masses de coton. Les fruits du *mammea* sont très-estimés, mais peu abondants, parce qu'on plante peu de ces arbres, à cause du long espace de temps qui leur est nécessaire pour devenir productifs.

Le melonnier (*carica papaya*) atteint la grosseur d'un homme, et ne dépasse guère 25 pieds d'élévation, ni l'âge de douze à quinze ans ; son fruit, fondant, mais assez malsain, est agréable, sans ressembler à celui du melon ; mûr, il est jaune-citron et passe vite. Il contient une quantité de pepins enveloppés chacun de son arille, raboteux, noirs, et d'un goût de cresson assez piquant.

Dans la bonne saison, les marchés sont amplement pourvus d'oranges, de poires d'acajou, de bananes, de goyaves, d'anones, d'ananas, d'abricots d'Inde, de pommes-cannelle, de poires sapotilles, de cannes à sucre, de papayes, de pisangs, etc.

Règne animal.

Les îles du Cap-Vert ne furent, pour ainsi dire, pendant assez longtemps, que des pays à bestiaux. C'était tout le parti qu'avaient cru pouvoir en tirer les grands propriétaires (les donataires) auxquels on les avait concédées. Leur population primitive se composait donc uniquement de pasteurs et de chasseurs, dont la seule occupation était de dépecer et de saler les viandes. Aussi, toutes ces îles exportaient-elles, au seizième siècle, une grande quantité de peaux, et comme alors, ainsi qu'aujourd'hui encore, il se consommait peu de viande sur les lieux, il est naturel de penser que l'exportation des viandes séchées et salées était pareillement considérable.

Encore actuellement, elles abondent en gros bétail qui s'y propage singulièrement ; c'est une petite race, mais forte, bien nourrie, et dont le travail altère bien rarement les formes. Jamais on ne tue les femelles. La chair en est savoureuse, particulièrement celle des bœufs de São-Antão, qui paissent le romarin et le thym. Le prix d'un bœuf vivant varie entre 8 000 et 12 000 reis (48 à 72 francs); la viande de vache se vend 40 reis (24 centimes) la livre; et comme, excepté à Villa da Praia, on ne trouverait pas assez de chalands pour consommer un bœuf, on n'en vend pas au détail ; c'est ce qui fait que la population se nourrit surtout de maïs, et que, quand elle mange de la viande, c'est de la viande de chèvre ou de bouc châtré. Les nombreux bâtiments qui relâchent aux îles du Cap-Vert ont l'habitude d'y prendre, comme rafraîchissement, quelques bœufs vivants ; c'est la seule exportation de ce genre, et les registres de la douane montrent que, de 1842 à 1843, il en est sorti ainsi 233, plus ceux qui peuvent se trouver compris dans les deux catégories : *rafraîchissements* et *animaux vivants*.

Le nombre des chèvres est considérable, malgré tout ce qu'on en tue chaque année pour les peaux, qui, jointes à celles des bœufs, sont un grand objet de commerce avec l'Amérique du Nord, et aujourd'hui avec la métropole; elles valent, suivant leur poids, de 800 à 1 000 reis (5 à 6 francs). De 1842 à 1843, il a été exporté de ces deux produits, par navires portugais, 1 600 quintaux. Les chèvres ont une bonne apparence; leur poil est *court et lustré*; leurs couleurs variées; leur lait, qui, avec le maïs, les courges et la banane, forme la principale, pour ne pas dire l'unique nourriture des habitants de la campagne, sert aussi à faire du fromage et un beurre mal préparé. Elles font six à sept petits par année, et cela sans diminution dans le nombre, tant qu'on ne les tue pas. Leur chair est celle dont se nourrissent les classes moyennes dans toutes les îles : on a une chèvre ou un bouc châtré pour 500 reis (3 francs), et comme la peau vaut 300 reis (1 fr. 80 c.), la viande revient à 1 fr. 20 c., et quelquefois moins encore.

Il y a, à São-Thiago, quelques petits troupeaux de moutons, encore moins nombreux dans les autres îles agricoles.

On élève partout un grand nombre de porcs, surtout à São-Thiago, Fogo et Brava (qui en a une race particulière); ils sont nourris avec du maïs, ce qui rend leur chair très-savoureuse. Les navires en prennent quelques-uns vivants ; mais il se fait pour la capitale une grande exportation de viande salée, destinée à la marine militaire et à la marine marchande. La chair de porc vaut 50 reis (30 centimes) la livre, et c'est d'après cette base que l'on estime la valeur de l'animal.

Les chevaux paraissent être de race berbère; ils sont petits, forts, et quelquefois légers et vifs. Ils sont, la plupart du temps, non ferrés, franchissant les rochers comme des chèvres, d'un pied sûr et infatigable. Un cheval coûte de 12 000 à 20 000 reis (72 à 120 francs).

Il y a dans toutes les îles quelques mules et mulets, et beaucoup d'ânes, de la même race que ceux du Portugal; ce sont les seuls animaux employés pour le transport des denrées, et ils servent aussi comme monture de moindre importance. Leur prix va de 800 à 1 000 reis (5 à 6 francs). Avant la grande famine de 1831, de grands troupeaux d'ânes sauvages erraient dans les parties incultes de quelques-unes des îles, et Saint-Nicolas en exportait pour les Antilles; mais le fléau en fit périr une partie, et le reste fut mangé par la population affamée.

Les différentes îles de l'archipel, les plus stériles même, comme Maio, Boavista et Saint-Vincent, ont des pâturages suffisants pour la nourriture des animaux que l'on y élève, lorsque les pluies ne manquent pas; ils pourraient être beaucoup plus étendus et moins éventuels, si on y introduisait la culture du sainfoin, auquel le sol est particulièrement favorable, et qui a moins besoin d'eau, toujours rare dans cette région.

En fait de mammifères autres que ceux dont nous venons de parler, on trouve, aux îles du Cap-Vert, des chats, des chiens, des lapins, des singes, des rats et des chauves-souris. Saint-Nicolas et Boavista ont une bonne race de mâtins. Quelques particuliers élèvent des lapins, et il y en avait de sauvages à São-Thiago; mais on les a détruits, parce qu'ils ravageaient les plantations, motif qui a aussi fait abattre assez inconsidérément les fourrés voisins de Pico, lesquels servaient de refuge à quantité de singes voleurs. Brava est, avec São-Thiago, la seule île qui en ait; elle est aussi infestée de rats, du reste très-nombreux partout. Les singes appartiennent au genre macaque et à l'espèce mono-callitryx.

Excepté Boavista, l'Ilha do Sal et San-Vicente, il y a peu de pays où l'on voie autant de poules que dans les sept autres îles de l'archipel : elles se vendent, à Villa da Praya, 7 à 8 centimes; dans l'intérieur, moitié de ce prix. Il y a assez de dindons à São-Thiago; mais les canards sont rares et viennent des côtes de Guinée. Les autres volatiles connus dans l'archipel ne sont, pour la plupart, que des oiseaux de proie ou des oiseaux de mer, tels que le vautour, la chouette, le corbeau (en grand nombre), l'épervier, le milan, et le minhoto (appelé à São-Thiago *Manoel Lobo*), du genre aigle, mais au vol rasant, plus fort qu'un dindon, et ayant la poitrine, le ventre et les ailes blancs; puis le pélican, le plongeon, la crécerelle, la poule d'eau, la mouette, l'alcyon; la panarinha, espèce de poisson pêcheur, avec des couleurs plus marquées que le genre alcedo; le pélican-frégate, le phaeton æthereus (*rabo de junco*), et enfin le flamant, si remarquable par la grandeur de ses jambes, sa taille, son élégance et la beauté de son plumage rouge. Il y a encore des hirondelles, des calandres, des cailles, des alouettes, des étourneaux, grand nombre de corneilles, des merles, des moineaux, et des poules de bois, appelées à Lisbonne poules d'Angola, au plumage semblable à celui de la perdrix, mais différentes par la tête, plus grandes que la poule ordinaire et beaucoup plus savoureuses.

Nous avons laissé entrevoir quelle pourrait être la fécondité du sol des îles du Cap-Vert, s'il était suffisamment cultivé; la richesse des mers voisines ne serait pas moindre si l'industrie les vivifiait. Elles abondent en baleines et en cachalots, que les Américains et les Anglais viennent y pêcher; le flot jette de l'ambre sur toutes les plages, et elles sont fréquentées par une immense quantité de tortues, qui donnent au commerce de l'écaille, une chair excellente et de bonne huile à brûler; enfin, sur les côtes et sur les bancs (particulièrement aux baies de l'île du Sel et au banc de João-Leitão); l'abondance du poisson est telle, que le pêcheur y gagne plus en quelques heures que l'artisan ne pourrait le faire en trois et quatre jours du travail le plus lucratif.

A quelques espèces bien connues, telles que le mero, percoïde de la famille des grands serrans; le pagre (en très-grande quantité), la morue, la bonite, la dorade, le cherne (percoïde), l'hippocampe, le rouget-barbet, la sardine, le poisson volant, le requin, l'espadon, s'en mêlent d'autres, désignées sous des noms indigènes dont nous n'avons pu découvrir la synonymie scientifique : l'alvacora, le bagre (petit poisson), le badejo (sorte de morue), le bicuda, le plus délicat des poissons de table; le chôco (espèce de sèche), le fambo, de la famille des balistes; le garoupa, le judeu, le palumbeta, le papagaio (du genre des sciænes), le peine agulha (le poisson aiguille), le sarda (petit maquereau), le torninha. Il faut y ajouter les espèces suivantes, toutes déterminées par Bowdich, et qui, à l'exception des deux premières, servent de nourriture; ce sont: le tetraodon lævissimus, la balistis radiata; la clupea fimbiata, ainsi nommée à cause de ses écailles frangées, qui lui donnent un aspect tout particulier; le labrus yagonensis, d'un rouge brillant; les dentex unispinosus et diplodon, le mugilus bispinosus, le bodianus maculatus, le pristipoma humilis, la sciæna elongata, le lichia tetrachanta, aux reflets du bleu foncé le plus riche; le diastodon speciosus, tout entier rose avec des ombres violettes, qui lui donnent un aspect magnifique; la seleima aurata aux reflets d'or, et enfin ce boops, auquel sa tête difforme a fait donner le nom d'amorphocephalus granulatus.

Des tortues de mer fréquentent en grand nombre les plages basses des îles orientales, telles que Boavista et l'île du Sel; on peut lire, dans les anciens navigateurs, les chasses abondantes que faisaient les équipages, de ces énormes amphibies, dont quelques-uns pesaient plusieurs centaines de livres. Le senhor Manoel confirma à M. Bowdich ce que Dampier rapporte, que les tortues viennent du continent dans les mois de juin, de juillet et d'août, déposer leurs œufs dans le sable. La chasse s'en fait, à cette dernière époque, à la lueur des flambeaux. Une tradition populaire attribue à la chair de ces animaux prise comme nourriture, et à leur sang frotté sur la peau, la faculté de guérir la lèpre.

Il n'y a aux îles du Cap-Vert ni serpents ni autres reptiles venimeux; le crapaud, le centipède, qui atteint quelquefois la longueur d'un palme, et un petit scorpion, y ont été apportés du dehors par les navires; ils ne sont du reste pas venimeux, bien que nuisibles. On y voit aussi des lézards, des grenouilles, des tortues d'eau. Comme dans tous les pays intertropicaux, le nombre des insectes y est considérable, et ils sont particulièrement incommodes dans la saison des pluies; ce sont des araignées, des blattes blanches et noires, des fourmis, des sauterelles, des moucherons, des mouches, des moustiques, des guêpes, des papillons, des grillons, des cupins ou termites destructeurs; et d'autres, connus sous les noms locaux de bisouros, perilampos, sigarras, tiraolhos (grosse mouche), fede em vida.

2° LES HABITANTS.

Population.

D'après le recensement de 1834, le dernier qui ait été fait aux îles du Cap-Vert, la population de cet archipel s'élève à 55 833 individus, dont 51 854 libres et 3 979 esclaves, les uns et les autres ainsi répartis dans les différentes îles:

	Hab. libres.	Esclaves.
São-Thiago	19 932	1 754
São-Antão	13 407	180
Fogo	4 706	909
Saint-Nicolas	5 293	125
Brava	3 820	170
Boavista	2 818	513
Maio	1 542	313
Saint-Vincent	336	5

M. Lopes de Lima pensait qu'en 1844, d'après les dix années de prospérité relative dont venaient de jouir les îles du Cap-Vert, le chiffre de cette population dépassait 67 000 âmes; elle est même portée par quelques-uns jusqu'au chiffre de 75 000. Dans toute la province, la population blanche est à la population de couleur comme un est à vingt. L'histoire de la colonisation expliquera ce fait de statistique positive.

Quelques écrivains, tels que Feijoo, ont avancé qu'à l'époque de sa découverte São-Thiago était habitée par des Yolofs, qui, s'étant jetés à la mer pour fuir les persécutions des Féloups leurs voisins, avaient été entraînés par les vents alizés. Mais les historiens de la conquête s'accordent tous à déclarer que cette île, ainsi que ses voisines, étaient désertes lorsqu'on y aborda pour la première fois.

L'infant dom Fernando, pour les peupler, envoya, en 1461, à São-Thiago et à Fogo plusieurs familles des Algarves, sous la conduite du découvreur Antonio de Nolle, de Diniz Eannès et d'Ayres Tinoco, les premiers donateurs. Ceux-ci, usant du privilége exclusif qui leur avait été accordé, achetèrent sur la côte de Guinée un grand nombre d'esclaves pour mettre les terres en culture. Telle a été l'origine première des trois espèces de castes dont se compose la population de l'archipel : — les *blancs*, descendants des Européens ; — les *noirs*, descendance pure des esclaves de la Guinée ; — les *mulâtres*, résultat du rapprochement des uns et des autres, et dont le nombre s'est beaucoup augmenté, depuis qu'au seizième siècle les îles du Cap-Vert sont devenues un lieu de déportation pour les condamnés de la métropole appartenant à certaines catégories.

Quant à la colonisation des autres îles, voici ce qu'en dit Feijoo : « Les principaux habitants des îles de São-Thiago et de Fogo, mus par un sentiment de piété religieuse, et pensant accomplir un acte méritoire qui assurait le salut de leurs âmes, donnèrent la liberté à un grand nombre de leurs esclaves. Afin d'échapper au travail et à la domination des blancs, les nouveaux affranchis passèrent dans les îles adjacentes, où se trouvaient déjà des esclaves transportés par les donataires pour la culture du sol : ce qui fait que tous les habitants de ces îles sont noirs et qu'on n'y voit qu'un petit nombre de mulâtres, produits des rapports entre les négresses et les Portugais ou les étrangers qui viennent ici chaque jour pour commercer. »

Ce qu'il y a de certain, c'est que la couleur dominante des habitants des îles du Vent et de Brava est la couleur de bronze ; leurs cheveux sont plus ou moins crépus, mais leurs traits sont en général agréables et presque européens ; la couleur noire est ici très-rare, et on ne l'observe même pas chez les esclaves, les affranchis, et leurs descendants directs. Il y a aussi beaucoup de mulâtres qui allèguent en leur faveur une parenté peu reculée avec certaines familles blanches, ce que celles-ci ne contestent d'ailleurs pas. Si, dans le sertão (l'intérieur) de São-Thiago, les habitants, avec leurs cheveux crépus et leur type africain, se transmettent encore dans sa pureté le sang des hommes de la Guinée, cela vient de leur isolement et de leur peu de communications avec les blancs, qui, concentrés dans les ports, pénètrent rarement dans l'intérieur.

Les premiers colons des îles du Cap-Vert fixèrent, comme cela est naturel, leurs habitations dans les ports de mer, afin de se réserver la facilité des communications avec l'extérieur. Mais, à l'époque funeste de l'usurpation espagnole, les mers voisines se couvrirent de pirates ; la plupart des blancs, qui étaient alors plus nombreux qu'aujourd'hui, se réfugièrent en Portugal ; et les malheureux colons noirs, exposés sans défense à des attaques continuelles, se retirèrent dans l'intérieur, à l'abri de leurs montagnes inaccessibles. Là, vivant à leur goût, à peu près indépendants, les uns s'adonnèrent à la culture, culture grossière, sans règles, mais assidue ; les autres se chargèrent du transport des denrées aux différents marchés où venaient s'approvisionner les quelques habitants restés sur le littoral, et les navires qui y relâchaient pour commercer ou prendre des rafraîchissements.

Comme il n'y avait d'ailleurs aucuns dangers pour la sûreté individuelle, au lieu de grouper les habitations de manière à en former des centres distincts, on les dispersa isolées à travers les vallées, sur les plateaux, sur le flanc des collines. Aussi ne trouve-t-on, aux îles du Cap-Vert, qu'un petit nombre de villages et de hameaux.

Cet isolement, joint à la difficulté des communications, a dû influer, on le comprend facilement, sur le caractère moral d'une population qui, à l'époque où elle se retira ainsi du monde, était dans un état peu avancé de civilisation.

En général, la population des îles du Cap-Vert est douce, docile, soumise aux lois (si elle ne les exécute pas quelquefois, c'est qu'elle ne les comprend pas), mais défiante, insociable, peu communicative, sans vices comme sans vertus, d'une indolence extrême, cultivant à peine ce qui lui est nécessaire pour les besoins d'une année, sans souci de l'avenir, sans désir d'augmenter son bien-être par une activité nécessaire.

Les habitants des côtes, et particulièrement ceux de Brava et de Saint-Nicolas, ont beaucoup de goût pour la mer et font d'excellents marins. Quelques-uns s'appliquent aussi à la pêche, mais c'est en petit nombre; il est rare de les voir pêcher plusieurs jours de suite, et cela par paresse, qui est leur vice dominant.

C'est dans les ports et principalement dans la capitale que vivent les déportés (degradados). Quelques-uns servent comme soldats, et ceux-là, au moins, sont encore sous le joug de la discipline militaire; mais la majeure partie, livrés à eux-mêmes, n'ayant aucune occupation ni aucun désir d'en trouver une, poussés par les mauvais penchants qui les amenèrent sur ces plages lointaines, s'adonnent au vol et à d'autres mauvaises actions. Causes de désordre incessant, ils sont la peste de la population, au milieu de laquelle ils finissent par semer la corruption, jusqu'à ce que, arrivés au terme de leur peine, ils retournent dans la patrie recommencer une carrière de crimes qu'ils viennent à peine d'expier. Dans le courant des sept années de 1837 à 1844, 346 déportés ont été amenés aux îles du Cap-Vert; sur ce nombre, on comptait 323 hommes et 23 femmes.

Le lait de chèvre caillé, de temps à autre un peu de viande de chèvre, dont la peau, par sa valeur, couvre à peu près le prix d'achat, le maïs, le manioc, les haricots, les citrouilles, forment la nourriture habituelle de la masse de la population.

On mange le maïs en épis rôti ou cuit dans du lait caillé (qui se nomme *dormido*), ou bien on l'égrène, on l'écrase, et on le met dans un panier que l'on secoue pour séparer la farine du *xarem*, partie plus grossière, que l'on met cuire avec des herbes, des haricots ou de la citrouille. Quant à la farine, on en fait des *botangas*, gâteaux plats, cuits sur le feu comme les gâteaux de maïs de la province de Minho, ou bien elle sert à préparer le *couscous*, mets semblable au couscous arabe, et qui, comme lui, se compose de farine battue, placée dans une marmite percée de trous au-dessus d'un vase rempli d'eau bouillante. Aussitôt qu'elle est cuite par la vapeur, on la coupe en bandelettes, que l'on fait sécher au soleil sur une toile, et qui se gardent ainsi une semaine.

Les haricots et la citrouille se mangent avec le xarem, avec des herbes, ou seulement, ce qui est le plus ordinaire, avec du lait caillé, et alors c'est un excellent mets; on ne boit jamais de lait frais, lequel est regardé comme nuisible. Le plus souvent on fait rôtir ou cuire la racine de manioc (*haïpim*), ou bien on la réduit en farine, et alors elle est supérieure à celle du Brésil.

La consommation des bananes est considérable, parce que ce fruit est savoureux, sain, et que la culture du bananier ne demande d'autres soins que de couper les vieilles feuilles pour faciliter la croissance des nouvelles.

Comme tous les Africains, les habitants des îles du Cap-Vert ont un goût particulier pour les liqueurs alcooliques, et l'on peut dire que la faculté de tirer du tafia de la canne à sucre est le seul stimulant peut-être qui leur fasse cultiver cette plante; la promesse d'un peu d'eau-de-vie est le moyen le plus efficace de leur faire exécuter un travail quelconque.

A la fin du siècle dernier, Feijoo écrivait que la population devait aux esclaves seuls presque tous les comestibles qu'elle consommait. Ceci n'est pas exact. Depuis vingt ans, des revendeurs ambulants (que l'on appelle dans les ports *vadios*, vagabonds) transportent en tous lieux les denrées d'une consommation journalière et même les animaux, les peaux, l'huile de ricin, tout ce qui est objet de commerce; et, dans la plupart des îles, lorsqu'on apprend que des navires viennent d'entrer au port, on y voit arriver ces fournisseurs avec une telle quantité de vivres, qu'il y en aurait quelquefois assez pour une escadre.

Le costume le plus ordinaire des hommes consiste en une chemise, un pantalon de coton grossier à raies bleues, un chapeau de paille fait par eux-mêmes, et, lorsqu'ils le peuvent, une veste de cotonnade bleue ou de toile. Les femmes portent une chemise collante de coton écru, avec des manches à poignet, et une jupe faite d'indienne depuis quelques années, car jadis elle était de toile, ouverte à la ceinture, et dans les lieux écartés on peut les voir encore ainsi habillées ; elles se couvrent et s'enveloppent la tête dans un grand fichu de coton de couleur écarlate ou jaune (lequel s'appelle *igualado*), disposé avec assez d'art ; s'ornent les oreilles de pendants, le cou et les bras de coraux et de verroteries, et les doigts de bagues, lorsqu'elles le peuvent ; elles se couvrent la poitrine d'une pièce de toile, qu'elles rejettent sur l'épaule et qui vient souvent passer sous un bras. Les femmes et les hommes de l'intérieur vont ordinairement pieds nus.

Les habitants des îles du Cap-Vert sont, comme tous ceux des régions tropicales, tellement amateurs de fêtes, qu'ils quittent tout pour s'y rendre ; les danses lascives et monotones qui en sont l'objet se font ordinairement au son de cette fameuse batouqué, si connue en Afrique. On s'y livre surtout avec fureur à l'occasion des noces, réunions toujours nombreuses, où l'on mange beaucoup, où l'on boit de l'eau-de-vie en quantité, et où l'on se permet une foule de libertés. A São-Thiago, le marié entre de force dans la chambre de la mariée, en écartant à coups de poing les jeunes filles qui veulent la défendre, et qui finissent par fuir ; après être resté un moment avec elle, il tire un coup de fusil par la fenêtre, pour apprendre aux convives l'état de chasteté dans lequel il l'a trouvée, et ce signal est suivi de vociférations joyeuses. Cet usage barbare, inconnu dans les autres îles, va se perdant aujourd'hui à São-Thiago.

Aux enterrements, on a conservé l'usage antique des pleureuses payées, qui accompagnent le corps à l'église pour prier et pleurer ; puis, après avoir jeté sur la fosse beaucoup d'eau bénite, elles se rendent à la maison du défunt, où, pendant plusieurs jours de suite, elles se livrent à la même *quérimonie* trois fois par jour, passant le reste du temps à manger et à boire.

Les veuves ont un *mois* de chagrin, qu'elles passent, enveloppées de toiles noires, à gémir, placées les jambes croisées sur un lit dans une pièce obscure, où leurs amis viennent les visiter en silence.

Un autre ancien rite religieux, qui s'est conservé, est celui que pratiquent les familles, d'aller à minuit, le jour des Morts, chanter en chœur, à la porte des églises fermées, pour les âmes des trépassés.

Ces diverses coutumes sont plus particulièrement propres aux habitants de l'intérieur ; dans les ports et les petites villes maritimes, la civilisation est plus avancée ; déjà la plupart des maisons y sont couvertes en tuiles ou en argile, comme en Portugal, ou en bois comme aux États-Unis. A l'exception des gens de mer, des pêcheurs ou des orseilleurs, les hommes et les femmes y portent généralement des chaussures, en même temps qu'ils sont mieux vêtus et mieux nourris. Les employés du gouvernement et les négociants y portent le frac et le gilet ; les *nhankas* (prononcez gnagnas), c'est-à-dire les dames, suivent les modes d'Europe, bien que sans trop de recherche, portant beaucoup plus les riches toiles de fabrication indigène que nos étoffes, et se couvrant bien plutôt la tête de l'*igualado* que d'un chapeau. Il n'est pas permis aux esclaves des deux sexes de porter de chaussures.

Dans les villes et les lieux voisins de la mer, les maisons sont en partie construites avec des bois américains, couvertes de tuiles américaines, garnies de meubles venus des États-Unis. La vaisselle, les habits, les chaussures n'y ont pas d'autre origine.

La langue portugaise pure est, par une habitude inexplicable, tout à fait inusitée aux îles du Cap-Vert, tant dans les villes que dans l'intérieur; on lui a substitué un jargon métis, formé de mots africains et d'ancien portugais, prononcé très-vite, avec des finales gutturales, et que l'on appelle langue créole, *lingua creoula*, sans grammaire, sans règles fixes, qui varie d'une île à l'autre (*).

Les populations maritimes comprennent en grande partie le portugais, mais ne le parlent pas. Les blancs même cherchent à perpétuer cet usage, en apprenant de suite le créole à ceux qui arrivent d'Europe, et en habituant leurs enfants à s'en servir, à l'exclusion de ce qu'ils appellent ó *portuguez limpo*, le portugais pur. Cependant, à la ville, dans les réunions d'un certain genre, les hommes se servent de celui-ci, bien que les nhanhas emploient toujours le créole. C'est un travers qui disparaîtra à mesure que l'instruction se répandra.

Tout le monde ici connaît les vertus de la plupart des plantes et des racines médicinales; on supplée ainsi à l'absence presque générale de pharmacies et de consultations, puisqu'il n'y a qu'un chirurgien-major, payé par l'État, lequel est à la fois chirurgien particulier, propriétaire et négociant à Boavista.

(*) M. Lopes de Lima se propose de donner un vocabulaire de ce patois, dont il cite quelques expressions.

Comme les Açores et les Canaries, les îles du Cap-Vert ont aussi leurs *morgados*, foule de petits propriétaires, possesseurs de chapelles et de majorats (la plupart insignifiants, mais composés des meilleurs terrains), dont ils abandonnent nonchalamment l'administration à quelques-uns de leurs esclaves ou de leurs domestiques les plus familiers, qui, aussi ignorants que leurs maîtres, laissent presque toujours dépérir la fortune dont le soin leur est remis.

A cet abus vient s'en joindre un autre, qui a des conséquences plus fâcheuses. Le propriétaire ne nourrit ni ne vêtit ses esclaves, mais il leur permet de travailler pour leur compte un jour de la semaine; cette ressource leur faisant défaut dans les années de sécheresse, ils désertent très-souvent avec les étrangers, et beaucoup de majorats sont perdus aujourd'hui faute de bras.

Nous n'ajouterons rien à cela, sinon qu'en 1834, l'autorité préfectorale, voulant couper le mal dans sa racine, ordonna l'exécution d'un décret de la régence des Açores, du 4 avril 1832, qui devait faire disparaître les deux tiers des majorats, et mettre en valeur les terrains incultes des autres; mais ce régime dura peu, et les gouverneurs qui lui succédèrent n'ont pas encore osé renouveler cette mesure importante.

Afin de compléter ces détails sur la population des îles du Cap-Vert, nous allons extraire de la relation de Mme Bowdich le récit de son séjour chez le senhor Manoel Martins, le plus riche propriétaire de l'archipel: « Cet homme, dit-elle, avait, par le nombre de ses esclaves, par ses possessions dans les différentes îles et par l'étendue de son commerce, acquis une influence et une autorité qui rendait purement nominale celle du gouverneur général. Il avait été envoyé par ces îles comme leur représentant aux cortès, et, lors du rétablissement du pouvoir absolu à Lisbonne, on le trouva trop puissant pour le punir; on le chargea d'aller maintenir la tranquillité dans ces colonies.

« A la foule de noirs qui se précipitait dans notre chambre, au bruit qui nous entourait, nous nous crûmes déjà en Afrique. A trois heures, on vint nous avertir que le dîner nous attendait. Notre entrée fut brusquement arrêtée un moment par une sentinelle, couverte d'un misérable habit, armée d'un coutelas et sans souliers comme sans bas. Après avoir surmonté ce premier obstacle, il nous fallut traverser une série de cuisines et de cabanes habitées par des esclaves, et les exhalaisons qui s'échappaient des premières apportaient avec elles de si fortes idées de malpropreté, qu'il fallait un appétit surnaturel pour oser toucher aux mets qu'elles nous présageaient. Sans cesse arrêtés par des enfants de tout âge, nègres, mulâtres, portugais, nous parvînmes à un escalier malpropre, qui nous conduisit dans le salon, où nous fûmes présentés à la famille du gouverneur. Sa femme, qui est en même temps sa nièce, est belle, mais elle avait plus de charmes dans le visage que de grâces dans le reste de sa personne; car, outre la taille ordinairement petite de ses compatriotes, elle avait adapté complétement sa toilette à la nature du climat, et elle aurait encore eu besoin de quelques rubans pour en réparer le désordre. Ses deux sœurs offraient aussi quelques charmes, et toutes deux étaient infiniment supérieures au reste des dames, dont, par égard pour mon sexe et par charité, je n'entreprendrai pas la description.

« Quand tout le monde fut rassemblé, visites, étrangers, parents et employés, nous formions à peu près une réunion de vingt personnes. Des masses de viande noyées dans de la graisse, de vastes terrines de soupe, des pyramides de bœuf bouilli, des hors-d'œuvre formés d'ail diversement préparé, furent placés devant nous, escortés par des myriades de mouches noires, qui nous disputaient chaque morceau. Des domestiques étaient obligés d'agiter continuellement de grandes serviettes pour les tenir éloignées; et si cet exercice était un moment suspendu, la table se couvrait aussitôt de ces dégoûtants insectes. Le désordre du service, le bruit de cent demandes faites à la fois rappelaient si vivement un dîner de diligence dans une mauvaise auberge de France, que, si j'avais pu un moment colorer à mon gré les personnages qui m'entouraient, je me serais crue faisant mon tour d'Europe.

« Les déjeuners étaient aussi abondants que les dîners, et on m'assura qu'il y avait le soir un souper qui ne le cédait en profusion à aucun autre repas; et c'est ainsi que, chaque jour, tous ces gens, hommes et femmes, au milieu d'une atmosphère qui varie de 80 à 90 degrés (du thermomètre de Farenheit), dévorent une immense quantité de nourriture animale. Je ne dois cependant pas oublier de proclamer ici l'hospitalité sans bornes du senhor Manoel Martins; je ne doute pas qu'il ne nous eût continué sa bienveillance pendant des mois entiers, et il était presque fâché de ce que nous refusions tous les repas autres que le déjeuner et le dîner. Il y a chez lui une seconde table, où sa femme, aimable et soigneuse, veille sur ses plus jeunes enfants, sur les commis; et enfin on a calculé que l'on nourrit journellement deux cents individus dans ce vaste établissement.

« Parmi les personnes attachées à la maison est un maître de musique, amené de Lisbonne tout exprès pour l'instruction des enfants; mais, comme ni ceux-ci ni leur maître n'ont de talent ou même de goût pour la musique, il remplit ses longs loisirs en dirigeant une petite école; ce n'est que le soir qu'il exerce la profession de musicien, et qu'il exécute une sonate sur le piano, au milieu de conversations bruyantes, qui permettent à peine à quelques sons d'arriver jusqu'à vous.

« L'idée du ridicule s'est attachée à toutes les colonies portugaises, à cause de leur pauvreté et de l'orgueil qu'elles affectent, bien que privées même des moyens de se faire respecter. On a surtout conçu un mépris particulier pour la colonie des îles du Cap-Vert, d'après la description qu'en a faite le capitaine Tuckey; mais qu'il me soit permis de rendre justice au gouverneur actuel (c'était alors don João da Matta Chapuzet) : nous avons reçu de sa part tous les services qu'il était en son pouvoir de nous rendre. Mais quelle devait être la situation d'esprit d'un homme placé dans la dépendance entière du senhor Manoel, éloigné de sa résidence ordinaire, dénué de ressources pécuniaires, alarmé de la révolte de ses troupes et incertain de l'effet qu'elle pouvait avoir sur son gouvernement? Sa conversation était douce, ses manières polies, et il nous pressa d'accepter le peu qu'il eût à nous offrir, avec une franchise et une cordialité qui prouvaient l'intention la plus bienveillante. Les classes élevées de presque tous les pays savent joindre la dignité à l'affabilité; mais je n'ai jamais vu ces qualités alliées avec plus de bonheur que chez les femmes de cette famille : elles ne me permirent plus de faire attention à ce qu'elles pouvaient avoir de désagréable, à leurs robes de grosse toile peinte, à leurs mouchoirs de soie décolorés, et même à quelques expressions barbares que l'éducation n'avait pas encore bannies de leur langage.

« Notre logement était situé de manière à nous offrir le spectacle de la procession qui, le dimanche, se rend à la messe. Il y avait eu auparavant une espèce de revue, que précédait un tambour qui aurait pu faire le sujet de la plus plaisante caricature. Pas un soldat à qui il ne manquât, soit des souliers, soit quelque partie de son uniforme, et la manière dont ils rompaient leurs rangs était en tout digne de la manière dont ils les avaient formés. Cependant le prêtre était allé se revêtir de ses ornements : la procession était ouverte par un laquais à livrée ridicule, portant dans ses bras la fille du gouverneur, gentille enfant de cinq ans;

puis venaient le père et la mère, celui-là tout habillé de noir, avec des culottes courtes et un chapeau à cornes, et sa femme vêtue de soie et de velours noirs. (A son retour, cette dame se hâta de substituer à ce vêtement une robe blanche pour le dîner, et celle-ci fit encore place pour le thé à une grosse robe de coton rayé.) Le reste de la procession marchait pêle-mêle; tous les rangs y étaient confondus; et, à côté des personnes les plus distinguées par l'éclat et la recherche de leurs vêtements, se voyaient les haillons des esclaves et des nègres; enfin le surplus de la population se pressait sur la route pour contempler cet étalage de pompe et de grandeur. »

M. Brunner vit, à Villa-da-Praia, la Fête-Dieu célébrée par des prêtres noirs, suivis d'une assez longue file de nègres et de mulâtres des deux sexes qui montraient peu de dévotion. Le son des cloches et les décharges d'artillerie accompagnaient la procession. Pendant la soirée, bon nombre de feux de joie furent allumés, et des pétards furent jetés dans tous les carrefours, heureusement sans accident, au milieu d'une ville dont la moitié est couverte en planches et en feuilles de palmier.

Industrie, commerce.

Après l'agriculture, la préparation du sel est la seule industrie qui, aux îles du Cap-Vert, ait pris quelque développement; elle occupe la majeure partie des habitants de l'île du Sel, de Boavista et de Maio. On y fabrique bien des toiles, de la poterie, du savon, des cuirs; mais ces industries, d'ailleurs assez grossières, à l'exception de la première, n'occupent qu'un petit nombre d'individus. Les habitants de Fogo donnent quelque façon au tabac qu'ils recueillent. La confection des tissus est, pour ainsi dire, concentrée dans cette même île et dans celle de São-Antão. Ces tissus sont de cinq qualités : les toiles communes, les toiles fines, les toiles ouvragées, les toiles en fil retors, et les pagnes. Voici les différents noms sous lesquels on les connaît dans le pays, avec leurs prix.

Étoffes communes.

	fr.	c.
Panno bocui ou *de léi*, bleu, avec l'envers blanc.........	6	»
Panno d'agulha, tout bleu...	9	60

Étoffes fines.

Panno preto, tout noir.......	12	»
Panno de lista fora, blanc et noir, à raies.............	12	»
Panno galan, bleu clair et blanc, à raies............	12	»
Panno de bocca branca, au centre bleu sur un fond blanc...................	12	»

Ces quatre sortes de toiles, quand elles sont ouvragées alentour, prennent le nom de *pannos de bicho* (*bicho* signifie encadrement), et acquièrent alors, selon le travail, un prix double ou triple.

Étoffes riches.

	fr.
Pannos d'obra, tissus ouvragés en coton et laine de diverses couleurs, de.	18 à 36
Pannos de retroz, tissus en coton et soie retorse, de couleur................	24 à 48
Colxas, tissus de coton de laine et de soie retorse, de.	36 à 240

Les toiles *bocui* se consomment toutes dans la province, ainsi que la plupart des toiles fines, dont quelques-unes cependant s'exportent dans la Guinée française et portugaise; mais les toiles d'*agulha* sont presque toutes destinées pour la Guinée. Quant aux étoffes riches, une bonne partie est enlevée par les étrangers, le reste se vend sur les lieux.

Les peaux qui se préparent aux îles du Cap-Vert au moyen des plantes qui y croissent sont toutes destinées pour l'usage des particuliers, et le pays est obligé de payer un assez fort tribut à l'industrie étrangère, ce qu'il serait facile d'éviter par la création d'une tannerie dans quelque vallée de São-Antão. Cependant il paraît que Saint-Nicolas livre aujourd'hui au commerce des cuirs préparés.

Le composé dégoûtant d'huile, de graisse et de potasse avec lequel on nettoie le linge mérite à peine le nom de savon. Quant à la poterie, elle est d'une facture on ne peut plus primitive.

En général, on éprouve dans tout cet archipel une grande disette d'ouvriers de tout genre, charpentiers, tailleurs de pierre, forgerons, calfats, tailleurs, cordonniers, etc. Ceux que l'on y trouve sont plus que médiocres, et se font payer d'une manière exorbitante, tout à fait disproportionnée avec le prix des vivres. Un charpentier gagne 800 reis (environ 5 francs) par jour, en travaillant peu et mal. Construire une maison à l'européenne dans ces îles est un objet d'une énorme dépense: aussi les loyers sont-ils très-élevés. De temps à autre seulement apparaît quelque ouvrier en état de faire une casaque ou une paire de bottes; c'est là ce qui fait que l'on y importe tant d'habillements et de chaussures tout confectionnés. Les ouvriers qu'on rencontre en ces îles sont, ou des condamnés à la déportation, ou des esclaves, auxquels leurs maîtres ont fait enseigner un métier et qui l'exercent pour leur compte: on leur laisse une partie du produit de leur main-d'œuvre pour le rachat de leur liberté. Il est rare de rencontrer des naturels mêmes de l'archipel exerçant une des professions, d'ailleurs si lucratives, dont nous venons de parler: l'agriculture, la pêche, la navigation, la fabrication du sel, la récolte de l'orseille, sont les seules industries auxquelles ils se livrent, et l'on compte en outre parmi eux un grand nombre de vagabonds qui se donnent comme revendeurs et marchands ambulants.

Mais si, par suite de leur indolence naturelle, les habitants des îles du Cap-Vert ont peu de goût pour l'industrie manuelle, ils se livrent avec plus d'entraînement au commerce. Dans les ports, il n'y a, pour ainsi dire, pas une seule maison où l'on ne voie une boutique; et toutes les fois qu'il arrive des navires, les marchés abondent en vivres apportés de l'intérieur; là aussi on ne manque ni de boutiques ni de revendeurs ambulants; tous aiment à vendre, bien qu'ils se soucient fort peu de produire.

Voici quel a été le mouvement commercial des îles du Cap-Vert avec la métropole et les pays étrangers pendant l'année économique 1842-1843.

217 navires sont entrés dans les ports de l'archipel, appartenant, 61 au Portugal, 87 aux États-Unis, 36 à l'Angleterre, 9 à la France, 3 à l'Espagne, 1 au Venezuela, le reste aux pays du nord de l'Europe.

239 en sont sortis, 42 pour le Portugal, 82 pour les États-Unis, 41 pour l'Angleterre, 23 pour la France, 16 pour le Danemark, 10 pour Hambourg, 4 pour l'Espagne, 1 pour la Colombie, le reste comme ci-dessus.

La valeur des importations s'est élevée à la somme de 76 620 853 reis (460 491 fr. 33 c.), sur lesquels la métropole figure pour 261 609 fr. 29 c., ou pour les 4 septièmes à peu près; ce qui prouve que le commerce portugais a su de nouveau tirer parti, dans ces dernières années, des avantages naturels dont il jouit sur ce point. Les États-Unis, profitant de son incurie, s'étaient mis en son lieu et place, et approvisionnaient les îles de bois, de meubles, de linge, d'habillements, de vaisselle, de comestibles; et cette importation, qui s'élève encore à près de 21 contos de reis, plus de 126 000 fr., les 3 onzièmes de l'importation totale, ira en diminuant à mesure que le Portugal pourra envoyer ici une plus grande quantité de farine, de biscuit de mer, de viande salée, de linge et d'habillements confectionnés, de tissus de soie, de laine, de coton des fabriques nationales, de verre, de poterie grossière, de chapeaux de poil et de chapeaux communs de Braga, de ferrures pour les portes et fenêtres, de serrurerie assortie, de bêches, de pelles de fer, de marteaux, de chaudrons et autres articles métalliques, toutes choses qu'en résumé il peut très-bien fournir au même prix que les étrangers, par suite du bénéfice des tarifs. Il faut y joindre les vins et l'eau-de-vie commune (*agoa ardente baixa*), qui pourrait rivaliser en Guinée avec la *cachaça* du Brésil.

L'Angleterre figure sur le tableau des importations pour 7 600 000 reis (environ 46 000 francs), valeur des tissus de coton et autres produits de son industrie, qu'elle donne en échange du sel.

Les autres nations du Nord qui viennent ici pour prendre du sel ou des ravitaillements, payent à peu près tout argent comptant; les ventes qu'elles peuvent faire sont éventuelles et de pacotille, et, par suite, peu importantes.

Les exportations étrangères se sont élevées à la somme de 73 992 149 reis (444 693 francs), non compris la valeur de l'orseille, qui est de 120 contos de reis (721,200 francs). Le sel y figure seul pour un chiffre de 30 contos de reis (180 300 francs), auquel il faut ajouter une somme égale pour celui que consomme la métropole; puis viennent le café et quelques céréales. Mais les articles les plus importants sont, à peu de chose près, des matières premières, très-avantageuses pour l'industrie portugaise, telles que cuirs, peaux et graines de ricin. Les droits presque prohibitifs imposés par les tarifs sur les cuirs et les peaux sortant par navires étrangers ont singulièrement diminué l'exportation américaine, qui, à l'époque dont nous parlons, n'a guère dépassé 9 contos de reis, 54 000 francs.

D'après le tableau des importations, sur le commerce total il s'en est fait à São-Thiago pour 42 881 000 reis ou 257 715 francs; à Boavista pour 19 511 000 reis ou 117 261 francs. L'exportation fut, dans la première, de 21 027 000 reis ou 126 372 francs; dans la seconde, de 10 132 000 reis ou 60 893 francs; à l'île de Maio, de 10 429 560 reis ou 62 682 francs; a l'île du Sel, de 20 077 800 reis ou 126 677 francs.

Les principaux articles réexportés ont été des métaux ouvrés, du charbon de terre et des *charutos*.

Monnaies; poids et mesures.

Les îles du Cap-Vert n'ont pas de monnaie spéciale; celle qui est regardée comme telle est une ancienne monnaie brésilienne d'argent, dont les pièces ont cours, respectivement, pour 960, 640 et 320 reis, représentant, en monnaie de France, des valeurs de 5 fr. 76 c., 3 fr. 84 c. et 1 fr. 92 c.; on appelle cette monnaie *fraca*; elle sert au payement des rentes et des employés subalternes; les hauts fonctionnaires sont payés en monnaie de Portugal. Du reste, dans les îles fréquentées par les étrangers, on peut dire que toutes les monnaies sont reçues.

Les mesures itinéraires, lieues, milles, pas, pieds, sont ceux de la mère patrie. On mesure le terrain par brasses ou par perches (*lanças*); le sel, les grains, par muids (*moios*), dont la grandeur varie suivant les diverses îles. Pour les tissus, on se sert de la *vara* ou de la coudée portugaise, bien que le *yard* soit adopté généralement, ainsi que le pied et le pouce anglais. Les fluides se vendent à la carafe (*garrafa*), petite pinte; au *frasco*, de quatre carafes; au *gallon*, de dix carafes; enfin par pipes et muids. La douane ne se sert que des poids portugais, mais les transactions commerciales se font ordinairement avec les poids américains.

Voies de communication.

Aux îles du Cap-Vert, les voies de communication ne consistent guère qu'en d'affreux sentiers, à peine praticables pour les piétons, et où le pied non ferré et infatigable du cheval indigène peut seul triompher des escarpements du sol, des descentes les plus dangereuses, des vertiges de précipices incessants. On a cherché à améliorer les abords de quelques points, en construisant des chemins à la Praia, à Saint-Nicolas; une chaussée, du reste assez mauvaise, à Fogo, pour mettre le village en communication avec la mer; mais, de tous ces travaux, le plus remarquable est la route construite à São-Antão par le gouverneur Marinho, et qui mène de la ville de Santa-Cruz à la mer.

La partie la plus élevée de Saint-Antoine a été, pendant bien longtemps, inaccessible. On n'y parvenait qu'au moyen d'une corde, qui servait à élever ou à descendre les habitants toutes les fois qu'ils voulaient passer d'une partie à l'autre. Une communication est aujourd'hui établie au moyen d'un sentier étroit, taillé dans le roc. La largeur en est à peine suffisante pour un âne; et si deux de ces animaux s'y rencontraient, l'un d'eux devrait infailliblement périr. Pour prévenir ce malheur, on déploie un drapeau à l'une des extrémités aussitôt qu'un âne est entré dans le chemin, et ce signal, pouvant se distinguer de l'autre point de départ, avertit les habitants de ne pas s'engager dans le sentier.

Gouvernement et administration.

Les Portugais possèdent, sur le continent africain, le long du cours inférieur et à l'embouchure des rivières qui se jettent dans l'océan Atlantique aux environs du cap Roxo et de l'archipel des Bissagos, plusieurs établissements, connus sous les noms de Cacheo, Bissao, Zinguichor, Bolor, Farim, Geba, Ganjarra et Fa, et les deux îles de Bolama et das Galinhas. Ces établissements, avec les territoires qui en dépendent, forment ce que l'on appelle officiellement la *Guinée du Cap-Vert*, la Guine de Cabo-Verde. Réunie aux îles que nous venons de décrire, elle constitue une province, nommée *provincia de Cabo-Verde*, dont la partie la plus importante est l'archipel du Cap-Vert.

La capitale de cette province fut, jusqu'en 1780, la cité de Ribeira-Grande. A cette époque, le siège du gouvernement fut transporté à la ville da Praya; mais l'insalubrité de ce point, ainsi que de toute l'île de São-Thiago, pendant un tiers de l'année, oblige le gouverneur et une partie des hauts fonctionnaires à se retirer dans quelqu'une des îles voisines, ce qui nuit singulièrement à la marche de l'administration. Afin de remédier à ce mal, un décret du 11 juillet 1838 ordonne la fondation, dans l'île de Saint-Vincent, d'un centre de population, appelé *Mindello*, destiné à devenir le chef-lieu de l'archipel. De grands obstacles se sont opposés jusqu'à présent à la réalisation de cette mesure, et villa-da-Praya est restée la capitale des îles pendant la saison des brises, tandis que le gouverneur général, dans la saison des pluies, réside où il lui convient le mieux.

L'archipel est divisé administrativement en huit conseilleries (*conselhos*), dont voici les chefs-lieux et la juridiction :

1. Villa-da-Praya....... } São-Thiago.
2. Santa-Catharina...... }
3. Villa de S.-Filippe..... Fogo.
4. Povoaçao de São-João-Baptista .... Brava.
5. Porto-Inglez .... Maio.
6. Povoaçao do Rabil ... } Boavista. Ile du Sel.
7. Villa-da-Ribeira Brava. Saint-Nicolas
8. Villa de Santa-Cruz... } São-Antão. Saint-Vincent

La charte constitutionnelle de la monarchie portugaise est la loi fondamentale de l'État dans la province du Cap-Vert ainsi que dans les autres possessions portugaises d'outre-mer. Il existe bien, pour elles toutes, quelques lois qui ont un caractère en partie réglementaire; mais l'expérience a prouvé qu'elles étaient, ou imparfaites, ou peu compatibles avec un bon régime colonial; et le gouvernement, investi par le corps législatif de pleins pouvoirs, doit décréter à ce sujet une nouvelle législation.

Le régime administratif des terres d'outre-mer est encore réglementé aujourd'hui par un décret (dit *administratif*) du 7 décembre 1836, expliqué par un autre du 28 septembre 1838. Quant à l'administration fiscale, un décret du 7 janvier 1837 rétablit les juntes des finances (*juntas de fazenda*), ainsi que l'ancienne législation de 1769. Pour ce qui est du pouvoir judiciaire, il est organisé particulièrement, dans les terres portugaises, en deçà du cap de Bonne-Espérance, par un autre décret portant la même date.

Conformément à ces dispositions, la province du Cap-Vert est administrée par un *gouverneur général* jouissant des honneurs accordés aux anciens capitaines généraux, et ayant un traitement annuel de trois contos de reis, ou 18 000 francs. Il réunit les pouvoirs civils et militaires, mais il ne peut s'ingérer en rien dans les affaires judiciaires; tous les fonctionnaires, de quelque rang que ce soit, lui sont subordonnés.

Il est institué auprès de ce haut fonctionnaire un *conseil de gouvernement*, qu'il préside et qu'il doit consulter dans toutes les affaires importantes (sans être cependant tout à fait obligé d'adopter ses délibérations); ce conseil est composé des chefs des différents services, judiciaire, militaire, fiscal et ecclésiastique, et de deux *conseillers* choisis par le gouverneur général entre quatre candidats présentés par la junte provinciale. Le conseil supplée le gouverneur général en son absence; il est alors présidé par le plus ancien conseiller par ordre de nomination, et il peut voter les dépenses d'urgence. Les ordres du gouverneur général sont publiés en forme d'arrêtés (*portarias*), commençant par cette formule : « *Le gouverneur général arrête ce qui suit :* » et quand l'arrêté a pour base une délibération du conseil, elle se modifie ainsi : « *Le gouverneur général en conseil arrête ce qui suit.* » Ce n'est qu'en conseil que le gouverneur peut déclarer la province en état de siège.

Il y a pour l'expédition des affaires civiles et militaires un secrétaire général, de nomination royale, avec 4 800 francs d'appointements, secondé par deux chefs, quatre expéditionnaires (amanuenses), et un garçon de bureau (um continuo).

L'administration des finances est confiée à la *junte de finance*, présidée par le gouverneur général, et en son absence, par le président du conseil; elle est composée du juiz de directo, du délégué faisant fonctions de procureur de la couronne, du trésorier, d'un écrivain. C'est cette junte qui fait rentrer les revenus, et qui ordonnance les dépenses sous sa responsabilité.

Une *junte d'amélioration de l'agriculture* se réunit aussi au chef-lieu de la province, pour distribuer les terres incultes et veiller à l'observation des conditions faites pour les emphytéoses.

Enfin, on y convoque annuellement une *junte de province*, qu'aucun des décrets ci-dessus mentionnés n'a créée expressément, mais à laquelle ils font allusion; cette junte, ne pouvant exercer aucunes fonctions délibératives, se borne à rédiger un mémoire consultatif sur les besoins de la province.

Chaque conseillerie a un receveur particulier, et chacune des neuf îles une douane, qui, à São-Thiago et à Boavista, est administrée par un directeur général, et dans les autres îles par des sous-directeurs.

L'exercice des fonctions administratives a été réglementé par un code administratif du 18 mars 1842, auquel le gouverneur a apporté en conseil quelques modifications. Les huit conseilleries ont chacune un administrateur, et les paroisses un régidor.

En vertu d'un décret du 16 janvier 1837, il y a au chef-lieu de l'archipel un juiz de direito, avec 6 000 francs d'appointements; un délégué (delegado), et un juge ordinaire, qui remplace le juiz de direito en son absence. Chacune des autres îles a un juge ordinaire, chaque paroisse un juge de paix et un juge élu. Les causes criminelles sont jugées en dernière instance par la *junte de justice*, siégeant au chef-lieu, et qui se compose du gouverneur, du juiz de direito, du délégué et de trois commis de grade supérieur.

Quant au service de santé de la province, il ne se compose encore, à l'heure qu'il est, que d'un *chirurgien-major*, qui dirige en même temps l'hôpital militaire et celui de la Misericordia, à Villa-da-Praia, le seul établissement de bienfaisance, non-seulement de l'archipel, mais de la Guinée; il a environ 1 200 000 reis (7 200 francs) de revenus. Ce n'est qu'en 1834 que cet hôpital a été transféré à la ville da Praya; jusqu'alors il était resté isolé au milieu des ruines de Ribeira-Grande.

Revenus et dépenses.

Les revenus de la province du Cap-Vert furent, pour l'exercice 1842-43, de 79 176 168 reis (476 848 francs), et on les porta au budget de l'exercice 1843-44 pour la même somme.

Ils provenaient principalement du produit net de l'orseille, qui donna 45 000 000 reis (270 450 francs), sur lesquels 24 000 000 restèrent appliqués aux dépenses locales, tandis que le surplus entra dans les caisses de l'État. Le fisc a éprouvé, depuis, là-dessus, un grand déficit par suite de la baisse du prix de ce lichen; mais il y a lieu de croire qu'il remontera, au grand avantage du trésor et surtout à l'immense bénéfice de la province, à laquelle un décret du 5 juin 1844 applique désormais les deux tiers du produit net; ce même décret a rendu au gouvernement l'ancien monopole de l'orseille sur toute la côte d'Afrique.

La totalité des autres branches de revenu a donné en 1842-43 une augmentation de plus de dix contos de reis ou soixante mille francs sur la moyenne des années précédentes, ce qui est dû particulièrement aux réformes apportées dans le service des douanes. Cet article est le plus important après l'orseille; il représente une valeur de 27 millions ou contos de reis (152 270 francs). Le complément de ces mêmes recettes est formé par les dîmes (*decimas*), les droits de grâce (*direitos de mercês*), les impositions sur les denrées (*sizas*), le droit appelé *real d'agoa*(*), le timbre, la poste, etc.

(*) Établi lors de la construction de l'aqueduc d'Elvas, en Portugal; voyez dans cette collection le volume intitulé *Portugal*, par M. Ferdinand Denis, p. 403.

Voici la moyenne des sommes auxquelles s'élevaient les différents impôts dans chacune des îles de l'archipel, antérieurement à 1842, le monopole de l'orseille laissé de côté; ce tableau donnera quelque idée de leur importance relative à cet égard:

São-Thiago	81,564 fr.
Maio	25,699
Boavista	24,853
São-Antão	21,418
Saint-Nicolas	15,326
Brava	14,772
Ile du Sel	13,976
Fogo	12,737
Saint-Vincent	2.295
	212,640

Les revenus de la province présentent une augmentation notable depuis 1828, époque où les impôts directs et indirects atteignaient à peine la somme de 200 000 francs, en y comprenant ceux de Guinée, qui, d'après la moyenne des années suivantes, doivent être comptées pour 56 000 fr.

Les dépenses s'élèvent à 600 000 francs, présentant ainsi un déficit d'environ 125 000 francs, couvert par la métropole; mais comme celle-ci prélevait sur les produits nets du monopole de l'orseille une somme de la même valeur, il en résulte que le tout se balançait, mais que le Portugal ne retirait rien de sa colonie. On espérait que celle-ci pourrait ultérieurement couvrir ses dépenses elle-même, et verser encore au trésor un excédant de recette. Nous ignorons si cet espoir s'est réalisé.

De cette somme de 600 000 francs, chiffre des dépenses, le service militaire en absorbait un peu plus de la moitié; l'administration civile, un sixième; le service ecclésiastique, un douzième; le fisc, l'administration judiciaire et quelques autres articles, le reste.

Forces militaires.

L'état de défense des îles du Cap-Vert a toujours été à peine suffisant pour y faire respecter le pavillon portugais. Les Espagnols avaient à São-Thiago une compagnie soldée, dite des Aventuriers, et six compagnies sans solde. Ils élevèrent une citadelle à Ribeira-Grande; deux forts à Villa-da-Praya et à Fogo, défenses, d'ailleurs, assez peu efficaces; les autres îles étaient abandonnées aux tentatives des pirates, que les habitants, comme ceux de São-Antão, repoussaient, lorsqu'ils le pouvaient, à coups de pierres. Après la restauration de 1660, cet état de choses resta le même jusqu'au milieu du dix-huitième siècle, que, vingt-sept ans après le pillage de Ribeira-Grande par les équipages de Cassart, sous le canon même de la pauvre citadelle castillane, on créa des régiments de milice. Au commencement de ce siècle-ci, à la suite des guerres européennes, on crut devoir y envoyer deux compagnies de troupes régulières, portées en dernier lieu à quatre cents hommes; et le gouverneur dom Antonio Coutinho de Lancastre fit élever autour de Villa-da-Praya cinq batteries armées au moyen des pièces tirées de la frégate *l'Uranie*, naufragée dans la baie en 1810. Le gouverneur Chapuzet déploya la même sollicitude pour la province qu'il administrait; mais les vicissitudes politiques par lesquelles passa le Portugal depuis 1823 et la paix générale, furent les causes principales de l'état d'abandon dans lequel ces îles ne tardèrent pas à se trouver. En 1834, on licencia les milices, ramas d'hommes désarmés, à moitié nus, et qui, laissant là leurs travaux, venaient, sous le nom de *détachements*, au chef-lieu de chaque île, servir, non pas l'État, mais les hauts fonctionnaires et leurs subordonnés, pour lesquels ils travaillaient gratuitement comme journaliers. On créa pour les remplacer, dans toutes les conseilleries, des *volontaires nationaux*, qui ne pouvaient être obligés à aucun service permanent hors de leur district, mais qui devaient toujours être prêts à se porter sur n'importe quel point de l'île où ils seraient appelés. La police des campagnes leur était confiée, et le règlement d'organisation qu'on leur avait donné a depuis servi à la création du corps de volontaires qui leur a été substitué.

Depuis 1834, au milieu du mouvement des partis, divers projets d'organisation militaire pour les îles du Cap-Vert furent provisoirement adoptés et en partie mis à exécution; elle a été définitivement arrêtée par un décret royal du 4 octobre 1843, qui a créé pour le service de toute la province un bataillon d'artillerie de ligne (faisant aussi le service de l'infanterie), composé de six batteries de position (*baterias de posição*), formant un total de 534 hommes, y compris l'état-major; mais, au 1er décembre 1843, ce chiffre s'élevait à 574, dont 400 pour l'archipel, ainsi répartis dans les différentes îles :

São-Thiago	279
Boavista	44
Maio	15
Sal	14
São-Antão	14
Saint-Nicolas	9
Fogo	12
Brava	13
Saint-Vincent	7

Il y a à Villa-da-Praya un parc de quatre pièces de 6 et deux obusiers. Certains points de São-Thiago, Saint-Nicolas, Boavista, Fogo, Brava, sont défendus par quelques mauvaises batteries dans l'état le plus misérable.

Instruction publique.

Il en coûte, dit M. Lopes de Lima, de s'occuper d'un tel sujet en parlant des îles du Cap-Vert, parce que tout écrivain impartial sera naturellement obligé de partager l'opinion de ceux qui déplorent l'état d'abandon dans lequel demeure la civilisation de ces terres depuis quatre siècles. Le peu que l'on a fait dans ces derniers temps est encore bien loin d'être suffisant.

En 1740, on créa aux îles du Cap-Vert une chaire de latin (il y en avait une de morale au couvent des Capucins), bien qu'il n'y eût aucun établissement d'instruction primaire payé par le gouvernement. Le conseil d'outre-mer eut la pensée, en 1773, d'y envoyer des professeurs et d'y élever une maison d'éducation ; mais cette idée resta en projet. Plusieurs enfants, pris dans les différentes îles, furent envoyés à Lisbonne en 1794; il ne paraît pas qu'aucun d'eux ait retiré quelque fruit de sa résidence en Portugal, si ce n'est Simplicio João Rodrigues de Brito, qui, abandonné à lui-même, entra au service d'un célèbre artiste italien et devint le premier peintre de portraits de la cour de Rio de Janeiro.

La première école d'enseignement primaire fut fondée à Villa-da-Praya en 1817, et c'était encore la seule qu'il y eût en 1840. Depuis lors, grâce aux deux derniers gouverneurs, le nombre en a été porté à douze : une à Brava, et deux dans chacune des îles de São-Thiago, Fogo, São-Antão, Saint-Nicolas et Boavista.

Le budget de 1842-1843 ouvre un crédit de 3 800 000 reis (environ 23 000 francs) pour la création de trente-huit écoles d'enseignement primaire, dont deux de première classe pour São-Thiago et Boavista ; douze de seconde classe et vingt-deux de troisième classe pour les autres îles ; plus, 435 francs pour deux maîtresses chargées de l'instruction des petites filles à São-Thiago et Boavista.

Religion.

La religion catholique est la seule qu'aient toujours professée les habitants des îles du Cap-Vert, depuis la première occupation de São-Thiago jusqu'à nos jours. Propagateurs de la foi du Christ, les colons envoyés par l'infant dom Fernando furent les premiers catéchistes de cette région, déserte à leur arrivée : les nègres tirés du continent voisin pour la peupler leur donnèrent d'amples occasions de montrer le zèle dont ils étaient animés ; mais les nouveaux convertis persistaient à un tel point dans leurs anciennes croyances, qu'en 1466, quelques religieux franciscains de la province d'Algarve se transportèrent au milieu d'eux « pour extirper, disent les écrits du temps, de cette nouvelle vigne du Seigneur, les mauvaises herbes qu'y faisait croître le climat africain. » Par la suite, le troupeau et les pasteurs augmentèrent à ce point que, le 3 novembre 1532, le roi dom Jean III crut devoir y créer un évêché, dont la fondation fut confirmée par une bulle du pape Clément VII. Le premier titulaire fut dom Braz Neto; mais il ne se rendit jamais à son siége, qui ne fut même occupé de fait que par son second successeur, dom Francisco da Cruz, en 1554. Depuis lors, le diocèse des îles du Cap-Vert a été administré par vingt-quatre évêques, dont le dernier est dom João Henriques Moniz, élu en 1841.

Aux seizième, dix-septième et dix-huitième siècles, la vie des évêques des îles du Cap-Vert fut d'une durée assez limitée, et la remarque de ce fait frappa même d'une certaine terreur ceux qui étaient appelés à ce poste dangereux ; plusieurs n'acceptèrent même pas leur nomination : ce qui porta le roi dom Joseph I*er* à demander au pape Benoît XIV la translation du siége épiscopal en un lieu plus salubre. Dom Pedro-Jacinto Valente abandonna en 1754 la mortifère Ribeira-Grande ; et depuis cette époque les évêques, à l'exemple des gouverneurs, sont restés à peu près errants, résidant tantôt dans une île, tantôt dans une autre. Il serait temps de mettre un terme à cet état de choses, en leur choisissant comme résidence le lieu placé dans les meilleures conditions, tel que Santa-Cruz dans l'île de São-Antão, dont l'église a été construite sur le modèle de l'ancienne cathédrale, ou Rabil dans l'île de Boavista, dont l'église est un édifice très-convenable.

La province ecclésiastique des îles du Cap-Vert est divisée en trente-trois paroisses, dont vingt-huit appartiennent à l'archipel et le reste à la Guinée. Les premières sont réparties de la manière suivante dans les différentes îles : onze à São-Thiago, quatre à Fogo, deux à Brava, une à Maio, deux à Boavista, deux à Saint-Nicolas, cinq à São-Antão, et une à Saint-Vincent.

II. DESCRIPTION PARTICULIÈRE DES ILES.

1° Iles sous le vent.

SAO-THIAGO.

L'île de São-Thiago ou de Saint-Jacques, la plus grande de l'archipel, a environ 10 lieues de long, 6 lieues dans sa plus grande largeur, et 25 de circonférence.

Elle est traversée dans sa partie centrale, du nord au midi, par une chaîne de montagnes basaltiques où l'on remarque de l'argile, des laves, des bancs de calcaire. A peu près au centre culmine, jusqu'à environ 1 500 mètres au-dessus de la mer, le pico da Antonia, qui la divise en deux parties : l'une au sud, appelée, d'après l'aspect de ses prismes colonnaires, *serra dos Orgãos*, chaîne des Orgues; l'autre au nord, nommée *montanha dos Picos* ou *Leitões*, montagne des Pics ou des Cochons de lait. Celle-ci se prolonge jusqu'à l'extrémité la plus septentrionale de l'île, où elle se termine par deux mornes, *os Montes do Tarrafal*, qui sont les premières terres qu'aperçoit le navigateur en venant du nord.

Depuis le commencement du dix-huitième siècle, la population de São-Thiago a toujours flotté entre 20 000 et 25 000 âmes, diminuant à l'époque des grandes famines (comme, par exemple, de 1770 à 1773, et de 1831 à 1833), augmentant dans les intervalles. En 1834, elle était de 21 646 âmes, et elle peut avoir atteint aujourd'hui son chiffre extrême.

Après Villa-da-Praia, le chef-lieu de l'île, il n'est aucun endroit qui puisse mériter le nom de village ; les maisons sont dispersées dans toutes les directions, à travers les plantations, le long des vallées, dont quelques-unes, comme celles de São-Domingos et do Engenho, en comptent plus de 200.

Les ribeiras ou vallées cultivées les plus connues sont, autour de la ville, dans un rayon de deux à trois lieues, celles de Bom-Cae, de Montagarro, de São-Filippe et de Caiada, qui lui sont contiguës, de São-Francisco, de Trindade, de Martinho, de São-Thiago, de Ribeirão-Corrêa, de Ribeirão das Eguas, de Ribeira-Grande, de São-Domingos, et plus au nord, dans diverses directions, Santa-Anna, Monfalleiro, etc. La partie nord de l'île passe pour être plus salubre que celle du sud; mais il faut ajouter que toutes les deux sont malsaines, sans qu'il soit possible de dire pourquoi : car c'est une idée fausse que de l'attribuer à une lagune de la paroisse de São-Miguel (laquelle n'est pas plus malsaine que les autres), qui communique avec la mer, dont elle est voisine, et qui, dans tous les cas, ne saurait être la cause des fièvres de la ville, dont elle est éloignée de six lieues.

São-Thiago, répartie entre 54 majorats, est divisée en 11 paroisses et 2 conseilleries, celle de Villa-da-Praia et celle de Santa-Catharina, ayant chacune leurs municipalités respectives, en général très-pauvres.

La première ville qui s'y soit élevée est celle de *Ribeira-Grande*, située sur la côte méridionale de l'île, à l'entrée d'une vallée étroite et bien cultivée, qui court du nord au sud entre deux chaînes élevées, et qu'arrose le ruisseau auquel elle doit son nom. Elle date de l'époque même de la première colonisation, aux premières années du seizième siècle; elle faisait un riche commerce, et montrait avec orgueil ses nombreux édifices, lorsque les Français, s'en étant emparés en 1712, lui causèrent de grands dommages. La majeure partie de la population se retira dans les montagnes, et bien que la tranquillité se soit rétablie par la suite, elle ne se releva plus; enfin, son état de décadence était tel en 1770, qu'elle cessa d'être la capitale de l'archipel, et que le siège du gouvernement fut transporté à Villa-da-Praia : c'était lui porter le dernier coup. Aujourd'hui, c'est pitié que de voir dans la solitude cette ville ruinée avec ses portiques, ses marbres, ses pierres travaillées, ruines au milieu desquelles s'élèvent encore la cathédrale, la Misericordia, les restes du palais épiscopal, et ceux d'un séminaire qui ne fut jamais terminé. Autour de ces édifices s'étendait et s'étend encore la partie la plus considérable de la ville, au pied d'une haute montagne à pic, sur laquelle se dresse la citadelle qu'y élevèrent les Espagnols en 1657; elle était flanquée de quatre bastions, et renfermait des casernes, une poudrière et une citerne. De ce même côté de la ville se trouve un faubourg dans lequel on éleva à la même époque, au milieu d'un jardin délicieux, un petit couvent de missionnaires capucins, qui est encore assez bien conservé. Le port était défendu par des batteries aujourd'hui délabrées, et dont l'artillerie est dispersée entre les décombres.

Du reste, il est juste de dire que les Français ne sont pas la seule cause d'un si grand désastre. Si les événements de 1712 n'étaient venus précipiter l'abandon de Ribeira-Grande, on eût été obligé, mais à la longue, de prendre ce parti; car déjà, depuis la fin du seizième siècle, on avait remarqué combien son climat était malsain, et, avant que les Espagnols la fortifiassent pour la dominer, elle était sans cesse menacée et exposée aux exactions des pirates. Dans l'accomplissement de ce fait si grave, on put avoir encore un exemple de la puissance que possèdent et la force de l'habitude et les souvenirs du passé, puisqu'il fallut près de deux siècles et de graves circonstances pour que la population de Ribeira-Grande ait pu se décider à aller vivre en d'autres lieux.

Villa-da-Praia (la ville de la Plage), où elle se retira, en est à cinq milles et demi (10 kilomètres) à l'est, au fond d'une baie assez vaste où les navires sont à l'abri des vents du large, et où ils peuvent mouiller par 5, 6 et 8 brasses d'eau. On y éprouve malheureusement sans cesse un ressac violent, qui y rend le débarquement aussi difficile que désagréable. Il serait facile cependant de remédier à ce grave inconvénient au moyen de quelques travaux, dont l'urgence a été reconnue par tous les gouverneurs depuis 1834, mais que l'on n'a pas encore commencés, bien que la dépense doive en être peu considérable, la nature ayant déjà fait, pour ainsi dire, une partie des frais. Sur le côté occidental de la baie s'élève un rocher appelé Ilheo dos Passaros, qu'il s'agirait de réunir à la côte vis-à-vis, par un môle en pierre de 120 à 130 brasses, s'appuyant sur plusieurs roches qui embarrassent le canal de séparation, et autour desquelles il n'y a qu'une demi-brasse d'eau. En ajoutant à cela un quai, d'un établissement peu dispendieux, et quelques fortifications, on aurait un port qui ferait honneur à la nation portugaise, et qui ne tarderait pas à accroître la prospérité de Villa-da-Praia.

Celle-ci garda longtemps ses pauvres maisons de paille, et l'on voit, par quelques relations de la fin du siècle dernier, que si Villa-da-Praia avait acquis alors une certaine importance politique, elle offrait encore un aspect assez misérable. Lorsque le capitaine général dom Antonio Coutinho de Lancastre y fit son entrée en 1803, ce n'était qu'un vaste champ couvert de cabanes sans ordre, au milieu duquel on voyait seulement quelques habitations plus importantes. Mais cet officier général et son successeur João da Matta Chapuzet (1822) apportèrent de telles modifications à cet état de choses qu'elle put enfin prendre rang à côté de certaines villes de la mère patrie.

Villa-da-Praia (*) s'élève sur ce que l'on appelle aux îles du Cap-Vert une *achada*, un plateau, une plaine en forme de terrasse, s'appuyant sur une muraille de roches d'à peu près 80 à 100 mètres d'élévation, et resserrée à droite et à gauche entre deux riches vallées dites, l'une, *de la Compagnie*, (varzea de la Companhia), parce que la Compagnie exclusive de la côte d'Afrique y a une maison, et l'autre, *da Ribeira de Bom Cae*, du ruisseau qui l'arrose en tout temps. Elles s'ouvrent du côté de la baie sur des plages, l'une de sable blanc appelée *Praia Grande*; l'autre surnommée, à cause de son aspect, *Praia negra* ou la Plage noire.

Les abords de la baie sont défendus par quatre batteries, et à l'extrémité orientale de la ville s'en trouve une cinquième, appelée la *Grande Batterie* (Bateria Grande), sur une petite place plantée d'une promenade très-agréable le soir, et d'où l'on descend par un chemin dans la vallée de Bom Cae et à la Praia negra.

Le lieu où l'on débarque habituellement est un petit rocher à quelque distance de la ville, au delà de la Praia Grande, au pied de hautes falaises sur lesquelles il y a, ou plutôt il y avait jadis, une fortification aujourd'hui en ruine. Aussitôt débarqué, on est accueilli par une foule d'individus chargés de fruits, de végétaux, de poulets, de dindons, de singes, qui vous offrent, de la manière la plus variée et la plus pressante, leurs marchandises. La distance qui sépare le débarcadère de la ville est extrêmement fatigante à parcourir, parce que le chemin ne traverse presque toujours qu'un sable profond.

Le sol, les rochers, tous les points sur lesquels la vue s'arrête, ne laissent aucun doute sur leur origine volcanique. C'est une pauvre terre dans laquelle une herbe courte et chétive trouve à peine de quoi se sustenter. On y voit paître cependant quantité de chèvres et d'ânes. La végétation a d'ailleurs un caractère africain bien prononcé.

L'impression que l'on éprouve en pénétrant dans la ville est loin de demeurer ce qu'elle était lorsque, vue du mouillage, elle se montrait avec tous les avantages que peut donner une position agréable.

La partie principale qui s'étend au-

(*) Elle est située par 14° 43′ 54″ de latitude nord, et 25° 52′ 15″ de longitude occidentale, comptée du méridien de Paris. (Givry, *Connaissance des temps pour* 1846.)

tour d'un vaste parallélogramme appelé *o Pelourinho*, est formée de rues larges et bien percées, mais dont les maisons ne valent même pas celles qu'habitent les basses classes à Madère; elles sont blanchies à la chaux, n'ont guère qu'un étage, et sont couvertes, les unes en planches, les autres en tuiles. On n'y trouve que les objets de première nécessité; et quant à ce que nous entendons par le confortable, il ne faut pas en parler. Dans la partie nord-est de la ville, les habitations sont en pierres brutes, couvertes en feuilles de palmier; toutes les autres ne sont que de véritables cabanes africaines. Les rues et les maisons sont d'ailleurs extrêmement sales, et les porcs, la volaille et les singes qui les occupent paraissent y jouir des mêmes prérogatives et des mêmes droits que leurs maîtres.

Au milieu de cet ensemble se montrent quelques édifices publics, que nous citerons plutôt pour leur importance relative que pour leur architecture; ce sont: l'église et l'hôtel du gouvernement, situés vis-à-vis l'un de l'autre sur une petite place qui domine la mer; l'hôtel de ville, la prison, le tribunal, un hôpital assez commode, bien situé, et près duquel se voit un moulin à vent, le seul de l'archipel, construit par le gouverneur Chapuzet, mais qui ne sert plus aujourd'hui.

Les dernières maisons de la partie ouest ont la vue sur l'ombreuse vallée de *la Compagnie*, appelée aussi, à cause d'une source qui s'y trouve, vallée de Fonte-Anna. Un petit bâtiment, surmonté d'un toit pyramidal en tuiles, la met à l'abri du soleil, et tout autour, le gouverneur Chapuzet a fait planter des palmiers, des cocotiers, des bananiers, des papayers, des cannes à sucre, des tamariniers, entremêlés de vignes, d'orangers, de citronniers, etc., auxquels se mêle la luxuriante végétation de quelques jardins voisins, qui font du tout un lieu enchanteur, et dont la beauté ressort d'autant plus que le reste de la vallée est inculte. Souvent la scène se peuple de groupes d'habitants aux apparences variées qui lui donnent quelque chose de tout à fait original, et pendant longtemps elle était, par intervalles, singulièrement animée; car c'était là que les navires venaient faire leur eau. La Fonte-anna fournissait en outre à la consommation de la ville. Mais son éloignement, son eau trouble et insalubre, exigeaient que l'on pourvût d'une autre manière aux besoins de la population et des navires. Un homme d'un caractère industrieux et entreprenant, le conseiller Antão Martins, exécuta ce que le gouvernement n'avait pas su faire: au moyen de tuyaux en fer apportés d'Angleterre, il amena jusqu'à la ville les belles eaux de la ferme de Montagarro, qui en est à plus de deux milles (près de quatre kilomètres); elles sont reçues dans un réservoir en marbre, travaillé en Portugal; et bien que l'ensemble de ce beau travail ait coûté, dit-on, plus de trois millions de francs, la nouvelle eau ne revient qu'à un prix très-inférieur à celui que coûtait celle de la Fonte-Anna.

Une amélioration si importante, jointe aux avantages de la situation géographique de Villa-da-Praia, et à la fertilité de son territoire, ne peuvent manquer de développer la prospérité et la richesse de cette petite ville. Malheureusement, elle aura toujours à lutter contre l'insalubrité de son climat. En 1833, à l'époque de la visite du capitaine Wilkes, sa population ne s'élevait qu'à 2 300 habitants.

Lorsqu'il y a quelque navire en rade, il s'y tient tous les jours un marché où l'on trouve une abondante variété de fruits et de légumes, quelques volailles et des œufs; mais si l'on veut du bœuf, il faut se rendre au parc, où, en prévenant à l'avance, on peut se ménager le choix des bêtes. En général, elles sont d'une petite race, à poil foncé, et toutes, du reste, amenées de l'intérieur.

Le commerce de détail est peu actif: il n'y a qu'un charpentier, et seulement quelques boutiques où l'on trouve divers objets des manufactures d'Europe, étoffes de coton, objets d'habillement, etc. Le nombre des cabarets est plus considérable : on y met toujours en vente beaucoup de raisin. Au total, les demandes des navires sont moins actives aujourd'hui qu'il y a plusieurs années, à cause du grand perfectionnement que l'on a apporté dans l'avitaillement des bâtiments destinés au long cours; mais Villa-da-Praia est encore très-fréquenté dans ce but par les baleiniers.

MAIO.

L'île do Maio ou das Maias est à 5 lieues à l'est de São-Thiago, d'où on l'aperçoit très-distinctement; elle a 14 milles dans sa plus grande longueur du nord au sud, 7 de l'est à l'ouest, et 12 lieues de circuit.

Sa surface est montagneuse à l'est, mais plate ou légèrement accidentée dans le surplus; du reste, ni ruisseaux ni sources. A une demi-lieue de la côte sud-ouest, en arrière du principal centre de population appelé le *Port anglais*, s'étend un marais dont les miasmes engendrent les fièvres et les catarrhes auxquels cette île est exposée, bien qu'elle soit beaucoup moins malsaine que sa voisine São-Thiago.

La principale richesse de l'île do Maio est l'excellent sel qu'elle produit, et dont il s'exporte, année moyenne, environ 4 000 muids (32 556 hectolitres), sans compter ce qui se consomme à São-Thiago, Fogo, Brava, ce qui fait un total général de plus de 6 000 muids (48 834 hectolitres).

La culture y est insignifiante, et c'est à peine si les habitants les plus aisés s'occupent d'un peu de jardinage. Après les pluies d'août et de septembre, on plante en janvier du maïs, des légumes, quelques plantes culinaires, mais le tout en fort petite quantité. Le sol est d'ailleurs complétement déboisé, bien qu'il soit très-favorable à la croissance des cocotiers, dont sa population pourrait retirer tant d'avantages.

La presque totalité de l'île n'offre que des pâturages que, par suite de la nature même du sol (un congloméral de chaux et de sable coquillier), il serait très-facile d'améliorer singulièrement en y introduisant les *onobrichis*. Au seizième et au dix-septième siècle, on y faisait un grand commerce de viande salée et de cuirs, et on y cultivait beaucoup de coton; mais depuis que le commerce du sel a commencé à se développer, les habitants, qui sont tous propriétaires de marais salants, se sont livrés exclusivement à cette industrie; aujourd'hui, on n'y fait plus de coton, et c'est à peine si on y élève assez de bétail pour la consommation locale et pour l'approvisionnement des navires. Le commerce du sel se fait par tournée (ce que l'on appelle *roda*), aucun des navires ne pouvant prendre tout son chargement à un seul propriétaire, mais seulement une portion à chacun d'eux. La répartition se fait toujours avec facilité par les consignataires qui en ont l'habitude, et les contestations auxquelles elle peut donner lieu chaque fois s'arrangent sans trop de peine.

Le meilleur sel est celui de la *Salina Velha*, la Vieille Saline, où il se cristallise naturellement par couches à la simple évaporation. D'année en année cependant il devient moins pur, par suite du limon qui s'y accumule. L'exploitation se fait sous la surveillance de l'autorité, ou par tournée en certains jours, ou suivant le système du travail en commun, chaque feu envoyant un ouvrier sur les lieux.

Dans les autres salines qui sont éloignées de la mer, le sel se fait, comme à Boavista, artificiellement, c'est-à-dire de la manière suivante: on creuse, au voisinage, des puits d'eau douce dont on répand l'eau sur le terrain préparé à cet effet, et le soleil y cristallise le sel en 10 et 15 jours; on le retire et on recommence l'opération. Ce sel des salines artificielles est moins brillant, moins cristallin, et plus fin que celui des salines naturelles; mais il est aussi blanc, et les consommateurs, loin de le rejeter, le regardent comme meilleur pour les salaisons.

Les côtes de l'île do Maio n'offrent que deux mouillages : le premier et le plus fréquenté par les navires de toutes les nations qui viennent y chercher du sel, est une baie assez vaste de la côte sud-ouest, où l'on peut jeter l'ancre à volonté par 10 brases, fond de sable. Il en est une partie, le port même, qui a reçu le nom de Port anglais, *Porto-Inglez*. Parfaitement abrité des vents du nord, il est très-sûr à l'époque des brises, mais très-tourmenté dans la saison des pluies. Au fond se dresse une muraille de roches, formant, comme à Villa-da-Praia, une achada ou plateau sur lequel sont les maisons, mais qui rend le débarquement on ne peut plus désagréable et même très-dangereux.

Sur la plage on a établi une grue pour le chargement et le déchargement des lanches qui viennent à cet effet accoster cette effroyable roche à pic, où la mer bat sans cesse avec plus ou moins de furie, selon la direction ou la force du vent régnant. On s'y prend de la même manière pour débarquer ou embarquer les personnes qui sont à terre ou en viennent. Lorsque la mer brise, c'est à peine si elle permet aux plus agiles de sauter du canot sur une roche glissante et de courir à la hâte vers de grossiers degrés pratiqués dans une fente de la falaise pour gagner, sur l'achada, la povoação du Porto-Inglez. Là se trouvent : la douane, regardée comme la mieux construite de la province, et autour de laquelle s'élèvent d'énormes piles de sel semblables à de blanches pyramides sur la terre aride; une batterie appelée *o Presidio*, et tout auprès le poste du détachement et la prison militaire. Au commencement de ce siècle, les maisons n'étaient pour la plupart couvertes qu'en paille; mais depuis l'administration du gouverneur Chapuzet, la bourgade s'étant accrue, aujourd'hui toutes les maisons sont en pierres et couvertes en tuiles; quelques-unes sont même assez grandes et d'une bonne apparence, mais elles sont disposées sans aucun ordre. Le mouillage du Porto-Inglez est par 14° 6′ nord, et 25° 37′, 14° 9′ à l'ouest de Paris.

Le second mouillage pour les navires est le *Porto de Pao-Secco*, le port de Bois-Sec, près de la pointe du même nom, sur la côte nord-est. C'est une petite baie où l'on peut jeter l'ancre sur un bon fond par huit brasses; mais elle est peu fréquentée.

L'île do Maio forme une conseillerie comprenant une seule paroisse. Outre la povoação du Porto-Inglez et la paroisse do Penoso, à trois lieues dans les terres, il y a quatre groupes de cabanes, dispersées dans des vallées ou ribeyras sans eau, et habitées par des pasteurs et par quelques orseilleurs.

En 1834, on comptait à Maio 1 900 et quelques individus, chiffre qui, actuellement, peut s'élever à 2 200; ils tirent de São-Thiago le maïs et les légumes dont ils ont besoin pour leur consommation, et ils livrent à l'exportation, du bétail, quelque peu d'orseille, mais surtout du sel. On pourrait cependant y faire encore aujourd'hui, comme dans le passé, d'abondantes récoltes de coton, y préparer beaucoup plus de viande salée et de cuirs qu'on ne le fait, et y joindre du poisson salé, car ses côtes fourniraient à une inépuisable pêche.

FOGO.

L'île do Fogo forme une conseillerie divisée en quatre paroisses. Elle est appelée par tous les écrivains portugais du seizième siècle *île Saint-Philippe*, quoique tous les actes publics de cette époque la désignent sous le nom qui lui est resté. Elle le prit lorsque ses habitants y eurent reconnu l'existence des feux volcaniques que vomissait la cime la plus élevée des montagnes dont sa partie orientale était couverte. L'île entière n'est, à vrai dire, que le versant de ce pic, dont la hauteur au-dessus de l'Océan, d'après la mesure récente (1845) de M. Sainte-Claire Deville, est de 27 90 mètres.

Fogo, placée à 28 milles ouest de São-Thiago, est d'une forme presque circulaire, comme le serait une immense montagne dont la partie supérieure seule se serait montrée au-dessus des eaux; elle a 15 milles de long sur 14 de large et 15 lieues de circonférence.

Le volcan de Fogo ne paraît pas avoir eu d'éruptions violentes avant 1680, car aucun écrivain d'une époque antérieure à cette date ne fait mention de tels phénomènes, qui certes, à cause de leur étrangeté, n'eussent pu passer inaperçus.

En 1680, un tremblement de terre se fit sentir dans toute l'île, et fut suivi d'une telle éruption de lave, que plusieurs propriétaires dont les fazendas se trouvèrent détruites, atterrés d'une telle calamité, allèrent s'établir dans l'île Brava, où l'on ne voyait que quelques cases de nègres affranchis de São-Thiago et de Fogo. Ce fut alors que l'importance de celle-ci commença à décliner.

Depuis le milieu jusqu'à la fin du dix-huitième siècle, les commotions volcaniques y devinrent de plus en plus fréquentes, de plus en plus terribles. Celles de 1785 et de 1799 méritent surtout une attention particulière. La première a été l'objet d'un mémoire présenté à l'Académie royale des sciences de Lisbonne, par João da Silva Feijó, qui en décrit les principaux phénomènes comme témoin oculaire.

La surface de l'île n'est, pour ainsi dire, qu'un vaste talus coupé de ravins qui rayonnent du sommet du cratère vers la circonférence, surface presque partout découverte, aride, et d'une sécheresse telle, que si les eaux du ciel viennent à lui manquer trop souvent, Fogo souffre plus que toute autre des îles de l'archipel. C'est ainsi qu'à la suite des trois années de sécheresse qui commencèrent en 1730, elle perdit les deux tiers de ses 13 000 habitants, et qu'en 1834 on n'y comptait plus que 5 600 habitants, au lieu de 16 000 à 17 000 qu'elle avait en 1831; aujourd'hui, le chiffre peut s'en élever à 7 000. Le nombre des sources est si petit, qu'elles ne sauraient suppléer à l'absence des eaux du ciel. Sur le flanc d'une montagne, dont la base se confond avec celle du pic, il en est une qui donne en abondance une eau très-froide, que l'on conduit au loin par un canal, pour l'arrosement des terres : c'est la plus remarquable. Les éruptions volcaniques en ont fait sourdre sur plusieurs points des plages, mais elles sont inaccessibles du côté de terre, et ne pourraient guère servir qu'aux bâtiments. Tout porte à croire, du reste, que les sondages artésiens remédieraient efficacement à cet état de choses. La sécheresse du sol existe aussi dans l'air, dont la température est plus élevée que dans aucune des autres îles; on est même obligé de n'y faire paître les troupeaux que la nuit, pendant laquelle on dort toujours les fenêtres ouvertes dans les temps secs. Le climat peut, d'ailleurs, rivaliser pour la salubrité avec celui de Boavista.

Du reste, sa fertilité est telle, qu'elle répare facilement ses pertes, et lorsque ses excellents terrains de lave sont arrosés par les pluies, tout ce qu'ils produisent, grains, fruits et légumes, y sont d'une qualité supérieure à tous ceux de l'archipel. Il y vient aussi quelques fruits d'Europe, tels que des pommes, des pêches, de bons raisins et de délicieuses herbes potagères. Elle peut exporter, dans les bonnes années, plus de six cents muids de maïs, en grande partie destiné pour l'île de Madère et le Portugal; mais les expéditions vers ce dernier pays ont diminué, par suite du développement qu'y a pris cette culture : aussi l'a-t-on remplacée à Fogo par celle du tabac, qui donne d'assez grands profits. La coloquinte abonde sur les plages et dans les montagnes; l'orseille que l'on y recueille n'est qu'un lichen d'une espèce inférieure, appelé *escana*, avec laquelle on teint en nankin. On y vend des porcs et des volailles aux navires. En fait de productions minérales, elle a du soufre et des pierres ponces en quantité, du sulfate de soude, du sel ammoniac et d'excellentes pierres à filtrer. Nous avons déjà parlé des draps qui s'y fabriquent.

La mer bat avec furie sur toute la côte, qui est partout haute et escarpée. Celle de l'est est absolument inabordable : ce ne sont partout que des masses de rochers brûlés par le feu, des monceaux de lave et de débris volcaniques, entre lesquels on aperçoit quelques terres d'une grande fertilité. La pointe la plus septentrionale de l'île est la *ponta dos Mosteiros*, qui forme deux abris pour les barques, appelés *Portinhos das Salinas* et *dos Mosteiros*; celui-ci est voisin du *chão das Caldeiras*, vallée formée par les convulsions volcaniques, et où l'on voit des cratères d'où s'échappent des gaz où il y a des amas de soufre; le terrain d'alentour est un des plus fertiles de l'île.

Le principal mouillage est le port de *Nossa Senhora da Luz*. Il est fermé au nord par une roche élevée, qui le protège si bien contre les brises, qu'à l'époque où elles règnent, le calme y est parfait, quel que soit l'état d'agitation du canal, et qu'en tout temps on peut, de ce lieu, faire voile pour les îles du Vent. Le débarquement y est exécrable, et, en quelques circonstances, tout à fait impossible, à cause de la violence du ressac. Sur la plage, on voit la douane et les magasins où l'on dépose le maïs, un fort ruiné, dans une position dominante; et à l'extrémité vers le nord une antique chaussée en assez mauvais état, qui conduit à la ville. Celle-ci, dont l'origine est déjà fort ancienne, est située sur les falaises qui dominent le mouillage; elle occupe un espace d'à peu près un mille de long sur un demi-mille de large. Vues de la mer, ses maisons, la plupart bâties en pierres, couvertes en tuiles, et au milieu desquelles figurent huit églises ou chapelles, lui donnent un aspect assez flatteur; mais en y entrant on reconnaît avec déplaisir que la plupart des habitations sont en ruine et que l'ensemble en est assez sale. Cela vient de ce que la majeure partie des habitants sont propriétaires dans l'intérieur de l'île, et que, cultivateurs actifs d'un sol excellent, ils résident presque continuellement sur leurs terres.

L'eau que l'on consomme à São-Felipe y est apportée, dans des outres de peau de chèvre, d'une distance de cinq lieues; elle provient de la belle source dont il a été parlé plus haut. Les navires prennent la leur à une autre source, qui coule au bas du plateau; mais comme, par sa position sur la plage, elle est la plupart du temps recouverte par les flots, ce n'est qu'une assez triste ressource. Outre le port de la Luz, São-Felipe en a un autre plus petit, situé au nord, de l'autre côté de la roche qui protége si bien celui-ci; on le nomme *porto da Villa*; il est dominé par une batterie de six pièces. L'accès n'en est pas plus commode que celui du port da Luz, et le chemin qui y conduit n'est, pour ainsi dire, qu'un précipice tellement à pic, qu'on est obligé, pour embarquer le maïs, de l'y faire arriver par un canal en bois. Le mouillage de Nossa Senhora da Luz est par 14° 52' nord et 26° 54' à l'ouest de Paris.

BRAVA.

Cette île, que l'on a surnommée à juste titre le *paradis de l'archipel*, ne pouvait manquer d'être découverte et de rester continuellement sous les yeux des premiers colons de Fogo, dont elle est à peine éloignée de trois lieues à l'ouest-sud-ouest; mais son peu d'étendue, son aspect montagneux, ses côtes presque partout arides et souvent cachées par des brumes épaisses, n'offraient rien d'engageant pour celui qui la jugeait de loin; tout cela lui fit même donner le nom qu'elle a gardé, et qui contraste avec la beauté de ses cultures intérieures.

Des esclaves affranchis de São-Thiago et de Fogo vinrent d'abord y construire d'humbles cabanes, et y goûter dans le silence les douceurs de la liberté, en y cultivant de petites portions de terre, en y élevant des porcs, de la volaille, quelque bétail qu'ils vendaient aux caravelles et aux barques de pêcheurs. Cet état de choses dura jusqu'en 1680, qu'une violente éruption volcanique ayant détruit une grande partie des propriétés de l'île de Fogo, engagea quelques familles ruinées de celle-ci à se retirer dans l'ilha Brava pour y tenter une fortune meilleure. Ainsi, cette terre, d'abord méprisée, ne fut le lot ni de capitaines donataires, ni de morgados; le sol y fut successivement réparti de telle sorte, qu'il n'y a aucun terrain sans culture, aucun cultivateur sans propriété; c'est un modèle parfait du système de la petite propriété et un exemple palpable de ses avantages.

L'île Brava a seulement 7 milles du nord au sud, à peu près 6 de l'est à l'ouest, vers le nord, car elle se rétrécit vers le midi; sa circonférence est de six lieues. Le climat y est aussi sain qu'en Europe, aussi salubre que celui de São-Antão, mais plus frais; elle est mieux arrosée encore, parce qu'elle est plus souvent enveloppée de brouillards épais qui la rafraîchissent et la fertilisent, et y alimentent nombre de sources. Ce qu'en dit M. Brunner pourra servir à en donner quelque idée. « La vue de la baie est on ne peut plus triste : pas un point vert; des rochers partout, une rangée d'une douzaine de maisons en face, avec une mare d'eau saumâtre, entourée de pourceaux, voilà ce qui se présentait à nous. Les arrangements pour un séjour forcé étaient tout à fait misérables quant à l'habitation; l'hospitalité pourvoyait à l'entretien. Une excursion vers la montagne (a Cima, dans le langage du pays) fut bientôt arrangée. Arrivé sur le plateau, à une élévation très-considérable au-dessus de la baie, l'aspect change subitement : au lieu d'un affreux désert, on voit s'étendre de belles plantations de manioc, de pisang, de café, de papayers, avec plusieurs jolies habitations et une église assez grande. Partout les marques du bien-être, de l'abondance et du contentement. On cultive des vignes, mais le vin est détestable, probablement faute de savoir le faire; le raisin ressemble parfaitement au raisin bleu du mois d'août, et pourrait bien indiquer l'espèce primitive sans amélioration de culture. Ce plateau fertile et élevé paraît n'être que le cratère décomposé d'un volcan éteint depuis des siècles. »

Les avantages de la culture sont tels, que Brava, toute petite qu'elle est, exporte dans les bonnes années, en excédant de sa consommation, plus de 400 muids ou 3 255 hectolitres de maïs, beaucoup de haricots, quelque peu de patates, et d'autres végétaux, qu'elle fournit annuellement à une cinquantaine de navires, la plupart baleiniers, qui viennent y faire de l'eau et y prendre des rafraîchissements. Ajoutons à cela de la volaille et des porcs d'une race particulière, dont la chair est très-savoureuse, et qui s'exportent aussi dans les autres îles. Ce fut ici que l'anglais Roberts découvrit pour la première fois l'orseille, et depuis, cette île en a toujours beaucoup donné.

En même temps que Brava offre tant de ressources sous le rapport agricole, elle paraît posséder aussi quelques richesses minérales qui, il est vrai, sont négligées. A l'entrée d'un vallon aride, espèce de sentier entre des rochers, qui débouche sur le port Anciāo, se trouve une mine de salpêtre qui paraît fort riche, mais dont l'accès est très-difficile : en 1799, on en expédia trois caissons à Lisbonne. Certains indices peuvent faire croire à l'existence du cuivre ou d'autres métaux. Roberts y trouva des ocres de couleurs et de poids différents, quelques-unes plus pesantes que le fer. Ce dernier minéral s'y montre dans deux sources bien connues : l'une est située près du principal village, et il s'en fait un grand débit; l'eau en est tellement acide au sortir du rocher, qu'on l'a surnommée *a fonte do Vinagre*, la fontaine du Vinaigre; mais, en la laissant reposer pendant vingt-quatre heures, elle perd son acidité, devient très-agréable, favorise la digestion et excite l'appétit. La seconde source est au port da Furna; l'eau en est excellente à boire, bien qu'elle noircisse instantanément la pièce d'argent que l'on y plonge.

Le principal lieu de l'île Brava est la povoação ou hameau de São-João-Baptista, qui occupe un espace de plus de deux milles sur une achada ou tertre des montagnes de la côte orientale, du côté de Fogo. Ce n'est pas une réunion d'habitations, mais un assemblage de quintas, de jardins, de potagers, au milieu desquels sont dispersées les maisons : c'est une délicieuse résidence, comme l'est, d'ailleurs, toute l'île, bien qu'elle soit tellement dénuée de bois, qu'il faille y importer tout le combustible de ce genre, et que les pauvres y soient réduits à brûler de la bouse de vache. Il serait cependant facile de remédier à cette pénurie de grands végétaux par des plantations qui amélioreraient encore la culture.

Brava a un petit port et trois mouillages. Le premier, appelé *o porto da Furna*, le port de la Grotte, est voisin de São-João-Baptista; ce n'est qu'une échancrure entre de hautes roches, aspect auquel il doit son nom, mais qui le rend d'une entrée et d'une sortie difficiles; six ou huit grands navires peuvent s'y amarrer à terre par vingt-cinq brasses de fond. Sur la rive s'élèvent la douane et les principaux magasins, que protége une batterie. Le porto da Furna est sûr pendant la saison des brises, mais, durant celle des pluies, il faut aller mouiller au porto da Fajam d'Agoa, qui en est à une lieue au nord. Le *porto dos Feneiros*, sur la côte sud-ouest, est abrité de tous les vents, excepté de ceux du sud-ouest. Sur la même côte est le *porto Ancião*, où dix navires peuvent mouiller par douze et quinze brasses. Au bord de ces différents mouillages s'élèvent des groupes d'habitations où le navire est toujours sûr de trouver des rafraîchissements et d'où partent autant de chemins conduisant à São-João par des routes presque inaccessibles et que peuvent traverser sans danger les seuls cavaliers du pays.

L'île Brava forme une conseillerie avec deux paroisses. Sa population, qui était en 1834 de 3 990 habitants, peut s'élever aujourd'hui à 4 600. La race blanche y domine, et les seuls noirs que l'on y voie sont des esclaves; les habitants sont tous mulâtres ou blancs, ces derniers presque tous originaires de Madère ou descendants de colons qui en venaient, gens affables, laborieux et hospitaliers. Le créole y est plutôt issu de familles venues du Portugal que des îles voisines, aussi habile à cultiver la terre qu'à vivre sur la mer, excellent marin, que recherchent les baleiniers et les navires anglais et américains.

Les avantages que possède l'île Brava sont tels, que l'on a souvent demandé d'en faire le chef-lieu de l'archipel; mais sa position est trop excentrique, et elle n'a ni un port assez vaste, ni un centre de population assez fort. Boavista remplirait beaucoup mieux ce but.

Au nord de Brava et à l'ouest de Fogo, à une distance de 5 à 6 milles, s'élèvent deux îlots, appelés en commun *Ilheos seccos*, ou rochers arides, dont le plus considérable, à l'est, a reçu le nom d'*ilheo Grande*, et l'autre celui d'*ilheo do Rombo*. Celui-ci n'a guère qu'une demi-lieue d'étendue; l'autre a une lieue de long. Quelques roches se trouvent dans le canal qui les sépare, sans s'opposer au passage des navires, qui y trouvent une grande profondeur d'eau. Un pic domine l'ilheo do Rombo, qui n'est, du reste, comme l'autre, qu'un immense rocher sans eau, ce qui leur a fait donner à tous les deux le nom qu'ils portent; mais il y existe du jais, et on y voit grand nombre de cotonniers sauvages, qui y croissent mieux que dans aucune des îles. Au fond des cavités des rocs, la mer dépose un peu de sel, et elle rejette sur la plage beaucoup d'ambre, qui est dévoré presque instantanément par une immense quantité d'oiseaux, grands et petits, hôtes de ces lieux, et que l'on vient y chasser de Brava pour en extraire de l'huile à brûler. Les fonds sont, d'ailleurs, très-poissonneux.

BOAVISTA.

Boavista, située au nord-nord-est de l'île de Maio, est à 27 lieues au nord-est de São-Thiago ; un pentagone irrégulier, de 16 à 17 milles dans sa plus grande dimension , représenterait assez exactement sa forme générale. Ce n'est du reste, pour ainsi dire, qu'un banc de sable avec deux pics d'un basalte nu à son milieu, au-dessus d'un soulèvement longitudinal qui court du nord au sud. Le sol y est d'ailleurs entièrement semblable à celui de Maio, et pourrait se prêter aux mêmes cultures, celles du coton et du cocotier, sur une plus large échelle encore ; mais la population, bien qu'assez laborieuse, est trop occupée par la fabrication du sel, sa principale richesse, par la récolte de l'orseille, la pêche, le cabotage, pour qu'il lui reste le temps de cultiver quelque peu de maïs, de haricots, de patates douces, plantes qui y viennent avec beaucoup de peine, à cause du manque de pluies : aussi y importe-t-on à peu près tous les vivres.

Boavista a trois ports pour les navires d'un fort tonnage : porto de Sal-Rey, grande baie de deux lieues d'ouverture, qui s'enfonce d'une demi-lieue en dedans de la côte occidentale ; le *porto do Norte*, au nord-est ; et le porto do Curralinho, mouillage le long de la côte sud-est. On peut ancrer dans le port de Sal-Rey jusque par 12 brasses, fond de sable, et on y est abrité de tous les vents dans toutes les saisons : aussi ce port, qui est le meilleur des îles du Cap-Vert après le grand port de l'île Saint-Vincent, est-il le plus fréquenté par les navires étrangers. Un petit quai de pierre, construit il y a environ trente ans par le conseiller Antão Martins, permet d'y débarquer commodément ; c'est encore aujourd'hui le seul de l'archipel. Ces différents avantages ont fait de Boavista l'entrepôt du commerce des îles du Vent.

Au fond de la courbe qui enceint le port s'élève le bourg de *Rabil*, assis sur une éminence, et qui se compose, en grande partie, de cabanes autour de quelques maisons de pierre, et d'une église placée sous l'invocation de saint Roch. Au bord même de la baie se trouve la povoação de Sal-Rey, dont la prospérité s'accroît chaque jour et qui est à une lieue de Rabil, distance que l'on parcourt sur un sable très-fatigant pour la marche. A deux lieues du même point dans l'intérieur, au pied d'une montagne dite da Povoação, est un autre village de pasteurs et de laboureurs, le plus ancien de l'île ; c'était le chef-lieu de la province avant que l'évêque Silvestre de Maria Santissima ne l'eût transporté à Rabil en 1810. Au delà des hauteurs, du côté de l'est, se trouve l'aldea ou hameau de São-João-Baptista do Norte, sur le porto do Norte, parsemé de récifs où plus d'un navire a fait naufrage.

La quantité de sel que Boavista livre au commerce peut être évaluée, année moyenne, à 2 500 muids ou 20 347 hectolitres. On le fabrique, en grande partie, chaque jour dans des salines artificielles, presque contiguës, vers le nord, au port de Sal-Rey. Les produits en sont plus ternes, moins transparents, plus impurs, que ceux des salines de Maio ; on le dit bon pour les salaisons, et son bas prix (1 600 reis ou 11 francs 32 centimes les 8 hectolitres) fait qu'il se vend bien. Le sel de la saline naturelle du Nord est bien meilleur que le précédent, et même que celui de Maio ; mais on éprouve tant de difficultés à le charger, que les propriétaires sont obligés de le donner au même prix que le premier.

SAL.

A 20 milles au nord de Boavista se trouve l'île de Sel, dont le nom ne peut éveiller que des idées tristes, auxquelles répond d'ailleurs parfaitement son aspect aride et brûlé : vue du midi, elle justifie la comparaison lugubre qu'en fait Bowdich. De ce côté elle est plate, et c'est vers sa partie moyenne seulement que les terres s'élèvent pour aller se terminer au nord par le pic de Martins, dont la hauteur au-dessus de la mer est de 400 mètres.

La côte orientale n'offre qu'un ancrage, appelé Pedra de Lume, échancrure étroite entre de hautes roches, mais précieuse dans la saison des pluies, alors qu'il y aurait une excessive témérité à mouiller sur les rivages opposés, parfaits au contraire quand règnent les brises : ce sont trois baies dites da Palmeira, do Rabo de Junco, et da Madama ou da Salina ; celle-ci est préférée par tous les navires qui viennent dans ces parages.

Pendant près de trois siècles, l'île de Sel fut fréquentée seulement par les habitants de Boavista, de São-Nicolão et de São-Antão, qui venaient y pêcher, y cueillir de l'orseille et y prendre du sel. En 1808, le major (aujourd'hui conseiller) Manoel-Antonio Martins, mettant à profit un ordre émané, le 25 février, du capitaine général, se disposa à y mettre du bétail, et à commencer l'exploitation régulière de la vaste saline naturelle qui y existait. Cette saline, placée à une lieue de la côte, est un admirable ouvrage de la nature. Des flancs d'un cratère (caldeira), situé à peu près au centre de l'île, jaillit une source dont l'eau salée, s'écoulant sur les pentes, allait former à quelque distance, par la puissante influence du soleil, d'immenses montagnes de sel, qui s'y accumulait depuis nombre d'années, comme la neige sur la cime des Alpes. Antonio Martins dépensa d'abord 600 000 reis pour faire tracer un chemin qui en rendit l'accès plus facile. Pendant assez longtemps, toutefois, il n'y entretint qu'un régisseur et quelques esclaves pour emmagasiner le sel et mener paître les troupeaux ; mais en 1820, il commença à apporter de grands perfectionnements à cet état de choses : on perça une montagne de part en part à sa base, pour y établir un chemin souterrain plus court et plus facile. Ce travail dispendieux une fois terminé, l'entreprenant propriétaire ne s'en montra pas entièrement satisfait, et, pensant que l'on favoriserait singulièrement la locomotion si l'on pouvait mettre à profit la direction constante des vents qui soufflent dans ces régions, il fit venir d'Angleterre, à grands frais, des rails en fer que l'on posa sur un plan légèrement incliné, ménagé depuis la saline jusqu'au porto da Salina ou baie de Madama. Les wagons, chargés de sel et garnis de voiles semblables à celles d'une barque, sont abandonnés à la puissance des brises régulières qui les poussent lestement jusqu'à leur destination ; une fois déchargés, leurs voiles sont fermées, et ils sont ramenés par des ânes au point de départ. Honneur à Antonio Martins comme à tous les hommes d'intelligence qui ne reculent devant aucun sacrifice pour entraîner leurs concitoyens dans la voie du progrès !

Les conséquences de la nouvelle création dont l'île de Sel venait d'être dotée, ne se firent pas attendre. La même année qui la vit terminer, 1839, vit aussi 600 colons de Boavista venir s'y établir. Par les soins de celui qui avait introduit, sur cette terre encore déserte il y avait peu d'années, l'une des plus belles conquêtes du génie moderne, on leur donna des maisons, du bétail, des vivres ; on leur creusa des puits, afin de les mettre à même d'établir de nouvelles salines : les produits lui en sont vendus à des conditions fixées dans un contrat sanctionné par le gouvernement.

Ces diverses exploitations, jointes à la grande saline, livrent annuellement au commerce de 4 500 à 5 000 muids (36 725 à 40 695 hectolitres) de sel, et cette quantité augmente chaque jour. Attirés par la bonté du sel, par la facilité du chargement et le bon marché des produits, ce sont surtout les navires du Nord qui se rendent ici pour s'y approvisionner.

On exporte aussi de l'île du Sel beaucoup de peaux de chèvres sauvages qui y sont très-nombreuses, de l'écaille de tortue d'une qualité inférieure, quelque peu de bétail, un grand nombre d'ânes. Les montagnes donnent de l'orseille, et il s'y trouve des pyrites de cuivre. L'eau y est peu abondante, et le bois à brûler très-rare.

2° *Iles du Vent.*

SAINT-NICOLAS.

En s'éloignant de l'île du Sel vers l'ouest, la première terre que l'on aperçoit est l'île São-Nicolão ou Saint-Nicolas, qui en est à 257 milles. Sa forme est très-irrégulière, ainsi qu'on peut en juger d'après ses dimensions : de l'est à l'ouest, elle a un peu plus de 8 lieues, tandis que, mesurée du nord au sud, sa largeur varie de deux milles et demi à 17 milles; ses contours ont un développement de 22 lieues.

Cette île est élevée, couverte de montagnes et de collines que séparent des vallées fertiles ; au centre se dresse, en forme de pain de sucre, le *morro do Frade*, au-dessus duquel culmine, à quelque distance au nord, près de la pointe septentrionale, l'une des plus hautes cimes de l'archipel, le *monte Gordo*, qui a 4 000 pieds (1 200 mètres). C'est un ancien volcan, déjà éteint à l'époque de la découverte, mais dont les flancs sont encore couverts de lave, de pierre ponce et d'autres productions ignées.

La population de São-Nicolão doit dépasser aujourd'hui 7 200 habitants, parmi lesquels on ne compte guère qu'un centième de blancs, le reste se composant de mulâtres et de gens de race noire. En général, ils sont tous bons, dociles, adroits, mais d'une indolence qui s'oppose à toutes les tentatives faites depuis plus de cinquante ans par la riche famille Dias, pour implanter au milieu d'eux la civilisation, perfectionner les méthodes de culture, développer l'industrie. C'est en vain que, pour y améliorer les races, elle y a fait transporter des cavales et des mules, des vaches tourinières, des étalons de chevaux et d'ânes espagnols, et même des moutons mérinos; qu'elle y a fait planter de nombreux végétaux exotiques, parmi lesquels on remarquait le cactus à cochenille. Pour améliorer sérieusement les pâturages, il faudrait ouvrir des puits dans ces vallées privées d'eau, y semer régulièrement la luzerne, et n'y faire la paille qu'aux mois de décembre et de janvier, à cause de la sécheresse. Les terres arides pourraient y produire une immense quantité de purgueira et de dragonier; et beaucoup de coton sur le versant des collines. Du reste, la fertilité du sol est telle, que, dans son état actuel, Saint-Nicolas donne en abondance toutes les productions cultivées de l'archipel, ainsi que du bétail et de la volaille. Cependant le commerce y est peu actif; seulement elle vend des rafraîchissements aux navires qui y touchent, et fournit, sous ce rapport, à la consommation de Boavista et de l'île de Sel.

Il y a sur les côtes différents ancrages décorés du nom de ports, mais qui sont tous plus ou moins mauvais pour les grands navires. Le *porto Velho*, dans la baie de São-Jorge, sur la côte sud-est, et le *porto da Preguiça*, à une demi-lieue plus au sud, sont les plus fréquentés, parce qu'ils sont voisins du chef-lieu de l'île, la ville da Ribeira-Brava, bourgade placée au fond d'une vallée étouffante, entre de hautes montagnes, à une lieue de la côte orientale; c'est un groupe de chaumières sans alignement, au milieu desquelles on voit quelques maisons de pierre couvertes en tuiles, et une église bâtie par l'évêque dom Francisco Christovão, auquel Saint-Nicolas doit quelques autres fondations.

L'église de Ribeira-Brava, placée sous l'invocation de Nossa-Senhora do Rosario, donne son nom à l'une des deux paroisses de l'île; la seconde a nom Nossa-Senhora da Lapa *das Queimadas*, grande provoação rurale située sur la côte nord. Grand nombre d'habitations isolées sont dispersées à travers les différentes vallées; et enfin, sur la côte nord-ouest, au pied du monte Gordo, se trouve le hameau (aldéa) de *Praia-Bruma*, situé à une lieue du port de Tarrafal, le seul mouillage où, dans la saison des pluies, on puisse jeter l'ancre par 16 brasses.

SAINTE-LUCE.

Ce port de Tarrafal est à la pointe la plus occidentale de Saint-Nicolas;

8 milles plus loin, à l'ouest-nord-ouest, s'élève l'*ilheo Razo*, à 2 milles duquel, dans la même direction, est l'*ilheo Branco*, d'où l'on aperçoit, vers le nord-ouest et à 3 milles, la petite île de *Santa-Luzia*, Sainte-Luce.

L'*ilheo Razo*, l'îlot Ras, est un morne élevé et presque rond, dont le sol paraît propre à la culture du coton, de la purgueira et du sang-de-dragon : aussi a-t-il été concédé à João-Antonio Leite, de l'île Saint-Nicolas, par un décret du 26 février 1839, avec obligation de le défricher et de le mettre en culture dans l'espace d'une année.

Quant à l'*ilheo Branco*, l'îlot Blanc, c'est une roche très-élevée couverte d'orseille, et peuplée de cette sorte de plongeons nommés *cagarras*, poltrons. A la pointe sud-est se trouve une toute petite plage, où descendent les orseilleurs, auxquels une source fournit de l'eau.

Sainte-Luce, la plus petite des îles de l'archipel, n'a guère plus de 2 lieues de long et 1/2 lieue à 1 lieue de large. Sa surface est montagneuse, et présente le même aspect que les terres voisines : pas d'arbres, peu d'eau. Les rivages sud-est forment, au pied du mont *do Caramujo*, une anse dans laquelle peuvent mouiller les barques; on y voit un puits d'eau douce, et, tout près de là, les ruines d'habitations qu'y construisirent les pasteurs que l'on y envoyait jadis demeurer temporairement, à l'époque où le bétail était la principale richesse des îles du Vent. Jamais, du reste, aucune population ne s'y fixa pour la coloniser. Au commencement de ce siècle, la famille Dias, de Saint-Nicolas, y avait grand nombre de mules que la sécheresse de 1831 à 1833 détruisit presque complétement. Le capitaine Lopes de Lima assure que, dans ces dernières années, elle y a envoyé un régisseur, plusieurs pasteurs, et des troupeaux de chevaux, de juments et d'ânes. On y voit quelques cotonniers qui y réussissent très-bien ; ses montagnes produisent beaucoup d'orseille, et ses côtes sont très-poissonneuses.

SAINT-VINCENT.

Saint-Vincent est entre Sainte-Luce et Saint-Antoine, à 3 lieues de celle-ci et seulement à 2 de l'autre. Elle a la forme d'un parallélogramme irrégulier, incliné sur sa base vers le sud-est, et qui aurait 5 lieues de long sur 3 de largeur. Rien de plus simple que sa disposition orographique : deux massifs, parallèles dans toute leur longueur aux côtes septentrionale et méridionale, laissent entre eux une vallée occupant la partie centrale, fermée vers l'est, mais qui, à l'ouest, descend jusqu'à la mer. Le rivage, obéissant à cette disposition intérieure des terres, s'arrondit et s'enfonce pour former de ce côté une magnifique baie appelée *o porto-Grande*, le Grand Port, sûr en tout temps, et que l'on s'accorde à regarder, non-seulement comme le plus beau mouillage de l'archipel, mais peut-être encore de toutes les possessions portugaises d'outre-mer : 200 navires pourraient y ancrer à l'aise par 4 et 8 brasses, fond de sable et de pierrailles, abrités des vents du nord par les hautes cimes de Saint-Antoine, de tous les autres par les montagnes mêmes de l'île.

Saint-Vincent resta inhabitée et inculte jusque vers la fin du dix-huitième siècle. En 1781, des ordres furent donnés pour la peupler; mais ils ne reçurent pas d'exécution, et en 1795 elle fut concédée à João-Carlos de Fonseca, habitant de Fogo. Il s'y rendit avec le titre de capitão-mór, accompagné de ses esclaves, et emmenant 20 familles tirées des autres îles, auxquelles le gouvernement fournissait des outils, des vivres, et qu'il exemptait des dîmes et de tous droits. Malgré ces avantages, il paraît que cette petite colonie prospéra si peu, que son fondateur mourut de besoin, et qu'en 1819 elle ne comptait encore que 120 individus traînant une vie assez malheureuse; ils avaient cependant beaucoup de gros bétail et quelques moutons; mais la famine de 1831 en fit périr la majeure partie. Cependant il paraît que cet état de choses s'améliora; car, d'après le recensement de 1834, Saint-Vincent comptait 340 habitants, et actuellement ce chiffre doit s'élever à 400. La Ribeira do Julião, qu'arrosent les deux seules sources de l'île, est, par cela même, la seule partie qui présente quelque culture. Presque toute la population est concentrée d'ailleurs sur les rives du Grand Port : c'est là qu'en vertu d'un décret du 11 juillet 1838, devait être établi un centre de population appelé *Mindello*, qui devait plus tard devenir la capitale de la province; les difficultés qui se présentèrent lorsqu'il fallut en venir à l'exécution, n'ont pas permis d'y donner suite.

SAINT-ANTOINE.

Saint-Antoine est la dernière des îles du Vent à l'ouest, et en même temps la terre la plus occidentale et la plus septentrionale de l'archipel. Elle est de forme compacte, et on pourrait, à peu de chose près, la renfermer dans un parallélogramme de huit lieues sur quatre, dont l'axe serait dirigé de l'ouest-sud-ouest à l'est-nord-est. Les deux diagonales, dont l'une surtout, celle de l'est à l'ouest, est fortement marquée par la chaîne principale, donneraient la direction de ses deux grandes lignes de faîte.

Le profil des terres sur le fond du ciel indique bientôt à celui qui en approche combien la surface de cette île est élevée, combien elle doit être tourmentée. Ce ne sont, en effet, que montagnes de 2 000 à 6 000 pieds (600 à 1 800 mètres), dominées par le *Pão de Assucar* (le Pain de Sucre), qui en a 8,000 (2 400 mètres), entre lesquelles s'enfoncent dans toutes les directions de profondes vallées, arrosées par nombre de sources, de ruisseaux et de petites rivières toujours abondantes, et que les pluies transforment en torrents dévastateurs. Le tuf rouge, l'argile, la marne, la chaux en abondance, la lave, des basaltes décomposés, sont les principaux éléments du sol, et cette grande variété, combinée avec celle de la température que l'on voit se modifier suivant les hauteurs où l'on se trouve placé, font de Saint-Antoine une seconde Madère, également propre à la culture des productions intertropicales et de celles de l'Europe. Aussi, ce que nous avons dit du règne végétal et du règne animal pour l'ensemble de l'archipel du Cap-Vert, s'applique-t-il tout particulièrement à cette île, qui possède en outre de la barille, de l'argile à figurines, de la terre bolaire, du marbre, des pierres de différents genres, du fer, du cuivre, du soufre, de la pierre ponce, des hyacinthes, des améthystes, des topazes, des grenats. Elle a des sources minérales, soit froides, soit thermales. Il en est deux bien connues, et qui servent particulièrement à la préparation des peaux : l'une les dépouille en moins d'une heure du poil qui les couvre, la seconde les teint en noir dans un temps encore moins long.

Avec tant d'avantages, São-Antão est la plus misérable des îles du Cap-Vert. Cela tient à quelques causes que nous allons chercher à expliquer.

Après avoir passé, depuis le règne de Jean III de Portugal jusqu'à celui de Philippe II d'Espagne, entre les mains de divers donataires, elle fit retour à la couronne en 1759. Ses riches propriétaires ne l'avaient peuplée que d'esclaves tirés des côtes de Guinée; peu sensible à la servitude, cette population dégradée et à demi barbare ne le fut guère plus à la liberté qui lui fut donnée par un décret d'émancipation, en 1780; l'esclavage, en lui énervant l'esprit, ne lui avait imprimé que des vices, et un dégoût invincible pour le travail. Attirées par l'excellence de l'air et la fertilité des terres, quelques familles européennes, quelques individus entreprenants et actifs des îles environnantes, vinrent bien se fixer au milieu d'eux et y déposèrent les germes d'un état meilleur; mais le nombre de ceux-ci fut trop peu considérable, leur influence trop bornée; et encore aujourd'hui les deux tiers de l'île au moins, les plus riches terrains, sont complétement incultes, et attendent des bras actifs, des têtes intelligentes, pour donner les productions variées de climats très-opposés. Et comme pour ajouter à cet état de choses, l'horrible famine de 1831 à 1833 est venue enlever les meilleurs, les plus utiles colons.

Cependant la population de São-Antão, qui en 1834 était d'environ 13 600 individus, doit être actuellement de 17 000 à 18 000.

Son chef-lieu est la ville de *Santa-Cruz*, fondée par les comtes de ce nom, titulaires de la capitale de l'île de Flores, aux Açores. Elle s'élève dans la fertile plaine de Ribeira-Grande, qui débouche sur une baie remplie d'écueils, escarpée et inabordable, de la côte nord-est, à laquelle vient aboutir une autre ribeira (vallée) plus petite. C'est à ce confluent, au pied de crêtes élevées, qu'est la ville, qui jette l'un de ses faubourgs, et le mieux bâti, sur le flanc d'une colline verdoyante appelée *a Penha de França*, le Rocher de France. Santa-Cruz est assez vaste et compte de 5 000 à 6 000 habitants. Malheureusement, elle fut dès l'origine assez mal ordonnée, et ses habitations ne sont, pour la plupart, que des chaumières; les plus riches sont couvertes en tuiles américaines de bois. L'église est construite sur le modèle de celle de Ribeira-Grande à São-Thiago. Des jardins, des plantations couvrent les deux vallées au voisinage de la ville; il y fait agréable durant la saison des brises, mais l'air y est chaud et étouffant dans la saison des pluies.

São-Antão a trois ancrages assez mauvais. Le pire de tous est celui de la Ponta do Sol, extrémité septentrionale de l'île; c'est le plus fréquenté, parce qu'il se trouve assez près de Santa-Cruz, dont il est à une lieue. On parcourait jadis la distance par un chemin exécrable, qui avait été amélioré, lorsqu'en 1839 on commença à en tracer un nouveau, moins dangereux; mais la voie de communication la plus importante pour cette île et pour celle de Saint-Vincent est la route commencée en 1838 pour mener de la ville au port dos Carvoeiros, par lequel ont lieu toutes les relations entre les deux îles, et qui est situé par 17° 01' nord, et 27° 28' à l'ouest de Paris.

III. COUP D'ŒIL HISTORIQUE.

Découverte et première prise de possession des îles du Cap-Vert.

L'archipel des îles du Cap-Vert est resté complétement ignoré de l'antiquité classique, c'est un fait hors de toute discussion aujourd'hui; l'érudition confuse des derniers siècles a bien pu s'imaginer que là devaient être cherchées, comme le veut Jean de Barros, les îles Fortunées telles que nous les montrent les tables de Ptolémée, ou bien que là se trouvaient les îles des Gorgones, comme le soutient Jean de Castro en s'étayant des indications de Pline; mais la critique moderne, plus rigoureuse dans ses déductions, ne saurait admettre que les Fortunées, au nombre desquelles figurait Canaria, soient cherchées ailleurs que dans l'archipel des Canaries; et que les îles des Gorgones, voisines de la Corne du couchant, se puissent retrouver loin des parages où le cap du Lagedo projette à l'ouest la pointe derrière laquelle s'ouvre le fameux Fleuve de l'or.

La découverte des îles du Cap-Vert appartient exclusivement à cette époque du réveil de la civilisation européenne, si bien appelée la Renaissance. Le Sénégal avait été reconnu et le Cap-Vert doublé depuis longtemps, lorsqu'en 1456 le vénitien Louis de Cà-da-Mosto et le génois Antoine Usodimare, qui l'année précédente avaient visité la Gambie, et qui allaient l'explorer de nouveau, furent poussés par le vent au large du Cap-Vert jusqu'en vue d'une terre qu'ils résolurent de reconnaître; y ayant abordé, ils vérifièrent que c'était une île assez grande, et inhabitée, du haut de laquelle ils en aperçurent trois autres, l'une derrière eux au nord, et les deux autres au sud-ouest, non loin de leur route; ils se dirigèrent vers celles-ci, et abordèrent dans la plus grande, où ils firent de l'eau et des provisions de chair de tortue et de poisson; ils donnèrent aux deux îles qu'ils avaient ainsi visitées les noms de Bonne-Vue et de Saint-Jacques, l'un comme souvenir des heureux auspices sous lesquels ils avaient aperçu au large cette première terre, l'autre en mémoire du saint apôtre patron du jour où ils avaient entrepris leur voyage (le 1er mai, consacré, comme on sait, chez les latins, à la double fête de saint Philippe et de saint Jacques le mineur). Voilà le résumé de cette découverte tel qu'il nous a été transmis par la relation de Cà-da-Mosto lui-même, qui nous apprend aussi que du haut de Boavista il avait semblé à ses gens discerner au loin vers le ponent l'apparence d'autres îles encore, qu'on ne pouvait bien distinguer à cause de la distance, et qui furent découvertes plus tard.

Quelques années après (Jean de Barros raconte cela en l'année 1461) une nouvelle reconnaissance des îles du Cap-Vert fut faite par un noble génois, Antoine de Noli, que des contrariétés éprouvées dans sa patrie avaient déterminé à venir en Portugal avec trois navires, en compagnie de Barthélemi son frère, et de Raphaël son neveu; ayant obtenu de l'infant dom Henri l'autorisation d'aller en découverte, ils arrivèrent, seize jours après leur départ de Lisbonne, à l'île de Mayo, et le lendemain ils virent celles de Saint-Jacques et Saint-Philippe. Des serviteurs de l'infant dom Fernando étaient partis en même temps pour aller aussi à la recherche de ces îles, et ils découvrirent les autres, de manière à compléter la reconnaissance de tout cet archipel, où l'on en compte dix en tout.

Ces découvertes successives, sur le détail desquelles on pourrait peut-être soulever quelques objections, eu égard du moins à l'application première des noms en rapport avec les quantièmes du calendrier; ces découvertes sont irréfragablement constatées par des documents officiels contemporains.

Ainsi, lorsqu'à Evora, le 3 décembre 1460, le roi Alphonse V fit donation à l'infant dom Fernando son frère, des îles qui avaient appartenu à leur oncle l'infant dom Henri récemment décédé, on voit figurer, dans le nombre de celles-ci, quatre au moins de celles du Cap-Vert, savoir, Saint-Jacques, Saint-Philippe, Mayaes (primevères), et Saint-Christophe; une cinquième, précisément l'île du Sel, pouvant en outre, suivant quelques-uns, se trouver indiquée sous le nom de *lana*, que d'autres ont lu *lovo*, et applicable dès-lors à tout autres parages. De ces quatre îles, la première seule a toujours conservé sa dénomination originelle; Saint-Philippe est devenue Fogo; l'île des Mayaes ou primevères (fleurs de mai) est devenue l'île de Mai; et Saint-Christophe est devenue ou redevenue Boavista.

Pareillement, des lettres royales, datées de Lisbonne le 29 octobre 1462, confèrent au même infant dom Fernando la possession des sept îles que Diogo Affonso son écuyer avait trouvées par le travers du Cap-Vert. Pour donner à ce prince les moyens de pourvoir à la colonisation de ces îles, le roi son frère lui fit encore expédier, le 12 juin 1466, des lettres qui l'autorisaient à prendre à cet effet des habitants de la côte de Guinée, ce dont il profita pour fonder de premiers établissements à Saint-Jacques et Saint-Philippe, se bornant à tirer parti des autres îles pour le pacage des bestiaux. A la mort de ce premier donataire général, arrivée en 1470, les îles du Cap-Vert firent retour au domaine de la couronne, d'où elles furent de nouveau détachées, le 30 mai 1489, en faveur de son fils l'infant Emmanuel duc de Béja, qui devait bientôt les rapporter à la couronne en devenant lui-même roi de Portugal le 26 octobre 1495; les lettres royales qui lui faisaient cette donation énuméraient jusqu'à douze îles dans cet archipel, savoir: Saint-Jacques, Saint-Philippe, Mayaes, Saint-Christophe, Sal, Brava, Saint-Nicolas, Saint-Vincent, Rasa,

Branca, Sainte-Luce, et Saint-Antoine : on voit que l'augmentation résulte de ce qu'on a fait état distinct, dans cette énumération, des deux îlots ou petites îles *Rasa* et *Branca*, plus habituellement passées sous silence à cause de leur nullité individuelle.

Colonisation successive et possession des îles par des capitaines donataires.

Le roi Emmanuel ne tarda point à disposer lui-même de nouveau des îles que son avénement venait de réunir au domaine de la couronne.

L'île de São-Thiago avait été divisée en deux capitaineries : celle du sud, dite de *Ribeira-Grande*, fut donnée, le 4 avril 1497, à Jorge Correa, à la suite de son mariage avec dona Branca, fille du découvreur messire Antonio le Génois ; celle du nord fut accordée à Diogo Affonso, contrôleur des finances (*contador*) de l'île de Madère ; et redevenue vacante par sa mort et celle de son fils Joham, elle fut concédée derechef à Rodrigo Affonso, du conseil du roi Emmanuel. A partir de 1505, la capitainerie de Ribeira-Grande ne fit que prospérer ; les défrichements se faisaient avec activité, la population, le commerce augmentaient ; la ville de Ribeira-Grande se développait avec rapidité ; une municipalité (camara) y fut créée, et le roi ordonna que les revenus de l'île et de celle de Fogo fussent affermés pour le compte du fisc. Le roi Jean III y envoya un corrégidor ; et elle fut administrée, ainsi que les îles voisines, par des capitans mors jusqu'en 1592, que l'Espagne mit à la tête de l'archipel un gouverneur général.

Fogo fut colonisée en même temps que São-Thiago, par Ayres Tinoco et autres serviteurs de l'infant dom Fernando, qui s'y rendirent dans ce but en compagnie d'Antonio de Noli. Il paraît que Martin Miguel et Martin Mendes furent les deux premiers qui y amenèrent des habitants et y transportèrent du bétail. Érigée en capitainerie par le roi Emmanuel, le premier capitaine donataire fut, en 1510, Fernão Gomes, qui fonda la ville de Saõ-Felipe. A sa mort, en 1520, la capitainerie fut donnée par le roi Emmanuel au comte de Penella, puis, en 1566, par le roi Sébastien au capitaine de cavalerie dom João de Vasconcellos e Menezes ; donation qui fut confirmée par Philippe Ier et Philippe III. A partir du règne de Jean IV, elle fut, ainsi que les autres îles, gouvernée par des capitaines de nomination royale.

L'île de Maio ne paraît pas avoir été peuplée aussi vite que les deux précédentes. Les capitaines de la partie nord de São-Thiago y jetèrent du bétail et y firent des plantations de cotonniers ; et ce fut sans doute pour cette raison que Rodrigo-Affonso, dont nous avons déjà parlé, s'en considéra comme le propriétaire. Il vendit le tout, île et bétail, à un certain Joham Baptista, dont les héritiers furent confirmés dans leur possession, le 4 juillet 1504, par le roi Emmanuel, qui leur imposa plusieurs conditions, telles que de payer le quart des peaux et le dixième de la graisse du bétail abattu, et le dixième du produit des cotonniers. Les choses restèrent dans cet état jusqu'en 1524, que l'île fit retour itératif à la couronne. Jean III en donna la moitié au baron d'Alrito aux mêmes conditions, et cette donation fut transmise à dona Antonia de Vilhea et à ses descendants, par le roi Sébastien, en 1573. Martin-Affonso Coelho reçut du roi Jean IV l'autre moitié, et ce fut à cette époque que l'on commença la colonisation de l'île. Sous Pedro II, elle fut régie par des capitans mors de nomination royale.

La même année 1497, où la capitainerie nord de São-Thiago fut accordée à Rodrigo-Affonso par le roi Emmanuel, ce prince lui fit en même temps don du bétail sauvage de l'île de Boavista, aux conditions imposées plus tard aux héritiers de Joham-Baptista, et que nous venons de rapporter. A la mort de Rodrigo-Affonso, le même roi l'accorda, en janvier 1505, à son fils Pedro Correa, donation qui fut confirmée par Jean IV en 1522, et renouvelée vingt ans plus tard en faveur de son neveu Antonio Correa. Boavista resta dans cette famille jusqu'au temps des Philippe d'Espagne ; elle reçut alors des capitaines de nomination royale.

On ignore l'époque certaine du premier établissement de Saint-Nicolas, Sainte-Lucie et Saint-Vincent ; le plus ancien document connu où il soit question de Saint-Antoine, est une charte de donation du 15 janvier 1538, par laquelle le roi Jean III la donne, *de juro et herdade*, à Joam de Sousa, avec réversibilité, après sa mort, à Gonçalo de Sousa son frère, tous deux fils de Pedro da Fonseca et de dona Violante de Sousa, sœur du célèbre Manoel de Sousa premier capitaine de Diu. Gonçalo de Sousa da Fonseca étant mort sans enfants, Philippe Ier donna Saint-Antoine, aux mêmes conditions, au comte dom Francisco Mascarenhas, dans la famille duquel elle resta jusqu'en 1759, qu'elle retourna à la couronne.

La colonisation de ces îles devait être opérée aux frais des donataires principaux, auxquels elles étaient concédées en viager, soit comme récompense de leurs services, soit à titre d'encouragement, au moyen de contrats personnels. Du reste, le défrichement s'exécuta rapidement, grâce au partage qui avait été fait des terres entre de riches colonistes, en vertu d'une charte royale du 20 septembre 1530 ; et en 1532 la population des îles du Cap-Vert était devenue assez considérable pour qu'on crût devoir instituer pour elle un évêque.

Administration des gouverneurs.

Depuis lors, il n'est plus que rarement et à peine question des îles du Cap-Vert, jusqu'au moment où elles tombèrent, avec le reste des possessions portugaises, au pouvoir de l'Espagne. Celle-ci y envoya un gouverneur, le premier fonctionnaire de ce rang qui les ait administrées ; ce fut Duarte Lobo da Gama, nommé en 1592, et qui eut pour successeur en 1595 Braz Soares de Mello, sous lequel les Anglais pillèrent la ville de Ribeira-Grande, qui l'avait déjà été par Francis Drake treize ans auparavant. Mello fut remplacé en 1597 par Francisco Lobo da Gama, sous lequel les Hollandais vinrent en 1598 attaquer inutilement la Villa da Praia. Depuis 1603 jusqu'à la restauration de 1640, douze gouverneurs, dont les noms sont d'ailleurs, comme les précédents, tous portugais, furent envoyés aux îles du Cap-Vert par la cour de Madrid. De 1640 à 1842, la longue liste donnée par M. Lopes de Lima en compte 54, nommés par la cour de Lisbonne. Le dernier est Francisco de Paula Bastos. On voit, d'après leur nombre total, que la durée de leurs fonctions a dû être en général peu longue : elle varie en effet entre 2, 3, 4, 5, et dépasse rarement 6 ans. Celui qui les a exercées le plus longtemps est dom Antonio Coutinho de Lancastre, qui, nommé en 1803, ne quitta son poste qu'en 1818 ; mais ceci s'explique par la position critique dans laquelle se trouva la métropole durant une grande partie de cette période.

Au surplus, peu d'événements remarquables ont signalé le passage de ces gouverneurs au pouvoir. Isolées, privées de toute espèce d'initiative, n'ayant aucune force par elles-mêmes, habitées d'ailleurs par une population indolente et paresseuse, les îles du Cap-Vert devaient seulement ressentir le contre-coup lointain des plus graves perturbations éprouvées par le gouvernement central. Dans le courant du dix-septième siècle, on n'a guère à mentionner que le passage accidentel de flottes ou d'escadres, soit portugaises, soit alliées ou ennemies, qui se disputaient également, lorsqu'elles y séjournaient, et l'île de São-Thiago et les îles voisines, privées de toute défense, gouvernées par des capitans môrs, ou livrées à elles-mêmes. Nous avons déjà parlé de la prise de Ribeira-Grande par Cassard en 1712 : le gouverneur José Pinheiro da Camara se conduisit, à cette occasion, d'une manière si peu digne, que Pereira Calheiros, en arrivant pour le remplacer, le fit arrêter et embarquer pour Lisbonne. Nous avons raconté aussi les péripéties de la décadence de la ville, péripéties qui se terminèrent, en 1770, par un abandon total. En 1701, on nomma le premier *ouvidor bacharel*, dont les successeurs se trouvèrent quelquefois en lutte fâcheuse avec les gouverneurs, et qui furent supprimés, puis remplacés en 1834, après une interruption de onze années, par des *juizes de direito*. Du reste, les faits les plus ordinaires de l'histoire intérieure des îles du Cap-Vert, ce sont des révoltes, des désordres, des séditions, indices trop certains du peu d'autorité du chef supérieur de l'administration. A la mort de dom João de Brito Baena, en 1767, le soin des affaires fut remis à la camara (municipalité), ainsi que cela s'était toujours fait jusqu'alors; mais elle s'acquitta si mal de ses fonctions, que, par ordonnance du 12 décembre 1770, il fut arrêté qu'à la suite du décès d'un gouverneur la direction des affaires appartiendrait, non plus à la camara, mais à l'évêque, et, en son absence, à une junte composée des sommités ecclésiastiques, judiciaires et militaires.

Quelques faits d'un autre ordre méritent d'être signalés au milieu des vicissitudes politiques; nous voulons parler de certaines mesures soit publiques, soit individuelles, qui ont eu pour but l'amélioration matérielle de la condition des îles de l'archipel; ainsi nous voyons, dans les Annales provinciales, que l'île de Brava fut colonisée sous le second gouvernement de Manoel da Costa Pessoa en 1682, Saint-Vincent en 1795, l'ilha do Sal en 1839; que la Villa da Praia fut fortifiée en 1651, et de nouveau sous dom Antonio Coutinho de Lancastre, l'un des gouverneurs qui ont le plus fait pour leurs administrés, bien qu'on paraisse avoir eu beaucoup à lui reprocher. Ses successeurs ont fait aussi élever quelques fortifications à l'île de Maio, à l'île du Sel, à Brava; dans celle-ci, un fort protége, depuis six ou sept ans, le port da Furna. Sous João Zuzarte, on organisa les milices du Cap-Vert, dont nous avons parlé au paragraphe *Force publique*.

Le nom français de João da Motta (Jean de la Motte) Chapuzet est resté dans la mémoire des populations, comme se rattachant au souvenir d'améliorations faites avec un grand esprit de suite, une digne persévérance.

L'indigo fut découvert dans ces îles en 1703, l'orseille en 1730, le séné en 1783; et ce fut en 1790 que l'on introduisit à Saint-Nicolas la culture du café, qui s'est développée à Saint-Jacques et à Saint-Antoine, et qui promet de devenir l'une des richesses du pays. On ne peut assigner l'époque, regardée comme très-reculée, de la première extraction du sel et de la fabrication du sucre, ni l'année où l'on a commencé à retirer l'huile du palma-christi; le dix-neuvième siècle a vu la naturalisation de la cochenille. Pendant la seconde moitié du dix-huitième siècle, le commerce, particulièrement celui des esclaves, avait pris un assez grand développement, dû surtout à la *Compagnie du grand Para et de Maranham*, qui, après avoir subsisté de 1755 à 1778, fut remplacée en 1780 par la *Compagnie du commerce exclusif de la côte d'Afrique*, laquelle dura à peu près jusqu'en 1786.

En septembre 1833, on proclama dans les îles du Cap-Vert la reine dona Maria et la charte constitutionnelle; mais l'année suivante, le 22 mars, on vit à la Praia un bataillon, récemment arrivé de Portugal, se prononcer pour l'usurpateur dom Miguel, assassiner ses officiers et saccager la ville. Intimidées par l'attitude prise en cette conjoncture par la population de l'île, qui s'arma pour la défense de la constitution, ces troupes se retirèrent le 26 mars, après avoir encloué l'artillerie, brisé leurs armes, jeté la poudre à la mer, et laissé tout dans le plus grand désordre. La révolte de deux des îles contre le gouverneur Domingos Correa Arouca, en 1836, est le seul événement d'une date récente que nous ayons à signaler.

Toutefois, après avoir terminé ici

l'histoire politique de l'archipel, nous ne pouvons refuser une place à la mention d'un désastre physique tout récent. Le volcan de Fogo, dont le septuple cratère, fermé depuis un demi-siècle, ne laissait même plus échapper de fumée, s'est rouvert tout à coup, vomissant par ses sept bouches des flots de lave incandescente. Le 9 avril 1847, de sept à huit heures du soir, un roulement souterrain a trois fois ébranlé violemment la terre; puis d'épais tourbillons de fumée ont été bientôt suivis d'une éruption, qui a lancé au loin d'énormes quartiers de roche, et une pluie de cendres; enfin des fleuves de laves ardentes se sont lentement épanchés sur les pentes voisines, prenant vers la mer leur marche fatale, sous laquelle disparaissaient animaux et plantations; dans son effrayante majesté, le liquide brûlant a employé quatre heures entières à parcourir les trois milles de distance où la mer fixait le terme de sa course; les colons ont pu fuir, mais ils n'ont sauvé que leur vie, et tout ce qu'ils possédaient a été dévoré.

§ VI.
L'ARCHIPEL DE GUINÉE (*).

I. DESCRIPTION.

Situation générale, étendue, aspect de l'archipel de Guinée dans son ensemble.

Du fond du golfe de Guinée se détache une suite d'îles et d'îlots, qui, prenant sa direction au sud-ouest suivant une ligne presque droite, s'avance à travers l'Océan jusqu'à une distance d'environ 130 lieues. Ces îles sont au nombre de quatre principales, connues sous les noms de *Fernan-do-Pô*, du *Prince*, de *Saint-Thomas* et d'*Annobon*, échelonnées à 100 milles en moyenne l'une de l'autre, dans l'ordre où nous venons de les énumérer, à partir du continent: elles forment dans leur ensemble un petit archipel, que sa situation au centre même de la grande région maritime de la Guinée, a fait nommer avec raison *Archipel de Guinée*.

Compris entre les parallèles de 3° 45′ de latitude nord, et 1° 50′ de

(*) La rédaction de cet article est due presque exclusivement à la collaboration de M. Oscar Mac-Carthy, qui a pris pour guides principaux, quant à la portion de l'archipel demeurée en la possession du Portugal, la statistique officielle de M. Lopes de Lima, et quant à portion dévolue à l'Espagne, les relations de Owen, Hollman, Lander, etc.

latitude sud; et entre les méridiens de 3° 12′ et 6° 32′ de longitude à l'est de Paris, il n'occupe en réalité qu'une bien faible partie de cet espace, puisqu'il n'offre, en terres émergées, qu'une superficie totale de 937 milles carrés géographiques, ainsi répartis:

Fernan-do-Pô...... 560,
Saint-Thomas...... 270,
Le Prince.........   72,
Annobon...........   35;

ce qui équivaut en somme à 322 420 hectares, c'est-à-dire, un peu moins que la superficie du département de Vaucluse (347 377), l'un des plus petits de la France.

La disposition de ces îles indique tout d'abord qu'elles doivent être une dépendance immédiate du continent africain; et en effet, entre le Rio del Rey et le Rio dos Camarões, ayant à l'ouest la région basse où s'épanchent les dernières eaux du Niger, et au sud la côte du Gabon, ce continent nous présente un massif dont les sommets s'élèvent de 4 000 mètres au-dessus de la mer qui déferle à leur base: et les îles de l'archipel de Guinée se montrent au delà comme la trace extérieure du prolongement sous-marin de cet énorme promontoire, appelé *Terre des Zambous*, ou vulgairement *Terre des Ambozes*. Couvertes de montagnes pyramidales, de pics, de mornes entassés, de collines onduleuses, de rochers aux formes les plus variées, revêtues de forêts aussi vieilles que le monde, elles se présentent aux regards sous un aspect auquel la hauteur des cimes nuageuses qui les couronnent imprime un certain caractère de grandeur, pendant que de vives couleurs en émaillent les plages, et qu'à l'intérieur s'ouvrent de toutes parts de fertiles vallées, ceintes de gracieux coteaux dont les eaux abondantes entretiennent l'éternelle fraîcheur.

Fernan-do-Pô et Saint-Thomas ont chacune un pic fort élevé; les montagnes du Prince et d'Annobon n'atteignent pas la même hauteur. L'altitude connue du pic de Fernan-do-Pô est de 3 239 mètres; celle du pic de Saint-Thomas paraît être supérieure, ou du moins égale. Le capitaine de corvette de Langle a trouvé à la montagne de Anna de Chaves en l'île Saint-Thomas une hauteur de 2 107 mètres, et à la cime la plus élevée de l'île du Prince une hauteur de 800 mètres. L'altitude d'Annobon atteint 1 000 mètres.

Nature générale du sol de l'archipel de Guinée.

Nous ne possédons point de données complètes sur la constitution géognostique de ces montagnes. La base en est formée de granit, de quartz et de silex, sur lesquels reposent les terrains tertiaires qui paraissent former la masse générale des différentes îles. Celle du Prince, outre un volcan éteint, montre encore de nombreux débris volcaniques, lesquels sont abondants aussi à Fernan-do-Pô; mais Saint-Thomas n'en a point, et on ignore s'il s'en rencontre à Annobon.

La nature des terrains porte à croire qu'il doit y exister quelques richesses minérales; cependant on n'y a découvert encore les traces d'aucune mine métallique.

On comprend facilement que dans des îles couvertes de vertes et épaisses forêts, sur lesquelles les pluies équatoriales versent pendant plus de six mois des torrents d'eau, il doive y avoir nombre de rivières et de ruisseaux. Il en est ainsi en effet; mais par suite de l'exiguïté même des surfaces qu'elles arrosent, le cours n'en peut être bien long, et aucune d'elles ne mérite de mention particulière. Il n'est pas indifférent de remarquer que l'eau en est généralement pure et légère; l'*Agoa-Grande*, qui traverse la ville de Saint-Thomas, a même acquis sous ce rapport une certaine célébrité.

Dans tous les lieux où le sol est protégé, contre la dévastation des agents naturels tels que les pluies et le vent, par une végétation puissante dont les détritus lui fournissent sans cesse un nouvel engrais, il est d'une fécondité extraordinaire. Mais dans les lieux découverts, au contraire, lavé par les pluies, desséché par un soleil ardent, il ne présente plus qu'une aire rebelle à toute culture. L'île du Prince en offre malheureusement de nombreux exemples, tandis qu'à Saint-Thomas les plantes se développent, au sein d'un humus fertile, avec autant de rapidité que de vigueur; et il en est à peu près de même à Fernan-do-Pô et à Annobon. Aussi tout y incite-t-il à la culture; mais les effets pernicieux d'un climat trop souvent malsain arrêtent l'élan que l'on éprouve à la vue d'une nature si féconde.

Climat de l'archipel de Guinée en général.

Situées comme elles le sont sous l'équateur même, ou à peu de distance, ces îles ont un climat très-chaud, et de plus très-humide par suite des vapeurs abondantes qu'élève incessamment l'action solaire et qui se résolvent en pluies diluviales. La température n'est cependant pas aussi élevée, et les chaleurs sont bien plus supportables que sur le continent voisin, parce qu'elles sont tempérées d'une manière très-sensible par les brises de mer et les vents du sud.

On ne connaît dans cette région que deux saisons : celle des ouragans (*das ventanias*), qui dure depuis le commencement d'avril jusque vers le milieu de septembre, et celle des pluies (*das aguas*), qui règne depuis l'équinoxe de septembre jusqu'au delà des derniers jours de mars. La première est sous tous les rapports la plus agréable ; le thermomètre s'y tient en moyenne à 40° du thermomètre centésimal ou 32° de celui de Réaumur ; et si l'on excepte quelques journées pluvieuses en avril, le ciel est toujours éclatant et pur, l'air très-favorable aux constitutions européennes. Durant la saison des pluies au contraire, les jours sont presque constamment nébuleux et tristes ; le ciel verse sur la terre une pluie épaisse, et de temps en temps, mais surtout lors des pleines et des nouvelles lunes, d'effroyables coups de tonnerre retentissent jusqu'aux dernières limites de l'horizon. En certains moments, l'absence des brises fait monter le thermomètre jusqu'à 50° centigrades (40° Réaumur). Le sol exhale alors tous les miasmes délétères si funestes à la santé des habitants, et surtout à celle des Européens qui n'en sont que trop souvent les victimes.

Souvent, en cette saison, éclatent les terribles orages si connus sous le nom de *travadas*, *tornados* ou *tournades*. Nous ne pouvons mieux faire, pour en donner une idée, que de transcrire le tableau que nous fournit à ce sujet la relation du voyage de Lander.

« Des signes précurseurs indiquent leur approche, et les commandants des vaisseaux sur la côte sont au fait de ces présages. C'est toujours de l'est que viennent ces ouragans, qui ne durent pas plus de quinze à vingt minutes. Vers le nord-est paraît un nuage lumineux, dont les yeux ne peuvent soutenir l'éclat ; il grandit, et, dans le cours d'une heure, passe graduellement de l'est au sud-est, tandis que la brise de mer habituelle continue à souffler du nord-ouest. Arrivé au sud-est, le nuage laisse échapper d'innombrables éclairs, semblables à des tourbillons de flammes ; la foudre gronde incessamment, ses éclats multipliés déchirent les airs et assourdissent les oreilles. Les éclairs vous aveuglent ; puis il y a un court intervalle de calme, au moment où la brise domptée cède à l'ouragan. A l'horizon, du côté d'où viennent les nuages, se forme un petit arc qui grandit rapidement et s'élargit, n'étant autre chose que l'action du vent qui disperse les lourds nuages au travers desquels il passe. C'est le moment de crise : à peine l'arc a-t-il touché le zénith, que le vent, le tonnerre, les éclairs, les torrents de pluie, sont versés du ciel tout à la fois. Malheur au bâtiment qui, se laissant surprendre, n'aurait pas eu la précaution de carguer les voiles ! Il serait de suite jeté sur le flanc. Mais les avertissements que l'orage donne de sa venue suffisent au navigateur expérimenté, qui, toujours sur le qui-vive, diminue de voiles à propos, et manœuvre de manière à échapper aux efforts de la tempête, en courant sous le vent. Généralement le danger ne dure pas plus d'un quart d'heure ; l'ouragan tombe tout à coup, la brise passe du sud à l'ouest et s'y maintient jusqu'au prochain orage. »

Productions végétales.

Les productions végétales de l'archipel de Guinée doivent être aussi nombreuses que variées ; mais nous ne les connaissons pas assez pour pouvoir en donner une description complète. Dans ce qui suit, nous présenterons à peu près tout ce que l'on sait à ce sujet.

Les forêts offrent un grand nombre d'arbres dont les bois sont respectivement propres à la menuiserie, à la teinture, aux constructions navales. Parmi les premiers, on remarque l'olivier et le cèdre ; parmi les seconds, nous avons à citer le réglisse, l'ova, le bois de sang, le guigo, le néflier, le cèdre et le bois rouge, dont les fécules colorantes produisent à la teinture une succession de nuances, paille, miel, nankin, chamois, cannelle, brique, et lie de vin.

Le gogo est une espèce de cèdre,

très-bon en même temps pour la menuiserie, et qui donne aussi d'excellents mâts. Les arbres dont on a tiré le meilleur parti jusqu'à présent pour les constructions, sont encore l'olivier, le socupyra employé surtout pour les cales, le pao ribeira, le pao mastro qui donne de beaux mâts et d'assez bonnes planches, le viro dont le bois s'emploie pour les précintes, ainsi que le mûrier, dont les planches sont en outre fort estimées pour les parquets d'appartement. Il y a encore d'autres arbres que l'on utilise de diverses manières : tels sont l'antonio ligné, le pao remo ou arbre-rame, le pao candeia ou arbre-chandelle, le *puriri*, le figuier, le bandeija ou corbeille, le *xiquemone*, l'*oca* qui produit de la cire, l'upa ou gamella sur lequel on recueille une laine végétale, et le gofé dont le bois est spécifiquement plus léger que le liége.

Les céréales et les racines nutritives cultivées sont le riz, le maïs, le manioc, la patate et l'igname, auxquels viennent se joindre, comme plantes potagères, les calebasses, les concombres, le cresson, le céleri, la laitue, la betterave, l'oignon, les choux, les pois, les fèves, les haricots, l'iza, les pastèques, les melons, les navets, les raves, la tomate, le persil, la moutarde. Autour des habitations, dans les jardins et les vergers, quelques arbres fruitiers de nos contrées, l'amandier, le cédrat, l'oranger, le citronnier, le limonier, le pêcher, la vigne, se marient à ceux de la zone équatoriale, l'ananas, l'annone, le bananier, le goyavier, le manguier, le tamarinier, le papayer. On y remarque aussi le coton, l'indigo, la casse, le dragonnier, le ricin, le cachou, la coriandre, le poivrier. Au bord des sentiers se montrent la lavande, la menthe, la centaurée, le jalap, l'aristoloche. Le palmier-élaïs donne l'huile et le vin de palme.

Animaux de l'archipel de Guinée.

Les seuls mammifères que l'on trouva dans ces îles, à l'époque de leur découverte, étaient des singes et des rats : du moins ne vit-on pas alors les civettes et autres animaux de la même famille que l'on a depuis rencontrés dans les bois, et les chauves-souris, que l'on confondit peut-être avec les oiseaux. Les Portugais introduisirent des bœufs, des moutons, des chèvres et des chevaux ; mais, à l'exception des chèvres, qui se sont beaucoup multipliées, ces animaux naturalisés sont peu nombreux, et les moutons à boucherie sont même rares et chers. En revanche, on élève une grande quantité de porcs, et il y a une abondance extraordinaire de poules domestiques et de pintades. Les dindons et les canards, quoique moins communs, se voient cependant presque constamment sur les marchés.

Les oiseaux sauvages qui fréquentent le plus ces parages, sont le vautour, l'albatros, la petite hirondelle, la caille, la chouette, le corbeau, l'étourneau, la crécerelle, la poule d'eau, le héron, l'épervier, la corneille, l'alcyon, le merle, le milan, le hibou, le moineau, dont il y a une espèce assez jolie et qui chante agréablement ; les perroquets gris, les perruches vertes, le martin-pêcheur, les pigeons de différentes espèces, le rabo-de-junco (*phaëton ethereus*), et la tourterelle, qui a donné son nom à l'île *das Rôlas*, au sud de Saint-Thomas.

Les grandes forêts de ces îles ne paraissent pas servir de refuge à des animaux féroces : mais dans la partie orientale de Saint-Thomas, on trouve un terrible serpent appelé *Cobra negra*, dont la morsure amène une mort instantanée : il a 12 à 15 palmes de long, est d'une vitesse extrême, et brille comme l'acier ; sa tête, assez semblable à celle d'un canard, est accompagnée de caroncules écarlates ; et il a le cou jaune. Les lézards et les crapauds abondent, ainsi que les grenouilles, et même la tortue d'eau douce. Les plages maritimes sont fréquentées par de nombreuses tortues de mer, dont l'écaille pourrait fournir un article de commerce important si elle était plus belle.

Les insectes sont aussi nombreux,

aussi incommodes ici que dans toute la zone intertropicale; les mousquites, les cousins, les mouches, y sont également insupportables; les fourmis, les blattes, les termites, également nuisibles. Les montagnes sont remplies de crabes de terre, qui se mangent en ragoût, et de crabes appelés *bicho do pão* (ver de pain) dont se nourrissent les vagabonds.

La mer ambiante est féconde en poissons de toutes sortes; ceux que l'on y pêche en plus grande abondance sont le thon, le bagre, le congre, la dorade, le maquereau, la lamproie, le pagre, le merlan, la raie, le saumon, l'alose, etc., tous en telle abondance, que les baies et les criques en sont remplies, et qu'une chaloupe, avec six hommes, peut, en quelques heures, prendre cinq à six quintaux de poisson. Toutefois cette pêche ne laisse pas que d'avoir ses dangers; car les pêcheurs sont attaqués assez souvent par d'énormes requins dont la voracité dépasse toute idée. Les eaux du golfe nourrissent en outre, dit-on, beaucoup de baleines et de baleineaux, ainsi que des marteaux, des poissons-chaudron (*caldeirões*), des thons; et l'on y voit aussi des phoques.

Population générale de l'archipel de Guinée.

Lors de la découverte de l'archipel de Guinée, au quinzième siècle, la seule de ces îles qui fût peuplée était celle de Fernan-do-Pô; des indigènes venus du continent voisin s'en étaient emparés. Les trois autres furent colonisées par les Portugais, ainsi qu'on le verra plus loin.

Les éléments nous manquent pour déterminer le chiffre total de cette population. Si les données statistiques publiées sur les îles de Saint-Thomas et du Prince nous fournissent des évaluations assez précises, nous n'avons en réalité, pour Annobon et Fernan-do-Pô, que des appréciations tout à fait conjecturales. Les voyageurs qui ont porté leur attention sur ce sujet, supposent que Fernan-do-Pô peut avoir de 12 000 à 15 000 habitants; en 1844, Saint-Thomas en avait 8 169, et l'île du Prince 4 584; une estimation assez récente donne 3 000 âmes à Annobon. En additionnant tous ces chiffres, on obtient pour la population totale le nombre de 28 000 à 30 000 âmes, d'où il résulterait en moyenne 30 à 32 habitants par mille carré.

Division géographique.

L'archipel de Guinée ne présente d'autre division générale qu'une distinction politique, résultant d'événements qui ont donné deux des îles à l'Espagne et laissé les deux autres au Portugal, qui pendant près de trois siècles avait été le maître exclusif de toutes les quatre. On a donc aujourd'hui, d'une part, au centre, les *Possessions portugaises*, comprenant les deux îles de Saint-Thomas et du Prince, et, d'autre part, les *Possessions espagnoles*, formées des deux îles extrêmes de Fernan-do-Pô et Annobon.

POSSESSIONS PORTUGAISES.

Les îles du Prince et de Saint-Thomas, qui n'ont ensemble, comme on l'a déjà vu, qu'une superficie totale de 342 milles carrés ou 118 200 hectares, avec une population de 12 000 à 13 000 habitants, constituent cependant, entre les provinces portugaises d'outre-mer, un gouvernement particulier, duquel dépend le fort de Saint-Jean-Baptiste da Juda (appelé Juida par les Français, Whydah par les Anglais, et Vida par les Hollandais aussi bien que par les indigènes), sur la côte des Esclaves.

Coup d'œil général sur la population des îles portugaises de l'archipel de Guinée.

Ainsi réunies sous une même autorité politique et une même administration, ces deux îles, d'ailleurs voisines et placées sous les mêmes influences climatériques, se trouvent nécessairement, à beaucoup d'égards, dans des conditions similaires, et doivent, sous ce rapport, demeurer confondues dans une description commune. Et, en effet, peuplées l'une et l'autre d'habitants venus d'une même patrie, et qui par conséquent ont le même caractère, les mêmes mœurs, la même religion, elles ont dû, sous une impulsion et des influences uniformes, présenter des phases semblables de développement et de décadence.

Dans l'une et l'autre, l'organisation sociale est la même; la population y est partagée en trois classes distinctes, savoir, les blancs et mulâtres, les noirs libres, et les esclaves; les premiers, malgré le sang africain qui s'y est infiltré, forment une aristocratie très-peu nombreuse, qu'un recensement de 1844 n'évalue en total qu'à 185 personnes pour les deux îles; les deux autres classes comptent chacune environ 7 000 âmes, et il est remarquable que l'élément féminin y prédomine.

Cette population est catholique ou censée telle; comme toutes les populations ignorantes et grossières, elle n'attache quelque importance qu'aux cérémonies extérieures du culte, et elle n'a pas manqué d'y entremêler de superstitieuses pratiques, que la tolérance intéressée d'un clergé corrompu a laissées se perpétuer, et qui sont considérées aujourd'hui comme partie essentielle de la liturgie. Ces abus avaient pris naissance avec la colonie elle-même, au milieu du ramas de juifs baptisés, de musulmans et de païens convertis, associés au rebut de la société portugaise pour la fondation d'un établissement qui emprunta ses femmes aux races sauvages, naguère cannibales, de la côte d'Angola.

Trop longtemps privée de toute instruction, bercée dans l'indolence et la sensualité des contrées intertropicales, spectatrice des intrigues scandaleuses, des dissensions, des bassesses, des crimes de ceux dont elle devait recevoir l'exemple, faut-il s'étonner qu'elle soit restée plongée dans un abrutissement dont on ne peut espérer la voir sortir qu'au moyen d'une éducation morale, religieuse, intellectuelle, donnée avec discernement par un clergé instruit et de bonnes mœurs, très-différent, par conséquent, de celui qui, jusqu'à ces derniers temps, l'a dirigée.

Le budget de la colonie avait alloué le traitement de deux instituteurs primaires; il n'en existait néanmoins naguère encore qu'un seul, résidant au chef-lieu : on conçoit aisément, d'après ce seul fait, à quoi se réduit l'éducation générale des habitants.

Industrie agricole et manufacturière des îles portugaises de l'archipel de Guinée.

La première culture qui ait été entreprise aux îles de Saint-Thomas et du Prince, est celle de la canne à sucre ; au seizième siècle, il y avait déjà plus de quatre-vingts sucreries; la production seule de Saint-Thomas dépassait 150 000 arrobes ou 2 000 000 de kilogrammes. La canne avait été apportée de Madère, qui avait fourni en outre de nombreux chefs d'ateliers pour la fabrication des sucres les plus blancs et les plus durs, ce que l'on n'obtint pas sans beaucoup de difficultés, à cause de la grande humidité du climat pendant la majeure partie de l'année, et parce qu'aussi la terre était beaucoup trop grasse. Après un déplorable abandon et un long oubli, il a été fait, en dernier lieu, quelques essais dans le but de rétablir dans les îles portugaises la culture de la canne à sucre; mais il n'est guère possible de réussir dans une telle entreprise sans y consacrer des bras et des capitaux ; à cette condition seulement on pourra recueillir des profits assurés, tant de la production du sucre que de celle des rhums et tafias, qui s'écouleraient si bien sur toute la côte de Guinée depuis Juida jusqu'à Benguêla. Le café et le cacao sont aujourd'hui les deux seuls articles de grande culture.

Le café commença à être planté à Saint-Thomas vers 1800, et bientôt après à l'île du Prince. Le sol lui était si favorable, qu'en peu d'années cette culture se développa admirablement. En 1832, les deux îles en exportaient déjà plus de 200 000 livres (91 780 kil.), et l'exportation de 1842 peut être évaluée de 11 000 à 12 000 arrobes (160 à 176 000 kil.). A en croire les écrivains portugais, ce café est aussi recherché sur les marchés d'Europe que le café de Moka, auquel il ne le cède ni pour la force ni pour l'arome.

La plantation du cacao a suivi de près celle du café ; elle date de 1822, et la manière dont elle s'est développée prouve que le sol et le climat lui conviennent parfaitement ; le fruit n'est en rien inférieur à celui des Antilles. Cette culture prend néanmoins peu d'extension, parce que le cacao est beaucoup moins demandé : à peine en est-il parvenu en Europe quelques échantillons, et l'exportation ne dépasse guère actuellement un millier d'arrobes (15 000 kilog.).

Nombre d'autres productions précieuses croissent encore dans ces îles, soit au sein des forêts, soit en des lieux découverts ; mais c'est en vain, car l'homme n'en tire aucun profit. Quelques-unes y ont été apportées à grands frais du continent asiatique, et d'exotiques qu'elles étaient sont devenues indigènes : telles sont la cannelle de Ceylan, qui croît sans culture dans tous les lieux sauvages, et qui, si elle était cultivée, serait aussi fine, aussi aromatique que celle de Négambo ; le curcuma, égal en tout à celui que l'on apporte de l'Inde ; le rocou ; le poivre noir ; le chanvre, introduit ici en 1826 ; et autres articles de moindre importance.

A partir du jour où les îles de Saint-Thomas et du Prince furent sérieusement colonisées, elles devinrent bientôt des colonies agricoles d'une haute importance ; alors même qu'elles étaient tombées au dernier terme de la décadence, leur population trouvait dans l'exploitation du sol ses principales ressources. Vers la fin du siècle dernier et au commencement de celui-ci, elle retrouva, dans le commerce des vivres avec les nombreux navires étrangers qui fréquentaient ses ports, un peu de cette prospérité dont il ne lui restait plus que des souvenirs.

La culture se fait avec assez de régularité et de soin. Les semis n'ayant nullement besoin, en des terres aussi riches, d'être enfouis dans un sillon profond, la houe est le seul instrument aratoire usité pour la petite culture : le maïs, les légumes, le manioc, l'igname, la patate et les herbes potagères, offrent ainsi, à peu de frais, d'abondantes récoltes.

Toute l'industrie manufacturière des deux îles se borne à la fabrication d'un peu de poterie de terre, surtout de tuiles et de briques, à l'île du Prince, qui en approvisionne Saint-Thomas ; et, dans cette dernière, à l'extraction du sel et à la confection d'un savon mou à l'huile de palme, dont il va quelque peu jusqu'au Brésil.

Commerce des îles portugaises de l'archipel de Guinée.

Le commerce des possessions portugaises de l'archipel de Guinée fut, au seizième siècle, fort important : il était alimenté par les produits de ses nombreuses sucreries, et par l'or, l'ivoire, les esclaves et la malaguette, que les Portugais allaient chercher sur les côtes voisines, et dont Saint-Thomas était devenu l'entrepôt.

Le dix-septième siècle vit la fin de cette opulence ; les factoreries portugaises passèrent dans des mains étrangères, et Saint-Thomas perdit à jamais son importance commerciale. Vers la fin du même siècle, l'île du Prince sembla vouloir prendre la place de sa sœur : la Compagnie de Cachéo et du Cap-Vert en fit l'entrepôt de son grand trafic d'esclaves avec le Gabon et les contrées voisines ; mais cette Compagnie se vit bientôt obligée de cesser ses affaires, par suite des pertes que lui firent éprouver les Hollandais dans les Indes occidentales, et les Français lorsqu'ils s'emparèrent de l'île.

Depuis cette époque, jusqu'au commencement du dix-neuvième siècle, les deux îles ne firent plus qu'un commerce de cabotage avec les côtes voisines et les ports d'Angola, en même temps qu'elles hébergeaient les négriers du golfe de Guinée, parmi lesquels on comptait quelques navires portugais des plages brésiliennes, presque tous de Bahia : les droits qu'ils étaient obligés de payer emplissaient les caisses publiques, et leur présence entretenait un reste de mouvement commercial. Mais quand la traite fut abolie, et que le Brésil se fut déclaré indépendant, le pavillon portugais ne flotta plus que rarement dans ces mers, où jadis il avait voulu régner exclusivement. Les habitants de Saint-Thomas et de l'île du Prince ne voient guère plus que des navires étrangers, auxquels ils vendent des vivres et de l'eau, mieux encore que leur café et leur cacao.

Il résulte d'un tableau des mouvements maritimes, publié à Lisbonne, qu'en 1842 les îles du Prince et de Saint-Thomas ont vu entrer dans leurs ports 20 navires anglais, 18 américains, 13 français, 2 hambourgeois, 2 brémois, 2 brésiliens, 1 hollandais et 1 portugais; en tout 59 bâtiments. Le cabotage des deux îles, soit entre elles, soit avec la côte adjacente et les ports d'Angola, n'emploie que des pataches, des chaloupes et des balandres, dont le nombre et le tonnage sont d'ailleurs réduits à des chiffres infimes depuis la suppression de la traite des noirs.

Les principaux articles d'importation sont l'huile de palme, les eaux-de-vie, le bois rouge, les toiles de fil et de coton, les madras, le charbon de terre, le fer en barres, le sucre, le vin de France, le tabac, le savon, les farines, etc. Les articles d'exportation sont presque exclusivement, comme on doit s'y attendre, les vivres, le café, et un peu de cacao, sans parler des articles importés en vue de réexportation, comme l'huile de palme, l'ivoire, le bois rougé, etc.

Le montant total des exportations représente une valeur de 32 contos de reis ou 192 000 francs, dont plus des neuf dixièmes sont afférents à l'île de Saint-Thomas; la valeur des importations peut être évaluée à 26 contos de reis ou 156 000 francs, dont près des deux tiers pour Saint-Thomas, qui reçoit en outre de l'île du Prince une partie des denrées que celle-ci a importées. La grandeur relative des deux îles explique suffisamment ces différences. Les économistes les plus intelligents sont d'avis que, pour relever ce commerce déchu, il faudrait, par une immigration successive de travailleurs, rendre à Saint-Thomas son ancienne importance agricole, et fonder à l'île du Prince une factorerie mercantile ou entrepôt, qui devînt le centre de tout le trafic portugais en Guinée.

La seule monnaie particulière à la province est de cuivre, et fabriquée partie au Brésil, partie à Lisbonne; elle a remplacé, il y a trente-cinq ans environ, des pièces informes d'un métal de bas aloi appelé *oracra*, qui servaient de petite monnaie. Les pièces maintenant en circulation sont de 80, de 40 et de 20 reis, c'est-à-dire, à peu près d'un sou, deux liards et un liard de notre ancienne monnaie tournois; cependant la pièce de 80 reis ne répond qu'à celle de 10 reis de cuivre de Portugal, et les autres suivent la même proportion : différence énorme comparativement au change de l'or et de l'argent, puisque la portugaise d'or de 7 500 reis, ou environ 45 francs, a cours dans la colonie pour 10 000 reis seulement, ou 60 francs; et que la piastre brésilienne d'argent de 960 reis, ou un peu moins de 6 francs, ne dépasse pas, même dans les transactions commerciales, un cours de 1 200 reis, ou un peu plus de 7 francs.

Quelques payements se faisaient autrefois en poudre d'or. Il circulait aussi, comme monnaie provinciale, de petits morceaux d'argent de formes variées, et dont un long usage avait effacé toute empreinte : on ne saurait mieux la comparer qu'aux anciens mocos démonétisés de nos Antilles; le gouverneur Joaquim Bento da Fonseca, sous le règne de dom Miguel, il y a une quinzaine d'années, en fit disparaître la majeure partie, et il ne s'en rencontre presque plus.

Les poids et mesures sont les mêmes que ceux de la métropole.

Gouvernement et administration civile et judiciaire des îles portugaises de l'archipel de Guinée.

Un décret du 7 décembre 1836 a organisé le gouvernement de cette province, ou plutôt lui a conservé, sous des titres nouveaux, l'organisation depuis longtemps établie dans ces îles. Le chef supérieur de la colonie, toujours résidant (depuis 1753) à Santo-Antonio, dans l'île du Prince, n'est plus un capitaine général, ni même un gouverneur général, mais simplement un *gouverneur particulier*, aux appointements de deux *contos*, ou millions de reis, c'est-à-dire de 12 000 francs; et l'officier qui sous ses ordres commande dans l'île de Saint-Thomas n'est plus un capitanmôr ou commandant, mais bien un *gouverneur subalterne*.

Le gouverneur, réunissant en sa main tous les pouvoirs civils et militaires, a sous ses ordres, pour l'expédition des affaires, un secrétaire et un premier commis, sans plus. Il prend les avis, suivant l'occurrence, d'un conseil de gouvernement et d'un comité de finances. Le service financier est remis à un trésorier-percepteur, assisté d'un commis. Un comité d'agriculture, créé en 1811, après avoir borné ses travaux à une enquête sommaire sur les terres domaniales en friche, s'est dissous de fait et ne s'est plus réuni. Le conseil général de la province n'a jamais été convoqué.

Au second degré, l'administration civile appartient à des conseils municipaux, un seul pour chacune des îles, ainsi constituées respectivement en une seule commune, bien que dans celle de Saint-Thomas la population se trouve répartie entre une ville et six bourgades ou hameaux. Chacune des deux îles a aussi sa douane distincte.

Il n'y a dans toute la province qu'un seul établissement de bienfaisance, l'hospice de la Miséricorde à Saint-Thomas, sans médecin, sans pharmacie, et tellement pauvre, qu'il ne rend, pour ainsi dire, aucun service.

L'administration de la justice est confiée, en première instance, dans chaque île, à un juge ordinaire, c'est-à-dire à un simple citoyen appelé à remplir les fonctions judiciaires à peu près comme nos juges de paix; le degré supérieur est rempli par un seul juge gradué, appelé autrefois auditeur général, aujourd'hui *Juiz de Direito*, lequel a un traitement annuel de 6 000 francs. Le parquet est occupé, à l'île du Prince, par un substitut de procureur du roi, et à Saint-Thomas par un sous-substitut.

Forces militaires des îles portugaises de l'archipel de Guinée.

Les forces militaires de la province, dont l'effectif n'atteint même pas la moitié du complet, se composent, en première ligne, de 80 canonniers, commandés par 4 sous-lieutenants et un nombre double de sous-officiers : ils sont répartis entre les deux îles, savoir, deux tiers à Santo-Antonio pour le service de 14 bouches à feu, seules en bon état sur 50 qui garnissaient en 1844 les forts et redoutes de l'île du Prince ; et le tiers restant à Saint-Thomas, avec seulement 6 pièces montées, sur 40 garnissant les divers forts de cette île. La métropole, vivement sollicitée par le dernier gouverneur, de porter remède à un pareil état de choses, a expédié 18 pièces de gros calibre, avec des munitions, et l'ordre de pourvoir à la restauration de l'ancien matériel. Mais le personnel n'aurait pas moins grand besoin d'être restauré : ce n'est qu'un ramas de pauvres diables, soldés par trimestre en poudre d'or, sur laquelle ils perdent, au change, plus de 25 pour cent, ne recevant d'ailleurs de l'État ni équipement, ni vivres, ni soins d'hôpital en cas de maladie, et passant leur temps à errer presque nus dans les bois, sans travailler pour leur compte ni pour celui d'autrui, vivant d'un peu de pain, de vin de palme, de fruits sauvages, ou de provisions dérobées dans les habitations ; leur service se bornant à huit jours de garde contre quinze jours de repos, c'est-à-dire, de crapuleuse oisiveté.

Pour compléter cette organisation militaire, la province présente, en seconde ligne, deux régiments de milices ayant ensemble un millier d'hommes d'effectif, et quels hommes !... En voici le portrait tracé par un gouverneur, dans une dépêche au secrétaire d'État : « Je vais dire à Votre
« Excellence ce que c'est qu'un soldat
« milicien des îles de Saint-Thomas et
« du Prince : figurez-vous un auto-
« mate noir, la tête couverte d'un cha-
« peau de paille, pieds et jambes nus,
« sans chemise, quand il a une veste ;
« beaucoup conservent à peine un fond
« de culotte. Le nombre n'est pas pe-
« tit de ceux qui n'ont que des frag-
« ments de gilet et de caleçon, sans
« chemise, portant le baudrier et la
« giberne à nu sur le corps....., dévo-
« rés par la faim, et cependant tou-
« jours prêts à faire le service. » Pour commander à cette troupe, le cadre de l'état-major ne compte pas moins de 2 colonels, 4 lieutenants-colonels, 4 porte-drapeaux, 14 capitaines, 16 lieutenants, 30 enseignes..... et le reste. Saint-Thomas possède en outre un bataillon de milices urbaines de 350 hommes.

Le fort de Saint-Jean-Baptiste de Juida a bien quelques canons, et l'on y a envoyé en 1844 un commandant, qui y a retrouvé, pour toute garnison, un ancien caporal d'artillerie.

Organisation ecclésiastique des îles portugaises de l'archipel de Guinée.

Sous le rapport ecclésiastique, cette petite province, érigée en évêché par une bulle du 3 novembre 1534, avait pour cathédrale l'église paroissiale de Notre-Dame-de-Grâce, à Saint-Thomas ; le diocèse comprenait d'abord les établissements portugais du Congo, qui en furent détachés en 1597 ; suffragant, dans le principe, de l'archevêché éphémère du Funchal, il passa, dès 1550, sous l'obédience du patriarche de Lisbonne. Il y a un chapitre composé nominalement de cinq dignitaires et douze chanoines ; mais il n'y a plus de fait, depuis quinze ans, qu'un seul chanoine ; le diocèse est régi par un administrateur temporel, et la cathédrale est desservie par un curé et un prêtre auxiliaire.

Il y a, dans toute la colonie, dix paroisses, y compris celle de Saint-Jean-Baptiste de Juida, où un prêtre a été envoyé en 1844. L'île du Prince n'en compte qu'une seule, laquelle est confiée à un vicaire et un desservant ; mais il y a en outre quatre petites églises et une dizaine de chapelles. Saint-Thomas compte huit paroisses, y compris la cathédrale, et entretient en somme, sept curés, un vicaire et trois desservants auxiliaires ; on y trouve d'ailleurs beaucoup de chapelles appartenant à des confréries ou à des particuliers.

Depuis 1800, le diocèse est privé de premier pasteur, et l'on admet volontiers que la population est bien petite pour un évêque ; mais un clergé assez nombreux est cependant nécessaire. L'insalubrité du climat détourne beaucoup d'ecclésiastiques portugais de l'idée d'adopter une telle résidence, malgré le casuel assez considérable qu'ils y trouveraient, et qui, dans certaines paroisses, dépasse 2 000 francs.

Finances des îles portugaises de l'archipel de Guinée.

La somme des revenus de la province, qui s'élevait encore en 1812 à plus de 30 contos ou millions de reis, c'est-à-dire, à plus de 180 000 francs, n'atteint guère aujourd'hui que le tiers de ce chiffre, et le budget local se solde par un déficit annuel d'une centaine de mille francs, qui tombe à la charge de la métropole. Le petit tableau suivant, qui se rapporte à l'exercice 1843, résumera mieux que de longues pages, l'ensemble des ressources et des besoins de l'administration locale :

Recettes.

Rapport des terres domaniales................	6 109 fr.
Impôts directs...........	21 072
Impôts indirects.........	29 170
Divers produits.........	5 579
Total.........	61 930

Dépenses.

Administration civile	58 952 fr.
— — militaire .	83 770
— — religieuse.	8 370
Dépenses extraordinaires.	10 984
Total.........	162 076
Déficit.............	100 146

L'ÎLE DU PRINCE.

Nom, situation, aspect; nature du sol; ports et mouillages.

L'île du Prince, en portugais *Ilha do Principe*, est à 100 milles au sud-ouest de celle de Fernan-do-Pô, et à 73 milles au nord-est de Saint-Thomas. Elle s'étend entre 1° 31′ 30″ (*Ponta do Pico Negro*), et 1° 41′ 30″ (*Ponta da Cascalheira*) de latitude nord, et entre 5° 4′ 15″ (*Ponta das Agulhas*), et 5° 12′ 37″ (*Ponta Garça*) de longitude à l'est de Paris. Sa forme est, en gros, celle d'un rectangle de 9 milles et demi de longueur, du nord au sud, sur 5 milles de largeur moyenne d'ouest en est.

Autour d'elle se remarquent divers îlots, tous très-petits, tels que les deux *ilheos dos Mosteiros*, à un mille au nord-est, et celui de Santa-Anna, tout près du rivage, dans un renfoncement de la côte orientale; dans l'ouest, la *Pedra das Agulhas*, à un quart de mille de la pointe de même nom; dans le sud, l'*ilheo do Portinho*, tout près de la côte; puis l'*ilheo Caroço*, à 2 milles au sud-est de la pointe do Pico Negro; et enfin les trois *Pedras tinhosas*, à une douzaine de milles dans le sud-sud-ouest.

Elle ne présente, au nord, que de simples collines, d'où s'échappent les ruisseaux des plaines voisines; sa partie méridionale, au contraire, est couverte de montagnes rapides surmontées d'une aiguille de granit, dont l'extrémité recourbée en bec de perroquet, lui a valu le nom de *pico do Papagaio*.

Ces montagnes sont couvertes de forêts épaisses, et de leurs flancs ombreux descendent des ruisseaux sans nombre.

Le sol consiste, dans quelques endroits, en une terre noire mêlée de gravier et d'un peu de sable, assez fertile; mais en beaucoup d'autres endroits, il se refuse à peu près à toute culture; c'est une argile très-fine et si compacte, qu'elle est absolument imperméable à l'eau.

Ailleurs on reconnaît les vestiges d'un volcan éteint, et sur un très-grand nombre de points, de vastes espaces sont couverts de pierres volcaniques, dont on se sert beaucoup pour construire des murs.

L'île du Prince possède deux bons ports, outre plusieurs mouillages. Au nord-est, entre la pointe *do Capitão* et celle de la *Praia salgada* (plage salée), s'ouvre la vaste baie de Santo-Antonio, où l'on trouve depuis 5 jusqu'à 17 brasses d'eau, par un fond de sable fin; le chef-lieu de l'île et de toute la province est assis à l'extrémité.

L'autre port, plus vaste, plus commode, le plus fréquenté par les bâtiments qui veulent seulement faire de l'eau, est celui de la *Praia grande*, appelé communément *Bahia das Agulhas*, à cause du voisinage de la pointe de ce nom. Cette baie s'ouvre entre le Pico Padrim, au nord-est, et le *Focinho do Cão* (museau de chien), au sud-est; elle a 2 milles de profondeur, et l'on y trouve depuis 7 jusqu'à 15 brasses, fond de sable fin, à l'abri de tous les vents, même des vents du nord, qui soufflent rarement, mais avec une grande violence, dans ces parages. Elle est d'ailleurs assez vaste pour recevoir les plus grandes escadres; la rive en est saine, et partout on peut y débarquer avec facilité. Il est à regretter que l'on n'ait pas choisi, pour y asseoir le chef-lieu, cette position, où l'on ne voit que quelques misérables huttes, et qui est le point le plus salubre de toute l'île.

Description du chef-lieu de l'île du Prince.

La ville de Santo-Antonio, placée, comme nous l'avons dit, au fond de la baie à laquelle elle a donné son nom, s'étend sur le rivage, entre deux rivières, le *rio dos Frades* (la rivière des frères) au nord-ouest, et le *rio do Papagaio* (la rivière du Perroquet) au sud-est, qui coulent parallèlement l'une à l'autre sur les dernières pentes des montagnes du centre. Voici la description que nous fait de cette cité, un voyageur français, M. Menu-Dessables, chirurgien de la marine employé en Afrique : « Les fondateurs de la ville de Sant'Antonio, dit-il, ont plus considéré, en l'édifiant, la commodité que la salubrité de l'emplacement qu'ils ont choisi. Élevée à l'extrémité d'une baie profonde, dans une plaine boueuse, entourée de deux larges ruisseaux que la mer fait souvent refluer jusque dans ses rues, et abritée par de hautes montagnes couvertes de bois, cette ville est tellement humide, que ses habitants ont été contraints de construire leurs maisons sur pilotis. Le rez-de-chaussée, formé de l'assemblage de ces pieux soutenant l'édifice, sert d'abri et de logement aux animaux domestiques, depuis le cheval, la vache, les chèvres et l'âne, jusqu'aux poules, aux canards et aux porcs. Toutes ces maisons sont en planches, fort sales, tombent en ruine, et ont un aspect repoussant. Si les plus simples notions d'hygiène sont inconnues dans cette ville cloaque, en retour, à chaque coin de rue, on trouve une église en pierre, et les cérémonies d'un catholicisme grimacier à chaque pas : il ne se passe guère de jours à Sant'Antão sans que des processions défilent dans les rues, escortées de la milice, tambours en tête. Presque tous les ecclésiastiques et leurs affidés sont des mulâtres ou des nègres ; et les six églises (la ville n'en compte pas moins), dépourvues de tout autre ornement que d'un Christ monstrueux suspendu devant le chœur, sont toujours remplies de négresses vêtues de blanc, dans la posture de l'adoration, mais riant et caquetant à qui mieux mieux, sans respect pour l'enceinte sacrée, dont le pourtour extérieur, véritable ossuaire, étale à tous les yeux les crânes étroits des habitants de cet Eldorado. » Le gouverneur Xavier de Brito écrivait, le 1er octobre 1827, dans un document officiel : « Il n'y a à Santo-Antonio, capitale de ce gouvernement, ni hôtel pour les gouverneurs, qui demeurent dans une pauvre et triste maison à louer ; ni hôtel de ville, ni hôpital, ni quai, ni quartier pour les soldats, ni prison civile ; à peine y a-t-il un mauvais corps de garde, près d'une petite et incommode maison qui sert de douane; on y compte six ou sept églises très-petites, ruinées, misérablement décorées, dont trois appartiennent à l'État, et les autres à différentes confréries. »

La population totale de l'île du Prince est de 624 feux, ou de 4 584 habitants, ainsi distribués :

Blancs et mulâtres.....	138	80 hommes. 58 femmes.
Noirs libres..	1 122	476 hommes. 646 femmes.
Esclaves.....	3 324	1 851 hommes. 1 473 femmes.
Total......	4 584	2 407 hommes. 2 177 femmes.

On peut regarder ces chiffres comme s'appliquant, pour la majeure partie, sinon pour le tout, à la ville de Santo-Antonio, car la population de l'île est à peu près toute réunie sur ce point ; aucun autre lieu ne mérite le nom même de village.

Cultures et commerce de l'île du Prince.

On voit dans les environs du chef-lieu, et au voisinage de quelques points de la côte peu éloignés, des fermes appartenant les unes à des propriétaires qui les font cultiver par des esclaves, d'autres plus petites, et que l'on pourrait appeler simplement jardins, où des blancs et des mulâtres, moins riches, et des noirs libres, cultivent du maïs, du manioc, des légumes, des ignames et des fruits, dont ils approvisionnent le marché. Les grandes habitations avec leurs maisons de maître, leur chapelle et leurs dépendances, entourées des modestes demeures des petits cultivateurs, ressemblent à de véritables hameaux.

Les chemins qui forment la communication entre la ville et ces établissements agricoles, sont les plus mauvais qui se puissent voir; les monter par un temps de pluie est une véritable témérité, et les descendre à cheval en certaines occasions passe pour une folie: et cependant hommes et animaux passent à travers ces précipices avec une merveilleuse aisance, tant l'habitude les a aguerris. Ces chemins, du reste, paraissent suffire aux besoins du pays, qui n'a d'autre commerce intérieur que la vente, sur le marché de Santo-Antonio, des produits ruraux de la banlieue.

Des îles de l'archipel de Guinée, la mieux cultivée est celle du Prince, non-seulement parce que les propriétaires les plus riches et les plus industrieux y résident, mais parce qu'elle a aussi un plus grand nombre de bras, la population y étant proportionnellement plus forte, et le nombre effectif des esclaves beaucoup plus considérable; mais comme elle est petite, et peu fertile en certaines parties, ses produits sont, en définitive, peu considérables.

Moins favorisée de ce côté que Saint-Thomas, elle lui est supérieure par le mouvement de son commerce extérieur; ses négociants sont plus nombreux et plus riches; ses ports sont meilleurs, plus voisins du continent africain, et en position, par conséquent, d'être mieux approvisionnés. Aussi a-t-elle toujours été, depuis le commencement du dix-septième siècle, le principal entrepôt du commerce de l'Europe et de l'Amérique avec la côte africaine qui s'étend sur les golfes de Benin et des Mafras, et avec l'île Saint-Thomas. Ces relations diminuèrent singulièrement par suite de l'abolition de la traite, et surtout depuis la séparation du Brésil. Il fallut donner un nouveau cours aux capitaux, apprendre à ceux qui les possèdent que l'on peut trouver en ces parages de l'or, de l'ivoire, des cuirs, de l'huile de palme, de la cire, de la gomme, des bois, éléments d'un commerce plus commode et plus sûr; et que l'île du Prince est naturellement appelée à devenir l'entrepôt de ces précieuses marchandises, comme elle fut jadis celui des cargaisons de chair humaine.

SAINT-THOMAS.

Nom, situation, et dépendances de l'île Saint-Thomas.

L'île de Saint-Thomas, en portugais *São Thomé*, est située à 73 milles au sud-ouest de l'île du Prince et à 105 milles au nord-est de celle d'Annobon. Elle est comprise entre 0° 2′ et 0° 30′ de latitude nord, 4° 22′ et 4° 31′ de longitude à l'est du méridien de Paris. Elle a 28 milles dans sa plus grande longueur, mesurée depuis la pointe *Figo*, la pointe du *Morro carregado*, ou celle du *Morro peixe*, rangées toutes trois sur une même ligne au nord, jusqu'à la pointe *da Baléa* au sud; et 19 milles dans sa plus grande largeur, mesurée de la pointe *Furada* à l'ouest, à la pointe *do Prayão* à l'est. La superficie est de 270 milles carrés, ou à peu près 92 900 hectares; le développement total des côtes est de 75 à 80 milles.

Autour sont disséminés plusieurs îlots: d'abord, au nord-est, l'*ilheo das Cabras* (îlot des Chèvres), à un mille et demi de la côte; à l'est, celui de *Santa-Anna*, à un demi-mille de la pointe de même nom; au sud, l'*ilheo das Rôlas* (îlot des Tourterelles); et en remontant la côte ouest, l'*ilheo Macaco*, le petit groupe des trois *ilheos Gabado*, *Formoso* et *de São Miguel*, l'*ilheo de Joanna de Souza*, enfin l'*ilheo Coco*, tous ces derniers dans un voisinage presque immédiat de la côte.

L'îlot das Rôlas, placé sous l'équateur même, est séparé de l'île principale par un canal de 2 milles et demi de large, avec 10 brasses d'eau. Cet îlot, plus considérable que tous les autres, n'a cependant qu'un mille carré de superficie; c'est une terre élevée, couverte de palmiers, de cocotiers et d'autres grands arbres; au nord la plage est d'un accès facile. Dans une vallée contiguë, se trouvent deux sources communiquant sans doute par des voies souterraines avec la mer, dont elles répètent tous les mouvements. Il n'y existe pas d'autre eau douce, et les porcs, les chèvres, les poules, les tourterelles et autres oiseaux qui peuplent cet îlot, ne boivent que celle des pluies, tombée dans les creux des rochers. Un seul homme habitait, il y a trente ans, l'îlot das Rôlas ; on ignore s'il vit encore.

Description du sol.

L'île de Saint-Thomas est généralement montagneuse. Vers la côte occidentale surgit un pic très-élevé, couvert d'arbres touffus si nombreux et si denses, qu'on ne peut le gravir, par un chemin escarpé et tortueux, qu'au prix de peines infinies. La cime en est couverte d'une neige épaisse qui résiste à toutes les ardeurs du soleil équinoxial ; et de toutes les parties de la montagne descendent vers la mer des ruisseaux considérables. Ce pic n'est pas le seul qui domine la masse générale de l'île : à moins d'une lieue dans l'est se dresse la cime pyramidale du pic d'Anna de Chaves, haut de plus de 2000 mètres. De ce massif central se détachent deux chaînons élevés, l'un courant à l'est vers la baie de Mecia Alves, où il se termine en précipices, l'autre projetant au sud-est le pic de Maria Fernandez et le pic Mocondom, puis tournant au sud-ouest, jalonné par les cimes de Cão grande, Cão pequeno, Ponta preta, et le pic aigu de la Praia Lança, qui sans doute lui doit son nom.

La partie septentrionale de l'île présente une vaste et fertile plaine, arrosée par une multitude de ruisseaux, et coupée en deux par un troisième chaînon, qui court au nord, en simples collines onduleuses. Une autre plaine plus petite se développe, au sud-ouest, à la base d'un amphithéâtre de montagnes, autour de cette flexion du rivage appelée baie da Praya Lança. De grandes et fécondes vallées pénètrent d'ailleurs au sein des terres élevées, et des eaux abondantes surgissent de toutes parts, pour rendre au sol l'humidité que lui enlève l'action incessante des rayons solaires.

Les côtes présentent un assez grand nombre de petites baies et d'anses d'un facile accès pour les chaloupes, les balandres, et autres embarcations de petit tonnage ; c'est par là que se font la plupart des communications et des transports. Mais les grands navires n'y trouvent que deux ports, l'un à la baie d'Anna de Chaves, au fond de laquelle est bâtie la ville de São Thomé ; l'autre à la baie de São-João, tous deux sur la côte orientale ; et quatre mouillages, savoir, celui de l'ilheo das Cabras, au nord-est, le plus fréquenté de tous ; ceux de la Praia das Conchas, et de l'Agoa Ambô, au nord ; et celui de la baie Sainte-Catherine, à l'ouest.

Description du chef-lieu de l'île Saint-Thomas.

La ville de Saint-Thomas (*a cidade de São Thomé*), chef-lieu de l'île, et ancienne capitale de toute la province, est située par 0° 22′ 30″ de latitude nord, et 4° 28′ 32″ de longitude à l'est de Paris, au fond de la baie d'Anna de Chaves. Elle s'étend, en forme d'arc, sur un mille et demi de long et un demi-mille de large. L'aspect en est gai et agréable. Les rues en sont larges, propres, bien percées, et formées par environ 900 maisons, presque toutes de bois (mal travaillé, mais bon et fort), et couvertes en tuiles apportées de l'île du Prince. Au-dessus de leur masse confuse, s'élancent les clochers de nombreuses églises, dont quelques-unes, construites en pierre, sont grandes et riches, telles que la cathédrale (*a Sé*), la Conception, la Miséricorde, Saint-Augustin, Saint-Antoine. On y remarque aussi l'antique résidence des gouverneurs, édifice de pierre, vaste, commode, et même empreint d'une certaine majesté ; la prison civile, qui est aussi en pierre, et bien construite ; l'hôtel de ville (*casa de Camara*), élevé depuis une vingtaine d'années ; et la douane, près de laquelle on avait commencé un quai, resté inachevé faute de fonds. En dehors de la ville, sur une petite éminence, est l'église de la *Madre de Dios*.

Il se tient chaque jour dans la ville un marché où l'on trouve des poules, des ignames, des légumes, des herbages, des fruits, du sel, de l'huile de palme, ainsi qu'une grande variété d'excellent poisson. Dans des boutiques d'assez pauvre apparence, mais propres, on met en vente des ustensiles, des meubles, des objets de toilette, des comestibles, des vins, de l'eau-de-vie, et d'autres articles apportés par les navires européens et américains, mais surtout par ces derniers.

La plaine voisine est verdoyante, surtout vers le nord, au pied du fort São Jose, au-delà duquel s'étendent alternativement des pâturages, des champs cultivés et des habitations.

Sous la ville, au midi, est un grand marais que les pluies transforment en un lac, où viennent s'accumuler mille débris animaux et végétaux, qui ne tardent pas à exhaler les miasmes les plus infects, auxquels se joignent ceux de deux autres marais, l'un au sud-ouest, en un lieu appelé *Arrayal*, l'autre à l'ouest, près de la pointe *Locume*; et par une fatalité déplorable, les vents du nord et de l'est, qui pourraient chasser cet air vicié, sont ceux qui y soufflent le plus rarement : aussi le climat de cette ville est-il d'une insalubrité telle, qu'on pourrait dire que la fièvre y est en permanence; insalubrité dont il faut aussi accuser en partie l'insouciance de l'administration, qui pourrait la faire disparaître à toujours, au moyen de travaux faciles et peu coûteux qu'elle n'a pas le courage d'entreprendre.

L'eau y est heureusement bonne; un ruisseau appelé *Agua grande*, que l'on passe sur un pont de grosses poutres, la traverse et lui apporte une onde si légère et si douce, qu'on la donne à boire aux malades, et que son excellence est devenue proverbiale dans le pays : « Sans elle, » disent les habitants, « on ne pourrait vivre à Saint-Thomas. » Ce sera toujours pour elle, en effet, un avantage inestimable tant que ses marais ne seront pas desséchés, que ses campagnes ne retrouveront pas leur brillante culture des temps passés, que ses rues, brûlées par un ciel ardent, ne seront pas plantées d'arbres.

La population totale de la ville est de 986 feux et 4 476 habitants, répartis en deux paroisses, savoir, la cathédrale, ou Notre-Dame de Grâce, qui comprend 460 feux et 2 171 habitants, et Notre-Dame de la Conception, qui renferme 526 feux et 2 305 habitants.

Diverses bourgades de l'île Saint-Thomas.

A 5 milles au nord-ouest de la ville de Saint-Thomas, dans une plaine environnée de collines d'une hauteur moyenne, et dans une position riante, est la bourgade de *Nossa Senhora da Guadalupe*, qui ne compte que 48 feux, ou 257 habitants, tous laboureurs. Plus petit encore est le hameau *da Magdalena*, qui n'a que 10 feux avec 156 habitants, la plupart vagabonds et paresseux, ainsi que le prouve assez l'aspect désert des alentours. Le même reproche doit s'adresser à une partie au moins des habitants de la bourgade de *Santo-Amaro*, et à beaucoup de ceux de la *Trindade*, bien qu'il y ait dans ces deux localités nombre de belles habitations et de grandes cultures. Santo-Amaro compte en total 96 feux et 429 habitants; mais à la Trindade un peu plus d'une trentaine de maisons donnent abri à 1 513 individus, dont un tiers à peine s'adonne au travail des champs; les deux autres végètent, comptant sur la Providence, comme les moineaux et les milans. Cette ville de la Trindade est la principale de l'île, après Saint-Thomas, et c'est là que réside le commandant du bataillon des milices urbaines, sans qu'elle ait pour cela des privilèges municipaux plus étendus que les autres; car elles relèvent toutes sans exception du conseil municipal de Saint-Thomas, chacune d'elles ayant à peine un chef de police, avec le titre de *commandant*, à la nomination du gouverneur. Les quatre bourgades dont il vient d'être question sont dans l'intérieur des terres et dans un rayon de 10 milles autour du chef-lieu.

Le bourg de *Santa-Anna* en est aussi à 6 milles dans le sud-sud-ouest, sur la côte vis-à-vis de l'îlot du même nom, ayant au midi les montagnes occupées par les demi-barbares appelés *Angolares*; dont le principal lieu d'habitation, Santa-Cruz, est placé comme un nid d'aigles sur une hauteur à plus de 12 milles de distance, mais compris dans la même paroisse, qui compte en tout 156 feux avec 1 250 individus. *Nossa Senhora das Neves*(N.-D. des Neiges) est située près de la Ponta Figo, et embrasse dans son district toute la population du nord-ouest de l'île, occupant 34 maisons et comptant 89 individus, tous gens de travail.

Population de l'île Saint-Thomas.

L'ensemble de la population de ces huit paroisses s'élève à 1 432 feux et 8 169 individus, qui se classent, au point de vue social, de la manière suivante :

Blancs et mulâtres......	47	33 hommes.
		14 femmes.
Noirs libres.	5 932	2 851 hommes.
		3 081 femmes.
Esclaves....	2 190	1 051 hommes.
		1 139 femmes.
Total	8 169	3 935 hommes.
		4 234 femmes.

L'île de Saint-Thomas possède l'un des sols les plus fertiles de l'univers, sol qui n'a jamais besoin d'engrais, sans cesse baigné d'eaux abondantes, abrité par des arbres touffus, et dans la position la plus favorable pour l'acclimatation des plantes précieuses des régions équatoriales. Mais on ne tire aucun parti de si grands avantages naturels, par suite du manque de bras et de capitaux. L'abolition de la traite laisse vieillir et s'éteindre sans reproduction suffisante la population esclave. On a proposé, pour y suppléer, d'envoyer dans cette colonie les condamnés des diverses possessions portugaises d'outre-mer, même de Goa, ainsi que les noirs de traite enlevés aux négriers du golfe de Guinée ; mais la métropole jouit-elle d'un état assez tranquille pour s'occuper fructueusement de ces questions ? En attendant, toutes les habitations domaniales dépérissent, aussi bien que celles dont les propriétaires sont en Europe ; celles-là seules se soutiennent, qui sont régies sous l'œil attentif du maître.

POSSESSIONS ESPAGNOLES.

Les deux îles de Fernan-do-Pô et d'Annobon constituent, dans l'archipel de Guinée, la part de l'Espagne ; l'une est la plus grande, l'autre la plus petite de tout le groupe, dont celle-là forme l'extrémité nord-est, celle-ci l'extrémité sud-ouest, à 350 milles de distance mutuelle. A peine quelques tentatives éphémères d'établissements y ont-elles été faites par ses premiers possesseurs comme par ses maîtres actuels. On conçoit que dans ces conditions, habitées d'ailleurs qu'elles sont par des populations d'origine tout à fait diverse, elles nous donnent à considérer, non plus deux fractions analogues d'un même tout, mais bien deux individualités distinctes à étudier chacune séparément : c'est ce que nous allons faire.

FERNAN-DO-PÔ.

Nom, situation, aspect.

Si les noms propres d'hommes conservaient toujours leur orthographe nationale, cette île devrait nous offrir encore intact celui du portugais *Fernão do Poo*, qui la découvrit ; le nom de ce navigateur, traduit intégralement en espagnol, deviendrait Fernando del Polvo ; mais l'usage ne s'est arrêté ni à la forme portugaise complète, ni à cette transformation espagnole, et gardant le nom original, il l'a modifié suivant les habitudes de l'orthographe castillane en Fernan-do-Pô, ou même Fernando-do-Pô, que les étrangers écrivent moins exactement Fernando-Pô ; l'orthographe française nous dicterait *Fernand d'O-Pô*.

Cette île est la plus voisine du continent, dont elle n'est éloignée que de 20 milles. Elle s'étend entre 3° 10′ et 3° 44′ de latitude nord, 6° 2′ et 6° 34′ de longitude à l'est du méridien de Paris. Sa plus grande longueur, du nord-nord-est au sud-sud-ouest, est de 38 milles ; sa largeur, de 13 à 22 milles. Elle pourrait cependant être renfermée dans un parallélogramme de 560 milles carrés ou 193 000 hectares.

Pour le navigateur qui vient de l'ouest le long des côtes monotones de la Guinée, c'est un magnifique spectacle que celui des montagnes, hautes de 4 000 mètres, qui dans leur solitaire grandeur dominent majestueusement à l'horizon. Fernan-do-Pô se détache de ce massif à environ 20 milles au sud-ouest, et se montre sous la forme de deux pics réunis par un isthme : celui du nord, plus haut que l'autre, s'élève graduellement de la mer jusqu'à une altitude de 3 240 mètres, à peine coupé, sur le flanc oriental, de quelques vallées peu profondes, tandis que le versant opposé n'offre que des pentes abruptes. La partie méridionale de l'île est des plus pittoresques; plusieurs cimes culminent çà et là, depuis 300 jusqu'à 900 mètres, au milieu d'un sol très-accidenté, sillonné de nombreux torrents, qui bondissent quelquefois en cascades écumantes.

Par un temps clair, l'île se voit à une distance de plus de 100 milles ; en approchant, le rivage laisse voir une roche sombre, couverte de bois hauts et touffus au bas et sur les flancs de la montagne jusqu'aux trois quarts de sa hauteur, puis clair-semés, rabougris, chétifs, entremêlés de buissons et d'une herbe brune et sèche. On aperçoit par places de vastes terrains cultivés, dont la fraîche végétation marie agréablement ses nuances à la teinte plus foncée des bois. L'ensemble de l'île est d'une beauté admirable, et justifie pleinement le nom d'*Ilha Formosa* ou Belle Ile, que lui avait donné le découvreur. Plus près de terre, tout cela disparaît derrière un rideau de collines qui borde la côte.

Nature du sol, climat, productions végétales, animaux de Fernan-do-Pô.

Le sol, sur tous les points où l'on a pu l'examiner, est formé d'une terre rouge argileuse, en couches de 9 à 10 pieds d'épaisseur, reposant sur un grès dans lequel on observe des fragments de lave ; ce grès, à la Pointe William, s'incline vers l'est sous un angle de 10 à 12 degrés. Les parties les plus hautes du pic sont probablement de granit. Du reste, la terre de la région basse, partout riche et fertile, semble devoir produire tout ce qu'on lui demandera.

Le voisinage du continent africain soumet Fernan-do-Pô au souffle embrasé du *harmattan*, chargé des émanations brûlantes, sèches et poudreuses des sables du désert; intolérable si la brise n'en venait modérer l'ardeur ; salubre cependant après la saison des pluies, en ce qu'il purge l'atmosphère des vapeurs miasmatiques qu'engendre l'humidité : on a observé qu'à son retour les malades commencent à entrer en convalescence. Il produit un singulier effet sur la peau des naturels ; l'épiderme s'écaille, et tout le corps semble couvert d'une poussière blanche. La brise la plus agréable est celle du nord-ouest, qui souffle vers le milieu du jour.

Les forêts de Fernan-do-Pô présentent une grande variété d'arbres, parmi lesquels on remarque, après le palmier, le chêne d'Afrique, le sapin, l'ébénier, l'arbre de vie, une sorte de campêche jaune, diverses espèces d'acajou, et d'autres bois très-durs. Il y a quelque raison de croire que le muscadier et le giroflier croissent à Fernan-do-Pô, ce qui du reste n'aurait rien d'extraordinaire, puisque ces deux arbres ont été plantés à Saint-Thomas et à l'île du Prince. On y trouve du poivre noir. Les ignames sont remarquablement belles, abondantes et d'une saveur très-délicate. L'île produit aussi des patates, divers fruits sauvages qui nous sont inconnus, et plusieurs plantes potagères, entre autres le gouet comestible, dont les feuilles tendres remplacent parfaitement les épinards.

L'île abonde en singes, dont quelques-uns sont d'une grandeur remarquable, et pèsent jusqu'à 25 kilogrammes. Ils appartiennent à plusieurs variétés différentes : l'une d'elles a les poils longs, touffus et d'un noir de jais ; une autre les a courts et d'un gris d'argent ; dans une troisième ils sont d'une longueur moyenne, d'un brun doré. L'île renferme aussi beaucoup de chèvres sauvages et de moutons. A en croire les naturels, il y a de grands troupeaux de bœufs sauvages dans les montagnes de l'intérieur ; mais les Européens ne les ont jamais aperçus. Le seul animal domestique est une espèce particulière de chien de très-petite taille, fauve et blanc. Il y a une quantité infinie de perroquets, dont les naturels estiment la chair à l'égal de celle des volailles qu'ils élèvent. Les côtes sont fréquentées par deux espèces de tortues, la verte que l'on mange, et la brune qui n'est recherchée que pour son écaille.

Caractères physique et moral de la population indigène de Fernan-do-Pô.

Au dire d'Owen, aucune des races africaines qu'il a vues ne lui a offert un aspect aussi caractéristique que les indigènes de Fernan-do-Pô, appelés par les étrangers *Boubis*, et qui se nomment eux-mêmes au singulier *Boubi*, et collectivement comme tribu *Adeyah*. La manière d'accommoder les ignames, et le nom du village de Boubi à l'embouchure de la rivière de Bénin, sont tout ce que l'on a signalé de commun entre eux et les peuples des côtes voisines. Leur langue, douce à l'oreille, mais fort pauvre, n'offre aucun rapport avec celles dont nous possédons des vocabulaires. Ils sont de taille moyenne, bien faits, robustes et quelquefois d'une force herculéenne ;

les traits de leur visage présentent une diversité que l'on remarque rarement dans les populations africaines, les uns étant presque beaux, tandis que d'autres sont d'une laideur repoussante.

Ils ont en général le front arrondi et assez élevé, l'angle facial ouvert, l'œil noir et bien fendu, les dents bien rangées, fortes et blanches, un air de douceur et d'intelligence réfléchie. Leurs cheveux sont longs, noirs et rudes ; leur peau, d'un ton jaunâtre, qui les rapproche des races cuivrées. Ils se tatouent au moyen du *couso*, qui produit une forte excroissance des chairs incisées. Ce tatouage consiste en segments de cercles concentriques dessinés sur la poitrine et jusque sur le ventre ; on voit souvent les enfants ayant, du haut en bas, la figure déchiquetée par ces scarifications. Cette étrange parure, hideuse pour des yeux européens, est prisée d'autant plus que les incisions ont produit un bourrelet plus saillant.

La douceur de leur caractère se montre dans la manière bienveillante dont ils accueillent les étrangers. « Dans une de mes excursions vers « l'intérieur, dit un voyageur, je ren« contrai par hasard un des chefs in« digènes ; il me demanda si je n'a« vais pas peur en allant ainsi seul « au milieu d'eux. Pas le moins du « monde, lui répondis-je, ajoutant « qu'en quelque lieu que ce fût je me « confierais à un Boubi, et que je les « aimais. Alors il me prit la main et « la serra cordialement, puis me con« duisit à sa demeure ; il me fit occu« per la place d'honneur à son foyer, « me donna des œufs, du vin de palme « et une pipe de tabac. C'était tout « ce qu'il avait à m'offrir. »

Manière de se vêtir des naturels de Fernan-do-Pô.

Les Adeyah s'oignent le corps d'huile de palme, dans laquelle le plus ordinairement ils délayent une argile très-fine et très-douce, d'une teinte ocreuse, quelquefois grise. Il est presque impossible de deviner la couleur de leur peau sous cette couche de peinture, dont l'odeur rend leur approche presque insupportable pour des Européens. Leurs cheveux en sont aussi couverts, et avec une telle profusion, que le tout forme sur la tête une sorte de calotte impénétrable, et les longues tresses qui tombent sur leurs épaules y laissent égoutter l'huile dont elles sont imprégnées. Quoique cette coiffure soit un abri suffisant contre toutes les intempéries de l'air, ils y ajoutent encore un bonnet d'herbe sèche grossièrement tressée, bordé de plumes de coq ou d'autres oiseaux artistement espacées, orné en outre de crânes de singes, de dents de chien ou de petits os disposés en croix, et quelquefois sur le devant, de cornes de bélier ou de daim, encore fixées à une partie de l'os frontal de l'animal, ce qui, les maintenant élevées, ferait croire au premier aspect qu'elles appartiennent réellement à l'individu qui les porte.

Les principaux personnages complètent leur coiffure par une longue plume. Pour fixer sur la tête le bonnet avec tout cet attirail de plumes, de cornes, de coquillages et d'os, on se sert d'un morceau de bois, qui entre d'un côté et ressort de l'autre, en traversant la chevelure; quelquefois cette élégante épingle est l'os de la patte ou de la cuisse de quelque petit animal qu'on a eu soin d'affiler en pointe afin qu'il pénètre facilement.

Les femmes vont nu-tête, et au bout de leurs cheveux, retroussés en arrière comme ceux des hommes, elles portent une grosse boule d'argile rouge, qui sert sans doute à les maintenir.

Tous les Adeyah vont nus, ayant seulement autour des reins une ceinture de cuir ou de joncs tressés, reposant sur les hanches, et d'où pendent par-devant une infinité de petites lanières, ou bien des filières de noyaux de fruits ou de vertèbres de serpents, ou même simplement une touffe d'herbes; les chefs seuls prolongent aussi par-derrière cet unique vêtement. Ils ornent généralement leur bras droit d'un bracelet étroit formé de fragments de coquilles arrondis en grains, quelquefois de morceaux de fer poli, enchâssés dans une tresse de paille; ils mettent aux poignets de petits bracelets de la même espèce. Au bras gauche, une bande de cuir maintient, près de l'épaule, un mauvais couteau à deux tranchants émoussés et sans pointe, grossièrement emmanché dans un court morceau de bois. A leur cou ils suspendent, soit comme ornements, soit comme amulettes, des verroteries, des osselets, des poils, des dents, des griffes d'animaux, des semences d'arbres, des morceaux de noix de coco, et autres bagatelles analogues.

Habitations, nourriture, relations de famille des naturels de Fernando-Pô.

Leurs huttes sont ordinairement disposées en petits groupes au milieu des arbres, autour d'un terrain défriché, où l'on cultive l'igname. Elles se composent de grossiers treillages maintenus par quelques pieux fichés en terre, et supportant un toit de feuilles de palmier. Elles ont 10 ou 12 pieds de longueur, la moitié en largeur, et tout au plus 4 ou 5 pieds de haut. L'ameublement consiste en une sorte de planches légèrement concaves, élevées de quelques pouces au-dessus du sol pour servir de lits : souvent néanmoins ils couchent simplement sur la terre nue avec une bûche pour oreiller. A l'entrée de chaque hameau se trouve une maison d'assemblée, où les hommes se réunissent pour passer le temps à conter des histoires, en faisant des filets de chasse ou de pêche, pendant que les femmes sont occupées aux travaux des champs ou à la préparation des aliments.

Leur nourriture la plus commune est le *foufou*, ou pâte d'ignames cuites et pilées; le coco leur fournit sa pulpe et son huile, le cacaoyer ses feuilles (délétères quand elles sont crues, mais excellentes quand elles ont été bouillies comme celles de nos choux); le poivre sert de condiment à tous leurs mets. Quant à la portion plus solide de leurs repas, la chasse fournit aux habitants de l'intérieur des singes, des daims, des cabris, des écureuils, des porcs-épics, des rats de buisson, des serpents, et diverses espèces d'oiseaux; la pêche procure aux peuplades littorales des poissons aussi abondants que délicats. Tous ont pour boisson le vin de palme, soit doux, soit fermenté.

La polygamie est générale parmi les Adeyah, et quelques-uns ont jusqu'à huit femmes. Quand une jeune fille devient nubile, son prétendu s'adresse à la mère à qui il offre quelques présents; s'il est agréé, les deux familles se réunissent pour la célébration du mariage. Le fiancé porte à la fiancée ses présents de noce, pendant que les jeunes filles du village assemblées autour d'elle la félicitent en chantant et en dansant, et lui offrant aussi leurs cadeaux. Cette cérémonie est suivie d'un festin où l'on mange une chèvre rôtie, arrosée d'huile de palme, et d'autres mets de luxe; après quoi le mari, entouré de tous les invités, emmène sa femme dans sa propre demeure. Par une singularité assez curieuse, le premier enfant est toujours considéré comme inférieur à ceux qui naissent après lui, sous le rapport des facultés intellectuelles et de la force physique. L'adultère est puni avec une grande rigueur. Si la femme est convaincue d'infidélité, on lui coupe les deux mains, puis elle est conduite dans la forêt, où la mort met bientôt fin à ses souffrances.

Croyances religieuses et organisation sociale des naturels de Fernan-do-Pó.

Le Boubi croit à un être tout-puissant qui l'a créé, mais il a de plus une confiance illimitée dans ses fétiches, objets d'une nature quelconque qu'il porte sur lui, qu'il place au-dessus de toutes les portes, sur les routes et sur les arbres. Rien ne peut faire qu'un Boubi se dessaisisse de son fétiche; il aimerait mieux mourir que de rentrer sans lui dans sa hutte. Cependant les fétiches ne sont pour lui que des médiateurs auxquels il offre des sacrifices pour les disposer à lui inspirer de bonnes pensées, et à lui apprendre à vivre conformément à la volonté du Dieu suprême. L'homme fétiche, c'est-à-dire, le prêtre ou le sorcier, est considéré comme un intermédiaire entre Dieu et les hommes, et, en conséquence, il exerce une grande autorité sur ces derniers.

On croit en même temps à un méchant esprit, source de tout mal, dont la demeure est au fond des eaux, et l'on s'efforce de détourner son action malfaisante, d'apaiser sa colère par des cérémonies expiatoires, consistant en chants et danses sacrées.

Les Adeyah paraissent divisés en petites tribus, soumises à des chefs dont l'autorité est plus ou moins grande, plus ou moins respectée. Ces chefs sont facilement reconnaissables à la profusion et à la variété des ornements qu'ils portent, ainsi qu'à un collier de coquilles, se croisant sur la poitrine, après avoir passé sur les épaules, et qui leur donne quelque chose de martial.

Le Boubi ne marche jamais qu'armé soit d'une pique, longue d'environ huit pieds, d'un bois dur, aiguisée à l'une de ses extrémités, soit de longues javelines à pointe barbelée, dont ils se servent avec tant d'adresse et de vigueur, que, à la distance de trente pas, ils manquent rarement un but de la grandeur d'une pièce de cinq francs, et qu'ils traversent avec la même facilité la poitrine de leurs ennemis.

Ils se servent, pour monnaie, de fragments de coquille arrondis, qu'ils assemblent par filières de 75, et qu'ils portent toujours sur eux, autour de leur corps, de leurs jambes ou de leurs bras.

L'usage d'une monnaie, aussi bien que celui des pirogues, aussi bien que l'institution de la circoncision, semblent révéler des influences étrangères, plutôt que le développement spontané d'une civilisation primitive. L'habitude de fumer, devenue générale chez les Adeyah, est certainement une importation européenne.

ANNOBON.

Nom, situation, étendue.

Sous la forme portugaise qui lui appartient étymologiquement, le nom de cette île devrait s'écrire *Anno-bom;* il se traduirait en pur castillan *Año-bueno;* mais les Espagnols se sont bornés à conserver l'ancienne dénomination, avec une légère modification conforme à l'analogie orthographique de leur langue. Rien ne saurait, en aucun cas, autoriser le barbarisme d'*Annabona*, forgé par les Anglais, grands coutumiers du fait, comme chacun sait.

Annobon est l'île la plus méridionale du golfe de Guinée, et la plus éloignée du continent. Elle gît par 1° 30' de latitude sud et 3° 10' de longitude orientale du méridien de Paris, à 110 milles au sud-ouest de Saint-Thomas. Sa plus grande longueur est de 4 milles du nord-nord-ouest au sud-sud-est, sur une largeur qui ne dépasse pas un mille et demi, offrant ainsi une superficie moindre de 6 milles carrés ou 2 000 hectares.

Au sud sont trois roches, auxquelles on a eu la bonne pensée d'attacher le nom des trois navigateurs portugais auxquels on doit la découverte de l'archipel de Guinée : Pero de Escobar, João de Santarem, et Fernão do Pô. Un autre îlot, plus voisin de la pointe sud, a reçu le nom d'Adam. Un autre encore, à moins d'un mille au nord-est, est appelé îlot aux Tortues.

Orographie; climat.

La surface d'Annobon est entièrement montagneuse, ou plutôt cette île n'est, à vrai dire, qu'une seule montagne qui surgit brusquement du fond de la mer, offrant une triple cime, dont la plus haute, qui est au nord, s'élève jusqu'à mille mètres au-dessus des eaux. Les formes en sont arrondies comme celles de Fernan-do-Pô, plutôt qu'aiguës comme celles de Saint-Thomas et du Prince.

Quelques officiers anglais attachés à l'expédition hydrographique d'Owen ayant tenté de gravir le pic septentrional, trouvèrent l'entreprise d'une extrême difficulté, et même dangereuse, le roc étant partout formé d'une lave cellulaire compacte, fendillée comme le serait une masse de schiste, et dans un état de décomposition causé probablement par l'action du soleil après de fortes pluies, ce qui le rendait si peu sûr, qu'il fallait examiner chaque fragment de rocher avant d'y poser le pied. Le sommet du pic offre une plate-forme étroite, d'une dizaine de mètres de longueur, sur laquelle le vent soufflé avec une telle violence, qu'il menaça d'expulser nos voyageurs de la place qu'ils avaient eu tant de peine à atteindre. Deux croix de bois, qui y avaient jadis été plantées, étaient maintenant vermoulues; l'une renversée, l'autre bien près de l'être. La descente fut très-périlleuse, et, sur un point, un fragment de rocher qui se détacha de la montagne risqua d'écraser toute la petite troupe. Au pied et au nord-ouest de la dernière cime, dans une sorte de cratère occupant le plan supérieur du vaste cône tronqué que forme la montagne, se trouve un petit lac d'environ trois quarts de mille de circuit; d'après son aspect et le rapport des guides, on l'aurait cru d'une énorme profondeur, tandis que la sonde démontra qu'il n'avait pas plus de trois mètres dans l'endroit où il y avait le plus d'eau, sur un fond d'argile dure et bleuâtre; les eaux en sont très-douces; quelques personnes leur trouvaient une teinte rougeâtre, mais ce n'était là qu'une appréciation contestable, et le fait demeure problématique.

Les vents réguliers qui soufflent à Annobon sont ceux du sud-est, dont la constance est seulement troublée par les tournades qui se font sentir de mars à septembre. La saison pluvieuse est en avril et mai, puis d'octobre à novembre. L'opinion favorable que l'on a communément de la salubrité du climat d'Annobon ne doit être reçue, dit le capitaine Boteler, qu'avec réserve, sa propre expérience ne la lui ayant pas démontrée; cependant il remarque, plus loin, que ce climat est décidément le plus sec et le plus sain des quatre îles.

Population et ressources de l'île d'Annobon.

La population d'Annobon est d'environ 3 000 individus. Ce sont des nègres descendant des esclaves amenés dans l'île, au seizième siècle, par le petit nombre de colons portugais qui vinrent s'y établir, et qui ont disparu. Le plus remarquable souvenir qu'ils aient conservé de l'ancien séjour des Européens, est un attachement singulier pour la religion catholique, qui, du reste, n'est guère pour eux qu'un culte matériel accompagné de cérémonies dont ils ne comprennent plus le sens. Leur rigorisme religieux est tel, que, malgré leur caractère bon et pacifique, on les a vus quelquefois jeter à la mer ceux des leurs qui avaient été convaincus de fétichisme; quelques-unes de ces malheureuses victimes, portées par les courants, sont allées aborder à l'île de Saint-Thomas.

Les mœurs et coutumes des habitants d'Annobon n'ont rien de particulier, et leur manière de vivre diffère peu de celle des esclaves des colonies européennes. Dans leurs rapports avec les étrangers, ils sont peu scrupuleux, autant néanmoins qu'on peut s'y attendre de la part de gens qui n'ont rien, et dont la convoitise est excitée par la vue d'objets qui peuvent leur être nécessaires. Leurs habitations sont petites et grossièrement construites en planches brutes, en terre, en herbe, et en rejetons de palmiers. On compte dans l'île jusqu'à neuf églises ou chapelles dans le même genre, et la résidence du *governador* ne vaut pas mieux que les autres.

Le chef-lieu de l'île, bâti jadis par les Portugais sous la pompeuse dénomination de *Cidade de Santo-Antonio da Praia*, n'est qu'un grand village de quatre à cinq cents habitants, situé à la pointe nord de l'île, avec une rade assez bonne. Le plateau du mouillage est fort peu étendu; à sa limite la sonde ne trouve plus de fond, tandis qu'en deçà il n'y a que 50 mètres d'eau au maximum; à un demi-mille de la plage, on n'a plus que 15 mètres. On y est à l'abri de tous les vents dominants, excepté les cas de tournades; mais alors même, l'escarpement du fond ne permet pas aux ancres de chasser.

Le principal objet que se proposent les navires en touchant à Annobon, est de s'y procurer des rafraîchissements, dont l'abondance n'est pas d'ailleurs aussi grande qu'on se le figure ordinairement. Les moutons y sont petits, mais d'un goût excellent; la volaille, surtout la pintade, y est rare; les chèvres et les lapins abondent, au contraire, ainsi que le poisson. Les ignames, les patates douces, le manioc, les cocos, les bananes, les goyaves, les tamarins, les limons et les oranges de Séville foisonnent, mais les ananas ne sont pas communs. On peut faire autant d'eau que l'on en désire, bien que ce soit avec difficulté, à cause du ressac. Les transactions s'opèrent d'ailleurs plus aisément par des échanges qu'au moyen d'argent, en offrant, par exemple, des mouchoirs communs bariolés de couleurs voyantes, de vieux habillements, des fusils, des hameçons, de la coutellerie, des verroteries, du rhum, du tabac; une petite quantité de ces deux derniers objets est regardée comme un présent de très-haute valeur.

Le bois le plus commun dans l'île est celui du cotonnier; il ne vaut rien pour brûler, à cause de sa nature spongieuse. On peut s'en procurer d'autre, plus petit et meilleur, mais en quantité peu considérable.

Relation d'une visite à Annobon à la fin du dernier siècle.

Nous emprunterons quelques détails complémentaires sur Annobon, à la relation d'un voyageur anonyme du siècle dernier, qui a fait sur la rade de cette île un séjour d'un mois.

« Après avoir sondé sur un fond de douze brasses, nous mîmes en panne; nous espérions que les naturels viendraient nous indiquer un mouillage sûr : notre espoir ne fut pas trompé. Nous vîmes un canot qui venait droit à nous. Ce n'était qu'un arbre creusé, contenant une douzaine de nègres, tous nus, à l'exception d'un, habillé tant bien que mal à l'européenne, et qui semblait exercer sur les autres une sorte d'autorité.

« Il monta à bord avec confiance, accompagné d'une espèce d'interprète, qui, au moyen d'un peu d'anglais, nous apprit que l'étrange figure que nous voyions était celle de monsieur le *gubernador* de l'île; que cette île se nommait *Annobon*; que ses habitants étaient tous bons chrétiens, et, de plus, bons catholiques; qu'ils avaient eu autrefois un missionnaire, mort depuis quelques années; que l'on ne leur en avait point envoyé d'autre, mais qu'ils n'en avaient pas moins une église, dans laquelle monsieur le gouverneur, ainsi que toute la nation, nous priaient de permettre à notre aumônier de venir dire la messe et bénir quelques mariages. Or, comme les navires marchands n'ont d'autre aumônier que leur chirurgien, nous lui répondîmes que, le nôtre ne jouissant pas du privilége de joindre l'encensoir à la lancette, ni par conséquent du pouvoir de lier et de délier les âmes, nous nous bornerions à aller prier avec eux.

« Comme tout historien doit le portrait de son héros, je vais donner un abrégé de celui du *gouverneur*. C'est un homme grand, maigre, sec, et borgne. Sa tête est enveloppée d'un chiffon recouvert d'un chapeau rond que borde un galon de laine. Habit de bouracan brun, veste de velours noir d'Utrecht, culotte de peluche verte, et souliers *tout ronds*. Il porte, à ce qu'il m'a paru, comme marque distinctive de sa dignité, outre un mouchoir bleu fort usé, et pendu à la boutonnière, un gros bâton surmonté d'une pomme de cuivre dont il paraît faire grand cas..... Pendant que j'essayais de causer avec lui, en mêlant du français et de l'allemand avec un peu d'anglais et d'italien, croyant faire de tout cela une langue passable pour un Africain, Son Excellence, sensible aux efforts que je faisais pour me rendre *intelligible*, occupait sa main gauche à me débarrasser de mon mouchoir, et travailla avec tant de succès, qu'il le fit passer dans la sienne, sans qu'il parût que la double attention qu'exigeaient sa manœuvre et mon discours, lui causât le moindre embarras.

« Quand je me rendis dans l'île le lendemain et que je mis pied à terre, le premier mouvement des insulaires fut de fuir vers leurs cabanes, lesquelles, assez régulièrement alignées, formaient deux rues parallèles au rivage. J'avais avec moi le nègre qui parlait un peu anglais. Je le chargeai de rassurer ses compatriotes, et il leur eut à peine dit deux mots, que nous nous vîmes entourés de toute la populace, qui nous suivit à l'église avec de grandes et bruyantes démonstrations de joie.

« Quoique cette église ne fût qu'une longue baraque de terre, recouverte de feuilles de palmier, l'intérieur était assez propre, et mieux orné que ne le sont d'ordinaire nos églises de village. Tout près de là était la cabane qu'occupait jadis le missionnaire. Je ne pus, malgré beaucoup de questions, savoir de quel ordre il était. Mais, à en juger par les mœurs de ses néophytes, il paraît que le bon père travailla avec peu de succès à la vigne du Seigneur.

« Je visitai plusieurs cabanes, qui, toutes, étaient plutôt des repaires que des habitations humaines : vieillards, hommes, femmes, enfants, tous y grouillaient, et, en *rois de la nature*, assis dans la fange, me regardaient avec des yeux étonnés et stupides.

« Dès mon retour à bord, il s'établit, entre nous et les insulaires, un commerce d'autant plus singulier, que l'argent n'ayant aucune valeur à leurs yeux, si on leur eût offert un sac de douze cents francs, ils eussent certainement préféré le sac à la matière; il nous fallut donc en revenir aux règles primitives du négoce, et tous nos marchés se firent par des échanges. Chacun de nous se fit donc marchand : on donnait des bas, de vieux mouchoirs, du fil, des aiguilles, etc., pour des poules, des cochons, des canards, des ananas, des oranges, du maïs, etc.; nos moindres guenilles trouvaient des acquéreurs, de sorte que le plus mince fripier eût pu charger un vaisseau du produit de son magasin. Si l'on eût laissé faire nos soldats, ils se seraient mis tout nus pour se procurer des vivres frais. Nous avions plusieurs barriques de bœuf, de lard, de morue, qui s'étaient gâtées; les nègres recevaient, dévoraient tout cela avec avidité. L'infection des viandes les plus corrompues était pour eux ce qu'est pour un gourmet de l'Europe le plus délicat fumet... Allez, après cela, disputer des goûts et faire des dissertations sur le *bon* ou le *mauvais* positifs. Jamais les dieux de l'Olympe ne burent le nectar céleste avec autant de volupté, que ces malheureux en éprouvaient à boire de la mauvaise eau-de-vie trempée aux trois quarts de notre eau noire et puante.

« Comme nous avions un pressant besoin d'eau, les nègres, toujours dans l'appât de quelque chose à recevoir ou à prendre, se chargèrent de nous enseigner une aiguade, et nous offrirent leur secours. En conséquence, on expédia la chaloupe avec les futailles vides; je me donnai le plaisir de la suivre dans un canot que deux nègres conduisaient, et qui, vu son peu de largeur, était une voiture aussi vacillante qu'incommode. En longeant la côte, nous arrivâmes, au bout d'une demi-heure, dans une espèce de crique formée par l'embouchure d'un torrent qui coule à travers une étroite vallée. Quoique les récifs qui bordent la côte en rendissent l'accès difficile, j'y touchai sans peine avec mon canot, tandis que la chaloupe fut obligée de mouiller à deux encablures de la terre : cet inconvénient devenait un obstacle pour nous autres Européens savants; nous eûmes donc recours à nos amis, dont plusieurs avaient suivi la chaloupe; et leur instinct, plus puissant que notre art, vint heureusement à notre secours, bien que notre maître-canonnier, vieux bonhomme très-vain, ne voulût absolument pas que nous eussions la honte de recourir à *ces coquins de nègres*... Dès que la chaloupe eut mouillé, les Africains jetèrent les futailles à la mer; ils les suivirent, et, les poussant devant eux, tantôt avec la tête, tantôt avec une main, ils les firent passer à travers un labyrinthe de rochers contre lesquels nous les eussions d'autant plus sûrement fracassées, que la mer y brisait violemment. Lorsque les pièces furent pleines, ils les reconduisirent par le même procédé à la chaloupe; de sorte que ce qui, sans pouvoir répondre du succès, nous eût peut-être coûté trois jours de travail, fut exécuté par *ces coquins de nègres* en moins de deux heures. »

Entre autres observations sur le sol et les productions, notre voyageur a fait cette remarque singulière, que, dans les parties occupées par les orangers et les citronniers, en creusant la terre, il lui a constamment trouvé une couleur jaune, et le goût ainsi que le parfum d'une compote d'oranges.

« Je n'ai d'ailleurs eu connaissance à Annobon, ajoute-t-il, d'aucun insecte ni reptile venimeux. Je n'ai vu de quadrupèdes que des porcs, des moutons, et je n'ai pu tirer autre chose des habitants, sinon que, dans l'intérieur de l'île, on trouvait des *quaquas*, qui, d'après mes conjectures, ne peuvent être qu'une espèce de daims. »

II. HISTOIRE.

Découverte et colonisation des quatre îles; developpement de leur prospérité.

A sa mort, l'infant dom Henri laissait à l'infant dom Fernando, son neveu et son fils adoptif, la possession de ses terres et seigneuries; et à son autre neveu le roi Alfonse V, la poursuite de ses vastes projets de découverte et de navigation jusqu'aux Indes orientales : entreprise en effet bien digne d'un monarque. Mais Alfonse V, plutôt guerrier que savant, occupé de ses conquêtes en Mauritanie, et de ses guerres avec la Castille, empêché par les dissensions intestines et les intrigues de cour, ne put songer à pourvoir directement lui-même à la réalisation des vœux de son oncle; et il prit le parti d'affermer pour cinq ans, à un citoyen honorable de Lisbonne, Fernam Gomes, par contrat du mois de novembre 1469, le privilége du commerce d'Afrique, à raison de 200 000 reis par an, à la condition que, dans chacune des cinq années, il serait obligé de découvrir au moins cent lieues de côtes, de manière qu'au terme de son contrat il y eût cinq cents lieues de découvertes au delà de Serra - Lioa, où s'étaient arrêtés Pedro de Cintra et Soeiro da Costa, les deux derniers découvreurs avant la signature du contrat.

Fernam Gomes, encouragé par l'espoir d'un gain considérable, soutenu par le prince dom João, qui prenait déjà un intérêt tout particulier à ces entreprises, déploya une activité couronnée d'un si heureux succès, que, sous le règne d'Alfonse, il avait déjà découvert non-seulement le pays de la Mine, mais encore toute la côte jusqu'au cap de Sainte - Catherine, près de deux degrés au delà de l'équateur. Mais les écrivains contemporains, Gomes-Eannes de Zurara et Ruy de Pina, attentifs (c'est M. Lopes de Lima qui en fait l'observation) à flatter les inclinations du monarque en écrivant ses faits d'armes, tinrent à peine compte de ces *découvertes mercantiles;* et telle est la cause du doute qui enveloppe encore aujourd'hui la date exacte de la découverte des îles de *San-Thomé*, *Principe*, *Fernam-do-Pó* et *Anno-bom*. Cependant il est généralement reçu, et avec assez de probabilité, que Jean de Santarem et Pero de Escobar, tous deux gentilshommes de la maison du roi, qui en 1470 furent à la découverte de la côte jusqu'au cap des Palmes, au compte de Fernam Gomes, ayant pour pilotes Martin Fernandes, de Lisbonne, et Alvaro Esteves de Lagos, après avoir lutté contre les calmes, les brises du sud, et les courants du nord, très-communs dans le golfe de Guinée, coururent tout le royaume de Benin; et le 21 décembre, jour de l'apôtre saint Thomas, avisèrent une île haute, grande et boisée, à laquelle ils donnèrent le nom du saint apôtre; que, bientôt après, le 1er janvier 1471, ils en aperçurent une autre plus petite, qu'ils appelèrent *do Anno-bom*, parce que cela leur parut de bon augure pour l'année qui commençait. Et elle fut bonne en vérité, car dans le même mois ils découvrirent le premier marché d'or, à l'aldée de Sama près de la rivière de Saint-Jean, sur la côte de la Mine au delà du cap des Trois-Pointes, où les courants et les brises du sud les entraînèrent quand ils venaient de reconnaître la terre ferme au cap de Lopo Gouçalves.

Ce fut dans ce même voyage qu'ils découvrirent l'île du Prince; on ignore au juste quel jour, mais il est probable que ce fut le 17 de janvier, jour de saint Antoine, attendu qu'ils lui donnèrent le nom d'île de Saint-Antoine, qu'elle a changé depuis pour celui d'île du Prince, lorsque l'impôt produit par ses sucreries devint l'apanage du fils aîné du roi. Quant à l'*Ilha Formosa* (Belle-Ile), découverte par Fernam-do-Pô, et qui reçut plus tard le nom de ce gentilhomme, il est à croire, vu sa position dans le fond du golfe, qu'elle ne fut découverte que vers 1486, époque de la reconnaissance du pays de Benin par Jean-Alfonse d'Aveiro.

Le roi Jean II, successeur d'Alfonse V, donna une impulsion plus directe aux tentatives de découvertes et de colonisation des Portugais : la fondation du fort Saint-George de la Mine, la découverte du Congo, le passage fortuit du cap de Bonne-Espérance par Barthélemy Diaz, l'exploration de la rivière de Benin, signalèrent glorieusement son règne. Un gentilhomme de sa maison, Jean de Paiva, offrit d'aller, avec ses parents et ses amis, coloniser l'île de Saint-Thomas; sa proposition fut acceptée; et la capitainie de l'île lui fut conférée par lettres du 24 septembre 1485, avec de grands priviléges et exemptions pour ceux qui l'accompagneraient. Saint-

Thomas fut occupé en conséquence, et ses habitants reçurent, dès le 16 décembre de la même année, leur première charte d'institution municipale, avec le droit de commercer dans les cinq fleuves situés à l'est de la Mine; Paiva lui-même obtint, le 11 janvier suivant, concession héréditaire d'une moitié de l'île, à son choix; enfin, des lettres du 14 mars 1486 confirmèrent cette concession en faveur de sa fille Mecia et de l'époux qu'elle choisirait; il est probable que cet époux porta le nom d'Alves, et que de là est venu celui d'*Angra de Mecia Alves*, donné à la petite anse qui est à deux milles au sud-ouest de l'îlot de Santa-Anna.

Jean de Paiva ne put résister longtemps à l'insalubrité du climat; et le 3 février 1490 la capitainie de Saint-Thomas fut donnée par le roi Jean II à un autre de ses gentilshommes, Jean Pereira, en récompense des services qu'il avait rendus sur les lieux. Celui-ci mourut au bout de trois ans, et des lettres du 29 juillet 1493 lui donnèrent pour successeur le chevalier Alvaro de Caminha, avec attribution d'une pension annuelle de 100 000 reis (environ 600 francs); le 20 novembre suivant, fut conféré au nouveau capitaine le titre d'*alcaïde môr*, ou commandant de la forteresse à construire dans l'île; et des lettres du 8 décembre l'investirent de toute la juridiction civile et criminelle, jusqu'à mort d'homme et mutilation de membres exclusivement. On prenait en même temps des mesures efficaces pour donner l'essor à l'établissement naissant : on livra à Alvaro de Caminha les enfants juifs que l'on avait séparés de leurs familles pour les baptiser, et beaucoup de condamnés qui allaient subir leur peine à Saint-Thomas, afin de peupler ainsi l'île de petites gens; il lui était ordonné de donner « à chacun une esclave pour la « posséder et s'en servir dans le but « principal d'augmenter la popula- « tion. » Le privilége du commerce fut étendu « à toute la terre ferme jus- « qu'au Rio-Real, à l'île de Fernan-do- « Pô, et à toute la côte du Manicongo, « du Poivre et des Esclaves », à la réserve cependant des lieux où se trouvait l'or.

La colonie fondée par Jean de Paiva ne consistait jusqu'alors qu'en un petit nombre de baraques de maigre apparence sur la plage d'Anna-Ambô, près de la Ponta-Figo, au nord de l'île. Mais à son arrivée, Alvaro de Caminha, reconnaissant les avantages de la baie qui a reçu plus tard le nom d'*Anna de Chaves*, y transféra la *povoaçam* ou bourgade; il y bâtit immédiatement l'église paroissiale, et poussa activement le défrichement et la culture des terres; on y planta des cannes à sucre apportées de Madère, et le nombre des sucreries devint considérable.

Après six années d'une administration active et féconde, Alvaro de Caminha mourut; et le 11 décembre 1499 le roi Emmanoel concéda la capitainie héréditaire à un autre gentilhomme de sa maison, Fernand de Mello, dont il éleva la juridiction, par lettres du 4 janvier 1500, jusqu'à la peine de mort inclusivement, sous l'obligation de s'adjoindre deux auditeurs pour le jugement des causes; lui accordant d'ailleurs le pouvoir de nommer à tous les emplois de justice et de finances. Par de nouvelles lettres du 20 mars suivant, les habitants de Saint-Thomas furent exemptés des droits d'entrée et de sortie sur les marchandises qu'ils importeraient en Portugal, ou qu'ils en exporteraient.

L'île du Prince fut l'objet de dispositions analogues : par lettres du 18 mars 1500, elle fut concédée à titre de fief héréditaire au noble Antoine Carneiro seigneur de Vimieiro, qui fut en même temps nommé alcaïde môr, et investi de tous les droits de juridiction civile et criminelle conférés à Fernand de Mello sur Saint-Thomas; les habitants reçurent, à la même date, une charte municipale en tout semblable à celle qui avait été donnée en 1493 à Saint-Thomas; l'exemption des droits de sortie sur les marchandises exportées de la métropole leur fut accordée le 20 août 1500, et celle des droits d'entrée sur les marchandises importées, le 24 mars 1505.

L'île d'Annobon eut son tour, et par lettres royales du 16 octobre 1503 elle fut concédée aussi à titre de fief héréditaire à George de Mello, qui se déchargea du soin de la peupler sur Balthazar d'Almeida, habitant de Saint-Thomas; mais elle demeura encore longtemps inhabitée.

Jean de Mello succéda à Fernand dans la possession de Saint-Thomas; ayant commis à Lisbonne des méfaits condamnables, qui le forcèrent à partir furtivement pour la Guinée, et n'ayant pas craint de s'emparer, sur sa route, d'un bâtiment de l'État, il fut mis en jugement, et, par un arrêt du 19 décembre 1522, déporté à vie dans l'île du Prince, et ses biens confisqués, ce qui fit rentrer l'île de Saint-Thomas sous l'autorité directe de la couronne. Le développement de la colonie fut de plus en plus favorisé; le chef-lieu, érigé en siége épiscopal, reçut officiellement le titre de cité par lettres patentes du 22 avril 1535; et les gens de couleur, issus des blancs et de leurs anciennes compagnes nègres, déjà confirmés dans la possession inaliénable de leur liberté, furent déclarés, par décret royal du 29 janvier 1539, aptes à remplir les charges municipales : bien plus, les habitants de la cité de Saint-Thomas obtinrent le privilége exorbitant de ne pouvoir être arrêtés qu'en cas de meurtre.

Grâce à ces mesures bienveillantes, la colonie prospéra d'une manière remarquable : le pilote portugais anonyme, auteur du voyage de Lisbonne à Saint-Thomas dont la relation a été imprimée en 1550 dans la précieuse collection de Ramusio, nous donne à ce sujet de curieux détails. La ville comptait de six à sept cents feux, c'est-à-dire, environ 3 000 habitants; il y avait beaucoup de marchands portugais, espagnols, français, génois; et tous les étrangers étaient généralement bien accueillis; tous avaient femmes et enfants, ceux d'entre eux qui perdaient leurs femmes blanches ne craignant pas d'en prendre de noires dans le pays. L'île produisait plus de 150 000 arrobes (8 800 000 kilogrammes) de sucre, ainsi qu'on le pouvait déduire du montant de la dîme payée au roi, et montant de 12 000 à 14 000 arrobes (70 000 à 80 000 kilogrammes), beaucoup de gens ne la payant point intégralement. Il y avait soixante moulins à sucre mus par des courants d'eau, et beaucoup d'autres où, à défaut d'eau, on employait les bras des nègres ou des manéges de chevaux. L'île du Prince, également peuplée et cultivée, rapportait, sur les sucres qu'elle produisait, un impôt spécialement attribué au prince royal de Portugal, et c'est de cette circonstance qu'elle tirait son nom. La pierreuse Annobon était toujours inhabitée; seulement les colons de Saint-Thomas y allaient continuellement faire la pêche, fort abondante en cet endroit. Il n'était encore fait aucune mention de Fernan-do-Pô.

Enfin un établissement fut entrepris à Annobon sous le règne de dom Sébastien; Balthazar d'Almeida étant mort, Louis d'Almeida, son neveu, acheta de George de Mello, moyennant 400 000 reis (2 400 francs) les droits qui avaient été concédés à celui-ci; et il transporta immédiatement dans son nouveau domaine quelques colons blancs et mulâtres, avec nombre d'esclaves pour défricher et cultiver les terres; il éleva une église sous l'invocation de *Nossa-Senhora da Conceição* (N.-D. de la Conception), et la dota d'un majorat expressément institué à Saint-Thomas sur la terre *das Laranjeiras* (des Orangers), pour entretenir perpétuellement un prêtre chargé de dire la messe, de catéchiser les habitants, de conserver toujours en bon état l'église avec ses ornements, vases sacrés, habits sacerdotaux, nappes d'autel, et autres objets nécessaires au culte divin. La colonie se développa, et deux centres de population se formèrent, l'un au nord-est, qui devint le chef-lieu de l'île, sous le nom de Santo-Antonio da Praia; l'autre au sud, appelé São-Pedro; outre quelques hameaux épars, et jusqu'à neuf églises ou chapelles. On essaya d'introduire diverses espèces de bétail, qui ne réussirent point, sauf les chèvres et quelques porcs, et des oiseaux domestiques qui multiplièrent considérablement. On planta du manioc et du coton, et l'on établit ultérieurement des métiers pour le tissage des toiles, unique produit industriel du pays.

Quant à Fernan-do-Pô, occupée par une population indigène, nombreuse, farouche et brave, on ne pouvait songer à la transformer en une colonie à cultures; le plus sage était d'y établir un comptoir pour commercer avec les naturels, et c'est à quoi l'on se borna.

Vicissitudes et décadence de la colonie portugaise.

Mais la prospérité de ces îles eut beaucoup à souffrir des actes fréquents de piraterie qu'exerçaient en ces parages des aventuriers français et anglais, peu soucieux de violer la paix et les traités qui unissaient alors le Portugal à leur patrie; l'audace de ces écumeurs de mer ou flibustiers, qu'aucun pouvoir n'eût réussi à maîtriser, allait croissant à mesure que déclinait la puissance maritime des Portugais, qui perdit beaucoup, sous ce rapport, durant le règne de l'infortuné dom Sébastien.

Les corsaires français, après avoir ruiné le commerce de la Mine, attaquèrent Saint-Thomas en 1567 : ils y causèrent des dommages incalculables, pillèrent les églises, détruisirent les usines et les plantations; les habitants, réfugiés dans l'intérieur, se vengèrent d'eux en empoisonnant les sources et les vivres, et en firent ainsi périr un grand nombre; mais il semble qu'à partir de ce jour, le repos ait abandonné cette terre où l'on ne devait plus trouver désormais de sécurité.

Sept années s'étaient à peine écoulées lorsqu'en 1574 les Angolares y jetèrent la désolation : c'étaient des nègres marrons, originaires d'Angola, échappés au naufrage d'un navire négrier qui, trente ans auparavant, avait fait côte sur les roches *das Sete Pedras*, vis-à-vis des plages inhabitées de la baie de São-João; ils s'étaient alors jetés dans les bois, avaient élevé des *kilombos* ou hameaux dans les parties les plus escarpées des montagnes, et s'étaient multipliés avec cette rapidité propre à la race africaine : maîtres du terrain, connaissant à fond tous les défilés, rejoints par beaucoup d'esclaves de leur nation, ils firent des incursions répétées sur les plantations voisines, coupèrent les cannes à sucre, brûlèrent les usines, et poussèrent l'audace jusqu'à attaquer la ville : heureusement, comme ils n'étaient armés que de flèches, ils furent mis en déroute par les troupes régulières, dont les armes à feu les terrifièrent, et les obligèrent à se retirer dans leurs fourrés, d'où ils continuèrent pendant plus d'un siècle une guerre de dévastation. Les propriétaires des sucreries saccagées se sauvèrent au Brésil avec ce qui leur restait de fortune; et bientôt, presque tous ceux que des intérêts pressants avaient retenus à Saint-Thomas, imitèrent leur exemple, découragés et abattus par les calamités qui pesèrent sur cette pauvre colonie pendant la domination espagnole.

En 1585, un incendie réduisit en cendres la plupart des maisons de la ville de Saint-Thomas. En 1595, le nègre Amador entreprit l'émancipation violente de ses frères; profitant des démêlés du gouverneur dom Fernando de Menezes avec un évêque ambitieux et brouillon, frère François de Villanova, qui, pour conserver un pouvoir usurpé, n'avait pas craint d'excommunier le chef envoyé par la métropole, Amador leva l'étendard de la révolte, se mit à la tête des gens de couleur, se proclama roi de l'île, promena partout la ruine et la désolation, et eût peut-être amené une catastrophe analogue à celle qui nous a ravi Saint-Domingue, si ce redoutable insurgé n'eût été pris et exécuté l'année suivante.

Saint-Thomas gémissait encore des calamités qui l'avaient ainsi mutilée et appauvrie, quand elle vit arriver sur ses côtes, non plus des flibustiers et des corsaires anglais et français, mais de puissantes escadres flamandes, jalouses d'effacer le nom portugais de ces parages; la ville fut pillée en 1600 par l'amiral Van der Dom : tous les navires qui sillonnaient les mers de Guinée ou d'Europe pour le compte des malheureux colons étaient capturés par l'ennemi ; les Hollandais prirent successivement possession des comptoirs portugais de Gabon, Fernan-do-Pô, Rio del Rei, Calabar, Rio-Réal, etc., et couronnèrent, en 1637, cette série de conquêtes par celle du fort Saint-George de la Mine.

Comment résister à tant de désastres? Il y eut émigration générale des propriétaires blancs et mulâtres pour le Brésil ou pour la métropole; et Saint-Thomas, à moitié déserte, ne présentait plus que des habitations en ruines et des terres abandonnées, lorsqu'en octobre 1641 elle fut assaillie de nouveau par les Hollandais, qui s'emparèrent de l'île et occupèrent la forteresse de Saint-Sébastien. Mais le Portugal avait alors retrouvé ses rois nationaux, et le secours ne se fit attendre que le temps nécessaire pour l'arrivée, à Lisbonne, de la nouvelle de cet événement, et l'envoi immédiat du capitan-môr Lourenço Pires de Tavora, lequel débarqua dans l'île en 1642, obligea les Hollandais à se retirer dans la forteresse, et les y tint bloqués jusqu'à ce qu'ayant reçu, en novembre 1643, un renfort sous les ordres de Philippe de Moura, il les pressa plus vivement, et les força à capituler au mois de janvier suivant.

Pendant bien longtemps encore la colonie fut en proie à une inquiétude profonde causée par les désordres d'un clergé turbulent, les factions et les rixes de propriétaires puissants, bien souvent aussi par la déplorable et honteuse incapacité de chefs mal choisis. Cet état d'effervescence se calma un instant, et l'île eut comme un reflet de sa prospérité première sous l'habile administration de Bernardino Freire de Andrade, qui gouverna de 1677 à 1680; c'est lui qui fonda sur la Côte des Esclaves le fort de Saint-Jean-Baptiste da Judâ ou de Vida, achevé par son successeur Jacintho de Figueiredo d'Abreu. A la mort de celui-ci en 1683, recommencèrent les dissensions intestines; la municipalité, le chapitre, les évêques, les juges et les gouverneurs se trouvèrent en hostilité permanente; le pays fut livré à des factions qui ne reculaient ni devant les profanations et les vols, ni devant le meurtre; et, comme complément à tant de maux, 1693 vit éclater une nouvelle révolte des Angolares, qui cependant furent battus complétement; le capitaine des forêts Mathieu Pires alla les attaquer dans leurs repaires, brûla leurs kilombos, les fit prisonniers, et les réduisit pour la plupart en esclavage; un tiers fut vendu au profit du fisc, les autres au profit des capteurs; ils demeurèrent tellement affaiblis, qu'ils ne se révoltèrent plus désormais, vinrent habiter le village de Santa-Cruz, et furent insensiblement formés à des habitudes de travail dont la colonie profita.

L'île du Prince, habitée par une population plus patriarcale, exempte des désordres intérieurs qui désolaient Saint-Thomas, souffrit moins que celle-ci durant la période dont nous venons de parler; les pertes et les dommages qu'elle eut à supporter par suite des guerres et des attaques des pirates, furent cependant considérables. Le roi don Pedro II sentit qu'il était nécessaire de substituer au pouvoir quasi-féodal des donataires un meilleur régime, et de la mettre sur un pied de défense plus respectable. En 1694, il y établit donc une douane régulière, et il y fit construire la forteresse de *Ponte da Mina*, qui reçut pour garnison, en 1695, une compagnie d'infanterie, envoyée de Portugal aux frais de la Compagnie de Cacheu et du Cap-Vert, laquelle avait fait de l'île du Prince l'entrepôt de son commerce avec le Gabon. Il semble qu'il y ait eu dans ces dispositions comme un présage de guerre. Mais ce furent des précautions superflues; une division française ayant paru, en 1706, devant l'île, et débarqué des troupes sur la Praia Salgada, la forteresse fut emportée, la ville prise, ainsi que les navires qui étaient mouillés dans le port, et plusieurs édifices incendiés. Cependant les Portugais, retirés dans les forêts avec leur commandant Manoel de Sousa da Costa, ne négligèrent aucun moyen de harceler l'ennemi, en lui coupant les vivres, en le fatiguant par des surprises et des embuscades, jusqu'à ce qu'enfin il se rembarqua.

Ce fut ensuite le tour de Saint-Thomas : les Français y firent une descente en 1709, bombardèrent la forteresse, qui se rendit par capitulation, brûlèrent presque toute la ville, s'emparèrent de la caisse du gouvernement, levèrent une contribution de 20 000 cruzades (48 000 francs), et laissèrent la population tellement terrifiée, que les esclaves venus de la Mine en profitèrent pour se soulever et commettre plusieurs actes d'hostilité avant qu'on pût les réduire et les punir.

Ces événements fâcheux ne mirent cependant pas un terme aux conflits qui avaient lieu sans cesse entre les principales autorités, toutes également envieuses de gouverner : conflits dont le récit forme à peu près toute l'histoire de l'île durant une bonne partie du dix-huitième siècle. Un nouvel élément de désordres ne tarda même pas à se montrer dans la puissance monacale des capucins italiens ; dont le couvent, fondé en 1684, avait, pendant plus de vingt ans, envoyé des missions au Benin, au Calabar et au Gabon, mais était devenu ensuite le séjour d'une bande de factieux ; au lieu de prêcher l'Évangile, ses missionnaires encourageaient la désobéissance au gouverneur et à l'évêque, et fulminaient des excommunications contre le chapitre et contre qui bon leur semblait ; on ne manquait pas de les payer de la même monnaie ; et bien souvent ces mutuels anathèmes se signifiaient de part et d'autre au milieu du cliquetis des armes, auxquelles les partis avaient recours pour faire valoir leurs prétentions.

Cette suite continuelle de désordres, de querelles et d'intrigues indisposa le roi Joseph-Emmanuel, qui résolut d'y couper court par une modification profonde dans l'organisation territoriale de la colonie. Jusqu'alors Saint-Thomas, rentrée, depuis 1522, sous l'administration directe de la couronne, était le centre du gouvernement de la province ; Fernan-do-Pô n'avait jamais été l'objet d'une tentative de colonisation, et le poste commercial qui y avait été établi n'avait point été relevé depuis sa destruction par les Hollandais ; Annobon, passée, comme nous l'avons vu, des Mello aux Almeida, était arrivée, en dernier lieu, aux mains de Martinho da Cunha d'Eça e Almeida, dont les droits avaient paru douteux ; et, faute par celui-ci de pouvoir justifier d'un titre légitime de possession, l'île lui avait été reprise, en 1744, par la couronne, et placée sous l'autorité d'un commandant ou gouverneur particulier, relevant du gouverneur général résidant à Saint-Thomas ; quant à l'île du Prince, elle était demeurée, comme tenure féodale, à la famille de Carneiro, dont le simple titre seigneurial avait été, en 1640, changé en celui de comtes ; et l'autorité administrative n'y était exercée que par un commandant ou gouverneur particulier soumis à celui de Saint-Thomas, et pourvu d'un brevet royal sur la présentation du comte.

Le roi Joseph-Emmanuel racheta de la famille Carneiro la propriété de l'île du Prince, en lui donnant en échange le comté de Lumiares, ce qui fut arrêté et conclu par un contrat solennel du 29 octobre 1753. Une ordonnance royale du 15 novembre suivant, conférant à la bourgade de Santo-Antonio le titre de cité, y transféra le chef-lieu de toute la province ; et une nouvelle ordonnance, du 30 août 1755, institua à Saint-Thomas un simple capitão-mór, appelé aujourd'hui sous-gouverneur. Mais l'état des choses n'en fut guère amélioré : une mésintelligence déplorable continuait de régner constamment entre les autorités administratives, judiciaires et ecclésiastiques, parmi lesquelles figurait toujours au premier rang la municipalité, oligarchie de différentes couleurs, qui, depuis deux siècles, alimentait avec opiniâtreté le feu de la discorde, jusqu'à ce qu'enfin un décret royal du 23 juillet 1770 lui défendit de s'immiscer désormais dans le gouvernement. Réduite alors aux simples fonctions de corps municipal, elle perdit sa fâcheuse influence, et la colonie recouvra sa tranquillité.

En 1778, le Portugal fit cession à l'Espagne des deux îles de Fernan-do-Pô et d'Annobon; ni l'une ni l'autre ne tenait une grande place dans l'ensemble de la province portugaise, dont jusqu'alors elles avaient fait partie; et cette cession ne changeait rien à l'existence des deux îles principales, de Saint-Thomas et du Prince, dont l'ancienne prospérité avait disparu, il est vrai, mais qui conservaient encore, dans le rôle qu'elles remplissaient à l'égard des négriers, soit comme lieu d'entrepôt, soit comme points de ravitaillement, quelques éléments d'aisance, sinon de richesse; mais la diminution successive, puis la suppression totale de cet odieux trafic, jointe aux vicissitudes de la guerre, amenèrent la ruine et l'oubli de ces établissements jadis si florissants.

Un épisode de ces grandes guerres dont le Portugal fut une des nombreuses victimes, c'est l'occupation momentanée de l'île du Prince par une division navale française aux ordres du capitaine de vaisseau Jean-François Landolphe: cet officier, qui avait déjà visité l'île nombre de fois dans ses divers voyages à la côte de Benin et d'Owère, se présenta de nouveau devant Santo-Antonio le 29 décembre 1799, avec trois frégates et une douzaine de prises, la plupart anglaises; les Portugais capitulèrent à la première sommation, et livrèrent les forts; pendant un mois que les Français occupèrent l'île, de nombreux négriers, la plupart anglais, furent capturés, et leur cargaison, s'élevant à plus de mille nègres, généreusement distribuée aux habitants, parmi lesquels Landolphe comptait beaucoup d'amis, et même, dit-on, des enfants. Les maladies qui commencèrent à sévir contre les équipages de sa division le déterminèrent à reprendre la mer : il rétablit dans leurs emplois les autorités portugaises, et leur restitua les forts, batteries et munitions en même état qu'il les avait reçus, moyennant une contribution de guerre de 800 onces d'or (environ 70 000 francs), somme bien inférieure, de l'aveu des Portugais eux-mêmes, à la valeur des esclaves et autres objets qu'il leur laissait, et qu'ils estiment à plus de 200 000 francs : aussi, lorsqu'après cette convention, datée du 29 janvier 1800, Landolphe mit à la voile le lendemain, sans que le moindre désordre eût été commis par ses gens, il ne faut point s'étonner que le cri *vivent les Français!* s'élevât de toute la plage, en signe de gratitude pour une si généreuse conduite.

Les îles du Prince et de Saint-Thomas ne nous offrent plus, depuis lors, aucun événement dont l'histoire ait à se préoccuper; et notre attention n'a plus à se porter que sur les îles de Fernan-do-Pô et d'Annobon, afin de nous enquérir de leur sort sous la domination espagnole.

Établissement des Espagnols à Fernan-do-Pô et à Annobon.

Par le traité conclu au Pardo le 11 mars 1778, entre la reine Marie Ire de Portugal et le roi Charles III d'Espagne, afin d'étendre à toutes leurs possessions dans les deux mondes la paix et amitié établies entre les deux couronnes, il fut fait cession expresse à l'Espagne par le Portugal de tous les droits effectifs et prétentions de cette dernière puissance sur l'île d'Annobon et sur celle de Fernan-do-Pô, avec faculté, pour les Espagnols, de trafiquer dans les ports et sur les côtes du continent voisin, pourvu qu'il n'en résultât ni gêne ni empêchement pour le commerce portugais. Les bâtiments de guerre et navires marchands des deux nations devaient réciproquement être admis, ceux d'Espagne aux îles de Saint-Thomas et du Prince, ceux de Portugal aux îles d'Annobon et de Fernan-do-Pô, avec les mêmes avantages que ceux de la nation la plus favorisée. Indépendamment de l'assistance que les sujets portugais et espagnols devaient se prêter mutuellement dans les îles susdites, il fut convenu que le commerce des esclaves serait franc et libre entre eux, et que le tabac en feuilles, nécessaire pour la traite en ces îles et sur ces côtes, serait fourni par le Brésil pendant quatre ans, dans des proportions, qualités, etc., à déterminer ultérieurement par une convention particulière avec la cour de Lisbonne.

Celle de Madrid organisa une expédition sous les ordres du général comte d'Argellejos, pour aller prendre possession des deux îles cédées, et pour les coloniser au nom de leur nouveau souverain, le roi Charles III; mais cette expédition n'eut qu'un résultat déplorable. Débarquées dans la baie de San-Carlos le 24 octobre, les troupes ne tardèrent pas à ressentir les funestes effets du climat, et le comte d'Argellejos fut une des premières victimes. Après sa mort, le commandement échut à don Joaquin Primo de Rivera; celui-ci alla, le 9 décembre 1779, prendre possession d'Annobon, qui lui fut remise, au nom du Portugal, par le capitaine Louis Gaëtan de Castro; mais les habitants ne voulurent, à aucun prix, reconnaître la validité de la transaction qui les transférait à d'autres maîtres. Au surplus, les privations et les maladies qui avaient assailli les Espagnols à leur arrivée à Fernan-do-Pó, les fâcheuses dispositions que montraient les naturels exaspérés par la conduite des nouveaux venus à leur égard, amenèrent des séditions, puis, enfin, une révolte générale, à la suite de laquelle les Espagnols, découragés, renoncèrent à leur projet d'établissement, et prirent, vers la fin de 1782, le parti d'abandonner les deux îles, et de faire voile pour Monte-Video.

Déjà ils avaient été forcés d'emprunter une centaine de soldats au gouverneur portugais de l'île du Prince, pour avoir raison de quelques actes d'hostilité commis par les Anglais. Menacés par les croisières de cette puissance, ils s'embarquèrent sur deux bâtiments, l'un de trente, l'autre de quatorze canons, et se réfugièrent d'abord à Saint-Thomas, où ils passèrent tout le mois d'octobre; ils n'étaient plus alors que deux cents, de trois mille qui avaient, quatre ans auparavant, débarqué à Fernan-do-Pó; ils avaient été forcés de démonter les canons qui garnissaient leur fort, pour les enfouir avec leurs munitions, afin de les dérober à la connaissance de l'ennemi; et ils s'étaient à peine éloignés, que les indigènes avaient démoli les fortifications, dont ils jetèrent les pierres à la mer. Quelques transfuges, restés dans l'île, étaient tout prêts à indiquer le lieu où les canons et les munitions avaient été cachés. Quant aux établissements agricoles tentés par les colons espagnols sous la conduite de Louis Ramirez de Esquivel, ils furent entièrement saccagés.

Essai d'établissement des Anglais a Fernan-do-Pó; restitution à l'Espagne.

Les Anglais laissaient dès lors entrevoir quelque velléité de prendre pied dans l'île : s'il faut en croire une lettre écrite, au commencement de 1783, par un des leurs, le capitaine Lawson, les indigènes étaient très-disposés à recevoir ses compatriotes, et à les assister de tout leur pouvoir pour la fondation d'un établissement.

Quoi qu'il en soit, cette île resta pendant quarante-cinq ans oubliée, pour ainsi dire, de l'Europe. Quelques vaisseaux de guerre de la station anglaise d'Afrique y abordaient seulement pour se procurer de l'eau, des volailles et des légumes frais, surtout des ignames. De temps à autre, un bâtiment marchand s'y arrêtait pour attendre un chargement d'huile de palme, ou rétablir la santé de l'équipage, attaqué par les fièvres que l'on gagne si facilement sur la côte de Guinée. Comme les insulaires habitent à quelque distance dans l'intérieur, tout vaisseau de haut bord annonçait son arrivée par un coup de canon, qui attirait au rivage les naturels apportant leurs denrées, en échange desquelles ils prenaient des bandes de fer plat, des couteaux et des clous ; un morceau de cercle de fer, d'environ six pouces de long, suffisait à payer une couple de volailles ou quatre ignames.

Enfin, le gouvernement anglais, à qui les incitations des trafiquants et des abolitionistes de la traite des noirs n'avaient pas manqué (*), songea sérieusement à s'établir dans cette île, que ses maîtres légitimes semblaient avoir abandonnée pour toujours. Située à proximité des côtes où se faisait le plus activement la traite des nègres, et facile dès lors à peupler, au profit de l'Angleterre, de travailleurs enlevés aux négriers; assise en face et à quelques heures seulement de navigation des bouches du Niger, qui semblait ouvrir au commerce européen un vaste débouché intérieur, et à la civilisation un champ immense à défricher, cette île, par sa position, par sa fertilité, par son climat comparativement moins insalubre, permettait d'espérer que l'on pourrait peut-être en faire un jour le centre des possessions anglaises en ces régions, préférablement à Sierra-Léone, ou à Cape-Coast-Castle. Ces diverses considérations engagèrent la cour de Londres à y tenter un établissement.

En conséquence, au commencement de l'été de 1827, le capitaine William-Fitz-William Owen, connu par ses campagnes d'exploration sur les côtes africaines, et qui avait, à cette occasion, déjà visité Fernan-do-Pó, partit d'Angleterre sur le vaisseau l'*Eden*, muni des instructions de l'amirauté, avec le titre de gouverneur, ayant sous ses ordres le commandant Harrison. Un bâtiment de charge fut affecté à transporter les pièces démontées d'un blockhaus et de seize maisons, dont six grandes et dix petites, et quelques bouches à feu destinées à la défense du poste projeté.

L'expédition arriva, le 27 octobre, dans la baie de Maidstone, au nord de l'île ; et le 30, ayant choisi, pour y jeter les fondements de la nouvelle colonie, une petite anse favorablement abritée, à l'est par une langue de terre formant comme un mur de cinquante mètres de haut, et à l'ouest par une autre pointe et deux îlots, on mit à terre le lieutenant Vidal, avec un détachement de cent travailleurs nègres, kroumen et autres, pour déblayer le terrain : la petite baie reçut le nom de *Clarence Cove*, en l'honneur du prince grand amiral, qui depuis fut le roi Guillaume IV ; la pointe de l'est reçut celui de *William*; la pointe et les îlots de l'ouest celui d'*Adélaïde*; et la passe comprise entre la pointe Adélaïde et les îlots, celui de *Cockburn Cove*. On débarrassa le sol des halliers dont il était couvert, et l'on ouvrit dans la falaise des rampes conduisant au plateau élevé sur lequel devait être assise la ville projetée de Clarence.

Le premier soin fut, en même temps, à l'égard des indigènes, de convenir de l'établissement d'un marché d'échanges, dont l'emplacement fut aussitôt marqué par des poteaux ; puis d'obtenir la cession du terrain dont on avait déjà pris possession de fait, ce qui fut définitivement conclu le 12 novembre ; et comme le marché, compris dans ces limites, devenait un embarras à cause de la grande affluence des naturels, on enleva, quelques jours après, les poteaux, et le foirail fut transporté plus loin.

On déchargeait, à mesure, les matériaux apportés d'Europe, et l'on montait, sur la pointe William, le blockhaus, les maisons, et enfin l'artillerie, qui fut mise en batterie, dominant au loin tous les abords du poste. Tout était transporté à terre le

---

(*) George Robertson, en 1819, n'oublie pas de faire valoir le double *intérêt du commerce et de la répression de la traite*.

7 décembre; le 15, on organisait en milice les sujets anglais à peau noire, qui constituaient la population de la colonie; et le 25, jour de Noël, on procédait à une installation solennelle.

Le capitaine Owen débarqua à sept heures du matin, accompagné de la plupart des officiers et des troupes. Arrivé à la pointe William, le cortége se groupa autour du mât de pavillon; et les couleurs ayant été déployées pour la première fois, on lut la proclamation suivante:

« Par William-Fitz-William Owen, « écuyer, capitaine du vaisseau de S. M. « l'*Eden*, et surintendant de Fernando-Pô :

« Il a plu à Sa Gracieuse Majesté Geor« ge IV, roi de la Grande-Bretagne et d'Ir« lande, de décider qu'un établissement des « sujets de S. M. serait formé dans l'île de « Fernando-Pô; et son Altesse Royale le « lord haut amiral m'ayant choisi à cette fin, « la fondation dudit établissement m'a été « confiée avec le titre et la charge de surin« tendant.

« Conformément aux ordres de S. A. R. « le lord haut amiral, j'ai, en premier lieu, « fait commencer les opérations dont l'objet « était de défricher le sol de ce promontoire « (la pointe William), le 1er jour de novem« bre dernier; le 10 et le 12, j'ai acheté, des « chefs et des propriétaires d'une petite « partie du sol que je désirais occuper, plein « droit de propriété et de possession, pour « lequel il a été payé une quantité de fer s'é« levant à trois barres; et des repères-limites « ont été marqués par les chefs indigènes « pour indiquer l'étendue du terrain acquis.

« En conséquence, au nom du Dieu puis« sant par la grâce duquel cela a eu plein « succès, et pour le seul usage et bénéfice de « Sa Très-Gracieuse Majesté George IV, roi « de la Grande-Bretagne et d'Irlande, je « prends possession, par cet acte public, de « tout le territoire acquis, ainsi qu'il vient « d'être dit, sous la dénomination future de « *Clarence*; toute cette terre étant bornée « au nord par la mer; à l'est et au sud par « la rivière Hay; à l'ouest par une ligne « courant depuis la mer, droit au sud de la « boussole, ou au sud-sud-est du monde, « jusqu'à la rivière Hay; la péninsule de la « pointe William, enclose dans ces limites, « étant par 3° 45′ de latitude nord, et 8° 45′ « de longitude à l'est du méridien de Green« wich; la susdite limite occidentale partant

« d'un arbre marqué par les indigènes, à « 218 yards au S. 20° O. de la boussole, ou « S. 2° 30′ O. du monde, de l'entrée du « fossé creusé à travers l'isthme de la pointe « William.

« Et, en témoignage de cet acte public, « j'ordonne à toutes les personnes présentes « de mettre leurs noms sur cette proclama« tion, comme témoins dudit acte.

« Fait par moi, sur la pointe William, « dans l'établissement de Clarence, en l'île « de Fernando-Pô, ce mil huit cent vingt« septième anniversaire de la naissance de « notre Sauveur et Rédempteur, et la hui« tième année du règne de Sa Présente Ma« jesté. — WILLIAM-FITZ-WILLIAM OWEN, « capitaine du vaisseau de S. M. l'*Eden*, et « surintendant de Fernando-Pô.

« Dieu sauve le roi ! »

La lecture de cette proclamation fut saluée par un triple hourra; la musique joua le *God save the king;* les troupes, sous les armes, exécutèrent un feu de mousqueterie, et le canon des bâtiments en rade, aussi bien que l'artillerie du fort, y répondirent par une salve royale; après quoi, le cortége se sépara pendant que la musique jouait le *Rule Britannia*.

Le but de l'établissement, qui s'était fait avec le consentement, ou du moins sans opposition du gouvernement espagnol, était, ainsi que nous l'avons dit, d'offrir un point de ravitaillement à la division navale chargée de la répression de la traite des esclaves, et un chef-lieu aux opérations commerciales de la compagnie d'Afrique. La colonie reçut quelques renforts d'esclaves pris à bord des négriers, et aussitôt rendus à la liberté, dont on espérait tirer parti pour l'exploitation des bois de construction que fournissent en abondance les vastes forêts de l'île. Mais l'élévation des salaires exigés par les nouveaux affranchis mit un obstacle à ces projets: ils préféraient, au rude labeur du bûcheron, la culture des plantes potagères, l'élève des volailles, des cabris, des porcs, pour les vendre aux navires en relâche. Le climat n'avait pas répondu non plus à l'attente qu'on s'en était faite; et les Anglais, après avoir dépensé plus de cinq millions de francs pour leur essai de colonisation, étaient découragés, et laissaient languir leur œuvre, quand le gouvernement espagnol, mis en demeure par les cortès du royaume, réclama la restitution de l'île, et envoya un bâtiment de guerre pour en reprendre possession.

Le commissaire espagnol débarqua à Clarence le 27 février 1843 : il était accompagné de quelques officiers et d'un prêtre, et suivi d'un petit détachement de soldats et de matelots, tambour en tête; deux soldats portaient un portrait de la reine, surmonté d'une élégante couronne; le drapeau espagnol fut hissé au bruit des salves de mousqueterie et d'artillerie, et salué par les acclamations de la foule, à laquelle on distribua quelques largesses; enfin, on termina la cérémonie par un feu d'artifice.

Le 6 mars, l'ex-gouverneur anglais, capitaine Becroft, qui avait succédé au capitaine Owen, fut proclamé gouverneur au nom de l'Espagne; la dénomination de Porto-Regente fut substituée à celle de Clarence, et il fut promulgué diverses ordonnances relatives à l'organisation de l'autorité locale, à la nomination de quelques magistrats, à l'allégement de certains impôts; plusieurs autres actes de même nature furent laissés au gouverneur Becroft, pour être ultérieurement mis en vigueur; et le commissaire espagnol se rembarqua, après avoir déclaré que la métropole avait résolu la fondation prochaine d'un établissement à Fernando-Pô. Un journal de Madrid annonçait, l'année suivante, qu'une expédition se préparait dans ce but à Cadiz, et qu'elle devait être composée d'une corvette, deux bricks, un bateau à vapeur et trois felouques : nous ignorons quelle suite a été donnée à ces dispositions.

§ VII.

LES SPORADES DE L'ATLANTIQUE.

Jusqu'ici les îles africaines de l'océan Atlantique se sont offertes successivement à notre étude par groupes ou archipels distincts : les Açores, Madère et ses annexes, les Canaries, les îles du Cap-Vert, l'archipel de Guinée, ont ainsi tour à tour passé collectivement sous nos yeux. Il ne nous reste plus maintenant à examiner et à décrire que ces rochers isolés dans l'immensité de l'Océan, ces îles éparses au loin de toute autre terre, ces sporades jetées comme au hasard au sein des flots, sans connexité entre elles, sans lien apparent qui les puisse rassembler sous un point de vue commun; escales imprévues rencontrées d'aventure, sur leur chemin d'aller ou de retour, par les premiers navigateurs qui frayèrent la grande route des Indes orientales.

Cependant l'esprit qui les embrasse dans leur ensemble, les peut classer à son gré en diverses catégories subordonnées à des considérations spéciales. Et d'abord, en effet, n'y a-t-il pas lieu de faire le départ des îles dont l'existence constatée, vérifiée chaque jour, nous livre les matériaux d'une description et d'une histoire certaines; et de celles que des indices fugitifs ont seulement signalées, dont les navigateurs se sont évertués sans succès à retrouver la trace, et dont l'existence douteuse n'est peut-être due qu'à des illusions ou des erreurs qui ont multiplié les positions et la nomenclature de quelques points mal déterminés? Ainsi doivent être inscrites, sur une liste sérieuse, l'Ascension, Sainte-Hélène, Tristan da Cunha et Gonçalo Alvarez, le penedo de São-Pedro, la Trinité et les trois îlots de Martin Vaz; tandis que Saint-Mathieu, Santa-

Croce, l'Ascensaõ, Santa-Maria d'Agosto, Saxembourg, en seront éliminées pour ne trouver place que sur le rôle suspect des îles douteuses, et peut-être fantastiques.

Sous un autre aspect, ces îles se montrent à nous échelonnées sur deux lignes parallèles, au large de la côte occidentale d'Afrique : la première, à une distance moyenne de 450 lieues, nous offrant successivement, du nord au sud, la douteuse Saint-Mathieu, l'Ascension, Sainte-Hélène, et Tristan da Cunha avec Gonçalo Alvarez; l'autre, à une distance de 800 lieues, nous présentant à son tour São-Pedro, la problématique Santa-Croce, la Trinité et les Martin Vaz, les îles fantastiques d'Ascensão et de Santa-Maria d'Agosto, et l'incertaine Saxembourg.

L'ordre chronologique des découvertes constatées semble se combiner de la manière la plus heureuse avec cette double distinction, en nous montrant d'abord, sur la première ligne, Jean de Nova rencontrant l'Ascension en 1501, et Sainte-Hélène en 1502; et Tristan da Cunha abordant en 1506 aux îles qui portent son nom; sur la deuxième ligne, George de Brito donnant en 1511 contre les rochers de São-Pedro; et ensuite, mais à une date que nous ne connaissons pas avec précision, Martin Vaz trouvant le groupe d'îles auquel son nom est demeuré.

Saint-Mathieu, signalée en 1525 par le commandeur Jean de Loaysa, ouvre alors naturellement la série des îles incertaines, presque complète dès la première moitié du seizième siècle, et à laquelle Saxembourg seulement n'est venue s'adjoindre qu'en 1670.

Tel est, en définitive, l'ordre dans lequel nous allons successivement porter notre étude sur chacune de ces Sporades de l'océan Éthiopique, entre lesquelles une seule passait pour habitable jusqu'à ce que l'Angleterre ait montré, en s'établissant sur deux autres, que la ténacité des hommes peut dompter la nature, même dans les lieux où elle semble le plus réfractaire.

L'ASCENSION (*)

DESCRIPTION.

Situation, étendue ; aspect ; nature du sol, climat.

Comprise dans la zone des vents alizés du sud-est, par 7° 56′ de latitude méridionale (**), et 16° 45′ de longitude à l'ouest du méridien de Paris, à 270 lieues de la côte de Guinée, à 400 de celle du Brésil, et à 480 de l'archipel du Cap-Vert, l'île de l'Ascension, en sa forme à la fois triangulaire et arrondie, offre de l'ouest à l'est une longueur un peu moindre de 7 milles, sur une largeur d'un peu plus de 6 milles du nord au sud ; elle a environ 21 milles de tour, et sa superficie peut être évaluée à 7 000 hectares.

L'île est généralement montagneuse, et dominée par un pic qui se voit de plus de 30 milles de distance, élevant sa double cime à 865 mètres au-dessus du niveau de l'Océan ; les terrasses qui l'entourent conservent une altitude qui varie de 370 à 600 mètres ; puis elles s'abaissent graduellement au nord jusqu'au rivage, tandis qu'elles se terminent brusquement au sud par d'horribles précipices. Cette région culminante occupe la partie sud-est de l'île ; le reste est comme une vaste plaine semée de collines de 200 à 300 mètres de haut, coniques, souvent cratériformes ; des ravins escarpés et tortueux, dépourvus d'eau, sillonnent dans tous les sens cette terre aride, et viennent se terminer sur la côte en petites baies sableuses, dans l'intervalle des roches noirâtres qui forment le rempart de ceinture. La teinte rougeâtre du sol n'est interrompue que par la verdure qui tapisse en quelques endroits les

(*) Cet article a été rédigé, en partie, avec le concours de M. Oscar Mac-Carthy : les principaux guides consultés ont été Brandreth, mistress Power, Holman, et d'Urville.

(**) Par une singulière inadvertance, Murray, dans son *Encyclopædia of Geography*, et Mac-Culloch, dans son *Universal Gazetteer*, placent l'Ascension, l'un par 8° 8′, l'autre par 7° 26′ de latitude *nord*.

flancs de la montagne principale, à laquelle on a donné en conséquence le nom de montagne Verte; mais cette diversion rachète faiblement le triste aspect de l'ensemble, et l'abbé de la Caille assure que « la vue de ces mon-« tagnes, et en général de toute l'île, « présente aux yeux un spectacle af-« freux et capable d'inspirer de l'hor-« reur. »

La mer brise avec une extrême violence autour de ces âpres rivages, qu'elle rend presque partout inaccessibles. Quelques rochers détachés apparaissent d'ailleurs sur divers points de la côte : un seul, voisin de la pointe est, s'est trouvé assez considérable pour recevoir un nom, celui d'îlot aux Frégates. Au sud-est, une rentrée du littoral est appelée baie Française; une autre au nord, au voisinage immédiat de la pointe Sabine, porte la dénomination d'*English-Bay*, ou baie Anglaise; une troisième, au nord-ouest, sous le nom de *Sandy-Bay*, ou baie Sablonneuse, offre le principal, disons plutôt le seul mouillage commode de l'île. Il a pour reconnaissance, à terre, une colline isolée, haute de 274 mètres, surmontée d'une croix rouge, et appelée en conséquence *Red-Cross Hill;* il est borné à l'ouest par un rocher qui fait saillie, et au large duquel gisent de dangereux écueils, qui se prolongent jusqu'à plus de 3 milles au sud; aussi est-il plus sûr et plus usuel d'atterrir vers la pointe Sabine, et de longer la côte pour arriver dans la baie par le nord. On y trouve 19, 13, et 8 mètres d'eau, sur un fond de sable coquillier.

Cependant, on peut louvoyer ou ancrer avec sécurité, en se tenant à une distance suffisante à l'ouest de ce banc de roches. Trois cents bâtiments pourraient ainsi mouiller sous le vent de l'île, à moins de 10 milles de la côte, à 200 mètres l'un de l'autre, par 38, 28 et 19 mètres, fond de sable et de vase. Ils n'auraient à craindre que les ras de marée, le plus fréquents depuis décembre jusqu'en avril, mais dont on a éprouvé aussi de très-forts en juillet : ils viennent du nord-ouest, transformant tout à coup une mer parfaitement calme en de longues et vastes lames qui se précipitent vers le rivage, où elles viennent se briser avec une grande violence. Ce qu'il y a de plus remarquable dans ce phénomène, c'est que les vagues s'élèvent sans aucun signe précurseur, et s'apaisent soudain avec la même promptitude : un intervalle de 10 minutes le voit à la fois commencer et finir. Il paraît, au surplus, que la houle ne vient pas de loin, et ne se fait sentir qu'aux approches de l'île.

La physionomie stérile et désolée que présente dès l'abord l'île de l'Ascension, la couleur rouge foncé qui y domine, les formes anfractueuses de ses montagnes et de ses précipices, offrent assez d'indices caractéristiques des révolutions plutoniennes, pour qu'il ne reste aucun doute sur sa nature volcanique, avant d'en avoir examiné de plus près le sol et les formations rocheuses. Les trachytes y dominent, montrant, sur plusieurs points, la disposition régulière des colonnes basaltiques, en d'autres la structure des roches calcaires; ailleurs on le voit passer de la dureté compacte du grès à une décomposition complète. Le tuf volcanique se rencontre en masse confuse, mais il est en général distinctement stratifié : l'argile ferrugineuse rouge, le tuf, l'argile bleue, le trachyte décomposé, alternent avec des couches de fraisil et de pouzzolane. La pierre ponce abonde partout à la surface.

Les collines éparses dans l'île conservent pour la plupart leur forme conique et leur sommet déprimé, bien que souvent elles soient dégradées sur le flanc méridional; on y remarque aisément les coulées de lave, dont on peut suivre la direction jusqu'au rivage. Ces collines abondent en scories et en pouzzolane; elles sont entourées à leur base de laves et quelquefois d'obsidienne.

Les plaines du nord-ouest sont formées aussi de fraisil, de scories, de cendres, et de terre finement pulvérisée, coupées de lits de gravier et de galets de lave et de silex ; des amas de lave et de scories de huit à dix mètres de haut s'y trouvent aussi distribués çà et là : il semblerait que l'art a formé ces pyramides et ces traînées de cailloux, pour en débarrasser le sol sur lequel ils auraient été primitivement répandus.

Des lits considérables de lave et de scories forment le rempart de ceinture, généralement escarpé à l'est et au sud de l'île ; sur la côte ouest, les coulées de lave se sont avancées jusque dans la mer, avec une grande diversité de formes, présentant une surface rugueuse, crevassée, sur laquelle il serait difficile et même dangereux de s'aventurer. On trouve dans les baies et anses du rivage un tuf calcaire formé par l'agrégation de fragments arrondis de coquilles brisées, que la chaleur et la pression ont agglutinées ; il fournit une chaux excellente, dont le mélange avec la pouzzolane, dans des proportions déterminées, produit le meilleur ciment. Le sable même qui forme la plage de ces baies est composé de grains qui ne sont que des détritus de coquilles ; il s'y mêle, à la baie du sud-ouest et à Crystal-Bay, de petits cailloux de lave, de quartz, et de topaze.

L'Ascension est dépourvue d'eaux courantes, et les pluies n'y sont ni assez fréquentes ni assez régulières pour suppléer à cet inconvénient, et hâter la transformation de cette terre aride en un sol cultivable, par la décomposition des roches et le développement d'une végétation spontanée, vigoureuse, propre à la formation de l'humus. Les sommités de la montagne Verte, surtout du côté du vent, éprouvent presque seules encore les effets de cette heureuse influence atmosphérique.

Le climat n'est point ici l'obstacle qui s'oppose à la fertilisation du sol, car il n'est point sujet à ces variations excessives et brusques qui nuisent le plus aux tentatives de culture : l'observation a démontré que les extrêmes de température entre le jour le plus chaud de l'été, c'est-à-dire, de décembre à mai, et le jour le plus froid de l'hiver, c'est-à-dire, de juin à novembre, n'offrent qu'une différence totale de 10° du thermomètre centésimal. La moyenne annuelle, sur le quai voisin du mouillage, est de 29° ; elle est généralement de 28° sur les basses terres ; sur les hautes terres, elle ne dépasse pas 21°, c'est-à-dire qu'elle y est la même qu'à Alger : sur le pic, elle est au-dessous de 15°.

Productions végétales ; animaux.

Au point de vue de la culture, le sol de l'île se classe naturellement en quatre régions distinctes : la première, celle des terres fécondes, ne consiste guère qu'en une centaine d'hectares dans la plus haute partie de la montagne Verte, où la couche végétale offre deux et trois pieds d'épaisseur jusqu'au lit de scories, de cendres et d'argile sur lequel elle repose ; la seconde région, celle des terres médiocres, est située sur les plateaux moyens, entre 420 et 650 mètres d'altitude, où la profondeur de la couche végétale n'est que de 6 à 18 pouces, et n'a pas 400 hectares d'étendue totale ; la troisième est celle des mauvaises terres, ces plaines couvertes de fraisil et de pouzzolane, qui se laissent pénétrer par l'humidité des grandes pluies, et se parent alors par intervalles de pourpier verdoyant et de quelque gazon ; enfin, la quatrième et dernière région est celle des terres réfractaires, ces champs de lave qui ne donnent prise à aucune végétation. Ainsi, presque toute la flore de l'Ascension se trouve circonscrite dans les productions des hautes terres.

Les principales plantes indigènes sont la tomate et le ricin, que l'on y trouve en quantités considérables, le manioc, le poivre, l'ipécacuana, le groseillier à fruits jaunes, deux ou trois espèces de fougères, la tithymale, le mouron, la dent de lion, le myosotis, quelques autres fleurs plus sauvages, et trois ou quatre mousses. Le cresson alénois, le pourpier, un chiendent grossier, couvrent de grands espaces, ainsi que le gazon de Bahama qui a été importé, et qui forme de beaux pâturages.

La culture potagère donne des produits très-variés, des radis exquis, du cresson de fontaine, du calalou ou épinards doux de l'Inde, une belle espèce de laitue, des choux, des carottes excellentes, des navets, du céleri, des fèves, des haricots frais, beaucoup de concombres et de melons, des bananes, quantité de patates douces, dont il y a une variété très-farineuse et très-grosse. La pomme de terre anglaise dégénère rapidement. On a apporté de Sainte-Hélène quelques fraisiers dont les fruits sont excellents. Des ananas avaient été plantés, mais ils n'ont pas réussi.

Sur la portion des terres réservées pour les pâturages, errent quelques chevaux et des ânes, les uns employés comme monture, les autres comme bêtes de somme; et quelques centaines de bœufs et de moutons destinés à la consommation locale ou au ravitaillement des navires. Ce bétail est apporté principalement du cap de Bonne-Espérance, aux frais du gouvernement, lequel le revend aux navires qui viennent ici faire des vivres. On y comptait autrefois environ 600 chèvres qui, abandonnées à elles-mêmes, allaient broutant, sur le sommet des rocs, ou au fond des vallées, le persil sauvage, le mouron, le chardon, la menthe, et d'autres herbes odoriférantes ; aussi leur chair, comparable à celle du meilleur mouton, avait-elle une fine saveur toute particulière ; mais l'Ascension est une terre trop avare pour qu'un si grand nombre d'animaux pût trouver à y vivre simultanément sans se nuire, et il a fallu bientôt condamner les chèvres à une destruction presque complète, pour ne pas compromettre l'existence du gros bétail. Ce fut une expédition pleine d'émotions et de dangers, et les prouesses des capitaines Barnes et Payne sont encore le sujet de merveilleux récits. Ce n'est point à dire qu'ils aient épuisé les ressources que l'île peut encore offrir aux amateurs de la chasse : toutes les chèvres n'ont pas disparu ; plusieurs sont allées retrouver, dans des lieux presque inaccessibles, les volatiles gallinacés échappés à la surveillance de leurs maîtres, et retournés à leur état primitif en compagnie des pintades sauvages, fort nombreuses dans le pays. Il ne faut point oublier, d'ailleurs, les jouissances de la chasse aux chats !... Une petite colonie de ces animaux avait été apportée à l'Ascension pour y détruire les rats qui avaient envahi l'île entière ; mais après les avoir exterminés, les chats, devenus maîtres de la place, ayant découvert qu'ils pourraient vivre en liberté sans le secours de l'homme, s'enfuirent dans les portions inhabitées de l'île, où ils ne se firent aucun scrupule de se régaler princièrement de jeunes poules de Guinée, et d'autres oiseaux, y ajoutant de temps à autre les œufs et autres friandises qu'ils découvraient dans leurs courses déprédatrices. Cette bande de quadrupèdes ravageurs était devenue si considérable en 1825, que les habitants se virent obligés de réclamer l'assistance d'un certain nombre de chiens bassets pour leur faire la guerre ; et les combats de ces deux puissances ennemies ne sont pas un des moindres attraits du *hunting*. Les chiens sont aussi dressés à la chasse des tourlourous ou crabes de terre, qui creusent leur demeure assez haut dans la montagne.

On trouve à l'Ascension diverses espèces d'oiseaux indigènes ; les plus nombreux sont les frégates, les fous, les paille-en-queue à longues plumes caudales ; les hirondelles des tropiques, les pétrels, les albatros noirs à la poitrine blanche, marqués d'une raie blanche sur chaque aile, et mesurant sept pieds d'envergure. Tous ces oiseaux sont en nombre considérable, et blanchissent de leur fiente les rochers sur lesquels ils perchent. Dans la saison de la ponte, l'hirondelle des tropiques dépose sur les plaines et sur les hauteurs un nombre d'œufs tellement considérable, que l'on en ramasse jusqu'à *dix mille douzaines* dans une seule semaine ; ils ressemblent aux œufs de pluvier, et bien que l'oiseau soit de petite taille, la grosseur de l'œuf est presque égale à celle des œufs de poule, et les habitants en font une grande consommation; il y a à peu-près trois pontes en deux années.

Les poules de Guinée, dont l'importation est due aux croiseurs anglais, sont très-abondantes : elles se sont réfugiées dans les montagnes, et parmi les roches de lave dans les basses terres; des dispositions spéciales les protégent contre une entière destruction : une saison particulière est désignée pour les chasser. La propagation du faisan et de la perdrix n'a pas eu le même succès.

Chacun des colons a d'ailleurs sa petite basse-cour; car si les oies et les canards se trouvent un peu déplacés sur cette terre si altérée, les dindons et la menue volaille y réussissent on ne peut mieux. Nous aurions encore à citer parmi les habitants de l'air, trois espèces de beaux papillons, diverses mouches et quelques scarabées.

La mer nourrit en abondance d'excellents poissons : le muge, la morue des rochers, le maquereau, plus délicat lorsqu'il est jeune que lorsqu'il est gros; l'anguille de mer, le meilleur de tous; l'holocentre, aux brillantes couleurs de pourpre et d'or; un autre poisson brun à reflets d'un pourpre éclatant, mais qui ne vaut rien. Les huîtres pullulent, mais elles sont de qualité médiocre, et l'on en mange peu. Mais l'animal dont on s'occupe le plus à l'Ascension, c'est la tortue de mer, la grande tortue franche à écaille verte. Depuis longtemps l'île est célèbre par le nombre, la grosseur et la qualité de ses tortues; pendant six mois de l'année, de décembre à mai ou juin, elles semblent accourir de toutes les parties de l'Atlantique, *pour déposer ici leurs œufs sur le sable;* le fort de la saison est de Pâques à la Saint-Jean. C'est la nuit qu'elles arrivent; on les guette, et quand elles ont pondu, on les renverse sur le dos, pour les charger le lendemain sur des chariots qui les emportent.

On a grand soin d'écarter tout ce qui pourrait les détourner de venir : on ne reçoit ni ne rend le salut maritime, de peur que le bruit du canon ne les effraye; on va même jusqu'à interdire de fumer sur le rivage, parce qu'on s'est aperçu que cela les éloignait. Elles sont toutes de la plus grande taille, pesant ordinairement de 200 à 250 kilogrammes, quelques-unes de 350 à 400. On en consomme environ 800 par année, mais leur nombre est tel, qu'en certaines années il en a été retourné jusqu'à 2 500.

Jadis les navires en prenaient au delà de leurs besoins, et en perdaient beaucoup, parce que les matelots en retournaient sur le dos beaucoup plus qu'il ne leur en fallait, et les laissaient périr dans cette position. Depuis leur établissement dans l'île, les Anglais ont mis avec raison un terme à cet abus; ils se chargent seuls d'en approvisionner les navires qui en ont besoin, et en tiennent toujours une certaine quantité en réserve pour cette destination, dans un parc sur le bord de la mer, où l'eau se renouvelle à chaque marée. Les plus belles sont envoyées en présent aux grands personnages d'Angleterre, et le nom du destinataire est gravé sur l'écaille blanche du ventre. Il est fort plaisant d'entendre en pareil cas, à bord, le matelot chargé de les soigner faire chaque matin son rapport : « Je dois annoncer à votre honneur que le duc de Wellington est mort cette nuit, » ou bien, « Je ne suis pas content de la mine de lord Melville ce matin; » puis les questions : « Comment va le lord chancelier ? A-t-il l'air bien gaillard ? » et ainsi de suite.

La chair de tortue est un excellent manger pour les marins et pour les troupes; elle se prépare comme la viande de bœuf ou de mouton, mais elle est moitié moins nourrissante. Accommodée par un cuisinier habile, c'est un mets renommé à juste titre.

Population.

La population de l'Ascension est presque exclusivement militaire : ce n'est à proprement parler qu'une garnison d'infanterie de marine, dont les officiers et les soldats ont avec eux leurs femmes, leurs enfants, et leurs valets mâles et femelles : ces derniers sont des nègres de traite libérés. Le nombre total des habitants de tout âge et de tout sexe est d'environ 400, dont 150 femmes, enfants et valets. Malgré l'état d'isolement dans lequel se trouve cette petite population, jamais l'ennui ne paraît sur les visages, toujours empreints, au contraire, d'un air de contentement. Il faut surtout attribuer cela à l'activité, au travail, qui ne laissent aucun accès à l'ennui.

A la réserve de trois heures de repos au plus fort de la chaleur du jour, les officiers et les soldats sont occupés, depuis le lever jusqu'au coucher du soleil, à la culture dans la montagne, à l'amélioration et à l'entretien des routes et des chemins, à celui des fortifications et des diverses constructions, à la surveillance des réservoirs d'eau douce, affaire essentielle ici ; au soin des troupeaux de la basse-cour, à la récolte des œufs, à la pêche, à la chasse du gibier à poil ou à plume, des crabes et des tortues.

Du reste, jamais ou presque jamais de maladies graves et générales, excepté dans les années pluvieuses, comme le furent 1818 et 1823, et ce sont de rares exceptions. On n'a observé aucune affection d'un genre particulier, et les maladies spéciales des tropiques présentent même ici un caractère très-benin, et se guérissent au moyen d'un traitement ordinaire. Les Européens peuvent travailler sept ou huit heures par jour sans inconvénient, et l'on est frappé chez eux d'une apparence de santé fort rare dans les régions intertropicales.

La vente des liqueurs spiritueuses est interdite, mais tout individu peut acheter chaque jour une pinte de forte bière brune. Le beurre, le fromage, et les autres petites douceurs, sont fournis au moyen d'un approvisionnement envoyé par des marchands d'Angleterre, qui ont un bénéfice de 10 pour 100 à l'exportation, et allouent 2 pour 100 au caporal chargé de la vente. Ils ne payent aucun fret, ayant obtenu le privilège de charger ces denrées sur le bâtiment de transport qui chaque année approvisionne l'île de munitions, et le gouvernement a en outre permis d'échanger, avec les navires, des tortues contre les objets de première nécessité ou de luxe relatif dont l'établissement aurait besoin.

L'arrivée d'un navire est presque un événement pour la petite communauté. L'accueil bienveillant et hospitalier qui est fait aux passagers et autres visiteurs, ne peut manquer de laisser au cœur de ceux-ci d'agréables souvenirs.

La majeure partie de la population réside dans une bourgade assise au bord de la mer, près du mouillage de Sandy-Bay, et qui, après avoir reçu d'abord le nom de *Regent's Square*, en l'honneur du fils de George III, fut appelée plus tard *George-Town*, du nom propre de ce même prince devenu le roi George IV. Elle consiste en deux rangées de magasins, un hôpital, une maison pour le gouverneur, une autre pour le cercle des officiers, quelques habitations détachées qui leur appartiennent, des baraques pour les soldats, et des huttes pour les travailleurs nègres, le tout formant, à l'exception des magasins situés près du fort, une ligne de maisons détachées, toutes en pierres brutes, cimentées avec le mortier de chaux et de pouzzolane dont nous avons parlé. Sur le rocher, haut de plus de 20 mètres, qui s'avance à l'ouest de la baie, est placée la batterie ou le fort Cockburn, armé de sept canons du calibre de vingt-quatre, pour protéger la rade ; et au-dessous du fort, un grand réservoir contenant une provision de 1 700 tonnes d'eau douce.

Une route onduleuse de six milles conduit de George-Town à Green-Mountain, site des principales cultures de l'île ; il a fallu beaucoup d'efforts et de persévérance pour l'achèvement de ce travail, qu'un esprit ordinaire eût considéré comme inexécutable. Après quatre milles de marche, on arrive à la source de Dampier, sur laquelle était jadis fondé tout l'espoir de la population, et qui n'offre guère, dans les conditions les plus favorables, qu'un filet d'eau de la grosseur d'une plume. On a creusé dans le roc volcanique près de cette source, quelques habitations pour des soldats qui s'y sont fixés avec leurs familles. De la source de Dampier, il faut encore monter pendant deux milles pour atteindre, à plus de 600 mètres de hauteur absolue, la résidence du gouverneur, laquelle ne consiste qu'en un rez-de-chaussée. Un officier et soixante-dix hommes stationnent dans cette partie de l'île, pour la surveillance des nouvelles sources, pour celle des troupeaux, et pour les travaux agricoles. Ce service, qui est alternatif, jette de la diversité dans les occupations de la garnison, et en enlevant les habitants de la ville à une température souvent très-élevée, leur permet de venir se retremper dans une atmosphère comparativement fraîche et quelquefois humide. Les malades, transportés dans cet air pur et vivifiant, se rétablissent avec une promptitude surprenante.

HISTOIRE.

Découverte ; reconnaissances.

Le grand historien des découvertes des Portugais dans leurs navigations aux Indes orientales, Barros, nous raconte ainsi celle de l'île que nous nommons aujourd'hui l'Ascension :

« Le roi Emmanuel, voulant envoyer dans l'Inde une division de quatre vaisseaux, en l'année 1501, en confia le commandement à Jean de Nova, alcaïde particulier de Lisbonne, noble Galicien, très-entendu aux affaires maritimes, et qui avait longtemps rempli d'honorables emplois sur les flottes d'outre-mer, ce qui lui avait valu sa charge, l'une des plus importantes de la cité. Dès que l'armement fut achevé, on partit du port de Belem le 5 mars 1501, et dans ce voyage, ayant passé 8° au delà de l'équateur, vers le sud, on trouva une île à laquelle on donna le nom de *la Conception*, et le 7 juillet on alla mouiller à l'aiguade de Saint-Blaise, qui est après le cap de Bonne-Espérance. »

Si l'on remarque ici la date du départ de Lisbonne, et celle de l'arrivée dans la rade de Saint-Blaise, on reconnaîtra que cette traversée a été de cent vingt-cinq jours, et qu'il serait absurde de supposer que dans les vingt premiers jours Jean de Nova eût pu arriver devant l'île, de manière à s'y trouver le 25 mars, jour de la Conception, dont le nom serait ainsi demeuré à la découverte, suivant l'usage le plus fréquent des navigateurs de cette époque ; tandis qu'en admettant que cette arrivée ait eu lieu le jour de l'Ascension, qui tombait cette année-là le jeudi 20 mai, il y aurait eu soixante-dix-sept jours de traversée, depuis Lisbonne jusqu'à l'île nouvelle, et quarante-huit jours depuis l'île jusqu'au cap de Bonne-Espérance, ce qui est un calcul conforme à la situation relative de ces trois points.

D'un autre côté, il est certain que lorsque Jean d'Empoli, facteur de la maison florentine des Marchioni de Lisbonne, embarqué sur la flotte d'Alphonse d'Albuquerque en 1503, arriva en vue de l'île déjà découverte, elle portait, suivant son propre témoignage, le nom de *l'Ascension*, et nullement celui de *la Conception ;* et Louis de Barthema, qui y passa aussi en 1508 à son retour de l'Inde, sur un des bâtiments de la maison Marchioni, ne l'appelle non plus que l'Ascension. Il semble donc naturel de conclure que cette dénomination, qui lui a été constamment appliquée depuis, était bien celle que le découvreur même lui avait donnée ; et qu'une simple inadvertance d'écriture ou d'impression aura introduit dans le texte de Barros le nom erroné de la Conception.

Les Portugais ne formèrent aucun établissement à l'Ascension, et pendant plus de trois siècles elle fut seulement un lieu de relâche pour les navires qui traversaient l'Atlantique.

Les noms de Hugues de Linschoten en 1583, de Davis, de Wybrant de Warwick en 1600, d'Owington en 1693, de Dampier en 1701, de Lacaille en 1754, de Wallis en 1768, de Carteret et de Bougainville en 1769, de Cook en 1771, 1772 et 1775, et plus tard ceux de Sabine en 1822, de Duperrey en 1825, d'Owen en 1828, de d'Urville en 1829, brillent sur la longue liste des navigateurs qui y ont passé.

Le passage de Dampier fut plus qu'une simple visite, ce fut un naufrage : son bâtiment, ayant coulé bas devant l'île, par suite d'une voie d'eau, le 21 février 1701, il se sauva avec son équipage, et fit sur ce rocher un séjour forcé de deux mois, couchant dans les cavernes, vivant comme il put de tortues, de chèvres sauvages, de poissons et d'oiseaux de mer, jusqu'à ce qu'il fut enfin recueilli par un navire anglais de la compagnie des Indes revenant en Europe. Ce fut pendant cette triste relâche que, guidé par l'instinct des chèvres, il découvrit, sur le flanc nord-ouest de la montagne Verte, la source, ou plutôt le léger suintement d'eau douce, qui depuis a porté son nom.

« En 1801 », nous raconte un aimable voyageur aveugle, le lieutenant de vaisseau Holman, « j'étais à bord
« du vaisseau de S. M. *le Cambrian*,
« lequel, revenant de Sainte-Hélène,
« passa si près de l'Ascension, qu'il
« y envoya un boulet de 24 ; nous
« vîmes la poussière s'élever au-dessus
« du point où il était tombé, mais
« personne ne répondit à ce signal,
« que nous avions fait avec intention,
« attendu que, l'année précédente,
« *l'Endymion* avait recueilli l'équi-
« page d'un brig naufragé sur cette
« côte déserte. »

Colonisation anglaise.

Le moment ne devait pas tarder où les choses changeraient entièrement de face. Quand Napoléon fut envoyé en exil à Sainte-Hélène, l'Angleterre, craignant que quelque autre puissance ne pût s'établir à l'Ascension dans le but de tenter d'enlever l'illustre prisonnier, prit le parti d'en faire prendre possession, en 1815, par vingt-cinq hommes, sous les ordres du lieutenant de vaisseau Cappaje, appartenant à l'escadre de l'amiral Cockburn, lequel en fit aussi la station d'un sloop de guerre ; on construisit quelques baraques pour loger la petite garnison.

Le lieutenant Cappaje eut pour successeur le major Campbell, qui arriva au mois de septembre 1821, avec un renfort de vingt-neuf hommes. Celui-ci fut à son tour remplacé, au mois de mars 1824, par le lieutenant-colonel Nichols, accompagné de deux cent vingt-deux hommes. Grâce à cet accroissement notable de la garnison, l'établissement prit plus de consistance et un développement proportionnel à l'augmentation des forces actives de la colonie.

Cependant, le lieutenant-colonel Nichols, qui n'avait pas su se faire aimer, à cause de son caractère impérieux et tyrannique, fut rappelé à la suite de quelques actes trop arbitraires, et remplacé, à la fin de novembre 1828, par le capitaine Bate, qui amenait avec lui deux cent vingt-quatre hommes. L'un des compagnons de voyage de d'Urville, le docteur Quoy, nous fait, de ce nouveau gouverneur au milieu de sa petite colonie, un portrait des plus favorables : « Le capitaine Bate », dit-il, « par son air de douceur et de bonté, semble être né pour conduire un semblable établissement, qui demande réellement une trempe particulière de caractère, car ce rocher ressemble à l'exil le plus affreux, et le serait en effet pour tout autre peuple que les Anglais, qui ne saurait pas (ainsi que l'on s'exprime en terme de marine), s'y *installer* comme il faut. Ce gouverneur et ses officiers agissent sans la moindre cérémonie, et sont toujours dans le costume le plus simple, parce qu'il est le plus commode ; c'étaient bien là les gens qui nous convenaient. Ils nous firent toutes les politesses qui étaient en leur pouvoir, et leur table nous était ouverte. Nous eûmes le plaisir de leur donner à dîner, et ils parurent bien s'amuser ; on porta diverses santés, quelques-unes furent appuyées d'un modeste coup de canon, afin de ne pas effrayer les tortues. Dans cette circonstance, on se relâcha un peu de la sévérité du règlement. »

Voici quel était, à cette époque, l'état de l'établissement, qui n'avait encore été considéré, à ce qu'il semble, que comme un poste temporaire. La petite ville, ou plutôt le village de Regent's-Square, consistait en un assemblage de cahutes, dont les murs étaient de pierres sans ciment, vrai repaire de vermine ; la couverture, de toile ou de bardeaux, et le parquet, de grès ou de pisé ; l'hôpital, qui recevait parfois les malades de la station navale d'Afrique, était placé dans un enfoncement et composé de quatre chambres d'environ cinq mètres sur trois et demi ; et les Africains occupaient un amas de misérables cases noires et sales ; un magasin aux vivres, un réservoir, et une petite maison de pierre pour les officiers, étaient les seules constructions qui distinguassent cette bourgade d'un simple village africain. A la campagne, c'est-à-dire dans le canton montagneux, où l'on arrivait par un grand chemin de six milles, les logements étaient un peu meilleurs pour les officiers ; mais l'installation générale était pareille à celle de la ville. La baie était protégée par quelques canons, simplement placés sur une langue de terre, sans aucun ouvrage de défense ; et derrière, sur un tertre plus élevé, un bâtiment couvert en toile servait de poudrière. La quantité d'eau recueillie journellement des trois sources de Dampier, de Middleton et du Cassecou, atteignait à grand'peine un maximum de 2 000 litres, et trois charrettes, dix bœufs et trois charretiers, étaient sans cesse employés à en voiturer 1 500 litres par jour, de la montagne Verte à la ville, où un bassin de pierre de la contenance de 80 tonneaux avait été préparé pour la recevoir.

Après l'arrivée du capitaine Bate, tout changea de face ; il soumit à l'amirauté ses projets d'amélioration pour transformer le poste de l'Ascension en un établissement définitif et permanent, sous le triple point de vue de la défense de l'île et du logement des troupes, de l'approvisionnement et de la conduite des eaux, enfin des cultures et des troupeaux. Le capitaine du génie Brandreth fut envoyé pour examiner ses plans et apprécier les moyens d'exécution ; il appuya ses propositions, l'aida de ses conseils, et les améliorations projetées eurent un plein succès. Le fort Cockburn fut construit ; et Regent's-Square rebâti devint George-Town. Après quelques sondages inutiles, un puits, creusé dans un site favorable, au vent de l'île, assura désormais un approvisionnement considérable d'eau douce, et un tunnel d'un mille de long, achevé en octobre 1832, en facilite l'arrivée par des canaux de fer, jusqu'à un premier bassin, d'où elle se rend de la même manière à d'autres bassins successifs jusqu'au grand réservoir de la rade. Enfin les cultures ont été poussées avec vigueur, et des troupeaux formés et entretenus.

Voilà ce que des efforts ingénieux et persévérants ont obtenu ; cette île aride, à l'aspect morne et désolé, déserte et silencieuse, a totalement changé de physionomie ; et la main de l'homme est parvenue à la convertir en un lieu de ravitaillement et de rafraîchissement pour les vaisseaux qui traversent l'Atlantique.

SAINTE-HÉLÈNE (*).

DESCRIPTION.

Aspect ; atterrages ; nature du sol ; eaux.

Sainte-Hélène, à la fois la prison et le tombeau de l'être humain le plus

(*) Il existe de nombreux écrits sur Sainte-Hélène : mais l'ouvrage le plus complet est sans contredit l'Histoire qu'en a publiée, en 1808, T. H. Brooke, secrétaire du gouvernement de cette île, et qui, deux fois depuis, en a été lui-même gouverneur par intérim; l'Histoire des colonies anglai-

extraordinaire qui jamais ait dominé sur la terre (ainsi disait, il y a douze ans, un écrivain sémi-officiel d'Angleterre) (*), Sainte-Hélène est située dans l'océan Atlantique méridional, en dedans des limites des vents réguliers du sud-est, par une latitude australe de 15° 55', et une longitude de 8° 3' à l'ouest du méridien de Paris, à 400 lieues des côtes d'Afrique, à 700 de celles d'Amérique, et à 200 de l'île de l'Ascension. Sa plus grande longueur est de 10 milles, sa largeur moyenne de 6, sa circonférence de 27 environ ; et sa surface, de 12 000 hectares.

On l'aperçoit d'une soixantaine de milles, reconnaissable aux nuages qui se condensent au-dessus d'elle. De moins loin, elle offre l'apparence d'un rocher nu, presque perpendiculaire du côté du nord, et s'abaissant graduellement vers le sud. A mesure qu'on approche, elle paraît plus inégale et plus déchirée ; bientôt on n'y voit plus qu'un entassement de rocs brisés et de collines taillées à pic à leur sortie de la mer, puis s'élevant intérieurement à de grandes hauteurs, et laissant voir çà et là des rochers *suspendus* entrecoupés de vallées étroites ou de fissures irrégulières. On ne peut rien imaginer de plus triste et de plus désolé que cette ceinture de coteaux noirs, déchirés, consumés, sans arbres, sans buissons, sans aucune

trace de verdure, haute de 200 à 400 mètres, interceptant la vue des montagnes intérieures au sommet desquelles semble s'être refugiée la végétation.

Celles-ci forment une chaîne transversale courant presque de l'ouest à l'est, sauf une légère courbure vers le sud, à ses deux extrémités. La plus haute cime qu'on y remarque est le pic de Diane, dont l'altitude est de 820 mètres ; la pointe du Cuckold et le mont Halley, qui ont respectivement 815 et 750 mètres de hauteur absolue, sont, comme le pic de Diane, fréquemment enveloppés de nuages. Le célèbre major Rennell avait en outre mesuré le *Flag-Staff* ou mât de pavillon qui a 690 mètres, le *Barnscliff* ou roc de la grange surplombant la mer de 675 mètres, puis encore l'*Alarmhouse* ou maison d'alarme, élevée à 595 mètres, le *High-Knoll* ou haute cime, à 580 mètres, et enfin *Longwood-House* immortalisée par le séjour de Napoléon, à 535 mètres au-dessus du niveau de l'Océan.

Le pourtour, comparable à de sombres murailles bastionnées, présente au nord-ouest, au sud-ouest, au sud-est, à l'est et au nord, un quintuple front, dont l'irrégulier assemblage est vivement accusé par la quintuple saillie des pointes désignées par les noms *Sugar-loaf* ou du Pain-de-sucre au nord, de *Manand* à l'ouest, de *Speery* au sud, de *Gills* à l'est, et de *Barn* ou de la Grange au nord-est. Sur le front de l'est, entre *Gills-Point* et *Barn-Point*, se font remarquer les angles saillants de *Saddle-Point* et de *Turk's-Cape* ; sur le front du nord-ouest on remarque ceux de *Munden's-Point* et de *Horse-pasture-Point*.

Près de ces rivages sont disséminés quelques îlots ; trois sont au sud, sous le nom de *Needles* ou les Aiguilles, et un peu plus loin celui de Speery ; sur la côte nord-ouest se voient successivement *Egg island*, ou l'île de l'Œuf, celle des Oiseaux, et *Lighter rock* ou le rocher de la Gabare ; enfin, près de Gills-point, au

---

ses, de Montgommery-Martin, en fournit le complément. Quant à la captivité de Napoléon, le célèbre *Mémorial* du comte de Las-Cases, et les publications des autres compagnons ainsi que des médecins de l'illustre prisonnier, ne laissent désirer aucun détail ; et la translation de ses restes mortels en France a été racontée par l'abbé Coquereau et par le comte Emmanuel de Las-Cases, en témoins oculaires, en même temps que le crayon de M. Durand Brager et celui de M. Adolphe d'Hastrel nous ont enrichis de magnifiques dessins des principaux sites de Sainte-Hélène. Tels sont les guides que nous avons surtout consultés et suivis.

(*). Montgommery-Martin, *History of the British colonies*, vol. IV, p. 514.

sud-est, sont les deux îlots qui portent les noms de Georges et de Pilier d'Hercule; sans parler de plusieurs autres moins importants encore.

La mer qui entoure Sainte-Hélène, n'y trouvant aucune plage où étaler ses ondes amorties, en vient heurter d'un flot impatient les falaises crevassées, et bouillonne en grosse houle sur les roches pointues qu'elle cache à cinq ou six mètres de sa surface, surtout dans le nord-est et dans le sud de l'île : en ces deux endroits, ce sont de véritables bancs de roches, l'un par le travers de *Barnpoint*, à un kilomètre de distance, l'autre par le travers et à plus d'un mille de la pointe *Speery*. Cependant, malgré le rempart basaltique qui la circonscrit, Sainte-Hélène offre à son pourtour quelques anses par où elle est accessible, telles que *Prosperous Bay* à l'est, *Sandy Bay* au sud-est, *Lemon Valley* et *Rupert's Bay* au nord-ouest. Mais elle n'a qu'un seul mouillage, celui de *James'-Valley Bay*, pareillement au nord-ouest, c'est-à-dire sous le vent de l'île : on y trouve de 8 à 25 brasses sur un fond de gros sable et de gravier ; mais quoique ce mouillage soit bien abrité et d'un libre accès, le ressac est quelquefois si fort, surtout en janvier et février, que les canots ne peuvent pas accoster pendant plusieurs jours ; et il est arrivé souvent que des embarcations ayant ainsi chaviré, beaucoup de personnes se sont noyées.

Dès avant que l'on ait exploré l'île, ses formes anfractueuses, sa couleur sombre et rougeâtre, perceptible à de grandes distances, ont déjà fait pressentir la nature volcanique des roches qui en constituent le sol. La masse principale est en effet basaltique, en couches épaisses, fortement inclinées à l'horizon, alternant çà et là avec des bancs d'argile (disons plutôt de pouzzolane) diversement coloriés : le calcaire ne se montre qu'en petites quantités. Le basalte, quelquefois grossièrement cristallisé en prismes, tantôt dur et cassant, d'un beau noir, d'un grain fin et homogène, le plus souvent rougeâtre, poreux, grenu, contient une quantité considérable de pyroxène et de chrysolithe, dans une proportion variable, qui va jusqu'à plus de moitié de son poids ; ailleurs, ce sont des laves poreuses dont les alvéoles sont remplies de soufre ; en d'autres endroits des scories rouges. Partout est empreinte la trace manifeste d'une action volcanique primordiale, dont les convulsions depuis longtemps apaisées ont laissé au temps le loisir d'agir à son tour et de décomposer une partie de ces roches, qui, désagrégées, fendillées, crevassées, présentent sur certains points l'aspect de ruines près de s'écrouler sur celui qui les considère. Quelques secousses de tremblement de terre, ressenties en 1756 et en 1782, peuvent donner lieu de craindre que les révolutions plutoniennes ne soient pas finies à tout jamais pour cet âpre rocher.

On assure qu'il y a des mines de fer dans quelques endroits de l'île, mais le manque de combustible ne permettra jamais de les exploiter. On a cru aussi découvrir de l'or et du cuivre, mais en trop petites quantités pour qu'on puisse songer à en tirer parti. On a trouvé, sur un point de la côte, des veines d'une lave dure qui prend un très-beau poli, et susceptible d'être gravée en cachets. La chaux s'obtient des sables coquilliers : celle que l'on tire de *Sandy Bay* est d'une qualité supérieure, et mêlée à la pouzzolane elle fournit un ciment excellent.

La terre cultivable est généralement grasse et argileuse; elle contient beaucoup de parties salines, et sa profondeur est bien plus grande qu'il n'est indispensable pour les besoins de la végétation, partout où la disposition des pentes lui a permis de se fixer.

Toute l'île est arrosée de ruisseaux nombreux d'une eau limpide et saine, murmurant au fond des ravins, trop faibles pour s'élancer en cascades, sauf en un seul endroit, où le filet d'eau, tombant d'une hauteur de cent mètres, est déjà réduit en pluie longtemps avant d'atteindre le bassin inférieur; les eaux torrentielles, qui parfois viennent grossir son volume en ternissant le cristal de son onde, peuvent seules lui donner assez de force pour franchir en nappe continue le saut que la nature lui a ménagé. La sécheresse tarit quelquefois ces légers courants ; mais quelques sources ne perdent en aucun temps leur eau, dont la quantité augmente même, pour certaines d'entre elles, précisément quand elle diminue pour les autres. Les plus considérables de ces cours d'eau sont ceux de James et de Rupert's-Valley au nord-ouest, et celui de Longwood à l'est, ayant tous les trois leur origine immédiatement au pied du pic de Diane.

Climat, végétation, animaux.

Le climat de l'île est tempéré et très-sain, l'été étant moins chaud, et l'hiver moins froid que dans beaucoup de pays d'Europe : le thermomètre s'élève rarement au-dessus de 17° de Réaumur, et descend rarement au-dessous de 10° ; la moyenne de température est, à James'-Town, de 17° ; à Plantation-House, maison de campagne des gouverneurs, elle est de 15°, et de 13° sur le haut plateau de Longwood. Le vent régulier du sud-est n'éprouve que des variations extrêmement courtes et rares ; dans toute une année, on n'a constaté que huit jours, en total, dans lesquels le vent eût tourné à l'ouest. Il est également rare d'entendre le tonnerre ; mais lorsque le temps est très-chaud, on voit quelquefois des éclairs. Il est arrivé que de grandes sécheresses ont été la cause de la mortalité des troupeaux, qui ont péri faute d'eau ; mais, en général, il y a des pluies dans toutes les saisons, particulièrement en juillet, août, septembre, et surtout en février, qui est le mois où la pluie est le plus abondante.

Dans les conditions de terroir et de climat que nous venons de faire connaître, on ne peut guère s'attendre à une grande richesse de végétation ; et en effet, elle n'est vigoureuse que dans la haute région de l'île, s'appauvrit dans les vallées à mesure qu'on descend vers la mer, et disparaît presque complétement sur les noires collines qui en forment la triste ceinture. Sur plusieurs points, la culture n'a pu s'établir que sur des terres rapportées et maintenues par des encaissements ; et la plus grande partie du sol ne montre que des landes incultes et stériles.

La flore spéciale de Sainte-Hélène n'offre guère qu'une dizaine d'espèces végétales : on désigne au premier rang la fougère arborescente, qui s'élève jusqu'à vingt pieds de haut avec des feuilles longues de cinq pieds ; trois sortes de gommiers, distingués par les noms de *commun*, de *bâtard* et de *nain*, sont des arbres verts à feuilles persistantes, qui ne paraissent avoir rien de commun avec les mimeuses d'où se tire la gomme arabique ; c'est de ces gommiers qu'est formée la forêt de Longwood, la seule de l'île : la gomme en est odorante ; les branches en sont employées à faire du charbon, qui exhale en brûlant un parfum agréable, et le tronc incisé fournit en abondance un liquide doux appelé *toddy*. Les autres arbres ou arbrisseaux indigènes sont : le bois rouge, qui est un ébénier ; le bois de chien, qui paraît être une érythrine ; le bois à corde ; l'arbre de la lune, aux feuilles charnues et blanchâtres et aux fleurs orangées ; et la soude frutescente appelée ici samphire. On cite encore parmi les produits de la végétation spontanée de Sainte-Hélène, des aloès, des verges d'or, des lis, des narcisses et d'autres plantes bulbeuses étalant leurs fleurs brillantes à côté des stramoines violettes et des belles-de-nuit dichotomes ; le pourpier, le cresson, l'alkékenge, la camomille sauvage ; enfin, les poacées et panicées qui tapissent de leur épais gazon le sommet et les pentes adoucies des montagnes intérieures.

Mais les arbres de toute espèce dont l'importation a doté cette île, sont en bien plus grand nombre, et ont en général réussi à merveille. Les flancs des collines intérieures sont couverts de bruyères provenues de semences apportées d'Angleterre ; le chêne, le pin, le cyprès viennent bien partout où on les a plantés ; le myrte s'élève à une hauteur extraordinaire, et le cotonnier fleurit parfaitement. Beaucoup d'arbres fruitiers d'Europe et des tropiques ont été introduits : l'oranger, le citronnier, le limonier, le figuier, le grenadier, le mûrier, le tamarinier, le manguier, le cocotier, la vigne, la canne à sucre, l'ananas, ont très-bien profité; le pommier donne d'énormes quantités de fruits monstrueux; le cognassier vient bien, mais le poirier n'a pas réussi; le pêcher s'était multiplié de la manière la plus heureuse, et donnait des fruits délicieux, mais un insecte imperceptible, apporté, dit-on, avec la vigne de Constance, est devenu le fléau de ces arbres, dont il attaque l'écorce et qu'il fait périr; les autres fruits à noyau, l'abricot, le brugnon, la cerise, ont échoué; les groseilliers sont devenus stériles et ont passé à l'état d'arbres verts; l'épine-vinette n'a pas eu plus de succès, non plus que la nèfle, la noix, la noisette, la châtaigne; la framboise n'a pas prospéré davantage, tandis que la ronce, envahissant le sol au delà de toutes les prévisions, est devenue un ennemi redoutable contre lequel il a fallu entreprendre, à titre d'œuvre publique, des travaux extraordinaires d'extirpation. Une herbe grossière, venue du Cap, menace, de son côté, d'étouffer et de remplacer le gazon fin des montagnes et le paturin des vallées. La luzerne s'est très-bien naturalisée, mais les essais de culture du froment et de quelques autres céréales n'ont pas été encouragés, et sont demeurés sans suite. La métropole a mieux aimé y apporter des farines, et y favoriser le développement des plantes potagères et des légumes frais, l'igname, la patate, les choux, les fèves, les pois, les citrouilles, et autres racines, herbages et fruits propres à fournir des rafraîchissements aux bâtiments qui viennent relâcher à Sainte-Hélène.

Quant aux animaux, tous ceux que l'homme dresse à son usage ou qu'il élève pour sa consommation ont successivement été importés par les Portugais, les Hollandais et les Anglais, tour à tour maîtres de l'île; on évalue la masse de bétail existante à Sainte-Hélène, à 1500 bœufs, 3000 moutons et chèvres, 300 chevaux. Ces derniers sont d'une race petite, mais assez belle, venue du cap de Bonne-Espérance, et ressemblant beaucoup aux petits chevaux irlandais, dont ils ont l'ardeur et la vélocité; mais ce qui les rend surtout précieux aux habitants. c'est la fermeté de leurs jambes, qui leur permet de parcourir avec rapidité les sentiers les plus impraticables de l'île. Les lapins abondent en certains endroits; on élève quelques cochons, et l'on rencontre aussi, dit-on, quelques sangliers de pelages variés, difficiles à prendre. Les rats sont devenus par leur nombre le fléau des cultivateurs.

La volaille d'Europe s'est considérablement multipliée, et elle est excellente; on voit en même temps beaucoup de pintades, de pigeons, de ramiers, de perdrix blanches et rouges; des faisans, des gélinottes des bois, des paons, des oies, des poules d'eau noires et grises, des mouettes, quelques pingouins, quantité de passereaux, de serins des Canaries, de linottes rouges. Les moineaux semblent conspirer avec les rats contre toutes les semailles, et font dans les champs un déplorable dégât.

Parmi les insectes, on ne remarque guère que ceux dont on tire profit, ou dont on reçoit dommage; on ne tient compte à ce titre à Sainte-Hélène que de grosses araignées, de grosses mouches vertes très-incommodes, et de l'insecte imperceptible qui détruit à la longue tous les pêchers de l'île. On a parlé de serpents qu'on aurait vus au sommet des plus hautes montagnes, mais le fait a été révoqué en doute, et l'on assure que l'île ne contient que des reptiles innocents. Il y vient des tortues, dont la chair est agréable, nourrissante et très-saine

La mer qui l'environne est fréquentée par divers cétacés, entre autres, plusieurs baleines. Les poissons y sont très-nombreux et très-variés : on en compte plus de soixante-dix espèces, qui se pêchent généralement à la ligne, l'emploi des filets étant difficile sur ces fonds hérissés de roches pointues : les maquereaux et les congres sont parmi les plus abondants; la morue noire est le plus rare et le plus recherché. On cite des crustacés qui paraissent analogues au homard ou à la langouste, et quelques crabes. On pêche aussi des moules et des huîtres excellentes, tellement adhérentes à leurs rochers, que l'on a grand'peine à les en séparer.

Population, topographie.

Sainte-Hélène, aujourd'hui l'une des colonies de la couronne d'Angleterre, est confiée à l'autorité d'un gouverneur de nomination royale, assisté d'un conseil composé des principaux officiers militaires et civils, parmi lesquels les plus importants sont le secrétaire du gouvernement et le chef de la justice. N'ayant de revenus propres que le produit de quelques droits s'élevant à peine à 3000 livres sterling ou 75 000 francs, la métropole se trouve forcée de subvenir pour plus de 80 000 livres sterling ou 2 000 000 de francs, aux charges de la colonie : cette dépense était plus que triple au temps de la prison du grand empereur. Un bataillon d'infanterie européenne et un fort détachement d'artillerie composent la garnison, à laquelle il faut joindre la milice locale pour compléter le tableau des forces militaires de l'île; au surplus, rendue presque inabordable par la nature, dominant au loin la mer par de nombreuses vigies, et défendue par quarante-trois postes fortifiés, garnis de près de 240 bouches à feu de tout calibre, Sainte-Hélène peut à bon droit passer pour imprenable.

La population totale de l'île est évaluée à 5 000 âmes environ; sur ce nombre, les blancs ne comptent pas pour plus de 2 200; tout le reste est de couleur, soit Africains, soit Chinois et Malais. La quantité des naissances est double de celle des décès; la moyenne des premières, où le sexe féminin domine, est de plus de 160 par an, et la moyenne des décès, de 80.

Le sang est beau : les femmes ont le teint blanc, les traits réguliers, des formes gracieuses; elles sont belles, gaies, spirituelles, bien élevées; elles aiment la toilette et se parent avec goût; les filles de la campagne sont vives, fort aimables, et coquettes; elles aiment le plaisir, et partagent sans intérêt celui qu'elles donnent. Les hommes sont indolents, mais vigoureux, bien faits, d'un teint frais et coloré. La fortune des propriétaires est de 2 000 à 12 000 francs de revenu; peu ont moins, peu ont davantage, et c'est assez pour les faire vivre dans l'aisance : le nombre des pauvres est très-petit.

Cette population a pour domicile central la petite ville de James'-Town, la seule agglomération de maisons de toute la colonie; quelques fermes, quelques habitations de plaisance se trouvent disséminées dans l'île, surtout vers Sandy-Bay, qui offre un site particulièrement agréable.

James'-Town touche le bord de la mer, et s'enfonce dans une gorge entre deux énormes rochers noirs et pelés d'environ deux cents mètres de haut, à droite *Ladder-Hill* ou le morne de l'échelle, sillonné dans toute sa hauteur d'une ligne blanche qui s'aperçoit de loin, et qui n'est autre chose qu'un escalier de 695 marches, véritable échelle montant directement de la ville à la forteresse; à gauche *Munden's-Hill*, qui n'est guère plus accessible. De la rade, on aperçoit d'abord un feuillage assez touffu qu'on dirait sortir du sein de la mer : ce sont les têtes de petits arbres plantés derrière la batterie de côte, qui ferme toute la gorge; derrière ces arbres paraît la ville, fuyant en amphithéâtre dans l'étroite et sombre vallée; beaucoup au-dessus et dans le lointain, on distingue la maison blanche appelée *Alarm-house*, se détachant au milieu de la verdure des pins.

Le débarcadère est à gauche, près des batteries de Munden's-Point; un escalier de quelques marches sert à gravir sur le quai, taillé dans le roc et conduisant, au bout de cinq cents pas, à un corps de garde et à une porte étroite avec pont-levis; au delà est une esplanade d'environ deux cents pas, au bout desquels on se trouve devant une seconde porte donnant entrée immédiatement sur la place de la parade, qui a 170 pas de long sur 160 de large; à gauche est la maison du gouvernement et le jardin de la compagnie des Indes, toujours ouvert au public; à droite sont les bureaux de l'administration militaire et l'église. Après avoir traversé la place, à gauche et à la suite du jardin public, on voit la maison habitée par Napoléon pendant la seule nuit qu'il ait passée à James'Town, à son arrivée : elle fait l'angle de la rue principale, qui commence en cet endroit et se prolonge jusqu'à 240 pas, sur une largeur de 40. Cette rue, bordée de trottoirs, est macadamisée, ainsi que la place, et toutes les eaux s'écoulent par des ruisseaux souterrains; les maisons sont peintes, et d'une propreté remarquable; cette partie de la ville, d'une fort jolie apparence, est habitée par les personnes les plus considérables de l'île. A son extrémité, la grande rue se bifurque : à droite, c'est la continuation de la ville, d'un aspect beaucoup moins agréable, formant le quartier des Lascars et des Chinois; au bout se trouvent l'hôpital, les casernes, et l'hôtel des officiers avec une magnifique cour ombragée de bananiers; vers le milieu, s'ouvre une route qui monte, par des rampes successives le long des rochers, à la citadelle, à *Plantation-House* maison de campagne des gouverneurs, pour s'enfoncer ensuite dans l'intérieur des terres; presque partout d'effrayants rochers la surplombent, et semblent menacer à tout moment ce quartier de la ville d'une catastrophe; les chèvres grimpant sur les hauteurs suffisaient pour détacher des fragments d'un assez grand volume pour jeter l'alarme parmi les habitants, et l'on donna aux soldats la consigne de tirer sur ces animaux à leur profit. La rue de gauche suit la base de Rupert's-Hill, et donne accès à un chemin qui, sous le nom de *Side-path*, serpente le long du morne pour conduire à Briars, à Alarm-House, au tombeau de Napoléon, à Hut's-Gate, à Longwood, et plus loin dans l'intérieur.

Tous ces noms sont devenus immortels en se liant à l'histoire de l'homme illustre dont la mémoire traversera les siècles. En descendant du pic de Diane, le ruisseau de James'-Valley, parvenu presque à la moitié de son cours, forme une cascade; un peu au-dessous, sur un tertre à pic, on voit une petite maison aux murailles blanches, aux jalousies vertes, à la toiture grise, assise sur un joli tapis de verdure, entourée d'une végétation tropicale : c'est un pavillon de plaisance dépendant d'une maison plus considérable, bâtie à une quarantaine de pas sur la gauche, et qui appartenait à un négociant du nom de Balcombe, de qui elle a passé au colonel Trelawney : ce pavillon, c'est Briars, la première prison de Napoléon, qui y demeura 55 jours.

Alarm-House est plus loin, sur la gauche, tout près du point où de la route principale se sépare, pareillement à gauche, un chemin descendant à la sombre vallée qu'on appela jadis vallée des Géranions, que la sauvage horreur de son aspect avait aussi fait nommer populairement *Devil's Punchbowl*, mais qui ne peut désormais porter d'autre nom que celui de vallée du Tombeau : car là ont reposé vingt ans les restes de celui qui, partout où il a passé, a imprimé un souvenir ineffaçable.

La route principale se continue en contournant sur la hauteur cette vallée sinistre; elle passe à *Hut's-Gate*, simple hutte, en effet, mais ennoblie elle aussi par le séjour du général Bertrand, toujours le grand-maréchal du palais de l'empereur, que ce palais fût le château des Tuileries, la maison de ville de Porto-Ferrajo, ou le cottage de Longwood. Un quart de lieue au delà est ce palais de Longwood, cette ignoble ferme badigeonnée qui fut la dernière habitation, la prison, ou plutôt, comme l'a dit un de ceux qui y vécurent jadis, cet autre tombeau de Napoléon, où il mit cinq ans et demi à mourir ; fabrique hâtivement restaurée, entourée d'une triple barrière, sans eau, sans ombre, sur un plateau exposé à tous les vents, ou plutôt balayé sans cesse par le vent constant du sud-est, qui n'y laisse vivre que des gommiers rabougris, des ajoncs épineux et de longues herbes flétries. Retournée à son ancienne destination rurale, elle a perdu toute trace matérielle du séjour de l'illustre prisonnier, et atteste d'autant mieux, dans son abandon, l'indignité des geôliers.

HISTOIRE.

Découverte et colonisation ; domination anglaise avant la captivité de Napoléon.

Quand le galicien Jean de Nova, dans cette même expédition où sur sa route d'aller il avait découvert l'île de l'Ascension, eut accompli dans l'Inde la mission que lui avait confiée le roi Emmanuel de Portugal, comme il ramenait les vaisseaux destinés à revenir en Europe, il eut, sur sa route de retour, une bonne fortune analogue ; et le 21 mai 1502, jour où l'Église grecque célèbre la commémoration de Constantin le Grand et de sa mère Hélène, il découvrit cette île, et lui donna le nom de la sainte impératrice ; il y arriva par le côté du vent, c'est-à-dire, par le sud-est, et perdit même un de ses vaisseaux à l'embouchure de Deep-Valley. L'île ne laissait alors apercevoir d'autres habitants que des oiseaux de mer, des phoques et des tortues. N'avait-elle encore été vue par aucun autre navigateur? Il est permis de se poser cette question, quand on remarque sur la grande mappemonde terminée en 1500 par Jean de la Cosa, le pilote de Colomb, des îles figurées dans les parages et précisément à la hauteur de Sainte-Hélène.

Celle-ci reçut en 1513 ses premiers habitants : des transfuges portugais avaient été livrés au grand Albuquerque par un chef indien vaincu devant Goa, à condition qu'ils auraient la vie sauve : la condition fut respectée, mais on leur coupa le nez, les oreilles, la main droite et le petit doigt de la main gauche ; c'est dans cet état de mutilation qu'on ramenait en Europe Fernand Lopes, qui, ne pouvant supporter l'idée de reparaître ainsi dans sa patrie, demanda comme une grâce d'être abandonné à Sainte-Hélène, où on le laissa, en effet, avec quelques esclaves nègres et des provisions ; quatre ans après, il fut obligé, par un ordre du gouvernement portugais, de quitter son petit établissement, qui avait merveilleusement prospéré. Sainte-Hélène était désormais une relâche pour toutes les flottes de l'Inde, auxquelles elle fournissait des rafraîchissements.

Les Portugais en avaient soigneusement dérobé la connaissance aux autres nations, quand il arriva au capitaine anglais Cavendish d'y aborder en 1588, à la fin de son voyage autour du monde ; il mouilla dans la rade actuelle, et débarqua au pied de la vallée qui longtemps a porté le nom de la chapelle que les Portugais y avaient construite des débris du navire naufragé de Jean de Nova ; elle était bien cultivée, et fournissait en abondance de la volaille, des chèvres et des porcs, des fruits, des légumes et des herbages frais. D'autres bâtiments anglais ne tardèrent pas à visiter cette île ; bientôt elle fut connue aussi des Hollandais et des Espagnols.

Les Portugais, ayant formé des établissements nombreux au pourtour de l'Afrique, sentirent moins l'importance de Sainte-Hélène, la négligèrent, puis l'abandonnèrent tout à fait. Les Hollandais prirent leur place en 1645, et la gardèrent jusqu'en 1651, qu'ayant formé leur établissement du cap de Bonne-Espérance, ils quittèrent à leur tour Sainte-Hélène, et y furent immédiatement remplacés par les Anglais. Ceux-ci bâtirent, en 1658, sous le capitaine Dutton, leur premier gouverneur, un fort auquel ils donnèrent le nom de James, en l'honneur du duc d'York, frère du roi ; une charte royale du 3 avril 1661 confirma la possession de cette île à la Compagnie des Indes orientales, qui montrait beaucoup d'empressement à la coloniser. Sonchu de Rennefort, qui la visita en 1666, y rencontra cinquante hommes et vingt femmes venus d'Angleterre, plus un certain nombre d'esclaves nègres ; beaucoup de familles anglaises, ruinées par le grand incendie de Londres, ne tardèrent pas à grossir considérablement la population de cette colonie.

Les Hollandais, regrettant apparemment l'abandon qu'ils avaient fait du port commode et sûr de Sainte-Hélène, tentèrent, vers la fin de 1672, d'en recouvrer la possession : ils essayèrent une descente à Lemon-Valley ; mais il suffit, pour les écarter, de faire rouler sur eux, du haut des mornes, des quartiers de roche qui les écrasaient. La nuit suivante, ils furent plus heureux sur un autre point, où la trahison d'un habitant leur facilita le débarquement de 500 hommes, qui tournèrent et surprirent le fort, et s'emparèrent de l'île. Le gouverneur anglais, Beale, se retira, avec sa garnison, à bord de quelques bâtiments en rade, et fit voile pour le Brésil, où il ne tarda point à voir arriver, sous les ordres du capitaine Richard Munden, une division de vaisseaux de la flotte royale britannique ; on reprit aussitôt ensemble le chemin de Sainte-Hélène, et l'on y arriva dans la soirée du 14 mai 1673, sans avoir été aperçu par les Hollandais ; un détachement de 200 hommes, commandé par le capitaine Kedgwin, débarqua le lendemain, avant le jour, dans la baie qui a gardé depuis lors le nom de *Prosperous-Bay*, et se rendit, par Longwood, au sommet de Rupert's-Hill, pendant que le capitaine Munden se présentait devant la rade avec ses vaisseaux : les Hollandais se rendirent, et la colonie fut ainsi reprise sans coup férir.

Laissant le commandement de sa conquête au capitaine Kedgwin, avec une garnison de 160 hommes tirée de ses vaisseaux, Munden retourna en Angleterre, où il fut fait chevalier. Par une charte du 16 décembre 1673, le roi rendit à la Compagnie des Indes la possession de Sainte-Hélène, à titre de propriété, avec les droits de souveraineté et l'autorité qui en découle : elle prit aussitôt à sa solde la garnison et les officiers laissés par Munden, et désigna parmi ceux-ci un gouverneur, avec un vice-gouverneur et trois autres officiers pour former son conseil; la garnison fut ultérieurement réduite à 50 hommes, et une milice locale constituée au moyen de l'enrôlement des colons ; on éleva des fortifications, on établit des postes d'observation, et la sécurité des possesseurs fut désormais assurée.

Le savant astronome Halley étant venu, en 1676, observer à Sainte-Hélène le passage de Mercure sur le disque du soleil, la montagne où il avait monté ses instruments a depuis lors conservé son nom.

L'établissement de diverses taxes, et, entre autres, d'un impôt sur le bois nécessaire à la distillation de l'eau-de-vie de pomme de terre, donna lieu à un mécontentement qui prit de l'importance, et causa à plusieurs reprises des troubles et des émeutes où il y eut du sang répandu ; en 1684, deux des mutins furent pendus et d'autres exilés ; mais l'exemple fut perdu, les émeutes se renouvelèrent, et plus d'un gouverneur en fut la victime, jusqu'à ce qu'enfin toutes les distilleries furent supprimées en 1700 par ordre de la métropole, pendant le gouvernement du capitaine Poirier, protestant français que la révocation de l'édit de Nantes avait forcé à chercher à Sainte-Hélène une nouvelle patrie. L'administration vigoureuse du capitaine Roberts, de 1708 à 1714, acheva de rétablir la tranquillité.

Le gouvernement du colonel Brooke, de 1787 à 1801, fut signalé par des améliorations notables dans les constructions de la colonie, les fortifications et le système de défense de l'île, qui devint, à cette époque, un dépôt de recrues pour les armées de la Compagnie dans l'Inde ; dépôt qui s'éleva jusqu'à plus de 12 000 hommes. Sous le colonel Patten, une épidémie de rougeole, apportée du Cap en 1807, sévit sur la population avec une telle intensité, qu'elle enleva, en deux mois, près de deux cents personnes; l'alarme qu'elle causa fit redouter l'invasion de la petite vérole, dont jusqu'alors on n'avait vu qu'un petit nombre de cas sans gravité, et l'autorité se hâta de rassurer les habitants en établissant un vaccinateur officiel.

Une cinquantaine de cultivateurs chinois ayant été introduits en 1810, sous le gouvernement du major général Beatson, l'essai eut des résultats si favorables, qu'on en fit venir bientôt après 150 autres; des agriculteurs furent en même temps envoyés d'Angleterre, et les améliorations obtenues par ce moyen augmentèrent considérablement les productions de l'île; et cependant les mesures ordonnées par la métropole renchérissaient beaucoup le prix des denrées; ce qui, joint à la prohibition des spiritueux, réveilla le mécontentement et l'esprit de révolte; des troubles sérieux éclatèrent à la fin de 1811, et pour les réprimer il fallut recourir à une cour martiale et à des exécutions sanglantes.

Le colonel Mark-Wilks fut nommé gouverneur en 1813, et il occupait encore ce poste en 1815, quand le gouvernement anglais, ayant résolu d'assigner Sainte-Hélène pour prison à l'illustre guerrier que la fortune avait trahi pour la seconde fois, reprit cette île des mains de la Compagnie des Indes, et y envoya en son propre nom un gouverneur, une forte garnison de troupes royales, et une division navale considérable.

Captivité de Napoléon.

Après le désastre de Waterloo, quand Napoléon eut signé son abdication au palais de l'Élysée, le 22 juin 1815, il se rendit à Rochefort, où des ordres étaient envoyés pour l'armement de deux frégates destinées à le transporter aux États-Unis, dès que les sauf-conduits nécessaires seraient arrivés; mais les sauf-conduits n'arrivaient point, les frégates n'osaient tenter d'échapper aux croisières ennemies, les vaisseaux de la flotte anglaise avaient reçu l'ordre de donner asile à Napoléon s'il se présentait, cet asile fut offert le 14 juillet par le capitaine Maitland commandant le vaisseau *le Bellérophon;* et le lendemain Napoléon s'y embarquait, et faisait voile pour l'Angleterre, précédé de cette lettre mémorable qu'il adressait au prince régent :

« Altesse royale,
« En butte aux factions qui divisent mon
« pays, et à l'inimitié des plus grandes puis-
« sances de l'Europe, j'ai consommé ma
« carrière politique. Je viens, comme Thé-
« mistocle, m'asseoir au foyer britannique;
« et je me mets sous la protection de ses
« lois, que je réclame de Votre Altesse
« Royale, comme du plus puissant, du plus
« constant, du plus généreux de mes enne-
« mis.
« Rochefort, 13 juillet 1815.
« NAPOLÉON. »

Le 24 juillet on mouilla à Torbay, et le 26 à Plymouth : toute l'Angleterre s'y porta pour voir le grand homme, accueilli, dès qu'il paraissait sur le pont, par les acclamations de la foule, qui se parait d'œillets rouges en témoignage de ses sympathies; mais, le 30 juillet, un commissaire du gouvernement vint à bord du *Bellérophon* notifier à l'empereur déchu la résolution prise de le déporter à Sainte-Hélène :

« L'île de Sainte-Hélène a été choisie
« pour sa future résidence; le climat en est
« sain, et la situation locale permettra qu'on
« l'y traite avec plus d'indulgence qu'on ne
« le pourrait faire ailleurs, vu les précau-
« tions indispensables qu'on serait obligé
« d'employer pour s'assurer de sa personne.
« — On permet *au général Bonaparte* de
« choisir parmi les personnes qui l'ont ac-
« compagné en Angleterre, à l'exception
« des généraux Savary et Lallemand, trois
« officiers, lesquels, avec son chirurgien,
« auront la permission de l'accompagner à
« Sainte-Hélène, et ne pourront point quit-
« ter l'île sans la sanction du gouvernement
« britannique. Le contre-amiral sir George
« Cockburn, qui est nommé *commandant*
« *en chef du Cap de Bonne-Espérance et des*

« mers adjacentes, conduira le général Bo-
« naparte et sa suite à Sainte-Hélène ; et
« recevra des instructions détaillées tou-
« chant l'exécution du service. »

Napoléon protesta énergiquement contre cette décision ; il disait, en terminant :

« J'en appelle à l'histoire : elle dira qu'un
« ennemi qui fit vingt ans la guerre au
« peuple anglais, vint librement dans son
« infortune chercher un asile sous ses lois.
« Quelle plus éclatante preuve pouvait-il lui
« donner de son estime et de sa confiance ?
« Mais comment répondit-on en Angleterre
« à une telle magnanimité ? On feignit de
« tendre une main hospitalière à cet en-
« nemi ; et quand il se fut livré de bonne
« foi, on l'immola. »

Le 4 août, le *Bellérophon* appareilla tout à coup pour aller mouiller à Starpoint ; on dit qu'un constable venait de Londres avec un ordre d'*habeas corpus* pour réclamer la personne de Napoléon au nom des lois : c'eût été l'arracher aux arbitraires caprices du gouvernement, et l'on s'était empressé de mettre sa prison flottante hors de la portée de l'officier ministériel. Deux jours après, l'amiral Keith, accompagné du contre-amiral Cockburn, vint notifier à l'hôte du *Bellérophon* la convention du 2 août, entre les quatre grandes puissances alliées,
« sur les mesures les plus propres à
« rendre impossible toute entreprise
« de sa part contre le repos de l'Eu-
« rope. » Elle portait textuellement :

« ART. 1er. Napoléon Bonaparte est re-
« gardé, par les puissances qui ont signé le
« traité du 25 mars dernier, comme leur
« prisonnier.

« ART. 2. Sa garde est spécialement con-
« fiée au gouvernement britannique. Le
« choix du lieu, et celui des mesures qui
« peuvent le mieux assurer le but de la pré-
« sente stipulation, sont réservés à Sa Ma-
« jesté Britannique.

« ART. 3. Les cours impériales d'Autriche
« et de Russie, et la cour royale de Prusse,
« nommeront des commissaires qui se ren-
« dront et demeureront au lieu que le gou-
« vernement de Sa Majesté Britannique aura
« assigné pour le séjour de Napoléon Bo-
« naparte, et qui, sans être chargés de la

« responsabilité de sa garde, s'assureront de
« sa présence.

« ART. 4. Sa Majesté Très-Chrétienne sera
« invitée, au nom des quatre cours ci-des-
« sus mentionnées, à envoyer également un
« commissaire français au lieu de détention
« de Napoléon Bonaparte.

« Etc., etc. »

Le lendemain de cette notification hâtive, l'illustre captif était transféré à bord du *Northumberland*, dont l'aménagement s'acheva sous voiles. Jusqu'alors l'empereur déchu avait trouvé personnellement autour de lui le respect et les égards dus à une auguste infortune ; tout changea quand il fut sur le *Northumberland* : on ne resta plus découvert en sa présence, et l'on oublia tellement les bienséances, que madame Bertrand fut obligée de dire à sir George Cockburn : « N'ou-
« bliez pas, monsieur l'amiral, que
« vous avez affaire à celui qui a été le
« maître du monde, et que les rois
« briguaient l'honneur d'être admis à
« sa table. »

On partit : les trois officiers que *le général Bonaparte* avait été autorisé à emmener étaient le général Bertrand, grand-maréchal ; les généraux de Montholon et Gourgaud, aides de camp ; mesdames Bertrand et de Montholon suivaient la fortune de leurs maris ; Napoléon emmena aussi comme secrétaire le comte de Las-Cases, son chambellan, avec son fils ; plus ses domestiques. Tout le monde avait été désarmé ; mais l'amiral Keith n'avait point voulu faire exécuter l'ordre à l'égard de Napoléon, qui garda ainsi son épée. Ses effets avaient été visités, son argent sequestré.

Le 17 octobre au soir, on débarqua à Sainte-Hélène. Napoléon passa la nuit dans une maison, espèce d'auberge ou d'hôtel garni situé sur la place de James-Town, où il ne devait plus revenir que dans son cercueil, au jour des réparations, à vingt-cinq ans de distance jour pour jour. Le lendemain matin, il alla, avec l'amiral Cockburn et le général Bertrand, visiter la maison de Longwood, qui lui était d'avance destinée ; elle n'était point habitable, et il fut reconnu indispensable de la restaurer. Au retour, Napoléon aperçut le pavillon de Briars, le visita, et demanda à y demeurer pendant qu'on réparerait Longwood, ce qui fut accordé sans difficulté. Ce n'était qu'une petite guinguette n'ayant qu'une pièce de rez-de-chaussée, surmontée d'un grenier, sans rideaux ni volets, ni meubles; c'est là le réduit où il devait se coucher, s'habiller, manger, travailler, demeurer, sauf à sortir pour le laisser nettoyer. Il y fit porter son lit de camp, et s'y installa immédiatement; Las-Cases et son fils Emmanuel furent logés dans le grenier; Bertrand, Montholon, Gourgaud et ses autres serviteurs restèrent éloignés de leur maître, ayant à faire deux milles pour le venir trouver, et ne pouvant arriver jusqu'à sa personne qu'accompagnés d'un soldat. Les aliments qu'on lui portait de la ville étaient médiocres, souvent mauvais; on ne pouvait lui procurer de bains; et, pour ne point subir l'humiliation de ne sortir qu'escorté d'un officier anglais, il avait dû renoncer à l'exercice salutaire du cheval. Aussi, dès la première quinzaine, sa santé était déjà ébranlée.

Il avait dit, le 20 avril 1814, à ses compagnons de gloire, dans ces adieux si touchants de Fontainebleau : « J'écrirai les grandes choses que nous avons « faites »; il se souvint à Briars de sa promesse, et commença à dicter ses campagnes d'Italie à Las-Cases, qu'à cause de l'affaiblissement de ses yeux son fils Emmanuel aidait et suppléait parfois. Bertrand reçut les dictées de la campagne d'Égypte; Montholon et Gourgaud eurent aussi leur part de travail; et, pendant tout le temps qu'il vécut à Sainte-Hélène, cette noble occupation fut son refuge le plus efficace contre les mortels ennuis de la captivité. « L'empereur s'habillait de fort bonne heure », nous dit Las-Cases dans son précieux *Mémorial;* « il faisait dehors quelques tours; nous déjeunions vers dix heures; il se promenait encore, et nous nous mettions ensuite au travail; je lui lisais ce qu'il m'avait dicté la veille, et que mon fils avait recopié le matin; il le corrigeait, et me dictait pour le lendemain; nous ressortions sur les cinq heures, et revenions dîner à six heures, si toutefois le dîner était arrivé de la ville. »

Enfin, le 10 décembre, Longwood étant prêt à recevoir son prisonnier, il y fut transféré avec ses compagnons et ses serviteurs, sauf le grand-maréchal, qui fut logé à Hut's-Gate. Un principal corps de logis, en forme de T, constituait l'habitation spéciale de l'empereur : on y entrait par un vestibule de treillage formant l'extrémité inférieure du T; ensuite venait une grande antichambre, puis le salon; derrière, et en travers, la salle à manger, fort obscure; et à la suite, la bibliothèque terminant l'aile gauche du bâtiment; du côté opposé, le cabinet de travail, et la chambre à coucher terminant l'aile droite; derrière la chambre, une petite pièce où l'on avait construit grossièrement une baignoire en planches, et derrière le cabinet de travail, un corridor où venait coucher le valet de chambre de service. Diverses constructions, en arrière du bâtiment principal, servaient de logement aux généraux de Montholon et Gourgaud, à MM. de Las-Cases, et au reste de la maison, dont l'organisation fut gaiement arrêtée ainsi : le grand-maréchal, dont l'habitation fut plus tard rapprochée de Longwood, demeurait le commandant et le surveillant général de tout le service; le comte de Montholon eut la charge des détails domestiques; le baron Gourgaud, celle de l'écurie; le comte de Las-Cases, l'intendance du mobilier. Les onze domestiques en titre, avec leurs aides, étaient répartis en trois services : la chambre, la livrée, et la bouche. Le docteur O'Méara, chirurgien du *Northumberland,* attaché d'office à l'illustre captif, se dévoua à lui comme un véritable Français, et cet attachement a rendu aussi son nom historique.

Les privations, les vexations qui avaient pu, à Briars, ne sembler que des inconvénients temporaires, se perpétuèrent à Longwood : toute sortie était surveillée, toute course un peu moins restreinte devenait un danger; et, une fois, l'empereur lui-même se vit couché en joue. Il devait à bon droit s'indigner de ces outrages ; mais il était au-dessous de sa dignité de se plaindre : « J'ordonne », disait-il, « ou « je me tais » ; et il se réfugiait dans les souvenirs de sa gloire : « Nous « n'avons de trop ici que du temps », disait-il encore ; et ce temps, il le consacra à dicter l'histoire des merveilles de son règne.

Le 14 avril 1816, des bâtiments furent signalés en mer : c'était le lieutenant général sir Hudson Lowe, gouverneur de Sainte-Hélène, qui arrivait; c'était un homme d'environ quarante-cinq ans, de taille ordinaire, mince, maigre, sec, rouge de visage et de chevelure, marqueté de taches de rousseur ; des yeux obliques, regardant à la dérobée et jamais de face, recouverts de sourcils d'un blond ardent et très-proéminents : « Il est hideux », dit l'empereur après avoir reçu sa visite; « c'est une face patibulaire; « mais ne nous hâtons pas de prononcer : le moral, après tout, peut raccommoder ce que cette figure a « de sinistre. Cela ne serait pas impossible ». Mais quand il eut connu cet homme à ses œuvres, il put lui dire en face : « Le plus mauvais procédé de vos ministres n'a point été de « m'envoyer à Sainte-Hélène, mais bien « de vous en avoir donné le commandement; vous êtes pour nous un plus « grand fléau que toutes les misères « de cet affreux rocher » ; et une autre fois, se tournant vers l'amiral Malcolm, qui se portait comme médiateur : « Les fautes de M. Lowe », dit-il, « viennent de ses habitudes « dans la vie ; il n'a jamais commandé « que des déserteurs étrangers, des « Piémontais, des Corses, des Siciliens, tous renégats et traîtres à leur « patrie, la lie, l'écume de l'Europe; « s'il eût commandé des hommes, des « Anglais, s'il l'était lui-même, il aurait des égards pour ceux qu'on doit « honorer » : puis encore à lui-même, ces paroles qui l'ont stigmatisé à tout jamais : « Vous déshonorez votre na- « tion, et votre nom restera une flé- « trissure ». — « Ce gouverneur », ajoutait-il, « n'a rien d'Anglais, ce « n'est qu'un mauvais sbire de Sicile. « Je me plaignais d'abord qu'on m'eût « envoyé un geôlier ; mais aujour- « d'hui je prononce que c'est un bour- « reau ! »

On ne pouvait, en effet, accumuler sur l'auguste exilé plus de lâches vexations : on trouva que sa dépense était trop lourde, et on lui enleva huit domestiques anglais qu'on lui avait donnés ; deux mois après, on le forçait à congédier quatre de ses propres serviteurs venus de France. On fixa sordidement la consommation journalière du vin, et ce vin était exécrable ; la nourriture n'était pas moins mauvaise; pour ne pas manquer du nécessaire, l'empereur ordonna de vendre mensuellement une certaine quantité d'argenterie qu'on brisait tout exprès, après avoir limé les écussons. Il avait renoncé à monter à cheval pour se soustraire aux pièges et aux outrages dont on voulait le rendre l'objet en le faisant insulter par les sentinelles ; plus tard, il dut se priver même de la promenade à pied pour éviter les mêmes inconvénients ; on resserra les limites dans lesquelles il pouvait se mouvoir : au coucher du soleil, les sentinelles étaient posées contre l'enceinte même du jardin, et Las-Cases écrivait alors cette horrible prophétie : « C'est une manière de l'assassiner aussi certaine et plus barbare que le fer et le poison ». Mais dans ce jardin même, le seul endroit où, en plein air, il se trouvât un peu d'ombre, grâce à l'attention que l'amiral Malcolm avait eue d'y faire élever une tente par ses matelots, des visites inattendues et fréquentes de l'odieux gouverneur venaient relancer jusque dans cette dernière retraite l'auguste prisonnier, qui s'éloignait à son approche, en laissant échapper cette plainte douloureuse : « Le misérable m'en- « vie, je crois, l'air que je respire ! »

Aucune communication écrite ne pouvait avoir lieu, entre les prisonniers et leurs amis du dehors, que par l'intermédiaire officiel du gouverneur; des lettres d'Europe, venues par la voie ordinaire, étaient impitoyablement arrêtées, ouvertes, et renvoyées sans être communiquées aux destinataires; des livres, adressés même par des membres du parlement anglais, étaient arbitrairement retenus s'ils portaient sur la reliure le titre d'empereur, ou même l'inscription *A Napoléon le Grand*. Bien plus, un ancien domestique du comte de Las-Cases fut perfidement employé à provoquer une lettre de celui-ci pour l'Europe; et une fois la lettre saisie, Las-Cases lui-même fut subitement arrêté et mis au secret, tous ses papiers sequestrés et fouillés, et après un mois de prison, lui-même embarqué avec son fils pour une nouvelle prison au cap de Bonne-Espérance.

Tant de persécutions portaient leur fruit: la santé de l'empereur s'altérait gravement: une hépatite chronique s'était déclarée; on trouva importun le zèle d'O'Méara, qui avait appelé l'attention des ministres de sa patrie sur le danger, et on le renvoya. D'un autre côté, la santé délabrée du général Gourgaud l'obligea aussi à revenir en Europe; et Napoléon n'eut plus, pour alléger le fardeau de ses peines, que les familles Bertrand et Montholon. Il resta sans médecin pendant près d'une année, et la maladie avait pris un caractère incurable quand arrivèrent près de lui, le 23 septembre 1819, le docteur Antonmarchi, et les chapelains Buonavita et Vignale, tous trois compatriotes de Napoléon, envoyés de Rome par son oncle le cardinal Fesch. La mort du grand homme était prévue, annoncée avec désespoir, et ses causes hautement signalées au ministère anglais; mais ces avertissements étaient reçus comme de vaines clameurs. Dix-huit mois s'écoulèrent dans des alternatives de crises, de rétablissement apparent, et de rechutes de plus en plus graves. Sûr d'une mort prochaine, il s'enferme, le 15 avril 1821, avec Montholon et Marchand, et fait ce testament où il n'oublie personne, illuminant les uns du reflet de sa glorieuse immortalité, clouant les autres pour jamais au pilori de l'histoire; c'est là qu'il écrit: « Je meurs prématurément, assassiné « par l'oligarchie anglaise et son sicaire; le peuple anglais ne tardera « pas à me venger. » Le lendemain, il répète, dans un codicille, ce vœu si cher qui ne devait s'accomplir qu'au bout de vingt ans: « Je désire que « mes cendres reposent sur les bords « de la Seine, au milieu de ce peuple « français que j'ai tant aimé. »

Le 19 avril, il était mieux, mais n'en sentait pas moins sa fin approcher: le docteur Arnold, chirurgien d'un régiment anglais, étant venu près de lui, l'empereur fit approcher le grand-maréchal, et lui ordonna de traduire, sans omettre un mot, ces solennelles paroles:

« J'étais venu m'asseoir au foyer du peu-
« ple britannique; je demandais une loyale
« hospitalité; contre tout ce qu'il y a de
« droits sur la terre, on me répondit par
« des fers. J'eusse reçu un autre accueil
« d'Alexandre, de l'empereur François, du
« roi de Prusse; mais il appartenait à l'An-
« gleterre de surprendre, d'entraîner les
« rois, et de donner au monde le spectacle
« inouï de quatre grandes puissances s'a-
« charnant sur un seul homme. C'est votre
« ministère qui a choisi cet affreux rocher,
« où se consomme, en moins de trois ans,
« la vie des Européens, pour y achever la
« mienne par un assassinat. Et comment
« m'avez-vous traité depuis que je suis sur
« cet écueil? Il n'y a pas une indignité dont
« vous ne vous soyez fait une joie de m'a-
« breuver. Les plus simples communications
« de famille, celles même qu'on n'a jamais
« interdites à personne, vous me les avez
« refusées... Ma femme, mon fils, n'ont plus
« vécu pour moi: vous m'avez tenu six ans
« dans la torture du secret. Dans cette île
« inhospitalière, vous m'avez donné pour
« demeure l'endroit le moins fait pour être
« habité, celui où le climat meurtrier du
« tropique se fait le plus sentir; il a fallu
« me renfermer entre quatre cloisons, moi
« qui parcourais à cheval toute l'Europe!
« Vous m'avez assassiné longuement, avec
« préméditation, et l'infâme Hudson a été

« l'exécuteur des hautes œuvres de vos mi-
« nistres... Vous finirez comme la superbe
« république de Venise; et moi, mourant
« sur cet affreux rocher, privé des miens,
« et manquant de tout, je lègue l'opprobre
« de ma mort à la maison régnante d'An-
« gleterre. »

Le 21 avril, il reçut les consolations de la religion. Le 24, il eut encore la force d'ajouter quatre nouveaux codicilles à son testament; le 28, il chargea spécialement Antonmarchi de faire l'autopsie de son cadavre, et d'en rendre compte à son fils. Le 3 mai, il fit ses adieux à ses fidèles compagnons; et le 5 mai, à six heures du soir, il expira. Le lendemain, Antonmarchi procéda religieusement à l'autopsie qui lui avait été recommandée, et constata que Napoléon, victime du climat, avait succombé à une gastro-hépatite chronique. L'administration anglaise essaya vainement d'échapper à cette condamnation suprême, en envoyant huit médecins chargés de déclarer, dans leur procès-verbal, que la mort était la suite d'une affection cancéreuse héréditaire: Antonmarchi refusa de signer cet audacieux mensonge.

Pendant que Napoléon subissait à Sainte-Hélène sa longue agonie, des cœurs généreux combinaient, préparaient au loin des projets d'enlèvement. Nous rapporterons seulement, à cause de sa singularité, celui qu'avait formé Johnson, fameux contrebandier anglais. Il faisait construire deux bâtiments sous-marins, l'*Aigle* et l'*Etna*; le premier du port de 114 tonneaux, ayant 84 pieds de long sur 18 de large, et marchant à la vapeur avec deux machines de la force de 20 chevaux chacune; le second, de 23 tonneaux, avait 40 pieds de long, 10 de large, et devait marcher avec une machine de 10 chevaux, à haute pression. Il y embarquait beaucoup de munitions de guerre, trente hommes choisis, et quatre ingénieurs; on devait prendre aussi vingt appareils incendiaires, capables de détruire autant de bâtiments de la station en cas d'obstacle de leur part. Les deux bateaux sous-marins auraient été placés l'un à distance, l'autre au pied d'un rocher surplombant qui est en face de Longwood, et qui, haut de 2 000 pieds et regardé comme inaccessible, éloignait tout soupçon. Johnson se serait rendu pendant la nuit, par un autre chemin, au sommet de ce rocher, pour y fixer un piton de fer avec une poulie destinée à faciliter en temps opportun le jeu d'une corde faisant à volonté monter ou descendre un fauteuil mécanique. Toutes choses ainsi préparées, il aurait obtenu d'être introduit près de l'empereur, et son plan agréé, tous deux, endossant la livrée, se seraient rendus, ainsi déguisés, à l'écurie, placée en dehors de l'enceinte; puis, à l'instant favorable, ils auraient gagné le rocher: une pelote de fil de caret, fixée par l'un des bouts au piton, et lancée aux hommes embusqués au pied du rocher, aurait servi à remonter l'extrémité de la corde-maîtresse; plus de difficulté alors pour la passer dans la poulie, hisser le fauteuil mécanique, s'y placer, redescendre, s'embarquer dans l'*Etna*, et de là passer dans l'*Aigle*, pour y demeurer tout le jour; le soir venu, s'éloigner à toute vapeur jusqu'à une distance où l'on pût non-seulement émerger, mais hisser mât et voile, tout prêt, en cas de danger, à les abattre pour s'immerger de nouveau, manœuvre qui n'exigeait pas plus de 40 minutes; l'*Etna* faisant alors jouer contre l'ennemi ses terribles moyens incendiaires. On aurait ainsi gagné les États-Unis, d'où Johnson, s'adressant au gouvernement anglais par l'intermédiaire de son *ami et patron le duc d'York*, aurait réclamé un asile plus décent et plus honorable pour *Sa Majesté Impériale*; si cette tentative échouait, comme il s'y attendait, il aurait proposé à l'empereur de le conduire en France, où il pouvait compter sur un accueil très-favorable. Quelles que dussent être les chances d'un tel projet, on en était au doublage en cuivre des deux bateaux quand arriva la nouvelle de la mort de Napoléon.

Le trépas n'avait pas mis fin à l'exil du grand empereur; ses exécuteurs testamentaires subirent le refus de transporter ses restes en Europe, et il fallut se résigner à l'enterrer loin de la patrie : lui-même, à Hut's-Gate, plongeant du regard dans la vallée ombreuse du Géranion, avait dit au grand-maréchal : « Si je dois mourir sur ce rocher, faites-moi enterrer au-dessous de ces saules, près de ce ruisseau. » Ses compagnons obtinrent du moins pour sa dépouille mortelle ce dernier asile. Après être resté deux jours exposé sur un lit de parade, revêtu de l'uniforme vert qu'il affectionnait, celui des chasseurs à cheval de sa garde, décoré de ses ordres, étendu sur le manteau qu'il avait porté à Marengo, entouré des hommages et des pleurs de toute la population de l'île, son corps fut embaumé, revêtu de nouveau de l'habit militaire, et renfermé dans un quadruple cercueil, avec deux vases d'argent contenant le cœur et les entrailles.

Le 9 mai eut lieu la cérémonie funèbre; on se mit en marche dans l'ordre suivant : Napoléon Bertrand, filleul de l'empereur, fils du grand-maréchal; le chapelain Vignale, revêtu de ses habits sacerdotaux; les docteurs Antonmarchi et Arnold; vingt-quatre grenadiers anglais destinés à descendre le cercueil au bas de la colline; ensuite le char funéraire où le corps était placé, et immédiatement après, le cheval de Napoléon; les exécuteurs testamentaires, comte Bertrand, comte Montholon, et Marchand premier valet de chambre; les autres serviteurs de Napoléon escortaient à pied le convoi, que la comtesse de Montholon suivait en voiture avec sa fille. Alors commençait le cortége anglais : d'abord un groupe d'officiers de terre et de mer; les membres du conseil de l'île; le général Coffin et le marquis de Montchenu, commissaires de l'empereur d'Autriche et du roi de France; l'amiral commandant la station navale; enfin, le gouverneur, que sa femme et sa fille suivaient en grand deuil, dans une voiture. Trois mille hommes sous les armes formaient l'escorte.

Un caveau avait été préparé; le cercueil y fut descendu par les grenadiers; les dernières prières furent récitées par l'abbé Vignale, et douze salves d'artillerie complétèrent les honneurs rendus, sur la terre d'exil, au cadavre de celui que, vivant, on y avait abreuvé des plus ignobles vexations. Ses compagnons et ses serviteurs quittèrent alors ce rocher, où ils avaient accompli tous les pieux devoirs d'une fidélité inaltérable, et revinrent enfin dans la patrie. De son côté, l'odieux Hudson Lowe retourna en Angleterre, où le jeune Emmanuel de Las-Cases alla lui infliger un de ces outrages (un coup de cravache) qui ne peuvent se laver que dans le sang, mais dont la tache ineffacée n'ajouta qu'une flétrissure de plus à ce nom que la parole de Napoléon avait honni pour jamais.

Le gouvernement anglais restitua à la Compagnie des Indes orientales la possession effective de Sainte-Hélène, où les troupes royales furent remplacées par celles de la Compagnie, sous les ordres du brigadier-général Walker, comme gouverneur; et les bâtiments de Longwood, rendus à leur destination primitive, furent abandonnés aux plus vils usages. La charte des privilèges commerciaux de la Compagnie n'ayant point été renouvelée en 1833, la Cour des Directeurs refusa de demeurer chargée des dépenses de l'île de Sainte-Hélène, qui ne lui offrait plus désormais les avantages qu'elle en retirait sous le régime qui venait d'être abandonné; la couronne en reprit, en conséquence, possession; des troupes royales vinrent de nouveau relever celles de la Compagnie, et le brigadier-général Dallas fut remplacé comme gouverneur par le major-général Middlemore, pourvu en cette qualité d'une nomination royale.

Restitution à la France des restes mortels de Napoléon.

Lorsqu'en 1830 la France eut repris les couleurs sous lesquelles Napoléon l'avait tant de fois conduite a la victoire, des pétitions adressées aux chambres législatives vinrent chaque année exprimer le vœu que la dépouille mortelle de ce grand homme fût rendue à la patrie dont il était l'orgueil, et les chambres à leur tour transmettaient ce vœu au président du conseil des ministres. En 1840 ce vœu fut accompli : M. Thiers à Paris, M. Guizot à Londres, réclamèrent officiellement du gouvernement britannique la restitution de ce précieux dépôt; la demande fut immédiatement accordée, et les chambres votèrent aussitôt un crédit spécial d'un million de francs pour la translation des restes mortels de l'empereur Napoléon, de Sainte-Hélène à Paris, et la construction de son tombeau dans l'église des Invalides. Un fils du roi, le prince de Joinville, alors capitaine de vaisseau, fut désigné pour commander l'expédition qui allait remplir cette honorable mission ; la frégate *la Belle-Poule* et la corvette *la Favorite* furent mises sous ses ordres. Il devait emmener avec lui le général Bertrand et son fils Arthur, le général Gourgaud, le baron Emmanuel de Las-Cases, MM. Marchand, Saint-Denis, Noverraz, Pierron, Archambaud, tous anciens compagnons d'exil et fidèles serviteurs de l'auguste prisonnier ; l'abbé Coquereau, aumônier de l'expédition, et le comte Philippe de Rohan-Chabot, commissaire spécial du roi des Français.

L'expédition partit de Toulon le 7 juillet, toucha à Cadix, à Madère, à Ténérife, à Bahia, et vint atterrir à Sainte-Hélène le 8 octobre ; avant que la frégate eût mouillé, le fils du gouverneur Middlemore, envoyé par son père malade, et plusieurs autres officiers anglais, s'étaient rendus à bord pour offrir leurs hommages au prince, car le brig *le Dolphin* avait déjà porté au général les ordres et les instructions de son gouvernement pour la remise qu'il était chargé de faire. Le brig français *l'Oreste* était aussi en rade depuis la veille, ainsi que deux navires du commerce, l'un de Bordeaux, l'autre du Havre.

On débarqua le lendemain, au bruit des salves d'artillerie des forts et des vaisseaux, la garnison sous les armes; reçu au débarcadère et comblé de prévenances par toutes les autorités de l'île, sauf le gouverneur retenu malade à Plantation-House, où l'on fut conduit aussitôt par les chevaux et les voitures tenus d'avance à la disposition du prince et de sa suite : le général avait quitté son lit pour venir recevoir l'auguste visiteur ; les mesures à prendre pour remplir le but de la mission furent immédiatement réglées entre le comte de Chabot et le gouverneur, qui déclara officiellement que, le jeudi 15, les restes mortels de l'empereur Napoléon seraient remis entre les mains du prince ; puis on fit le pieux pèlerinage des lieux que l'illustre victime avait habités : Briars, au milieu de sa verte pelouse; Longwood, délabré, profané, montrant dans le salon, à la place même où avait été porté le lit où le héros expira, un ignoble moulin ; et au lieu de son appartement intérieur, une étable, une sale écurie, sur l'emplacement de sa chambre et de son cabinet ; les officiers anglais s'éloignèrent rouges de honte quand le prince y entra. Le tombeau seul avait été religieusement gardé : c'étaient trois grandes dalles un peu élevées au-dessus du sol, entourées d'une plate-bande de terre où s'épanouissaient encore, au milieu d'autres fleurs, quelques géraniums plantés jadis de la main de la comtesse Bertrand, le tout enclos d'une grille de fer sans ouverture ; un vieux saule pleureur étendait ses longs rameaux sur cette humble sépulture ; un autre gisait sur l'herbe ; à l'entour, d'autres saules, des mélèzes, des cyprès, dans une enceinte d'environ quarante pas, défendue par un treillage de bois à hauteur d'appui. On emporta, comme une relique précieuse, le tronc du vieux saule abattu.

Le mercredi 14 octobre, tout ayant été disposé pour procéder à l'exhumation, les avenues de la vallée du Tombeau furent soigneusement gardées, et vers minuit se trouvèrent réunis autour de la grille, du côté des Français, le comte de Rohan-Chabot commissaire du roi, le général Bertrand et son fils Arthur, le général Gourgaud, le baron Emmanuel de Las-Cases, le fidèle Marchand, et les quatre vieux serviteurs, Noverraz, Pierron, Archambaud et Saint-Denis, les trois capitaines de corvette Charner, Guyot et Doret, le chirurgien-major Guillard et le plombier Roux, enfin l'abbé Coquereau et deux enfants de chœur, en tout dix-huit personnes ; du côté des Anglais, le capitaine du génie Alexander délégué du gouverneur, le chef de la justice Wilde, le lieutenant-colonel d'artillerie Hamelin-Trelawney membre du conseil de gouvernement, le colonel Hodson aussi membre du conseil, le lieutenant-colonel Seale secrétaire du gouvernement, le lieutenant de vaisseau Litlethales, et M. Darling qui avait surveillé les travaux de sépulture, avec le plombier qui avait soudé le cercueil, en tout huit personnes, non compris les ouvriers du génie chargés des travaux d'exhumation sous les ordres du capitaine Alexander.

Le tombeau ayant été reconnu parfaitement intact, les travaux commencèrent ; la grille de fer fut enlevée, puis les dalles, puis la terre remplissant jusqu'à plus de deux mètres de profondeur la partie supérieure du caveau ; on atteignit alors une couche de ciment romain, sous laquelle en était une autre de moellons cimentés et cramponnés d'une telle résistance, qu'elle ne céda qu'après cinq heures d'efforts continus, laissant alors à découvert une dalle de marbre blanc, fermant le sarcophage en pierres de taille qui contenait le cercueil. Après quelques précautions sanitaires, la dalle fut enlevée, l'eau bénite répandue, et le *De profundis* récité par le prêtre ; le cercueil retiré du caveau fut transporté, sur les épaules de douze soldats, dans une tente préparée pour le recevoir, pendant que l'abbé Coquereau, en habits sacerdotaux, précédé de la croix, et suivi de l'enfant de chœur portant le bénitier, accomplissait la cérémonie religieuse de la levée du corps.

On ouvrit la bière d'acajou formant l'enveloppe extérieure, que l'humidité avait altérée, et le cercueil de plomb qu'elle contenait fut placé dans un autre, de même matière, apporté tout exprès de France ; alors arrivèrent, d'une part, le lieutenant de vaisseau Touchard, officier d'ordonnance du prince de Joinville, envoyé par S. A. R. pour s'assurer du degré d'avancement des travaux, de l'autre le général Middlemore, accompagné du lieutenant Middlemore son fils et son aide de camp, et du lieutenant Barnes major de la place ; et l'on procéda immédiatement à l'ouverture du cercueil intérieur ; sous celui de plomb en était un de bois des îles, parfaitement conservé, et dans celui-ci un dernier en fer-blanc. Quand la feuille supérieure eut été enlevée, ainsi que la couche de ouate qui garnissait intérieurement le cercueil, on retrouva le corps entier de Napoléon dans un état surprenant de conservation, la tête relevée par un coussin, presque momifiée, les mains encore souples et jolies, le bout des pieds d'un blanc mat apparaissant hors des bottes décousues ; le grand cordon de la Légion d'honneur tranchait d'un rouge vif sur la veste et la culotte de casimir blanc ; la plaque d'argent de l'ordre était noircie ; mais les décorations en or avaient gardé tout leur éclat. Son chapeau était posé sur ses genoux, les vases d'argent contenant le cœur et les intestins se voyaient entre les jambes. Ses compagnons, ses serviteurs, reconnaissaient en sanglotant les traits de celui qu'ils avaient tant aimé.

Après un examen attentif et quelques précautions conservatrices, le docteur Guillard replaça l'enveloppe de satin ouaté, et le cercueil fut clos ; on revissa le couvercle de bois des îles, on ressouda hermétiquement l'ancien cercueil de plomb, et l'on souda pareillement le nouveau, dont le couvercle portait en lettres d'or :

NAPOLÉON
EMPEREUR ET ROI
MORT A SAINTE-HÉLÈNE
LE V MAI
M DCCC XXI.

Le tout fut renfermé dans un sarcophage en ébène, préparé en France, et portant simplement en lettres d'or le nom de NAPOLÉON, et la clef en fut officiellement remise, par le capitaine Alexander, au comte de Chabot. On transporta alors ce lourd cercueil (il pesait 1 200 kilogrammes), sur un char funèbre, et on le couvrit du manteau impérial de velours violet semé d'abeilles d'or, traversé d'une grande croix d'argent, entouré d'une riche broderie d'or où se mêlaient des N et l'aigle impériale couronnée, le tout encadré dans une magnifique bordure d'hermine; les glands en étaient tenus par MM. Bertrand, Gourgaud, Las-Cases et Marchand. Alors le cortége s'ébranla, sous les ordres du gouverneur, auquel était venu se joindre le major-général Churchill, avec ses aides de camp. Le char fut monté à force de bras d'hommes, plutôt que par les quatre chevaux qui y étaient attelés, jusqu'à la grande route de James'-Town, et l'on se dirigea vers la ville dans l'ordre suivant :

D'abord 220 miliciens commandés par le lieutenant-colonel Seale, puis 140 soldats de ligne (tous ceux dont on avait pu disposer) sous les ordres du capitaine Blackwell, ensuite la musique des miliciens, enfin l'abbé Coquereau avec les deux enfants de chœur portant la croix et l'eau bénite, précédaient le char. Deux files d'artilleurs sur les côtés, et une quarantaine derrière le char, aidaient, sous la surveillance personnelle du lieutenant-colonel Trelawney, à en assurer la marche dans cette descente difficile. Ensuite venaient le comte de Chabot, conduisant le deuil, et les Français qui avaient assisté à l'exhumation. Après eux les autorités civiles, militaires et maritimes de Sainte-Hélène; puis le major-général Middlemore gouverneur, ayant à sa droite le chef de la justice et le lieutenant-colonel Hodson membre du conseil, à sa gauche le général Churchill et ses officiers; enfin les principaux habitants de l'île, en grand deuil. Le cortége était fermé par une compagnie d'artillerie royale et un détachement de miliciens, que suivait une nombreuse population.

En arrivant à la ville, les miliciens qui ouvraient la marche se rangèrent en haie, jusqu'à la porte de sortie, et les soldats de ligne, depuis la porte jusqu'au débarcadère; les fenêtres et les balcons étaient garnis de monde, les chemins serpentant sur le flanc des montagnes en étaient couverts; le fort et la frégate ne cessaient de tirer de minute en minute depuis le départ du convoi; les pavillons étaient descendus à mi-mât, et les vergues croisées en pantenne : tout donnait à cette marche l'apparence d'un deuil solennel.

Au débarcadère se trouvait le prince de Joinville, en grande tenue, à la tête des états-majors de *la Belle-Poule*, de *la Favorite* et de *l'Oreste*, formés en double haie; à l'approche du char, tout le monde se découvrit, les bâtiments redressèrent leurs vergues, hissèrent leurs couleurs et se pavoisèrent; le général Middlemore fit au prince la remise officielle du cercueil, qui fut placé dans la chaloupe : le prince, commandant en personne, se tint à la barre, ayant à sa droite le comte de Chabot, à sa gauche le capitaine de vaisseau Hernoux, son aide de camp; l'aumônier et la *famille* de l'empereur autour du catafalque. Le pavillon de soie aux trois couleurs fut hissé, et l'on entendit aussitôt, comme un roulement de tonnerre, une salve, en feu de file, de toute l'artillerie des vaisseaux; la même salve se renouvela trois fois entre le départ de la chaloupe et son arrivée à la frégate; deux canots la précédaient, deux l'accompagnaient sur les flancs, deux la suivaient: la marche était lente et régulière. Arrivés à bord, les états-majors se formèrent en haie, le sabre à la main; un détachement était sous les armes, on battit aux champs, la musique se fit entendre, et le cercueil fut déposé en chapelle ardente, en face d'un autel dressé sur le pont; après l'absoute, quatre factionnaires furent rangés autour du catafalque, et l'on se retira.

Le lendemain matin 16 octobre, les états-majors et les équipages réunis des bâtiments français en rade assistèrent à un service funèbre solennel à bord de la frégate; quand il fut terminé, le cercueil fut descendu dans la chapelle disposée dans l'entre-pont; on attendit que tous les actes officiels de cette mémorable cérémonie fussent écrits, signés et échangés; et le dimanche 18 octobre, on mit à la voile pour la France. On atteignit Cherbourg le 30 novembre; le cercueil impérial fut transbordé sur le bateau à vapeur *la Normandie*, qui partit pour le Havre, escortée du *Courrier* et du *Véloce*; entré en rivière de Seine, un nouveau transbordement eut lieu sur *la Dorade*, d'un moindre tirant d'eau, et l'on remonta vers Paris, salué sur toute la route par une population immense; les rives disparaissaient sous les pas d'une multitude empressée. Enfin, le mardi 15 décembre, les restes mortels de l'empereur Napoléon, partant de Courbevoie sur un char magnifique, entrèrent à Paris par cet arc de triomphe qu'il avait ordonné lui-même pour sa grande armée, et vinrent trouver leur dernière demeure sous le dôme des Invalides, où le roi en personne, entouré de toutes les illustrations de l'État, les reçut, au nom de la France, des mains du jeune prince qui les avait rapportés de Sainte-Hélène.

ILES DE TRISTAN DA CUNHA.

Description.

Le petit groupe d'îles qui porte le nom de Tristan da Cunha forme, à 420 lieues dans le sud de Sainte-Hélène, à 460 lieues dans l'ouest du cap de Bonne-Espérance, et à 550 lieues dans l'est des côtes du Brésil, un triangle de 10 milles de base sur 20 milles de hauteur, dont le sommet, occupé par l'île principale, est dirigé au nord-est, tandis que les deux autres angles sont marqués par des îles plus petites, orientées entre elles nord-ouest et sud-est. On peut, d'une manière générale, distinguer ces trois îles par leur position relative, en désignant tour à tour celle du nord, celle de l'ouest, et celle du sud.

La plus grande, celle du nord, qui a conservé spécialement la dénomination de *Tristan da Cunha*, est située par une latitude moyenne de 37° 8' sud, et une longitude moyenne de 14° 21' à l'ouest du méridien de Paris; sa figure est trapézoïde; elle a environ 5 milles de diamètre, 17 milles de tour, et 6 000 hectares de superficie.

La seconde en étendue, celle de l'ouest, appelée *Inaccessible* à cause de son aspect, est éloignée de 18 milles au sud-ouest 1/4 ouest de la première; elle gît moyennement par 37° 18' de latitude méridionale et 14° 42' de longitude occidentale; c'est un parallélogramme de 2 milles de long, sur 1 mille 1/2 de large, ayant 8 milles de tour, et un millier d'hectares en superficie; à l'un de ses angles, qui s'allonge en pointe au sud-est, fait face une roche élevée, qui ressemble à un bateau sous voiles.

La troisième île du groupe, celle du sud, qui a reçu le nom de *Rossignol*, est située à 10 milles au sud-est de la seconde, et à 18 milles au sud-ouest 1/4 sud de la première, par 37° 26' de latitude méridionale et 14° 28' de longitude ouest; elle a environ 1 mille et 1/2 de diamètre moyen, 6 à 7 milles de tour, et 700 hectares de superficie; on voit, à sa pointe nord, deux îlots rocailleux, qui ont l'apparence d'un vieux fort démoli; et il y en a quelques autres, dit-on, à son extrémité sud.

Placées sur la route des navires qui s'avancent loin au delà des vents réguliers du sud-est, pour gagner les fortes brises de l'ouest qui leur aideront à doubler le cap de Bonne-Espérance, ces îles, hautes et escarpées, s'aperçoivent à de grandes distances; la première est déjà visible à 75 ou

80 milles, reconnaissable à son énorme piton conique, surmontant un immense socle de rochers, et culminant à plus de 2 300 mètres d'altitude; la seconde laisse distinguer à 50 milles son plateau bosselé, coupé tout à l'entour en falaises inabordables; et la dernière se montre à plus de 30 milles, découpant sur l'horizon la silhouette de son double morne, et de l'enfoncement qui en accuse la séparation.

En approchant, on trouve la mer couverte, sur un vaste espace, d'immenses branches de goëmons flottants, qui en embarrassent les abords. En général, les côtes en sont saines et les eaux profondes; sur la côte nord de la plus grande est un mouillage assez bon, où l'on a 30 brasses sur un fond de vase à un mille du rivage, et 20 brasses sur un fond de roche à un demi-mille : on peut aussi mouiller par 20 brasses sur un fond de sable et de cailloux, à un mille de la pointe nord-est de l'île Inaccessible, et par 33 brasses sur un fond de gravier brun mêlé de sable rouge à un mille dans le nord-est de l'île Rossignol. Mais dans tous ces mouillages forains, il importe de se tenir sur ses gardes contre le moindre changement de temps; car il arrive fréquemment, surtout pendant l'hivernage, qu'il se forme soudain une grosse houle, produite par des coups de vent inattendus, et que la tempête jette les bâtiments à la côte, ainsi qu'il est arrivé au brig de guerre anglais *Julia*, entraîné et brisé sur l'île principale, et au navire du commerce *Blendon-Hall*, qui se perdit en 1821 sur l'île Inaccessible. Ce sont les vents du nord-ouest et du nord qui sont principalement redoutables.

La nature du sol des trois îles est uniformément volcanique; le naturaliste Aubert du Petit-Thouars, qui a visité la principale, la regarde comme un ancien volcan éteint, et le capitaine anglais Carmichael, qui a exécuté l'ascension du pic, affirme que le sommet présente un cratère; ses formes ont au surplus été bien des fois comparées à celles du pic de Ténérife. Toutes les roches paraissent être des laves plus ou moins détériorées; elles ont, sur certains points, si peu de solidité et de cohésion, que le moindre dérangement amène des éboulements considérables, ce qui rend les montées fort périlleuses. Sur la côte nord-ouest de la grande île, les éboulements ont formé un atterrissement considérable, en comblant l'intervalle qui existait entre le pied des montagnes et un rempart de laves étendu comme une digue le long de la mer : c'est une plaine d'environ 5 milles de long, sur une largeur moindre d'un mille, dont le sol n'offre plus en général qu'une masse de débris rocheux en décomposition, de scories, de laves poreuses noirâtres, et d'autres détritus volcaniques empâtés dans une terre noire, durcie, sur laquelle s'étend un humus fertile. Les plages sont couvertes tantôt de galets, tantôt d'un sable fin et noir, débris roulés ou broyés des roches calcinées de l'intérieur.

De nombreuses sources d'eau vive sillonnent de ravins profonds les flancs de toutes ces montagnes, et s'élancent fréquemment en cascades abondantes au milieu de ces rochers anfractueux; elles sont alimentées par les brouillards et les pluies qui règnent presque constamment sur les hauteurs et y entretiennent l'humidité : il ne tombe jamais de neige que sur les parties les plus élevées.

Le climat est si doux, que la verdure se perpétue toute l'année sans altération; et, comme l'humidité habituelle du sol doit le faire présumer, sa parure végétale est due surtout aux mousses et aux fougères; les autres cryptogames y sont aussi fort nombreux. Le seul arbre que l'on y ait rencontré est un nerprun, une espèce de phylique, répandue partout où ses racines ont trouvé à pénétrer, et jusque dans les fentes des rochers; dans les conditions les plus favorables, elle atteint une hauteur de vingt pieds et plus, et un diamètre de douze à dix-huit pouces; le tronc en est extrêmement contourné et tordu, mais le bois en est dur, d'un grain serré, et l'on en pourrait tirer, dit-on, un excellent bordage pour la construction de petits navires; les grands vents ne laissent guère ces arbres debout au milieu d'un sol d'ailleurs peu résistant; les tiges, couchées contre terre, s'entassent et s'entrelacent de telle manière, qu'il devient fort difficile de pénétrer à quelque distance à travers ces bois. Deux variétés de camarine sont, ensuite, les seules plantes frutescentes indigènes; rien, du reste, ne les recommande à l'attention, que la vivacité avec laquelle elles poussent dans les endroits les plus arides, où aucune autre ne pourrait végéter. Parmi les plantes herbacées, la plus remarquable est une spartine arondinacée gigantesque, appelée *tussek* par les habitants, qui couvre le sol jusqu'au bord de la mer, s'accommodant à tous les terrains, à toutes les expositions, poussant en grosses touffes serrées de six à sept pieds de haut, retombant par leur propre poids, et se couchant les unes sur les autres, de manière à former un lit résistant, sur lequel on pourrait se rouler sans crainte d'enfoncer; la tige en est tenace et presque ligneuse; les feuilles, abondantes à profusion, peuvent nourrir des chevaux et du gros bétail : des matelots français, envoyés en 1767 par M. d'Etcheverry pour reconnaître l'île du Rossignol, s'arrêtèrent devant le rempart que leur offrait une pareille masse de roseaux. La marche est aussi fort embarrassée par une fougère, la lomarie robuste, dont les tiges traînantes se croisent et s'enlacent d'une manière inextricable.

Le céleri sauvage croît en grande abondance sur les terrains inférieurs, et atteint une grosseur considérable; la culture le rendrait aisément comparable à celui des jardins. L'ansérine tomenteuse, à l'odeur balsamique, est fort commune; les feuilles sèches donnent une infusion théiforme agréable, ainsi que celles du pélargonier. Enfin, nous nommerons encore, parmi *les produits de la végétation spontanée*, l'acène sarmenteuse, incommode aux passants par ses graines piquantes qui s'attachent aux vêtements, et dont on ne peut se délivrer qu'avec beaucoup de peine.

Quant à la flore importée par les soins de l'homme, le blé, le maïs, la pomme de terre en forment les articles fondamentaux; le chou, la laitue, la betterave, la carotte, le navet, le radis, l'oignon, la citrouille, les melons et autres plantes potagères ont singulièrement prospéré, et leurs produits sont d'une beauté tout à fait remarquable.

Le règne animal nous offre ici, en première ligne, des phoques et des cétacés; la baleine franche, nombreuse jadis en ces parages, en a presque totalement disparu, devant la poursuite acharnée des pêcheurs; mais les phoques ne s'éloignent pas encore de ces côtes, où se réunissent, au temps du rut, en quantités innombrables, des veaux, lions, ours et éléphants marins, d'une taille énorme; Aubert du Petit-Thouars a remarqué sur l'un de ces genres un pelage fort singulier : les poils sont assez écartés, et forment comme des écailles pointues et recourbées au sommet, ce qui les rend très-rudes. On voit courir sur les flancs des montagnes un grand nombre de chèvres sauvages, et l'on rencontre quelques sangliers; faut-il considérer ces animaux comme introduits ici par le fait de l'homme? tous les souvenirs historiques sont muets à cet égard. Il n'en est point de même à l'égard des chats; les premiers colons en avaient apporté plusieurs, dont malheureusement quelques-uns s'échappèrent dans les broussailles, et ont pullulé si rapidement, qu'ils sont devenus un inconvénient réel; ils n'ont plus rien du chat domestique : c'est un animal fier, hardi, robuste, qui lutte avec avantage, seul, contre plusieurs chiens. Le bœuf, le mouton, le lapin, le pourceau, sont élevés pour la consommation, et leur chair est excellente, bien que celle du cochon ait contracté un goût de poisson prononcé, dû au goëmon dont il se nourrit.

Les oiseaux, quoique nombreux,

ne sont pas très-variés ; le plus abondant est le grand pingouin, à la tête couronnée de plumes jaunes, qui se range, pour la ponte, en longues files sur plusieurs rangs, alignés comme des soldats, par centaines de milliers ; sur les rochers plus élevés se trouve l'albatros, ce géant des oiseaux aquatiques, à l'immense envergure ; une petite hirondelle de mer, et un goëland au plumage brun, volent en essaims auprès du rivage ; et l'on aperçoit des nuées de pétrels tout au sommet des montagnes, où ils se logent dans des trous comme des lapins. On trouve aussi dans ces îles une sorte d'oie sauvage excellente à manger, des coqs et des poules du Cap, une perdrix noire dont le goût est délicieux ; puis un nombre infini de passereaux, hôtes des arbres et des buissons. La volaille domestique, importée par les colons, s'était multipliée en pleine liberté ; mais les chats y ont mis bon ordre, et l'on est obligé de défendre aujourd'hui, contre leurs déprédations, celle même des basses-cours.

Le poisson est d'une telle abondance sur ces côtes, qu'on en prend dès qu'on jette les lignes, sans qu'elles aient besoin d'aller au fond ; les principaux sont la brême, le mulet, la vieille, la morue de rocher, et toutes les variétés de maquereau, qui offrent tantôt une seule teinte brillante, verte, jaune ou rouge, tantôt un mélange chatoyant de ces diverses couleurs. Les tortues, nombreuses autrefois, ne se montrent presque plus. Parmi les crustacés, les homards sont cités comme fréquentant ces côtes, ainsi que quelques crabes. On ne mentionne aucuns coquillages.

Du Petit-Thouars a remarqué, parmi les insectes, un ver luisant plus petit que le nôtre, une larve qui rongeait les épis de la spartine arondinacée, et beaucoup de mouches semblables à l'espèce commune ; ayant passé une nuit en plein air, il ne fut incommodé par aucun insecte nuisible.

Resté longtemps inhabité, le groupe des îles de Tristan da Cunha est devenu, de nos jours, le siége d'une petite colonie anglaise, dont la population ne saurait toutefois être considérée comme d'un sang bien pur ; les hommes qui en ont formé le noyau sont venus, il est vrai, de la Grande-Bretagne et de l'Amérique du Nord ; mais leurs femmes ont apporté dans la communauté des éléments hottentots et nègres, transmis aux nombreux rejetons hybrides de leur cohabitation. Le chiffre total de cette petite population était de 40 individus en 1835 ; il est présumable qu'elle est plus que doublée aujourd'hui. Elle vit patriarcalement, sous l'autorité du chef de la première famille, qui s'y établit en 1821 avec l'assentiment du gouvernement anglais ; et malgré l'absence de toute hiérarchie officielle, la colonie n'en est pas moins, par le fait, une dépendance réelle du gouvernement colonial du Cap de Bonne-Espérance.

Toute la population se trouve agglomérée sur un seul point, dans un petit village, dont les maisons, propres et jolies, sont bâties sur le modèle ordinaire des fermes d'Angleterre ; il est situé dans l'île principale, à portée du mouillage et du gros ruisseau qui y aboutit, auprès d'une petite baie, à laquelle les colons ont donné le nom de Falmouth, abritée à l'ouest par une pointe à laquelle ils ont appliqué celui de *Help* ou Bon-Secours ; une plaine cultivable de plus de 1 500 hectares s'étend, à l'entour, depuis le bord de la mer jusqu'au pied du haut rempart de laves qui, sauf de ce côté, forme immédiatement le rivage, et qui supporte le plateau supérieur au-dessus duquel le pic élève encore son immense cône. La culture, le soin des troupeaux, la chasse, la pêche, forment l'occupation habituelle de la colonie, qui en accumule les produits divers, bien moins pour sa consommation que pour le ravitaillement des navires, les baleiniers surtout, qui fréquentent ces mers. L'île Inaccessible et celle du Rossignol sont encore inhabitées, mais on s'y transporte en bateau, pour donner la chasse au gibier dont elles fourmillent.

Histoire.

Le roi *Emmanuel* de Portugal, sollicité d'envoyer au secours des chrétiens que les Arabes, disait-on, opprimaient à Socotora, résolut d'enlever cette île aux musulmans, et il chargea de cette mission *Tristan da Cunha* et *Alphonse d'Albuquerque*, qui eurent chacun une escadre sous leurs ordres. Tristan da Cunha partit de Lisbonne, le dimanche des Rameaux 6 mars 1506, à la tête de quatorze vaisseaux, sur lesquels étaient embarqués 1 300 hommes d'armes; après avoir relâché au cap Vert, et reconnu le cap Saint-Augustin au Brésil, il s'avança tellement au sud pour aller doubler le cap de Bonne-Espérance, que quelques hommes trop peu vêtus moururent de froid, et que l'équipage se trouvait hors d'état de manœuvrer les voiles : c'est alors qu'il rencontra les îles qui portent encore, et doivent perpétuer à tout jamais dans ces mers australes, le nom de Tristan da Cunha (*). Mais comme les tempêtes y sont fréquentes, il en éprouva une qui dispersa ses vaisseaux, et ne leur permit de se rallier de nouveau qu'à Mozambique.

Depuis lors ces îles figurèrent, pendant plus d'un siècle, sur les cartes marines, dans les routiers écrits et les cosmographies, sans qu'il paraisse qu'on les eût autrement explorées; elles étaient seulement un point de reconnaissance sur le grand chemin des Indes, et l'on n'en approchait pas de trop près, de peur des tempêtes. Aussi l'importance et la position en étaient-elles fort mal indiquées, jusqu'à ce qu'en 1697 elles furent expressément visitées par trois bâtiments hollandais envoyés par la Compagnie des Indes, qui y firent des observations vérifiées bientôt après, en 1700, par le célèbre astronome Halley; puis en 1708, en 1712, en 1755 et en 1767, par divers navigateurs français; l'infortuné la Pérouse était chargé, par les instructions qui lui furent remises en 1785, d'en faire la reconnaissance.

Jusqu'alors il n'était encore arrivé à personne d'y séjourner; mais un Américain, le capitaine Patten, commandant le navire *l'Industry*, de Philadelphie, vint s'y établir au mois d'août 1790, pour s'y livrer à la chasse des phoques; pendant son séjour sur l'île principale, il y défricha un coin de terre, et y fit quelques semis; puis ayant recueilli 5 600 peaux et un chargement d'huile, il en repartit en avril 1791.

En décembre 1792, l'expédition qui portait en Chine l'ambassade de lord Macartney passa devant ces îles, tenta d'y mouiller, mais en fut chassée par les vents. Un mois après, jour pour jour, le 3 janvier 1793, le naturaliste Aubert du Petit-Thouars, qui se rendait à l'Ile-de-France, côtoya de très-près l'île Inaccessible, et vint mouiller devant l'île principale, où il descendit aussitôt pour herboriser; le quatrième jour, surpris par la nuit et par la pluie pendant qu'il essayait de gravir le pic, il fut obligé d'attendre le jour au pied d'un arbre, fort incertain de savoir si son navire ne serait pas parti sans lui, et songeant déjà à la vie de Robinson qu'il serait, en ce cas, forcé de mener dans cette île déserte; heureusement qu'il put encore se rembarquer le lendemain matin avant l'appareillage.

Les îles de Tristan da Cunha, visitées depuis lors, à divers intervalles, par plusieurs vaisseaux de la marine anglaise, et par le capitaine Colquhoun, du navire américain *la Betzy*, qui y planta des patates, des oignons, et quelques autres graines, restèrent encore désertes jusqu'en 1811, que l'Américain Jonathan Lambert résolut d'y former un établissement permanent : c'était un marin qui, dans le cours de ses voyages, avait touché à ces îles; et frappé des avantages dont elles pourraient être pour le ravitaillement des navires qui y relâcheraient, il avait résolu de tirer parti de cette bonne pensée; après avoir réalisé son patrimoine, et avoir fait quelques provisions de graines et d'animaux domes-

---

(*) « . . . . Que nunca extinto
« Serà seu nome em todo o mar que lava
« As ilhas de Austro. » .
CAMOËS, *Os Lusiadas*, X, 39.

tiques, il prit passage sur un baleinier, et débarqua dans la grande île le 8 janvier, avec deux compagnons qu'il s'était associés. Ils y étaient à peine depuis vingt jours, que déjà ils avaient défriché, labouré et ensemencé près d'un demi-hectare de terrain, non loin de la petite rivière qui tombe en cascade dans la baie, et qui devait fournir abondamment de l'eau douce à tous les bâtiments qui viendraient s'en approvisionner.

Le capitaine anglais Seaver, qui avait été instruit, au Brésil, de la résolution de Jonathan Lambert, ne tarda point à le visiter. et se fit l'intermédiaire des propositions. que peut-être il lui suggéra lui-même, pour lord Caledon, gouverneur anglais de la colonie du Cap de Bonne-Espérance, à qui il remettait un rapport à ce sujet dès le 28 février : « Un petit bâtiment « de 50 à 100 tonneaux conviendrait « pour porter, dans la nouvelle colonie, « quatre ou cinq familles industrieuses, « ainsi que toutes les autres personnes « qui voudraient s'engager volontaire-« ment; il demande aussi quelque bé-« tail, tel que chèvres, moutons, etc., « et les autres choses nécessaires à la « prospérité de l'établissement. » La protection officielle du gouvernement britannique et de la Compagnie des Indes était en outre formellement réclamée pour Lambert; ces conditions remplies, ajoutait-on, « il se déclarera « plus ouvertement pour notre gou-« vernement, et, avec sa permission, il « déploiera *le pavillon anglais*, sous « la réserve expresse qu'il conservera « la qualité de gouverneur, et qu'on « ne mettra personne au-dessus de « lui. » On assure que le comte Caledon envoya, sans hésiter, à Lambert tout ce qu'il lui avait fait demander, et que des communications actives s'établirent entre les îles de Tristan da Cunha et le Cap de Bonne-Espérance; les défrichements étaient poussés avec vigueur, et quelques années après, le gouverneur Jonathan Lambert envoyait en présent à l'amiral Robert Stopford, au Cap, des choux monstrueux et d'autres échantillons remarquables du produit de ses cultures.

Mais bientôt on n'eut plus de lui aucune nouvelle : quelque incompatibilité d'humeur s'était manifestée entre les divers membres de la petite colonie; et un jour que le pauvre Jonathan était allé avec un bateau pêcher derrière une pointe de terre à quelque distance, le bateau disparut corps et biens, et il ne resta plus sur l'établissement que deux hommes, un vieil Italien nommé Thomas, et un mulâtre portugais de mauvaise mine, héritiers de fait de tout ce qui avait appartenu à la petite communauté : quelque crime, peut-être, se cachait sous le récit de ces deux misérables.

Quand Napoléon fut confiné à Sainte-Hélène, l'Angleterre, qui craignait de voir quelque point que ce fût de l'Océan devenir un foyer de complots pour l'enlèvement de son illustre prisonnier, l'Angleterre prit soin de placer à Tristan da Cunha, comme à l'Ascension, une garnison de soldats; une compagnie d'artillerie, envoyée du Cap, vint s'établir ici en 1816, avec un détachement du train, comprenant cinquante Hottentots, et apportant d'ailleurs les ressources nécessaires à son entretien. Quand elle fut rappelée au Cap en 1821, après la mort de Napoléon, un Écossais nommé William Glass, qui en faisait partie comme caporal du train, et qui allait se trouver licencié, demanda et obtint la permission de rester, avec la jeune femme qu'il avait épousée depuis quelques mois, et deux soldats; la petite quantité d'objets que les officiers ne jugeaient pas à propos de remporter lui fut donnée; on lui laissa en outre un taureau, une vache, quelques moutons, et d'autres provisions. Le mulâtre portugais, ancien compagnon de Lambert, était parti dès la première arrivée des Anglais; et le vieil Italien Thomas était mort d'intempérance quelques années après.

Deux matelots anglais, qui eurent occasion de voir Glass au milieu de son petit domaine, résolurent et exécutèrent le dessein de venir se joindre à lui; mais l'un d'eux se dégoûta bientôt de cette vie monotone, et se rembarqua dès qu'il en trouva la facilité : son camarade Taylor resta, et fut le second personnage de l'établissement. Un autre Anglais, nommé Richard, qui avait été tour à tour batelier pêcheur sur la Tamise, matelot de la marine royale, dragon dans l'armée de Buénos-Ayres, et en dernier lieu cuisinier à bord d'un navire armé pour la grande pêche, vint se perdre sur la côte de Tristan da Cunha, et se détermina à s'y fixer. Un quatrième compagnon, le jeune White, fut aussi conduit ici par un naufrage : il faisait partie de l'équipage du navire le *Glendon-Hall*, capitaine Greig, destiné pour Bombay, qui vint se briser contre l'île Inaccessible le 23 janvier 1821; après quatre mois de souffrances et de cruelles privations, ne vivant que de la chair et des œufs des pingouins qui se rassemblent sur ces âpres rivages, les naufragés étant parvenus à construire un petit bateau plat des débris de leur bâtiment, huit d'entre eux s'y aventurèrent dans l'espoir de gagner la grande île, mais on n'entendit plus parler de ces pauvres gens. Ceux qui restaient construisirent une nouvelle embarcation, quelques-uns s'y hasardèrent à leur tour, et atteignirent heureusement, le 8 novembre, la baie de Falmouth, où l'on s'empressa de mettre à leur disposition deux bateaux baleiniers pour aller chercher le surplus de leurs compagnons; quarante personnes furent ainsi sauvées. Deux mois après, le 9 janvier 1822, ils se rembarquaient sur un navire qui les conduisit au cap de Bonne-Espérance; mais White, au lieu de faire comme eux, préféra demeurer à Tristan da Cunha, et une jeune fille dont il s'était fait l'appui et le protecteur pendant leur misère commune sur l'île Inaccessible, ne voulut point se séparer de lui, ce qui augmenta la petite colonie d'un second couple.

Tels étaient les habitants de Tristan da Cunha, quatre hommes, deux femmes, et quelques enfants, quand, le 29 mars 1824, un dessinateur anglais, Auguste Earle, débarqué trois jours auparavant, fut oublié à terre, avec un matelot, par le navire qui les avait amenés, et que le vent força inopinément à prendre le large. Pendant huit mois entiers, le malheureux artiste, recueilli par ses hôtes, devenu leur chapelain, le précepteur de leurs enfants, le compagnon de leurs travaux, de leurs chasses et de leurs pêches, ayant épuisé ses crayons et son papier, attendit en soupirant l'arrivée d'un navire qui pût l'emmener; enfin, le 29 novembre, un bâtiment vint mouiller en rade de la grande île, et reçut à son bord notre dessinateur, qui ne put cependant sans regret faire ses adieux à ces bonnes gens qui l'avaient si cordialement hébergé et consolé.

- L'établissement dirigé par Glass a continué depuis lors à prospérer, et la population s'est notablement accrue : en janvier 1829 elle comptait 7 hommes, 6 femmes, et 14 enfants; à la fin de 1835, les six ménages avec leurs enfants formaient un total de 40 personnes. Dans le nombre de ces colons se trouvait alors un vieux matelot nommé Frank, qui avait servi dans la flotte française, et faisait partie de l'équipage du vaisseau *le Scipion* au désastreux combat de Trafalgar.

Nous terminerons cet aperçu par une réflexion empruntée à un marin français, gouverneur aujourd'hui de l'une de nos colonies : « Nos voisins d'outre-Manche », disait en 1836 le capitaine Laïrle, « se ménageront, nous n'en doutons pas, la possession des îles de Tristan da Cunha, et les moyens d'empêcher nos croiseurs de profiter des avantages qu'offre ce point isolé. Après avoir été longtemps le partage de quelques Anglais obscurs, et avoir eu pour chef un simple soldat d'artillerie, nous y verrons un jour une administration régulière, et, au lieu d'une épaulette en laine, nous y trouverons une *excellence* à chapeau à plumes et habit brodé : l'Angleterre devra ainsi aux efforts du laborieux et entreprenant Glass la conservation et la fertilisation d'un rocher qui n'est point à dédaigner comme position politique. »

ILE DE GONÇALO ALVAREZ (*).

A deux cents milles au sud-sud-est du petit groupe insulaire de Tristan da Cunha, gît une île solitaire que les hydrographes modernes, peu soucieux des traditions du passé, ont appelée Gough (prononcez *Goff*), du nom du capitaine Charles Gough, commandant le navire anglais *Richmond*, qui la signala en 1713 comme nouvelle. Depuis ce moment, elle fut portée sur les cartes et routiers de mer comme une acquisition récente de la science; mais en y regardant de plus près, on soupçonna, puis l'on reconnut tout à fait, et il n'est plus douteux aujourd'hui pour personne, que Gough avait simplement revu une île dès longtemps indiquée par les anciens Flambeaux de mer. L'*African pilot*, par suite de quelque inadvertance dont nous ne savons nous rendre compte, appelle Diego Ramirez cette île ancienne, qui est vulgairement désignée, par le commun des hydrographes, sous le nom de Diego Alvarez; tandis que les géographies et les cartes du seizième siècle s'accordent à l'appeler, avec plus de justesse, Gonçalo Alvares, du nom du pilote portugais auquel en est due la découverte. Il est facile de deviner comment l'inscription abrégée *I. de g°* *Alvares* a pu devenir *I. Diego Alvares*: rien n'est plus commun, dans la nomenclature hydrographique, que ces transformations de nom dues à de simples erreurs de lecture.

Cette île, située par une latitude de 40° 19′ sud, et une longitude de 12° 5′ à l'ouest du méridien de Paris, a 15 ou 16 milles de tour, avec un diamètre de 5 à 6 milles. Trois petits îlots rocheux la bordent au nord, au nord-est, et à l'est; celui du nord-est est très-remarquable par sa forme, qui ressemble tout à fait à une église avec son clocher, ce qui lui a fait donner le nom de *Church-rock*, ou roche de l'Église.

(*) Les éléments de cette notice ont été puisés dans les Instructions et les Cartes de Horsburgh, et dans la Relation de voyage du capitaine Morrell.

Ainsi que les îles de Tristan da Cunha, celle de Gonçalo Alvarez est haute, rocheuse, coupée de profondes ravines, où se précipitent en cascades des eaux abondantes, et ses flancs sont tapissés de mousse et de gazon, parsemés de touffes de phylique arborescente. Le point culminant a plus de 1 300 mètres d'altitude; la côte, roide et escarpée, s'élève presque perpendiculairement de la mer. Entre l'îlot de l'est et la pointe sud-est de l'île principale, on voit une petite baie offrant, à un demi-mille de la côte, un mouillage de bonne tenue, par vingt brasses d'eau, sur un fond de sable; en dedans de ce même îlot, et sous l'abri de la pointe nord-est de la grande terre, se trouve un débarcadère commode, bien défendu contre la houle et les vents du nord; enfin, sur la côte septentrionale de la grande terre, et vers la pointe orientale de l'îlot adjacent, est encore une petite anse où l'on peut aborder.

Sans pouvoir déterminer avec toute la précision désirable la date de la première découverte de cette île, nous devons affirmer du moins qu'elle remonte au commencement du seizième siècle; nous savons, en effet, avec certitude, que Gonçalo Alvares était déjà mort au mois de janvier 1525, quand le roi Jean III de Portugal lui donna un successeur dans la charge de *pilote major de la navigation des parties de l'Inde et mer Océane* (*), et cette charge n'avait dû être pour lui qu'une de ces honorables retraites dont on récompense les vieux serviteurs, quand le moment du repos et des travaux sédentaires a succédé au temps de la vie active et des courses lointaines.

Revue en 1713 par le capitaine Gough, et ultérieurement par nombre d'autres navigateurs, cette île est demeurée inhabitée, sauf le séjour temporaire de quelques Américains qui, à

(*) Nous devons à M. le vicomte de Santarem, archiviste de la couronne de Portugal, la communication d'un inventaire des brevets de pilote major, à partir de 1525, qui se trouvent conservés dans le précieux dépôt de la Torre do Tombo.

diverses reprises, y ont passé plusieurs mois à la chasse des phoques, notamment en 1800 et 1804. En janvier 1811, le capitaine Heywood, commandant la frégate anglaise *Nereus*, trouva établis, dans le petit débarcadère de l'est, quelques hommes provenant de l'équipage du navire américain *Baltic*, venu à Tristan da Cunha; ils avaient élevé des cabanes, apporté des ustensiles, et une provision de sel; mais après un séjour déjà long, ils n'avaient encore pris qu'un assez petit nombre de veaux marins, ces animaux ayant déserté ces parages devant la poursuite acharnée de leurs infatigables destructeurs, pour aller chercher des retraites plus éloignées et plus sûres. En revanche, nos Américains avaient fait une pêche très-abondante de poissons délicieux, et trouvaient, d'ailleurs, une nourriture agréable et facile dans les oiseaux qu'ils prenaient en allumant des feux sur la montagne pendant la nuit. La frégate anglaise *Sémiramis* étant allée visiter l'île en septembre 1813, n'y trouva plus d'habitants : les cabanes, les chaudières à huile, la provision de sel, gisaient dans un complet abandon; un petit cimetière, et quelques inscriptions funéraires, révélaient le sort de plusieurs des membres de la petite colonie américaine; le reste avait sans doute profité de la première occasion favorable pour quitter sans retour ce coin de terre, où leurs spéculations avaient été si tristement déçues.

Le 17 novembre 1829, le capitaine américain Benjamin Morrell, faisant un voyage autour du monde sur le schooner *l'Antarctique*, de New-York, jetait l'ancre au mouillage de Gonçalo Alvares, qu'il quitta le lendemain; c'est la dernière relation qui nous ait donné des nouvelles de ce rocher désert.

PENEDO DE SAN-PEDRO.

Le *penedo* ou rocher de San-Pedro est une petite île rocheuse, située par 0° 53' de latitude septentrionale, et 31° 35' de longitude à l'ouest du méridien de Paris; le point culminant ne s'élève guère à plus de 16 ou 17 mètres au-dessus du niveau de l'Océan, et le circuit de l'île entière ne dépasse pas trois quarts de mille : ce n'est donc qu'un point presque imperceptible au milieu de l'immensité des mers. Elle surgit abruptement du sein des eaux, offrant un profil anfractueux, hérissé de pointes aiguës, dont une, au nord, est particulièrement remarquable par sa forme pyramidale.

La nature de ces roches est schisteuse sur certains points, feldspathique en d'autres, et traversée, en ce dernier cas, par de larges veines de serpentine mêlée d'éléments calcaires : en général, elles paraissent, à quelque distance, d'une brillante couleur blanche, ce qui est dû à un revêtement lamellaire, lustré, plus dur que le spath, qu'un examen attentif a fait reconnaître pour un phosphate de chaux mêlé de quelques impuretés, et dont on attribue la formation à l'action des pluies ou de l'eau de mer sur les déjections des innombrables oiseaux qui ont ici élu leur domicile.

Ces oiseaux, suivant l'observation d'un naturaliste anglais, appartiennent tous à deux espèces, qu'il distingue par les noms de *badaud* et de *nigaud*. Le premier dépose simplement ses œufs sur le roc nu; le second se construit un nid assez grossier d'herbes marines; et souvent le mâle dépose sur le bord du nid quelque poisson pour la nourriture de la femelle; mais souvent aussi l'on voit un grand crabe très-vif, un grapse, enlever ce poisson avec une merveilleuse prestesse.

Pas une seule plante, pas même un lichen, ne pousse sur cette roche aride, et cependant on y trouve divers insectes, notamment une féronie et un acarus, venus sans doute comme parasites sur le corps des oiseaux, ainsi qu'une teigne brune qui s'attache aux plumes, un staphylin, un cloporte vivant sous la fiente, et, enfin, de nombreuses araignées se nourrissant probablement de tous ces insectes.

Ce rocher désert figure sur les cartes nautiques depuis le commencement du seizième siècle, qu'il fut découvert par les Portugais : Dom Garcie de Noronha était parti de Lisbonne en 1511 pour se rendre dans l'Inde avec une division de six vaisseaux, l'un desquels, commandé par George de Brito, avait nom le *Saô-Pedro;* s'étant avancé trop à l'ouest pour doubler le cap Saint-Augustin, Noronha donna l'ordre de retourner à l'est afin de reprendre ensuite le cap de plus loin; dans ce mouvement, il risqua de se perdre sur une masse de roches qui se rencontra sur son chemin, et contre laquelle alla donner, pendant la nuit, le navire *Saô-Pedro*, commandé par George de Brito, qui alluma aussitôt son fanal pour avertir les autres bâtiments qui venaient derrière lui : le danger que le navire *Saô-Pedro* avait couru sur cet écueil, fit donner à celui-ci le nom même du navire, et ce nom lui est resté. Il est à remarquer, toutefois, que, peut-être à cause de la liaison étroite que l'Église a consacrée entre les noms des deux apôtres saint Pierre et saint Paul en leur dédiant en commun le même quantième, beaucoup de cartes modernes ont attribué au penedo de San-Pedro la dénomination d'île de Saint-Paul ; et ce n'est point, d'ailleurs, une nouveauté, car on voit déjà figurer *San-Paulo*, au seizième siècle, sur les cartes du savant Ortélius.

Depuis sa découverte, le penedo de San-Pedro a été reconnu bien des fois par des navigateurs français, américains et anglais, qui en ont déterminé la position précise; M. Charles Darwin, naturaliste de l'expédition anglaise des bâtiments *l'Adventure* et *le Beagle*, l'a visité et décrit en 1832. Il a été, en dernier lieu, le théâtre d'un naufrage dont nous allons consigner ici le récit abrégé :

« Le navire hollandais *Jan-Hendrik*, sous le commandement du capitaine Eckelenburg, parti d'Amsterdam pour Batavia avec trente-trois personnes à bord, vint se perdre, le 29 mai 1845, à trois heures du matin, sur ces rochers : le capitaine, se jetant à la nage avec une corde, parvint à fixer une amarre à l'un des rochers, et à établir un va-et-vient au moyen duquel put s'opérer le sauvetage de presque tous les hommes. Le navire ne tarda pas à disparaître tout à fait.

« Assemblés sur les rochers où ils s'étaient sauvés, les naufragés ne voyaient devant eux que la faim et la mort. Pas d'autre linge que les lambeaux de vêtements qui leur étaient restés sur le corps; pour nourriture, rien qu'un peu de beurre, de farine, de biscuit et de genièvre. Presque sous l'équateur, exposés au soleil ardent, sans une goutte d'eau pour la soif, qu'on juge de leurs souffrances ! Tourmentés par la chaleur, ils restaient plongés dans l'eau jusqu'au menton pendant la journée entière, et le soir ils buvaient un petit coup de genièvre.

« Le troisième jour du naufrage, un navire fut en vue; il était américain : on hissa sur un espar le pavillon hollandais, que l'on avait sauvé avec un canot; et pour mieux s'assurer d'être secourus, le maître d'équipage, sept matelots et un passager s'embarquèrent dans ce canot, suppléant aux avirons par des débris de planches : mais ils ne furent sans doute point aperçus, puisque le navire continua sa route sans se détourner; le canot fut entraîné au large par les courants, et on ne le vit plus.

« Le désespoir de ceux qui restaient dans l'île fut à son comble; ils succombaient sous le poids de la fatigue, des privations et de la chaleur, quand, le cinquième jour, apparut un autre navire; celui-ci était anglais : c'était *la Chance*, capitaine Roxby, qui avait voulu s'assurer, en passant, de l'existence de ces rochers, révoquée en doute par quelques marins. Le 2 juin, à huit heures du matin, il en avait eu connaissance, et à neuf heures et demie, il y apercevait avec surprise un pavillon hollandais hissé au bout d'un espar : approchant jusqu'à 2 milles de distance, il put distinguer quelques malheureux dans un horrible état d'épuisement, faisant des signes de détresse.

« Un canot fut immédiatement dépêché à leur aide ; les matelots qui le montaient virent, en arrivant, une vingtaine de personnes étendues çà et là, presque mourantes. Ne pouvant les prendre toutes à la fois, ils embarquèrent le capitaine, le second, le maître d'hôtel, le charpentier, deux matelots, et trois novices, promettant aux autres de les venir reprendre au plus tôt. On eut bientôt regagné le navire, et le capitaine Roxby, apprenant qu'il restait encore onze naufragés à secourir, fit préparer aussitôt la chaloupe : quelques minutes suffirent, et les deux embarcations se dirigèrent ensemble vers le rocher ; mais par une déplorable fatalité, le vent se leva tout à coup, et une houle effroyable portant à l'ouest vint lutter contre les efforts des sauveteurs. Après cinq heures de peines superflues, les embarcations revinrent au navire, où un moment on les avait crues perdues. Pendant dix jours entiers, on resta en vue de l'île, épiant l'instant où la mer permettrait une nouvelle tentative ; mais le vent et la mer demeurèrent inflexibles ; et convaincu qu'il ne restait plus alors personne à sauver, le capitaine Roxby prit tristement le parti de poursuivre sa route sans s'arrêter davantage. »

LES ILES DE LA TRINITÉ ET DE MARTIN-VAS.

Directement au sud du Penedo de San-Pedro, à 430 lieues de distance, il existe un petit groupe d'îles et de rochers, bien déterminés aujourd'hui quant à leur position, leur forme, leur gisement relatif et leur nomenclature, après avoir été longtemps pour les hydrographes un sujet d'incertitude et de confusion. Placés dans l'océan Atlantique méridional, sur la route des navires destinés pour les Indes orientales, ils servent très-fréquemment de point de reconnaissance aux navigateurs.

Ce groupe se compose, en premier lieu, d'une île principale située au couchant, sous une latitude moyenne de 20° 29′ sud, et une longitude moyenne de 31° 42′ à l'ouest du méridien de Paris ; en second lieu, de trois îlots rangés sur une même ligne nord et sud, à 9 lieues de distance au levant, par une longitude commune de 31° 13′ : le grand îlot qui se trouve au milieu ayant 20° 27′ 45″ de latitude, l'îlot du sud 20° 29′, et l'îlot du nord 20° 27′ 10″ : mais, par suite de la submersion constante de l'isthme qui unit entre eux les sommets rocheux d'un même îlot, les deux petits se trouvent dédoublés en apparence, et le nombre des cimes émergées est ainsi porté à un total de cinq têtes distinctes ; circonstance utile à annoter pour l'éclaircissement des questions de synonymie qu'offrent à résoudre les anciennes cartes.

L'île principale est appelée par les Portugais, qui l'ont découverte et qui la possèdent nominalement, *a Trindade*, c'est-à-dire, en français, la Trinité. Rien ne justifie la forme espagnole de *la Trinidad*, trop souvent employée sur les cartes et dans les livres anglais et français, et qui a l'inconvénient de prêter à l'équivoque avec l'île de même nom que les Anglais ont enlevée aux Espagnols dans les Antilles. Les trois îlots de l'est ont conservé le nom du pilote portugais Martin Vaz, qui les découvrit.

Occupons-nous successivement de l'île et des îlots qui forment les deux parts distinctes de ce groupe.

LA TRINITÉ.

L'île de la Trinité mesure 3 milles dans sa plus grande longueur, du nord-ouest au sud-est ; sa largeur est d'un mille à un mille et demi, et sa circonférence de 8 milles ; sa superficie totale ne dépasse guère un millier d'hectares. C'est une terre fort haute, que l'on peut apercevoir, par un temps clair, à plus de 50 milles de distance. Elle offre un profil très-accidenté : on voit d'abord, au sud-est, une masse à arêtes droites, qui de loin ressemble à un énorme édifice, ayant à sa base une ouverture à demi elliptique qui traverse sa charpente entière, et permet d'apercevoir le jour de l'autre bord ; ensuite surgit un gros cône incliné, isolé, dépouillé, haut de 360 mètres, que les Anglais ont nommé *Sugar-loaf*, ou Pain de sucre : au pied de ce rocher sont deux mouillages, si toutefois on peut leur donner ce nom, l'un au sud-est, l'autre au sud-ouest. A l'autre extrémité de l'île, c'est-à-dire au nord-ouest, on admire un rocher presque cylindrique, de 280 mètres de haut sur 30 seulement de diamètre, presque entièrement détaché de la masse, à pans verticaux et même un peu rentrants vers la base : on dirait de loin une tour immense élevée par la main des hommes. Le sommet des montagnes est hérissé de petites pointes cylindriques déliées, qui semblent quelquefois posées comme en équilibre sur les cônes qu'elles couronnent.

La mer brise partout avec force sur le rivage, qui est couvert de roches ; l'accès en est souvent impraticable, surtout du côté de l'ouest; et les raz de marée le rendent même quelquefois impossible du côté de l'est, où se trouve cependant, en tirant au nord, une anse sablonneuse avec un ruisseau d'eau douce d'un mètre de large, où les navires pourraient, dit-on, facilement remplir cent barriques par jour.

Cette île n'offre aux yeux qu'un aspect rocailleux et aride; la formation en est volcanique, composée de basalte, de laves et de scories ; le sable même des rivages accuse la même origine, bien que mêlé de débris de coquilles et de coraux. Le sol paraît extrêmement stérile ; on n'aperçoit guère qu'une maigre verdure aux environs de l'anse du sud-est, quelques bouquets d'arbustes dans les ravins, et des arbres à tige élancée sur le sommet des mornes; mais nulle part aucun végétal alimentaire. Dans le fond des gorges, entre les montagnes, se laissent quelquefois apercevoir des chèvres, des sangliers, des chiens sauvages, restes sans doute de ceux qui purent y être autrefois importés. Les oiseaux de mer y sont nombreux; et la côte offrirait, au besoin, pour la nourriture de l'homme, des ressources précieuses de poissons et de coquillages.

La nature, suivant l'observation d'un célèbre voyageur (l'infortuné Lapérouse), n'avait pas destiné ce rocher à être habité, les hommes ni les animaux n'y pouvant trouver qu'à grand' peine leur subsistance ; et il reste en effet désert; mais la trace y subsiste encore toutefois, dans l'anse du sud-est, d'un ancien établissement.

La découverte de cette île remonte certainement au commencement du seizième siècle, et on la voit figurer depuis cette époque sur toutes les cartes nautiques, souvent même, et longtemps, en double emploi, sous les noms distincts de *l'Ascension* et de *la Trinité*, à cent lieues l'une de l'autre sur un même parallèle, et accompagnées chacune, dans l'est, d'un petit groupe de trois îlots. Comme il a été rigoureusement constaté, par des explorations répétées, qu'il n'existe dans ces parages qu'une seule île accompagnée de trois îlots dans la disposition indiquée, et que cette île et ces îlots, bien et dûment reconnus, sont ceux qui portent encore les noms de la Trinité et de Martin Vaz, il est désormais admis, sans conteste, que la prétendue île de l'Ascension n'est point différente de l'île même de la Trinité. Or on avait cru trouver, dans le routier portugais du pilote major Alexo da Motta, une mention précise de la découverte de cette prétendue île de l'Ascension, et par conséquent de l'île de la Trinité : il énonce en effet que l'Ascension, située par 20° de latitude sud, fut découverte par Jean de Nova en 1501 ; mais il est bien certain que l'Ascension découverte en 1501 par Jean de Nova n'est point du tout par 20° de latitude, et nous savons que l'île par lui rencontrée à cette date est l'Ascension revue en 1503 par Alphonse d'Albuquerque, celle en un mot à laquelle le nom d'Ascension est demeuré invariablement attaché, et dont la latitude est seulement de 7° 55'.

Alexo da Motta avait donc, par une confusion née, à ce qu'il semble, de la simple identité des noms, attribué à l'une des deux îles une indication historique appartenant à l'autre. Devons-nous supposer qu'une confusion pareille aura été faite, et qu'une erreur analogue, mais en sens inverse, aura été commise, par le voyageur anglais John Ovington, lorsqu'il énonce que l'Ascension, au nord-ouest de Sainte-Hélène, que nous savons découverte en 1501 par Jean de Nova, l'aurait été en 1508 par Tristan da Cunha ? Nous pouvons penser, du moins, que, si l'indication fournie par Ovington sur une découverte faite en 1508 d'une île de l'Ascension, par Tristan da Cunha, a quelque application possible, ce ne peut être qu'à l'égard de l'île de l'Ascension identique à celle de la Trinité.

Le célèbre astronome anglais Edmond Halley, dans son second voyage, fait en 1700, ne dédaigna pas de prendre possession de cette île au nom de la Grande-Bretagne, et l'on assure que ses compatriotes cherchèrent à s'y fixer en effet; du moins maintenaient-ils, à raison de cette prise de possession, un droit de souveraineté contre lequel les Portugais se crurent fondés à réclamer. Ils avaient un intérêt réel à demander la restitution de l'île, dans la crainte qu'elle ne pût devenir le foyer d'un commerce interlope avec leur riche colonie du Brésil; ils la revendiquèrent donc avec insistance, et quand elle leur eut été rendue, ils s'empressèrent d'y établir un poste, que Lapérouse visita en 1785.

« Au fond de l'anse formée par la pointe du sud-est », dit le célèbre voyageur, « j'aperçus un pavillon portugais hissé au milieu d'un petit fort autour duquel il y avait cinq ou six maisons en bois. La vue de ce pavillon piqua ma curiosité : je me décidai à envoyer un canot à terre, afin de m'informer de l'évacuation et de la cession des Anglais..... On compta dans ce poste environ 200 hommes, dont 15 seulement en uniforme, les autres en chemise. Le commandant de l'établissement, auquel on ne peut donner le nom de colonie, puisqu'il n'y a point de culture, dit que le gouverneur de Rio-Janeiro avait fait prendre possession de l'île depuis environ un an ; il ignorait ou feignit d'ignorer que les Anglais l'eussent précédemment occupée. Il prétendait que sa garnison était de 400 hommes, et son fort armé de 20 canons, tandis que nous étions certains qu'il n'y en avait pas un seul en batterie aux environs de l'établissement..... Il engagea l'officier français à se rembarquer, en lui disant que l'île ne fournissait rien, qu'on lui envoyait tous les six mois des vivres de Rio-Janeiro, et qu'il y avait à peine assez d'eau et de bois pour la garnison : encore fallait-il aller chercher ces deux articles fort loin dans la montagne. »

Mais ce poste, qui sans utilité réelle était une charge pour le Portugal, ne tarda point à être abandonné; et l'île n'eut désormais plus d'habitants : quelquefois seulement elle servit de refuge aux équipages des bâtiments en détresse, et plus d'un navigateur trouva asile sur ses tristes rivages. En mars 1826, l'amiral Gourbeyre, alors capitaine de frégate, commandant la corvette *la Moselle*, passant devant cette île, eut le bonheur de sauver un marin anglais délaissé depuis vingt jours sur ces bords affreux.

« James Owen (c'est le nom de cet infortuné) embarqué sur le navire anglais *le Darius*, était descendu à terre avec le capitaine Bowen, et avait pénétré par son ordre dans l'intérieur de l'île pour découvrir des sangliers et des chiens sauvages ; mais dans son incursion, étant tombé dans un précipice, sa chute le mit hors d'état de rejoindre le canot qui l'attendait. Cinq jours après ce funeste événement, ayant recouvré assez de force pour se traîner avec peine jusqu'au rivage, il n'aperçut ni l'embarcation ni le navire; mais il trouva son coffre et son hamac, que le capitaine, en l'abandonnant, avait cru devoir laisser, pensant sans doute qu'il n'avait pas péri. Mais pourquoi ne lui laissa-t-il pas des vivres ? Pourquoi, ayant pourvu à quelques commodités, oubliat-il ce que réclament les premiers besoins de la vie?

M. Gourbeyre, passant en vue de la Trinité, et la contournant d'assez près pour vérifier s'il n'y avait pas quelque malheureux à sauver, découvrit le soir, au moment de s'éloigner, un feu que les accidents du terrain lui avaient d'abord caché : il fit tirer un coup de canon d'avertissement, et envoya un canot; mais la mer brisant avec violence ne permit pas d'aborder, et il fallut revenir le lendemain avec des grapins, des lignes, une bouée de sauvetage et un petit radeau. Plusieurs hommes tentèrent successivement de traverser les brisants à la nage pour porter une ligne à terre : trois faillirent se noyer, et ne furent repris qu'au moment où leurs forces les abandonnaient; un quatrième, doué de plus de vigueur, fut plus heureux : il parvint, après des efforts inouïs, jusqu'au rivage. Un va-et-vient fut alors établi, le radeau conduit au pied des rochers, et le naufragé, placé sur cette frêle machine, se vit bientôt recueilli par les braves dont l'humanité et le courage méritaient un tel succès.

« Arrivé à bord de *la Moselle*, James Owen reçut tous les soins que réclamait son état : ses blessures furent pansées; on lui fit prendre quelques restaurants, et l'on s'empressa de lui donner des effets pris sur les approvisionnements de campagne. »

MARTIN-VAS.

Le groupe des îlots de Martin-Vas est formé, comme nous l'avons déjà dit, de cinq têtes rocheuses alignées du nord au sud sous le méridien moyen de 31° 13′ à l'ouest de Paris, et comprises entre les parallèles de 20° 27′ et 20° 29′ 10″ de latitude australe; c'est-à-dire qu'elles n'atteignent, dans leur plus grande extension, guère plus de deux milles. En mesurant leurs distances relatives au point culminant de chacune d'elles, on trouve un demi-mille de l'îlot du nord à l'îlot principal, et un mille et demi de ce dernier à celui du sud; quant aux deux petites têtes de rocher qui sont, à proprement parler, des appendices à l'égard des îlots extrêmes, l'une est précisément au milieu de la distance entre l'îlot principal et celui du nord; l'autre à 300 mètres au sud-est de l'îlot du sud. Toutes ces distances seraient beaucoup moindres si on les mesurait seulement d'un rivage à l'autre.

Quant à l'étendue, l'îlot principal, quatre fois plus grand à lui seul que tous les autres ensemble, n'a cependant pas un demi-mille de long sur un tiers de mille de large; son circuit ne dépasse pas un mille et demi, y compris les sinuosités, et sa superficie totale ne saurait être évaluée à plus de 25 hectares. L'îlot du nord, dont la figure ressemble beaucoup à celle d'un têtard, a 400 mètres de long, dont moitié pour le prolongement étroit qui représente la queue, 150 mètres de largeur, à peu près un demi-mille de tour, et une surface de 3 hectares. L'îlot du sud, d'une forme plus ramassée, mais très-découpé à sa périphérie, a environ 200 mètres de long, 150 mètres de large, un demi-mille de circonférence, et 3 hectares de superficie. Quant aux deux petits rochers, on peut leur accorder approximativement, à chacun, 150 mètres de tour, et une quinzaine d'ares de surface.

On doit au capitaine de vaisseau Bérard une carte détaillée de ces îlots, levée sous voiles en octobre 1822, pendant la campagne de circumnavigation de la corvette *la Coquille*. Mais une visite effective du grand îlot a été faite, le 25 janvier 1833, par le capitaine de navire Malvillain, commandant le trois-mâts *l'Aline*, de Nantes, qui se rendait à l'île Maurice : nous allons transcrire ici textuellement le rapport qu'il en fit à son retour.

Les îlots de Martin-Vaz sont presque inabordables, par suite du ressac très-fort et continuel qui s'y fait sentir. Les rochers, détachés les uns des autres, sont d'une hauteur et d'un escarpement presque inaccessibles, leurs bases étant rongées par des brisants qui lavent le roc et le revêtissent d'un limon glissant. On voyait une herbe légère ondoyer au-dessus de leur sommet, des myriades d'oiseaux posés sur leurs nids, et du pourpier dont la verdure contrastait avec la lave noirâtre qu'il tapissait.

Après avoir fait le tour de l'îlot le plus considérable (une demi-lieue environ), on put l'aborder; mais l'escalade du rocher était périlleuse : partout où la pierre était dure, elle était glissante et sans aucune aspérité. A chaque instant on était obligé de se cramponner à un tuf sans consistance, qui souvent fuyait sous les pieds, ou à des touffes rares d'une herbe flétrie que les mains arrachaient sans efforts et qui les laissaient sans appui. Ce qui augmentait encore le danger de la position, c'était la chute des rochers qui roulaient en avalanches, et qui auraient infailliblement écrasé les visiteurs de dessous, s'ils n'avaient eu la précaution de marcher tous de front.

Les oiseaux habitants de ces rocs arides sont des goëlettes blanches et noires, des taille-vents, des fous et des frégates. Nos visiteurs y trouvèrent aussi quatre espèces de végétaux : deux de la famille des graminées, du pourpier, et de la saxifrage ou casse-pierre; en fait d'insectes, ils ne virent qu'une grande quantité d'araignées; en coquillages, des oursins et quelques lépas. Voilà toutes les richesses animales et végétales de ces îlots inhospitaliers, que l'homme n'avait jamais peut-être visités. Leurs flancs, décharnés et sillonnés par les éboulements, ne sont composés que d'une lave molle et poreuse que la vétusté décompose chaque année, et qui n'est plus que le noyau sans consistance et ramolli d'une île qui, dans des temps plus reculés, pouvait être grande et compacte. A l'exception d'une couche de terre végétale qui résulte de la fiente des oiseaux mêlée à la poussière de la lave, ces îlots, amas de scories volcaniques, ne contiennent qu'une lave noire ou grise, des piles basaltiques, et de la pouzzolane violette.

ILES DOUTEUSES OU IMAGINAIRES.

L'œil cherche vainement aujourd'hui, sur les cartes de l'océan Atlantique méridional, quelques îles qu'une longue habitude avait, en quelque sorte, stéréotypées sur les cartes antérieures. Depuis le commencement du seizième siècle, en effet, se reproduisaient constamment, au voisinage de l'équateur, vis-à-vis de la côte de Guinée, les îles de Saint-Mathieu et de la Sainte-Croix; puis vers le tropique, dans l'ouest des îles de Martin-Vas, celles de l'Ascension et de Sainte-Marie d'Août; et enfin, mais beaucoup plus tard, entre les îles de Martin-Vas et de Tristan da Cunha, celle de Saxembourg. La critique géographique, appuyée des vérifications des navigateurs, les a successivement effacées : Saint-Mathieu et Saxembourg ont persisté les dernières, mais leur tour est aussi venu.

Passons rapidement en revue ces divers points, dont l'existence, jadis tenue pour constante et admise par tout le monde, est maintenant considérée par tout le monde comme le résultat d'une longue déception.

SAINT-MATHIEU.

Le frère Garcie de Loaysa, commandeur de l'ordre de Saint-Jean de Jérusalem, conduisant en 1525, au nom de l'empereur Charles-Quint, une escadre de sept voiles, destinée pour les Moluques, rencontra sur sa route l'île de Saint-Mathieu, où il débarqua le 19 octobre et fit une relâche de 15 jours; et voici la description qu'en donne le journal du voyage, tenu par Hernando de la Torre :

« L'île de Saint-Mathieu est à 2° 1/2 au sud de la ligne : elle est haute et boisée; en y arrivant par le nord et se dirigeant à l'est-sud-est, on aperçoit, à la pointe de l'est deux îlots d'inégale grandeur dans l'alignement de ce cap; on ne passe point entre eux et l'île principale, parce qu'il ne se trouve dans le chenal qu'une brasse à une brasse et demie de fond. Dans l'ouest, auprès du cap de Saint-Mathieu, il y a quatre écueils qui de loin paraissent comme des voiles. Cette partie est très-élevée et très-montagneuse, et il y a de bonne eau. Entre les écueils et les deux îlots est un bon mouillage sur fond de sable.

« On trouve aussi dans la partie orientale, près des deux îlots, une bonne aiguade ; nous y eûmes également d'excellentes oranges, des cocos, des tortues, beaucoup d'oiseaux dont les œufs servirent à régaler nos gens, quelques poules, et abondance de poisson, qui se prend à la ligne. » — Mais un autre narrateur rapporte que Loaysa, ses capitaines, et quelques autres personnes, furent très-gravement incommodés pour avoir mangé d'un grand et beau poisson qu'on avait pêché dans le voisinage, et qu'il leur fallut longtemps pour se rétablir.

Voilà le récit des gens mêmes de l'expédition ; l'historien Herrera y ajoute une particularité notable : « Un Portugais qui était sur la flotte », dit-il, « affirma que cette île avait été habitée par ses compatriotes, mais que les esclaves avaient tué leurs maîtres et tous les chrétiens : on trouva en effet beaucoup d'ossements humains, quelques pans de murs, et une grande croix de bois sur laquelle on lisait ces mots : « Pedro Fernandez est passé par ici l'an mil cinq cent quinze. »

Antoine Galvam, dans son Traité des Découvertes antérieures à 1550, énonce un fait plus remarquable encore : le tronc des arbres était, à son dire, couvert d'inscriptions portugaises constatant que l'île avait été occupée 87 ans auparavant, ce qui remonterait à l'année 1438, date tout à fait inadmissible dans la série chronologique bien connue des navigations portugaises.

Quoi qu'il en soit, l'estime que Loaysa avait faite de sa route lui avait fait placer l'île de Saint-Mathieu au sud-sud-est du cap des Palmes, et au sud-ouest de celui des Trois-Pointes, à 65 lieues du premier, et 113 lieues du second ; et cette île était scrupuleusement inscrite sur les cartes marines. Mais depuis Loaysa aucun navigateur digne de confiance ne l'avait revue ; le capitaine Archibald Dalzel en fit expressément la recherche en 1799 et en 1802, sans en découvrir vestige ; et tous les hydrographes s'accordent aujourd'hui à la rejeter de leurs routiers.

Cependant, les journaux de l'expédition de Loaysa ne permettent pas de révoquer en doute l'existence de l'île où il relâcha du 20 octobre au 3 novembre 1525 ; l'île existait, c'est évident, et suivant toute probabilité elle existe encore. Mais il ne faut point oublier que les moyens d'observation et d'estime que possédaient alors les navigateurs étaient loin d'offrir le degré d'approximation des méthodes actuelles ; qu'il y avait médiocrement à se fier aux latitudes, et qu'il se commettait sur les longitudes des erreurs énormes : là est la clef de l'existence de l'île Saint-Mathieu. Qu'on lise attentivement le journal de la navigation de Loaysa depuis son départ des Canaries le 14 août 1525, jusqu'à son arrivée devant Saint-Mathieu le 15 octobre suivant, on verra que, défalcation faite des détours qui se compensent, toute sa route se résume en une somme d'environ 15 journées au sud, 18 au sud-est, et 11 à l'est-sud-est ; et que si l'on donne à la journée une valeur moyenne de 20 lieues, comme l'indiquent précisément ses premières observations de latitude, cette route conduira naturellement à l'île d'Annobon !

Voilà la véritable Saint-Mathieu, haute et boisée, avec ses deux îlots d'inégale grandeur (l'île aux Tortues et la Roche du Passage), ses écueils, et son mouillage, au nord-est ; avec ses oranges, ses cocos, ses tortues, ses oiseaux, ses poissons, et ses esclaves émancipés.

Cette explication n'est point une nouveauté : vers la fin du siècle dernier, un officier qui se rendait au cap de Bonne-Espérance nous raconte qu'il se trouva, dans le golfe de Guinée, au sud de la ligne, en face d'une île haute, inconnue, qu'on supposait devoir être Saint-Mathieu ou Saint-Thomas, et que l'on disputait chaudement à cet égard, les uns pariant pour Thomas, les autres pour Mathieu ; enfin, le chef des insulaires étant monté à bord, on put s'en éclaircir : « Ceux d'entre nous », dit le narrateur, « qui avaient parié pour Saint-Mathieu s'empressèrent de demander si ce n'était pas là son nom; l'interprète secoua la tête et les partisans de Saint-Thomas sautèrent de joie; mais après avoir fait la même question au nègre pour leur saint, et reçu la même réponse, chacun éclata de rire, et il nous mit tous d'accord en nous apprenant que l'île se nommait Annobon. »

SANTA-CRUZ.

Les cartes du seizième siècle représentent, à deux cents lieues dans l'ouest de leur île imaginaire de Saint-Mathieu, une île, bien plus imaginaire encore, de *Sainte-Croix*, ou plutôt de *Santa-Cruz*, comme portent les cartes du cosmographe impérial Diego Ribero ; il est digne de remarque que le nom de cette île est constamment écrit *Santa-Croce* ou *Santa-Crosse*, sous la forme italienne, dans toutes les cartes postérieures, aussi bien dans celles d'Ortélius ou de Mercator que dans celle de Ramusio. C'est là tout ce que nous savons de l'existence de cette île; et si nous cherchons à deviner par conjecture ce qui peut lui avoir jadis donné naissance, nous nous trouvons incertains entre deux hypothèses qui ne se recommandent particulièrement ni l'une ni l'autre par quelque lumineux aperçu. Dans un temps où, pour le vulgaire, toute terre nouvelle était une île; quand Pierre-Alvarez Cabral, allant aux Indes orientales, eut touché au cap Saint-Augustin du Brésil, dont il ignorait la découverte antérieure par Vincent Pinzon et Améric Vespuce, et lui eut donné le nom de terre de la Sainte-Croix ; peut-être les cosmographes qui s'évertuaient à inscrire sur leurs mappemondes toutes les terres signalées par les voyageurs trouvèrent-ils, dans une vague indication de celle-ci, un motif suffisant de pointer, dans l'ouest de la route commune des Indes, leur île de la Sainte-Croix ; ou bien encore, la grande croix de bois trouvée par Loaysa dans l'île prétendue de Saint-Mathieu, et signalée peut-être déjà par Pierre Fernandez qui l'avait élevée, a-t-elle plutôt été l'objet de quelque vague notion qui se sera traduite graphiquement par le tracé de l'île fantastique de Santa-Cruz. Quoi qu'il en soit de l'origine de cette île prétendue, toujours est-il qu'entre toutes celles que la critique géographique a successivement anéanties, elle a disparu la première, et s'est comme évanouie d'elle-même.

L'ASCENSION, ET SAINTE-MARIE D'AOUT.

Nous avons déjà eu lieu de faire remarquer, en parlant des îles de la Trinité et de Martin-Vas, que *l'Ascension*, figurée sur les anciennes cartes à cent lieues dans l'ouest de la Trinité, était simplement un double emploi, une seconde édition de cette même île de la Trinité. De telles erreurs, tout énormes qu'elles soient, étaient autrefois assez communes; les Portugais, dans leurs routiers même les plus estimés, supposaient une distance de 120 lieues entre la Trinité et les îlots de Martin-Vas, et nous savons pertinemment que cette distance n'est que de 9 lieues! Voilà donc précisément la Trinité transportée, sans changer de nom cette fois, sur l'emplacement où on l'inscrivait d'autre part sous le nom d'Ascension : nouvelle preuve de l'identité réelle des deux îles supposées distinctes. Cependant, le capitaine français Duponcel de la Haye, commandant en 1760 la frégate *la Renommée*, dans une traversée de l'Ile de France à Rio-Janeiro, crut reconnaître, à quatre jours d'intervalle, la Trinité, puis l'Ascension ; mais les Portugais eux-mêmes en 1784, Lapérouse en 1785, Krusenstern en 1801, constatèrent de nouveau, par une recherche expresse, que c'était une chimère.

Les mêmes routiers portugais mettaient encore à l'ouest des îlots de Martin-Vas, à 80 lieues de distance, et par conséquent à 40 lieues dans l'est de la Trinité, une île qu'ils appelaient *Santa-Maria d'Agosto*; c'était évidemment une troisième édition de la Trinité, puisque aucune île n'existe réellement entre elle et les roches de Martin-Vas ; et les trois éditions ont cumulativement pris place sur les cartes nautiques, où elles ont persisté pendant plus de deux siècles.

Il est vrai de dire toutefois que Santa-Maria d'Agosto, c'est-à-dire Sainte-Marie d'Août ou l'Assomption, et non Sancta-Maria d'Acosta ou da Costa, comme on l'a écrit quelquefois par erreur, se trouve figurée en certaines cartes anciennes, dans un voisinage presque immédiat des îlots de Martin-Vas, et de manière à être considérée comme faisant partie de ce groupe. Il est évident qu'en ce cas, ce nom s'appliquerait au plus occidental de ces îlots, celui du nord, et il n'est pas hors de propos d'annoter que, malgré la distance où ils la supposaient, les routiers portugais comptaient en effet Santa-Maria d'Agosto pour l'une des îles de Martin-Vas. On voit aussi apparaître dans les cartes anciennes le nom d'île *dos Picos* ou des Pics, inscrit au sud-est des mêmes îlots; c'est simplement sans doute un nom applicable à celui du sud.

SAXEMBOURG.

Voici la dernière de ces îles chimériques dont nous avions à parcourir la série. Son histoire est plus récente : un pilote hollandais, Lindert Lindeman, d'Enckhuysen, la signala en 1670, comme l'ayant rencontrée sur le parallèle de 30° 47' sud, par une longitude de 20° à l'ouest du méridien de Paris, et lui donna le nom de *Sachsenburg*. Dès ce moment, elle fut indiquée sur les cartes nautiques, et y demeura longtemps sans qu'il s'élevât aucun doute sur son existence ni sa position. Cependant, à la fin du dernier siècle, le célèbre Horsburgh passa deux fois sur son emplacement sans en avoir connaissance; et en 1801, le Français Baudin, puis l'Anglais Flinders firent vainement la recherche de cette île. Mais voilà qu'en 1804 l'Américain Galloway, capitaine du navire *Fanny*, croit l'apercevoir au loin, du haut de ses mâts, l'ayant en vue pendant quatre heures consécutives, distinguant bien un pic au milieu, et un mamelon arrondi à l'un des bouts; seulement la longitude était de 2° plus occidentale. Mieux encore, en 1809, un autre Américain, le capitaine Long, du navire *Columbus*, retrouva Saxembourg par 30° 20' de latitude australe, mais par une longitude bien plus occidentale que ses devanciers, 30° 41' à l'ouest du méridien de Paris; et son indication, communiquée directement au gouverneur anglais du cap de Bonne-Espérance, puis reçue de seconde ou troisième main par le gouverneur de Sainte-Hélène, était si précise, qu'elle ébranla les convictions de Horsburgh et de Flinders. Mais enfin, le chevalier du Plessis-Parscau, commandant en 1823 la flûte *la Moselle*, le baron de Bougainville en 1824 sur *la Thétis*, et Dumont d'Urville en 1826 sur *l'Astrolabe*, firent de nouvelles recherches, si étendues et si exactes, de la prétendue île de Saxembourg, dans toutes les positions où elle avait été signalée, qu'il est bien reconnu aujourd'hui qu'elle n'a aucune existence réelle, et qu'elle doit être rayée définitivement des cartes où elle figurait; c'est le parti qu'on a pris.

L'UNIVERS,

ou

HISTOIRE ET DESCRIPTION

DE TOUS LES PEUPLES,

DE LEURS RELIGIONS, MOEURS, INDUSTRIE, COUTUMES, ETC.

ILES DE L'AFRIQUE.

TROISIÈME PARTIE.
ILES AFRICAINES DE LA MER DES INDES.

INTRODUCTION,
PAR M. D'AVEZAC.

Vue générale de la mer des Indes.

L'Inde, terre des prodiges et des merveilles, dont les riches produits faisaient les délices et l'envie de l'Europe, dont les voyageurs avaient popularisé le renom par leurs magnifiques récits, et dont les navigateurs néo-latins cherchaient aventureusement la route maritime, par l'orient et par l'occident à la fois : l'Inde devait naturellement donner son nom à la mer où les vaisseaux portugais, après avoir doublé le cap de Bonne-Espérance, n'avaient plus qu'à voguer en droiture vers ces rivages tant désirés.

L'antiquité classique avait de même appelé mer des Indes, ou plutôt océan Indien (*Indikon pelagos*), cette grande mer qui, baignant les côtes des deux Indes, s'étendait au loin vers le sud, à des distances inconnues, partagée en diverses subdivisions que l'usage y avait tracées suivant les plages où elle étalait ses ondes.

Au centre, depuis l'extrémité orientale de l'Arabie jusqu'aux approches de la Taprobane, elle conservait son nom d'océan Indique; au delà, elle s'enfonçait dans les terres sous la dénomination de golfe Gangétique; et tout au bout du monde connu, elle formait encore le Grand golfe. Dans l'ouest, autour de l'Arabie, et le long des côtes africaines jusqu'à l'île lointaine de Menouthias, elle s'appelait la mer Érythrée (c'est-à-dire la mer Rouge), avec ses deux longs appendices, le golfe Persique et le golfe Arabique : sans parler des subdivisions secondaires auxquelles s'attachaient les noms de golfe Sakhalite, de golfe Adulique, de golfe Avalite, en deçà du cap des Aromates; puis de mer d'Hippale, de golfe Barbarique, de mer Périlleuse, se succédant au delà du cap des Aromates jusqu'au cap Prason ou Vert. De là, une ligne tirée vers l'est jusqu'aux derniers rivages du Grand golfe, en passant par la Taprobane, traçait la limite de la grande mer Prasode ou Verte, qui s'étendait au sud jusqu'à l'immense terre inconnue formant l'imaginaire prolongement oriental de l'Afrique, vis-à-vis des plages de l'Asie.

Ainsi, l'océan Indique, tel que se le figuraient les anciens, équivalait à peine, dans son ensemble, à la moitié septentrionale de ce que nous appelons aujourd'hui mer des Indes; et, dans cette étendue même, la limite derrière laquelle la mer Prasode se déroulait au fond de l'horizon, était le dernier terme des notions réelles. Tout ce qui est au sud de cette limite, appartient donc exclusivement à l'histoire des découvertes modernes. Il était dès lors naturel que, dans notre étude des mers et des îles de l'Afrique orientale, nous fissions deux sections distinctes : l'une consacrée aux parages connus de l'antiquité, et célèbres surtout par ces vieux souvenirs où sont consignés tour à tour les récits merveilleux d'Évhémère, et la fameuse découverte nautique d'Hippale, et les périples des anciens nautoniers; l'autre, au contraire, bornée aux parages destitués de traditions antiques, et dont l'histoire ne commence qu'avec les explorations et les conquêtes de Vasco da Gama, avant lesquelles on n'entrevoit que de fausses lueurs dans les confuses descriptions des géographes arabes.

Cette dernière partie de la mer des Indes est précisément celle dont nous voulons nous occuper exclusivement ici (renvoyant à une section ultérieure ce qui concerne l'ancienne mer Érythrée). Mais dans cette grande moitié australe de l'océan Indien, l'Afrique n'a droit de suzeraineté que sur un tiers : l'Inde et l'Australie réclament chacune leur part, et nous avons à fixer la démarcation où doivent s'arrêter les prétentions mutuelles des trois continents circonvoisins. Une ligne tirée du nord-nord-ouest au sud-sud-est, par le point d'intersection de l'équateur et du méridien de 60° à l'est de Paris, nous semble résoudre toutes les difficultés du problème de la manière la plus simple et la plus heureuse; car elle coupe justement l'équateur à égale distance de Magadoschou et du cap Comorin, et le parallèle de 30° sud, à égale distance du cap dos Corrientes et du cap Leeuwen, laissant d'ailleurs à déterminer, entre l'Inde et l'Australie, une délimitation dont nous n'avons maintenant aucun besoin de prendre souci.

Nomenclature des îles de cette mer.

Les Arabes, chez qui les ouvrages de Ptolémée étaient en honneur, et qui calquaient leurs cartes grossières sur les siennes, avaient reçu de lui la fausse notion du prolongement des parties australes de l'Afrique, dans une direction parallèle aux rivages de l'Inde; des Arabes, cette géographie de convention passa aux Européens, et se perpétua chez eux, jusqu'au moment où l'expédition de Gama eut ouvert la voie aux explorations directes.

Celles-ci eurent bientôt peuplé les mers de l'Afrique orientale d'un nombre considérable d'îles et d'archipels : mais la négligence des hydrographes et l'incurie des copistes se sont conjurées pour effacer, déplacer, ou rendre méconnaissables les dénominations que les anciens navigateurs portugais avaient imposées à ces îles à mesure qu'il les rencontraient sur leur route vers l'Inde.

Une telle confusion est advenue dans la nomenclature historique de toutes ces îles, que ce serait aujourd'hui un travail pénible et difficile que de rétablir complètement, sous leur forme correcte, à leur place exacte, en donnant la date et le motif précis de leur application, tant de noms défigurés, méconnus, dont l'origine est oubliée; dans l'état actuel des choses, quelques rectifications clair-semées sont tout ce que nous pouvons entreprendre, et nous nous bornerons à les indiquer.

En partant du cap Delgado pour aller à l'est, on rencontre d'abord une île appelée *Aldabra*, *Albadra*, et sur la grande mappemonde de Cabot *Alhadara* : évidemment c'est le nom arabe *Al-Khadhrâ* ou la Verte, appartenant à l'île de Penba; il y a ici corruption et déplacement d'une dénomination certaine.

Quant à la petite île à laquelle ce nom avait été transporté à l'étourdie, quel est celui qui lui appartient en réalité? Diverses cartes du dix-septième siècle disent *Adarno*, celles d'Ortélius ajoutent *aliis I. Darea*; et la carte espagnole de Diego Ribero, de 1529, confirme cette dernière leçon en écrivant *I. de Arena;* cette île, ou ce massif d'îles, formé en grande partie, sinon en totalité, de sable blanc, mérite bien, en effet, qu'on lui applique la dénomination d'*Ilha da Aréa*.

Plus à l'est, est le groupe des îles qu'on appelle communément aujourd'hui Amirantes, et qu'on devrait nommer plus exactement îles de l'Amiral, en portugais *Ilhas do Almirante* : c'est en effet en 1502, à son second voyage dans l'Inde, avec le titre d'amiral, que Vasco da Gama, dans sa traversée de Mélinde à Cananor, fit la rencontre de ces îles.

En continuant d'avancer à l'est, nous trouvons sur les cartes anciennes deux groupes successifs avec les noms de *Mascarenhas* et de *Sete Irmáas*; mais au milieu du dix-huitième siècle le nom des Séchelles remplaça celui de Mascarenhas, et les *Sete Irmáas* continuèrent de figurer au voisinage : un peu d'attention eût dû faire reconnaître que les îles de Mascarenhas répondaient seulement au groupe sud-ouest des Séchelles, tandis que les *Sete Irmáas*, ou les Sept Sœurs, étaient représentées par le groupe nord-est.

Le nom de Mascarenhas se reproduisait, comme chacun sait, sur un point assez éloigné, et désignait l'île qu'on appelle aujourd'hui Bourbon : il provenait, là comme ici, du célèbre *Pero* ou Pierre *de Mascarenhas*, l'un des compagnons de Vasco da Gama.

Le nom également célèbre du Galicien Juan de Nova figurait pareillement à deux places distinctes, à l'ouest et au nord-est de Madagascar; en ce dernier point, il a donné lieu à une confusion que nous devons signaler. On s'accorde à reconnaître que ce navigateur découvrit, en 1501, la petite île appelée aujourd'hui *A Galega* ou la Galicienne par allusion à la nationalité du découvreur; cependant le nom même de *Juan de Nova* est appliqué à un massif de douze petites îles, situé plus à l'ouest, et qui sur les cartes anciennes était appelé *As doze ilhas*; et plus à l'ouest encore, au sud de l'île de Cosmo Ledo, est la petite île à laquelle on donne maintenant le nom corrompu d'*Astove* : sans rappeler ici tous les doubles emplois et les déplacements de noms dont ces îles ont été l'objet, il nous semble constant que la *Galega* est, entre les trois, la seule et véritable île de *Juan de Nova*, que ce nom a été transporté par erreur sur *As doze ilhas*, et que cette dernière désignation a été transportée à son tour, mais tronquée et corrompue, sur l'île voisine, *Astove*.

Cosmo Ledo, que nous venons de mentionner, paraît conserver le nom d'un navigateur portugais. Peut-être en faut-il dire autant d'*O Cirne* (nom d'une famille portugaise connue), auquel les Hollandais ont préféré celui de *Maurítius*, les Français celui d'*Ile de France*, et qui lui-même avait remplacé jadis le nom primitif de *Santa-Apollonia*, inscrit sur la mappemonde de Ribero. L'île voisine, qu'on appelle aujourd'hui *Rodrigues* (plus exactement *Diogo Rodrigues*, et sous la forme abréviative *Diogo Roys*), porte sur cette même carte le nom de *Domingos Fernandes*, remplacé, dans celles d'Ortélius et de Mercator, par la forme barbare *Don Galopes*, sous laquelle semble masqué *Diogo Lopes* de Sequeira, l'un des premiers gouverneurs de l'Inde portugaise.

Pour en finir avec les noms propres d'hommes, nous n'avons plus à rappeler que celui de *Pero* (ou Pierre) *dos Banhos*, mal à propos corrompu en *Peros Banhos*, et qui désigne deux basses, l'une au voisinage immédiat des îles de l'Amirante, l'autre près du petit archipel das Chagas, en dehors de nos limites, près des Maldives; et celui de *Roque Pires* (Roch fils de Pierre), transformé en *Roquepiz* par ceux qui ne savaient pas lire les abréviations usuelles de l'écriture du temps; ce qui a produit aussi la transformation en *Antongil* du nom d'*Antão Gonçalves*, appliqué à une baie bien connue de Madagascar.

Enfin, nous terminerons cette fastidieuse récapitulation des bévues onomastiques des cartographes, en restituant sa dénomination véritable au grand banc que l'on appelle aujourd'hui ridiculement *Cargados-Garajos*, et quelquefois, plus ridiculement encore, simplement *Cargados* : le garajão est un oiseau de mer très-commun dans ces parages, et le banc sur lequel il pullule, a dû être appelé naturellement *Coroa* (c'est-à-dire Banc de sable) *dos Garajãos*. Au nord de ce banc, en est un autre qu'on est tout surpris de trouver exactement nommé *Saia de Malha*, ou Cotte de mailles.

Distribution de ces îles en trois subdivisions.

Il nous reste à indiquer le classement le plus naturel de tous ces groupes insulaires. Au premier aspect des cartes du seizième siècle, aussi bien que des *Neptunes* les plus nouveaux, l'œil est frappé, avant tout, de la prédominance de Madagascar au milieu d'une foule de petites îles qui ne figurent à son égard que comme d'humbles satellites; l'usage en a même réuni le plus grand nombre sous l'appellation commune d'*archipel nord-est de Madagascar*, ne laissant à mentionner que les îles du nord-ouest pour compléter un recensement général. Il y aurait donc toute raison à désigner par le nom de *mer de Madagascar* l'ensemble de ce domaine maritime; et il est naturel de faire de la grande île de Madagascar, avec les îlots qui lui sont immédiatement contigus, la première subdivision de notre cadre.

L'archipel, ou plutôt l'ensemble des archipels et des îles au nord-est de Madagascar, forme une seconde subdivision, non moins bien déterminée par les découvreurs portugais que par nos explorateurs modernes: au temps des premiers, elles étaient toutes uniformément désertes; elles sont toutes aujourd'hui considérées comme des colonies ou des possessions européennes. La France, jadis, en disposait seule; réduite maintenant à l'île unique de Bourbon, elle a laissé tout le reste aux Anglais, maîtres de Maurice.

Enfin, les îles du nord-ouest constituent la troisième et dernière subdivision, très-bien déterminée aussi, dans l'histoire des expéditions portugaises tout comme de nos jours, étant alors directement au pouvoir des Arabes, et conservant aujourd'hui une population indigène où l'élément arabe s'est infiltré dans une proportion notable.

Ainsi, des considérations d'origine et de nationalité concourent, avec les motifs de grandeur et de situation relatives, pour recommander la classification tripartite que nous venons d'exposer, et qui, dans cet ensemble des îles africaines de la mer des Indes australe, désigne successivement à notre étude Madagascar, les colonies européennes, et les îles arabes.

Des convenances de rédaction ont fait apporter à ce classement une légère modification : Bourbon, chef-lieu des établissements français, et Maurice, chef-lieu des établissements anglais, ont été réunis à Madagascar dans une même section, qui comprend ainsi *les trois îles principales*, et qui a été rédigée par M. Charlier, né lui-même dans l'une de ces îles; la seconde section s'est trouvée, de cette manière, réduite aux *dépendances de l'île Maurice*: la rédaction en est due à M. Eugène de Froberville, lequel a tout nouvellement visité ces parages, qui lui étaient déjà si bien connus; la troisième section, comprenant *les îles arabes*, a été rédigée par M. Oscar Mac Carthy, dont les travaux géographiques jouissent d'une estime générale.

L'UNIVERS,

ou

HISTOIRE ET DESCRIPTION

DE TOUS LES PEUPLES,

DE LEURS RELIGIONS, MOEURS, COUTUMES, ETC.

ILES MADAGASCAR, BOURBON ET MAURICE,

PAR M. VICTOR CHARLIER.

NOUS réunissons ces trois îles comme elles le sont sur la carte, et comme elles le seront un jour, sans doute, par une commune destinée. En vain l'île Bourbon est aujourd'hui séparée de l'île Maurice par ces chances aveugles de la guerre et de la conquête qui leur ont assigné des gouvernements différents, et qui ont abandonné l'une à l'administration assez insouciante de la France, tandis que l'autre a été placée sous le joug de l'Angleterre. En vain toutes deux paraissent suivre une voie de civilisation, où il n'a pas été donné à Madagascar d'entrer hardiment, entravée qu'elle est jusqu'à ce jour, et isolée de ses deux voisines, les filles métisses de l'Europe, par les luttes intestines et profondément stériles de ses petits princes à demi sauvages, par les intrigues et les rivalités malfaisantes des aventuriers anglais ou français qui devaient bien plutôt leur porter la lumière, les arts, le commerce et la paix, enfin par tous les maux que la barbarie est tenue de traverser avant d'être transformée en une civilisation, même incomplète, et bariolée de mille bizarres couleurs.

Tous ces arrangements, tous ces obstacles, qui viennent du fait des hommes, peuvent bien être, comme eux, éphémères; mais ce que la nature a établi doit, avec le temps, prévaloir : et la nature a voulu, cela est visible, que Bourbon et Maurice fussent comme deux sœurs jumelles, nageant dans le même bassin et constamment séparées par un flot, mais se donnant la main sous l'onde pour n'être jamais désunies. Aussi, la langue, les mœurs, les intérêts, les passions, les lois elles-mêmes, en dépit des deux administrations d'origines opposées, se conservent semblables dans les deux îles, avec une physionomie légèrement distincte toutefois, comme il convient à deux sœurs jumelles. Il se fait entre elles, par de rapides voyages, un continuel échange de richesses, de lettres affectueuses, de visites amicales qui affermissent leur union et maintiennent leur ressemblance primitive et naturelle. Si la brise est douce et si elle souffle fidèlement des régions comprises entre l'est et le sud, où se trouve caché le berceau inconnu de ce vent régulier qui a reçu mission, de l'équateur au tropique, d'enfler presque toujours du même côté la voile du navigateur, il suffit d'un beau

1re *Livraison.* (ILES MADAGASCAR, BOURBON ET MAURICE.) 1

jour et d'une belle nuit pour être mollement voituré du Port-Louis de l'île Maurice sur la rade foraine de Saint-Denis de l'île Bourbon, où Dieu préserve de perdition les pauvres navires mouillés comme en pleine mer! Et après le soleil couché surtout, si c'est une nuit sombre et orageuse, et non une de ces nuits étoilées, limpides et lumineuses, que la nature prodigue aux terres tropicales, un créole de Maurice peut, en se promenant sur la grève la plus occidentale de son île, apercevoir la flamme du volcan qui domine la côte orientale de Bourbon; volcan mobile et perpétuel qui a dû ravager, dans les temps anciens, ces deux terres si voisines, encore marquées des empreintes de son passage.

Madagascar, au premier abord, et à ne considérer que la distance qui est interposée sur la carte entre elle et les îles Maurice et Bourbon, semble plus éloignée de participer à ce qu'il y a de commun entre leur existence et leur destinée; mais Madagascar, cet immense territoire insulaire, plus étendu que le territoire de la France, pousse bien assez avant ses vastes racines pour rejoindre sous la mer la base étroite sur laquelle s'élèvent les deux petites îles, qui sont comme ses satellites et ses sentinelles avancées dans l'océan indien. D'ailleurs, cette chaîne invisible et mystérieuse n'est pas la seule; les relations plus positives, qui sont du fait de l'homme, viennent chaque jour ajouter à la force du lien secret que la nature a voulu établir entre Madagascar et Maurice et Bourbon. La population noire, dont les bras mettent en valeur ces deux colonies semi-européennes, est dérivée presque tout entière de Madagascar; et le souvenir de cette origine se perpétue indélébile de générations en générations, au sein de l'esclavage; si bien que Maurice et Bourbon, tout en reproduisant, par leurs mœurs, leurs lois, leur langage, leur civilisation mélangée, quelques traits de la physionomie de notre vieille Europe, sont vraiment, par l'élément le plus essentiel de leur existence, c'est-à-dire par leur population, des colonies qu'on peut appeler *madécasses*. Elles tendent de plus en plus, par le cours des choses et le développement des races de couleur à diverses nuances, à reconnaître deux métropoles, l'une dont les blancs sont glorieux, c'est l'Europe; l'autre, qu'ils redoutent et qu'ils exploitent pour le quart d'heure, c'est Madagascar.

Il y a plus: la culture de la terre, à Maurice et à Bourbon, a reçu une telle direction, que ces deux îles aujourd'hui, pour exister seulement, pour vivre de la vie matérielle, et trouver, en un mot, leur nourriture, sont à la merci de leur puissante voisine. En effet, les colons européens, comme ils n'ont pas changé de pays pour changer d'air (ils le proclament assez souvent), mais pour s'enrichir par les moyens les plus expéditifs, se gardent bien de demander au terrain précieux des tropiques, et aussi aux bras esclaves dont ils disposent, ces produits indispensables, mais vulgaires, le blé, le riz, le manioc; ils ne veulent pas, comme ils disent, *faire des vivres*, ou ils en font le moins possible. Ces productions de première nécessité, qu'ils peuvent appeler du dehors, sans les acheter trop cher généralement, tiendraient chez eux la place des plantations beaucoup plus locales, beaucoup plus riches, du café et de la canne à sucre, dont l'Europe a besoin, et qu'elle sera disposée à payer avec assez de libéralité, tant que les ressources de la science ne lui auront pas encore donné le moyen de remplacer complètement le café et la canne à sucre (n'en déplaise aux promoteurs patriotiques des betteraves nées françaises), et tant que la chimie, dans cette grande entreprise qu'elle a faite de permuter entre les sols divers leurs dispositions innées, de créer aux fruits de la terre des destinations nouvelles, n'aura pas achevé de dire à la nature: « Nous avons changé tout cela; nous trouvons tout ce que nous voulons en chaque chose: tout est dans tout, il ne faut que savoir l'y chercher. »

MADAGASCAR.

Races Variées.

Entendons bien, avant d'aller plus loin, que jusqu'à présent l'emploi à peu près exclusif que les colons font de leurs terres nous semble un assez bon calcul, et dans leur *intérêt privé*, et même dans l'intérêt de la production générale du globe. Il est clair, en effet, que, si chaque terrain produit exclusivement la chose à laquelle il est le mieux approprié, et non pas une chose étrangère, qui lui est imposée par de pénibles efforts de culture et d'industrie, il y a moins de forces perdues, et dans le terrain même, et aussi dans le travail de l'homme. Ce n'est donc pas un blâme que nous avons prétendu exprimer sur le mode d'exploitation adopté par les colons; c'est un fait que nous avons voulu simplement constater, parce que ce fait nous paraît concourir puissamment, avec plusieurs autres, à resserrer les liens qui unissent déjà et uniront de plus en plus l'existence de Maurice et de Bourbon à celle de leur formidable vassale et nourrice, Madagascar. Chaque semaine, on voit arriver, sur la rade foraine de Bourbon et dans le beau port de Maurice, des navires chargés de riz malgache ou de bœufs malgaches. Ces bœufs gigantesques sont acheminés vers les habitations, où ils doivent avoir avec les nègres leur part des *travaux agricoles*; ou bien ils vont en droite ligne à la boucherie : du reste, leur race ne se reproduit guère dans les deux colonies, qui, n'ayant pas de terrain pour *les vivres* des hommes, en ont encore moins à sacrifier, vous le pouvez croire, aux pâturages et à l'éducation des bestiaux. Il faut donc remplacer de temps à autre les bœufs malgaches ou le petit nombre de ceux qui naissent créoles, par de nouvelles recrues : il en est pour eux absolument comme il en était pour les nègres, avant que l'abolition de la traite fût devenue réelle et définitive; il y a nécessité de remplir, par des importations sans cesse renouvelées, les vides que ne remplit pas la reproduction indigène. Les immenses savanes de Madagascar sont chargées d'y pourvoir, comme sa population pourvoyait naguère à l'horrible consommation qui se faisait en nègres, et comme ses rizières et ses champs de maïs approvisionnent aujourd'hui les marchés où les colons blancs vont chercher le principal élément de leur nourriture et de celle de leurs esclaves. Madagascar, après avoir peuplé ses deux voisines, en grande partie, des esclaves qui les mettent en valeur, continue donc de les y faire vivre et de faire vivre aussi leurs maîtres : on peut bien dire qu'elle nourrit journellement sa propre servitude (*servitutem suam quotidiè pascit*). Mais elle n'achète pas du moins cette servitude (*servitutem emit*), comme l'ajoute Tacite en parlant d'un autre peuple plus malheureux : on la lui paie, au contraire, on la lui paie en lui accordant, par voie d'échange, de l'argent monnayé, ce premier symbole et ce puissant véhicule de toute civilisation; des armes; de la poudre, des habits militaires, quelques rudiments de la discipline européenne enseignés par des déserteurs anglais ou français; tout ce qui peut, en un mot, seconder sa croissance rapide, l'assimiler plus vite aux îles qu'elle nourrit, et l'aider à se transformer un jour peut-être de vassale en suzeraine.

Telle est, nous le croyons, la dernière phase du développement de sa destinée dans la carrière que lui ont ouverte elles-mêmes les deux îles voisines. Quoi qu'il en advienne, on voit tout au moins qu'elle les touche d'assez près pour que nous ayons dû joindre son histoire aux courtes annales qui les intéressent. Quelle histoire? quelles annales? Ces trois îles ont peu vécu, et les événements historiques, ne s'offrant qu'en petit nombre et peu importants, devront être suppléés bien souvent par la description matérielle ou l'analyse morale; les recherches de l'historien, qui s'égareraient en pure perte, seront utilement remplacées par les souvenirs du voyageur. Qu'importe, si l'on réussit, par cette méthode, à faire connaître ces portions du globe jusqu'ici trop peu connues? Et cette méthode est bien certainement

1.

la meilleure, quand il s'agit de régions dont le passé est peu rempli, dont le présent n'est pas fixé, et dont l'avenir est livré aux conjectures.

Nous commencerons par Madagascar, puis nous passerons à Bourbon, et, en dernier lieu, nous parlerons de Maurice, nous élevant ainsi, de degré en degré, dans l'échelle de la civilisation : car Maurice est un pays plus avancé que Bourbon, et Madagascar est encore dans la barbarie. Cet ordre est le plus logique, ce nous semble, que notre récit puisse suivre.

Vous trouverez, dans les meilleurs dictionnaires de géographie, que Madagascar, située en face de la côte orientale d'Afrique, dont elle est séparée par le canal de Mozambique, a une étendue d'environ 350 lieues du nord au sud, de 100 à 120 lieues de l'est à l'ouest, et une population de 1,600,000 habitants, selon quelques voyageurs, de 4,000,000 selon d'autres. Cette population est mêlée de juifs, de mahométans et d'idolâtres : les deux dernières classes y dominent, et le peu de juifs qu'on y rencontre ont singulièrement dénaturé et corrompu leurs traditions de foi, de culte, et de rites, trois choses que ce peuple, même dans d'autres contrées moins éloignées de l'ancienne Jérusalem et mieux fournies en rabbins, n'a pas su conserver aussi immuables que sa prétention étrange de ne jamais changer et d'attendre toujours.

Les races, à Madagascar, sont plus variées que les religions. Cependant, grace à la distinction fondamentale de la couleur, elles peuvent être ramenées à deux classes principales : il y a en effet les nègres proprement dits, aux grosses lèvres, au nez écrasé, au front déprimé, à la chevelure laineuse, et les olivâtres, qui ont généralement les cheveux plus longs, plus souples, et les traits plus rapprochés du type européen ou asiatique. Mais c'est parmi ces olivâtres que l'on remarque des nuances à l'infini, pour la couleur et pour le caractère de la physionomie. On est convenu de croire assez généralement qu'ils sont d'origine malaise.

Nous nous permettrons de penser qu'ils ont plus d'une origine. Et d'abord, fussent-ils venus primitivement du peuple malais, de cette souche vivace et féconde qui s'est propagée et a poussé au loin ses racines à travers l'Inde et dans tous les parages de l'Asie et de l'Afrique, entre le cap de Bonne-Espérance et la Chine, on peut bien être assuré qu'ils ont à Madagascar confondu plus ou moins leur race avec les autres races qu'ils y ont trouvées, et même avec la race inférieure des nègres : de là des variétés qu'il serait impossible aujourd'hui de discerner et de classer. Et puis, n'imaginez pas que les Arabes, séparés de Madagascar par une mer qui les en rapproche plutôt qu'elle ne les en éloigne, aient oublié d'y jeter quelques semences de leur population vagabonde, eux qui ont laissé sur presque tous les points du globe des traces de leur passage, comme s'ils avaient reçu de la Providence, à un certain jour, la mission de régénérer toutes les nations engourdies du vieux monde, en s'insinuant dans leur sein, comme un levain actif dans une pâte robuste et saine encore, mais inerte.

Aux yeux de tout homme qui sait voir, il est évident que le caractère arabe s'est conservé dans la physionomie et les mœurs des Malgaches qui montrent le plus de supériorité sur leurs compatriotes : chez les autres, chez ceux dont les familles ont altéré davantage ce caractère primitif par des mésalliances successives, il n'est pas encore effacé; on pourrait le croire indélébile.

Du temps de Flacourt, qui fut envoyé à Madagascar en 1648, il y avait dans quelques parties de cette île, si nous en croyons son témoignage, qui mérite bien sur ce point une confiance absolue, la confiance nécessairement acquise à un témoin oculaire sur des faits dont la démonstration est du domaine exclusif de la vue, il y avait, disons-nous, des familles entièrement blanches et qui exerçaient sur la population noire une suprématie incontestée. Ces familles, venues d'Arabie,

MADAGASCAR.

Rohandrian avec sa femme allant en visite.

et dont Flacourt put reconnaître l'existence principalement dans la province d'Anossi, se divisaient en plusieurs classes, selon le degré de leur puissance, et aussi, on est fondé à le croire, selon la pureté ou la dégradation plus ou moins sensible de leur couleur et de leur primitive origine. Il nous suffira de citer les *Rohandrians* et les *Anacandrians* qui, d'après le voyageur français que nous venons de nommer, occupaient les deux premiers échelons de la hiérarchie blanche à Madagascar. Les Rohandrians étaient comme les princes du pays et tout à fait blancs (voy. *pl.* I et II). Les Anacandrians, qui venaient immédiatement après eux, passaient pour être les descendants de cette race princière, mais les descendants dégénérés; et pour mieux dire, on les regardait comme issus d'une race bâtarde et déjà altérée des Rohandrians. Ce qu'il est essentiel toutefois de remarquer ici, pour ajouter une preuve de plus à notre opinion sur les origines des populations madécasses, c'est que les Anacandrians s'appelaient aussi *Ontanpassemaca*, c'est-à-dire hommes des sables de la Mecque, d'où ils se disaient en effet venus avec les Rohandrians, ces hommes blancs d'un sang plus pur, auxquels le premier rang était dévolu sans partage.

Parmi les noirs, qui formaient, à vrai dire, dès cette époque, la masse des habitants de Madagascar, Flacourt établit également plusieurs divisions; nous n'en citerons que deux, parce que toute cette classification ancienne, modifiée par le temps, n'a plus aujourd'hui la même importance, depuis qu'on a vu se confondre ses nuances variées en quelques distinctions fondamentales.

Il y avait donc alors, entre autres, les *Voadzyris*, les plus grands et les plus riches d'entre les noirs: ils étaient maîtres d'un ou plusieurs villages, et, sans parler du droit de vie et de mort sur leurs sujets et esclaves, ils avaient le privilége qu'on peut croire insignifiant et vulgaire, et qui ne l'était pas, de couper eux-mêmes la gorge aux animaux qui leur appartenaient. Ces Voadzyris étaient du sang des anciens maîtres de Madagascar, et leurs pères y avaient tenu le premier rang jusqu'à l'arrivée des familles blanches d'Arabie, auxquelles ils avaient dû se soumettre, de gré ou de force, mais bien plutôt, on peut le croire, par l'ascendant d'une supériorité morale que par aucune violence.

Il y avait, après les Voadzyris, les *Louhavouhits* (voy. la *pl.* I), qui étaient grands aussi parmi les noirs, mais n'avaient pas le droit de couper la gorge à un bœuf ou à une vache de leurs propres troupeaux. Il fallait, nous dit Flacourt, qu'ils allassent quérir un Rohandrian, pour remplir cet office de boucher, quoiqu'il y eût des hommes parmi eux qui possédaient plus de huit cents bêtes.

Aujourd'hui il y a bien encore des Rohandrians, des Louhavouhits et une troisième classe d'hommes, celle des esclaves. Mais ces trois classes très-distinctes, le sont par leurs priviléges, par leurs droits civils et politiques, par la différence de leur existence sociale, non plus par les caractères extérieurs de leurs figures. L'influence du climat et le mélange des races ont fait disparaître, ou du moins ont singulièrement atténué l'espèce de noblesse et d'autorité qu'ils pouvaient faire dériver de la prééminence de leur couleur. L'opinion seule les sépare du reste des Malgaches; mais cette opinion, fortifiée par les liens de l'habitude, suffit pour leur assurer une grande puissance. Ils règnent en véritables despotes, et il n'existe peut-être nulle part ailleurs, si nous en croyons les mémoires inédits d'un voyageur français, une tyrannie aussi bien établie dans les mœurs. Leur autorité (chose étrange) n'est appuyée ni sur l'amour, ni sur la force. Haïs des Malgaches, et n'ayant en main aucun pouvoir réel pour se faire obéir, ils exercent néanmoins sur ce peuple un tel empire, qu'il est sans exemple qu'on ait cherché à secouer leur joug. Divisés par la jalousie, mais unis par les liens du sang et par une politique commune, ils savent dissimuler leurs haines et vivent entre eux avec une extrême circonspection. Du reste, avilis par l'ivrognerie la plus honteuse, et corrompus par l'exercice d'un pouvoir sans contrôle, ils offrent le spectacle de tous les vices et n'en sont pas moins l'objet du respect le plus profond et le plus inviolable. Les privilèges dont ils jouissent, paraîtraient ridicules, si l'on ne remarquait que c'est par ces privilèges que se maintient leur puissance dans l'opinion. Un Rohandrian est un être si différent de ses sujets ou subordonnés, que ses yeux, sa bouche, tous les organes de son corps ne portent point le même nom que les mêmes parties chez les autres Malgaches. Eux seuls ont encore maintenant, comme du temps de Flacourt, le droit d'égorger un animal; eux seuls ont le droit de savoir écrire : il n'y a même pas long-temps qu'ils voulaient seuls être vêtus. — Il est juste d'ajouter que les privilèges de l'aristocratie madécasse ne sont pas aussi étendus dans toutes les provinces de la grande île de Madagascar; mais ils sont de cette nature et de cette gravité surtout dans la province d'Anossi, l'une des plus importantes, la plus connue des Français, et celle en un mot où flotta long-temps le pavillon de la France sur les murs du Fort Dauphin.

Les Louhavouhits, ou libres, qui composent la deuxième classe de la population, selon le même voyageur, Fortuné Albrand, auquel nous empruntons ces détails, sont originaires du pays, dont ils possèdent en propriété la plus grande partie. Leurs mœurs sont fort douces, et c'est parmi eux qu'il faut chercher à Madagascar des hommes honnêtes, sincères et bienveillants. Réunis dans des villages qui sont composés d'une seule famille, que gouverne le plus âgé, ils reproduisent quelques traits des mœurs patriarcales. Il leur reste, pour compenser la perte de toutes leurs libertés, le droit de choisir leurs tyrans; et, en effet, ils peuvent, s'ils sont mécontents de leur chef, faire hommage de leurs terres à un autre, lors même que ces terres seraient enclavées dans celles du Rohandrian qu'ils abandonnent, et sans qu'il en résulte la moindre mésintelligence entre les chefs, obligés de se ménager et de se pardonner beaucoup de choses mutuellement, dans l'intérêt d'une politique commune. Ce droit des Louhavouhits est l'unique barrière que les mœurs aient élevée dans ce pays contre la tyrannie.

Au-dessous des Louhavouhits, on trouve les esclaves, car il y a des esclaves à Madagascar, indépendamment de ceux que peut y avoir faits, et que peut y entretenir la fâcheuse intervention des Européens. Toutefois cette dénomination demande à être expliquée et adoucie. Il y a deux sortes d'esclaves. Ceux qui appartiennent aux chefs, ou Rohandrians, et qu'on nomme *Ountovas*, ne sont guère que les satellites de leurs maîtres, et n'ont d'esclaves que le nom : ils ne travaillent qu'autant qu'ils le veulent, et ne doivent de rétribution à leurs chefs que lorsqu'ils sont salariés par les blancs; encore cette rétribution ne dépasse-t-elle jamais la neuvième partie de leur salaire. Leur esclavage est si peu réel, que leur maître ne pourrait ou n'oserait en vendre un seul. En effet, il serait bientôt abandonné de tous; car ces Ountovas peuvent, aussi bien que les libres, ou Louhavouhits, changer de maître quand ils sont mécontents du leur. Il est vrai qu'ils prennent rarement ce parti, qui les oblige à quitter leur maison, leurs amis, le village qui les a vus naître, tandis que le Louhavouhit reste sur sa terre, et se contente de se mettre sous la protection d'un autre chef.

La seconde espèce d'esclaves est celle des *Oundevous*, ou esclaves des particuliers. Ce sont les seuls qui pourraient être considérés comme subissant une véritable servitude; mais il n'en existe presque plus dans le pays, vu l'extrême différence de leur condition avec celle des Ountovas, et l'impunité qui leur est assurée en se sauvant chez un Rohandrian. Les Européens ont quelques-uns de ces esclaves à leur service;

mais ils emploient, pour les retenir, un moyen forcé dont on use, dans les colonies, pour leur faire expier les fautes les plus graves : il les tiennent enchaînés par les pieds, et ne leur permettent pas de déposer leurs fers, même pendant les heures de travail, et la nuit, ils les entassent dans une prison qu'on nomme le Bloc.

On ne s'attend pas, sans doute, à nous voir, après ce simple exposé des trois ou quatre principales divisions de la société madécasse, en suivre l'application dans les diverses peuplades qui se partagent le territoire de la grande île dont nous nous occupons. Il nous semble avoir pénétré bien assez avant dans les énumérations spéciales que peut comporter le cadre d'un article tel que le nôtre. Ce que nous allons avoir à ajouter sur Madagascar, ses habitants, son passé, son avenir, toute sa destinée enfin, devra garder un caractère plus marqué de généralité : il n'en peut pas être autrement (*).

(*) Cependant nous suppléons autant que possible par le dessin les descriptions détaillées que la brièveté obligatoire de notre texte nous interdit sur les diverses castes de la population que nous devons faire connaître, sur leur physionomie, leurs habitudes de corps, leurs costumes, leurs armes et leurs usages. On peut voir (*pl.* II) un Rohandrian avec sa femme, portée par des esclaves lorsqu'elle va en visite dans le pays. On voit, en outre (*pl.* I), que le contraste signalé par nous, d'après Flacourt, entre les deux couleurs tranchées qui existaient à Madagascar de son temps, s'étendait à des provinces dont nous n'avons pu analyser, comme celle d'Anossi, les races variées. Manghabei, dont on remarquera que les maîtres de village ou *Philoubeis*, étaient ou pouvaient être quelquefois blancs alors, c'est la baie d'Antongil, située par 15° 37′ lat. sud et 48° 5′ long. est. Le *Machicorois* et sa femme, tous deux noirs, qui forment opposition par leur couleur, dans la même planche, appartiennent au grand pays des Machicores, placé dans la partie méridionale de Madagascar et enclavé dans l'intérieur des terres, sur un espace d'environ 70 lieues de l'est-nord-est à l'ouest-sud-ouest, et de 50 lieues du nord directement au sud.

Les Malgaches, à les prendre en masse et sans nous arrêter davantage aux distinctions de castes et de peuplades que nous venons de constater, sont hospitaliers, braves, insouciants de l'avenir. Ils ont une aptitude naturelle à tous les arts et aux travaux de l'industrie manufacturière; il ne s'agit que de savoir exciter par le contact et l'exemple du génie européen leurs dispositions endormies. Ils aiment avec fureur le chant, la danse, et s'oublient facilement dans les plaisirs et la mollesse, quand une grande passion ne vient pas les animer. Ils portent aussi, au milieu de leurs plus vives gaietés, ce quelque chose de triste au fond du cœur, qui dispose ordinairement à l'indolence et à une rêverie stérile, mais qui, dans quelques organisations heureuses, et à de certains moments, s'épanche au dehors et devient de la poésie. Leur amour pour les femmes est un dernier trait qui les assimile aux Arabes. Nous avons vu plus d'un Malgache qui, après avoir fourni sa longue et pénible journée d'esclave à piocher dans un sillon de cannes à sucre, partait le soir pour aller voir sa maîtresse, sa camarade, dans une habitation à trois ou quatre lieues, et, toujours courant et haletant, se trouvait le lendemain matin revenu à sa corvée, sous les regards de son maître étonné, satisfait et trompé; car vous comprenez que le maître est sérieusement trompé, que des forces actives lui sont enlevées, quand un esclave prend la liberté de ne pas se réparer par le sommeil.

Madagascar est une terre généralement très-fertile, qui offre des ressources immenses par la diversité de ses productions. Nous ne les énumérerons pas toutes : il suffit de citer le riz, le coton, la soie, les gommes, les résines, l'ambre gris, l'ébène, les bois de teinture et de construction, le chanvre, le lin, le cristal de roche, l'étain, l'or même, et surtout le fer, dont la qualité est supérieure. En outre, grace à la multitude de troupeaux de bœufs qui couvrent son territoire, on trouve à s'y approvisionner en salaisons, en cuirs et en suif. Quant aux productions du sol de la France, le blé, la vigne, etc., on croit très-possible et même facile de les naturaliser avec un grand succès à Madagascar.

On pourrait saisir ici l'occasion de faire connaître les richesses que présente l'histoire naturelle de cette île; mais comme elles ne diffèrent pas essentiellement de celles que l'on trouve aux îles Maurice et Bourbon, nous réservons ce que nous aurions à en dire brièvement, pour la partie de notre article où il sera parlé de cette dernière colonie. Sauf quelques exceptions, et, par exemple, sauf l'exception fondamentale de la production du sucre et de la culture de la canne en grand, qui, embrassant à la fois une industrie agricole et une industrie manufacturière, dépassent encore, dans l'état actuel des choses, la portée de la civilisation madécasse, la plupart des produits naturels, plus ou moins améliorés par le travail de l'homme, et que l'on rencontre dans les deux petites îles, s'offrent également sur le territoire de la grande île voisine, qui est comme leur mère, et qui reproduit avec plus d'étendue, plus d'ampleur et moins de troubles intérieurs et volcaniques, une physionomie assez semblable, des traits de famille et la même constitution organique. On jugera donc, par ce que nous dirons de la fécondité de Bourbon, quelles sont les ressources que Madagascar, mieux exploitée, ouvrirait à un grand développement d'agriculture.

Par malheur, on est forcé d'ajouter qu'il a régné jusqu'ici, sur presque toute l'étendue des côtes de cette île magnifique, des fièvres pestilentielles pendant la moitié de l'année, la saison de l'hivernage; et c'est, dit Bernardin de Saint-Pierre, ce qui empêchera toujours les nations européennes d'y faire des établissements fixes. Sa prédiction, quant à présent, n'a pas encore cessé d'être justifiée par l'événement. Toutefois, il faut dire qu'on s'y est mal pris et qu'on n'était guère en mesure de s'y mieux prendre. On aurait dû, et cela était impossible aux faibles ressources des colons européens, pénétrer dans l'intérieur des terres, aussitôt après le débarquement, s'y établir en toute assurance, puisque là n'existent pas les mêmes causes d'insalubrité, et descendre peu à peu de ce point vers les côtes, en travaillant chaque jour à assainir devant soi quelque portion de territoire. Ce mode de colonisation est le seul qui puisse devenir efficace pour toute cette zone pestilentielle qui entoure Madagascar comme d'un rempart de maladies contre les entreprises des étrangers. D'une telle nécessité, imposée à la marche que doit suivre l'œuvre d'assainissement, il est naturel de conclure qu'il est réservé aux indigènes eux-mêmes de l'accomplir: c'est par eux et avec eux que la civilisation, lorsqu'elle les aura gagnés et enrôlés sous ses bannières, descendra de l'intérieur vers les côtes, portant avec elle ses bienfaits ordinaires, la salubrité, l'aisance, l'activité industrielle. Les Malgaches semblent appelés à exécuter leur transformation d'un peuple barbare en un peuple civilisé, avec les idées européennes sans doute, mais par leurs propres mains, et sans aliéner pour un temps quelque partie de leur indépendance, comme cela s'est vu jusqu'à ce jour dans toutes les transformations semblables.

Les Malgaches feront bien de se charger de leurs affaires eux-mêmes. Les Européens, qui se sont précipités avidement sur tant d'autres parties du globe et y ont pris racine, n'ont entrepris la tâche de coloniser et de civiliser Madagascar, ni de très-bonne heure, ni avec beaucoup d'empressement, ni surtout avec la persévérance qui est le premier gage du succès. Ils étaient déjà établis sur tous les points qu'ils occupent aujourd'hui au delà du cap de Bonne-Espérance, avant de songer à Madagascar; et une fois décidés à jeter les yeux sur cette île, ils y sont revenus à plusieurs fois, ont été découragés par le moindre revers, et en ont disparu, par intervalles, comme s'ils ne devaient jamais y reparaître: lents à entreprendre, prompts à tout abandonner. Leur conduite se conçoit et s'explique aisément. Madagascar n'est sur aucune des grandes routes commerciales où voyage la spéculation européenne; elle n'est pas dans le voisinage des grands champs de batailles maritimes où pouvaient se rencontrer les ambitions rivales des puissances du vieux monde. Dès lors il n'y avait pas un intérêt pressant et actuel à s'y poster, à s'y fixer, malgré tous les obstacles; on avait bien d'autres endroits plus commodes pour y placer ou un comptoir ou une station militaire. L'importance de Madagascar est, avant tout, dans la fécondité de son territoire, et il fallait aux Européens, pour en tirer parti, tout un système de colonisation : or, ce n'est pas la première chose de laquelle on s'avise dans les expéditions maritimes; on se ménage d'abord des lieux de relâche pour le commerce et pour la guerre; le désir de coloniser ne vient qu'ensuite.

Cependant il y a eu, de la part des Européens, plusieurs tentatives d'établissement, dont nous devons esquisser rapidement le résumé historique.

Les Français sont ceux qui ont laissé jusqu'à présent les traces les plus nombreuses et les plus marquées de leur passage à Madagascar; mais ils ne sont pas les seuls qui aient essayé de s'y établir. Les Hollandais, les Portugais, les Anglais vinrent de bonne heure trafiquer sur les côtes de cette grande île, et y dresser passagèrement des comptoirs subalternes, que la méfiance des indigènes les empêcha bien de transformer en des forteresses permanentes et des centres de domination coloniale, comme ils l'auraient peut-être voulu et comme ils l'avaient déjà fait avec tant de succès sur plusieurs points de l'Asie et de l'Afrique. Malgré le peu d'importance et quelquefois même la ridicule exiguïté de leurs tentatives pour s'asseoir à Madagascar, il en faut bien dire un mot.

L'anse aux Gallions, qui ne peut donner asile qu'à des navires d'un faible tonnage, fut le premier endroit occupé par les Portugais, vers 1548, et l'on peut croire, d'après cette date ancienne, que ce fut le premier point, dans l'île de Madagascar, où les Européens en général aient tenté de se fixer. Ces Portugais étaient sous les ordres d'un homme de leur nation, que les habitants nommèrent *Macinorbei*, par corruption sans doute de *Monsignor-Bei*, nom composé d'un mot portugais et d'un mot madécasse qui, réunis, signifient *grand seigneur* ou *grand monsieur*. Macinorbei, puisqu'il faut l'appeler par ce sobriquet madécasse, le seul nom sous lequel il soit connu, Macinorbei aborda à l'anse aux Gallions avec 70 hommes, et dans l'intention évidente de s'y établir d'une manière permanente; mais son espoir fut trompé, et son établissement n'eut pas la durée qu'il se promettait. Il avait fait bâtir, dans l'îlet d'Anossi, que l'on nomme aussi l'îlet des Portugais, une maison de pierre, dont les murailles subsistaient encore du temps de Flacourt, qui, après avoir été commandant du Fort-Dauphin pour le roi de France, écrivait en 1658 une *Histoire de la grande isle Madagascar*. Quand cette maison fut bâtie, les indigènes qui demeuraient dans le voisinage, sous prétexte de fêter à la mode de leur pays la nouvelle construction, apportèrent une grande quantité de vin de miel aux Portugais, et les déterminèrent à faire, en commun avec eux, un banquet de réjouissance, et, comme nous dirions, à pendre la crémaillère. Mais ce fut une triste crémaillère, en vérité! Au milieu de la fête, les Portugais avec leur chef furent massacrés. Il n'y en eut que cinq qui furent épargnés, ou qui survécurent à leurs blessures. Dès ce moment, enfermés dans la maison de pierre, comme dans une citadelle, avec 30 nègres, leurs esclaves, ils les armèrent de fusils, se mirent à faire de temps en temps, à leur tête, des incursions sur tout le territoire voisin, brûlèrent les villages, rançonnèrent les indigènes pour venger la mort de leurs malheureux compagnons. Ils parvinrent ainsi à imposer aux nègres ennemis une trêve et l'obligation de leur fournir des vivres jusqu'à l'arrivée d'un navire de Portugal, qui les prit à son bord et les tira de cette situation difficile, où il leur eût été impossible de vivre et de résister long-temps. Depuis lors, les Portugais ont pu reparaître dans l'île pour y trafiquer par occasion, mais non pour y séjourner, ni pour y fonder aucune espèce de colonie, pas même un comptoir.

Les Hollandais paraissent avoir fréquenté plus particulièrement la baie d'Antongil, située à 15 degrés de latitude sud, et qu'on pourrait bien assimiler à un golfe, car elle a 14 lieues de profondeur et 9 lieues d'ouverture. Là ils allaient négocier avec les habitants du pays et acheter des esclaves et du riz. Quelques-uns d'entre eux, auxquels le commerce ne suffisait pas, ou qui voulaient se ménager une situation plus fixe et plus durable pour commercer avantageusement, se réunirent pour y installer une *habitation:* c'est, comme on sait, le nom qui est donné, dans le langage colonial, à toute exploitation agricole, à tout établissement fondé avec l'intention de s'attacher au sol, et l'on nomme *habitants* ceux que nous appelons planteurs dans notre langue européenne. Les *habitants* hollandais n'étaient que douze, en quelque sorte perdus dans cette baie spacieuse d'Antongil, et bientôt les maladies les réduisirent à quatre. Ils furent d'un assez grand secours au prince nègre, souverain de cette côte, dans quelques-unes de ses guerres contre ses voisins; mais ils provoquèrent ensuite sa colère par leurs perfidies, leurs insolences et leur ivrognerie, et il les fit massacrer. Tel a été presque toujours le sort des Européens établis à Madagascar, et, on est forcé d'en convenir, il a été le plus souvent une juste punition de leurs désordres et de leurs imprudences.

Quant aux Anglais, qui ont aujourd'hui la plus grande influence à Madagascar, par l'action de leur habile politique, plutôt que par aucun établissement définitif de colonisation, on sait qu'ils firent anciennement quelque tentative de ce genre, mais sans succès. Ils abordèrent, vers 1644, au nombre d'environ 400 hommes, près de l'embouchure de la rivière Saint-Augustin, dans la baie du même nom qui peut recevoir de très-grands navires. Ayant trouvé là un fort précédemment bâti par d'autres Européens, qui l'avaient ensuite abandonné, ils s'y installèrent; mais en 3 ou 4 années, la maladie et la misère firent de nouveau une solitude de ce fort; et des Français, transfuges du Fort-Dauphin, qui s'étaient retirés vers ce point de la baie Saint-Augustin, dans l'espoir d'y rencontrer quelques figures blanches et un navire pour retourner en Europe, n'y virent qu'un spectacle de mort et de désolation. Ces Anglais n'avaient pas voulu prendre parti dans les guerres de leurs voisins contre d'autres peuplades indigènes, et ils s'étaient ainsi aliéné l'esprit des populations au milieu desquelles il leur fallait vivre, et même sans l'amitié desquelles ils ne pouvaient vivre. Aussi ils n'obtenaient qu'avec peine, à grands frais et en petite quantité, les provisions nécessaires à leur existence, et encore, pour les obtenir, ils étaient obligés de les envoyer chercher par les femmes qu'ils avaient amenées avec eux d'Angleterre, les indigènes éprouvant une invincible répugnance à traiter avec eux directement, à cause de ce qu'ils appelaient la lâcheté des nouveaux venus de la race blanche. Ce n'était, à vrai dire, que de l'égoïsme, et nos Français n'avaient pas donné cet exemple, eux qui prenaient parti pour tous et contre tous successivement, en toute occasion. Les transfuges du Fort-Dauphin, à leur arrivée au fort de la baie Saint-Augustin, n'aperçurent pas un Anglais; mais ils visitèrent un cimetière voisin, et reconnurent que plus de trois cents hommes y avaient dû recevoir récemment une sépulture sans ordre et sans honneur. En effet, le chef de la petite colonie était mort avec la plupart de ses gens, et les survivants avaient profité du passage d'un navire européen pour quitter une île qui leur avait été si inhospitalière.

Les Français persistèrent plus longtemps à vouloir s'assurer la possession d'un territoire à Madagascar; et si aujourd'hui leur influence est écrasée par celle de l'Angleterre, ils n'en ont pas moins été, pendant de longues années, les seuls représentants de l'esprit européen, des mœurs, des lois, des arts, de toute la supériorité de l'Europe dans cette grande île africaine.

Nous ne parlerons point ici des voyages isolés que firent à Madagascar plusieurs capitaines de navires français, ni de leurs entreprises particulières pour s'y ménager un lieu de relâche, un marché pour les échanges, et même un commencement d'exploitation agricole. Ces efforts individuels ont précédé naturellement et devaient précéder les tentatives sur une plus grande échelle, qu'on ne peut jamais attendre que du gouvernement ou d'une compagnie agissant avec un mandat du gouvernement. Par malheur, nous allons voir de quelle manière mesquine et malheureuse ces deux forces plus imposantes, le gouvernement français et la compagnie française des Indes orientales, ont opéré sur ce riche terrain de Madagascar.

En 1642, un capitaine de la marine marchande, nommé Rigault, obtint du cardinal de Richelieu le privilége exclusif, pour lui et ses associés, et pendant dix ans, de faire des expéditions de navires pour l'île de Madagascar et autres îles adjacentes. L'obligation lui fut imposée toutefois d'en prendre possession au nom du roi de France. Ainsi fut formée la compagnie française de l'Orient, ou des Indes orientales. Elle expédia, au mois de mars de cette même année, un navire qui avait mission de porter à Madagascar les sieurs Pronis et Foucquembourg, avec douze Français sous leurs ordres, pour composer le noyau imperceptible d'un établissement colonial. Parvenus à leur destination, Pronis et Foucquembourg, son lieutenant, après avoir exploré un petit nombre de points sur les côtes, choisirent pour leur première résidence, et pour siège de la colonie, qui était à naître, Manghéfia, village situé par 24°30′ de latitude méridionale, et qui lui offrait les avantages suivants : une grande quantité de riz et de troupeaux; une rivière navigable, arrosant des prairies d'une immense étendue; un bois, dans le voisinage, propre à fournir des matériaux de construction; enfin un port garanti des vents du large par la petite île de Sainte-Luce.

L'année suivante, Pronis reçut un renfort qu'on lui avait promis : un navire de la compagnie lui amena 70 hommes. Ce n'était pas trop pour l'aider à soutenir le double rôle qui lui était imposé, comme agent d'une compagnie qui prétendait retirer promptement de son entreprise les plus beaux produits agricoles et commerciaux, et aussi comme officier du roi, représentant de ses droits, chargé de prendre pour lui possession d'un territoire inconnu, et de défendre de telles prétentions contre les résistances inévitables des peuples indigènes. Les 70 Français, au bout d'un mois, se trouvaient tous malades, et bientôt il y en eut un tiers qui succomba. Manghéfia est un lieu malsain, d'autant plus qu'il est dominé par des montagnes fort élevées, et qu'il est ainsi exposé aux pluies et aux mauvaises vapeurs des bois qui couronnent ces montagnes. Pronis, voyant cela, et voulant sonder le terrain en plusieurs endroits, envoya quelques hommes dans un autre district, celui des Matatanes. De là, ces malheureux voulurent s'aventurer dans le pays, et furent tués la plupart dans leur excursion : ceux qui échappèrent à la mort, revinrent auprès du commandant en chef, qui, à peu près à cette époque, changea le chef-lieu de son établissement et vint demeurer avec tous ses gens dans la presqu'île de Tholongar. Il nomma l'endroit où il se fixa le Fort-Dauphin; ce nom lui est resté, et le poste militaire et maritime, qui a été désigné par lui, est devenu le centre de la puissance éphémère et précaire que la France a exercée quelquefois, et qu'elle a perdue ensuite, et que de temps à autre elle a voulu ressaisir dans la grande île madécasse.

Malheureusement, Pronis fit une première faute, d'où découlèrent toutes ses autres erreurs et la plupart des maux qui vinrent fondre sur la colonie naissante. Il prit pour femme la fille d'un des petits princes du pays, pour laquelle il montra une grande faiblesse, jusqu'à nourrir toute la parenté de cette Madécasse, et livrer à ses goûts de dépense exagérée la majeure partie des ressources qu'il aurait dû ménager exclusivement pour les Français. Le riz qu'il envoyait chercher, quelquefois assez loin, pour l'approvisionnement des colons, était bientôt dissipé par sa mauvaise administration et par le gaspillage de ceux qu'il chargeait de l'emmagasiner, lesquels prenaient exemple de son incurie et de sa prodigalité : aussi l'on se trouvait très-souvent, au Fort-Dauphin, privé de riz, et obligé de se nourrir exclusivement de viande de bœuf ; ou bien, en revanche, les troupeaux n'arrivaient pas, et l'on était, pour toute nourriture, réduit au riz qu'on avait, pour un moment, en profusion. Les subordonnés de Pronis murmurèrent contre lui à ce sujet, qui était bien un motif légitime de mécontentement. Ils se plaignirent, en outre, du mépris vrai ou faux qu'il affectait pour eux, disait-on, et de l'audace qu'il avait eue de les nommer ses esclaves dans ses conférences avec les chefs nègres du voisinage. Il n'y a pas jusqu'à son titre de huguenot qui ne devînt contre lui une cause de réprobation et de suspicion de la part des autres Français, catholiques fervents comme on l'était alors, c'est-à-dire convaincus de la vérité du dogme professé par l'église romaine, mais s'inquiétant peu de conformer leur conduite aux règles de l'Évangile.

L'année 1644 vit arriver au Fort-Dauphin un nouveau navire de la compagnie, amenant 90 Français de renfort à la population coloniale, que déjà Pronis avait tant de peine à conduire ; ce fut, à proprement parler, un renfort pour la sédition. Les nouveaux venus, avec leurs illusions encore fraîches et si rapidement trompées, ne pouvaient manquer d'être aigris contre le commandant, auquel ils reprochaient leur misère inattendue, leurs fatigues sous le double poids de la faim et d'un climat meurtrier, et, en un mot, tout leur amer désappointement. Il s'ensuivit plusieurs révoltes, dans l'une desquelles on alla jusqu'à emprisonner et mettre aux fers le faible Pronis, destitué alors de tout appui, et privé même de son lieutenant Foucquembourg, qui était retourné en France. Cette justice expéditive que les colons rebelles avaient osé se rendre de leurs propres mains contre leur chef, eut une durée de six mois : il fallut, pour l'interrompre et pour délivrer le prisonnier, l'arrivée d'un autre navire, qui, sous les ordres de Roger Le Bourg, amenait encore 43 hommes de plus à Madagascar.

L'esprit de révolte continua de fermenter, mais ne produisit plus alors que des mutineries, dont le commandant vint à bout, avec l'aide de Roger Le Bourg. Ce fut alors que Pronis, de concert avec le capitaine de navire, fit arrêter douze des principaux conjurés qui l'avaient tenu en prison, et après leur avoir fait raser barbe et cheveux, les déporta à l'île Mascareigne (aujourd'hui Bourbon), dont, précédemment, en 1642, avant d'aborder à Madagascar, il avait pris possession au nom du roi, et, comme on ajoutait alors, au nom de la compagnie. Nous avions omis de rapporter ce fait en son lieu, pour ne pas rompre le cours de notre narration.

Hâtons-nous de dire que la protection accordée par Le Bourg au chef de la petite colonie ne fut pas purement gratuite, ni honorable dans ses résultats pour l'un et pour l'autre. Le capitaine, abusant de ses droits à la reconnaissance de celui qu'il venait ainsi de sauver, l'entraîna à une nouvelle faute du caractère le plus coupable et de la plus funeste conséquence. Le gouverneur hollandais de l'île Maurice étant venu à Madagascar pour acheter des esclaves, et s'étant adressé au commandant de l'établissement français dans cette grande île, celui-ci, sur

ILE BOURBON.

Hôtel du Gouverneur à St Denis.

l'injonction de son libérateur, devenu son conseiller ou plutôt son maître, en livra un certain nombre; et, il faut le constater à sa honte, c'étaient des nègres qui ne lui appartenaient pas, mais qui venaient servir volontairement les Français au Fort-Dauphin, ou qui, sans méfiance, y apportaient quelques denrées à vendre. Ces malheureux, ainsi livrés avec la plus insigne déloyauté pour aller subir l'esclavage hors de leur patrie, trompèrent l'espérance de celui qui les avait achetés : ils moururent la plupart avant d'aborder à Maurice, et ceux qui survécurent, habitués à une existence libre, qui aurait toujours été leur condition sur leur sol natal, s'enfuirent de chez leurs maîtres et allèrent vivre en sauvages dans les montagnes de la petite île où ils se voyaient emprisonnés à jamais. Telle a été la première et bien déplorable origine de ces noirs *marrons*, qui ont été long-temps un des fléaux et une des plaies du régime colonial dans cette magnifique Ile de France, où bientôt, grace à Dieu, il ne restera plus que le souvenir et malheureusement les souillures long-temps ineffaçables de la servitude, mais rien de ses prétendus droits.

Un profond désir de vengeance couva dans le sein des populations madécasses, depuis cette inexplicable violence, non moins imprudente qu'infâme ; et, depuis lors, Pronis traîna plus que jamais sa triste et périlleuse existence entre les soulèvements répétés des indigènes et l'indocilité toujours croissante des Français qui devaient lui obéir.

La compagnie, instruite de tous ces désordres et de tous ces dangers, envoya à Madagascar, en 1648, le sieur de Flacourt, un des protégés du surintendant Fouquet, pour y prendre le commandement en chef de l'île et de tous les Français que Pronis n'avait pu gouverner.

Ce que nous allons dire de l'administration de Flacourt sera emprunté par nous, en grande partie, à la Relation qu'il a laissée lui-même de son séjour et de sa conduite à Madagascar : nous n'avons pas un grand nombre d'autres documents à consulter sur cette période, et nous avons lieu de le regretter, car il est facile de s'apercevoir qu'il dissimule beaucoup de choses, qu'il est trop disposé à se donner toujours raison, quoiqu'il ait commis, lui aussi, quelques fautes graves, et se soit trouvé, à la fin de son espèce de règne colonial, n'avoir pas obtenu beaucoup plus de succès, et de succès durables, que ses prédécesseurs.

Sous son commandement, il y eut, comme par le passé, bien des mouvements d'insurrection parmi les indigènes, et qui aboutirent bien des fois à des massacres. On ne peut pas ici reproduire tous les détails de cette déplorable histoire, toujours la même et souvent sanglante. Il y a cependant un épisode qui mérite d'être distingué au milieu de tant d'aventures monotones ; c'est la retraite d'une poignée de Français qui, envoyés par Flacourt à une expédition dans l'intérieur des terres, parvinrent à effectuer leur retour au Fort-Dauphin à travers une multitude d'ennemis acharnés. Il serait difficile de trouver, dans aucune des expéditions plus célèbres auxquelles l'histoire a réservé une plus belle place dans ses récits, une prouesse guerrière qui soit vraiment plus digne d'attention. On verra là combien de courage les enfants de la France ont toujours dépensé naturellement, sans espoir d'être jamais loués et célébrés, mais aussi sans aucun fruit pour leurs desseins mal arrêtés, dans les entreprises les plus hasardeuses.

Un sergent, nommé La Roche, et douze soldats français, revenant à la presqu'île de Tholongar, où les attendait le gouverneur, tombèrent au milieu d'une armée de six mille Madécasses, armés de dards et de sagayes, et qui, s'approchant pour les massacrer, et déja les environnant de toutes parts, leur chantaient mille injures. Les braves Français, voyant cela, se mirent à genoux, et répondirent à ces chants barbares par l'hymne de foi et d'espérance qui sert aux chrétiens pour invoquer l'inspiration d'en haut ; ils entonnèrent à voix haute le *Veni, Creator Spiritus*. Dix ou douze nègres et une négresse, qui étaient avec eux, faisant partie du service du Fort-Dauphin, se mirent aussi à genoux en se recommandant à Dieu. L'hymne achevé, les Français se demandèrent pardon les uns aux autres pour les torts qu'ils pouvaient avoir mutuellement à se reprocher, s'encouragèrent à l'envi et se mirent en défense, tirant des coups de fusil pour écarter ceux des ennemis qui, plus impatients de verser leur sang, les serraient de trop près. Ils se battirent en retraite pendant cinq heures, et tuèrent plus de cinquante nègres des plus hardis qui s'avançaient les premiers, sans compter ceux qui furent blessés en grand nombre. Ils se servaient si à propos de leurs armes, qu'ils ne tiraient aucun coup sans effet, les uns chargeant les fusils, pendant que les autres en faisaient un bon usage. Leurs nègres les aidaient comme ils pouvaient, en jetant des pierres aux ennemis, et en leur renvoyant les javelots qu'ils recevaient. La négresse elle-même ramassait des pierres et en emplissait sa pagne, pour que du moins ces faibles armes, ces étranges projectiles ne vinssent pas à manquer à un combat si inégal. La poudre, au bout de cinq heures de lutte, commençant à leur faire faute, ils se retirèrent, le soir, sur une petite colline, où ils passèrent la nuit. Ils n'avaient perdu qu'un seul des leurs, Nicolas de Bonnes; un autre parmi eux fut blessé, mais continua de combattre. Le chef des nègres ennemis, renonçant à employer la force contre des hommes si intrépides, et voulant, sans doute, non pas leur témoigner sa générosité, mais les prendre par ruse, leur expédia un de ses officiers en parlementaire, et leur envoya même une génisse et un grand bassin de riz cuit, les plaignant, disait-il, d'avoir été si long-temps sans boire ni manger, et d'avoir supporté tant de fatigues. Les Français acceptèrent ses provisions et en usèrent; puis ils se tinrent sur leurs gardes le reste de la nuit, et, le lendemain, ils consentirent à entrer en conférence avec lui : ce fut pour lui déclarer qu'ils étaient encore résolus à se bien battre, et à lui vendre leur vie bien chèrement; qu'il devait donc commander à ses nègres de se retirer, s'il ne voulait pas voir le combat recommencer de plus belle, et les coups de fusil atteindre ceux qui feraient quelques pas en avant. Le prince nègre, touché cette fois probablement d'une sincère admiration, congédia la plus grande partie de son armée, qui se retira aussitôt; puis il vint en quelque sorte s'excuser auprès de cette poignée de braves. — C'étaient, disait-il, les langues malfaisantes des sorciers qui avaient semé dans son pays une grande quantité de sorts et de charmes, et l'avaient enivré au point de lui faire entreprendre une guerre injuste contre les chrétiens. Il voyait bien maintenant qu'ils avaient de leur côté Dieu et la justice, qui les avaient visiblement protégés, et leur avaient donné la force de se défendre hardiment contre une si grande multitude d'ennemis. Il admirait comment ils avaient eu la hardiesse de résister, vu qu'ils étaient tous jeunes gens, et qu'à peine y en avait-il un ou deux qui eussent de la barbe. — « Nous avons ouï parler, ajoutait-il, des Portugais; nous avons connu les Hollandais et les Anglais; mais ce ne sont point des hommes comme vous autres : car vous ne vous souciez point de votre vie, vous la méprisez, et, quoique vous ayez la mort devant les yeux, vous ne vous épouvantez pas; vous êtes autres que ces étrangers. Vous n'êtes pas des hommes, mais des lions, et quelque chose de plus. »

Après cette allocution, il les laissa aller; il y eut cependant 400 nègres de sa troupe qui, malgré cette réconciliation achetée par tant d'héroïsme, suivirent les Français et s'efforcèrent d'inquiéter leur marche. Mais ces efforts furent inutiles, et les onze braves soldats, accompagnés jusqu'au bout par leurs fidèles serviteurs, rentrèrent au Fort-Dauphin, où l'on commençait à désespérer de les revoir, et où l'enthousiasme qu'on leur témoigna dans un petit cercle d'amis et de camarades,

ILE DE FRANCE.

Vue du Port-Louis.

n'a pu empêcher l'oubli de peser jusqu'à présent de tout son poids et de toute son ombre sur les glorieux faits d'armes de leur miraculeuse retraite.

Le même prince nègre, Dian Tseronh, qui avait paru sincèrement réconcilié avec les Français, par admiration ou par crainte, revint bientôt à ses premiers sentiments d'animosité et à ses projets de destruction. Plusieurs entreprises sérieuses contre le Fort-Dauphin furent dirigées par lui et par d'autres chefs, qui réussirent quelquefois à rassembler sous leurs ordres plus de dix mille hommes. Flacourt, on peut s'en convaincre par ce fait, n'avait donc pas été plus habile ni plus heureux que son prédécesseur à diviser les peuplades indigènes, et à triompher de leurs attaques toujours renaissantes. Il eut même, dans tout ce tumulte de passions sauvages qui grondaient autour de lui, l'imprudente idée de quitter une fois le Fort-Dauphin pendant plusieurs semaines, pour aller dans la partie nord-est de l'île chercher lui-même des provisions de riz, dont il n'avait jamais une grande abondance. Les naturels, il est vrai, ne surent pas profiter de son absence pour attaquer l'établissement français, et par le fait il se trouva n'avoir pas commis une faute aussi grave qu'elle aurait pu l'être. Mais il n'en est pas moins certain que sa place était au Fort-Dauphin, où il devait demeurer en permanence, non pas seulement pour combattre les insurrections armées, mais pour surveiller tous les complots avant qu'ils n'eussent éclaté, et pour déjouer toutes les ligues dès le premier moment de leur formation. Un voyage si prolongé et si aventureux dans de telles circonstances, montre assez clairement, quand même Flacourt ne l'avouerait pas d'ailleurs en dix endroits de son récit, qu'il n'avait pas su ménager constamment à sa petite colonie les approvisionnements nécessaires, en éveillant avec adresse l'amour du gain et un peu de confiance commerciale dans les populations voisines qui semblaient destinées à le nourrir, lui et les siens, et qui le pouvaient faire si elles l'avaient voulu.

Il faisait alliance avec une peuplade, il recevait les serments de ses chefs, et quelques jours ou quelques mois après, il découvrait que cette alliance et ces serments n'avaient eu pour but et pour résultat que de mieux masquer une nouvelle prise d'armes des indigènes. Quelquefois les plus humbles individus de cette population s'imposaient des sacrifices dans leur fortune, pour dissimuler leurs projets de violence, et ils essayaient d'entretenir la sécurité, ou plutôt l'insouciance française, par des présents de toute espèce ; ils se dépouillaient de leurs plus belles parures, de leurs colliers de verroterie, de leurs plus riches pagnes, de leurs armes les plus précieuses : il y en eut qui apportèrent à Flacourt trois têtes qu'ils avaient coupées, disaient-ils, à trois de ses plus grands ennemis. Toutes ces bassesses, étrangement relevées par une odeur de sang, annonçaient presque toujours des mouvements de révolte prêts à éclater. Enfin, pour mettre le comble aux inexprimables dégoûts d'une telle situation, il y eut des Français qui firent cause commune avec les indigènes, et qui, décidés à renier leurs compagnons pour toujours, à faire de Madagascar leur patrie, signalèrent à leurs nouveaux compatriotes, moins barbares qu'eux, le meilleur moyen d'expulser du sol madécasse ou d'y enterrer dans le sable dévorant de ces rivages, les hôtes que la France leur avait envoyés.

Flacourt, épuisé de ressources, se voyant oublié de la compagnie, résolut d'aller en France ; et après avoir confié ses pouvoirs à un lieutenant, il s'embarqua sur une simple barque pontée, dans les derniers jours de l'année 1653. Avant son départ, il avait fait dresser dans son jardin du Fort-Dauphin, une grande pierre de marbre blanc, avec une inscription latine, dont les derniers mots recommandaient aux étrangers qui viendraient après lui dans l'île, de se méfier des indigènes :
O advena, lege monita nostra, tibi,

tuis, vitæque tuæ profitura. CAVE AB INCOLIS. *Vale.*

Il traçait là en quelques mots le résumé de toute son histoire, et prophétisait celle de ses successeurs. C'est même à ce titre, c'est parce que son existence à Madagascar, ses fautes, ses malheurs, représentent assez bien l'existence, les fautes et les malheurs de ceux qui vinrent ensuite, que nous lui avons consacré un peu plus d'espace dans cette courte notice. Nous avons aussi donné plus d'étendue aux événements principaux qui signalèrent le commandement de Pronis, et cela pour la même raison. Nous allons abréger désormais.

Le faible navire qui portait Flacourt, impuissant à lutter contre les mauvais temps et les mauvaises mers qui rendent si pénible le passage de Madagascar au cap de Bonne-Espérance, le ramena au Fort-Dauphin vingt jours après son départ. Il eut de la peine à y établir son autorité qu'on prétendait méconnaître, et il commença, à travers les mêmes embarras et les mêmes souffrances, à préparer son retour en France, qu'il considérait comme la seule voie de salut pour lui-même et pour les siens.

En 1654, son vœu fut enfin rempli. Deux navires, appartenant au maréchal duc de la Meilleraye, gouverneur de Nantes, et commandés par un gentilhomme nommé de la Forest des Royers, vinrent toucher au Fort-Dauphin et lui apporter des nouvelles, mais bien peu consolantes. La compagnie, dont le privilége de concession pour cet établissement colonial était expiré, ne l'avait pas fait renouveler, et n'avait pas même daigné prévenir de cette résolution négative, assez grave pourtant, son agent principal à Madagascar. Le fameux Foucquet, procureur-général au parlement de Paris, surintendant des finances, et l'un des principaux intéressés dans la compagnie française de l'Orient, écrivait à Flacourt cette lettre vraiment curieuse, quand on considère quel personnage l'a écrite ou dictée, quelle main infidèle et prodigue l'a signée : « Monsieur, le dessein que l'on a pris d'envoyer en vos quartiers, par la première occasion favorable, des Pères de la Mission, pour assister tant les chrétiens qu'infidèles qui y sont, m'oblige de vous faire ces lignes et de vous prier de les recevoir et traiter le plus favorablement qu'il se pourra. J'espère que, comme il y va de la gloire de Dieu, vous ne vous y épargnerez pas, et leur ferez connaître que ma recommandation ne leur sera pas inutile : et si deçà il se rencontre occasion de vous servir, je le ferai aussi volontiers que je suis, monsieur, votre très-affectionné serviteur, FOUCQUET. » — Dans une autre lettre de la même date et du même jour (8 janvier 1654), cet homme d'affaires et de plaisir, qui présidait alors au gaspillage du trésor de la France, ne parlait encore que de ses chers et bons Pères de Saint-Lazare, au commandant de Madagascar, qui avait attendu vainement, pendant plusieurs années, d'autres instructions et quelques renforts plus positifs. — « Monsieur, je vous ai déjà écrit pour vous recommander deux prêtres de la Mission qui s'en vont travailler à Madagascar au salut des Français et à la conversion des infidèles ; à quoi j'ajoute qu'ils y portent quelques hardes pour leur usage et quelques *rassades* (espèce de verroterie pour colliers ou bracelets), de la valeur de 3 ou 400 livres, que des personnes de condition et de piété leur ont charitablement données. C'est seulement pour les débiter dans le pays, tant en présent aux principaux pour tâcher de les attirer à notre religion, que par échange avec les denrées dont ils auront besoin pour leur subsistance durant quelques années..... Je vous prie de les favoriser en tout ce que vous pourrez pour la gloire de Dieu ; vous aurez part au mérite et au bien qu'ils feront, et vous m'obligerez à demeurer de plus en plus, monsieur, votre très-affectionné serviteur, FOUCQUET. »

Il nous a paru essentiel de reproduire ces lettres : elles attestent qu'au nombre des causes de ruine qui ont toujours été déposées fatalement dans le sein de nos établissements coloniaux, dès leur naissance, il faut mettre en première ligne l'incurie de la métropole ou parfois sa ridicule et mesquine intervention.

Flacourt fut plus décidé que jamais à revenir en France, pour s'assurer si, comme on le lui disait, le duc de la Meilleraye s'était fait continuer, à ses risques et périls, la concession de la compagnie qui était expirée, et pour reprendre, s'il y avait lieu, la direction des affaires de Madagascar sous cette nouvelle autorité. Il offrit donc et fit accepter son commandement au sieur de Pronis, qui se trouvait embarqué, à titre d'officier, sur un des deux navires nouvellement arrivés au Fort-Dauphin.

Cette fois, Pronis subissait plutôt qu'il ne prenait la direction d'une colonie dont il n'avait plus rien à faire, à moins d'obtenir de nouveaux secours et d'autres pouvoirs de la même compagnie ou d'une autre compagnie entièrement reconstituée. Aussi n'occupa-t-il ce poste que temporairement, et pour assister à des catastrophes désormais inévitables et qui achevèrent la ruine de l'établissement. Toutefois on a des raisons de croire que l'incendie du Fort-Dauphin par les naturels avait eu lieu déjà avant que Flacourt l'eût quitté; et pourtant celui-ci n'en dit pas un mot dans ses mémoires. Mais si ce désastre, dont on ignore la date précise, fut retardé et pour ainsi dire ajourné, de manière à tomber sur la seconde administration de Pronis, il n'en doit pas être responsable: toute la responsabilité en doit retourner à Flacourt, qui l'avait préparé, ou plutôt à la compagnie qui n'avait prêté aucune force, aucun appui à ses agents au dehors.

L'île Madagascar, à partir de 1654 environ, fut négligée par la compagnie française de l'Orient, qui porta ses opérations dans d'autres contrées du globe. Ce fut neuf ans après seulement que la compagnie tourna de nouveau ses regards vers son ancienne concession du Fort-Dauphin, qu'elle n'eut pas de peine à se faire continuer. Elle y envoya, en 1663, une nouvelle expédition, dont elle donna le commandement à un officier nommé Chamargon. Celui-ci eut d'abord quelques succès, grace à l'esprit de conciliation et à la politique prudente d'un homme qu'il sut employer, et qui s'était fait à peu près Malgache par ses relations, par ses habitudes et par un mariage : cet homme était un habile aventurier né à la Rochelle, et connu, dans la tradition madécasse, sous le nom de Lacase, qui a été substitué à son vrai nom de Levacher. Il paraît toutefois qu'il ne fut pas toujours admis à diriger Chamargon de ses sages conseils, car les trois années passées sous le commandement de ce gouverneur ne nous offrent guère que désastres, désolation, misère; et les naturels, comme les Français, eurent leur part de souffrances.

Les choses étaient dans ce fâcheux état, lorsque le marquis de Montdevergue, investi du titre de commandant général des établissements au delà de la ligne, arriva au Fort-Dauphin, le 10 mars 1667, avec dix navires, dont un de trente-six canons. Il amenait avec lui deux directeurs de la compagnie, un procureur général, quatre compagnies d'infanterie, dix chefs ou gérants de colonisation, huit marchands et trente-deux femmes. Il se fit reconnaître comme amiral et gouverneur de ce qu'on nommait alors magnifiquement la France orientale. Grace au concours de l'aventurier Lacase, toujours intelligent, toujours zélé pour le service de ses compatriotes, des relations d'amitié se rétablirent entre les Français et les indigènes, la paix régna, et tout paraissait en bon chemin pour prospérer.

Mais le gouvernement du roi choisit ce moment de prospérité inattendue pour remplacer le marquis de Montdevergue. En 1670, arrivèrent des bâtiments de guerre sous le commandement de Delahaie, qui se fit aussitôt reconnaître amiral avec le titre de vice-roi. Il désigna Chamargon pour commander en second sous ses ordres, et nomma

Lacase major de l'île. C'est à cette époque que la compagnie céda au roi la propriété de Madagascar. Cette cession et la nomination de Delahaie au gouvernement d'un pays qu'il ne connaissait pas et que son prédécesseur avait eu le temps d'étudier, donnèrent le signal d'une série de combats avec les indigènes, de fautes et de désastres qui se terminèrent par la ruine complète de notre établissement. Delahaie se retira honteusement du Fort-Dauphin et passa à Surate avec ses troupes. La vengeance des naturels trouva à se satisfaire sur Chamargon et Lacase, qui périrent l'un après l'autre misérablement. Le gendre de ce dernier, nommé Labretesche, essaya vainement de tenir un peu de temps, et prit enfin le parti de fuir avec sa famille et quelques missionnaires sur un navire qui était venu relâcher à Madagascar. Il eut à peine le temps de recueillir quelques malheureux Français échappés au massacre général.

Après ce grand désastre, il ne fut plus question, en France, pendant de longues années, de la colonisation de Madagascar.

En 1768, sous le ministère du duc de Praslin, un officier distingué, M. de Maudave, alla, au nom du roi, prendre le commandement du Fort-Dauphin. Ses instructions, plus sages et plus prévoyantes que celles qui avaient été données à ses prédécesseurs, lui prescrivaient de renouer et d'entretenir constamment des relations amicales avec les indigènes, de n'attendre que des moyens de douceur le retour de l'influence perdue, de paraître, en un mot, maintenir un fort sur leur territoire, avec leur assentiment tacite, et plutôt pour satisfaire à la dignité de la France que pour se préparer à l'accomplissement d'aucun projet hostile. Ce plan était raisonnable; mais il devait échouer par l'insuffisance des ressources allouées pour son exécution. Et pourtant, quelques années après, en 1774, le gouvernement français accordait, non sans une prodigalité imprudente, deux millions pour un autre projet d'établissement, à la baie d'Antongil; et la direction de cette entreprise, qui venait mal à propos faire concurrence et diversion à celle du Fort-Dauphin, était confiée à Béniowski, à cet homme qui fut un héros avec tant d'autres de ses compagnons d'armes, dans la lutte de la liberté polonaise contre la Russie, mais qui alors et depuis long-temps était descendu au rôle d'un aventurier vulgaire. A peine débarqué, il fit la guerre, une guerre de barbare parmi ces peuplades à demi-sauvages, et ne réussit à conquérir autre chose que de nouvelles haines au nom français, compromis avec le sien. Il quitta l'île hospitalière, mise par lui à feu et à sang, pour y revenir plus tard, en 1785, sous le drapeau anglais, et pour y laisser la vie, dans un vain effort de vengeance contre les Français et les Malgaches.

Vers 1810, une ère nouvelle commença pour Madagascar. Depuis les derniers événements que nous venons de rappeler jusqu'à cette époque, la France avait continué, avec des fortunes diverses, d'occuper toujours quelque point dans cette île, si nécessaire à ses deux colonies de Maurice et de Bourbon, et notamment le Fort-Dauphin, plusieurs fois incendié, plusieurs fois repris et réparé. En 1810, Bourbon et Maurice tombèrent entre les mains de l'Angleterre, qui dut songer dès lors à exploiter Madagascar par elle-même et à sa manière. Au lieu de jeter des établissements précaires sur le littoral de cette grande île, elle envoya des agents politiques dans l'intérieur, et travailla à se l'asservir par une influence plus adroitement ménagée.

En 1815, Bourbon fut rendue à la France; mais Maurice fut retenue par les Anglais, qui eurent toujours ainsi un motif et un moyen d'intervenir par leur habile politique dans les affaires de Madagascar. Une heureuse circonstance vint seconder leurs desseins, ce fut l'apparition d'un chef vraiment remarquable parmi les races si fortement divisées de la population madécasse. Le gouverneur anglais de l'île Maurice, M. Farqhuar, comprit aussitôt que, pour dominer et diriger facilement la

ILE BOURBON.

Palanquin.

puissante métropole des nègres les plus intelligents peut-être qu'il y ait au monde, il valait mieux, contrairement à la tactique habituelle, avoir à traiter avec un homme qu'avec un peuple partagé en une foule de peuplades. Il poussa donc de toutes ses forces, c'est-à-dire, de ses conseils et de ses intrigues, à l'agrandissement de cet homme; il l'attacha à sa cause en lui faisant entrevoir tous les avantages de la civilisation; il excita en lui la soif des conquêtes, et lui montra la domination de son île tout entière comme le seul but digne de son ambition. Radama (c'est le nom de ce chef) était merveilleusement disposé à suivre de tels conseils. Il faut dire un mot de cet homme, dont la renommée, grande et populaire parmi les siens, a pénétré dans toutes les îles de l'Océan indien et s'est étendue jusqu'en Europe.

Radama, chef des Hovas, était très-jeune encore lorsqu'il fut appelé, par droit héréditaire, au commandement de cette tribu, l'une des plus puissantes de Madagascar, par le nombre, par l'activité guerrière et par l'intelligence. Il ne reçut aucune instruction dans son enfance; mais, dès qu'il fut le maître de sa tribu, et qu'en cette qualité il eut commencé à entretenir par lui-même des relations d'intérêt avec les Européens, il comprit d'où lui devaient venir désormais la lumière et la force; il n'eut plus d'autre pensée que d'assimiler le plus possible son peuple aux colons d'Europe qu'il put prendre pour modèles. L'influence de la politique anglaise s'était hâtée, avons-nous dit, de s'emparer de lui; mais il avait, lui et sa famille et sa tribu, de plus vieilles habitudes d'amitié avec les Français : il les aurait continuées, et les aurait fait prévaloir sur toute amitié nouvelle, si l'on avait su devancer auprès de lui les premières démarches du gouvernement britannique, et ce fut du moins un Français qui lui apprit à lire, à écrire, à compter, à parler la langue de la France. La forme extérieure de la civilisation naissante de Madagascar s'est ressentie quelque temps de ce concours des influences rivales de deux nations européennes : l'armée de Radama, ou plutôt la faible portion de cette armée qu'il put façonner à une nouvelle discipline, empruntée de l'étranger, offrit d'abord un singulier mélange du costume anglais et du costume français; les habits rouges, par exemple, lui venaient de la garnison de Maurice, et les schakos, les épaulettes, de la garnison de Bourbon; les fusils de toute origine. Ne rions pas toutefois de cette bigarrure : ainsi débutent tous les peuples qui veulent emprunter à d'autres, plus avancés, une civilisation qu'ils ne peuvent arracher nécessairement que par lambeaux. Et croit-on qu'elle n'est pas singulièrement bariolée aujourd'hui encore, cette Russie qu'on est toujours disposé à prendre pour terme de comparaison? N'est-elle pas, à l'heure qu'il est, empreinte toujours du double caractère de sa transformation, demi-française, demi-allemande?

A Madagascar, donc, l'influence politique des Anglais prévalut sous Radama, et, à côté de cette influence, les habitudes françaises continuèrent d'être en honneur. Mais l'influence politique des Anglais, et surtout la manière dont ils l'avaient acquise, nous entraînèrent à une faute grave, et pour nous et pour les naturels, dont il faudra toujours voir l'intérêt en regard du nôtre. Les Anglais, en effet, s'étant emparés de l'esprit du chef des Hovas, et l'excitant à réunir dans sa main la souveraineté de toute l'île, nous imaginâmes (et pour être quelque chose il ne semblait pas nous rester d'autre parti) que nous devions nous mettre du côté des tribus vaincues et non domptées, les soulever, les appeler à l'indépendance, et régner à notre tour sur quelque point de leur territoire, à l'aide de ces divisions qui affaibliraient Radama et ses alliés de l'île Maurice. C'était là une fausse vue des choses et un désastreux calcul. Quand, après de longues années de luttes intestines, un pays, destiné à vivre tout entier d'une vie commune (et une île est certainement dans cette condition), produit enfin un homme qui aurait la puissance et le désir de commencer la réalisation de cette unité féconde, c'est un crime à une nation étrangère de venir contrarier un si grand et si difficile travail, pour satisfaire quelques vagues intérêts de son ambition particulière. Qu'elle ait aussi son but et qu'elle le poursuive, mais en se déclarant pour le parti le meilleur, pour celui qui veut l'unité, sans laquelle il n'y a rien de possible ni de durable dans le monde. Si ce rôle est déjà pris par une nation rivale, est-ce une raison pour en prendre un contraire? Il vaudrait mieux savoir s'approprier ce rôle et le remplir dignement. Au lieu de cela, le gouvernement français de l'île Bourbon, soit qu'il ait agi de lui-même, soit qu'il ait reçu ses instructions de la métropole, encouragea la résistance des tribus qui ne reconnaissaient pas ou qui supportaient mal l'autorité de Radama.

Nous nous lassons, et nous serions bien plus assuré de lasser le lecteur, si nous nous arrêtions à toutes les fautes de conduite, et à tous les malheurs qui les ont suivies, dans les diverses tentatives de colonisation ou d'établissement qui furent encore faites sous les auspices et sous le nom de la France. Il suffira de dire qu'au mois de mars 1825, après beaucoup d'autres outrages publics à l'honneur français, un corps de Hovas se présenta devant le Fort-Dauphin, obligea le lieutenant d'infanterie, qui occupait ce poste avec une garnison de trois hommes, à se retirer sur un îlot voisin, et abattit honteusement le pavillon blanc, le pavillon que la grandeur de la France faisait alors partout ailleurs respecter. Nous nous souvenons d'avoir vu nous-même, à l'hôpital militaire de Saint-Denis (île Bourbon), ce malheureux lieutenant, le comte de Grasse, malade tout à la fois des fièvres madécasses et du désespoir d'avoir cédé à un ordre sauvage d'expulsion, contre lequel son courage aurait vainement essayé une lutte trop inégale.

Cependant, au milieu des fautes et des malheurs qui ont toujours signalé, à Madagascar, toutes les entreprises de colonisation tentées par les Français, lorsqu'ils ont agi sous l'inspiration de l'autorité publique, il serait injuste de ne pas distinguer et mentionner à part, avec éloge et reconnaissance, une entreprise conduite plus habilement par un homme isolé, qui, vers cette même époque environ, de 1820 à 1826, fut sur le point de donner à sa patrie un nouvel établissement colonial, fondé d'abord dans la modeste pensée et sur les humbles bases d'une spéculation particulière.

Un jeune Marseillais, Fortuné Albrand, élève de l'ancienne École normale, quitta la France, dans les premiers temps de la restauration, avec deux camarades d'études, MM. Lévy et Rabany, pour aller, à l'île Bourbon, organiser une maison d'éducation publique. L'un de ses deux compagnons, se séparant de cette fraternelle association pendant une relâche forcée dans un port d'Angleterre, revint en France où il a fait son chemin dans l'enseignement. L'autre a fondé et dirigé un collége à l'île Bourbon. Albrand, trompant sa destination primitive, mais non pas sa vocation, a choisi la meilleure part, on peut le dire; car il a travaillé, dans une sphère plus élevée et plus orageuse, pour le bien public : il est le seul des trois amis qui ait déjà terminé sa carrière, si jeune hélas! et si confiant dans l'avenir! mais sa vie n'a pas été sans éclat et sa mort sans regrets dans les contrées lointaines où il lui a été donné de faire connaître ses talents et son courage.

Arrivé à l'île Bourbon, Albrand, qui déjà se faisait remarquer par une extrême facilité de parler et d'écrire presque tous les idiomes de l'Orient, éprouva une invincible répugnance à s'emprisonner dans les murs d'un collége colonial, et suivit son goût pour les aventures. Il fit quelques voyages à Mascate, riche province de l'Arabie, avec laquelle les deux colonies de Maurice et de Bourbon entretiennent des relations de commerce assez fréquentes. Plus tard, après avoir montré, dans ces expéditions et dans d'autres circonstances, la plus étonnante habileté pour négo-

Port-Louis.

cier avec les populations demi-barbares de l'Afrique et de l'Asie, il accepta du gouverneur de Bourbon, M. Milius, une sorte de mission diplomatique, et partit (janvier 1819), en qualité d'envoyé extraordinaire, pour Zanzibar, île occupée par les Arabes musulmans et située vis-à-vis la côte de Zanguebar. Il revint bientôt avec la commission, de la part du roi de Quiloa, d'offrir à la France deux îles importantes et d'une grande richesse, Monfia et Zanzibar, que le gouverneur de Bourbon, comme on peut bien le croire, n'était pas en mesure d'accepter ni d'occuper.

Immédiatement après son retour, il fut nommé agent commercial principal à Fort-Dauphin, et chargé d'explorer la côte de Madagascar et d'aller prendre, au nom du roi, possession du Fort-Dauphin et de l'île Sainte-Luce, deux points importants qui alors se trouvaient abandonnés par la France depuis longues années. Le navire qui le portait toucha successivement à l'île Sainte-Marie, à Tamatave, à Tintingue, à Sainte-Luce. Enfin, le 1er août 1819, Albrand planta le pavillon français au Fort-Dauphin. Son arrivée mit fin aux vexations auxquelles étaient livrés sans défense le petit nombre de Français que des affaires de commerce retenaient sur cette côte. Alliant la prudence à la fermeté, il fit bientôt craindre et respecter le nom français à ces peuples demi-sauvages, que son éloquence à s'exprimer dans leur idiome frappait d'admiration. L'ascendant qu'il prit sur eux n'étonnera pas, si l'on songe que, chez les Malgaches, tout se décide par le talent de la parole; c'est un des traits distinctifs du caractère de ce peuple.

Les succès qu'obtenait Albrand donnèrent l'idée de lui confier une mission plus difficile. L'administration de Bourbon avait reconnu la nécessité d'envoyer à Radama un représentant de la France, pour gagner de vitesse les Anglais, qui déjà commençaient à essayer de tous leurs moyens de séduction auprès de ce prince ambitieux et puissant. Il était encore temps alors de les prévenir et de faire prévaloir l'influence française; mais au moment où Albrand allait partir, environné d'une certaine pompe orientale, pour pénétrer jusqu'à Radama dans l'intérieur des terres, l'administration, effrayée des dépenses où devait l'entraîner cette ambassade, sacrifia ses premières vues politiques et l'intérêt de l'avenir à des considérations de mesquine économie.

Ici commence la seconde, la meilleure et la plus féconde période de la vie coloniale d'Albrand, celle où il a tenté, en travaillant à sa fortune particulière par une exploitation agricole, de donner à la France une colonie enfin mieux assise parmi les populations madécasses, et en quelque sorte enracinée dans le sol. Depuis long-temps le gouvernement français désirait faire de nouveau l'essai d'un établissement militaire à Sainte-Marie; mais cet établissement ne pouvait avoir chance de durée qu'autant qu'une colonie agricole, fondée tout auprès, lui fournirait les ressources indispensables, tout en contribuant à assainir le territoire. Les difficultés de la colonie guerrière étaient telles que de jour en jour on reculait devant l'entreprise, depuis long-temps annoncée. La colonie agricole présentait des obstacles non moins sérieux, savoir: l'insalubrité du climat, le caractère défiant et vindicatif des naturels, la malheureuse issue des tentatives faites à diverses reprises depuis cent cinquante ans. Mais Albrand, quoiqu'il se rendît bien compte de toutes les difficultés et de tous les périls qu'il rencontrerait, conçut la ferme résolution de se faire planteur à Sainte-Marie dans ces circonstances défavorables. Les avances de fonds qui lui étaient nécessaires lui furent fournies par un homme généreux, dont le nom mérite d'être connu: c'était M. Hugot, négociant à Bourbon. Il trouva un digne compagnon de ses travaux et de ses dangers dans M. Carayon, officier distingué de l'arme de l'artillerie. Il partit avec cet ami, en juillet 1820, bravant toutes les prédictions fâcheuses qu'on ne leur épargna guère; et trois années leur suffirent pour former, dans le lieu choisi par eux, un magnifique établissement de culture, une habitation commode et même salubre, enfin un excellent noyau de colonie, qui faisait l'admiration de tous les traitants qui venaient de Bourbon visiter les deux amis, au milieu de leurs cinq ou six cents Malgaches, apprivoisés, émerveillés et prenant goût eux-mêmes au travail.

Pendant que ces grands défrichements s'accomplissaient à Sainte-Marie, un nouveau gouverneur, M. Henri Desaulses de Freycinet, était venu prendre le commandement de l'île Bourbon. Il offrit à Albrand une fonction assez élevée dans cette dernière colonie; il voulut ensuite le charger de la mission auprès de Radama qu'on avait projetée précédemment. Mais il était trop tard. Albrand refusa tout, pour se vouer exclusivement à son œuvre de colonisation particulière, ayant la conscience d'accomplir en même temps une œuvre d'intérêt public.

Les accroissements, la marche régulière et le succès incontestable de sa petite colonie agricole décidèrent le gouvernement français à tenter encore une fois, à Sainte-Marie, l'établissement militaire qu'on projetait depuis long-temps. L'expédition partit de France et arriva à sa destination dans les premiers jours de 1822, c'est-à-dire dix-huit mois après que les deux amis eurent commencé de se faire planteurs. Malheureusement, les trois quarts des hommes qui la composaient furent moissonnés par le climat avec une rapidité effrayante. Albrand, affligé de ce désastre, sans en être découragé, aida les survivants de ses conseils, les rassura par ses exemples, et contribua à en sauver un grand nombre. Quoiqu'il fût indépendant du nouvel établissement militaire et pût lui demeurer étranger, il en était l'âme: tout le monde reconnaissait ce fait, et l'on eut bientôt l'occasion d'en donner un éclatant témoignage. Le commandant militaire de Sainte-Marie venait de succomber aux atteintes du climat (avril 1823). La mort et l'absence de tout officier appelé de droit à le remplacer mettaient l'établissement dans une situation très-difficile : on avait à craindre la vengeance des naturels, qu'avaient exaspérés des vexations et des injustices. Tous les regards se portèrent alors sur Albrand. Simple colon, il fut d'une voix unanime élu chef de tout l'établissement français.

Vers la même époque, et c'est une preuve, non pas précisément de l'extension que pouvait avoir reçue son entreprise particulière de culture et de commerce, mais bien plutôt des libres relations qu'il était parvenu à nouer avec la grande terre de Madagascar, il se chargea par traité d'une partie de l'approvisionnement des îles Bourbon et Maurice. Un nouveau chef militaire étant venu bientôt à Sainte-Marie, le relever de son commandement intérimaire, il eut plus de loisir pour se livrer à son exploitation agricole, et en effet il accrut ses défrichements et ses opérations. Déjà des cultures nouvelles se formaient et prospéraient à côté, et, pour ainsi dire, à l'abri des siennes. Déjà lui-même, à ses plantations de girofle et de café, qui sont les produits ordinaires de l'enfance des colonies, il ajoutait une sucrerie, cet indice infaillible d'une agriculture plus avancée et d'une industrie plus active. Mais il ne lui fut pas donné de voir le résultat de ses travaux, d'en assurer le succès définitif. Il mourut en décembre 1826, au milieu de ses plus belles espérances. En mourant, il pensait encore à protéger cette petite île Sainte-Marie, sa dernière patrie, contre la réputation d'insalubrité qui lui était si bien acquise; il cherchait à prouver qu'il succombait à une maladie de l'encéphale, *qui n'avait rien de commun avec la fièvre de Madagascar*. Ce furent là presque ses dernières paroles.

Précédemment, il avait rendu à Sainte-Marie un service plus positif et plus irrécusable. Il s'agissait de l'arracher à la sujétion où la hiérarchie administrative la plaçait envers l'île Bourbon, dont elle commençait à éprouver les caprices et la jalousie. Albrand, par un dernier mémoire adressé au gouvernement de la métropole, avait obtenu que le commandant de Sainte-Marie correspondrait directement avec le ministère. Mais il n'avait pas assez vécu. Tout fut perdu après sa mort, et Sainte-Marie, comme Madagascar même, échappèrent absolument, et pour toujours peut-être, à l'influence française.

Radama se formait, vers cette époque, au métier de la guerre, contre les populations de son île sans cesse insurgées, par les leçons d'un sous-officier de la garnison anglaise de Maurice, nommé Hastee, qui était devenu son premier général et son plus utile conseiller.

Ce qui prouve toutefois que Radama était un habile homme, voulant et sachant demeurer maître chez lui, recourir aux lumières des Européens, et non s'asservir à eux, c'est qu'après avoir soumis les tribus hostiles à ses desseins, et s'être attaché leurs chefs les plus courageux, il songea à contrebalancer l'influence anglaise qui l'avait aidé peut-être à vaincre, mais qui lui devenait trop lourde et trop redoutable par ses exigences et par les liens qu'elle s'efforçait de créer autour de lui, comme pour l'enchaîner dans un perpétuel vasselage. Il créa, dans ce but, un titre au-dessus de tous les autres dans sa hiérarchie militaire, le titre de maréchal, et en décora, non pas son général Hastee, comme l'espéraient les Anglais, mais un autre favori, son secrétaire, son premier maître, dont nous avons déjà parlé, un Français enfin, nommé Robin et précédemment sous-officier de la garnison française de Bourbon. C'était là un signe que Radama revenait à ses premières affections, à son penchant naturel pour la France. Il avait toujours aimé et admiré la France; et comme tous les rois demi-barbares de ce siècle, on pense bien qu'il gardait dans sa case royale un portrait de Napoléon, et avait l'insolence de le prendre pour modèle. L'administration de la colonie de Bourbon eût pu profiter de ces dispositions favorables : il fallait se déclarer enfin pour l'unité de Madagascar, sous le sceptre du roi Radama, et non pas, comme on continua de le faire, chercher un appui précaire successivement dans vingt petites hordes, à chaque symptôme de nouvelles divisions. Cette conduite, toujours la même et toujours aussi fausse, ne pouvait qu'entraîner les mêmes malheurs, et l'affection de Radama, qui semblait se reporter vers les Français, ne devait pas long-temps leur être une sauvegarde.

Radama mourut vers la fin de 1828. Des soupçons d'empoisonnement eurent cours dans le premier moment où l'on apprit cette nouvelle, qui venait vraiment frapper Madagascar d'une calamité publique, et des soupçons de cette nature, tout injustes qu'ils soient, furent accrédités aisément, parce que la mort du chef des Hovas venait combler tous les vœux du parti anglais. En effet, le parti anglais, désappointé et écarté par Radama, se préparait de longue main à exercer, après lui, toute l'autorité par l'intermédiaire d'un jeune Malgache, Andimiase, élevé dans les écoles anglaises et devenu l'amant de la reine ou femme doyenne de Radama. Cette espérance ne fut pas trompée. La femme doyenne, Ranavalo, succéda à son mari, parce qu'elle sut et osa faire valoir son droit par des massacres. Elle régna, ou plutôt Andimiase régna sous son nom, et le parti anglais fut tout-puissant, sous le nom d'Andimiase. Le sergent français Robin, maréchal madécasse, fut disgracié et ne sauva sa vie que par sa qualité d'étranger : avec lui finit l'influence française, qui avait paru vouloir un moment renaître.

Du jour où mourut le grand chef malgache, il ne se trouva plus, dans ce qui composa un instant son royaume, une main assez puissante pour en tenir toutes les parties assemblées. Les divisions, les guerres intestines recommencèrent, et les établissements français à Madagascar, pour lesquels des administrateurs à courte vue avaient toujours paru craindre l'unité de l'île, ne furent pas ramenés dans une voie de prospérité par cette nouvelle révolution. Seulement, dans un coin inaperçu de la petite île Sainte-Marie, un capitaine en second d'artillerie de marine, M. Schœll, remplit les fonctions temporaires de gouverneur, avec un talent, une prévoyance et une activité qui auraient mérité de trouver leur emploi sur un plus grand théâtre : du reste, à peu près oublié, lui et les siens, du gouvernement de France et aussi du gouvernement de sa seconde métropole, l'île Bourbon; oublié également, ce qui valait mieux, des indigènes occupés à s'entretuer sur la Grande-Terre, comme si Radama avait droit, lui aussi, ce conquérant noir, cet Alexandre madécasse, à de sanglantes funérailles.

Cependant les fautes et les humiliations du gouvernement français dans tous ces événements de Madagascar eurent du retentissement en France et y causèrent quelque honte. Le ministère de la marine, dirigé alors par un homme plein d'honneur, M. Hyde de Neuville, forma une expédition assez imposante, et destinée à reprendre sur les Hovas nos établissements, à les agrandir, à les consolider. Le 19 juillet 1829, on vit arriver, sur la rade de Sainte-Marie, la frégate de 64 canons *la Terpsichore*, ayant à son bord des troupes d'infanterie, la corvette *l'Infatigable* de 16 canons, le transport *le Madagascar* de 6 canons, et la goëlette-aviso *le Colibri*. Le 2 août, la division fut complétée par l'arrivée de la corvette de charge *la Nièvre* de 26 canons, et de la petite corvette *la Chevrette* de 16 canons : elles portaient des troupes d'infanterie et d'artillerie. On était à peine à la fin de ce même mois, que déjà 300 hommes de troupes de terre et 100 marins commençaient des travaux de défrichement sur la presqu'île de Tintingue, un des points les plus importants de la Grande-Terre, et d'autant plus commode pour la fondation d'un établissement nouveau, qu'il est dans le voisinage de la petite île Sainte-Marie, où s'était maintenue, sous le capitaine Schœll, une ombre de colonie, comme protestation vivante en faveur des droits de la France.

Bientôt, grace au concours actif et loyal d'un grand nombre de naturels qui, par haine pour les Hovas autant que par attachement pour nous, venaient attacher leur fortune à la nôtre, la presqu'île de Tintingue fut mise en état d'être habitée et défendue. Des maisons en bois, des magasins d'armes, des fortifications s'élevèrent comme par enchantement, et le 18 septembre il y avait déjà un fort où l'on put arborer le pavillon blanc. Tout le monde accueillit avec une entière confiance, au milieu de cette solennité, la proclamation du commandant de la division, le capitaine de vaisseau Gourbeyre, qui faisait entrevoir l'avenir sous les plus riantes couleurs. De toutes parts accoururent des familles nombreuses d'émigrants, qui se séparaient des Hovas pour embrasser notre cause. Dans ces circonstances, puisqu'il n'y avait plus d'homme pour maintenir l'unité de Madagascar, et donner à ceux qui sauraient être ses alliés l'alliance de toute l'île, il devenait de bonne politique, pour les chefs de la colonie naissante, de recevoir tous les mécontents, et avec eux de faire tête à la tribu puissante qui aspirait encore à la souveraineté insulaire. C'est ce qu'on fit avec un empressement qui n'eut d'égal que l'empressement des indigènes à se mettre sous notre protection. Les uns trouvèrent place dans la partie défrichée et s'y installèrent, partagés en deux villages ; d'autres se contentèrent de bâtir leurs cases dans les bois voisins, non encore abattus ; le reste se répandit sur le littoral de la baie de Tintingue : le plus considérable de ces postes madécasses fut celui de Mahompas, dont la population s'éleva aussitôt à deux mille âmes environ.

Une prise de possession si prompte et si décidée ne pouvait manquer d'éveiller les inquiétudes de la reine Ranavalo, cette veuve de Radama, cette femme doyenne dont nous avons parlé. En effet, on ne tarda pas à recevoir à bord de *la Terpsichore* une lettre où elle protestait contre notre séjour sur la côte de Madagascar. Il fut répondu à sa protestation par une lettre énergique où, après l'avoir sommée de restituer nos propriétés, on signifiait qu'en cas de refus, on avait résolu de les reprendre par la force des armes : ces propriétés étaient énumérées et on ne lui faisait pas grace d'une seule ; c'était le Fort-Dauphin, Foulepointe, Fénérif, Manahar, sans compter Sainte-Marie et Tintingue où l'on était déja établi. Rien de mieux qu'un tel manifeste, s'il se fût agi uniquement de consacrer les droits de la France, fondés sur une possession antérieure, et de les protéger contre toute prescription dans l'avenir. Mais pour le moment, eût-on obtenu la restitution de tous ces postes, on n'avait pas assez de forces pour les occuper et s'y défendre : il était donc assez impolitique de porter du premier coup ses réclamations au delà des limites de sa puissance réelle. Il en devait résulter un obstacle insurmontable à toute conciliation, et la guerre se trouvait par cela même déclarée : on n'avait plus qu'à choisir le point sur lequel elle éclaterait.

La division fit voile vers Tamatave et s'y embossa, le 17 octobre, devant le fort occupé par les Hovas. Le lendemain, la canonnade commença : un de nos boulets mit le feu à la poudrière et la fit sauter avec une partie du fort que nous venions reprendre. La consternation se mit dans les rangs ennemis, qui ne purent opposer qu'une faible résistance à notre débarquement : il suffit de moins de deux heures pour livrer à nos troupes, une fois débarquées, le village de Tamatave où elles trouvèrent des vivres en grande quantité et des munitions de guerre de tout genre, provenant des manufactures anglaises.

Trois jours après, les troupes françaises enlevaient aux Hovas, à sept lieues de Tamatave, la forte position d'Ambatou-Malouine, où ils s'étaient retranchés. Ce succès fut un encouragement pour faire voile vers Foulepointe ; mais l'expédition sur ce point important, ainsi résolue dans un mouvement d'enthousiasme, fut mal combinée, et ne fut guère mieux exécutée : elle échoua complétement. Le capitaine Schœll, emporté par sa bravoure, y laissa la vie avec beaucoup d'autres de nos braves ; perte irréparable sans doute, à plus de quatre mille lieues de la métropole et dans une si petite armée, mais d'une conséquence bien plus fâcheuse par l'effet moral qui en résulta que par le chiffre même de la perte matérielle. C'en était fait du prestige que de premiers triomphes, éclatants et rapides, avaient attaché au nom français.

Pour rétablir la salutaire impression de terreur qu'avait d'abord répandue le succès de nos armes, on résolut sur-le-champ une nouvelle attaque, et cette fois sur un point qu'il était urgent d'enlever aux Hovas. Ils venaient de construire, à quatre lieues de Tintingue, entre Tintingue et Sainte-Marie, un fort qui menaçait de couper la communication entre ces deux établissements, et qui devenait chaque jour plus formidable par les ouvrages et par la garnison que nos ennemis y ajoutaient. Ce fort, dit de la Pointe-Larrée, fut attaqué et pris, mais après une défense opiniâtre des Hovas, qui dut être pour nos troupes, déja repoussées de Foulepointe, un second enseignement, un avis de ne pas mépriser des ennemis si propres à la guerre et si intelligents à tirer parti des leçons de leurs propres défaites.

Toutefois il était dans la destinée de notre nouvel essai de colonisation d'échapper au danger de la guerre et de se briser à un autre écueil, déja signalé par l'exemple de tant d'autres ruines semblables. Vers la fin de 1829, la saison de l'hivernage annonça son retour précoce par ses ravages ordinaires. L'imprévoyance des chefs de l'expédition, le gaspillage des ressources par des mains subalternes dont on ne surveilla pas assez la prodigalité, l'absence d'une autorité assez puissante pour empêcher la démoralisation des esprits et des courages dans la souffrance, tout cela et mille causes accessoires de désordre ne permirent pas de neutraliser les désastreux effets d'une insalubrité inévitable. On n'eut pas même, contre les maux de la saison, la ressource de pouvoir nourrir des aliments les plus simples les habitants de la colonie : par l'impossibilité où se trouvèrent les chefs de surveiller l'approvisionnement, et par l'agiotage qu'ils ne surent pas interdire sur les denrées les plus nécessaires à la vie, il y eut des moments (et ce fait est l'expression d'une grande misère) où l'on consentit à donner 1 f. 25 c. pour un bol de riz. On fut réduit à envoyer chercher du riz à Bourbon pour alimenter les établissements de Madagascar : c'est le contraire, avons-nous dit plus haut, qui arrive d'ordinaire entre ces deux îles et qui est la loi naturelle de leurs relations ; mais alors toutes les règles ordinaires étaient interverties. Le faible secours que l'on parvint à tirer de Bourbon ne suffit pas pour faire vivre à la fois les Français et les naturels qui étaient venus se placer sous la protection de notre drapeau, au nombre de plus de quatre mille. Ces malheureux, par cela même qu'ils s'étaient attachés à notre fortune, ne pouvaient plus s'écarter de nos établissements pour aller chercher au loin leur nourriture : ils risquaient de rencontrer, à chaque pas, leurs ennemis et les nôtres, qui les épiaient dans les bois voisins, et les tuaient sans miséricorde. Cependant il y en eut plusieurs qui, n'entendant plus que la voix du besoin, se hasardèrent à côtoyer le littoral de l'île dans des pirogues, et allèrent demander, dans le nord, un asile et du riz aux Saclaves, tribu ennemie des Hovas, et demeurée libre, quoique bien moins puissante. Ceux qui restèrent à Sainte-Marie et à Tintingue, épuisés, découragés, ne fournissaient plus aucun travail utile, et contribuaient ainsi à augmenter le découragement de tous et la misère commune.

Le retour de la belle saison n'amena pas la fin de cette famine. Elle se continua jusqu'à l'hivernage de 1830-31, et sévit alors avec une rigueur encore plus cruelle. — « On ne rencontrait plus (nous empruntons ici les propres paroles d'un témoin oculaire de ces malheurs) sur les chemins, dans les villages, dans l'intérieur même du fort, que des spectres ambulants : beaucoup de cadavres, trouvés dans les bois ou dans les cases, obligèrent de prendre des mesures contre l'infection. Les malheureux chefs malgaches cherchaient à vendre ou plutôt à donner leurs esclaves pour avoir de quoi satisfaire l'impérieux besoin de la faim qui les minait. On voyait donner des hommes et des femmes dans la force de l'âge pour un sac ou deux de riz, valeur de 10 à 15 francs. Les feuilles, les racines, les végétaux n'offraient plus une nourriture suffisante, presque tout étant dépouillé ou arraché. Ce qui mit le comble à la misère, ce fut une excursion des Hovas, pendant l'hivernage, au mois de décembre 1830. Ils vinrent environ deux cents récolter les plantations qu'avaient faites nos malheureux Malgaches aux environs du fort..... Malgré les approvisionnements qu'envoyait Bourbon, malgré les distributions de biscuit, de riz et de légumes qu'on faisait aux naturels, il fut impossible d'arrêter les terribles effets de cette famine. On avait la douleur de voir des enfants arracher aux chiens et se disputer entre eux les os que l'on jetait. Les casernes étaient encombrées de ces malheureux, avec qui nos soldats voulaient bien partager leurs aliments. »

Le chef de l'expédition navale, ayant reconnu de bonne heure qu'elle ne pouvait réussir, et sentant l'impossibilité d'y porter remède, était parti pour France, le 13 octobre, avant le commencement de ce second hivernage si lamentable. Au mois de mars 1831, l'évacuation de Tintingue fut décidée, et l'on ne s'occupa plus que des moyens de transporter à Bourbon ou en France le personnel et le matériel, compromis dans la fatale entreprise.

On ne voulut laisser aux Hovas rien

de ce qui avait constitué notre établissement ; ni même aucune trace du plan sur lequel il avait été formé. Dans ce but, après avoir travaillé activement à une œuvre de destruction, on la consomma, le 5 juillet, en mettant le feu aux quatre coins du fort, à l'hôpital, à la demeure du commandant, à la poudrière, aux magasins, aux casernes, aux chantiers de construction, et aussi à deux navires, *l'Anna* et *le Magallon*, qui étaient à moitié coulés. Le lendemain, les débris de l'expédition firent voile pour Sainte-Marie. Enfin, le 14 juillet 1831, cette île elle-même fut abandonnée, et malheureusement ce n'était pas une solitude indifférente et inanimée que le drapeau de la France abandonnait. Non : la France se retirait, laissant derrière elle un grand nombre de noirs malgaches, ses alliés, victimes désignées et dévouées à la famine et peut-être aux vengeances atroces des ennemis que leur avait suscités l'alliance française.

Telle fut la fin de la dernière expédition que la France ait tentée sur le sol dévorant de Madagascar. Puisse une catastrophe qui a trompé les espérances de succès les mieux fondées en apparence, détourner à jamais notre gouvernement d'une pareille entreprise ! Nous croyons avoir démontré par le raisonnement et par l'autorité des faits, que Madagascar peut et doit accomplir par elle-même le long travail de perfectionnement intérieur dont son grand chef, Radama, lui a donné l'idée. Seulement elle aura à emprunter des lumières et une direction morale à ses deux voisines, les îles Maurice et Bourbon, mais non à leur demander des maîtres. Précepteur n'est pas maître. Bien loin de là ; c'est l'usage ordinaire que, pour avoir formé un élève de haute lignée, réservé à un destin brillant, on s'assure pour l'avenir une place dans son cortége et sa domesticité favorite : on a élevé plus grand que soi et l'on devient l'humble satellite d'une planète lumineuse. Ce rôle inférieur sera un jour, nous le croyons, celui des îles Maurice et Bourbon, à l'égard de Madagascar, leur élève souvent rebelle, dont elles redressent aujourd'hui l'enfance à coups de verges.

Quoi qu'il puisse advenir de cette espèce de prophétie, qui nous est chère et précieuse comme une conviction personnelle, il est curieux, après Madagascar, d'étudier les deux îles qui entretiennent maintenant avec elle, on ne saurait du moins le nier, les relations les plus nombreuses et les plus continues. Parlons d'abord de Bourbon ; nous avons dit ce qui nous engageait à lui donner, dans notre article, cette place intermédiaire entre Madagascar et Maurice.

ILE BOURBON.

L'île Bourbon est située par les 20° 50' et 21° 24' de latitude méridionale, et par les 52° 56' et 53° 35' de longitude orientale du méridien de Paris. Elle est à 34 lieues O.-Q.-S. de l'île Maurice. Dans son plus grand diamètre, elle a environ 20 lieues ; son petit diamètre en peut avoir 15, et sa circonférence, en suivant les principales sinuosités des côtes, a été évaluée à 44 lieues.

La température moyenne y est de 20° du thermomètre de Réaumur. Toutefois elle dépasse de beaucoup ce terme dans la saison d'été, qui se fait sentir surtout depuis la fin de novembre jusqu'au commencement d'avril. Mais ce qui empêche l'extrême chaleur d'être intolérable, c'est que la saison d'été est en même temps ce qu'on nomme aux colonies la saison de l'hivernage : singulière confusion de mots qui a besoin d'être éclaircie, qui peut l'être aisément, et qui ne cache pas, comme on pourra le voir tout de suite, une égale confusion d'idées. C'est en effet la saison d'été, si l'on considère les grandes chaleurs qu'elle amène, et c'est la saison de l'hivernage, parce qu'alors commencent les pluies, qui sont le seul et véritable hiver des régions tropicales. Ces pluies deviennent alors presque continuelles pendant quelques mois, après avoir respecté le reste de l'année.

Quelquefois, mais pas aussi souvent qu'on le suppose en Europe, les pluies sont mêlées de tempêtes et vont jusqu'à l'ouragan. Alors, il faut le dire, on n'a pas et on ne saurait avoir en Europe une idée aussi complète des bouleversements de la nature. Les arbres sont déracinés dans la campagne ; les herbes elles-mêmes, si humbles qu'elles soient et si faciles à s'incliner devant cette force incomparable, sont fauchées par le vent ; les maisons, qui sont la plupart construites sans étages et assises timidement un peu au-dessus du sol, par cette prévoyance de l'homme qui sent toute sa faiblesse en face des horribles violences de la nature, les cases les plus modestes et qui paraissaient le mieux abritées sous la protection d'une colline, sont dépouillées de leur toiture de paille ou de bois, sur laquelle on avait espéré vainement que l'ouragan glisserait sans savoir où se prendre ; et puis, cette première ouverture étant faite, rien ne peut plus s'opposer aux ravages du vent victorieux qui fait irruption de tous côtés. Bien plus, on a vu des pierres toutes préparées pour les assises de quelque construction nouvelle, des pierres qui chargeraient péniblement les épaules d'un homme, enlevées de terre et transportées à une certaine distance par le tourbillon. On a vu, le lendemain d'une telle journée de désastres, l'eau douce et limpide des sources et des fontaines publiques, à une grande profondeur dans l'intérieur de l'île, se ressentir étrangement de toute cette mêlée passagère des éléments, en offrant au goût des buveurs les moins délicats une indicible saveur saumâtre, qui prouvait sa communication momentanée et inexplicable avec les flots amers de l'Océan, balayés peut-être à travers les airs jusqu'à ces réservoirs éloignés, ou poussés là par une pente et une force inconnues, dans des canaux souterrains.

Mais, répétons-le, ces accidents de l'île Bourbon ne sont pas pour elle des calamités qu'elle ait à subir périodiquement, chaque année, et en quelque sorte des conditions de son existence, privilégiée sous tant d'autres rapports. La saison d'été n'est pas toujours si malheureuse, et bien souvent elle se passe simplement avec des pluies, qui sont une faveur du ciel sur ces terres long-temps arides, et un adoucissement aux ardeurs de son soleil, qui, parvenu alors à son zénith, darde ses rayons verticaux avec une redoutable intensité. Les pluies ne sont pas, d'ailleurs, le seul moyen accordé à cette île favorisée pour combattre les rigueurs d'une température brûlante ; elle est rafraîchie encore par un vent régulier qui souffle presque sans interruption pendant toute l'année, et sans varier dans sa direction plus que de l'est au sud-est : c'est ce vent alizé qui règne tout à l'entour du globe dans la même zone de latitude, entre l'équateur et le tropique méridional ; c'est cette aspiration bienfaisante que les navigateurs bénissent et appellent toujours dans un long voyage, parce qu'elle doit enfler leur voile à point nommé et leur permettre, pendant quelques semaines et dans un espace déterminé, l'assurance de n'être pas écartés de la route qui leur est tracée sur la carte. Ce souffle des vents alizés, si cher et si précieux aux marins, est salutaire aussi, comme on le voit, aux habitants des îles semées sur son passage. L'île Bourbon particulièrement lui doit la fraîcheur vivifiante qui vient par intervalles, en quelque sorte par des bouffées interrompues, attiédir les journées incandescentes de son été, et fournir aux organes de l'homme quelque chose qui n'est pas du feu à respirer. Le soir, quand ce vent régulier des tropiques se retire et paraît du moins ne plus se promener que sur la mer, où son intensité augmente, une brise de terre se lève et descend, pour ainsi dire, des montagnes centrales de l'île, à travers ses plaines, et jusque sur ses côtes, dans ses hâvres et sur ses caps multipliés à l'infini. Alors, pour tous ceux qui ont eu à braver l'inclémence d'une atmosphère enflammée, ou qui ont pu la fuir dans leurs demeures, c'est un

ILE DE FRANCE.

Habitation des Pamplemousses. Jardin de M. Céré.

moment dont rien ne saurait exprimer les délices.

On comprend que ces deux brises, qui semblent combinées de manière à se relayer, l'une venant du large, l'autre née, on ne sait comment, dans les flancs mêmes des montagnes intérieures, contribuent à maintenir dans l'île une salubrité pour laquelle d'excessives chaleurs pourraient inspirer peut-être quelque crainte. Ce n'est pas là, du reste, la seule cause qui lui assure une salubrité dont il n'y a pas d'exemple nulle part dans le monde. L'île doit beaucoup, sous ce rapport, à sa configuration. Elle est assise sur une base presque ronde, et s'élève en forme de cône dont le sommet est tronqué, ou plutôt enseveli dans les nuages. Là s'agglomèrent les eaux qui alimentent ses rivières ou ses torrents, et qui fécondent la partie inférieure de ses terres. Mais elles s'écoulent avec rapidité vers la mer sur une pente sensiblement inclinée; elles ne rencontrent, dans le lit qu'elles creusent, aucun réservoir naturel où elles puissent séjourner et se corrompre : nul amas d'eau dormante n'est possible; nul étang échauffé, aigri par le soleil; nul marais où s'engendrent les influences morbides. L'eau ne descend des mamelles inépuisables de la région montagneuse du centre, que pour transmettre, partout où elle passe, ce qu'elle a d'utile et de fécondant, non pour déposer ni nourrir les principes d'exhalaisons malfaisantes. Aussi l'on ignore, dans cet heureux coin du globe, les longues maladies, les infirmités chroniques, les maux obstinés dont la mort seule ailleurs est le remède, ou qui se perpétuent même dans les familles par droit d'hérédité : là on meurt en une semaine ou l'on se rétablit, et les jours de la convalescence s'écoulent encore plus rapides que les jours de la maladie, et non sans une douceur inexprimable que ceux-là seuls ont éprouvée, auxquels il a été donné de se sentir revivre sous les rayons d'un soleil magnifique, qui, s'il consume vite ce qu'il touche, sait aussi puissamment tout ranimer.

Nul enfant, sous ce beau climat où la vie circule avec aisance dans les membres, comme l'eau dans les canaux naturels qu'elle se choisit, nul enfant presque ne vient au monde pour y végéter contrefait, et l'on n'y voit pas, comme en Europe, des jambes et des corps se contourner horriblement par une altération de tout l'organisme, apportée en naissant et aggravée encore par la rigidité du froid ou l'humidité plus funeste de la température. Les créoles, à part quelques exceptions, si rares qu'on pourrait les estimer des monstruosités, sont tous, sinon robustes, (cela n'est guère facile sous la double action d'une chaleur débilitante et d'excès énervants commencés dès le jeune âge), du moins d'une taille avantageuse et droite, de formes élégantes et légères, vifs, alertes, dispos et habiles à tous les exercices corporels. Les femmes sont belles, plus généralement grandes que petites, un peu pâles, et nonchalamment penchées comme leurs fleurs sans rosée; mais la tige est forte et vivace, et il n'y a guère de femmes créoles qui aient à dissimuler quelques-uns des défauts que la jeunesse même, dans d'autres climats, n'épargne pas toujours à la beauté. S'il fallait élever quelque part un temple à la Santé physique, c'est à l'île Bourbon qu'il faudrait en déterminer la place; elle est encore ce qu'elle était autrefois, alors que les navires, en passant dans son voisinage, y débarquaient leurs malades désespérés, lesquels y guérissaient sans aucun soin, sans médicaments ni régime, sans autre remède que leur séjour même sur une terre hospitalière, plus efficace que toutes les ressources de l'art médical.

Le sol, travaillé dans toute l'étendue de l'île par d'anciennes éruptions volcaniques, qui ont, dit-on, le singulier privilége d'apporter la fécondité partout où elles portent leurs ravages, est en effet très-fertile dans les parties qui sont et ont pu être cultivées. La région des cultures régulières occupe une lisière de terrain d'une lieue et demie environ de largeur, qui règne le long des côtes et entoure l'île entière comme d'une ceinture de récoltes verdoyantes. Parfois la culture est poussée plus avant dans les terres, et monte, comme une herbe grimpante et vigoureuse, à travers les escarpements des collines éloignées de la côte, à une certaine hauteur dans les montagnes centrales : on cultive, en quelques endroits, s'il faut en croire des rapports que nous estimons véridiques, jusqu'à 500 toises au-dessus du niveau de l'Océan. De loin, si l'on se donne le plaisir de côtoyer dans une barque les rivages de l'île, c'est un beau spectacle qui s'offre aux yeux de l'observateur. D'abord, une première ceinture extérieure d'une couleur grisâtre, composée des galets basaltiques et des roches volcanisées que les torrents de l'intérieur entraînent avec eux et amassent incessamment sur les bords de la mer. Ensuite cette lisière dont nous venons de parler, et qui contient toutes les nuances de verdure : le vert éclatant et lustré des cannes à sucre et des plants de maïs, le vert plus sombre des champs de manioc, le vert jaunissant des blés, qui croissent aussi et mûrissent sous les tropiques comme en Europe, mais moins hauts, moins vigoureux, moins pressés ; car les terres tropicales sont faites apparemment pour produire le luxe de la vie, le café, le sucre, les épices, et laisser produire à d'autres terres les choses de première nécessité. Plus loin, dans la région où le terrain commence à monter par une pente assez rapide, on aperçoit de distance en distance des bandes étroites de verdure qui partent de la lisière cultivée et s'avancent perpendiculairement vers les sommets des montagnes, sans les atteindre, mais de manière à montrer combien le travail de l'homme a une tendance opiniâtre à envahir sans cesse quelque nouveau canton de la nature sauvage. Enfin, au-dessus de tout cela, domine une région noire et grise, toute pierreuse, toute volcanique, enveloppée constamment d'une vapeur mobile dont le spectateur, que nous supposons placé en mer dans une barque, faisant sa petite circumnavigation, ne saurait dire positivement si ce sont des nuages, ou la fumée de quelque cratère mal éteint du volcan sur lequel toute l'île est établie.

Le volcan, avons-nous dit, a dû autrefois, dans des temps dont personne n'a pu garder la mémoire, parcourir l'île Bourbon tout entière : on retrouve partout des vestiges de son passage incontestable. Mais il y a des points qui portent l'empreinte d'une volcanisation plus récente, et ceux-là, loin d'être fécondés par des ravages qui ne produisent, à ce qu'il paraît, leur effet de fertilisation que pour une époque éloignée, ceux-là, disons-nous, sont complétement privés de toute végétation vraiment digne de ce nom. Rien n'égale l'aspect désolé des deux lieues de terrain qui s'étendent le long de la côte du sud-est, qui pénètrent à une profondeur de trois lieues dans l'intérieur, et qu'on nomme le *Grand-pays brûlé*, ou plus simplement dans le jargon créole, le *Grand-Brûlé*.

Ce n'est pas là un volcan d'Italie, le Vésuve ou l'Etna, qu'on va voir en partie de plaisir, avec sa femme, ou sa fille, ou sa jeune sœur, et qui se laisse approcher complaisamment, dans certaines saisons, qui permet aux regards curieux des badauds de Paris ou de Londres de plonger, sans beaucoup de courage, dans sa bouche toujours béante, souvent paisible, et vers laquelle d'ailleurs des guides sont toujours prêts à conduire le voyageur par des chemins frayés et bien connus, avec des haltes réglées d'avance et des lieux déterminés de rafraîchissement. Dans le *Grand-Brûlé*, aucune de ces ressources ne se présente à celui qui s'y aventure. C'est une immense lave refroidie qui couvre le sol, pour ainsi dire, d'une enveloppe métallique, d'une cuirasse de fer bruni, grisâtre, luisant néanmoins au soleil, s'échauffant surtout assez pour brûler les pieds des voyageurs, et se brisant pour déchirer de ses fragments anguleux les chaussures les plus résistantes. Nul autre signe de végétation que des brins d'herbes çà et là, maigres, rares, sans couleur et sans odeur, puisant à

ILE DE FRANCE.

Les trois Mammelles.

peine une chétive nourriture dans un sol sablonneux, à travers les fissures de la lave, et se flétrissant vite par la réverbération enflammée de la couche métallique, au-dessus de laquelle il leur faut végéter. Nul sentier tracé sur ce marais de lave calcinée; et si l'on veut se diriger vers le point d'où s'exhale, pour se confondre dans les nuages, la fumée du cratère, on rencontre bientôt d'énormes crevasses dans les flancs des montagnes, on a vingt précipices à tourner, jusqu'à ce qu'enfin l'on en trouve qui ne peuvent être ni tournés, ni franchis, et qui servent de dernière barrière au volcan, pour dérober à toute investigation les bouches changeantes et nombreuses qu'il lui plaît de choisir tour à tour dans la même région pour ses éruptions fréquemment répétées.

D'autres voyageurs ont pu être plus patients et plus adroits, ou bien le cratère s'être rapproché pour eux momentanément de la partie du pays brûlé où l'on peut aborder; mais celui qui écrit ces lignes doit avouer qu'il n'a pas eu un tel bonheur. Il a erré pendant trois jours dans le *Grand-Brûlé*, il y a campé et dormi, s'éveillant avec le soleil pour se mettre de nouveau à rechercher les traces du volcan : ces traces étaient visibles à chaque pas, mais le volcan ne se laissait approcher par aucun point. Il ne tenait qu'au voyageur toutefois, arrêté par d'affreux abîmes, de prendre pour le volcan même quelqu'un de ces précipices, qui peut bien en effet, d'un jour à l'autre, lui servir de nouveau cratère, dans ses évolutions capricieuses.

Au reste, s'il est difficile de le surprendre sur le fait, et de découvrir la bouche par laquelle il vomit le soufre et les métaux fondus dans ses fournaises souterraines, il se révèle assez, comme beaucoup d'autres causes naturelles qui demeurent ignorées, comme le Nil dont la source est inconnue également, non pas, il est vrai, par des bienfaits, mais par des résultats toujours prodigieux.

Lorsque, dans la saison des pluies, il commence une de ses grandes éruptions qui ne reviennent pas tous les ans, et dont les colons du voisinage gardent un long souvenir, il s'annonce par un bruit sourd et continu qui appelle de plusieurs lieues à la ronde les habitants curieux d'assister à un magnifique et terrible spectacle. Après avoir donné en quelque sorte cet avertissement à ceux qui veulent voir et qui ont à venir de loin, à ceux qui sont trop voisins et qui veulent fuir, il se livre à toute sa furie. Une lave enflammée déborde du cratère, se précipite avec violence du haut des montagnes et tombe dans la plaine, où elle continue de brûler, en se dirigeant toujours vers la mer, mais plus lentement, sur une pente moins inclinée. Alors toute l'attention des spectateurs se concentre sur ce mobile étang de feu qui remplit peu à peu tout l'espace du *Grand-Brûlé*; et l'on éprouve un plaisir de frayeur et d'admiration à suivre ses progrès vers le rivage, c'est-à-dire vers le seul côté où une issue lui soit ouverte. De temps à autre, il semble s'arrêter par le refroidissement de la lave qui forme une nouvelle couche sur les couches anciennes, et l'on croirait que le fleuve, qui a sa source dans les profondeurs de la montagne volcanique, n'ira pas au bout de la course qui lui est marquée jusqu'à l'Océan; mais alors de nouveaux flots de bitume et de métal en combustion arrivent pour l'alimenter, et il reprend sa marche solennelle avec un bruit monotone de rochers qu'il déracine et choque les uns contre les autres. Ainsi, après plusieurs haltes, grossi de toutes les laves successives qui descendent pour s'ajouter à sa force, comme un fleuve gonflé par la fonte des neiges, il arrive à l'extrémité de la côte, il domine la mer environnante, il va s'y précipiter. L'attention redouble. Tout à coup, avant que l'œil ait pu rien distinguer de nouveau, l'oreille est frappée d'un bruit qui se prolonge et que toutes les voix, d'un commun accord et non sans quelque surprise, assimilent à un bruit bien simple, bien familier, au frissonnement de l'eau froide que, devant le foyer domestique, on laisserait tomber sur une huile bouillante dans un vase. Mais c'est un frissonnement de la lave dans l'Océan, sur deux lieues de côtes, d'où bientôt elle tombe uniformément pendant plusieurs heures, et ce qui semblait vulgaire ne manque plus alors d'une certaine majesté. Dans les jours qui suivent ce grand désordre naturel, cette confusion de l'eau avec le feu, tous les poissons pêchés autour de l'île arrivent morts dans les filets.

Ce sont là des éruptions complètes, qui sont rares. Il y en a d'autres plus ordinaires et partielles, et presque régulières dans leurs retours; elles varient dans leur marche et leurs phénomènes. Parfois, sans aucun murmure, sans beaucoup de fumée et sans émission de lave au dehors, le volcan signale au loin son existence par un singulier symptôme; il remplit l'air d'une poussière jaune et brillante, d'un nombre infini de parcelles métalliques qu'on prendrait pour de la poudre d'or, si les objets qui en sont couverts, les plantes, les légumes et les fruits dans toute la campagne, n'en étaient légèrement altérés dans leur goût, et viciés dans leurs qualités. Pendant deux ou trois jours, il n'est pas extraordinaire d'avoir à secouer partout cette poussière équivoque que le vent chasse et répand devant lui sur tous les points de l'île visités par lui au-dessous de la région du volcan.

Le terrain de l'île Bourbon, soumis, comme il l'a été et comme il l'est, aux influences que nous venons de décrire, paraît être admirablement disposé pour beaucoup de productions variées.

La plupart des plantes et des arbres qu'on y trouve aujourd'hui, surtout les plantes les plus utiles et les arbres à fruits, y ont été apportés par les soins du gouvernement ou de quelques particuliers honorables, dont les noms méritaient d'être conservés plus fidèlement dans la mémoire des créoles: il y a un de ces noms du moins qui n'a pu être étouffé parmi eux dans un oubli absolu, c'est celui de l'illustre Poivre, intendant, voyageur, naturaliste et agronome, qui eut, par-dessus tout, le génie de l'administration coloniale. Nous devons exposer rapidement les dénominations et les propriétés de quelques-uns de ces arbres et de ces plantes, sans tenir compte le plus souvent de leurs origines.

Un des arbres les plus remarquables, non pas seulement par son nom, mais par son utilité, un arbre dont le bois, généralement employé aux constructions navales, est compact, lourd, incorruptible, c'est celui qu'on nomme le *bois puant* et qui n'est autre que le teck de l'Inde. La sève corrode le fer: aussi a-t-on soin de choisir, pour le couper, la saison où elle a moins d'activité, et de ne l'employer que le plus sec possible.

Le benjoin, seul bois de l'île qui puisse être employé au charronnage, est propre, en outre, à beaucoup d'autres emplois, à la charpente, à la menuiserie. Autrefois, avant qu'on l'eût exploité, comme on l'a fait, avec une prodigalité imprévoyante, on en trouvait d'assez gros pour construire de grandes pirogues d'un petit nombre de pièces.

Tout le monde connaît de nom le bois de fer. Il est ainsi appelé pour son extrême dureté, et pour le grain très-serré de toute sa substance qui lui donne quelque similitude avec le buis, dont il n'a pas toutefois la beauté. La consistance du bois de fer n'empêche pas que, s'il est exposé à l'air, il se conserve peu: on le dit incorruptible dans l'eau.

Le bois noir, espèce de *mimosa*, est un de ceux qui, sans être indigènes ni de l'île Bourbon, ni de l'île Maurice, peuvent être regardés comme y ayant reçu un véritable caractère de nationalité. Les vieux colons de l'île Maurice se souviennent encore de la période révolutionnaire, si rapide chez eux, grâce à leur sagesse, et qui tourna bien plutôt au ridicule qu'à la cruauté; époque féconde en plaisanteries plus ou moins officielles, où l'assemblée coloniale décréta que, pour être reconnu *citoyen actif*, il fallait posséder un cochon, une poule et deux bois noirs devant sa porte ou dans sa cour.

Le bois noir en effet est d'une grande utilité : ce n'est pas seulement parce qu'il sert quelquefois dans les ouvrages de charpente, ni parce qu'il est très-propre à être converti en charbon ; mais ce qui le rend précieux, c'est qu'il abrite sous ses rameaux convenablement espacés les plants de café qui ont besoin d'un peu de soleil et n'en sauraient supporter les ardeurs excessives. Ses feuilles d'ailleurs, lorsqu'il les perd, deviennent un excellent engrais et contribuent à entretenir la belle végétation du cafier qu'il a pris sous sa protection. Malheureusement, dès que le bois noir vient à mourir, il faut enlever aussitôt jusqu'aux moindres débris, jusqu'à la plus légère poussière de ses racines, car elles sont alors mortelles à la plante frêle et délicate que son ombrage défendait. C'est un arbre qui fait vivre et qui tue : il avait bien, comme on voit, quelques droits, comme une sorte d'emblème mystérieux, à la prédilection révolutionnaire de l'assemblée coloniale.

Le bambou est bien connu en Europe, du moins par ses applications ; il n'est pas rare à l'île Bourbon et il est encore plus commun à l'île Maurice. C'est un roseau qui parfois s'élève aussi haut que nos plus grands arbres, qui ressemble de loin à nos saules, et pousse des branches garnies de feuilles comme celles de l'olivier. On fait de belles avenues avec des bambous, dont les cimes s'agitent au moindre souffle de l'air et rendent un murmure continu, assez analogue, quand on l'entend de loin, aux croassements de mille corbeaux rassemblés dans la région des nuages.

Mais de tous les arbres qui font entendre leur voix murmurante dans l'atmosphère paisible où est baignée l'île Bourbon, il n'en est point de plus singulier, de plus mélancolique et de plus harmonieux que le *Filao*. C'est une longue tige lisse et polie qui s'élance comme celle d'un peuplier. Elle est couronnée d'une multitude infinie de petites branches, ou plutôt de minces filaments, comme ceux des ifs, mais plus souples et plus déliés, dont le vent peut faire tout ce qu'il veut. Il faut, pour avoir une idée de toute la puissance musicale qui est contenue dans l'air, et qui peut s'éveiller d'elle-même, sans l'intermédiaire de la main de l'homme, il faut avoir, comme nous, prêté l'oreille avec surprise, en cheminant la nuit le long des routes plantées de filaos, à la cantilène toujours grave et toujours triste que le vent psalmodie dans les rameaux multipliés de ces arbres merveilleux.

On s'y trompe aisément, et il n'est pas rare, même après avoir été averti vingt fois par les indications du vieux noir qu'on a pris pour guide, ou par sa propre expérience, d'attribuer ce sombre murmure à la voix lointaine de la mer qui gémit aux approches de la tempête, et qui s'engouffre avec un bruit sourd dans les cavernes naturelles de ses rivages. C'est un caractère bien admirable, au milieu des magiques accents du filao, que cet éloignement factice d'où l'on s'imagine les recevoir. Souvent on a ces arbres presque au-dessus de sa tête, on a la mer à quelques pas, derrière les roches à l'abri desquelles elle dort invisible et silencieuse ; et pourtant l'on s'obstine à croire que c'est elle qui gémit, on est emporté par le souvenir bien loin de la petite marche qu'on poursuit dans d'étroites limites insulaires, on s'élance par la pensée vers le grand voyage du monde, dont on a déjà sans doute accompli quelques étapes laborieuses. Si l'on a en quelque sorte deux patries, comme c'est la condition de beaucoup d'hommes de notre temps, qui ont été déplacés de bonne heure, à la suite des destinées errantes de leurs pères, voyageurs, ou exilés, ou soldats, on abandonne son ame à ce murmure qui trompe, à cette illusion qui reporte l'imagination à plus de 4 mille lieues de là, vers l'Europe. Et plus tard, hélas ! si l'on a revu l'Europe, la mémoire de la seconde patrie, de la patrie qu'on a pu se faire pendant quelque temps aux colonies, ne revient jamais sans être invinciblement unie à cette voix indéfinissable des filaos, dont les notes monotones ne peuvent plus être oubliées, et ne seraient pas méconnues, une fois que l'oreille s'en est imbibée et pénétrée dans l'ivresse d'une nuit calme des Tropiques. C'est un des charmes secrets des colonies qu'on regrette le plus de n'avoir pu emporter avec soi et de ne retrouver en aucun lieu; et plus on avance dans la vie, plus ce regret se fait sentir : le filao est plus beau, plus triste que les cyprès, il célèbre entre le ciel et la terre un hymne perpétuel, et il n'y a pas, on le sent bien en vieillissant, d'ombre meilleure pour couvrir un tombeau.

Laissons néanmoins ces souvenirs et revenons aux détails positifs de la vie, à une nature moins poétique, mais plus utile, aux arbres à fruit, aux plantes alimentaires que produit l'île Bourbon.

Il n'y a pas beaucoup d'arbres à fruit qui soient indigènes dans l'île : il y a toutefois le pêcher, qui croît spontanément dans les bois, et donne sans culture des fruits en nombre infini. Mais parmi la quantité d'arbres étrangers qui ont été naturalisés sur cette terre, si bien préparée pour les recevoir, il en est quelques-uns auxquels est due une mention particulière.

L'oranger se présente en première ligne; et ce n'est pas seulement parce que l'odeur embaumée de ses fleurs le fait reconnaître au milieu de tous les autres; mais c'est encore et surtout parce qu'il est un produit spécial de l'île Bourbon, absolument ignoré à l'île Maurice, on ne peut dire par quelle fantaisie bizarre de la nature, ou par quelle incurie des hommes. Au reste, même dans la première de ces colonies, si nous en croyons un essai de statistique, publié par un de ses anciens administrateurs, M. Thomas, auquel nous avons emprunté d'ailleurs plusieurs autres informations intéressantes, le nombre des orangers diminue beaucoup depuis quelque temps, et la qualité de leurs fruits décroît aussi d'une manière sensible.

On ne peut citer que pour mémoire le grenadier, le dattier, le palmiste, qui se trouvent décrits partout, dont beaucoup de personnes ont pu voir des plants dans nos jardins européens, et qui sont assez connus même de celles qui ne les ont pas vus.

Sur le cocotier, non moins connu, il y a à faire quelques observations curieuses. C'est une sorte de palmier qui se plaît dans le sable, qui ne sert guère qu'à donner de mauvaise huile, et de mauvais câbles avec les filaments de sa bourre. Sa coque, d'une grande dureté, ne s'ouvre que par une suture comme nos noix. On peut le considérer comme l'arbre vraiment caractéristique des pays méridionaux, de même que le sapin est la parure triste et pâle des régions du Nord. Il n'est pas inutile, au sujet du cocotier, de remarquer une prévoyance de la nature, qui aurait achevé de réconcilier le bon Garo de La Fontaine avec l'auteur de toutes choses. La noix de coco, par sa pesanteur, sa dureté et la hauteur où elle est suspendue, exposerait à un danger sérieux le voyageur qui viendrait chercher le repos à l'ombre du cocotier : aussi, d'après ce que nous disent les naturalistes qui tiennent à honorer Dieu dans tous ses ouvrages, c'est pour cela que le cocotier, avec ses feuilles rares et maigres, qui se courbent tristement espacées à son sommet, comme un pinceau usé et émoussé, est incapable de donner de l'ombre au voyageur. Il est vrai que la prévoyance inconnue qu'accusait Garo, lorsqu'il comparait le gland à la citrouille, eût été plus complète, ce nous semble, si elle eût songé à garnir le cocotier, dans ces climats brûlants, d'un plus épais feuillage; mais il y a là sans doute quelque mystère, que les naturalistes des causes finales se chargeront un jour de découvrir et d'interpréter. — En attendant, il nous faut constater une espèce particulière de cocotier, appelé *marin*, ou des Seychelles, dont il est originaire : celui-ci porte des cocos doubles, dont quelques-uns pèsent plus de 40 livres. Dépouillé de sa bourre, le coco des Seychelles offre une singulière configuration, et ici nous regrettons d'être réduit à parler latin, et encore est-ce du latin de naturaliste : *Mulieris corporis bifurcationem cum naturâ et pilis repræsentat.*

Un autre arbre va donner raison encore aux causes finales ; c'est le *jacquier* ou *jacq*, qui fournit beaucoup d'ombrage et produit un fruit monstrueux, de la grosseur d'une longue citrouille, avec la peau d'un beau vert et toute rugueuse : mais le fruit est attaché au tronc et se trouve à la portée de la main. Il est rempli d'amandes, dont l'odeur est fétide et repoussante d'abord, mais qui, lavées à plusieurs eaux, composent un mets dont les Noirs sont très-friands. C'est un aphrodisiaque.

Le bananier est un des arbres qui portent les fruits les plus nourrissants tout à la fois et les plus savoureux. Il vient parfaitement bien dans des terrains de toute nature et se multiplie avec facilité. Son tronc n'est pas de bois à proprement parler ; mais c'est une touffe de feuilles serrées, enroulées les unes sur les autres dans un ordre concentrique, et formant une espèce de colonne, au sommet de laquelle elles s'épanouissent en larges bandes d'un beau vert satiné. Il suffit d'un an au bananier pour pousser à ce sommet, d'où retombent ses feuilles comme un parasol, de longues grappes composées de fruits, qui ont la forme de concombres : c'est ce qu'on nomme des régimes de bananes.

Nommons en passant le goyavier ou gouyavier, qui fait les délices des jeunes enfants créoles : c'est, dit-on, le seul fruit où l'on trouve des vers.

Le papayer est une espèce de figuier sans branches, qui atteint vite à toute sa croissance : on dirait une colonne surmontée d'un chapiteau de larges feuilles. De son tronc sortent des fruits semblabes à de petits melons et d'une saveur médiocre. Le papayer femelle ne porte que des fleurs, et toujours deux sujets de sexe différent s'élèvent voisins l'un de l'autre, l'un produisant, l'autre n'étalant aux yeux que son luxe de floraison stérile en apparence : peut-être, et les créoles n'en doutent pas, il s'établit entre eux une communication féconde dont on n'a pas encore pu surprendre les voies secrètes.

Il y a un fruit dont nous ne voudrions tenir aucun compte, n'était son nom étrange, l'*avocat*. Il est d'une fadeur extrême, d'une blancheur molle et sans consistance : on le réduit en une sorte de crème pour le manger, et on ne le mange qu'à grand renfort de sel et de poivre, ou bien avec du sucre, du jus d'orange ou de citron, même du vin de Madère. Tout cet assaisonnement est indispensable pour lui donner quelque saveur. N'allez pas croire, d'après cela, qu'on ait songé à faire une mauvaise plaisanterie en lui appliquant cette dénomination, l'*avocat*. C'est simplement une dérivation du nom que lui donnaient les Mexicains avant nous, *ahuaca*, et dont les Espagnols, pour leur part, ont fait *aoucate*.

Le manguier donne des fruits abondants, de la forme d'une très-grosse prune aplatie, couverte d'une sorte de cuir dont s'exhale malheureusement l'odeur de térébenthine : malgré cette odeur désagréable, qui, du reste, disparaît avec l'enveloppe, la mangue est comparable aux meilleurs fruits d'Europe, et c'est aussi, dans l'opinion la plus générale, le meilleur de tous ceux que l'on trouve aux colonies. Nous ne parlons pas de l'ananas, beaucoup mieux connu en Europe, mais dont la saveur, plus compliquée, n'est pas plus savoureuse.

Un autre fruit, qui, grace à l'admirable roman de *Paul et Virginie*, est aussi célèbre dans le monde que peut l'être un fruit dont presque personne n'a goûté, c'est le pamplemousse, grosse orange à chair rouge d'une saveur médiocre (*).

(*) Nous saisissons cette occasion de renvoyer le lecteur à la 7e planche, où est figurée une vue des Pamplemousses et des environs, quoique ce soit là, comme Bernardin de Saint-Pierre ne l'a laissé ignorer à personne, un site de l'île de France, dont nous ne nous occupons pas encore.

Nous avons, au commencement de cette énumération, nommé le pêcher, un des arbres qui viennent si bien en Europe, comme étant aussi de ceux auxquels sourit le mieux le climat de l'île Bourbon. Il n'est pas aujourd'hui le seul que les regards de l'Européen puissent retrouver et reconnaître avec plaisir sur cette terre brûlée de tous les feux du soleil des Tropiques. Il y a, au Mont Saint-François, dans les hauteurs qui dominent Saint-Denis, capitale de la colonie, un emplacement élevé de 296 toises au-dessus du niveau de la mer, et dont la température habituelle est de 12 à 14° de Réaumur. Là, dans un terrain dont la disposition circulaire permettait de choisir les expositions convenables et de rechercher les conditions de culture les plus analogues à celles qui sont reconnues nécessaires en Europe, deux habiles agronomes et naturalistes, élèves du Muséum de Paris, MM. Bréon frères, ont naturalisé, avec un succès plus ou moins marqué selon les espèces, une foule d'arbres fruitiers et autres au milieu desquels le voyageur enchanté, surpris, et rafraîchi par une brise tempérée, peut bien rêver un moment qu'il se promène dans quelque jardin privilégié des plus belles provinces de France. Pour ne parler que des arbres fruitiers, voici l'espèce d'inventaire qui en fut dressé dès 1820 :

294 individus	de 22 variétés	de pommier.
181	18	poirier.
34	6	prunier.
176	4	pêcher.
3	2	abricotier.
80	2	mûrier.
34	2	amandier.
60	2	cerisier.
130	2	framboisier.
132	2	noyer.
10		olivier d'Europe.

En outre, des groseilliers blancs et rouges en grappes et à maquereau.

On avait déjà alors distribué aux habitants près de huit cents individus de ces arbres. Depuis lors le nombre s'en est accru d'une manière notable dans le jardin de naturalisation, et il va sans dire que les distributions et les cultures en dehors de l'établissement ont suivi la même loi de progression ascendante.

Cependant tous les produits naturels n'obtiennent pas à l'île Bourbon un égal succès. La plupart de nos légumes y dégénèrent. Le melon, entr'autres, n'y vaut rien, et pourtant on le recherche parce qu'il est rare : le melon d'eau, ou pastèque, y est d'un peu meilleure qualité. La pomme de terre, de l'espèce ordinaire, n'y est pas plus grosse qu'une noix. En revenche, les colons ont celle de l'Inde, dite *cambar*, qui pèse souvent plus d'une livre, et surtout la patate, qui multiplie beaucoup, et dont quelques espèces sont préférables à nos châtaignes.

Le blé, dont la production est de plus en plus négligée, y atteint vite son degré de croissance ; car il ne s'écoule pour lui que quatre ou cinq mois entre l'ensemencement de la terre et la moisson. Il est vrai qu'il ne s'élève pas à une grande hauteur, il est vrai aussi que le chaume se dessèche et meurt sous l'action des rayons solaires, avant que le grain soit convenablement nourri, avant que l'épi soit mûr. De là vient sans doute qu'il est si difficile de conserver ce grain et sa farine, même lorsqu'on en a fait du biscuit : on a vu quelquefois du biscuit de cette farine, fabriqué avec tout le soin possible, et de la plus belle apparence, supporter à peine un mois de navigation.

Nous avons réservé pour la fin de notre nomenclature les produits naturels qui devraient être les bases principales de la culture à l'île Bourbon : ce sont les girofliers, les muscadiers, les plants de café, les cannes à sucre. On comprend que les cannes à sucre puissent avoir une préférence marquée sur les autres éléments de prospérité agricole, puisqu'elles sont en même temps une source de grand travail manufacturier et le plus riche objet d'échange dans le commerce européen ; mais l'île Bourbon possède une surface assez étendue en bonnes terres de qualités diverses, et une population assez nombreuse, pour ne pas devoir se renfermer presque d'une manière exclusive dans une seule industrie.

On évalue généralement à 126,000 hectares la surface cultivable de l'île, et on ne comprend pas dans cette évaluation toute la partie centrale, qui, se trouvant séparée des côtes par les montagnes et enfermée comme par une ceinture continue de rochers dominants, forme une espèce de vaste coupe intérieure, jusqu'à présent très-peu connue. Quant à la population, qui n'a sans doute pas varié beaucoup depuis la date des dernières informations que nous ayons pu nous procurer (1er janvier 1826), elle était, à cette époque, de 17,908 blancs, de 5,405 hommes de couleur libre, et de 61,898 noirs esclaves. Ce chiffre est moins officiellement constaté, pour plusieurs motifs, dont un des plus graves est la difficulté d'obtenir des propriétaires d'esclaves des déclarations vraies sur cette nature de propriété mobilière, soumis à un impôt de capitation. On voit qu'il y a là, surtout si l'on s'étudiait à accroître la population noire par d'autres moyens que la traite, désormais bien décidément abolie, on voit qu'il y a de quoi donner aux sucreries les bras qu'elles peuvent réclamer avec un meilleur système de machines économiques, et réserver néanmoins pour les autres exploitations coloniales, plus modestes, le nombre de travailleurs qu'on a eu l'imprévoyance de leur enlever.

La canne à sucre est certainement, à Bourbon, du moins dans les terrains qui lui sont appropriés, d'une qualité supérieure; mais s'il fallait dire pourtant quelle est la production qui reçoit, des ressources naturelles de ce sol volcanisé, la plus incontestable supériorité, on trouverait que ce sont ses plants de café, dont en effet la renommée dans le monde vient après celle du café de Moka.

Cependant voyez ce que peut faire un mauvais régime commercial pour intervertir les priviléges que la nature a donnés à certains sols, et pour leur en attribuer beaucoup d'autres qui ne leur ont pas été concédés avec la même largesse par ce suprême arbitre de toutes les facultés productives des diverses régions. Sous la restauration, on fit une loi de douanes en France, qui assurait aux sucres des colonies françaises, sur le marché de la métropole, une préférence décisive comparativement aux sucres étrangers : le tarif, avec la prime qu'il consacrait, fut même réglé de telle sorte que les colonies françaises se trouvèrent en possession de fournir, non seulement aux besoins de la consommation intérieure de la France, mais aux demandes de l'exportation. Ce fut donc pour elles un puissant motif d'encouragement à produire davantage, et elles n'y manquèrent pas. Leurs plantations de cannes et leurs usines pour la fabrication du sucre prirent un développement subit et exagéré, qui ne fut peut-être pas exempt d'imprudence. À l'île Bourbon notamment, on se mit à arracher les girofliers, les muscadiers que l'administrateur Poivre y avait heureusement naturalisés, les cafiers qu'on y avait transportés d'Arabie, et qui avaient si bien réussi; on détruisit les cotonniers en petit nombre qui croissaient dans les lieux propres à cette ingrate végétation; enfin on réduisit encore plus la quantité de terrain affectée à la production du maïs, du riz, du manioc, des vivres en un mot, et l'on se résigna plus que jamais à se placer, pour sa nourriture et celle de ses noirs, à la merci des cultivateurs de Madagascar ou de l'Inde. Aujourd'hui que la prime en faveur des sucres des colonies françaises est supprimée, aujourd'hui que, d'ailleurs, comme des discussions récentes viennent de le faire connaître avec une éclatante publicité, le sucre de betteraves envahit rapidement le marché de la métropole, sur lequel il est déjà en mesure de verser 30 millions de kilogrammes, le débouché du sucre colonial français, trop favorisé pendant plusieurs années, est devenu tout d'un coup moins considérable, et cette réduction ne sera pas un fait passager, car désormais l'abus de l'ancienne législation ne saurait reparaître, ni l'essor de la production indigène s'arrêter. Il faudra donc que les planteurs de l'île Bourbon, après avoir remplacé follement, dans un accès de spéculation effrénée, toutes leurs cultures variées par une culture à peu près unique, retournent à leur ancien système plus modéré, moins chanceux, mais aussi moins fécond en bénéfices; il faudra qu'ils substituent maintenant à une portion de leurs champs de cannes à sucre, le giroflier, le muscadier, les plants de café surtout qu'ils avaient sacrifiés sans pitié comme sans souci d'une vieille réputation à maintenir. Les intérêts des planteurs n'auront pu que souffrir, en définitive, de ces variations dans des habitudes prises, de ces dépenses faites pour premier établissement dans une direction où il devient impossible ensuite de persévérer. On ne dispose pas ainsi capricieusement des facultés productives d'une terre, sans en recevoir la punition dans sa fortune.

L'île Bourbon devrait moins qu'aucune autre risquer de ces expériences hasardeuses, parce que, dans le moment de la transition d'une culture à une autre, elle n'a point, pour remplacer les bénéfices qui peuvent lui manquer temporairement, la ressource d'un commerce qui trouve à s'exercer sur les marchandises d'origine étrangère : elle ne peut, quand ses revenus agricoles lui font faute, se faire l'entrepositaire des produits à échanger entre l'Europe et l'Asie, par exemple, et substituer, pour vivre en attendant, les fonctions de facteur du monde au travail et aux avantages plus directs de l'agriculture qui vient à languir. L'île Bourbon n'a pas de port, et cette cause naturelle d'infériorité, si ce n'est même d'incapacité commerciale, a jusqu'à présent réduit à peu près exclusivement tous ses moyens de richesse à une source unique, l'agriculture. Il y a bien dans la principale ville, ou plutôt dans le bourg chef-lieu qu'on nomme Saint-Denis (voy. pl. V), un certain nombre de marchands ; mais c'est pour répartir, par une vente journalière et de détail, entre les consommateurs, les objets qui sont ou de première nécessité, ou même de quelque luxe dans les usages ordinaires de la vie : leur fonction ne s'étend guère au delà de cette opération mesquine et limitée. Il y a bien aussi plusieurs négociants d'un ordre plus relevé ; mais ce sont, à proprement parler, des commissionnaires auxquels sont consignés les navires et les cargaisons d'Europe, et qui se chargent de remplir un rôle intermédiaire entre leurs correspondants d'outre-mer et les planteurs de l'île, désireux de vendre leurs récoltes sans quitter les plantations où ils vivent superbement en seigneurs suzerains. Les affaires de ces négociants ne sortent pas généralement d'un certain cercle d'échange, dont ils sont les principaux instruments, entre les marchandises européennes et les productions de leur colonie. Du reste, ils ne s'avisent guère, si bien placés qu'ils soient sur la route de l'Inde, d'aller chercher en un lieu des marchandises étrangères à leur île, pour les porter ailleurs et les échanger contre des produits également étrangers; ils n'entreprennent pas hardiment ce que nous appellerons le transit de la mer, c'est-à-dire le commerce alimenté par le commerce même, indépendamment de toute ressource des cultures indigènes. Ce n'est pas à eux qu'est échue la moindre partie de l'héritage, depuis long-temps ouvert, de Venise et de la Hollande, deux puissances purement commerciales, deux territoires ingrats qui ne produisaient pas eux-mêmes naturellement une richesse palpable et immédiatement propre aux échanges, mais dont les enfants industrieux, actifs et hardis savaient créer une immense richesse en se faisant les courtiers, les commissionnaires, les échangistes nécessaires de la richesse de toutes les nations.

Que ce soit la privation d'un port favorable, et non le défaut d'activité et de génie commercial, qui ait refusé jusqu'ici aux créoles de l'île Bourbon l'alliance des moyens de fortune par un grand commerce avec les heureux dons naturels de leur belle industrie agricole, c'est ce qu'il est sage et bienveillant de croire, tant que ce port n'aura pas été établi. La rade de Saint-Denis, une de ces rades *foraines*, comme on les appelle, parce que les navires y sont mouillés comme en dehors de tout abri, et toujours prêts à partir, et déjà, pour ainsi dire, en pleine mer, la rade de Saint-Denis ne peut pas être efficacement améliorée par aucun travail humain; et d'ailleurs ce serait toujours une rade, non un port. Là on peut bien jeter l'ancre, mais on y est soumis à un mouvement continuel de tangage (de l'avant à l'arrière), par les chocs de la lame qui vient du large, et à laquelle rien n'oppose une barrière. Souvent, dans les ras de marée simplement (et nous ne parlons pas des ouragans), les navires chassent sur leurs ancres, et, s'ils sont nombreux en rade, arrivent à s'aborder et à se causer mutuellement des avaries, trop heureux encore s'ils ne sont pas affalés jusque sur la côte. Un capitaine vigilant et qui aime son navire comme un enfant, ne se permettra pas de passer à terre une seule nuit; car une nuit suffit pour amener la perdition des bâtiments qui couvrent la rade, ou leur fuite inopinée devant la tempête. Si un ouragan se déclare, et même un de ces ouragans avortés en naissant, dont, à terre, il est facile de braver les périls, un pavillon hissé en haut d'un mât sur la grève, et appuyé d'un coup de canon d'alarme, donne le signal du départ aux marins qui voudraient tenter, sur leurs bâtiments à l'ancre, de faire face à l'orage. Et si, après cet avertissement qui est un ordre salutaire, l'obstination d'un capitaine à compromettre l'intérêt de ses armateurs et le salut de son équipage, le retenait encore sur la rade, des coups de canon à boulets le forceraient bientôt de fuir devant une catastrophe assurée.

Voilà ce qu'est la rade de Saint-Denis : et l'île Bourbon n'a pour ainsi dire pas d'autre lieu de repos pour les navires qui la visitent. Il y a pourtant, si l'on veut, sous le vent de Saint-Denis où la mer est plus calme, la baie de Saint-Paul, qui offre un mouillage plus sûr ou moins périlleux; mais les marins préfèrent encore la rade foraine de Saint-Denis, sans doute parce que là est le centre des affaires, le siége du gouvernement, le débouché le plus favorable pour les marchandises importées d'Europe, et le marché le plus commode, le plus général, pour traiter des denrées coloniales qu'il s'agit d'exporter. Ce n'est guère la peine de parler du port Caron ou quai La Rose, petite anse par laquelle se fait quelque commerce, alimenté par les plantations du quartier Sainte-Rose et des autres quartiers voisins du volcan : ce port ou plutôt ce débarcadère doit le peu d'utilité dont il peut être, non pas à de grands avantages naturels, ni à de grands travaux d'art; mais seulement la mer, plus tranquille en cet endroit qu'ailleurs, offre à l'embarquement et au débarquement certaines facilités dont parfois des navires profitent pour venir prendre là directement leur cargaison de sucre ou de café, au lieu de s'exposer pendant plusieurs semaines, sur la rade de Saint-Denis, à des périls continuels, en attendant un chargement retardé par les négociations intermédiaires des courtiers et par la lenteur des charrois de l'intérieur. Cependant tout le monde, marins et colons, a bien compris depuis long-temps qu'il faut préparer aux bâtiments qui viennent commercer à Bourbon, un autre lieu de refuge que le quai La Rose ou la rade foraine de Saint-Denis. Les dernières nouvelles de cette colonie nous apprennent qu'on s'y prépare sérieusement à former un port dans la baie et à l'embouchure de la rivière de Saint-Gilles, à l'une des extrémités les plus occidentales de l'île. Dès lors il est facile de voir que le vent, *qui souffle toujours des régions de l'est*, sera nécessairement favorable, dans cette station nouvelle, pour la sortie des navires. Le sera-t-il assez tout au moins pour ne pas contrarier leur entrée? C'est ce qu'on a dû constater, et dès lors qu'on a fait choix de ce point, il faut croire qu'on y a trouvé la solution du problème dans ses deux conditions, l'entrée et la sortie faciles des navires.

Avec un port qui soit enfin digne de ce nom, l'île Bourbon échangera ses produits naturels avec plus de facilité et d'avantage, et prendra sans doute une part un peu plus active dans le mouvement commercial du monde, qui passait autrefois devant elle, trop souvent sans s'y arrêter. Mais, quels que doivent devenir ses succès dans cette voie nouvelle de prospérité, son caractère dominant, sa supériorité distincte et spéciale sera toujours d'être un pays éminemment agricole. Les habitudes sont prises, et la nature est cette fois d'accord avec les habitudes. Il n'y a qu'une cause qui puisse modifier singulièrement dans l'avenir cette prospérité agricole, c'est la révolution qui ne peut manquer de s'opérer, paisible ou violente, dans le régime de l'esclavage : combien de bras, et quels bras resteront alors à la culture? Avant d'essayer de répondre à cette question, et pour l'éclaircir, il est nécessaire d'exposer en quelques mots l'histoire de l'île Bourbon, ou le peu que l'on en connaît, et de rechercher quelles ont été les origines de sa population, quelle est la combinaison actuelle des diverses races qui la composent.

Découverte en 1545 par les Portugais, l'île Bourbon fut appelée *Mascareigne*, du nom de Mascarenhas, commandant du navire ou de l'expédition qui y aborda pour la première fois. Les Portugais en prirent possession au nom de leur roi, Jean IV, mais n'y formèrent aucun établissement.

Ce fut en 1642 que Pronis, agent de la compagnie française des Indes à Madagascar, prit possession de l'île Mascareigne au nom du roi de France. Toutefois elle demeura inhabitée, ou du moins on ignore quels auraient pu en être les rares habitants jusque vers 1646, année où ce même Pronis y fit déposer douze exilés ou déportés, dont nous avons dit plus haut quelles avaient été les causes d'exil ou plutôt de déportation. Ils s'allièrent avec des négresses de Madagascar qui leur furent expédiées de cette grande île, réservée de bonne heure, comme on voit, à répandre sur sa faible voisine les flots toujours croissants d'une population inépuisable. Bientôt à ces déportés vinrent se joindre des pirates qui avaient peut-être avec eux une assez intime affinité de mœurs ou d'habitudes, et qui, du reste, s'établirent comme eux dans l'île, quittèrent peu à peu leur existence de brigandage pour la vie plus régulière de colons, et acceptèrent naturellement des femmes de la même origine.

En 1649, de Flacourt, qui avait succédé à Pronis dans l'administration des établissements français à Madagascar, renouvela plus solennellement l'acte de possession de l'île Mascareigne et lui donna le nom d'île Bourbon. Il y envoya alors quatre génisses et un taureau qui s'y multiplièrent rapidement et furent la souche des premiers troupeaux que l'île ait nourris dans ses pâturages. Ce fut encore un nouvel emprunt fait à Madagascar, qui n'a pas cessé depuis, nous l'avons dit, d'approvisionner cette petite île, en quelque sorte sa création, des bœufs qui la nourrissent ou la cultivent, des hommes qui la fécondent de leurs sueurs, et du riz qui permet à l'avide spéculation des créoles de ne consacrer leur terrain précieux et étroit qu'aux plus riches cultures du climat des Tropiques.

La population de la naissante colonie s'augmenta, en 1671, par l'arrivée des Français échappés au massacre du Fort-Dauphin de Madagascar, puis, en 1690, par l'émigration d'un certain nombre d'autres Français, que la révocation de l'édit de Nantes avait forcés de chercher d'abord un refuge en Hollande, ensuite une patrie au delà du cap de Bonne-Espérance. Ce dernier renfort de colons contribua non-seulement à accroître la population de l'île Bourbon, mais à l'épurer : salutaire résultat, qui fut, du reste, à la même époque, une bonne fortune pour beaucoup d'autres colonies encore jeunes sur tous les points du globe, comme si la Providence s'était attachée à tirer instantanément quelque bien pour l'humanité de la cruelle et impolitique mesure dont la France fut frappée et le règne de Louis XIV déshonoré. On vit alors dans l'île quelque chose de la simplicité de mœurs qu'on attribue au fabuleux âge d'or de la poésie antique; et un voyageur que le hasard aurait amené dans cet heureux coin de la terre, eût été bien émerveillé d'apprendre que la génération d'hommes paisibles, innocents et purs, vivant et travaillant sous ses yeux, procédait d'une race de pirates et de déportés, alliés aux plus humbles négresses malgaches. Le mélange de la colonie protestante, si faible et si peu nombreuse qu'elle fût, avait sans doute fait ce miracle. Un levain d'une pureté rare, apporté d'Europe, avait mis en fermentation toute la masse de la population antérieure, et en avait expulsé les éléments mauvais, neutralisé les influences vicieuses. La vie même d'un établissement colonial qui commence, cette vie simple et douce, assaisonnée par le travail et tournée par la solitude vers les idées les meilleures, cette vie aux champs, sous un beau ciel, et récompensée au delà de toute espérance par les produits abondants d'une terre vierge, dut aider, plus encore peut-être que l'arrivée des religionnaires émigrés, à changer les habitudes grossières ou coupables des colons primitifs : il ne leur resta plus qu'une certaine rudesse native et franche qui n'était pas sans charmes, et une ignorance pleine de moralité: La plupart des maisons demeuraient constamment ouvertes; et même on ne connaissait ou l'on ne voulait connaître aucun moyen de les tenir fermées : une serrure était alors un objet de curiosité. Quelques habitants mettaient leur argent dans une écaille de tortue au-dessus de leur porte. Enfin, à cette même époque sans doute il faut rapporter l'origine de cette espèce de proverbe, qui est conservé encore aujourd'hui dans la mémoire des vieux créoles, mais dans leur mémoire seulement : qu'on peut faire le tour de l'île sans avoir une piastre dans sa poche et louer âne ni mulet; tant l'hospitalité des premiers colons pourvoyait de bon cœur et avec une prodigalité affectueuse à tous les besoins de l'étranger qui passait devant leur case et venait réjouir leurs regards de la vue d'un visage nouveau!

La simplicité de ces mœurs et la probité qu'elles annoncent s'altérèrent par l'accroissement de la population (il fallait s'y attendre), et aussi par son contact nécessaire avec beaucoup d'étrangers, chercheurs de fortune, pendant les guerres de l'Inde entre l'Angleterre et la France. Les volontaires de l'île Bourbon se distinguèrent dans l'Inde par leur bravoure; mais ils ramenèrent chez eux le goût des étoffes et des richesses asiatiques et l'amour des distinctions militaires. Les pères de famille commencèrent alors à envoyer leurs fils en Europe pour y recevoir une éducation plus complète, ou y prendre plutôt quelques vices et des prétentions qu'ils auraient pu longtemps ignorer dans leur humble patrie.

Malgré tous leurs efforts, les créoles de l'île Bourbon n'ont pas réussi à se donner une physionomie vraiment européenne. La trace de leur origine subsiste encore dans les générations actuelles, en dépit des recrues successives qui sont venues d'Europe se mêler à la population primitive, l'amender, la vivifier par l'alliance d'un sang étranger. A Bourbon, il est vrai, l'oreille n'est pas désagréablement frappée, comme aux Antilles, de cet accent monotone et bredouilleur, qui semble partir à la fois d'une poitrine fêlée et d'une langue encore empêchée dans les liens de l'enfance, accent bizarre, indéfinissable, dont nous n'avons connu l'analogue nulle part, et qui reste sans doute comme le vestige indélébile de la race éteinte des Caraïbes, d'où procèdent, quoi qu'elles en puissent dire et croire, les familles anciennes, les plus superbes familles, l'aristocratie prétendue blanche de la Martinique et de la Guadeloupe. Mais à Bourbon, il y a d'autres signes héréditaires qui trahissent la filiation madécasse : ils sont plus insensibles, ils échappent à toute définition régulière et méthodique par laquelle on essaierait de les expliquer et de les faire comprendre. C'est une singulière sauvagerie qui n'excluait pas autrefois, nous l'avons dit, les vertus hospitalières, mais qui se combinait avec elles sans ôter des ames créoles une certaine inquiétude timide et vague d'encourir le dédain ou la moquerie de leurs hôtes européens ; c'est une nonchalance qui ne s'éveille un peu que pour le plaisir, le chant et la danse; c'est une indifférence presque absolue pour tout ce qui se passe dans le monde hors des limites étroites de l'horizon insulaire ; c'est quelque chose d'inappréciable dans la teinte quasi-blanche et dans la forme de l'œil; c'est enfin la nuance de la peau, qui n'est ni blanche, ni basanée, ni cuivrée bien certainement, qui, pour des regards peu exercés, peut paraître semblable à l'épiderme de tout le monde, mais qui suffirait, aux yeux des connaisseurs, pour faire soupçonner sous son enveloppe un mélange de sang européen et de sang madécasse, même si l'on ignorait les commencements de la colonie. L'histoire de ces commencements est si avérée, que les colons de l'île Maurice, qui de la manière la plus amusante s'enorgueillissent de leur origine purement européenne, ne manquent jamais, s'ils ont à qualifier parfois quelque objet d'un blanc sale ou équivoque, le linge d'une table, la robe d'une femme, de dire avec mépris : « Blanc, si l'on veut, mais blanc de Bourbon ! »

D'après cela, on serait disposé à croire que le principe de la distinction des couleurs, ce principe sur lequel a été établie jusqu'ici toute l'organisation politique des colonies modernes, n'a jamais fait sentir à l'île Bourbon son influence avec une rigueur tyrannique. On se tromperait et on apprécierait mal le caractère et la portée du préjugé de la couleur dans les mœurs coloniales. Plus un créole, admis par une longue possession d'état au nombre des blancs, est suspect de n'avoir pas des droits bien légitimes à cet insigne honneur, plus il jugera nécessaire de le revendiquer, de s'y cramponner, de se détacher de la classe de couleur, en manifestant pour cette classe un dédain marqué et une aversion plus bruyante en paroles. Le blanc qui vient incontestablement d'Europe, le vrai blanc de pur sang, est d'ordinaire plus calme dans l'expression de son mépris, une fois que son éducation coloniale lui a enseigné que les gens de couleur doivent être tenus à distance par ce moyen, et dès que sa vanité lui a dit qu'il est bien commode à ce prix de faire souche d'aristocrates. Mais à Bourbon, dans les anciennes familles qui possèdent la plus grande partie des terres, on n'en trouverait pas beaucoup qui eussent l'assurance d'une origine européenne parfaitement prouvée. Seulement elles jouissent d'une possession d'état qu'elles se sont attribuée elles-mêmes de leur propre autorité. Il y a eu en quelque sorte un jour fixe, à l'époque de l'organisation définitive de l'île Bourbon d'après les bases fondamentales du régime colonial pour toutes les îles à esclaves, il y a eu un terme de rigueur, passé lequel toute famille qui n'a pas réussi ou n'a pas songé à se faire reconnaître pour blanche, a dû se résigner à être confinée à jamais parmi les mulâtres. Une ligne de démarcation a été tirée, pour ainsi dire, à une certaine heure, et il n'a plus été permis à personne de la franchir : heureux ceux qui étaient arrivés à temps ou à propos pour passer de l'autre côté ! Ils sont blancs par une convention qui a reçu force de loi, et ils s'en glorifient plus souvent et plus haut que s'ils l'étaient par droit de naissance.

Cependant il y a eu toujours une raison puissante pour que les antipathies entre les deux couleurs aient été moins envenimées à Bourbon que dans d'autres colonies, et n'aient jamais amené les mêmes querelles violentes; c'est que la vie de chacun est plus isolée, plus étrangère à toute lutte immédiate et vive des vanités, dans une île plutôt agricole que commerciale, où les travaux de la campagne retiennent la majeure partie de la population activement occupée hors des villes, si même il y a des villes dans ce pays sans port, sans manufactures, et presque sans marine locale. Les questions d'étiquette, la police des théâtres, des banquets, des cérémonies publiques, des fêtes religieuses ou civiles, voilà ce qui a été l'occasion, à peu près partout, des collisions déplorables entre les deux classes rivales des colonies, les blancs et les mulâtres libres : nous disons l'occasion et non la cause, sans doute qui est plus profonde, plus sérieuse et plus radicale; mais l'occasion est principalement ce qu'il s'agit d'éviter, quand des éléments si contraires et si inflammables sont constamment à la veille de se rencontrer et de se combattre sur la même terre. A l'île Bourbon, ils ne se sont pas trouvés en présence avec toutes leurs forces, et cela suffit pour expliquer leur conciliation apparente qui a pu surprendre des observateurs inhabiles à à tout voir et à tenir compte de toutes les circonstances.

Aussi la paix, entre les deux camps opposés, n'a guère été troublée à l'île Bourbon, dans les diverses phases de sa courte histoire, que nous devons reprendre à l'endroit où nous l'avons laissée tout à l'heure, pour l'achever en quelques mots.

L'île Mascareigne fut cédée au gouvernement du roi par la compagnie des Indes, après ses grands désastres en Asie, vers la fin du règne de Louis XV. Elle portait déjà le nom d'île Bourbon, comme nous l'avons dit, et elle eut, par cette cession, un titre de plus pour le garder. Sous les divers gouverneurs qui lui furent envoyés, elle continua ses progrès en agriculture, parce qu'elle put les développer sans secours étranger, par la seule puissance de son terrain fertile; mais elle ne chercha pas à s'ouvrir aucun débouché commercial, et, quoiqu'elle eût commencé d'être habitée et cultivée avant l'île Maurice, quoiqu'elle eût même contribué à la peupler, elle se laissa devancer par elle et lui abandonna sur la carte une prééminence imposante sous le rapport de la population libre, des lumières, de l'influence maritime et militaire, de l'activité des relations de tout genre avec le monde entier. Elle ne reçut de ses administrateurs, pendant toute cette période avant la révolution et même jusqu'à ce jour, aucun monument de quelque valeur; car à peine peut-on citer l'hôtel du gouvernement, maison de bois un peu plus vaste et plus élevée que les autres demeures particulières, mais d'une assez vulgaire architecture (voy. *pl.* IV), et une redoute fermée, construite en pierre, mais presque inutile par son éloignement de la côte et sa trop grande élévation au-dessus du niveau de la mer.

Dans cet état peu avancé de la civilisation à l'île Bourbon, il lui naquit deux poëtes, contemporains et amis et frères d'armes, Antoine Bertin et le chevalier Évariste de Parny. Tous deux célébrèrent les joies et les douleurs de l'amour sur le mode élégiaque dont Properce et Tibulle leur offraient de si parfaits modèles; tous deux, élevés et formés en Europe où ils vinrent dès l'enfance, furent les disciples de l'antiquité et du XVIIIe siècle; leur talent n'emprunta que bien peu de chose aux influences neuves et brûlantes du ciel de leur patrie, et le sol qui les a vus naître peut bien se glorifier de ce hasard, mais non de les avoir fait poëtes : ils le devinrent par les livres et l'étude, au sortir de l'université, et aussi par l'enivrement de la vie militaire, par le spectacle de Versailles, par les flatteries des grandes dames et des grands seigneurs. Le véritable poëte, le chantre unique et divin dont peuvent s'honorer le plus les deux petites îles, Maurice et Bourbon, c'est celui qu'elles n'ont pas porté jeune enfant dans leur sein, mais qu'elles ont accueilli et nourri et inspiré dans l'âge des fraîches idées et des ardentes passions, c'est Bernardin de Saint-Pierre; et l'île Maurice a plus droit d'en être fière, pour avoir été chantée par lui, que l'île Bourbon pour avoir donné le jour à ses deux brillants officiers qui firent des vers quand ils se trouvèrent de loisir. Au reste, observons-le bien, la culture de leur esprit n'éveilla pas l'émulation de leurs compatriotes, qui restèrent plongés dans la même ignorance. On raconte encore aujourd'hui des traits merveilleux de la simplicité des créoles de Bourbon à cette époque : ce sont la plupart sans doute des contes faits à plaisir, mais ils font connaître assez bien la physionomie de la population qu'ils livrent à un ridicule pourtant exagéré. Ainsi l'on vous dira qu'un planteur remit à un capitaine négrier un baril de poudre pour lui acheter deux nègres sur la côte mozambique; mais, au retour, le capitaine ne présenta qu'un esclave à son client, et sur la plainte de ce bonhomme un peu surpris et mécontent, il répondit avec le sang-froid le plus digne d'éloge : « Que voulez-vous? le feu a pris à votre baril de poudre, et je n'ai pu en sauver que la moitié. C'est pourquoi je n'ai acheté qu'un nègre pour votre compte. »

Vinrent les guerres de la révolution et de l'empire, et les corsaires français, qui eurent besoin d'armer leurs bâtiments de bons soldats et d'habiles tireurs, n'estimèrent pas les créoles de Bourbon des personnages si ridicules. Toutefois ces créoles donnèrent encore, dans cette occasion, des preuves de leur insouciance naturelle : il fallut, pour leur faire prendre la mer, que l'excitation leur arrivât du dehors; quelques-uns même furent enlevés par les capitaines d'armes qui avaient mission de chercher à terre des recrues pour leurs équipages. Une fois embarqués, ces conscrits involontaires, ces matelots enrôlés malgré eux par une sorte de *presse* exercée avec ruse dans les habitations écartées, se battaient comme des lions; ils se montraient en braves, sans savoir ce qu'on nomme bravoure et sans se douter qu'il en puisse être autrement jamais dès qu'une bataille est engagée. Ils défendirent leur île contre les escadres anglaises, sous le gouvernement républicain, quand elle s'appelait île de la Réunion, et sous l'empire, quand elle avait pris le nom d'île Bonaparte. Cependant, dans une dernière attaque par des troupes anglaises débarquées en grand nombre, ils la rendirent, le 8 juillet 1810, après une faible résistance, qui ne se prolongea peut-être pas cette fois autant qu'elle eût pu l'être; mais c'est qu'ils furent mal conduits et que, sans chefs pour les encourager et leur faire reconnaître toute leur force, ils n'osèrent pas tout ce qu'ils pouvaient, et n'en eurent peut-être pas la pensée : ils savent combattre en effet et mourir, mais ils ne savent pas prendre sur eux une ferme résolution. Ils se trouvèrent Anglais tout d'un coup sans beaucoup de regret, et s'accommodèrent trop facilement de la honte d'une défaite peu disputée.

En 1815, ils rentrèrent sous la domination française, en vertu du traité de Paris, et leur île perdit le nom de Bonaparte pour reprendre celui de la maison de Bourbon. De ce moment date une nouvelle ère pour cette colonie, une ère moins importante, il est vrai, par les faits déjà accomplis aujourd'hui que par ceux qui se préparent pour l'avenir; mais il est essentiel de constater le caractère dominant, la tendance prononcée de la période qui s'ouvre en 1815 et qui se continue à l'heure qu'il est d'une manière plus décisive et plus évidente : c'est un caractère et une tendance de rénovation complète dans le régime colonial.

La révolution de 93 elle-même, dont le retentissement et le contre-coup furent si terribles dans les îles françaises de l'Amérique, avait à peine effleuré l'île Bourbon et remué quelques passions éphémères qui s'agitèrent un moment à la surface du pays. Un homme, qui, plus tard, sur un plus grand théâtre, remplit un rôle bien plus considérable, M. de Villèle contribua puissamment à maintenir l'ordre établi dans la colonie contre les réformes impérativement envoyées de France, et qui avaient alors le double tort, il faut le dire, d'être prématurées et d'arriver toutes à la fois; il sut faire avorter la révolution coloniale dans sa première phase, comme il essaya, trente ans après, d'escamoter pièce à pièce toutes les conquêtes de la révolution de France, qui, par malheur pour lui et pour ses ingénieux calculs, était devenue trop grande et trop forte pour se prêter à cet habile manége. A l'époque où les décrets de la convention en faveur des hommes de couleur libres et des noirs esclaves menaçaient de bouleverser les îles de France et Bourbon, comme tous les autres établissements d'outre-mer fondés sur le système de l'esclavage, Joseph de Villèle était garde-marine (on dirait aujourd'hui aspirant) à bord d'un navire de l'état commandé par M. de Saint-Félix, son oncle, gentilhomme hostile aux idées révolutionnaires, qui avaient été embrassées avec ardeur par la plupart des officiers de la marine française, et par les équipages avec un emportement dont il y avait tout à craindre pour la discipline. Une révolte éclata, à la mer, contre le capitaine de Saint-Félix; et comme l'oncle et le neveu se trouvèrent seuls de leur avis, seuls décidés à la résistance, ils furent mis à terre à l'île de France, dont le gouvernement, n'osant pas se déclarer pour eux, les fit transporter ou déporter à l'île Bourbon. Là, Joseph de Villèle, réduit à accepter pour vivre toute ressource qui s'offrirait, entra chez un riche planteur, comme gérant de l'habitation, comme précepteur des enfants, comme secrétaire de son patron, l'un des membres influents de l'assemblée coloniale. A ce dernier titre, il eut bientôt lui-même sa part d'influence, et l'on peut bien croire qu'il ne manqua pas d'habileté pour l'agrandir et pour en user : il en usa de manière à tout abolir de ce qui avait été maladroitement tenté dans le sens de la réforme radicale, imposée de loin par la convention; il rétablit toutes choses, les règlements, les habitudes, les pensées et les discours, conformément à l'ancien système, qui n'avait, à vrai dire, guère été interrompu. Il réussit, et il devait réussir; car il avait alors pour lui l'autorité des faits : le temps et la discussion n'avaient pas encore miné et remplacé par une base plus salutaire les deux principes abusifs du vieil édifice colonial, le travail esclave et la distinction des couleurs.

Il n'en a pas été de même, à partir de 1815 jusqu'au jour où nous voilà parvenus : une grande décomposition s'est opérée, durant cet intervalle, dans l'organisation vermoulue des colonies. M. de Villèle et son parti, qui, sous la restauration, même lorsqu'ils n'occupèrent pas le pouvoir, exercèrent toujours une haute influence sur le mode d'exécution des lois, c'est-à-dire quelquefois sur leur inexécution, s'efforcèrent en vain d'empêcher l'infiltration des idées de réforme dans nos îles à esclaves, et spécialement à l'île Bourbon : malgré eux, les idées de réforme y firent des progrès incroyables pendant ces quinze années de paix, d'échanges assidus et de libre communication entre les régions d'outre-mer et le continent européen. Ils laissèrent avec une étonnante impudeur continuer la traite des noirs, pour fournir les bras nécessaires à un immense développement de culture, déterminé par des lois de privilège; et nous nous rappelons avoir vu, sur la rade foraine de Saint-Denis, la lourde gabare *la Mayenne,* qu'on y fit stationner plusieurs années, pour se donner les honneurs d'un faux semblant d'intention répressive contre le honteux trafic prohibé d'un commun accord par les traités les plus solennels des nations européennes. Toutes les fois qu'un navire suspect venait à être signalé au vent de l'île, comme manœuvrant pour s'approcher de terre et débarquer sa cargaison vivante, *la Mayenne* se mettait péniblement en mouvement, pour donner la chasse, disait-on, au négrier, qui, taillé pour la course, bravait cette vaine menace, prenait tout le temps de se débarrasser de ses noirs, et larguait ensuite ses voiles, tournant le cap vers les côtes de Madagascar ou de Mozambique où l'attendaient de nouvelles traites inépuisables. Pendant ce temps, les noirs étaient poussés vers l'intérieur des terres à coups de fouet, et dès qu'ils avaient franchi les cinquante pas géométriques qui constituent, pour cette nature particulière de denrée, une sorte de ligne de douanes autour de l'île, ils appartenaient définitivement à sa population d'esclaves, on ne les recherchait plus, ils étaient distribués entre toutes les parties prenantes. De cette manière, l'administration croyait assurer l'avenir de l'île Bourbon, qu'elle comblait de toutes ses faveurs. Elle n'a pas vu qu'elle compromettait, au contraire, cet avenir, tel qu'elle le voulait comprendre. En effet, elle a donné des forces nouvelles à une population déjà nombreuse et formidable, qui doit être un jour, et prochainement peut-être, le point d'appui d'une réforme fondamentale.

Ce n'est pas que les nègres esclaves, soit des anciennes traites, soit des traites plus récentes introduites par contrebande, aient encore beaucoup médité sur leur émancipation. Mais en même temps que la population esclave s'accroissait, celle des hommes de couleur libre, incessamment augmentée aussi par les suites naturelles du libertinage des blancs, auquel nul conseil de politique ne mettra jamais un terme, recevait d'Europe des avertissements sur leurs droits imprescriptibles, des lumières pour les défendre, et des promesses d'un secours efficace qui donnait l'éveil à toutes leurs passions. Aujourd'hui, après la révolution de 1830, cette classe a obtenu, sans avoir à les conquérir, les mêmes droits politiques que les blancs, et se trouve avec eux sur un pied d'égalité complète aux yeux de la loi. Il s'agit maintenant de réaliser dans la pratique une concession légale qui date d'hier ; et pour cela les hommes de couleur libres sont nécessairement entraînés à effrayer les blancs de la menace d'une alliance avec les noirs encore esclaves; ils sont même condamnés, pour justifier leurs propres prétentions, aujourd'hui reconnues légitimes, à réclamer un adoucissement, puis la suppression de l'esclavage. La logique des idées qui sont en voie de conquérir leur terrain, fera une loi de cette tactique aux mulâtres libres de Bourbon; et si, par impossible, ils s'y refusaient, quelque chose de plus fort que la logique des idées, l'exemple même d'une colonie voisine, de l'île Maurice, où l'émancipation des esclaves vient d'être proclamée et s'accomplit avec un plein succès, forcerait bien le gouvernement de la métropole française d'adopter la même mesure et de l'appliquer de sa propre autorité à cette île Bourbon, qui en effet n'a jamais jusqu'ici fait sa destinée par elle-même, et l'a reçue ou attendue des influences extérieures.

L'avenir de l'île Bourbon, comme des autres colonies à esclaves, est donc aux populations de couleur, à celles qui seront libres demain comme à celles qui le sont aujourd'hui. Et quand on songe que celles, à l'île Bourbon, qui ne sont pas encore émancipées et qui ne peuvent manquer de l'être, se composent en majeure partie de Malgaches nouvellement réduits en esclavage, grace à la facilité avec laquelle se faisait la traite dans les dernières années de la restauration, on doit pressentir au profit de quelle influence s'opérera l'émancipation générale qui ne peut pas être long-temps retardée. L'île Bourbon compte dans son sein un grand nombre de noirs qui ne sont pas Malgaches; mais ce sont des hommes de trente castes et origines diverses, qui ne s'entendent pas et ne formeront jamais ensemble un corps de nation : elle n'a de population compacte et unie que celle des Malgaches; et c'est donc pour donner la prééminence dans les affaires à cette race intelligente, vive et brave, que s'accomplira l'affranchissement inévitable qu'il faut prévoir. L'île Bourbon deviendra ainsi une succursale, une annexe du territoire de Madagascar. Elle pourra bien, dans les premiers temps, continuer de diriger cette imposante métropole, cette grande île, sa mère et sa nourrice, parce qu'elle aura pour elle la supériorité que donne la civilisation ; elle sera usufruitière de la domination qu'exerçaient les blancs. Mais peu à peu elle se sentira absorbée dans le vaste sein dont on peut dire qu'elle est sortie : elle sera pour

Madagascar ce qu'est une yole légère pour le vaisseau majestueux qui la porte suspendue à sa poupe. Il n'importe guère alors que cette yole ait amené à bord le commandant, et qu'elle s'enorgueillisse de son pavillon ; elle n'en est pas moins entraînée, presque inaperçue, avec tous ses vains ornements de parade, au-dessus du sillage que trace l'immense carène.

ILE MAURICE.

Voici la reine de toutes les îles de l'Océan indien ! Il y en a de plus étendues et en grand nombre ; il y en a de plus riches, de plus fertiles ; il y en a qui sont appelées à une plus haute destinée, car elles contiennent assez de terrain pour qu'on puisse y trouver la place de plusieurs provinces, et y fonder même des royaumes : mais aucune n'est plus brillante, plus célèbre, plus enviée dans sa petitesse, plus chère aux navigateurs qui s'y donnent rendez-vous de tous les points du globe. Pourquoi faut-il qu'elle ait subi ce nom néerlandais de Maurice, et perdu un nom plus sonore et plus glorieux, le nom de la France, dont elle avait soutenu le fardeau, en y ajoutant aussi pour sa part un peu de gloire ? Pourquoi n'est-elle plus reconnaissable, sous ce déguisement et sous la tristesse qui la voile, aux regards de ceux qui l'ont connue jadis vive, animée, bruyante et folle, au point qu'on osait bien l'appeler la Lutèce des mers orientales ? C'est qu'elle est captive sous un joug étranger auquel, depuis bientôt vingt-cinq ans, elle n'a pas encore pu s'assouplir plus que le premier jour ; c'est qu'elle regrette le temps où elle était Française, le temps des beaux combats de navire à navire contre les Anglais, le temps des fabuleuses prouesses de nos corsaires qui jetaient l'or à pleines mains dans toutes les tavernes, les riches productions de l'Inde sur tous les marchés, et les incomparables tissus de l'Asie sur les épaules des pâles mulâtresses ; époque d'ivresse, d'enthousiasme et d'honneur, où la colonie la plus Française par les sentiments comme par le nom, suivant l'exemple de la métropole, s'abandonnait à toute l'imprévoyance des joies que permet une fortune prospère. Aujourd'hui, malheureuse de son état présent que la domination et la fiscalité britanniques lui rendent pénible et ruineux, elle ne vit plus que des souvenirs du passé et des espérances d'un avenir sans doute chimérique, dont elle attend encore une fois sa réunion à la France.

Nous allons rappeler brièvement quel a été son passé, nous dirons quelles sont les misères de son état présent ; mais hélas ! nous éviterons de rechercher trop curieusement quel doit être son avenir.

L'île Maurice, plus petite que l'île Bourbon, n'a que 45 lieues de circonférence ; elle est de forme ovale, 14 lieues de long sur 11 de large. Découverte, comme sa voisine, par le Portugais Mascarenhas, qui la nomma *Acerno* ou *Cerné*, elle passa en 1598 aux mains des Hollandais qui lui donnèrent le nom de Maurice, leur stathouder. Ils la quittèrent en 1712. On a dit qu'ils en furent chassés par l'impossibilité de détruire la prodigieuse multitude de rats, habitants primitifs et seuls indigènes de l'île, contre lesquels ils ne trouvèrent aucun moyen de défendre leurs provisions, leurs vêtements, les cordages et le bois de leurs navires, l'espoir de leurs récoltes mangées avant d'être en herbe, enfin leurs corps mêmes pendant la nuit.

Il est plus vraisemblable de croire que les Hollandais, qui s'établissaient alors au cap de Bonne-Espérance, voulurent réserver toutes leurs forces pour la colonisation de ce point important à l'extrémité d'un continent immense sur lequel il leur serait possible de s'étendre et de former un vaste empire : c'était dans le siècle dernier, et encore bien plus dans les deux siècles précédents, le rêve de toutes les puissances européennes d'avoir au dehors, non pas seulement des stations maritimes et des établissements coloniaux pour la commodité du commerce, mais de grandes possessions territoriales où elles pussent développer à l'aise leurs droits de souveraineté consacrés par la violence. Les Hollandais ne virent pas apparemment quelle était l'importance de la position de l'île Maurice, qui peut devenir au besoin un nid de pirates, et qui sera toujours une des barrières à franchir avant de voguer librement dans la mer des Indes.

Trois ans après cette faute des Hollandais, peuple négociant, peuple courtier, mais de tout temps peu familiarisé avec les conditions et les nécessités d'une politique élevée, les Français, en 1715, abordèrent à l'île Maurice et lui imposèrent le nom d'île de France. Toutefois ce ne fut qu'en 1721 que des colons de Bourbon allèrent former dans l'île voisine un premier établissement. Il faut croire qu'ils réussirent mieux à combattre les étranges ennemis devant lesquels les Hollandais passent pour s'être enfuis; car, depuis le jour où fut fondée la nouvelle colonie, elle n'a pas cessé un instant d'être habitée et cultivée; elle a toujours été en progression de prospérités, du moins jusqu'en 1810, date de la conquête par les Anglais. Il est vrai de dire que les animaux malfaisants, qui étaient le fléau de l'île et de son agriculture, y sont encore très-nombreux, et que des primes sont proposées aux esclaves dans toutes les habitations, pour les détruire, et l'on emploie dans ce but tous les encouragements, tous les piéges imaginables.

L'île de France (qu'on nous permette de lui conserver ce nom jusqu'à ce que nous ayons à la montrer vaincue et captive de l'Angleterre), l'île de France est moins fertile que sa voisine : elle a été pourtant labourée comme elle par des feux volcaniques, mais dans des âges plus anciens, et elle en garde encore les signes les plus visibles. Elle serait citée infailliblement pour la salubrité de son climat, pour la transparence de son atmosphère, pour la limpidité de ses eaux qui s'écoulent rapidement et facilement vers la mer, en formant toutefois çà et là quelques étangs purs de toutes exhalaisons dangereuses; elle serait enfin réputée sans doute comme un hospice naturel pour les matelots malades, si elle n'avait auprès d'elle cette île Bourbon, la plus salubre région du globe, et le vrai temple de la santé sur la terre. Du reste, comme l'île Bourbon, elle ignore presque entièrement les infirmités, les monstrueuses conformations dont les enfants, sous d'autres climats plus rigoureux, reçoivent le germe dès le sein de leurs mères. Sa population est vive, alerte, aussi active qu'on peut l'être dans un pays où la chaleur et les plaisirs faciles relâchent de bonne heure les ressorts de l'âme, et affaiblissent la constitution physique. Les hommes sont pleins d'ardeur, intelligents et courageux; une certaine force nerveuse les soutient et les anime, à défaut de cette véritable vigueur musculaire, qui est le privilége des zones tempérées. Ils sont merveilleusement propres à tous les exercices du corps, et ne manquent pas de dispositions pour les travaux de l'industrie, pour les spéculations du commerce. S'ils avaient, ou s'ils savaient plus souvent trouver l'occasion de cultiver leur esprit, on verrait éclore, chez beaucoup d'entre eux, une vocation pour les arts qui reste enfouie dans l'obscurité de leur vie insulaire, et ne se manifeste que par des éclairs d'enthousiasme vraiment poétique pour les spectacles de la nature : les sciences elles-mêmes, s'ils pouvaient seulement les entrevoir, ne leur resteraient peut-être pas inaccessibles. Surtout dès ce moment, et dans leur incomplète éducation, ils possèdent un don naturel, qui tient peut-être à la vivacité de leurs impressions, aux habitudes d'indépendance et de commandement qui les ont mis à leur aise avec tout le monde dès leur enfance, un don précieux qui éclate dans leurs conversations animées, et qui n'étonne pas médiocrement les voyageurs ennuyés du silence boudeur, ou fatigués du bredouillement indéchiffrable des créoles de l'Amérique; ils ont le don de la parole, ils ont l'accent de l'âme qui donne la vie à toute parole humaine; et il n'y a pas un mot sorti de leur bouche qui soit entaché d'aucun vice de prononciation : des barbarismes tant que vous voudrez, des tournures de phrases incorrectes ou bizarres; mais rien d'étranger dans les sons, rien qui dénature pour l'oreille une langue parlée à plus de quatre mille lieues de Paris, et à cent mille lieues assurément de toutes vos académies. Il est triste d'ajouter que cette facilité abondante et naturelle n'aboutit dans le pays qu'à produire des avocats, embrouilleurs d'affaires devant une justice équivoque. Disons aussi que tout est bien comme il arrive, et que chaque sol produit heureusement ce qu'il a besoin de consommer; or, il n'est pas de terrain au monde où les procès poussent plus drus et plus vivaces qu'à l'île de France, et elle en trouverait à revendre au vieux pays Manceau et à la Basse-Normandie de l'ancien régime.

Laissons donc ces avocats et parlons un peu de leurs femmes. L'île de France, sous ce rapport, n'a rien à envier à l'île Bourbon ni aux autres colonies. Les femmes, celles qui sont d'origine européenne, plus facile à constater là que partout ailleurs, sont jolies plutôt que belles, nonchalantes, presque assoupies, en se donnant l'air de travailler pendant des journées entières sur leurs canapés de rotin ou sur leur nattes indiennes étendues à terre, et ne reprenant, vers le soir, un peu d'activité que pour se parer, courir au bal dans leurs chaises à porteurs, ou faire une promenade délicieuse au Champ-de-Mars quand la brise de terre se lève et descend du sommet des montagnes encore rougies par les derniers rayons du soleil. Le bal est ce qu'elles aiment le plus, après elles-mêmes, après le bien-être et la paisible composition de toute leur vie, comme s'il s'agissait de l'arrangement d'une robe de velours dont tous les plis sont marqués et prévus, après la blancheur de leurs mains, de leur cou et de leur visage, après la légère nuance d'incarnat surtout que les plus enviées parmi elles, hélas! en petit nombre, s'efforcent d'entretenir, en se plongeant, pendant de longues heures bien employées, dans l'eau la plus froide que leurs esclaves puissent leur préparer. Le bal, après tout cela, leur plaît beaucoup, et généralement leur plaît mieux que l'amour, malgré le préjugé commun qui circule en Europe, et que l'on voudra bien, si l'on y attache quelque importance, reporter du moins aux dames caraïbes des Antilles. Une preuve (et nous prions le lecteur de se contenter de celle-là), une preuve que nous avons été sur ce point un observateur exact, impartial, et que nous ne médisons point des élégantes créoles blanches du Port-Louis de l'île de France, en leur refusant ce don involontaire et inné, qui fait qu'on aime beaucoup et souvent, c'est que, s'il y a parfois dans la ville une aventure tant soit peu hasardée hors des limites de la coquetterie permise, on s'en occupe dans tous les cercles, et le nom de l'héroïne est long-temps dans toutes les bouches. Certes, si l'usage général dans cette colonie, la seule que nous prétendions défendre, comportait tout ce que supposent certains hâbleurs qui abusent du privilége d'être revenus de loin, on ne ferait pas un pareil bruit; car une des qualités des habitants du Port-Louis, la qualité essentielle qui fait de cette ville, peuplée autant, à peu près, que Saint-Germain-en-Laye ou Pontoise, une véritable grande ville néanmoins, un *petit Paris*, comme s'obstinent à le dire tous les marins, c'est que personne n'y prête une grande attention, ni un vif intérêt, même de curiosité, à la vie du voisin; c'est qu'on y jouit, pourvu qu'on ne soit pas philanthrope assermenté, que l'on n'ait jamais correspondu avec feu l'abbé Grégoire, d'une extrême liberté d'action, de mœurs et de fantaisie : ce pays est unique pour réunir, à côté de l'esclavage, la plus grande somme de liberté qui puisse être accordée à des hommes réunis en état de société régulière. Il est vrai que l'esclavage est pour les noirs, et la liberté pour les blancs : tout s'explique, dès qu'on sait faire cette distinction.

Pour en finir avec la grave question

que nous avons posée plus haut, et pour ne pas trop nous compromettre, nous ne nierons pas que, dans un pays où les hommes n'ont bien souvent des yeux, de la passion et de riches parures que pour les mulâtresses, les femmes blanches, qui prennent tant de soin de leur incarnat, se sont parfois vengées, comme on trouve à se venger quand on est femme et belle, eût-on même le malheur d'être blanche. Mais c'est de la vengeance, et non de l'amour : notre théorie a raison jusqu'au bout, et prenez donc garde désormais d'accueillir aveuglément les proverbes qui ont passé la mer; ils sont menteurs, en leur qualité de voyageurs lointains.

Les mulâtresses sont véritablement les seules femmes à l'île de France qui aient un caractère d'originalité individuelle, et qui reproduisent, dans leurs habitudes, dans leur vie, dans leurs qualités et leurs défauts, dans leur démarche tout à la fois pleine de la mollesse asiatique et d'une coquetterie plus que parisienne, quelque chose des influences de climat et d'origine auxquelles il est convenu généralement d'attribuer une force héréditaire, et une perpétuité inaltérable. Qu'on ne nous parle pas des bayadères de l'Inde, saltimbanques aux gages d'un jongleur, ou d'un prêtre non moins charlatan, ou de quelque riche blasé dans les passions et affadi dans ses goûts de luxe et d'élégance. Qu'on ne nous parle non plus des courtisanes grecques, chez lesquelles les maîtres de la sagesse antique envoyaient leurs disciples sacrifier aux Grâces, et qui furent quelquefois les confidentes des plus grandes pensées, des projets les plus vastes et des plus nobles ambitions du guerrier et de l'orateur, dont elles partageaient les plaisirs et les triomphes. Les mulâtresses du Port-Louis sont des courtisanes aussi, qui ne seraient désavouées ni par le goût, ni par la grace, ni par la plus exquise élégance; mais, s'il est bien certain qu'elles ne voudraient jamais, même les plus humbles d'entre elles, s'abaisser à l'ignoble tâche d'amuser par des tours d'adresse ou des jeux de tréteaux quelque satrape imbécile, elles n'ont pas, Dieu merci, la prétention, comme les Aspasies de l'antiquité, d'intervenir par le conseil dans les affaires publiques, de diriger leurs amants pour être elles-mêmes plus que des femmes, ou bien, comme les Laïs et les Phrynés, de faire niche aux philosophes pour le malin plaisir de mettre à découvert toute la vanité de la sagesse humaine. Elles vont plus simplement leur chemin; et si maintes fois elles ont attiré à leur suite, et retenu quelque temps à leurs genoux des hommes d'un nom illustre, ou d'une grande science, ou d'un rang élevé, soit des lords de l'aristocratie anglaise qui allaient dans l'Inde prendre possession du gouvernement de cent millions d'hommes, soit des savants qui avaient mission de mesurer un degré de méridien ou de surveiller le passage d'une étoile, soit des brames qui s'en allaient de l'Orient en Europe chercher la lumière plus éclatante du Nord et de l'Occident, soit des navigateurs intrépides à explorer des parages inconnus, intrépides à combattre, comme les d'Entrecasteaux, les Lapérouse, les Suffren, et d'autres encore vivants et non moins glorieux, dont nous tairons les noms pour qu'on les devine; si elles se sont glorifié un moment de leurs succès auprès de ces nobles voyageurs qui passent et ne reviennent plus, il n'est pas entré pour cela dans leurs ames ni ambition, ni désir de dominer; elles n'ont cédé qu'à une instinctive vanité de la femme, qu'il faut bien leur pardonner. Mais, plus ordinairement, elles avouent pour maîtres et elles couronnent celui qu'elles aiment. Elles ont une cour de jeunes créoles ignorants, d'Européens sans fortune; elles choisissent tour à tour parmi eux celui qui sait leur plaire; elles veulent des soins, des flatteries, des sacrifices de temps et de volonté, encore bien plus que d'argent, et, à défaut du respect que leur refusent les préjugés du système colonial, au moins les hommages que leur beauté est bien digne de leur assurer. C'est à ces conditions qu'elles sont courtisanes ; c'est par cette indépendante manière d'agir, et aussi par le goût des arts, par le luxe, par une causerie ingénieuse, qu'elles ont su relever une vie d'insouciance et de désordre qui, dans d'autres pays, trouverait de la peine à n'être pas confondue avec le vice qui fait un trafic honteux de lui-même.

Telles se montrent généralement les mulâtresses de cette île privilégiée, aux yeux de l'observateur qui a pu les voir sans prévention défavorable et aussi sans être tenu de les flatter par reconnaissance : elles se montrent sous cet aspect séduisant, du moins dans les rangs les plus élevés de leur caste, que la politique coloniale s'efforce en vain de rabaisser. Dans les rangs inférieurs, il y a chez elles, comme cela se voit partout, une populace ; mais cette populace même, qui porte leur nom et qui leur fait honte, ne descend jamais, à l'île de France, aussi avant dans l'ignominie et la fange que le font ailleurs les femmes une fois avilies. Toutes ces mulâtresses, les superbes et les humbles, par une confusion qui n'est pas sans intention malveillante, sont enveloppées, dans le langage des femmes blanches, sous une dénomination commune ; on les appelle les *libres de couleur* : la haine des femmes blanches, si envenimée qu'elle soit par des blessures incurables, ne s'est pas avisée d'aucune autre injure.

Au-dessus de cette classe de mulâtresses, libres et justifiant leur titre, il y en a de plus honorables qui mènent une vie aussi exemplaire et aussi pure qu'on le puisse faire hors du mariage. Une mulâtresse s'attache à un blanc et devient à la fois sa maîtresse, sa ménagère, sa femme, sa conseillère de tous les jours et de toutes les heures, la gardienne fidèle de son honneur et de ses intérêts, une véritable providence pour lui dans un pays où il n'y a d'autres dieux reconnus que les piastres d'Espagne et les roupies de l'Inde. Elle est d'autant plus admirable dans son dévouement, qu'elle remplit toutes les obligations d'une femme légitime et blanche, et qu'on lui en refuse les avantages, non parce qu'elle n'est pas légitime, mais parce qu'elle est de couleur. Ainsi, même aujourd'hui, quoique l'égalité des conditions ait été proclamée de par la loi et au nom de S. M. le roi de la Grande-Bretagne et d'Irlande, elle n'accompagnera pas son mari dans la société des personnes blanches qu'il peut avoir à visiter ; elle ne prendra pas place avec elles à la même table ; elle ne sera admise à les coudoyer qu'au théâtre, aux concerts, à l'église, dans les lieux publics où la loi est officiellement souveraine ; mais ailleurs, mais dans la vie privée, où la loi ne peut avoir autant d'empire et éprouvera encore de grands obstacles pendant long-temps à prévaloir sur les usages si anciennement établis, elle est refoulée plus bas, elle retourne à la situation inférieure que lui impose toujours, malgré la loi, son titre de femme de couleur ; elle n'est pas, en un mot, l'égale de celui qui l'aime ouvertement, qui l'honore en secret, qui est son mari presque légitime. Elle est l'égale de ses enfants, grace à Dieu ! ils sont mulâtres comme elle, exclus, comme elle, de la société aristocratique des blancs ; ils remplissent le vide de sa vie et la solitude de sa maison. Toutefois, si elle est connue pour bonne ménagère, dans le monde où son mari est admis, on s'intéresse avec assez d'affection à savoir comment elle se porte, c'est-à-dire, en d'autres termes, comment les affaires communes du ménage doivent se trouver de son état de santé et de son concours actif. Les femmes blanches elles-mêmes, comme elles la savent engagée dans des liens aussi durables que ceux du mariage, et comme elles n'ont plus dès lors à redouter de sa part la rivalité qui leur rend si odieuses les *libres de couleur*, demanderont de ses nouvelles avec une sorte d'intérêt assez tendre ; mais elles ne voudraient ni la recevoir, lui faire visite, ni peut-être la saluer. Et au milieu de tant d'humiliations, cette femme admirable ne manque à aucun des devoirs dont elle a volontairement accepté le fardeau. Elle élève ses enfants dans les mêmes sentiments d'abnégation absolue et de soumission aux volontés de leur père; elle leur apprend à l'honorer moins comme un père que comme un maître. Bien plus, ô miracle de dévouement! s'il y a dans sa maison des enfants issus d'un mariage antérieur, d'un mariage légitime avec une femme blanche, elle n'est pas pour eux une marâtre, si ce n'est peut-être dans les replis mystérieux du cœur qu'il ne faut pas trop sonder; elle a pour eux tous les soins d'une mère et tout le respect en même temps d'une gouvernante qui reconnaît son infériorité; elle les forme en leur obéissant, et enseigne de bonne heure à ses propres enfants, plus docile et plus résignée que la mère d'Ismaël, quelle différence il y a dans l'opinion des hommes entre le fils de Sara et le fils de la malheureuse Agar. Après tant de sacrifices héroïques, on a vu plus d'une mulâtresse porter un ou deux ans le deuil de l'homme blanc auquel elle avait voué sa jeunesse, ses passions, toute sa vie, et s'éteindre dans la douleur et les larmes, sans autre maladie que l'impossibilité de survivre à une liaison consacrée par une longue habitude.

Le nombre de ces héroïnes d'une affection plus que conjugale ne peut que diminuer de plus en plus chaque jour, maintenant que l'égalité des couleurs est une conquête dont elles ont à profiter avec leurs frères et leurs sœurs de sang mêlé. Dans leur dévouement singulier, en effet, il entrait bien un peu de cette satisfaction amère et ineffable qu'une femme éprouve à apporter dans sa communauté avec un homme adoré une plus grande somme de sacrifices, d'humbles attentions et de souffrances. Aujourd'hui, elles sont de droit au même niveau que les blancs, et, si elles continuent de s'allier avec eux, elles seront sur le qui-vive, et tiendront surtout à faire constater, dans les relations habituelles du ménage, leur état nouveau; elles se donneront presque la mission de représenter une opinion philosophique, un parti politique, la plus irréfragable des opinions, le plus juste des partis sans doute; mais enfin ce ne sera plus chez elles le même sentiment d'abnégation et d'aveugle docilité sans arrière-pensée.

Il y a toujours eu, d'ailleurs, des mulâtresses, disons-le à la louange de leur fierté, qui n'ont pas voulu de ces unions inégales avec les blancs, où le dévouement, la vertu, l'esprit, une fidélité à toute épreuve ne pouvaient les préserver des mépris d'une caste supérieure. Elles aimaient mieux suivre la vocation que leur indiquait leur couleur, épouser un mulâtre, et demeurer à l'écart en attendant des jours meilleurs et un ordre de choses plus raisonnable, sans rien demander aux aristocrates coloniaux, ni leur amour, ni leurs dédains. Ces femmes étaient et sont encore les plus nobles caractères des colonies : elles ont compris et soutenu leur dignité avant que la loi et l'opinion vinssent à leur secours.

Pour tout dire sans exagération et sans ménagements, nous ne devons pas dissimuler un fait à peu près général, qui n'est peut-être pas sans quelque influence sur les directions différentes suivies par ces trois classes de mulâtresses : c'est que, si l'on tient compte de plusieurs exemples exceptionnels qui ne détruisent pas la règle, leur vocation semble s'être décidée, ou pour la vie libre et brillante de courtisanes, ou pour les fonctions patientes de ménagères au profit des blancs, ou pour l'état de femmes légitimement mariées, selon les nuances de dégradation de leur couleur. Les plus noires, celles qui touchent de plus près à leur origine mêlée, épousent des mulâtres. D'autres, un peu plus éloignées, sans être blanches, du degré ascendant de leur filiation où a commencé le mélange de sang qui coule dans leurs veines, se sentent faites pour plaire, non pas à tous les blancs qui cherchent avant tout le plaisir, mais à un seul blanc qui aimera surtout dans sa ménagère du zèle, de l'assiduité au travail, de la fidélité de comptoir, et après cela, quelques charmes personnels. Celles enfin qui sont tout à fait blanches, seulement avec je ne sais quels signes caractéristiques dans les yeux et dans le tissu serré et brillant de la peau qui les distinguent des femmes blanches d'origine europénne, paraissent vouées naturellement à l'existence oublieuse et enivrante de courtisanes par les séductions dont est de bonne heure assiégée leur beauté incomparable. Nous avions négligé de le dire, et l'on aurait pu sans cela ne pas concevoir notre admiration : il y a de ces femmes appelées du nom générique de mulâtresses, et belles pourtant aux mêmes titres qui font la beauté en Europe; elles ont jusqu'à la blancheur même des pays septentrionaux, mais avec moins de fadeur et plus de vivacité.

Si blanches qu'elles soient par l'épiderme, elles ne le sont pas de droit en vertu de leur origine, et l'usage colonial, renforcé par l'animosité des dames créoles de pur sang européen, n'oublie pas cette distinction. À l'île de France, la ligne de démarcation entre les deux couleurs a été tracée dès l'enfance de la colonie et n'a jamais été franchie. Il a été facile de la faire respecter : on va en apercevoir la raison dans l'histoire de ses commencements, qu'il est temps de reprendre où nous l'avons laissée.

Le premier établissement formé à l'île de France, comme on l'a vu plus haut, provenait de créoles de l'île Bourbon. Ceux-ci étant eux-mêmes d'une race mêlée, la distinction des couleurs, dans le pays dont ils se faisaient les colons, n'aurait pu être que conventionnelle lorsqu'on s'en serait avisé. Mais ces premiers cultivateurs, arrivés de Bourbon, étaient en très-petit nombre, et la trace de leur existence ne se retrouve nulle part, marquée en signes distincts, dans la population insulaire dont ils vinrent composer le noyau primitif. Le vrai fondateur de la colonie, à l'île de France, fut Mahé de La Bourdonnais, qui, nommé gouverneur-général des îles de France et de Bourbon, en 1734, aborda au Port-Louis, l'année suivante, amenant avec lui d'honnêtes ouvriers, et aussi un certain nombre de mauvais sujets dont la France était heureuse de se débarrasser, mais qu'il sut adroitement utiliser pour l'accomplissement de ses desseins. Tous ses compagnons avaient du moins le mérite, si c'est un mérite, d'avoir l'Europe pour patrie; et de là vient que les colons de l'île de France peuvent se glorifier aujourd'hui, avec vérité dans un sens, de leur pure origine: elle est pure, si l'on veut, puisqu'elle est blanche, et c'est, en réalité, tout ce qu'ils tiennent à démontrer.

« Il serait difficile, a dit un biographe de Mahé de La Bourdonnais, de donner une idée de l'état de dénûment et d'anarchie où il trouva l'île de France. Justice, police, industrie, commerce, tout était à créer : La Bourdonnais créa, organisa tout; il construisit des arsenaux, des magasins, des fortifications, des aqueducs, des quais, des canaux, des moulins, des hôpitaux, des casernes, des boutiques, des chantiers pour radouber et construire des vaisseaux : il introduisit la culture du manioc, du sucre, de l'indigo et du coton, etc. » Bernardin de Saint-Pierre, sans lequel, à vrai dire, la réputation de La Bourdonnais risquait fort de demeurer obscure comme celle de beaucoup d'hommes distingués qui ont servi avec éclat loin de la France, énumère aussi, dans la préface de *Paul et Virginie*, les travaux que ce grand administrateur a entrepris et achevés, malgré mille obstacles, à l'île de France; et il ajoute : « Tout ce que j'ai vu dans cette île de plus utile et de mieux exécuté était son ouvrage : ses talents militaires n'étaient pas moindres que ses vertus et ses talents administratifs. »

Quand l'île fut devenue, par les soins de son fondateur, une colonie déjà digne de ce nom, un séjour supportable, où l'on put espérer de se ménager une vie assez douce pour le moment et quelques chances de fortune pour l'avenir, les colons volontaires y arrivèrent, en petit nombre d'abord, mais de *tous les points du globe et de toutes les professions*. Il y eut des employés civils de la compagnie des Indes, ayant déjà acquis une certaine aisance et charmés de pouvoir s'établir dans une île où, en s'attribuant le monopole du commerce et s'emparant de la meilleure partie des terres à cultiver, ils allaient fonder aisément une espèce d'aristocratie vénitienne, à la fois marchande, propriétaire du sol et arbitre héréditaire de toutes les décisions graves du gouvernement local. Il y eut des marins de cette même compagnie qui, indignés d'avoir travaillé à la fortune des autres et de n'avoir rien fait pour eux-mêmes, ne demandaient qu'un asile pour leurs vieux jours, un coin de terre et quelques esclaves pour vivre, ou le commandement d'une barque pour faire le cabotage entre les deux îles : ils furent la souche d'une race de mécontents et de frondeurs qui s'est perpétuée jusqu'à nos jours. Il y eut aussi des officiers militaires de la compagnie qui se trouvèrent heureux de prendre leur retraite dans quelque habitation isolée : quelques-uns étaient nobles, et tous étaient pleins de cette fierté inhérente autrefois à tout homme qui avait porté l'épée; ils menèrent donc dans l'île la vie des gentilshommes campagnards, cultivant la terre ou surveillant leurs esclaves peu nombreux, pour ainsi dire avec une rapière pendante à leur côté. S'ils ne firent pas et ne durent pas faire fortune avec de semblables habitudes, ils eurent du moins la consolation d'échapper à la soumission où des commis parvenus les avaient long-temps retenus, malgré toute leur gentilhommerie. A leur exemple, on vit arriver des officiers des régiments du roi, qui voulurent aussi quitter le service et se faire planteurs : ils éprouvèrent des résistances, non de la part de leurs chefs ou du gouvernement du roi, mais, le croirait-on? de la part de la compagnie, qui, étant souveraine de l'île, les traita presque en étrangers. De là de grandes querelles et des plaintes bruyantes qui entretinrent des divisions dans la colonie jusqu'à ce qu'elle eût été cédée au roi, et la compagnie dépossédée de tous ses droits de souveraineté. Enfin, n'omettons pas de mentionner, comme complément de cette population primitive, des missionnaires de St.-Lazare, assez bonnes gens, vivant bien avec tout le monde, ne s'inquiétant guère d'évangéliser les noirs, ni de prêcher la fraternité entre les hommes, et songeant bien plutôt à s'assurer une vie paisible et inoffensive dans de bonnes habitations très-bien cultivées par des esclaves acquis à la communauté.

Le développement de la colonisation à l'île de France, en ouvrant une plus large carrière aux spéculations commerciales, ne tarda pas à y attirer des marchands, libres de toutes relations avec la compagnie, et qui, possesseurs de quelques capitaux, se mirent à trafiquer sur toutes choses, sur les terres, sur les denrées coloniales ou européennes, sur les noirs introduits ou à introduire dans l'île par la traite, alors permise et même encouragée. Ils voulurent, en un mot, prendre leur part du monopole qu'avaient exercé avant eux les employés civils de la compagnie des Indes, et ils la prirent avec une turbulence, une avidité et un bonheur surtout qui ne furent pas du goût de tout le monde. Les employés de la compagnie, pour se distinguer d'eux, sans doute, en courant la même carrière, les nommèrent *Banians*; et c'est le sobriquet dédaigneux qu'on inflige encore aujourd'hui à tous les petits traficants ou pacotilleurs d'une moralité douteuse, qui traversent la mer vingt fois en tous sens, pour en venir, au bout d'une vie constamment agitée, à reposer leur conscience sur des monceaux d'écus de toutes provenances et de mille empreintes variées. Les *banians* de l'île de France se défendirent en refusant de reconnaître les distinctions que les premiers colons cherchaient à consacrer, et en proclamant avec une audace qui ne fut pas maladroite, ce grand principe, devenu depuis l'une des lois fondamentales du régime colonial, à savoir, que tous ceux qui ont passé la ligne sont égaux entre eux, s'ils sont blancs et s'ils le prouvent.

Les guerres de l'Inde entre la France

et l'Angleterre, vers les dernières années du règne de Louis XV, firent refluer à l'île de France un assez grand nombre d'aventuriers, couverts de vices et de dettes, qui, bannis d'Europe pour leurs désordres, avaient trouvé d'abord un refuge et une existence en Asie, et qui étaient chassés d'Asie par les malheurs de nos armes. Quelques-uns, parmi eux, appartenaient à des familles nobles, et portaient des noms qui n'étaient pas sans une certaine illustration, des noms qui sont restés dans l'île, et qui la décorent aujourd'hui aux yeux de l'étranger; car ils sont, la plupart, soutenus par des hommes honorables, laborieux et éclairés. Ces aventuriers si turbulents et d'une moralité plus que douteuse, dont l'Europe s'était débarrassée sur l'Asie, et que l'Asie rejetait à son tour partout où elle pouvait, ont été la tige corrompue de quelques familles qui mériteraient une meilleure origine; ils ont fait souche d'honnêtes gens et de gens paisibles.

Mais, à l'époque où ils vinrent s'abattre sur l'île de France, ils y apportèrent le trouble, le scandale, le mépris de tous les principes sociaux, la désorganisation d'un établissement qui commençait à s'organiser. Pour se relever dans l'opinion, pour se mettre sur un pied d'égalité commode avec les colons, plus anciens qu'eux, et dont les mœurs s'amélioraient déjà, s'épuraient visiblement dans les calmes habitudes d'une vie de travail sur une terre féconde, sous un ciel bienfaisant, ils n'imaginèrent pas de moyen plus sûr que de rabaisser tout le monde à leur niveau; ils décrièrent toute la population, précédemment formée, qui les repoussait et se croyait, à leur égard, dispensée d'être hospitalière. C'est à leur arrivée, sans doute, qu'il convient de reporter l'origine de certain proverbe qui circule, aujourd'hui encore, parmi les vieux colons, malicieux ou mécontents, dont la probité n'a pas obtenu un regard favorable de la fortune; proverbe trop exclusif et injuste nécessairement dans sa généralité, comme tous les proverbes, mais qui serait facilement applicable, avec toutes les restrictions légitimes, à plusieurs autres colonies. Le voici, dans sa forme brève et sacramentelle d'oracle : « Il n'y a d'honnêtes gens dans l'île que ceux qui sont venus par terre. » Ce qui signifie, apparemment, pour qui voudra sagement se contenter d'une interprétation modérée, que les chercheurs de fortune qui vinrent successivement accroître la population de l'île de France, n'en composèrent jamais la partie la plus saine et la plus incorruptible; mais que leurs descendants, attachés au sol par la naissance, et propriétaires en naissant, eurent plus de motifs, plus de facilité, grace à leur éducation simple, à leur inexpérience du luxe européen, à leur sécurité de l'avenir, pour se montrer soigneux de leur réputation dans un pays où ils devaient vivre et mourir, connus de tous, rétribués par tous en estime et en considération suivant leurs œuvres et leurs mérites. La bonne renommée de leur terre natale devint ainsi pour eux une propriété personnelle, et il fut de leur honneur, il est encore et il sera toujours dans leur intérêt de travailler à la maintenir, à l'étendre, à la protéger contre le fâcheux préjugé de la mauvaise conduite des nouveaux venus. Bien loin d'avoir le même intérêt, ceux-ci n'ont qu'une seule pensée et qu'un seul désir, c'est d'amasser au plus vite les piastres qu'ils sont venus chercher dans un pays étranger, et de le quitter, sans trop de souci du nom qu'ils y pourront laisser. Telle est, disons-nous, leur idée; mais elle ne se réalise que pour un bien petit nombre, et il y a, pour les spéculateurs qui ne réussissent pas au gré de leur ambition, un autre proverbe non moins vrai et plus ouvertement répandu que celui dont nous avons tout à l'heure sondé avec mesure la signification amère et très-peu mystérieuse. A en croire ces *banians* désappointés, que retient dans l'île, jusqu'à leur dernier jour, l'espoir opiniâtre de s'enrichir, et surtout la mauvaise honte de reparaître en France, sous le clocher de leur village, sans les trésors qu'ils avaient rêvés et que leur supposent complaisamment leurs humbles familles, il y aurait à l'entrée, ou pour mieux dire à la sortie du port Louis de l'île Maurice, vers l'endroit du *Pavillon*, une espèce de bouée surmontée d'un pavillon et d'une cloche, qui indiquent aux navires, pour le jour et pour la nuit, la direction de leur chemin; il y aurait on ne sait quelle pierre ou quel dieu Terme invisible, une sorte d'aimant doué d'une force répulsive, et interdisant l'issue aux Européens qui ont formé dans la colonie des établissements avec l'intention éloignée d'un retour en Europe. On a vu beaucoup de colons qui, au plus fort d'une spéculation dont ils estimaient le résultat comme décisif pour leur fortune, croyaient pouvoir annoncer, chaque année, leur départ pour l'année suivante, et arrêtaient même déjà leur choix, par manière de conversation, sur un navire fin voilier; et leur vie s'écoulait ainsi dans une illusion ou une hâblerie perpétuelle; et ils arrivaient à trouver une tombe sur une terre où ils avaient espéré ne faire que passer et s'enrichir. Puis, après eux, dans les lieux où ils s'étaient résignés à mourir, leurs enfants prenaient plaisir à vivre, contents et heureux de l'héritage paternel, qui eût été trop modeste pour être vendu et transféré en France, mais qui pouvait plus que suffire aux nécessités et aux jouissances de la vie coloniale.

Cette population d'Européens, préoccupés de l'esprit de retour et d'une furieuse passion d'accumuler, a d'abord été la plus nombreuse dans l'île; mais insensiblement elle a donné naissance et a cédé la plus grande place à une population fixe, attachée au sol par affection, et naturellement plus morale, parce qu'elle est plus satisfaite de son état de fortune. Et aujourd'hui, s'il nous est permis de franchir d'un seul bond toutes les phases intermédiaires, les Anglais, maîtres du pays, ne permettent qu'à ceux de leur nation de s'y établir, et ceux de leur nation ne songent qu'en très-petit nombre à user de cette liberté, parce que le pays est resté Français malgré son changement de nom, la seule chose qu'on ait pu réellement changer : de cette manière les habitants actuels de *Mauritius-Island* présentent une population plus sédentaire qu'elle ne l'a jamais été et qu'elle ne peut être dans aucune autre colonie; c'est-à-dire qu'elle est plus paisible, plus morale et plus facile à gouverner.

Toutefois, dans la période confuse où s'est formée la population qu'on y voit aujourd'hui, et notamment, nous l'avons dit, lorsque les désastres des Français dans l'Inde eurent jeté à l'île de France tant d'hommes de désordre, le gouvernement du pays fut jugé impossible, s'il restait entre les mains d'une société de marchands qui avaient assez de peine à s'accorder entre eux et à se gouverner eux-mêmes. La compagnie française des Indes orientales céda l'île de France au roi, en 1765. Dans les commencements de la nouvelle administration, il y eut bien encore des difficultés nombreuses, des incertitudes et des tiraillements, par suite de la désunion inévitable entre les corps militaires et les services administratifs, et aussi parce qu'il resta deux partis en présence l'un de l'autre, celui de la compagnie qui voulait survivre à son abdication, et celui du gouvernement du roi qui avait en main la direction des affaires. De pareilles causes de division, et tout au moins de dissentiment, dans le sein d'une colonie naissante et encore faiblement peuplée, y entretinrent long-temps une aversion décidée pour la société : c'est un sentiment dont on ne reconnaîtrait guère les traces aujourd'hui dans les goûts et les habitudes des créoles. Il est vrai qu'alors il leur manquait l'élément le plus actif de toute société nouvelle : on ne comptait dans toute l'île que cent femmes d'un certain rang, c'est-à-dire blanches, qui fussent en état, sinon par leur esprit et leurs manières, du moins par leur origine et leurs souvenirs de la patrie européenne, de servir de centre à quelques réunions tant soit peu supportables : il y en avait dix tout au plus à la ville. On les visitait le soir, quand on n'avait pas résolu tout à fait de préférer la solitude à des réunions si monotones; on jouait, on s'ennuyait, on se retirait au coup de canon de 8 heures, pour souper avec sa ménagère, mulâtresse ou noire, et ses bâtards de toutes couleurs.

Chose singulière! malgré l'isolement de chacun dans ce premier mode d'existence qui était celle de tout le monde, il se formait peu à peu dans l'île, sous les auspices et sous l'influence du gouvernement du roi, une véritable nation insulaire, compacte, homogène, réunie dans une intime communauté d'intérêts et dans les sentiments les plus vivaces de la nationalité française.

La révolution de France, à ses diverses périodes, trouva les habitants de l'île de France, sauf quelques exceptions rares qui n'eurent aucune force, parfaitement disposés à agir comme un seul homme. Une occasion de montrer leur unanimité de pensées et de vœux, leur fut offerte par l'arrivée de deux agents du directoire, Baco et Burnel, qui leur apportaient une réforme coloniale, déjà soumise, en d'autres colonies, à de sanglantes épreuves. Ils s'entendirent, sans s'être concertés, pour la repousser, et rien n'aurait pu vaincre leur résistance. Nous ne voulons pas les en louer; nous n'aurons pas non plus le courage de les en blâmer, car la réforme était prématurée, et ils prouvent aujourd'hui, par leur facile soumission au bill anglais de l'émancipation des esclaves, qu'ils savent apprécier les circonstances et faire la part des nécessités politiques. Quelque opinion qu'on veuille conserver de l'opportunité de la mission de Baco et Burnel, il faudra convenir que les colons de l'île de France, qui n'avaient pas alors cette foi philanthropique et avaient résolu d'opposer aux mesures radicales expédiées de la métropole, la résistance la plus positive, conduisirent du moins leur opposition avec esprit, et l'esprit a quelquefois relevé et gagné, pour un moment, même les plus mauvaises causes. On raconte qu'à leur débarquement, les envoyés du directoire, se voyant accueillis par les clameurs et les railleries de tous les habitants du Port-Louis, voulurent s'expliquer et commencèrent une harangue de déclamatoire philanthropie, qui allait sans doute être écoutée jusqu'au bout; car, malgré tout, il y avait alors un auditoire pour ces choses-là, dans les îles de la mer des Indes comme à Paris. Mais il arriva qu'un des deux orateurs venus de si loin pour prêcher, essaya d'obtenir un peu de silence et de répondre à quelques inquiétudes bruyantes par ces paroles banales : « Mes amis, c'est pour votre bien que nous allons travailler, c'est votre bien que nous voulons. » — Une voix sortie de la foule s'écria, en jouant sur les mots : « Nous savons que c'est notre bien que tu veux, mais tu ne l'auras pas précisément! » — Les rires, les huées, les convulsions d'une joie frénétique ne permirent plus dès lors à l'orateur officiel de continuer sa doucereuse oraison de bienvenue. On l'enleva, avec son compagnon de voyage et de mission malencontreuse, comme dans une presse maritime à la manière anglaise, et on les embarqua tous deux sur le navire qui les avait amenés récemment, et qui fit voile aussitôt pour la France. Ils se trouvèrent avoir à peu près fait quatre pas et prononcé quatre paroles dans la colonie qu'ils étaient venus évangéliser au nom de l'humanité et du directoire. Voilà comment et avec quel concert, digne d'une cause plus pure et meilleure, les colons de l'île de France surent se défendre quand il s'agissait de leurs intérêts communs de fortune et d'autorité souveraine sur leurs nègres.

Nous avons parlé aussi de leur attachement à la nationalité française. Ce noble sentiment éclata, dans les longues guerres de la révolution et de l'empire, par la résistance personnelle qu'ils opposèrent aux attaques de la marine anglaise, sans presque recevoir pourtant de secours efficaces de la métropole. Une seule fois, après la rupture de la paix d'Amiens, il leur arriva un régiment déjà incomplet, la

109ᵉ demi-brigade de ligne, avec quelques compagnies d'artillerie et plusieurs officiers de courage et de talent, parmi lesquels, heureusement, brillait au premier rang le général Decaen, nommé capitaine-général des établissements français au delà du cap de Bonne-Espérance. Ce brave chef et les soldats qu'il commandait avaient fait la guerre en Allemagne, dans l'armée de Moreau, et le premier consul, qui se méfiait d'eux (bien injustement, car leur patriotisme l'eût toujours emporté, en toute occasion, sur leurs affections privées), leur avait indiqué, sous prétexte d'un service honorable et périlleux, un lieu d'exil au delà des mers. Il les y oublia facilement; et cette poignée d'hommes, qui pouvait bien se croire sacrifiée et abandonnée, conserva à la mère patrie, pendant huit ans, la plus belle et la mieux située des colonies qui lui restaient depuis la perte de Saint-Domingue. Mais c'est que la 109ᵉ demi-brigade avait derrière elle, pour corps de réserve, tous les créoles de l'île, qui tenaient à honneur, et c'était cette fois un plus grand honneur, de défendre leur pays contre les armes de l'étranger, comme ils l'avaient défendu contre les plans de réorganisation révolutionnaire que leur envoyaient leurs concitoyens de la métropole. Ils montaient sur les bâtiments armés en course et s'associaient aux fabuleuses prouesses de Robert Surcouff, cet intrépide marin de Saint-Malo, ce corsaire qui n'eut point d'égal et qui savait enlever les plus imposants vaisseaux de la compagnie anglaise avec un bateau-pilote et quelques pilotins. Ils complétaient aussi l'équipage des navires de la marine impériale qui, dans les mers de l'Inde et en vue du Port-Louis (c'était alors le port Napoléon), soutinrent pendant plusieurs années la gloire du pavillon français, mis en lambeaux partout ailleurs, à Aboukir, à Trafalgar, en vingt autres combats malheureux. Ils étaient présents à toutes les places où il pouvait y avoir des coups de fusil à donner ou à recevoir, pour assurer le pavillon de la France. Les hommes de mer les plus illustres de notre époque, Hamelin, Bouvet, Roussin, et le plus illustre de tous, Duperré, se firent un nom dans ces parages, pendant que leurs frères d'armes, dont quelques-uns avaient une renommée déjà faite, la perdaient sur d'autres champs de bataille. Ce fut un privilège de l'île de France de donner aux marins qui la protégeaient l'occasion des plus beaux triomphes militaires, et ce fut aussi en partie son ouvrage; car elle ne ménageait pas le sang de ses enfants, et elle savait récompenser tous ces brillants officiers européens, qui ont aujourd'hui un rang dans le monde, et peut-être une place dans quelque appendice flatteur de l'histoire, par des applaudissements, des fêtes, et par ces couronnes inappréciables et mystérieuses que les femmes ont toujours voulu tresser pour les victorieux : l'île de France, sous ce rapport, n'eut pas, dit-on, le privilége de se soustraire à l'usage immémorial.

En 1810, au mois de décembre, il fallut céder enfin à des forces supérieures. Les Anglais se présentèrent devant l'île avec plus de trente mille hommes et une forêt de mâts qui pouvait l'enfermer comme dans une ligne continue de circonvallation. La résistance fut belle néanmoins, et la faiblesse des assiégés insulaires fut habilement déguisée. Une capitulation fut signée par le général Decaen, et l'île se rendit aux conditions les plus glorieuses. Il est permis d'employer ici ce mot pour une capitulation. Entre autres articles, il était stipulé que la garnison serait transportée en France, sur navires anglais, avec armes et bagages, avec tous les honneurs de la guerre, aux frais de la Grande-Bretagne, et que les mêmes facilités pour le même voyage seraient accordées aux habitants européens ou créoles, qui, sans appartenir à l'armée, voudraient effectuer leur passage en Europe : un délai de deux années leur était laissé pour prendre ce parti et vendre leurs propriétés coloniales. La loi française était reconnue comme la loi du pays, et les tribunaux français demeuraient chargés de l'appliquer; devant un barreau plaidant en langue française.

Quels étaient les vainqueurs, quels étaient les vaincus à de telles conditions? Les Anglais, évidemment, recevaient le droit de mettre garnison dans l'île, de planter leur drapeau sur tous les édifices publics, de percevoir l'impôt; mais ils subissaient le joug des lois, de la langue, des mœurs, des fantaisies même d'une colonie qui devenait leur sujette en quelque sorte par convention amiable, après que la nécessité eut fait entendre sa voix inflexible. Les Anglais subissent encore aujourd'hui le même joug. Rien n'est changé dans les rapports entre les deux populations européennes, dont l'une croit gouverner et a mission de gouverner, tandis que l'autre passe pour s'être soumise parce qu'elle a capitulé: *Mauritius-Island* est toujours une colonie française, avec une garnison vêtue d'uniformes rouges, et un petit nombre de commis venus d'Angleterre, qui s'étudient à oublier leur langue et à parler français dans les emplois supérieurs de l'administration publique; les autres places, d'ailleurs, celles qui ont un caractère subalterne, y sont abandonnées aux créoles.

Mais si l'île Maurice est restée la même par ses sentiments toujours vivants de nationalité française, il y a beaucoup d'autres choses qui ont changé pour elle et en elle, depuis qu'elle a perdu son nom si cher et si glorieux, le nom de la France. Beaucoup de choses ont changé en mal et en bien, il est juste de le reconnaître.

Sa prospérité matérielle a disparu comme un songe, sous le régime nouveau. Elle n'a plus été traitée par son ancienne mère patrie, dans les questions de douanes, que comme un foyer de production étrangère, et, d'un autre côté, l'Angleterre, pendant plusieurs années, comme pour la préparer (singulière préparation!) à sa nouvelle nationalité par un long et pénible noviciat, ne l'a pas admise à tous les avantages commerciaux qu'elle accordait à ses autres établissements d'outre-mer: l'île Maurice a été pour elle ce qu'on nomme une colonie de la couronne, un pays conquis, et non une colonie de l'état.

En outre, il y a eu de terribles fléaux qui ont paru conspirer avec cette répulsion ou cette insouciance de deux grands peuples, pour accabler un faible îlot, dont l'un ni l'autre ne voulait prendre à cœur la malheureuse et équivoque situation. Un incendie a dévoré plus de 1500 maisons du Port-Louis; un ouragan plus désastreux, on peut le dire, parce qu'il n'a pas sévi seulement sur la ville, mais sur les campagnes et sur tous les fruits de la terre, a ruiné les colons qui avaient échappé à la première et effroyable cause de dévastation; puis est survenu le choléra, qui, dans ce voyage d'universelle dévastation, entrepris par lui il y a quinze ans à travers le globe, a fait une de ses premières pauses à l'île Maurice, s'attaquant là, selon sa coutume, principalement aux classes infimes de la société, c'est-à-dire aux nègres, cette fortune la plus précieuse et cette suprême ressource des blancs, qui aurait pu complétement réparer, si elle eût été épargnée elle-même, les ruines de l'ouragan et de l'incendie. Elles l'ont été péniblement, longuement, et non sans laisser encore de tristes vestiges de désolation. Mais la perte des nègres a été irréparable, car la traite, abolie de droit par une solennelle convention des puissances européennes, a été supprimée de fait par la surveillance active de la marine anglaise dans tous les lieux qui obéissent à l'action directe du gouvernement britannique; et, certes, l'île Maurice n'avait pas de titres, ainsi qu'on l'a dû voir, pour être privilégiée entre toutes les possessions transatlantiques de la Grande-Bretagne.

Voilà les malheurs qui, dans l'imagination de ces colons français, aigris par la double perte de leur nationalité et de leur richesse, se lient nécessairement à l'idée importune de la domination anglaise, comme s'ils en avaient dû être un corollaire inévitable. Et il leur semble que cette odieuse domination n'a réellement, pour se recommander à leurs yeux, que les routes dont elle a sillonné largement le territoire de la colonie, routes magnifiques en effet, qui n'existaient pas même sur le papier, du temps de l'administration française, et qui maintenant sont parcourues avec autant de facilité que les plus belles voies de communication de la Grande-Bretagne, par des voitures à quatre chevaux, des jockeis, des courriers, et des chariots, pour un service très-actif de roulage, attelés des grands bœufs de Madagascar.

Un autre changement s'opère, à l'heure qu'il est, dans l'organisation fondamentale de l'île Maurice, et ce changement, on peut bien en être assuré, n'est pas encore un de ceux dont elle voudra se montrer reconnaissante envers la volonté souveraine de ses dominateurs : il s'agit de l'émancipation des esclaves, qui est déclarée en principe et qui s'achemine vers sa réalisation, à travers une période nécessaire d'apprentissage où les nègres, proclamés libres pour une époque déterminée, devront recevoir, par une éducation nouvelle, les mœurs, l'esprit de conduite, les habitudes laborieuses de la liberté. Du reste, cette grande mesure de réformation radicale s'accomplit à l'île Maurice, sans presque éprouver aucune résistance. Elle en gémit, elle en souffre dans ses intérêts présents, qui ne s'accommodent pas des inquiétudes et des frayeurs inhérentes à une pareille révolution sociale, et pourtant elle ne fait rien pour l'entraver, elle qui autrefois expulsa les représentants du gouvernement de la France par la seule force d'un jeu de mots. Apparemment, elle a compris que les circonstances sont bien différentes, que le temps a mûri des idées dont elle pouvait se rire il y a quarante ans, et que nous traversons tous, aujourd'hui, les Européens aussi bien que les colons, une crise assez sérieuse pour qu'il ne soit plus permis de plaisanter avec les mots ni avec les choses.

Et puis, elle doit avoir naturellement la conscience que son avenir reprendra une certaine sérénité, quel que soit le régime nouveau sous lequel il lui faudra vivre. Rien ne pourra lui enlever son admirable position sur le grand chemin, pour ainsi dire, qui mène de l'Europe aux Indes; rien ne la privera de ses deux ports. L'un, au sud-est, se nomme le Grand-Port : il est généralement assez difficile d'en sortir; mais on y entre vent-arrière en toute sécurité (la brise soufflant presque toujours dans ces parages, d'une des parties de la boussole qui sont entre l'est et le sud); et il serait possible d'y réunir à l'aise les plus puissantes escadres. L'autre est le Port-Louis, au nord-ouest (voy pl. VI), d'où l'on sort et où l'on entre *de vent largue*, comme on dit dans la langue des marins; le Port-Louis, calme et reposé comme une lagune de Venise, et où l'on fait, le soir, entre les navires qui dorment à l'ancre, de fraîches promenades sur des canots élégants, avec des nègres pour rameurs, dont la cantilène madécasse, se prolongeant sur les eaux en refrains monotones et plaintifs, ne permet guère de regretter, j'imagine, les vers du Tasse estropiés par les bateliers de l'Adriatique.

Riche de ces avantages naturels, où le côté positif se mêle heureusement au côté poétique et le domine, l'île Maurice peut se voir privée d'une portion de travail utile par l'affranchissement de ses esclaves; elle aura toujours devant elle, pour se dédommager d'une réduction possible de culture, le commerce du monde, auquel ses ports serviront d'entrepôts, et dont ses industrieux habitants seront les facteurs.

La culture, d'ailleurs, pourra bien ne pas diminuer; et si les bras qui ont été esclaves, et qui vont se trouver libres, devaient devenir inactifs, des travailleurs qui n'ont jamais prêté leurs services que librement ne manqueraient pas aux planteurs (*). L'île Maurice, en

---

(*) Nous voyons, dans un état communiqué à la Chambre des communes, le 9 mai 1826, par le secrétaire d'état des colonies, que le nombre des noirs esclaves y était de 63,700, dont 55,000 mâles. Des renseigne-

effet, a toujours été le champ d'asile de toutes les populations asiatiques qui, opprimées chez elles, et n'ayant pas là d'espace pour respirer et vivre, sont disposées à aller chercher au dehors, de la terre, du travail et la vie à force d'industrie patiente. On voit au Port-Louis des Malabares, des Chinois, des Malais, des Arabes, des Indiens de toutes professions et des deux religions qui se partagent l'Inde, la religion de Bramah et la religion de Mahomet. Tous ces hommes, sur le terrain neutre que leur a garanti l'hospitalité des créoles, vivent d'accord les uns avec les autres, ou du moins les uns à côté des autres. Quelques-uns parmi eux célèbrent, chaque année, dans une pompe solennelle, la grande fête de leur culte et font dans les rues de la ville une procession publique. C'est une occasion pour les non-croyants, pour les fidèles des autres religions, de se réunir comme dans une réjouissance nationale et périodique, de passer vingt-quatre heures dans la joie, les intrigues et les rendez-vous d'amour ; c'est un prétexte pour une espèce de carnaval, mais de carnaval respectueux, où la tolérance religieuse et les ménagements pour une croyance étrangère sont le premier devoir, et passent même avant le plaisir. Un tel mélange de peuples offre à l'île Maurice, non pas seulement une pépinière de travailleurs libres, mais encore une garantie que la population malgache, la plus nombreuse dans la colonie, n'abusera pas facilement ni bientôt de sa liberté, tardivement acquise, pour prétendre à une domination exclusive que l'avenir, nous le croyons et nous l'avons dit, lui réserve dans ses vicissitudes inévitables. Une ère inconnue s'ouvre pour l'île Maurice aussi bien que pour tous les établissements d'outre-mer qui avaient des esclaves et qui n'en vont plus avoir ; et ce qui est inconnu peut bien renfermer mille chances et mille périls que nulle prévoyance humaine ne saurait embrasser. L'inconnu, quant au problème qu'auront à résoudre, par leur existence future, les deux îles voisines de Madagascar, est contenu surtout dans le développement formidable de cette île puissante et barbare : il s'ensuit qu'on n'osera prédire ni par quels moyens la grande terre dévorera les deux petites, ni dans quelles limites la planète obscure absorbera les deux satellites d'où lui vient aujourd'hui la lumière. Mais on peut être persuadé néanmoins que, dans cet envahissement toujours progressif de la puissance réelle et matérielle, l'île Maurice sera celle des deux colonies jumelles qui résistera le plus longtemps. Elle résistera d'abord par la division des races qui l'habitent ; elle résistera aussi par la force morale que lui assure, bien plus qu'à l'île Bourbon, sa civilisation plus avancée. Il faudra que le débordement des nations malgaches ait déjà monté bien haut pour atteindre à son niveau. Et encore, quand cela sera fait, des circonstances naturelles, invincibles, lui garantissent toujours un ascendant qui ne périra pas tout entier. C'est une île à laquelle appartient une place privilégiée sur la carte du monde, quels que soient ses colons ou ses maîtres.

Le génie des lettres lui a, d'ailleurs, assuré pour toujours dans le souvenir des hommes, même quand elle devrait être rapidement absorbée dans le sein d'une île plus puissante, une renommée immortelle et une illustration qui ne pourra s'effacer, ni se confondre avec aucune domination étrangère, si complète et si sauvage qu'elle puisse être. Le nom de l'île de France et tous ces noms qui lui appartiennent, les Pamplemousses, l'île d'Ambre, la Montagne-Longue, la Rivière-Noire, le Port-Louis, vivront aussi long-temps que le roman ou le poëme de *Paul et Virginie*, c'est-à-dire aussi long-temps que la langue française et ses derniers monuments

ments particuliers, auxquels nous devons quelque confiance, nous permettent d'établir le chiffre de la population blanche à 10,000, et celui de la population libre de couleur à 16,000, vers la même époque. Il y avait alors, en outre, 4,000 hommes tant *convicts* (Indiens condamnés à la déportation) que soldats de la garnison et marins.

subsisteront pour la gloire de l'esprit humain.

Ce livre est connu aujourd'hui dans le monde entier : il peut n'être pas sans intérêt de rechercher comment il est né, et de quel point obscur il est parti pour son glorieux pèlerinage. Sur quel canevas, vulgaire ou déjà poétique en soi-même, le poëte a-t-il déployé la riche draperie de style et d'images qui éblouit nos regards? De quelles couleurs, empruntées à la nature réelle et à la contemplation assidue des régions intertropicales, a-t-il chargé sa palette, dont la splendeur calme et harmonieuse n'a été égalée par aucun peintre de paysage? A quels événements, peut-être enfouis dans les traditions de la vie coloniale, a-t-il demandé les principaux faits de sa Pastorale si simple et pourtant si dramatique? Voilà des révélations qu'il serait intéressant d'obtenir, non pas seulement pour satisfaire la frivole curiosité du public, mais pour éclairer les procédés de l'art et découvrir tout ce qu'il y a parfois de poésie cachée dans la réalité même des choses qu'un grand écrivain sait voir avec les yeux du génie, et dévoiler à tous dans une lumière inattendue.

Quant aux sites, nous les avons visités, et nous avons relu, en les visitant, les descriptions qui les embellissent sans doute, mais sans dénaturer leur physionomie. — « Sur le côté oriental de la montagne qui s'élève derrière le Port-Louis de l'île de France, on voit, dans un terrain jadis cultivé, les ruines de deux petites cabanes.... J'aimais à me rendre dans ce lieu solitaire.... » — Et nous aussi, nous avons fait plus d'une fois ce pèlerinage, non pas à des ruines qui n'existent plus (*etiam periere ruinæ*), mais à un souvenir qui vivra impérissable, à des ombres modestes et douces, qu'on croit toujours voir errantes dans ce bassin élevé qu'enferment et protègent trois montagnes, et au-dessus duquel volent en rond les oiseaux blancs des tropiques. Nous avons reconnu les lieux que le poète avait décrits; mais surtout nous avons admiré sa puissance d'imagination. Sans lui, quel voyageur eût jamais songé à placer dans ces lieux voisins du port, et dont l'aspect ne devient poétique à la longue que par réflexion, la vie obscure et touchante de deux familles blanches récemment transplantées de la vieille Europe!

Nous avons exploré également le quartier et l'église de Pamplemousse, qu'on aperçoit en effet du haut de cette demeure sauvage où madame de La Tour s'était retirée comme dans un nid, par l'invincible instinct qui porte les êtres souffrants à chercher la solitude. Mais nous n'avons pas retrouvé les avenues de bambous qui enveloppaient dans ce temps-là l'église des Pamplemousses, simple monument, le plus isolé, le plus mélancolique, le plus profondément religieux que possède l'île de France. Peut-être les belles plantations de bambous, qu'on aime encore aujourd'hui à se représenter autour de cette humble maison de prière, n'ont-elles jamais eu d'existence que dans la pensée pieuse et l'idée artistique du grand écrivain; et cependant on s'imagine, en approchant, qu'on entend le murmure de ces arbres qui ne se taisent ni jour ni nuit: on aurait là, du moins, une consolation du silence des cloches, qui ne sont pas d'un emploi fréquent dans les cérémonies saintes des colonies, et n'auraient point d'ailleurs, avec la chaude et molle atmosphère des climats équinoxiaux, cette puissante et grave sonorité qui, chez nous, s'élance de nos longues flèches de cathédrales, noyées dans un air froid et brumeux.

La rivière du Rempart, la rivière Noire, le quartier des plaines Wilhems, la Poudre d'or, le ruisseau des Lataniers, tous les quartiers de l'île qui virent les jeux, les courses aventureuses, les plaisirs ou les souffrances des deux familles créées par Bernardin, nous avons tout parcouru, tout vérifié par une comparaison de la fiction avec la réalité; et partout il nous a fallu reconnaître que sous la fiction il y avait une base positive, mais où personne n'aurait entrevu les charmes qu'un art magique en a fait sortir. Ce ne sont pas les sites les plus beaux en eux-mêmes qui ont été choisis par le peintre pour y poser ses scènes patriarcales à la manière de Ruth et de Noémi, et ses chants dignes de l'Odyssée. Il n'a pas daigné ajouter sa poésie à la poésie primitive des lieux qui pouvaient le mieux se passer d'être vus à travers le prisme d'une imagination née pour tout embellir : les grands artistes sont plus hardis ou plus généreux. Il a donc voulu s'arrêter de préférence aux cantons incultes et d'une richesse inférieure ; il a pénétré le mystère de leur beauté, il l'a révélée aux yeux qui ont besoin d'être ouverts par une main étrangère, et n'apprendraient pas, sans cela, à jouir d'un magnifique spectacle encore enveloppé de quelques voiles. A notre sens, dans ce panorama varié où est encadrée la touchante chronique de Paul et Virginie, il n'y a que l'île d'Ambre et son détroit qui n'aient pas reçu du même enchanteur une décoration factice et des charmes refusés par la nature : l'île d'Ambre ne pouvait, par les efforts d'aucun art humain, être amenée à surpasser en éclat et en beauté ce que la nature elle-même a fait pour elle. Quand le soleil l'éclaire de ses rayons, et que, du haut des montagnes intérieures de la grande terre, on contemple cette petite île toute brillante d'une lumière d'argent, et toute verdoyante aussi, l'on croirait voir un banc composé tout à la fois de ces coraux blanchâtres et de ces herbes encore fraîches que la mer rejette à sa surface et fait échouer dans une immobilité complète à quelque distance de ses rivages. Le détroit qui sépare l'île d'Ambre de l'île de France est presque toujours comme une glace parfaitement unie qui réflète les feux du soleil, l'azur du ciel et jusqu'au passage dans l'air des oiseaux de la terre et de l'océan. Il est, dans son état le plus ordinaire, ce qu'il fut le lendemain du naufrage où une jeune vierge, en présence de son amant, sacrifia sa vie, tout son espoir, tout son amour, à un sentiment héroïque de pudeur.

Les faits demandés par Bernardin à la réalité, n'ont pas été moins ornés que les sites où il a déroulé sa fable. En veut-on la preuve? Un travail curieux a été publié par Lémontey, de l'Académie française, sur la partie historique du roman de *Paul et Virginie :* on peut le consulter. Voici, au reste, quelques-unes des indications qu'il contient, et qui nous feront assister, en quelque sorte, à l'origine et aux premiers linéaments de ce poëme, fait de plusieurs pièces rapportées, quoiqu'il semble avoir été fondu d'un seul bloc par une pensée en fermentation.

Le naufrage *du Saint-Géran* est un fait dont l'existence a été constatée, mais avec des détails assez différents de ceux du roman, dans le greffe du Port-Louis de l'île de France. *Le Saint-Géran*, de 7 à 800 tonneaux, partit de Lorient le 24 mars 1774, avec un nombreux équipage, et sous le commandement du capitaine *Delamare*, que Bernardin de Saint-Pierre a nommé M. Aubin pour les convenances de sa fable. Lorsque le bâtiment se trouva, le 17 août, à six lieues de l'île de France et reconnut les petites îles qui en signalent l'approche, le ciel était serein, la nuit approchait, et le parti le plus sage était de mouiller dans la baie du *Tombeau :* c'était l'avis du premier bosseman, Alain Ambroise, qui connaissait bien tous ces parages. Mais les opinions se trouvant partagées sur ce point parmi les officiers, le capitaine leur dit : « Vous êtes plus pratiques que moi ; il y a vingt ans que je ne suis venu ici : mes idées se sont effacées ; prenez la conduite du vaisseau. » Il fut arrêté qu'on tiendrait le cap pendant la nuit ; mais un officier de quart, malgré cette précaution, approcha trop de terre, et tout à coup la lame jeta le navire sur un brisant avec un fracas et un craquement épouvantables. La quille se brisa et les deux extrémités du bâtiment se soulevèrent, prêtes à s'engloutir dans l'abîme. On peut se figurer la douleur et la confusion qui durent éclater à bord, lorsqu'on songera que l'équipage et les passagers étaient en grand nombre, et qu'il y avait plus de cent malades. Chacun se prépara à chercher son salut comme il l'entendrait et par les moyens qui seraient à sa portée. Deux terres, la côte même de l'île de France et l'île d'Ambre, toutes deux éloignées *du Saint-Géran* à la distance d'une lieue, se montraient aux malheureux naufragés comme leurs seuls refuges. Une mer calme et unie baignait ces deux rivages, car, selon l'expression de Lemontey, ce fut là véritablement *un naufrage de main d'homme*. Seulement, pour atteindre le bassin paisible qu'ils avaient en vue, les naufragés avaient à franchir la chaîne des brisants où le navire demeurait suspendu et dont une mer houleuse et des courants rapides défendaient le passage.

Huit hommes de l'équipage et un passager furent les seuls qui survécurent à la destruction du navire.

Quelques circonstances, produites dans une simple déposition de matelot devant un greffier, donnèrent sans doute au chantre de *Virginie* l'idée de ce magnifique spectacle d'une éternelle douleur, alors qu'une jeune demoiselle, comme il le dit, parut dans la galerie de la poupe *du Saint-Géran*, et, luttant contre tous les efforts d'un marin pour la sauver, préféra la mort, une mort certaine et affreuse, à l'immolation de ses sentiments de pudeur. — On lit dans la déposition du matelot Janvrin, qu'au moment où le navire échoué allait être englouti dans les flots, *mademoiselle Maillard était sur le gaillard d'arrière avec M. de Péramont, qui ne l'abandonnait pas.* — Il ajoute : *Mademoiselle* CAILLOU *était sur le gaillard d'avant avec MM. Villarmois, Gresle, Guiné, et Longchamps de Montendre, qui descendit le long du bord pour se jeter à la mer, et remonta presque aussitôt pour déterminer mademoiselle Caillou à se sauver.* — Qui peut douter, d'après cela, que mademoiselle *Caillou* ne soit Virginie de La Tour? Il y a encore, à l'île de France, nous l'avons vu et ne l'avons pas oublié, une famille noble qui a nom *Caillou de Précourt;* elle conserve en effet le souvenir d'un naufrage qu'elle eut personnellement à déplorer.

Quant à la résolution exaltée que Bernardin prête à Virginie, au moment où on la pressait de quitter ses vêtements, ce fut un homme (chose bizarre, et qui paraît moins vraisemblable), ce fut le capitaine Delamare lui-même qui donna cet exemple de pudeur, ridicule sans doute de sa part, et sublime de la part d'une jeune vierge. La fiction ici l'emporte sur la sèche et froide vérité, qui est consignée dans la déposition d'Edme Caret, patron de chaloupe. Ce brave marin, après avoir tout préparé pour sauver son capitaine, lui dit : *Monsieur, quittez votre veste et votre culotte.* M. Delamare ne voulut jamais y consentir, disant qu'il ne conviendrait pas à la décence de son état d'arriver à terre tout nu, et qu'il avait des papiers dans sa poche qu'il ne devait pas quitter.

Ces noms eux-mêmes, *Virginie* et *de La Tour*, furent pris par l'auteur dans les plus purs souvenirs de sa vie errante. Le nom de *Paul*, selon Lemontey, serait celui d'un moine franciscain, pour qui Bernardin de Saint-Pierre, encore enfant, s'était pris d'une si vive amitié, qu'on ne put l'en séparer ni l'empêcher d'aller avec lui faire une quête au travers de la province de Normandie, préludant ainsi à ses courses sur les deux hémisphères par la bizarrerie de ce pèlerinage séraphique.

Voilà donc comme le génie procède et de quels fragments épars il sait composer une œuvre pleine d'harmonieuse unité. Quelle qu'ait été sa marche, applaudissons à ce qu'il a fait, nous surtout dont la chère patrie lui doit toute sa gloire, nous qui pouvons mettre, avec une sorte de bonheur inexplicable, notre obscurité à l'abri de ces noms de Port-Louis et d'île de France, dont l'illustration, grace à un livre dédié par un hôte immortel, n'a rien à envier à la renommée d'aucun autre lieu sur la terre !

FIN.

ILES AFRICAINES DE LA MER DES INDES.

§ II

RODRIGUES, GALÉGA, LES SÉCHELLES, LES ALMIRANTES, ETC.,

PAR M. EUGÈNE DE FROBERVILLE.

INTRODUCTION GÉNÉRALE.

Les nombreux archipels que nous nous proposons de décrire ici, appartiennent tous à la partie occidentale et à la zone intertropicale du vaste bassin de la mer des Indes. L'imagination de quelques géographes a voulu considérer ces îles comme les sommets d'une chaîne de montagnes sous-marines, malgré les immenses espaces qui séparent la plupart des groupes. Quelques-unes, et ce sont les plus grandes, ont une origine volcanique, les autres sont madréporiques, et si basses, que la mer les recouvre parfois entièrement durant les tempêtes; on en observe peu d'isolées : la plupart sont rangées par groupes circulaires, tantôt liés entre eux par des bancs de coraux, tantôt séparés par une mer extrêmement profonde.

Les Séchelles et Rodrigues possèdent la plupart des animaux et des végétaux que l'on voit à Maurice et à Bourbon; le cocotier et quelques plantes rampantes qui se plaisent dans les lieux sablonneux et dépourvus d'eau douce croissent seuls sur les autres îles; toutefois l'on verra que l'industrie des colons a su tirer un parti considérable de ces dernières, jadis désertes et inexploitées.

La découverte de ces îles remonte aux premiers voyages des Européens dans la mer des Indes, au commencement du seizième siècle; mais le peu de certitude des méthodes hydrographiques de ce temps, joint à l'ignorance des géographes qui dressèrent les cartes des explorations entreprises par l'ordre des rois de Portugal, ont rendu impossible l'éclaircissement complet et le classement des découvertes effectuées par leurs capitaines de mer. La plus inextricable confusion régna durant plus de deux siècles sur la géographie de ces archipels. Les portulans primitifs étant notoirement inexacts, chaque navigateur corrigeait à sa fantaisie la position des terres, imposait arbitrairement de nouveaux noms à des îles déjà connues, ou trompé par ses calculs, croyait ne faire qu'une reconnaissance lorsqu'il effectuait une véritable découverte. De là ces déplacements arbitraires, ces doubles emplois, ces corruptions d'orthographe, ces méprises ou plutôt ces bévues sans nombre qui défigurent les cartes des seizième et dix-septième siècles : la nomenclature primitive de ces archipels est devenue presque méconnaissable. La publication des documents originaux que le Portugal conserve dans ses archives de la Torre do Tombo pourrait seule jeter quelques lumières dans ces ténèbres de la géographie historique, où la critique la plus patiente n'apporte qu'une lueur faible et insuffisante. La gloire du Portugal est enfouie dans les liasses poudreuses qui renferment les journaux de Vasco da Gama, de Cabral, de Juan da Nova, d'Alphonse et de François d'Albuquerque, de Diogo Péreira, de François et de Laurent Almeida, de Tristan da Cunha, de Dom Garcia de Noronha, de Juan de Castro, de Pedro Mascarenhas, et de tant d'autres illustres découvreurs, dont les travaux sont à peine indiqués par les historiens nationaux. En publiant les écrits de ses glorieux enfants, le Portugal n'acquittera pas seulement une dette de reconnaissance, il ne servira pas seulement son légitime orgueil; il dotera l'histoire d'un trésor de faits certains, et les nations qui l'ont suivi dans la voie des découvertes lointaines rendront alors pleinement hommage au courage et à la persévérance qu'il lui fallut déployer pour rendre l'Afrique et l'Asie tributaires de la civilisation européenne.

La position des différentes îles, sur les portulans, offre des monstruosités non moins choquantes : les îles dont, à force de recherches et de comparaisons, on parvient à établir l'identité, présentent au moins deux degrés de différence entre la latitude que leur assignent les anciennes cartes, et celle où les placent les travaux modernes. Nous ne parlerons pas de leurs longitudes, obtenues par l'estime; elles variaient en général de 10 à 20 degrés.

Comme on le voit, privée de guides sûrs, la navigation était impossible dans ces parages parsemés de dangers, et peu de navires se risquaient à s'y engager pour se rendre dans l'Inde. Lorsqu'on y était absolument forcé, « on veillait de près à la conduite du vaisseau, tant de jour que de nuit, parce qu'il y avait beaucoup plus d'îles et d'écueils qu'il n'y en a de marqués sur les cartes ; c'est pourquoi il fallait sonder fréquemment, examiner continuellement la couleur de l'eau, et surtout ne point faire voile la nuit. » (*Routier d'*Aleixo da Motta.) On préférait donc généralement suivre une route plus longue mais mieux connue.

Mais lorsque la compagnie française des Indes orientales forma un établissement à l'Ile-de-France, le besoin de communiquer promptement avec l'Inde nécessita l'exploration des divers archipels situés entre ces deux points. L'illustre Mahé de la Bourdonnais fut le promoteur de cette entreprise. En 1742, il chargea le capitaine Picault, commandant de deux petits navires (la tartane *l'Élizabeth* et le bot *le Charles*), de pénétrer au milieu des principaux archipels de l'océan Indien, et d'en tracer la carte. Ce marin y effectua, d'après ses ordres, plusieurs voyages, et découvrit successivement les Séchelles et les différentes îles du groupe de Peros-Banhos. Malheureusement la guerre de 1744 vint distraire le gouverneur de ses utiles projets, et son rappel en France mit un terme aux expéditions qu'il méditait. En 1756, Magon, un de ses successeurs au gouvernement de l'Ile-de-France, résolut de faire reconnaître les îles découvertes par le capitaine Picault; il y envoya la frégate *le Cerf* sous le commandement du lieutenant Morphey, et la goëlette *le Saint-Benoit* commandée par le sieur Préjean.

Trente ans après, Poivre et Desroches, administrateurs de la même colonie, obtinrent du duc de Praslin, ministre de la marine, l'autorisation de faire continuer l'exploration des archipels. Ils chargèrent de cette mission le chevalier Grenier, officier d'un rare mérite, qui commandait la corvette *l'Heure du Berger*, et mirent sous ses ordres une corvette plus petite nommée *le Vert-Galant*, dont le lieutenant de frégate la Fontaine eut le commandement. Par décision du ministre, l'abbé Alexis Rochon, depuis membre de l'Institut, fut spécialement chargé de déterminer la position des îles et des écueils que l'on rencontrerait. Nous rapporterons dans la suite de cette notice les découvertes utiles qui résultèrent de ce voyage.

En 1770, le vicomte du Roslan, secondé du chevalier d'Hercé, continua avec fruit les recherches du chevalier Grenier ; son expédition se composait des corvettes *l'Heure du Berger* et *l'Étoile du Matin*.

Telles sont les principales explorations qu'entreprirent les Français dans les îles situées au nord de l'Ile-de-France. Les travaux exécutés par ces marins distingués servirent à la confection du bel Atlas de d'Après de Mannevillette, qui parut en 1746 et dissipa à jamais la terreur bien légitime qu'inspirait aux navigateurs le passage direct de l'Ile-de-France dans l'Inde. Les incertitudes inséparables d'un travail aussi considérable disparurent peu à peu, par la suite, grâce aux relations plus fréquentes qui s'établirent entre l'Inde et Maurice, et entre les différentes îles des archipels, devenues en peu de temps le but d'un cabotage actif. — En 1819, Lislet-Geoffroi, *correspondant de l'Institut à l'Ile-de-France*, publia une carte de la mer des Indes, et un mémoire où il rectifia, d'après des données nouvelles, un grand nombre de positions restées douteuses jusqu'alors. — Le capitaine Moresby, chargé, en 1821, par le gouvernement anglais, de faire l'hydrographie de ces archipels, a publié dans le *Nautical Magazine* le résultat de ses explorations. Enfin, en 1841, M. le capitaine Jehenne visita de nouveau ces îles sur la gabarre *la Prévoyante*, et vérifia leurs positions avec un soin particulier. — Tous les travaux que nous venons d'énumérer ont été résumés par M. Daussy, hydrographe en chef du Dépôt de la marine, dans sa grande carte de la mer des Indes, et dans les deux cartes particulières des archipels situés au nord et au nord-est de Madagascar.

Toutes ces petites îles, rattachées par suite de la découverte, des reconnaissances ou même de l'occupation, à l'Ile-de-France comme à un centre commun, ont suivi en 1815 la fortune de notre ancienne colonie, et sont demeurées, comme une dépendance de Maurice, nominalement au pouvoir des Anglais.

Nous les avons rangées, pour les décrire, en quatre groupes distincts : le premier, réduit à la seule île de Rodrigues ; le second, formé des îles comprises entre Rodrigues et les Séchelles ; le troisième, composé de l'archipel des Séchelles ; le dernier, des îles comprises entre les Séchelles et les Comores.

Peut-être, à ce point de vue de dépendance à l'égard de Maurice, aurions-nous pu embrasser aussi dans notre travail le petit archipel des Chagas, qui avait été occupé jadis par les colons de l'Ile-de-France ; mais la constitution physique de ce groupe aussi bien que sa proximité des Maldives, nous paraissent le rattacher plus convenablement à l'Asie.

Nous avons d'ailleurs passé sous silence les noms des îles Georges, Roquepiz, Saint-Laurent, Natal et Juan de Lisboa, qui figurent dans les anciennes cartes de ces parages, mais dont l'existence est incertaine sinon purement imaginaire.

I. ILE RODRIGUES.

DESCRIPTION.

Sol, climat.

L'île Rodrigues, dont le centre est par 19° 41′ de latitude sud et 61° 9′ longitude est, a environ six lieues de longueur sur deux de largeur ; elle est entourée de récifs et de bancs de madrépores, qui vont jusqu'à trois et cinq milles du rivage, et renferment plusieurs îlots. — La rade, ou *Port-Mathurin*, située dans la partie nord, est commode, et la tenue y est bonne. Dans le sud de l'île on trouve un barachois dont l'entrée est tortueuse et étroite, et d'où il est conséquemment fort difficile de sortir pendant les brises du sud-est, qui, en général, y soufflent avec violence.

Sans avoir de hautes montagnes ni des rivières considérables, l'île Rodrigues est montueuse et bien arrosée. Ses plus hautes collines excèdent à peine cent toises d'élévation perpendiculaire. L'eau des ruisseaux est bonne et saine, mais un peu minérale; plusieurs des cours d'eau qui prennent leurs sources vers le milieu de l'île, tombent dans les vallons en cascades pittoresques. La plus haute de ces chutes est celle de la petite rivière qui coule ensuite dans *l'enfoncement Leguat* : « Après avoir remonté ce ruisseau jusqu'à une demi-lieue de notre habitation », dit l'abbé Pingré dans une relation manuscrite que nous avons sous les yeux, « nous parvînmes à la cascade ; l'eau s'y précipite d'au moins 80 pieds. Il faut que son mouvement soit bien lent au haut de la montagne, car le talus est presque perpendiculaire, et l'eau y descend presque sans quitter son lit. Le chemin qui mène à cette cascade est peu aisé ; mais je me suis cru bien récompensé de mes peines lorsque je suis enfin parvenu à ce lieu qui m'a paru charmant. Au bas de la cascade, il y a un bassin où l'on trouve quelquefois de fort belles anguilles. En regardant la chute, on a à sa gauche une montagne escarpée sur laquelle ne croissent que quelques herbes, et dont les roches paraissent prêtes à tomber. A droite, la montagne est presque aussi escarpée, mais elle est couverte d'arbres qui servent à embellir le plus majestueux amphithéâtre que j'aie vu. Les palmiers, les lataniers, les vacouas, étaient entourés de plusieurs arbres qui ne cèdent point en beauté aux nôtres. Vis-à-vis de la cascade, d'autres arbres nous cachaient le chemin raboteux qui nous avait conduits à ce lieu de délices. Il y a aussi une cascade au ruisseau de *l'enfoncement de Stafford;* elle est moins haute que la précédente, mais la chute de l'eau y est plus amusante, vu qu'elle saute de rochers en rochers, tandis que, dans la première, elle ne fait en quelque sorte que couler. »

Parmi les curiosités naturelles de Rodrigues, nous mentionnerons la grotte située dans l'est de l'île vers la pointe dite *du Corail.* Cette caverne, dont l'entrée est élevée d'une trentaine de pieds, et large de cinquante, a environ deux lieues de profondeur. Les stalactites y affectent les formes les plus variées et les plus bizarres ; ces concrétions pierreuses y forment, de distance en distance, des colonnes de soixante pieds de hauteur, si régulières et si bien proportionnées, qu'on les croirait placées là pour soutenir le poids de la voûte. Un limpide ruisseau parcourt toutes les sinuosités du souterrain, et se fait jour à travers les éboulements qui ont obstrué le passage à environ deux milles de l'ouverture.

Le sol des vallées de Rodrigues est très-fertile ; il est entièrement composé des débris végétaux que les pluies entraînent des hauteurs voisines, et sa légèreté dispense des fréquents labours auxquels il faut se livrer ailleurs. La partie occidentale de l'île, appelée la côte de Corail, est seule stérile.

L'air de Rodrigues est à peu près le même que celui des îles de France et de Bourbon, c'est-à-dire qu'il est très-pur et très-sain : « Et une grande preuve de cela, dit François Leguat, c'est qu'aucun de nous (ils étaient huit) n'y a été malade pendant les deux années du séjour que nous y avons fait, nonobstant la grande différence du climat et de la nourriture. » On pourrait diviser l'année en deux saisons : le printemps durerait depuis le commencement de mars jusqu'en octobre, et même jusqu'en novembre; les trois autres mois seraient attribués à l'été. « Durant ce long printemps, dit l'abbé Pingré, qui séjourna durant plusieurs mois à Rodrigues, en 1761 ; durant ce long printemps, on était autrefois assuré d'un ciel perpétuellement serein; ce n'est pas sur l'autorité seule de François Leguat que j'avance ce fait : il m'a été certifié par tous ceux qui ont eu quelque connaissance de Rodrigues. Les années 1760 et 1761 ont été pluvieuses; ce changement météorologique est constant. M. de Seligny, officier des vaisseaux de la Compagnie, qui possède les connaissances les plus étendues, pensait que la constitution climatérique de cette île a peut-être changé par le terrible ouragan qu'on y essuya, ainsi qu'à l'Ile-de-France, dans la nuit du 27 au 28 janvier 1760. Avant cette année, le défaut de pluie était compensé par des rosées abondantes qui fournissaient des sucs à la terre, et de l'eau à la source des ruisseaux. Dans la saison du printemps, le vent souffle toujours de l'est ou du sud-est, rarement du sud-sud-est ou de l'est-nord-est. J'ai remarqué que les grains étaient ordinairement plus fréquents et plus violents par le vent de sud-est que par celui d'est. Durant les quatre mois d'été, la chaleur est tolérable; les vents d'est et de sud-est soufflent le plus souvent; mais il n'est pas rare de voir le vent tourner au nord-est, au nord, et au nord-ouest : alors la chaleur augmente et se termine par des orages, des pluies, des tempêtes. Lorsque celles-ci sont très-violentes, on les nomme *ouragans*; il semble alors que tous les vents soufflent à la fois, l'agitation de la mer ne se peut décrire, le ciel fond en eau, les ruisseaux débordent, remplissent des gorges où la veille on les distinguait à peine, les arbres sont renversés, les vallées quelquefois comblées, les habitations détruites, les vaisseaux emportés et brisés. Quelques auteurs parlent de l'ouragan comme d'une espèce de tribut annuel auquel cette mer est assujettie. L'ouragan, disent-ils, passe tous les ans vers le mois de janvier ou de février. — Cela peut être, mais il faut ajouter qu'il passe souvent sans que personne s'en aperçoive; qu'aux années où il se fait sentir, il n'est pas toujours de la même force; qu'enfin il n'étend pas ses ravages également sur la surface de cette mer. L'ouragan du 28 janvier 1760 a été d'une violence extrême à l'Ile-de-France et à Rodrigues : sa mémoire est gravée dans l'histoire de ces deux îles : cependant à Bourbon, qui n'est éloigné que de 36 lieues de l'Ile-de-France, on se souvient à peine de cet ouragan. »

Productions végétales.

Les végétaux que Rodrigues produit sont aussi pour la plupart indigènes à l'île Maurice. Parmi les arbres fruitiers, on y trouve des orangers et des citronniers, des manguiers, des attiers, des papayers, et une foule d'autres à baies édules. — Parmi les arbres dont le bois est propre à la construction, nous mentionnerons : — le bois d'olive ou elæodendron au tronc non cylindrique, et dont les feuilles offrent ce phénomène singulier, que lorsque l'arbre est jeune ses feuilles sont très-longues et très-étroites, et qu'en vieillissant elles s'accourcissent et deviennent plus larges; on voit parfois sur le même arbre ces feuilles de formes si différentes; — le benjoin de Maurice, qui distille une gomme tout à fait différente de celle du benjoin des Indes; — le bois puant : c'est le meilleur de tous pour la charpente, dit Leguat, mais puant d'une manière très-incommode; ce bois, dur et bien veiné, est aussi excellent pour la construction navale; — le corallodendron, ainsi appelé parce que son bois imite assez la tournure des branches de corail; il a cela de particulier, qu'il perd ses feuilles dans un pays où, sauf une ou deux exceptions, les autres arbres sont toujours verts; — le pignon d'Inde, qui se dépouille pareillement, et dont l'amande est un vomitif puissant, et fournit une huile à brûler; — le gaiac; — le cadoc, dont la graine est un bon vermifuge, et dont le bois est employé comme sudorifique et comme spécifique contre certaines maladies; — les palmiers et les lataniers de diverses espèces; — le vakoua, que Leguat appelle *pavillon*; — le cocotier, dont l'introduction date du temps de Leguat; — le figuier des banians, dont les branches jettent vers la terre des filaments qui y prennent racine, et forment de nouveaux troncs; de sorte qu'un seul de ces arbres pourrait à la fin composer une forêt. — On voit aussi à Rodrigues une liane parasite, dont les branches ayant touché la terre y prennent racine, et finissent par envelopper entièrement l'arbre sur lequel elles ont pris naissance.

Les plantes que l'on cultive à Rodrigues, sont les haricots, le riz, le maïs, le blé, les légumes d'Europe, les patates, le piment. On y voit aussi des capillaires, des pavots épineux, des chardons; des scolopendres dont les feuilles ont quatre à cinq pieds de long sur huit ou dix de large sans être laciniées; du laiteron ou pourpier, de la moutarde, dont on mange les feuilles en guise d'épinards. On accommodait aussi de cette manière les feuilles d'un joli arbuste que l'on nomme *séné*. « Ce nom, dit Pingré, suffisait pour me dégoûter de ce ragoût, quelque persuadé que je fusse que ce n'était pas du véritable séné. » Les essais que l'on a faits en plantations de cannes à sucre, de coton, de café, d'épiceries, et de tabac, dont la qualité est excellente, ont eu à Rodrigues des résultats fort satisfaisants; mais il ne paraît pas que les colons y aient donné suite, du moins ne voyons-nous pas figurer ces produits parmi ceux qu'ils importent à Maurice, et qui consistent principalement en blé, haricots et oranges.

Règne animal.

Les rats, les lézards et les tortues de terre sont les principaux animaux indigènes à Rodrigues. Les premiers ont toujours été le fléau des habitants de l'île. « Non-seulement ils mangeaient les graines que nous semions, dit Leguat, mais ils venaient ronger tout ce que nous avions dans nos cabanes... » « Ces rats, dit l'abbé Pingré, pénètrent partout, gâtent tout et ravagent tout; ils prenaient leur repas dans mon lit, ils m'ont rongé des livres, des habits, du linge; leur nombre est si grand, que dans les ténèbres j'en atteignais quelquefois avec un rotin qui était toujours à cet effet auprès de mon lit. M. Thuilier, mon compagnon, en a percé à la pointe de l'épée dans l'obscurité. Pour détruire les rats, on avait fait venir des chats de l'Ile-de-France; ils se sont retirés dans les bois et sont devenus sauvages. Ils semblaient avoir fait alliance avec les rats, et la basse-cour était le théâtre de leurs déprédations. » Tous ces détails sont encore vrais aujourd'hui.

Les tortues de terre étaient autrefois en nombre prodigieux à Rodrigues; d'après une note de Poivre que nous avons sous les yeux, on exportait annuellement à l'Ile-de-France quatre à cinq mille de ces animaux, pesant en moyenne 20 livres. Leguat assure qu'on en voyait quelquefois des troupes de 2 000 à 3 000, de sorte qu'on pouvait faire plus de cent pas sur leur carapace sans mettre le pied à terre. Elles se rassemblaient le soir dans les lieux frais, et se mettaient si près l'une de l'autre, qu'il semblait que la place était pavée. « Elles font une autre chose qui est singulière, continue-t-il: c'est qu'elles posent toujours, de quatre côtés, à quelques pas de leur troupe, des sentinelles qui tournent le dos au camp, et qui semblent avoir l'œil au guet; c'est ce que nous avons toujours remarqué, mais sans pouvoir comprendre ce mystère, car ces animaux sont incapables de se défendre et de s'enfuir. » Dès la fin du siècle dernier, les tortues étaient rares à Rodrigues; les quantités énormes qu'on en avait tirées pendant vingt ans (de 1750 à 1770), et l'introduction des chats, qui sont très-friands des œufs que ces animaux déposent dans le sable, sont les causes de cette dépopulation. Les tortues de mer étaient aussi en grande abondance sur les côtes de l'île.

Ce fut vers 1760, et par les soins de M. de Puvigné, que furent introduits à Rodrigues des bœufs et des vaches de Madagascar, des chèvres, des cabris et des moutons tirés de l'Ile-de-France. Ces animaux multiplièrent tellement dans l'île, qu'on les trouvait encore à l'état sauvage il y a quelques années. La chasse au bœuf était un des divertissements que les colons aimaient le plus à offrir aux étrangers.

La roussette ou grosse chauve-souris est commune à Rodrigues, où on l'estime beaucoup comme gibier.

Les oiseaux de mer y sont aussi très-nombreux: les alouettes de mer, dont parle Leguat, sont sans doute des corbigeaux ou corlieux; de son temps on trouvait à Rodrigues des bécassines, des gelinottes et des butors; en 1761, ces oiseaux avaient disparu, et Pingré suppose que les chats sauvages en avaient détruit la race. Les perruches vertes et les perroquets étaient fort nombreux : les premières, qui sont un excellent gibier, se voyaient encore du temps de Pingré ; mais les perroquets étaient devenus rares. Leguat ne fait mention que d'une seule espèce de petits oiseaux : « ils ne ressemblent pas mal aux serins de Canarie, dit-il ; nous ne les avons jamais entendus chanter, encore qu'ils soient si familiers, qu'ils viennent se poser sur un livre qu'on tient à la main. Les hirondelles étaient en très-petit nombre.

De tous les oiseaux de l'île, le plus remarquable était le *solitaire*, dont Leguat nous a laissé une intéressante description : c'était un gros oiseau, pesant jusqu'à quarante-cinq livres, au plumage grisâtre ou brun chez le mâle, plus clair chez la femelle, ayant à peu près les pattes, le cou et le bec du dindon, point de crête ni de huppe, presque pas de queue, et des ailes rudimentaires insuffisantes pour voler, mais dont le battement bruyant lui servait de moyen d'appel ; le mâle et la femelle formaient une association durable, qui survivait à l'éducation de leur progéniture.

De nombreuses discussions se sont élevées, parmi les naturalistes, au sujet de la place qu'il convient d'assigner à cet oiseau, dont la race est aujourd'hui détruite ainsi que celle du Dronte ou Dodo, avec lequel, comme le soupçonnait Buffon, le Solitaire avait de grands rapports. Mais quelle que soit la classe où l'on range ces oiseaux, il nous paraît évident, d'après la lecture des voyageurs qui en ont parlé, que ces deux noms s'appliquaient à deux variétés d'une même espèce, ou à deux espèces d'un même genre. La destruction du Solitaire a été très-rapide à Rodrigues ; une période de trente années, pendant laquelle les Européens ne fréquentèrent cette île que d'une manière très-irrégulière, suffit pour faire disparaître de la chaîne des êtres un oiseau que sa conformation incomplète livrait sans défense à ses ennemis. En 1761, il en existait encore quelques individus ; mais, quoique retirés dans les endroits les plus inaccessibles de l'île, ces tristes restes d'une population dont Leguat admirait la beauté et les mœurs curieuses, étaient sans cesse pourchassés sans pitié par les nègres, et ne vivaient que dans une inquiétude qui fut bientôt fatale à leur propagation.

Les rivières et les côtes de Rodrigues sont fort poissonneuses. Leguat, en demandant excuse à son lecteur, dit qu'on trouvait dans les ruisseaux des anguilles si monstrueuses, qu'il fallait deux hommes pour en porter une seule ; Pingré, qui pense que le fait est un peu exagéré, en a vu d'aussi grosses que le bras et de près de trois pieds de long ; elles sont d'un goût excellent. La pêche est facile et abondante. Les poissons de mer sont les mêmes qu'à l'île Maurice, et comme sur les rivages de cette île, les uns sont bons à manger ou dangereux durant toute l'année, les autres deviennent venimeux en certains temps. Une escadre anglaise qui séjourna au port de Rodrigues du mois de septembre à celui de décembre 1761, perdit près de la moitié de ses équipages par des maladies qu'on a attribuées dans le pays, à l'usage immodéré que les matelots avaient fait du poisson dans une saison où il commençait à devenir dangereux.

Leguat s'efforce de réhabiliter le requin de Rodrigues, qui est, à l'en croire, le plus inoffensif des monstres marins. Il rapporte que ses compagnons et lui, en se baignant ou en pêchant à la mer, se sont souvent trouvés environnés de grandes troupes de ce poisson, et qu'ils n'en ont jamais été attaqués. Il en conclut que tous les requins ne sont pas de même espèce. Quoique certaines espèces de ce grand squale soient en effet moins voraces que d'autres, de nombreux accidents arrivés à des nègres qui passaient en nageant de la terre ferme aux îlots de Rodrigues, prouvent que tous sont redoutables. Un poisson réellement inoffensif, malgré sa taille gigantesque, est le *Dugong*, que Leguat décrit sous le nom de Lamantin.

« En élaguant quelques faits erronés et mal observés de cette description, on reconnaît parfaitement, dit Lesson, le *Dugong* des Indes. Nous ne répéterons point, continue galamment ce naturaliste, ce que nous avons dit, en parlant des lamantins, sur les noms de *vache marine*, de *sirène*, de *femme de la mer*, qu'on a aussi appliqués au dugong. Combien il faut être ami du merveilleux pour chercher à établir des ressemblances aussi disparates, et trouver dans la physionomie d'un cétacé, et dans les éminences grossières qui s'élèvent sur sa poitrine et qui sont destinées à la lactation, les charmes qui font le plus bel ornement du plus bel objet de la création ! »

Parmi les fléaux de Rodrigues, Leguat énumère les crabes de terre, d'environ quatre pouces de diamètre, qui dévoraient les jeunes plantes des jardins, et dont le nombre était tel, qu'après en avoir tué plus de trois mille en un soir, on ne s'apercevait pas, le lendemain, qu'il y en eût moins.

Les insectes que l'on trouve à Rodrigues sont les mouches ordinaires, les mouches dorées, toutes fort incommodes; les fourmis, les kakerlats, une espèce d'araignée grosse comme une noix et filant une soie jaune; et les petits scorpions qui habitent principalement sur les lataniers et dont la piqûre n'est pas dangereuse.

Les huîtres de cette île sont remarquables par leur grosseur; on en exporte à Maurice, qui n'en a que de très-petites et de très-rocailleuses.

HISTOIRE.

Premières relations.

A quelle époque et par quel navigateur l'île Rodrigues ou *Diogo-Roys* fut-elle découverte? C'est là une question insoluble pour Rodrigues comme pour le reste des petites îles de la mer des Indes; la publication des documents historiques conservés dans les archives du Portugal y pourra seule répondre un jour. Quoi qu'il en soit, cette île, à laquelle les géographes de la fin du XVIe siècle donnèrent, on ne sait pourquoi, le nom de *Don Galopes*, figure sur les plus anciennes cartes manuscrites des Portugais, et jusqu'au milieu du XVIIe siècle les navigateurs la confondirent souvent avec les autres îles éparses dans la mer des Indes. Les uns la plaçaient à 22 lieues, les autres à 40 lieues à l'orient de Madagascar; nous voyons même quatre îles de ce nom sur le portulan de *Juan Martinez*, daté de 1567, qui appartient à M. Ternaux Compans. Une d'entre elles est située au nord du canal de Mozambique, et à environ mille lieues de la position réelle de Rodrigues; les autres voyagent au nord de l'équateur et au sud du tropique du Capricorne. De pareilles erreurs sont utiles à observer, parce qu'elles servent à montrer combien il faut être circonspect lorsqu'on veut éclairer, par les cartes seulement, l'histoire de la découverte de ces îles.

Celle de Diogo-Roys est souvent mentionnée dans les anciennes relations de voyages; mais, souvent aussi, elle est confondue avec Maurice. Cependant, l'auteur de la relation du voyage de l'amiral Harmansen, après avoir annoncé, comme ses devanciers, que l'île Maurice était autrefois nommée *Diego-Rodriguez*, distingue ensuite parfaitement ces deux îles : « Le 19 de septembre 1601, dit-il, sur le midi, on vit terre; on crut que c'était l'île Maurice. Dès le matin du 20, on envoya trois chaloupes à terre qui revinrent sans avoir trouvé ni port ni ancrage. — Les équipages rapportèrent que ce n'était pas là l'île Maurice. On détacha le yacht pour aller visiter le côté septentrional de l'île, et le *Gardien*, avec deux canots, pour aller du côté méridional et se rencontrer tous quatre. Le 21, nous suivîmes le yacht; mais il y eut calme jusqu'au 23, et ce jour-là il nous rejoignit. Il apporta diverses sortes de volatiles qui furent aussitôt distribués. On apprit en même temps qu'il y avait beaucoup de rafraîchissements dans ce lieu, qui était l'île de *Diego-Rodriguez*, mais point d'eau douce... Cette île est environnée d'une chaîne de roches. Les canots trouvèrent du côté du nord, par le milieu de l'île, une ouverture par où un vaisseau pouvait passer, ou qui n'était que bien peu plus large. Ce fut par là que les deux canots passèrent pour aller chercher des rafraîchissements. Au delà du banc, proche de l'ouverture, il y a bon mouillage sur 25, 15 et 12 brasses. Le 23, sur la brune, on abandonna l'île...; le 26, sur les dix heures du matin, on reconnut l'île que les Hollandais nomment l'île Maurice. »

François Cauche, connu par sa relation de Madagascar, visita Rodrigues en 1638 : « Le vingt-cinquiesme juin nous abordasmes l'isle de *Diego-Rois*, dit-il ; nous y descendismes et y arborasmes les armes de France contre un tronc d'arbre, par les mains de Salomon Goubert (fils du capitaine). Nostre navire fut tousjours en mer, n'ayant pû anchrer, le fond y estant trop bas. De là nous tirasmes en l'isle de *Mascarhene* qui en est esloignée de 30 lieues (lisez 150) où nous arborasmes aussi les armes du Roy... »

Établissement de Leguat et de ses compagnons.

La première relation étendue que nous possédions de l'île Rodrigues est celle qui parut à Londres, en 1708, sous le titre de *Voyages et Aventures de François Leguat et de ses compagnons en deux îles désertes des Indes orientales*. « La lecture de ce livre, écrit avec simplicité », dit M. Eyriès dans la Biographie universelle, « ne manque pas d'intérêt ; il a été cité plusieurs fois, comme autorité, par des auteurs graves (entre autres par Buffon), et n'offre rien qui répugne à la croyance des esprits les plus difficiles... On ne conçoit donc pas ce qui a pu déterminer Bruzen de la Martinière à ranger la relation de Leguat parmi les « voyages fabuleux qui n'ont pas plus de réalité que les songes d'un fébricitant » : ce jugement est inexact de tout point, car les observations de Leguat ont été confirmées par les voyageurs qui l'ont suivi ; le célèbre Haller, qui l'avait connu personnellement, déclara que c'était un homme franc et sincère... Il ne sera peut-être pas superflu de rapporter ici, à l'appui de la véracité de cet auteur, un fait cité par Beckmann dans son Histoire littéraire des voyages : Paul Bennelle, un des compagnons de Leguat, avait, à ce qu'il paraît, eu quelques démêlés avec lui ; néanmoins il reconnaissait que sa relation était vraie pour le fond : ce n'était que dans des choses peu importantes que ses récits différaient de ceux de Leguat ; il avait même laissé un journal, qui n'a pas été imprimé, et qui était entre les mains de son petit-fils, mort au commencement de ce siècle. Beckmann tenait ces détails de madame de Mortens, épouse d'un conseiller aulique de Hanovre et arrière-petite-fille de Bennelle. » — Ajoutons à ces témoignages celui de l'abbé Pingré : « L'ouvrage de Leguat, dit cet astronome, passe pour un tissu de fables ; j'en ai trouvé beaucoup moins que je ne m'y attendais. » En effet, dans tout le cours de sa relation, c'est à peine si Pingré relève chez notre auteur deux ou trois exagérations ; lorsqu'il ne retrouve pas à Rodrigues certaines particularités rapportées par Leguat, il n'hésite pas à attribuer leur disparition au temps et au séjour des hommes dans l'île, plutôt que d'accuser de menterie un auteur avec lequel il s'accorde parfaitement sur d'autres points.

Leguat était un gentilhomme bourguignon que les persécutions suscitées par la révocation de l'édit de Nantes forcèrent de fuir en Hollande, où il arriva en 1689. Ayant appris que le marquis Duquesne faisait des préparatifs pour un établissement dans l'île de Mascareigne (Bourbon), et recevait gratis, sur deux gros vaisseaux que l'on armait, tous les protestants français réfugiés pour cause de religion, Leguat résolut d'aller finir ses jours dans cette île, à laquelle on donnait le nom d'*Éden*, à cause de son excellence, et se fit facilement recevoir dans la colonie. Mais au moment de mettre à la voile, Duquesne, instruit qu'une flotte française se dirigeait vers Mascareigne, suspendit l'exécution de son projet, et envoya à la découverte une petite frégate commandée par le sieur Valleau natif de l'île de Ré, qui reçut l'ordre de prendre possession de cette île ; mais au cas qu'il y eût des Français, de passer jusqu'à l'île de Diego-Ruys ou Rodrigue, dont on prendrait possession au nom dudit marquis, dûment autorisé par les États-Généraux ; on y laisserait ceux qui voudraient y demeurer, en attendant l'arrivée de la colonie destinée pour Mascareigne, dont on s'emparerait deux ans après, avec des secours suffisants fournis par la Compagnie des Indes. » Ce fut sur ce bâtiment, nommé *l'Hirondelle*, que Leguat s'embarqua. On partit du Texel le 4 septembre 1690, et le 3 avril on arriva en vue de l'île des Délices ou Mascareigne, dont le seul aspect enchanta nos aventuriers ; mais le capitaine, par des raisons qu'il ne voulut pas dire, ou que Leguat feint d'ignorer, s'éloigna de cette île tant désirée, et se dirigea vers Rodrigue, où l'on mouilla le 30 avril.

« L'isle nous parut extrêmement belle et de loin et de près, dit Leguat. Le capitaine, qui avoit eu ses raisons pour ne nous mettre ni à Tristan ni à Mascareigne, ne demandoit pas mieux que de nous laisser à Rodrigues, et dans cette vue il en exalta beaucoup toutes les beautés et tous les avantages. Effectivement, ce petit monde nouveau y paroissoit tout rempli de charmes et de délices. Nous ne pouvions nous lasser de regarder les petites montagnes dont elle est presque toute composée, tant elles étoient richement couvertes de grands et beaux arbres. Les ruisseaux que nous en voyions découler tomboient dans les vallons, de la fertilité desquels il nous étoit impossible de douter... Quelqu'un de nous se souvint du fameux Lignon et de ces divers endroits enchantez qui sont si agréablement décrits dans le roman de M. d'Urfé. Mais notre esprit se porta incontinent à une tout autre pensée. Nous admirâmes les secrets et divins ressorts de la Providence, qui, après avoir permis que nous fussions ruinés d'une patrie, nous en avoit ensuite arrachez par diverses merveilles, et voulut enfin essuyer nos larmes dans le paradis terrestre qu'elle nous montroit, et où il ne tiendroit qu'à nous d'être riches, libres et heureux, si dans le mépris des vaines richesses nous voulions employer notre tranquille vie à le glorifier et à sauver nos âmes. » Le 1er mai, Leguat descendit à terre avec sept compagnons, dont il ne sera pas inutile de faire connaître le nom et l'âge ; c'étaient : Paul Bennelle, âgé de 20 ans, fils d'un marchand de Metz ; Jacques de la Case, âgé de 30 ans, fils d'un marchand de Nérac : il avait été officier dans les troupes de Brandebourg ; Jean Testard, droguiste, âgé de 26 ans, fils d'un marchand de Saint-Quentin ; Isaac Boyer, marchand, âgé de près de 27 ans, fils d'un apothicaire d'auprès de Nérac ; Jean de la Haye, orfèvre, âgé de 23 ans, de Rouen ; Robert Anselin, âgé de 18 ans, fils d'un meunier de Picardie, et Pierre Thomas, l'un des pilotes de l'Hirondelle.

Après avoir visité toute l'île, les colons choisirent, pour y élever leurs habitations, un vallon qui s'ouvre au nord-nord-ouest, et que traverse un gros ruisseau dont l'eau est bonne et belle. C'est l'endroit que l'on appelle aujourd'hui l'Enfoncement de François Leguat. — « *Pierre Thomas*, dit l'auteur, voulut habiter la petite isle formée par le ruisseau. Il fit là sa cabane, et son petit jardin, avec un double pont. C'étoit un fort bon garçon ; il étoit le seul de la compagnie qui prît du tabac en fumée ; aussi étoit-il matelot. Quand son tabac fut fini, il fuma des feuilles. — La cabane la plus proche de l'isle étoit le logement de M. de la Haye ; il étoit orfèvre et avoit construit une forge, de sorte qu'il fut obligé de faire sa maison un peu plus grande que les autres.

« La Haye chantoit des psaumes, soit en travaillant, soit en se promenant. Proche de la cabane de la Haye étoit l'hôtel de ville, ou, si l'on veut, le rendez-vous de la république, dans lequel les principales délibérations concernoient la cuisine. Cet édifice avoit environ la double grandeur des autres, et Robert Anselin y couchoit. C'étoit là qu'on préparoit les sauces, mais on les alloit manger sous un grand et gros arbre situé au bord du ruisseau. Cet arbre répandoit sur nous un branchage épais, et nous garantissoit des rayons ardents de ce pays-là. Ce fut dans le tronc fort dur de ce même arbre que nous creusâmes une espèce de niche pour y laisser les mémoriaux et les monuments dont je parlerai dans la suite. — De l'autre côté de l'eau, précisément à l'opposite de l'hôtel général, étoit aussi le jardin général. Il avoit 50 ou 60 pieds en carré, et la palissade qui l'environnoit à hauteur d'homme étoit fort serrée, de sorte que les plus petites tortues même n'y pouvoient passer. C'étoit, comme on le peut penser, l'unique raison qui nous obligeoit à fermer nos jardins. — Mais repassons le pont. Vous voyez entre deux parterres, et appuyée contre un grand arbre, la cabane de François Leguat, auteur de cette relation; et, un peu plus bas, la loge de M. de la Case. Ce galant homme avoit été officier dans les troupes de Brandebourg, et savoit déjà ce que c'étoit que d'habiter sous des tentes. C'est un homme de bonne mine, un homme ingénieux, plein d'honneur, de courage et d'esprit. — De l'autre côté du ruisseau, entre l'îlot et le grand jardin, le brave M. Testard avoit mis sa cabane. MM. Bennelle et Boyer s'étoient mis ensemble. On verra le portrait du bon Isaac Boyer, dans son épitaphe, car je dirai par avance ici que ce cher *compagnon de nos premières aventures a laissé ses os à Rodrigues.* Et j'ajouterai, touchant M. Bennelle, que nous l'aimions tous beaucoup, à cause *des bonnes qualités dont il est orné.* Je remarquois avec plaisir, dans ce jeune homme, un esprit également droit, honnête, doux et vif tout ensemble. Les études qu'il avoit faites lui donnoient des lumières que tous n'avoient pas; et c'est principalement à son génie inventif et à son adresse que nous devons la construction du rare vaisseau dont il sera parlé dans la suite, ainsi que la manufacture des chapeaux du Rocher, qui nous ont procuré de grandes consolations dans nos grandes détresses. — Et, au reste, je ne serai pas fâché de faire remarquer ici en passant, qu'à l'exception de P. Thomas et de R. Anselin, gens de petite fortune, tous les autres amis dont j'ai parlé n'avoient pas été chassés d'Europe par la misère... C'étoient des gens de famille honorable, et qui avoient du bien. Mais comme cette colonie de M. Duquesne faisoit du bruit et qu'ils étoient jeunes, sains et gaillards, sans aucuns liens ni de famille ni d'affaires, l'envie les prit de faire ce voyage.

« ...Vous riez sans doute, lecteur, quand je vous parle de notre petite ville; mais qu'étoit la fameuse Rome dans son commencement? Des femmes, et, dans cent ans d'ici, on auroit compté sept paroisses où vous remarquez nos sept huttes.

« Quand nous eûmes achevé de préparer ces petites habitations, le capitaine, qui avoit demeuré quinze jours à la rade, leva l'ancre, après nous avoir laissé la plus grande partie de ce qui nous avoit été destiné, c'est-à-dire, du biscuit, des armes, de la poudre et du plomb; des ustensiles d'agriculture, de ménage et de pêche; des outils; de tout en un mot, excepté des drogues, petit secours dont nous nous trouvâmes privés par oubli. Outre cela, chacun avoit ses provisions particulières. Le navire parti, nous défrichâmes notre jardin, et nous y semâmes toutes nos graines; mais les melons, la moutarde et le pourpier seuls réussirent. Les artichauts ne produisirent qu'un méchant petit fruit; les raves furent entièrement détruites par les vers, et la chicorée conserva son amertume, quoi que nous fissions pour la lui ôter. Des trois grains de froment qui levèrent, nous n'en pûmes conserver qu'une plante : elle poussa plus de 200 tuyaux, et nous remplit d'une grande espérance; mais la plante dégénéra, et ne produisit enfin qu'une espèce d'ivraie; ce qui nous affligea, comme on le peut penser, puisque nous nous vîmes privés du plaisir de manger du pain. » Leguat attribue la *dégénération* du froment à la précipitation et au peu de soin que l'on mit à semer tous les grains dans un même endroit et en même temps.

« Nos occupations, continue-t-il, pendant le séjour que nous avons fait dans cette île, n'étoient pas fort importantes, comme on peut bien se l'imaginer; mais encore falloit-il faire quelque chose. L'entretien de nos cabanes et la culture de nos jardins occupoient une partie de notre temps; la promenade en faisoit une autre. Il n'y a ni hautes montagnes, ni coteaux dénués de verdure, quoiqu'ils soient fort remplis de rochers. Le fond, qui est de roc, est couvert de deux ou trois, ou quatre pieds de terre; et entre les endroits où il ne paroît point du tout de terre, il ne laisse pas de croître des arbres extrêmement gros, grands et droits. De loin, cela donne une idée plus avantageuse de l'isle qu'elle ne le mérite, parce qu'on la croit composée universellement d'un terroir excellent. On peut aller partout aisément, puisqu'il n'y a point ou qu'il n'y a que très-peu d'endroits qui ne soient de facile accès, et qu'on rencontre partout de quoi manger et boire. Le gibier est abondant; dès que nous frappions sur un arbre, ou que nous poussions de grands cris, les oiseaux accouroient de toutes parts à l'entour de nous. Alors la Providence nous disoit, *Tue et mange*, et nous n'avions qu'à battre le fusil et à faire du feu pour faire grand'chère. On trouve aussi partout des tortues, et l'air est si doux, qu'on peut coucher sans crainte à la belle étoile. — J'ajouterai, sans pharisaïsme, que nous avions tous les jours nos exercices de dévotion réglés; le dimanche, nous fesions à peu près ce qui se pratiquoit dans nos églises de France, parce que nous avions la Bible entière, nos saints cantiques, un ample commentaire sur tout le Nouveau Testament, et plusieurs sermons de la vieille roche, qui étoient des discours raisonnables. — Outre ces grandes promenades ou ces petits voyages dont j'ai parlé, nous ne manquions guère de prendre, au soir, le plaisir de petites promenades voisines. Nous en avions une, entre autres, sur le bord de la mer, à la gauche de notre ruisseau, qui étoit parfaitement belle. C'étoit une avenue naturelle, droite comme si elle avoit été plantée au cordeau, parallèle à la mer, et longue d'environ 1 200 pas. D'un côté, nous avions, dans ce bel endroit, la vue de la vaste étendue de la mer, dont le flux et le reflux, venant à se rompre contre les brisants qui étoient à une lieue de là, fesoient un' murmure confus qui nous jetoit parfois dans une rêverie à laquelle nous nous abandonnions d'autant plus volontiers, que nous avions peu de choses à nous dire. De l'autre côté, de charmantes collines bornoient agréablement la vue; et les vallées, qui s'étendoient jusqu'à nous, étoient comme un beau verger dans la plus douce et la plus riche saison de l'automne. — Nous jouions quelquefois aux échecs, au trictrac, aux dames, à la boule et aux quilles. La chasse et la pêche étoient un peu trop aisées pour y prendre un fort grand plaisir. Nous en trouvions quelquefois à instruire des perroquets; nous en portâmes un à l'île Maurice, qui parloit français et flamand. — Et si l'on veut savoir avec quel secret nous chassions les ténèbres quand nous en avions envie, j'ajouterai que nous avions apporté des lampes, et que nous en fesions bon usage avec de l'huile ou graisse de tortues, laquelle ne se fige jamais. Nous nous servions de verres ardents pour allumer le feu. — Puisque nous avions chair et poisson à notre choix et en abondance, du rôti, du bouilli, des soupes, des ragoûts, des herbes, des racines, d'excellents melons avec d'autres fruits, de bon vin de palme, et de l'eau douce et pure, le lecteur n'a pas eu peur, sans doute, de voir mourir de faim les pauvres aventuriers de Rodrigues. Mais, puisqu'il a assez de bonté pour s'intéresser un peu à leur extraordinaire état, je lui dirai plus, et je l'assurerai qu'ils fesoient une chère admirable, sans dégoût, sans indigestion, sans aucune sorte de maladie, grâces au Seigneur, et sans pain. Le capitaine leur avoit laissé deux grands barils de biscuit; mais ils ne s'en servoient que rarement pour faire des potages, et souvent ils n'y pensoient pas. »

Un peu plus d'un an s'était écoulé lorsque les huit habitants de Rodrigues, étonnés de ne voir paraître aucun navire, commencèrent à s'ennuyer. Quelques-uns d'entre eux regrettèrent la perte de leur jeunesse, et s'affligèrent à la pensée d'être obligés de passer les plus beaux de leurs jours dans cette étrange solitude, et dans une tuante fainéantise. Après plusieurs délibérations, il fut donc presque unanimement conclu qu'après avoir attendu deux ans entiers des nouvelles de M. Duquesne, on mettrait tout en œuvre pour tâcher d'aller à l'île Maurice, qui appartenait alors aux Hollandais; qu'en conséquence, on travailleroit à faire une barque du mieux qu'on pourroit. Quoique dépourvus des outils et de la plus grande partie des matériaux nécessaires à l'exécution de ce projet, nos aventuriers, qui faisaient en outre leur apprentissage de constructeurs, parvinrent, à force de patience et de zèle, à terminer une grande barque de 22 pieds de quille. Le jour du départ fut fixé au samedi 19 avril 1693. Après avoir écrit en abrégé l'histoire de leur arrivée et de leur séjour dans l'île, et l'avoir placée dans une fiole au fond d'une niche creusée dans le tronc d'un gros arbre, Leguat et ses compagnons montèrent dans leur barque, et la dirigèrent avec si peu de précaution et d'habileté, qu'elle toucha sur les brisants, et finit par se remplir d'eau. Après avoir couru les plus grands dangers, nos aventuriers réussirent à gagner la terre, non sans essuyer de très-grandes fatigues. « Chacun perdit quelque chose dans ce naufrage, dit Leguat, et les hardes furent généralement gâtées; mais nos vies ayant été conservées comme par miracle, nous en rendîmes nos très-humbles actions de grâces au bon et puissant Protecteur qui nous avoit accordé son secours. »

— Cependant Isaac Boyer ne résista pas à la fatigue excessive qu'il avait éprouvée; dès qu'il eut atteint le rivage, il se sentit incommodé, et son mal empira en trois ou quatre jours, au point que ses compagnons désespérèrent de le conserver. Cependant ils s'efforcèrent de le saigner; mais ce fut en vain qu'ils lui incisèrent le bras en plusieurs endroits. La fièvre augmenta, il tomba en délire, et y demeura pendant quelques jours. « Notre unique recours, dit Leguat, fut donc au grand médecin du corps et de l'âme. Avant la fin de ce rude combat, nous eûmes la consolation de voir notre cher frère rentrer dans son bon sens, et nous donner toutes les plus certaines et les plus édifiantes marques d'une repentance sincère, d'une sainte espérance, et de son salut. Enfin, il rendit son âme à Dieu, le 8 mai, après trois semaines de maladie, âgé d'environ 29 ans. — Et ainsi mourut Isaac Boyer, la huitième partie des rois et des habitans de l'isle Rodrigues. »

L'épitaphe de Boyer, telle qu'elle se trouve dans le livre que nous analysons, est évidemment une composition littéraire faite après coup; elle est trop étrange pour que nous n'en donnions pas ici un extrait :

*A l'ombre des palmiers immortels, Dans le sein fidèle d'une terre vierge, Ont été pieusement déposés les os d'*ISAAC BOYER, *Honneste et fidèle Gascon descendu d'Adam; D'un sang aussi noble qu'aucun des humains ses frères, Qui tous comptent à coup sûr parmi leurs ancêtres* DES ÉVÊQUES ET DES MEUNIERS. *Si tous les hommes vivoient comme il a vécu, La danse, la dentelle, les sergens, les serrures, Les canons, les prisons, les maltotiers, les monarques, Seroient des choses inutiles au monde. Plus philosophe que les philosophes, il étoit sage. Plus théologien que les théologiens, il étoit chrétien. Plus docte que les docteurs, il connoissoit son ignorance. Plus indépendant que les souverains, Il n'avoit ni peste de flatteurs ni ivresse d'ambition. Et, Plus riche que les potentats, il ne lui manquoit rien* QU'UNE FEMME. *Il fut contraint d'abandonner sa chère patrie et tout avec elle, pour se dérober aux* MINISTRES FURIEUX DE LA GRANDE TRIBULATION. *Il traversa, en fuyant, les monts et les mers, Et venant échouer dans cette isle, il y trouva le vrai port de salut. Lui et sept compagnons de*

même fortune, en ont été pendant deux ans entiers PEUPLE ET DOMINATEURS. *Il auroit plus longtemps joui Des délices de ce nouveau monde, si le secret désir de son cœur pour* LE SEXE TROP AIMABLE *ne l'eût engagé dans une entreprise qui lui causa la mort.
..... Il procura l'honneur à l'isle* RODRIGUE *de pouvoir rendre au Seigneur un ressuscité bienheureux. Son âme alla glorieusement triompher,* DANS LE PALAIS DE L'IMMORTALITÉ....

« Le deuil que nous eûmes de la privation d'un ami qui nous étoit cher et nécessaire, non plus que le mauvais succès de la première entreprise, n'empêcha pas qu'on ne songeât encore à sortir de l'isle. » Les plus jeunes de la troupe étaient les plus résolus à tenter de nouveau la fortune. Leguat s'efforça, par un long discours, de les en dissuader : « Ils m'écoutèrent patiemment, continue-t-il ; il me sembloit que plusieurs étoient ébranlés, lorsque l'un d'entre eux que le bât blessoit, comme on dit, en un endroit à quoi je ne pensois pas, allégua brusquement une nouvelle raison pour partir, laquelle se trouva si fort du goût de presque tous les autres, que tout mon plaidoyer fut comme oublié. *Est-ce que vous vous imaginez*, dit ce jeune homme, *que nous voulions nous condamner nous-mêmes à passer toute notre vie sans femmes? Pensez-vous que votre paradis terrestre soit plus excellent que celui que Dieu avoit préparé et enrichi pour Adam, où il prononça de sa propre bouche qu'il n'était pas bon que l'homme fût seul?
— Mon cher ami*, répondit quelqu'un, *la femme d'Adam fit une si belle besogne, qu'il ne nous sauroit arriver pis que d'avoir une pareille ouvrière ici!* — On se mit à rire, et le chapitre des dames devint, comme on dit, l'évangile du jour : de l'abondance du cœur la bouche parla. Il ne me fut pas difficile de voir où le lièvre gisoit (si je puis ajouter proverbe à proverbe), et, sous le règne des quolibets, quelque bel esprit auroit pu dire sûrement ici qu'il n'y avoit pas un de mes aventuriers qui n'eût beaucoup mieux aimé *Chimène* qu'il n'aimoit *Rodrigue*... Le résultat de l'entretien fut qu'on partiroit à la pleine lune prochaine.

On prépara donc les choses nécessaires au voyage ; et la chaloupe ayant été radoubée, on mit en mer le 21 mai 1693 (*). » Après huit jours de traversée, pendant lesquels nos marins inexpérimentés endurèrent toutes sortes de misères, on atteignit l'île Maurice. Là commencent, pour Leguat et ses compagnons, une suite de malheurs qui ne se terminent que par la mort de plusieurs d'entre eux. Victimes de la rapacité du gouverneur de l'île, exilés par son ordre sur un rocher voisin, ils sont ensuite conduits à Batavia, où, jugés pour des crimes imaginaires, ils sont enfin acquittés et libérés, mais sans pouvoir recouvrer tout ce qu'on leur a volé à l'île Maurice (**).

Derniers essais de colonisation.

La publication de l'ouvrage que nous venons d'analyser attira l'attention du ministre de la marine ; des renseignements furent demandés sur Rodrigues au gouverneur de l'île Bourbon, et en 1714 Parat, qui commandait ce poste, écrivit au comte de Pontchartrain : « que des officiers anglais qui avaient hiverné à l'île de Diegue-Rodrigues en 1706 ou 1707, lui avaient appris que le port, où les navires de trente canons peuvent mouiller, a une entrée fort difficile ; et que, malgré la quantité de tortues qu'on trouve à Rodrigues, cette île ne seroit d'aucune utilité à la Compagnie des Indes. » Néanmoins, en 1725, le conseil supérieur de Bourbon décida qu'on en prendrait possession au nom du roi et de la Compagnie ; un navire y fut envoyé à cet effet, et les officiers levèrent géométriquement le plan de

(*) Leguat était grand amateur d'inscriptions. Avant son départ de Rodrigues, il en composa plusieurs, qui contiennent, comme l'épitaphe de Boyer, des traits satiriques mêlés à des pensées hardies ou empreintes du puritanisme protestant de l'époque. On les trouvera à la fin du premier volume de sa relation.
(**) Des huit aventuriers de Rodrigues, trois seulement revirent l'Europe, savoir : Leguat, Lacase et Bennelle.

l'île (*). Mais ce ne fut que vers 1760 qu'on y forma un petit établissement destiné à faire des amas de tortues, lorsque l'abbé Pingré vint à Rodrigues observer le premier passage de Vénus sur le soleil (6 juin 1761). La petite colonie ne se composait que de trois ou quatre blancs sous les ordres de M. de Puvigné, lieutenant dans les troupes de la Compagnie. « C'étoit, dit Pingré, l'oncle de mademoiselle de Puvigné qui s'est fait admirer de tout Paris, dans un état auquel elle a cru que l'honneur et la religion exigeoient qu'elle renonçât. La sincérité et l'intégrité caractérisent M. de Puvigné; sa famille habite avec lui à Rodrigues. » L'établissement se composait de deux baraques qui servaient en même temps de magasins et de logement au commandant et au chirurgien. Notre auteur remarque que tous ceux qui demeuraient à Rodrigues faisaient profession d'être chrétiens, mais que chacun l'était à sa manière. Le culte se réduisait à faire sonner tous les jours l'angelus que personne ne disait : de plus, le commandant faisait faire exactement la prière à ses esclaves par un esclave qui n'avait point encore été baptisé. Il n'y avait ni église, ni chapelle, et il n'y en avait même jamais eu. « François Leguat et ses compagnons, dit Pingré, servoient Dieu à leur manière avec plus d'exactitude que ne l'ont servi les catholiques depuis qu'ils s'y sont établis. Il y a cependant à Rodrigues un cimetière bénit par quelque aumônier de navire, qui aura voulu laisser ce monument du passage d'un ministre de la véritable église par cette isle abandonnée. » Nous sera-t-il permis d'observer que, sauf l'angelus qu'on ne fait plus sonner, et les prières que les noirs ne disent plus, cette description du culte religieux à Rodrigues est absolument pareille à ce qu'on y voit encore aujourd'hui.

Puvigné avait fait élever sur le bord de la mer une batterie de six pièces de canon de deux livres de balle; comme on ne conservait Rodrigues que pour profiter de ses tortues, on ne croyait pas qu'il fût nécessaire de la mettre en état de défense : on ne s'imaginait pas qu'il entrerait dans l'esprit des Anglais d'en faire un entrepôt pour attaquer l'Ile-de-France. C'est ce qui arriva pourtant : le 15 septembre 1761, une escadre anglaise vint s'emparer de cette île; elle demeura dans le port jusqu'au 25 décembre, attendant vainement un renfort d'Europe destiné à l'attaque de l'Ile-de-France. La mortalité qui se mit dans les équipages de cette flotte, et qui fut causée par l'usage des poissons venimeux, dont les coraux de l'île abondent durant certaine saison, accéléra son départ. Quelques actes de violence éprouvés par les habitants de la part d'un commandant brutal, et la perte d'un bâtiment de la Compagnie qui fut incendié impitoyablement, malgré le passe-port dont l'astronome Pingré était porteur et qui aurait dû sauvegarder ce navire, tels furent les événements qui signalèrent le court séjour des Anglais à Rodrigues. Après leur départ, Pingré et son compagnon Thuilier continuèrent paisiblement leurs travaux astronomiques, et levèrent un plan géométrique de l'île, qui ne ressemble en rien à celui de Leguat. Outre ces opérations, Pingré a consigné dans son manuscrit de longues descriptions des animaux et des plantes de Rodrigues, dont nous avons donné plus haut des extraits.

Lors de la rétrocession des colonies orientales au gouvernement royal, Rodrigues devint, en 1768, le lieu d'exil d'un membre du conseil supérieur de l'Ile-de-France, Rivalz de Saint-Antoine, qui s'était prononcé avec le plus d'énergie contre les usurpations de pouvoir du gouverneur militaire, Dumas. La détention de ce magistrat à Rodrigues ne dura qu'un an; sur un rapport envoyé au roi par le conseil, Sa Majesté ordonna la mise en liberté de Rivalz, et peu de temps après Dumas fut rappelé en France, où il n'échappa aux suites fâcheuses de son excès de pouvoir qu'en faisant amende honorable auprès de celui qu'il avait persé-

---

(*) Ce travail existe en manuscrit au Dépôt des cartes et plans de la marine.

cuté. — Les dépenses occasionnées par le poste établi à Rodrigues se montaient, à cette époque, à environ 30 000 livres; les revenus étaient alors de 50 000 livres. En 1770, ils se réduisirent à 12 000 livres, et comme le nombre de tortues diminuait rapidement, le ministre ordonna de lever ce petit établissement. — Durant la révolution, des concessions furent accordées à plusieurs personnes habitant l'Ile-de-France, l'une desquelles reçut le titre d'agent du gouvernement. Mais en l'an xiv, le général Decaen, ayant appris que les ennemis trouvaient dans cette île, en temps de croisière, des vivres et des rafraîchissements, résolut de la faire évacuer, et de n'y laisser qu'un nombre d'hommes strictement nécessaire pour n'en point abandonner la propriété (*). Les huit familles qui y demeuraient revinrent donc à l'Ile-de-France, où on les dédommagea par des concessions sur les terres réservées du gouvernement. Cette précaution n'empêcha pas que Rodrigues ne servît de lieu de rendez-vous à l'escadre nombreuse qui se rendit maîtresse de l'Ile-de-France en 1810. La situation de cette petite île au vent et à cent lieues seulement de son chef-lieu, la désigne en effet comme la meilleure reconnaissance que puisse faire une expédition navale destinée à agir contre l'Ile-de-France, et l'on ne saurait assez s'étonner que l'habile général Decaen ait négligé d'y faire exécuter quelques travaux de défense qui eussent inquiété l'ennemi et contrarié la jonction de ses forces.

Après la conquête de l'Ile-de-France, Rodrigues reçut de nouveau quelques colons; en 1837, cette île était habitée par environ 200 personnes, dont les occupations se partageaient entre la culture, la pêche et la salaison du poisson. Une espèce de police et de tribunal y a été organisée en 1843.

(*) Archives de la marine, *Lettre du général Decaen*, en date du 10 ventôse an xiv.

II. ILES ENTRE RODRIGUES ET LES SÉCHELLES.

LE BANC OU COROA DOS GARAJAOS, ET L'ÎLE SAINT-BRANDAN.

Le banc ou Coroa dos Garajaós a une longueur d'environ quatre-vingts lieues et une largeur de vingt à vingt-cinq lieues. A son extrémité sud on trouve une chaîne d'une douzaine d'îlots qui forment cinq groupes entourés de récifs et éloignés d'une ou deux lieues les uns des autres. C'est à cette partie du banc qui s'étend de 16° 9′ à 16° 52′ de latitude, et de 57° 5′ à 57° 30′ de longitude, que l'on donne en particulier le nom de Saint-Brandan. Les îlots qui y sont situés, et qui ont été concédés depuis 1818 à divers habitants de Maurice, sont les suivants : les deux *îles Boisées*, auprès desquelles est un assez bon mouillage; l'*île Raphaël* (du nom de son propriétaire); les *îlots Petits-Fous*, — *Lavoquaire*, — *aux Fous*, — *Grand-Mapou*, — *Petit-Mapou*, — *l'îlot du Gouvernement*; les *îlots aux Bois*, — et *Véronge*, les *îles aux Cocos* et *de la Baleine*.

En dehors et à l'ouest du banc de Saint-Brandan, on voit l'île du Nord, dont l'abord est dangereux; la Sirène, au sud de laquelle est un mouillage médiocrement bon; l'île Saint-Pierre (Albatross d'Owen), abordable par l'ouest, et les îles Mariette et Roussin. Le nom de cette dernière île rappelle le séjour que fit, à Saint-Brandan en 1806, la frégate *la Sémillante*, sur laquelle l'amiral Roussin était alors enseigne. Ce bâtiment, qui venait de faire quatre prises, resta pendant un mois au mouillage du nord-ouest, attendant des nouvelles de l'Ile-de-France (*).

Tous les îlots que nous venons d'énumérer ne sont que des pâtés de coraux élevés d'une dizaine de pieds au-dessus du niveau de la mer, et propres seulement à servir de refuge aux

(*) Archives du ministère de la marine, cartons Ile-de-France : *Extrait du journal du capitaine Motard*, octobre 1806. — Dépôt de la marine : *Notes extraites du journal d'A. Roussin*, enseigne de vaisseau.

équipages qui font la pêche sur le Banc, où le poisson est très-abondant. Les îles Veronge et Lavoquaire fournissent une eau moins saumâtre que celle des autres îlots; l'usage en est commun pour les établissements voisins. Quelques veloutiers rachitiques végètent çà et là sur les îles Boisées, et sur l'île aux Bois ; on ne voit dans le reste de l'archipel aucune espèce de végétation, si ce n'est sur l'île Sirène, où croît du pourpier que les pêcheurs mangent en salade. On trouve sur tous les îlots, mais principalement sur les îles Boisées et aux Bois, un nombre prodigieux d'oiseaux de mer : en une heure, un homme armé d'un bâton peut y tuer plus de cent pingouins, frégates, fous, goëlettes. De tout le gibier qu'on y abat, il n'y a toutefois de mangeable que les alouettes de mer, qui sont très-communes sur les îles Sirène, Mariette et Roussin, mais ne se laissent pas approcher à la portée du bâton. Les habitants de Saint-Brandan extraient, des foies de frégates nouvellement tuées, une huile qu'ils estiment comme un remède efficace contre les rhumatismes ; ces affections sont très-communes parmi eux, et ils les attribuent à l'humidité à laquelle ils sont sans cesse exposés sur ces terres peu élevées.

En 1818, la plupart des îles de ce groupe furent entièrement submergées à la suite d'un ouragan; leur disparition momentanée causa le naufrage du navire de la Compagnie anglaise des Indes *le Cabalva*, sur lequel périrent le capitaine et une grande partie de l'équipage. Déjà en 1812 les pêcheurs y avaient été surpris par une inondation, qui ne laissa à découvert qu'un très-petit nombre d'îlots.

Il est probable que c'est ce banc que les Portugais appelaient *Baixos de Nazareth*, nom que les copistes postérieurs corrompirent en *B. do Nazaré*, *Domazare*, et *Don-Azare*, et qu'ils appliquèrent plus tard à *l'île de Sable*. Les îles et les écueils de Saint-Brandan se reconnaissent facilement dans la longue chaîne de rochers, qui portent, sur les portulans, le nom corrompu de *Cargados-Garajos*, ou simplement *dos Garajos*. L'île de *San-Brandão* indique sans doute Rodrigues, celle des îles de l'océan Indien que les cartographes du seizième siècle ont le plus fait voyager.

L'ÎLE DE SABLE, OU ÎLE TROMELIN

Cet écueil fut découvert en 1722, par le vaisseau *la Diane*, commandé, par M. de la Feuillée. Elle est plate, et n'a pas plus de 600 toises de longueur sur 300 de largeur.

La flûte *l'Utile*, capitaine de la Fargue, en se rendant de Madagascar, où elle avait pris un chargement d'esclaves, à l'Ile-de-France, fit naufrage sur l'île de Sable le 31 juillet 1761. — Un officier, 17 matelots et un noir se noyèrent, mais le reste de l'équipage et des esclaves se réfugia sur cette petite île. Le premier soin de ces infortunés fut de sauver le plus de vivres possible, et de chercher de l'eau douce ; ils eurent le bonheur d'en trouver de passable, en creusant à 15 ou 16 pieds dans le sable. Cette découverte, sans laquelle ils étaient tous perdus, ranima un peu leur courage, et ils se mirent à construire, des débris du navire, un long bateau plat, sur lequel les blancs, au nombre de 122, s'embarquèrent seuls, promettant aux noirs qu'on les viendrait prendre, et leur laissant pour trois mois de vivres. Ils quittèrent l'île le 27 septembre, et, après une traversée de quatre jours, ils abordèrent à Madagascar, d'où ils rendirent compte de leur naufrage aux administrateurs de l'Ile-de-France (*). Les noirs restèrent sur l'île de Sable, en proie aux plus affreuses souffrances, et attendant toujours vainement les secours promis. Tout homme qui a quelque sentiment d'humanité, dit Rochon, frémit quand il sait qu'on a laissé périr misérablement ces pauvres noirs, sans daigner faire aucune tentative pour les sauver. Ce fut quinze ans après, le 29 novembre 1776, que *la Dauphine*, commandée par le che-

(*) Dépôt de la marine, cartons 85 5.

valier de Tromelin, lieutenant des vaisseaux du roi, rencontra l'île de Sable. Il sut vaincre tous les obstacles qui défendent l'approche de ce dangereux écueil, et il eut le bonheur de ramener à l'Île-de-France les tristes restes des naufragés de *l'Utile*. Quatre-vingts noirs et négresses avaient péri, et sept négresses avaient résisté aux plus cruelles misères qui se puissent imaginer.

La partie la plus élevée de cet îlot, absolument stérile, est à quinze pieds au-dessus du niveau de la mer, et l'on n'y est pas à l'abri des lames durant les mauvais temps. Les noirs avaient construit, des débris du vaisseau, une hutte recouverte des écailles des tortues de mer. Ils vécurent de la chair des oiseaux de mer, et des tortues qui viennent déposer leurs œufs sur la plage ; des plumes artistement tressées par les femmes leur servaient de vêtements. Une des négresses que Tromelin sauva d'une mort certaine, avait un petit enfant qui se ressentait de la faiblesse extrême de sa mère. Ces négresses ont raconté qu'elles avaient vu cinq bâtiments, dont plusieurs avaient inutilement tenté d'aborder au lieu de leur captivité. Un petit navire, *la Sauterelle*, est celui qui, pendant quelques instants, leur avait donné l'espérance d'être enfin délivrés ; car le canot de ce bâtiment, dans la crainte sans doute de faire naufrage sur l'îlot, où il avait déjà eu beaucoup de peine à aborder, s'en éloigna subitement, et avec tant de précipitation, qu'un des matelots qui le montait resta sur l'île ; cet homme, victime de son courage et de son humanité, se voyant abandonné de ses camarades, prit le parti désespéré de se rendre à Madagascar sur un radeau : il s'embarqua avec trois noirs et trois négresses, deux mois et demi avant l'arrivée de la corvette *la Dauphine*. Les négresses ramenées à l'Île-de-France par ce bâtiment reçurent leur liberté, et furent entretenues aux frais de l'État.

Depuis cette époque, plusieurs navires ont eu le même sort que *l'Utile*; mais les naufragés se sont sauvés dans les canots, ou ont été secourus par les bâtiments de guerre envoyés fréquemment pour visiter ce banc dangereux. En 1830, on craignait à Bourbon que quelques bâtiments ne s'y fussent perdus pendant les ouragans ; M. le capitaine Laplace reçut du commandant de la station d'Afrique l'ordre de s'y rendre. « Le 6 mai, au lever du soleil, le temps était beau et clair, dit ce navigateur, le vent du sud-est, mais faible : nous laissâmes arriver, et à neuf heures on aperçut la terre du haut des mâts ; à onze heures, la corvette n'en était plus éloignée que d'un mille, côtoyant la partie est, et manœuvrant pour doubler la pointe nord... Les lames se déroulaient d'une manière effrayante sur les récifs dont le rivage est entouré comme d'un rempart contre les assauts de l'Océan. La vue de ce dangereux écueil nous faisait éprouver le sentiment d'une pénible et inquiète curiosité ; nos yeux cherchaient, sur cette surface uniforme de sable, dont la blancheur brillait sous les rayons d'un soleil brûlant, des vestiges qui annonçassent l'existence de quelques malheureux naufragés. Sur le monticule qui forme le point le plus élevé de l'île, était une perche à moitié renversée par le vent, et surmontée d'une croix ; autour, nous apercevions les restes de cabanes et de puits, faits sans doute par l'équipage de *l'Utile*. J'aurais désiré mettre à terre quelques hommes pour l'explorer ; mais quoique la brise fût très-modérée, la mer brisait avec une telle violence sur les récifs, que toute communication était impossible. Je me bornai donc à en faire le tour d'assez près, pour que rien ne pût échapper à nos regards. Les coups de canon, que je fis tirer à des intervalles rapprochés, n'eurent d'autre résultat que de faire lever une multitude d'oiseaux de mer, dont les cris causaient un bruit assourdissant. A quatre heures du soir, après des observations d'angles horaires, nous leur laissâmes la tranquille possession de l'île, dont la position, qui venait d'être parfaitement déterminée, est bien différente de celle qui lui est assignée sur toutes les anciennes cartes : latitude S. 15° 53′ 8″, longitude E. 52° 11′ 9″. — Avant le coucher du soleil, nous étions hors de vue de ce danger, d'autant plus redouté des marins, qu'à peine visible à deux lieues par un temps clair et beau, il est impossible de l'apercevoir assez à temps pendant la nuit, ou sous un ciel sombre et couvert. »

GALÉGA.

Cette île madréporique, partagée par un large canal qui assèche à mer basse (*), est située par 10° 29′ 50″ de latitude, et 54° 25′ de longitude. Elle est portée sur les plus anciennes cartes sous le nom de *Agalega* ou de *Galega*, métamorphosé bientôt en *Agualega*, *Aguilha*, *Y. de la Galera, la Galère, I. da Galé*; mais, quoique le doute ne soit pas permis sur l'identité de cette île avec celle qui figure sur les cartes modernes, on ne peut affirmer que le nom de Galéga lui soit propre. La méprise qui a fait donner le nom de *Juan de Nova* à une île située hors du canal de Mozambique, a dû s'étendre à Galéga. Ce nom, qui signifie *la Galicienne*, rappelle la patrie de Juan de Nova : or nous montrerons, d'après un texte formel, que l'île découverte et nommée en 1501 par ce navigateur est une des Comores. Il est donc très-vraisemblable que Galéga faisait aussi partie de cet archipel, et que ce fut par quelque bévue de navigateur égaré, que son nom a été transporté, comme celui de Juan de Nova, au milieu de l'océan Indien, et appliqué à une île nouvelle (**). L'énormité d'une pareille erreur pourrait seule être objectée contre cette conjecture; mais les portulans nous en offrent sans cesse de plus monstrueuses encore.

Longtemps marquée sur les cartes comme un danger à éviter, et reconnue pour la première fois le 7 juillet 1758, par le senau *le Rubis*, Galéga ne fut explorée que vers la fin du siècle dernier. Aucun navigateur n'avait osé en approcher, lorsque, le 17 mai 1785, la flûte du roi *le Maréchal de Castries*, favorisée par un beau temps, la côtoya d'assez près pour distinguer les forêts de cocotiers qui la couvrent. Le rapport que le commandant de ce bâtiment fit au gouverneur de l'Ile-de-France, M. le vicomte de Souillac, engagea celui-ci à la faire visiter. Cette île, n'étant qu'à 187 lieues de l'Ile-de-France, méritait en effet une attention particulière. On espérait surtout en tirer une quantité de tortues suffisante pour alimenter l'énorme consommation qu'en faisaient les hôpitaux de la colonie. Cet espoir fut déçu; on ne trouva à Galéga qu'un très-petit nombre de ces animaux. Cependant, la beauté des bois de cocotiers, la proximité de l'Ile-de-France, et les primes d'encouragement offertes par le gouvernement, y attirèrent quelques colons, qui y formèrent un établissement, mais ne surent pas lutter contre les revers auxquels est sujette toute plantation nouvelle. Les coups de vent qui détruisirent leurs premières récoltes, les croisières anglaises qui arrêtèrent leurs bateaux, les découragèrent, et ils renoncèrent aux concessions qui leur avaient été accordées. Galéga était depuis quelques années inhabitée, lorsque, en 1808, deux habitants de l'Ile-de-France, MM. Barbé et Céré, en devinrent concessionnaires. Les obstacles que rencontrèrent ces nouveaux propriétaires, ou plutôt leurs associés, MM. Caillou-Rosemand et Albert, qui se rendirent eux-mêmes sur les lieux, furent successivement vaincus par une grande persévérance. A force de travail, on pratiqua une passe au milieu des récifs qui défendaient l'abord de l'île aux pirogues; on amenda le sol sablonneux et infertile par des écobuages, qui permirent d'y récolter du maïs; on créa des jardins potagers avec de la terre végétale apportée de l'Ile-de-France; enfin, on

---

(*) On a commencé à construire entre les deux parties de l'île une jetée qui n'aura pas moins de 600 toises de longueur. C'est M. Leduc, l'infatigable améliorateur de Galéga, qui a entrepris et qui dirige ce travail.

(**) Voir ci-après, page 113, et la note.

éleva deux manufactures d'huile, dont les produits dédommagèrent bientôt les propriétaires des sacrifices qu'ils avaient faits.

En quelques années, Galéga rivalisa avec les belles propriétés de l'Ile-de-France. Vers 1826, M. le comte Beaupoil de Sainte-Aulaire en fit l'acquisition, et ce fut sous l'administration active et intelligente de son régisseur, M. Leduc, que cette île atteignit son plus haut degré de prospérité. Pour donner une idée des travaux et des mœurs de cette industrieuse colonie, nous ne pouvons mieux faire que d'emprunter au capitaine Laplace le séduisant récit de sa relâche à Galéga. Invité par M. de Sainte-Aulaire à visiter cette île, le capitaine Laplace y conduisit sa frégate le 22 juin 1837, trois jours après son départ de Maurice : « Dès que le jour parut, dit-il, une pirogue aborda la frégate, et retourna promptement au rivage, emportant M. de Sainte-Aulaire, ainsi que plusieurs personnes de l'état-major, qui me témoignèrent le désir d'accompagner mon passager au débarquement sur ses possessions. Je cédai d'autant plus aisément à leurs sollicitations, que je partageais le sentiment de curiosité dont ils étaient animés, en voyant de si près cette jolie petite île, ou, pour mieux dire, cette charmante corbeille de verdure qui, éclairée par les premiers rayons du soleil levant, semblait sortir du sein de la mer, dont les flots, en heurtant doucement les récifs, l'entouraient d'une ceinture argentée. Mille détails semblaient, en effet, se réunir pour donner de la vraisemblance à cette comparaison La forme oblongue de Galéga, sa surface presque au niveau des eaux, et couverte d'une épaisse forêt de cocotiers, qu'une étroite bande de sable blanc comme la neige séparait des brisants, tout, jusqu'à la manière dont cette oasis de feuillage, à peine longue de deux milles, ressortait du milieu de la brume matinale qui enveloppait l'immense horizon, concourait à rendre cette perspective non moins pittoresque qu'attrayante pour nous.

Aussi, à 8 heures, laissant la frégate aux soins du commandant en second, je me rendis avec plaisir aux pressantes invitations de mon passager, et je vins le trouver sur son habitation. Là, tous les objets qui s'offraient à ma vue attiraient mon attention, non qu'ils me fussent étrangers, car ces arbres, ces cases, rappelaient les colonies. mais partout je remarquais un air d'ordre et de propreté, quelque chose de pittoresque que je n'avais encore vu nulle part.... Là, par les soins d'un régisseur, homme sage, actif et intelligent, trois cents individus vivaient loin du monde civilisé sur un banc de corail isolé au milieu de l'Océan, au sein de l'abondance, et dans une parfaite harmonie entre eux.

« Quel riant aspect avait le hameau, chef-lieu de la colonie ! Au centre s'élevait la maison du maître : les récifs du rivage avaient fourni les matériaux de construction pour la base de l'édifice, et les bois voisins pour la partie élevée ; des nattes de paille artistement tressées formaient les cloisons intérieures des appartements, comme des feuilles de cocotier en formaient le toit, sous lequel tournait une galerie circulaire, qu'un bosquet de beaux filaos (*) tirés de Madagascar protégeait contre les rayons brûlants du soleil. Beaucoup moins vastes sans doute, mais construites de la même manière, étaient les nombreuses cases à nègres, qui, rangées symétriquement de chaque côté d'espèces de rues larges et plantées d'arbres aboutissant à la demeure principale, ne laissaient rien à désirer sous le double rapport du confortable et de l'exposition.

« Chacune de ces cases contenait une famille, pour les membres de laquelle la transition accomplie derniè-

(*) *Casuarina equisetifolia.* — L'accroissement de cet arbre est prodigieusement prompt à Galéga. Des filaos provenant de graines ensemencées dans le mois de novembre 1829, transplantés l'année suivante, ont donné en avril 1836 des longueurs de 61 pieds, mesurés jusqu'au bout des dernières tiges, et le tronc a fourni 3 pièces de 8 pieds sur 6, 7 et 8 pouces d'équarrissage.

rement, celle de l'esclavage à l'apprentissage, avait été tout à fait insensible, tant le sort heureux dont ils jouissaient leur laissait peu à désirer. Garantis, par l'isolement de leur séjour, des mauvais conseils de ces gens qui pervertissent les nègres sous le prétexte de les éclairer ; défendus de l'amour du changement par leur ignorance, et de l'ivrognerie par la non-introduction de liqueurs fortes dans l'île, ils se montraient paisibles, et accomplissaient leurs travaux avec assez d'empressement. Ils sont presque tous grands, forts et bien portants, conséquence naturelle de la beauté du climat sous lequel ils vivent, et de l'abondance ainsi que de la bonne qualité des aliments dont ils se nourrissent. Quoique Galéga ne soit qu'à 9° seulement de l'équateur, la brise, en renouvelant sans cesse l'air, empêche les chaleurs d'y être jamais fortes. Les pluies tombent parfois avec quelque force de décembre en avril; parfois même, elles sont précédées ou suivies de coups de vent assez violents; mais ces ouragans passent vite, et le beau temps dure tout le reste de l'année sous une température constamment douce, et n'ayant aucun animal carnassier à craindre, car les souris sont les seuls quadrupèdes inapprivoisés de l'île. Les volailles se multiplient avec une telle profusion, que tous les nègres, même les plus pauvres, s'en nourrissent journellement, et trouvent ainsi le moyen de varier, d'une façon aussi saine qu'agréable, la nourriture facile que leur offre la mer, où fourmillent, le long des récifs, des poissons excellents. Cependant, sur un écueil ainsi placé, sans aucun abri, au milieu de l'Océan, les variations de l'atmosphère doivent être brusques, et par conséquent contraires à la propagation de certains animaux. En effet, les bœufs et les cerfs que l'on a essayé à plusieurs reprises d'introduire dans l'île, y sont morts en peu de temps, et la conservation des chevaux, ainsi que des mules, exige beaucoup de précautions. Cette funeste influence s'étendait même, il n'y a que peu d'années

encore, sur les enfants nouveau-nés, et rarement sur dix en pouvait-on conserver deux. Mais grâce à la sollicitude vraiment paternelle de l'économe, à peine les mères ont-elles à pleurer aujourd'hui la perte de quelques-uns de leurs négrillons. Ceux-ci ne naissent que dans la maison construite au milieu des bois, où les femmes en couche sont mises à l'abri, autant que possible, des influences morbifiques de la mer. Ils sont soigneusement enveloppés de flanelle pendant plusieurs mois, et tenus dans des chambres parfaitement aérées. Ainsi traités, ces petits êtres dépassent sans peine la première enfance ; et si j'en juge par les mines gaies, fraîches et éveillées de ceux qui jouaient et gambadaient autour du régisseur, mon fidèle compagnon dans mes courses sur le territoire soumis à sa puissance, le nouveau régime avait parfaitement réussi. Un autre obstacle encore s'oppose à l'accroissement de cette petite population ; mais il se trouve malheureusement du genre de ceux contre lesquels toute la science humaine vient échouer. C'est la disproportion énorme qui a lieu entre les enfants mâles et femelles. Il naît bien plus de garçons que de petites filles ; ce qui me parut d'autant plus fâcheux, que ces dernières promettaient de ressembler plus tard à leurs mères, qui presque toutes étaient de jolies négresses aux appas volumineux, arrondis, aux grands yeux noirs, aux belles dents et à la mine très-agaçante. Cette énorme différence numérique entre les deux sexes, et que rien n'annonçait devoir diminuer avec le temps, avait beaucoup inquiété d'abord le législateur de Galéga. En effet, empêcher les débats, et même les querelles, entre les heureux époux de ces dames et les pauvres diables condamnés à un célibat éternel ! N'était-il pas à craindre que le sentiment ne vînt porter bien souvent le trouble dans les unions légitimes ? Mais, par bonheur, notre nouveau Lycurgue avait affaire à des maris trop pacifiques, et à des femmes trop compatissantes, pour que l'amour devînt un sujet de dissensions parmi ses administrés. Les choses s'arrangèrent sans aucune intervention, sinon très-moralement, au moins d'une manière très-paisible, et à la satisfaction de *tous les partis*. Chaque mari agréa un ou deux assesseurs, ou même davantage, suivant le plus ou moins de succès que sa compagne avait dans la société, et partagea avec eux, d'une manière équitable, les moments fortunés que l'absence du soleil et la cessation des travaux livrent aux amours. Alors seulement, l'heureux amant dont le tour de bonheur est arrivé, peut venir présenter ses hommages à la maîtresse du logis ; encore doit-il la délaisser avant le lever du jour. Telles sont les dures conditions imposées par l'usage aux nègres *Bonsoir*, ainsi qu'on nomme ces époux temporaires qui n'en doivent pas moins rendre tous les services en leur pouvoir au *ménage auquel ils sont agrégés*. Grâce à cet enchaînement dont, à ce qu'il paraît, toutes les parties contractantes sont également satisfaites, puisque bien rarement il cause des dissensions entre elles, la pénurie de femmes ne cause aucun embarras au régisseur de Galéga. Il m'a semblé même plutôt disposé à souhaiter qu'un accroissement de beau sexe ne vienne pas le contraindre à modifier l'ordre de choses établi, *tant il considère* comme douteux qu'il pût jamais parvenir à faire renoncer ces dames au régime fort doux qu'elles avaient suivi jusqu'alors, et qui, soumis au contrôle de l'opinion publique, empêche les désordres qu'entraîne généralement à sa suite la dissolution des négresses dans les colonies. Cette manière de voir de M. Leduc était justifiée par l'air de santé et de contentement *répandu sur les physionomies* de ses *apprentis* des deux sexes, et plus encore par l'activité qu'ils déployaient, non-seulement sous ses yeux, aux environs de l'établissement, mais même dans les parties les plus reculées des bois de cocotiers, qui fournissent le principal revenu de la colonie. Après avoir visité tout ce que l'usine où l'on fait l'huile et les nombreux magasins qui l'entourent, pouvaient offrir à ma curiosité, ce fut de ce côté que je dirigeai mes pas, espérant goûter le plaisir d'une promenade solitaire, et y trouver un abri agréable contre la chaleur de midi. Mon espoir ne fut pas déçu, et à peine m'étais-je un peu éloigné de l'habitation, que déjà une voûte de feuillage impénétrable aux rayons du soleil s'étendait au loin sur ma tête. Plus j'avançais, et plus cette route s'épaississait, tant les cocotiers étaient serrés les uns contre les autres.... Je suivis un sentier qui me conduisit à l'endroit où une bande de nègres faisaient la récolte des cocos.... » Les vieillards et les femmes ramassaient les fruits tombés des arbres, indice le plus certain de leur parfaite maturité, tandis que des ouvriers plus forts et plus adroits les dépouillaient de leur enveloppe filandreuse, en les frappant avec dextérité sur un fer tranchant fixé au centre d'un billot de bois dur. Ainsi nettoyées, puis brisées, ces noix étaient transportées, sur des pirogues et des charrettes, à l'établissement où d'autres ouvriers devaient en extraire l'amande, quand celle-ci commence en séchant à se détacher de la coquille. — Quelque grossiers que paraissent les procédés employés dans l'Inde et à Galéga pour l'extraction de l'huile de coco, ils n'en ont pas moins été reconnus jusqu'ici, comme supérieurs à tous ceux que l'industrie européenne a tenté de leur substituer. « En vain, dit le capitaine Laplace, a-t-on voulu remplacer, par des presses que la vapeur, ou d'autres forces motrices font agir, ces informes mortiers de bois, au fond desquels les amandes, après avoir été exposées durant plusieurs jours au soleil, sur des plates-formes, sont soumises à l'action d'un pilon auquel un mécanisme très-simple, mû par des hommes ou des animaux, imprime à la fois un mouvement de rotation et une force de pression telle, que toute la liqueur contenue dans la noix s'écoule par le canal pratiqué à la base du mortier. Ainsi extraite, l'huile est versée d'abord dans de grands foudres;

puis, quand elle a bien déposé toutes les matières étrangères dont elle est chargée, on la met en barriques, pour être livrée au commerce.... M. Leduc avait cherché, et était parvenu, à force d'industrie et de surveillance, à employer utilement, d'une manière lucrative au propriétaire, toutes les matières que, en outre de l'huile, les dix-sept moulins confiés à ses soins fournissent chaque jour abondamment. Avec le marc, il nourrissait les animaux de trait, et engraissait une grande quantité de porcs et de volailles qu'il vendait à l'Ile-de-France. Il employait l'huile de seconde qualité à la fabrication d'un savon qu'il livrait avantageusement à l'exportation. Enfin ; les coquilles des noix servaient à macadamiser les nombreuses routes qui sillonnent l'île, ou bien à confectionner le charbon nécessaire aux divers ateliers de forge ou de taillanderie de l'établissement. Là ne se bornaient pas encore les bonnes choses dont l'activité et l'intelligence supérieure du régisseur de Galéga avaient doté son gouvernement. Il était parvenu à faire réparer et même construire toutes les embarcations grandes ou petites qui servaient au cabotage de l'île. Plus encore : c'est à lui qu'on doit la construction des quais de pierre, du bassin où les pirogues trouvent, chaque soir, un abri contre le mauvais temps, et l'édification de la petite batterie sur laquelle, aussitôt qu'un bâtiment est en vue, un grand feu brille toute la nuit. — Nous-mêmes, les promeneurs de l'état-major de la frégate et moi, nous fûmes à même d'apprécier d'une façon agréable avec quelle attentive bienveillance étaient traités par lui les voyageurs qui venaient le visiter. Nos chasseurs eurent des guides pour les conduire dans les cantons où le gibier abonde, et principalement de l'autre côté du marigot qui, rempli d'eau à haute mer seulement, sépare alors l'île en deux parties. ... Ils firent une chasse vraiment merveilleuse, puis ils revinrent prendre leur part d'un copieux dîner que M. de Sainte-Aulaire nous avait fait préparer. — Parmi ces lièvres, ces perdrix, ces pintades et ces pigeons ramiers étendus morts en foule sous mes yeux, je n'avais d'abord aperçu aucun sujet digne d'une mention ornithologique particulière, quand M. Leduc appela mon attention sur un oiseau que je reconnus sur-le-champ pour l'ibis égyptien. Comment cet oiseau se trouvait-il sur un rocher situé à plusieurs centaines de milles de toutes terres, tandis qu'à Madagascar et dans les archipels voisins il est complètement inconnu (*)? L'unique solution que, suivant moi, on puisse donner de ce problème, c'est d'admettre que des ibis arrachés des côtes d'Afrique, où leur espèce est indigène, par un violent coup de vent de nord-ouest, comme il en passe quelquefois dans ces parages, seront venus s'abattre sur Galéga, et s'y seront multipliés. Cette supposition est d'autant plus admissible, qu'on voit souvent apparaître dans les bois de cocotiers dont cette île est couverte, et ordinairement à la suite des mauvais temps, des volatiles étrangers que les habitants n'avaient jamais vus auparavant. Du reste, l'ibis est une triste conquête pour Galéga. Son plumage est sombre, et sa chair ne fournit qu'un détestable manger. Aussi ne figurat-il pas au nombre des cent mets divers que M. de Sainte-Aulaire, jaloux de montrer toutes les richesses culinaires de sa propriété, fit servir au dîner. Le gibier, la volaille et le poisson en firent les frais. Tout était bon, surtout des rougets et des bonites, que je trouvai bien supérieurs à tout ce que j'avais mangé de meilleur dans ce genre à l'Ile-de-France... » Le festin se serait prolongé bien avant dans la nuit, si le commandant, inquiet du bruit que faisaient les vagues en brisant sur les récifs, phénomène précurseur d'un de ces redoutables ras de marée fréquents à Galéga, n'avait donné le signal du départ. M. Laplace termine en ces termes la relation de

(*) Il existe bien à Madagascar un ibis, *Acoho vonsutsi* (*Ibis cristatus* de Linné), mais ce n'est pas l'ibis sacré.   E. F.

son passage à Galéga : « Là, dit-il, un seul individu de notre couleur, isolé au milieu de plusieurs centaines de noirs, était parvenu à rendre ces derniers heureux, à les maintenir dans l'ordre le plus parfait, et à leur faire accomplir leur tâche journalière sans peine, et même en n'employant que rarement les châtiments corporels. Sa présence avait, pour ainsi dire, vivifié cette propriété, qui croissait en importance sous le double rapport de l'étendue des plantations et des revenus. Lorsque je la visitai, elle fournissait à l'exportation annuelle l'énorme quantité de 37 000 veltes d'huile, représentant à peu près la somme de 200 000 francs, dont, il est vrai, la moitié, au moins, était absorbée par les frais d'exploitation... »

Les soins du gouvernement n'absorbent pas tellement le temps de M. Leduc, qu'il ne trouve encore celui de se livrer à des observations curieuses sur son petit royaume. L'isolement inspire la philosophie, et porte à l'étude de la nature. L'opinion émise par M. de Candolle sur la longévité des arbres, qui peut être employée à connaître l'âge d'un pays et particulièrement d'une île, a donné l'idée à M. Leduc de faire des recherches à ce sujet, et de les appliquer à Galéga. Il résulte de ses observations, qu'il y a six siècles que sa petite île madréporique est sortie du sein de la mer; mais un bien plus grand nombre de siècles s'étaient écoulés avant qu'elle ait atteint ce niveau. M. Leduc va plus loin encore; il pense que, dans cinq cents siècles, Galéga formera un des caps de l'île (aujourd'hui ce n'est que le banc) de Saya de Malha, à laquelle viendront aussi se joindre les îles Séchelles et Saint-Brandan.

COËTIVI.

L'île de Coëtivi, située par 7° 15′ de latitude et 54° 13′ de longitude, a été vue pour la première fois, le 3 juillet 1771, par le chevalier de Coëtivi, qui commandait la flûte du roi l'*Ile-de-France*. Elle peut avoir quatre lieues de circonférence, et paraît formée par les sables amoncelés sur des récifs, car elle est creuse à l'intérieur, et l'on y voit un grand bassin dont l'eau n'est pas aussi salée que celle de la mer. Cette île est couverte de cocotiers, de badamiers de la grande et de la petite espèce; de faux tacamacas, de veloutiers, de bois mangue, d'arbres nommés dans l'Inde bois de mâture, etc. Le sol est, en général, composé de sable de corail, mêlé d'un peu de terre végétale. Le maïs y vient parfaitement. La côte est peu poissonneuse, mais on y trouve un grand nombre d'oiseaux, de tortues, et de lions marins. Les rats y sont communs comme dans la plupart des îles voisines; on y voit aussi des pigeons verts et des ramiers.

Coëtivi possède sur sa côte nord-ouest un barachois où peuvent entrer les bateaux de 25 à 30 tonneaux; ce petit port est situé au dedans d'une rade qui offre un mouillage à de plus grands bâtiments, et près duquel existe un puits dont l'eau est moins saumâtre que celle des autres îles de l'archipel. On peut aussi aborder dans celle-ci par l'est, mais moins facilement que par l'ouest; les récifs qui l'entourent offrent quelques passes pour des pirogues.

En 1781, le capitaine Laurent, qui commandait le corsaire *le Foudroyant*, séjourna pendant six jours dans cette île; il la représente comme très-propre à l'établissement d'une manufacture d'huile de cocos et de lions marins, et d'une pêcherie de tortues de mer, « qui sont, dit-il, si abondantes et si aisées à prendre, qu'en une heure et avec du monde, on pourrait en approvisionner un gros vaisseau. » Le même capitaine observe que Coëtivi ne renferme pas de tortues de terre, et que les chèvres et les cabris y multiplieraient beaucoup. Les habitants des Séchelles furent les premiers à fréquenter cette île, dont ils tiraient des cocos et des tortues; en 1811, un capitaine Mallie y établit une fabrique d'huile de cocos; enfin, en 1814, le capitaine Laconfourque demanda et obtint du gouvernement de l'île Maurice la permission de s'y établir : il y forma une habitation qui fournit à Maurice une grande quantité de maïs, d'huile et de tortues ; le sol cultivable, qu'il exploite avec une centaine de travailleurs, est de cinq à six cents arpents.

III. LES ILES SÉCHELLES.

1° *Description générale de l'archipel.*

Les îles de l'archipel des Séchelles, situées entre 3° et 5° 45′ de latitude sud, et entre 53° et 54° de longitude est, sont au nombre de trente environ, et se classent naturellement en trois groupes proprement dits, plus quelques îles isolément éparses autour de ces trois groupes, le tout formant quatre divisions, savoir : 1° Mahé, entouré des îles Sainte-Anne, au Cerf, Sèche, Moyenne, Petite, Longue, Anonyme, Sud-Est, Thérèse, Saint-Jean, etc. ; 2° Silhouette, avec l'Ile-du-Nord ; 3° Praslin, entouré de la Curieuse, la Digue, Marianne, l'Ile-Ronde, l'Ile-Aride, la Baleine, les Cousins, les Cousines, les Mamelles, les Trois-Sœurs, Félicité ; 4° enfin les îles Denis, aux Vaches-Marines, aux Récifs, aux Frégates, etc.

Toutes ces îles, de formation granitique, s'élèvent sur un banc de corail qui s'étend, du nord au sud, à environ trente lieues ; et, de l'est à l'ouest, à environ soixante. Comme sur le banc de Terre-Neuve, on y peut mouiller presque partout. Le fond en est très-irrégulier : à l'accore de ce vaste plateau sous-marin, on trouve généralement douze à quinze brasses ; mais en dedans, la sonde rapporte plus de soixante brasses. Toute la partie du banc qui s'étend à l'ouest de Mahé est saine, et l'on y peut naviguer en sûreté ; mais, à l'est et au nord-est de cette île, on rencontre une multitude d'écueils qui, bien qu'apparents, nécessitent une incessante surveillance. On trouve, dans l'archipel, un grand nombre de rades abritées et d'autant plus commodes, que les ouragans ne sévissent jamais par ces latitudes.

Climat.

Deux saisons se partagent l'année, et présentent à peu près la même périodicité et les mêmes caractères que celles de l'Indoustan ; on les désigne sous le nom de moussons de nord-ouest et de sud-est. De la fin de décembre à celle de mars, les vents de nord-ouest règnent sans interruption et souvent par grains violents ; ils amènent les pluies qui tombent par averses torrentielles, mais de peu de durée ; c'est durant cette saison que les rivières, enflées par les eaux du ciel, entraînent la terre végétale, et causent quelquefois de grands dommages aux plantations qui les avoisinent. De la fin de mars à la mi-avril, le calme le plus complet règne dans l'atmosphère. Alors les brises du sud-est commencent à souffler, parfois avec force, mais sans jamais amener ces ouragans terribles auxquels les îles Maurice et Bourbon sont sujettes ; c'est le temps des sécheresses. Quelquefois les brises réglées de la mousson du sud-est font place à des vents variables accompagnés de pluies, mais qui ne sont jamais de longue durée. De la mi-novembre à la fin de décembre, les calmes reparaissent de nouveau. La température varie de 17° à 27° Réaumur. Elle est, comme on le voit, très-intense, mais elle n'offre jamais de changements subits et dangereux ; et la brise de mer vient en tempérer l'ardeur lorsque le soleil est couché. Les Séchelles doivent cet heureux climat à leur position sur la limite des vents alizés du sud-est et de ceux de l'ouest qui soufflent toute l'année, rarement avec violence, mais toujours avec un ciel sombre et pluvieux. Ce groupe d'îles participe également aux deux influences qui s'affaiblissent mutuellement. Jamais on n'y éprouve de longues sécheresses ; jamais aussi de longues pluies. Comme aux îles Maurice et Bourbon, les maladies endémiques sont inconnues ; aussi les familles y sont-elles nombreuses, les enfants très-beaux et faciles à élever. Ce dernier avantage, dit le capitaine Laplace, à la relation excellente duquel nous empruntons ces détails, est d'autant plus précieux, que l'archipel en jouit seul au milieu de toutes les îles dont ces parages sont semés. Bourbon et Maurice voient chaque année leur génération naissante décimée par des maladies dont il a été jusqu'ici impossible de la garantir. Bien plus malheureux encore sont les habitants des établissements européens sur la côte de Madagascar, et ceux des nombreuses petites îles au sud de Mahé. Ils ne peuvent arracher leurs enfants en bas âge, à la mort certaine qui les attend, qu'en les éloignant, dès leur naissance, d'un climat malsain.

Les maladies les plus communes aux Séchelles sont la dyssenterie et le scorbut : on attribue ces affections à la qualité des eaux et à l'humidité de l'atmosphère; on se préserve du scorbut en s'abstenant de boire trop souvent de l'eau pure, et en fumant du tabac. La gale, la lèpre, l'éléphantiasis, la géophagie et le tétanos sont également communs, surtout parmi les noirs. Les quatre premières maladies ont été introduites par les esclaves venant de la côte d'Afrique. Le traitement du tétanos est le même que l'on emploie à Maurice et à Bourbon : on fait prendre au malade, trois fois par jour, le jus exprimé des gros kakerlats rouges qui fourmillent dans ces îles ; cette potion, aidée de bains fréquents et de quelques autres moyens auxiliaires, ramène presque toujours le malade à la santé : M. Frappaz rapporte que le médecin en chef de Mahé a été plusieurs fois à même de se convaincre de l'efficacité de ce remède, et lui-même en a été deux fois témoin.

Productions végétales.

Les arbres dont se composent les forêts des îles Séchelles sont très-beaux : ce sont le tacamaca rouge et blanc; le bois de natte à grandes et petites feuilles ; le bois d'olive ; le faux gaiac, qui rivalise avec le chêne pour la force et la durée; le sandal, le bonnet carré, l'arbre à pommes de singe, l'ébénier, le bois rose de Ceylan, le filao, le badamier, le latanier, le var, le rima, l'acajou blanc, le ouatier, le bois blanc, le capucin, l'aréquier, l'arbre-fougère, le vaquois. Plusieurs de ces arbres sont d'une grandeur et d'une grosseur extraordinaires. On fait, avec le tacamaca, des pirogues d'une seule pièce, longues de 24, 30 et 36 pieds, sur 5 ou 6 de largeur. D'autres bois, dont la beauté et la qualité ont été appréciées à l'île Maurice, où on les recherche autant que l'acajou et le palissandre, servent à l'ébénisterie. Les bords de la mer sont garnis de cocotiers, dont les noix servent à la fabrication de l'huile, ainsi que de veloutiers et de mangliers, dont la cendre, mêlée avec l'huile de cocos, fournit un savon de qualité inférieure. — Plusieurs plantes utiles à la médecine tapissent les montagnes. Parmi celles-ci, nous signalerons la racine de colombo, astringente et tonique, dont l'efficacité dans les affections de l'estomac et des intestins, et aussi contre les ulcères si pernicieux dans les climats chauds, est bien connue. Les végétaux cultivés sont le riz, le maïs, le manioc, le millet, la patate, le melon d'eau, le bananier, l'ananas, le manguier, l'oranger, le citronnier, l'avocatier, le dattier, le letchi, la vigne de treilles, la canne à sucre, le cotonnier, le caféier, le cacaotier, le géroflier, le muscadier, le poivrier, le cannellier, le gingembre, le bétel, l'indigo, le roucou, le tabac.

Une des productions les plus curieuses des Séchelles est le *cocotier de mer*, qui n'est indigène qu'aux îles de Praslin et de la Curieuse. Longtemps avant que ces îles fussent découvertes, on en connaissait la noix ; roulés par les torrents jusqu'à la mer, ces fruits singuliers étaient emportés par les courants, et abordaient le plus souvent aux Maldives, éloignées des Séchelles d'environ 300 lieues. Les savants avaient, en conséquence, nommé cette noix *coco de Maldivea*; mais, comme aucun arbre de ces îles ne produisait un fruit pareil, on s'accorda à le considérer comme une production de la mer, et on le nomma *coco do mar.* Sa configuration bizarre, aussi indécente à décrire qu'à montrer, et le mystère qui couvrait son origine, contribuèrent à lui assigner des propriétés merveilleuses; de là son nom de *coco de Salomon.* Les Indiens croyaient que le coco de mer guérissait du scorbut et des maladies vénériennes, qu'il possédait de grandes vertus aphrodisiaques, et qu'il suffisait de boire dans sa coque pour neutraliser les poisons les plus violents. Divisée en petits morceaux, l'amande se vendait à des prix excessifs dans les marchés de l'Inde et de la Chine. La coque se payait au poids de l'or, et l'empereur Rodolphe chercha en vain à s'en procurer une au prix de 4 000 florins. Les princes indiens, qui les payaient jusqu'à 10 000 livres de notre monnaie, en faisaient fabriquer des coupes que l'on ornait d'or et de pierres précieuses. Une découverte fortuite vint éteindre cette brillante renommée, et réduire la *nux indica ad venena celebrata* aux usages domestiques les plus vulgaires. Au commencement de l'année 1769, l'ingénieur Barré reconnut ce fruit dans le coco de Praslin. On aurait pu tirer un parti avantageux de cette découverte, mais l'on ne sut pas la tenir secrète. Au mois de novembre 1769, le capitaine Duchemin, qui avait commandé l'expédition dont Barré faisait partie, vint du Bengale à Praslin, prendre, sur le navire *l'Heureuse Marie*, une cargaison de cocos de mer qui attira l'attention des Anglais. Ces actifs commerçants ne tardèrent pas à se rendre à Praslin. La corvette *l'Aigle* y fut expédiée de Bombay; elle se chargea de cocos de mer, qu'elle transporta dans l'Inde, où ce fruit perdit, en un instant, tout son prestige et toute sa valeur.

Le sol de Praslin et de la Curieuse est couvert de ces cocotiers qui font partie de la famille nombreuse des lataniers. Dans les plaines de sable, au bord et au milieu des mares, parmi les rochers les plus escarpés et sur le sommet des plus hautes montagnes, partout on les voit balancer dans les airs leur tête majestueuse, dont les feuilles, agitées par le vent, produisent un bruit continuel semblable à celui des rouages d'un moulin à eau. La tige de cet arbre s'élève souvent à 50 ou 60 pieds; elle est droite comme un mât; son plus grand diamètre est de 15 à 18 pouces, sans changement sensible de la base au sommet. Sa tête est ordinairement couronnée de dix à douze palmes de vingt pieds de longueur, qui se déploient en éventail. Le vent les brise souvent vers leurs extrémités qui pendent alors vers la terre. Les feuilles ont une consistance dure et coriace, et l'on remarque sur leurs parois un duvet assez épais, semblable à celui qu'on trouve sur le latanier des colonies occidentales. A mesure que l'arbre croît, les feuilles tombent et sont aussitôt remplacées. Leur couleur est olivâtre, mais elles jaunissent en séchant. Le cocotier de mer est bissexuel; l'arbre mâle ne porte pas de fruits; il ne produit que les fleurs fécondantes. L'arbre femelle porte des régimes auxquels pendent cinq ou six cocos qui, avec leur brou, pèsent chacun environ 50 livres : ce poids énorme, placé au haut de l'arbre, est la cause du balancement continuel que le moindre vent lui imprime. L'enveloppe de la noix est épaisse et fibreuse; la noix, dépouillée du brou, présente l'image de deux cuisses : elle renferme une substance blanchâtre et gélatineuse, assez agréable au goût lorsqu'elle est fraîche, mais extrêmement froide sur l'estomac; quand cette substance vieillit, elle contracte une odeur d'urine et une amertume détestables. Le tronc de l'arbre est mou et spongieux; après avoir été fendu dans sa longueur, et dépouillé de sa partie fibreuse, il sert à faire les canaux que les habitants construisent pour conduire l'eau des sources sur leurs terres; on en fait aussi des palissades pour entourer les maisons et les jardins. Les feuilles fournissent des toitures excellentes et de très-longue durée; à Praslin, elles servent aussi à faire des cloisons dans des logements. Les feuilles tendres, ou, pour mieux dire, le cœur des feuilles blanchies au soleil et coupées par bandes étroites, se tresse facilement, et l'on en fait d'excellents et fort jolis chapeaux dont se coiffent ordinairement les créoles des deux sexes; les côtes de ces feuilles servent à faire des paniers et des balais, et une foule d'autres petits ouvrages. La noix vidée sert de vases à différents usages : conservée dans son entier, elle est employée en guise de cruche, et, sciée de diverses manières, elle est travaillée en plats, en assiettes, en tasses, etc. : c'est ce qu'on appelle la *vaisselle de Praslin;* ces cocos se gravent facilement, deviennent très-durs et très-noirs, et acquièrent un beau poli. On fabrique avec leur enveloppe fibreuse des cordages semblables au *battin*. — On a essayé en vain de transplanter le cocotier de mer dans les autres îles Séchelles; quoique le sol et le climat de l'archipel soient partout semblables, cet arbre végète mal et reste toujours stérile ailleurs qu'à Praslin et à la Curieuse.

Règne animal.

Les animaux domestiques, tous exotiques aux Séchelles, sont le bœuf, le mouton à poils, le cochon de Chine, le chien, le chat, les poules, les pigeons, les oies, les canards et les dindons. Jadis le crocodile et la tortue de terre étaient les seuls gros animaux qu'on pût trouver dans ces îles. Le nombre de tortues de terre était prodigieux; mais il faut, à présent, les aller chercher dans les gorges des montagnes, et jusque dans les petites îles désertes de l'archipel; c'est toujours un mets très-estimé aux Séchelles, où, sans un plat de tortue de terre, un repas n'est jamais considéré comme complet. La tortue de mer est moins rare et moins recherchée : les habitants de Mahé ont l'habitude de plaisanter ceux de la Digue, qui s'en nourrissent; ils prétendent que « ces colons ont une odeur de tortue de mer. » La tortue verte ou *caouane* pèse quelquefois jusqu'à 300 livres, c'est celle que l'on mange; le *caret*, qui fournit l'écaille, a une chair détestable, que l'on dit même être un poison violent. Plus de quarante pirogues étaient autrefois occupées à la pêche du caret: elles étaient montées chacune par trois nègres, armés d'une espèce de harpon appelé *vare*, auquel était fixée une ligne de coton très-forte, qui servait à retirer l'animal lorsqu'il était blessé ; cette pêche ayant bien diminué depuis une vingtaine d'années, les habitants ont creusé, près du rivage, des parcs profonds, dans lesquels ils entretiennent de jeunes carets qui s'y multiplient et procurent aux propriétaires un revenu assuré.

Les crocodiles ont presque entièrement disparu de Mahé; c'est à Praslin et à Silhouette qu'on voit les plus gros. Ils traversaient quelquefois le canal qui sépare ces îles de Mahé : bien que cet animal vive dans l'eau douce, il ne craignait nullement de se hasarder pour quelque temps dans la mer; mais souvent ce trajet lui devenait fatal : son ennemi, le requin, aussi vorace, mieux armé et plus agile que lui, l'attaquait, malgré sa résistance furieuse et ses rugissements, et le déchirait presque toujours ; par un temps calme, un tel combat n'était pas rare, et le bruit que faisaient les deux monstres s'entendait de fort loin la nuit.

Les rats fourmillent dans toutes les îles; on n'a jamais pu s'en délivrer; les chats que l'on y a introduits, trouvant sans doute une proie assurée et plus de leur goût dans les oiseaux dont les bois sont remplis, vivent en assez bonne intelligence avec ces rongeurs. Les lézards verts et bruns, le caméléon, diverses espèces de couleuvres, sont les reptiles les plus communs que l'on rencontre au fond des bois et au milieu des rochers. La couleuvre capelle existe dans l'île de la Digue. « On m'a plusieurs fois assuré », dit un voyageur, « que, dans le fond de quelques vallées très-profondes qui se trouvent vers le centre de l'île de Mahé, plusieurs boas *constrictors* avaient été vus par les chasseurs de *marrons* (nègres fugitifs); mais je suis porté à croire qu'il n'en existe point aux Séchelles ; j'ai tellement parcouru les montagnes et les bois de Mahé, y passant quelquefois des journées entières, que j'aurais certainement eu connaissance de ces reptiles, dont je n'ai remarqué la trace nulle part. »

Presque tous les oiseaux des Séchelles sont des espèces appartenant à l'Afrique : plusieurs espèces de pigeons et de tourterelles, beaucoup de *perruches* vertes, les perroquets de Madagascar, les veuves, les aigrettes, les merles, les cardinaux, les doyoles, les gôbe-mouches et les colibris viennent habiter les jardins ; de petits éperviers blancs, de la grosseur d'une alouette, et nommés dans le pays *mangeurs de poules*, poursuivent les hirondelles jusque sur les toits des maisons ; dans la montagne, on trouve une belle variété de la chevêche qui niche dans le creux des rochers, ainsi que l'oiseau de mer nommé fouquet, dont les cris pendant la nuit sont si lugubres. Il y a aussi, à Mahé, un grand nombre de coqs et de poules sauvages, qui ne sont autres que des coqs et des poules domestiques devenus *marrons*. On voit aussi, sur les rochers, ces petites hirondelles qui, dans les mers orientales, construisent les nids si estimés des Chinois.

Les grosses chauves-souris, connues sous le nom de roussettes, sont très-communes, et deviennent fort grasses dans la saison des fruits : on sait que ce gibier est extrêmement estimé des gourmets, malgré leur forme hideuse et leur odeur sauvage.

Il y a, aux Séchelles, une grande variété d'insectes ; les principaux sont : le gros scorpion brun, qu'on trouve dans les forêts ; le scorpion gris, qui vit dans les habitations ; le mille-pattes, qu'on ne voit que dans les campagnes ; le cent-pieds ou scolopendre, vivant particulièrement dans les maisons, très-méchant, et dont la piqûre produit une forte inflammation ; des myriades de fourmis, dont il est impossible de préserver les comestibles ; des kakerlats ; des mouches jaunes, espèce de grosses guêpes qui attaquent avec furie ceux qui passent près de leurs essaims ; des abeilles qui produisent un bon miel ; des mouches-maçonnes, qui construisent d'ingénieuses petites cellules ; de grosses araignées, et entre autres, des tarentules d'une grosseur énorme, mais pas dangereuses ; diverses sortes de scarabées ; des papillons très-variés, et des mouches-feuilles : ce dernier insecte est extrêmement curieux ; il ressemble tellement à une feuille, tant par sa forme que par sa couleur, qu'il est presque impossible de le distinguer sur un arbre. Les moustiques et les mouches sont aussi très-communes.

La mer fourmille de poissons, près de toutes les îles ; ils forment une partie de la nourriture des créoles. Les squales sont partout très-nombreux dans l'archipel : « J'ai compté dans la rade de Mahé », dit un voyageur, « huit différentes espèces de requins : deux seulement sont dangereux, le *pantouflier* ou *marteau*, et le *requin blanc*. — Quant à l'énorme poisson nommé *chagrin*, dont on m'avait fait souvent d'étranges récits, entre autres, qu'il attaquait les pirogues des pêcheurs pour en dévorer l'équipage, je n'ai vu, dans cet animal, qu'une *baleine sperma ceti* ou cachalot, vivant de petits poissons et de sardines, dont elle poursuit continuellement les bancs dans le canal ; ce poisson n'est pas dangereux pour l'homme. Les veaux marins se tiennent par troupes nombreuses sur les îlots, où les pêcheurs vont les chercher pour en extraire l'huile. Les côtes et les plages présentent de beaux coquillages et des huîtres perlières dont les perles, très-petites et d'une vilaine eau, sont sans valeur. » — Il y a deux autres espèces d'huîtres également bonnes à manger : celles qui s'attachent aux rochers, et celles qui vivent sur les racines des mangliers ; on recueille ces dernières à marée basse : elles ont une forme irrégulière. Les *palourdes* et les *haches d'armes* sont aussi de fort bons coquillages : ce dernier est bivalve, de forme triangulaire, et long de 6 à 8 pouces ; son enveloppe est revêtue à l'intérieur d'une substance diaprée semblable à la nacre, à l'extérieur, elle est noire ou de couleur d'ardoise; le poisson qu'elle renferme se mange cuit dans la coquille.

On ramassait autrefois d'admirables coquillages sur les récifs de Mahé; aujourd'hui cette industrie n'existe plus : les seuls objets de conchyliologie qu'on y trouve sont des conques, des harpes, des porcelaines, des licornes, le manteau ducal, des scorpions, des fuseaux, des têtes de bécasse, des nérites et des *concha Veneris.*

2° *Description particulière des îles.*

MAHÉ.

Mahé, la plus considérable des îles Séchelles, n'est qu'un groupe de montagnes escarpées, se dirigeant du nord au sud, et s'élevant à près de 800 toises au-dessus du niveau de la mer. Sa circonférence est d'environ 20 lieues. A l'est, la côte est bordée de récifs au milieu desquels il existe quelques coupures; entre la chaîne des récifs et la terre, les pirogues qui vont le long de la côte suivent un canal peu profond, mais fort commode, qui facilite beaucoup les communications d'un point de l'île à l'autre : les récifs sont à fleur d'eau dans les grandes marées. La côte, d'un aspect sauvage, et tantôt aride, tantôt couverte de bois, est abordable presque partout, et ses sinuosités forment plusieurs baies commodes et profondes; la plage est bordée d'un sable composé de corail broyé par le frottement des vagues, et de la poussière de granit tombée des montagnes et entraînée par les pluies jusqu'à la mer.

La baie principale, résidence du commandant, est dans l'est de l'île; une passe sinueuse, mais facile à franchir avec un pilote, conduit dans deux barachois qui communiquent entre eux par un chenal intérieur; les bâtiments du plus grand tonnage peuvent y mouiller par 10 et 12 brasses; une jetée en pierres, qui va de la terre à l'accore du barachois le plus rapproché, permet aux petits navires de se caréner très-facilement, et de prendre bord à quai tout ce dont ils ont besoin. En dehors du port, la rade, qui peut contenir aisément trois à quatre cents bâtiments de toutes grandeurs, est abritée par l'île Sainte-Anne et l'île aux Cerfs, et plusieurs îlots; on n'y est exposé qu'aux vents du nord. Mahé n'a pas de fortifications, mais elle peut être défendue par ses montagnes escarpées et ses ravins profonds : on ne pourrait pas d'ailleurs venir assez près de la ville pour la canonner avec succès, à moins d'entrer dans le port, ce que l'on ne peut faire sans pilote; des batteries placées sur les îles Sainte-Anne et aux Cerfs, ainsi que sur les îlots voisins, défendraient fort bien le canal qui se trouve entre ces îles et le récif : en un mot, si ce point attirait l'attention d'un gouvernement qui n'aurait point encore de station maritime, il lui serait facile de le fortifier de manière à ne rien craindre.

« La pente des montagnes vers la mer », dit M. Frappaz, « est roide de presque tous les côtés, et forme en beaucoup d'endroits des précipices épouvantables. On y remarque une immense quantité d'arbres brûlés par les incendies; l'île est, en outre, couverte d'énormes roches détachées et blanchies par le soleil; les rivières en sont également obstruées. Le lit de ces rivières est parfois variable, et leur cours est toujours rapide, parce qu'elles ont leurs sources au sommet des montagnes. Leurs eaux forment, dans quelques vallées, des mares bordées de lataniers et remplies de roseaux, qui servent de retraite à un grand nombre d'animaux aquatiques et à quelques petits crocodiles, reste de ceux dont l'île était jadis infestée. La plupart de ces ruisseaux tombent en cascades dans des bassins naturels où les habitants viennent se plonger pendant les chaudes heures de la journée. »

« Il faut avoir ressenti les effets de ces chaleurs extraordinaires », dit le même voyageur, » pour concevoir les sensations ineffables qu'on éprouve à les braver dans une eau limpide et sous un toit de verdure. Les hommes ne sont pas les seuls à goûter le charme de ces bains; les dames en connaissent aussi tout le prix; et souvent l'onde fugitive des bassins caresse dans son cours les attraits de la beauté. Ces jolies créoles, ces nymphes séduisantes, s'y dévoilent en sûreté; elles n'ont point à craindre des regards indiscrets, car, outre l'épaisseur du feuillage qui les dérobe de toutes parts, elles sont toujours accompagnées de plusieurs négresses qui veillent à quelque distance... Quelques-uns de ces torrents se précipitent par des soupiraux dans des cavernes souterraines; ils ne reparaissent que beaucoup plus loin, et dans des régions moins élevées. Les eaux de toutes ces rivières sont bonnes, mais très-séléniteuses : cela provient, je crois, de la dissolution des sels que contiennent abondamment les terres qu'elles entraînent continuellement dans leur cours, surtout dans les saisons pluvieuses. On pense bien que de telles rivières ne sont nullement navigables; mais elles pourraient être utilisées pour des usines et des irrigations. Leurs embouchures sont presque toutes fermées par des sables ou des roches, qui sont cependant couverts dans les grandes marées. ».

Le chef-lieu, qu'on nommait autrefois *l'Établissement*, et qui, depuis l'année 1840, a pris le nom de *Port-Victoria*, est bâti au fond de cette baie. « L'aspect de ce village », dit un voyageur (*), « est tel qu'un esprit romanesque l'aurait conçu au sein des soucis du monde : situé au fond d'un vallon resserré par deux collines ombreuses, il se compose de petites habitations éparses, entre lesquelles serpente sur un lit de cailloux le plus limpide des ruisseaux. On en voit quelques-unes de soigneusement bâties; d'autres, commodément arrangées à l'intérieur, n'ont que des dehors rustiques qui témoignent assez de l'indifférence de leurs propriétaires pour un luxe inutile. La plupart de ces demeures ont des jardins, et sont entourées de bosquets touffus où l'on distingue le feuillage menu du tamarinier, la palme frémissante du bananier, et les touffes gracieuses du jeune cocotier. Je fus charmé par cette image de la vie retirée, tranquille et contente, thème favori des romanciers et des rêveries de notre jeunesse. »

Port-Victoria est un marché permanent où tous les habitants viennent s'approvisionner. Parmi les boutiques s'élèvent pêle-mêle la maison du commandant, les bureaux de l'administration, la prison, et une salle de billard : ces bâtiments sont construits en bois comme le reste des maisons du village. Dans l'intérieur de l'île, on voit quelques habitations en pierre; des morceaux de granit brisés au moyen du feu, du corail taillé à la hache et durci à l'air, sont les matériaux que l'on emploie dans leur construction.

Les habitants des Séchelles sont presque tous originaires de Maurice et de Bourbon, et, par leurs fréquentes relations avec les colons de ces îles, ils en ont conservé les mœurs et les manières : ce sont donc de véritables Français, moins toutefois le caractère bouillant et l'impatience qui distinguent ailleurs cette nation; l'hospitalité et une affection de famille très-prononcée sont les vertus que l'on trouve chez eux, en même temps qu'un défaut absolu d'esprit public, une invincible indolence, et la plus profonde ignorance. Aucune démarcation n'existe dans leur société, si ce n'est celle de la couleur; les personnes riches ou intelligentes y obtiennent la considération du public, mais tout le monde se fréquente sur le pied de l'égalité. La plupart des colons sont parents ou alliés les uns des autres; les familles sont très-unies, très-nombreuses, et, comme la durée de la vie est fort longue dans ces îles, il n'est pas rare de voir quatre générations assises à la même table, et formant un total de soixante personnes. Les hommes aiment passionnément les cartes et le billard. Les femmes raffolent de la danse; elles sont belles, gracieuses et

(*) Prior's *Voyage of the* Nisus, 1810-1811.

charmantes par leurs manières : si nous en croyons un officier anglais qui résida quelque temps à Mahé, le relâchement des mœurs y rend souvent les mariages malheureux ; on a alors recours au divorce, et telle est l'indifférence de la société en matière de fidélité conjugale, que les femmes divorcées, dont la conduite a été la plus scandaleuse, sont reçues sans scrupule dans les familles où brillent des épouses chastes et pures. Toutes sont économes et industrieuses : elles fabriquent, avec les feuilles du cocotier de mer, des éventails légers, des chapeaux qui imitent ceux de paille d'Italie, et d'autres jolis ouvrages, qui, portés dans les colonies voisines et jusque dans l'Inde, sont échangés avantageusement contre des étoffes d'Europe et des modes de France.

Presque tous les colons qui habitent les Séchelles naviguaient autrefois comme corsaires ou comme marchands ; et les tranquilles occupations auxquelles ils se sont consacrés depuis la paix n'ont pas encore effacé les habitudes de leur ancienne profession : on reconnaît promptement le marin à la cordialité du Séchellois envers son hôte, à la franchise et à la gaieté de son caractère, aussi bien qu'au soin qu'il apporte à l'équipement de sa goëlette ou de son embarcation. C'est dans d'élégantes pirogues que les amis vont se faire des visites à leurs maisons de campagne, presque toutes situées au bord de la mer : l'étranger ne peut retenir sa surprise lorsque, à la fin d'un bal, il entend annoncer que le *canot de madame*** est avancé*, de même qu'on l'aurait prévenue, en Europe, que son carrosse est prêt ; mais, lorsqu'il a parcouru les ravins profonds qui sillonnent Mahé et rendent à peu près impossible l'établissement de chemins praticables, il comprend bien vite que les belles Séchelloises préfèrent naviguer, par une nuit étoilée et à la lueur des torches, sur la mer tranquille qui entoure leur île, plutôt que de s'enfermer dans des hamacs péniblement portés par des nègres.

Les Séchellois, catholiques de nom, ne professent publiquement aucun culte, car ils n'ont ni temples ni prêtres : la plupart des colons naissent, vivent et meurent sans recevoir aucun sacrement. Nous apprenons toutefois qu'en 1840 un ministre anglican, M. L. Banks, venu de l'île Maurice à Mahé, avait célébré, le 27 septembre, l'office divin, et prononcé un sermon en présence de nombreux assistants ; mais nous ignorons si ce pasteur devait ou non y demeurer. Une imprimerie a été établie à Mahé en 1840 ; un journal, intitulé le *Feuilleton des Séchelles*, et dont l'éditeur est en même temps l'imprimeur, paraît une fois par semaine : le premier ouvrage qui soit sorti de ses presses est un *almanach*, qui contient une notice sur l'archipel (*). Une institution littéraire a aussi été fondée dans cette île, ainsi qu'un comité d'histoire naturelle, une loge maçonnique, etc.

L'occupation principale des habitants est l'agriculture : ils récoltent du riz, du maïs, du coton, du tabac exquis, du café et des épices, et des cocos dont ils font de l'huile. Ils recueillent aussi des bois d'ébénisterie, de la cire, de l'écaille, et des ailerons de requins ; ce dernier article est, comme on sait, très-estimé en Chine, où on le considère comme un mets délicieux. Tous ces produits sont exportés à Maurice et dans l'Inde, par un grand nombre de petits bâtiments qui appartiennent à la colonie, et sur lesquels les jeunes Séchellois font en général leur apprentissage de la vie ; les marchandises qu'ils rapportent à Mahé sont vendues au détail dans des boutiques qui appartiennent aux principaux habitants et sont tenues par des commis. Comme on le voit, les Séchellois ne font qu'un commerce d'échange ; satisfaits de la vie qu'ils mènent, peu d'entre eux songent à

(*) Nous regrettons de n'avoir pu nous procurer cette brochure, qui nous eût sans doute fourni des renseignements aussi neufs que certains sur le sujet que nous traitons ; nous en connaissons seulement quelques extraits donnés par les gazettes de Maurice.

réaliser des bénéfices, et à mettre de côté une fortune dans le but de quitter leurs îles : l'usage de l'argent est conséquemment assez rare parmi eux ; l'acquisition des objets qui leur sont nécessaires se fait au moyen d'un billet sur leur prochaine récolte : c'est sans doute ce qui a laissé croire à certains auteurs anglais, que les Séchellois ignoraient absolument l'usage de l'argent, et que le coton était le signe représentatif employé dans leurs transactions.

La terre végétale de l'île est peu profonde, et très-séléniteuse : elle se compose de sable granitique et du détritus des végétaux. Les défrichements, les pluies et les cultures trop fortes en diminuent considérablement l'épaisseur, et en détruisent promptement les rapports. Les montagnes, dans leurs éboulements, ont couvert de fragments de granit presque toutes les terres basses, et laissé bien peu d'espace pour la culture ; aussi les habitants et leurs travailleurs sont-ils sans cesse occupés à nettoyer le terrain autant qu'ils le peuvent. Le procédé qu'ils emploient dans ce but est curieux : lorsqu'un bloc de granit est trop gros pour qu'ils puissent le rouler, ils le font chauffer en le couvrant d'un bûcher auquel ils mettent le feu ; puis, quand il est suffisamment chaud, ils le baignent d'eau de mer : cette opération rend la pierre si fragile, qu'on la brise ensuite facilement à coups de masse.

L'industrie est à peu près nulle aux Séchelles ; elle se borne à la fabrication de l'huile de coco, et à celle des cordages de cairo, de var et d'aloès (agave). Ce dernier végétal fournit un cordage excellent ; quand il est neuf et bien travaillé, il égale le filin d'Europe. La préparation en est très-facile : après avoir cueilli une quantité de feuilles d'aloès, on les noue par paquets, et on les enterre dans le sable, dans un endroit que la marée puisse alternativement couvrir et laisser à sec ; au bout de quinze jours, on les retire, on les secoue fortement dans l'eau de mer, et lorsqu'il ne reste plus que les filaments dégagés de toute autre substance, on les fait sécher et blanchir au soleil ; cette opération terminée, on confectionne le cordage comme on le fait avec le chanvre. L'ananas fournit aussi des cordes fines et fortes. Il existe à Mahé un chantier de construction et de réparation pour les navires : cet établissement est assez considérable, et occupe bon nombre d'ouvriers ; la proximité des bois, leur excellente qualité, rendent les travaux de marine beaucoup moins dispendieux à Mahé que partout ailleurs dans l'océan Indien. Il sort de la colonie un grand nombre de bâtiments de moyen tonnage, parfaitement construits, et beaucoup d'autres y viennent faire leurs réparations à bon marché : c'est une des meilleures branches de commerce de ce petit pays. Quarante-cinq bâtiments, mesurant 4 700 tonneaux, ont été construits aux Séchelles depuis 1810 : le plus grand de ces bâtiments est *le Thomas Blyth*, de 400 tonneaux, construit en 1825 ; depuis 1825, seize vaisseaux étrangers, dont un de 800 tonneaux, ont été réparés en entier dans les chantiers de Mahé ; dix navires formant ensemble 575 tonneaux, vingt-neuf péniches, et sept bateaux de côte, appartiennent aujourd'hui à l'archipel.

Mahé est entourée des îles et des îlots suivants : *Sainte-Anne*, située à environ une lieue à l'est du port, habitée par 250 personnes ; *l'Ile-aux-Cerfs*, habitée par 30 personnes ; les îles *Sèche*, *Moyenne*, *Petite*, *Longue*, situées entre les deux îles précédentes, et cultivées par une vingtaine de personnes ; les îlots *Anonyme*, du *Sud-Est*, *Thérèse*, etc., inhabités.

L'amiral de Laplace, alors capitaine de vaisseau, visita Sainte-Anne et Mahé en 1830, sur *la Favorite*, puis en 1837, sur *l'Artémise*. A son premier voyage, la gaieté, le bien-être, régnaient dans ces îles ; mais au second voyage, la perturbation que l'émancipation des esclaves avait apportée dans l'existence des colons, donnait aux mêmes objets une teinte de tristesse, d'abandon, de ruine, dont il fut frappé.

SILHOUETTE.

Cette île, la plus haute des Séchelles, a environ quatre lieues de circonférence. Elle fut ainsi nommée en l'honneur de M. de Silhouette, contrôleur général des finances en 1759. Le lieutenant Oger en prit possession le 28 janvier 1771, au nom du roi de France. « Le sol de cette île », dit cet officier dans un rapport que nous avons sous les yeux, « est très-bon, et même meilleur que celui de Séchelles (Mahé). On a creusé la terre en plusieurs endroits ; on a trouvé le roc à huit pouces de profondeur. Elle est plus abondante en tortues de terre et de mer que les autres îles ; les caïmans et les requins y sont en nombre prodigieux : ces derniers animaux sont si voraces, qu'ils empêchaient les matelots de la chaloupe de ramer, par l'avidité avec laquelle ils mordaient les avirons. L'eau de Silhouette a meilleur goût que celle de Séchelles ; les bois y sont les mêmes, mais inférieurs. Nous y vîmes quantité de grosses chenilles brunes, de mouches et de fourmis. »

Cette île était, il y a quelques années, habitée par six propriétaires, qui cultivaient, avec 150 noirs, 1 500 arpents de terre qui leur ont été concédés ; elle est aujourd'hui inculte, faute de bras. Le débarquement y est difficile à cause des brisants.

L'*île du Nord*, à une petite distance de Silhouette, est plus petite, mais presque aussi haute que cette île. On n'y voit qu'un amoncellement désordonné de rocs granitiques, parmi lesquels plusieurs sont placés de telle façon, qu'on les peut remuer en les poussant du doigt.

PRASLIN.

Ainsi nommée en l'honneur du duc de Praslin (*), ministre de la marine de 1766 à 1760, cette île est, après Mahé, la plus grande des Séchelles : elle a de 15 à 18 lieues de circuit. Les deux tiers de sa surface sont couverts de montagnes escarpées, sur lesquelles croissent presque exclusivement des forêts de cocotiers de mer, le seul arbre que l'on ne retrouve pas dans les autres îles ; la terre cultivable est d'une bonne qualité, et semblable à celle de l'anse Royale à Mahé. Les oiseaux sont rares à Praslin, le poisson très-abondant, et les crocodiles très-gros et très-voraces. Les rivières sont en plus grand nombre qu'à Mahé ; mais elles n'ont pas leur cours libre jusqu'à la mer ; leur embouchure est généralement obstruée par une barre de sable que les débordements ouvrent, mais qui se referme bientôt après. — La population de Praslin est d'environ 500 habitants ; en 1808, il y existait cinq ou six familles, et en 1819, 250 personnes. L'administration et la police de l'île sont confiées à un commandant de quartier choisi, parmi les colons, par l'agent du gouvernement résidant à Mahé. Le mouillage de Praslin, abrité par l'île de la Curieuse, est excellent.

La Curieuse, ainsi appelée du nom de la goélette que commandait en 1768 le lieutenant Lampérière, n'est séparée de Praslin que par un canal d'environ une demi-lieue de largeur, où l'on peut mouiller en sûreté par tous les temps. Elle renferme environ 500 arpents de bonne terre propre à la culture du coton ; sa longueur est d'à peu près une lieue, et sa largeur d'environ une demi-lieue ; elle a été concédée à un habitant de Maurice, par acte du 29 octobre 1817. On y trouve, comme à Praslin, des bois de cocotiers de mer. Le gouvernement de l'île Maurice y entretient un lazaret de lépreux, dirigé par un médecin et un inspecteur.

La Digue est le nom de la corvette que commandait le capitaine Duche-

(*) Elle avait été nommée, en 1756, l'*île Moras*, en l'honneur du ministre de ce nom, par Morphey, qui se proposait de la visiter, mais qui ne put effectuer ce projet faute de vivres pour ses équipages. Le premier nom de cette île est celui de *la Palme*, que nous voyons figurer sur la carte manuscrite de Lazare Picault.

min en 1768. Cette île, d'environ deux lieues de circuit, a près de 2 000 arpents de terre cultivable, dont 1 500 ont été concédés à une vingtaine de colons qui occupent 300 noirs. L'acte de prise de possession est du 12 février 1771 : le sieur Oger, officier à bord de *l'Heure du Berger*, y ayant été envoyé, fit élever une petite pyramide en pierres sèches, dans laquelle fut placée une bouteille bien scellée, renfermant le procès-verbal. L'île était alors pleine d'oiseaux, de tortues et de crocodiles : Oger y fit mesurer un de ces derniers animaux, qui avait 13 pieds de long et 8 pieds de tour; il y vit aussi une grosse couleuvre capelle. — La partie orientale de cette île est entièrement couverte de blocs de rocher énormes, au milieu desquels il est impossible de s'avancer. La partie occidentale est arrosée par un étang long et sinueux, aux bords duquel s'élèvent les habitations. On ne trouve aucun mouillage près des côtes de la Digue; l'abord de cette île est difficile même en pirogue.

Marianne, l'*île Ronde*, l'*île Aride*, la *Baleine*, les *Cousins*, les *Cousines*, les *Mamelles*, situées autour de Praslin, sont des îlots inhabités et sans valeur; les *Trois-Sœurs* sont trois petites îles rocailleuses, et couvertes de broussailles, habitées par 15 individus. — *Félicité*, un peu plus grande que les précédentes, a 34 arpents de terre cultivés par 50 noirs.

ILES ÉPARSES.

Ile Denis.

Cette île a environ six milles de circuit. Il ne s'y trouve guère que 150 arpents de terre cultivable. M. de Trobriant, capitaine des vaisseaux du roi, en prit possession en 1777, et en leva un plan que l'on voit, en manuscrit, au dépôt de la marine. Elle a été concédée le 31 décembre 1815, mais elle n'est pas habitée. Son aspect est semblable à celui de l'île aux Vaches-Marines.

Ile aux Vaches-Marines.

Celle-ci, qui n'a pas plus de cinq milles de tour, est située par 3° 45′ de latitude, et 52° 50′ de longitude est, à environ 25 lieues au nord-nord-ouest de Mahé. Deux grandes mares d'eau un peu saumâtre existent vers le centre de l'île, au pied d'une colline presque toute de granit. Le seul végétal qui pousse sur cette terre désolée, est le véloutier, petit arbuste à feuilles grasses de la famille des palétuviers. Des oiseaux et des tortues de mer, quelques vaches marines, et le crabe de terre nommé *tourlourou* par les créoles, en sont les seuls habitants. « La quantité de poissons qui fourmillent sur les côtes de cette île, passe toute croyance », dit un voyageur français embarqué sur le corsaire *l'Hirondelle*, qui y fit naufrage en 1808 : « un seul d'entre nous, en se promenant dans l'eau jusqu'au genou, en assommait dans une heure plus que nous ne pouvions en consommer en deux jours; les espèces les plus communes étaient la carangue, la sole, les raies, le capitaine, le chien de mer, ainsi que les congres; parmi les crustacés, les homards ou écrevisses de mer étaient les plus communs; les rochers étaient couverts de moules et de plusieurs beaux coquillages, porcelaines, olives, casques, etc., et surtout de la grande huître des Indes, appelée huître tuilée.... Les vaches marines se traînent souvent sur les dunes pour y dormir au soleil, et, dans cet état, on peut les entendre souffler de bien loin : cet animal est peu redoutable, malgré sa taille énorme et ses dents menaçantes; nos matelots en assommèrent plusieurs pendant notre séjour, mais nous n'en faisions pas beaucoup de cas, la chair n'en étant pas supportable; une seule tortue nous faisait plus de plaisir lorsque nous parvenions à la surprendre. »

Ile aux Récifs.

Située à huit lieues à l'est de Mahé, cette île n'est habitée que par des myriades d'oiseaux de mer. Elle a environ 150 pieds de hauteur; à son sommet on voit un roc qui ressemble à un château fort, et que la fiente des oiseaux a blanchi. Le diamètre de cette île est d'à peu près une demi-lieue.

Ile aux Frégates.

Suivant une tradition qui date des premiers temps de l'établissement des Français à l'île Maurice, la petite *île aux Frégates* a été le dernier refuge des pirates qui désolèrent pendant vingt ans la mer des Indes; un trésor immense y a, dit-on, été enfoui par eux; malheureusement, les indications qui pourraient servir à retrouver l'emplacement de ce précieux dépôt, sont vagues et insuffisantes; et les recherches qui ont été tentées dans cette île, à différentes reprises, n'ont eu aucun succès : « Que le trésor existe ou n'existe pas », dit à ce sujet une gazette de l'île Maurice, « il n'est pas moins constant que l'île en renferme un autre bien plus précieux : c'est une source d'eau minérale, imparfaitement analysée jusqu'à présent, en l'absence des réactifs indispensables, mais qui possède, à n'en pas douter, des propriétés salutaires, qui ont rendu l'usage de cette eau souverain dans le traitement de certaines maladies (cutanées) : on cite, dans le nombre des cures, celle de trois hommes atteints de maux horribles, qu'en désespoir de guérison on avait envoyés à l'île aux Frégates, et qui en sont revenus parfaitement sains; cette eau a un goût acide, auquel les malades ont peine à s'habituer, et qui a fait donner à la source le nom d'*eau aigre*. »

L'île aux Frégates contient environ 300 arpents de terre qui paraît propre à la culture du coton; les bestiaux y réussissent très-bien; elle a été concédée le 22 avril 1813.

L'extrait suivant est emprunté à la relation inédite d'un voyage fait à l'île aux Frégates, en août 1833, par M. Elysée Liénard, membre distingué de la Société d'histoire naturelle de l'île Maurice : « ... Le trajet de Mahé à l'île aux Frégates n'était pas long, dit l'auteur; nous arrivâmes sur la côte de cette dernière île à six heures du soir. L'aspect de ses montagnes arides, le bruit affreux des vagues qui se brisaient avec violence contre les rochers du rivage, les cris assourdissants des oiseaux de mer, tout concourait à donner à ce spectacle un charme à la fois étrange et imposant.... Le débarquement était impossible; des bateaux envoyés vers la terre n'avaient pu réussir à franchir le récif; nous prîmes donc nos dispositions pour passer la nuit à bord. La pêche était abondante; le pont du navire fut bientôt couvert de poissons énormes, qui se débattaient à grand bruit autour de nous. A quatre heures du matin, nous fûmes réveillés par le ramage d'une espèce de pies qui sifflaient à la fois de toutes les parties de l'île. Les vagues étaient encore trop fortes pour qu'on pût débarquer; nous étions environnés de thons, de raies, de marsouins et de squales gigantesques, parmi lesquels nous remarquions l'espèce appelée *marteau*, qui, nageant à la surface de la mer, soulevait hors de l'eau, comme une voile de navire, sa large dorsale grise et triangulaire.... Enfin la mer se calma un peu; on disposa les embarcations, et j'entrai dans l'une d'elles; bientôt nous approchons de la terre au milieu de vagues effrayantes qui menacent à chaque instant de nous engloutir; arrivé à une petite distance de la passe, notre bateau s'arrête; le patron, debout à l'arrière, semble consulter la mer; plus d'un quart d'heure se passe ainsi sans qu'il ose donner le signal; enfin, le moment venu, nous faisons force de rames; les nageurs, animés par la présence du danger, déploient toute leur vigueur; une lame énorme soulève le bateau, et le lance avec la rapidité d'une flèche à cinquante pas sur le rivage, où des esclaves apostés d'avance le saisissent et le transportent entre les rochers, dans un endroit que les flots ne peuvent atteindre. L'espace est très-étroit entre le rivage et la montagne; dans certaines saisons de l'année, lorsque le vent souffle vers cette partie de l'île, la plage de sable disparaît entièrement sous les vagues qui viennent alors frapper contre la falaise, et y forment de profondes excavations, seul abri que nous trouvâmes contre les rayons du soleil.

« Après nous être reposés quelques instants, nous commençâmes à gravir la montagne par un sentier à pic, bordé de distance en distance de petits arbustes maigres et rachitiques. Le bruit des vagues était si fort, que parvenus à une hauteur assez considérable, et tout près les uns des autres, nous avions de la peine à nous faire entendre. Après une demi-heure de marche pénible, nous atteignîmes le sommet de la falaise; une vaste plaine, parsemée d'arbustes et de rochers énormes, s'étendait devant nos yeux. Pour arriver à l'établissement, situé de l'autre côté de l'île, il nous fallut traverser cette plaine sans ombrage, et descendre à travers les rochers dans une profonde ravine creusée par les eaux d'un torrent. A tout moment, des geckos, des scinques (espèces de lézards), s'élançaient de dessous nos pieds; ces animaux hideux et dégoûtants sont d'une familiarité gênante: on ne peut s'asseoir sans en être assailli de toutes parts; ils sautent entre vos jambes, et se glissent quelquefois sous vos vêtements. Des lapins à fourrure de couleurs diverses fuyaient à notre approche, et disparaissaient bientôt derrière les rochers; d'autres, cachés dans leur tanière, ne laissaient voir que leur tête blanche, et regardaient comme avec surprise les nouveaux hôtes de leur île. Nous avancions lentement, la chaleur était étouffante, et il fallait se frayer un chemin à travers les rocs dont la plaine était hérissée de toutes parts. Une marche d'une heure nous conduisit aux confins de ce petit désert. Le ravin se présentait devant nous; nos regards plongèrent dans ces riantes profondeurs; la verdure la plus fraîche tapissait cette vallée délicieuse, qui contrastait avec les sables arides que nous venions de laisser derrière nous. La scène avait changé: des cocotiers d'une hauteur prodigieuse balançaient mollement leurs tiges élégantes; des *porchers* verts, des *cotonniers* parés de leurs flocons neigeux, des *bonnets-carrés* surchargés de feuilles larges et luisantes, décoraient ce ravissant paysage. Un ruisseau qui descend du ravin serpente un peu plus loin dans la plaine, au milieu d'une forêt d'arbrisseaux; ses eaux sont chargées de principes minéraux, et les habitants de l'île s'en servent avec succès dans les maladies graves qui règnent pendant une saison de l'année. A une petite distance de ce ruisseau, on rencontre des sources d'eau naturelle.

« Quoique fatigué par la marche pénible que je venais de faire, je ne pus résister au désir de parcourir aussitôt le vallon dans toute son étendue. De chaque côté s'élève une muraille de rochers noirs, entassés avec un désordre pittoresque; au-devant, la mer, toujours furieuse, grondait comme le tonnerre. On me fit voir un trou, creusé quelque temps avant mon arrivée, et dans lequel on avait trouvé une immense caisse remplie de vaisselle de différents pays, de piques hollandaises, de couteaux, de haches d'armes, de sabres et de piastres d'Espagne, le tout presque entièrement rongé par le temps. Plus loin, vis-à-vis d'une anse déserte, on me conduisit vers les ruines de l'habitation que les forbans avaient établie en cet endroit: des soubassements en corail et en pierres taillées indiquaient que la construction formait un carré long. Non loin de là, il existe encore d'autres traces de bâtiments enfouis sous la terre, et sous des touffes épaisses de lianes et de broussailles; c'est là que l'on trouva, en 1812, un baudrier et une épaulette en or. Sur un rocher situé en face de l'anse, on distingue, sans pouvoir la déchiffrer, une inscription qui paraît avoir été taillée dans la pierre au moyen d'un ciseau. On dirait que le feu d'un volcan a ravagé cette plage, ou qu'une main puissante s'est plu à y répandre un affreux désordre: la côte est hérissée de rocs noirs et anguleux, contre lesquels la mer brise avec fureur, et un morne abrupte s'élève à trente pieds du rivage; on a donné à cette partie de l'île le nom de l'*Anse au Parc*, à cause d'un réservoir formé près du rivage, et dans lequel, lorsque la mer est haute, les tortues viennent chercher un abri contre la violence des flots. Dans une autre partie de l'île appelée la *Grande-Anse*, on découvrit aussi des vestiges d'habitations, du fer, des boulets enfouis, un puits de quinze pieds de profondeur, dont l'intérieur était garni d'une feuille de plomb, et à côté, une pierre qui avait servi de filtre. Les premiers habitants qui visitèrent l'île, disent avoir trouvé dans un autre endroit, appelé l'*Anse Lesage*, un très-grand mât en bois de teck, et dont le pied reposait sur une plate-forme très-soigneusement maçonnée; ils virent aussi les ruines d'une forge, un canal en plomb qui conduisait dans l'habitation l'eau d'une source voisine, et sur une hauteur, à gauche, trois tombeaux en corail, sur lesquels étaient déposées des poignées d'épée en cuivre; une grande quantité d'ossements étaient répandus aux alentours.

« Les plus anciens habitants des Séchelles racontent qu'à leur arrivée les pirates avaient disparu depuis longtemps, qu'ils avaien thabité l'île aux Frégates pendant plusieurs années, et que plusieurs navires avaient été victimes de leurs brigandages; qu'enfin, craignant d'être découverts dans leur retraite, ils avaient pris la résolution de quitter l'île, emportant avec eux un immense trésor. Ils disent encore que, dans la crainte d'être surpris en mer, ces brigands cachèrent une partie de leur trésor, mais que, ayant été pris quelque temps après, ils reçurent tous le châtiment de leurs crimes, sauf un seul qui fut épargné à cause de son jeune âge. C'est de lui que l'on tient ces détails curieux; au moment de mourir, il remit à un de ses amis une note qui contenait la désignation et la description de l'endroit où le trésor avait été caché. J'ai vu cette note, et après l'avoir lue, il ne m'est plus resté aucun doute sur l'authenticité des faits qui précèdent, car tout s'accorde à leur donner un caractère de vérité incontestable. Des recherches faites sur les lieux indiqués n'ont pas été couronnées de succès; mais on a souvent recueilli des piastres d'Espagne, et d'autres monnaies appelées *cruzades*, que la mer jetait sur le rivage; j'ai plusieurs de ces pièces que le sable et le corail avaient soudées ensemble de manière à ne pouvoir plus être séparées. — Quand le temps est calme, on aperçoit, à un demi-mille de la terre, les débris d'un grand navire qui gisent au fond de l'eau.

« A quelle époque les pirates formèrent-ils leur établissement sur cette île? C'est ce qu'on ignore. Peut-être avaient-ils des relations avec les forbans qui habitèrent près du cap Saint-Sébastien à Madagascar. Ces derniers étaient, à une époque reculée, le fléau des nouvelles colonies fondées dans les îles voisines; leur alliance avec les forbans de Sainte-Marie leur donna l'audace de tout entreprendre : ils interceptèrent le bétail et les provisions que Madagascar fournissait à Maurice et à Bourbon; ils débarquèrent dans ces deux îles, y brûlèrent des habitations et en massacrèrent les habitants : les Hollandais, alors en possession de Maurice, furent réduits à la dernière extrémité, faute de vivres, et par les invasions fréquentes de ces bandits; c'est peut-être à cette cause qu'il faut attribuer l'abandon de l'île Maurice par cette nation, en l'année 1712. »

Ile Plate.

L'île Plate, composée de corail, n'a qu'un mille de long; mais en dehors de sa pointe sud-ouest, il existe un banc qui s'étend à quatre ou cinq lieues, et sur lequel on a une profondeur de 5 à 12 brasses. Un long récif la borde du côté du nord. Le gouvernement de l'île Maurice a jusqu'à présent destiné cette île aux quarantaines des bâtiments qui ont des maladies contagieuses à bord. Sa position est par 5° 48′ 30″ de latitude et 53° 7′ de longitude à l'est de Paris; elle fut découverte en 1768 par le lieutenant Lampérière, commandant la goelette *la Curieuse*.

HISTOIRE.

Premières explorations.

Malgré la confusion qui règne dans les anciennes cartes, on ne peut douter que les Portugais n'aient eu connaissance des Séchelles dès leurs premiers voyages aux Indes. Les portulans manuscrits du seizième siècle que nous avons consultés, portent tous, à l'est des *Ilhas do Almirante* (les Amirantes des cartes modernes), une chaîne de petites îles appelées *Mascarenhas*, que nous n'hésitons pas à identifier avec les Séchelles. La découverte de cet archipel devait nécessairement suivre celle des Amirantes; car il serait difficile de se rendre de ces dernières îles dans l'Inde, sans apercevoir à l'est les hautes montagnes des Séchelles. Quoi qu'il en soit, les Portugais ne s'arrêtèrent jamais dans ces îles; car s'ils l'avaient fait, ils y auraient certainement découvert l'existence du palmier qui produit le *coco de mer;* or nous voyons, par leurs propres écrivains, que l'origine de cette noix curieuse fut encore longtemps un mystère pour eux comme pour tous les peuples qui attribuaient à ce fruit d'incomparables vertus médicinales.

Ce fut le 19 novembre 1742 qu'eut lieu la découverte réelle de cet archipel : le capitaine Lazare Picault, qui commandait la tartane *l'Élisabeth*, et avait sous ses ordres le bot *le Charles* commandé par Jean Crossen, y aborda dans le cours du voyage d'exploration que Mahé de la Bourdonnais, gouverneur de l'Ile-de-France, lui avait donné l'ordre de faire au nord de cette colonie. Trompé par ses calculs, il crut avoir découvert les îles de *Tres Irmaôs* ou des Trois frères, portées sur les anciennes cartes non loin du point où il croyait être arrivé; Picault et ses compagnons, ayant pénétré dans l'intérieur de la plus grande du groupe, y trouvèrent beaucoup d'oiseaux, tels que tourterelles, merles, perroquets, etc.; et ils y virent aussi une grande quantité de tortues de terre et de mer, des crocodiles de diverses grandeurs. A leur retour, ils s'aperçurent qu'ils avaient commis une grosse méprise relativement à la position des îles qu'ils venaient de visiter : au lieu d'atterrir à Rodrigues, comme ils le croyaient, ils allèrent donner sur Madagascar : c'était se tromper de plus de 300 lieues! Ils corrigèrent leur route tant bien que mal, au moyen de la variation, et se convainquirent que ces îles étaient inconnues avant leur arrivée; en conséquence, ils leur imposèrent le nom de Mahé en l'honneur du gouverneur de l'Ile-de-France. Le récit avantageux qu'ils firent de leur découverte, à leur arrivée dans cette colonie, engagea la Bourdonnais à y envoyer de nouveau la tartane *l'Élisabeth* sous le commandement de Lazare Picault; celui-ci s'y rendit en effet au mois de mai 1744, jeta l'ancre à Mahé, dans une petite anse du sud-ouest que l'on appelle encore *l'anse Saint-Lazare*, et, au nom du roi, prit possession du groupe entier, qu'il nomma *Iles de la Bourdonnais*, réservant à l'île principale le nom de *Mahé*, qu'elle a conservé; le port de cette île reçut le nom de *Port-Royal*.

L'exploration du capitaine Picault fut trop rapide pour n'être pas superficielle. En 1756, Magon, gouverneur de l'Ile-de-France, pensa qu'il serait avantageux de prendre une connaissance particulière de toutes les îles portées sur les cartes entre l'Ile-de-France et l'Inde, de remarquer leur situation, leurs ports, la qualité du terrain, les productions naturelles qu'elles renferment, les espèces d'arbres qui y croissent, enfin, tout ce qu'elles peuvent contenir de bon, de curieux et d'utile. C'est dans ce but qu'il y envoya, dans la même année, la frégate *le Cerf*, commandée par le sieur Morphey, et la goélette *le Saint-Benoît*, commandée par le sieur Prejean, « avec ordre de prendre possession sous le nom d'Isle-de-Seychelles de celle où l'on serait assez heureux pour trouver un bon port, et d'y laisser pour marque une pierre gravée aux armes de France. »

Cette prise de possession fut effectuée le 1er novembre 1756, et pour la constater, Morphey fit poser et maçonner une pierre aux armes de France, et élever, sur le rocher en forme d'éventail que l'on voit dans le port, un mât de 55 pieds de hauteur, auquel on arbora le pavillon français. Le procès-verbal en est conservé aux archives de la cour d'appel de l'île Maurice.

Le nouveau nom que l'on imposait à l'île était un hommage rendu au contrôleur des finances et secrétaire d'État Moreau de Séchelles : cependant la Bourdonnais mourait à la suite des persécutions dont il avait été l'objet de la part d'une administration jalouse, ingrate et inique ; mais le sort n'a pas voulu que le souvenir de cette glorieuse victime d'une politique corrompue fût entièrement effacé de l'histoire modeste de cet archipel, dont le premier il avait compris l'importance : le nom de *Mahé* rappelle encore les généreux efforts qu'il tenta pour fonder la puissance française dans les mers de l'Inde, et, quoique restreint à une seule petite île, il éclipse par sa célébrité le nom de Séchelles, que la flatterie imposa à l'archipel entier, et dont d'arides recherches peuvent seules aujourd'hui retrouver l'origine.

Pendant douze ans on ne s'occupa plus des îles Séchelles. En 1769, le capitaine Marion Dufrêne, commandant la flûte *la Digue*, reçut du duc de Praslin, alors ministre de la marine, l'ordre d'aller reconnaître les archipels situés entre les Maldives et l'Ile-de-France. Arrivé dans cette colonie, ce navigateur envoya son bâtiment vers les Séchelles à la fin du mois de septembre : la saison des pluies, qui commence dans ces îles à cette époque de l'année, ne permit pas aux explorateurs d'en faire un examen approfondi ; mais une découverte à laquelle ils étaient loin de s'attendre, donna à cette reconnaissance beaucoup d'importance, et excita les administrateurs de l'Ile-de-France à y envoyer une seconde expédition : l'ingénieur Barré, levant en 1768 les plans de l'archipel des Séchelles, par commission spéciale de ce brave capitaine Marion, qui fut depuis dévoré par les anthropophages de la Nouvelle-Zélande, trouva à l'île de Palme (Praslin) un fruit qui fut reconnu pour un coco de mer, ce fruit si recherché aux Indes et dans toute l'Asie.

Ce fut au chevalier Grenier que fut confiée la seconde expédition ; l'abbé Rochon fut adjoint à cet officier pour la détermination astronomique des lieux où l'on s'arrêterait ; les corvettes *l'Heure du Berger* et *le Vert-Galant* furent mises sous ses ordres, et le 13 juin 1769 on arriva à Mahé. Nous reproduisons ici en l'abrégeant le récit de Rochon : « Je ne fatiguerai pas le lecteur du détail de mes observations, dit cet astronome ; je ne me permettrai pas même d'énumérer les productions de cet archipel : depuis qu'il est habité, les colons doivent le connaître beaucoup mieux que moi ; mais je dirai que, pendant que le capitaine faisait caréner sa corvette, il fit faire une vergue d'un seul arbre d'un bois blanc dont le suc est laiteux et l'aubier assez semblable à celui de l'ébène ; ces arbres ont soixante-dix pieds de hauteur, et ce n'est qu'au bois de natte et aux arbres à pommes de singes qu'ils le cèdent en dimensions. J'ai vu des bois de natte qui avaient cinq pieds de diamètre et quatre-vingts pieds de haut. En général ces îles sont couvertes de bois de différentes espèces ; la vue en est pittoresque ; mais en descendant à terre, le tableau n'en est pas si riant : ce n'est plus qu'un terrain sablonneux, hérissé de montagnes dont l'accès est difficile, et coupé de vallons tellement resserrés, qu'on rencontre rarement des plaines d'un demi-kilomètre de long.

« On est surpris qu'un lieu aussi voisin de la ligne soit aussi tempéré. La position de l'île Mahé et la bonté de son port la rendent intéressante sous plus d'un rapport ; l'air y est pur, et lorsqu'elle sera habitée, on la délivrera de ces monstrueux crocodiles qui s'élancent sur les hommes qui ne sont pas sur leurs gardes. Nous avons couru quelques dangers de ce genre ;

mais ils étaient moins grands que ceux auxquels nous nous exposions en nous rendant fréquemment à terre, tant de jour que de nuit, de la part des requins et des torpilles. Plusieurs hommes de notre équipage ont été blessés par ces animaux, qui nous poursuivaient, dès que notre canot était échoué, pendant l'espace d'un demi-myriamètre, chemin que nous étions forcés de faire dans l'eau pour atteindre le lieu où mon observatoire était placé...

« L'intendant Poivre nous avait chargés de rapporter à l'Ile-de-France de jeunes plants de cocotiers de mer; nous remplîmes avec zèle cette commission; nous fîmes plus : nous apportâmes, pour le Cabinet d'histoire naturelle de Paris, une grande palme de vingt pieds de longueur, et divers renseignements qui furent accueillis avec intérêt... »

Colonisation par les Français.

Les connaissances positives qui résultèrent des explorations dont on vient de lire le récit, furent le prétexte dont se servit un sieur Brayer du Barré, habitant de l'Ile-de-France, pour former un établissement dans l'île Mahé. Au mois d'août 1770, il y fit passer des nègres et des ouvriers ; l'administration encouragea d'abord cette entreprise en fournissant à Brayer tout ce dont il avait besoin ; mais, s'apercevant bientôt qu'elle avait affaire à un aventurier dont la turbulence et la rapacité étaient sans bornes, elle refusa bientôt de l'aider davantage. Les projets de cet homme, qui se livrait déjà à la traite des nègres, et se proposait d'y joindre par occasion un peu de piraterie, étaient aussi absurdes qu'ambitieux : ils ne tendaient à rien moins qu'à fonder un petit royaume des Séchelles dont il se serait fait le chef : ce n'étaient là que des rêveries dont le ridicule devait faire justice ; mais Brayer y joignit des actes d'une nature plus grave et plus répréhensible : s'étant procuré une certaine quantité de calin, il eut l'idée d'en faire fondre plusieurs morceaux avec un peu d'argent, et de présenter cet échantillon comme provenant d'une mine des îles Séchelles ; cette fraude, qui avait pour but d'extorquer de l'administration de nouveaux secours pour l'établissement de Mahé, tourna contre son auteur : la vérité ayant été découverte, Brayer fut emprisonné en 1772, et son établissement passa entre les mains de ses nombreux créanciers.

Vers la même époque, trente à quarante colons de l'île Bourbon émigrèrent aux Séchelles. Les Anglais paraissent avoir eu aussi le dessein de s'y fixer ; dans le but d'en faire partir les habitants, ils firent courir le bruit qu'ils traiteraient comme forbans les Français qu'ils y trouveraient : cette menace n'ayant produit aucun effet, ils renoncèrent à leur dessein. La petite colonie prit un notable accroissement en 1778 ; le gouverneur de l'Ile-de-France y envoya un détachement de soldats commandés par un officier au régiment de l'Ile-de-France, M. de Romainville. On commençait alors à espérer de grands résultats d'une plantation d'arbres à épiceries, que l'ordonnateur Poivre avait donné, en octobre 1771, l'ordre de former dans l'anse Royale à Mahé.

On avait dépensé des sommes énormes pour se procurer, des îles de la Sonde, quelques plants de cannelliers, de muscadiers et de gérofliers ; et on les avait distribués entre l'Ile-de-France, Bourbon et Mahé ; mais soit que le terrain de l'Ile-de-France ne fût pas convenable à leur culture, soit que l'habitant se fût lassé de leur donner des soins dispendieux, ces arbres précieux ne réussirent bien qu'à Bourbon et à Mahé : les cannelliers, surtout, se propagèrent avec une telle rapidité dans cette dernière île, que bientôt le canton de l'Anse-Royale en fut couvert partout où les arbres de haute futaie leur permirent de croître ; un événement imprévu vint ruiner ces belles espérances : par un malentendu de M. de Romainville, qui commandait à Mahé, tous les arbres à épiceries furent arrachés. Cependant la destruction ne fut pas complète : les oiseaux, très-friands des baies de ces arbres, en avaient emporté dans les bois de l'intérieur de l'île; elles y produisirent de nouveaux plants que l'on retrouva en 1783; on les y a soignés, et en 1802 ils étaient en très-bon état; mais leur culture était trop coûteuse pour que les colons, pressés de jouir, pussent s'y livrer; on en détruisit même pour faire place à des plantations de riz, de maïs et de manioc, de cocotiers, etc.

En 1789, le gouvernement accorda des concessions aux habitants de l'Ile-de-France qui voulurent aller s'établir aux Séchelles : Mahé fut bientôt concédée, ainsi que Praslin; l'île de Sainte-Anne fut réunie au domaine, afin de la laisser à la disposition des vaisseaux qui relâchaient en ce port, et leur donner la liberté d'y descendre leurs équipages pour s'y établir. Une seule habitation existait alors à Sainte-Anne; c'était celle du premier colon qui se fût fixé dans l'archipel : cet homme, qui s'appelait Hangard, servait comme matelot sur un bâtiment qui relâcha aux Séchelles; il demanda à être déposé dans l'île Sainte-Anne, dont la situation lui parut des plus favorables; on lui donna quelques nègres, des armes, des instruments aratoires, et tout ce qui pouvait lui être nécessaire au commencement de son séjour dans la colonie; son habitation, la plus belle et la plus riche de ces îles, était cultivée en 1802 par plus de 200 noirs.

La population des îles Séchelles était, en 1789, de 20 blancs, 9 noirs libres et 221 esclaves. On ne peut s'empêcher de sourire en apprenant que cette petite colonie envoya en 1791 une adresse à l'Assemblée nationale pour qu'on la fît jouir des droits et des avantages accordés aux autres colonies. Un commissaire, le citoyen Lescalier, y fut, à cet effet, envoyé en 1792; il amenait avec lui le sieur Énouf, destiné à exercer les fonctions de commandant et d'administrateur. Les vingt colons de cet archipel reçurent d'abord avec joie un plan d'organisation provisoire; mais l'esprit de vertige révolutionnaire s'étant emparé d'eux, ils voulurent montrer qu'ils savaient aussi se servir des droits de l'homme, et formèrent une assemblée coloniale, une municipalité, une justice de paix, et jusqu'à une garde nationale : le chiffre de la population força de cumuler sur une seule tête les fonctions, assez incompatibles par leur nature, de président de l'assemblée, de maire, et de juge de paix; la garde nationale, composée de cinq hommes, se nomma un commandant général; et le représentant des administrateurs généraux de l'Ile-de-France, devenu pouvoir exécutif, ne conserva de son autorité que le droit de représentation et de sanction.

Cette puérile imitation des institutions nouvelles de l'Ile-de-France eut peu de durée : l'apparition d'une escadre anglaise, composée de *l'Orpheus*, du *Centurion* et de *la Résistance*, força l'assemblée souveraine à abdiquer entre les mains du commandant, M. Quéau de Quincy, qui avait succédé à M. Énouf; le nouveau commandant, qui savait ne pouvoir résister à la moindre attaque de l'ennemi, négocia avec le commodore anglais, et obtint, le 17 mai 1794, une capitulation, à l'abri de laquelle les goélettes de l'archipel purent naviguer dans la mer des Indes ; d'après cette convention, ratifiée par le gouvernement de Bombay dans le cours de la même année, les Séchelles restaient sous la protection de la France, mais s'engageaient à conserver la neutralité entre les puissances belligérantes : ses bâtiments devaient porter une enseigne bleue avec ces mots : *Séchelles — Capitulation*, en lettres blanches. Ce fut sous l'empire de ce traité et sous la sage et habile administration de M. de Quincy, que l'archipel prospéra d'une manière prodigieuse : sa population qui, avant l'année 1794, ne comptait que cinq ou six familles et environ 200 esclaves, s'éleva, en moins de cinq ans, à plus de 80 familles et à près de 2 000 noirs.

Séjour, aux Séchelles, des déportés français de l'an IX.

La tranquillité dont ces îles jouissaient ne fut momentanément troublée que par l'arrivée des soixante-neuf déportés de l'an IX. Ces hommes, naguère turbulents et indomptables, parmi lesquels se trouvaient le général Rossignol, Pepin de Grouhette, Bouin, Mamin, et une foule d'autres terroristes, furent débarqués à Mahé le 14 juillet et le 25 août 1801, par la frégate *la Chiffonne* et la corvette *la Flèche*, qui, dès leur arrivée dans ce port, tombèrent au pouvoir de l'ennemi, après une défense courageuse à laquelle les déportés eux-mêmes prirent une part active. Les habitants n'apprirent pas sans un vif mécontentement quels étaient les hôtes qu'on leur destinait; un grand nombre d'entre eux déclarèrent qu'ils s'opposeraient à leur séjour dans l'île; M. de Quincy lui-même hésitait à les recevoir; mais les ordres du ministre de la marine étaient positifs : « Vous recevrez les nouveaux colons français », disait le ministre; « vous leur donnerez des concessions, et leur fournirez des instruments aratoires dont ils auront besoin; les habitants de Mahé qui se trouveraient formalisés de la présence de ces nouveaux colons, pourront passer à l'Ile-de-France, où on les indemnisera de la perte de leurs habitations. Traitez ces Français avec douceur; ce sont les intentions du premier consul: il désire que ces malheureux changent de principes, et reviennent de leurs erreurs. »

Les Séchellois, qui tous avaient deux ou trois habitations, craignirent, après avoir pris connaissance de ses dépêches, que le commandant ne leur en ôtât une à chacun, pour en donner la propriété aux déportés; la plupart pensèrent que le plus sûr moyen d'éviter cette perte était de prendre chez eux la totalité des proscrits, et de pourvoir à leur nourriture et à leur entretien; ils en firent la proposition au commandant, qui l'accepta, croyant accorder ainsi tous les intérêts et mettre fin à tous les débats; mais ceux des anciens colons qui s'étaient le plus opposés au débarquement des proscrits, ne consentirent point à en recevoir sur leurs habitations. Leurs craintes étaient certainement exagérées, car le plus grand nombre d'entre les déportés étaient maintenant abattus par l'infortune et incapables de rien tenter contre eux ou leurs propriétés; hors du théâtre des mouvements séditieux, c'étaient, pour la plupart, des hommes doux et inoffensifs, comme la suite l'a prouvé. Quoi qu'il en soit, les Séchellois, qui les redoutaient, poussèrent l'animosité jusqu'à conspirer contre eux, afin d'obtenir leur éloignement de l'archipel; pour mieux réussir dans leurs projets, ils eurent recours à l'Assemblée coloniale de l'Ile-de-France, qui avait déjà pris un arrêté portant peine de mort contre ceux des proscrits qui chercheraient à s'introduire dans cette île; et comme des relations commerciales attiraient assez souvent à l'Ile-de-France les habitants de Mahé, elles leur servirent de prétexte pour y multiplier leurs voyages. Ils commencèrent par agir sourdement; et lorsqu'ils eurent préparé les esprits, ils firent entendre des plaintes incessantes : il était impossible, suivant eux, de vivre dans des îles habitées par un aussi grand nombre de proscrits; leur existence était compromise, ainsi que celle de leurs familles; ils prétendaient même, et rien n'était plus contraire à la vérité, que l'archipel ne produisait pas les vivres nécessaires à la subsistance de ses nombreux habitants, que les déportés y avaient déjà occasionné une très-grande disette, qu'ils s'étaient emparés de plusieurs habitations, et que les propriétaires et leurs familles erraient çà et là dans les bois.

L'Assemblée coloniale, qui accueillait ces plaintes réitérées et qui craignait que la tranquillité ne fût longtemps troublée aux Séchelles, décida, après une longue délibération, et malgré les intentions bien connues du gouvernement, que les soixante-neuf proscrits seraient transportés en d'autres lieux;

mais il fallait environ 60 000 francs pour l'armement d'un navire, et l'Assemblée coloniale n'était pas disposée à dépenser une somme aussi considérable, dans un moment où elle ne recevait aucun secours de la métropole; les mécontents des Séchelles n'ignoraient pas que, parmi les déportés, plusieurs avaient laissé quelque fortune en France; ils leur offrirent donc le moyen de retourner dans la mère patrie en leur proposant l'achat d'un bâtiment. Les proscrits acceptèrent sur-le-champ une proposition qui s'accordait avec leurs désirs : ils nommèrent trois de leurs compagnons, Rossignol, Vanheck et Corchant pour conclure cette affaire, à laquelle ils attachaient la plus grande importance; les habitants, de leur côté, confièrent leurs intérêts à trois de leurs compatriotes nommés Mondon, Marie et Savy; ces commissaires firent l'acquisition d'un petit navire qui était encore sur le chantier. On travaillait avec ardeur à son armement, et les habitants fixaient déjà le jour où tous ceux qui logeaient des déportés devaient les envoyer au port pour leur embarquement, lorsqu'on apprit que la corvette *le Bélier*, qui venait de jeter l'ancre à Mahé, avait été expédiée de l'Ile-de-France pour emmener les proscrits. Sur-le-champ, les habitants et une partie de leurs nègres prirent les armes et s'assurèrent des déportés. Partout on fit des arrestations, et on mit des pirogues à la mer pour aller chercher ceux d'entre eux qui logeaient dans des habitations éloignées. Le capitaine de la corvette en fit mettre aux fers plusieurs; mais un commissaire, M. Lafitte, que l'Assemblée coloniale de l'Ile-de-France avait chargé de ses instructions, s'empressa de mettre fin à un traitement aussi rigoureux. Il fit même assembler les habitants, et il leur dit qu'il ne voyait rien qui pût justifier leurs plaintes; qu'ils en avaient imposé à l'Assemblée coloniale; que leur colonie était tranquille; que chacun y vivait chez soi; qu'il n'en exécuterait par moins les ordres qu'il avait reçus, mais qu'il porterait la vérité à la connaissance de cette Assemblée, et l'instruirait de leur coupable conduite. La corvette ne pouvant, à cause de son nombreux équipage, recevoir sur son bord les soixante-neuf déportés, n'emmena que trente-deux de ces malheureux, parmi lesquels se trouvaient Rossignol. Bouin et Mamin : elle leva l'ancre le 13 mars 1803, et aborda le 3 avril à Anjouan, l'une des îles Comores, où une maladie épidémique moissonna en vingt jours la plus grande partie des exilés.

Quant à ceux qui restaient aux îles Séchelles, les habitants se flattèrent que l'Assemblée coloniale les ferait transporter, comme les autres, dans les îles Comores; mais il paraît que, d'après le compte rendu par le commissaire Lafitte, cette Assemblée, voyant qu'elle avait été trompée par de faux rapports, et craignant que le gouvernement de la métropole ne condamnât son acte arbitraire, ne voulut point ajouter à ses torts en ordonnant la translation de ce qui restait de déportés. Les habitants, après avoir fait à cet égard les plus instantes demandes, et après s'être convaincus de l'inutilité de leurs démarches, finirent par concevoir eux-mêmes des inquiétudes, et ils ne manifestèrent plus aux déportés l'animosité dont ils avaient été remplis. Ceux-ci étaient, du reste, en trop petit nombre pour leur pouvoir nuire; les caractères turbulents furent facilement contenus, et par les habitants, et par ceux même de leurs compagnons d'infortune qui s'étaient résignés à leur sort et cherchaient à l'adoucir par le travail. L'Assemblée coloniale de l'Ile-de-France leur permit, quelques années après, de venir s'établir dans cette île : une partie des exilés profitèrent de cette autorisation, dans l'espoir d'employer leurs talents et de se créer une ressource pour l'avenir; les autres demeurèrent aux Séchelles, et se livrèrent à la culture ou au commerce de détail. En 1817, plusieurs d'entre eux demandèrent et obtinrent l'autorisation de revenir en France (*).

(*) Nous avons puisé les faits qui pré-

ILES DE L'AFRIQUE.

Derniers événements.

L'accroissement de population dont nous avons parlé plus haut, ne s'arrêta pas, malgré les désordres que le séjour des déportés occasionna dans ces îles.

L'arrivée d'une frégate anglaise (*la Concorde*) qui força, le 24 septembre 1804, le commandant Quéau de Quincy à reconnaître la souveraineté de l'Angleterre et voulut l'amener à rompre toute relation avec l'Ile-de-France, causa une vive contrariété au général Decaen, alors gouverneur des possessions françaises au delà du cap de Bonne-Espérance : il déclara hautement qu'il considérait cette soumission comme non avenue, et sa fermeté eut pour effet d'amener le gouvernement de Bombay à faire renouveler purement et simplement la capitulation obtenue en 1794; le capitaine Ferrier, commandant la frégate *l'Albion*, vint signer cet acte à Mahé dans l'année 1806.

Decaen s'occupa aussi de l'organisation civile des Séchelles : par un arrêté en date du 23 septembre 1806, le grand juge de l'Ile-de-France eut ordre de former dans l'archipel un tribunal de paix, qui subsiste encore aujourd'hui; un autre arrêté, en date du 12 mars 1810, ordonna la création d'un tribunal spécial pour juger les crimes et délits commis par les esclaves aux Séchelles; mais nous ne pensons pas que cet arrêté ait reçu son exécution (*), car ce fut dans la même année que l'Ile-de-France et l'île Bourbon furent prises par les Anglais, et que les Séchelles passèrent sous la domination de cette nation (24 avril 1811). Les premiers instants de ce nouvel état de choses furent troublés par l'arrivée de la frégate

cèdent dans une *Histoire de la conjuration de* 1800, par M. Fescourt, écrite sur les mémoires d'un des déportés. Des notices particulières et les pièces des Archives de la Marine nous ont fourni en outre quelques détails utiles.

(*) En 1827, le gouverneur de Maurice rendit une ordonnance qui créait un tribunal spécial dans l'archipel.

française *la Clorinde* (mai 1811), qui s'était échappée du combat où *la Renommée* et *la Néréide* venaient de succomber à Madagascar : le capitaine (M. de Saint-Cricq) fut obligé d'employer la menace pour se faire donner, par les habitants, les vivres et les autres secours dont il avait besoin.

Depuis cette époque jusqu'aux jours où l'émancipation vint bouleverser toutes les habitudes, les Séchelles ne cessèrent de prospérer; la population, en 1837, y était de 7 000 habitants. Un agent du gouvernement de Maurice, un sous-agent chargé de la recette des impositions auxquelles ces îles sont assujetties depuis l'année 1817, et un commissaire de l'état civil, composent l'administration; un juge de paix, assisté de deux suppléants, un commissaire de police, des commandants de quartier, et quelques gendarmes, sont chargés du maintien de l'ordre public. Voici quels sont les appointements des principaux fonctionnaires :

Agent du gouvernement.. 22 200 fr.
Sous-agent et juge spécial. 15 700
Juge de paix............. 6 900
Officier de police........ 3 600

Les dépenses générales s'élèvent annuellement à 110 875 francs; les recettes ne sont que de 6 250 francs : le trésor de l'île Maurice supporte la différence de ces sommes.

Les Séchellois se plaignent avec raison de l'insuffisance de ce personnel administratif depuis l'émancipation des esclaves; d'ailleurs, les magistrats manquent absolument de moyens de répression contre les nouveaux libres, dont la conduite peut se résumer en trois mots : paresse, vagabondage et vol. Le travail est abandonné, les récoltes ont diminué de moitié faute de bras, et quelques îles de l'archipel sont devenues le refuge de bandes vagabondes qui vivent aux dépens des maîtres du sol, impuissants à les en déloger. Cet état de choses aigrit les esprits, et souleva, de la part des colons, des plaintes les plus vives contre l'agent du gouvernement, qui, de son côté, les traita comme des factieux, et prit contre eux des mesures arbitraires qui portèrent au comble l'exaspération ; elle était telle, au mois de septembre 1844, que les placards affichés dans toutes les rues du chef-lieu mettaient à prix la tête du commandant ; des menaces retentissaient partout contre sa personne, et cet administrateur, entouré de gendarmes, n'osait plus sortir de son hôtel. Un pareil état de choses a dû provoquer l'intervention de l'autorité supérieure de Maurice, et il est à espérer qu'elle a enfin pris des mesures qui doivent ramener l'ordre et le travail, régler les rapports du maître et de l'affranchi, et réprimer le fléau croissant du vagabondage et de la maraude.

IV. ILES ENTRE LES SÉCHELLES ET LES COMORES.

LES ÎLES DE L'ALMIRANTE.

L'archipel de l'Almirante, qui consiste en deux groupes, l'un au nord, l'autre au sud, est composé de onze petites îles liées ensemble par un banc de sable et de corail. Ces îlots, d'environ deux milles de diamètre, s'élèvent à peine à vingt-cinq pieds au-dessus du niveau de la mer ; ils ne sont fréquentés que durant une partie de l'année par quelques habitants des Séchelles et de Maurice, auxquels ils ont été concédés, et qui viennent y chercher des tortues de mer et de terre. Les cocotiers et quelques arbres à bois spongieux y croissent fort bien.

Suivant toutes les apparences, cet archipel est celui qui figure, sur les cartes portugaises, sous le nom de *Ilhas do Almirante*, ou *Ilhas que achou o Almirante Vasco da Cunha*. Quoique son existence ait été confirmée dès 1730, il ne fut exploré pour la première fois qu'en 1771 : les îles du groupe sud furent visitées, en janvier, par le chevalier du Roslan, commandant *l'Heure du Berger*, et accompagné de *l'Étoile du Matin*, dont le chevalier d'Hercé avait le commandement ; celles du groupe nord le furent, en novembre, par le chevalier de la Biolière, sur le dernier de ces bâtiments ; la plupart des noms qu'elles portent sont ceux qui leur furent imposés par ces navigateurs. La prise de possession de cet archipel eut lieu, au nom de la nation française, le 7 septembre et le 5 octobre 1802, par le sieur Blin, commandant la goélette *la Rosalie*, expédiée à cet effet des îles Séchelles. Voici la liste des îles, avec le nom de leur découvreur, et les observations particulières à chacune d'entre elles. Nous commencerons par celles du sud.

L'île *Marie-Louise* (du Roslan), basse et boisée ; concédée.

L'île des *Nœuds* (du Roslan), et non des *Nœufs* et des *Neuf*, comme on le voit écrit sur toutes les cartes postérieures à celles de d'Après, qui, le premier, laissa passer cette faute ; basse et boisée ; concédée. C'est la plus méridionale du groupe : latitude, 6° 53′ 15″ ; longitude, 50° 48′ est.

La *Boudeuse* n'était, à l'époque de sa découverte par du Roslan, qu'un banc de sable couvert de broussailles ; aujourd'hui on y voit de grands arbres ; c'est la plus occidentale des îles du groupe : latitude, 6° 11′ ; longitude, 50° 35′ est.

L'île de l'*Étoile* (du Roslan), basse et boisée.

L'île des *Roches* (la Biolière), ainsi nommée en l'honneur du chevalier des Roches, gouverneur de l'Ile-de-France ; appelée *Wood-Island* par les Anglais ; concédée. Latitude, 5° 41′ 30″ ; longitude, 51° 22′ est.

Les îles *Poivre*, ainsi nommées par la Biolière en l'honneur de l'intendant de l'Ile-de-France ; deux îlots à un mille de distance l'un de l'autre. C'est l'île du *Berger* de du Roslan, qui la visita le premier. « Elle est plus élevée dans la partie du nord », dit ce navigateur, « et il y a, vers le milieu, une coupée ou séparation qui la ferait prendre de loin pour deux îles ; la mer haute recouvre ce canal, mais, à basse mer, on peut le traverser à pied sec. L'île peut avoir deux lieues de circuit ; le sol est d'un corail très-dur, recouvert d'un peu de sable. Les bois y sont élevés, mais très-spongieux ; on y voit aussi quelques cocotiers d'une très-petite espèce, dont les fruits ont une saveur désagréable. On n'y trouve d'eau douce que ce que les marais en conservent. Je remarquai, en la côtoyant, qu'il y a une passe dans le nord-ouest, formée dans le récif, où les bateaux peuvent aborder avec facilité, et d'où l'on peut venir sur l'île à l'aide d'une chaussée que la nature semble avoir faite exprès pour la commodité des navigateurs. Je vis deux tourterelles, et les matelots disent avoir rencontré des caïmans et des poules bleues. Le récif est rempli d'une prodigieuse quantité de requins, de tortues de mer, et d'autres poissons ; les raies y ont le goût de corail. Il n'y a, sur l'île, d'autres insectes que des fourmis rouges, de petites mouches, des araignées, et un grand nombre de nérites. » Les îles Poivre sont concédées.

Saint-Joseph (la Biolière), concédée.

L'île d'*Arros*, ainsi nommée en l'honneur du baron d'Arros, commandant de la marine à l'Ile-de-France en 1770 et 1771 ; concédée.

Remire (la Biolière), appelée l'île de l'*Aigle* par le navire anglais de ce nom, qui la visita aussi en 1771. Elle est basse et couverte de buissons.

Les îlots *Africains*, découverts et nommés, en 1797, par l'amiral Willaumez, alors capitaine de vaisseau, commandant la frégate *la Régénérée*. Ces îlots n'avaient point été vus auparavant, ou avaient été oubliés sur les cartes. Ils sont bas, et couverts de broussailles hautes de quatre pieds ; les grandes marées du printemps les inondent presque en entier ; on y trouve beaucoup d'oiseaux de mer et de tortues de terre. On ne peut pas s'y procurer d'eau douce, même en creusant des puits d'une profondeur de 40 pieds. Ils furent revus, le 7 juillet 1801, par la frégate *la Chiffonne*, qui portait à Mahé les déportés de l'an ix. Le 21 août de la même année, le *Spit-Fire*, goëlette de S. M. B., se perdit sur les brisants qui sont dans le sud ; le lieutenant Campbell, qui commandait ce petit bâtiment, s'embarqua dans un canot avec quatre hommes, et se rendit à Mahé, où il trouva la frégate anglaise *la Sibylle*, qui se dirigea immédiatement vers les îlots Africains, et y recueillit les malheureux naufragés. Ce sont les îles les plus septentrionales de l'archipel : latitude, 4° 55' ; longitude, 51° 7' est.

LES ÎLES ALPHONSE.

Ces îles, au nombre de deux, et situées à douze lieues au sud de celles de l'Almirante, par 6° 59' 30" de latitude sud, et 50° 25' de longitude est, sont basses et entourées de récifs fort étendus. On y voit quelques arbustes. Elles ont été découvertes, le 28 janvier 1730, par le chevalier de Pontevez, qui commandait la frégate *le Lys*. Le capitaine Moresby, qui visita ces îles en 1822, remarque que celle du sud est la plus grande (elle a cinq ou six milles d'étendue), et que le chenal qui les sépare est très-étroit et extrêmement dangereux ; l'on y trouve des courants rapides et fort peu connus. Les tortues de terre et les carets sont très-abondants sur ces deux îles, qui ont été concédées, le 17 décembre 1820, à M. G. Harrison, alors commandant des îles Séchelles.

LA PROVIDENCE.

L'île de la Providence, située par 9° 10' de latitude sud, et 48° 44' de longitude à l'est de Paris, est très-basse ; elle peut avoir deux milles d'étendue du nord au sud, et environ trois cents toises de largeur vers son milieu. Elle est environnée de brisants qui, dans sa partie orientale, s'étendent à plus d'une lieue au large, ce qui la préserve du gonflement de la mer dans les ras de marée, très-fréquents en ces parages durant les fortes bourrasques de la mousson du nord-ouest. Le mouillage y est mauvais, le fond n'y étant pas d'une bonne tenue ; l'on y est d'ailleurs exposé à des ras de marée subits, contre lesquels il faut se tenir en garde par un prompt appareillage.

A l'extrémité sud de l'île commence un banc large d'environ deux lieues, parsemé de pâtés de coraux que la basse mer découvre de telle sorte, qu'un canot peut à peine y naviguer. Ce banc va presque joindre, à six ou sept lieues au sud, un bas-fond sur lequel fit naufrage, en 1769, la frégate française *l'Heureuse*.

Ce bâtiment, parti de l'Ile-de-France pour se rendre au Bengale, y fut jeté, au milieu de la nuit du 5 au 6 septembre; une chaîne de brisants laissait peu d'espoir de salut, et le vaisseau était au moment d'être submergé, lorsque le capitaine Campis, fit résolument jeter l'ancre : l'équipage attendit la fin de la nuit sur le haut des mâts. La pointe du jour ne retira pas les naufragés de leur position alarmante; mais à six heures du matin, ils eurent quelque lueur d'espérance en apercevant, dans le lointain, un petit plateau de sable : tout l'équipage s'y rendit successivement dans le canot que le capitaine avait eu la sage précaution de mettre à la mer avant l'instant fatal du naufrage de son vaisseau; mais ce plateau de sable n'était qu'une plage que la mer abandonnait dans les basses marées. Dans cette cruelle perplexité, le capitaine ne vit d'autres ressources que celle d'envoyer son canot chercher du secours à la côte d'Afrique; les hommes qui montaient cette embarcation rencontrèrent sur leur route, huit heures après leur départ, une petite île que le capitaine Campis nomma *la Providence:* ils y trouvèrent de l'eau, des tortues de mer, et des cocotiers. Neuf hommes de l'équipage du canot y restèrent, tandis que deux vigoureux rameurs s'efforçaient de regagner le plateau de sable où le reste de leurs compagnons s'était réfugié en attendant qu'on pût venir à leur secours; leur attente était d'autant plus cruelle, qu'ils se voyaient au moment d'être engloutis par les hautes marées dont le terme fatal approchait. Le canot fut trois jours à s'y rendre; il avait trop peu de capacité pour recevoir tous les naufragés; on y suppléa par un radeau qui fut fait des débris du vaisseau ; on lui donna la grandeur requise pour contenir les vivres et les ustensiles nécessaires à la construction d'une grande chaloupe; ce radeau fut remorqué par le canot jusqu'à l'île de la Providence. Les naufragés restèrent deux mois sur cette île; le 8 novembre, ayant terminé la construction d'une chaloupe de vingt-cinq pieds, ils s'y embarquèrent tous, au nombre de trente-cinq hommes, et, en quatre jours, ils eurent le bonheur d'atterrir sans accident à huit lieues au sud du cap d'Ambre (Madagascar).

Le sol de l'île de la Providence est un terreau noir, épais d'environ dix-huit pouces, et superposé à un sable roux qui forme la base de l'île. L'eau des puits y est moins saumâtre à la pleine mer qu'à la basse mer. La partie sud est couverte de cocotiers fort élevés; dans celle du nord croissent de grands arbres, tels que le mapou, le bois mangue, le tacamaca, le badamier et le mourouquier. Les naufragés de *l'Heureuse* remarquèrent que les cendres des bois qu'on y avait brûlés, ayant été humectées par la pluie, se sont durcies au point de rendre l'emploi du marteau nécessaire pour en briser des fragments; l'intérieur de cette pétrification brillait comme les écailles d'un poisson. La côte est très-poissonneuse; on y trouve une grande quantité de tortues de mer et de terre, ainsi qu'une espèce de grands crabes terrestres qui sont très-bons à manger; on en prend qui pèsent jusqu'à six livres. Les rats font beaucoup de dégâts aux plantations, et nécessitent l'entretien d'une meute de chats et de chiens destinés à leur donner la chasse. Des hérons gris-blanc, des aigrettes de la petite espèce, et une sorte de pigeons bruns, sont les oiseaux les plus remarquables.

Le concessionnaire de cette île y a établi, à ses frais, un lazaret pour les lépreux; c'est une condition de l'acte par lequel il est entré en jouissance, et qui porte la date du 20 juillet 1817. On y fabrique de l'huile à brûler. En 1837, une quarantaine de personnes y habitaient.

JUAN DE NOVA.

Nous voyons deux îles de ce nom sur les cartes anciennes comme sur les modernes : l'une est placée dans le canal de Mozambique ; l'autre au nord de Madagascar. C'est à tort qu'on les a appelées Juan de Nova ; suivant les textes portugais, l'île que le Galicien Juan de Nova, amiral au service du roi de Portugal, découvrit en 1501, et à laquelle il donna son nom, doit se trouver *entre Mozambique et Quiloa*. L'indication est précise, et nous reporte aux îles Comores, les seules que l'on puisse rencontrer en se rendant de Mozambique à Quiloa. Quoi qu'il en soit, l'usage a prévalu d'appeler Juan de Nova des îles dont le navigateur galicien n'eut sans doute jamais connaissance ; nous nous y conformons, et nous décrivons sous ce nom le petit archipel situé au nord du cap d'Ambre, par 51° 2′ de latitude et 48° 42′ de longitude (*).

Ce groupe est composé d'une chaîne elliptique d'îlots et de récifs de corail, qui s'étendent à six ou huit lieues du nord-est au sud-est. On y trouve un bassin tranquille, dont la profondeur est de cinq à six brasses, mais l'entrée n'en est possible que pour les bateaux qui tirent cinq à six pieds d'eau. Le sol de ces îlots est semblable à celui de la Providence ; les cocotiers pourraient

---

(*) Dans notre pensée, comme on l'a pu voir dans l'Introduction que nous avons placée en tête de cette troisième partie (ci-dessus, feuille 39, pp. *j* à *iv*), il est trop rigoureux de vouloir réduire à une seule île, dans ces parages, les découvertes de chaque navigateur ; Juan de Nova, le découvreur de l'Ascension et de Sainte-Hélène dans l'Atlantique, a donné son nom à deux îles dans la mer des Indes, comme Mascarenhas, comme Diogo Roys, comme Pero dos Banhos, comme Roque Pires ; mais nous croyons que, pour l'île dont il s'agit ici, elle n'a pris le nom de Juan de Nova que par usurpation sur la Galéga, et qu'elle a pour nom légitime *As doze Ilhas*, qui, tronqué et défiguré (*Astove* pour *As doze*), a été transporté par erreur sur une petite île voisine du groupe de Cosmoledo. — *A.

y réussir. Les tortues et les poissons y sont abondants, et l'on peut se procurer de l'eau douce en creusant dans le sable. Les îles de Juan de Nova furent reconnues le 26 juin 1730, par le chevalier de Pontevez, commandant *le Lys* ; le 29 octobre 1742, le capitaine Picault y aborda ; et la corvette *le Cerf*, commandée par Morphey, les visita en août 1756. Elles ont été concédées au propriétaire de l'île de la Providence, qui y occupe sept personnes.

SAINT-PIERRE.

Saint-Pierre est une île très-basse, d'environ un mille et un quart de longueur. Elle n'est abordable que du côté du nord-ouest, où l'on trouve une petite plage de sable ; le reste de la côte est bordé de blocs énormes de corail, qui forment des grottes profondes, par les interstices desquelles la mer, en brisant, fait jaillir des jets d'eau élevés, pareils à ceux que soufflent les baleines. Le rocher dont l'île est formée est recouvert d'une couche de terre peu épaisse, dans laquelle croissent un grand nombre de badamiers et d'autres arbres que l'on voit également sur les îles voisines. On y trouve beaucoup d'oiseaux de mer et de pigeons bruns. Le nom de Saint-Pierre a été donné, le 6 juin 1732, à cette île par le capitaine Duchemin : c'était celui de son navire. L'île où, en 1756, Morphey aborda, et à laquelle il donna le nom de *l'île du Cerf*, est sans doute celle de Saint-Pierre, que plusieurs navires français avaient rencontrée en se rendant dans l'Inde. Le capitaine Moresby la place par 9° 20′ de latitude et 48° 27′ 45″ de longitude.

ÎLES COSMOLEDO.

Sous ce nom, les cartes portugaises comprenaient aussi l'île Astove, que nous décrirons plus bas. Les îles Cosmoledo, vues le 13 août 1756 par l'expédition de Morphey, ont été explorées en 1822 par le capitaine Moresby, qui les place par 9° 42′ de latitude sud et 45° 24′ de longitude est. Elles forment un anneau de corail d'environ

47ᵉ *Livraison*. (ILES DE L'AFRIQUE.) 47

dix lieues de circonférence, qui borde un magnifique lagon où des bancs et des récifs empêchent de pénétrer. L'îlot du sud-ouest a été appelé *Menaï*, du nom du bâtiment que commandait le capitaine Moresby; il est plus élevé que les autres, et l'on y voit quelques cocotiers mêlés à d'autres arbres. L'îlot du sud-est reçut le nom de *Wizard*, qui était celui d'un autre bâtiment de la même expédition. Ce groupe a été concédé à un habitant de Maurice par acte du 21 décembre 1820; pendant la saison de la pêche, il est habité par quelques noirs. Sur la côte sud, il y a un petit banc de sable où de petits navires peuvent mouiller pendant la mousson du nord.

ASTOVE.

Cette île ou ces îles, que l'on croit situées par 10° 10′ de latitude sud et 47° 50′ de longitude est, sont petites et n'offrent de ressources que pour la pêche. Elles ont été concédées à deux habitants de l'île Maurice, qui n'en ont jamais pris possession. Les bateaux *le Charles* et *l'Élisabeth*, commandés par le capitaine Picault, aperçurent les îles Astove le 27 octobre 1742; quelques hommes visitèrent l'îlot du nord: ils trouvèrent partout le terrain plat, marécageux, couvert de petits arbres, et y virent quantité de grosses tortues. L'on suppose que c'est sur ces îles que se sont perdus les vaisseaux français *le Bon-Royal* et *la Jardinière*.

L'ASSOMPTION.

Cette île, située par 9° 44′ de latitude sud, et 44° 12′ de longitude est, d'après les observations faites au mois d'août 1822 par le capitaine Moresby, est très-basse, et l'on y voit quelques dunes de sable. Elle fut découverte par le lieutenant Morphey le 14 août 1756; on y descendit le 16 du même mois, mais on n'y vit rien de remarquable. Cette île a environ une demi-lieue de circonférence, et se compose d'un roc calcaire percé de cavernes, et parsemé d'espaces sablonneux où croissent quelques broussailles; on y trouve des tortues. L'abord en est très-difficile, et ne se peut faire que du côté du nord-ouest.

LES ÎLES ALDABRA.

Les îles Aldabra, qu'on nomme aussi Aro, Arco, Atques et Albadra (*), sont au nombre de trois; mais, comme elles sont jointes par des îlots et des rochers de corail, elles semblent ne former qu'une seule île dont la circonférence serait de douze lieues. Les bâtiments de 25 à 30 tonneaux peuvent se mettre à l'abri dans les canaux qui séparent cet assemblage d'îlots; les navires d'un plus fort tonnage, qui mouillent au nord du groupe, sont obligés de mettre à la voile lors des fortes brises, et, dès qu'ils ont chassé d'une encablure, ils perdent le fond. Aldabra est couvert de broussailles entre lesquelles se tiennent les tortues de terre; on y voit aussi quelques *casuarinas* qui n'atteignent pas à une grande hauteur. Comme on ne peut s'y procurer d'eau potable, les pêcheurs qu'on y envoie des Séchelles sont réduits à boire l'urine des tortues, lorsque la provision d'eau qu'ils ont apportée est épuisée.

Ces îles ont été vues pour la première fois, en 1744, par le bot *le Charles* et la tartane *l'Élisabeth*, commandés par Lazare Picault et Jean Grossen. Elles sont situées à peu près par 40° 5′ de longitude est. Nicolas de Morphey les visita le 18 août 1756, dans le cours de son voyage d'exploration. D'Après de Mannevilette leur a conservé le nom corrompu qu'elles portent sur les anciennes cartes, et Horsburgh n'a jamais fait que consacrer davantage, en les répétant, les erreurs de cette espèce.

(*) Nous avons dit, dans l'Introduction, que le nom véritable est *Ilhas da Aréa*, c'est-à-dire iles du Sable. — * A.

ILES AFRICAINES DE LA MER DES INDES.

§ III.
LES ILES ARABES,
PAR M. OSCAR MACCARTHY.

Les relations des Arabes avec les côtes de l'Afrique orientale étaient déjà anciennes au premier siècle de notre ère, et toute la contrée voisine du cap des *Rhaptes* était depuis longtemps sous la domination d'un suzerain arabe. Ces relations, toujours continuées, durent prendre une activité et une extension plus grandes, quand la prédication de Mahomet eut électrisé son peuple, qui s'élança de tous côtés à la conquête du monde. Les îles africaines, fréquentées de longue date sans doute, durent alors être soumises et colonisées : ils y ont laissé des traces profondes de leur type physique, aussi bien que de leur religion, de leurs mœurs et de leurs lois : et c'est avec juste motif que nous désignons de leur nom toutes ces îles où leur race domine encore; sauf à distinguer par des noms différents, que nous tenons d'eux-mêmes, les deux groupes séparés qu'elles forment, et qui paraissent avoir été peuplés dans l'origine par deux nations africaines distinctes, appelées respectivement *Comor* et *Zeng*. L'un de ces groupes, composé des quatre îles Angaziya (ou Comore), Hinzouân, Mouély et Mayota, a conservé, dans la bouche des Européens, le nom commun d'*îles de Comor*, devenu vulgaire sous la forme appellative des *Comores ;* l'autre, réunissant les trois îles de Monfia, Ongouyah (ou Zanzibar) et Pemba, a pareillement conservé chez les Européens, dans le nom vulgaire de l'île principale (*Zanzibar*, plus exactement *Zengj-bar* ou terre des Zenges), la trace évidente de celui des *Zenges*, qui les ont peuplées toutes les trois.

*A.

LES ILES COMORES.

Description générale de ce groupe d'îles.

Au milieu du bassin que forme, entre la côte septentrionale de Madagascar et les terres de l'Afrique orientale, la partie nord du canal de Mozambique, s'élève un groupe de quatre îles, signalées à l'Europe par les Portugais, sous le nom d'*Ilhas do Comoro*, et que nous appelons, d'après eux, *Comores*. Elles sont bien au milieu de la mer, à 145 milles du point le plus rapproché de la grande île, et 160 du rivage le plus proche de la côte africaine, entre les 11° et 13° de latitude sud et les 40° 30′ et 43° 10′ de longitude orientale. On en compte quatre : deux au centre, placées sur la même ligne, est et ouest, *Mouéli*, ou *Mohelli*, et *Hinzouan*, à l'orient; deux autres affectant des positions diamétralement opposées, eu égard à celles-ci, la *Grande-Comore* ou *Angaziyah* au nord-nord-ouest de Mouéli, *Mayotte* au sud-est de Hinzouan. Quelques écrivains des siècles derniers en comptent six, parce qu'ils y rattachent deux autres îles, Saint-Christophe et Santo-Espiritu, qui ne sauraient en faire partie par leur éloignement, cette dernière, par exemple, en étant à 300 milles au sud 1/4 sud-ouest sur la carte du Pilote oriental de d'Après.

Il est assez difficile de déterminer avec précision la superficie des îles Comores. La révolution complète qu'a subie sur les cartes le profil de Mayotte, à la suite des reconnaissances de MM. Bérard et Jehenne, montre que nous n'avons qu'un tracé très-imparfait des trois autres. En cherchant à évaluer leur superficie sur la carte de Horsburgh telle qu'elle est, on voit qu'elles peuvent rentrer dans des figures géométriques très-simples, qui donnent une superficie d'environ 295 000 hectares; celle de Mayotte, d'après la grande carte de M. Jehenne est de 32 000, ce qui présente un total de 327 000 hectares, la moitié du département de la Drôme.

Les Comores sont élevées et montagneuses. D'après les dernières reconnaissances, la hauteur des points principaux de Mayotte est de 400 à 600 mètres; ceux de Mouéli ne paraissent pas avoir une élévation plus grande; mais les montagnes de Hinzouan et de la Grande-Comore prennent des dimensions perpendiculaires bien plus considérables; dans la première, le massif même de l'île, qui atteint de 1 000 à 1 200 mètres, est dominé par un pic beaucoup plus élevé, et les deux hauts sommets de la Grande-Comore atteignent, dit-on, 2 400 à 2 500 mètres.

Nous ne savons que peu de chose de la géologie des Comores. Les volcans ont laissé des traces plus ou moins remarquables de leur action sur presque tous les points de leur surface, et celui de la Grande-Comore brûle même encore; le 14 mai 1828, dans la nuit, M. Leguevel de Lacombe en aperçut les flammes, qui avaient, du reste, peu d'activité, et il paraît qu'on le voit d'ailleurs rarement dans cet état. La partie nord-ouest de l'île est couverte de nombreux pitons qui ont la forme de petits cratères éteints; le rivage est noir, à pic, formé de pierres volcaniques, et la mer s'y brise avec force; un peu plus loin, à l'est, comme à Moroni, sur la côte occidentale, la terre est parsemée de pierres calcinées. Pamanzi, un des îlots voisins de Mayotte, renferme, dans sa partie nord, un ancien cratère, au fond duquel est un lac d'environ 600 mètres de circonférence et de 2 mètres de profondeur, dont les eaux noirâtres et huileuses ont une odeur de soufre très-prononcée; elles lavent parfaitement le linge, et sont vantées par les habitants comme souveraines contre les affections cutanées. D'après M. Épidariste Colin, Hinzouan tout entière paraît avoir été exposée aux ravages d'un volcan considérable, et partout on y rencontre les traces d'un feu violent.

Si l'on en juge par les matériaux employés dans les constructions, le calcaire doit être abondant aux Comores, et de nombreux coraux, formant tantôt des écueils dangereux, tantôt de longues murailles, avoisinent ou enveloppent les côtes de toutes les îles.

L'eau manque, on peut dire complétement, à l'une des Comores; mais les autres paraissent en être bien pourvues. Hinzouan, Mayotte, Mouéli, sont arrosées par une foule de petites rivières et de ruisseaux qui, durant la saison des pluies, bondissent et roulent au fond des vallées, sillonnant le flanc de leurs montagnes. Mais, à la Grande-Comore, il n'y a d'autre réservoir qu'un trou dans lequel vient filtrer une eau peu abondante et souvent assez malsaine.

Le climat des Comores ne diffère pas, on le sent bien, de celui des régions voisines, et il est soumis à toutes les grandes modifications atmosphériques propres au bassin de l'océan Indien. Ainsi, quant à la direction des vents généraux, l'année s'y divise en *mousson du nord-est* et *mousson du sud-ouest*, lesquelles correspondent à un état de l'atmosphère très-différent.

La mousson du nord-est, qui commence vers la fin d'octobre et continue jusqu'à la fin du mois d'avril, représente la *saison pluvieuse* ou mauvaise saison : cette époque, pendant laquelle ont lieu les pluies d'orage, les bourrasques et les ouragans, est communément désignée sous le nom d'*hivernage* sur les côtes voisines de Madagascar. La mousson du sud-ouest, ou *saison sèche*, commence en mai et finit vers le milieu d'octobre; de très-fortes brises, soufflant alors pendant le jour, renouvellent et purifient l'air. Par leur nature même, par leur isolement, les Comores, bien que placées à une latitude où la chaleur solaire est très-puissante, ne peuvent en être réellement incommodées; elle y est sans cesse tempérée par les brises. C'est en janvier et février qu'elle atteint son maximum et que le climat est plus malsain dans les endroits bas et voisins des marais. Ceux-ci paraissent n'exister qu'en un petit nombre d'endroits, comme à Mayotte, où ils ont été une cause de dépopulation. Dans les trois autres îles, on ne paraît voir rien de semblable; la population y porte un air de santé remarquable; et si les Européens ont été atteints aux Comores de fièvres légères, cela est plutôt dû au défaut d'acclimatation qu'à des causes permanentes d'insalubrité.

L'aspect des Comores est tout en leur faveur et témoigne de la fécondité de leur sol. Les hautes pentes des montagnes élevées, le sommet des mornes du rivage, sont couverts d'une belle verdure d'arbres, d'arbustes, de lianes et de hautes herbes qui forment un réseau souvent infranchissable ; la base est ombragée de bosquets de cocotiers, de touffes épaisses de bananiers, de groupes de manganiers, d'orangers, de citronniers, de mangoustans, entremêlés de champs d'ignames, de patates sucrées, de coton, de maïs, de riz qui égale, s'il ne le surpasse pas, celui de la Caroline. On y recueille aussi en profusion les pamplemousses, une grande variété de fèves, de l'arrow-root, des ananas délicieux. Le pignon d'Inde, le papayer, l'élégant arec, le goyavier, le tamarinier, et d'autres arbres moins connus, ornent le flanc des collines. La canne à sucre et l'indigo s'y trouvent également, mais cette dernière plante n'y est qu'à l'état sauvage. Du reste, beaucoup de productions de l'Asie et de l'Europe y réussiraient parfaitement, si la population, moins paresseuse, s'occupait un peu activement de culture.

De vastes pâturages, aussi bons que le terroir, nourrissent de nombreux troupeaux. A la Grande-Comore, 20 000 bœufs croissent et multiplient de manière à fournir à la nourriture des îles voisines et de Mozambique. Ces animaux, quoique ne buvant jamais, sont si gras qu'ils peuvent à peine marcher; singulier résultat d'une propriété particulière au sol ou à l'air de cette île, car elle s'étend, non-seulement aux hommes, qui sont de véritables colosses, mais encore aux moutons, lesquels sont superbes, aux cabris, qui sont plus gros, plus gras, et qui produisent mieux qu'ailleurs. Cette particularité est tellement locale, qu'à Hinzouan et à Mouéli les bœufs sont de la plus petite espèce; leur chair est cependant très-délicate; dans cette dernière île, on paye les plus gros de ces animaux cinq ou six piastres d'Espagne, et on donne quatre cabris ou quatre moutons pour une piastre. Cette petitesse du gros bétail ne pouvait pas d'ailleurs s'étendre ici à tous les animaux domestiques, car Hinzouan possède une espèce de cabris ou de chèvres de la plus grande taille; ils ont le poil ras et doux, de grandes oreilles, le cou allongé et point de cornes; les femelles donnent en abondance d'excellent lait, mais un préjugé empêche les Arabes d'en boire; leur chair est meilleure que celle des moutons sans laine que l'on trouve en Afrique. Les chèvres de cette espèce sont connues sous le nom de *cabris de Surate*, d'où il est probable qu'elles sont originaires. Il semble, d'après un voyageur, qu'il faut compter le zèbre au nombre des animaux domestiques des Comores. Le maki brun paraît être le seul habitant des forêts.

On rencontre dans les champs des pintades, beaucoup de cailles, plusieurs espèces de pigeons et de tourterelles, parmi lesquelles il y en a surtout une qui frappe par sa beauté : elle a le plumage gris cendré, nuancé de bleu, de vert et de blanc; son cou et ses jambes sont d'une extrême longueur; son bec est jaune et fort pointu. Le ramier y est très-abondant, et un autre pigeon, d'une couleur roux-clair, est remarquable par sa grosseur.

Les veuves y sont en grand nombre, mais une seule est remarquable par la richesse de son plumage. Quelques martins-pêcheurs ayant beaucoup de rapport avec ceux du Sénégal, se voient sur les rivages. Des troupes nombreuses de corbeaux et d'une espèce d'épervier planent au-dessus de la mer. Cet oiseau, qui, pour la taille et le plumage, ressemble à l'épervier de France, a cela de particulier, qu'il ne vit qu'à la côte, ne se nourrit que de poisson, et n'a aucun des caractères qui distinguent les oiseaux aquatiques; ses pieds ne sont pas même à demi palmés. Le gibier paraît être rare à Hinzouan.

Les îles Comores n'ont aucun des insectes incommodes qui désolent la côte d'Afrique et l'île de Madagascar, mais les champs fourmillent de petites souris. M. Archambault n'a recueilli, à Mayotte, qu'un seul reptile, dont les caractères encore ne dénotaient pas un serpent venimeux.

« Je n'ai vu d'autres oiseaux dans les montagnes, écrivait William Jones en 1783 (*Notice sur Hinzouan*), que des poules de Guinée. Je n'ai été importuné par d'autres insectes que par des moustiques; je n'avais du reste aucune crainte de rencontrer des reptiles venimeux, ayant été informé que l'air était trop pur pour qu'il y en eût. Mais je fus souvent et bien innocemment une cause de frayeur pour un gentil et tout à fait inoffensif lézard qui courait à travers les buissons. »

Les rivières de Mouéli nourrissent beaucoup de carpes et de gouramis, mais surtout des anguilles monstrueuses, qui sont d'autant plus abondantes, qu'un préjugé religieux en interdit la chair aux Arabes. Tous ces cours d'eau intérieurs sont très-poissonneux; mais il ne paraît pas en être de même des mers voisines. Du reste, vu l'extrême indolence des Arabes, on a mille peines à se procurer du poisson. Un grand nombre de gros carets fréquentent les côtes.

« Que les montagnes des îles Comores, dit William Jones, renferment des diamants et des métaux précieux, cachés avec soin et avec intention par la politique de leurs divers gouvernements, cela peut être vrai, bien que je n'aie aucune raison pour le croire et que cela m'ait été seulement assuré sans preuves. » Les explorations à venir de nos naturalistes nous éclaireront incontestablement à cet égard, en nous permettant d'ailleurs d'apprécier à leur juste valeur les revenus minéralogiques de ces îles.

Il est assez difficile de se faire une idée exacte de la population des Comores. Mayotte est la seule pour laquelle nous possédions, à cet égard, des renseignements précis. Quant aux trois autres, les évaluations que l'on peut faire n'ont d'autre base que les renseignements des voyageurs, ou l'impression qu'ils ont ressentie en explorant le pays. Pendant plus d'un siècle, comme on le verra par leur histoire, ce groupe d'îles fut exposé aux invasions et aux déprédations des Sakalavas de la côte de Madagascar, véritables razzias, presque toujours suivies de l'enlèvement d'une partie des individus qui en étaient l'objet; aussi la population avait-elle très-notablement diminué : il y a quarante à cinquante ans, il paraît qu'on ne pouvait guère l'évaluer qu'à 17 000 ou 18 000 âmes. D'après les rapports de MM. Bosse et Passot, la Grande-Comore paraît être aujourd'hui très-peuplée; et si l'on peut traduire matériellement le sentiment de M. Leguevel de Lacombe pour Mouéli, et celui de M. Le Bron de Véxéla pour Hinzouan, on voit que la population y présente une certaine densité. En subordonnant ces données, un peu vagues il est vrai, à l'étendue des surfaces, nous croyons qu'on peut évaluer la population totale des Comores à 70 ou 80 000 âmes, ce qui donne à peu près 24 individus par kilomètre carré, proportion dont la valeur s'harmonise assez bien avec les idées que fait naître la lecture attentive des relations, et avec la nature même du sol et des ressources des différentes îles. Ce chiffre présente une différence considérable avec le premier; mais nous devons dire, à l'égard de celui-ci, qu'à l'époque à laquelle il se rapporte, les Comores étaient encore moins connues qu'aujourd'hui, et qu'en réalité la population pourrait bien n'avoir pas été alors aussi faible : dans tous les cas, elle doit être actuellement plus élevée qu'il y a un demi-siècle.

La masse principale de cette population appartient à deux races différentes, les noirs d'Afrique et les Arabes du continent asiatique. Ceux-ci vinrent s'y établir au douzième siècle : ce sont eux qui forment la classe supérieure; ils ont conservé les traits caractéristiques de leur race, de grands yeux, un nez aquilin, une bouche bien dessinée, et souvent une tête d'un beau caractère. De grosses lèvres et des pommettes saillantes indiqueraient suffisamment des indigènes, si la nomenclature géographique des îles, par ses consonnances douces, et quelquefois semblables aux formes malgaches (*Moutchamioli*, *Iconi*, *Moroni*, *Hitsara*, à la Grande-Comore; *Ouáni*, *Domoni*, *Matsamoudo*, à Hinzouan; *Zambourou*, *Bouki*, *Choa* à Mayotte), ne montrait pas qu'ils sont sortis des mêmes lieux que la population primitive de Madagascar. Les Arabes y ont dominé et y dominent politiquement, mais non physiquement, car aucune de leurs dénominations géographiques ordinaires ne s'y fait remarquer, et l'idiome vulgaire est un mélange d'arabe et de souaïli.

Au moral, les Comorois ont été dépeints sous les couleurs les plus dissemblables; mais il paraît que l'idée beaucoup trop favorable que se sont faite de leur caractère quelques voyageurs, provient d'une étude trop superficielle. D'après ceux qui ont eu occasion de les examiner plus à fond, ils sont menteurs, fourbes, dominés de la manière la plus absolue par l'amour du lucre, demandeurs insatiables et infatigables, de mauvaise foi, même entre eux, hypocrites, et d'une cruauté qui se dissimule mal devant l'espoir du gain, ou devant la crainte du châtiment : les souffrances qu'ils ont fait endurer aux équipages de plusieurs navires naufragés sur leurs côtes, n'en sont que de trop malheureuses preuves : il faut lire particulièrement les détails de l'indigne traitement qu'a éprouvé M. Leguevel de Lacombe à Mouéli, et le récit de la triste fin du capitaine Frisque à Mayotte. D'ailleurs, pusillanimes et lâches, ils ont souffert pendant plus d'un demi-siècle les attaques périodiques des Sakkalavas, bien qu'ils eussent tous les moyens de les repousser.

Les mœurs des Comorois, surtout parmi les Arabes, diffèrent peu de celles de l'Arabie et des pays musulmans qui l'avoisinent. Les femmes y vivent très-recluses, et mènent un genre de vie semblable à celui des femmes de l'Orient. « Les Arabes, dit M. Leguevel de Lacombe, jaloux entre eux, le sont si peu des chrétiens, qu'Osman nous ouvrit son harem, où nous vîmes plusieurs femmes noires et cuivrées, que leur embonpoint empêchait de marcher; leur costume n'était pas avantageux : un pantalon blanc, très-large, leur descendait jusqu'à la cheville, où il était serré au moyen d'une coulisse; un gilet sans manches, de drap rouge ou vert, orné de franges et de galons, se terminait devant, par deux pointes auxquelles des glands étaient suspendus. Leur coiffure donnait une expression grotesque à leur figure large et bouffie : c'était une calotte de soie piquée, posée sur leur tête dénudée, car de même que les hommes elles se font raser la tête tous les vendredis. Elles paraissent avoir les dents brûlées par la chaux qu'elles mêlent au bétel; leurs lèvres étaient barbouillées de rouge, leurs sourcils et leurs cils teints en bleu foncé, et leurs ongles en rouge avec du henné. » Le vêtement des hommes n'a rien de remarquable. A Hinzouan, on a une prédilection particulière pour le musc que donnent les civettes qui habitent les bois de l'intérieur.

Le mahométisme est la religion du pays; mais les gens du peuple ont concilié le culte des fétiches avec la fréquentation de la mosquée.

La population des Comores s'adonne généralement à l'agriculture, d'où elle tire ses principaux moyens de subsistance. Les Arabes y exercent quelques arts mécaniques; ils fabriquent des toiles grossières; et leurs orfévres ou forgerons sont fort adroits : ils font des poignées et des fourreaux de sabre qui se vendent 60 et 80 piastres; les lames qu'ils trempent sont même supérieures aux nôtres.

Le commerce que faisaient jadis les différentes îles de ce groupe, était assez important, et s'étendait jusqu'à l'Inde. Il y a quelques années que, par suite des invasions sakkalavas, il était tombé dans le même état de décadence que l'agriculture; mais aujourd'hui qu'elles ont cessé, il est probable qu'ils vont reprendre un développement, qui sera en tout favorable à notre nouvelle colonie de Mayotte. On exporte de Mouéli à Mozambique de l'huile de coco et de l'écaille de tortue.

Les Comorois sont gouvernés par des sultans, et on peut dire que chaque ville a le sien. Le pouvoir y est sujet d'ailleurs à de continuelles fluctuations, par suite du caractère turbulent du peuple. Les nobles ont part au gouvernement, dans lequel domine le principe électif. Les revenus proviennent de droits sur les navires, et de droits d'entrée, ainsi que d'une sorte d'impôt territorial. Les principales villes en sont exemptes, mais elles payent une dîme sur les objets mobiliers au moufti, et les sultans eux-mêmes doivent l'acquitter.

Description particulière des îles.

ANGAZIYA.

Angaziya, la plus grande des îles de ce groupe, et que par ce motif on appelle communément la Grande-Comore, a environ douze lieues de long sur cinq à six de large. Vue de la mer, son aspect est agréable. Deux hautes montagnes, l'une dans le nord, l'autre dans le sud, s'abaissent par une pente douce jusqu'au rivage, et les versants intérieurs se réunissent vers le milieu de la longueur de l'île, à une hauteur d'environ 300 mètres, où se trouve un passage facile, qui conduit d'un côté de l'île à l'autre.

La partie maritime de l'île est très-peuplée, et on prétend que la partie intérieure l'est encore plus; il serait difficile de voir une plus belle population : les hommes sont de véritables colosses; ils ne se nourrissent guère cependant que de laitage et de fruits.

Vingt-cinq villes plus ou moins grandes, presque toutes construites en maçonnerie et entourées de murs, s'élèvent sur le pourtour de l'île : le récit d'une excursion faite, il y a peu d'années, par le commandant de Mayotte, M. Passot, en fera connaître quelques-unes, et complétera la description du pays.

Le 1er novembre 1844, *la Prudente* quitta Mayotte, et mouilla le 6 à Comore, devant Moroni, ville du sultan Achmet, auquel M. Passot avait affaire, et dont il fut parfaitement accueilli.

« Achmet », dit M. Bosse, le narrateur de ce petit voyage, « devenu entièrement notre ami, nous proposa de nous embarquer avec lui sur un boutre qui lui appartient, pour aller rendre visite au sultan Moinanaon, son fils, qui règne dans Moutchamioli, ville du nord. Cette offre nous fut fort agréable, car M. Passot voulait explorer le pays, et moi je désirais vivement connaître l'endroit où, selon Horsburgh, se trouve le seul mouillage de l'île.

« Parmi les villes que nous rencontrâmes, les deux premières furent Hitsandra et Tchouzini, appartenant au sultan Fombavon; elles lui servent indistinctement de résidence. L'une est située au bord de la mer; l'autre, placée en amphithéâtre sur la montagne, s'aperçoit de fort loin au large, à cause de ses murailles blanches. Toutes deux paraissent aussi considérables, sinon plus, que Moroni; elles ont des remparts bien construits, des tourelles crénelées, et sont situées sur une baie appelée elle-même Hitsandra.

« Nous vîmes encore quelques dépendances du gouvernement de ce chef, et après, vinrent les domaines de Babaouna. Celui-ci est lié avec le sultan de Moroni, et nous eût bien reçus, si, sans perdre de temps, nous avions pu nous arrêter. Thoueni, sa résidence, que nous considérâmes de très-près, est entourée de jolies murailles et a de fort belles carcasses de maisons en pierres; mais toutes sont sans toiture, ce qui pourrait faire croire que la ville est abandonnée; cependant, en regardant attentivement, on découvre une multitude de cases en paille, dont le faîte est à la hauteur de ses remparts, qui sont assez élevés.

« Achmet nous dit que Babaouna était maintenant peu puissant; qu'il était le seul survivant d'une nombreuse famille, détruite par les naturels de Madagascar, et que lui, en ami dévoué, venait de fournir une assez forte somme d'argent pour faire chercher et racheter la fille de ce malheureux, laquelle, autrefois, avait été enlevée fort jeune en même temps que sa mère, et qu'on prétendait exister encore à Madagascar.

« Il nous apprit que l'état dans lequel nous apparaissait Thoueni, était dû aux invasions des Betsimisaracs, qui, ne craignant pas de quitter la côte de Madagascar dans de simples pirogues, traversaient le canal de Mozambique, et venaient fondre en quantité innombrable sur toute la côte, pour la ravager, et y commettre le meurtre et le pillage. Partout nous rencontrâmes les traces de ces pirates, et on nous expliqua que toutes les petites pyramides blanches qui se voient sur le rivage, étaient des monuments élevés par la superstition arabe, pour se préserver de ces hordes sanguinaires.

« En quittant le territoire de Babaouna, nous tombâmes sur celui de Moinanaon, et à la nuit nous mouillâmes dans un creux du récif qui borde la plage de Moutchamioli, but de notre voyage. Nous étions partis à huit heures du matin, et avions fait environ douze lieues.

« Notre réception fut ce qu'elle devait être, étant venus avec le père du sultan; d'ailleurs, le bon Achmet, qui avait une maison neuve, construite par les soins de son fils, nous la céda, et il alla, ce que nous apprîmes ensuite, loger lui-même dans une mauvaise cabane.

« De suite les canapés, les nattes, tous les objets indispensables nous furent apportés; et comme nous avions avec nous ce qu'il fallait de provisions de bouche, nous fûmes promptement installés. Notre demeure devint le centre des réunions; tout le monde y accourait pour nous souhaiter la bienvenue; et pendant que les chefs nous remerciaient de notre bonne amitié, les deux sultans, qui ne nous quittaient presque pas, nous comblaient de prévenances. Après une nuit de repos, nous profitâmes des bonnes dispositions de notre vieux compagnon, et nous entreprîmes avec lui une longue promenade dans la campagne. Il nous fit d'abord parcourir un sol dont la fertilité nous surprit.

« Comme à Moroni, la terre est couverte de pierres calcinées; mais tout ce qui y pousse vient avec tant de vigueur, que, malgré la chaleur et l'absence totale d'eau, l'ombre épaisse des arbres fournit à la terre un abri suffisant pour y entretenir de l'humidité.

« Le grand nombre de bananiers, de citronniers, d'arbres et de fruits de toute espèce, la fraîcheur qu'on respire en plein midi au milieu d'une belle verdure, tout contribue à donner à ces lieux l'apparence d'un vaste jardin et un aspect charmant. Nul doute que, si les habitants étaient moins paresseux, ils obtiendraient là de belles récoltes qui, en café surtout, pourraient être très-considérables, car la terre ne peut être qu'excellente pour cette culture; mais ils se contentent de quelques patates, de cocos et de bananes qui viennent en quantité; ils n'ont pas d'autre nourriture ni d'autre boisson. Il est surprenant qu'avec un pareil régime, on puisse avoir une si belle constitution; car, sans parler des femmes, qui restent enfermées, les hommes sont tous d'une stature colossale, et d'une force herculéenne. Est-ce à la salubrité du pays qu'il faut attribuer cela, ou à la beauté de la race elle-même? Mais si c'est à cette dernière cause, comment les naturels de Hinzouan et de Mouéli, qui prétendent à la même origine, ne sont-ils pas ainsi? Et comment les animaux eux-mêmes participent-ils à cet état prospère (*)?

« Nous fîmes aussi une visite au premier chef qui est le personnage le plus riche de la ville; sa case offrait plus de commodité, plus de propreté que les autres, et il y avait dans son arrangement beaucoup plus de recherche. En la parcourant des yeux, nous fûmes surpris de voir qu'un fusil, mis en évidence, et qu'il dit être le sien, fût un ancien fusil à mèche, hors d'état de servir; nos réflexions firent impression sur lui, et il s'attacha à nous persuader qu'il en avait d'autres à sa disposition; mais comme il ne les montrait pas, et pour cause, nous restâmes plus que jamais convaincus de la rareté de ces armes dans le pays, où nous n'en rencontrâmes que fort peu. Il n'en faut pas conclure que les habitants du pays soient plus pacifiques; au contraire, leur manie, ou le besoin de faire et de défaire continuellement leurs sultans, les maintient en état d'hostilité permanente les uns contre les autres; mais ils se servent du sabre ou lancent des quartiers de roche. Avec de pareilles armes, on concevra quels doivent être l'avantage et la supériorité des Malgaches sur eux, puisque ceux-ci, faisant usage de fusils, dont ils se servent fort bien, arrivent tous bien armés. Aussi ces colosses de Comore, sans courage d'ailleurs, n'avaient-ils aucune confiance ni dans leur force ni dans leurs bonnes murailles, et s'empressaient-ils de prendre la fuite en abandonnant tout à la discrétion de l'ennemi.

« Après être restés à Moutchamioli assez de temps pour tout voir, et nous faire bien venir de tout le monde, nous prîmes, le second jour, congé de Moinanaon, et nous montâmes sur le boutre pour repartir avec le sultan.

« Il restait encore à voir Iconi, dépendance de Moroni, et éloignée d'environ trois ou quatre milles dans le sud; nous ne fîmes donc que passer du boutre dans un canot de *la Prudente*, et nous repartîmes à l'instant même, sans avoir pris le temps de nous reposer.

« Cette ville est la plus ancienne, et était la plus considérable de Comore; elle a été détruite par les Malgaches, qui prenaient de préférence ce point de débarquement; aujourd'hui il ne reste que bien peu de maisons et beaucoup de ruines.

« C'est là que se trouve la seule eau douce qui soit sur toute la côte à dix lieues à la ronde; nous y allâmes par un long chemin, à travers les roches; et parvenus à une grande excavation faite de main d'homme, entourée de murailles, nous trouvâmes cette eau dans quelques trous pratiqués sous un amas de pierres; mais malheureusement les sources en sont si faibles, qu'elle a le temps de croupir et d'infecter, de telle sorte qu'il faut y être bien habitué pour la trouver potable. Comme c'était dans le but de voir cet objet si précieux pour le pays, que nous étions surtout venus à Iconi, notre curiosité étant satisfaite, nous nous hâtâmes de visiter quelques chefs, et nous reprîmes la route du navire.

« Cette course fut la dernière que nous fîmes, attendu qu'il était impossible de rien tenter sur les côtes de l'est et du sud, qui sont inabordables même pour des embarcations.

« Le 14 nous fîmes notre visite d'adieu au sultan, et, profitant d'une petite brise sud-ouest, nous mîmes sous voiles, suivis d'une quantité considérable de pirogues qui nous escor-

---

(*) On a observé des faits semblables à ceux que cite M. Bosse, dans plusieurs autres contrées volcaniques.

taient. Les chefs nous accompagnaient, et ils parurent témoigner bien franchement leur regret de nous quitter. »

« Indépendamment du mouillage du nord, signalé par Horsburgh », ajoute M. Passot, » il en existe deux autres dans l'ouest, mais tous deux si mauvais, que les bâtiments de guerre n'y ont jamais paru. Cependant on peut y être en sûreté pendant la mousson du sud, et même tant que les vents restent au nord-est. Mais il faut abandonner ce mouillage vers la fin de novembre, époque des vents de nord-ouest, qui sont d'une grande violence et battent directement la côte. Un petit plan a été fait de ce mouillage; il pourra être utile à ceux de nos négociants qui viendraient tenter quelques opérations commerciales dans cette île. »

MOUÉLI.

Mouéli, dont le nom a été écrit *Mohelli* et *Mohilla*, est au sud-est de la partie australe de la Grande-Comore, et à l'ouest de Hinzouan, à 15 milles de l'une et 10 de l'autre. C'est la plus petite des Comores.

On doit à M. Leguevel de Lacombe les détails les plus étendus que l'on possède sur cette île : nous en extrairons tous ceux qui, en rentrant dans notre cadre, peuvent donner l'idée la plus complète de cette île.

« Le mouillage à Mouéli est au nord-est de l'île. Dans cette direction on voit, à deux milles environ du rivage, une petite mosquée blanche qui sert de remarque aux navigateurs, et qu'ils désignent, je ne sais pourquoi, sous le nom de chapelle américaine. C'est au large de ce point que les bâtiments s'arrêtent; ils mouillent près des récifs et des bancs de corail, sur un fond rocailleux où ils sont exposés aux vents du large.

« La capitale de Mouéli est située dans la partie orientale de l'île, sur un large plateau de sable qui n'est pas à plus de deux milles du rivage; elle contient environ six cents maisons en pierre, en y comprenant celles des faubourgs. Ces maisons sont presque toutes surmontées de jolies terrasses, où les Arabes vont prendre le frais pendant la nuit. La ville, entourée de murailles assez hautes, est divisée en trois quartiers ou arrondissements, qui ont chacun une mosquée. Le palais du sultan est au centre, sur une grande place carrée, au milieu de laquelle on voit une belle mosquée, une fontaine, et un cimetière, où sont quelques mausolées remarquables : ce palais a un beau portique et plusieurs portes ornées de bas-reliefs; ses murailles, comme presque toutes celles des maisons de la ville, ont plus de deux pieds d'épaisseur. Les rues sont si étroites, que quatre hommes ne pourraient y marcher de front. La population m'a paru considérable; elle est composée d'Arabes, de Maures et de noirs libres; chacune de ces castes a son quartier. D'autres villes et bourgades sont à des distances plus ou moins éloignées de la capitale; là, les maisons sont en torchis, presque toutes rondes comme celles de la côte orientale d'Afrique. Les habitants de l'intérieur sont encore plus mal vêtus que ceux des côtes; ils portent, au lieu de turbans, de larges chapeaux de jonc qui s'élèvent en forme de pyramide, et ressemblent à ceux des Chinois et des Malais; ils les teignent de diverses couleurs.

« Les habitants de Mouéli ne sortent jamais sans armes; les plus pauvres ont au moins un sabre qu'ils suspendent à leur épaule gauche au moyen d'une courroie; plusieurs ont des poignards recourbés qu'ils nomment *jambra*, et quelques-uns des pistolets. Ils sont très-religieux, ou du moins ils le paraissent; ils parlent toujours de Dieu ou de leur prophète avec un respect fanatique, et poussent le fatalisme si loin, que les plus dévots laissent à Allah le soin de pourvoir à leurs besoins : ils semblent n'être occupés que des plaisirs qui leur sont promis dans l'autre vie, et de ceux qu'ils goûtent déjà sur la terre avec les femmes de leurs harems; ils récitent sans cesse, chez eux, aux portes des mosquées, et jusque dans les rues, des versets du Coran sur les gros grains blancs des chapelets qu'ils portent au cou. A leurs longues barbes, à leurs robes traînantes, à leurs yeux fixés sur la terre, qui peignent si bien l'humilité, on les prendrait pour des moines ou de saints ermites; cependant ces béats ne se font pas scrupule de détrousser les voyageurs, ou de les friponner, quand ils le peuvent, dans les marchés qu'ils font avec eux. »

M. Leguevel décrit une cérémonie religieuse à laquelle il assista : c'était le mariage d'un riche habitant de l'île.

« Le cortége avait parcouru la ville et était arrivé près de la mosquée, lorsque nous le rejoignîmes à l'heure de la prière du soir. Deux estrades avaient été élevées à la porte du temple, l'une pour le fiancé, jeune Arabe d'une figure assez agréable, l'autre pour des musiciens. Les sons rauques et monotones de leurs tambourins, des tamtams et des cornes étourdissaient les assistants. Deux matrones très-âgées s'occupaient de la toilette nuptiale; elles conduisirent d'abord le fiancé à la piscine où il se purifia, et le ramenèrent ensuite près d'un siége couvert de soie rouge; dès qu'il fut assis, l'une de ces femmes prit ses armes qu'elle déposa sur une belle natte ovale, étendue exprès sur les degrés de la mosquée; l'autre lui ôta sa robe, sa calotte, son turban et ses sandales, et répandit sur son corps diverses essences qu'elle choisissait dans de petits flacons rangés sur un plateau qu'un esclave lui présentait. Pendant que les deux matrones parfumaient le linge du fiancé, une troisième, qui venait de les remplacer, lui attachait une ceinture, un collier et des bracelets de clous de girofle. Toutes les trois se réunirent pour le vêtir. L'une lui passait une robe blanche, et par-dessus une robe plus courte de mérinos vert; les autres lui roulaient un turban de cachemire, et lui mettaient des sandales brodées en maroquin vert et rouge. Il ne restait plus qu'à le parfumer une seconde fois; c'est ce qu'elles ne tardèrent pas à faire avec de la civette, de l'ambre gris et de l'encens qu'elles brûlaient dans une cassolette; elles terminèrent la cérémonie en lui passant au cou plusieurs colliers, les uns de clous de girofle, les autres de gros grains odorants.

« Hussein nous ayant dit que nous pouvions l'accompagner dans l'intérieur de la mosquée, si nous consentions à nous laver la bouche, le visage, les pieds et les bras jusqu'au coude, nous acceptâmes avec empressement cette offre, qui nous permettait de voir la suite de la fête à des conditions si faciles à remplir. Il nous fit laisser nos sandales à la porte, où toutes celles des Arabes étaient déposées, et nous conduisit à la piscine; près de ce réservoir, se trouvait une large pierre de marbre blanc, sur laquelle nous passâmes pour entrer dans le temple par une petite porte.

« La grande mosquée de Mohéli est un édifice arrondi en voûte, et soutenu par des colonnes; ses murailles sont proprement blanchies, mais sans aucun ornement : les musulmans ayant horreur de l'idolâtrie, que Mahomet a combattue avec autant d'acharnement que Moïse, n'ont aucune statue dans leurs temples; un seul tableau représentant la Mecque et la Kaaba, est suspendu auprès de sa principale porte. Au milieu de cette grande salle de prière, où tous les Arabes étaient assis sur des nattes, les jambes croisées, on remarquait une petite chaire où l'imam fait tous les soirs une exhortation aux croyants. La prière ne tarda pas à commencer; l'imam se prosterna le premier, et tous les assistants en firent autant : je n'ai pu retenir que leur profession de foi, qu'ils répétaient à chaque instant; ils disaient ensemble à haute voix : *La Ilah illa Allah, Mohammed rasoul Allah!* et ensuite : *Bism Illah errahim errahman*; chaque fois qu'ils prononçaient les deux mots *Allah akbar!* ils se prosternaient la face contre terre, les mains sur les oreilles et les doigts élevés. Après la prière, qui ne dura pas plus de dix minutes, l'imam monta en chaire, et récita les versets du Coran relatifs au mariage; puis il recommanda au fiancé de bien traiter sa femme, et de remplir envers elle les devoirs d'un bon musulman.

« Une demi-heure après, la foule s'écoulait par la grande porte; et le cortége, devant lequel on portait deux drapeaux, l'un rouge, l'autre vert, reprenait sa marche, escorté par les insupportables musiciens; le marié, placé au centre, était porté sur un fauteuil rouge, dont deux gros bambous formaient les brancards; il fit diriger la marche vers la maison de son beau-père, où il allait réclamer son épouse : là s'engagea une lutte entre ses esclaves et ceux de ses nouveaux parents; les premiers frappèrent plusieurs fois à la porte, qu'on refusa longtemps d'ouvrir; les domestiques sortirent enfin armés de bâtons, et repoussèrent le marié et ses amis, qui cherchaient à s'introduire dans la maison. Les matrones furent cependant admises, et amenèrent bientôt la jeune fille couverte de plusieurs voiles et le visage barbouillé de pâte de sandal desséchée : à sa vue, des cris de joie se mêlèrent à la musique, qui recommença de plus belle; et l'épouse, ensevelie comme si elle eût été morte, fut placée par les vieilles femmes sur une espèce de sofa, et transportée chez son mari. Une troupe d'Arabes et de Nègres, aussi nombreuse que celle de la veille, parcourait le lendemain les rues de la ville; mais cette fois l'époux et les matrones ne figuraient pas au milieu d'eux : un troisième drapeau, fort singulier, était porté processionnellement devant les autres : c'était le drap nuptial dont l'exhibition devait servir à constater la vertu de la mariée; à Mohéli, lorsqu'une femme ne produit pas ces attestations, elle est répudiée et perd la dot qu'elle a reçue en se mariant.

« Quelques jours après cette cérémonie, Hussein, qui nous emmenait souvent avec lui, nous conduisit dans la maison d'un Arabe qui venait de mourir. Le corps, après avoir été soigneusement lavé et frotté d'essences, fut enseveli dans un linceul couvert de camphre et de divers aromates, et enfermé dans une bière de bois odorant, que l'on déposa au fond d'une petite chapelle élevée par la famille du défunt dans la principale cour de la maison; des lampes brûlaient continuellement autour du cercueil, auprès duquel les plus proches parents passaient les nuits à prier avec un imam, ou quelque personnage pieux qui leur faisait des lectures du Coran. Le neuvième jour, les funérailles eurent lieu; le corps ne fut pas porté à la mosquée : les enfants et les esclaves du mort lui donnèrent la sépulture pendant la nuit. Le lendemain, les portes de la maison étaient ouvertes à tous les passants qu'on invitait à venir prendre part à un festin : ils étaient servis par la famille, qui jeûnait ce jour-là. Les Mohilois font de grandes dépenses pour les tombeaux; ceux qui sont riches placent, sur le dôme des édifices tumulaires, des ornements en argent ou en or, représentant des fleurs et des fruits. »

HINZOUAN.

Anjouan, dont le véritable nom, suivant l'autorité du savant William Jones, est *Hinzouán*, écrit aussi *Anzuame*, *Anzouan*, *Juanny*, a fini même, sous l'influence d'idées chrétiennes, par s'appeler *Johanna*. Sa forme est celle d'un triangle de 25 milles de hauteur sur autant de base. Bien qu'elle ne soit pas la plus grande des Comores, elle est la plus fréquentée, parce que les bâtiments ont toute facilité pour y prendre des rafraîchissements. Nous devons à cette circonstance plus de détails sur cette île que sur les autres Comores; ils ne diffèrent pas dans leur ensemble de ceux donnés récemment par M. Le Bron de Vexela dans la *Revue de l'Orient*, et dont nous extrairons ce qui suit :

« Les navires mouillent près de terre sur un fond rocailleux; la baie est bonne, si ce n'est aux approches des ouragans, fort à redouter depuis le mois de novembre jusqu'au mois d'avril; la brise du nord-est règne alors constamment, et il n'est plus permis aux navires d'y séjourner sans courir les plus grands dangers; pendant tout ce temps, les principaux insulaires quittent la ville et retournent dans leurs habitations situées dans l'intérieur des terres : c'est l'époque de la stagnation du commerce.

« La ville, bâtie au pied des montagnes et sur le bord de la mer, est construite comme toutes celles des Arabes. Les rues en sont tellement étroites, qu'on peut à peine y passer deux de front; les maisons, toutes en pierres, n'ont de jour sur la rue que par une porte. Un village de noirs, composé de maisons faites dans le genre de celles des Malgaches, est contigu à la ville. Le palais du sultan n'est qu'une maison plus grande que les autres, et dont l'intérieur est fort mal meublé. Le luxe que lui ont prêté certains écrivains, est une pure fiction : il est peu de pays civilisés où la simplicité dans les costumes, dans l'ameublement et dans la manière de vivre, soit porté aussi loin que dans l'île d'Anjouan. Il s'y trouve quatre mosquées fort laides, et une forteresse garnie de trente pièces de canon dominant la ville et la baie; à environ 500 mètres de la ville, on découvre un autre petit fort désarmé, tombant en ruines. La ville est entourée d'une muraille crénelée, à l'une des extrémités de laquelle sont un petit bois de cocotiers, et des jardins appartenant aux princes neveux du sultan. A vingt minutes d'Anjouan se trouve une belle cascade, dont j'allais souvent respirer la fraîcheur avec délices au lever de l'aurore : la vue des montagnes garnies de cocotiers, des cabris qui les gravissaient à pic, de cette eau perlée tombant avec fracas du haut d'un rocher, réveillaient en moi l'écho des souvenirs, et je rêvais.

« Le sultan Salim est âgé de trente-cinq ans; sa taille est moyenne et élancée, son teint légèrement basané, ses traits réguliers, son œil vif, sa physionomie très-expressive; passionné pour la toilette, il est le seul qui soit toujours mis avec une certaine coquetterie; il est d'un caractère doux, mais d'une avarice extrême; son esprit fin et dissimulé ne se laisse pas facilement deviner : il parle un peu le français; mais, comme tous les habitants de l'île, il a une grande sympathie pour les Anglais. Les trois frères du sultan sont des hommes d'une nullité extrême (l'aîné, à qui revenait le trône, sentant son incapacité, a cédé son droit de régner à Salim); ils ne s'occupent qu'à mâcher du bétel et à faire un petit commerce. Imouko, son neveu et fils du gouverneur de l'île Comore, est le seul des princes anjouanais qui ait su conserver une certaine dignité; il passe pour le plus riche particulier du pays : âgé de vingt-huit ans (1845), il est très-débonnaire, et surtout très-réservé, pour ne point inspirer de jalousie au sultan Salim, qui n'ignore point toute la popularité dont jouit ce jeune prince, désigné d'avance pour monter un jour sur le trône; Imouko ne parle point le français, mais assez bien l'anglais.

« Les Anjouanais ont les mœurs douces; ils ne s'occupent que de leur religion, de leurs femmes, et de la mastication du bétel; leurs réunions se tiennent devant les mosquées, où ils se rendent quatre ou cinq fois par jour, car il n'y a pas à Anjouan, comme dans tout l'Orient, des barbiers et des cafés. Ils n'ont pas l'usage de la pipe. L'encens, le musc et le sandal, que certains écrivains ont prétendu respirer dans les rues, de manière à donner des maux de tête, sont aussi fabuleux que le luxe; il est cependant possible qu'à l'époque où ces écrivains faisaient la traite, le peuple anjouanais, riche alors par ce trafic infâme, brûlât des essences chaque fois que le négrier se trouvait au milieu d'eux pour acheter sa cargaison de chair humaine.

« Les femmes d'Anjouan sont beaucoup plus recluses que dans les autres contrées mahométanes; on n'y voit dehors que des négresses. Les Anjouanaises ne peuvent jamais sortir que le soir, deux à deux, la tête et le corps enveloppés d'une grande pièce de toile qui les réunit et les couvre toutes deux ; si elles rencontrent un homme, bien vite elles se jettent de côté, la figure tournée vers le mur, jusqu'à ce qu'il soit passé. Leurs excursions sont même fort rares, et n'ont lieu que pour visiter une parente ou une amie. Lorsqu'un membre ou un ami de la famille entre dans une maison, il s'arrête un instant à la porte, et prononce d'une voix forte le mot *Kouézi!* afin de se faire entendre; les femmes disparaissent alors, et le mari crie d'entrer. S'il n'est pas au logis, un esclave vient le dire au visiteur, qui se retire. Mais ce qui forme un grand contraste avec cette jalousie, c'est que les domestiques mâles pénètrent dans les chambres des femmes. « Je ne conçois rien à une pareille absurdité », disais-je souvent à des Anjouanais; « comment! un parent ne peut voir sa parente même en présence du mari, tandis que les domestiques mâles entrent dans les appartements à tout instant! » — « Que voulez-vous », me répondaient-ils, « c'est l'habitude ». Bien que les femmes ne sortent jamais, elles aiment extrêmement les ornements, tels que bagues, bracelets d'or et colliers de corail. Ce sont elles qui, dans leur intérieur, tiennent les rênes du gouvernement domestique; le mari, chez lui, n'est que leur premier sujet. »

« Le vol et l'avarice sont les vices dominants des Anjouanais. Habiles dans l'art de feindre, ils ont toujours un gracieux sourire sur les lèvres, et rien n'est difficile comme de surprendre leur pensée. Plusieurs des plus notables venaient journellement me demander un petit morceau d'argent, ce qui voulait dire quelques piastres, en m'offrant pour cela du riz et de l'arrow-root; et de tous les cadeaux que j'ai offerts aucun n'a été refusé de leur part, pas même par le sultan, auquel j'ai donné un beau sabre doré et une croix d'or pour une de ses femmes. Les seuls présents que j'aie reçus en retour ont été deux colliers d'ambre gris et des clous de girofle.

« J'avais envoyé tous les articles que je croyais pouvoir convenir; le sultan avait fait étaler tous ces objets dans une salle, et lorsque j'arrivai, se trouvaient réunis autour de lui les princes et les principaux habitants. J'eus à peine le temps de me reposer; à l'instant, vingt questions me furent faites à la fois : « Combien ceci, combien cela »; et ce qui leur plaisait davantage était toujours le plus méprisé; tout était trop cher. « Nous ne sommes pas comme les Sakalavas, me disait le sultan, nous connaissons le prix de tout cela. » Enfin, après une séance de plus de quatre heures, nous tombâmes d'accord; tous les articles, dont le prix venait d'être fixé par Salim et consenti par moi, furent inscrits, et restèrent dès lors invariables. Nul Anjouanais, quel que soit son rang, ne peut acheter ni vendre un article tant que le prix n'en est pas fixé d'avance par le sultan, dans une réunion spéciale comme celle que je viens de décrire. Après que tout eut été stipulé sur ce qu'ils voulaient acheter, vint le tour des articles d'échange, car n'allez pas vous imaginer pouvoir vendre aux Arabes contre de l'argent : ils ont pour habitude de se dire très-pauvres. Il faut avoir bien soin de convenir d'une mesure : c'est pour l'étranger une chose essentielle, s'il ne veut pas être trompé; il doit surtout veiller lorsqu'il reçoit la marchandise. Le sultan reçoit un droit de dix pour cent qu'il prélève sur la valeur des articles importés, cinq pour cent sur celle des articles exportés, et de plus 50 piastres de droit d'ancrage.

« Les Anjouanais, ainsi que les autres Comoriens, suivent comme musulmans le jeûne du rhamadan avec rigueur. Leur nonchalance à cette époque de l'année est encore plus grande qu'à l'ordinaire; les mosquées sont les seuls points de rendez-vous. Vers le soir seulement, on les voit tous s'acheminer, ou pour mieux dire se traîner vers le rivage; là, agenouillés au bord de la mer, ils font leur prière, qui dure jusqu'au moment où le soleil disparaît de l'horizon. A cet instant tout change : au silence de la journée succèdent des cris de joie; à la marche grave et lente, le pas de course; ils se répandent dans toutes les directions, afin de regagner leurs demeures, où le déjeûner les attend. Je me plaisais souvent à les arrêter dans leur élan; mais jamais je n'ai pu obtenir d'eux d'autre réponse que celle-ci : « Nous bien contents de manger, nous très-faim ». Aussi, pendant la première heure qui suit la *prière du soir*, la ville est-elle morne et silencieuse.

« J'assistais presque toujours au repas du prince. Ayant beaucoup voyagé, surtout en Orient, je suis habitué à voir manger avec les doigts; mais je n'ai vu nulle part des hommes manger avec plus de gloutonnerie et plus salement qu'à Anjouan. Leur plat de résistance est toujours le riz; ils y plongent la main, le pétrissent et en font une boulette qu'ils trempent ensuite dans la sauce. Le repas du prince terminé, nous allions nous promener ensemble dans les environs de la ville ou dans ses jardins, et après notre promenade on se rendait à la danse, ou bien plutôt à la pantomime qui s'exécute tous les jours en plein air. L'orchestre est composé de quatre musiciens, tambourinant de toutes leurs forces sur deux caisses : deux soi-disant danseurs se promènent fièrement, drapés dans un morceau de toile, portant leur tunique fortement serrée autour des reins, paraissant irrités l'un contre l'autre, et s'évitant pour se surprendre mutuellement. Ces acteurs sont remplacés par d'autres, jusqu'à ce qu'il en arrive qui, électrisés par le bruit infernal des caisses, en viennent aux mains, et se gourment à grands coups de poings dans la figure; ils deviennent alors tellement furieux, que la foule qui les entoure est obligée de les séparer.

« J'avais choisi, pour faire mes affaires, un parent du sultan, nommé Abdel-Abbas. Sa femme accoucha d'un fils; il y eut chez lui, pendant quatre jours, grands festins, accompagnés de l'indispensable tambour. Lui ayant fait observer que ce bruit devait incommoder sa femme, il se contenta de me répondre par cette phrase sacramentelle: *C'est l'habitude.*

Il me félicita de ma nomination d'ambassadeur du roi en Europe et de colonel général (faite la veille par le sultan), ajoutant qu'il avait pris ses mesures pour me donner une fête le lendemain soir, et qu'il espérait bien que je ne refuserais pas d'y assister. « J'accepte, lui dis-je, avec bien du plaisir; mais n'oubliez pas surtout que c'est un général anjouanais, et non un Européen qui viendra chez vous; c'est vous dire que je désire que la fête soit toute nationale. »

« Le lendemain, je me rendis chez Abdel-Abbas. Un grand fauteuil en bois, de la forme de celui du roi Dagobert, était placé pour moi, ainsi qu'un tapis de pied. J'avais quitté le costume européen pour prendre celui des Arabes, ce qui parut lui faire beaucoup de plaisir. A peine étais-je assis, que le prince Imouko et un autre parent du sultan entrèrent dans la salle, le sabre à la main, et ouvrirent l'assaut en se portant des coups qui furent parfaitement parés. Seize couples se succédèrent en montrant la même adresse : ils ont vraiment du talent dans le maniement du sabre, exercice qu'ils exécutent en sautant toujours sur une jambe. L'assaut terminé, les musiciens redoublèrent leur tapage, et aussitôt parurent une vingtaine de bayadères, c'est-à-dire vingt négresses horriblement laides, vêtues de vestes rouges à galons d'argent et de jupons blancs ou bleus; pour s'embellir, elles s'étaient dessiné, avec du blanc, des perles au front, au nez, et autour de la bouche : cette décoration sur leur peau noire était affreuse. Après qu'elles eurent formé le rond, l'une d'elles, ayant à la main un petit panier renfermant des pierres, qu'elle agitait comme une marotte, entonna un chant improvisé et peu harmonieux, qui fut répété par toutes ses compagnes. On présenta ensuite de l'eau sucrée, de la limonade et des feuilles de bétel. Dans la crainte de désobliger Abdel-Abbas, je fus obligé de subir, pendant trois heures, ce monotone et fastidieux amusement.

« Enfin, le rhamadan venait de finir au grand contentement de tous les Anjouanais, et particulièrement au mien, car j'étais certain de ne plus être réveillé pour manger du poulet, du riz, de petits gâteaux d'arrow-root, et de n'avoir pour boisson qu'une décoction de fèves brûlées, simulant le café, liqueur inconnue à Anjouan. Deux jours après le rhamadan, il y avait une grande fête religieuse; le sultan se rendait en grande cérémonie à la mosquée : dès la pointe du jour, toute la ville était sur pied et en habit de gala. Je reçus une invitation de la part de Sa Hautesse pour l'accompagner : vers les neuf heures, je me rendis avec le prince Imouko au palais; les princes, le gouverneur de la ville et les principaux habitants y étaient à l'avance. Après une demi-heure d'attente, le sultan entra, revêtu d'un brillant costume : il avait quitté le turban, et portait un bonnet de velours noir brodé en or, sur le devant une plaque avec les armes d'Anjouan (une main renversée), autour de la plaque une devise anglaise (*King of Anjouan*), une veste de velours rouge brodée en or, et sur la poitrine une plaque semblable à celle du bonnet, un pantalon bleu collant avec galon d'or sur les côtés, et le sabre que je lui avais donné. Il paraissait enchanté de sa belle toilette, et semblait me demander mon suffrage; je me gardai bien d'y manquer, sachant combien son amour-propre était chatouilleux sur ce chapitre : il était, du reste, vraiment bien dans son costume; je lui dis pourtant que je l'aurais trouvé mieux s'il n'eût point porté le sceau de l'esclavage de ses prétendus amis. « Comment cela? » me dit-il. — « C'est que sur la poitrine d'un souverain tel que vous, au lieu d'une devise anglaise, on ne devrait lire qu'une devise arabe; prenez garde que votre faiblesse ne vous occasionne plus tard des regrets éternels. » La conversation en resta là, car tout était prêt pour se rendre à la mosquée.

« A la porte du palais était placé, pour le sultan, un fauteuil posé sur un brancard et recouvert d'un dais : il s'y assit, et quatre Arabes le portèrent; les princes ses frères, ses neveux, le gouverneur de la ville et moi, nous marchions devant et à côté; parurent ensuite les officiers suivis de toute la population. Arrivé devant la grande mosquée, l'imam vint recevoir le sultan, et nous entrâmes tous. Après le service divin, les princes et tous les habitants vinrent baiser la main de leur souverain; je m'empressai de la lui serrer.

« Mes affaires étant toutes terminées, dès la pointe du jour suivant nous nous éloignâmes des côtes d'Anjouan. »

MAYOTTE.

L'île Mayotte est la première des Comores que l'on rencontre en venant de Madagascar; elle est à 145 milles de la pointe la plus voisine, à 160 de Nossi-Bé, et à 170 de l'entrée de la baie de Bombetok, au midi, entre 12° 34' et 13° 2' de latitude sud, 42° 43' et 43° 3' de longitude orientale. Sa distance de Bourbon est d'environ 700 milles. On peut faire ce trajet en six ou sept jours pendant la mousson du sud-est; mais le retour pendant cette même mousson ne demande pas moins de trente jours, et réciproquement.

On peut dire que Mayotte n'était pas connue avant l'exploration de la gabare française *la Prévoyante*, commandée par M. Jehenne en 1840; jusqu'alors elle était restée marquée sur tous les routiers du canal de Mozambique, comme absolument dépourvue de bons mouillages. Cette circonstance cessera d'étonner, si on réfléchit que cette île est presque entièrement enveloppée d'un réseau de récifs et de brisants redoutables, et qu'elle était habitée, il y a encore vingt ans, par un peuple sauvage, fanatique, inhospitalier, et sans industrie; les seuls Européens qui la fréquentaient étaient des négriers espagnols et portugais, qui avaient le plus grand intérêt à cacher leurs repaires. Quels ne durent pas être l'étonnement et la satisfaction de *la Prévoyante*, lorsque, après avoir passé le récif oriental par un chenal de trois encablures de large, elle se trouva comme par enchantement dans une rade immense, dont les eaux paraissaient à peine ridées par les vents qui soulèvent les flots derrière elle, et quand, s'avançant au nord, elle découvrit ces passes tortueuses au milieu des coraux, et ces îlots si favorables à la défense.

Mayotte est d'un aspect très-pittoresque; une série de montagnes isolées ou pitons y élèvent leurs sommets nus et rougeâtres, et semblent signaler au loin une terre désolée; mais les flancs de ces mêmes montagnes, les nombreuses vallées et les plaines, où les pluies apportent, au détriment des lieux élevés, toute la terre végétale, et où serpentent de nombreux cours d'eau, resplendissent de la végétation la plus variée et la plus luxuriante.

L'île est allongée du nord au sud, et a dans cette direction 21 milles. Sa largeur est très-variable, indice d'une grande irrégularité de formes, et en effet, développée au nord jusqu'à atteindre huit milles, elle n'a plus au midi, en un endroit, que deux milles.

Une ceinture de récifs entoure l'île presque totalement, et il semble au premier abord qu'elle soit inaccessible. Mais cette muraille présente sur plusieurs points des ouvertures qui, quoique étroites, sont suffisantes pour le passage des plus grands bâtiments. Cette chaîne d'écueils, dont les sommités se découvrent à marée basse, gît à la distance de deux à six milles, laissant entre elle et la plage un vaste chenal, dans lequel il y a partout abri contre la tempête et contre l'ennemi, et où le cabotage peut s'effectuer sans péril.

Sur la ceinture même de récifs, et dans le bassin qu'elle forme avec l'île principale, se trouvent plusieurs petites îles, telles que Pamanzi, Zaoudzi, Bouzi et Zambourou.

Pamanzi, située à l'est, est la plus importante de toutes. Elle représente un losange, dont les quatre angles sont, à peu de chose près, tournés vers les quatre points cardinaux. A l'exception de la partie méridionale qui est basse, sa surface est parsemée de monticules, et même de hauts mornes entièrement dépourvus de végétation : le point culminant de la chaîne principale s'élève à 208 mètres au-dessus de la mer voisine. A l'angle occidental, la côte dessine une presqu'île, dite de Zaoudzi, qui fait face à une presqu'île semblable, celle de Choa, dans la grande île, dont elle forme un des promontoires orientaux; ces deux presqu'îles sont élevées, et ne tiennent à la terre que par un isthme étroit et court, d'un mille de large environ.

Entre Pamanzi et Mayotte est l'île Zaoudzi, voisine de la presqu'île ci-dessus, et jointe à Pamanzi par une petite langue de sable qui se découvre à la basse mer; elle n'est séparée de Mayotte que par un faible bras de mer, d'un quart de lieue environ.

L'île Bouzi, au sud-ouest de la précédente, est beaucoup plus près de la côte orientale; elle est haute et boisée jusqu'à son sommet, dans la partie méridionale et occidentale.

Quant à Zambourou, située au large de la côte nord-ouest, elle est très-escarpée et n'a point de terre végétale.

Mayotte est traversée, dans toute sa longueur, par une chaîne de montagnes dont les sommets paraissent atteindre six cents mètres. La grande irrégularité de ses formes provient du développement inégal des contre-forts de la chaîne, qui divergent des points culminants et s'abaissent vers la mer. En général, l'île est montagneuse, coupée de ravins profonds, et ne présente point de plateaux, mais seulement de petites vallées et des vallons, qui s'ouvrent au fond de quelques baies par des terres d'une pente assez douce. Dans les uns et dans les autres, on trouve d'excellente terre végétale. La pointe de Choa, l'un des points les plus remarquables de la côte orientale, est jointe à Mayotte par un isthme élevé de cinq à six mètres au-dessus des plus hautes marées. Son sol est formé d'une couche de terre végétale assez épaisse, et paraît être d'une grande fertilité. Le terrain compris dans un rayon de deux à trois mille mètres autour de Choa, est parfaitement disposé pour un établissement. Il est très-fertile, très-sain, heureusement accidenté, et renferme des sources, des ruisseaux, et une anse convenablement abritée.

On peut obtenir presque partout, à Mayotte, des aiguades abondantes et commodes, en réunissant des filets d'eau, qui n'assèchent d'ailleurs jamais, au moyen de quelques travaux faciles et peu dispendieux.

L'hivernage à Mayotte est déterminé, comme à Bourbon, par les lunes de décembre et de mars. Les grains donnent généralement plus de pluie que de vents. Les coups de vent sont très-rares. Mayotte passe pour la plus saine des Comores, et elle est en effet d'une admirable salubrité, ainsi que le constate l'absence totale de maladies dans les équipages qui y ont successivement séjourné dans les conditions les moins favorables. L'encaissement jusqu'à leur embouchure de quelques ravines, qui deviennent des torrents durant l'hivernage, complète la salubrité de la côte orientale.

- Mayotte est assez bien boisée, et, parmi les arbres qui s'y trouvent, il y en a qui sont propres aux constructions particulières et maritimes, principalement dans la baie de Boéni et dans la partie méridionale de l'île, à l'extrémité de la baie Lapani, au pied du pic Ouchongui. Il y existe une petite forêt exploitée par les indigènes, pour la construction de leurs pirogues et de leurs boutres, et qui fournit des bois d'une grande élévation. En avril 1844, M. Guignard, enseigne de vaisseau, fit couper, à la pointe sud de la baie de Boéni, 36 arbres de 30 à 80 centimètres de diamètre. « Il y a aujourd'hui, ajoute-t-il, dans le seul bois que j'ai exploité, plus de gros arbres qu'on ne pourra en employer dans les dix années qui vont s'écouler, et en élaguant les arbustes, les cocotiers, les baobabs, et tout ce qui peut gêner les jeunes plants de bois dur, on s'y créera de nouvelles ressources pour un temps plus éloigné. »

Il y a des pâturages étendus à Mayotte dans la partie ouest et sud-ouest, mais les meilleurs paraissent être à Pamanzi. Toute la partie montagneuse de cet îlot est couverte d'herbes excellentes, et serait susceptible de recevoir cinq à six mille têtes de bétail; ce qui serait facile, vu l'abondance des îles voisines en animaux de ce genre.

L'île Mayotte n'est pas aussi peuplée qu'on pourrait le croire d'après son étendue et la surface de ses terres cultivables. D'après un recensement fait en 1846, sa population s'élève à 5 268 individus, dont 2 535 libres, et 2 733 esclaves, aujourd'hui probablement affranchis par suite des mesures prises à cet effet par le gouvernement français. Cette population a dû être beaucoup plus considérable : il est présumable qu'elle a été très-réduite par les guerres, par la misère qui les a suivies, par l'émigration dans les îles voisines, à la côte d'Afrique, et en dernier lieu à l'Ile-de-France, où les bâtiments anglais ont transporté un certain nombre d'habitants de Mayotte, comme travailleurs à raison de trois piastres (15 fr.) par mois et la nourriture. La population se divise, quant à la nationalité, ainsi qu'il suit : Mahoris ou indigènes même de Mayotte, 1 439; Malgaches, 104; Arabes Antalaots, 802; Makouas, 843; Macondas, 513; Mozambiques, 373; Souaëlis, 52; Sakkalavas, 710; Adzouzous, 201; Anjouanais, 221; Moelliens 11. Les Mahoris ne diffèrent pas des autres habitants des Comores, dont nous avons parlé. Quant aux Malgaches, aux Antalaots, aux Sakkalavas, aux Adzouzous, ils ont été jetés à Mayotte par les guerres des Hovas de Madagascar contre les autres peuples de cette grande île; les Makouas, les Macondas, les Mozambiques sont des nègres amenés de la côte orientale d'Afrique, par la traite, ainsi, probablement, que les Souaëlis. Ce n'est pas ici le lieu de les décrire.

Depuis la cession de Mayotte à la

France, cette île a été placée sous l'autorité spéciale d'un commandant supérieur, qui a dans ses attributions les différentes îles que nous possédons sur la côte nord de Madagascar, Nossi-Bé, Nossi-Coumba, Nossi-Mitsiou, peuplées d'environ 20 000 individus, et qui prend, d'après cela, le titre de commandant supérieur de Mayotte et dépendances. Le premier titulaire appelé à ce poste, a été le capitaine de corvette Sander Rang, officier de mérite, dont on regrette encore vivement la perte; sa nomination est du 29 août 1843; il a eu pour successeur, à la fin de 1844, le chef de bataillon d'infanterie de marine, Passot, qui conduit avec une activité remarquable les travaux d'occupation définitive, commencés par son prédécesseur. C'est à Dzaoudzi, dans cette petite presqu'île si aisée à défendre, et où les sultans de Mayotte avaient en dernier lieu leur résidence, qu'ont été jetées les bases d'un établissement. De nombreux ouvriers de tous genres y ont été envoyés en 1846. On a choisi ce site à cause de ses mouillages, les mieux situés, les plus vastes et les plus sûrs de l'île, et à cause du voisinage de Pamanzi, où l'on pourra toujours tenir en sûreté de nombreux troupeaux. La mer qui entoure Dzaoudzi présente une rade susceptible de recevoir une escadre, et, sous le rivage même, la nature a placé les rudiments d'un port, qu'il serait facile d'achever au moyen de travaux peu dispendieux. On peut diviser les mouillages de Dzaoudzi en deux parties distinctes, l'une au nord du parallèle de Choa, qui est la plus petite, l'autre au sud, qui est la plus grande et la plus avantageuse. L'abri est complet dans ces rades; la tenue y est excellente, et la profondeur des eaux ne laisse rien à désirer; cependant la rade du sud doit être regardée comme préférable pendant la mousson du nord, et celle du nord l'est peut-être pendant la mousson du sud.

Malgré les grains de pluie et les orages qui sont fréquents pendant l'hivernage, le vent n'est presque jamais assez fort dans ces rades, pour empêcher les navires de tenir le travers, les huniers hauts : la mer y reste toujours si belle, que les navires qui viennent y passer la mauvaise saison, ne bougent pas plus que sur un lac.

La plus vaste de toutes les baies de Mayotte est celle de Boéni, sur la côte occidentale; elle possède toutes les facilités désirables pour un établissement; mais sa profondeur, et les montagnes dont elle est entourée, y rendent les calmes fréquents et la chaleur souvent étouffante.

Terminons ces détails descriptifs par quelques considérations générales :

« On se tromperait fort », dit M. Jehenne, « si on envisageait Mayotte comme une île pouvant rapporter beaucoup par l'exportation de ses produits : elle n'est ni assez vaste ni assez cultivable pour cela. Je crois, au contraire, qu'elle ne pourrait rien exporter si sa population devenait ce qu'elle pourrait être, et qu'il y eût plus forte garnison à nourrir; seulement, lorsque le riz serait assez abondant pour qu'on ne consommât plus le coco comme aliment ordinaire, ce fruit étant très-commun, on pourrait en faire de l'huile à brûler et du savon. Mayotte ne peut donc être qu'une position maritime pour la France, mais une position susceptible d'acquérir une grande importance en temps de guerre, par ses bonnes rades, et la facilité avec laquelle elles pourraient être défendues. »

« Au point de vue commercial », remarque M. Léopold Botet, « je ne vois point de colonie mieux placée que Mayotte, pour devenir en peu d'années le centre d'un commerce considérable : au milieu du canal de Mozambique, à mi-distance de la grande île de Madagascar et de la côte d'Afrique, sur la route de tous les bâtiments qui vont dans la mer Rouge, à Mascate, à Bombay, et sur la côte de Malabar, elle est en outre, à peu près, la seule escale de tous les caboteurs arabes et antalaots, qui font la navigation de Madagascar et de la côte d'Afrique (*). Qu'elle soit approvisionnée des objets demandés par les populations malgaches et africaines (ceux que notre industrie européenne ne pourra fournir, Pondichéry les fournira en trouvant ainsi l'écoulement de ses toiles bleues, de ses grosses cotonnades, et de ses toiles à voiles en coton); qu'une administration juste et éclairée assure à chacun respect pour sa propriété, protection pour tous, franchise et liberté pour le commerce, et la force des choses conduira à Mayotte tous ces caboteurs arabes et antalaots, les seuls qui, par le peu de frais que nécessitent leur armement et leur entretien, peuvent se livrer au genre de commerce de la côte d'Afrique et de Madagascar, où ils ont moins de droits à payer que les navires européens, et où ils trouvent bien d'autres avantages résultant de la conformité de leur religion, de leur langage et de leurs habitudes. La force des choses, dis-je, les conduira à Mayotte devant l'entrepôt de notre commerce et de notre industrie dans le canal de Mozambique, entrepôt qui doit être approprié aux besoins des populations malgaches ou africaines, pour y échanger les productions de ces côtes contre nos produits européens (**).

Histoire.

Les Comores ne paraissent pas avoir été connues des anciens : l'Europe en doit la connaissance aux Portugais,

(*) Ces objets sont, *pour la côte d'Afrique et Madagascar,* la quincaillerie, la coutellerie, la verrerie commune, la poudre, les fusils, les indiennes, le gros coton, les toiles bleues, les toiles à voiles en coton, le sucre de sirop, le girofle, les épices ; *pour les Hovas de Madagascar,* les draps de couleurs voyantes, les objets de mode, les galons d'or, les épaulettes, les bagues, les montres, le papier à écrire et à tapisser.

(**) *A la côte orientale d'Afrique,* l'ivoire, la gomme copal, la cire, les drogues, la poudre d'or, la nacre de perle, les perles, l'écaille, l'ambre, les cornes de rhinocéros, le millet, le sésame, les cocos, les sacs de natte.

A Madagascar, le coton, l'indigo, la soie, le bétail, le bois de teinture, la gomme copal, le sucre, le café, le girofle.

qui y abordèrent dans leurs expéditions de l'océan Indien, aux premières années du seizième siècle. La première carte sur laquelle elles se trouvent dessinées, est celle de Diego Ribero, en 1527. Le nom d'*Ilhas do Comoro,* les îles de Comor, qu'ils leur donnèrent, était emprunté aux Arabes, car les Arabes connaissaient, depuis des siècles, toute cette région maritime qu'ils avaient colonisée jusqu'à Sofala, où les navigateurs lusitains les trouvèrent établis.

On ignore quels sont les événements qui ont signalé l'arrivée des Portugais aux Comores; mais il semble qu'ils se soient placés là, avec les Arabes, dans cet état d'antagonisme où nous les trouvons sur la côte africaine, et qui était tout naturel à cette époque entre chrétiens et musulmans. Une tradition rapporte que le chef arabe qui commandait à la Grande-Comore fut obligé de se soustraire à leur tyrannie par la fuite, en se réfugiant avec une partie des siens à Mayotte.

Il est assez difficile de faire, avec quelque certitude, l'histoire politique de ces îles, par suite même de l'absence des données nécessaires pour cela. Voici ce que l'on peut déduire des renseignements recueillis à cet égard par quelques savants et voyageurs, à la tête desquels est le célèbre orientaliste William Jones.

A une époque dont on ignore la date, un Arabe de la Grande-Comore qui s'était fait remarquer dans de nombreuses occasions par son intrépidité, se fit donner le titre de chef et ensuite celui de sultan avec des pouvoirs limités. Ce fut sans doute un de ses descendants que nous venons de trouver en lutte contre les Portugais. Peu de temps après l'apparition de ces derniers dans cette région, une riche et nombreuse peuplade de Schiraziens (de Schiraz en Perse), déjà établie sur la côte de Zengebar et ayant pour chef Mohammed-ben-Aïssa, s'empara de la Grande-Comore, puis des îles Hinzouan et Mouéli, et leur donna pour chefs ses deux fils.

Ce même Aïssa, ayant entendu beaucoup vanter Mayotte, vint la visiter : il y fut accueilli en ami, et quelque temps après, la préférant à Hinzouan, il s'y établit et épousa la fille du sultan. A la mort de son beau-père, il lui succéda, et fit bâtir une ville, qui fut appelée *Tchingomi*, sur l'emplacement de laquelle on voit encore aujourd'hui les restes d'une mosquée et un tombeau que l'on dit être celui de Moïna-Singa, la fille du sultan qui lui succéda dans le gouvernement de Mayotte, et dont la postérité directe régna seule à Mayotte, jusqu'à Andrian-Souli exclusivement. Voici comment on dispose la liste de ces petits souverains : 1° l'Arabe de Comore, dont le nom nous reste inconnu; 2° Aïssa, fils de Mohammed-ben-Aïssa; 3° Moïna-Singa; 4° Buona Fournon; 5° Sultan Ali; 6° Sultan Omar; 7° Sultan Ali-ben-Omar; 8° Moïna-Aïcha; 9° Sultan Bakari; 10° Manaon; 11° Selim; 12° Buona Ambo; 13° Sultan Saley; 14° Maouana-Madi; 15° Buonacombo-ben-Sultan-Amadi; 16° Andrian-Souli. On verra plus loin l'histoire de ces derniers.

Celui des fils d'Aïssa qui commandait à Hinzouan, s'y maria et eut plusieurs enfants. En 1598, lorsque Corneille Houtman toucha aux Comores, Mayotte était gouvernée par un roi; et Hinzouan était aux mains d'une reine, qui ne voulut pas recevoir les Hollandais en sa présence, mais qui les fit traiter avec beaucoup de politesse et d'amitié. On jeta l'ancre devant la ville de Demos (probablement *Domoni*), ville aussi grande que Plymouth, et environnée de ruines qui prouvaient son ancienne prospérité. William Jones pense que cette reine était celle que la tradition nomme *Halîmah* et qu'elle donne comme l'ancêtre du sultan Ahmed, lequel régnait à l'époque du voyage du savant anglais en novembre 1783. Quinze ans après Houtman, quand les capitaines Plyton et Roc touchèrent aux Comores, une vieille sultane régnait à Hinzouan, et étendait sa domination sur les autres îles; trois de ses fils gouvernaient Mouéli en son nom.

Cinq sultans régnèrent, suivant William Jones, dans l'intervalle de 170 ans qui sépare l'époque où Corneille Houtman et Plyton trouvèrent, à Hinzouan, cette sultane Halîmah, jusqu'à l'avénement du sultan Ahmed, dont le règne paraît avoir commencé vers 1760 et s'être prolongé jusqu'en 1785. Depuis cette époque, nous ne savons que fort peu de chose sur l'histoire générale des Comores, qui se localise même tout à fait, et dans ces derniers temps l'intérêt s'est trouvé entièrement concentré sur Mayotte par la réaction puissante qu'y produisirent les événements dont Madagascar aussi était le théâtre depuis vingt années.

Dans la seconde moitié du siècle dernier, les Comores devinrent le but des incursions des Sakkalavas de Bouéni, peuple qui occupe toute la partie nord-ouest de Madagascar. Les Comorois, si robustes à la Grande-Comore, toujours nombreux dans les autres îles, semblaient tout à fait impuissants devant l'audace de ces hardis pirates, et la plupart du temps ils ne voyaient d'autre moyen de leur échapper que de prendre la fuite, en abandonnant tout ce qu'ils possédaient à la discrétion de leurs ennemis. « Les Johannais (habitants d'Hinzouan), disait en 1809 le capitaine Tomlinson, ont dernièrement fait de grandes pertes causées par les Madégasses qui envahissent l'île tous les ans pour s'y procurer des esclaves. Les autres îles Comores, Mohilla et Mayotte, sont presque dépeuplées par les attaques de ces pirates, et Johanna, de douze bourgades, est réduite à deux. Ils arrivent à la fin de la mousson du sud-ouest, construisent des huttes autour des bourgades murées de l'île, et comme ils ne tentent jamais le passage qu'avec un temps favorable, ils les bloquent ainsi jusqu'à la fin de la mousson du nord-est, ce qui fait un espace de huit mois.

« J'ai vu une de leurs pirogues : elle avait environ quarante-cinq pieds de long sur dix à douze de large. La construction en était ingénieuse et fort semblable à celle des barques employées à la pêche de la baleine, et les différentes pièces étaient jointes ensemble par des chevilles de bois. Ce peuple fait, tous les cinq ans, une expédition composée d'au moins cent pirogues, qui contiennent chacune de quinze à trente-cinq hommes, armés de mousquets. Chacune des quatre autres années, ils ne détachent que trente pirogues, pour qu'elles ne manquent pas de vivres, et pour laisser le temps aux plantations de se rétablir. Le roi me dit que, durant le siége de l'année précédente, près de deux cents femmes et enfants qui n'osèrent sortir des murs pour aller chercher des vivres, moururent de faim, et que plusieurs mères mangèrent leurs propres enfants. »

Nous ne rappellerons pas ici les événements à la suite desquels le manjaka ou grand chef de Madagascar, Radama, fut entraîné à se déclarer souverain de l'île entière. Qu'il nous suffise de dire qu'après avoir soumis les peuples de la côte orientale et ceux du centre, il tourna ses armes contre les Sakkalavas qui occupent toute la partie nord-ouest et la partie occidentale. Cette conquête fut l'objet de plusieurs expéditions successives; mais ses efforts et ceux de sa veuve Ranavalo n'ont pas encore réussi à dominer complétement les Sakkalavas, dont les chefs ont trouvé aux Comores un centre de résistance qui leur a permis jusqu'à présent de ne pas désespérer de leur cause. Voilà comment le nom de l'île Mayotte et des îles voisines s'est trouvé jeté au milieu du récit des luttes qu'a occasionnées cette longue guerre.

Ce que nous allons rapporter à ce sujet est extrait d'une notice historique, rédigée par un écrivain indigène, le scheikh Iousouf-ben-el-Moallem-Mousa, sur la demande d'un voyageur français fort instruit, Victor Noël, que la mort a prématurément frappé :

« L'île de Mayotte, si l'on en croit les princes d'Anjouan, aurait toujours été vassale des rois de ce dernier pays; mais les Mayottais paraissent n'avoir prononcé la khot'ba en leur nom qu'en de certains intervalles, et lorsqu'ils y ont été forcés par les événements. Pendant le règne du sultan Ahmed, qui gouverna Anjouan de 1760 à 1785, la puissance des Anjouanais avait déjà considérablement souffert des incursions annuelles des Sakkalavas dans leur île, et leur autorité sur Mayotte n'était plus qu'illusoire. Mayotte était alors dans un état de troubles continuels; sa population essentiellement hétérogène, et la position de Tchingoni, son ancienne capitale, au centre de cette population, laissaient les rois qui y faisaient leur résidence exposés à toutes les conséquences des révolutions que les sultans d'Anjouan ne manquaient pas de provoquer toutes les fois que les premiers prenaient des allures d'indépendance trop significatives. C'est dans ces circonstances qu'une famille arabe de Zanzibar, famille originaire de l'Oman, s'établit à Tchingoni, où elle acquit bientôt une grande considération par l'emploi qu'elle faisait des richesses que lui procurait son commerce. Le roi de Mayotte donna sa fille en mariage à celui de ses membres qui jouissait de la plus grande influence, jeune homme appelé Salih-ben-Mohammed-ben-Béchir-el-Mondzary-el-Omany. Le roi de Mayotte étant mort vers 1790, Salih-ben-Mohammed abandonna la secte des *Ibadhites*, qui est celle des Arabes de l'Oman, et embrassa la secte orthodoxe de Chaféy, à laquelle appartiennent les Comorois; toutes les voix le désignèrent alors pour remplacer au pouvoir son beau-père.

« Le premier soin du nouveau sultan fut de transférer le siége du gouvernement à Dzaoudzi, îlot sur lequel il fit établir les fortifications que l'on y voit maintenant, et c'est à cette mesure sans doute qu'il faut attribuer la durée, inouïe jusqu'à lui, et la tranquillité de son règne. Néanmoins, dit Iousouf, les fortifications sont impuissantes contre les trahisons domestiques : Salih-ben-Mohammed fut assassiné vers 1815, par les ordres d'un nommé Mouana-Mâddi, Mayottais qui avait toute sa confiance.

« Après quelques années de règne, Mouana-Mâddi épousa une femme sakkalava de Mouzangaïe, et fit à cette occasion la connaissance de plusieurs princes sakkalavas, et entre autres de Tsi-Lévâlou, appelé depuis Andrian-Souli. Lors de la conversion de celui-ci à l'islamisme en 1823, Maouana-Mâddi lui écrivit pour le féliciter à ce sujet, et, peu de temps après, lui proposa une convention dont les clauses principales étaient : Que si l'un des deux chefs mourait sans héritier légitime, son pays appartiendrait de droit au survivant; que dans le cas où l'un serait forcé d'abandonner ses États, l'autre devrait employer tous les moyens pour l'y rétablir ; et que s'il ne pouvait parvenir à ce résultat, il devrait admettre le prince dépossédé au partage de la souveraineté de son pays, et lui céder la moitié de son territoire. L'exécution des articles de cette convention était obligatoire pour les successeurs légitimes des parties contractantes. Les circonstances allaient bientôt permettre à Andrian-Souli de donner des preuves de sa bonne foi.

« En 1829, Mouana-Mâddi fut assassiné par les ordres de sa propre sœur, qui mit sur le trône son fils Moûgni-Monkoû, jeune homme de quinze ans. Le fils de Mouana-Mâddi, Bana-Kombo, alors âgé de douze ans, eut le temps de s'embarquer, et se rendit à Mouroun-Sunga, auprès d'Andrian-Souli, et réclama de ce prince l'exécution du traité qu'il avait conclu avec son père. Quelque difficile que fût sa position, Andrian-Souli n'hésita pas, et confia au fils de son ami une flottille et quelques centaines de Sakkalavas. Ces forces jetèrent l'épouvante parmi les habitants de Dzaoudzi, qui, pour se faire pardonner la faute qu'ils avaient commise en acceptant pour roi Moûgni-Moukoû, s'empressèrent de le mettre à mort et de proclamer Bana-Kombo.

« Les rigueurs que l'humeur belliqueuse d'Andrian-Souli lui fit exercer sur les Anti-Bouéni, lui aliéna ce peuple, qui le déposa pour élire sa propre sœur. Andrian-Souli, après avoir pris conseil des Antalotes et des Sakkalavas qui lui étaient restés fidèles, sur ce qui restait à faire, s'embarqua avec eux pour Mayotte, où ils arrivèrent en 1832. Bana-Kombo reçut bien celui auquel il devait son trône, et, conformément au traité conclu entre Maouana-Mâddi et le roi de Bouéni, il lui abandonna en toute souveraineté le pays compris entre Moussappéré et une baie à laquelle les réfugiés donnèrent, en souvenir de leur patrie, le nom de Baie de Bouéni. Quelque amical qu'ait été l'accueil fait à Andrian-Souli par Bana-Kombo, la mésintelligence ne tarda pas à éclater entre ces deux chefs, à la suite de la jalousie qu'avait excitée chez les Mayottais une prospérité que les Sakkalavas devaient à un travail assidu. Les Mayottais demandèrent à Bana-Kombo l'expulsion d'Andrian-Souli et de ses adhérents, qui avaient montré jusque-là une excessive modération. Les Sakkalavas, exaspérés de l'ingratitude de Bana-Kombo, coururent aux armes, défirent les Mayottais dans plusieurs rencontres, et se vengèrent de Bana-Kombo en le chassant lui-même de l'île. Bana-Kombo s'enfuit à Mohéli, auprès du sultan Ramanateka, et le pria de négocier la paix avec son adversaire.

« Ramanateka devait, à la ruse et à la mauvaise foi, la position qu'il occupait alors. Parent de Radama, gouverneur de Mouzangaïe dans le pays des Sakkalavas, il avait été obligé de s'enfuir avec soixante officiers et soldats, tous voués comme lui à la mort par Ranavalo. C'était vers la fin de 1832. Les fugitifs abordèrent à Anjouan, et y furent bien reçus par le sultan Abd-Allah, qui leur abandonna le quart de son île. Un an après leur arrivée dans ce pays, l'un des frères du sultan, Seyd-Ali, leva l'étendard de la révolte. Ramanateka, oubliant la généreuse hospitalité d'Abd-Allah, se ligua avec le prince rebelle, auquel sa coopération procura la victoire. Mais peu de temps après, Ramanateka ayant senti que sa présence à Anjouan devenait importune, il se rendit à Mohéli avec tous les siens, s'imposa comme roi du pays aux habitants, stupéfiés de tant d'audace, entoura de murailles Fomboni, la capitale de l'île, se fit musulman ainsi que ses compagnons, et attendit de pied ferme ses ennemis.

« Tel était l'homme entre les mains duquel Bana-Kombo, chassé de Mayotte en 1833, allait remettre ses intérêts. Ramanateka écrivit à Andrian-Souli, et l'invita à se rendre à Mohéli, ce que celui-ci fit sans balancer. Les deux Malgaches s'entendirent au détriment de Bana-Kombo ; il fut convenu entre eux que Ramanateka serait mis en possession de Dzaoudzi, et qu'Andrian-Souli conserverait la souveraineté de la partie de la grande île qu'il occupait. Une ruse mit bientôt après Ramanateka en possession du reste, et lui facilita les moyens de chasser, à quelque temps de là, son allié du territoire dont il venait de lui faire cession. A la tête d'une petite armée, il envahit en 1836 Mayotte, en chasse Andrian-Souli, laisse le commandement à un officier, et retourne à Mohéli. Andrian-Souli, qui s'était réfugié chez Abdallah, sultan d'Anjouan, s'empare de Mayotte avec l'assistance de ce prince. Ensuite il vient bloquer, à Mohéli, Ramanateka, lequel, à la faveur d'un *coup de vent* qui jette à la côte la flottille d'Anjouan, s'empare d'Abdallah et le laisse mourir de faim en prison. Depuis lors, à l'instigation de Ramanateka, Salim, oncle d'Alaouy, chasse d'Anjouan son neveu, qui fuit à Comore, de là à Mozambique, à Mascate, et qui, en dernier lieu, se réfugie à Maurice. Salim devient l'ennemi naturel d'Andrian-Souli, à cause des liaisons de ce dernier avec Alaouy; il manifeste quelques prétentions à la souveraineté de Mayotte, sous prétexte qu'elle aurait été autrefois, ainsi que les autres Comores, une des dépendances d'Anjouan. Salim se borne toutefois, de concert avec Ramanateka, à favoriser, à Mayotte, la rébellion d'un jeune chef, de la province d'Antankare, accueilli par Andrian-Souli, et qui, depuis lors, après avoir réuni autour de lui les Sakkalavas mécontents et quelques Mayottais, finit par succomber dans la lutte. »

Tel était l'état des choses en 1841, lorsque Andrian-Souli fit cession de l'île de Mayotte à la France. Bana-Kombo, seul prétendant sérieux à sa possession, est mort dans le courant de la même année, ainsi que Ramanateka, qui a laissé le trône à sa fille Sooud, enfant d'une dizaine d'années, qui gouverne Mouéli sous la régence de sa mère, ancienne femme de Radama. Quant à Seyid-Alaouy, qui, après avoir été vaincu par les meurtriers de son père et par son oncle, s'était réfugié à Mozambique, il mourut en 1842 dans cette ville, en léguant ses droits à son fils Mougnanlaouy ou Seyid-Hamza. Enfin, Andrian-Souli est lui-même descendu dans la tombe en 1845, laissant la France tranquille maîtresse de la nouvelle possession qu'elle venait d'acquérir dans l'océan Indien. Seyid-Hamza a bien formulé une protestation contre notre occupation, manifestant ainsi, quant à la souveraineté des Comores, des prétentions parallèles à celles de Salim; mais, depuis lors, il est venu demander lui-même au gouverneur de Bourbon de l'aider à reconquérir ses droits vrais ou supposés sur Anjouan, demande qui n'a pas été accueillie. Les événements feront connaître lequel, de Salim ou de Hamza, conservera définitivement la souveraineté d'Anjouan. Mais aucune réclamation sérieuse sur celle de Mayotte ne peut désormais s'élever de leur part. Par un acte authentique daté du 19 septembre 1843, Salim a même renoncé positivement à tous ses droits de souveraineté sur Mayotte, en reconnaissant « comme « une chose juste et vraie, que, depuis « la mort du sultan Alaouy, les sul-« tans d'Anjouan n'ont aucune espèce « de droits à faire valoir sur l'île « Mayotte, et que ses habitants sont « libres d'en disposer suivant leur vo-« lonté. »

LES ILES ZENGES.

Au large de la côte orientale d'Afrique, de Monbasah à Kilouah, entre les 4° 50′ et 8° 10′ de latitude sud, se trouvent trois îles remarquables par leur étendue, et qui ont été appelées par les Arabes *îles des Zenges*, du nom de la population nègre qu'ils y trouvèrent établie. Ce sont, en allant du sud au nord, Monfia, Zengebar et Pemba. Nous allons décrire tout d'abord la plus importante des trois, Zengebar, parce que les détails que nous aurions à donner sur les deux autres, seraient en très-grande partie tellement semblables à ceux dont celle-ci aura déjà été l'objet, que nous nous contenterons d'y renvoyer.

ZENGEBAR.

Zanzibar, ou plus exactement *Zengebar*, c'est-à-dire, terre des Zenges, est la dénomination vulgaire de la grande île que ses propres habitants appellent *Oungouyah;* elle s'étend entre les 5° 43′ et 6° 30′ de latitude sud, par 37° de longitude moyenne. Elle a 50 milles de long sur 10 à 19 de largeur, et environ 180 000 hectares de superficie.

Cette île est basse et repose entièrement sur le corail, qui se montre partout sur le rivage et qui perce même en quelques endroits dans l'intérieur. Elle est séparée du continent par un bras de mer de six à sept lieues de largeur; mais un récif fort étendu, qui se projette du rivage de la grande terre, ne laisse entre lui et l'île qu'un chenal praticable pour les plus gros navires, et qui va se rétrécissant vers le sud.

L'aspect de l'île est fort riant; elle offre à l'œil une vaste plaine, cultivable dans toute son étendue, diversifiée par des coteaux dont l'élévation n'excède pas deux cents pieds, et dont la pente est rarement rapide. Les parties non défrichées sont couvertes de beaux bois jusque sur le rivage, où la végétation semble disputer le terrain à la mer; les flots viennent y baigner le pied des arbres. Le sol, léger et sablonneux à la superficie, est pourtant d'une extrême fertilité; les produits végétaux sont d'une beauté qu'on ne peut attribuer qu'à l'excellence de la terre, la culture étant très-négligée et les moyens qu'on y emploie très-grossiers et très-défectueux.

Les eaux courantes ne paraissent pas fort abondantes. La rivière où les navires font leur eau est à une demi-lieue au nord de la ville. Ce n'est qu'un ruisseau guéable partout; il coule sur un lit de sable et n'a nulle part deux pieds de profondeur. L'aiguade n'est pas commode; il faut remonter assez loin avec le flot, attendre d'abord le jusant pour que l'eau ne soit pas saumâtre, et ensuite la pleine mer pour pouvoir redescendre, de sorte que les bateaux ne peuvent faire qu'un seul voyage en deux marées. On dit qu'il y a dans l'île deux autres rivières plus considérables, dont l'une coule à l'est. Au surplus, on trouve partout, en creusant la terre, de l'eau potable et très-bonne; elle ne diffère de celle de la rivière que par sa couleur blanchâtre, qui semble indiquer qu'elle contient quelque substance minérale en dissolution. Tous les habitants s'accordent d'ailleurs à assurer qu'elle n'a aucune qualité malfaisante.

Placée vers un parallèle très-rapproché de l'équateur et dans le voisinage du continent, l'île Zengebar jouit d'un climat plus tempéré que sa position ne semblerait l'annoncer. Dans la saison la plus brûlante de ces climats, à l'heure où le soleil, parvenu au zénith, lance perpendiculairement ses rayons dont rien ne tempère l'ardeur, la chaleur n'est pas excessive, ce qu'il faut attribuer surtout à l'influence de l'Océan. Le thermomètre, placé à l'ombre, ne paraît pas alors s'y élever au-dessus de 35°. Cette température, qu'on peut regarder comme douce par une latitude si voisine de la ligne, est probablement due à la fréquence des brises de mer et à la rareté de celles du continent. Les vents dominants sont du nord et du nord-est, depuis novembre jusqu'en avril; ils soufflent du sud-est le reste de l'année. Les pluies sont rares; mais ce défaut est plus que compensé par l'abondance des rosées de la nuit : cette abondance est telle, que la campagne présente, souvent après deux mois de sécheresse, un aspect aussi vert et aussi animé qu'il peut l'être dans la saison des pluies. Cette saison commence au mois d'avril et ne dure guère au delà de mai : les eaux sont, dit-on, quelquefois assez abondantes pour rendre le passage des rivières dangereux, inconvénient de peu de durée.

Le climat passe d'ailleurs pour être très-sain : placée au vent de la grande terre, elle n'en pourrait recevoir des miasmes dangereux, et l'on assure d'ailleurs que cette partie du continent n'est point sujette aux maladies qui infestent la côte, depuis Kilouah jusqu'à Mozambique; ce qu'il faut attribuer à la hauteur des terres, ainsi qu'on le voit par les reconnaissances d'Owen. La saison des pluies occasionne quelques fièvres, mais elles sont de peu de durée, et ne présentent pas ce caractère de malignité qui rend si redoutables les fièvres de Madagascar. On y éprouve aussi quelques affections catarrhales dues à la fraîcheur des nuits. La salubrité du pays est d'ailleurs confirmée par tous les navigateurs qui ont fréquenté cette côte.

Les productions végétales de Zengebar sont variées et nombreuses, et pourraient l'être encore davantage; elle est presque entièrement couverte de cocotiers, dont on retire de l'huile, et dont la bourre sert à faire des cordages connus sous le nom de *bastain*. On y remarque aussi le manguier, le citronnier, l'aréquier, l'oranger, le jaquier, le bananier, etc. Le manguier, par la beauté de sa verdure, l'épaisseur de son feuillage et l'élégance de son port, est un des plus beaux arbres du pays; on vante l'excellence de ses fruits. La banane et le citron sont délicieux; l'orange n'a qu'une saveur douce et fade, et est très-éloignée de valoir celle de Bourbon. La noix d'arec entre dans la préparation du bétel, dont l'usage est général. Il ne paraît pas y avoir de dattiers. Le riz et le manioc sont de la plus grande beauté. Le petit mil, qui sert d'aliment à la majeure partie de la population, est la seule plante cultivée en grand à Zengebar; il s'en exporte annuellement une quantité considérable pour l'Arabie et la côte d'Afrique. Les cannes à sucre n'y sont point belles, et il n'y a que quelques plants d'indigo et de café, lesquels paraissent d'ailleurs y venir très-bien. Des girofliers, apportés par M. Desplants, ont tout à fait prospéré; ils rapportent au bout de cinq ans, et, après sept ans de séjour en terre, ils s'élevaient déjà à 15 pieds; la récolte avait eu lieu dans le mois de janvier, et ils avaient été très-chargés : il ne sera pas inutile de rappeler ici que les premiers girofliers plantés à Bourbon furent trente ans avant de rapporter. Le cotonnier est, à ce qu'on prétend, attaqué par une espèce de vermine qui le fait périr : si ce fait est vrai, on ne peut que l'attribuer à la négligence des cultivateurs, lorsqu'on songe que les Almirantes et les autres îles placées aux environs du parallèle de Zengebar, et dont le sol ne diffère pas de celui de cette île, produisent toutes un coton si estimé, qu'on le préfère même à celui des Séchelles. Au reste, ce serait se tromper étrangement que de juger ce qui peut se faire à Zengebar par ce qui s'y fait, et tout porte à croire que beaucoup de produits végétaux qui languissent entre les mains des Arabes, prospéreraient bientôt s'ils recevaient les soins d'un cultivateur européen. En effet, rien n'est plus misérable que la culture de ce pays : l'ignorance et l'insouciance des habitants sont au delà de tout ce qu'on peut imaginer : les défrichements se font en brûlant; on ne donne aucune façon à la terre; on se contente de semer, et on abandonne les plants à l'heureuse influence du sol et du climat. D'après des renseignements exacts, les deux tiers du sol sont en friche. La propriété territoriale y a peu de valeur, et en effet, à l'exception du terrain situé aux environs du port, à la distance de deux ou trois lieues, tout le reste est à celui qui veut l'ensemencer : il suffit de donner une demi-piastre au chef maure du canton auquel appartient la terre qu'on se propose de cultiver, et de lui payer en outre, pendant tout le temps qu'on garde son terrain, une redevance annuelle de deux à trois cents livres de riz.

Zengebar abonde en bétail et en animaux utiles ; le bœuf et le mouton y sont d'une excellente qualité. Les volailles y sont si communes, qu'on en donne vingt à vingt-cinq pour une piastre ; elles sont d'un goût très-délicat, mais d'une petite espèce. Les bois sont remplis de porcs sauvages, qui ont été probablement apportés par les Portugais : ces animaux ont dû se multiplier à l'infini dans un pays où les préjugés de la religion prohibent l'usage de leur chair. On ne voit guère d'autre gibier que des tourterelles, qui y sont fort nombreuses. On dit la rade fort poissonneuse. Il y a dans l'île des ânes d'une très-belle espèce ; ils ont été apportés de Mascate, aussi bien que les chameaux et le peu de chevaux qu'on y trouve. Les chiens sont très-rares, et il paraît que les Arabes ont pour ces animaux une sorte d'horreur superstitieuse. Nombre de singes habitent les bois et les endroits non défrichés. Quelques tigres sont dans la partie la plus reculée de l'île ; ils sont d'une petite espèce et attaquent rarement l'homme ; au reste, il serait aisé de les détruire. Le pays a aussi deux espèces de couleuvres : l'une, grosse comme le bras, ne fait de mal qu'aux animaux et fuit devant l'homme ; l'autre, très-longue et très-mince, pique douloureusement, mais sa blessure n'est point mortelle ; l'une et l'autre sont peu communes.

La population libre de Zengebar se divise en trois classes : les Arabes, qui forment la première, sont originaires de Mascate et dominent dans le pays ; on les reconnaît aisément aux traits de leur visage, et à la couleur olivâtre de leur teint. Politiques et vains, ils ménagent les chrétiens et les méprisent ; observateurs peu zélés des lois de l'islamisme, ils n'en gardent que la haine et le dédain de tout ce qui n'est pas musulman. Descendants de ce peuple guerrier et marchand, à qui sa religion et son commerce mirent toujours les armes à la main, ils ont porté l'un et l'autre sur cette côte, dont ils possèdent les principaux points. L'astuce et l'avidité du gain forment les principaux traits de leur caractère. Du reste, amollis par l'oisiveté et l'abondance, ils ont perdu la valeur farouche de leurs ancêtres, et, vainqueurs dégénérés, ils n'ont pas dédaigné de s'allier aux Maures qu'ils avaient vaincus. Le nombre des individus de cette nation, dispersés dans l'île, se monte, d'après leurs calculs, à mille hommes en état de porter les armes ; cette évaluation paraît fort exagérée.

Les Maures, qui sont les plus anciens et les plus nombreux habitants du pays, composent la seconde race ; ils sont noirs et ont les cheveux laineux. Accoutumés à commercer avec les Français, plusieurs d'entre eux parlent le créole de Maurice avec assez de facilité pour être compris ; ils sont du reste doux et hospitaliers, et traitent les chrétiens avec affabilité. Sujets du roi de Kilouah, ils ont vu avec indifférence l'occupation des Arabes, qui ne froissaient ni leurs droits ni leurs intérêts, et n'était onéreuse qu'à leurs souverains, dont elle diminuait les revenus. Rapprochés d'ailleurs de ces étrangers par une religion commune et des alliances fréquentes, ils ont peu à peu oublié leur prince légitime, et reconnaissent pleinement la domination de l'imam de Mascate. Ces Maures sont, ainsi que les Arabes, musulmans chiites, c'est-à-dire de la secte d'Ali ; ils ne diffèrent entre eux que par quelques cérémonies extérieures peu importantes.

Les Banians forment la troisième race ; leur couleur est cuivrée, et ils se distinguent par leur coiffure, qui est une espèce de turban rouge très-élevé, et d'une forme bizarre. Ils habitent la ville et se livrent tous au négoce. On vante leur douceur, leur humanité et leur scrupuleuse bonne foi dans les affaires commerciales. Ils ne s'allient point aux deux autres castes, dont ils sont méprisés à cause de leur religion. Leur nombre est de 214, et ils payent patente pour demeurer à Zengebar et y exercer le commerce.

Les esclaves, dont le nombre se monte dans l'île à environ 15 000, sont tous musulmans. Leur condition est fort douce, et diffère à peine de celle des hommes libres. Soumis à une discipline indulgente et à des travaux peu fatigants, la bonté avec laquelle on les traite, leur donne une familiarité importune, et qui pourrait devenir dangereuse. Ils sont très-rarement punis, à cause de la facilité qu'ils ont de se sauver à la grande terre, où on ne peut les ravoir qu'à prix d'argent.

L'usage où l'on est, sur le continent, de leur laisser des armes pour se défendre des bêtes féroces, s'est conservé à Zengebar, quoique le même motif n'y existe pas : il serait difficile d'en rencontrer un qui ne fût pas muni d'un arc, d'une lance ou d'un sabre. Leurs boucliers, de forme ronde, n'ont guère plus de dix pouces de diamètre; ils sont faits de peau de rhinocéros qui, travaillée par des procédés connus de ce peuple, acquiert la transparence de la corne et la consistance d'un bois très-dur. Au surplus, ces armes paraissent leur servir d'ornement plutôt que de défense. Ce genre de parure n'est pas particulier à cette classe d'hommes, tous les Maures et les Arabes, de quelque condition qu'ils soient, étant également armés lorsqu'ils paraissent en public.

La langue du pays se nomme le *souaïli*. Elle s'écrit avec les caractères de la langue arabe, et n'a d'ailleurs aucun rapport avec elle. Le souaïli est un idiome fort doux, composé d'un petit nombre de sons faciles à prononcer, et très-simple dans ses rapports grammaticaux. Il n'offre aucune ressemblance avec les différentes langues du sud et de l'ouest de l'Afrique, dont plusieurs voyageurs ont donné les vocabulaires.

L'arabe, qui est la langue de la religion, est parlé par les Mascatais et les Banians; ces derniers le prononcent fort mal; les Arabes créoles l'entendent à peine; beaucoup de Maures le lisent sans le comprendre; et c'est à ce degré de connaissance que se borne généralement l'éducation dans le pays. Ç'a été un grand sujet d'étonnement, pour tous ces musulmans, que de voir un livre arabe imprimé à Paris par des chrétiens, et d'y trouver des lettres de l'imâm de Mascate : cette circonstance n'a pas peu contribué à leur donner une haute idée de la civilisation de la France.

Zengebar est l'entrepôt général du commerce de cette partie de la côte d'Afrique comprise entre Patta et le cap Delgado, où commencent les possessions portugaises. Ce commerce consiste principalement en noirs : on assure qu'il en entre tous les ans dans l'île, par Kilouah seulement, 13 000; donnée qui paraît trop forte, si on la compare au nombre des navires qui mouillent sur la rade de Zengebar, nombre qui ne dépasse pas vingt-cinq ou trente. Il est vrai que les chelingues de la côte prennent part à ce trafic d'une manière fort active, et peut-être la quantité d'esclaves exportés par ce cabotage va-t-elle beaucoup plus haut qu'on ne l'imaginerait.

Outre le trafic des noirs, Zengebar fait encore un commerce assez étendu en ivoire, qu'elle extrait de la grande terre; en *bastain*, qu'elle fabrique; en cire, qu'elle tire de Bombetok sur la côte nord-ouest de Madagascar, et en petit mil qu'elle récolte dans son sein. Une douzaine de navires de Surate, Bombay, Mascate, et un ou deux du Bengale, lui apportent des épiceries, du sucre, du café, des dattes, des poteries, du gros coton, quelques châles. Une partie de ces objets se consomme dans le pays; le reste est porté à Pemba, à Monbasah, et sur tous les points de la côte jusqu'à Oïbo. Les mêmes navires prennent en retour diverses marchandises que nous avons mentionnées plus haut, et les piastres que les bâtiments de traite ont versées dans l'île; ce dernier article entre ordinairement pour un tiers dans la valeur de leur cargaison.

Cette navigation se fait dans des navires du port de 100 à 200 tonneaux, fort élevés sur l'eau, et rarement pontés; on les nomme *daou*; ils sont fort laids et d'une construction bizarre. Quelques-uns ont trois mâts, mais la plupart ne portent qu'une seule voile carrée. Les capitaines de ces navires ne perdent jamais la côte de vue, et ne naviguent que vent arrière. Malgré toutes leurs précautions, leur ignorance est si grande, qu'il n'est pas rare d'apprendre qu'ils se sont perdus. Les bateaux de la côte se nomment *chelingues;* ce sont des embarcations non pontées, qui peuvent porter 20 à 25 tonneaux, et qui en général marchent fort bien.

Il n'y a d'autre industrie dans le pays que la fabrication du bastain, celle de l'huile de coco, et les constructions navales. Le bastain, comme on l'a vu, forme une branche de commerce fort intéressante avec l'Inde. On ne fait d'huile de coco, que la quantité nécessaire à la consommation; il y aurait pourtant de l'avantage à en exporter à Bourbon. On construit à Zengebar des daou et des chelingues, dont les matériaux sont tirés du continent, où ils sont très-communs. Si l'on excepte ces divers genres d'industrie, Zengebar est pour tout le reste dans la dépendance de Mascate; et c'est pour maintenir cette dépendance, que l'imâm a prohibé l'établissement de toute manufacture dans ce pays; on y a cependant formé, il y a quelques années, deux sucreries, mais qui ne donnent que des produits très-grossiers.

Les seules monnaies qui aient cours à Zengebar, sont la piastre d'Espagne, et l'écu de Hongrie au coin de Marie-Thérèse, qui ont toutes deux la même valeur. Les piastres d'Espagne y sont en grande abondance. La plus petite monnaie métallique est le quart de piastre; pour les marchés au-dessous de cette valeur, on se sert du petit mil, qui est un objet considérable d'échange sur la côte d'Afrique.

Le gouverneur de Zengebar n'est, à proprement parler, qu'un fermier qui loue de l'imâm de Mascate, moyennant une somme annuelle, la perception des droits sur la traite des noirs, sur le commerce des Banians, et sur la fabrication du bastain. On évaluait à 80 000 piastres (400 000 francs) le revenu net que ce prince tirait de Zengebar avant les traités par lesquels il a adhéré à l'abolition du commerce des noirs; ce revenu doit s'être trouvé nécessairement bien réduit, car les sommes que produisaient les deux autres branches étaient peu de chose auprès de ce que rendait cette dernière : on payait dix piastres par chaque noir exporté, et on a vu plus haut que le nombre en était considérable. Les navires arabes seuls étaient exceptés de ce tribut, étant tous armés par l'imâm, qui est le seul négociant de ses États.

Les Arabes de Zengebar sont divisés en deux partis : l'un d'eux se compose de la tribu Harthi, et avait en 1837, pour chef, un nommé Abdallah-ben-Djema', homme très-riche et très-considéré, qui a été gouverneur de Zengebar, et qui à cette époque commandait à Kilouah sans y résider. Le chef de l'autre parti se nommait Salèh. Cet Arabe est bien connu de tous les Français qui sont venus à Zengebar; c'est un homme d'un grand sens et d'un bon caractère, d'environ cinquante ans, qui a voyagé, qui sait apprécier la supériorité de nos arts, et qui parle passablement le créole de l'Ile-de-France; il a été plus d'une fois près de payer cher la considération que lui ont acquise sa fortune et ses connaissances : poursuivi par la haine et la jalousie de la tribu de Harthi, il a su se faire un parti qui le protége contre leurs violences. Ces deux partis en viennent quelquefois aux mains, et le sang coule un instant.

La ville de *Zengebar*, chef-lieu de l'île, est située sur la côte occidentale, devant le mouillage, et vis-à-vis du continent. Son fort, ses maisons blanches, derrière lesquelles s'élèvent les têtes de nombreux cocotiers, offrent de la rade un aspect assez agréable, auquel l'intérieur est loin de répondre : les rues sont sales, tortueuses et non pavées. Une partie de la ville est formée de maisons bâties en corail, la pierre manquant absolument dans le pays ; elles n'ont qu'un seul étage, et sont recrépies à la chaux ; leur toit plat est recouvert de feuilles de cocotiers, qui de près leur donnent un aspect misérable. Le reste des habitations consiste en huttes basses et étroites, mais assez propres à l'intérieur. D'après les observations d'Owen, le fort est par 6° 9′ 5″ sud, et 36° 48′ 40″ est.

C'est probablement ici qu'il faut chercher à retrouver l'île *Menouthias* de l'antiquité. Mais cette question appartient trop évidemment à l'étude générale des indications du Périple de la mer Érythrée applicables aux îles africaines, pour que notre discussion à ce sujet ne fût un empiétement sur le sujet spécial de la section suivante, à laquelle nous nous bornons en conséquence à renvoyer le lecteur.

Il est presque certain que, dans leurs migrations au septième siècle, les Arabes vinrent s'établir à Zengebar : ils y avaient un fort sur la petite île de Tombat, située près de la pointe nord, et un autre à la pointe sud ; à cette époque, l'île faisait partie du royaume de Kilouah. Lorsque les Portugais apparurent dans l'océan Indien, les Arabes furent obligés de reculer devant les envahissements des nouveaux arrivants, et ils perdirent même Mascate en 1508.

Rentrés en possession de cette place 150 ans après, ils vinrent mettre le siége devant Monbasah, et y restèrent durant six années, au bout desquelles les Portugais, n'étant pas secourus, capitulèrent et se retirèrent à Mozambique, emmenant avec eux, dans leur retraite, tous ceux de leur nation qui étaient établis à Zengebar et sur les autres points de la côte. La réoccupation complète de Zengebar, car c'est ainsi qu'il faut entendre le mot conquête employé par Niebuhr, eut lieu, d'après cet écrivain, sous le règne d'un imâm dont le fils était contemporain de Nadir-Châh, c'est-à-dire vers la fin du dix-septième siècle ou au commencement du dix-huitième. Depuis cette époque, les maîtres de l'Omân n'ont fait que consolider leur domination sur ces rivages, et, dans ces dernières années, l'imâm régnant paraît même s'être décidé à faire de Zengebar le centre de sa puissance : deux traités, signés, en 1842 avec les États-Unis, et en 1846 avec la France, semblent comme un témoignage certain de ses nouvelles intentions.

L'intéressant Victor Noël, auquel nous devons divers renseignements historiques sur l'histoire des Comores, fut d'abord chargé de veiller aux intérêts français dans ces parages lointains, comme agent consulaire ; une ordonnance royale du 8 février 1844 lui avait donné pour successeur, avec le titre de consul, le capitaine Brocquant, dont on vient d'apprendre la mort récente.

MONFIA.

Monfia est à 73 milles au sud de Zengebar, par 7° 52′ de latitude. Comme elle s'étend du nord-est au sud-ouest, il s'ensuit que la pointe tournée de ce dernier côté est à 9 milles seulement du continent, tandis que l'extrémité opposée en est éloignée de 31 milles. Elle n'a point, ainsi que les anciennes cartes la représentent, une forme presque circulaire ; elle est au contraire étroite et allongée ; sa longueur est de 26 milles, sa plus grande largeur de 10, et sa superficie d'environ 48 000 hectares. La côte sud-est semble former une baie demi-circulaire, devant laquelle se trouvent plusieurs petites îles qui achèvent ainsi de dessiner comme un grand lagon. Du côté du large, l'île s'élève abruptement des profondeurs de la mer ; au nord et au sud, entre elle et le continent, sont des labyrinthes d'écueils. Il règne dans ces parages un courant redoutable venant du nord avec une vitesse de deux milles à l'heure, et le navire qui se trouverait soumis à son influence, sans pouvoir le combattre, serait infailliblement jeté à la côte.

Monfia est d'ailleurs plate, couverte d'arbres, et inhabitée; son sol ne diffère point dans sa composition de celui de Zengebar, et ses productions sont les mêmes : elle passe pour fertile, et l'on y trouve, dit Horsburgh, de l'eau et des provisions.

En 1827, les Sakkalavas firent une descente dans cette île, dont ils réussirent à emmener les habitants esclaves; mais leurs pirogues furent atteintes à Quivinga par une flottille arabe, qui les força à relâcher leurs captifs.

PEMBA.

Pemba, située par 5° 10' de latitude, a 35 milles du nord au sud, une largeur assez uniforme de 6 à 8 milles, et environ 77 000 hectares de superficie. Elle est à 18 milles du continent, et à 25 milles de Zengebar. Dans ces deux directions, la sonde ne saurait atteindre le fond, et il en est de même sur plusieurs points, tout près des rochers du rivage. Ceci faillit causer la perte du bâtiment que montait le capitaine anglais Boteler, chargé de l'exploration hydrographique de ces parages; car ayant voulu jeter l'ancre dans la soirée du 12 décembre 1823, il se trouva, inopinément, au milieu d'un labyrinthe complet de roches de corail, dont quelques-unes atteignaient presque la surface des eaux.

Pemba est entièrement plate et basse; le sol y est, comme à Zengebar, de formation coralligène, et couvert d'une végétation tellement brillante, que cette île est particulièrement connue des Arabes sous le nom de *Gezira-el-Khadra*, l'île Verte; dans la langue des indigènes, Pemba signifie *Corne*. La terre y donne les plus belles moissons, surtout en riz d'une qualité tout à fait supérieure.

« La prise de Pemba sur les Monbasiens », dit le capitaine Boteler, « a été un des succès les plus marquants du gouvernement de l'imâm de Mascate, sur cette puissance rivale. Le peu de cultures que ces gens ont sur leur propre *territoire*, cependant si beau et si fertile, le grain qu'ils se procurent auprès des Ouannekahs de l'intérieur, ne sauraient en aucune manière suffire à l'approvisionnement de leur ville en denrées de première nécessité, ce qui les a mis dans la dépendance presque entière de l'île de Pemba, qui a peu d'égales pour la richesse du sol, la beauté de l'aspect, la variété des produits, et les moyens de les exporter. La lutte qui précéda la soumission complète de l'île par l'imâm, fut longue et opiniâtre. Le prince Mombarrouk avait été chargé de la défense, et bien qu'il n'ait remporté aucun avantage signalé contre les forces imposantes de l'ennemi, il en a fait cependant assez pour prouver qu'il était digne d'un meilleur sort. Il a dû être d'ailleurs bien consolé de son échec par la haute estime que lui ont témoignée ses compatriotes : les guerres de Mombarrouk sont devenues le sujet de plusieurs chants favoris, non-seulement à Monbase, mais encore dans les villes intérieures des Ouannekahs. »

Le capitaine Boteler place sur la côte occidentale de Pemba, vers le sud, la baie de Chak-Chak, nom qui a été indiqué à M. Antoine d'Abbadie, sous la forme *Chek-Chek*, comme étant celui d'une ville; en même temps que son informateur lui signalait le bender ou port de Touwagah, avec une *grande ville*, dont le premier ne parle non plus en aucune façon. Au surplus, l'habile marin anglais n'avait pu consacrer à la reconnaissance de l'île le temps qu'il aurait voulu, et il déclare lui-même qu'il en est peu qui soient encore aussi mal connues.

# ILES DE LA MER ÉRYTHRÉE.

§ IV.

ILES DU GOLFE ARABIQUE ET SOCOTORA,

PAR M. FERD. HOEFER.

Il règne beaucoup d'arbitraire relativement au nom de mer Érythrée, Ἐρυθρὰ θάλασσα, qu'on traduit par *mer Rouge* (*). Ce dernier nom, comme on sait, s'applique aujourd'hui exclusivement au golfe Arabique. Il n'en était pas de même chez les anciens. Ainsi Hérodote appelle *mer Érythrée* l'océan Indien, qui forme, d'un côté, le golfe Arabique (Ἀράβιος κόλπος), et de l'autre, le golfe Persique (κόλπος Περσικός). Mais on a quelquefois désigné ces deux golfes par la dénomination générale de *mer Rouge*. De là cette confusion qui règne chez les anciens historiens et géographes : chez Agatharchide, Diodore de Sicile et d'autres, le nom de mer Rouge comprend tout à la fois l'océan Indien, le golfe Arabique et le golfe Persique. Dans ce cas, cependant, l'océan Indien s'appelle plus particulièrement *Océan méridional* ou mer Atlantique du Sud (*). Les peuples sémitiques ne connaissaient point le nom de mer Rouge. Les Hébreux désignaient le golfe Arabique, principalement la partie supérieure, par ים סוף (iam Souph), *mer d'Algues*.

Le périple (περίπλους, circumnavigation) de l'Arabie par la mer Érythrée était un voyage certainement familier aux marchands phéniciens et arabes. C'est par là que s'établirent les premières relations avec l'Inde. Cette navigation, dans laquelle on perdait rarement la côte de vue, n'exigeait pas de grandes connaissances maritimes; la régularité des moussons qui soufflent dans l'océan Indien, pouvait suppléer au défaut de la boussole. Diodore de Sicile nous donne à entendre que les récits de ces périples étaient consignés dans les Annales royales d'Alexandrie (**); c'est là, du moins, qu'il dit avoir puisé en partie les documents qu'il nous a laissés sur les îles et les côtes de la mer Érythrée. L'auteur de la *Bibliothèque historique* nous apprend en même temps qu'il a eu soin de compléter ces documents à l'aide des renseignements donnés par des témoins oculaires. Diodore de Sicile sera donc ici notre principal guide.

En partant de la ville d'Arsinoé (Suez), et longeant le côté droit du golfe Ara-

---

(*) Pline (*Hist. Nat.*, lib. VI, cap. 23) cite les différentes opinions qui ont été émises pour expliquer le nom de *mer Rouge* : « Les uns en rapportent, dit-il, l'origine au roi Érythras, les autres à la couleur rouge de l'eau par suite de la réflexion des rayons solaires; d'autres encore au sable et au terrain; d'autres enfin à la nature propre des eaux (*aquæ ipsius natura*). » Cette dernière opinion est la plus probable. Ce sont, d'après les recherches modernes, des animalcules microscopiques qui colorent les eaux du golfe Arabique, souvent dans une grande étendue, et en changent, pour ainsi dire, la nature. Ces phénomènes de coloration paraissent être beaucoup plus fréquents dans quelques parties que dans d'autres. Ils sont aussi dus quelquefois à des plantes sous-marines du genre *Ceramium*, formant des tapis de pourpre sur les rochers de la mer.

(*) Ὁ κατὰ μεσημβρίαν κείμενον ὠκεανός, τὸ Ἀτλαντικὸν πέλαγος τὸ πρὸς μεσημβρίαν κέκλιμένον. Diodor. Sic., lib. III, 37 (edit. Bipont.).

(**) Diod. Sic. lib. III, 37.

bique, on rencontrait le port de Vénus ou Myos-Hormos (port aux rats). « A l'entrée de ce port, dit Diodore, d'après l'autorité d'Agatharchide, il y a trois îles, dont deux pleines d'oliviers et de figuiers; la troisième est dénuée de ces arbres, mais on y trouve beaucoup de poules d'Inde. »

Ces trois îles, que Diodore ne désigne pas autrement, ne sont mentionnées que par Strabon, qui cite la même source que Diodore (*). Si le port d'Abou-Schaar est le Myos-Hormos des anciens, on pourra admettre avec probabilité que les îles d'Agatharchide s'appellent aujourd'hui Jubal, Tiran et Omosab. Or, M. Ruppell (**) assure avoir trouvé à Abou-Schaar les ruines du port de Myos-Hormos, fondé par Ptolémée Philadelphe. « Ce port, dit-il, était défendu par un mur carré très-épais, dont on voit encore les débris; chaque angle du mur était garni d'une tour; le carré avait quatre-vingt-douze pieds de côté. L'entrée était au centre du côté septentrional. L'intérieur de cet espace était divisé en trois compartiments réguliers où l'on reconnaît encore l'emplacement des magasins. Les environs sont marécageux et couverts de plantes salines (salsola soda). C'était l'entrepôt du commerce de l'Arabie méridionale. C'est là que les marchandises débarquées étaient portées sur des chameaux jusqu'au Nil; car la navigation d'ici à Suez (Cléopatris ou Arsinoé) était dangereuse et longue, à cause du vent nord-ouest qui domine pendant une grande partie de l'année. On voit encore aujourd'hui, dit-on, les traces de la route qui conduisait de Myos-Hormos à Benisouf (Coptos). »

D'après ce même voyageur, les îles de Jubal, Tiran et Omosab sont dépourvues d'eau; elles appartiennent aux Arabes de la tribu Tehni. Ces Arabes, qui paraissent descendre des Amalécites, passent le printemps à Abou-Schaar, sur la côte d'Égypte, et en été ils établissent leurs tentes près des puits de Tor. Ils tirent tous leurs moyens de subsistance de la pêche des poissons, et particulièrement des tortues. Ces Arabes ont conservé fidèlement les habitudes et les traditions de leurs ancêtres; car c'est dans les environs que les anciens plaçaient les Ichthyophages et les Chélonophages. Il existait même chez les Ichthyophages une tradition qui rappelle exactement le récit de Moïse : « Ils racontent, dit Diodore, qu'un jour le reflux fut tel que tout le golfe se changea en une terre ferme, offrant l'aspect d'une verte campagne; toute la mer s'étant retirée sur les côtes opposées, son lit fut mis à découvert; mais les eaux, revenant tout à coup, reprirent leur cours ordinaire (*). »

Au delà de Myos-Hormos il y avait la vaste baie d'Acathartos (**). Selon Strabon, cette baie était ainsi nommée parce que les rochers et les récifs cachés sous l'eau la rendent fort dangereuse. Au fond de cette baie était située la ville de Bérénice (***).

Suivant Vincent, la baie d'Acathartos s'appelle aujourd'hui Beled-el-Habesch, c'est-à-dire port d'Abyssinie, situé à 23° 16′ 30″ latitude nord (****).

« En continuant à longer la côte on rencontre, dit Diodore, une île située dans la haute mer, et qui a quatre-vingts stades de long. On la nomme Ophiodès (île des serpents). Elle était autrefois infestée de toutes sortes de reptiles formidables, et c'est de là qu'elle a tiré son nom. Mais dans ces derniers temps les rois d'Alexandrie l'ont fait si bien cultiver, qu'on n'y voit plus aucun de ces animaux. Si l'on a eu tant de soin à cultiver cette île, c'est qu'elle produit la topaze (*****)..... C'est pourquoi aussi l'entrée de cette île est défendue aux voyageurs. Tous ceux qui y abordent sont aussitôt mis à mort par les gardes qui

---

(*) Strab. lib. XVI, p. 1114. Strabon cite comme autorité Artémidore, tandis que Diodore s'appuie sur Agatharchide. En comparant les deux textes il est facile de s'assurer qu'Artémidore n'a fait que copier Agatharchide.

(**) Reise nach Nubien, etc., p. 211.

(*) Diodore, liv. III, ch. 40. (Tome I p. 218 de ma traduction.)

(**) Ἀκάθαρτος, impur, sale.

(***) Strab. XVI, p. 769.

(****) Voyez Vincent, the Periplus of the Erythrean sea. London, 1800.

(*****) D'après la théorie des anciens, renouvelée par les physiciens du moyen âge, les minéraux croissent et se développent comme les végétaux.

s'y trouvent établis. Ils sont en petit nombre, et mènent une vie malheureuse; car, de peur qu'on ne vole quelques-unes de ces pierres (topazes), on ne laisse aucun vaisseau dans l'île, et les navigateurs se tiennent au loin, par la crainte du roi. Les vivres qu'on leur amène sont promptement consommés, et l'on n'en trouve point dans le pays. Quand il ne leur reste plus que peu de vivres, les habitants du lieu viennent s'asseoir tous ensemble sur le rivage, en attendant l'arrivée de leurs provisions; et si elles tardent à venir, ils se voient réduits à la dernière extrémité (*). »

L'île Ophiodès est probablement *Agathonis insula* de Ptolémée. On l'appelle, dit-on, maintenant *Zémorget* ou *Zamargat*. Aujourd'hui, elle n'a guère plus d'importance que les trois petites îles dont nous avons parlé, et qui sont dans le voisinage de la baie d'Abou-Schaar (Myos-Hormos). Les voyageurs modernes ne nous apprennent pas si l'on y trouve encore des topazes, si toutefois, ce qui ne nous paraît pas probable, il faut entendre par là les mêmes pierres que nous appelons aujourd'hui topazes. « On ne voit pas (continue Agatharchide, cité par Diodore) cette pierre pendant le jour, en raison de la clarté du soleil qui l'efface, mais elle brille dans l'obscurité de la nuit, et on distingue de fort loin le lieu où elle se trouve. Les gardes de l'île se distribuent au sort la recherche de ces lieux. Dès qu'une pierre se révèle par son éclat, ils couvrent l'endroit d'un vase de même grandeur, afin de le marquer. Au jour ils y retournent, et coupent dans la roche dans l'espace marqué, et la livrent à des ouvriers instruits dans l'art de polir les pierres. »

Si ce récit est exact, il faudrait voir dans ces pierres des espèces de phosphores naturels (certains composés calcaires), qui jouissent de la propriété d'absorber, pour ainsi dire, les rayons du soleil et de luire dans l'obscurité. Du reste, on sait que plusieurs pierres précieuses cristallisées, comme le diamant, sont brillantes dans l'obscurité.

Reprenons le récit d'Agatharchide : « Au delà de l'île Ophiodès, les voyageurs rencontrent diverses peuplades d'Ichthyophages et de Troglodytes nomades. Après cela, on voit plusieurs montagnes particulières jusqu'à ce qu'on arrive au port *Sauveur,* ainsi nommé par les Grecs, qui, naviguant les premiers dans ces parages, se réfugièrent dans ce port. A partir de là le golfe commence à se rétrécir en contournant les côtes d'Arabie; la terre et la mer changent visiblement de nature et d'aspect. La terre est basse, et on n'y aperçoit point de collines. La mer est remplie de bancs de sable; elle n'a guère que trois orgyies de profondeur, et ses eaux sont d'une couleur verte. On dit que cette couleur ne vient pas tant de l'eau elle-même que des algues et fucus qui y croissent (*). »

Cette dernière opinion est parfaitement fondée, d'après le témoignage des modernes. On ne sait pas exactement à quelle baie correspond le port Sauveur.

A partir du port Sauveur la description de la côte occidentale et des îles du golfe Arabique est fort abrégée: Agatharchide (ou plutôt Diodore citant Agatharchide) se contente d'ajouter que le pays est arrosé par des fleuves ayant leurs sources dans les monts Pzébéens, qu'il est traversé par de grandes plaines fertiles en mauve, en cardamome et en palmiers d'une hauteur prodigieuse; que l'intérieur est rempli d'éléphants, de taureaux sauvages, de lions et de beaucoup d'autres animaux féroces; que la mer qui touche à ce pays est parsemée de plusieurs îles, où l'on ne trouve aucun fruit cultivé, qu'elle est très profonde et nourrit des cétacés de dimensions énormes.

Nous allons ici abandonner pour un moment la source de Diodore, et prendre pour guide Strabon citant le *Périple* d'Artémidore.

Après avoir dépassé le port Sauveur on rencontre « deux montagnes, appelées les Taureaux à cause de leur forme, puis une autre montagne, sur laquelle est un temple d'Isis, élevé par Sésostris, une île remplie d'oliviers et presque couverte par les eaux de la mer, et enfin la ville de Ptolémaïs (**), dite *près de*

(*) Diod. III, 39.

(*) Diodore, III, 40.
(**) L'emplacement de la ville de Ptolémaïs

la *chasse des éléphants*, fondée par Eumède, que Ptolémée Philadelphe avait envoyé à la chasse de ces animaux : il commença par fermer en secret une certaine presqu'île, au moyen d'un fossé et d'un mur; il parvint ensuite à gagner par ses bons procédés les naturels, qui voulaient empêcher son établissement, et à changer en amitié leurs mauvaises dispositions. C'est dans cet intervalle qu'un bras détaché de l'Astaboras vient se rendre à la mer (Rouge) (*). Ce fleuve sort d'un lac; il porte une petite portion de ses eaux dans le golfe; mais la plus grande partie va se réunir au Nil (**). »

Suivant Artémidore, on rencontraitensuite six îles appelées *Latomies* (***) et l'entrée d'un petit golfe nommé Sabaïtique. Dans l'intérieur des terres était un château bâti par Suchus (****). Après cela venaient successivement le port Elæa, l'île de Straton (*****), le port Saba et l'endroit nommé Chasse des éléphants. Après Elæa se trouvaient les vedettes de Démétrius et les autels de Canon, puis le port de Mélinus et celui d'Antiphile; dans l'intérieur du pays habitaient les Créophages (mangeurs de chair), qui pratiquaient la circoncision à la manière des Juifs; plus bas, au midi, étaient les Cynomolgues (tétant des chiennes), nourrissant de gros chiens. Plus loin, on trouvait la ville de Daraba et un lieu destiné à la chasse des éléphants. Ce district était habité par les Éléphantomaques (chasseurs d'éléphants), voisins des Strouthophages (mangeurs d'autruches).

Depuis le port d'Eumène jusqu'au cap Dire (Δειρή, cou) et au détroit des Six Iles, le pays était en grande partie habité par les Ichthyophages (mangeurs de poissons) et les Chélonophages (mangeurs de tortues). Diodore décrit fort au long l'industrie de ces peuples. Les six îles ou îlots dont il est ici question sont situées au point où le golfe Arabique communique avec le golfe d'Aden. Le cap Dire (*), point le plus resserré de la mer Rouge, est le cap méridional de Bab-el-Mandeb. Il y avait là une petite ville de même nom, habitée par des Ichthyophages. On y voyait une colonne de Sésostris, sur laquelle était une inscription en caractères sacrés, indiquant que ce roi avait passé le détroit pour accomplir ses vastes conquêtes. Le cap opposé à celui de Dire s'appelait *Ocila* (cap septentrional de Bab-el-Mandeb); il tirait son nom de la ville d'Ocelis, qui en était voisine.

En dehors du détroit de Bab-el-Mandeb, c'est-à-dire à partir du golfe d'Aden, les connaissances géographiques des anciens devenaient de plus en plus vagues : Artémidore, cité par Strabon, mentionne d'abord quatre îles, celle des Tortues, celle des Phoques, celle des Éperviers, et celle de Philippe, sans en donner aucune description; puis il ajoute : « La côte au delà de Dire est aromatifère, et produit de la myrrhe; il y croît aussi le *persea* et le *sycaminus* égyptien. Plus loin est Licha, lieu de chasse pour les éléphants; on y trouve çà et là des mares formées par la réunion des eaux de pluie; lorsqu'elles sont à sec les éléphants avec leurs trompes et leurs défenses creusent des espèces de puits, et parviennent à en tirer de l'eau. Sur ce rivage jusqu'au cap de *Pytholaüs*, il y a deux grands lacs : l'un d'eau salée, auquel on donne le nom de mer; l'autre d'eau douce, qui nourrit des hippopotames et des crocodiles : sur ses bords, il croît du papyrus; aussi l'on voit l'ibis aux environs (**). »

(Épithéra) a été fixé par Gosselin vers 16° 58' de latitude. Le mont Taurus était à vingt-deux lieues plus haut; c'est probablement le ras Ahehaz ou Agiz.

(*) L'Astaboras est un des affluents du Nil Bleu (*Atbara?*), sinon le Nil Bleu lui-même, qui traverse le lac Dembea. On n'a pas encore trouvé les traces de ce bras de fleuve (si toutefois il a jamais existé) se jetant dans le golfe Arabique.

(**) Strabon, XVI, p. 1115, édit. Casaub. (*Géographie de Strabon*, tome V, p. 269.)

(***) Ces îles sont, d'après Gosselin, situées au nord d'Arkiko.

(****) Quelques auteurs ont rapporté le château de Suchus à l'emplacement de Suakem.

(*****) C'est probablement la même île que Pline (lib. VI, cap. 29) appelle *insula Stratiotôn* (île des Soldats).

(*) Ce cap ou plutôt ce détroit (Bab-el-Mandeb) portait aussi le nom de *Palindromos*, sans doute à cause des courants et contre-courants qu'y forment les eaux.

(**) Strabon, tome V, p. 277 (Paris, 1819).

Les deux lacs dont parle ici Artémidore paraissent avoir été retrouvés par des voyageurs modernes. M. Rochet d'Héricourt indique, sur la carte qui accompagne la relation de son second voyage au royaume de Choa, entre les 11° et 12° latitude nord, et les 39° et 40° longitude est de Paris, deux lacs très-voisins l'un de l'autre; celui d'eau douce est plus grand que le lac salé, et il nourrit en effet un grand nombre d'hippopotames. Nous sommes d'opinion que ces deux lacs sont ceux que mentionne Strabon d'après Artémidore.

« Après Pytholaüs, continue ce dernier, vient le pays qui produit l'encens : on y trouve un cap et un terrain consacré, renfermant un bois de peupliers. Dans l'intérieur sont deux vallées du fleuve, l'une portant le nom d'Isis, l'autre appelée Nilus : toutes deux produisent la myrrhe et l'arbre à l'encens, qui croît sur les bords du fleuve (*). Il s'y trouve aussi une mare alimentée par les eaux qui descendent des montagnes; et plus loin la bourgade du Lion, et le port de Pythangelus; le pays qui vient ensuite produit la fausse casse. On rencontre plusieurs vallées, contiguës les unes aux autres, où croît l'arbre à l'encens; et plusieurs rivières, en avançant jusqu'à la région cinnamomifère; le fleuve qui sert de limite à ce pays produit le *phleum* en quantité. Puis succèdent une autre rivière, le port *Daphnus* (**), et une vallée dite d'Apollon, qui fournit de l'encens, et en outre de la myrrhe et du cinnamome; ce dernier vient beaucoup mieux dans l'intérieur des terres. Ensuite on trouve le mont *Elephas* (***), qui s'avance dans la mer, une anse, puis le grand port de Psygmus, l'aiguade dite des *Cynocéphales*, et enfin le *Notu-Ceras* (Corne du midi), dernier cap de cette côte (****).

(*) Le périple de la mer Érythrée indique sur cette côte un lieu nommé *Niloptolomæum*, qui parait répondre à l'embouchure de la rivière de Pédra.

(**) Le *Daphnon parvum* du périple de la mer Erythrée.

(***) Aujourd'hui *Fellis*, qui en arabe signifie *éléphant*.

(****) La Corne du midi (*Notu-Ceras*), si ce nom n'est pas synonyme de *cap des Aromates* (cap de Guardafui), doit être le cap d'Orfui.

« Nous ne possédons point de relevé des ports et des lieux situés au delà de ce cap vers le midi, parce que cette côte est jusqu'à présent inconnue. »

Cette dernière remarque d'Artémidore, chose curieuse à constater, est encore vraie aujourd'hui : après un intervalle de vingt siècles, nos connaissances concernant la côte d'Ajan, l'*Azania* des anciens, sont extrêmement incomplètes et défectueuses.

Suivons maintenant la navigation le long de la côte orientale (côte arabique) de la mer Rouge, en partant de la pointe du golfe ou de *Posidium*, ainsi nommé à cause d'un autel consacré à Neptune (*). On rencontrait d'abord un territoire très-fertile, appelé *jardins des Palmiers* (Φοινικῶν), espèce d'oasis dont la riche végétation devait contraster avec la désolante stérilité des environs. L'auteur cité par Diodore et par Strabon fait de ce lieu un tableau enchanteur : « Ce territoire, dit-il, est arrosé par de nombreuses sources dont l'eau est aussi fraîche que la neige, et qui entretiennent sur les rives une verdure délicieuse. On y trouve un autel antique, bâti en pierre dure, et portant une inscription en caractères anciens et inconnus. L'enceinte sacrée de cet autel est gardée par un homme et une femme, qui remplissent les fonctions sacerdotales pendant tout le cours de leur vie. Les habitants de ce territoire vivent très-longtemps (**). »

Les anciens ont souvent fait mention de ce bois de palmiers. Théophraste (*Histor. plantar.*, II, 8) le décrit comme faisant partie de la vallée de palmiers qui s'étendait des confins de la Syrie jusqu'au golfe Arabique. Suivant Cosmas et d'autres, ce fut là que les Israélites, après leur passage de la mer Rouge, vinrent aborder. Elim, en effet, dont parle l'Exode (XV, 27), ne devait pas en être éloigné.

Gossellin (***) pense que le *Phœnicon* (jardin de Palmiers d'Agatharchide et d'Artémidore) est le même endroit qui

(*) Cet autel, situé près d'Héropolis (Ayin Musa ?), avait été élevé par Ariston, envoyé par Ptolémée Philadelphe pour explorer les côtes de l'Arabie. (Diod. III, 41.)

(**) Diod. III, 42. Strabon, XVI, p. 1122.

(***) *Recherches géographiques*.

s'appelle aujourd'hui Tor, situé à peu de distance du mont Sinaï. On y trouve, en effet, beaucoup de sources d'eau douce et des dattiers. Tor est, suivant Ruppell, habité maintenant par neuf familles chrétiennes et par quelques tribus arabes (Beni-Wasel, Balasaïti, Alekati, Karassi, Tarabin, Gebelli, Hateri, Tehmi). Ces tribus vivent presque exclusivement de lait aigri, de dattes et de pain non fermenté (*).

Dans le voisinage de Tor existe le couvent de Sainte-Catherine. Ruppell évalue toute la population de la presqu'île Sinaïtique, entre Suez, Akaba et ras Mahomet, à sept mille soixante-douze âmes, et il pense que, même à l'époque où la mer Rouge était la route commerciale de l'Inde, cette population n'était pas plus nombreuse.

Revenons au *périple* d'Artémidore : après avoir dépassé ce bois de palmiers, le navigateur rencontrait, en avant de la saillie du promontoire (de la presqu'île de Sinaï), l'*île des Phoques*, ainsi appelée du grand nombre de ces animaux qui s'y trouvaient (**).

C'est là que les Gerrhéens et les Minnéens apportaient de l'Arabie Heureuse l'encens et la myrrhe.

En longeant la côte habitée par les Maranes (Maranites) et les Garydanes on entrait dans le golfe Léanite ou Élanitique (***). Ce golfe était occupé par les Nabathéens, qui se livraient à la piraterie (****). Après cela, on voyait une contrée plate, bien arrosée, riche en pâturages, mais infestée par des animaux féroces. Puis, venait une baie, entourée d'immenses rochers, et habitée par les Banizomènes. Plus loin, en face de la côte, étaient trois îles. « La première, dit Diodore, est tout à fait déserte et consacrée à Isis. On y voit des fondements en pierre d'anciens édifices et des colonnes chargées d'inscriptions en caractères barbares. Les autres îles sont également désertes. Toutes ces îles sont couvertes d'oliviers, différents des nôtres (*). Au delà de ces îles, la côte est escarpée et inaccessible aux navires dans une étendue de mille stades (**); car il n'y a ni port ni rade où les matelots puissent jeter l'ancre; il n'y a même pas une langue de terre où les voyageurs fatigués puissent trouver un asile. Il y a là une montagne au sommet de laquelle s'élèvent des rochers taillés à pic et d'une hauteur prodigieuse. La racine de cette montagne est garnie d'écueils aigus qui s'avancent dans la mer, et qui forment derrière elle des gouffres sinueux. Comme ces récifs sont très-rapprochés les uns des autres, et que la mer y est très-profonde, les brisants, par leur arrivée et leur retrait alternatif, font entendre un bruit semblable à un fort mugissement. Une partie des vagues, lancées contre ces immenses rochers, s'élèvent et se résolvent en écume; une autre partie, s'engloutissant dans des gouffres, forme des tournants épouvantables; de telle sorte que ceux qui passent auprès de cette montagne meurent presque de frayeur. Cette côte est habitée par les Arabes Thamudéniens. De là on arrive à une baie assez vaste, remplie d'îles qui présentent l'aspect des Échinades. Les bords de cette baie se composent de monceaux de sable noir, d'une étendue et d'une épaisseur prodigieuses. Plus loin, on découvre une presqu'île : c'est là qu'est le port appelé *Charmuthas*, le plus beau de tous ceux qui nous sont connus par les relations des historiens; car une langue de terre, située à l'occident, sert à former une baie non-seulement d'un très-bel aspect, mais encore qui surpasse toutes les autres en commodité. Elle est dominée par une montagne couverte d'arbres et qui a cent stades de tour.

(*) Ruppell, *Reise nach Nubien*, etc., p. 196.

(**) C'est, suivant Gosselin, l'île de Scheduan, près du cap (ras) Mahomet; la *Saspirene insula* de Ptolémée.

(***) Ce golfe portait différents noms. Comparez Pline, *Hist. nat.*, VI, 28 : *Sinus intimus, in quo Laeanitae, qui nomen ei dedere. Regia eorum Agra, et in sinu Laeana, vel ut alii, Aelana. Nam et ipsum sinum nostri Aelaniticum scripsere, alii Aelanaticum: Artemidorus Aleniticum, Juba Laeaniticum.* C'est de nos jours le golfe Akaba. On y trouvé des ruines et des inscriptions anciennes, propres à exercer la sagacité des archéologues.

(****) Voyez *l'Arabie*, par M. A. Desvergers (Collection de *l'Univers pittoresque*.)

(*) Probablement les îles Neiman, Nebeka, Aréga.

(**) Cent quatre-vingt-quatre kilomètres.

Son entrée est large de deux plèthres. Ce port peut contenir deux mille navires à l'abri de tous les vents. En outre, on y trouve de l'eau douce en abondance, car un grand fleuve se décharge dans ce port. Il y a au milieu une île bien arrosée, susceptible de recevoir des plantations. En un mot, ce port est tout à fait semblable au port de Carthage appelé *Cothon* (¹). »

Il paraît démontré que *Charmuthas* (**) est le port de l'ancienne Iambo, l'*Iambia* de Ptolémée, qui, par l'effet des atterrissements, se trouve aujourd'hui à plus d'une journée de marche dans l'intérieur des terres. Le territoire de l'ancienne ville d'Iambo est très-fertile. Les Arabes la désignent par Iambo-el-Naked (Iambo des Palmiers) pour la distinguer de la nouvelle Iambo, située sur le bord de la mer et sur un sol très-aride.

La côte habitée par les Thamudéniens est la contrée de Thamud, près de Mohila. Les principales îles du groupe que Diodore compare à celui des Échinades, sont probablement Abumela, Mardouna, Marabet, Hassani, Narad, Beridi.

Au delà du port Charmuthas, la côte était habitée par les Arabes Dèbes, par les Aliléens, par les Gassandes, par les Cerbes et les Sabéens. A partir de là Diodore et Strabon ne nous donnent plus de détails intéressants sur la navigation du golfe le long de la côte arabique.

Vouloir indiquer et décrire toutes les îles de la mer Rouge, ce serait une entreprise aussi inutile qu'impossible. D'abord ces îles, même celles que nous avons mentionnées, sont très-petites; elles sont, la plupart, incultes, désertes, et n'offrent aucun intérêt. Puis, est-on bien sûr que leur nombre n'augmente ou ne diminue périodiquement suivant les actions géologiques dont le fond de la mer est le théâtre? Les phénomènes de soulèvements que nous avons vus assez récemment survenir dans la mer la mieux explorée, la Méditerranée, nous

(*) Diodore, III, 44 (tome I, p. 222 de ma traduction). Le récit de Strabon diffère ici un peu de celui de Diodore. Ce dernier est plus complet; c'est pourquoi nous l'avons suivi.

(**) Ce mot paraît venir de l'arabe *el kharm*, qui signifie *fente*.

permettent de supposer, par analogie, que bien des îlots connus des anciens peuvent disparaître, tandis que d'autres prennent naissance par voie de soulèvement. Ce qui donne à notre supposition une grande vraisemblance, c'est la constitution géologique même de ces îles. Ainsi, elles doivent, en général, leur formation à des bancs de corail et de madrépores. C'est ce que Ruppell a positivement observé pour l'île de Neimann (à 27° 7' 48"); l'île de Nebeka (à 26° 44' 24") plate et allongée du sud-est au nord-ouest; l'île de Mardouna (à 26° 0' 13") au sud du port de Wouschk; l'île d'Arega; l'île d'Aboumela, habitée par les pêcheurs Tehmis; les îles de Marabet, de Narad, d'Omroum (à 25° 29' 40"); l'île de Hassani (à 24° 57' 21"), formée d'une montagne de 500 pieds de haut; et l'île de Beridi près du cap Gerbab.

Toutes ces îles ont pour assises des bancs de coraux et de madrépores. C'est ce qui a, de temps immémorial, rendu la navigation si dangereuse dans ces parages (*).

Il n'y a peut-être pas de pays qui offre pour le géologue un intérêt plus saisissant que les côtes de la mer Rouge, tant du côté de l'Arabie que du côté de l'Égypte et de l'Abyssinie. Tous les voyageurs, anciens et modernes, ont été frappés de cette nature tourmentée par d'innombrables déchirements, de l'aspect de ces roches cristallines et vitreuses, qui rappellent l'action des volcans.

Suivant M. Rochet, le golfe Arabique peut, sous le rapport géologique, se diviser en deux parties : le nord de Suez à Djedda est, sur ses deux rives, bordé de récifs de madrépores qui, en certains endroits, obstruent la mer jusqu'à une assez grande distance du rivage. Dans la partie méridionale, les récifs deviennent moins fréquents et sont remplacés par des bancs de sable, des îlots ou des îles dont la plupart sont des volcans éteints. M. Rochet cite ici les îles de Djebel-Tar ou Djebel-Cabret (montagne de soufre), à vingt lieues à l'ouest de Lo-

(*) Diodore, III, 40. Voyez, sur la navigation actuelle de la mer Rouge, Rochet d'Héricourt (*Second Voyage au royaume de Choa*, p. 19).

héia; l'île Nora, à quatre lieues au nord de Dalack; l'île de Zébayar, à dix-huit lieues à l'ouest-nord-ouest de Hodéida; les volcans qui bordent le port de Rayéta sur la rive africaine, en face de Moka; le Grand-Sian, volcan qui forme un cône assez élevé sur la rive occidentale, à l'entrée du détroit; sept volcans sur une ligne parallèle qui obstruent le détroit de ce côté, dont un porte le nom de Petit-Sian, celui d'Hamra, et ceux de Sababo et Sababé; enfin l'île de Périm, à l'entrée du détroit, sur la rive orientale. De Confonda jusque près de Djézan la côte se compose de terrains volcaniques, et à quelques lieues au sud de Moka jusqu'à Aden, qui est circonscrite de volcans éteints, le même travail souterrain s'est reproduit (*).

En parlant des îles de la mer Érythrée, nous ne devons pas passer sous silence les îles d'Hiéra et de Panchéa, ainsi que l'île dont Iambulus a raconté tant de merveilles. S'il faut en croire Évhémère, cité par Diodore (**), l'île d'Hiéra produisait l'encens et la myrrhe; elle était voisine de l'île Panchéa, séjour des dieux. Les détails curieux qu'Évhémère a donnés sur cette dernière île ont été taxés de mensonges déjà par les auteurs anciens. Nous ne croyons donc pas devoir y insister; et il serait inutile de rechercher si le récit d'Évhémère s'applique à l'île de Zeylan ou tout simplement à l'Arabie Heureuse, considérée comme une oasis au milieu du désert.

Quant à l'histoire d'Iambulus, voici ce que Diodore nous rapporte:

« Iambulus était, dès son enfance, curieux de s'instruire. A la mort de son père, qui était marchand, il se livra au commerce. Passant par l'Arabie pour se rendre dans la contrée d'où viennent les aromates, il fut, avec ses compagnons de voyage, saisi par des brigands. Il fut d'abord employé à garder les troupeaux avec un de ses compagnons. Ils tombèrent ensuite tous deux entre les mains de quelques brigands éthiopiens, qui les emmenèrent dans la partie maritime de l'Éthiopie. Ainsi enlevés, ils furent, comme étrangers, destinés à la pratique d'une cérémonie expiatoire pour purifier le pays. Cette cérémonie, dont l'usage est établi parmi ces Éthiopiens depuis un temps immémorial et sanctionnée par des oracles, s'accomplit toutes les vingt générations ou tous les six cents ans, en comptant trente ans par génération. A cet effet, on emploie deux hommes pour lesquels on équipe un navire de dimensions proportionnées, capable de résister aux tempêtes et d'être aisément conduit par deux rameurs. Ils l'approvisionnent de vivres pour six mois, y font entrer les deux hommes désignés, et leur ordonnent, conformément à l'oracle, de se diriger vers le midi. En même temps, ces deux hommes reçoivent l'assurance qu'ils arriveront dans une île fortunée, habitée par une race d'hommes doux, parmi lesquels ils passeront une vie heureuse. On déclare aussi aux voyageurs que, s'ils arrivent sains et saufs dans cette île l'Éthiopie jouira pendant six cents ans d'une paix et d'un bonheur continuels; mais que si, effrayés de l'immensité de l'Océan, ils ramenaient leur navire en arrière, ils s'exposeraient, comme des impies et comme des hommes funestes à l'État, aux plus terribles châtiments. Les Éthiopiens célébrèrent donc cette fête solennelle sur les bords de la mer, et après avoir brûlé des sacrifices pompeux, ils couronnèrent de fleurs les deux hommes chargés du salut de la nation, et les embarquèrent. Après avoir navigué pendant quatre mois, et lutté contre les tempêtes, ils abordèrent dans l'île désignée, qui est de figure ronde et qui a jusqu'à cinq mille stades de circonférence.

« En s'approchant de cette île, ils virent quelques naturels venir à leur rencontre pour tirer leur barque à terre. Tous les insulaires accoururent, et admirèrent l'entreprise des deux étrangers, qui furent bien accueillis et pourvus de toutes les choses nécessaires. Ces insulaires diffèrent beaucoup des habitants de nos contrées par les particularités de leurs corps et par leurs mœurs. Ils ont tous à peu près la même conformation, et leur taille est au delà de quatre coudées. Leurs os peuvent se courber et se redresser comme des cordes élastiques. Leurs corps paraissent extrêmement fai-

___
(*) Rochet d'Héricourt (*Second Voyage*) p. 331.
(**) Diodore, V, 41-46.

bles, mais ils sont beaucoup plus vigoureux que les nôtres, car lorsqu'ils saisissent quelque chose dans leurs mains, personne ne peut le leur arracher. Ils n'ont de poils que sur la tête, aux sourcils, aux paupières et à la barbe; tout le reste du corps est si lisse qu'on n'y aperçoit pas le moindre duvet. Leur physionomie est belle, et toutes les parties du corps sont bien proportionnées. Leurs narines sont beaucoup plus ouvertes que les nôtres, et on y voit pendre une excroissance semblable à une languette. Leur langue a aussi quelque chose de particulier, en partie naturel, en partie artificiel : elle est fendue dans sa longueur de manière à paraître double jusqu'à la racine. Cette disposition leur donne la faculté de produire une grande variété de sons, d'imiter non-seulement tous les dialectes, mais encore les chants de divers oiseaux, en un mot, tous les sons imaginables. Ce qu'il y a de plus merveilleux, c'est que le même homme peut causer avec deux personnes à la fois, leur répondre et soutenir la conversation, en se servant d'une moitié de la langue pour parler au premier, et de l'autre moitié pour parler au second. Le climat y est très-tempéré, parce que l'île est située sous la ligne équinoxiale ; les habitants ne souffrent ni de trop de chaleur ni de trop de froid. Il y règne un automne perpétuel, et comme dit le poëte : « La poire mûrit « près de la poire, la pomme près de la « pomme; la grappe succède à la grappe, « la figue à la figue. » Les jours sont constamment égaux aux nuits, et à midi les objets ne jettent point d'ombre, parce que le soleil se trouve alors perpendiculairement sur leur tête.

« Les habitants sont distribués en familles ou en tribus, dont chacune ne se compose que de quatre cents personnes au plus. Ils vivent dans des prairies, où ils trouvent tout ce qui est nécessaire à l'entretien de la vie, car la bonté du sol et la température du climat produisent plus de fruits qu'il ne leur en faut. Il croît surtout dans cette île une multitude de roseaux portant un fruit semblable à l'orobe blanche. Les habitants le recueillent et le laissent macérer dans l'eau chaude jusqu'à ce qu'il acquière la grosseur d'un œuf de pigeon; après l'avoir moulu et pétri avec leurs mains, ils en cuisent des pains d'une saveur très-douce. On y trouve aussi beaucoup de sources, dont les unes, chaudes, sont employées pour les bains de délassement; les autres, froides, agréables à boire, sont propres à entretenir la santé. Les insulaires s'appliquent à toutes les sciences, et particulièrement à l'astrologie; leur alphabet se compose de sept caractères, mais dont la valeur équivaut à vingt-huit lettres, chaque caractère primitif étant modifié de quatre manières différentes. Les habitants vivent très-longtemps; ils parviennent ordinairement jusqu'à l'âge de cent cinquante ans, et sans avoir éprouvé de maladies. Une loi sévère condamne à mourir tous ceux qui sont contrefaits ou estropiés. Leur écriture consiste à tracer des signes, non pas comme nous transversalement, mais perpendiculairement de haut en bas. Lorsque les habitants sont arrivés à l'âge indiqué, ils se donnent volontairement la mort par un procédé particulier. Il croît dans ce pays une plante fort singulière : lorsqu'on s'y couche, on tombe dans un sommeil profond, et l'on meurt.

« Le mariage n'est point en usage parmi eux; les femmes et les enfants sont entretenus et élevés à frais communs et avec une égale affection. Les enfants encore à la mamelle sont souvent changés de nourrices, afin que les mères ne reconnaissent pas ceux qui leur appartiennent. Comme il ne peut y avoir ni jalousie ni ambition, les habitants vivent entre eux dans la plus parfaite harmonie. Leur île renferme une espèce d'animaux de petite taille, dont le corps et le sang présentent des propriétés fort singulières. Ces animaux sont de forme arrondie, parfaitement semblables aux tortues; leur dos est marqué de deux raies jaunes, disposées en forme de X : aux extrémités de chaque raie se trouvent un œil et une bouche, de manière que l'individu a quatre yeux pour voir et autant de bouches pour introduire les aliments dans un seul gosier qui les porte tous dans un estomac unique. Les intestins, ainsi que les autres viscères, sont également simples. Les pieds, disposés circulairement, donnent à cet animal la faculté de marcher là où l'instinct le conduit; son sang a une propriété fort extraordinaire : il agglutine sur-le-champ un membre coupé en deux, tel que la main ou toute autre partie du corps, pourvu que la coupure soit récente, et qu'elle n'intéresse pas des organes essentiels à la vie. Chaque tribu d'insulaires nourrit une espèce particulière de très-grands oiseaux, qui servent à découvrir les dispositions naturelles de leurs enfants. A cet effet, ils mettent les enfants sur le dos de ces oiseaux, qui les enlèvent aussitôt dans les airs; les enfants qui supportent cette manière de voyager sont conservés, et on les élève; tandis que ceux auxquels ce voyage aérien donne le mal de mer et qui se laissent choir de frayeur, sont abandonnés comme n'étant pas destinés à vivre longtemps, et comme dépourvus des bonnes qualités de l'âme. Le plus âgé est le chef de chaque tribu; il a l'autorité d'un roi auquel tous les autres obéissent; lorsqu'il atteint cent cinquante ans, il renonce, suivant la loi, volontairement à la vie, et le plus ancien le remplace immédiatement dans sa dignité.

« La mer qui environne cette île est orageuse, et a des flux et des reflux considérables; mais ses eaux sont douces. Les constellations des deux Ourses, ainsi que beaucoup d'autres astres que l'on ne voit que chez nous, y sont invisibles. On compte sept îles de ce genre, toutes de même grandeur et séparées par des intervalles égaux, et qui sont toutes régies par les mêmes mœurs et les mêmes lois.

« Quoique le sol fournisse à tous les habitants des vivres en abondance et sans exiger aucun travail, ils n'en usent point d'une manière désordonnée : ils ne prennent que ce qui est nécessaire, et vivent dans une grande frugalité. Ils mangent de la viande et d'autres aliments, rôtis ou cuits dans l'eau; mais ils ne connaissent point les sauces recherchées ni les épices de nos cuisiniers. Ils vénèrent comme des divinités la voûte de l'univers, le soleil, et en général tous les corps célestes. La pêche leur procure toutes sortes de poissons, et la chasse un grand nombre d'oiseaux. Parmi les arbres fruitiers sauvages, on remarque l'olivier et la vigne, qui fournissent de l'huile et du vin en abondance. On y trouve aussi des serpents énormes, qui ne font aucun mal à l'homme; leur chair est bonne à manger et d'un excellent goût. Les vêtements de ces insulaires sont fabriqués avec certains joncs qui renferment au milieu un duvet brillant et doux; on recueille ce duvet, et en le mêlant avec des coquillages marins pilés, on en fait des toiles de pourpre admirables. Les animaux qu'on trouve dans ces îles ont tous des formes extraordinaires et incroyables. La manière de vivre des habitants est soumise à des règles fixes, et on ne se sert pas tous les jours des mêmes aliments. Il y a des jours déterminés d'avance pour manger du poisson, de la volaille ou de la chair d'animaux terrestres; enfin, il y a des jours auxquels on ne mange que des olives ou d'autres aliments très-simples. Les emplois sont partagés : les uns vont à la chasse, les autres se livrent à quelques métiers mécaniques; d'autres s'occupent d'autres travaux utiles; enfin, à l'exception des vieillards, ils exercent tous, alternativement et pendant un certain temps, les fonctions publiques. Dans les fêtes et les grandes solennités ils récitent et chantent des hymnes et des louanges en l'honneur des dieux, et particulièrement en honneur du soleil, auquel ils ont consacré leurs îles et leurs personnes. Ils enterrent les morts dans le sable au moment de la marée basse, afin que la mer, pendant le reflux, leur élève en quelque sorte leur tombeau. Ils prétendent que les roseaux dont ils tirent en partie leur nourriture et qui sont de l'épaisseur d'une couronne, se remplissent à l'époque de la pleine lune, et diminuent pendant son déclin. L'eau douce et salutaire des sources chaudes qui existent dans ces îles, conserve constamment le même degré de chaleur; elle ne se refroidit même pas lorsqu'on la mélange avec de l'eau ou du vin froids.

« Après un séjour de sept ans dans ces îles, Iambulus et son compagnon de voyage en furent expulsés comme des hommes méchants et de mauvaises habitudes. Ils furent donc forcés d'équiper de nouveau leur barque, et de l'approvisionner pour le retour. Au bout de quatre mois de navigation, ils échouèrent, du côté de l'Inde, sur des sables et des bas-fonds. L'un périt dans ce naufrage : l'autre, Iambulus, se traîna jusqu'à un village; les habitants le conduisirent devant le roi, résidant dans la ville de Palibothra, éloignée de la mer de plusieurs journées. Ce roi, aimant les Grecs et l'instruction, lui fit un très-bon accueil, et finit par lui donner une escorte chargée de le conduire jusqu'en Perse. De là Iambulus regagna la Grèce sans accident (*). »

Faut-il voir dans l'île d'Iambulus l'île de Dioscoride, aujourd'hui Socotora, ou l'île de Zeylan? En faisant la part du merveilleux, dont les Grecs étaient si avides, on peut soutenir également l'une ou l'autre opinion, à moins qu'on ne veuille traiter de fable tout le récit d'Iambulus. Quoi qu'il en soit, il y a des détails qui pourraient très-bien s'appliquer à l'île de Socotora, qui est probablement l'île de Ménuthias de Marcien d'Héraclée (**). Peut-être le lecteur sera-t-il à même de juger la question, après avoir pris connaissance de la description qui va suivre.

ILE DE SOCOTORA OU SOCOTRA.

I. APERÇU HISTORIQUE.

L'île de Socotora, située (à 12° latitude nord et 52° longitude est de Paris) sur la route de l'Inde par la mer Rouge, devait de bonne heure acquérir de l'importance en raison même de sa position avantageuse. Elle était connue des plus anciens géographes. Ptolémée en parle sous le nom d'île de Dioscoride, et Arrien rapporte que les habitants étaient soumis aux rois du pays de l'encens. Suivant l'autorité, d'ailleurs assez contestable, de Philostorgius, auteur d'une *Histoire de l'Église*, Alexandre le Grand y avait envoyé une colonie. Ce même auteur (qui vivait vers la fin du quatrième siècle) affirme que les habitants de Socotora parlent la langue syriaque, et il cite divers témoignages pour prouver que cette île avait été peuplée par une secte de chrétiens, gouvernés par un évêque.

Cependant, plus tard, on ne trouve plus aucune mention de Socotora, si ce n'est dans le voyage de Marco Polo, au treizième siècle. Vasco de Gama, en 1497, passa devant cette île, sans la visiter; sept ans après, Fernandez Pereira s'y arrêta, et Albuquerque en prit bientôt possession.

Le célèbre amiral portugais trouva l'île déchirée par des factions ennemies; il y rétablit l'ordre, et en confia le gouvernement à quelques-uns de ses officiers. Les Portugais s'allièrent avec les indigènes, et, oubliant leur patrie, ils perdirent peu à peu leur caractère national en même temps que leur suprématie. L'île retomba sous le pouvoir de ses anciens maîtres.

II. APERÇU TOPOGRAPHIQUE. MOEURS ET INDUSTRIE DES HABITANTS. CLIMAT. PRODUCTIONS NATURELLES.

L'île de Socotora a la forme d'une ellipse dont le grand axe serait dirigé de l'est à l'ouest. Elle est traversée, dans le même sens, par une chaîne de montagnes dont les assises sont de granit; ces montagnes sont à peu près toutes de même hauteur; à leur pied commence une plaine basse, qui s'étend jusqu'au bord de la mer. La largeur de cette plaine, de forme irrégulière, varie de deux à quatre milles; elle est moindre près du ras Feling et du ras Shuab, dont les sommets s'élèvent perpendiculairement, et semblent surgir immédiatement de l'Océan. La côte méridionale est, en général, beaucoup moins fertile que la côte septentrionale, arrosée par plusieurs torrents qui se dessèchent pendant l'été. La côte occidentale rappelle les contrées les plus arides de l'Arabie déserte; elle est garnie de bancs de sable, amoncelés par les vents du sud-ouest. Ce sable, extrêmement fin et presque impalpable, forme une rangée de collines de plusieurs milles d'étendue; sans la barrière infranchissable que lui opposent les montagnes, toute l'île en serait couverte.

La partie septentrionale de la plaine est pierreuse et tapissée de buissons rabougris, qui cependant présentent au loin l'aspect d'une verdure assez belle. La partie orientale offre le contraste le plus frappant avec la partie occidentale. Pendant que la première est dépourvue de verdure, et n'a d'autre eau

---

(*) Diodore, II, 55-60. (Tome I, p. 172-178 de ma traduction.)

(**) Μενουθίας νῆσος. Voyez le *Périple de Marcien d'Héraclée*, etc., par M. E. Miller; Paris, 1839 (p. 21).

que celle contenue dans les réservoirs naturels, la dernière abonde en rivières : les vallons et les plaines sont couverts de riches pâturages et d'une végétation luxuriante. Enfin, l'île entière est une masse de roches primitives, que recouvre, sauf les portions sablonneuses, une couche de terre labourable, dont l'épaisseur varie en raison même de la végétation.

Les voyageurs ne s'accordent pas sur le chiffre de la population de Socotora. Ce chiffre est, en effet, difficile à fixer, à cause de l'instabilité des habitants, qui, livrés principalement à la vie commerciale, changent souvent de demeure, et vont s'établir dans d'autres régions. M. Wellsted, à qui nous devons les renseignements les plus détaillés sur l'île de Socotora, évalue le total de la population à environ quatre mille âmes (*). En le comparant avec la surface de l'île, qui est approximativement de mille milles carrés, on trouve quatre habitants pour chaque mille carré. M. Wellsted n'a pu découvrir aucun vestige d'ancien monument qui témoignât de l'existence d'une race antérieure à la population actuelle. Cependant, on a quelque raison de croire que l'île était jadis mieux cultivée et plus peuplée. Mais il n'est guère facile de déterminer l'époque de cette ancienne prospérité.

Tamarida peut être considéré comme le chef-lieu de Socotora. Cette ville est située à la base d'une rangée de collines qui s'élèvent en forme d'amphithéâtre et s'étendent jusqu'à la mer. Elle se compose d'environ cent cinquante maisons, isolées et entourées de palmiers. Mais il n'y a que le tiers de ces maisons d'habitées ; le reste se trouve dans le même état où le laissèrent les Wahabites, lorsqu'ils vinrent, en 1801, ruiner Tamarida. Quoique petites, elles sont bien bâties en pierres calcaires et en corail qui abonde sur toute la côte. Le corail, à l'état frais, est assez mou pour qu'on puisse facilement le couper en morceaux dans la forme que l'on désire. Les maisons sont ordinairement carrées et à deux étages ; l'un des angles est garni d'une tour où est pratiqué l'escalier par lequel on monte dans l'étage supérieur. Comme les pluies sont fréquentes, il importe de construire des habitations solides, et de les recouvrir d'une couche de mortier durable, car le corail ne résiste pas longtemps à l'action de l'atmosphère. Ce mortier est préparé avec des morceaux de corail qu'on calcine dans des rigoles de sable. Les chambres de l'étage supérieur sont affectées au harem ; dans les chambres inférieures, les Arabes reçoivent les visiteurs, et vaquent à leurs affaires. Les fenêtres regardent le nord-est, et sont surchargées d'ornements d'architecture en bois, qui interceptent en grande partie la lumière. A chaque maison est attenant un petit jardin où l'on cultive des melons et d'autres plantes potagères pour les usages domestiques. En 1834, Tamarida ne renfermait guère plus de cent ou cent cinquante habitants, en comptant ceux qui étaient alors absents, à Zanzibar, pour affaires de commerce. Il n'y a que deux boutiques à Tamarida, et les seuls articles qu'on y vende sont des dattes, du millet, du tabac, et des vêtements. L'argent monnayé y est rare ; on le remplace quelquefois par des pendants d'oreilles en argent, et par de l'ambre. Cette dernière substance se trouve occasionnellement sur la côte occidentale de l'île. La plaine dans laquelle a été bâtie Tamarida a quatre milles de large sur cinq de long ; elle est arrosée par trois rivières, dont l'une passe tout près des maisons. Aucune de ces rivières ne se dessèche pendant l'été ; leur eau est remarquablement pure et limpide ; elles sont toutes bordées de dattiers. On trouve sur leurs rivages, ainsi que dans d'autres parties de l'île, une singulière espèce d'herbe, à laquelle M. Wellsted donne le nom de *Pennisetum dichotomum*. La tige a plus d'un demi-mètre de long ; la partie supérieure présente des branches disposées en verticille, dont les extrémités sont en pointes recourbées ; ces pointes s'accrochent aux habits et pénètrent jusque dans la chair des passants (*). Le

(*) R. Wellsted, lieutenant of the East-India Company's marine service, *Memoir on the island of Socotra* (*Journal of the royal geographical Society of London*, vol. V, p. 129-229).

(*) C'est probablement une espèce de *cenchrus*, et non de *pennisetum*.

sol est de couleur rougeâtre, ce qui est sans doute dû à la présence de l'oxyde de fer; il est riche et fertile.

Derrière Tamarida, près du Djebel Rummul, on voit les ruines d'un fort portugais; les ruines d'un autre fort sont à peu de distance de là, sur une colline, au centre de la plaine et en vue du mouillage. Dans le voisinage du petit hameau de Suk, se trouvent les ruines de la ville de Hadibou, qui, d'après la tradition du pays, était jadis la principale de l'île; il n'en reste plus que les murs des maisons. M. Wellsted incline à penser que la fondation de Tamarida est postérieure à la première invasion des Portugais.

Cadhoup est un village bordé d'un côté par la mer, et de l'autre par un étang profond. Il renferme trente maisons et autant de huttes. Les premières sont plus petites que celles de Tamarida et d'une architecture moins soignée; les dernières sont de chétives baraques, qui ne garantissent leurs propriétaires ni contre le vent ni contre la pluie. La principale occupation des habitants consiste dans la pêche et l'élève des bestiaux. Le soin des derniers est ordinairement dévolu aux femmes. Quelques villageois font le commerce avec Zanzibar et Mascate. Aux environs de Cadhoup, on trouve quelques inscriptions arabes, gravées sur l'écorce d'un arbre (camhane); leur date remonte à 1640.

A deux milles de Cadhoup est située la vallée de Moreh, ainsi appelée d'après le cap voisin de même nom. Pendant la saison d'hiver cette vallée est traversée par un torrent rapide, bordé de palmiers. On rencontre çà et là quelques huttes occupées par ceux qui exploitent la culture du dattier. Aux environs du ras (cap) Moreh, on voit plusieurs inscriptions fort curieuses, tracées sur une roche calcaire, presque au niveau de la plaine. Ces inscriptions, qui mériteraient d'être examinées par des archéologues, paraissent avoir de l'analogie avec d'autres inscriptions qu'on trouve sur la côte opposée du continent arabique. Elles sont accompagnées d'espèces d'hiéroglyphes, représentant des serpents, des pieds d'hommes, des chameaux, des brebis, des bœufs, etc.

Gollonsier ou Colleseh est un village situé sur la côte nord-est de l'île; son emplacement est à l'entrée d'une vallée étroite que traverse une rivière assez considérable. Quelques chétives cabanes et un petit édifice qui sert de mosquée composent tout le village. Les habitants, peu nombreux, sont extrêmement pauvres; tout leur bien consiste en quelques bateaux pêcheurs. Ils vivent, indépendamment de la pêche, de la récolte de l'aloès et du sang-dragon. Les navires étrangers abordent d'ordinaire à Colleseh pour renouveler leurs provisions d'eau.

Dans d'autres parties de l'île on rencontre çà et là des habitations abandonnées et des ruines dont la plupart témoignent de l'ancienne domination des Portugais.

Socotora appartient aujourd'hui au sultan de Kissine, sur la côte d'Arabie. Il y envoie annuellement un de ses officiers ou de ses parents, pour percevoir les impôts, dont la valeur ne paraît pas dépasser 1,200 francs.

Les habitants parlent un dialecte qui semble se rapprocher singulièrement de l'hébreu ou du phénicien. C'est du moins l'opinion que nous croyons pouvoir émettre après avoir comparé le vocabulaire socotrain de M. Wellsted avec l'hébreu.

Exemples :

Socotrain.	Hébreu.	
kokeb.	kokab,	étoile.
ichah.	ichah,	femme.
lichen.	lachon,	langue.
allah.	allah,	monter.
ketab.	katab,	écrire.

Il serait inutile de multiplier les exemples. Les Portugais, pendant leur première visite à Socotora, y avaient, dit-on, trouvé des manuscrits chaldéens. M. Wellsted ne put se procurer aucun de ces manuscrits, qui seraient d'un si haut intérêt pour l'histoire des langues sémitiques. Les habitants lui assurèrent que les Wahabites, lors de leur invasion, les avaient tous détruits.

Le dialecte socotrain n'est guère parlé que des anciens habitants de l'île. Les Arabes de Mascate ne le comprennent pas. Cependant les montagnards de la côte d'Arabie paraissent assez bien entendre le langage des montagnards de Socotora.

Les indigènes se divisent naturellement en deux classes : les montagnards et les habitants des plaines. Ces derniers composent une race mixte : ils descendent d'Arabes, d'esclaves africains, de Portugais et d'autres nations ; ils occupent Tamarida, Colesseh, Cadhoup et l'extrémité orientale de l'île. Les montagnards sont de véritables autochthones : leurs traits en font en quelque sorte une race particulière. Ils sont, la plupart, d'une taille élevée, bien musclés ; leurs membres sont bien conformés ; leur angle facial est aussi grand que chez les Européens ; ils ont le nez légèrement aquilin, les yeux vifs et expressifs, les dents blanches et la bouche bien faite. Leur chevelure, qu'ils portent très-longue, frise naturellement ; mais elle n'est pas laineuse comme celle des Nègres, et ne ressemble pas à celle des Malgaches. Ils portent généralement de la barbe, mais pas de moustaches. Ils s'éloignent, à certains égards, du type arabe, et n'ont rien de commun avec les Somaulis de la côte orientale de l'Afrique ; leur teint varie du blanc au brun foncé ; leur démarche est assurée, et ils franchissent des montagnes avec la légèreté des antilopes ; habitués à grimper de roc en roc, ils ont les orteils écartés ; mais ce léger défaut ne leur fait rien perdre de la beauté et de la régularité de leurs traits. En un mot, les montagnards de Socotora sont une des plus belles variétés des races qui peuplent les continents asiatique et africain.

Leur vêtement consiste en une pièce de toile jetée négligemment autour des épaules, et sans aucun ornement ; la ceinture est munie d'un couteau, et la main armée d'un gros bâton. Ils arrangent leurs cheveux avec une certaine coquetterie, soumise aux changements de la mode : les uns les frisent, les autres les portent très-longs, et tressés en nattes, maintenus par un bandeau. Leur peau bien propre, lisse, est exempte de toute éruption cutanée. Quelques-uns portent des cicatrices dues à l'application du fer rouge, genre de cautère que les Arabes emploient si souvent pour traiter des maladies locales.

Les mêmes observations s'appliquent aux personnes de l'autre sexe. Les femmes présentent la même régularité dans les traits de la physionomie ; leur teint est généralement beaucoup moins foncé que celui des hommes, et quelques-unes, surtout dans leur jeunesse, peuvent passer pour remarquablement belles. La plupart de celles qui vivent dans les contrées basses ont les jambes d'une grosseur étonnante, mais sans dénoter un état morbide, car elles jouissent toutes d'une santé excellente. Leur principal habillement consiste en une espèce de camail de laine, serré autour de la taille par une ceinture de cuir. Elles portent des colliers de corail rouge, de succin ou de verre coloré ; elles ont aussi des pendants d'oreilles en argent, lourds et épais, deux à chaque oreille, l'un à la partie supérieure, l'autre à la partie inférieure de la conque auriculaire. Elles vont non voilées, se promènent et s'entretiennent librement avec les étrangers. Tels sont les montagnards de Socotora.

Les Socotrains font consister leur principale occupation dans l'élève des bestiaux et le commerce de l'aloès et du sang-dragon, qu'ils échangent dans les villes contre des dattes, du dorrha (espèce de céréale) et des vêtements. Les femmes ont en partage les travaux les plus rudes des champs et du ménage ; tandis que les hommes passent leur temps à dormir ou à fumer. Le lait est leur aliment quotidien ; ce n'est que dans les grandes occasions qu'ils se décident à tuer un agneau ou une chèvre. Leur cuisine est fort simple : ils séparent la viande des os, et la coupent en menus morceaux, qu'ils font cuire dans des pots de terre. Contrairement à la coutume des musulmans, ils se servent, en mangeant, de couteaux, qu'ils achètent aux baleiniers qui viennent toucher à l'île.

Comme le climat est très-humide, il serait imprudent de vivre sous des tentes pendant plusieurs mois de suite ; et comme ils sont obligés par leur vie pastorale de changer souvent de lieu pour chercher des pâturages, ils s'abritent dans les cavernes naturelles qu'on rencontre dans les montagnes. Ces cavernes sont très-nombreuses, et comme taillées dans le calcaire par la main de l'homme. Il y en a d'assez spacieuses pour contenir plusieurs familles avec tous leurs troupeaux. M. Wellsted en a vu qui étaient situées à huit cents pieds au-dessus de la plaine; cependant la plupart sont presque au niveau du pays plat. Quand l'entrée est trop étroite, on l'élargit, on en couvre la partie supérieure avec des sarments; de sorte qu'il est difficile, même à une courte distance, de distinguer ces cavernes du sol environnant. Tout à côté de ces demeures naturelles sont des enclos circulaires en pierres, pour abriter, pendant la nuit, les chèvres et les brebis. Les seuls meubles qu'on y observe sont : une pierre pour moudre le blé, des matelas de peaux pour le coucher, des outres de cuir pour conserver l'eau et le lait, quelques pots de terre pour les usages culinaires ; et quelques habits de laine suspendus au travers de la caverne. Ces habits, convenablement arrangés servent, souvent de berceau. En général, il ne règne pas beaucoup de propreté dans ces cavernes, qui fourmillent de puces et de vermine. La douceur de la température y rend inutile l'entretien d'un foyer : on n'allume du feu qu'au dehors pour faire cuire la viande.

Le caractère moral des indigènes pourrait servir de modèle aux autres nations : les crimes contre les personnes et les propriétés y sont extrêmement rares ; on peut y voyager en toute sécurité. Ils se font surtout remarquer par leur hospitalité, dont l'exercice n'est limité que par les bornes de la fortune; ils ne fatiguent pas les étrangers, comme le font les Arabes, par une curiosité incommode, en les interrogeant sur leur religion, le but de leur voyage, etc. Ils ont différentes manières de se saluer. Deux amis qui se rencontrent s'embrassent d'abord six ou huit fois sur les joues ou les épaules, puis ils se touchent les mains, les embrassent à leur tour, et échangent enfin une multitude de compliments. Un autre mode de salutation consiste à placer les nez l'un contre l'autre, à faire une profonde inspiration et à chasser l'haleine avec force à travers les narines. Hommes et femmes se saluent publiquement de cette façon. Les femmes saluent les chefs de tribu en embrassant leurs genoux ; et elles reçoivent en retour un baiser sur le front. C'est aussi le salut ordinaire qui s'échange entre les enfants et les vieillards.

Les indigènes de Socotora, jadis chrétiens, s'il faut en croire la tradition, professent aujourd'hui la religion de Mahomet. Mais ce sont des observateurs peu rigides des lois du prophète. Beaucoup d'entre eux négligent même le jeûne du ramadan, ce que tout vrai musulman regarderait comme un crime de lèse-divinité. Il y en a peu qui connaissent les prières du matin et du soir. La circoncision est pratiquée, non pas dans l'enfance, mais à l'âge de quinze ou vingt ans; et M. Wellsted pense qu'il y a un grand nombre d'indigènes qui peut-être n'ont jamais été circoncis. Les Arabes des plaines et les citadins sont, au contraire, très-dévots, très-intolérants, en même temps que fort ignorants, comme le sont du reste partout les fanatiques religieux.

S'il est vrai qu'il y eut autrefois dans l'île un archevêque et deux évêques, les choses sont bien changées : il n'y a aujourd'hui qu'un seul prêtre mahométan qui cumule les fonctions de mollah, de muezzim et de maître d'école. Trois petites mosquées, dont deux à Tamarida et une à Colleseh sont les seuls édifices consacrés au culte. Il serait intéressant de rechercher ce que sont devenues les églises chrétiennes; peut-être en reconnaîtrait-on quelques vestiges dans les ruines dont les légendes des insulaires font le siége des démons et des sorciers.

Parmi les coutumes des indigènes de Socotora, nous nous contenterons de signaler l'une des plus singulières. Tout individu soupçonné d'un crime capital est placé, les pieds et poings liés, sur le sommet d'une montagne, où il doit demeurer exposé pendant trois jours. Si pendant ce temps il tombe de la pluie l'accusé est regardé comme coupable, et condamné au supplice de la lapidation. Cette coutume paraît être aujourd'hui généralement abandonnée.

La stabilité du type des montagnards, auxquels M. Wellsted donne le nom de Bédouins, par opposition aux autres habitants, qu'il appelle Arabes, s'explique tout naturellement. Les premiers n'ont aucun scrupule à donner leurs filles en mariage aux Arabes et même aux étrangers qui viennent visiter momentanément l'île ; les enfants issus de ces mariages suivent l'état de leurs pères, et oublient entièrement les parents de leurs mères. Les Arabes, au contraire, croiraient se déshonorer en mariant leurs filles aux Bédouins ou montagnards de l'île. A cela il faut ajouter que la partie occidentale de l'île occupée par les montagnards est généralement stérile, manque d'eau, et offre fort peu d'attraits à des colons. Telles sont les principales causes qui expliquent l'absence de tout mélange de la plupart des indigènes avec les étrangers.

Une des tribus les plus curieuses à étudier est celle de Bahi-Rahow; elle ne se compose que d'environ cent cinquante individus, et vit dans le voisinage du ras Moreh. Ils descendent, dit-on, d'une colonie d'Israélites, et ils conservent, en effet, quelques traits de ressemblance avec la race juive. Les Saymi, les Sayfi, les Dirmi et les Zirzhi, connus sous la dénomination générale de Camhanes, sont regardés comme descendants des Portugais. Ils vivent dans les montagnes granitiques, et sont riches en troupeaux de moutons et de vaches, mais ils ne portent aucun signe de cette dégradation physique qui stigmatise la race portugaise de l'Inde.

Parmi les contes les plus répandus dans l'île, il y en a beaucoup qui ressemblent singulièrement aux légendes de nos pays. On y raconte, entre autres, qu'il y a des femmes étranges qui, retirées dans des lieux cachés, épient les voyageurs fatigués et se précipitent sur eux pour les dévorer. Il n'y a pas d'habitant qui ne croie cette histoire parfaitement véridique, et ne parle avec horreur du nombre des victimes. Le fait est qu'on trouve quelquefois dans des précipices des corps dévorés par des vautours et d'autres animaux de proie; mais ce sont là probablement des morts accidentelles, par suite d'une chute du haut des rocs escarpés.

Les maladies sont rares à Socotora. M. Wellsted, pendant son séjour dans cette île, n'y observa que quatre cas d'ulcères rongeants et autant de cas d'éléphantiasis. L'hydropisie abdominale ou ascite paraît être cependant une affection assez fréquente : M. Wellsted l'attribue, à tort suivant moi, au régime des habitants, qui plusieurs jours de suite ne vivent que de lait et de millet, et qui tout à coup mangent avec excès de la viande de mouton à demi cuite. Dans certaines vallées, on rencontre une espèce d'idiots qui rappelle les crétins de la Savoie. Ils forment une famille à part, et mènent une vie tout à fait sauvage; on leur donne des aliments quand ils approchent des habitations; mais ils aiment mieux se nourrir de racines et d'herbes, ou de chèvres sauvages, qu'ils tuent à coups de pierre. Ces idiots, qui ne paraissent pas susceptibles de civilisation, vont en général tout nus.

Climat. Socotora, quoique située sous la même latitude que les contrées les plus chaudes de l'Afrique, jouit d'un climat doux et modéré. La météorologie rend parfaitement compte de cette différence qui se présente chaque fois qu'on compare le climat d'une île avec celui d'un continent situé sous la même latitude. Des vents réguliers, passant sur d'immenses nappes d'eau, viennent sans cesse tempérer l'ardeur du soleil. La température n'éprouve que des oscillations très-peu étendues : la température moyenne hivernale (du 12 janvier au 13 mars) est d'environ 10° du thermomètre centigrade, et la température moyenne annuelle n'est que d'environ 12° (*). On comprend aisément que le climat est moins doux sur les plateaux élevés et dans les montagnes. M. Wellsted attribue aux montagnes de granit les pluies fréquentes qui surviennent souvent vers la fin de la saison sèche. La mousson du sud-ouest s'y fait quelquefois sentir avec une extrême violence, et entretient la fraîcheur dans les vallées, qui seraient autrement brûlées par les rayons concentrés du soleil. Pendant que la mousson souffle ainsi avec une force d'ouragan, le ciel reste serein; ce n'est qu'à de rares intervalles qu'on voit quelques nuages blancs, semblables à ceux qui enveloppent le pic de la Table au cap de Bonne-Espérance, et qui annoncent constamment l'arrivée des tempêtes. L'air alors, loin d'être humide, est d'une sécheresse extrême : des draps mouillés se dessèchent presque instantanément; des personnes en sueur éprou-

(*) Wellsted, Mémoire cité (*Journal of the royal geographical Society of London*, t. V. p. 196).

vent aussitôt un froid pénible; quand on a la peau sèche, on est en proie à une chaleur fébrile et à un malaise général. Cependant cette mousson ne paraît pas beaucoup influer sur l'état sanitaire de l'île, si ce n'est qu'elle paraît amener quelquefois des fièvres intermittentes.

Productions naturelles. Au nombre des produits les plus importants de l'île, il faut placer l'aloès (*aloe spicata*): c'est la meilleure espèce qu'on connaisse, et elle porte dans le commerce le nom d'aloès *succotrin*. C'est, de temps immémorial, la principale richesse de Socotora. Cette plante croît naturellement sur les penchants et les sommets des montagnes calcaires de l'île; elle s'élève jusqu'à 1000 mètres au-dessus du niveau de la plaine, et se plaît dans un sol aride. A une époque fixe, on en cueille les feuilles, et on en exprime le suc à travers une peau. C'est dans cet état qu'on transporte l'aloès à Tamarida et Colleseh; puis de là à Mascate, où son prix varie considérablement. La récolte de l'aloès, qui croissait dans toutes les parties de l'île, était autrefois affermée à plusieurs individus par le sultan de Kissine, qui en avait fait un monopole. Aujourd'hui il n'y a plus ni fermiers ni monopole: chaque habitant cueille autant d'aloès qu'il veut s'en donner la peine. La quantité exportée en 1833 s'éleva à quatre-vingt-trois peaux ou deux tonnes.

Parmi les autres produits on remarque le sang-dragon (*Pterocarpus draco*): c'est une espèce de gomme-résine que les habitants recueillent en toute saison. L'arbre qui la fournit croît sur le penchant des collines et s'élève depuis deux cent cinquante jusqu'à six cents mètres au-dessus du niveau de la mer. Son stipe ou tronc, d'environ six mètres de haut, varie de trois à quatre décimètres de diamètre. Ses branches sont nombreuses, mais courtes, et entrelacées. Les feuilles sont coriaces, de trois décimètres de long, ensiformes, pointues à l'extrémité, sessiles et élargies à la base; elles sont extrêmement nombreuses et insérées presque à angle droit sur les branches, de manière à offrir l'aspect des fanons de baleine. M. Wellsted, auquel nous empruntons cette caractéristique, n'a pas vu ce *pterocarpus* en fleur. La gomme-résine découle spontanément du stipe; on n'a donc pas besoin de recourir aux incisions pour se la procurer. La plus belle espèce de sang-dragon est de couleur cramoisi foncé, et se vend fort cher.

L'arbre auquel les insulaires donnent le nom d'*amra* fournit une matière gommeuse, transparente, douée d'une odeur agréable; mais elle est inférieure à l'oliban qu'on récolte sur les côtes d'Arabie.

Au nombre des plantes qui ne sont pas d'une utilité immédiate, quoique d'un grand intérêt pour la science, on remarque l'*asset* et le *camhane*, comme les appellent les indigènes. Ces végétaux croissent sur les rochers les plus escarpés, et tirent leur nourriture de la terre qui se trouve accidentellement comme encaissée dans les cellules ou les fentes de ces rochers. Toute la tige, qui est assez épaisse, se compose d'une substance molle, blanchâtre, cellulaire, qu'on peut couper facilement au couteau. Les chameaux et les moutons mangent les feuilles du *camhane*, tandis qu'ils rejettent celles de l'*asset*. L'un et l'autre laissent suinter des feuilles et du tronc un suc lactescent très-âcre. Les rejets que poussent les racines donnent naissance à autant d'individus nouveaux. Le petit nombre de feuilles, très-grandes comparativement à la hauteur des tiges, présentent un aspect fort singulier: quelques-unes de ces plantes n'ont pas deux mètres de haut, tandis qu'elles ont à leur base une étendue bien plus considérable. Pendant la mousson nord-est elles se parent de belles fleurs rouges. Ces végétaux, encore imparfaitement connus, paraissent appartenir à la famille des Asclépiadacées.

On trouve sur le bord de la mer un arbrisseau dont les indigènes mangent l'intérieur de l'écorce, et en font leurs délices. Le *metaynè* ou *malarah* est un arbre qui abonde dans toute l'île, et qui fournit un bois excessivement dur. Dans les crevasses des montagnes granitiques se développe un lichen grisâtre que les femmes arabes emploient pour se teindre le visage en jaune. Ce lichen s'attache solidement aux rochers et les tapisse entièrement.

L'agriculture est à peu près inconnue

à Socotora. On n'y cultive d'autre céréale qu'une espèce de millet (*dokhna*), qui n'exige presque aucun soin, et produit dans toute saison. Les cultivateurs se contentent de nettoyer les champs des pierres, de les remuer avec un bâton aigu, et de les entourer d'un mur pour les garantir contre les bestiaux. Quand ils peuvent se procurer du lait et des dattes, ils ne se soucient guère de semer du dokhna ; celui-ci n'est d'ailleurs cultivé que dans la partie orientale de l'île : il n'y en a point dans la partie occidentale. C'est des plantations des dattiers et de l'élève des troupeaux que les habitants tirent leurs principaux moyens de subsistance. Dans l'est de l'île, les bords des rivières sont garnis de dattiers ; quelques-uns de ces arbres sont fécondés à la fin de décembre, les autres ne le sont que vers le commencement de mars ; c'est ainsi qu'on a des dattes fraîches pendant plusieurs mois de suite. Cependant ce fruit ne suffit pas à la consommation : on en fait venir annuellement de Mascate des charges considérables. Dans les montagnes on trouve quelques orangers sauvages, dont le fruit est acide et amer, ainsi qu'une espèce d'igname dont on ne paraît pas, comme ailleurs, manger la racine. Aux environs de Tamarida, on cultive un peu de tabac. Tout le sol, particulièrement dans le voisinage des pics granitiques, est extrêmement fertile et très-susceptible de culture ; les céréales et toutes sortes d'arbres fruitiers pourraient y croître en abondance ; malheureusement, comme nous venons de le dire, les habitants ne se livrent guère à l'art agricole.

Les espèces animales qu'on rencontre à Socotora paraissent moins variées que les espèces végétales. M. Wellsted n'y a vu que des chameaux, des moutons, des ânes, des bœufs, des chèvres et des civettes. Les chameaux sont aussi grands que ceux de la Syrie ; mais ils sont plus robustes que rapides à la course. Bien nourris d'herbes et de buissons succulents, ils ne sont pas aussi durs à la fatigue que les chameaux d'Arabie, et ne supportent pas aussi longtemps la faim et la soif. Ils remplacent ici les mulets. Leur nombre, dans toute l'île, ne dépasse pas deux cents. Les vaches sont nourries dans de riches pâturages, aux environs de Tamarida ; elles sont généralement très-grasses. Les indigènes les élèvent pour le lait, avec lequel ils fabriquent le *ghih*, si estimé en Arabie et en Afrique. Ils ne les tuent guère, pas plus que les bœufs, pour en manger la viande, si ce n'est dans des occasions tout à fait extraordinaires. On en estime le nombre à environ six cents dans toute l'île.

On voit partout d'immenses troupeaux de moutons et de chèvres ; les propriétaires ne paraissent pas en avoir grand soin. Les brebis n'ont pas cette queue monstrueuse qui défigure celles de l'Arabie et de l'Égypte ; ces animaux sont d'ordinaire petits, à jambe grêle, et leur chair n'est pas très-savoureuse ; avec leur laine on fabrique ces haïks épais si connus en Arabie et en Perse. Les chèvres présentent plusieurs variétés ; celle dont le poil est long et roux vit à peu près à l'état sauvage : personne n'en réclame la propriété. Il ne faut pas la confondre avec la chèvre sauvage proprement dite, dont les indigènes estiment beaucoup la chair, et qu'ils prennent dans des espèces de filets. Il y a également plusieurs variétés d'ânes, qui vivent à l'état sauvage, par troupes de dix à douze individus. On rencontre aussi beaucoup de civettes ; mais les indigènes ne paraissent pas utiliser ces animaux pour la parfumerie. Les hyènes, les jackals, les singes et d'autres animaux, si communs sur les continents opposés, sont inconnus à Socotora. On n'y trouve pas même, chose remarquable, l'antilope qui vit dans les autres îles voisines de l'Arabie. On n'y connaît pas non plus les chiens ; les indigènes prenaient pour des porcs les chiens qu'ils voyaient sur le bâtiment où se trouvait M. Wellsted. Les serpents paraissent y être assez rares dans les montagnes ; mais les plaines sont infestées de scorpions, de myriapodes et d'une grosse espèce d'araignée appelée *nargule*, dont la morsure est, dit-on, très-dangereuse. On y voit aussi beaucoup de fourmis ; leur morsure est aussi douloureuse que la piqûre d'une guêpe. Le caméléon est indigène dans l'île ; il y en a plusieurs variétés. On y trouve enfin un grand nombre d'oiseaux aquatiques et de vautours. M. Wellsted mentionne un petit oiseau à bec rouge et à plumage pourpre foncé, que les indigènes appellent *Mahuarad* ; il fait entendre un cri perçant, semblable à la voix humaine.

En résumé, l'île de Socotora paraît offrir de riches moissons au naturaliste qui voudrait l'explorer. On doit y trouver bien des espèces, tant végétales qu'animales, tout à fait inconnues ; c'est ce qui pourrait fournir l'occasion de combler bien des lacunes qui existent encore dans la science.

FIN

TABLE DES MATIÈRES

DE LA SECONDE ET DE LA TROISIÈME PARTIE

DES ILES AFRICAINES.

A

Abou-el-Féda, historien arabe, cité page 17 b.
Açores (archipel des). — I. DESCRIPTION GÉNÉRALE. — 1° LE SOL. — Situation générale des Açores; dénominations diverses, 41 a - 42 a; constitution géologique, 42 a - 44 b; climat, 44 b - 46 a; productions végétales; état de l'agriculture, 46 a - 50 a; zoologie, 50 a - 51 b. — 2° LES HABITANTS. — Caractère physique et moral, 51 b - 52 a; distinction des diverses classes de la population, 52 a - 53 b; nourriture, habitations, manière de vivre, 53 b - 55 a; statistique, 55 a; mœurs et coutumes, 55 a - 56 a; amusements et fêtes, 56 a - 57 a; religion et culte, 57 a, b; maladies, 57 b - 58 a; industrie et commerce, 58 a - 59 a; gouvernement, administration civile et militaire, revenus et dépenses, 59 a - 60 a. — II. DESCRIPTION PARTICULIÈRE DES ILES. — Arrondissement du midi, 60 b - 65 b; arrondissement de l'ouest, 65 b - 27 a; arrondissement de l'est, 72 a - 81 b. — III. HISTOIRE. — Découverte et colonisation, 81 b - 86 b; gouvernement des capitaines donataires, 86 b - 88 a; conquête des Açores par Philippe II d'Espagne, 88 a - 94 b; restauration de la domination portugaise, 94 b - 97 a; résistance des Açores à l'usurpation de Dom Miguel, 97 a - 101 b.
Africaines (*îles*) *de la mer des Indes.* — 3ᵉ PARTIE (1). — INTRODUCTION. — Vue générale de la mer des Indes, I a - II b; nomenclature des îles de cette mer, II b - IV a; distribution de ces îles en trois subdivisions, IV à, b.
Africaines (*îles*) *de l'océan Atlantique.* — 2ᵉ PARTIE. — INTRODUCTION. — Démarcation à travers l'Océan, entre les domaines insulaires d'Afrique et d'Amérique, 1 a - 2 b; distribution en divers groupes des îles africains de l'océan Atlantique, 2 b - 3 b.
Aguinez (la ville d'), à Canarie, 135 a.

(1) Cette partie commence après la page 300.

Albrand (Fortuné), Marseillais, élève de l'ancienne École normale, fondateur d'un collège à l'île Bourbon, colonisateur, chef d'expéditions et gouverneur, 20 b - 23 a.
Aldabra (les îles) (3ᵉ partie); 114 b.
Alfonséca (dom José d'), ingénieur portugais, 114 b.
Almirante (l'archipel de l') (3ᵉ partie), composé de deux groupes formant onze îlots, 110 a - 111 b.
Aloès succotrin, récolté à Socotora, 161 a.
Alphonse (les îles) (3ᵉ partie), 111 b.
Anacandrians (les) (3ᵉ partie), 5 a.
Andrès (l'abbé), cité p. 28 b - 29 a.
Angaziya (l'île d'), ou la Grande Comore (3ᵉ partie); étendue; aspect; population; villes, 120 b; récit d'une excursion faite par M. Passot, commandant de Mayotte, 120 b - 128 a.
Angra, chef-lieu de l'île de Tercère, 62 a - 63 a.
Anna de Chaves (le pic d'), à l'île Saint-Thomas, 234 a.
Annobon (l'île d'); voy. Guinée (archipel de).
Arabes (îles connues des), 15 b - 19 a.
Arabes (les îles) (3ᵉ partie), 115 a, b.
Aratus, cité p. 13 a.
Arecife (le port d'), à Lancelote, 133 a.
Ascension (l'île de l'). — DESCRIPTION. — Situation, étendue; nature du sol, climat, 256 b - 258 b; productions végétales; animaux, 258 b - 260 b; population, 260 b - 262 a. — HISTOIRE. — Découverte; reconnaissances; 262 a - 263 a; colonisation anglaise, 263 a - 264 b.
Assomption (île de l') (3ᵉ partie), 114 a, b.
Astove (l'île ou les îles) (3ᵉ partie), 114 a.
Atalaya (la ville d'), à Canarie; singulière par sa construction, 134 b - 135 a.
Atlantide (l') *de Platon*, 5 b - 8 a.
Aubert du Petit-Thouars (le naturaliste), cité p. 284 a, 285 b, 286 a.
Avocat (le fruit appelé l'), à l'île Bourbon; voy. 3ᵉ partie, p. 35 b.

TABLE DES MATIÈRES.

B

Baco, agent du directoire à l'île de France; *voy*. 3ᵉ partie, 57 a, b.

Bahi-Rahow (la tribu des), à Socotora, 160 a (3ᵉ partie).

Banc (le), ou *Coroa dos Garajaos* (3ᵉ partie), 80 b - 81 b.

Banians (les) de l'île de France ; *voy*. 3ᵉ partie, p. 54 b.

Bartholomew, cité p. 172 a.

Bernardin de Saint-Pierre, cité dans la 3ᵉ partie, p. 53 b et 61 b-64 b.

Berthelot (M.), cité p. 19 a, 139 a, 124 a.

Béthencourt (Jean de), baron normand, qui fit la conquête des îles Canaries, 38 a, 83 a - 84 a, 154 b - 160 b.

Béthencourt(Mathieu de), neveu de Jean, 160 b - 163 a.

Beurre (fabrication du) à Tercère, 61 b.

Boavista (l'île de); situation; forme; nature du sol; culture; industrie, s'étendant particulièrement à la fabrication du sel, 211 a, b.

Boccace, cité par extrait p. 149 a - 151 b.

Boubis (les), habitants de Fernan-do-Pô, 238 a, b.

Bourbon (île) (3ᵉ partie); situation, étendue, température, saisons, 27 b ; bouleversement de la nature, 28 a ; pluies, vents alizés, 28 b ; eaux, 29 a ; climat, nature du sol, 29 b ; culture, 30 a ; le volcan du *Grand-Brûlé*, ses environs, ses éruptions, 30 b - 32 a ; richesse et variété des productions du sol et leur énumération, 32 a - 38 a ; situation commerciale, 38 a, b ; abris, 38 b - 40 a ; époque de sa découverte, 40 a ; histoire politique, 40 a - 47 a.

Bowdich, voyageur anglais, cité p. 102 a, b, 107 b, 109 a, 168 b.

Brandan, moine irlandais du sixième siècle, 19 a - 20 b.

Brava (l'île de), surnommée le *Paradis de l'Archipel*; étendue, aspect, climat; son ancien état, 208 b ; climat, 209 a ; culture 209 a, b ; richesses minérales, sources, 209 b; divisions administratives, population, origines diverses des habitants, 210 a, b; îlots environnants, 210 b.

Brooke (T. H.), secrétaire du gouvernement de Sainte-Hélène; cité p. 264 b - 265 a.

Brunner, cité p. 124 a, 180 b, 209 a.

Buch (M. Léopold de), cité p. 124 a.

Burnel, agent du directoire à l'île de France; *voy*. 3ᵉ partie, 57 a, b.

C

Cá-da-Mosto (Louis de), Vénitien, découvre les îles du Cap-Vert, en 1456, avec le Génois Usodimare, 216 b.

Calheta (la ville de), à Saint-George, 65 b.

Cambar (la pomme de terre de l'Inde, dite); *voy*. 3ᵉ partie, p. 36 b.

Camoëns (le), cité p. 287 a.

Canarie (l'île de); étymologie, 134 a; population, superficie, maximum de longueur, atterrages, 134 b ; hist. de sa conquête, 167 a - 168 b.

Canaries (archipel des). — I. Description. — 1° Le Sol. — Vue générale des Canaries : situation, aspect, formes orographiques, 124 a - 126 b ; constitution géognostique, phénomènes volcaniques, 126 b - 128 b; climat, phénomènes météorologiques, eaux, 128 b - 130 a ; végétation : flore naturelle; plantes exotiques, 130 a - 132 a; animaux, 132 a, b; topographie particulière des îles, 132 b - 138 a. — 2° L'Homme. — Caractères physiques des populations indigènes; origines, 138 a - 139 b; mœurs et coutumes des anciens Canariens, 139 b - 140 b; manière de vivre des anciens Canariens; 140 b - 141 a; religion et gouvernement des anciens Canariens, 141 a - 142 b; caractères généraux et composition de la population actuelle des Canaries, 142 b - 143 b; qualités et défauts, 143 b - 144 a; habitations; manière de vivre, 144 a - 145 a; industrie et commerce, 145 a - 146 b; pêches, 146 b - 147 b; organisation politique; administration, 147 b - 148 b. — II. Histoire. — Premières expéditions des Européens aux Canaries, dans le moyen âge, 148 b - 151 b; principauté des Canaries en faveur de Louis d'Espagne, 151 b - 154 b; première expédition de Béthencourt pour la conquête des Canaries, 154 b - 157 b; expéditions ultérieures de Jean de Béthencourt, 157 a - 160 b; gouvernement de Mathieu de Béthencourt, 160 b - 163 a; seigneurie de Diègue de Herrera, 163 a - 167 a; conquête de la Grande Canarie, 167 a - 168 b; conquête de Palma et de Ténériffe, 168 b - 170 a ; état des Canariens sous la domination espagnole, 170 a - 171 b.

Cap-Vert (les îles du). — I. Description générale. — 1° Le Sol. — Vue générale des îles du Cap-Vert; situation, étendue, distribution par groupes, 171 a - 172 b ; aspect ; orographie et hydrographie, 172 b - 175 a ; constitution géologique, espèces minérales, 175 a - 179 a; climat, 179 a - 180 b ; phytographie; productions végétales, 180 b - 184 b; règne animal, 184 b - 187 b. — 2° Les Habitants. — Population, 187 b - 193 b ; industrie, commerce, 193 b - 196 a ; monnaies; poids et mesures, 196 a ; voies de communication, 196 a, b; gouvernement et administration, 196 b - 198 b ; revenus et dépenses,

198 b - 199 a ; forces militaires, 199 a - 200 a ; instruction publique, 200 a, b ; religion, 200 b - 201 b. — II. Description particulière des Iles. — 1° Iles sous le vent, 201 b - 212 b ; — 2° Iles du vent, 213 a - 216 b. — III. Coup d'œil historique. — Découverte et première prise de possession des îles du Cap-Vert, 216 b - 218 a ; colonisation successive et possession des îles par des capitaines donataires, 218 a - 219 a ; administration des gouverneurs, 219 a - 221 b.

Capitaine général (le), ou gouverneur des Açores, 59 a.

Cobra negra (le), serpent de l'archipel de Guinée, 224 b.

Cocotier (le) marin ou *des Seychelles; voy*. 3e partie, 34 b - 35 a.

Coetivi (l'île de) (3e partie). — Situation, découverte, 88 a ; étendue, nature du sol, végétation, animaux, mouillage, production, 88 b.

Colomb (Christophe) ; cité p. 21 b - 22 a ; 137 a.

Colomb (Fernand), cité p. 26 a - 27 a.

Comores (les îles) (3e partie). — Description générale de ce groupe d'îles ; leur situation ; leur énumération, 115 b ; leur superficie ; nature et aspect du sol, 116 a ; géologie, 116 a, b ; eau, 116 b ; climat, 116 b - 117 a ; végétation, troupeaux, 117 b ; règne animal, 118 a, b ; richesses minéralogiques, 118 b ; population, 118 b - 119 a ; deux races différentes, 119 a ; mœurs et coutumes, 119 a - 120 a ; religion ; commerce, industrie, gouvernement, 120 a ; description particulière des îles, 120 a - 133 a ; histoire, 133 a - 137 b.

Coquereau (l'abbé) ; cité p. 265 a, 281 a, b.

Corvo (l'île de) ; étendue, latitude et longitude, aspect, population, mœurs, règnes animal et végétal, 72 a.

Cosmoledo (îles) (3e partie), 113 b - 114 a.

Créoles (les) (3e partie), 29 b ; simplicité de leurs mœurs au dix-septième siècle, 41 a, b ; leur physionomie actuelle, 41 b - 43 a.

D

Darwin ; cité p. 124 a, 180 b.

Decaen (le général), capitaine général des établissements français au delà du cap de Bonne-Espérance ; *voy*. 3e partie, p. 58 a - 58 b.

Découvertes (les) antérieures aux explorations officielles, 30 a - 41 b.

Degradados (les), condamnés portugais déportés aux îles du Cap-Vert, 189 a.

Denis (île) (3e partie), 99 a.

Désertes (le groupe des) ; situation, étendue, culture, bétail, population, 103 b - 104 a.

Desvergers (Noël) ; orientaliste ; cité 3e partie, p. 150 a.

Dieu (le) des anciens Canariens ; ses diverses appellations, 141 a.

Diodore de Sicile (abrégé du récit de) sur les îles de l'océan Occidental, 8 a, b ; ce qu'il rapporte de la Lybie, 12 b ; cité p. 145 b (3e partie) ; 146 b, 147 a, 147 b, 149 b, 151 b, 155 a.

Douteuses ou *Imaginaires* (îles), 297 b.

Dzou-el-Quarnayn, géographe arabe ; cité p. 16 a, 16 b.

E

Ebn-el-Ouârdy, géographe arabe ; cité p. 15 b.

Ebn-Sa'yd, savant géographe africain ; cité p. 17 b.

Égide (l'île) de Minerve, 11 b - 12 a.

Élien, cité par extrait, p. 4 b - 5 a.

Éperviers (île des) (3e partie), 148 b.

Érythrée (îles de la mer) (3e partie), 145 a - 163 b.

Érythrée (la mer), 145 a, b.

Esclaves (les) à Madagascar (3e partie), divisés en *Ountovas* et *Oundevous*, 6 b - 7 a.

Espagnoles (possessions) ; *voy*. Guinée (archipel de).

Euripide ; cité p. 12 a.

F

Fayal (les vins du) ; leur préparation, 67 b.

Fayal (l'île du), situation, 65 b ; étendue, végétation, constitution géologique, 66 a ; ses eaux, sa population, sa culture, mœurs et industrie, 66 b - 67 a ; règne animal, 67 b - 68 a.

Fernan-do-Pó (l'île de) ; *voy*. Guinée (archipel de).

Ferro (l'île de) ou l'Ile de Fer, 137 b - 138 a.

Filao (le), arbre singulier de l'île Bourbon ; *voy*. 3e partie, p. 33 a - 34 a.

Flacourt (de), commandant l'île de Madagascar (3e partie), 4 b, 5 a, 13 a - 17 a.

Flores (l'île de) ; étendue, aspect, sol, 70 b ; végétation, climat, sources minérales, population, 71 a.

Fogo (le pic de), 175 a - 177 a ; éruption du 9 avril 1847, 221 a, b.

Fogo (l'île de) ; divisions administratives, ancienne dénomination, situation, forme, étendue, 206 b ; sol volcanique, aspect, population, 207 a; sources, 207 a, b; culture, commerce, industrie, 207 b.

Formateoni, savant libraire de Venise; cité p. 28 b.

Fortaventure (l'île de); latitude et longitude, forme, dénominations diverses, population, 133 b.

Fortunées (les îles), 13 b - 15 b.

Fortunie (principauté de), 151 b - 152 a.

Fourmis (îles des), 81 b.

Frappaz (le voyageur); cité par extrait dans la 3e partie, p. 94 b - 95 b.

Frégates (île aux) (3e partie); ancienne tradition; source d'eau minérale, 100 a; poisson abondant, 100 b; règnes animal et végétal, 101 a; aspect général, 101 b; débris trouvés dans les fouilles, et enfouis par les pirates premiers habitants de l'île, 101 b - 102 b.

Freire (Joseph), oratorien portugais; cité p. 36 a.

Funchal (la cité du), capitale de l'île et de tout l'archipel de Madère, 115 b - 116 a.

G

Galéga (île madréporique de) (3e partie); situation; dénominations diverses, 83 a; histoire de sa découverte; règne animal, règne végétal, 83 b; essais d'établissements, 83 - 84 a; récit de la relâche du capitaine Laplace à Galéga, en 1837, 84 a - 88 a.

Garat (M. Gabriel de); cité p. 124 a.

Gofio (le), aliment ordinaire des Canariens, 144 b - 145 a.

Golfe Arabique et Socotora (îles du), 145 a - 155 a.

Gomère (l'île de), 136 b - 137 a.

Gomes (Fernam), fermier privilégié du commerce d'Afrique, de 1469 à 1474, 245 a.

Gonçale Velho Cabral, navigateur portugais, 82 a, b, 83 a, 87 a.

Gonçalo Alvarez (îles de); situation, étendue, forme, 290 a; aspect, nature du sol; date présumée de sa découverte, 290 b; histoire, 290 b - 291 a.

Gonçalves (Jean); *voy*. Madère (archipel de).

Gosselin (le géographe); cité p. 14 b - 15 a; 3e partie, 148 a, 149 b, 150 a.

Gomez Eannes de Zurara, chroniqueur officiel de la conquête de Guinée; cité p. 32 a, b, 85 b.

Gracieuse (l'île); situation, étendue, population, 63 a; origine, constitution géologique, végétation, règne animal, 63 b; mœurs et industrie, 63 b - 64 a.

Grand-Brûlé (le volcan du); *voy*. Bourbon (île).

Grand-Port (le), à l'île Maurice; *voy*. 3e partie, p. 60 b.

Guillaume van der Haagen, navigateur flamand, 84 b, 85 a.

Guinée (archipel de). — I. Description. — Situation générale, étendue, aspect de l'archipel de Guinée dans son ensemble, 221 a - 222 a; nature générale du sol, 222 a, b; climat de l'archipel en général, 222 b - 223 b; productions végétales, 223 b - 224 a; animaux, 224 a - 225 a; population générale, 225 a, b; division géographique, 225 b. — Possessions portugaises. — Coup d'œil général sur la population des îles portugaises de l'archipel, 225 b - 226 b; industrie agricole et manufacturière des îles portugaises de l'archipel, 226 b - 227 b; commerce des îles portugaises de l'archipel, 227 b - 229 a; gouvernement et administration civile et judiciaire des îles portugaises de l'archipel, 229 b - 230 a; organisation ecclésiastique des îles portugaises de l'archipel, 230 a, b; finances des îles portugaises de l'archipel, 230 b - 231 a. — L'île du Prince. — Nom, situation, aspect, nature du sol, ports et mouillages, 231 a, b; description de son chef-lieu, 231 b - 232 b; cultures et commerce, 232 b - 233 b. — Saint-Thomas. — Nom, situation et dépendances, 233 b - 234 a; description du sol, 234 a, b; description du chef-lieu, 234 b - 235 b; diverses bourgades, 235 b - 236 b. — Possessions espagnoles. — Fernando-Pô. — Nom, situation, aspect, 236 b - 237 b; nature du sol, climat, productions végétales, animaux, 237 b - 238 a; caractères physique et moral de la population indigène, 238 a, b; manière de se vêtir des naturels, 238 b - 239 b; habitations, nourriture, relations de famille des naturels, 239 b - 240 a; croyances religieuses et organisation sociale des naturels, 240 a - 241 a. — Annobon. — Nom, situation, étendue, 241 a; orographie, climat, 241 a - 242 a; population et ressources, 242 a, b; relation d'une visite qu'y fit un voyageur anonyme à la fin du dix-huitième siècle, 242 b - 244 b; — II. Histoire. — Découverte et colonisation des quatre îles; développement de leur prospérité, 244 b - 248 a; vicissitudes et décadence de la colonie portugaise, 248 a - 251 b; établissement des Espagnols à Fernan-do-Pô et à Annobon, 251 b - 252 b; essai d'établissement des Anglais à Fernan-do-Pô; restitution à l'Espagne, 252 b - 255 b.

Guinée (la) *du Cap-Vert*, réunion d'établissements portugais, 196 b.

H

Halley (Edmond), célèbre astronome anglais; cité p. 295 a.
Hannon (le périple de); résumé, p. 9 b - 10 a; discussion relative à la nature des documents qu'il renferme, 10 b - 11 a.
Henri (le prince), dit le Navigateur; cité p. 30 b, 31 b.
Hérodote, cité p. 11 b.
Herrera (Diègue de); *voy.* Canaries (archipel des).
Hésiode, cité p. 12 a, 13 b.
Hespérides (les), 11 a - 13 b.
Hinzouán (l'île de) (3ᵉ partie); forme, 125 b; ville principale, 126 a; mœurs et coutumes, 126 b - 129 b.
Hirondelles des tropiques, 259 b - 260 a.
Hollman, cité p. 221 a.
Homère, cité p. 3 a, 12 a, 13 b.
Honorius d'Autun, cité p. 21 b.
Horta (la ville de), chef-lieu du Fayal; fondée par Jobst de Huerter, colon flamand, 68 a, b.
Humboldt (Alexandre de), cité p. 25 b.

I

Iambulus (récit merveilleux de) sur la découverte qu'il fit d'une île qu'on a supposée depuis être Socotora ou Zeylan, 152 a - 155 a (3ᵉ partie).
Iles nouvellement trouvées, - du quinzième siècle, 24 a - 30 a.

J

Jacques de Bruges, navigateur flamand, 83 b - 84 a, 87 a.
Jacquier (le), ou *jacq*, arbre de l'île Bourbon; *voy.* 3ᵉ partie, p. 35 a.
Jan-Hendrik (naufrage du navire hollandais le) au Penedo de San-Pedro, 292 a - 293 a.
Josse van Huerter, seigneur de Mœrkerke, navigateur flamand, 84 b, 85 a, 87 a.
Juan de Abrèu Galindo (le franciscain), cité p. 23 a.
Juan de Nova (île de) (3ᵉ partie), 113 a, b.
Juba le jeune (le roi), 14 a.
Jubal (île de) (3ᵉ partie), 146 a.

L

Lageus, capitale du Pic, 69 a.
Laguna (la ville de la), à *Ténérife*, 136 a.
Lancelot Maloisel, noble génois, qui, au quinzième siècle, donna son nom à une île des Canaries, appelée *Lancelote*.
Lancelote (l'île de) et ses annexes; situation; étymologie, 132 b; villes principales, 133 a.
Lander, cité p. 221 a.
Landolphe (Jean François), officier français; occupe l'île du Prince en 1799, 251 a.
Las-Cases (le comte de), cité p. 265 a.
Latomies (les îles) (3ᵉ partie), 148 a, b.
Leduc (M.), régisseur de l'île de Galéga; *voy.* 3ᵉ partie, 84 a - 88 a.
Lemontey, cité 3ᵉ partie, p. 63 b.
Liénard (Élysée), membre de la Société d'hist. naturelle de l'île Maurice, cité 3ᵉ partie, p. 100 a - 102 b.
Lobos (l'îlot de), ou des Loups, 134 a.
Longin, cité p. 7 a.
Lopes de Lima (le commandeur José-Joachim), auteur portugais; cité p. 172 a, 180 b, 181 a, 187 b, 191 a, 200 a, 221 a.
Louhavouhits (les) (3ᵉ partie), p. 5 b, 6 a.

M

Mac-Carthy (M. Oscar), cité p. 124 a, 171 b, 221 a, 256 b.
Mac-Culloch, cité p. 256 b.
Machico (la ville de), dans l'archipel de Madère, 116 a.
Madagascar (île) (3ᵉ partie); étendue, 2 a; race bovine, 3 a; premiers rudiments de civilisation, 3 a, b; superficie, population, cultes, 4 a; races et castes, 4 a - 7 b; mœurs et coutumes, 7 b; règnes minéral, végétal et animal, 7 b - 8 a; fièvres pestilentielles périodiques, 8 a, b; histoire politique et commerciale, 8 b - 27 b.
Madère (archipel de). — I. DESCRIPTION. — 1º LE SOL. — Aspect général 101 a; constitution géologique, 104 b - 105 b; eaux courantes, 105 b - 106 b; climat, 106 b - 107 a; végétation, 107 a - 109 b; animaux, 109 b - 110 b. — 2º LES HABITANTS. — Composition, classement et physionomie générale de la population, 110 b - 112 a; industrie agricole, 112 a - 113 b; industrie manufacturière, commerce, 113 b - 114 a; travaux publics; ponts, routes, canaux, 114 a - 115 a; gouvernement et administration, 115 a - 116 a. — II. HISTOIRE. — Anciennes notions sur l'archipel de Madère, 116 a - 116 b; naufrage de Robert O'Machin, 116 b - 119 a; le pilote espagnol Jean de Moralès, 119 a - 120 a; expédition de Jean Gonçalves, 120 a - 122 a; colonisation portugaise, 122 a - 123 a; gouvernement des capitaines donataires, 123 a - 124 b; population, 111 a.
Madère (île de); étendue, 101 a; super-

ficie, aspect, 101 b ; végétation, 101 b - 102 a ; montagnes, 102 a - 103 b ; inondation de 1809, 106 a.

Madère (les vins de), 112 b - 113 b, 114 a.

Mafra (le pic de), à Saint-Michel, 74 a.

Mahé (île) (3e partie); formation, étendue, aspect, 94 a; rade et port, 93 a, b; eaux, 94 b - 95 a ; mœurs et coutumes, 95 b - 96 a ; culte, agriculture, commerce, 96 b ; nature du sol, 97 a; industrie, 97 a, b.

Mahé de la Bourdonnais, gouverneur général des îles de France et de Bourbon en 1734 ; *voy*. 3e partie, 53 a, b.

Maio (l'île de), ou Das Maias; situation; étendue; aspect et nature du sol ; le sel, sa richesse principale, 205 a ; culture, 205 a , b ; mouillages, 206 a, b; population, commerce, 206 b.

Mariage (du) chez les anciens Canariens, 140 a.

Marie de Vilhena, concessionnaire de Florès et Corvo, 84 b, 87 a.

Marrons (nègres), leur origine à l'île de France (3e partie), 12 b - 13 a.

Martin de Beheim, cosmographe navigateur ; cité p. 24 a, b ; 85 a, b ; 86 b.

Martin-Vas (les îlots de), 296 a - 297 a.

Martins (Manoel), le plus riche propriétaire de l'archipel , 191 b - 192 b , 212 a, b.

Maurice (l'île), appelée d'abord Ile de France (3e partie); étendue, ancienne dénomination, 47 b ; ses divers possesseurs, 47 b - 48 a ; sa fertilité relative , son climat, son atmosphère, ses eaux, 48 a ; population, 48 b - 49 a; des femmes créoles, 49 a - 50 a ; des femmes mulâtresses, 50 a - 53 a ; histoire politique et commerciale, 53 a - 61 a ; sa population mélangée, 61 a.

Mayotte (l'île) (3e partie); situation, ancienne population , 129 b ; rade immense ; étendue, 130 a ; petites îles annexes , 130 a, b; montagnes, 130 b; nature du sol, eaux, hivernage, boisement, 131 a ; pâturages, population , 131 b ; gouvernement, mouillages , 132 a ; considérations générales , 132 b - 133 a.

Médine (Pierre de), écrivain espagnol du seizième siècle, 27 a, b.

Méropes (les), 5 a.

Méropide (la) *de Théopompe*, 4 a - 5 b.

Miller (M. E.), cité 3e partie, p. 155 a.

Mohhammed-el-Edrysy, géographe arabe, cité p. 15 b, 18 a, b.

Moussa (île de) (3e partie), 143 b - 144 a.

Montdevergne (le marquis de), commandant général des établissements français au delà de la ligne (3e partie), 17 b.

Montgommery-Martin, cité p. 265 a.

Moralès (Jean de), pilote espagnol; son histoire; *voy*. Madère (archipel de).

Morgados (les), classe noble, propriétaire du sol à Madère; leurs mœurs curieuses, 58 a, b; 111 b - 112 a.

Morro do Brazil (le), 62 b.

Mouéli (île de) (3e partie); situation ; mouillage; capitale ; population, 123 a, b ; mœurs et coutumes, 123 b - 124 a ; cérémonies religieuses , 124 a - 125 b.

Murray, cité p. 256 b.

N

Napoléon (l'empereur), 269 a, 270 a, b, 271 a; sa captivité, 273 a - 279 b ; restitution de ses restes mortels à la France, 279 b - 283 a.

Nicholls (*Thomas*), écrivain anglais ; cité p. 22 a.

Noël (Victor), voyageur français, cité 3e partie, p. 143 b.

Noir (le bois), espèce de *mimosa* ; *voy*. 3e. partie, p. 32 b - 33 a.

Norte (*Porto do*), à Boavista, 211 a.

Nossa Senhora da Luz (le port de), à Fogo, 208 a.

O

Océan Atlantique (anciennes traditions de l'), 3 a - 41 b.

Oliva (la ville de la), à Fortaventure, 134 a.

Omosab (l'île) (3e partie), 146 a.

Ophiodès ou île des serpents (3e partie); riche en topazes, 146 b - 147 a.

Orangers (culture des) aux Açores, 47 b - 49 a.

Orotava (la ville de l') à Ténériffe, 136 a.

Orseille (l') des Açores, 70 b.

Oui-dire merveilleux (extrait du livre des), concernant l'existence d'une île punique au milieu de l'océan Occidental, 8 b - 9 a.

Owen, cité p. 221 a.

Owen (James) (naufrage du marin) à la Trinité, 295 a et suiv.

P

Palma (la ville de), chef-lieu de l'île du même nom, 137 a, b.

Palma (l'île de), 137 a, b, 168 b.

Palmas (la ville de *Las*), chef-lieu de Canarie, 134 b.

Pamplemousse (l'orange); *voy*. 3e partie, p. 35 b.

Partie (*troisième*), composée des îles Madagascar, Bourbon et Maurice (*voy*. après la page 300).

TABLE DES MATIÈRES.

Paul et Virginie (réflexions de l'auteur sur le roman de), 61 b - 64 b.
Pedro Botelho (le bassin thermal du), à Saint-Michel, 75 a, b.
Pemba (île de) (3ᵉ partie), 144 a, b.
Perestrello (Barthélemi), chef de la colonisation à Madère, 110 b.
Pétrarque, cité p. 40 a, b.
Phéniciennes (les découvertes), 8 a - 11 a.
Philippe (île de) (3ᵉ partie), 148 b.
Phoques (îles des) (3ᵉ partie), 148 b, 150 a.
Pic (l'île du); sa forme, 68 b; latitude et longitude; population, aspect, 69 a; règnes végétal et animal; sol volcanique; culture de la vigne, 69 b - 70 a.
Pico do Fogo (le), ou pic du Feu, à l'île Saint-Michel, 75 a.
Pierre, duc de Coimbre, frère du prince Henri, 82 a.
Plate (île) (3ᵉ partie), 102 b.
Platon, cité par extrait, p. 6 a, b.
Pline, cité p. 13 b, 3ᵉ partie, p. 148 a.
Poivre (le naturaliste), 32 a.
Ponta-Delgada (la ville de), capitale de Saint-Michel, et la plus importante des Açores, 77 b - 78 b.
Port-Louis (le) à l'île Maurice; *voy.* 3ᵉ partie, p. 60 b.
Port-Victoria, chef-lieu de l'île Mahé, (3ᵉ partie), p. 95 a, b.
Porto (la ville de), chef-lieu de Sainte-Marie, 80 b.
Porto de Pao-Secco (le mouillage de), à Maio, 206 b.
Porto-Inglez (le mouillage de), à Maio, 206 a.
Porto-Santo (l'île de); situation; étendue; aspect du sol, 103 b.
Portugaises (possessions); *voy.* Guinée (archipel de).
Povoação (la), ou hameau de São-João-Baptista, principale résidence de Brava, 209 b - 210 a.
Praslin (île) (3ᵉ partie); étendue, aspect, végétation, règne animal, population, mouillage, 98 b; ses annexes, 98 b - 99 a.
Praya (la ville de la), à Tercère, 63 a.
Prêtres et prêtresses chez les anciens Canariens, 142 a.
Prince (l'île du); *voy.* Guinée (archipel de).
Pronis, chef d'expédition à Madagascar (3ᵉ partie), 11 a - 13 a, 17 a.
Providence (île de la) (3ᵉ partie); situation, étendue, mouillage, 111 b; naufrage de la frégate française *l'Heureuse* en 1769, 112 a, b; nature du sol; végétation; règne animal, 112 b.
Ptolémée, cité p. 14 a.

Puant (le bois); *voy.* 3ᵉ partie, p. 32 b.
Puerto de Cabras (le comptoir de), à Fortaventure, 134 a.

R

Rabil (le bourg de), à Boavista, 211 a, b.
Radama, chef des Hovas, célèbre héros malgache (3ᵉ partie), 19 a - 24 a.
Raynal; son opinion sur les sargasses de l'Atlantide, 8 a.
Récifs (île aux) (3ᵉ partie), 99 b - 100 a.
Reinaud (M.), cité p. 21 a.
Ribeira-Brava (la ville de), à Saint-Nicolas, 213 b.
Ribeira-Grande (la ville de), à São-Thiago, 202 a, b.
Rigault, capitaine de marine marchande, fondateur de la Compagnie française de l'Orient à Madagascar (3ᵉ partie), 11 a, b.
Robert O' Machin; *voy.* Madère (archipel de).
Robert Surcouff (l'intrépide marin de Saint-Malo); *voy.* 3ᵉ partie, 58 a.
Rochet d'Héricourt (M.), cité 3ᵉ partie, p. 149 a, 151 b, 152 a.
Rodrigues (îles) — DESCRIPTION. — Sol, climat; *voy.* 3ᵉ partie, p. 67 b - 69 a; productions végétales, 69 a - 70 a; règne animal, 70 a - 72 a. — HISTOIRE. — Premières relations, 72 a - 73 a; établissement de LEGUAT et de ses compagnons, 73 a - 78 b; derniers essais de colonisation, 78 b - 80 b.
Rodrigues et les Séchelles (îles entre), (3ᵉ partie), 80 b - 89 a.
Roger le Bourg, chef d'expédition à Madagascar (3ᵉ partie), 12 b - 13 a.
Rohandrians (les) (3ᵉ partie), 5 a, 6 a.

S

Sable (île de), ou île Tromelin (3ᵉ partie), forme et dimensions, 81 b; naufrage de *l'Utile* 81 b - 82 a; position, 83 a.
Sal (l'île de), ou du Sel; situation, aspect, 213 b; grande exploitation de sel, 212 a, b; production et industrie, 212 b.
Sal-Rey (le port de), à Boavista, 211 a.
Saint-Antoine (l'île de); situation, forme, montagnes, aspect et nature du sol, 215 a; règnes végétal et animal; minéraux, sources, 215 b; causes de son état misérable, 215 b - 216 a; population, 216 a; ancrages, 216 a, b.
Saint-Brandan (les îles de), 19 a - 24 a; *voy.* aussi 3ᵉ partie, p. 80 b - 81 b.
Saint-Denis, chef-lieu de l'île Bourbon; sa rade; *voy.* 3ᵉ partie, p. 39 a, b.
Saint-George (l'île). — Forme, étendue,

aspect, latitude et longitude, 64 a; constitution géologique, tremblement de terre, 64 b; vignobles, population, 65 a; règnes animal et végétal, 65 b.
Saint-Germain Le duc (M.), cité p. 124 a.
Saint-Mathieu (île de); situation, 297 b; aspect; productions alimentaires, 298 a; histoire, 298 a - 299 a.
Saint-Michel (l'île); étendue, population, 72 a; aspect, 72 a, b; nature du sol, 72 b - 73 a; sa division en quatre zones, 73 a; volcans éteints, 73 a - 74 b; sources thermales, 74 b - 76 a; souvenirs d'éruptions désastreuses, 76 a - 77 b; divisions administratives, 77 b; énumération de ses villes et villages, 79 b.
Saint-Nicolas (l'île de); situation, forme, étendue, aspect et nature du sol; population, mœurs, culture, animaux, 213 a,
Saint-Pierre (île) (3ᵉ partie), 113 b.
Saint-Thomas (la ville de), chef-lieu de l'île du même nom, 234 b - 235 b.
Saint-Thomas (l'île de); *voy.* Guinée (archipel de).
Saint-Vincent (l'île de); situation, forme, disposition orographique, 214 b; son état misérable, 214 b - 215 a.
Sainte-Claire Deville (M.), cité p. 172 a - 175 a.
Sainte-Hélène (l'île de). — DESCRIPTION. — Aspect, atterrages, nature du sol, eaux, 264 b - 267 a; climat, végétation, animaux, 267 a - 269 a; population, topographie, 269 a.
Sainte-Luce (l'île de), situation, 213 b - 214 a; étendue, aspect et nature du sol, culture et productions, 214 a.
Sainte-Marie (île de), étendue, 79 b; caractère géologique spécial, 79 b - 80 a; culture, terroir, population, 80 a; productions naturelles, 80 a, b; énumération de ses villages, 80 b - 81 a; civilisation arriérée, 81 a, b.
Sainte-Marie d'Août (l'île de); 300 a.
San-Marcial de Rubicon, ancien évêché des Canaries, 133 a.
San-Pedro (le *Penedo de*), situation, 291 a; aspect et nature du sol, animaux, règne végétal, 291 b; histoire, 292 a - 293 a.
San-Sebastian (la ville et la baie de), à Gomère, 136 b - 137 a.
Santa-Cruz, capitale de Florès, 71 b.
Santa-Cruz, capitale de l'île Gracieuse, 63 b.
Santa-Cruz, chef-lieu de l'île de Ténériffe, 135 b - 136 a.
Santa-Cruz, chef-lieu de Saint-Antoine, 216 a.
Santa-Cruz (l'île de), indiquée sur les cartes du seizième siècle, 299 a.
Santa-Maria de Betancuria, chef-lieu de Fortaventure, 133 b - 134 a.

Santaren (le vicomte de), 290 b.
Santo-Antonio (la ville de), chef-lieu de l'île du Prince, 231 b - 232 b.
São-Felipe (le port de), à Fogo, 208 b.
São-Thiago (île de) ou de Saint-Jacques; étendue, nature du sol, montagnes, population, 201 b; culture, état sanitaire, divisions administratives, 202 a; villes principales, 202 a - 205 a.
São-Thiago (masse montagneuse de), 177 a - 178 a; argile fournie par ce terrain, 178 b.
Sauvages (les), 104 a, b.
Saxembourg (l'île de), 300 a, b.
Séchelles (les îles) (3ᵉ partie). — 1° Description générale de l'archipel, 89 a; climat, 89 b - 90 a; productions végétales, 90 a - 92 a; règne animal, 92 a - 94 a. — 2° Description particulière des îles, 94 a - 102 b. —HISTOIRE.— Premières explorations, 103 a - 105 a; colonisation par les Français, 105 a - 107 b; séjour aux Séchelles des déportés français de l'an IX, 107 a - 108 b; derniers événements, 109 a - 110 a.
Séchelles et les Comores (îles entre les) (3ᵉ partie), p. 110 a - 114 b.
Sel naturel et artificiel des îles du Cap-Vert, 179 a.
Sigebert de Gemblours, auteur de la légende de Saint-Malo; cité p. 20 b - 21 a.
Silhouette (île) (3ᵉ partie), 98 a.
Socotora ou *Socotra* (île de); aperçu historique, 156 a, b; aperçu topographique, dialecte, mœurs et industrie des habitants, 156 b - 160 b; climat, 160 b - 161 a; productions naturelles, 161 a - 163 b.
Sporades (les) de l'Atlantique, 255 a - 256 b.
Statius Sebosus, cité p. 13 a, 13 b.
Strabon, cité p. 9 a; 146 a, 146 b, 147 b, 148 a, 148 b, 149 b.

T

Teguise (la ville de), à Lancelote, 133 a.
Tamarida, chef-lieu de Socotora, 156 a, b.
Telde (la ville de), à Canarie, 135 a.
Ténériffe (le pic de), 125 a, 125 b - 126 b, 127 b; éruption et tremblement de terre de 1704, 128 a, b.
Ténériffe (l'île de), dénominations diverses, forme, dimension la plus grande, superficie, population, 135 b; sa conquête, 168 b.
Tercère (l'île de); situation, forme, latitude et longitude, 60 b; configuration et constitution du sol, 61 a; végétation, règne animal, population, 61 b.
Teror (la ville de), à Canarie, 135 a.
Texeira (Vicente de Paula) (le capitaine-ingénieur), 115 b.
Tiran (Ile) (3ᵉ partie), 146 a.

Tirazana (la ville de), à Canarie, 135 a.
Tomarco (le), accoutrement des anciens Canariens, 140 b.
Tortues (île des) (3ᵉ partie), 148 b.
Tortues extraordinaires, à l'Ascension, 260 a, b.
Toscanelli (Paul), savant docteur florentin; cité p. 24 b - 25 a.
Travadas (les), *tornados* ou *tournades*, orages terribles, d'une nature particulière à l'archipel de Guinée, 223 a, b.
Trinité (île de la); étendue, aspect, 293 b - 294 a; nature du sol, végétation, animaux, 294 a; histoire, 294 b.
Tristan Da Cunha (îles de); description, 283 a - 286 b; histoire, 287 a - 289 b.

U

Urville (D'), cité p. 256 b.
Usodimare (Antoine); *voy.* Çà-da-Mosto.

V

Vaches marines (île aux) (3ᵉ partie), 99 a, b.
Vasco Gil Sodrè (le chevalier), navigateur portugais, 84 a.
Vellas (la ville de), chef-lieu de l'île Saint-George, 65 a.
Vénus (le port de), ou Myos-Hormos (3ᵉ partie), 146 a.
Vigne (culture de la) aux Açores, 47 a, b.

Villa-da-Praia (la ville de la Plage), chef-lieu de São-Thiago, 202 b - 205 a.
Villa-Franca do Campo, ancienne capitale de Saint-Michel, 78 b - 79 b.
Vinhatrio (le), ou Laurus indica, 109 b.
Virgile, cité p. 12 a.
Voadzyris (les) (3ᵉ partie), 5 a, b.
Web (M.), cité p. 124 a.
William-Fitz-William Owen (le capitaine), surintendant de Fernan-do-Pó, 253 a, 254 a, b.

X

Xénophon de Lampsaque, cité p. 13 a.

Z

Zengebar (l'île), ou Zanzibar (3ᵉ partie); situation, étendue, aspect, nature du sol, 138 a; produits végétaux, culture, eaux courantes, climat, température, vents, 138 b; saison des pluies, salubrité, 139 a; règne végétal, culture, propriété territoriale, 139 b; règne animal, 140 a; population libre divisée en trois classes : les Arabes, les Maures et les Banians, 140 a - 141 a; esclaves, 141 a; langue nationale, 141 a, b; commerce, 141 b - 142 a; industrie, monnaies, 142 a; gouvernement, 142 b; chef-lieu, 142 b - 143 a.
Zenges (les îles) (3ᵉ partie), 138 a.

FIN DE LA TABLE DES MATIÈRES.

TABLE
DES PARTIES COMPOSANT LE VOLUME
DES ILES DE L'AFRIQUE.

Pages.
Introduction. 1

PREMIÈRE PARTIE.
ILES AFRICAINES DE LA MÉDITERRANÉE.

Vue générale de la Méditerranée.

Pages.
Étendue et dépendance de la Méditerranée. 2
Comment s'est formé le détroit des Colonnes. 4
Noms généraux donnés à la Méditerranée. 5
Noms particuliers de la Méditerranée. 6

Distribution des îles de la Méditerranée.

Aucune des grandes îles de la Méditerranée n'appartient à l'Afrique. 8
Quelles îles de la Méditerranée appartiennent à l'Afrique par leur situation. . 9
Les îles maltaises doivent être attribuées à l'Afrique. . . . . ib.
Classement des îles africaines de la Méditerranée en diverses catégories. . . 11

Ilots du littoral Libyen.

Canope. 13
Pharos et Antirhode. . . . . ib.
Les Jumelles de Plinthine. 15
La Fourmi de Pédonia. . . . . ib.
Les Jumelles Fuqueuses. 16
L'îlot du Cap-Blanc. . . . . ib.
L'îlot Evonyme. 17
Enésipte. . . . . ib.
Les Dauphins. . . . . ib.
Les îles d'Apis. 18
Les roches Tyndariennes. 19
Pyrgos. . . . . ib.
Sidonia. 20
Platée. 21

Aphrodisias. 22
Ilos. ib.
La Fourmi de Bérénice. 23
Les Hiphales. 24
Les Pontiennes. . . . . ib.
Les îles Blanches. 25

Les Syrtiques.

Vue générale des Syrtes. 26
Peinture que les anciens ont faite des Syrtes. . . . . ib.
Les Syrtes d'après les modernes. . 27
Étendue générale des Syrtes. . . . 28
Existence de deux Syrtes distinctes dans le golfe de la Grande Syrte. . . . 29
Séparation entre la Grande et la Petite Syrte. 30

Ile de Gerbeh.
Description.

Le sol et ses productions. 30
Les habitants de Gerbeh. Origine, aspect, vêtements et nourriture. 35
Religion. 36
Caractère moral. 37
Industrie, commerce, organisation administrative. 38

Histoire.

Noms anciens de Gerbeh. 39
Histoire ancienne de Gerbeh. 41
Conquête et domination des Arabes. 42
Domination seigneuriale de la maison de Loria. 43
Roger II de Loria, deuxième seigneur de Gerbeh. 44

	Pages.
Charles de Loria, troisième seigneur de Gerbeh.	45
Roger III de Loria, quatrième seigneur de Gerbeh.	ib.
Le roi de Sicile devient possesseur engagiste de Gerbeh.	46
Expédition de Pélerin de Patti.	ib.
Raymond de Montaner devient gouverneur de Gerbeh.	47
Prise de possession de Montaner; ses dispositions pour assurer la défense du château.	49
Mesures que prend Montaner pour réduire les indigènes.	ib.
Le chef des insurgés appelle à son aide les populations du continent voisin.	50
Les cheiks des Arabes font la paix avec Montaner.	51
Le roi de Sicile envoie Conrad Lança pour aider Montaner à châtier les indigènes.	ib.
Expédition contre les insurgés, qui sont taillés en pièces.	52
Montaner reçoit pour trois ans la concession pleine et entière de la seigneurie de Gerbeh.	53
Le roi de Naples prépare une expédition contre Gerbeh. Montaner se met en mesure de la repousser.	54
Montaner se démet de son gouvernement entre les mains du roi de Sicile.	55
Gerbeh recouvre son indépendance.	57
Expédition d'Alphonse d'Aragon.	ib.
Expédition du comte Pierre de Navarre.	58
Première tentative sur Gerbeh.	ib.
Dispositions pour une seconde tentative contre Gerbeh.	59
Débarquement et ordre de marche de l'armée sous le commandement du duc d'Albe.	ib.
Marche pénible de l'armée, abattue par la soif.	60
L'armée tombe dans une embuscade; le duc d'Albe est tué.	ib.
Vains efforts du comte Pierre pour rallier l'armée; déroute complète.	61
Préparatifs de vengeance; expédition envoyée par Charles Quint.	62
Des corsaires s'établissent à Gerbeh.	ib.
Expédition d'André Doria contre Dragut.	63
André Doria surprend Dragut à Gerbeh.	64
Disposition de Doria pour s'assurer de Dragut et de sa flotte.	ib.
Stratagème par lequel Dragut parvient à s'échapper; désappointement de Doria.	65
Prise de Gerbeh par Dragut.	66
Expédition du duc Medina-Celi.	ib.

	Pages.
Débarquement à Gerbeh; escarmouche.	67
Nouveau débarquement; échec.	ib.
Réunion de la flotte aux sèches d'El-Palo; résolution de faire une descente à Gerbeh.	68
Le duc de Medina-Celi va débarquer à Gerbeh.	ib.
Divers messages du cheik de Gerbeh; attaque imprévue.	69
Ordre de marche de l'armée; combat; l'ennemi est repoussé.	ib.
Capitulation du cheik; prise de possession du château; travaux de fortification.	71
Arrivée de la flotte turque; le duc de Medina-Celi refuse d'aller au-devant d'elle.	72
Rencontre des deux flottes; celle des chrétiens est mise en déroute.	ib.
Siége du château de Gerbeh par les Turcs; capitulation.	73
Destinée ultérieure de Gerbeh.	74
Ancienne ile de Zyrou.	ib.

Ile de Querqueneh.
Description.

Iles qui composent le groupe de Querqueneh.	76
Topographie générale des îles Querqueneh.	ib.
Relation d'un voyage récent à Querqueneh.	77

Histoire.

Mentions descriptives que nous a laissées l'antiquité classique.	79
Époque carthaginoise.	81
Époque numide.	82
Époque romaine.	ib.
Époque arabe.	83
Seigneurie catalane.	ib.
Expédition malheureuse du comte Pierre de Navarre.	84
Époque moderne.	ib.
Ile des Frissols.	85
Iles d'El-Quouryat.	86

Iles Pélagiennes.

Ilot d'Alboran.	88
Description du sol et de ses productions.	ib.
Alboran a-t-il été mentionné par les anciens.	89
Les iles des Gja' Faryn.	ib.
Topographie générale.	ib.
Géologie et productions naturelles.	90
Petites iles entre les Gja' Faryn et la Galite.	91
Ilots du voisinage d'Oran.	ib.
Ilots du voisinage d'Alger.	92

TABLE.

	Pages.
Ilots du voisinage de Bougie	93
Ilots du voisinage de Stora	94
La Galite	ib.
Petites îles entre la Galite et les Gjouamer	96
Iles Gjouamer	97
Noms anciens et modernes des Gjouamer.	ib.
Histoire ancienne d'Egimurus	98
Naufrage de trois galères de Malte sur les Gjouamer	99

LA PANTELLERIE.

Description.

Topographie générale	99
Nature volcanique du sol	100
Grottes qui offrent divers phénomènes singuliers	101
Lacs formés dans des cratères de volcans éteints	ib.
Aspect général de l'île et de sa végétation.	102
La ville et ses habitants	103

Histoire.

Nom ancien de l'île	104
Origine phénicienne des habitants de la Pantellerie	104
Histoire ancienne de la Pantellerie	ib.
Histoire moderne de la Pantellerie	105

LAMPEDOUSE.

Description	106
Indications historiques fournies par l'antiquité	107
Indications fournies par l'histoire moderne	108
L'ermite de Lampedouse	ib.
Peste à Lampedouse	109
Projet d'établissement de la Russie à Lampedouse	110
Destinée ultérieure de Lampedouse	113
Légendes poétiques	114
Combat de Roland, Brandimart et Olivier contre Gradasse, Agramant et Sobrino, dans l'Arioste	ib.
La tempête de Shakespeare	116
Le Lampion	117
Linose	119
Table des matières	121
Placement des gravures	127

Malte et le Goze.

DESCRIPTION.

Différents noms de Malte	2
Formation de Malte et des îles voisines.	ib.
Étendue et population	3
Aspect général de Malte	4
Température; climat	5
Productions; minéraux	7
Végétaux; culture du sol	9
Animaux	13
Commerce	15
Cales et ports de Malte	16
Grottes et catacombes	19
Grande grotte	ib.
La Makluba	ib.
Grotte de Saint-Paul	ib.
Catacombes de la Cité Notable	20
Tombeaux de la Bengemma	21
Grotte de Calypso	ib.
Villes et villages	22
Partie occidentale	ib.
Partie orientale	ib.
Cité notable	23
Le bosquet; ornières antiques	ib.
Cité Valette	25
Dépendances de la cité Valette	34
Coup d'œil sur la société de la Valette.	35
Maltais et Maltaises	ib.
Costumes	37
Qualités morales et individuelles	ib.
Usages et cérémonies	40
Jeux populaires	42
Langue maltaise	44
Le Goze	45
Situation, dimension, population et aspect du Goze; île du Cumin	45
Productions du Goze	46
Villes et casaux	ib.
Voyage autour du Goze	49
Hommes et femmes du Goze	51

HISTOIRE.

Premiers temps jusqu'à l'établissement de l'ordre de Saint-Jean de Jérusalem.	52
Pélasges	ib.
Phéniciens	54
Carthaginois	58
Romains	id.
Vandales et Goths	59
Grecs du Bas-Empire	60
Arabes	61
Normands	62
Allemands	ib.
Français	ib.
Espagnols et chevaliers de Rhodes.	63
Siège de Malte en 1565	96
Tableau de l'organisation de l'ordre de Malte	117
Table des matières	180
Placement des gravures	192

TABLE.

SECONDE PARTIE.

INTRODUCTION.

Démarcation à travers l'Océan entre les domaines insulaires d'Afrique et d'Amérique. 1
Distribution en divers groupes des îles africaines de l'océan Atlantique. . 2

Anciennes traditions de l'océan Atlantique.

La Méropide de Théopompe. 4
L'Atlantide de Platon. 5
Les découvertes phéniciennes. 8
Les Hespérides. 11
Les îles Fortunées. 13
Îles connues des Arabes. 15
Les îles de Saint-Brandan. 19
Les îles nouvellement trouvées, du quinzième siècle. 24
Les découvertes antérieures aux explorations officielles. 30

Archipel des Açores.

DESCRIPTION GÉNÉRALE.

Le sol.

Situation des Açores ; dénominations diverses. 41
Constitution géologique. 42
Climat. 44
Productions végétales ; état de l'agriculture. 46
Zoologie. 50

Les habitants.

Caractère physique et moral. 51
Distinction des diverses classes de la population. 52
Nourriture, habitations, manière de vivre. 53
Mœurs et coutumes. 55
Amusements et fêtes. 56
Religion et culte. 57
Maladies. . . . . ib.
Industrie et commerce. 58
Gouvernement, administration civile et militaire ; revenus et dépense. . . 59

DESCRIPTION PARTICULIÈRE DES ÎLES.

Tercère. 60
Gracieuse. 63
Saint-George. 64
Le Fayal. 65
Le Pic. 68
Flores. 70
Corvo. 72

Saint-Michel. 72
Sainte-Marie. 79
Les Fourmis. 81

HISTOIRE.

Découverte et colonisation. 81
Conquête des Açores par Philippe II d'Espagne. 88
Restauration de la domination portugaise. 94
Résistance des Açores à l'usurpation de don Miguel. 97

Archipel de Madère.

DESCRIPTION.

Le sol.

Aspect général. 101
Madère. . . . . ib.
Porto-Santo. 103
Les Désertes. . . . . ib.
Les Sauvages. 104
Constitution géologique. . . . . . ib.
Eaux courantes. 105
Climat. 106
Végétation. 107
Animaux. 109

Les habitants.

Industrie agricole. 112
Industrie manufacturière ; commerce. 113
Travaux publics ; ponts, routes et canaux. 114
Gouvernement et administration. . . 115

HISTOIRE.

Anciennes notions sur l'archipel de Madère. 116
Le pilote espagnol Jean Morales. . . 119
Expédition de Jean Gonçalves. . . . 120
Colonisation portugaise. 122
Gouvernement des capitaines donataires. 123

Archipel des Canaries.

DESCRIPTION.

Le sol.

Vue générale des Canaries ; situation ; aspect ; formes orographiques. . . 125
Constitution géognostique ; phénomènes volcaniques. 126
Climat ; phénomènes météréologiques ; eaux. 128
Végétation ; flore naturelle ; plantes exotiques. 130
Animaux. 132

TABLE.

	Pages.
Topographie particulière des îles	132
Lancelote et les Annexes	ib.
Fortaventure et Lobos	133
Canarie	134
Ténérife	135
Gomère	136
Palma	137
Ferro	ib.

L'homme.

Caractères physiques des populations indigènes ; origine	138
Mœurs et coutumes des anciens Canariens	139
Manière de vivre des anciens Canariens.	140
Religion et gouvernement des anciens Canariens	141
Caractères généraux et composition de la population actuelle des Canaries	142
Qualités et défauts	143
Habitations ; manières de vivre	144
Industrie et commerce	145
Pêches	146
Organisation politique ; administration.	147

Histoire.

Premières expéditions des Européens aux Canaries dans le moyen âge	148
Principauté des Canaries en faveur de Louis d'Espagne	151
Première expédition de Bethencourt pour la conquête des Canaries	154
Expéditions ultérieures de Jean de Bethencourt	157
Gouvernement de Mathieu de Bethencourt	160
Seigneurie de Diègue de Herrera	163
Conquête de la grande Canarie	167
Conquête de Palma et de Ténérife	168
États des Canariens sous la domination Espagnole	170

Iles du Cap-Vert.

Description générale.
Le sol.

Vue générale des îles du Cap-Vert. Situation, étendue, distribution, etc.	171
Aspect ; orographie et hydrographie	172
Constitution géologique ; espèces minérales	175
Climat	179
Phytographie ; productions végétales	180
Règne animal	184

Les habitants.

Population	187
Industrie ; commerce	193
Monnaies, poids et mesures ; voies de communication ; gouvernement et administration	196
Revenus et dépenses	198
Forces militaires	199
Instruction publique ; religion	200

Description particulière des îles.
Iles sous le vent.

Sao-Thiago	210
Maio	205
Fogo	206
Brava	208
Boavista	201
Sal	211

Iles du vent.

Saint-Nicolas	213
Sainte-Luce	ib.
Saint-Vincent	214
Sainnt-Antoine	215

Coup d'œil historique.

Découverte et première prise de possession des îles du Cap-Vert	216
Colonisation successive et possession des îles par les capitaines donataires	218
Administration des gouverneurs	219

Archipel de Guinée.

Description.

Situation générale, étendue, aspect de l'archipel de Guinée dans son ensemble	221
Nature générale du sol et du climat	222
Productions générales	223
Animaux	224
Population générale	225
Division géographique	ib.

Possessions portugaises.

Coup d'œil sur la population des îles portugaises	225
Industrie agricole et manufacturière	226
Commerce	227
Gouvernement et administration civile et judiciaire	229
Forces militaires	229
Organisation ecclésiastique ; finances	230

Ile du Prince.

Nom ; situation ; aspect, etc.	231
Description du chef-lieu	ib.
Culture et commerce	232

Saint-Thomas.

Nom ; situation et dépendances	233
Description du sol	234
Description du chef-lieu et des diverses bourgades	235

TABLE.

POSSESSIONS ESPAGNOLES.
Fernan-do-Pò.

Nom; situation; aspect. 236
Nature du sol; climat; productions. . 237
Caractères physiques et moral de la population indigène. 238
Manière de se vêtir. . . . . ib.
Habitations; nourriture; relations de famille, etc. 239
Croyances religieuses et organisation sociale. 240

Annobon.

Nom; situation; étendue; orographie; climat. 241
Population et ressources de l'île. . . 242
Relation d'une visite à Annobon. . . ib.

HISTOIRE.

Découverte et colonisation des quatre îles; développement de leur prospérité. 244
Vicissitudes et décadence de la colonie portugaise. 248
Établissement des Espagnols à Fernando-Po et à Annobon. 251
Essai d'établissement des Anglais à Fernan-do-Po; restitution à l'Espagne. . 252

Les Sporades de l'Atlantique.

L'ASCENSION.
Description.

Situation; étendue; aspect; nature du sol; climat. 256

Productions végétales; animaux. . . . 258
Population. 260

Histoire.

Découvertes; reconnaissance. 262
Colonisation anglaise. 263

SAINTE-HÉLÈNE.
Description.

Aspect; atterrage; nature du sol; eaux. 264
Climat; végétation; animaux. 267
Population; topographie. 269

Histoire.

Découverte et colonisation; domination anglaise. 271
Captivité de Napoléon. 273
Restitution à la France des restes de Napoléon. 279

ILES DE TRISTAN DA CUNHA.

Description. 283
Histoire. 287
Iles de Gonçalo Alvarez. 290
Penedo de San-Pedro. 291
Iles de la Trinité. 293
Martin-Vaz. 296

ILES DOUTEUSES ET IMAGINAIRES.

Saint-Matthieu. 297
Santa-Cruz. 299
L'Ascension, et Sainte-Marie d'août. . ib.
Saxembourg. 300

TROISIÈME PARTIE.

ILES AFRICAINES DE LA MER DES INDES.

INTRODUCTION.

Vue générale de la mer des Indes. . i
Nomenclature des îles de cette mer. . ii
Distribution de ces îles en trois subdivisions. iv

Madagascar, Bourbon et Maurice.

MADAGASCAR.

Description. 1
Population. 4
Établissement portugais. 9
— hollandais. 10
— français. 11
Colonisation sous Pronis. . . . . . ib.
Idem sous Flacourt. 13
Départ de Flacourt pour la France. . 17

Chamargon et Lacase, qui lui succèdent, sont massacrés. 18
Radama chef des Hovas. 19
Albrand plante le pavillon français à Fort-Dauphin, et fonde l'établissement militaire et agricole de Sainte-Marie. 21
Sa mort. 22
Radama meurt, et sa femme doyenne, Ranavalo, lui succède. 23
En 1829 les Français fondent l'établissement de Tintingue. 24
Cet établissement est abandonné en 1831. 27

ILE BOURBON.

Description. 27
Sol volcanique. 29
Végétation, etc. 32
Canne à sucre, café, poivre, etc. . . 37
Histoire. 40

TABLE.

Ile Maurice (ou Ile de France).

	Pages.
Description	47
Histoire	48
Mulâtresses	50
Mahé de la Bourdonnais vrai fondateur de l'île de France	53
Elle est livrée aux Anglais en 1810	58
Naufrage du Saint-Geran	63

Rodrigues, Galéga, les Séchelles, les Almirante, etc.

Introduction générale	65

Iles Rodrigues.
Description.

Sol; climat	67
Productions végétales	69
Règne animal	70

Histoire.

Premières relations	72
Établissement de Leguat et de ses compagnons	73
Derniers essais de colonisation	78

Iles entre Rodrigues et les Séchelles.

Le Banc ou Coroa dos Garajaos et île Saint-Brandan	80
Ile de Sable, ou île Tromelin	81
Galéga	83
Coétivi	88

Iles Séchelles.
Description générale de l'Archipel.

Climat	89
Productions végétales	92
Règne animal	99

Description particulière des îles.

Mahé	94
Silhouette	98
Praslin	ib.
Ile Denis	99
Ile aux Vaches marines	ib.

	Pages.
Ile aux Récifs	99
Ile aux Frégates	ib.
Ile Plate	102

Histoire.

Première exploration	103
Colonisation par les Français	105
Séjour aux Séchelles des déportés français en l'an IX	107
Derniers événements	109

Iles entre les Séchelles et les Comores.

Iles de l'Almirante	110
Iles Alphonse	111
La Providence	ib.
Juan de Nova	113
Saint-Pierre	ib.
Iles Cosmoledo	ib.
Astove	114
L'Assomption	ib.
Iles Aldabra	ib.

Iles Arabes.
Iles Comores.

Description de ce groupe d'îles	115
Angaziya	120
Moueli	123
Hinzouan	125
Mayotte	129
Histoire	133

Iles Zenges.

Zengebar	138
Monfia	143
Pemba	144

Iles de la Mer Érythrée.
Iles du golfe Arabique et Socotora.

Description générale	145

Ile de Socotora ou Socotra.

Aperçu historique	155
Aperçu topographique; mœurs et industrie des habitants; climat; productions naturelles	155

PLACEMENT DES GRAVURES

POUR LA SECONDE PARTIE DES ILES DE L'AFRIQUE.

		Pages.
(*) 9	*Iles Canaries.* La ville des Palmiers.	134
10	*Iles Canaries.* Cathédrale de la grande Canarie.	170
11	*Iles Canaries.* Le Pino-Santo, dans l'île de Palma.	137
12	*Iles Canaries.* Habitants des Canaries.	138
13	*Iles du Cap Vert.* Habitants de San-Iago.	201
14	*Ile de l'Ascension.* Sandy-Bay.	257
15	*Ile de l'Ascension.* Sommet de Green-Mountain.	261
16	*Ile de l'Ascension.* Ravins volcaniques et montagne de cendre.	258
17	*Ile de l'Ascension.* Sources de Dampier.	262
18	*Ile de Sainte-Hélène.* Vue de Jam's-Town.	269
19	*Ile de Sainte-Hélène.* Habitation de Napoléon à Longwood.	270
20	*Ile de Sainte-Hélène.* Tombeau de Napoléon.	279

ILES MADAGASCAR, BOURBON ET MAURICE.

2	*Ile de Madagascar.* Races variées.	4
3	*Ile de Madagascar.* Rohandrian avec sa femme, allant en visite.	5
4	*Ile Bourbon.* Hôtel du gouverneur à Saint-Denis.	48
6	*Ile de France.* Vue de Port-Louis.	56
5	*Ile Bourbon.* Palanquin.	46
6	*Ile de France.* Port-Louis.	60
7	*Ile de France.* Habitation des Pamplemousses. Jardin de M. Ceré.	35
8	*Ile de France.* Les Trois Mamelles.	62

(*) Pour l'indication des huit gravures précédentes, voyez la table à la page 127.

Pour le placement des gravures qui accompagnent MALTE et LE GOZE, voyez à la page 192 l'indication qui se trouve à la suite de la table de cette partie.

Le volume doit être relié dans l'ordre suivant :

1° Iles de l'Afrique, par M. d'Avezac, p. 1 à 128.
2° Malte et le Goze, par M. Frédéric Lacroix, p. 1 à 192.
3° Iles Africaines, par M. d'Avezac, p. 1 à 300; plus quatre pages d'introduction
4° Iles Madagascar, Bourbon et Maurice, par M. Victor Lecharlier, p. 1 à 64.
5° Iles Africaines de la mer des Indes, par MM. Eugène de Froberville et Oscar Maccarthy; et de la mer Érythrée, par M. Ferdinand Hoefer, p. 65 à 164.

www.ingramcontent.com/pod-product-compliance
Lightning Source LLC
Chambersburg PA
CBHW070857300426
44113CB00008B/876